Großkommentare der Praxis

Das Bürgerliche Gesetzbuch

mit besonderer Berücksichtigung der Rechtsprechung des Reichsgerichts und des Bundesgerichtshofes

Kommentar
herausgegeben von Reichsgerichtsräten und Bundesrichtern

Elfte Auflage

III. Band, 1. Teil

Sachenrecht, §§ 854—1011

bearbeitet von

Kurt Herbert Johannsen
Bundesrichter

Dr. Wilhelm Kregel
Landgerichtspräsident

Prof. Dr. Erich Pritsch
Senatspräsident am Bundesgerichtshof i. R.

(Zitierweise: BGB-RGRK)

Berlin 1959

WALTER DE GRUYTER & CO.

vormals G. J. Göschen'sche Verlagshandlung · J. Guttentag, Verlagsbuchhandlung · Georg Reimer · Karl J. Trübner · Veit & Comp.

Archiv-Nr. 22 01 59
Satz: Walter de Gruyter & Co., Berlin W 35.
Druck: Berliner Buchdruckerei Union GmbH., Berlin SW 61.

Inhaltsverzeichnis

zum III. Band, 1. Teil

Drittes Buch. **Sachenrecht**

Es haben bearbeitet:

§§ 854— 872: . . . . Landgerichtspräsident Dr. Wilhelm Kregel

§§ 873— 928: Senatspräsident am Bundesgerichtshof i. R. Prof. Dr. Erich Pritsch

§§ 929—1011: . . . . Bundesrichter Kurt Herbert Johannsen

Drittes Buch

Sachenrecht

Erster Abschnitt

Besitz

Vorbemerkungen

Anm. 1

I. Gliederung der Besitzvorschriften:

1. Unmittelbarer Besitz §§ 854—856;
2. Mittelbarer Besitz §§ 868—871;
3. Besitzschutz §§ 858—867;
4. Vererblichkeit des Besitzes § 857;
5. Eigenbesitz § 872.

Anm. 2

II. Rechtsnatur des Besitzes

Während es sich beim Schuldverhältnis um ein Rechtsverhältnis von Person zu Person handelt (Vorbem. vor § 241), hat es das Sachenrecht mit Rechtsverhältnissen der Person zur Sache oder im Sinne des BGB mit Rechten „an der Sache" zu tun. Solche Rechte sind unter sich zwar verschiedenartig, je nachdem ob sie an eigener oder fremder Sache bestehen und dementsprechend ein volles Herrschaftsrecht (Eigentum) oder nur ein beschränktes Recht (Gebrauchs-, Nutzungs-, Veräußerungsrecht oder ein Recht auf den Erwerb der Sache) gewähren. Gemeinsam aber ist ihnen allen, daß sie ein persönliches (subjektives) Recht darstellen (Vorbem. vor § 241). Beim Besitz trifft dies nicht zu. Er hat zwar ebenfalls seine Stelle im Sachenrecht gefunden, weil begriffsmäßig auch bei ihm eine unmittelbare Beziehung der Person zur Sache vorliegt. Aber dies Verhältnis ist, jedenfalls im Sinne des geltenden Gesetzes, kein rechtliches, sondern begrifflich nur ein tatsächliches, wie unter § 854 näher darzulegen sein wird. Trotzdem ist dem Besitz eine bedeutsame Rolle zugewiesen, so daß ihm im Ergebnis selbst auch die Eigenschaft eines Rechtes beigelegt worden ist. Dem Besitzer als solchem gewährt nämlich das Gesetz ein Recht auf Schutz seines Besitzstandes, als wäre seine Herrschaft über die Sache nicht nur tatsächlich, sondern rechtlich begründet. Dem Besitz selbst legt es sodann die Eigenschaft eines Rechtsguts insofern bei, als es ihn für übertragbar und vererblich (§§ 854 Abs. 2, 857, 870), ferner für fähig hält, Gegenstand eines Vermächtnisses zu sein (§ 2169). Der Besitz ist auch eine gesetzliche Voraussetzung für die Entstehung von Sachenrechten (§§ 929, 937, 958, 1205); es knüpft sich an ihn die wichtige Eigentumsvermutung (§§ 1006, 1055, 1227, 1248), in anderen Fällen die Vermutung für die Empfangsberechtigung des Besitzers (§§ 851, 969); andererseits sieht das Gesetz den Besitzer als solchen als den Haftbaren an (§§ 836, 831).

Hiernach hat der Besitzer, wenn keine wirkliche Rechtsstellung (dafür Staudinger-Seufert Vorbem. 10 vor § 854) so doch eine **rechtsähnliche Stellung**; daher ist auch die Ansicht berechtigt, daß der Besitz wie ein „sonstiges Recht" im Sinne des § 823 verletzbar ist (**RG** 170, 6; § 861 Anm. 13) und daß er wie eine Vermögensleistung unter dem Gesichtspunkt der grundlosen Bereicherung (§ 812) zurückgefordert (**RG** 98, 135; 129, 311) werden kann. Zweifelhaft ist, inwieweit auf den Besitz unter Umständen eine Klage aus § 771 ZPO gestützt werden kann (dafür **RG** 34, 422; JW 1895, 126[4]; 1921, 1246[25]; 11. 3. 19 VII 389/18; **RG** 116, 363; **BGH** 2, 168; vgl. jedoch § 858 Anm. 9, § 872 Anm. 2). Die wohl herrschende Meinung gewährt die Widerspruchsklage bei

Fahrnisbesitz (**RG** 116, 366), nicht jedoch bei Grundstücken (**RG** 127, 8; Staudinger-Seufert Vorbem. 10 vor § 854; Palandt-Hoche Vorbem. 1 vor § 854; Baumbach-Lauterbach ZPO § 771 Anm. 6; Westermann SR § 8, 4; weitergehend jedoch OLG Hamm NJW 1956, 1681 bei Mitbesitz des Ehegatten an der Ehewohnung). Zum Aussonderungsrecht im Konkurse vgl. Mentzel-Kuhn KO 6. Aufl. § 43 Anm. 21.

Der Grund, weshalb der Besitz wie ein Recht behandelt wird, ist die Rücksichtnahme auf den Rechtsfrieden, der die Aufrechterhaltung der äußeren tatsächlichen Beziehungen der Personen zu den Sachen fordert (Prot. 3, 31). Eberhard (MecklZ 51, 211) sieht fälschlich im Besitz ein gegen jedermann wirksames („absolutes") Persönlichkeitsrecht, während Müller-Erzbach (AZivPrax. 22, 5) das Besitzrecht auf der vom Gesetz vorausgesetzten Belangnis- und Herrschaftslage entwickelt.

Anm. 3

III. Arten des Besitzes

Unmittelbarer (§ 854) und mittelbarer (§ 868) Besitz; letzterer auch mehrstufig (§ 871); Voll- und Teilbesitz (§ 865); Allein- (§ 1213 Abs. 2) und Mitbesitz (§ 866); Eigen- (§ 872) und Fremdbesitz; Erbschaftsbesitz (§ 2018); fehlerhafter Besitz (§ 858 Abs. 2); redlicher und unredlicher Besitz (§§ 932, 937, 955).

Besitzdiener (§ 855) hat keinen Besitz, ebensowenig der Kurzbesitzer (vgl. § 854 Anm. 2).

Anm. 4

IV. Gegenstand des Besitzes können nur körperlich genau bestimmte Sachen, auch Sachteile (§ 865), jedoch keine Sachgesamtheiten (**RG** 52, 389) sein, deshalb auch nicht der eingerichtete und ausgeübte Gewerbebetrieb als Ganzes (**RG** WarnRspr. 19, 82; 27, 55).

Das BGB kennt ferner keinen Rechtsbesitz. Es wendet nur im Rahmen der §§ 1029, 1090, EG Art. 191 die Besitzschutzvorschriften entsprechend an. Im einzelnen vgl. § 854 Anm. 4.

V. Der bürgerlich-rechtliche **Begriff „Besitz"** oder **„Besitzer"** (vgl. § 854 Anm. 1) ist zu unterscheiden:

Anm. 5

1. vom **Gewahrsam** der §§ 808, 809, 886 **ZPO**; dieser umfaßt nur den unmittelbaren Eigen- oder Fremdbesitz des BGB, weder den mittelbaren Besitz noch den nach § 857 vererbten, aber auch nicht das Verhältnis des Besitzdieners zur Sache; der Besitz in § 6 ZPO betrifft dagegen alle Besitzarten des bürgerlichen Rechts (**RG** 61, 92);

Anm. 6

2. vom **Gewahrsam** des **Strafrechts,** der noch reiner als der Gewahrsamsbegriff der ZPO auf die tatsächliche Beziehung zur Sache abstellt; deshalb gibt der nach § 857 vererbte Besitz regelmäßig nicht auch Gewahrsam, während der Besitzdiener zwar keinen Besitz, aber vielfach Gewahrsam hat; vgl. im einzelnen auch § 854 Anm. 3. Zum Mitgewahrsam s. ferner § 866 Anm. 6;

Anm. 7

3. vom **steuerrechtlichen Besitz**; für diesen ist der Zweck und die wirtschaftliche Bedeutung des einzelnen Steuergesetzes maßgebend, SteueranpassungsG § 1 Abs. 2; RAbgO § 4;

Anm. 8

4. von der **Besitznahme** nach Art. XII **KRG Nr. 45**; hierfür genügt unmittelbarer Besitz stets, mittelbarer jedenfalls dann, wenn er nach außen, etwa durch Grundbucheintragung, in Erscheinung getreten ist (**BGH** 9, 73); der nur auf § 857 gestützte Besitz als Erbe reicht jedoch nicht aus (**BGH** 10, 115);

Anm. 9

5) vom **Inhaber** einer Urkunde nach § 793; Inhaber ist, wer die rein tatsächliche Gewalt über das Papier ausübt, also nicht der mittelbare Besitzer.

Anm. 10

VI. **Übergangsbestimmungen:** EG Art. 180, 191; vgl. **RG** 50, 8; 54, 135; 55, 54.

Anm. 11

VII. **Internationales Privatrecht:** Besitzerwerb und Besitzverlust richten sich nach den Gesetzen des Ortes, an dem sich die Sachen befinden (**RG** 11, 55).

Anm. 12

VIII. **Neueres Schrifttum:** Kunkel, ZAkDR 1937, 32; Müller-Erzbach, Das Recht des Besitzes aus der vom Gesetz vorausgesetzten Interessen- und Herrschaftslage entwickelt, AcP 142, 5ff; Darmstaedter, Der Eigentumsbegriff des BGB, AcP 151, 50ff, 311ff; Gallois, Besitzrechtsfragen bei Anlegung von Siegeln an die Sache (insbesondere beim Weinkauf), AcP 154, 169; Furtner, Anwendbarkeit des § 864 Abs. 2 BGB bei Vollstreckungsschutz, NJW 1955, 698; Mühl, Treu und Glauben im Sachenrecht NJW 1956, 1657.

§ 854

Der Besitz einer Sache wird durch die Erlangung der tatsächlichen Gewalt über die Sache erworben.

Die Einigung des bisherigen Besitzers und des Erwerbers genügt zum Erwerbe, wenn der Erwerber in der Lage ist, die Gewalt über die Sache auszuüben.

E I 797; 803 Abs 2 II 777; M 3 78, 80, 91, 93; P 3 26, 33.

Übersicht

Besitzerwerb

I. Zum Begriff „Besitz“:

1. Allgemeines:

Anm. 1

Der **Begriff „Besitz“** wird vom Gesetz nicht ausdrücklich bestimmt; wenn aber das Gesetz sagt, Besitz werde durch die Erlangung der tatsächlichen Gewalt einer Person über eine Sache erworben, wenn Besitz (abgesehen von § 854 Abs. 2 und § 857) auch nur auf solche Art begründet werden kann, wenn Besitz endlich mit dem Verlust des tatsächlichen Gewaltverhältnisses endigt (§ 856), so ist unter Besitz begrifflich nur ein tatsächliches Verhältnis, nämlich das tatsächliche Gewaltverhältnis der Person zur Sache zu verstehen. Hält sich jemand für den Besitzer oder wird er von einem andern dafür gehalten, ohne es wirklich zu sein, so kann eine Besitzänderung nicht schon dadurch allein herbeigeführt werden, daß er handelt, als ob er Besitzer sei (**RG** HRR 1929 Nr. 1207). Allerdings sind mit dem tatsächlichen Besitzverhältnis Rechtsfolgen verbunden (vgl. Vorbemerkung 2); aber das kann an der grunsätzlichen Auffassung vom Wesen des Besitzes nichts ändern. — Das Gesetz hat in § 854 nur den **unmittelbaren Besitz** im Auge, den Fall also, daß dem Besitzer die Sache unmittelbar zugängig ist. Das Nähere darüber Anm. 7. Über den mittelbaren Besitz handelt erst § 868.

Anm. 2

Das Gesetz kennt nur einen einheitlichen unmittelbaren Besitz. Es besteht auch kein Anlaß, zwischen privatrechtlichem und öffentlichrechtlichem Besitz zu unterscheiden (OLG Hamburg RdK 1955, 136). Die Besitzklagen (§§ 861 ff, 1007) setzen eine Sachbeherrschung von einer gewissen Dauer voraus; dem sog. Kurzbesitz (z. B. am Theaterplatz) ist der Besitzschutz versagt (Müller-Erzbach aaO 16).

Anm. 3

2. Besitz und ähnliche Begriffe:

Zwischen Besitz und Innehabung oder Gewahrsam unterscheidet das BGB nicht mehr. Der Versuch, den „juristischen Besitz“ im Gegensatz zum „Verkehrsbesitz“ auch unter seiner Herrschaft wieder grundsätzlich einzuführen, ist abzulehnen. — Das Strafrecht (§ 246 StGB), in dessen Sinne es auf die rechtliche Natur des Gewahrsams oder des Besitzes nicht ankommt (**RGSt** 29, 209; 30, 88; 37, 198; 50, 183; 52, 145; 60, 272; DRZ 1935 Nr. 674), wird durch die Auffassungen des BGB über den Begriff Besitz nicht berührt (vgl. § 857 Anm. 9 und Erl. zu § 935). Auch der mittelbare Besitzer kann neben dem unmittelbaren die tatsächliche Verfügungsmacht über die Sache innehaben und so auch Besitzer im Sinne der Strafvorschrift (§ 246 StGB) sein (**RGSt** JW 1937, 1334[35]). — Beibehalten haben den Ausdruck Gewahrsam auch noch die §§ 808, 809, 886 ZPO und § 44 KO sowie § 31 des RGes. v. 30. 6. 1900, betr. Bekämpfung gemeingefährlicher Krankheiten (RGBl S. 307). Darüber, was im Sinne des § 6 ZPO unter Besitz zu verstehen ist, entscheidet das jeweilig herrschende bürgerliche Recht (**RG** 61, 92). — Wenn in Zollgesetzen gelegentlich nebeneinander von „Besitz oder Gewahrsam“ die Rede ist, so versteht der RFinH (JW 1932, 285[43]) unter Gewahrsam den unmittelbaren und unter Besitz den mittelbaren Besitz. Ähnlich unterscheidet schon **RGSt** 7. 10. 10 IV D 663/10, teilweise abgedruckt in der Anm. zu der Entscheidung des RFinH. Vgl. ZollG v. 20. 3. 1939 § 15 RGBl I 529. — Unter dem Besitzer des Grundstücks, dem der durch eine vorläufige Besitzeinweisung entstandene Schaden zu vergüten ist (§ 6 des prG über ein vereinfachtes Enteignungsverfahren; § 854 Anm. 21), ist nur der unmittelbare Besitzer zu verstehen (vgl. **RG** 102, 196); ebenso unter dem Besitzer i. S. des § 2 des FleischbeschauG (KGJ 42 C 429). Zu § 55 Abs. 2 ZVG: vgl. JW 1937, 552[20]; DJ 1938, 380.

II. Gegenstand des Besitzes:

Anm. 4

1. Besitzfähig ist nur eine **körperliche Sache** (§ 90), nicht z. B. ein eingerichteter und ausgeübter Gewerbebetrieb als solcher (**RG** WarnRspr 19, 82; 27, 55). Besitz ist weiter nur möglich an einer genau bestimmten Sache; ferner nur an solchen Sachen, die einer tatsächlichen Beherrschung zugänglich sind. Auch an Sachen, die ihrer Natur nach für den Gemeingebrauch bestimmt sind, ist ein Besitz rechtlich möglich (**BGH** 21, 327); er kann allerdings nur im Rahmen der Gemeinverträglichkeit ausgeübt werden (**BGH** aaO und OLG Hamburg RdK 1955, 136 für ein Sondernutzungsrecht an einem städtischen Platz zur Bekämpfung der Parkraumnot; vgl. auch § 866 Anm 8).

Anm. 5

2. Ein **Besitz an Rechten** ist nur noch nach Landesrecht auf den diesem vorbehaltenen Gebieten möglich (Fischereirecht, Wasserrecht). Besitz hat auch der Pächter einer mit einem Grundstück verbundenen Abdeckereigerechtigkeit (**RG** 4. 3. 25 V 209/24). Keinen Besitz am Grundstück hat der Jagdpächter (**RG** 70, 70; 98, 102; 107, 296); daran hatte auch das RJagdG v. 3. 7. 1934 RGBl 1934 I, 549 (§§ 12 ff) nichts geändert. Gleiches gilt für das BundesjagdG v. 29. 11. 1952 BGBl I 780 (§§ 11 ff). Für den Besitzschutz bei Dienstbarkeiten (§§ 1029, 1090) sind die Vorschriften über den Besitz nur entsprechend anwendbar.

Anm. 6

3. Bei einem **Sachinbegriff** (§ 92 Abs. 2, s. § 90 Anm. 15, 16), insbesondere einem Warenlager, kann die zum Besitz erforderliche Gewalt rechtlich nur an den einzelnen zur Sachgesamtheit gehörigen Sachen bestehen. Erstreckt sich die über eine Sachgesamtheit als solche ausgeübte tatsächliche Gewalt auch mit auf die einzelnen Sachen, so wird der Besitz an diesen nur in der Weise erworben, daß der neue Besitzer Gewalt über die einzelnen Sachen selbst erlangt. Hierzu müssen sie so genau bestimmt sein, daß sie nicht noch gekennzeichnet oder ausgesondert zu werden brauchen; eine Bestimmung nur der Zahl oder Menge oder dem Werte nach genügt daher nicht (**RG** 52, 385; 53, 218; 103, 153; WarnRspr 1928 Nr. 11; 16. 2. 26 VI 495/25). — Möglich ist der Besitz auch an abgegrenzten, einer Sonderherrschaft zugänglichen Teilen einer Sache (§ 865).

III. Besitzerwerb (Abs. 1)

Anm. 7

1. Zum **Besitzerwerb** ist nach dem Gesetzeswortlaut die **„Erlangung der tatsächlichen Gewalt über die Sache"** erforderlich. Ob sie jemand erlangt hat, ist von Fall zu Fall nach den Anschauungen des Verkehrs zu entscheiden (vgl. **RG** JW 1934, 1484[4]). Notwendig ist jedenfalls, daß die Sache der Person räumlich so zugängig geworden ist, daß diese auf die Sache beliebig einzuwirken und über sie beliebig tatsächlich zu verfügen vermag, sei es selbst, sei es nach § 855 durch einen anderen. Der Besitz wird auch dem Umfange nach nur soweit begründet, als den bezeichneten Anforderungen entsprochen ist. Daher gibt der Erwerb der tatsächlichen Gewalt über die Hauptsache nicht ohne weiteres zugleich den Besitz am Zubehör.

Anm. 8

2. Hinsichtlich der **Art des Besitzerwerbs** ist zu unterscheiden, ob die Sache bisher besitzlos oder ob sie im Besitz eines andern gewesen ist. Im ersten Falle kann nur eine einseitige Besitzergreifung in Betracht kommen. Im zweiten ist der Besitzerwerb in doppelter Art möglich: entweder gleichfalls im Wege rein einseitigen Besitzergreifens oder unter Mitwirkung des bisherigen Besitzers. Der einseitig erworbene Besitz wird, wenn die Sache sich schon im Besitz eines andern befunden hatte, regelmäßig zwar widerrechtlich sein, es sei denn, daß der Erwerber ein besonderes Recht zur Besitzergreifung hatte (wie bei dem Rechte der Selbsthilfe nach § 229 oder beim Pfändungsrecht nach Art. 89 EG). Aber trotz der Fehlerhaftigkeit seines Besitzerwerbs (§ 858) hat der Handelnde (z.B. der Dieb) durch seine einseitige Handlung dennoch den Besitz erlangt. Der Besitzerwerb unter Mitwirkung des früheren Besitzers ist vor dem einseitigen Erwerb in der Hinsicht bevorzugt, daß nur er als Grundlage für den Rechtserwerb im guten Glauben dienen kann (§§ 932 ff); für den Besitzerwerb selbst ist der gute Glaube, etwa an den Besitz des andern, bedeutungslos (**RG** 105, 414).

Anm. 9

3. Die **Besitzergreifung** selbst muß stets in einem äußerlichen und für einen etwaigen Beobachter erkennbaren Vorgange bestehen, wie der Besitz selbst erkennbar sein muß; die Erkennbarkeit (Sinnfälligkeit) ist überhaupt das allgemein kennzeichnende Merkmal dinglicher Rechte und dinglicher Herrschaftsverhältnisse (**RG** 66, 262; 77, 208; 151, 186).

Anm. 10

4. Beim **zweiseitigen Besitzerwerb** durch Übergabe ist erforderlich, daß der Erwerber die tatsächliche Gewalt (nicht nur die rechtliche Verfügungsbefugnis) über die Sache mit Zustimmung des bisherigen Besitzers erhält (**RG** 53, 220; JW 1908, 681[13]; WarnRspr 1917 Nr. 55). Eine bloß sinnbildliche Besitzübertragung ist nach dem geltenden Recht nicht mehr möglich (**RG** 77, 208). Es muß insbesondere ersichtlich gemacht sein, daß das Besitzverhältnis des früheren Besitzers aufgehört und der andere die Gewalt erlangt hat (**RG** 66, 262ff; 106, 136; 151, 187; vgl. auch 74, 146), wie es z. B. der Fall sein kann, wenn der Zahnarzt dem Behandelten probeweise Goldkronen ins Zahngebiß eingesetzt hat (**RGSt** ZAkDR 1938, 279 = Recht 1938 Nr. 4708). Das Einräumen einer bloßen rechtlichen Verfügungsbefugnis oder des Rechtes auf die Besitzergreifung ist für den Besitzerwerb regelmäßig unwesentlich (**RG** JW 02, 37[39]). Daher begründet z. B. die Erlaubnis, Bodenbestandteile (Kies oder dgl.) zu entnehmen, nicht ohne weiteres die Einräumung des Besitzes am Grundstück oder an dessen Teilen (**RG** JW 1902 Beil. 201), ebensowenig überträgt die bloße Erklärung des bisherigen Besitzers, er „überlasse" dem andern die — auf seinem Boden lagernden — Sachen, Besitz an ihnen. Die Erlaubnis zum Abhieb des auf dem Stamme verkauften Holzes kann nach dem Willen der Vertragschließenden unter Umständen nur die Bedeutung haben, daß das Schlagen der Bäume vorerst nur die demnächstige Besitz- und Eigentumsübertragung vorbereiten, also keine Änderung an den Besitz- und Eigentumsverhältnissen begründen soll und daß mithin Besitz und Eigentum erst mit der nach Bezahlung des Kaufpreises gestatteten Abfuhr übergehen sollen (**RG** 72, 310); das gilt namentlich, wenn der künftige Erwerber das Holz auf dem Grundstück liegen läßt und keine Herrschaftshandlung daran vornimmt (**RG** SeuffArch 78 Nr. 112). Über den Verkauf von Holz im Walde vgl. ferner Anm. 16. Dagegen kann in dem Zunageln eines Raumes mit Zustimmung des Veräußerers eine Besitzübergabe an den darin befindlichen Sachen gefunden werden (vgl. **RG** 56, 313); ebenso im Aushändigen des Schlüssels zu einem Raum oder einem Behältnis (**RG** 40, 223; 77, 207; Gruchot 48, 955; JW 1908, 681[13]), jedenfalls wenn nur ein einziger Schlüssel vorhanden ist (**OGH** 1, 149, 153), auch wenn im gegebenen Falle der Verpfänder den Schlüssel wieder abholt, sofern er ihn nur wieder zurückbringt (**RG** JW 1907, 140[22]). Wenn der bisherige Besitzer beim Aushändigen eines Schlüssels zu dem Raum, in dem sich die zu übertragenden (zu verpfändenden) Sachen befinden, einen zweiten Schlüssel für sich behält, schließt dies aber nicht aus, daß der Empfänger des Schlüssels den Besitz an den Sachen erhält (**RG** 66, 264; 103, 100). Das Niederlegen von Paketen auf dem Tisch der Postverwaltung in Gegenwart und mit Wissen des Postbeamten kann Besitz der Postverwaltung schon mit der Niederlegung begründen (**RG** 70, 318). Wird jemandem eine Kiste nach der Verzollung wieder zur Verfügung gestellt, so erlangt er Besitz daran, auch wenn er sie zunächst noch im Abfertigungsraum stehen läßt (**RG** 26. 5. 11 III 408/10). Der Besteller ist Besitzer des auf das Grab gesetzten Grabsteins, auch wenn der Unternehmer sich das Eigentum vorbehalten hat (LZ 1924, 476). Unter allen den bezeichneten Umständen wird dem Erwerber nicht nur ein Verfügungsrecht, sondern die Möglichkeit der tatsächlichen Beherrschung selbst eingeräumt. Hierfür ist nicht nötig, daß die Sache der Einwirkung Dritter völlig entzogen wird oder daß der Zutritt zu dem Raum, in dem sich die Sache befindet, für andere schlechthin ausgeschlossen wird (**RG** 66, 264; 106, 135; 151, 187; **RG**St 2, 65). Jedoch ist Alleinbesitz Besitz in dem Sinne, daß begrifflich auch ein Mitbesitz anderer (§ 866) nicht bestehen kann. Daher ist Alleinbesitz ausgeschlossen, wenn der andere, dem etwa der Raum oder das Behältnis ebenfalls zugängig geblieben ist, die Möglichkeit des Zutritts benutzt und auch Besitzhandlungen vornimmt (**RG** 66, 263). Bloßes Mitbenutzen ist aber kein Mitbesitzen, wenn

der alleinige Besitz des andern Benutzers anerkannt wird und der eigene Besitzwille (s. unten) fehlt (**RG** 108, 123). Das gilt bei Ehegatten wie bei andern (**RG** 25. 3. 24 VII 504/23). Durch Inbesitznahme der gemieteten Geschäftsräume erlangt der Mieter zugleich den Besitz an der Außenwand und ist (mangels besonderer Abrede) auch in deren Benutzung zu Werbezwecken geschützt (**RG** 80, 284; JW 1905, 367[5]; vgl. auch für den Mieter eines Stockwerkes LG Berlin JW 1938, 3175, ferner KG JW 1939, 285[13]). Vgl. § 865.

Zur Besitzübertragung durch den Gerichtsvollzieher genügt es, wenn er angesichts der in Verwahrung genommenen Sachen dem anderen erklärt, daß er ihm diese Sachen ausliefere (**RG** 74, 355).

Anm. 11

5. **Besitzerwerb bei Ehegatten:** Der Mann hatte vor dem 1. 4. 1953 bei gesetzlichem Güterstande Besitz an den in die Ehewohnung eingebrachten Sachen der Frau (**RG** JW 1914, 146[9]); indes nicht auch an den seiner Verwaltung und Nutznießung entzogenen Gegenständen (**RG** WarnRspr 1922 Nr. 16). Hatte der Ehemann bei diesem Güterstande Sachen in Besitz genommen, die sich vorher im Besitz der Ehefrau befunden hatten, so gehörte der unmittelbare Besitz zu seinem Vermögen; der der Ehefrau zustehende mittelbare Besitz gehörte zum eingebrachten Gut (**BGH** 2, 164, 167 = NJW 1951, 837 = LM Nr. 1 zu § 1373 BGB).

Anm. 12

6. **Der Wille,** die Sache **zu besitzen,** ist als Erfordernis für den Besitzerwerb nicht aufgestellt; vom Willen des Besitzers hängt es nach ausdrücklicher Vorschrift nur ab, ob er Fremdbesitzer oder Eigenbesitzer ist (§ 872), vgl. auch **RG** 135, 78. Aber, wie sich aus § 867 Satz 1 ergibt, bedeutet das unbewußte Innehaben einer Sache noch keinen Besitz; ein tatsächliches Gewaltverhältnis ist ohne den entsprechenden Beherrschungswillen nicht denkbar (vgl. die Zusammenstellung in OGH 1, 149, 153); jedenfalls kann niemand gegen seinen Willen Besitzer werden. Die Ausnahme in § 857 ist nur scheinbar; denn hier wird Besitz im Wege einer Annahme bloß unterstellt. Besitz ist daher zu verneinen, wenn in die von einer Person beherrschten Räume ohne ihr Wissen Sachen eingebracht werden (**RG** 106, 135; JW 1925, 784[37]; die auf dem Abort eines Gasthauses verlorene Halskette befindet sich nicht ohne weiteres im Besitz des Gastwirts; vgl. indessen **RG**St 30, 88). Dies gilt auch in den Fällen der §§ 867, 984, 1005; an einem in unserem Grundstück vergrabenen Schatz oder an einem Tier, das sich auf das Grundstück verlaufen hat, wäre erst eine Inbesitznahme zum Besitzerwerb erforderlich; so auch beim Fund (§ 965). Wenn sich aber jemand schon im voraus entschlossen hat, den Besitz an den ohne sein Wissen tatsächlich in seine Gewalt gelangenden Sachen zu erwerben, so an Sachen, die in einen an der Außentür der Wohnung angebrachten Briefkasten gesteckt werden, an Geld, das in eine aufgestellte Sammelbüchse gelegt wird, an Wild, das in eine dem Wildfang dienende Vorrichtung gerät, so erwirbt er den Besitz, ohne daß es noch eines neuen Entschlusses bedürfte, schon auf Grund der zuvor getroffenen Anstalten, selbst wenn er nicht erfahren hat, daß die Sachen in seine Gewalt gelangt sind (vgl. **RG** 106, 136; JW 1925, 784[37]). Aus ähnlichen Gründen wird auch der Besitz an Früchten oder an anderen wesentlichen Bestandteilen ohne besondere Besitzergreifung erworben, wenn diese Sachen durch die Trennung von der Hauptsache selbständig werden und innerhalb des Herrschaftsbereichs des Grundstücksbesitzers verblieben sind. Der Vermieter, der Gastwirt erwirbt nicht ohne weiteres den Besitz an den eingebrachten Sachen des Mieters, des Gastes (§§ 559, 704). Der Vermieter erlangt auch während zeitweiliger Abwesenheit des Untermieters keinen unmittelbaren Besitz an den von diesem eingebrachten Sachen (OLG Kiel SchlHA 1947, 93). Daß der Inhaber einer Sache den Willen hat, die Sache als die seinige zu behalten, ist in keinem Falle zu fordern.

Anm. 13

Der zum Besitz erforderliche Wille ist der **natürliche Wille,** kein rechtsgeschäftlicher. Ein im rechtlichen Sinne **Willensunfähiger** kann Besitz erwerben und haben, weil der Besitzerwerb kein Rechtsgeschäft ist; er ist insoweit Besitzer, als er den (natürlichen) Willen haben konnte und gehabt hat, die Sache in seine tatsächliche Gewalt zu bringen. Daß ein nur beschränkt Geschäftsfähiger selbst Besitz erwerben kann, ist als selbstverständlich angenommen worden (Prot. 3, 33). Durch das Bestehen einer gesetzlichen Stellvertretung (in Form elterlicher Gewalt oder bestehender Vormundschaft) wird der Besitzerwerb durch ein Kind nicht ausgeschlossen (**RG** 64, 386).

IV. Besitzerwerb durch Einigung (Abs. 2)

Anm. 14

1. Allgemeines: Der **Besitzerwerb durch Einigung des bisherigen Besitzers und des Erwerbers** (Abs. 2) kommt nur ausnahmsweise in Betracht, und zwar nur bei Sachen, die schon im Besitz einer Person sind. In diesem Rahmen dient dies zur Erleichterung des Besitzerwerbs. Die Erleichterung besteht darin, daß der Besitz schon durch gegenseitige Willenserklärungen erlangt wird und daß es somit keiner tatsächlichen Besitzergreifungshandlung wie bei besitzfreien Sachen bedarf. Der Besitzerwerb mittels bloßer Einigung ist jedoch nur dann zugelassen, wenn der Erwerber sogleich in der Lage ist, die Gewalt über die Sache auszuüben (was er darzutun hat, **RG** Gruchot 49, 127). Dieser Tatbestand ist weniger als das wirkliche Erlangen der tatsächlichen Gewalt (vgl. **RG** 74, 149; Siebert JW 1936, 2453 zu Nr. 3). Ob er vorliegt, ist vornehmlich nach der Anschauung des täglichen Lebens und der Verkehrsauffassung zu entscheiden. Nur unter folgenden Umständen kann § 854 Abs. 2 gegeben sein: Der Natur der Sache nach muß der Erklärungsgegner des Erwerbers zur Zeit der Einigung noch selbst Besitzer sein. Notwendig ist weiter, daß der Erklärungsgegner seine bisherige Gewalt über die Sache selbst aufgibt. Behält er sie, dann ist die Möglichkeit, Besitz durch Einigung zu erwerben, ohne weiteres ausgeschlossen; so z. B., wenn der bisherige Besitzer die Schlüssel des Lagerplatzes behalten hat und nach wie vor über die ankommenden und abgehenden Waren verfügt (**RG** 25. 1. 07 II 238/06), oder wenn bei früherem gesetzlichem Güterrecht der Ehemann der Ehefrau in der Wohnung befindliches Hausgerät schenkte, aber Verwaltung und Nutznießung, also Besitz behielt; darüber, ob dann § 930 zutrifft (**RG** 108, 123), vgl. Erl. zu § 930. Weiter ist zu fordern, daß die tatsächliche Gewalt auch ohne Mitwirkung des bisherigen Besitzers erlangt werden kann, endlich, daß auch sonstige Umstände, insbesondere das Verhalten Dritter, den Zugriff auf die Sache nicht hindern. Ein Anwendungsfall: Der Besitzdiener des bisherigen Eigentümers erwirbt von ihm das Eigentum der Sache. Mit dem Eigentum geht auch der Besitz über (**RG** 13. 12. 23 IV 849/22; vgl. auch JW 1912, 129[2]). Erwirbt ein Besitzdiener (§ 855), der im übrigen auch in dieser Stellung bleibt, durch Einigung nach § 854 Abs. 2 den unmittelbaren Besitz an einer Sache für deren Erwerber (als dessen Besitztreuhänder), so sind an diese Vorschrift strenge Anforderungen zu stellen (vgl. Siebert aaO). Mit der Einigung über den Übergang des Eigentums (der sog. brevi manu traditio; s. Gruchot 49, 127), von der z. B. § 929 Satz 2 handelt, hat § 854 Abs. 2 nichts zu tun; denn dabei muß der Erwerber bereits unmittelbarer Besitzer der Sache sein.

Anm. 15

2. Die **Einigung** selbst ist ein **Rechtsgeschäft** und unterliegt als solches allen Regeln von Willenserklärungen (§§ 116ff, 164ff, 181). Daher ist auch eine Stellvertretung beim Besitzerwerb mittels Einigung zulässig. Die Einigung setzt im übrigen nicht notwendig eine Verpflichtung zur Besitzübertragung voraus. Aber infolge des der Willenseinigung anhaftenden Mangels kann zugleich das Grundgeschäft und die dingliche Einigung nichtig sein. Dann ist der Besitz nicht erworben (**RG** JW 1907, 540[1]). Darüber, ob die Einigung als ein von dem zugrunde liegenden schuldrechtlichen Verhältnis unabhängiges Rechtsgeschäft von dessen Nichtigkeit unbedingt unbeeinflußt bleibt **RG** 68, 100; Erl. zu § 929. Daß im Wege der Einigung nach § 328 Besitz auch unmittelbar zugunsten eines Dritten erworben werden könnte, ist zu verneinen (**RG** 66, 99). § 328 setzt ein Verpflichtungsgeschäft voraus; die Einigung ist dagegen ein Erfüllungsgeschäft. Vgl. hierzu des näheren Erl. zu § 328,

Anm. 16

Zum Inhalt hat die Einigung die Abmachung, daß der bisherige Besitzer seine Besitzlage, wie sie eben ist und wie er sie fortsetzen kann, auf den andern überträgt; nie genügt aber eine Einigung, durch die lediglich ein Verfügungsrecht begründet wird. Wird Holz im Walde verkauft, so geht der Besitz in der Regel nicht schon mit der bloßen Überweisung des Holzes, sondern erst dann über, wenn der Käufer außerdem von dem bisherigen Besitzer die Abfuhrerlaubnis, etwa durch Holzabfuhrzettel erhält (**RG** 6.1.06 VII 201/05; Celle DRZ 1950, 40 mit Anm. von Abraham; **BGH** LM §854 Nr. 1). Die Umstände des Einzelfalles sind aber jeweils sorgfältig zu prüfen (Abraham aaO). Schlägt der Käufer von Holzstämmen, die auf dem Grundstück des Verkäufers, am Bahnhof oder im Walde liegen, mit dem Hammer sein Zeichen an, so liegt darin nur die Übernahme der gekauften Ware, aber noch kein Übergang des unmittelbaren Besitzes (OLG München NJW 1955, 1926). Gestattet der Waldeigentümer dem Käufer geschlagenen Holzes, das Holz nach Zahlung des Kaufpreises aus dem Walde abzufahren, so kann darin eine aufschiebend bedingte Einigung über den Besitzerwerb des Käufers liegen (BayObLGSt 1953, 21; entsprechend für Abfuhrgenehmigung nach Vorlage eines Schecks OLG München BayJMBl 1955, 174).

V. Besitzerwerb durch Stellvertreter (vgl. Vorbem. vor § 164 u. Erl. zu § 164).

Anm. 17

1. Der **Grundsatz** der freien Stellvertretung beim Besitz hat nach dem geltenden Recht keine allgemeine Geltung mehr. Von einer Stellvertretung beim Besitzerwerb kann nur da die Rede sein, wo die tatsächliche Handlung des einen unmittelbar für den andern wirkt, mithin durch die Besitzergreifung des Vertreters der andere (der Vertretene) den (unmittelbaren) Besitz erlangt. Etwas Ähnliches hat das Gesetz nur bei dem Besitzerwerb durch den Besitzdiener (§ 855 Anm. 1) geschaffen (**RG** 99, 208; 137, 26; **BGH** 8, 130). Wenn bei dem Besitzerwerb durch bloße Einigung (§ 854 Abs. 2) Stellvertretung zulässig ist, so bedeutet das nur eine scheinbare Ausnahme; denn diese Einigung ist ein Rechtsgeschäft (vgl. oben Anm. 15), während der Besitzerwerb durch tatsächliche Gewalt das nicht ist. Stellvertretung liegt auch im Falle des § 868 nicht vor, da hier der Handelnde den unmittelbaren Besitz für sich selbst erwirbt und der andere Teil nur mittelbar eine Besitzstellung erlangt (**RG** 137, 26). Die Stellvertretung beim Besitz grundsätzlich zuzulassen, mußte dem Gesetzgeber fernliegen, weil er den rechtsgeschäftlichen Willen als Begriffsmerkmal des Besitzes nicht hat anerkennen wollen (Anm. 12 und Vorbem. vor § 164). Bedenklich ist es deshalb, wenn in **RG** 6. 11. 31 VII 157/31 in einer mehr beiläufigen und für die Entscheidung nicht wesentlichen Bemerkung gesagt wird, bei der gewollten Ausführung eines vorher geschlossenen Übereignungsabkommens sei die rechtsgeschäftliche Natur des Besitzerwerbes, der zugleich eine Willenserklärung enthalte, nicht zu bezweifeln, und wenn daraus die Anwendbarkeit des § 166 hergeleitet wird. Von einer Stellvertretung kann hier nur bei der zum Eigentumsübergang notwendigen Einigung die Rede sein; auf das Besitzerlangen sind die §§ 164ff auch bei weitester Auslegung nicht anwendbar (**RG** 137, 26ff).

Anm. 18

2. Bei der **gesetzlichen Stellvertretung** (elterlichen Gewalt, Vormundschaft) ist der gesetzliche Stellvertreter der unmittelbare Besitzer der von ihm in Besitz genommenen, dem Vertretenen gehörigen Sachen; denn seine Rechtsstellung ist kraft Gesetzes selbständig. Der Vertretene ist regelmäßig nur mittelbarer Besitzer (§ 868 Anm. 12); bei besonderer Sachlage kann der Vertretene aber auch Alleinbesitzer sein, z.B. auswärts studierender Sohn. Ein Fall der Stellvertretung beim Besitzerwerb liegt hier mithin nicht vor.

Über den Besitzstand unter Eheleuten: oben Anm. 11, § 868 Anm. 12.

Anm. 19

3. Die allgemein besitzfähigen **juristischen Personen** (vgl. aber DJZ 1935 Nr. 674) erwerben durch ihre Vertreter regelmäßig selbst den unmittelbaren Besitz, aber nur deswegen, weil das Handeln des Vertreters nicht als Handeln statt der Körperschaft mit Wirkung für diese, sondern als deren eigenes Handeln gilt. § 855 ist hier so wenig wie im Falle der elterlichen Gewalt oder der Vormundschaft anwendbar. Je nach der Verfassung einer juristischen Person ist es indessen auch möglich, daß ihr gesetzlicher Vertreter den unmittelbaren Besitz für sich selbst erwirbt, so wenn er eine Sache in seine persönliche Verwahrung nimmt. Vereinigt eine natürliche Person in sich Aufgaben mehrerer Organe einer juristischen Person, auch solcher des öffentlichen Rechts, und übt sie die tatsächliche Gewalt über eine Sache als Organ aus, dann ist der Besitz derjenigen von ihr vertretenen juristischen Person zuzurechnen, auf deren Geschäftsbereich die Gewaltausübung sich bezieht (**BGH** 17. 12. 53 IV ZR 39/53 für den bayerischen Landrat als Organ des Staates und des Kreises; vgl. NJW 1954, 428). Bei der Gesellschaft des bürgerlichen Rechts, bei der das Gesellschaftsvermögen den Gesellschaftern zur gesamten Hand gehört (§ 718), sind die Gesellschafter in demselben rechtlichen Verhältnis auch Besitzer (**RG** WarnRspr 1927 Nr. 55).

Anm. 20

4. § 983 spricht ausdrücklich von dem Besitz „einer öffentlichen **Behörde**". — **Träger** von **Ämtern,** wie Testamentsvollstrecker, Konkursverwalter, Zwangsverwalter, Nachlaßverwalter, Treuhänder i. e. S. (nicht bloße „Verwalter", die möglicherweise nur Besitzdiener sind, vgl. DR 1941, 2527) haben nach richtiger Ansicht ebenfalls nicht die Rechtsstellung eines Stellvertreters, da sie kraft eigenen Rechtes handeln (**RG** 52, 333, ferner Vorbem. vor § 164); sie erwerben sonach auch ihrerseits den unmittelbaren Besitz. — Über den Besitz des Pfandhalters im Sinne des § 1206: **RG** 66, 261.

Anm. 21

VI. Behördliche Besitzeinweisung. Soweit das **Landesrecht** gilt, kann Besitz auch durch eine behördliche Anordnung erworben werden, so beim Zusammenlegungsverfahren durch die Besitzüberweisung (**RG** 18. 6. 02 VI 124/02) und bei der Enteignung gemäß § 32 des PrGes v. 11. 6. 74 durch die Enteignungserklärung.

Solche Besitzeinweisungen ergehen auch kraft Bundesrechts; vgl. insbesondere § 11 KleinsiedlungsVO v. 6. 10. 1931 (RGBl 1931 I 551); § 18 des RNaturschG v. 26. 6. 1935 (RGBl 1935 I 821); § 12 der DurchfVO dazu v. 31. 10. 1935 (RGBl 1935 I 1275; 1938 I 1184; 1939 I 217; § 854 Anm. 3).

Anm. 22

VII. Zu den **Übergangsbestimmungen** Artt. 180, 191 vgl. **RG** 50, 8; 54, 135; 55, 54. In örtlicher Hinsicht regelt sich der Besitzübergang auch an beweglichen Sachen nach dem **Gesetze des Ortes,** wo sie sich befinden (**RG** 11, 52).

§ 855

Übt jemand die tatsächliche Gewalt über die Sache für einen anderen in dessen Haushalt oder Erwerbsgeschäft oder in einem ähnlichen Verhältnis aus, vermöge dessen er den sich auf die Sache beziehenden Weisungen des anderen Folge zu leisten hat, so ist nur der andere Besitzer.

E II 777; P 3 31, 33; 6 219.

Übersicht

Besitzdiener

Anm. 1

I. **„Jemand"** ist nach der hierfür gebräuchlich gewordenen Bezeichnung der **Besitzdiener,** Besitzgehilfe. Er ist im Sinne des Gesetzes nur Stellvertreter des Besitzherrn im Besitz, da seine Besitzhandlungen allein jenem zugerechnet werden und demgemäß nur dieser Besitz erwirbt (§ 854 Anm. 14 und 17; **RG** SeuffA 79 Nr. 186; **BGH** 8, 130).

II. Voraussetzungen der Besitzdienerschaft

1. Gewaltausübung für einen andern

Anm. 2

Die erste Voraussetzung für das Vorhandensein einer Besitzdienerschaft ist, daß der Besitzdiener die **tatsächliche Gewalt über eine Sache für einen andern** (den Besitzherrn) **ausübt.** Diese Voraussetzung ist nur eine sachliche. Denn gefordert wird allein, daß der Besitzdiener tatsächlich auf Grund des zwischen ihm und dem andern bestehenden Abhängigkeitsverhältnisses (Anm. 5) handelt, die Gewalt also statt des andern ausübt. Dagegen wird nicht verlangt, daß der Besitzdiener, abgesehen von seiner im allgemeinen gewollten Unterordnung unter die Weisungen des Besitzherrn (Anm. 5), sich auch im besonderen Falle entschließt, für diesen zu handeln. Daher ist die Anwendbarkeit des § 855 im Einzelfall auch dann nicht ausgeschlossen, wenn der Besitzdiener (innerlich) den Willen gehabt hat, nicht für den Besitzherrn, sondern für sich selbst den Besitz auszuüben. Eine solche nur innere Entschließung des Besitzdieners ist rechtlich unerheblich, solange der Besitzdiener im Rahmen des allgemeinen Abhängigkeitsverhältnisses tätig gewesen ist (Prot. 3, 36; s. auch **BGH** 8, 130).

Anm. 3

Die Sachlage wird erst dann eine andere, wenn der Besitzdiener seinen Willen in die Tat umgesetzt und etwa die Sache durch eine äußerlich erkennbare Handlung dem Besitz des Dienstherrn entzogen hat (z. B. ein Dienstbote durch widerrechtliche Wegnahme). Liegt das vor, dann wird die Besitzaufgabe des Besitzherrn und der Besitzerwerb durch den Besitzdiener auch nicht dadurch gehindert, daß dieser rechtswidrig und gegen den Willen des Herrn handelt (§ 854 Anm. 12, 13). Hat der Besitzdiener eine Sache, die er für den Besitzherrn erwerben sollte, unter solchen Umständen für sich selbst erworben, daß der Herr trotz des auftragswidrigen Verhaltens des Besitzdieners keinen Anspruch auf die Sache als solche erworben hat, so ist auch § 855 nicht zu seinen Gunsten anwendbar. Sollte beispielsweise der Besitzdiener eine bestimmte Sache für den Haushalt des Herrn anschaffen, so sind folgende Fälle denkbar: Kauft der Besitzdiener die Sache schlechthin und wird sie ihm auch schlechthin übergeben (also weder auf den Namen des Herrn noch auf den des Besitzdieners), dann erlangt den Besitz der Herr, selbst wenn der Besitzdiener sich insgeheim vorbehält, die Sache für sich zu erwerben. Kauft der Besitzdiener dagegen die Sache in eigenem Namen und läßt er sie sich auch auf seinen Namen übergeben, oder läßt er sie sich schenken und schenkweise übergeben, dann mag er sich verantwortlich gemacht haben; aber der Herr hat den Besitz nicht erlangt.

Anm. 4

Führt die Ehefrau den Geschäftsbetrieb ihres vorübergehend abwesenden (verhafteten) Ehemannes weiter, dann übt sie i. d. R. die tatsächliche Gewalt an den Geschäftsräumen und der Geschäftseinrichtung solange für ihren Mann als Besitzdienerin aus, bis sie durch Handlungen zu erkennen gibt, daß sie den Besitz nicht mehr für ihren Ehemann, sondern für sich selbst ausüben will (**BGH** LM § 855 Nr. 3).

2. Soziales Abhängigkeitsverhältnis

Anm. 5

Die Besitzdienerschaft setzt eine so enge Beziehung zwischen den beiden Beteiligten voraus, daß **der eine „den sich auf die Sache beziehenden Weisungen des andern Folge zu leisten hat".** Das Verhältnis zwischen Besitzherrn und Besitzdiener kann bürgerlich-rechtlicher oder öffentlich-rechtlicher, dauernder oder vorübergehender Art sein (z. B. bei der Annahme eines Tagelöhners, **RG** JW 1908, 527[12] oder beim Auftrag an einen Dienstmann zur Beförderung einer Sache; vgl. auch **RGSt** JW 1935, 3626[5]). Maßgebend für das Bestehen eines Besitzdienerverhältnisses ist das soziale Abhängigkeitsverhältnis (**BGH** LM § 1006 Nr. 2), kraft dessen der Besitzer die tatsächliche Gewalt über die Sache durch den Besitzdiener als sein Werkzeug ausübt. Die nur wirtschaftliche Abhängigkeit, z. B. der einen Firma von einer andern, steht der sozialen nicht gleich (**RG** Warn Rspr 1932 Nr. 164). Das Abhängigkeitsverhältnis muß aber nach außen erkennbar sein, damit der Besitz selbst erkennbar und überhaupt vorhanden sei (**RG** 77, 209; **BGH** LM § 1006 Nr. 2). Der Besitzherr muß ferner in der Lage sein, von seiner Weisungsbefugnis jederzeit Gebrauch zu machen (OLG Bamberg NJW 1949, 716). Auch ein rein tatsächliches Verhältnis (z. B. ein nichtiger Dienstvertrag oder ein bloßes Gefälligkeitsverhältnis) kann als Grundlage genügen, wenn nur die Beteiligten davon ausgehen, daß der eine den Weisungen des andern in Ansehung der Sache zu folgen hat.

Anm. 6

Der Diener darf sonach, wenn er die tatsächliche Gewalt über die Sache ausübt, lediglich als das Werkzeug des andern tätig werden (**RG** 71, 251), also nicht nur schuldrechtlich etwa zur Aufbewahrung oder zur Herausgabe der Sache verpflichtet sein, er muß vielmehr den Weisungen des andern schlechthin und ohne weiteres zu folgen haben (**RG** WarnRspr 1922 Nr. 70). Mangels solcher Verpflichtung sind daher keine Besitzdiener: Der Unternehmer, der zwar Stoffe des Bestellers nach dessen Zeichnungen, aber auf Grund eigener vertraglicher Rechte bearbeitet; der Schneidemüller, der Holz zum Schneiden erhält (**RG** WarnRspr 1929 Nr. 180). Entscheidend für das Vorhandensein eines solchen Verhältnisses ist die Verkehrsanschauung. Innerhalb dieser Beziehungen kann der Gehilfe für den Besitzherrn unmittelbar sowohl Besitz erwerben (**RG** 66, 262) als auch den Besitz erhalten. Insoweit hat er von Gesetzes wegen die Stellung eines Stellvertreters im Besitz.

Anm. 7

Die Stellung eines Vertreters im Besitz gibt dem Besitzdiener jedoch allein und ohne besondere Vollmacht nicht auch die Befugnis zur Besitzübertragung auf einen Dritten. Wird eine Sache durch einen Dritten dem Besitze des Besitzherrn entzogen, so verliert der Besitzherr unfreiwillig den Besitz gemäß § 935 auch dann, wenn der Dritte im Einverständnis mit dem Besitzdiener gehandelt oder wenn dieser dem Dritten die Sache übergeben hat (**RG** 106, 4; SeuffArch 76 Nr. 119 über Verschiebung von Kohleladungen durch Angestellte der Grube). Für die Frage des unfreiwilligen Besitzverlustes kommt beim Besitzdienerverhältnis immer nur der Wille des Besitzherrn, nicht der des Besitzdieners in Betracht. Abhanden gekommen ist eine Sache im Sinne des § 935 demnach stets, wenn der Besitzherr den (unmittelbaren) Besitz gegen seinen Willen verloren hat (**RG** 71, 248).

III. Fälle der Besitzdienerschaft

Anm. 8

1. Im Haushalt: Der Begriff des Haushalts ist weiter als der des Hausstandes (§§ 1617, 1618, 1969). Jemand kann im Haushalt (§§ 196 Nr. 2, 1360ff, 1932) eines andern tätig sein, ohne dessen Hausstand anzugehören (§ 1618), z. B. eine Waschfrau, ein Lohndiener. Ein Gast, dem eine Sache zum Gebrauch überlassen wird, ist nicht Besitzdiener, weil er in keinem Abhängigkeitsverhältnis steht. Der Gastgeber behält die unmittelbare Gewalt über die Sache, so daß der Gast also nicht etwa selbst Besitzer ist. Auch läßt sich nicht allgemein als Regel annehmen, daß jedes Mitglied des Hausstandes eines andern, das die Gewalt über eine zum Haushalt gehörige Sache ausübt, dies als Besitzdiener des andern tut. Es kommt vielmehr auch hier darauf an, ob der Betreffende in Ansehung der Sache den Weisungen des Haushaltungsvorstandes zu folgen hat, insbesondere also ihm die Sache auf dessen Geheiß auszuantworten verpflichtet ist oder nicht. Daß die Sache gerade zu den Haushaltsgegenständen (§§ 1682, 1932, 1969) gehört, ist nicht erforderlich. Die Worte „in dessen Haushalt" sind auch nicht räumlich zu verstehen. Es genügt, daß die Sache zum Haushalt gehört, gleichgültig, wo sie sich befindet. Das Besitzdienerverhältnis bleibt z. B. auch dann bestehen, wenn der unmittelbare Besitzer seinen Angestellten mit einer Sache zum Verkauf an einen anderen Ort sendet (**RG** 71, 248). Ein Bedienter, der Sachen für den Haushalt eingekauft und nach Hause befördert, übt ebenfalls die Gewalt darüber schon unterwegs für den Dienstherrn aus.

Über die Stellung der Ehefrau im Haushalt vgl. Erl. zu § 1006; für unmittelbaren Besitz der Ehefrau am Hausrat des noch kriegsabwesenden Mannes KG JR 1949, 383, in dieser allgemeinen Fassung jedoch auch für den Rechtszustand vor dem 1. 4. 1953 bedenklich. Zum Mitbesitz der Eheleute bei Gütertrennung s. § 866 Anm. 7.

Anm. 9

2. Der Ausdruck **Erwerbsgeschäft** ist hier wie sonst (§§ 112, 1431, 1822 u. a.) im weitesten Sinne zu verstehen; er greift für jede berufsmäßig auf Erwerb gerichtete Tätigkeit Platz. In Betracht kommen kaufmännische, gewerbliche, künstlerische, wissenschaftliche Gehilfen, Gutsverwalter, Leiter von Zweiggeschäften, gelegentlich auch die Ehefrau in Abwesenheit des Ehemannes (**RG** 51, 23; **BGH** LM § 855 Nr. 3; s. Anm. 4), Packer, Bodenmeister (**RG** JW 1909, 105[3]), der Förster für die seiner Aufsicht unterworfenen geschlagenen Hölzer (**RGSt** 14, 305), die Angestellten eines Lagerhalters wegen der eingelagerten Sachen (**RG** 138, 270), der Fuhrunternehmer hinsichtlich der von ihm beförderten Abfälle im Rahmen des Auftragsverhältnisses (JW 1945, 2463[67]), der Kahnschiffer für die ihm vom Eigentümer angewiesenen Unterkunftsräume auf dem Kahn (RAG 5, 266), der Kleiderablagepächter hinsichtlich der Ablageräume (**RG** 97, 166), endlich im inneren oder äußeren Betriebe beschäftigte Arbeiter. Auch die Platzanweiserin, die vertraglich verpflichtet ist, den Theaterraum auf verlorene Gegenstände zu durchsuchen und Fundsachen bei der Geschäftsleitung abzugeben, findet als Besitzdienerin nicht für sich sondern für ihren Dienstherrn (**BGH** 8, 130 gegen Breslau Recht 1910 Nr. 916; OLG 41, 158). Ist der Gehilfe zugleich zur Stellvertretung ermächtigt, so schließt das seine Eigenschaft als Besitzdiener nicht aus; aM KG OLG 42, 272 hinsichtlich eines Gutsverwalters mit umfassender Vollmacht; vgl. aber **RG** 99, 209. Auch in dem in **RG** 138, 270 entschiedenen Fall war der Besitzdiener kraft besonderer Vollmacht befugt, den Besitz weiterzuübertragen. Auf den Ort der Besitzausübung kommt es hier ebenfalls nicht an (**RG** 71, 248); s. Anm. 8 Abs. 1 a. E. Ein Handlungsreisender kann hinsichtlich der Musterkollektionen je nach Lage des Falles Besitzdiener (**RG** 71, 252) oder unmittelbarer Besitzer sein (MDR 1955, 362 für Handelsvertreter mehrerer Firmen auf Provisionsbasis).

Anm. 10

3. Besitzdiener **in einem „ähnlichen Verhältnis"** sind beispielsweise: Der Bergverwalter, der die tatsächliche Gewalt über die der Gewerkschaft gehörigen Pferde ausübt (**RG** 52, 118); der Spediteur, dessen sich der Einfuhrhändler zur Löschung und Weitersendung des eingeführten Getreides bedient (**RG** 70, 408; Ausnahmefall, Spediteur in der Regel Besitzer); die Zweigstelle der Bank, die bei ihr hinterlegte Wertpapiere für die Bank verwahrt (**RG** 112, 113); wer verpfändete Sachen als „Pfandhalter" zur Aufbewahrung übergeben hat (**RG** 66, 261); der von einer Landbewirtschaftungsgesellschaft auf beschlagnahmten Betrieben eingesetzte Verwalter („Treuhänder", DR 1941, 2527; vgl. § 854 Anm. 20.

Besitzdiener ist dagegen nicht, wer hinsichtlich gewisser Sachen vertragsmäßig die Gefahr zu tragen hat, also bei Ausübung der tatsächlichen Gewalt seine eigenen Belange wahrnimmt, wie etwa der Ziegelmeister hinsichtlich der von ihm angefertigten Ziegel (**RG** 72, 285). Ebensowenig, wer als Allgemeinbevollmächtigter dem Vollmachtgeber als gleichgeordneter Vertragsgegner gegenübersteht; er hat dessen Weisungen zu folgen, jedoch auf Grund des der Vollmacht zugrunde liegenden Rechtsverhältnisses, nicht auf Grund eines darin begründeten Unterordnungsverhältnisses; er ist Besitzmittler des Vollmachtgebers (§ 868), nicht dessen Besitzdiener (**RG** JW 1938, 1394[11]). Die Bahn ist hinsichtlich des ihr zur Beförderung übergebenen Gutes nicht Besitzdienerin sondern Besitzmittlerin (**BGH LM** AHKG 13 Art. 3 Nr. 2), ebenso eine ausländische Tochtergesellschaft mit selbständiger Rechtspersönlichkeit hinsichtlich der Konossemente, die ihre inländische Muttergesellschaft ihr zur Weitergabe übersandt hat (**RG** 168, 7f). Auch nicht jeder Erfüllungsgehilfe im Sinne von § 278 ist notwendigerweise Besitzdiener (**RG** WarnRspr 1932 Nr. 164).

Ob der Führer eines Torpedoboots Besitzdiener oder Besitzmittler für das Reich ist, läßt **RG** 113, 303 offen; er ist wohl Besitzdiener.

Anm. 11

IV. Der **Besitzherr**: Unter den gegebenen Voraussetzungen ist **der andere** (der Besitzherr) **unmittelbarer Besitzer**, weil ihm die Ausübung der Gewalt durch den Besitzdiener unmittelbar als eigene Tätigkeit zugerechnet wird (§ 854 Anm. 17). Der Besitzdiener hat dagegen keinerlei Art von Besitz (Anm. 1). Auch die Befugnisse des Selbsthilferechts aus § 859 sind ihm nur soweit eingeräumt, daß er sie zum Schutze des Besitzes des Besitzherrn ausüben darf (§ 860). Rechtswirkungen der Bösgläubigkeit des Besitzers entfallen nicht deshalb, weil der für ihn handelnde Besitzdiener gutgläubig war. Wird der Besitz durch einen Besitzdiener erworben, so kann trotz der Gutgläubigkeit des unmittelbaren Besitzers, eine Bösgläubigkeit des Besitzdieners die Haftung begründen, wenn der Besitzer bei der Auswahl und Überwachung des Besitzdieners nicht die im Verkehr erforderliche Sorgfalt beobachtet hat. Das muß nach Ansicht des BGH dem Besitzer aber nachgewiesen werden (**BGH** 16, 259; aM Westermann Sachenrecht 3. Aufl. § 14 Abs. 3; Kränzlein NJW 1955, 1276).

In strafrechtlicher Beziehung: **RG** JW 1908, 601; **RGSt** 60, 272.

§ 856

Der Besitz wird dadurch beendigt, daß der Besitzer die tatsächliche Gewalt über die Sache aufgibt oder in anderer Weise verliert.

Durch eine ihrer Natur nach vorübergehende Verhinderung in der Ausübung der Gewalt wird der Besitz nicht beendigt.

E I 808, 810 II 779; M 3 102; P 3 27, 34.

Übersicht

Besitzbeendigung

I. Zu Abs. 1: Beendigung des Besitzes

Anm. 1

Die Beendigung des Besitzers — und zwar des unmittelbaren, um den es sich hier allein handelt — kann sowohl mit dem Willen des Besitzers wie auch ohne seinen Willen eintreten (Anm. 4). In beiden Fällen bewirkt den Besitzverlust jedoch entscheidend nur der Umstand, daß der Besitzer die tatsächliche Herrschaft über die Sache einbüßt. Der Wille, nicht mehr zu besitzen, ist für sich allein nicht maßgebend, weil der Wille nicht der Träger des Besitzes ist (§ 854 Anm. 12, 13). An Sachen, die in Vergessenheit geraten sind, bleibt daher der Besitz so lange bestehen, wie das Gewaltverhältnis fortwährt (Anm. 4). Auch der Untergang des Rechts zum Besitze kann nur die Rechtmäßigkeit des Besitzes beeinflussen, aber nicht dessen Verlust herbeiführen. Über die Beendigung des mittelbaren Besitzes vgl. § 868 Anm. 19ff.

1. Aufgabe der tatsächlichen Gewalt

Anm. 2

a) **Aufgabehandlung**: Die **Handlung** des Besitzers, durch die er sich der Gewalt entäußert, kann sowohl in einem Tun wie in einem Unterlassen bestehen, letzteres insbesondere, wenn der Besitzer es unterläßt, sich eine ihm abhanden gekommene

Sache wieder zu verschaffen. Die Aufgabe der tatsächlichen Gewalt kann ferner eine bloße Preisgabe darstellen oder zugleich mit der Übertragung des Besitzes auf einen andern verbunden sein (Übergabe). Die Besitzergreifung durch einen andern mit dem Einverständnis des bisherigen Besitzers steht der Übergabe gleich (**RG** JW 1908, 681[13]).

Wird der Besitz dem andern nur mit der Folge eingeräumt, daß „auch" der andere unmittelbarer Besitzer wird, so verliert der bisherige Besitzer den Besitz nicht; es entsteht vielmehr Mitbesitz (§ 866; **RG** 66, 258).

Anm. 3

b) Aufgabewille: Zur Aufgabe der tatsächlichen Gewalt über die Sache gehört notwendig nicht nur ein bestimmtes, darauf gerichtetes erkennbares Handeln oder Nichthandeln des Besitzers; das Handeln muß vielmehr mit dem Willen verbunden sein, die Sache fortan nicht mehr tatsächlich zu beherrschen. Ohne einen solchen Willen läßt sich die Besitzaufgabe nicht denken. Daher enthält die kurzfristige Hingabe eines Kellerschlüssels, wenn der Beherrschungswille fortbesteht, keine Besitzaufgabe (NdsRpfl 1948, 130). Die Besitzaufgabe ist gleichwohl kein Rechtsgeschäft (hinsichtlich der Aufgabe des Eigenbesitzes vgl. § 872 Anm. 4), weil der Wille beim Besitz keine rechtliche sondern nur eine tatsächliche Rolle spielt (§ 854 Anm. 12, 13). Auch der im Rechtssinne Willensunfähige ist daher zur Besitzaufgabe befähigt, falls er nur imstande ist, den natürlichen Willen zu fassen, sich der Gewalt zu begeben.

Anm. 4

2. **Verlust** der tatsächlichen Gewalt **in anderer Weise** als durch Aufgabe kann durch jedes Ereignis herbeigeführt werden, das die bisherige tatsächliche Gewalt des Besitzers unabhängig von seinem Willen beseitigt; so durch Besitzergreifung seitens eines andern (§ 935) oder durch zufällige Vorgänge, die das Gewaltverhältnis nicht nur vorübergehend (Anm. 5, 6) lösen. Kennt der Besitzer den Verbleib der Sache nicht, so besteht sein Besitz weiter, solange sich die Sache noch innerhalb der seiner Gewalt unterworfenen Räume oder seines Grundstücks befindet (**RG**St 3, 204; 10, 85; 39, 28). Der bei der Pfändung entstandene Besitz des Gerichtsvollziehers geht durch Abnahme der Pfandzeichen verloren (§ 808 ZPO; **RG** 57, 326; vgl. auch **RG** 161, 204; Stein-Jonas-Schönke ZPO § 803 II 5).

II. Zu Abs. 2: Vorübergehende Verhinderung in der Gewaltausübung

Anm. 5

Ob eine nur vorübergehende Verhinderung vorliegt, ist von Fall zu Fall auf Grund der Verkehrsanschauung zu entscheiden. Beispiele: Nur vorübergehende Abwesenheit des Besitzers (**RG** 51, 23), Krankheit, nur vorübergehende Benutzung der Sache durch den Besitzdiener zu eigenem Zwecke (**RG** 52, 118), heimliche Flucht eines Lagerhalters, dessen Besitzdiener den Geschäftsbetrieb aufrechterhalten (**RG** 138, 270), Räumung einer Wohnung infolge vorübergehender Beschlagnahme durch die Besatzungsmacht (MDR 1951, 356). Es gehört hierher auch das „Verlieren", wenn der Ort bekannt ist, an dem die Sache verblieben ist und unter gewöhnlichen Umständen noch die Möglichkeit besteht, sie wieder zu erlangen (**RG**St 38, 444 über Liegenlassen einer Sache im Eisenbahnwagen aus Vergeßlichkeit). Vgl. auch **RG**St 39, 28; 48, 385. Über den Besitzverlust bei Besitzausübung durch einen Besitzdiener vgl. § 855 Anm. 7.

Anm. 6

Ein gestrandetes Schiff wird nicht schon dadurch besitzfrei („verlassen" im Sinne des BinnenSchG § 93), daß die Besatzung sich vorübergehend von ihm entfernt; der Besitz muß vielmehr aufgegeben sein (**RG** 57, 23; vgl. auch **RG**St 10, 85). Bricht eine Ankerkette, so wird der Besitz an dem auf dem Meeresgrund versunkenen Ankergeschirr nicht verloren, solange das Schiff noch in der Nähe liegt oder erst abfährt, wenn der Unfallort festgestellt und ein Schlepper mit Suchgerät herangeholt ist (**RG** 138, 121; 143, 168: zum Begriff „besitzlos geworden", §§ 20 f der StrandungsO v. 17. 5. 1874 RGBl 1874, 73; 1913, 95). Sind jedoch Schiff und Ladung in einem ruhigen

Binnengewässer dicht am Ufer gesunken und geschieht daraufhin nichts, um sie zu heben, obwohl dies möglich ist, dann verliert der Besitzer endgültig die tatsächliche Gewalt (**RG** 165, 172).

§ 857

Der Besitz geht auf den Erben über.

E I 2052—2054, 885 Abs 1 II 779; M 3 101, 354; P 5 650.

Übersicht

Besitzvererbung

I. Vererblichkeit des Besitzes

Anm. 1

1. Allgemeines. Der Grundsatz des § 1922, daß mit dem Erbfalle das Vermögen des Erblassers als Ganzes auf den Erben übergeht, ist auch auf das nach § 854 an sich nur tatsächliche Besitzverhältnis erstreckt. Damit erhält dieses insoweit die Natur eines Vermögensbestandteils (Vorbem. 2 vor § 854; **RG** 83, 229). Der Erbenbesitz ist Besitz ohne Sachherrschaft (Westermann SR 3. Aufl. § 15 I 2). Nach ihrer allgemeinen und vorbehaltlosen Fassung muß die Bestimmung auch zu der Annahme führen, daß der Erbe genau in die Besitzstellung des Erblassers zur Zeit seines Todes eintritt (mithin als unmittelbarer oder mittelbarer Besitzer; **RG** WarnRspr 1918 Nr. 57; auch als Eigenbesitzer ohne Kenntnis vom Erbfall und Eigenbesitz des Erblassers, **BGH** JZ 1953, 706; s. auch § 872 Anm. 3), gegebenenfalls auch belastet mit der Haftung wegen etwaiger Fehlerhaftigkeit des Besitzes gemäß § 858 Abs. 2.

Anm. 2

Eine Ausnahme von jenem Grundsatz gilt, wenn zwischen dem Erben und dem Erblasser zuvor das Verhältnis mittelbaren Besitzes bestanden hatte. War nämlich der Erbe mittelbarer und der Erblasser unmittelbarer Besitzer, dann wird der Erbe durch den Erbanfall zum unmittelbaren Besitzer, während sein bisheriges mittelbares Besitzverhältnis sich erledigt. War umgekehrt der Erbe unmittelbarer, der Erblasser dagegen mittelbarer Besitzer, dann erlischt das mittelbare Besitzverhältnis des Erblassers und der Erbe bleibt nunmehr ausschließlich unmittelbarer Besitzer.

Anm. 3

Der Besitzübergang vollzieht sich im übrigen ausnahmslos in allen Fällen, in denen der Erblasser bis zum Todesfalle Besitz gehabt hatte, gleichviel wie dieser Besitz geartet und aus welchem Anlaß er entstanden war. Der Erbe erwirbt auch mit dem Todesfalle den Besitz des Erblassers jedesmal ohne weiteres (mehrere Erben nach § 866 den Mitbesitz) kraft Erbgangs. Er braucht, um Besitz zu erwerben, die Nachlaßgegenstände nicht noch äußerlich erkennbar in Besitz zu nehmen (**RG** JW 1906, 450[1]). Der Erbe kann aber nach Besitzübergang gemäß § 857 durch Inbesitznahme der Sache außerdem nach Maßgabe des § 872 Eigenbesitz erlangen.

Anm. 4

2. **Verwaltungsbesitz:** § 857 greift auch dann ein, wenn der Besitz des Erblassers aus einer Stellung herrührte, die ihrerseits nicht übertragbar war, vielmehr mit dem Tode des Erblassers ihr Ende erreichen mußte, insbesondere also aus der Stellung des Erblassers als Beauftragten (§ 673), Verwalter (Konkurs-, Zwangsverwalter, Testamentsvollstrecker), Nießbraucher (§ 1061; **RG** 31. 1. 18 IV 360/17) oder kraft ehemännlichen Verwaltungsrechts (**BGH** NJW 1951, 838). Diese Ausdehnung (Prot. 5, 652) hat auch einen guten Sinn, wenn man erwägt, daß sich z. B. der Erbe des Beauftragten (Verwalters) unter Umständen mit dem Geschäftsherrn so auseinandersetzen muß, wie es dem Erblasser obgelegen hätte, und daß er gemäß § 673 möglicherweise sogar verpflichtet ist, die Besorgung des Geschäfts fortzusetzen.

Anm. 5

3. **Anfechtung und Ausschlagung:** Da der Besitzübergang im Falle des § 857 im Erbrecht seinen Grund hat, so kann er nicht gegeben sein, wenn der Anfall demnächst infolge einer Anfechtung als nicht eingetreten gilt (§§ 2078ff, 2281ff, 2339ff) oder wenn der Erbe die Erbschaft nach § 1953 (mit rückwirkender Kraft) ausgeschlagen hat.

Anm. 6

4. **Folgen des Besitzüberganges:** Der Erbe genießt ohne weiteres den Besitzschutz der §§ 861, 862; er kann sich auf die an den Besitz geknüpften Vermutungen berufen, haftet anderseits aber auch als Besitzer. Vgl. Vorbem. 2 vor § 854. Ob man den Besitz der Erben nach § 857 als einen wirklichen oder nur als einen gedachten Besitz ansehen und demnach die Besitzvorschriften unmittelbar oder — richtiger — nur entsprechend anwenden will, ist für die Anwendung des bürgerlichen Rechts bedeutungslos (vgl. aber § 2025 Satz 2 und § 2027 Abs. 2, wo im Gegensatz zu § 857 vorausgesetzt ist, daß der Erbe den Besitz der Sache schon tatsächlich ergriffen hat, ferner zum Verhältnis zwischen Erbenbesitz und tatsächlicher Besitzergreifung durch einen Miterben OLG Celle NdsRpfl 1949, 199).

II. Der Erbenbesitz außerhalb des Besitzrechts

Anm. 7

1. **Erbrecht:** Verschieden von dem Besitze der §§ 857, 854 ist der „Erbschaftsbesitz" im Sinne des § 2018. Dieser setzt voraus, daß der Erbschaftsbesitzer erst nach dem Todesfalle etwas aus dem Nachlaß erlangt hat; diese Voraussetzung kann aber auch dadurch erfüllt werden, daß beispielsweise ein Miterbe, der bereits vor dem Todesfall an Sachen des Erblassers unmittelbaren Besitz gehabt hatte, sich nach dem Tode Eigenbesitz daran anmaßt (**RG** 81, 294; vgl. § 872 Anm. 1). Ein Besitzerwerb des Nacherben gemäß § 857 wird regelmäßig durch den Besitz des Vorerben ausgeschlossen; auch vom Vorerben erwirbt der Nacherbe nicht den Besitz; § 857 trifft diesen Fall nicht.

Anm. 8

2. **Ersitzung:** Über den Einfluß der erbrechtlichen Besitznachfolge auf die Ersitzung vgl. die §§ 937, 943. Waren beim Erblasser die Voraussetzungen der Ersitzung nicht erfüllt, insbesondere mangels guten Glaubens oder mangels Eigenbesitzes, so kann der Erbe in seiner Person nur eine neue Ersitzung beginnen.

Anm. 9

3. **Strafrecht:** Strafrechtlich hat die Bestimmung des § 857 keine Bedeutung, da § 242 StGB voraussetzt, daß die Sache sich in der tatsächlichen Gewalt eines andern befunden hat (§ 854 Anm. 1; **RG** JW 1901, 611[29] und **RGSt** 34, 252; 47, 212; 56, 23; 58, 229). Das Strafrecht erkennt den nur im Wege der „Annahme als ob" geschaffenen Besitz des § 857 nicht als wirklichen Besitz an.

Anm. 10

4. Höferecht: Zur Inbesitznahme eines Grundstücks als Erbe im Sinne des Art. XII Abs. 2 Satz 3 KRG Nr. 45 reicht der auf § 857 allein gestützte Besitz als Erbe nicht aus; es ist vielmehr unmittelbarer oder mittelbarer Besitz erforderlich (**BGH** 10, 115).

Anm. 11

III. Verlust des Erbenbesitzes: Es ergibt sich aus den allgemeinen Regeln (§ 856), daß auch der kraft Erbrechts erworbene Besitz dem Erben verlorengeht, sobald ein Dritter die Sache nach eingetretenem Erbfalle in seine Gewalt bringt.

§ 858

Wer dem Besitzer ohne dessen Willen den Besitz entzieht oder ihn im Besitze stört, handelt, sofern nicht das Gesetz die Entziehung oder die Störung gestattet, widerrechtlich (verbotene Eigenmacht).

Der durch verbotene Eigenmacht erlangte Besitz ist fehlerhaft. Die Fehlerhaftigkeit muß der Nachfolger im Besitze gegen sich gelten lassen, wenn er Erbe des Besitzers ist oder die Fehlerhaftigkeit des Besitzes seines Vorgängers bei dem Erwerbe kennt.

E I 814 II 780; M 3 110, 129; P 3 36.

Übersicht

Verbotene Eigenmacht; fehlerhafter Besitz

I. Verbotene Eigenmacht (Abs. 1).

Anm. 1

1. Allgemeines: Dem Gesetz ist der Begriff des „rechtmäßigen" oder „ungerechtfertigten" Besitzes fremd. Der Besitzschutz soll kein subjektives Recht verwirklichen, er soll nur die tatsächliche Herrschaft aufrechterhalten oder wiederherstellen. Bei dem Streit um diese soll unterliegen, wer durch verbotene Eigenmacht dem andern den Besitz gestört oder gar entzogen und so fehlerhaften Besitz erlangt hat. Verbotene Eigenmacht ist jede Handlung, durch die der Eigentümer in der Ausübung der tatsächlichen Gewalt beeinträchtigt wird (§§ 861, 862), falls die Handlung nicht ausnahmsweise (Anm. 8ff) gesetzlich gestattet ist (**RG** 55, 55). Die Fehlerhaftigkeit des Besitzes wirkt immer nur dem andern gegenüber. Im Verhältnis zu einem Dritten wird auch der fehlerhafte Besitz, z. B. der des Diebes, geschützt (**RGSt** 60, 278). Von den Schutzmitteln des Besitzers handeln die §§ 859ff. Eine der Teilnahme im Sinne des StGB ähnliche Mitwirkung eines Dritten durch Anstiftung, Beihilfe oder Begünstigung ergibt auch dem Dritten gegenüber den Tatbestand der verbotenen Eigenmacht (**RG** 20. 6. 22 VII 76/33). Zu beweisen hat die Eigenmacht, wer Rechte aus ihr herleitet (**RG** 30, 110).

2. Voraussetzungen:

Anm. 2

a) Als **Besitzer,** dem gegenüber gemäß § 858 verbotene Eigenmacht möglich ist, kommt nur der **unmittelbare** Besitzer in Betracht (**RG** WarnRspr 1920 Nr. 200; JW 1931, 2904[5]; 20. 6. 33 VII 76/33; VGH München WM 1956, 190), z. B. der Miet- und Pachtbesitzer, oder wer eine Sache unter Eigentumsvorbehalt gekauft und — mit dem Recht zum Gebrauch und zur Nutzung sowie der Anwartschaft auf das Eigentum (§ 455) — besitzt (**RG** 170, 1), auch zwischen getrennt lebenden Eheleuten (OLG Kiel SchlHA 1948, 32). Inwiefern der mittelbare Besitzer durch verbotene Eigenmacht beeinträchtigt werden und welchen Anspruch er alsdann erheben kann, bestimmt § 869.

Anm. 3

b) Schon das besitzwidrige **Handeln** eines anderen **ohne den Willen des Besitzers** genügt als Voraussetzung für die Widerrechtlichkeit, während ein Handeln gegen den Willen nicht erforderlich ist. Liegt beides nicht vor, dann ist der Besitzerwerb kein eigenmächtiger. Der Besitzer braucht also nicht ausdrücklich Widerspruch zu erheben; es genügt, daß seine irgendwie kundgegebene — aber freie — Zustimmung fehlt (**RG** JW 1928, 497[29]; OGH 2, 221: Herausgabe eines nach RLG beschlagnahmten Kraftwagens vor der Inanspruchnahme, um die Beschlagnahme anderer Gegenstände abzuwenden). Die einmal erklärte Zustimmung wirkt weiter bis zum Widerruf (**RG** WarnRspr 1930 Nr. 149). Auch im Rahmen des § 858 genügt wie beim Besitzerwerb und -verlust der natürliche Wille, es ist also kein rechtsgeschäftlicher Wille erforderlich (Staudinger-Seufert Anm. 7 unter 3c; aM Westermann § 22 II; die Vorauflagen dieses Kommentars unter fälschlicher Berufung auf **RG** JW 1904, 361[18]). Die Zustimmung muß auf freier Willensentschließung beruhen (**RG** JW 1928, 497 mit Anm. von Raape), sie darf nicht unter unwiderstehlichem psychischem Zwang erwirkt worden sein (OLG Freiburg JZ 1953, 473). Hat der Besitzer sich vertraglich einverstanden erklärt, der andere dürfe sich unter gewissen Voraussetzungen in den Besitz der Sache setzen, so ist verbotene Eigenmacht ausgeschlossen, jedoch nur dann, wenn der entsprechende Wille bei der Besitzentziehung noch fortdauert (**RG** 146, 186; JW 1928, 497[29]). Auf Verschulden kommt es hier nicht an; ein solches spielt erst bei dem Anspruch auf Schadenersatz eine Rolle (**RG** 55, 57; WarnRspr 1925 Nr. 24), wobei § 823 Abs. 2 (**RG** 59, 326) oder auch § 823 Abs. 1 (Besitz ist „sonstiges Recht") anwendbar ist (**RG** 13. 11. 23 VII 903/22). Selbst ein Handeln aus Irrtum über die Berechtigung der Besitzentziehung (infolge irrtümlicher Annahme, daß die Voraussetzung des § 861 Abs. 2 gegeben sei) macht diese nicht rechtmäßig (**RG** 59, 326; 67, 389). Der gute Glaube des Besitzstörers ist belanglos (**RG** 146, 186). Vgl. Anm. 12.

Anm. 4

Auch schon aus dem bloßen Nichtwissen läßt sich der Mangel einer Zustimmung entnehmen (**RG** JW 1904, 361[18]). Anderseits aber kann ein stillschweigendes Einverständnis schon aus dem ganzen Verhalten des bisherigen Besitzers (etwa seiner Gleichgültigkeit wegen des Verbleibs der Sache) gefolgert werden (**RG** 72, 198), wobei jedoch der Umstand, daß kein gewaltsamer Widerstand (§ 859 Abs. 1) geleistet oder die Polizei nicht angerufen worden ist, noch keine Zustimmung bedeutet, wenn nur Widerspruch erhoben worden ist (**RG** WarnRspr 1914 Nr. 335). War die Zustimmung nur bedingt erteilt, so muß auch die Bedingung bereits eingetreten, beispielsweise der Kaufpreis schon bezahlt sein (**RG** 67, 388). Die Zustimmung des mittelbaren Besitzers kann eine dem unmittelbaren Besitzer widerfahrene Eigenmacht nicht statthaft machen (**RG** 19. 4. 05 V 400/04, betr. die Inbesitznahme von Pachtland durch den Enteignungsberechtigten mit alleiniger Zustimmung des Eigentümers vor Zustellung des Enteignungsbeschlusses an den Enteigner).

Anm. 5

c) **Besitzentziehung** (§ 861) ist die dauernde Beseitigung der Gewalt des Besitzers (**RG** 67, 389: Fall, in dem der bisherige Besitzer einer Sache durch Verschluß eines Torwegs gehindert wurde, sie fortzunehmen). Die Weigerung des jetzigen Besitzers, dem früheren Besitzer den Besitz wieder einzuräumen, ist keine Besitzentziehung (OGH MDR 1948, 472). Auch juristische Personen des öffentlichen Rechts (z. B. Stadtgemeinden) und Behörden können sich (auch bei Anwendung polizeilicher Maßregeln, z. B. bei Beseitigung eines Vorgartens) durch ihre Willensvertreter der Eigenmacht schuldig machen (**RG** 55, 56, betreffend die Heeresverwaltung). Der mittelbare Besitzer kann gegen den unmittelbaren Besitzer verbotene Eigenmacht ausüben (**RG** 69, 197; WarnRspr 1927 Nr. 55; 20. 6. 33 VII 76/33); aber nicht umgekehrt (Anm. 2 und § 869 Anm. 2). Hinsichtlich des Besitzdieners vgl. § 855 Anm. 3.

Anm. 6

d) **Besitzstörung** ist nach hM die Beeinträchtigung des Besitzers im ruhigen Genuß des Besitzes, so daß der ruhige, befriedete Zustand in einen solchen der Rechtsunsicherheit verkehrt wird (**RG** 55, 57). Hiernach kann sie durch körperliche Einwirkungen auf die Sache bewirkt werden, so durch übermäßige Zuführung von Gasen usw. im Sinne des § 906 (**RG** 59, 328; 105, 215); Eindringen von Feuchtigkeit aus einer Nachbarruine; durch bauliche oder sicherheitsgefährdende Veranstaltungen (**RG** 55, 55: mittels auf das Grundstück überfliegender Geschosse), Anbringen einer Antenne ohne Genehmigung des Vermieters, einer Lichtreklame auch an der Außenwand (JW 1938, 3175), ferner durch Tiere (OLG Königsberg HRR 1938 Nr. 1278: fremder Hund im Eigenjagdbezirk). Auch Einwirkungen seelischer Art sollen als Beunruhigung des Besitzers zur Annahme des Tatbestandes der Besitzstörung ausreichen: so vermeidbarer Lärm bei Bauarbeiten (**BGH** JZ 1954, 613); ruhestörender Lärm von Mitmietern (vgl. NJW 1954, 1205), übermäßiger Lautsprecherlärm (JW 1937, 2918[28]; BB 1949, 502), die Einwirkung durch wörtliches Bestreiten des Besitzes (Verbote oder Drohungen); nur muß eine wirkliche Beunruhigung des Besitzers herbeigeführt und der ruhige Besitz auf diese Art wirklich gestört worden sein (**RG** JW 1908, 274[9]; 1931, 2904[5]). Entgegen SchlHA 1949, 129 genügt nach hM wohl auch Sperren des Lichtstroms. Dagegen ist die Erhebung einer Klage, etwa um die Übereignung eines Grundstücks wieder rückgängig zu machen, für sich allein keine verbotene Eigenmacht (**BGH** 20, 169 = LM § 858 Nr. 1 mit Anm. von Pritsch). Hierbei stellt der **BGH** trotz der Bezugnahme auf die Rechtsprechung zu den Eingriffen seelischer Art im Ergebnis nicht darauf ab, daß keine Besitzstörung vorliege, sondern darauf, daß der Rechtsstaat das Klagerecht einräume, das Gesetz also die Störung gestatte. Daß die Störung gegen ein Verbot verstoße, ist kein Erfordernis.

Anm. 7

Der von der hM entwickelte Begriff der Besitzstörung ist mit dem von ihr selbst anerkannten Begriff des Besitzes als eines tatsächlichen Gewaltverhältnisses (§ 854 Anm. 1) schwer in Einklang zu bringen. Richtiger wäre es, als Besitzstörung nur Eingriffe in die tatsächliche Gewalt selbst zu bezeichnen, soweit sie nicht Besitzentziehung sind. Der nicht dinglich Berechtigte (Mieter, Pächter) würde dann allerdings in sehr bedeutsamen Fällen keinen Besitzschutz genießen. Zu welchen bedenklichen Schlüssen die hM führt, zeigt jedoch die vom **RG** vertretene Ansicht, der Pächter einer mit einem Grundstück verbundenen Abdeckereigerechtigkeit werde in seinem Besitz gestört, wenn die Zwangs- und Bannverpflichteten die dem Bann unterliegenden Pferde einem Dritten verkaufen (**RG** 4. 3. 25 V 209/24).

Anm. 8

e) Die **gesetzlich ausnahmsweise gewährte Befugnis**, in einen fremden Rechtskreis und insbesondere in den Besitzstand eines andern einzugreifen, kann öffentlich-rechtlicher oder bürgerlich-rechtlicher Art sein.

Anm. 9

aa) In **öffentlich-rechtlicher** Hinsicht kommen in Betracht die Befugnis des Verletzten aus § 127 StPO, Überführungsstücke an sich zu nehmen (**RG** 64, 385), ferner die Befugnisse der Vollstreckungsbeamten nach der ZPO und nach § 150 ZVG. Auch gegen den Vollstreckungsgläubiger ist die Besitzentziehungsklage nicht gegeben (**RG** JW 1902 Beil. 192). Keine verbotene Eigenmacht gegenüber dem besitzenden Nichteigentümer eines Grundstücks ist es also, wenn gegen den Eigentümer ordnungsmäßig die Zwangsversteigerung beantragt wird (**RG** 116, 365). Die hier (Vorbem. vor § 854) früher vertretene Ansicht, daß § 986 dem Besitzer eine Rechtsstellung gebe, welche ihn zur Klage aus § 771 ZPO berechtige, ist in **RG** 127, 11 gegenüber der Vollstreckung eines Hypothekengläubigers in ein Grundstück mit überzeugenden Gründen wieder aufgegeben worden. Ob der Beamte (z. B. ein Förster bei Ausübung des Jagdschutzes) innerhalb seiner amtlichen Befugnis gehandelt hat, kann der ordentliche Richter selbst prüfen (**RG** JW 1908, 653[2]; **RG** 108, 239). Nur Gestattung durch „das Gesetz", nicht auch durch Verwaltungsakt beseitigt die Widerrechtlichkeit (OGH MDR 1948, 472), sofern der Verwaltungsakt nicht auf grundgesetzlicher Ermächtigung die Entziehung oder Störung gestattet (vgl. Bettermann aaO 474). Die Zuweisung von Mieträumen durch das Wohnungsamt (Bürgermeister) gibt nur einen Anspruch auf Besitzeinräumung, berechtigt aber nicht dazu, eigenmächtig Besitz zu ergreifen (MDR 1948, 472; OGH 1, 359; entsprechend für eine Ermächtigung durch die Militärregierung, auf einem Gestüt Pferdezucht zu treiben OGH 25. 4. 49 II a ZS 55/48). Über das allgemeine Recht, eine — auch unbegründete — Klage zu erheben vgl. **BGH** 20, 169 und oben Anm. 6.

Anm. 10

bb) Bürgerlich-rechtlich gehört hierher insbesondere das Selbsthilferecht (§§ 227 bis 229, 861, 904). Vgl. ferner die §§ 859 Abs. 2—4, 860, 561, 581, 904, 910, 962, weiter EG Art. 89 über das Selbstpfändungsrecht. Nicht hierher gehören die Fälle des § 867, wo dem Sachbesitzer nur ein Anspruch gewährt und dem Grundstücksbesitzer nur die Verpflichtung auferlegt ist, eine Einwirkung zu gestatten; ebenso nicht der Fall des § 258 Satz 2, der vom Sachbesitzer gleichfalls nur das Gestatten einer Einwirkung verlangt; endlich nicht die Fälle, in denen jemand nur kraft eines subjektiven Rechts, dinglicher oder persönlicher Art, zur Vornahme der betreffenden Besitzhandlung befugt ist, vgl. z. B. den vom **RAG** 5, 263 entschiedenen Fall. Insoweit kann lediglich der § 863 Platz greifen. Der Testamentsvollstrecker darf auf Grund des § 2205 ebensowenig eigenmächtig handeln wie früher der Ehemann nach den §§ 1373, 1443, 1519, 1549, sämtlich alter Fassung (aM die 10. Auflage). Wegen des Jägernotwegs (früher RJagdG § 28) vgl. jetzt die Landesgesetze, Zusammenstellung bei Mitzschke-Schäfer Bundesjagdgesetz 2. Aufl., S. 268. Wegen des sog. Jagdnotstandsrechts (§ 859 Anm. 2) ist jetzt auf die Ausführungsvorschriften der Länder zu § 23 BJagdG zu verweisen.

Anm. 11

cc) Die **schuldrechtliche** Gestattung der Besitzentziehung steht einer durch das Gesetz erlaubten Besitzentziehung **nicht** gleich, gehört also nicht zu den gesetzlich zugelassenen Fällen der Besitzentziehung (**RG** 146, 186).

Anm. 12

3. Zur Widerrechtlichkeit: Über den Begriff „widerrechtlich" vgl. Erl. zu § 227. In welcher Absicht ein Täter gehandelt hat, ist unerheblich. Einflußlos ist mithin auch seine Schlecht- oder Gutgläubigkeit in Hinsicht auf ein Einverständnis des Besitzers (**RG** 67, 389, wo die Ablieferung der Kaufsache nur gegen Zahlung des Kaufgeldes versprochen war; vgl. auch Gruchot 50, 676). Unwesentlich ist auch das Kennen oder Kennenmüssen des Besitzes des andern; eine Bergungsgesellschaft, die in dem **RG** 138, 121 unterstellten, nach **RG** 143, 168f aber schließlich nicht gegebenen Falle (§ 856 Anm. 6) auf eigene Faust den Anker suchen, finden und in Besitz nehmen würde, handelte widerrechtlich. Es ist auch kein Bewußtsein der Rechtswidrigkeit erforderlich (OGH MDR 1948, 472). Unwesentlich ist endlich die Frage des Verschuldens. Auf diese kommt es nur an, wenn es sich um die Verpflichtung zum Schadenersatz handelt (RG 55, 55; JW 1906, 737[5]; Gruchot 51, 985). Das Nähere hierüber bei § 861 Anm. 13.

II. Fehlerhaftigkeit des Besitzes (Abs. 2):

Anm. 13

1. Der Berechtigte: Die Fehlerhaftigkeit des durch verbotene Eigenmacht erlangten Besitzes (vgl. Anm. 1) kommt zunächst nur unmittelbar **zugunsten** dessen in Betracht, gegen den die verbotene Eigenmacht verübt worden ist; sodann aber auch zugunsten seines Rechtsnachfolgers (§ 861 Anm. 8). Andere können sie nicht geltend machen.

Anm. 14

2. Der Verpflichtete: Die Fehlerhaftigkeit des Besitzes **wirkt** nicht nur **gegen** den, der sich selbst der verbotenen Eigenmacht schuldig gemacht hat, sondern, unter den hier vorgesehenen Voraussetzungen, **auch gegen seinen Besitznachfolger** (§ 861 Anm. 10). Beruht die Besitznachfolge auf Erbgang, § 857 (nicht etwa auf einer Besitzübertragung durch den Erblasser), dann muß der Nachfolger die Fehlerhaftigkeit des Besitzes seines Erblassers schlechthin in gleicher Weise gegen sich gelten lassen, wie es dieser selbst hätte tun müssen. War der Erblasser mittelbarer, der Erbe unmittelbarer Besitzer, so wird der Erbe nicht Besitznachfolger, der mittelbare Besitz erlischt. Ist die Besitznachfolge nur eine tatsächliche, dann greift der Grundsatz des § 858 Abs. 2 lediglich unter der Bedingung ein, daß der Nachfolger die Fehlerhaftigkeit des Besitzes seines Vorgängers beim Erwerb seines Besitzes gekannt hat. In diesem Zeitpunkt müssen ihm mithin die gesamten Vorgänge bekannt gewesen sein, auf denen die Fehlerhaftigkeit des vormaligen Besitzerwerbs des Vorgängers beruht hatte (§ 858 Abs. 1). Gefordert ist dabei wirkliche Kenntnis, so daß fahrlässige Unkenntnis (§ 122 Abs. 2) nicht genügt. Da ferner Kenntnis „bei" der Erlangung des Besitzes vorausgesetzt wird, so schadet nachträgliche Kenntnisnahme nicht. Auch die bloße Kenntnis, daß ein anderer ein Recht zum Besitz hat, genügt nicht (OGH MDR 1948, 472). Immer muß endlich die Fehlerhaftigkeit des Besitzes des unmittelbaren Vorgängers in Frage stehen. Kann der Kläger nicht behaupten, daß sich der unmittelbare Vorgänger des Beklagten der verbotenen Eigenmacht schuldig gemacht hat, kann vielmehr eine solche Handlungsweise erst einem früheren Besitzer zur Last gelegt werden, dann kann die Fehlerhaftigkeit seines Besitzerwerbs nur in Betracht kommen, wenn sie auch in der Person des späteren unmittelbaren Besitzers fortgewirkt hat, weil dieser nämlich bei seinem Besitzerwerb die Fehlerhaftigkeit des Besitzerwerbs seines Vorgängers erkannt hatte; dementsprechend muß also der Kläger gegebenenfalls nachweisen, daß dem verklagten gegenwärtigen Besitzer bei dem Erwerb auch alle die Umstände bekannt gewesen sind, die den Besitz seiner mehreren Vorgänger zu einem fehlerhaften gemacht hatten.

Die Fehlerhaftigkeit entfällt nicht, wenn derjenige, der fehlerhaft besitzt, den Besitz zeitweilig verliert, ihn dann aber zurückerhält (OGH 25. 4. 49 IIa ZS 55/48).

§ 859

Der Besitzer darf sich verbotener Eigenmacht mit Gewalt erwehren.

Wird eine bewegliche Sache dem Besitzer mittels verbotener Eigenmacht weggenommen, so darf er sie dem auf frischer Tat betroffenen oder verfolgten Täter mit Gewalt wieder abnehmen.

Wird dem Besitzer eines Grundstücks der Besitz durch verbotene Eigenmacht entzogen, so darf er sofort nach der Entziehung sich des Besitzes durch Entsetzung des Täters wieder bemächtigen.

Die gleichen Rechte stehen dem Besitzer gegen denjenigen zu, welcher nach § 858 Abs. 2 die Fehlerhaftigkeit des Besitzes gegen sich gelten lassen muß.

E I 815 Abs 1—3 II 781; M 3 112; P 3 38.

Übersicht

Besitzschutz durch Selbsthilfe

Anm. 1

I. Selbsthilfeberechtigter ist nur der unmittelbare Besitzer oder nach § 860 sein Besitzdiener (**RG** 146, 190; HRR 1934 Nr. 1282). Dem mittelbaren Besitzer ist die entsprechende Befugnis nicht gewährt (§ 869); er kann sich unter Umständen auf die §§ 227, 229 berufen, auf § 227 jedoch nur, soweit die Nothilfe dem Willen des unmittelbaren Besitzers entspricht (vgl. für Wahrung des Hausrechts OLG Freiburg JZ 1952, 334). Im Falle der gesetzlichen Stellvertretung kann jedoch der gesetzliche Stellvertreter vom Recht aus § 859 vermöge seiner sonstigen gesetzlichen Befugnisse zum Schutze des Vertretenen auch dann Gebrauch machen, wenn nur der Vertretene den unmittelbaren Besitz hat (**RG** 64, 386 hinsichtlich des väterlichen Gewalthabers). Vgl. auch § 863 Anm. 5.

Anm. 2

II. Die **Besitzwehr** (Abs. 1): Das Recht auf Selbsthilfe enthält die **Befugnis, sich verbotener Eigenmacht** (§ 858) **mit Gewalt zu erwehren.** Das Recht ist unbedingt, insbesondere nicht an die Voraussetzungen der Notwehr (§ 227) oder des Selbsthilferechts im Sinne des § 229 gebunden (**RG** 146, 190; HRR 1934 Nr. 1282). Außerhalb des sog. Jagdnotstandsrechts (früher RJagdG § 40 Abs. 2 [oben § 858 Anm. 10]; vgl. hierzu Stelling JW 1934, 2212) gilt für den Jagdschutz auch das Besitzwehrrecht des § 859, z. B. gegenüber wildernden Hunden. In welcher Weise sich die Abwehr vollziehen darf, richtet sich nach der Art des Angriffs. Wer trotz entgegenstehenden Verlangens des Besitzers auf dessen Grundstück verweilt, kann mit Gewalt entfernt werden (**RG** 19. 3. 08 VI 258/07). Unter Umständen ist es auch statthaft, Dritte zu Hilfe zu nehmen. Die Selbsthilfe darf indessen niemals weiter gehen, als nötig ist, um den gegenwärtigen, sich als Eigenmacht darstellenden Angriff abzuwehren (**RG** JW 1903 Beil. Nr. 297; 1931, 2782[2]; **RGSt** 34, 250). Sonst wird die Handlungsweise selbst widerrechtlich. Wildernde Hunde dürfen abgeschossen werden, wenn keine milderen Mittel ausreichen (OLG Königsberg HRR 1938 Nr. 1278). Zulässig ist gemäß § 127 StPO, dem Festgenommenen Überführungsstücke wegzunehmen, um sie der Polizeibehörde zu übergeben oder um sie zu diesem Zwecke ohne Festnahme der Person zu beschlagnahmen (**RG** 64, 385). Widerstand des Besitzstörers gegenüber erlaubter Selbsthilfe ist widerrechtlich.

III. Die **Besitzkehr:** Ausnahmsweise enthält das Selbsthilferecht auch die **Befugnis zur Wiederherstellung des früheren Besitzstandes.**

Anm. 3

1. Zu Abs. 2: Wird dem Besitzer eine **bewegliche Sache** durch verbotene Eigenmacht weggenommen, so kann er sie dem Täter eigenmächtig wieder abnehmen. Er muß es jedoch in unmittelbarem Anschluß an die Wegnahme tun, sei es, daß er den Täter auf frischer Tat, d. h. bei oder doch alsbald nach der Tat betroffen hat, sei es, daß er ihm nacheilt. So kann der Jagdberechtigte, dem das in seiner Falle gefangene Wild von einem Unbefugten weggenommen worden ist, unter den bezeichneten Voraussetzungen den Täter bis ins Haus und auch noch weiterhin verfolgen (**RGSt** 54, 196; 59, 50; JW 1931, 2643[14]). Der Täter braucht selbst bei der Tat nicht wahrgenommen worden zu sein. Sind jene Voraussetzungen nicht gegeben, dann ist der bisherige Besitzer nur auf den Rechtsbehelf des § 861 angewiesen. Die trotzdem bewirkte eigenmächtige Wiederabnahme würde sich als verbotene Eigenmacht darstellen, falls nicht unter den besonderen Umständen ein Fall erlaubter Selbsthilfe gemäß § 229 vorläge.

Anm. 4

2. Zu Abs. 3: Das Recht auf Wiederherstellung ist auch für den Fall gegeben, daß Gegenstand des Besitzes ein **Grundstück** war. Dieser Fall regelt sich nach den in Anm. 3 erörterten Grundsätzen. Das Recht, sich des Grundstücks wieder zu bemächtigen, besteht insbesondere auch hier nur dann, wenn sich die Maßregel in unmittelbarem Anschluß an die Besitzentsetzung ausführen läßt.

Anm. 5

IV. Die Rechte **gegen Nachfolger** im Besitz **(Abs. 4)** im Rahmen des § 858 Abs. 2 sind dem Besitzer eingeräumt worden, weil er sonst in vielen Fällen schutzlos, insbesondere eine Umgehung der Selbsthilfevorschriften leicht möglich wäre.

Anm. 6

V. In den durch § 859 Abs. 2 u. 3 bestimmten Grenzen darf der Besitzer auch eine **Störung** seines Besitzes wieder **beseitigen.**

§ 860

Zur Ausübung der dem Besitzer nach § 859 zustehenden Rechte ist auch derjenige befugt, welcher die tatsächliche Gewalt nach § 855 für den Besitzer ausübt.

E I 815 Abs 4 II 782; M 3 114; P 3 38, 40; 6 219.

Selbsthilferecht des Besitzdieners. Die Rechte aus den §§ 861, 862 stehen dem Besitzdiener (§ 855) nicht zu, und von den Befugnissen aus § 859 darf er nur zum Schutze des Besitzes des Besitzherrn und niemals gegen ihn Gebrauch machen (§ 855 Anm. 11). Da die Vorschrift die Besitzrechte des Besitzherrn schützt, ist sie auch dann nicht anwendbar, wenn ein Betriebsangehöriger Arbeitsgeräte eines anderen Betriebsmitgliedes wegnimmt, um eine ihm aufgetragene Arbeit innerhalb des Betriebes auszuführen (OLG Köln JMBlNRW 1956, 180). Andere Personen als der Besitzdiener sind zur Ausübung des Selbsthilferechts im Sinne des § 859 für den unmittelbaren Besitzer nicht befugt.

§ 861

Wird der Besitz durch verbotene Eigenmacht dem Besitzer entzogen, so kann dieser die Wiedereinräumung des Besitzes von demjenigen verlangen, welcher ihm gegenüber fehlerhaft besitzt.

Der Anspruch ist ausgeschlossen, wenn der entzogene Besitz dem gegenwärtigen Besitzer oder dessen Rechtsvorgänger gegenüber fehlerhaft war und in dem letzten Jahre vor der Entziehung erlangt worden ist.

E I 819, 824 II 783; M 3 123, 131; P 3 43; 6 220.

Übersicht

Besitzentziehungsanspruch

1. Der Entziehungsanspruch (Abs. 1)

Anm. 1

1. Allgemeines: Der eigentliche Klagegrund ist die gegen den Kläger geübte verbotene Eigenmacht. Das etwaige Recht oder das bessere Recht zum Besitz spielt hier keine Rolle. Vgl. anderseits § 1007. Eine aus anderem Grunde als aus Eigenmacht hervorgegangene Fehlerhaftigkeit (insbesondere nur bittweise überlassener Besitz) genügt als Klagegrund nicht (**RG** 26. 1. 07 V 228/06). Zur Besitzentziehung: § 858 Anm. 5. Zwischen Grundstücken und beweglichen Sachen wird nicht unterschieden. Aber eine „Sache" muß es sein. Da der eingerichtete und ausgeübte Gewerbebetrieb als solcher keine „Sache" ist, sind die Vorschriften über Besitzschutz auf ihn nicht anwendbar; insoweit ist eine dem § 1004 nachgebildete Klage gegeben (vgl. § 862 Anm. 5); ihr gegenüber kann indessen das Recht, die störende Handlung vorzunehmen, unbeschränkt geltend gemacht werden (**RG** WarnRspr 1927 Nr. 55). Vgl. dagegen § 863.

Anm. 2

2. Der Anspruchsberechtigte: Als **Besitzer** kommt in der Regel nur der unmittelbare Besitzer in Betracht; er hat aber auch dem mittelbaren Besitzer gegenüber Anspruch auf Besitzschutz (**RG** WarnRspr 1927 Nr. 55). Der mittelbare Besitzer hat den Anspruch auf Wiedereinräumung nur dann, wenn der unmittelbare Besitzer den Besitz gegen seinen eigenen Willen verloren hat (**RG** 68, 386; 105, 415). Vgl. § 869 Anm. 2. Gleichgültig ist gegebenenfalls, ob der unmittelbare Besitzer die Sache für sich selbst oder, wie der gesetzliche Vertreter, für einen andern besessen hat (§ 854 Anm. 18), ebenso, ob als eigene oder als fremde, z. B. als Mieter oder Pächter (**RG** 59, 327). Was der Eigentümer, etwa nach § 906, dulden muß, haben aber auch Mieter und Pächter zu dulden (**RG** 105, 215). Unerheblich ist auch, ob der Besitzer ein Recht zum Besitze hatte oder nicht. Berechtigt zur Klage ist auch, wer fehlerhaft besitzt, z. B. der Dieb (§ 854 Anm. 8; § 858 Anm. 1), allerdings mit der in Abs. 2 zugunsten des entsetzten Besitzers bestimmten Einschränkung. Auch der Besitzer kraft Erbgangs (§ 857) hat die Klage.

Hinsichtlich des Teilbesitzes vgl. § 865, hinsichtlich der Mitbesitzer § 866, hinsichtlich des mittelbaren Besitzes § 869.

Anm. 3

3. Der Anspruchsgegner: Der richtige Beklagte ist, wer gegenwärtig fehlerhaft besitzt. Da dem Anspruch auf Wiederherstellung des Besitzes nur genügen kann, wer zur Zeit selbst die tatsächliche Gewalt über die Sache hat, so kann die Besitzklage auch gegen den Täter, der die Besitzentsetzung verübt hat, nur dann gerichtet werden, wenn er zur Zeit der Klageerhebung noch Besitzer der Sache ist (**RG** Warn 1925 Nr. 24). Andernfalls gibt es gegen ihn nur die Schadenersatzklage. Ebenso steht ein nach der Klageerhebung eintretender Besitzverlust des Täters (abgesehen vom Kostenpunkte) der weiteren Verfolgung der Besitzentziehungsklage entgegen (M 3, 124; str; vgl. Planck/Brodmann Anm. 2c). Nur dann bleibt die weitere Verfolgung zulässig, wenn der Beklagte den Besitz zugunsten eines andern unter solchen Umständen aufgegeben hat, daß zwischen ihm und dem andern das Verhältnis des mittelbaren Besitzes hergestellt worden ist (vgl. OLG Celle NJW 1957, 27 für nachträgliche Pfändung durch Gerichtsvollzieher). Dann greift § 325 ZPO in Verbindung mit § 265 ZPO ein, da auch bei einer Besitzklage „die Sache in Streit befangen war". Da ferner eine Klage nicht gegen jedweden gegenwärtigen Besitzer der entzogenen Sache gerichtet werden kann, sondern nur gegen den, dessen Besitz dem Kläger gegenüber im Sinne des § 858 fehlerhaft ist, kann der Täter nur unter den Voraussetzungen des § 858 Abs. 1 und sein Nachfolger nur unter den Voraussetzungen des § 858 Abs. 2 aus § 861 verklagt werden. Das ist nicht der Fall, wenn jemand die weggenommene Sache an einen gutgläubigen Dritten veräußert und sie dann von diesem zurückerworben hat; durch die Veräußerung an den Dritten ist der Besitzentziehungsanspruch erloschen (DJZ 1935, 441, vgl. aber § 858 Anm. 14 a. E. für den Fall bloßen zeitweiligen Besitzverlustes). Gleichgültig ist aber, ob der verklagte Besitzer bei der Inbesitznahme der Sache für sich oder für einen andern, ferner, ob er aus eigenem Antrieb oder im Auftrag eines andern gehandelt hatte.

Anm. 4

Verklagt werden kann auch der mittelbare Besitzer, jedoch nur dann, wenn auch bei ihm nach Abs. 1 die Voraussetzungen des fehlerhaften Besitzes vorliegen. So insbesondere, wenn er den unmittelbaren Besitz fehlerhaft erworben und demnächst diesen Besitz auf Grund eines Verhältnisses der in § 868 geordneten Art auf einen andern übertragen hatte. Der mittelbare Besitzer kann freilich den früheren unmittelbaren Besitz des Klägers nicht wiederherstellen, weil er selbst keine tatsächliche unmittelbare Herrschaft ausübt. Aber er kann wenigstens seinen mittelbaren Besitz gemäß § 870 auf den Kläger übertragen (nötigenfalls nach § 894 ZPO erreichbar), und im Rechte zum mehreren liegt auch das Recht zum minderen. Über das Recht des unmittelbaren Besitzers, den mittelbaren Besitzer zu benennen, vgl. § 76 ZPO.

Anm. 5

Ein bloßer Besitzdiener kann niemals der richtige Beklagte sein, da seine Tätigkeit nur dem Besitzherrn zugerechnet werden darf und deshalb nur diesem der Besitz verschafft ist. Die Besitzklage kann dagegen gemäß den §§ 124 Abs. 1, 161 Abs. 2 HGB auch gegen eine offene Handelsgesellschaft oder Kommanditgesellschaft gerichtet werden, da diese selbst — nicht nur der einzelne Gesellschafter — die rechtsähnliche Besitzerstellung erlangen kann (OLG Celle NJW 1957, 27).

Anm. 6

4. Inhalt des Anspruchs: Der **Anspruch** geht **auf Wiedereinräumung des Besitzes,** also auf Herstellung des vormaligen tatsächlichen Zustandes (früheren Gewaltverhältnisses). Er ist mithin nicht nur auf ein Dulden oder Gestatten, sondern auf ein Tun gerichtet. Durch die Besitzklage ist dem Besitzer, wiewohl der Besitz an sich nur ein tatsächliches Verhältnis darstellt, ein wirklicher Rechtsanspruch gewährt, und zwar auf den Besitzschutz. Danach läßt sich die Ansicht rechtfertigen, daß das dem Besitzer (Mieter) eingeräumte Recht auf ungestörten Gebrauch der Sache (Mietsache) zu den von jedermann zu achtenden Rechten gehört, von denen § 823 Abs. 1 handelt (**RG** 59, 328; 13. 11. 23 VII 903/22; vgl. Buchwald JahrbAkDR 1937, 17, ferner **RG** 170, 6).

II. Der Ausschluß des Anspruchs (Abs. 2)

Anm. 7

Allgemeines zum **Einwand des fehlerhaften Besitzes** (exceptio vitiosae possessionis). Die Fassung: Der **Anspruch ist ausgeschlossen,** drückt aus, daß der in Abs. 1 gedachte Anspruch des früheren Besitzers im gegebenen Falle nicht besteht und daß sonach die etwaige Klage ohne weiteres abzuweisen ist. Auch im Versäumnisverfahren muß sie deshalb abgewiesen werden, wenn sich der Ausschließungsgrund schon aus ihrem Vortrag ergibt. Dementsprechend kann aber auch einem Vorbringen des Beklagten, das die Voraussetzungen des Abs. 2 geltend macht, nicht die Bedeutung eines Einwandes im eigentlichen Sinne beigelegt werden; es soll den Richter nur mit dem Vorhandensein des Ausschließungsgrundes bekanntmachen.

Anm. 8

Der **Ausschließungsgrund ist gegeben,** wenn die folgenden Tatumstände sämtlich zusammentreffen: a) der dem Kläger entzogene Besitz war selbst fehlerhaft entstanden, und zwar dem gegenwärtigen Besitzer (dem Beklagten) selbst oder seinem Rechtsnachfolger gegenüber, b) der Kläger hatte seinen fehlerhaften Besitz im letzten

Jahre vor der Entsetzung erlangt, gegen die er jetzt geschützt sein will. Der seines Besitzes entsetzte Kläger muß also vor nicht länger als Jahresfrist, von seiner Entsetzung ab zurückgerechnet, dem Beklagten oder dessen Rechtsvorgänger den Besitz ohne deren Willen seinerseits entzogen haben (§ 858 Abs. 1). Die Frist ist eine Ausschlußfrist (Erl. zu § 186). Ihr Lauf beginnt unbedingt mit dem Zeitpunkte der Entsetzung des Klägers, und sie berechnet sich nach § 187.

Anm. 9

Rechtsvorgänger des Beklagten im Sinne dieser Bestimmung ist nicht nur sein Erblasser (§ 857); vielmehr genügt, daß der Nachfolger in die Besitzstellung seines Vorgängers, wenn auch nicht auf Grund, so doch infolge einer sonstigen Rechtsnachfolge eingetreten ist (**RG** 40, 339; 53, 10; 56, 244), beispielsweise ein Mieter hat infolge der Übertragung seines Vertragsrechts auf einen Dritten diesem auch seinen bisherigen Besitz eingeräumt (§ 221 Anm.). Deshalb ist es nicht zu billigen, wenn angenommen wird, daß nur die erbrechtliche Nachfolge in Betracht komme, oder wenn man als genügend erachtet, daß der vormals vom jetzigen Kläger des Besitzes Entsetzte lediglich seinen dieserhalb gegen den Kläger entstandenen Wiedereinräumungsanspruch an den jetzt Beklagten rechtsgeschäftlich übertragen hat.

Anm. 10

Gemäß § 858 Abs. 2 muß der gegenwärtige Besitzer (der Beklagte) unter Umständen auch die Fehlerhaftigkeit des Besitzes seines **Besitz-** (nicht Rechts-)**Vorgängers** gegen sich gelten lassen (§ 858 Anm. 14). In den Grenzen dieser Bestimmung gilt der Ausschließungsgrund des Abs. 2 dem Anspruche des Klägers gegenüber auch dann, wenn der Vorgänger des Klägers sich der Eigenmacht gegen den Beklagten schuldig gemacht hatte.

Anm. 11

III. **Beweislast:** Der Kläger hat seinen früheren Besitz und die Entziehung durch verbotene Eigenmacht zu beweisen (OGH 11. 11. 48 II ZS 14/48). Der Beklagte hat zu beweisen, daß der ehemalige Besitz des Klägers bereits vor der dem Beklagten zur Last gelegten Entsetzung beendigt war. Ihm liegt auch der Beweis im Falle des Abs. 2 ob, auch dafür, daß ihm die Besitzentziehung gestattet war (**RG** 64, 386).

Anm. 12

IV. **Verfahrensrechtlich** folgt die Besitzklage den gewöhnlichen Regeln. Der Rechtsweg ist auch dann zulässig, wenn die Sache dem Besitzentzieher durch gültigen Verwaltungsakt zugewiesen worden ist (OGH 1, 358). Gemäß § 260 ZPO ist eine Verbindung mit der (petitorischen) Rechtsklage zulässig. Statthaft ist auch die Erhebung einer Widerklage, insbesondere im Rahmen des § 861 Abs. 2, wenn der Beklagte feststellen lassen will, daß der Besitz des Klägers ihm gegenüber fehlerhaft im Sinne des Abs. 2 gewesen war. Eine Widerklage dagegen auf Wiedereinräumung des durch den Kläger dem Beklagten entzogenen Besitzes müßte an dem Umstande scheitern, daß der Kläger gegenwärtig keinen Besitz hat (Anm. 3; Staudinger/Seufert Anm. 26). Der Übergang aus der einen Besitzklage in die andere (§§ 871, 862) ist keine unzulässige Klageänderung.

Anm. 13

V. **Anspruch auf Schadenersatz.** Neben den Ansprüchen aus den §§ 861, 862 steht dem Besitzer falls der Gegner widerrechtlich und schuldhaft gehandelt hat, auch ein Schaden entstanden ist — was nicht immer der Fall zu sein braucht —, ferner der Anspruch auf Schadenersatz zu (**RG** 59, 326; 91,65; WarnRspr 1925 Nr. 24; 13.11.23 VII 903/22). Der Besitz ist ein „sonstiges Recht" im Sinne des § 823 Abs. 1 (**RG** 170, 6; aber kein Recht im Sinne von § 93; vgl. § 865 Anm. 1) und § 858 ist ein Schutzgesetz im Sinne des Abs. 2 das. Der Gedanke, daß die §§ 861, 862 alle Ansprüche, die sich aus verbotener Eigenmacht ergeben könnten, erschöpfend geregelt hätten, wie das hinsichtlich der Ansprüche des Eigentümers wegen Verletzung des Eigentums nach den §§ 992 ff zutrifft, ist abzulehnen, schon wegen der für die Besitzklagen bestimmten kurzen Frist (§ 864) und weil die Schadenersatzklage statt auf Wiederherstellung des früheren Zustandes auch auf eine Geldleistung gerichtet sein kann (**RG** JW 1906, 737[5]). Der Besitzentzieher kann die Schadenersatzpflicht nicht deshalb ablehnen, weil er sich durch Eigenmacht in den Besitz einer Sache gesetzt hat, die ihm vertraglich doch zu gewähren war; denn geschädigt ist der Besitzer dadurch, daß ihm Besitz und Verfügungsmöglichkeit über die Sache entzogen sind (vgl. **RG** 146, 182).

§ 862

Wird der Besitzer durch verbotene Eigenmacht im Besitze gestört, so kann er von dem Störer die Beseitigung der Störung verlangen. Sind weitere Störungen zu besorgen, so kann der Besitzer auf Unterlassung klagen.

Der Anspruch ist ausgeschlossen, wenn der Besitzer dem Störer oder dessen Rechtsvorgänger gegenüber fehlerhaft besitzt und der Besitz in dem letzten Jahre vor der Störung erlangt worden ist.

E I 820, 824 II 784; M 3 125, 131; P 3 44; 6 220.

Übersicht

Besitzstörungsanspruch

I. Der **Störungsanspruch** (Abs. 1 Satz 1)

Anm. 1

1. Allgemeines: Die Klage wegen Besitzstörung ist der Klage wegen Besitzentziehung nachgebildet (vgl. die Erläuterungen zu § 861). Sie ist besonders bedeutsam für den Schutz nicht dinglich Berechtigter (Mieter, Pächter; vgl. § 858 Anm. 2) gegen Störungen durch Dritte, auch gegenüber anderen Mietern im selben Hause (vgl. JW 1937, 2918[28]; JW 1938, 3175). Besitzstörung: § 858 Anm. 6, 7. Teilbesitz: § 865. Wegen der Rechtsähnlichkeit von Eigentums- und Besitzstörungen sind auch die Bemerkungen zu § 1004 heranzuziehen (vgl. **RG** 105, 213; 139, 29; JW 1936, 3454[6]).

Anm. 2

2. Der **Anspruchsberechtigte.** Wie sich aus § 869 ergibt, handelt es sich auch im § 862 nur um den unmittelbaren Besitzer (**RG** JW 1908, 274[9]; 1931, 2904[5]). Die Störung des unmittelbaren Besitzers im ruhigen Besitz kann auch darin liegen, daß ihm durch Verbote und Drohungen die Möglichkeit verkürzt wird, den unmittelbaren Besitz auf einen andern zu übertragen. Es ist jedoch keine Besitzstörung, wenn jemand gehindert wird, den Besitz zu erlangen. Die im § 904 verordnete Eigentumsbeschränkung zugunsten einer durch Notstand gebotenen Handlung ergreift die Sache selbst und wirkt daher auch gegen den Besitzer. Ihm steht auch der als Ausgleich für die Duldungspflicht bestimmte Schadenersatzanspruch zu (**RG** 156, 190).

Anm. 3

3. **Störer** ist auch der, durch dessen maßgebenden Willen das störende Zustandsverhältnis geschaffen oder aufrechterhalten wird (**RG** 92, 24; 155, 319); er braucht nicht

Eigentümer des Nachbargrundstücks zu sein, von dem die Störung ausgeht (**RG** JW 1936, 3454[6]). Die Abwehrklage kann sich auch gegen den nur mittelbaren Störer wenden, dessen Handeln störend auf die fremde Sache einwirkt, wenn nur ursächlicher Zusammenhang mit der Schadenswirkung besteht (**RG** 155, 154, 316; 156, 190; Gruchot 54, 158).

II. Die **Unterlassungsklage**

Anm. 4

1. Zu Abs. 1 Satz 2: Die **Klage auf Unterlassung weiterer Störungen** ist (wie im Falle des § 1004) nur dann gegeben, wenn die Umstände einen tatsächlichen Anhalt dafür bieten, daß sich die den Besitz störenden Ereignisse wiederholen können; eine nur denkbare Möglichkeit reicht nicht aus (**RG** 63, 379; JW 1913, 543[8] zu § 1004). Auf welche Weise der zur Unterlassung Verurteilte seiner Pflicht genügen will, bleibt zu ermessen seine Sache. Ist dazu eine Tätigkeit erforderlich, bedarf es insbesondere (wie etwa bei Zuführungen im Sinne des § 906), um die Unterlassung sicherzustellen, gewisser Anstalten, so muß der Verurteilte auch diese treffen (**RG** 63, 379 u. 14. 9. 06 III 240/06). Der Störer ist niemals berechtigt, den Besitzer mit Geld abzufinden. Denn der Anspruch auf Unterlassung aus § 862 ist kein Anspruch auf Schadenersatz; § 251 Abs. 2 ist daher nicht anzuwenden (**RG** 51, 411 zu § 1004). Fällt die Störung im Laufe des Rechtsstreits fort, so hat sich die Klage in der Hauptsache erledigt; es ist nur noch wegen der Kosten zu entscheiden (**RG** 60, 8).

Anm. 5

2. Die **allgemeine Unterlassungsklage.** In Ausdehnung des in den §§ 12, 862, 1004 enthaltenen Rechtsgedankens hat die Rechtsprechung des **RG** (60, 6; 61, 369; 95, 339; 109, 276; 116, 151; 148, 123; 151, 166; 155, 94) den Grundsatz entwickelt, daß jeder sachlich rechtswidrige Eingriff in ein vom Gesetz geschütztes Rechtsgut (zum Gewerbebetrieb vgl. § 861 Anm. 1) ohne Rücksicht auf ein Verschulden des Handelnden zur Klage auf Unterlassung berechtigt, wenn Wiederholungsgefahr besteht; die Klage kann auch dann erhoben werden, wenn strafrechtlicher Schutz gegeben ist.

Anm. 6

III. Ausschluß des Anspruchs unter den gleichen Voraussetzungen wie in § 861 Abs. 2 (Anm. 7—10 das.).

Anm. 7

IV. Sonderfälle: In den Fällen des § 26 GewO und des § 148 prABergG sind keine Abwehransprüche sondern nur vom Verschulden der Störer unabhängige **Schadenersatzrechte** gegeben (**RG** 154, 162; 155, 319; vgl. Erl. zu § 1004).

§ 863

Gegenüber den in den §§ 861, 862 bestimmten Ansprüchen kann ein Recht zum Besitz oder zur Vornahme der störenden Handlung nur zur Begründung der Behauptung geltend gemacht werden, daß die Entziehung oder die Störung des Besitzes nicht verbotene Eigenmacht sei.

E I 822, 785 II 848; M 3 129; P 3 44.

Übersicht

Einwendungen aus dem Recht des Täters

Anm. 1

I. Grundsatz:

1. Allgemeines. Einwendungen aus einem Rechte des Täters sind dem Beklagten gegenüber einer Besitzklage auf Wiedereinräumung des entzogenen Besitzes (§ 861) oder auf Beseitigung der Besitzstörung (§ 862) nur in beschränktem Umfange, nämlich nur insoweit gestattet, als sie zur Widerlegung des Klagegrundes der Eigenmacht dienen (§ 861 Anm. 1). Er kann sich daher auch nicht schlechthin auf die Behauptung stützen, daß er (wie der Eigentümer oder der Nießbraucher) ein sachliches Recht auf den Besitz der Sache habe (**RG** 4. 3. 24 VII 412/23) oder daß er zur Vornahme der störenden Handlung kraft sachlichen Rechts (etwa eines Dienstbarkeitsrechts) berechtigt sei. Vielmehr müßte aus dem Einwande zugleich hervorgehen, daß er den Besitz nicht „ohne den Willen" (§ 858) des Klägers entzogen oder gestört hat, z. B. wenn der Besitzer einem andern die Entnahme von Bodenbestandteilen gestattet hat. Im übrigen kann mit Erfolg nur entgegengesetzt werden, daß einer der Fälle vorliegt, in denen nach dem Gesetze selbst die Entziehung oder die Störung statthaft war (vgl. § 858 Anm. 8—10).

Anm. 2

2. Einzelfälle: Beachtlich wäre z. B. die Behauptung, daß der Besitzer die Vornahme der Handlung gestattet oder gewollt habe; unbeachtlich ist dagegen das Vorbringen, das Vertragsverhältnis, auf Grund dessen der Beklagte als Eigentümer dem Kläger den Besitz an der Sache eingeräumt habe, sei zur Zeit der Entsetzung des Klägers bereits erloschen gewesen, ebenso der Einwand des Besitzentziehers, die Sache sei ihm durch einen gültigen Verwaltungsakt zugewiesen worden (OGH 1, 358). Denn folgt aus dem Eigentum auch das Recht auf den Besitz der Sache, so enthält das Recht doch nicht ohne weiteres die Befugnis zur Selbsthilfe (§ 858 Anm. 1). Die Selbsthilfe ist vielmehr nur unter den Voraussetzungen des § 229 gestattet. Der störende Mitmieter kann sich gegenüber seinem Nachbarn auch nicht auf eigene abweichende Abreden mit dem Vermieter berufen (JW 1938, 3175).

Anm. 3

Unzulässig, wenn auch unter anderem Gesichtspunkte, ist ferner der Einwand, daß der Besitz des Klägers des rechtfertigenden Grundes entbehrt habe (**RG** SeuffArch 81 Nr. 188). Schon die Tatsache des Besitzes wird geschützt.

Anm. 4

3. Zulässigkeit der Widerklage. Ist der geltend gemachte Einwand zulässig, so kann auf Grund dieser Verteidigung zugleich eine Widerklage erhoben werden (§ 33 ZPO). Eine Behauptung dagegen, die schon als Einwand unzulässig ist, kann nach weit verbreiteter Ansicht auch keine Widerklage stützen (**RG** 23, 396; Gruchot 42, 1187). Die Begründung, dies beruhe auf § 33 ZPO (so 10. Aufl.), ist jedoch auch dann nicht haltbar, wenn man hierin mehr als eine Zuständigkeitsvorschrift sieht. Soweit die Widerklage den Besitzschutz in sinnwidriger Weise aufheben würde, muß der Richter dadurch helfen, daß er Klage und Widerklage trennt (§ 145 Abs. 2 ZPO; vgl. auch Staudinger/Seufert Anm. 4 mit Nachweisen; Westermann § 24 II 4).

Anm. 5

II. Ausnahme: Einer **Überspannung des Grundsatzes** treten Gesetz und Rechtsprechung entgegen. Die Einwendungen aus dem Recht werden nur deshalb ausgeschlossen, damit über den Besitzanspruch rasch entschieden werden kann. Dieser Gesichtspunkt versagt, wenn das Recht nachträglich rechtskräftig festgestellt wird oder bereits rechtskräftig festgestellt war, als die verbotene Eigenmacht ausgeübt wurde (§ 864 Abs. 2; **RG** 107, 258; aM Staudinger/Seufert § 864 Anm. 2 b α), im letzteren Falle jedoch nur, wenn der Vollstreckungstitel sich seiner Natur nach sofort hätte vollstrecken lassen, daher regelmäßig nicht bei Titeln auf Herausgabe von Wohnräumen (NdsRpfl 1948, 155). Die enge Fassung des § 864 Abs. 2 erklärt sich aus seiner Entstehungsgeschichte. Die Rechte aus § 859 bleiben dem Besitzer auch in dem zweiten der erwähnten Fälle.

§ 864

Ein nach den §§ 861, 862 begründeter Anspruch erlischt mit dem Ablauf eines Jahres nach der Verübung der verbotenen Eigenmacht, wenn nicht vorher der Anspruch im Wege der Klage geltend gemacht wird.

Das Erlöschen tritt auch dann ein, wenn nach der Verübung der verbotenen Eigenmacht durch rechtskräftiges Urteil festgestellt wird, daß dem Täter ein Recht an der Sache zusteht, vermöge dessen er die Herstellung eines seiner Handlungsweise entsprechenden Besitzstandes verlangen kann.

E I 823, 824, 786; M 3 130; P 3 44.

Übersicht

Erlöschen der Besitzansprüche

Schrifttum: Furtner, Anwendbarkeit des § 864 Abs. 2 BGB bei Vollstreckungsschutz, NJW 1955, 698.

I. Einjährige Klagefrist (Abs. 1)

Anm. 1

1. Voraussetzungen: Die Ansprüche aus den §§ 861, 862 sind von vornherein zeitlich beschränkt. Die **einjährige Klagefrist** ist somit eine Ausschlußfrist (§ 186 Anm. 1; **RG** JW 1903 Beil. 105 Nr. 235; **RG** 68, 389). Ihr Lauf beginnt, ohne Rücksicht darauf wann der Kläger (oder sein Besitzvorgänger) von der verbotenen Eigenmacht des Beklagten (oder seines Besitzvorgängers, § 858 Abs. 2 Satz 2) Kenntnis erlangt hat, sobald die Besitzentziehung oder Besitzstörung verübt worden ist. Dies gilt auch dann, wenn der den Besitz beeinträchtigende Zustand fortwährt. Bei wiederholter Beeinträchtigung ist der Anspruch einer späteren Besitzstörung gegenüber nicht dadurch ausgeschlossen, daß die Frist in früheren Fällen versäumt war. Der Besitzentziehungsanspruch erlischt auch nicht, wenn der frühere Besitzer nicht sofort, sondern erst einige Zeit nach Kenntnis von der Entziehung — aber innerhalb der Jahresfrist — Klage erhebt (HRR 1941 Nr. 19).

Anm. 2

2. Art der Klage: Die Erhebung der Leistungsklage ist die allein zugelassene Unterbrechungsart. Eine Feststellungsklage oder der Antrag auf Erlaß einer einstweiligen Verfügung genügen nicht.

II. Rechtskräftige Feststellung (Abs. 2)

Anm. 3

1. Allgemeines: Weiterer Erlöschensgrund ist die in einem anderen Rechtsstreit rechtskräftig getroffene Feststellung, daß der Täter die Herstellung eines seiner Handlungsweise entsprechenden Besitzstandes kraft eines ihm an der Sache zustehenden Rechts verlangen kann. Der Einwand führt gegebenenfalls zur Abweisung der Klage auf Kosten des Klägers. Vorausgesetzt wird dabei, daß das über die Rechtslage ergangene Urteil erst nach Verübung der dem Beklagten zur Last gelegten Eigenmacht rechtskräftig geworden ist. Dagegen kommt es nicht darauf an, ob der andere Rechtsstreit auch erst nach dem zuvor bezeichneten Zeitpunkt anhängig geworden ist. Nach dem

Gesetz ist allein der Zeitpunkt der Rechtskraft entscheidend (**RG** 50, 8), während die Erhebung der Rechtsklage allein noch keinen Einfluß auf den Besitzstreit hat. Vorläufige Vollstreckbarkeit des Urteils genügt nicht. Wegen eines bei der Verübung der Eigenmacht bereits rechtskräftigen Urteils über das Recht vgl. § 863 Anm. 5; **RG** 107, 258; NdsRpfl 1948, 155. Eine einstweilige Verfügung steht einem rechtskräftigen Urteil nicht gleich; ihr Bestehen muß aber beachtet werden; ist sie beseitigt, so kann gegebenenfalls neu geklagt werden (JW 1932, 3640[11]; vgl. für einstweilige Anordnung aus § 627 ZPO OLG Dresden SächsAnn 41, 11).

Anm. 4

2. Streitig ist, ob der Ausdruck **„Recht an der Sache"** hier nur in der engeren Bedeutung von dinglichem Recht verstanden werden kann, so daß der Abs. 2 ausgeschlossen bliebe, wenn das Urteil über ein vertragsmäßiges Recht zur Vornahme der Handlung ergangen wäre. Die Entstehungsgeschichte und der Rechtsgedanke des Gesetzes sprechen für die Zulässigkeit der zweckentsprechenden weiteren Auslegung (M 3, 130; Prot. 3, 44; wohl auch **RG** 107, 258; Staudinger-Seufert Anm. 2c).

Anm. 5

3. Einzelfall: Der **Rechtsgedanke** des § 864 Abs. 2 gab auch in folgendem Fall den Ausschlag (OLG Stuttgart HRR 1934 Nr. 389): A hatte dem B einen Kraftwagen unter Eigentumsvorbehalt verkauft; B zahlte nicht; A nahm ihm den Wagen weg, ließ dann aber auf Grund vollstreckbaren Titels über die Kaufpreisschuld den nach § 861 Abs. 1 entstandenen Herausgabeanspruch des B für sich pfänden. B konnte die Herausgabe jetzt nicht mehr fordern, kam also um seinen Besitzschutz. Aber auch A durfte den Wagen nicht behalten, also nicht einfach Klageabweisung begehren; er mußte vielmehr nach § 847 ZPO Herausgabe an den Gerichtsvollzieher beantragen, damit der Wagen wie eine gepfändete Sache verwertet werde.

III. Einfluß der Hemmungsvorschriften

Anm. 6

Der BGH hat dahingestellt gelassen, ob nach § 31 der Vertragshilfeordnung idF v. 3. November 1941 und den später erlassenen Hemmungsvorschriften das nach § 864 eintretende Erlöschen des Anspruchs aus § 861 hinausgeschoben worden ist (**BGH** 7, 216).

§ 865

Die Vorschriften der §§ 858 bis 864 gelten auch zugunsten desjenigen, welcher nur einen Teil einer Sache, insbesondere abgesonderte Wohnräume oder andere Räume, besitzt.

E I 816 II 787, 850; M 3 114; P 3 41.

Übersicht

Teilbesitz

Anm. 1

I. Allgemeines. Teilbesitz ist möglich, soweit eine gesonderte räumliche Herrschaft an dem einen Teil einer Sache neben der räumlichen Herrschaft anderer Personen über die anderen Teile denkbar ist (M 3, 114). Teilbesitz nach Bruchteilen ist ausgeschlossen (**RG** 13, 179). Besondere Bedeutung hat der Teilbesitz bei Mietverhältnissen.

Anm. 2

II. Verhältnis § 865 zu § 93. § 93 steht nicht entgegen, weil der Besitz kein Recht ist (vgl. Vorbem. 2 vor § 854; § 861 Anm. 13). § 93 hindert auch nicht die Möglichkeit eines Teilbesitzes an wesentlichen Bestandteilen, insbesondere an Bäumen auf dem Stamme. Der Besitz daran fordert die von der Verkehrsanschauung anerkannte tatsächliche Herrschaft über die Bäume selbst, die nur ausnahmsweise gegeben sein wird (**RG** 108, 272). Eine nur sinnbildliche Übergabe ist nach dem geltenden Gesetz nicht mehr möglich (**RG** 77, 207). Ist verabredet, daß der Käufer vor Bezahlung des Kaufpreises nur die Befugnis haben sollte, das Holz zu fällen und zuzubereiten, so kann eine Besitz- wie Eigentumsübertragung vor der Bezahlung ausgeschlossen sein (**RG** 72, 310).

Anm. 3

III. Gegenstand des Teilbesitzes. Ein Teilbesitz ist vornehmlich an Teilen unbeweglicher Sachen möglich. Die Voraussetzungen können aber auch bei beweglichen Sachen erfüllt sein (z. B. Besitz an einem selbständig verschließbaren Teil eines Schrankes). In Betracht kommen insbesondere die abgesonderten Räume eines Hauses, ferner die Wände eines Bauwerks zum Anbringen von Firmenschildern (**RG** 63, 377), Anpreisungen usw. Bei Geschäftshäusern einer Großstadt (Berlin), in denen einzelne Stockwerke an verschiedene Geschäftsinhaber vermietet sind, umfaßt die Miete im Zweifel zugleich die Außenwand, soweit sie sich zu Werbezwecken eignet, und zwar von der Unterkante der Fenster ab bis zur Unterkante der darüberliegenden Fenster des Stockwerks; der Besitz daran wird ergriffen, wenn nicht schon durch die Überlassung der Räume, dann durch das etwaige Anbringen von Werbegegenständen. Stört der Mieter eines andern Stockwerks diesen Besitz, dann ist dagegen die Selbsthilfe (§§ 858, 859), wie auch die Besitzklage zulässig (**RG** 80, 281). Vgl. § 854 Anm. 10.

Sind die verschiedenen Räume eines Gebäudes an verschiedene Personen vermietet, so sind die einzelnen Mieter Teilbesitzer der ihnen überlassenen Räume, außerdem nach § 866 Mitbesitzer an den ihrer gemeinschaftlichen Benutzung überlassenen Teilen; dagegen ist der Eigentümer, weil ihm die dem einzelnen Mieter nicht überlassenen Räume zugängig bleiben, unmittelbarer Besitzer des ganzen Gebäudes (**RG** 64, 182). Der Stockwerkmieter hat keinen Besitz am Hausdach (JR 1927 Nr. 11; s. auch **RG** 116, 93). Gemäß § 865 genießt der Mieter den Besitzschutz auch dem Vermieter und seinen Mitmietern gegenüber, wobei nach hM § 906 entsprechend anwendbar ist (**RG** JW 1932, 2984[11]), z. B. bei übermäßigem Lautsprecherlärm (JW 1937, 2918[28]); vgl. § 858 Anm. 6; § 862 Anm. 1.

Zum Teilbesitz beim Stahlkammer(Schrankfach)vertrag vgl. § 866 Anm. 6.

§ 866

Besitzen mehrere eine Sache gemeinschaftlich, so findet in ihrem Verhältnisse zueinander ein Besitzschutz insoweit nicht statt, als es sich um die Grenzen des den einzelnen zustehenden Gebrauchs handelt.

E I 817 II 788; M 3 115; P 3 41.

Übersicht

Mitbesitz

I. Mitbesitz

Anm. 1

1. Begriff. Das Gesetz geht ohne weiteres davon aus, daß Mitbesitz möglich ist. Er liegt vor, wenn eine Mehrheit von Personen die tatsächliche Gewalt (§ 854) in der Weise hat, „daß ein jeder von ihnen die ganze Sache besitzt, in seinem Besitze jedoch durch den gleichen Besitz der übrigen beschränkt ist" (**RG** 13, 179). Unanwendbar ist § 866 im Verhältnis zwischen mittelbarem und unmittelbarem Besitzer, da jener die tatsächliche Gewalt überhaupt nicht hat; wohl aber können mehrere Personen mittelbare Mitbesitzer sein, wenn ein Dritter den unmittelbaren Besitz für sie alle zusammen ausübt (so bei Treuhänderschaft eines Notars für die Parteien des vor ihm abgeschlossenen Vertrages; **RG** HRR 1933 Nr. 1694).

Anm. 2

2. Arten. Der gemeinschaftliche Besitz kann sich auf zweierlei Art äußern: entweder so, daß die Sache zwar jedem einzelnen Mitbesitzer unbehindert zugängig, die Herrschaft des einzelnen jedoch wegen der gleichen Lage der Mitbesitzer keine ausschließliche ist; oder in der Weise, daß die Sache keinem einzelnen Mitbesitzer allein, vielmehr jedem nur in Gemeinschaft mit den Mitbesitzern zugängig ist. Ein Fall der ersten Art liegt vor, wenn mehreren Mietern bestimmte Räume, z. B. Hausflur und Treppen zum gemeinschaftlichen Gebrauch überlassen werden (**RG** 64, 182). Um einen Fall der andern Art würde es sich bei einem Mitverschluß durch mehrere Mitbesitzer vermöge verschiedenartiger Schlüssel handeln. Unbedingtes Erfordernis ist für jeden Mitbesitz, daß sich der Besitz jedes einzelnen Besitzers auf den ganzen Gegenstand erstreckt. Daher steht auch jedem einzelnen Mitbesitzer das Besitzschutzrecht an der ganzen Sache zu (**RGSt** 47, 314). Mitbesitz nach Bruchteilen gibt es nicht (**RG** 13, 179). Auch an einem besitzfähigen Teil einer Sache kann Mitbesitz bestehen. Mitbenutzen ist nicht Mitbesitzen, wenn der alleinige Besitz des andern Mitbenutzers anerkannt wird und der eigene Besitzwille fehlt (**RG** 108, 123). Wegen der Besitzverhältnisse bei Eheleuten vgl. Anm. 7.

Anm. 3

3. Erwerb und Verlust. Erworben wird Mitbesitz entweder durch gemeinschaftliche Inbesitznahme (§ 854) oder dadurch, daß der bisherigeAlleinbesitzer die tatsächliche Gewalt noch einem andern einräumt, z. B. durch Übergabe eines zweiten Schlüssels (§ 854 Anm. 10). Daß zwischen den Mitbesitzern ein bestimmtes Rechtsverhältnis besteht, ist kein begriffliches Erfordernis; ebensowenig, daß die Art des Besitzes die nämliche ist. Dem Mitbesitz können daher Miteigentum oder Gesellschaft zugrunde liegen. Es kann auch Eigenbesitz und Pfandbesitz zusammentreffen. In diesem Falle setzt der Mitbesitz des Pfandhalters Mitverschluß mittels eines verschiedenartigen Schlüssels voraus (**RG** 25. 1. 1907 II 238/06). Verloren geht Mitbesitz nach Maßgabe des § 856.

II. Stellung der Mitbesitzer

Anm. 4

1. Im Verhältnis der Mitbesitzer untereinander greifen die Besitzschutzmittel der §§ 858 bis 864 nur insoweit Platz, als sich der Streit nicht auf die Grenzen des dem einzelnen Mitbesitzer zustehenden Gebrauchs bezieht. Da ein Streit über die **Grenzen** des Gebrauchsrechts stets in Frage steht, wenn der eine Mitbesitzer dem andern den Mitgebrauch einschränkt, sind die Mitbesitzer im Falle einer solchen Störung untereinander nur auf die Rechtsklage angewiesen. Aber es handelt sich nicht mehr um den Fall des Gesetzes, wenn der eine Mitbesitzer dem andern den Mitgebrauch gänzlich verwehrt; denn in diesem Falle geht es über einen Streit wegen der Grenzen des Mitgebrauchs hinaus. Daher muß auch dem betroffenen Mitbesitzer der regelmäßige Besitzschutz zustehen.

Anm. 5

2. Die **Stellung** der einzelnen Mitbesitzer **Dritten gegenüber** regelt sich lediglich nach den §§ 858—864. Gegen einen von mehreren Mitbesitzern allein kann geklagt werden, wenn die andern mit der Herausgabe einverstanden sind (**RG** LZ 1924, 123) oder (bei Miterben) der Beklagte allein die tatsächliche Gewalt hat (**RG** WarnRspr 1918 Nr. 57). Der Mitbesitzer selbst kann immer nur, vom Dritten wie vom Mitbesitzer, die Wiedereinräumung des Mitbesitzes fordern. Diesen kann er gegebenenfalls mit einer Klage aus dem entsprechenden Recht selbst erlangen (**RG** 8. 4. 1924 VII 553/23).

III. Einzelfälle

Anm. 6

1. Der Stahlkammer(Schrankfach)vertrag (vgl. Vorbem. vor § 688) ist kein Verwahrungs-, sondern Mietvertrag (**RG** 141, 99). Der Benutzer des Schrankfachs hat Alleinbesitz an den hineingelegten Sachen, wenn auch in Bankbedingungen gelegentlich die Rede davon sein mag, daß die in die Fächer eingelegten Wertpapiere im Mitbesitz der Bank ständen (**RG** WarnRspr 1933 Nr. 115). Die Stahlkammer, in der sich die Schrankfächer befinden, steht im unmittelbaren Mitbesitz der Bank als Eigenbesitzerin und aller, die sie vertragsmäßig benutzen dürfen (§ 866). An dem einzelnen Fach als solchen besteht (unmittelbarer) Teilbesitz des Mieters (§ 865); aber der Fachinhalt (einschl. eines mitvermieteten Kästchens) ist trotz Mitverschlusses der Bank, der in aller Regel nur zum Zwecke der Überwachung, also vorwiegend den Belangen des Mieters dient, nach der Verkehrsauffassung (vgl. § 855 Anm. 6) und gemäß dem Vertragswillen der Beteiligten als im unmittelbaren Alleinbesitz des Mieters stehend anzusehen (OLG Celle JW 1927, 73; Opitz, DepotG 505ff).

Dasselbe gilt von einem unter Zollverschluß stehenden Warenlager; dessen Inhaber ist Alleinbesitzer (**RG** 112, 39).

Mitgewahrsam kann nicht bloß in der Weise bestehen, daß beide Gewahrsamsinhaber nur gemeinsam zu dem Behältnis Zutritt nehmen können, sondern auch dann, wenn abredewidrig der eine ohne Mitwirkung des andern, der andere nur mit jenem zusammen hierzu in der Lage ist, wenn also der eine die Möglichkeit hat, den andern vom Zutritt auszuschließen (**RGSt** DJ 1938, 44 zu § 242 StGB).

Anm. 7

2. **Ehegatten.** Bei dem früheren gesetzlichen Güterstand der ehemännlichen Verwaltung und Nutznießung bestand in der Regel kein Mitbesitz der Eheleute sondern Alleinbesitz des Mannes an der Wohnung und den eingebrachten Sachen (vgl. 10. Aufl. des Kommentars §§ 854 Anm. 3a, 866 Anm. 1, 868 Anm. 3). Gemäß dem Gleichberechtigungsgrundsatz besteht jetzt aber regelmäßig in jedem Güterstande Mitbesitz der Eheleute an den Gegenständen des gemeinsamen Hausstandes, ebenso an der Ehewohnung (vgl. MDR 1955, 104f mit Anm. für Wohnung und MDR 1955, 477 für Hausrat).

Auch bei der Gütertrennung ist der Ehegatte, der Alleinberechtigter der Wohnräume und Alleineigentümer des Hausrats ist, aus dem Gebot der ehelichen Lebensgemeinschaft verpflichtet, dem anderen Ehegatten die Mitbenutzung zu gestatten. In der Regel sind beide Ehegatten Mitbesitzer der ehelichen Wohnung und des Hausrats (**BGH** 12, 398 gegen **RG** JW 1914, 146; 1922, 93; Pohle MDR 1954, 706 Anm. 14; aM OLG Hamburg MDR 1954, 742). Nach der letztgenannten Entscheidung soll ein gegen den Ehemann ergangenes Urteil zur Räumung genügen, wenn er den Mietvertrag allein geschlossen hat.

Anm. 8

3. **Sonstige Fälle.** Räumt eine Stadtgemeinde, der ein im Gemeingebrauch stehender Platz gehört, zur Bekämpfung der Parkraumnot einem Unternehmer für

einen kenntlich gemachten Teil des Platzes ein Sondernutzungsrecht auf Bewachung der dort abgestellten Kraftfahrzeuge gegen ein tarifliches Entgelt ein, so sind die Stadtgemeinde und der Unternehmer Mitbesitzer (**BGH** 21, 328; s. auch § 854 Anm. 4).

Nach **RG** JR 1927, 802 sollen Gesellschafter Besitzer zur gesamten Hand sein. Dieser Schluß von dem zugrunde liegenden Gesamtverhältnis der Gesellschaft aus ist nicht zwingend; es kommt darauf an, wie die Gesellschafter die tatsächliche Gewalt im Einzelfalle ausüben können, etwa ob einer oder einzelne oder ob jeder von ihnen allein oder ob nur alle zusammen dazu in der Lage sind. Nur im letzteren Falle besitzen sie gesamthänderisch (Westermann 3. Aufl. § 11 II 2).

Wegen des Nebenbesitzes: vgl. § 868 Anm. 9, 21; wegen des Mitbesitzes beim Girosammeldepot: § 868 Anm. 13.

§ 867

Ist eine Sache aus der Gewalt des Besitzers auf ein im Besitz eines anderen befindliches Grundstück gelangt, so hat ihm der Besitzer des Grundstücks die Aufsuchung und die Wegschaffung zu gestatten, sofern nicht die Sache inzwischen in Besitz genommen worden ist. Der Besitzer des Grundstücks kann Ersatz des durch die Aufsuchung und die Wegschaffung entstehenden Schadens verlangen. Er kann, wenn die Entstehung eines Schadens zu besorgen ist, die Gestattung verweigern, bis ihm Sicherheit geleistet wird; die Verweigerung ist unzulässig, wenn mit dem Aufschube Gefahr verbunden ist.

E I 867 II 789, 852; M 3 296; P 3 164.

Übersicht

Verfolgungsrecht des Besitzers

I. Das Verfolgungsrecht (Satz 1)

Anm. 1

1. Voraussetzungen: Bei dem Verfolgungsrecht handelt es sich um eine weitere Art des Besitzschutzes, und zwar in der Regel weniger um einen Verfolgungs- als um einen Abholanspruch. Voraussetzung ist, daß die Sache **aus der Gewalt des Besitzers** entkommt und auf ein Grundstück gelangt, das ein anderer besitzt. Die Sache darf ferner nicht schon von einem andern, z. B. dem Grundstücksbesitzer, in Besitz genommen worden sein (vgl. § 854 Anm. 7ff). Der Anspruch kann nicht nur dem umittelbaren, sondern nach Maßgabe des § 869 auch dem mittelbaren Besitzer zustehen. Ist die **Sache** inzwischen von einem andern **in Besitz genommen worden,** so ist für das Verfolgungsrecht kein Raum mehr. Hat insbesondere der Grundstücksbesitzer den Besitz erworben, so ist auch ihm gegenüber schon der Tatbestand des § 861 (oder der §§ 985, 1007) erfüllt; das Gesetz will mit § 867 keinen Rechtsbehelf schaffen, der unter Umständen noch neben der Besitzklage aus § 861 gegeben wäre.

Anm. 2

2. Der Anspruchsgegner. Es ist nicht erforderlich, daß der **Besitzer des Grundstücks** auch dessen Eigentümer sei. Die Bestimmung kann sogar dann anwendbar sein, wenn der Sachbesitzer selbst der Eigentümer des Grundstücks ist (beispielsweise, wenn er es verpachtet hat). Auf welche Art die Sache dem Besitzer entkommt und auf das Grundstück gelangt, ist gleichgültig; nur darf das Ergebnis nicht durch den Sachbesitzer willkürlich herbeigeführt sein (Staudinger-Seufert Anm. 3). In Betracht kommt als Gegner zunächst der unmittelbare Besitzer des Grundstücks. Der Abholanspruch kann sich aber auch gegen den mittelbaren Besitzer richten, z. B. wenn nur dieser auf dem Grundstück anwesend ist oder der unmittelbare Besitzer dessen Einwilligung fordert (vgl. Staudinger-Seufert Anm. 4 a.E.).

Anm. 3

3. Den **Inhalt des Verfolgungsrechts** bildet der klagbare Anspruch gegen den Besitzer des Grundstücks, daß dieser das **Aufsuchen und Wegschaffen gestattet.** Dagegen gewährt § 867 dem Sachbesitzer nicht zugleich die Befugnis, zur Wiedererlangung der Sache ohne weiteres auf dem Grundstück tätig zu werden. Ein solches Verfahren des Sachbesitzers würde vielmehr verbotene Eigenmacht sein (§ 858). Umgekehrt aber macht sich auch der Grundstücksbesitzer verantwortlich, wenn er die Erlaubnis zur Aufsuchung der Sache usw. ohne Grund, also widerrechtlich versagt. Unter Umständen steht dem Sachbesitzer jedoch auch das Selbsthilferecht aus § 229 oder das Notstandsrecht aus § 904 zur Seite.

Anm. 4

II. Der **Schadenersatzanspruch des Grundbesitzers** aus § 867 **Satz 2** ist ein unbedingter. Sucht der Sachbesitzer die Sache auf dem Grundstück auf und schafft er sie fort, ohne daß ihm das gestattet worden ist, so ist seine Handlungsweise widerrechtlich; daher greift § 823 ein, wenn er hierbei Schaden anrichtet. Handelt der Sachbesitzer mit Erlaubnis des Grundstücksbesitzers, dann ist er gleichfalls schadenersatzpflichtig, obwohl er nicht widerrechtlich handelt, und zwar kraft Gesetzes, wie im Falle des § 904. Sonst können hinsichtlich der Schadenersatzpflicht noch die §§ 833, 834, 836—838 in Betracht kommen. Über die Haftung des Grundstücksbesitzers, falls er die Erlaubnis ohne Recht verweigert, vgl. Anm. 2.

Anm. 5

III. Das **Weigerungsrecht des Grundbesitzers (Satz 3).** Das Recht des Grundstücksbesitzers auf **Sicherheitsleistung** durch den Sachbesitzer gibt jenem eine verzögerliche Einrede (Erl. zu § 202). Sie ist aber nur dann berechtigt, wenn nach den Umständen anzunehmen ist, daß infolge der Bemühungen des Sachbesitzers, die Sache wieder in Besitz zu nehmen, das Grundstück beschädigt wird. Die Einrede versagt, wenn die Wiederbeschaffung der Sache ein sofortiges Handeln erfordert und mit dem Aufschub Gefahr verbunden ist. Die Belange des Sachbesitzers gehen dann den Rechten des Grundstücksbesitzers einstweilen vor. Dieser büßt aber seinen Anspruch auf Schadenersatz nicht ein. Verlangt er grundlos Sicherheitsleistung und verweigert er bis dahin die Erlaubnis zum Aufsuchen und Fortschaffen der Sache, so handelt er wiederum widerrechtlich und ist bei Verschulden ersatzpflichtig (§§ 276, 823).

Anm. 6

IV. Anwendung auf Nicht-Grundstücke. Gelangt die Sache nicht auf ein Grundstück, sondern etwa auf ein Schiff, ein Gefährt, in eine Wohnung oder in eine Marktbude, dann ist die Bestimmung entsprechend anwendbar (Staudinger-Seufert Anm. 10).

§ 868

Besitzt jemand eine Sache als Nießbraucher, Pfandgläubiger, Pächter, Mieter, Verwahrer oder in einem ähnlichen Verhältnisse, vermöge dessen er einem anderen gegenüber auf Zeit zum Besitze berechtigt oder verpflichtet ist, so ist auch der andere Besitzer (mittelbarer Besitz).

E II 790, 853; P 3 219.

Übersicht

Mittelbarer Besitz

I. Wesen des mittelbaren Besitzes

Anm. 1

1. Besitzvermittlung. Bei dem Rechtsgebilde des § 868 sind zwei Personen beteiligt: die eine „besitzt die Sache“, die andere ist „auch Besitzer“. Besitz im Sinne des § 854 hat nur die erste Person, weil nur sie in einer unmittelbaren Beziehung zur Sache steht, während der andern eine Besitzstellung nur deswegen zugeschrieben wird, weil für sie wenigstens eine mittelbare Beziehung zu der Sache hergestellt wird. Sie beruht auf dem Besitz des unmittelbaren Besitzers, dem zwischen ihm und dem andern begründeten Verhältnis und dem Willen des unmittelbaren Besitzers, für den andern zu besitzen, also als Fremdbesitzer, nicht als Eigenbesitzer im Sinne des § 872. Daher handelt es sich hier auch nur um den sog. „mittelbaren Besitz“, bei dem der unmittelbare Besitzer als **Besitzmittler** dient.

Anm. 2

2. Keine Stellvertretung. Ein Fall von Stellvertretung liegt nicht vor, weil die Besitzhandlungen des unmittelbaren Besitzers unmittelbare Wirkungen nur für ihn selbst, dagegen nicht für den andern hervorrufen (§ 854 Anm. 17). Wohl aber kann das Rechtsgebilde des mittelbaren Besitzes in gewissem Maße als Ersatzmittel für die beim Besitz vom Gesetz nicht allgemein anerkannte Stellvertretung gelten (§ 854 Anm. 17), weil es nach § 868 möglich ist, mit Hilfe der Tätigkeit eines andern eine Art von Besitzstellung zu gewinnen und festzuhalten. Die Stellung des mittelbaren Besitzers reicht nicht nur als Grundlage für den Besitzschutz aus (§ 869); sie befähigt den mittelbaren Besitzer auch, Rechte an der Sache zu übertragen (§ 930); in dieser Hinsicht kann die Begründung eines Verhältnisses der in § 868 vorausgesetzten Art auch als Ersatzmittel für die Übergabe dienen (§§ 931, 930, 1032, 1205 Abs. 2). Das Rechtsgebilde des mittelbaren Besitzes konnte geschaffen werden, weil das Gesetz zugunsten des mittelbaren Besitzers von dem Erfordernis eines unmittelbaren Gewaltverhältnisses abgesehen und die Möglichkeit eines unmittelbaren Besitzes anderseits auch beim Fremdbesitz anerkannt hat.

Anm. 3

3. Wirkliche Besitzstellung. Die Ansicht, daß **der andere** (der mittelbare Besitzer) keinen wirklichen Besitz habe, daß es sich vielmehr nur um ein Rechtsverhältnis handle oder daß sich der bloß angenommene Besitz des mittelbaren Besitzers in dem Recht auf die Herausgabe der Sache erschöpfe, trifft nicht zu. Der mittelbare Besitzer übt nach hM in der Regel eine echte, wenn auch „vergeistigte Sachherrschaft" aus (Westermann § 17, 5f). Allerdings besagt das Gesetz nicht, daß der andere ebenfalls die Sache besitzt, sondern allgemein nur, daß er „auch Besitzer" ist. Aber abgesehen davon, daß es den andern ausdrücklich als Besitzer bezeichnet, hat es ihm in den gegebenen Grenzen einen wirklichen Besitzschutz verliehen (§ 869); anderseits kann der mittelbare Besitzer als solcher auch in Anspruch genommen werden (ZPO § 76). Der mittelbare Besitzer ist auch befähigt, Eigentum zu übertragen, und zwar nicht nur nach § 931 durch Abtretung des Herausgabeanspruchs, sondern auch nach § 930, indem beispielsweise der Eigentümer seine vermietete Sache dem Mieter übereignet und sie alsdann von ihm für sich mietet (**RG** WarnRspr 1920 Nr. 163). Der nur mittelbare Besitz eines Grundschuldbriefes genügt jedoch nicht schlechthin zur Begründung eines Pfandrechts an der Grundschuld; er kann vielmehr nur dann ausreichen, wenn der Pfandgläubiger in der Lage ist, die Herausgabe des Grundschuldbriefes von dem unmittelbaren Besitzer zu verlangen und dieser zur Herausgabe auch befugt ist (**RG** WarnRspr 1921 Nr. 97). Bei der Abtretung einer Hypothek kann die Übergabe des Briefes durch die Herstellung des mittelbaren Besitzes ersetzt werden (**RG** SeuffArch 75 Nr. 27). Daß der mittelbare Besitzer auch schon vor Ausübung des Herausgabeanspruchs wirklicher Besitzer der Sache ist, zeigt sich endlich daran, daß er bei Beendigung des unmittelbaren Besitzes unter gewissen Voraussetzungen die Herstellung des unmittelbaren Besitzes für sich selbst fordern kann (§ 869 Anm.), wie auch daran, daß er sich auch des Einwandes des fehlerhaften Besitzes (§ 861 Abs. 2) bedienen darf, vgl. § 869 Anm. Bis auf die Fälle, in denen ein unmittelbarer Besitz unbedingt gefordert ist (§§ 854—856), gilt somit der nur mittelbare Besitzer ebenfalls als Besitzer, so daß Vorschriften, die schlechthin einen „Besitzer" voraussetzen, auch auf ihn Anwendung finden, so namentlich auch die des § 268 Abs. 1 Satz 2 über das Ablösungsrecht.

II. Voraussetzungen des mittelbaren Besitzes

Anm. 4

1. Unmittelbarer Besitz. Die notwendige erste Voraussetzung des mittelbaren Besitzes ist, daß der eine Beteiligte, der Besitzmittler, selbst den unmittelbaren Besitz an der Sache (§ 90) hat. Denn gerade durch seinen Besitz soll die Beziehung „des andern" zu der Sache hergestellt werden. Er muß deshalb Fremdbesitzer sein und darf die Sache nicht als ihm gehörend besitzen (§ 872; oben Anm. 1).

Anm. 5

2. Ein Rechtsverhältnis

a) Art des Verhältnisses. Zwischen dem Besitzmittler und dem andern muß ein Verhältnis bestehen, daß die notwendige Vermittlung tatsächlich bewirkt und sichert (**BGH** 10, 87). Der Besitzmittler muß jenem gegenüber berechtigt oder verpflichtet sein. Ob er das ist, richtet sich nach dem Inhalt des zwischen ihnen bestehenden Verhältnisses. Verpflichtet zum Besitz ist er bei den Auftragsverhältnissen in den verschiedenen Rechtsformen, berechtigt zum Besitz ist er beispielsweise bei der Miete oder beim Faustpfand. Das Nähere über die einzelnen in Betracht kommenden Verhältnisse unter Anm. 11 ff. Da die ausdrücklich aufgeführten Verhältnisse Rechtsverhältnisse sind, kann auch ein ähnliches Verhältnis nur ein Rechtsverhältnis sein. Es kann auch stillschweigend begründet werden; jedoch muß sich der entsprechende Wille beider Teile aus den besonderen Umständen entnehmen lassen (**RG** 21. 3. 19 VII 22/19).

Nur eine **bestimmte Sache** kann Gegenstand eines Abkommens nach § 868 sein (vgl. **RG** 52, 390; 132, 187). **Bestimmbarkeit allein** genügt nicht (vgl. darüber Erl. zu § 930).

Anm. 6

b) Verhältnis „auf Zeit". Das Verhältnis kann nicht so sein, daß der andere auch schon sogleich auf die Sache selbst tatsächlich einzuwirken vermöchte, wie dies im Falle der Besitzdienerschaft gemäß § 855 vorausgesetzt wird. Das wäre mit der Sachlage unvereinbar. Das Gesetz fordert vielmehr nur, daß der andere die Sache von einem künftigen Zeitpunkt ab eben auf Grund des zwischen ihm und dem unmittelbaren Besitzer bestehenden Verhältnisses an sich zu ziehen und auf diese Weise seine bisherige mittelbare Beziehung zur Sache zu einer unmittelbaren umzugestalten vermag (**RG** WarnRspr 1912 Nr. 421; **BGH** 10, 87). Dieser Gedanke hat dahin Ausdruck gefunden, daß der unmittelbare Besitzer „dem andern" gegenüber **nur auf Zeit zum Besitz berechtigt** sein darf, **oder** daß er „dem andern" gegenüber auf Zeit zum Besitz **verpflichtet** ist.

Anm. 7

c) Herausgabeanspruch. Es ist jedoch nicht erforderlich, daß der mittelbare Besitzer die Sache von einem gewissen Zeitpunkt ab unbedingt an sich ziehen darf. Das Verhältnis kann auch so gestaltet sein, daß der mittelbare Besitzer unter gewissen Bedingungen jede Beziehung zur Sache endgültig einbüßen und anderseits der unmittelbare Besitzer, von jenem nunmehr völlig unabhängig, dauernd im Besitz verbleiben soll. Es ist also keine wesentliche Voraussetzung, daß der mittelbare Besitzer nach dem zwischen ihm und dem unmittelbaren Besitzer bestehenden Verhältnis einen unbedingten Herausgabeanspruch hat (**RG** JW 1913, 432[10] u. 492[14]; Gruchot 57, 437; **BGH** LM § 2203 Nr. 1 = DRsp I [150] 65a). Hat er ihn auch nur bedingungsweise und ist anderseits vorgesehen, daß der Herausgabeanspruch unter gewissen Umständen zugunsten des unmittelbaren Besitzers erledigt sein soll, so ist doch immer noch die gesetzliche Anforderung erfüllt, daß während des Bestehens des Verhältnisses der unmittelbare Besitzer dem mittelbaren Besitzer nur auf Zeit zum Besitz berechtigt oder verpflichtet ist. So ist es möglich, ein Verhältnis im Sinne des § 868 derart zu begründen, daß unter gewissen Umständen der unmittelbare Besitzer (beispielsweise der Pächter, der Pfandgläubiger) demnächst Eigentümer der Sache werden oder daß anderseits der mittelbare Besitzer den Herausgabeanspruch nur für den Fall behalten soll, daß die gesetzte Bedingung ausbleibt. Insbesondere ist ein Verhältnis des Inhalts denkbar, daß der mittelbare Besitzer den Herausgabeanspruch nur dann solle erheben dürfen, wenn der unmittelbare Besitzer seine Verpflichtungen nicht erfüllt (Fall der käuflichen Übergabe unter Eigentumsvorbehalt und der Übereignung sicherungshalber, **RG** 54, 397; vgl. auch **RG** 69, 198; WarnRspr 1912 Nr. 421; 1913 Nr. 200 u. 201). Nur dann kann von mittelbarem Besitz keine Rede sein, wenn dem Gegner des unmittelbaren Besitzers ein Herausgabeanspruch unbedingt und endgültig versagt ist, weil dann für ihn jede Art von Herrschaftsbeziehung zur Sache ausgeschlossen wäre (**RG** 26. 2. 24 III 299/23).

Anm. 8

d) Zur Rechtsbeständigkeit des Verhältnisses. Es ist auch nicht nötig, daß das von beiden Beteiligten beabsichtigte Rechtsverhältnis als solches rechtsbeständig entsteht. Nur darf keine Nichtigkeit des Vertrags (wegen Geschäftsunfähigkeit eines Beteiligten) vorliegen, auch darf bei der Vereinbarung des Verhältnisses nach § 868 durch einen Vertreter diesem die Vertretungsbefugnis nicht gefehlt haben (**RG** 86, 265;

98, 133). Bleibt auch der vorausgesetzte Erfolg aus rechtlichen Gründen aus, so genügt doch, daß die Parteien ein Verhältnis, wie es das Gesetz in § 868 verlangt, wenigstens haben begründen wollen; auf das Vorhandensein des rechtsgeschäftlichen Willens der Beteiligten kommt es allein an (**RG** 98, 134; aM Westermann § 17, 5c, wonach es genügt, daß das Besitzmittlungsverhältnis tatsächlich ernstlich gewollt ist; es wäre hiernach vom Rechtsverhältnis grundsätzlich unabhängig. Ähnlich **BGH** NJW 1955, 499; einschränkend auch Staudinger-Seufert Anm. 11 unter 2f). So ist mittelbarer Besitz anerkannt worden bei einem Verkauf unter Eigentumsvorbehalt, obwohl das Kaufgeschäft unwirksam war (**RG** 22. 9. 22 VII 375/22). In **RG** 105, 414 wird der aufgestellte Grundsatz nicht abgelehnt, die Bedeutung dieser Entscheidung liegt auf anderem Gebiet, vgl. Anm. 12. **RG** 133, 285 hat die Frage nicht entschieden.

Anm. 9

3. Der **Besitzmittlungswille** ist die weitere Voraussetzung des mittelbaren Besitzes (s. oben Anm. 1).

a) Da es auf den Willen der Beteiligten, insbesondere darauf ankommt, ob der unmittelbare Besitzer bereit ist, seine unmittelbare Sachherrschaft abzuschwächen und sie teilweise — mittelbar — einem bestimmten Dritten zuzugestehen, gilt auch folgender Rechtssatz: Fordert jemand den unmittelbaren Besitzer einer Sache auf, sie künftig für ihn zu verwahren, so erlangt er dadurch, daß der Aufgeforderte so tut, als sei er dazu bereit, keinen mittelbaren Besitz, wenn dieser den Besitz tatsächlich weiter für einen Dritten ausübt (**BGH** NJW 1955, 499 = LM § 868 Nr. 6).

b) Die Behörde, die einem Eigentümer eine Sache beschlagnahmt und wegnimmt, um sie einem anderen zu Eigentum zuzuweisen, ist bis zur Übergabe an diesen kein Besitzmittler des bisherigen Eigentümers; auch sie will den Besitz nicht für den letzteren ausüben (OLG Düsseldorf JR 1951, 628).

An dem hier erörterten Erfordernis des mittelbaren Besitzes, dem Willen des unmittelbaren Besitzers, für den mittelbaren zu besitzen, scheitert auch die Möglichkeit des sogenannten **Nebenbesitzes** (vgl. **RG** 135, 80; 138, 267). Dieser soll weder Mitbesitz im Sinne des § 866 sein, wobei mehrere eine Sache gemeinschaftlich besitzen, noch auch weiterer mittelbarer Besitz im Sinne des § 871, wobei die mehreren mittelbaren Besitzer auf verschiedenen Stufen derselben Besitzleiter stehen; vielmehr sollen die Nebenbesitzer mittelbare Besitzer sein, welche gleichstufig auf verschiedenen Besitzleitern stehen (Enneccerus-Wolff-Raiser, Sachenrecht, 10. Aufl. § 8 II letzter Absatz). Es wird hierfür folgendes Beispiel angeführt: C läßt sich die von A bei ihm in Verwahrung gegebene Sache von B verpfänden, und zwar ohne Vorwissen des A, wie zu ergänzen ist; C soll dann gleichzeitig als Verwahrer des A und als Pfandgläubiger des B besitzen. Zu dem Willen, eine Sache für einen andern zu besitzen, gehört jedoch auch die Bereitschaft und der Wille, die Sache dem andern herauszugeben, wenn dieser es auf Grund des bestehenden Rechtsverhältnisses verlangt und verlangen darf. Niemand besitzt als „Pfandgläubiger", der nicht bereit wäre, nach dem Erlöschen des Pfandrechts die Sache dem Verpfänder herauszugeben (§ 1223 Abs. 1), niemand als „Verwahrer", der nicht bereit wäre, die Sache jederzeit zurückzugeben (§ 695). Wenn in dem Beispiel A und B eines Tages gleichzeitig die Herausgabe verlangen, B gegen Zahlung des geschuldeten Geldes, so kann C die Sache nicht an beide, und zwar an jeden gesondert und für sich allein, herausgeben. Deshalb kann C auch, während das Verwahrungs- und Verpfändungsverhältnis schwebt, diesen Willen nicht gleichzeitig haben. Es mögen zwei Verhältnisse im Sinne des § 868 begründet sein und rechtsverbindlich bestehen: Besitzen kann der unmittelbare Besitzer aber immer nur für einen seiner beiden, sich gegenseitig ausschließenden Vertragsgegner. Es läßt sich auch nicht sagen, daß C für A oder B besäße; denn das wäre Wahl-, also bedingter Besitz; einen solchen gibt es nicht (vgl. Anm. 4).

Nicht Neben-, sondern mittelbaren Mitbesitz haben zwei Personen an einer hinterlegten Sache, um deren Eigentum sie streiten, wenn bei der Hinterlegung auf das Recht der Rücknahme verzichtet ist. Die Hinterlegungsstelle verwahrt die Sache dann für beide. Zwar kann nur einer sie wirklich bekommen, aber die beiden Streitenden schließen sich nicht in dem oben erläuterten Sinne gegenseitig aus; denn beide sind notwendigerweise damit einverstanden, daß der sie bekommt, der sein Eigentum nachweist; aM **RG** 135, 275. — Vgl. wegen des Nebenbesitzes weiter Anm. 21.

Anm. 10

4. Bedingungsfreier Besitz. Da der Besitz eine Tatsache ist und auch der mittelbare Besitz vom Gesetz als etwas Tatsächliches behandelt wird, kann es kein bedingtes Besitzverhältnis geben, wie in früheren Auflagen angenommen wurde. In der dafür angezogenen Entscheidung (**RG** JW 1907, 747[18]), die selbst nicht von bedingtem Besitz spricht, handelte es sich um die Übereignung einer weder im Eigentum noch im Besitz des Veräußerers befindlichen Sache durch Vereinbarung eines nach § 868 zu beurteilenden Rechtsverhältnisses. Hier entstand der mittelbare Besitz des Erwerbers frühestens in dem Augenblick, in welchem der Veräußerer den unmittelbaren Besitz der Sache erwarb. Vorher hatte er keinen Besitz, auch keinen bedingten.

III. Einzelne Besitzmittlungsverhältnisse

Anm. 11

1. Die in § 868 ausdrücklich genannten Rechtsverhältnisse sollen nur Beispiele sein. Bei ihnen allen trifft zu, daß der mittelbare Besitzer von einem gewissen Zeitpunkte ab die Herausgabe der Sache für sich zu fordern berechtigt ist und daß dieser Anspruch auf einem bestimmten Rechtsgrund fußt. Es vermitteln den Besitz: Der Nießbraucher regelmäßig dem Eigentümer, unter Umständen auch dem Nichteigentümer als Besteller (§§ 1032, 1036, 1058); der Pfandgläubiger dem Verpfänder (§§ 1205ff, 1223 Abs. 1, 1253, 1274, 1278); der Pächter oder Mieter dem Verpächter oder Vermieter (§§ 581, 536), jedoch nur für die Pacht- oder Mietgegenstände, nicht für eingebrachte Sachen, auch nicht für die Fälle des § 95 (**RG** JW 1934, 1484); der Verwahrer dem Hinterleger (§ 688). Zum gerichtlich bestellten Verwahrer vgl. §§ 432, 1217, 1281, 2039. Zur Sammelverwahrung nach dem Depotgesetz siehe Anm. 13.

Anm. 12

2. Als **„ähnliches Verhältnis"** kommt jedes in Betracht, bei dem die aus Anm. 11 ersichtlichen Voraussetzungen erfüllt sind (**RG** 132, 186), uU auch ein öffentlichrechtliches Sicherungsverhältnis (**RG** 143, 319). Es braucht sich dabei auch nicht um einen benannten Vertrag zu handeln (**RG** 132, 186; JW 1910, 706[7]; 1915, 656[8]; Gruchot 53, 1047; 57, 435). Jedoch kann nur ein Verhältnis genügen, bei dem das Versprechen, die Sache herauszugeben, mit Beziehung auf einen bestimmten Verpflichtungsgrund abgegeben, die Verpflichtung also nicht selbständig (§ 780) begründet worden ist (**RG** 49, 173; 54, 396; JW 1913, 492[14]; **RG** WarnRspr 1925 Nr. 166). Ob es sich um ein Schuldverhältnis oder ein dingliches Rechtsverhältnis handelt, ob es rechtsgeschäftlich oder kraft Gesetzes entstand, ist gleichgültig (**RG** 59, 201). Ein der Verwahrung ähnliches Verhältnis ist angenommen worden in **RG** WarnRspr 1929 Nr. 150; JW 1934, 2971[3]. Die unrichtige Bezeichnung eines Vertrags als Verwahrungsvertrag wäre für sich kein Grund zur Annahme, daß kein ähnliches Verhältnis gewollt ist (**RG** WarnRspr 1913 Nr. 200); das dem Erwerber eingeräumte Recht, jederzeit die Herausgabe der Sache zu verlangen, spricht gerade für Verwahrung (**RG** 132, 187). Als ähnliche Verhältnisse müssen weiter namentlich alle Formen von Auftragsverhältnissen gelten, insbesondere der Kommissionsauftrag, das Treuhandverhältnis (**RG** HRR 1933 Nr. 1694), auch die Besitztreuhänderschaft (**RG** 151, 184), der Verwaltungsauftrag, der Frachtvertrag, die Leihe (**RG** 57, 178), der Speditionsvertrag, wobei der Unterspediteur wieder dem Hauptspediteur den Besitz vermitteln kann (**RG** 118, 250), der Verkauf unter Eigentumsvorbehalt (**RG** 59, 298; 54, 396; 69, 197; **RG** 1. 7. 42 III 2/42; DR 42, 1363), während eine erst nachträgliche Vereinbarung eines Eigentumsvorbehalts nicht genügt (**RG** 49, 170; 54, 396; JW 1913, 492[14]; SeuffArch 67 Nr. 187; **BGH** NJW 1953, 27 = LM § 930 Nr. 2); jedoch kann in einem nachträglichen Eigentumsvorbehalt eine Sicherungsübereignung liegen (vgl. Erl. zu § 455, bes. Anm. 15); die Geschäftsbesorgung oder Dienstleistung (**RG** Warn Rspr 1916 Nr. 83; hier hatte der Weinhändler den dem Kunden verkauften Wein aus-

geschieden, auch bezeichnet und dem Kunden erklärt, daß der Wein bis zum Eintritt besserer Witterung bei ihm lagern könne; demnach war der Geschäftsherr mittelbarer und der Geschäftsbesorger unmittelbarer Besitzer geworden; der umgekehrte Fall ist nicht denkbar, man kann nicht sagen, daß der Geschäftsherr dem Geschäftsbesorger gegenüber auf Zeit zum Besitz berechtigt oder verpflichtet wäre; wird etwas Derartiges verabredet, so ist ein Verhältnis nach § 868 nicht zustande gekommen [JW 1929, 1893[6]]); bei der Sicherheitsübereignung kommt es auf die Umstände des einzelnen Falles an (**RG** WarnRspr 1913 Nr. 200; JW 1911, 762; 1912, 144[21]). Auch die Bahn ist bezüglich des ihr zur Beförderung übergebenen Gutes Besitzmittlerin, nicht Besitzdienerin (**BGH** LM AHKG 13 Art. 3 Nr. 2).

Zu nennen sind weiter: Allgemeinvollmacht (**RG** JW 1938, 1394[11]); Erbpacht und Erbbaurecht (Staudinger-Seufert Anm. 17); aus dem Gebiete des Familienrechts: Das Verhältnis zwischen Ehegatten beim früheren gesetzlichen Güterrecht (auch zwischen erst zukünftigen Eheleuten, **RG** JW 1906, 161[5]); bei dem gesetzlichen Güterstand sowohl als auch bei der Gütergemeinschaft hatte die Ehefrau mittelbaren Besitz (**RG** 105, 21; 108, 124; **BGH** 2, 167; str.); desgleichen das Verhältnis zwischen dem elterlichen Gewalthaber und dem Kinde in Ansehung des Kindesvermögens, wie das zwischen Vormund und Mündel (vgl. **RG** 148, 309: Nießbrauchbestellung für die Eltern bei Eigentumsübertragung an das minderjährige Kind); aus dem Gebiete des Erbrechts: Das Verhältnis zwischen Testamentsvollstrecker, Nachlaßpfleger oder Nachlaßverwalter und Erben; aus dem Gebiete des Verfahrensrechts: Das Verhältnis zwischen Konkursverwalter und Gemeinschuldner, zwischen Zwangsverwalter und Eigentümer, zwischen Gläubiger und Gerichtsvollzieher. In allen diesen Verhältnissen ist die Annahme einer Besitzdienerschaft ausgeschlossen, weil keine Unterordnung im Sinne des § 855 besteht. Durch die Inbesitznahme der gepfändeten Sache (§ 808 ZPO) wird der Gerichtsvollzieher unmittelbarer Besitzer, der Gläubiger mittelbarer Besitzer ersten, der Schuldner zweiten Grades (Staudinger-Seufert Anm. 21 mit Nachweisen; aM die Vorauflagen). Läßt der Gerichtsvollzieher die Pfandsache im Gewahrsam des Schuldners, so muß man sich, um mit dem Gesetz in Einklang zu bleiben, den Hergang so vorstellen, daß der Gerichtsvollzieher die Sache zunächst in Besitz genommen (§ 808 Abs. 1), demnächst aber dem Schuldner den unmittelbaren Besitz auf Zeit eingeräumt hat (**RG** 94, 341; 126, 25) und damit selbst mittelbarer Besitzer geworden ist (**RG** 102, 78; 105, 415; 118, 277; JW 1919, 448[9]; vgl. auch § 871 Anm. 2). Durch die Versteigerung und den Zuschlag allein wird der Ersteher noch nicht Besitzer der Sache; die Übergabe, sei es die körperliche, sei es mittels Besitzvorbehalts, muß noch dazu kommen (**RG** WarnRspr 1917 Nr. 55). An den von dem Bauunternehmer für Bauten auf ein Grundstück geschafften Baustoffen hat der Grundstückseigentümer unmittelbaren und jener selbst mittelbaren Besitz (**RG** 104, 93). Die Kuxscheine sind nicht Inhaberpapiere, auch nicht Träger des Rechts, vielmehr in erster Linie Beweisurkunden, dagegen aber als Wertpapiere für börsenmäßige Geschäfte durch § 1 DepotG (sowohl des früheren wie des neuen v. 4. 2. 1937 RGBl I 171) anerkannt. Wenn die Bank dem Kunden das sogenannte Stückeverzeichnis (jetzt § 18 Abs. 3 n. DepotG) übersendet, so geht dadurch zwar das Eigentum an den Kuxen nicht über (§ 105 PrABergG), indessen kann so mittelbarer Besitz an den Kuxscheinen (Verwahrungsverhältnis) begründet werden (**RG** 121, 49; **RG** HRR 1937 Nr. 1595).

Anm. 13

3. Insbesondere die „Sammelverwahrung". Bei der nunmehr gesetzlich geregelten **Sammelverwahrung** (DepotG v. 4. 2. 1937 RGBl 1937 I 171; 1938 I 1848; 1939 I 386, §§ 5—9, 24; Geschäftsbestimmungen der Bank des Berliner Kassen-Vereins von 1938 §§ 77ff: „Girosammeldepot") ist die Wertpapiersammelbank die unmittelbare Besitzerin der verwahrten Wertpapiereinheiten. Die ihr angeschlossenen Kunden (Zentralbanken) sind mittelbare Besitzer 1. Ordnung (§§ 868, 866). Die Zentralbanken vermitteln den Mitbesitz weiter an die örtlichen Banken; diese sind mittelbare Besitzer 2. Ordnung (§ 871). Der einzelne Depotkunde ist mittelbarer Besitzer 3. Ordnung und Eigenbesitzer (§§ 871, 872). Soweit die Banken (Zentral- und örtliche Banken) mit eigenen Beständen beteiligt sind, sind sie Eigenbesitzer. Die tatsächliche Gewalt wird von den Besitzmittlern ausgeübt. Vertragliche Beziehungen bestehen nur zwischen den Verwahrern und Hinterlegern, nicht unter den Mitbesitzern. Dritten gegenüber kann die Sammelbank alle Rechte eines Eigentümers der verwahrten Wertpapiere geltend machen (Geschäftsbest. § 84 Abs. 2).

Anm. 14

4. Andere Verhältnisse: Kein Rechtsverhältnis nach § 868 wird begründet, wenn die Staatsanwaltschaft eine gestohlene Sache beschlagnahmt; sie vermittelt nicht den Besitz für den Bestohlenen (**RG** WarnRspr 1925 Nr. 25). Ebensowenig ist § 868 anwendbar, wenn eine Behörde einem Eigentümer im Wege der Beschlagnahme eine Sache wegnimmt, um sie einem anderen zuzuweisen (OLG Düsseldorf JZ 1951, 269; NJW 1951, 444), auf das Verhältnis zwischen Verkäufer und Käufer vor der Übergabe (**RG** 105, 23), ferner auf das zwischen dem Eigentümer einer verlorenen Sache und dem Finder, auch wenn der Finder den Eigentümer kennt und der Eigentümer von dem Besitz des Finders weiß (**RG** JR 1927 Nr. 1114; aM bei Kenntnis der Person des Verlierers und Besitznahme für diesen Staudinger-Seufert Anm. 16, weil dann Geschäftsführung ohne Auftrag vorliege). Der Finder ist dem Eigentümer (Verlierer) gegenüber zum Besitz auf Zeit weder verpflichtet noch berechtigt (§ 967). Soweit er die Herausgabe wegen Aufwendungen verweigert, übt er nur ein Zurückbehaltungsrecht aus (§§ 970, 971). Ebensowenig entspricht dem § 868 das Verhältnis zwischen dem Eigentümer eines gesunkenen Schiffs und dem, der es geborgen hat, auch wenn dieser bereit ist, das Schiff gegen Ersatz der Bergungskosten herauszugeben; es muß erst ein Einverständnis der Beteiligten hierüber erreicht werden (**RG** 4. 2. 27 III 104/26). Ein ähnliches Verhältnis liegt auch nicht vor bei dem Verhältnis zwischen der juristischen Person und ihrem Organ, da dessen Handlungen als Handlungen der juristischen Person selbst gelten; diese ist also selbst und nur allein der Besitzer (vgl. § 854 Anm. 19). Endlich braucht auch auf Grund des Erwerbs einer Sache durch den auftraglosen Geschäftsführer kein ähnliches Verhältnis zu entstehen. Dies kann aber der Fall sein, z. B. wenn dabei der mittelbare Besitz kraft Gesetzes entsteht und es auch nicht an dem Willen fehlt, für den andern zu besitzen (**RG** 98, 134). Noch weiter geht **RG** HRR 1928 Nr. 1805: Weil der Geschäftsbesorger das Erlangte herausgeben müsse, sei er auch verpflichtet, es bis zur Herausgabe zu besitzen. Über den Erwerb durch einen ermächtigten Stellvertreter: Anm. 17.

IV. Der Erwerb mittelbaren Besitzes. Der **mittelbare Besitz** kann auf zweierlei Art **erworben** werden: Durch selbständige Begründung und im Wege der Übertragung.

1. Die selbständige Begründung mittelbaren Besitzes ist unter drei Voraussetzungen denkbar:

Anm. 15

a) Bloße Vereinbarung einer Besitzmittlung. Der unmittelbare Besitzer einer Sache räumt einem andern den mittelbaren Besitz in der Weise ein, daß er mit ihm ein Rechtsverhältnis im Sinne des § 868 begründet. Rechtlich möglich ist dabei, daß der unmittelbare Besitzer das Rechtsverhältnis gemäß § 181 im Wege des Verhandelns mit sich selbst herstellt (vgl. **RG** 86, 264). Mit der Entstehung des Rechtsverhältnisses hat der andere den mittelbaren Besitz ohne weiteres erworben. Baut jedoch der Pächter nach Einräumung des Pachtbesitzes aus eigenen Stoffen zu vorübergehendem Zwecke ein Bauwerk auf dem Pachtgrundstück, so entsteht daran nicht ohne weiteres mittelbarer Besitz des Verpächters, auch nicht mittels seines gesetzlichen Pfandrechts (§ 559); auch dieses würde ein Besitzverhältnis des Verpächters nach § 561 erst in dem Zeitpunkt begründen, in dem jener die tatsächliche Herrschaftsgewalt ergreift (**RG** JW 1934, 1484[4]).

Anm. 16

b) Besitzübertragung mit Besitzmittlungsabrede. Der bisherige unmittelbare Besitzer macht sich selbst zu einem nur mittelbaren, indem er den unmittelbaren Besitz auf einen andern überträgt und mit diesem dabei zugleich ein Rechtsverhältnis der erforderlichen Art begründet. Das kann unter den Voraussetzungen des § 181 auch im Wege des Verhandelns mit sich selbst geschehen (Insichgeschäft); doch muß der Wille, ein solches Rechtsverhältnis zu begründen, nach außen in die Erscheinung treten (**RG** 139, 117). Entsteht ein Rechtsverhältnis dieser Art kraft Gesetzes, wie durch Bestellung eines Vormunds oder eines Konkursverwalters (Anm. 12), dann wird der Vertretene oder der Gemeinschuldner, der bisher unmittelbaren Besitz hatte, schon dadurch zum mittelbaren Besitzer, daß der Vertreter oder der Konkursverwalter die Sache einseitig in seinen unmittelbaren Besitz nimmt.

Anm. 17

c) Besitzerwerb durch Beauftragten. Hatte bisher keiner der Beteiligten irgendeinen Besitz an der Sache, soll vielmehr Besitz für den späteren mittelbaren Besitzer erst durch die Tätigkeit des demnächstigen unmittelbaren Besitzers erworben werden, handelt es sich also um einen Fall des Besitzerwerbs durch einen Beauftragten, dann ist für die Frage, wie und in welchem Zeitpunkt der Auftraggeber den mittelbaren Besitz erlangt, das Verhalten des Beauftragten bei Vornahme des Besitzerwerbs entscheidend. Handelt der Vermittler sogleich beim Besitzerwerb namens des Auftraggebers und gibt er schon in diesem Augenblick zu erkennen (**RG** JW 1913, 492[14]), daß er die Sache auf Grund des Auftrags für den andern in Besitz nehmen und besitzen will, dann erhält der Auftraggeber den mittelbaren Besitz ohne weiteres in dem Zeitpunkt, in dem der Beauftragte den unmittelbaren Besitz erwirbt. Hat dagegen der Beauftragte beim Erwerb dieses Besitzes in eigenem Namen gehandelt, so kann der Auftraggeber erst dann und erst dadurch zum mittelbaren Besitzer werden, daß die Mittelsperson nachträglich durch eine weitere Handlung zu erkennen gibt, sie wolle (oben Fall a) fortan den Besitz für den Auftraggeber auf Grund des bestehenden Auftragsverhältnisses ausüben. Diesen Erfolg kann der Besitzmittler auch hier gemäß § 181 durch ein Verhandeln mit sich selbst herbeiführen. Ein äußerlich nicht in die Erscheinung getretener, bloß innerlicher Wille des Beauftragten, den Auftraggeber zum mittelbaren Besitzer zu machen, kann die beabsichtigte Wirkung nie erzielen (**RG** 63, 405; 73, 418; 86, 264).

Beispiel: Ein Einkaufskommissionär legt die für den Auftraggeber angeschafften Wertpapiere demnächst in eine mit dem Namen des Auftraggebers bezeichnete Mappe. Darin kann die Einigung über den Eigentumsübergang und der Abschluß eines Verwahrungsvertrages gefunden werden (**RG** 52, 132). Notwendig ist das aber nicht; auch ein rein innerer Vorgang bei der Bank kann vorliegen, der vielleicht die künftige Erledigung des Auftrages erst vorbereiten soll (**RG** JW 1930, 2657; die hier entscheidenden Sätze sind **RG** 125, 417 nicht mitabgedruckt). Es bleibt Tatfrage, was die Bank gewollt haben mag. Nach den Richtlinien für die Depotprüfung, aufgestellt von den in der 5. Bek. des Reichskommissars für das Kreditwesen DReichsAnz Nr. 179 v. 3. 8. 1935 genannten Wirtschafts- und Fachgruppen (abgedr. bei Opitz, DepotG 1937, 580ff), wird eine vom Beauftragten nach dem Anschaffungsgeschäft vorgenommenen Bänderung (Streifbanddepot) in aller Regel als Besitzabrede zum Zwecke der Übereignung (§§ 930, 181, 688, 868, 871) zu gelten haben (vgl. auch Erl. zu § 930). Vgl. im einzelnen auch Quassowski-Schröder, BankdepotG 1937, 195f.

Anm. 18

2. Übertragung mittelbaren Besitzes. Der mittelbare Besitzer kann seine Besitzstellung rechtsgeschäftlich auf einen andern übertragen, indem er jenem den Anspruch auf Herausgabe der Sache abtritt (§ 870 und Anm. 1 dazu).

V. Verlust des mittelbaren Besitzes.

Beendigt wird der mittelbare Besitz, wenn eine seiner Grundlagen fortfällt (vgl. oben Anm. 1).

Anm. 19

1. Fortfall des unmittelbaren Besitzes. Der mittelbare Besitz endet ohne weiteres, wenn der unmittelbare Besitz des Besitzmittlers aufhört, mag das ohne seinen Willen eintreten oder durch Aufgabe des Besitzes (§ 856). Gleichzeitig muß die bisherige

Beziehung des mittelbaren Besitzers zur Sache beseitigt werden. Das trifft stets dann zu, wenn der unmittelbare Besitzer die Sache unberechtigt veräußert oder verbraucht. Es trifft aber nicht zu, wenn sich der Mittler bei Aufgabe des unmittelbaren Besitzes selbst einen mittelbaren Besitz verschafft, z. B. wenn der Nießbraucher die Sache einem Dritten in Pacht gibt. Dann greift § 871 ein, und der mittelbare Besitzer behält seinen Besitzstand. — Durch eine Änderung der rein persönlichen Verhältnisse, etwa den Eintritt der Geschäftsfähigkeit oder auch den Tod des Besitzmittlers wird der mittelbare Besitz nicht berührt.

Endet der bisherige unmittelbare Besitz, ohne daß ein Dritter einen solchen erlangt hätte, so kann das ohne weiteres zum Erwerb des unmittelbaren Besitzes für den bisherigen mittelbaren Besitzer führen, z. B. für den Vermieter bei Aufgabe des Mietbesitzes durch den Mieter. — Ist bei Beendigung des unmittelbaren Besitzes ein mittelbarer und ein zweiter mittelbarer Besitzer vorhanden, so ist die Sache an den ersten mittelbaren Besitzer herauszugeben, es sei denn, daß er zugunsten des zweiten auf seinen Besitz verzichtet hätte (**RG** 1. 7. 21 VII 543/20).

Anm. 20

2. Erledigung des Herausgabeanspruchs. Beendigt wird der mittelbare Besitz ferner, wenn das Rechtsverhältnis im Sinne des § 868 erlischt und der darauf beruhende Herausgabeanspruch des mittelbaren Besitzers sich erledigt. Solange der Herausgabeanspruch bei unmittelbarem Besitz des andern noch fortbesteht, besteht im Zweifel auch noch die Beziehung des mittelbaren Besitzers zur Sache selbst. Endet ein Mietvertrag, behält aber der Mieter die Sache noch in seinem Besitz und liegt nichts weiteres vor, so behält der Vermieter auch noch den mittelbaren Besitz. Erledigt wird der Herausgabeanspruch aber, wenn der mittelbare Besitzer bei Beendigung des Rechtsverhältnisses die Sache dem unmittelbaren Besitzer nach § 929 Satz 2 zu Eigentum überträgt. Kein Ende des mittelbaren Besitzes, nur ein Wechsel in der Person des mittelbaren Besitzers tritt ein, wenn der mittelbare Besitz gemäß § 870 durch Abtretung des Herausgabeanspruchs auf einen Dritten übertragen wird.

Anm. 21

3. Willensänderung des unmittelbaren Besitzers. Der mittelbare Besitz endet schließlich auch dann, wenn der unmittelbare Besitzer aufhört, für den mittelbaren Besitzer zu besitzen, wenn er also fortan für sich als Eigenbesitzer oder als Fremdbesitzer für einen Dritten besitzen will. Dazu ist eine bestimmte, äußerlich feststellbare Handlung erforderlich, da der Besitzmittler den Besitzstand des anderen nicht schon durch einen bloßen inneren Willensentschluß beseitigen kann. Wenn etwa in dem Beispiel der Anm. 20 der Mieter dem Vermieter kundgetan hätte, daß er dessen Herausgabeanspruch nicht mehr anerkenne, die Sache vielmehr fortan für sich oder einen Dritten als den angeblichen Rechtsnachfolger des Vermieters behalten wolle, so würde das ausreichen. Eine Äußerung gegenüber dem mittelbaren Besitzer ist aber nicht unbedingt notwendig. Der innere Willensentschluß tritt auch dann schon erkennbar in die Erscheinung, wenn der unmittelbare Besitzer es z. B. duldet, daß der Gerichtsvollzieher die Sache für einen Dritten pfändet und in Besitz nimmt, und er sie sodann seinerseits für den Gerichtsvollzieher verwahrt (**RG** 105, 415). Ebenso liegt die Sache, wenn der unmittelbare Besitzer in anderen Fällen mit einem Dritten ein Verhältnis nach § 868 begründet und fortan für diesen besitzt. Auch hierbei ist zu beachten, daß es, wie stets im Rechtsleben, nicht auf den inneren, sondern auf den erklärten Willen ankommt. Wenn in dem in Anm. 9 erörterten Beispiel C dem B erklärt, er wolle die Sache fortan als Pfandgläubiger des B besitzen — und das muß nach dem dort Ausgeführten bedeuten: nur als Pfandgläubiger des B —, so bindet ihn diese Erklärung, mag er sich auch insgeheim vorbehalten, weiter für A als Hinterleger zu besitzen. Das gilt dann auch im Verhältnis zu A. Ist C einmal Besitzmittler des B geworden, so wirkt das — im Gebiet des Sachenrechts — auch für und gegen jeden Dritten.

Ein gleichzeitiges Besitzen des C für A und B, also **Nebenbesitz** der beiden mittelbaren Besitzer ist unmöglich (Anm. 9). Deshalb endet der mittelbare Besitz des A, sobald B mittelbarer Besitzer geworden ist, wie das vom **RG** (119, 153f; 135, 77ff; 138, 265; JW 1932,

3763[4]; 1926, 800[9]; WarnRspr 1934 Nr. 134) in ähnlichen Fällen angenommen worden ist, wenn der Besitz für den mittelbaren Besitzer den gleichzeitigen Besitz für den früheren ausschloß. Auch **RG** 105, 415 gehört hierher: Nachdem der unmittelbare Besitzer die Pfändung der Sache und ihre Inbesitznahme durch den Gerichtsvollzieher geduldet hatte, wurde sie ihm von diesem zur Aufbewahrung anvertraut; fortan besaß er nur noch für den Gerichtsvollzieher, nicht mehr, auch nicht daneben, für den früheren mittelbaren Besitzer. Ebenso können im folgenden Fall A und B keine mittelbaren Nebenbesitzer sein: Der Kommissionär, der die ihm von A zum Verkauf übergebenen Waren dem B gegenüber als sein Eigentum ausgibt und sich dem B gegenüber verpflichtet, sie fortan als dessen Kommissionär zu verkaufen, hält dies vor A geheim und verhält sich ihm gegenüber weiter als dessen Kommissionär, zeigt ihm bei Besichtigungen die Waren, sendet seine Abrechnungen usw. Der angenommene Fall läuft nicht auf ein Nebeneinander, sondern auf ein Nacheinander hinaus. Erst hat der Kommissionär den mittelbaren Besitz des B begründet und damit — trotz etwaigen geheimen Vorbehalts — den mittelbaren Besitz des A zerstört. Wenn er dann später dem A gegenüber Handlungen vornimmt, welche als ein Wiederherstellen des mittelbaren Besitzes von A gedeutet werden müssen, so wird damit der mittelbare Besitz des B wiederum zerstört. Dieses Herüber und Hinüber kann sich beliebig oft wiederholen; immer aber bleibt es ein Nacheinander, kein Nebeneinander (vgl. hierzu Probst ZHR 101, 199, 215, der die Möglichkeit eines Nebenbesitzes im Gegensatz zur hM bejaht, ebenso Westermann § 19 II 4; wie hier Staudinger-Seufert Anm. 27; Palandt-Hoche Anm. 1).

Anm. 22

4. Folgen. Für das etwaige Eigentum des mittelbaren Besitzers sind die Änderungen in den Besitzverhältnissen allein bedeutungslos (**RG** JW 1926, 799[8]); kommen andere Tatsachen hinzu, so können sich durch gutgläubigen Eigentumserwerb eines Dritten auch die Eigentumsverhältnisse ändern (vgl. hierzu und auch zu dem Vorigen **RG** Warn Rspr 1934 Nr. 134).

Anm. 23

VI. Höferecht. Bei Verwaltung und Nutznießung im Sinne des Erbhofrechts ist der Verwalter und Nutznießer unmittelbarer, der Anerbe (Bauer) mittelbarer Besitzer. Dabei ist es belanglos, ob der Verwalter und Nutznießer einen anderen für den Anerben hält und für diesen den unmittelbaren Besitz ausüben will. Denn insoweit herrscht keine Vertragsfreiheit. Der mittelbare Besitzer hat das Grundstück jedenfalls dann im Sinne des KRG 45 Art. XII Abs. 2 Satz 3 als Erbe in Besitz genommen, wenn dies nach außen irgendwie, z. B. durch Eintragung ins Grundbuch erkennbar geworden ist (**BGH** 9, 73 = NJW 1953, 697 = LM § 868 Nr. 3 mit Anm. von Pritsch). Der Verwalter und Nutznießer eines Erbhofs kann das mittelbare Besitzverhältnis des Anerben nicht durch bloße Äußerungen, etwa er sei selbst Eigentümer und besitze als Eigenbesitzer, beseitigen (**BGH** NJW 1953, 1868 [Leitsatz] = MDR 1954, 95 mit Anm. von Rötelmann).

§ 869

Wird gegen den Besitzer verbotene Eigenmacht verübt, so stehen die in den §§ 861, 862 bestimmten Ansprüche auch dem mittelbaren Besitzer zu. Im Falle der Entziehung des Besitzes ist der mittelbare Besitzer berechtigt, die Wiedereinräumung des Besitzes an den bisherigen Besitzer zu verlangen; kann oder will dieser den Besitz nicht wieder übernehmen, so kann der mittelbare Besitzer verlangen, daß ihm selbst der Besitz eingeräumt wird. Unter der gleichen Voraussetzung kann er im Falle des § 867 verlangen, daß ihm die Aufsuchung und Wegschaffung der Sache gestattet wird.

E I 821 II 790, 854; M 3 127; P 3 219.

Übersicht

Besitzschutzrechte des mittelbaren Besitzers

Anm. 1

I. Besitzschutz beim mittelbaren Besitz. Allgemeines. Da das Gesetz dem mittelbaren Besitzer eine wirkliche Besitzstellung zuspricht (§ 868 Anm. 3), gewährt es ihm auch den Besitzschutz. Weil jedoch die Beziehung des mittelbaren Besitzers zur Sache eine andere ist als die des unmittelbaren Besitzers, knüpft sich auch sein Besitzschutzrecht an eine andere Voraussetzung, als das des unmittelbaren Besitzers (Anm. 2). Desgleichen sind die Rechtsbehelfe des mittelbaren Besitzers beschränkter. Denn hat er auch die Ansprüche aus den §§ 861, 862, 867 erhalten, so ist ihm doch das Recht der Selbsthilfe im Sinne des § 859 versagt, weil er keine tatsächliche Gewalt über die Sache hat (OLG Freiburg JZ 1952, 334; Staudinger-Seufert Anm. 1).

II. Entziehungs- und Störungsansprüche (Satz 1)

Anm. 2

1. Voraussetzungen. Gesetzliche Voraussetzung ist auch für die Besitzklage des mittelbaren Besitzers, daß der Gegner **verbotene Eigenmacht verübt** hat. Dabei kann nur eine gegen den unmittelbaren und nicht auch eine gegen den mittelbaren Besitzer verübte Eigenmacht in Frage kommen (**RG** 146, 190; WarnRspr 1920 Nr. 200; 20. 6. 1933 VII 76/33), da der mittelbare Besitz nur auf einem Rechtsverhältnis (§ 868 Anm. 1, 5 ff) beruht und eine Störung oder Beseitigung dieses Rechtsverhältnisses durch das Verhalten Dritter nicht denkbar ist (**RG** JW 1931, 2906). Eine Einwirkung auf das Rechtsverhältnis wäre auch noch keine Besitzbeeinträchtigung. Der unmittelbare Besitzer ist einer Besitzklage des mittelbaren Besitzers selbst nie ausgesetzt, weil er gegen sich selbst keine verbotene Eigenmacht ausüben kann (vgl. hierzu § 858 Anm. 2 und die dort angezogenen Entscheidungen). Vertragswidriges Verhalten des unmittelbaren Besitzers bedeutet noch keine Störung des mittelbaren Besitzers (**RG** 20. 6. 33 VII 76/33). Der mittelbare Besitzer kann auch dann niemals Klage haben, wenn sich die Handlungsweise des Dritten gegenüber dem unmittelbaren Besitzer nicht als rechtswidrig darstellt. Das trifft zu, wenn entweder der Dritte im Einverständnis mit dem Besitzmittler handelt (**RG** 68, 389; 105, 415; 111, 410) oder wenn die Handlungsweise des Dritten kraft Gesetzes statthaft war (§ 858 Anm. 8 ff). Ist freilich der Anspruch des mittelbaren Besitzers auf Besitzschutz einmal erwachsen, dann kann er ihm durch nachträgliches Übereinkommen zwischen dem unmittelbaren Besitzer und dem Dritten nicht wieder entzogen werden. Denn sein Anspruch besteht selbständig.

Anm. 3

2. Anspruchsinhalt. Die Ansprüche des mittelbaren Besitzers und entsprechend die des unmittelbaren Besitzers zielen darauf ab, die Störung zu beseitigen, gegebenenfalls auch weiteren Störungen vorzubeugen (§ 862) und den Besitz wiederherzustellen (§ 861). Bei der Besitzstörung decken sich die Ansprüche des mittelbaren und des unmittelbaren Besitzers. Den Besitzentziehungsanspruch hat der mittelbare Besitzer nur mit der Beschränkung gemäß Anm. 5. Nach der Fassung („auch") läßt das Gesetz erkennen, daß das Klagerecht des mittelbaren Besitzers selbständig neben dem des unmittelbaren Besitzers besteht. Sonach steht auch die Klage des einen der Klage des anderen nicht entgegen und die Einrede der Rechtshängigkeit versagt.

Aus demselben Grunde erlangt aber auch das von dem unmittelbaren Besitzer erstrittene Urteil dem mittelbaren Besitzer gegenüber keine Rechtskraft, wie auch die dem mittelbaren Besitzer gegenüber ergangene Entscheidung zuungunsten des unmittelbaren Besitzers nicht wirksam wird. Bei dieser Sachlage besteht freilich die Möglichkeit, daß in beiden Streitverfahren verschiedene Urteile erzielt werden. Das kann auch durch eine Prozeßverbindung (§ 147 ZPO) nicht verhindert werden; der unmittelbare und der mittelbare Besitzer sind keine notwendigen Streitgenossen i. S. des § 62 ZPO (Staudinger-Seufert Anm. 7; aM die Vorauflagen). Der frühere Hinweis auf **RG** 60, 270 ging fehl. Jeder der beiden Klagen gegenüber greift im übrigen auch der Ein wand des Beklagten durch, daß er dem Anspruche des einen Klägers bereits genügt habe.

Anm. 4

3. Der Einwand aus § 861 Abs. 2. Außer den bezeichneten Ansprüchen steht dem mittelbaren Besitzer, der selbst mit der Besitzklage belangt wird, weil er sich den unmittelbaren Besitz verschafft hat, auch der Einwand aus § 861 Abs. 2 zu (**RG** 69, 197). Ausdrücklich verleiht ihm § 869 zwar nur die Ansprüche aus den §§ 861, 862. Das Gesetz hat jedoch dem mittelbaren Besitzer die volle Rechtsstellung der §§ 861, 862 gewähren wollen. Es liegt im Sinne des § 869, ihn auch hinsichtlich der Verteidigung dem unmittelbaren Besitzer gleichzustellen; hierin würde er durch Versagen der bezeichneten Einrede beeinträchtigt werden. Falls daher der mittelbare Besitzer dem unmittelbaren Besitzer seinen Besitz entzogen hat und alsdann von ihm aus § 861 in Anspruch genommen wird, kann auch er einwenden, daß der Kläger ihm gegenüber fehlerhaft besessen habe (**RG** 69, 198; vgl. § 861 Anm. 7 ff). Umgekehrt muß der mittelbare Besitzer sich den Einwand des fehlerhaften Besitzes auch dann entgegenhalten lassen, wenn der unmittelbare Besitzer dem Beklagten gegenüber fehlerfrei besessen hatte; auf sein Wissen davon kommt es nicht an.

Anm. 5

III. Anspruch auf Besitzeinräumung (Satz 2). Der Anspruch des mittelbaren Besitzers zielt bei der Besitzentziehung regelmäßig nur darauf ab, den Besitzstand wiederherzustellen, der zuvor bestanden hatte, d. h. regelmäßig nur den früheren Besitz des unmittelbaren Besitzers. Der mittelbare Besitzer kann nur ausnahmsweise verlangen, daß ihm selbst der unmittelbare Besitz eingeräumt werde, nämlich nur dann, wenn der unmittelbare Besitzer an der Übernahme des Besitzes tatsächlich oder rechtlich behindert und deshalb hierzu außerstande ist oder wenn er den Besitz nicht übernehmen will. Gelingt weder der eine noch der andere Nachweis, so ist die Klage abzuweisen. Es handelt sich bei Satz 2 um einen Fall bedingter Rechtshäufung („subsidiäre Kollision" der Rechte; Oertmann JR 1935, 30).

Anm. 6

IV. Abholanspruch (Satz 3). Das auch dem mittelbaren Besitzer gewährte Verfolgungsrecht (Abholanspruch; § 867 Anm. 1) kann ebenfalls nur nach Maßgabe der unter Anm. 1 dargelegten Regeln geltend gemacht werden. Der mittelbare Besitzer kann daher regelmäßig nur verlangen, daß dem unmittelbaren Besitzer gestattet wird, die ihm abhanden gekommene Sache aufzusuchen und fortzuschaffen; nur ausnahmsweise (Anm. 5) kann er diese Befugnis für sich selbst in Anspruch nehmen.

§ 870

Der mittelbare Besitz kann dadurch auf einen anderen übertragen werden, daß diesem der Anspruch auf Herausgabe der Sache abgetreten wird.

E I 804 II 792, 855; M 3 95; P 3 226.

Übersicht

Übertragung des mittelbaren Besitzes

Anm. 1

I. Ausschließlichkeit des § 870: Der mittelbare Besitz wird übertragen, indem der mittelbare Besitzer den Herausgabeanspruch, der ihm gegen den Besitzmittler auf Grund des Rechtsverhältnisses nach § 868 (Anm. 5ff) zusteht, an den Dritten abtritt (vgl. § 868 Anm. 18).

Wenn § 870 sagt, daß der mittelbare Besitz durch Abtreten des Herausgabeanspruchs übertragen werden kann, so wird damit nicht eine von mehreren Übertragungsmöglichkeiten besonders hervorgehoben, im § 870 wird vielmehr der einzige Weg gewiesen, wie der mittelbare Besitz zu übertragen ist. So ist auch **RG** 135, 78 zu verstehen. Wenn gelegentlich (**RG** WarnRspr 1921 Nr. 123) davon gesprochen worden ist, der mittelbare Besitz könne auch auf anderm Wege als nach § 870 übertragen werden, so war das nur ein ungenauer Ausdruck. In dem dort entschiedenen Falle und ebenso in den dort angezogenen Entscheidungen (**RG** WarnRspr 1909 Nr. 174; 1920 Nr. 13 u. Nr. 163; 4. 5. 17 VII 23/17) handelte es sich darum, daß der mittelbare Besitzer einen weiteren mittelbaren Besitz begründete und dadurch seinen bisherigen mittelbaren Eigenbesitz in mittelbaren Fremdbesitz verwandelte. Er übertrug also seinen mittelbaren Besitz nicht, sondern er behielt ihn gerade. Übertragen wurde in den meisten der genannten Fälle das Eigentum; hierfür stehen dem mittelbaren Besitzer der beweglichen Sache in der Tat drei Wege offen: der des § 931 (Abtreten des Herausgabeanspruchs, vgl. unten), der des § 930 (Begründen eines weiteren mittelbaren Besitzes) und der des § 929 Satz 2 (Einigung über Eigentumsübergang; vgl. Anm. 7 a. E).

II. Die Abtretung des Herausgabeanspruchs

Anm. 2

1. Der Berechtigte. Abtretungsbefugt ist allein der mittelbare Besitzer. Der unmittelbare Besitzer braucht bei der Besitzübertragung nicht mitzuwirken. Die Abtretung wird auch ohne seine Kenntnis wirksam (**RG** 52, 277). Es empfiehlt sich jedoch, ihm die Abtretung anzuzeigen, um den Nachfolger des mittelbaren Besitzers gegen spätere ihm nachteilige Verhandlungen zwischen seinem Rechtsvorgänger und dem unmittelbaren Besitzer zu sichern. Denn ohne die Anzeige können solche Verhandlungen auch dem Nachfolger gegenüber wirksam sein (§§ 407ff).

Anm. 3

2. Der Umfang der Abtretung. Abzutreten ist nur der „Anspruch auf Herausgabe der Sache". Es ist nicht erforderlich, daß dem Dritten auch die sonstigen Ansprüche aus dem Rechtsverhältnis abgetreten werden. Der mittelbare Besitz geht also schon dann über, wenn z. B. ein Vermieter seinen Herausgabeanspruch abtritt, sich aber die sonstigen Vermieterrechte, etwa das Recht auf den Mietzins, vorbehält. Werden die gesamten Ansprüche aus dem Rechtsverhältnis, z. B. die Vermieterrechte, abgetreten, so geht der mittelbare Besitz ebenfalls auf den Dritten über. Das Gesetz setzt das als selbstverständlich voraus.

Anm. 4

3. Art und Wirkung der Abtretung. Die Abtretung des Herausgabeanspruchs selbst und ihre Rechtswirkungen regeln sich nach den allgemeinen Grundsätzen der §§ 398ff. Daher behält der unmittelbare Besitzer gegenüber dem Rechtsnachfolger des mittelbaren Besitzers gemäß § 404 auch die Einwendungen, die ihm gegen diesen zustehen (vgl. die entsprechende Bestimmung des § 986 Abs. 2 für den Fall der Abtretung des Eigentumsanspruchs nach § 931).

Anm. 5

4. Verhältnis zu § 931. Die Abtretung des Herausgabeanspruchs nach § 931 deckt sich nicht immer und nicht durchweg mit der Übertragung des mittelbaren Besitzes. Wer nach § 931 Eigentum übertragen will, braucht nicht mittelbarer Besitzer zu sein (**RG** WarnRspr 1919 Nr. 95 = LZ 1919, 787). Der Herausgabeanspruch, von dem § 931 spricht, ist in erster Linie der dingliche Anspruch, der dem Eigentümer nach § 985 gegen jeden Besitzer zusteht; aber wenn der Eigentümer mittelbarer Besitzer ist, muß er, um die Sachübergabe zu ersetzen, auch den Herausgabeanspruch aus dem Rechtsverhältnis nach § 868 abtreten (**RG** 52, 394). In der Regel geschieht das stillschweigend (**RG** 6. 2. 17 VII 254/16). § 870 greift auch ein, wenn ein Nichteigentümer seinen mittelbaren Besitz übertragen will. Auf dem Gebiet der Schuldverhältnisse dient die Abtretung des Herausgabeanspruchs nach § 870 auch als Mittel zur Erfüllung, falls als Leistung die Gewährung des Besitzes geschuldet wird, so beim Kauf, wenn sich der Käufer mit Übertragung des mittelbaren Besitzes begnügen will (§ 433 Anm. 163).

Anm. 6

5. Anwendungsfälle. § 870 greift ein, wenn eine bewegliche Sache, die sich im mittelbaren Besitz des Eigentümers befindet, verpfändet werden soll. Hier ersetzt die Abtretung des Herausgabeanspruchs zusammen mit der Verpfändungsanzeige an den unmittelbaren Besitzer die Übergabe der Sache (§ 1205 Abs. 2).

Die **Übergabe der handelsrechtlichen Verfügungs-**(Traditions-, Dispositions-) **papiere:** Ladescheine, Lagerscheine, Konnossemente (vgl. §§ 363—365, 424, 450, 647 HGB; Ges. über das Seefrachtrecht vom 10. 4. 1937 RGBl I 891; Vorbem. vor § 688; Erl. zu § 931) überträgt für sich allein keinen unmittelbaren Besitz, da sie die tatsächlichen Gewaltverhältnisse nicht ändert; auch sie verschafft, soweit die Übergabe der Papiere eine Abtretung des Herausgabeanspruchs enthält, nur mittelbaren Besitz (Staudinger-Seufert Anm. 9 gegen die 10. Auflage dieses Kommentars Anm. 1 a. E.; vgl. ferner **RG** 119, 215). Zollniederlagescheine sind keine Verfügungspapiere; mit ihrer Übergabe geht aber in der Regel der aus § 985 abzuleitende Herausgabeanspruch über (**RG** WarnRspr 1933 Nr. 22). Auch der Übergang des Herausgabeanspruchs kraft Gesetzes (z. B. § 571) hat die Wirkung der rechtsgeschäftlichen Übertragung (§§ 412, 413).

Anm. 7

6. Gegenbeispiele. Der mittelbare Besitz kann nicht im Wege der Zwangsvollstreckung dadurch übertragen werden, daß der Herausgabeanspruch zur Einziehung überwiesen wird. Die Überweisung ermächtigt den Vollstreckungsgläubiger nur, den überwiesenen Herausgabeanspruch geltend zu machen; sie überträgt jedoch die Gläubigerrechte des Vollstreckungsschuldners nicht auf jenen und berührt insbesondere die Besitzlage nicht (**RG** 63, 218).

Der mittelbare Besitz wird ferner nicht übertragen, wenn der mittelbare Besitzer A den unmittelbaren Besitzer B anweist, den mittelbaren Besitz für A zu beenden und mit einem Dritten C ein neues Rechtsverhältnis im Sinne des § 868 zu vereinbaren. Geschieht das, so beruht der mittelbare Besitz des C auf der mit B getroffenen Abrede. Der mittelbare Besitz des A ist nicht über-, sondern untergegangen. Das wird besonders klar, wenn rechtlich verschiedene Verträge in Betracht kommen, wenn etwa B die Sache für A verwahrte und sie sich dann auf Anweisung des A von C verpfänden ließ. Da es keinen vom Schuldgrund losgelösten mittelbaren Besitz gibt, dieser vielmehr stets auf einem Rechtsverhältnis beruht, läßt sich in dem obigen Beispiel nicht sagen, daß der auf Verwahrung beruhende mittelbare Besitz des A auf den Pfandschuldner C übergegangen ist. Nicht anders aber liegt die Sache, wenn A und C Verträge derselben Art mit B abgeschlossen haben, beide also etwa Verwahrungsverträge. Das soeben geschilderte Verfahren des A ist jedoch der dritte Weg (s. Anm. 1), sein Eigentum auf C zu übertragen. Das geschieht nach § 929 Satz 2. Sobald C in den mittelbaren Besitz der Sache gelangt ist und die Einigkeit des A und des C über den Eigentumsübergang noch fortbesteht, erwirbt C das Eigentum (vgl. dazu auch Erl. zu § 931 und — zugleich in Anwendung auf das Girosammeldepot — Erl. zu § 929).

§ 871

Steht der mittelbare Besitzer zu einem Dritten in einem Verhältnisse der im § 868 bezeichneten Art, so ist auch der Dritte mittelbarer Besitzer.

E I 821 II 791, 856; M 3 128; P 3 225.

Übersicht

Mehrstufiger mittelbarer Besitz

Anm. 1

I. **Die mehrstufige Besitzvermittlung.** Ein unmittelbarer Besitzer kann mittelbaren Besitz in nachgeordneter Stufenfolge (Ordnungen) für mehrere Personen gleichzeitig vermitteln. Dieses Ergebnis kann auf zweifache Weise herbeigeführt werden, entweder so, daß ein unmittelbarer Besitzer, der zu einer andern Person bereits im Verhältnis eines Besitzmittlers (§ 868 Anm. 5ff) steht, seinen unmittelbaren Besitz einem Dritten einräumt und jetzt mit diesem für sich ein Verhältnis der in § 868 vorausgesetzten Art eingeht (§ 868 Anm. 16), oder in der Weise, daß ein mittelbarer Besitzer mit einem Dritten ein Rechtsverhältnis vereinbart, durch das dieser gleichfalls mittelbarer Besitzer wird. In solchen Fällen ist die Person, die zu dem Besitzmittler in unmittelbarer Beziehung steht, der nähere mittelbare Besitzer, der andere mittelbare Besitzer ist der entferntere.

Anm. 2

II. **Anwendungsfälle.** In der ersten der beiden unter I genannten Fallgruppen ist z.B. daran zu denken, daß der Nießbraucher eine seinem Nießbrauch unterworfene Sache oder daß der Mieter die Mietsache einem Dritten mietweise weiter überläßt, in der zweiten Fallgruppe an die Möglichkeit, daß etwa der Besteller des Nießbrauchs oder der Vermieter nach Überlassung der Sache an den Nießbraucher oder den Mieter mit einem Dritten ein (weiteres) Mietverhältnis vereinbart, durch welches der Dritte Vermieter, der Besteller des Nießbrauchs oder der Vermieter als nunmehriger Untermieter aber Mieter wird. Auf diese Weise kann Eigentum an beweglichen Sachen gemäß § 930 übertragen werden (**RG** JW 1909, 130[1]). Ein Verhältnis im Sinne des § 871 wird auch zugunsten des Gläubigers hergestellt, wenn der Gerichtsvollzieher die gepfändete Sache in Besitz nimmt (§ 808 ZPO) oder die in Besitz genommene Sache zunächst im unmittelbaren Besitz des Schuldners beläßt. Der Gläubiger ist alsdann der entferntere, der Gerichtsvollzieher der nähere mittelbare Besitzer (§ 868 Anm. 12). In allen diesen Fällen hat auch der Dritte, der zu dem unmittelbaren Besitzer selbst in keinem Rechtsverhältnis steht, die Stellung des (entfernteren) mittelbaren Besitzers und selbständig den Besitzschutz nach § 869. Nur insoweit steht er dem näheren mittelbaren Besitzer nach, als er, falls der unmittelbare Besitzer entsetzt wird (§ 861), die

Einräumung des Besitzes an sich selbst erst dann verlangen kann, wenn nicht nur der unmittelbare, sondern auch der nähere mittelbare Besitzer die Sache nicht übernehmen kann oder will (§ 869 Anm. 5; **RG** 1. 7. 21 VII 543/20).

Eine besonders erhebliche Bedeutung kommt der mehrstufigen Besitzvermittlung bei der jetzt gesetzlich geordneten Wertpapiersammelverwahrung (Girosammeldepot) zu. Über die Besitzlage hierbei vgl. § 868 Anm. 13.

Anm. 3

III. Die **Eigentumsvermutung des § 1006 Abs. 3** kann nur zugunsten des entferntesten mittelbaren Besitzers gelten; regelmäßig besitzt nur er als Eigenbesitzer, alle zwischengeschalteten mittelbaren Besitzer besitzen nur als Fremdbesitzer (vgl. § 872 Anm. 1, aber auch § 868 Anm. 13).

§ 872

Wer eine Sache als ihm gehörend besitzt, ist Eigenbesitzer.

E I 797 II 793, 857; M 3 80; P 3 227.

Übersicht

Eigenbesitz

I. Allgemeines

Anm. 1

1. Voraussetzungen des Eigenbesitzes. Eigenbesitz ist der durch den Willen des Besitzers, die Sache „als ihm gehörend" zu beherrschen, besonders geartete Besitz (§ 854 Anm. 12). Wie ein unmittelbarer, so kann auch der mittelbare Besitzer Eigenbesitzer sein. Das Gesetz verlangt nicht, daß der Eigentumswille sich auf einen bestimmten Rechtsgrund stützt oder daß der Besitzer von dem Vorhandensein eines Rechtsgrundes auch nur überzeugt ist (**RG** 54, 135; SeuffArch 78 Nr. 82; JW 1916, 39[5]; 20. 9. 22 V 635/21). Es genügt ein natürlicher Besitzwille; daher ist weder Geschäftsfähigkeit noch eine rechtsgeschäftliche Äußerung nötig (Staudinger-Seufert Anm. 7 mit Nachw.). Eigenbesitzer kann auch der Dieb sein. Auch der bisherige Fremdbesitzer wird dadurch zum Eigenbesitzer, daß er sich entschließt, die Sachen fortan als eigen zu besitzen; so der Miterbe, der bis zum Tode des Erblassers die Sachen etwa leih- oder mietweise besaß und danach in Anmaßung eines über sein wirkliches Recht hinausgehenden Erbrechts die Herausgabe der Sachen verweigert (**RG** 81, 294). Daß der Inhaber den Willen hat, die Sache als die seine zu behalten, ist weder für den Besitz noch für den Besitzerwerb erforderlich. Eine Person kann, soweit ihr Wille verschieden sein kann, auch an einer rechtlichen Einheit teils Eigen- und teils Fremdbesitz haben, z. B. Hauseigentümer an Haus und eingebauten Gegenständen, solange Herausgabe der letzteren möglich und er dazu bereit ist.

Anm. 2

2. Bedeutung des Eigenbesitzes im Rechtsleben. Eigenbesitz ist als gesetzliche Voraussetzung für den Erwerb von Sachenrechten erheblich, so beim gutgläubigen Erwerb von Eigentum an beweglichen Sachen durch Ersitzung (§ 937) oder an Früchten durch die Trennung (§ 955); ferner ohne Rücksicht auf guten Glauben beim Erwerb von Eigentum an Grundstücken durch Zeitablauf (§§ 900, 927) und an herrenlosen beweglichen Sachen durch Aneignung (§ 958). Wesentlich ist weiter der Eigenbesitz für die Haftung auf Schadenersatz im Falle des § 836 Abs. 3, für die Beweislast bei der Klage auf Grenzfeststellung im Falle des § 920 und für die Zwangsverwaltung gemäß § 147 ZVG.

Der Eigenbesitz an einem Grundstück berechtigt nicht zur Erhebung der Widerspruchsklage aus § 771 ZPO, selbst dann nicht, wenn der Besitzer schon die Auflassung (aber noch nicht die Eintragung) erhalten hat (**RG** 81, 64). Die in **RG** 116, 363 geäußerte abweichende Meinung ist inzwischen (**RG** 127, 11) wieder aufgegeben worden (vgl. Vorbem. 2 vor § 854, § 858 Anm. 9).

Anm. 3

II. Erwerb des Eigenbesitzes. Ob der Erwerb von Eigenbesitz ein rechtsgeschäftliches Handeln erfordert, ist streitig. Es ist anzunehmen, daß der Erwerb des Eigenbesitzes kein Rechtsgeschäft darstellt. Allerdings erhebt das Gesetz hier (anders als sonst, § 854 Anm. 12) den Willen zu einer besonderen Voraussetzung für Besitzerwerb. Aber entscheidend ist, daß auch der Eigenbesitz nur ein tatsächliches Verhältnis enthält und daß, wer sich den Eigenbesitz verschaffen will, nur den Willen hat, dieses tatsächliche Verhältnis zu begründen, mithin keinen Rechtserfolg begründen will. Wollte der Dieb etwa solches vorhaben, so wäre sein Wille unbeachtlich, und auch beim Erwerb des Eigentums an einer herrenlosen Sache knüpft sich der Rechtserfolg nur an die Tatsache, daß der Erwerber die Sache in Eigenbesitz nimmt, während der Wille, Eigentum zu erwerben, bei der Aneignung (§ 958) nicht in Betracht kommt.

Der Erbe erlangt gemäß § 857 auch dann Eigenbesitz an den Nachlaßgegenständen, wenn er weder von dem Erbfalle noch von dem Eigenbesitz Kenntnis hatte; denn mit dem Tode des Erblassers ist dessen Rechtsstellung voll auf den Erben übergegangen (**BGH** JZ 1953, 706 = LM § 836 Nr. 6).

Anm. 4

III. Verlust des Eigenbesitzes. Der Eigenbesitz wird verloren entweder durch Besitzaufgabe (§ 856, § 868 Anm. 19) oder durch erkennbar gewordene Aufgabe des Willens, die Sachen als eigene zu besitzen. Möglich ist dabei, daß der Eigenbesitzer den bloßen Besitz behält. Wer ein Grundstück gekauft und übergeben erhalten hat, dann aber vom Kauf zurückgetreten ist und gegen den Verkäufer ein Urteil auf Rückzahlung des Kaufpreises gegen Rücknahme des Grundstücks erwirkt hat, verliert hierdurch allein nicht den Eigenbesitz, wenn er ein Zurückbehaltungsrecht ausübt und das Grundstück weiter nutzt (LG Prenzlau JW 1938, 2274[8]).

Anm. 5

IV. Beweislast. Wer sich auf Eigenbesitz beruft, muß aus den tatsächlichen Umständen den Nachweis erbringen, daß die besonderen Voraussetzungen des Eigenbesitzes erfüllt sind (**RG** 54, 135). Leitet der Besitzer aus dem Eigenbesitz ein Recht für sich her, liegt ihm die Beweislast ob; soll er dagegen haftbar gemacht werden, dann ist der Beweis Sache des Gegners.

Anm. 6

V. Steuerrechtlich werden Wirtschaftsgüter, die jemand in Eigenbesitz hat, dem Eigenbesitzer zugerechnet; Eigenbesitzer ist, wer ein Wirtschaftsgut als ihm gehörig besitzt (StAnpG § 11 Nr. 4 RGBl 1934 I 925).

Zweiter Abschnitt

Allgemeine Vorschriften über Rechte an Grundstücken

Vorbemerkungen. Das Grundbuch

Übersicht

I. Allgemeines.

Anm. 1

1. Die Anwendung der allgemeinen Vorschriften des BGB über Rechte an Grundstücken setzt die **Anlegung von Grundbüchern** voraus. Solange das Grundbuch noch nicht gemäß Art. 186 EG als angelegt anzusehen war, galten nach Maßgabe des Art. 189 EG die bisherigen Vorschriften. Jetzt hat grundsätzlich jedes Grundstück ein Grundbuchblatt; Ausnahmen vom Buchungszwang stellt § 3 Abs. 2, 3 GBO auf.

Anm. 2

2. Die Vorschriften des BGB betreffen das **materielle Liegenschaftsrecht.** Die notwendigen Ergänzungen bilden die **formellrechtlichen** Bestimmungen der GBO in ihrer neuen Fassung vom 5. 8. 1935 (RGBl I 1073, mit Ges. v. 31. 10. 1938, RGBl I 1544, und VO v. 5. 10. 1942, RGBl I 573). Dazu ergingen die VO zur Ausführung der GBO v. 8. 8. 1935 (RGBl I 1089) und die Grundbuchverfügung von demselben Tage (RMBl 637 mit späteren Änderungen). Dadurch wurde das formelle Liegenschaftsrecht für das ganze Reichsgebiet vereinheitlicht und dem bis dahin zersplitterten Rechtszustand in den einzelnen deutschen Ländern ein Ende gemacht. Diese formellen Bestimmungen sind grundsätzlich nur Ordnungsvorschriften, die der Grundbuchrichter zwar zu beachten hat, deren Nichtbeachtung aber die vorschriftswidrigen Rechtshandlungen nicht nichtig macht (**RG** 73, 52; über Eintragungen in eine unrichtige Abteilung **RG** 54, 248; 55, 343; JW 1907, 291[53]; KGJ 27 A 82).

Anm. 3

3. Die Vorschriften des BGB über Rechte an Grundstücken werden ferner ergänzt für die **Zwangsvollstreckung in ein Grundstück oder** in **ein eingetragenes Recht** durch das ZVG und durch die §§ 764ff, 864ff ZPO. Für den Einfluß des **Konkurses** auf die Rechte an Grundstücken kommt besonders in Betracht § 47 KO (abgesonderte Befriedigung der Rechte an Grundstücken).

Anm. 4

II. Einrichtung der Grundbücher. Gemäß § 2 GBO werden die Grundstücke (Begriff: § 873 Anm. 13ff) in den Grundbüchern, die nach Bezirken einzurichten sind, nach einem die Grundstücke unter Nummern oder Buchstaben aufführenden amtlichen Verzeichnis benannt, dessen Einrichtung durch den Bundes(Reichs)minister der Justiz bestimmt wird. Nach § 3 GBO erhält jedes Grundstück im Grundbuch ein besonderes Grundbuchblatt, das für das Grundstück als das Grundbuch im Sinne des BGB anzusehen ist. Unter gewissen Voraussetzungen kann über mehrere Grundstücke ein gemeinschaftliches Grundbuchblatt geführt und können mehrere Grundstücke durch Vereinigung oder durch Zuschreibung als Bestandteil zu einem einheitlichen Grundstück auf einem Grundbuchblatt zusammengelegt werden (§§ 4, 5, 6 GBO, § 890 BGB). Alle Einzelheiten über die Einrichtung und Führung des Grundbuchs enthält die Grundbuchverfügung des Reichsministers der Justiz vom 8. 8. 1935.

Anm. 5

III. Eintragungen auf die Grundbuchblätter. Sie dienen: zum Nachweis sämtlicher Grundstücke eines Bezirks; zur Sicherung des Eigentums; zur Feststellung der zulässigen dinglichen Belastungen, ihrer Rangverhältnisse und ihrer Veränderungen; zum einstweiligen Schutz bestehender Ansprüche oder Rechte gegen nachteilige Veränderungen (Vormerkung, Widerspruch); zur Kundgebung der Verfügungsbeschränkungen, die bei dinglichen Rechten zugunsten bestimmter Personen bestehen.

IV. Eintragungsunfähigkeit

Anm. 6

Der **Kreis der eintragungsfähigen Rechte** ist, wie überhaupt der Kreis der dinglichen Rechte, ein geschlossener. Andere als diejenigen Rechte, über deren Eintragung das BGB oder sonst ein Bundes(Reichs)- oder Landesgesetz Bestimmung trifft — z. B. Gesetz über Wohnungseigentum und Dauerwohnrecht v. 15. 3. 1951 (BGBl I 175) —, dürfen in das Grundbuch nicht eingetragen werden, selbst wenn ihre Eintragung unter der Herrschaft des früheren Rechts zulässig war (**RG** 48, 63; 51, 86; 54, 233; 55, 273; 56, 14; 57, 333; 117, 294).

Anm. 7

1. Nicht eintragungsfähig sind daher **Rechte und Verpflichtungen rein persönlicher** (schuldrechtlicher) **Natur,** auch wenn ihre Eintragung ausdrücklich vereinbart worden ist, wie z.B.: vertragliche Verwaltungsrechte Hamm JMBl NRW 50, 129; Vorkaufsrecht nach § 11 Heimstätt.G; das Miet- oder Pachtrecht (**RG** 54, 233; Gruchot 67, 78; KGJ 24 A 121; 33 A 221; OLG 17, 30); das Zurückbehaltungsrecht (**RG** 51, 83; 66, 24; 68, 278); der Anspruch aus dem Kauf von Holz auf dem Stamm (**RG** 60, 317); das persönliche Wiederkaufsrecht nach den §§ 497ff (OLG 2, 489; JFG 2, 322; ebenso für ein im Gebiet des gemeinen Rechts begründetes persönliches Wiederkaufsrecht (JFG 18, 257); das Recht auf den Ankauf eines Grundstücks für einen bestimmten Preis (KGJ 29 A 173); in der Bewilligung der Eintragung des Rechts kann aber unter Umständen die Bewilligung einer Vormerkung zur Sicherung des Anspruchs auf Eigentumsübertragung gefunden werden (**RG** Gruchot 67, 80; JFG 3, 318); das Recht auf Ersatz von Verwendungen in das Grundstück nach den §§ 994ff (**RG** 71, 430); das den Gläubigern des Bestellers eines Nießbrauchs an einem Vermögen zustehende Befriedigungsrecht (**RG** 70, 348); der Anspruch auf den Ausbau einer Straße (**RG** 57, 330); die aus einem Vertrag über Anlegung eines Anschlußgleises erwachsenden Verpflichtungen einer Eisenbahn (**RG** 58, 264); der Verzicht des Eigentümers auf Ersatz des dem Grundstück durch Unternehmungen eines andern (z. B. durch den Betrieb einer Eisenbahn oder eines Bergwerks) erwachsenden Schadens (KGJ 21 A 310; 22 A 152; 25 A 152; 25 A 147; 49, 196; vgl. hierzu aber **RG** 119, 211; 130, 350 und § 1018 Anm.). Eine dingliche Sicherung kann hier nur durch die Bestellung einer Sicherungshypothek (§§ 1184ff, 1189, 1190) für die Forderung auf Schadensersatz wegen Nichterfüllung der Verbindlichkeit bewirkt werden (**RG** 55, 273). Die Frage, ob die Verpfändung oder Pfändung (§§ 829, 857 ZPO) des Rechts auf Ausübung eines auf einem Grundstück eingetragenen Nießbrauchs eintragungsfähig sei, wird in § 1059 Anm. näher behandelt.

Anm. 8

2. Nicht eintragungsfähig sind ferner solche **Rechte, die sich den dinglichen Rechten, die das BGB zuläßt, nicht anpassen lassen,** z. B.: das Recht einer Stadtgemeinde auf Beseitigung von Bauwerken bei der Freilegung einer Straße (KGJ 26 A 274); die Verpflichtung des Eigentümers, in seinem Gastwirtschaftsbetrieb auf dem Grundstück nur Biere einer bestimmten Brauerei auszuschenken (RJA 3, 148; OLG 15, 371); in Preußen das Recht der Anlieger an öffentlichen Straßen in Ortschaften (**RG** 70, 77). Für das Nutzungspfandrecht vgl. § 873 Anm. 28.

Anm. 9

3. Aus dem Grundsatz des Grundbuchrechts, daß Eintragungen unzulässig sind, deren Zulässigkeit nicht besonders bestimmt ist und an die sich nicht eine bestimmte rechtliche Wirkung knüpft, folgt weiter, daß auch nicht eintragungsfähig sind **Verhältnisse, Rechte oder Beschränkungen,** die nach dem Gesetz ohne weiteres rechtliche Wirkungen haben, **an denen durch eine Eintragung** (insbesondere beim Rechtserwerb in gutem Glauben) **nichts geändert werden könnte oder über die das Grundbuch Auskunft zu geben nicht bestimmt ist.** Hierher gehören z. B.: persönliche Eigenschaften der Berechtigten (z. B. Familienstand); Beschränkungen der Geschäftsfähigkeit (**RG** 69, 268; RJA 14, 246); Umfang der Verfügungsmacht von Vertretern eingetragener Berechtigter (OLG 1, 116); Beschränkung der Erbauseinandersetzung KG DNotZ 44, 15; Besitzverhältnisse an Grundstücken (**RG** 61, 378); aus den Vorschriften des Nachbarrechts entspringende Beschränkungen (OLG 1, 380); das gesetzlich begründete Recht einer Gemeinde auf Entziehung des Grundeigentums gemäß dem Fluchtlinienplan (KGJ 25 A 147); Verpflichtungen, die den Straßenanliegern gegenüber der Gemeinde wegen der Kosten der Herstellung einer Straße als öffentliche Lasten obliegen (vgl. aber Gesetz über die Zahlung und Sicherung von Anliegerbeiträgen v. 30. 9. 1936 RGBl I 854); gesetzliche Veräußerungs- und Belastungsverbote und die auf Grund des öffentlichen Rechts bestehenden Verfügungsbeschränkungen (**RG** HRR 1932 Nr. 618; SeuffArch 57 Nr. 219; RJA 14 S. 245, 247; KGJ 50, 168; § 433 Anm. 71). Im Entschuldungsverfahren nach dem RGes. v. 1. 6. 1933 (vgl. für Brit. Zone VO v. 5. 7. 48 VOBl 199, für Bayern Ges. v. 28. 11. 49 GVBl 50, 29, für Rheinland Pfalz VO v. 15. 10. 40 JBlZ 2) wird zwar kraft besonderer Gesetzesvorschrift der Entschuldungsvermerk, der ein allgemein wirkendes gesetzliches Verfügungsverbot im Sinne des § 134 BGB darstellt, entgegen der Regel, die der Eintragung solcher Beschränkungen zuwiderläuft, in das Grundbuch eingetragen; die Mündelsicherheitsgrenze und der Betriebswert des entschuldeten Grundstücks sind aber von der Eintragung in das Grundbuch ausgeschlossen (JFG 15, 207). Nicht eintragungsfähig sind auch die Überbau- und Notwegrenten nach den §§ 914, 917 sowie die unter Art. 114 EG fallenden Rechte, die landesgesetzlich von der Eintragung ausgenommen sind (**RG** 110, 74), ferner das ein Wassergrundstück belastende selbständige Fischereirecht nach § 18 preuß. FischG v. 11. 5. 1916.

Anm. 10

4. Ausgeschlossen von der Eintragung sind, weil § 137 der dinglichen Geltung entgegensteht, **die auf Rechtsgeschäft beruhenden Beschränkungen der Befugnis zur Verfügung** über ein veräußerliches Recht an einem Grundstück (**RG** 73, 18; KGJ 45, 222; RJA 9, 271). Über die ausnahmsweise zugelassene Eintragung gewisser rechtsgeschäftlicher Verfügungsbeschränkungen zugunsten einer bestimmten Person (Testamentsvollstreckerschaft, Nacherbenrecht) vgl. § 892 Anm. 99, über die begrenzte Eintragungsfähigkeit einer gemäß § 938 Abs. 2 ZPO angeordneten Sequestration § 892 Anm. 105.

Anm. 11

5. Endlich können nur Rechte an Grundstücken durch Eintragung gesichert werden, **nicht Rechte an beweglichen Sachen,** mögen sie auch zu einem Grundstück in rechtlicher Beziehung stehen, z. B. nicht: der Vorbehalt des Eigentums an Zubehörstücken; die bei der Veräußerung eines Grundstücks getroffene Abrede, wodurch der Veräußerer sich Eigentumsrechte an einem Schatz vorbehält (RJA 3, 136).

Anm. 12

6. Die **Einschreibung von Vermerken, die sich** aus vorhandenen Eintragungen **nach dem Gesetz von selbst ergeben,** ist vom Grundbuchrichter **abzulehnen,** weil das Grundbuch übersichtlich sein und nicht mit Überflüssigem belastet werden soll (KGJ 35 A 326; 49, 230), so z. B.: bei einer Hypothek die Haftung für die im § 1118 bezeichneten Kosten (RJA 1, 81); bei einer Zwangshypothek (§ 867 ZPO) die Haftung für die Eintragungskosten (RJA 2, 246; KGJ 35 A 325); der Vorrang der Resthypothek des Gläubigers vor der Eigentümerteilhypothek auf Grund des § 1176 (KGJ 21 A 165; 28 A 139); die Verpflichtung des Hypothekengläubigers zur Löschungsbewilligung nach Erlöschen der Hypothekenforderung (KGJ 29 A 244); auch Eintragungen, die nur bei günstigen Gesetzesänderungen gelten sollen (HRR 33 Nr. 729); vgl. auch KGJ 28 A 145 (Wiederholung einer klaren Eintragung).

Anm. 13

7. Da der im Gesetz bestimmte Inhalt dinglicher Rechte nicht durch Parteivereinbarung geändert werden kann, so können auch die dinglichen Rechte an Grundstücken **nicht** auf Grund einer Parteivereinbarung **mit einem andern Inhalt als dem gesetzlich geregelten** eingetragen werden; auf dem Gebiet des Sachenrechts gilt nicht, wie auf dem Gebiet des Rechts der Schuldverhältnisse, der Grundsatz der Vertragsfreiheit (**RG** 88, 162; KGJ 29 A 175; 51, 245). Deshalb können dingliche Rechte an Grundstücken auch nur dann als subjektiv-dingliche Rechte (d. h. zugunsten des jeweiligen Eigentümers eines andern Grundstücks) eingetragen werden, wenn es sich um Rechte handelt, die vom Gesetz ausdrücklich als subjektiv-dingliche Rechte zugelassen sind (RJA 4, 257; KGJ 28 A 322), z. B. Grunddienstbarkeiten, Vorkaufsrecht, Reallasten (§§ 1018, 1094 Abs. 2, 1105 Abs. 2).

Anm. 14

8. Über **öffentlich-rechtliche Lasten** vgl. § 873 Anm. 24. Rentenbankrenten, die aus Anlaß der Bildung eines Rentenguts in Preußen entstanden sind, genießen nach § 6 des Ges. v. 7. 7. 1891 die Vorzugsrechte der Staatssteuern mit Vorrang vor allen privatrechtlichen Belastungen des Grundstücks, bedürfen zur Begründung der Dinglichkeit nicht der Eintragung, sind aber eintragungsfähig (OLG 36, 68). Nach Art. 167 EG können in Preußen landschaftliche Kreditinstitute in Verbindung mit ihren Pfandbriefgeschäften auch andere Rechte an Grundstücken als die im BGB geregelten durch ihre Satzungen zur Geltung bringen (KGJ 51, 297). Dasselbe gilt nach Art. 62 EG in Preußen bei Rentengütern auf Grund der Rentengutsgesetzgebung (KGJ 39 A 205; 45, 223; 51, 232; 52, 171). Unzulässig ist die Eintragung von Freikuxen in das Grundbuch über ein Bergwerk (KGJ 23 A 227; 52, 222).

Anm. 15

9. Ist eine ihrem Inhalt nach **unzulässige Eintragung** irrtümlicherweise bewirkt worden, so ist sie gemäß § 53 (§ 54) Abs. 1 Satz 2 GBO **von Amts wegen zu löschen** (**RG** 88, 83; KGJ 49, 211; 52 S. 125, 219, 228).

V. Leitende Grundsätze des Grundbuchrechts

Anm. 16

1. Öffentlichkeitsgrundsatz. Dieser Grundsatz äußert sich — gemäß dem Zweck der Grundbucheinrichtung, die Grundstücke und die daran bestehenden Rechte erkennbar zu machen und damit sichere Rechtsverhältnisse zu schaffen und zu erhalten (**RG** 145, 334) — nach der formellrechtlichen Seite dahin, daß jeder, der ein berechtigtes Interesse darlegt, zur Einsicht des Grundbuchs berechtigt, aber auch verpflichtet ist (§ 12 GBO, **RG** 143, 165), und nach der materiellrechtlichen Seite in dem öffentlichen Glauben des Grundbuchs, wonach der Inhalt des Grundbuches zugunsten desjenigen, der bei Rechtshandlungen auf ihn vertraut, nach Maßgabe der §§ 892f als richtig gilt.

2. Einigungsgrundsatz

Anm. 17

a) Materielles Konsensprinzip. In materiellrechtlicher Hinsicht ist nach diesem Grundsatz zu rechtsgeschäftlichen Änderungen des Rechtsstandes eines Grundstücks eine Einigung zwischen dem verfügenden Berechtigten (sog. Passivbeteiligten) und dem andern Teil (sog. Aktivbeteiligten) erforderlich (§§ 873, 877, 880 Abs. 2) und im Falle der Aufhebung, Inhaltsänderung oder Rangverschlechterung eines Rechts, das mit dem Recht eines Dritten belastet ist, die Zustimmungserklärung des Dritten (§§ 876, 877, 880 Abs. 3). Ausnahmen von dem Einigungsgrundsatz gelten aber in den Fällen der §§ 875 (Aufhebung von Rechten an Grundstücken), 928 (Aufgabe des Grundstückseigentums), 1188 (Bestellung einer Hypothek für eine Schuldverschreibung auf den Inhaber), 1195 (Bestellung einer Grundschuld auf den Inhaber), 1196 (Bestellung einer Eigentümergrundschuld); in diesen Fällen genügt die einseitige Erklärung des Passivbeteiligten.

Anm. 18

b) Formelles Konsensprinzip. Nach formellem Grundbuchrecht ist aber zur Eintragung einer Rechtsänderung der Nachweis der Einigung in der Regel nicht erforderlich. Zur Erleichterung des Grundbuchverkehrs ist vielmehr im § 19 GBO grundsätzlich zur Begründung des Antrags auf Eintragung die einseitige Eintragungsbewilligung des Passivbeteiligten (desjenigen, dessen Recht durch die Eintragung betroffen wird) für genügend erklärt. Nur bei der Auflassung sowie der Bestellung, Inhaltsänderung und Übertragung eines Erbbaurechts bedarf es nach § 20 GBO ausnahmsweise des Nachweises der von beiden Teilen erklärten Einigung, daneben nicht aber noch der Eintragungsbewilligung (**RG** 141, 376); auch die §§ 21—27 GBO enthalten Abweichungen von dem Regelsatz des § 19.

Anm. 19

c) Antragsgrundsatz. Anderseits gilt nach formellem Grundbuchrecht der Antragsgrundsatz. Das Grundbuchamt darf nach den §§ 13ff GBO eine Einschreibung nicht ohne Betreiben der Beteiligten vornehmen, hat auch die Interessen der Beteiligten an Grundbucheintragungen nicht von Amts wegen zu wahren. Ausnahmen von diesem Grundsatz enthalten die §§ 4—9, 18, 23, 24, 45, 48, 51—53, 76 GBO. In gewissen Fällen wird der Antrag durch Ersuchen von Behörden ersetzt (§ 38 GBO). Der Antrag ist keine rechtsgeschäftliche Willenserklärung materiellrechtlicher Natur, sondern nur eine verfahrensrechtliche Handlung, durch welche die Tätigkeit des Grundbuchamts in Anregung gebracht wird. Er bedarf nach § 30 GBO keiner Form. Nach § 13 Abs. 2 GBO ist sowohl der Aktivbeteiligte (derjenige, zu dessen Gunsten die Eintragung erfolgen soll) als auch der Passivbeteiligte antragsberechtigt.

Anm. 20

d) Legalitätsgrundsatz. Mit dem formellen Bewilligungsgrundsatz und dem Antragsgrundsatz steht im Zusammenhang der Legalitätsgrundsatz. Danach hat das Grundbuchamt zu prüfen, ob das Rechtsverhältnis, dessen Eintragung begehrt wird, nach dem Liegenschaftsrecht des BGB eintragungsfähig ist und ob die nach formellem Grundbuchrecht zur Begründung des Eintragungsantrags erforderlichen Rechtsakte und Nachweise vorhanden und rechtsbeständig sind (z. B. Identität der Beteiligten, Geschäftsfähigkeit, Eigenschaft als Ehegatte, Legitimation der erklärenden Personen, Befugnis zur Verfügung über das Recht: KGJ 20 A 282; 25 A 117; OLG 12, 309). Dagegen braucht das Grundbuchamt die Rechtsbeständigkeit des der Eintragungsbewilligung zugrunde liegenden schuldrechtlichen Rechtsgeschäfts nicht zu prüfen, da der Eintragungsantrag gerechtfertigt ist, wenn die Eintragungsbewilligung rechtsbeständig und formgerecht (§ 29 GBO) ist und die sonstigen nach Lage des Falles in Betracht kommenden Erfordernisse des formellen Grundbuchrechts erfüllt sind (RJA 7 S. 56, 278; 18, 212; KGJ 51, 178). Aus demselben Grunde braucht das Grundbuchamt regelmäßig (Ausnahmefall § 20 GBO) in Fällen, in denen die Eintragung zur materiellen Rechtswirksamkeit einer Einigung bedarf, nicht zu prüfen, ob eine solche Einigung vorliegt, zumal die ohne sie erfolgte Eintragung noch durch nachträgliche Einigung wirksam werden kann (KGJ 21 A 309; 28 A 267; OLG 25, 374; § 873 Anm. 59ff).

3. Eintragungsgrundsatz

Anm. 21

a) Jede Rechtsänderung, die auf **rechtsgeschäftlicher Grundlage** beruht, bedarf regelmäßig der Eintragung in das Grundbuch, mag sie auf Begründung oder auf Übertragung, Belastung, Aufhebung, Inhalts- oder Rangänderung eines Rechts an dem Grundstück gerichtet sein (§§ 873, 875, 877, 880 Abs. 2). Die Eintragung hat aber keine formelle Rechtskraft in dem Sinne, daß das Eingetragene unbedingt als wirklich zu Recht bestehend gilt; vielmehr begründet sie nur eine widerlegbare Vermutung für die Richtigkeit des eingetragenen Rechtszustandes (§ 891). Zu ihrer materiellen Gültigkeit ist erforderlich, daß ihr eine auf die eingetragene Rechtsänderung gerichtete rechtswirksame, rechtsgeschäftliche Erklärung der Beteiligten, insbesondere eine Einigung zugrunde liegt. Erst beim Zusammentreffen dieser Grundlage mit der Eintragung tritt die Rechtsänderung ein (den Fall der Nichtübereinstimmung zwischen Einigung und Eintragung behandelt § 873 Anm. 88). Nach dieser Richtung hat die Eintragung **rechtsbegründende** (konstitutive) Wirkung.

Anm. 22

b) Eine andere Bedeutung hat die Eintragung einer Rechtsänderung, die sich außerhalb des Grundbuchs vollzogen hat. Hier wirkt die Eintragung nur **feststellend** (deklarativ); sie soll durch Veröffentlichung der eingetretenen Rechtsänderung Schutz gegen Nachteile gewähren, die dem Berechtigten sonst durch den Rechtserwerb eines Dritten im Vertrauen auf die Richtigkeit des Grundbuchs (§§ 892f) entstehen könnten. Eintragungen mit dieser Wirkung ergeben sich aus den §§ 894, 895, 901, 1075 Abs. 1, 1154 Abs. 2, 1163ff, 1287 Satz 1, 1438 Abs. 3, 1519 Abs. 2, auch ZPO § 848 Abs. 2. In solchen Fällen beruht aber die Rechtsänderung regelmäßig nicht auf rechtsgeschäftlicher Grundlage, sondern auf anderem Rechtsgrunde (z. B. Erbfolge, Eintritt ehelicher Gütergemeinschaft, Zuschlag in der Zwangsversteigerung, Enteignung, Pfändung eines Anspruchs auf das Grundstück).

Anm. 23

c) Nur bei der **Briefhypothek und Briefgrundschuld** vollzieht sich die Übertragung, Nießbrauchbestellung, Pfandrechtsbestellung ohne Eintragung außerhalb des Grundbuchs, auch wenn es sich um Rechtsänderungen auf rechtsgeschäftlicher Grundlage handelt (§§ 1154 Abs. 1, 1069, 1274, 1192); insoweit bestehen also Ausnahmen von dem Eintragungsgrundsatz bei rechtsgeschäftlichen Rechtsänderungen.

Anm. 24

d) Ferner ist die Eintragung nicht erforderlich für die besonderen **bergrechtlichen** Gebrauchs- und Nutzungsrechte (z. B. Schürf- und Bohrrechte), die nach § 8 PrAllgBergG im Wege des Zwangsverfahrens erworben werden können und gemäß Art. 22 Nr. 2 PrAG BGB zur Erhaltung ihrer Wirksamkeit gegenüber dem öffentlichen Glauben des Grundbuchs der Eintragung nicht bedürfen, und zwar auch dann nicht, wenn sie im Einzelfall gemäß § 5 PrAllgBergG durch freiwillige Gestattung des Grundeigentümers erworben sind (**RG** 97, 38).

Anm. 25

e) Anderseits gilt der Eintragungsgrundsatz in bestimmten Fällen auch für **nicht auf Rechtsgeschäft beruhende Rechtsänderungen,** so daß die Eintragung auch hier Voraussetzung der Rechtsänderung ist (z. B. Tabularersitzung nach § 900; wegen der übrigen Fälle § 873 Anm. 5—7).

Anm. 26

f) Hat sich, abgesehen von diesen Fällen, eine nicht auf Rechtsgeschäft beruhende Rechtsänderung außerhalb des Grundbuchs vollzogen oder ist die Eintragung einer rechtsgeschäftlichen Rechtsänderung nichtig, weil ihr eine rechtswirksame rechtsgeschäftliche Grundlage fehlt, so kann nach Maßgabe der §§ 894ff Berichtigung des Grundbuchs verlangt werden, soweit nicht ein inzwischen erfolgter Rechtserwerb im guten Glauben an die Richtigkeit des Grundbuchs nach §§ 892, 893 entgegensteht.

4. Bestimmtheitsgrundsatz

Anm. 27

a) Nur ein **bestimmt bezeichnetes Grundstück** kann in das Grundbuch eingetragen und sachenrechtlich belastet werden, da nur einzelne bestimmte Sachen Gegenstand des Sachenrechts sind (§ 90). Die Belastung eines Vermögensinbegriffs kann nur in der Weise erfolgen, daß die einzelnen Sachen belastet werden (vgl. § 1085). Der Bruchteil eines Grundstücks kann nur dann belastet werden, wenn er in dem Anteil eines Miteigentümers besteht (§§ 1066, 1095, 1114, 1192).

Anm. 28

b) Die **Belastung** des Grundstücks muß **inhaltlich bestimmt** sein; mindestens muß sich ihr Höchstbetrag aus dem Grundbuch ergeben (§§ 882, 1115, 1190, 1199 Abs. 2; ZVG §§ 45, 46, 92, 121; § 28 GBO).

Anm. 29

c) Im übrigen bedeutet der Grundsatz: für das **materielle** Recht, daß das einzelne Grundstücksrecht nach Person, sachlichem Inhalt und Umfang bestimmt festgelegt sein muß; für das **formelle** Recht, daß in der einzelnen Eintragung die sachliche Bestimmtheit grundbuchmäßig klar zum Ausdruck gelangen muß (**RG** 108, 296; Gruchot 58, 1018; WarnRspr 1927 Nr. 143). Soll z. B. eine Wegegerechtigkeit zwar das ganze Grundstück belasten, der Ausübung nach aber auf einen Teil des Grundstücks beschränkt sein, so muß die Ausübungsstelle genau bezeichnet werden (§ 1018 Anm.). Eine Vormerkung auf Auflassung eines nicht näher bezeichneten Trennstücks, das zum Eisenbahnbau erforderlich wird, ist wegen Unbestimmtheit des von ihr betroffenen Gegenstandes nicht eintragbar (OLG 34, 228).

Anm. 30

d) Der Bestimmtheitsgrundsatz ist für das Grundbuchwesen von **ausschlaggebender Bedeutung,** weil nur bei seiner Beachtung der Zweck des Grundbuchs erreicht wird, klare Rechtsverhältnisse bezüglich der Grundstücke zu schaffen; dieser Grundsatz muß jedem Rechtswahrer allezeit geläufig sein (**RG** JW 1938, 457[16]). **Ausnahmsweise** wurde bei der Belastung von Grundstücken mit Geldleistungen zu bestimmten ziffernmäßigen, in alter Reichswährung ausgedrückten Summen der Bestimmtheitsgrundsatz durchbrochen, als infolge außerordentlicher Geldentwertung durch den Währungsverfall der Wert des eingetragenen Betrags derart gesunken war, daß er in ungewöhnlich großem Mißverhältnis zum Wert zur Zeit der Eintragung stand; damals wurde an die Stelle des eingetragenen Betrags ein nach den gegenwärtigen wirtschaftlichen Verhältnissen dem früheren Wert entsprechender Betrag gesetzt, so daß in Wahrheit eine Erhöhung der Belastung des Grundstücks sich nicht ergab (**RG** 108, 296). Von ähnlichen Gesichtspunkten aus brachten Durchbrechungen des Bestimmtheitsgrundsatzes das RGes v. 23. 6. 1923 über die Eintragung wertbeständiger Hypotheken (§ 1113 Anm. 4), das RGes v. 18. 8. 1923 über die Aufwertung und Umwandlung von Geldbezügen aus Altenteilsverträgen sowie die bald darauf einsetzende Gesetzgebung über die Aufwertung von Hypotheken, Grundschulden, Rentenschulden, Reallasten (Vorbem. vor § 1113). Soweit aber soche Ausnahmen nicht ausdrücklich gesetzlich zugelassen sind, ist an dem Bestimmtheitsgrundsatz unbedingt festzuhalten (**RG** 143, 426; WarnRspr 1934 Nr. 10), zumal er auch wesentlich dem Zweck dient, das Rangverhältnis der eingetragenen Rechte sicherzustellen (**RG** 143, 428).

Anm. 31

5. Vorrangsgrundsatz. Das Rangverhältnis der das Grundstück belastenden eingetragenen Rechte bestimmt sich nicht nach dem Alter ihrer Begründung, das vielfach aus dem Grundbuch nicht ersichtlich sein wird, sondern dem Eintragungsgrundsatz gemäß nach der Reihenfolge der Eintragungen, sofern nicht etwa eine abweichende Bestimmung eingetragen ist; dabei ist unerheblich, ob die nach § 873 erforderliche Einigung vor oder nach der Eintragung erfolgt ist. Nur wenn die Rechte in verschiedenen Abteilungen des Grundbuchs eingetragen sind, hat das unter einer früheren Zeitangabe eingetragene Recht den Vorrang, während bei gleicher Zeitangabe die Rechte gleichen Rang haben (§ 879).

Anm. 32

VI. Grundstücksgleiche Rechte. Den Grundstücken gleichgestellt sind außer dem Anteil des Miteigentümers (§§ 1008, 1066, 1095, 1106, 1114, 1192) das Erbbaurecht und die in den Artt. 63, 68, 196 EG der landesgesetzlichen Regelung vorbehaltenen Rechte mit Grundstückseingenschaft (Erbpachtrecht, Abbaurecht usw.). Grundsätzliche Ausführungen über solche grundstücksgleichen selbständigen Gerechtigkeiten des früheren preußischen Rechts finden sich z. B. in HRR 1934 Nr. 571; vgl. auch über den Umfang der Immobilarmasse bei preußischen selbständigen Kohlenabbaugerechtigkeiten **RG** 61, 190; Gruchot 61, 322. Die Behandlung dieser Rechte in formellrechtlicher Hinsicht ergibt sich aus den §§ 8, 118 GBO. Die Abbaugerechtigkeit, bei der der Berechtigte die vorkommende Kohle mit ihrer Gewinnung zu Eigentum erwirbt, kann ebenso wie das Erbbaurecht (§ 26 VO) und das auf Verleihung beruhende Bergwerkseigentum (§ 161 PrABergG) aufgehoben werden, und zwar durch rechtsgeschäftlichen Verzicht nach Maßgabe des § 875; Folge der Aufhebung ist, daß die als selbständige Befugnis erlöschende Abbaubefugnis wieder zur Befugnis des Eigentums wird (OLG 45, 219). Eine selbständige Abbaugerechtigkeit, die ein besonderes Grundbuchblatt hat, kann auch mit einer Grunddienstbarkeit (z. B. einem Wegerecht) belastet werden (OLG 45, 221).

§ 873

Zur Übertragung des Eigentums an einem Grundstücke, zur Belastung eines Grundstücks mit einem Rechte sowie zur Übertragung oder Belastung eines solchen Rechtes ist die Einigung des Berechtigten und des anderen Teiles über den Eintritt der Rechtsänderung und die Eintragung der Rechtsänderung in das Grundbuch erforderlich, soweit nicht das Gesetz ein anderes vorschreibt.

Vor der Eintragung sind die Beteiligten an die Einigung nur gebunden, wenn die Erklärungen gerichtlich oder notariell beurkundet oder vor dem Grundbuchamt abgegeben oder bei diesem eingereicht sind oder wenn der Berechtigte dem anderen Teile eine den Vorschriften der Grundbuchordnung entsprechende Eintragungsbewilligung ausgehändigt hat.

E I 828 II 794; M 3 158ff.; P 3 52ff., 177ff., 4 725.

Übersicht

I. Rechtsgeschäftliche Verfügungen

Anm. 1

1. § 873 behandelt nur rechtsgeschäftliche Verfügungen über Rechte an Grundstücken und unterwirft die auf dieser Grundlage beruhenden Rechtsänderungen dem materiellen Einigungs- und Eintragungsgrundsatz (Vorbem. 17—26 vor § 873). Rechtsänderungen, die eine andere Grundlage haben, gehören nicht hierher; für sie ist § 873 nicht maßgebend. Sie scheiden sich in solche, die ohne Einigung und Eintragung eintreten, also weder dem Einigungs- noch dem Eintragungsgrundsatz unterliegen (Anm. 2—4), und in solche, die zwar keine Einigung, wohl aber die Eintragung zur Voraussetzung haben (Anm. 5—7).

Anm. 2

a) Fälle von **Rechtsänderungen ohne Einigung und Eintragung** sind

aa) nach BGB: Übergang des Vermögens einer aufgelösten juristischen Person auf den Fiskus (§§ 45, 88); Rückfall zufolge Anfechtung eines anfechtbaren dinglichen Rechtsgeschäfts (§ 142); Eintritt einer auflösenden Bedingung, eines Endtermins, des

Todes eines auf Lebenszeit Berechtigten, z. B. des Nießbrauchers (§§ 148, 163, 1061; GBO §§ 23f); Übergang des Anteils eines ausscheidenden Gesellschafters am Gesellschaftsvermögen auf die verbleibenden Gesellschafter (§ 738; HGB § 142; § 925 Anm. 17); Begründung der für einen Überbau oder einen Notweg zu entrichtenden Rente (§ 912 Abs. 2, §§ 913f, § 917 Abs. 2); Entstehung des Nießbrauchs und der Sicherungshypothek kraft Gesetzes gemäß §§ 1075 Abs. 1, 1287 Satz 1 (vgl. auch § 848 Abs. 2 ZPO u. **RG** 60, 224); Übergang eines Grundstücksrechts, insbesondere einer Hypothek, auf den Eigentümer, den persönlichen Schuldner usw. kraft Gesetzes zufolge Vereinigung oder Befriedigung (§§ 889, 1143, 1150, 1163f, 1170—1177, 1182, 1192, 1200; ZPO § 868, ZVG § 128); Rechtsübergang zufolge Eintritts der ehelichen Gütergemeinschaft und der fortgesetzten Gütergemeinschaft (§§ 1438, 1483, 1485, 1519, 1549 aF, 1416, 1483 nF); Übergang des Anteils eines Abkömmlings am Gesamtgut der fortgesetzten Gütergemeinschaft in den Fällen der §§ 1490f; Erwerb durch Erbschaft (§§ 1922, 1942, 2096, 2100), Nacherbfolge (§§ 2016, 2139), Übertragung des Anteils eines Miterben am Nachlasse (§ 2033; OLG 4, 189; 5, 426); dagegen gehören nicht hierher der Erwerb auf Grund eines Vermächtnisses (§ 2174), eines Vorausvermächtnisses (§ 2150), eines Erbschaftskaufs von dem Alleinerben (§ 2374) sowie auf Grund einer Teilungsanordnung (§ 2048);

Anm. 3

bb) nach **Reichsrecht außerhalb des BGB:** Rechtserwerb durch Pfändung und durch Überweisung einer Briefhypothek oder Briefgrundschuld an Zahlungs Statt (§§ 830, 837, 857 Abs. 6 ZPO); Erwerb eines Grundstücks durch Zuschlag in der Zwangsversteigerung (§§ 90, 130 ZVG, § 870 ZPO; Eintragung des verstorbenen Erstehers: JW 1933, 705[5]); Ausführungsanordnung der Flurbereinigungsbehörde nach §§ 61f FlurbereinigungsG v. 14. 7. 53 (BGBl I 591);

Anm. 4

cc) nach **Landesrecht** gemäß den Vorbehalten für die Landesgesetzgebung im EG: Art. 59 (Fideikommiss-, Lehnsfolge); 62 (Rentengüter; vgl. KGJ 47, 162: die Rentengutsbildung nebst Übernahme einer Rentenbankrente nach der preußischen Rentengutsgesetzgebung hat dingliche Wirkung auch gegenüber dem Besitznachfolger); 64 (Erwerb auf Grund Anerbenrechts); 65 (Erwerb von Anlandungen, Inseln, Flußbetten); 67 (Grundabtretung für Bergbau); 109 (Enteignung); 112 (Veräußerung und Belastung von Privat- und Kleinbahnen); 113 (Zusammenlegung bei Gemeinheitsteilungen); 126 (Übertragung von Grundeigentum des Staates, eines Kommunalverbandes); 127 (buchungsfreie Grundstücke).

Anm. 5

b) Nicht auf Rechtsgeschäft beruhende Rechtsänderungen, die der Eintragung bedürfen, sind

aa) nach **BGB:** Tabularersitzung (§ 900); Eigentumserwerb des Eigenbesitzers nach der im Aufgebotsverfahren erwirkten Ausschließung des eingetragenen Eigentümers (§ 927); Erwerb des Eigentums an einem vom Eigentümer aufgegebenen Grundstück durch den Anfallberechtigten (§ 928; EG Art. 129; JFG 15,112); Entstehung von Sicherungshypotheken an Grundstücken des Vormundes, Pflegers oder Beistandes auf Eintragungsersuchen des Vormundschaftsgerichts (§§ 1844, 1915, 1693; FGG § 54);

Anm. 6

bb) nach **Reichsrecht außerhalb des BGB:** Entstehung der Zwangs- und Arresthypotheken (ZPO §§ 866f, 932); Rechtserwerb durch Pfändung und durch Überweisung einer Buchhypothek, einer Buchgrundschuld, einer Reallast an Zahlungs Statt (ZPO § 830 Abs. 1 Satz 3, § 837 Abs. 1 Satz 2, Abs. 2, § 857 Abs. 6); Ersetzung der Willenserklärung des Berechtigten (aber nicht auch des anderen Teils!) durch Urteil (ZPO §§ 894ff); Entstehung der auf Ersuchen des Vollstreckungsgerichts einzutragenden Sicherungshypotheken für die Forderungen der Realberechtigten gegen den Ersteher eines zwangsversteigerten Grundstücks (ZVG § 128 Abs. 3);

Anm. 7

cc) nach **Landesrecht** gemäß einem Vorbehalt für die Landesgesetzgebung im EG: Entstehung einer Sicherungshypothek für den Fiskus, eine Körperschaft usw. an Grundstücken des Schuldners auf behördliches Ersuchen (Art. 91 EG).

Anm. 8

2. Von den rechtsgeschäftlichen Verfügungen behandelt § 873 nur **die Neubegründung** und die **Übertragung von Rechten** an Grundstücken und von Rechten an solchen Rechten. Die Aufhebung und die Änderung des Inhalts solcher Rechte regeln die §§ 875—877, die Änderung des Ranges § 880.

II. Übertragung

Anm. 9

1. Der **Ausdruck Übertragung** ist nicht ganz zutreffend gewählt. Nach dem Sprachgebrauch des BGB braucht die Übertragung nicht immer eine rechtsgeschäftliche zu sein. Bei Forderungen und andern Rechten unterscheidet das BGB zwischen Übertragung durch Vertrag (§§ 398, 413) und Übertragung kraft Gesetzes (§ 412), und Art. 126 EG enthält einen Vorbehalt für die Übertragung von Grundeigentum „durch Landesgesetz". Im § 873 ist jedoch unter „Übertragung" nur eine **rechtsgeschäftliche** Übertragung zu verstehen. Das ergibt sich von selbst aus dem für die Übertragung aufgestellten Erfordernis der Einigung. Danach scheiden von der Anwendung des § 873 aus Übertragungen des Eigentums oder eines sonstigen Rechts an einem Grundstück, die auf einer nicht rechtsgeschäftlichen Grundlage, insbesondere kraft Gesetzes, stattfinden. Die einzelnen Fälle solcher Übertragungen sind bereits in Anm. 2—7 zusammengestellt.

Anm. 10

2. Anderseits findet § 873 aber auch Anwendung auf solche Fälle, in denen das **Gesetz** einen (schuldrechtlichen) **Anspruch auf Übertragung** gewährt; die Veräußerung ist dann zwar keine freiwillige, doch findet auch kein unmittelbarer Rechtsübergang kraft Gesetzes statt. Solche Fälle gesetzlicher Ansprüche auf Rechtsübertragung sind gegeben: bei der Auseinandersetzung einer Gemeinschaft, einer Gesellschaft, einer ehelichen Gütergemeinschaft, einer Erbengemeinschaft (§§ 752 ff; § 731; §§ 1477 Abs. 1, 1498, § 2042); beim Grenzüberbau (§ 915); bei der Behebung einer Grenzverwirrung (§ 920); beim Vermächtnis oder Vorausvermächtnis (§§ 2174, 2150). Auch in diesen Fällen vollzieht sich also die Rechtsübertragung selbst erst und nur durch Einigung und Eintragung, wobei zur Übertragung von Eigentum an Grundstücken die Einigung in der Form der Auffassung erforderlich ist (§ 925 Anm. 4 zu b).

Anm. 11

3. Voraussetzung für die Übertragung ist die **Übertragbarkeit.** Von den Rechten an einem Grundstück sind nicht übertragbar: die Grunddienstbarkeit (§ 1018); das Vorkaufsrecht und die Reallast, sofern sie als subjektiv-dingliche Rechte bestellt sind (§§ 1094 Abs. 2, 1103 Abs. 1, 1105 Abs. 2, 1110), da sie ihrer Natur nach nicht von dem berechtigten Grundstück getrennt werden können; ferner nach ausdrücklicher Vorschrift: der Nießbrauch (§ 1059 Satz 1), die beschränkte persönliche Dienstbarkeit (§ 1092 Satz 1), das subjektiv-persönliche Vorkaufsrecht, sofern nicht ein anderes bestimmt ist (§§ 514, 1098). Wegen der Zulässigkeit einer Überlassung der Ausübung des Nießbrauchs und der beschränkten persönlichen Dienstbarkeit vgl. § 1059 Satz 2, § 1092 Satz 2 und wegen der beschränkten Übertragbarkeit der subjektiv-persönlichen Reallast § 1111 Abs. 2. Bei Hypotheken und Grundschulden kann gemäß den §§ 399, 413 die Übertragbarkeit vertraglich ausgeschlossen werden (§ 1153 Anm.).

Anm. 12

III. Eigentum. Den Begriff des Eigentums erläutert § 903 Vorbem. 1 ff. Die zur Übertragung erforderliche Einigung muß, wenn sie Grundeigentum betrifft, in der Form der Auflassung (§ 925) erklärt werden. Das Eigentum an einer Sache kann mehreren zustehen, und zwar entweder als Miteigentum nach Bruchteilen (§§ 1008 bis 1011) oder als Eigentum zur gesamten Hand, wie bei der Gesellschaft, der ehelichen Gütergemeinschaft, der Erbengemeinschaft. Im ersten Falle kann jeder Miteigentümer nach § 747 über seinen Anteil verfügen, während in den Fällen des Gesamthandeigentums nach den §§ 719, 1442 aF (1419 nF), 2033 Einzelverfügungen der Teilhaber rechtlich unwirksam sind.

IV. Grundstück

Anm. 13

1. Eine **Begriffsbestimmung für Grundstück** enthält das BGB nicht. Die GBO bestimmt im § 2 Abs. 2, daß die Grundstücke nach einem amtlichen Verzeichnis benannt werden, dessen Einrichtung der Reichsminister der Justiz bestimmt, im § 3, daß jedes Grundstück ein besonderes Grundbuchblatt erhält, im § 4, daß über mehrere Grundstücke desselben Eigentümers unter gewissen Voraussetzungen ein gemeinschaftliches Grundbuchblatt geführt werden kann, und im § 7, daß im Falle der besonderen Belastung eines Grundstücksteils dieser von dem Grundstück abgeschrieben und als selbständiges Grundstück eingetragen werden soll.

Anm. 14

a) Daraus ist zu folgern, daß als ein einheitliches selbständiges Grundstück im Sinne des BGB ein gegen andere Teile räumlich abgegrenzter Teil der Erdoberfläche anzusehen ist, der im Grundbuch eine besondere Stelle hat und dort **als selbständiges Grundstück gebucht** ist, sei es für sich allein auf einem besonderen Grundbuchblatt, sei es auf einem gemeinschaftlichen Grundbuchblatt unter einer besonderen Nummer im Verzeichnis der Grundstücke (**RG** 84, 270; JW 1910, 60[1]; OLG 21, 404; RJA 11, 233; KGJ 37 A 209; 49, 233; 53, 171; JFG 8, 207; vgl. **RG** 68, 25). Dagegen stellt nicht etwa grundsätzlich jede Fläche, die vermessungsmäßig im Kataster, d.i. in dem durch § 2 Abs. 2 GBO vorgeschriebenen amtlichen Verzeichnis, unter einer besonderen Nummer eingetragen ist, auch schon „ein Grundstück“ im Sinne des materiellen Liegenschaftsrechts dar. Ein Grundstück kann vielmehr aus mehreren solchen Flächen (Parzellen) zusammengesetzt sein; es kann aber auch aus nur einer solchen Fläche (Parzelle) bestehen. Im ersten Falle müssen die mehreren Flächen im Grundbuch zu einem Grundstück zusammengefaßt sein (OLG 21, 405); im zweiten Falle muß die einzelne Fläche durch Zuweisung einer gesonderten Stelle im Grundbuch sich als ein für sich allein bestehendes Grundstück darstellen. Anderseits sind mehrere Grundflächen, die zwar auf demselben Grundbuchblatt eingetragen, aber im Bestandsverzeichnis unter besonderen Nummern gebucht und mit einem Kennzeichen der Selbständigkeit versehen sind, als mehrere selbständige Grundstücke zu erachten; wie auch mehrere Grundstücke durch Eintragung auf einem gemeinschaftlichen Grundbuchblatt ihre Selbständigkeit nicht verlieren, sofern sie nicht gemäß § 890 miteinander vereinigt werden oder das eine dem andern (als Bestandteil) zugeschrieben wird (KGJ 23 A 221; 49, 235). Für die Frage, ob mehrere auf einem Grundbuchblatt eingetragene Grundflächen rechtlich ein einheitliches Grundstück oder mehrere selbständige Grundstücke bilden, ist auch weder maßgebend, ob sie wirtschaftlich ein Ganzes bilden oder je für sich bestehen, noch entscheidend, ob sie räumlich voneinander getrennt sind oder in räumlichen Zusammenhang miteinander stehen (OLG 21, 405; KGJ 49, 234).

Anm. 15

b) Sind Flächen **im Grundbuch nicht eingetragen,** so wird die Frage, ob und inwieweit sie zusammen als ein einheitliches Grundstück oder je für sich als selbständige Grundstücke anzusehen sind, aus der natürlichen Lage, dem wirtschaftlichen Zusammenhang und der Zugehörigkeit von alters her zu entscheiden sein. Wegen der Übertragung solcher Grundstücke vgl. **RG** 164, 385.

Anm. 16

c) Wegen der Rechte, die den Grundstücken hinsichtlich der Verfügung darüber gleichgestellt sind, vgl. § 903 Anm. 6ff.

Anm. 17

2. **Grundstücksbestandteile** teilen bei Verfügungen, insbesondere auch bei der Eigentumsübertragung und der Belastung, das rechtliche Schicksal des ganzen Grundstücks, und zwar die wesentlichen (§ 93) unbedingt, die nicht wesentlichen immer dann, wenn sie nicht von der Verfügung ausgenommen worden sind (§ 926 Anm. 3 zu b).

Anm. 18

a) Als **wesentliche Bestandteile** des Grundstücks kommen hier besonders in Betracht die mit dem Grund und Boden fest und dauernd verbundenen Gebäude sowie die Erzeugnisse, solange sie mit dem Boden zusammenhängen (§ 94 Abs. 1 Satz 1, § 95). Da sie nach § 93 nicht Gegenstand besonderer Rechte sein können, unterliegen sie der Verfügung nur zusammen mit dem Grundstück. Daher kann z. B. weder das Eigentum an einem solchen Gebäude oder an einem Walde für sich allein ohne das Grundstück übertragen noch ein dingliches Recht daran besonders bestellt werden (§ 93 Anm.). Voraussetzung für die Bestandteilseigenschaft ist aber (abgesehen von dem Fall des § 95: dort Anm.), daß die Gegenstände auf einer Fläche stehen, die Teil des Grundstücks ist. Greift ein Gebäude auf ein anderes Grundstück hinüber, so ist der hinüberreichende Teil nicht Bestandteil des diesseitigen Grundstücks (§ 94 Anm., § 921 Anm. 1 zu a). Ein einzelner **(realer) Grundstücksteil** ist nicht wesentlicher Bestandteil des ganzen Grundstücks, da er von diesem getrennt werden kann, ohne daß der eine oder der andere Teil in seinem Wesen als Teil der Erdoberfläche verändert wird (§ 93). Daher kann ein solcher Flächenteil des Grundstücks für sich allein veräußert und besonders belastet werden (§ 93 Anm.). Über die Buchung in diesen Fällen vgl. die §§ 3, 4, 7, 48 GBO.

Anm. 19

b) Ein (ideeller) Bruchteil eines Grundstücks kann kein besonderes Grundbuchblatt erhalten, weil er nicht für sich ein Grundstück, eine Bodenfläche ist (RJA 4, 231). Da nach BGB das Anteilrecht des Miteigentümers einer Sache auch Sacheigentum ist, vollzieht sich die Veräußerung und Belastung eines Grundstücksbruchteils nach den für Grundstücke geltenden Vorschriften (§ 925 Anm. 16). Mit Vorkaufsrecht, Reallast und hypothekarischen Rechten kann er aber nur belastet werden, wenn er in dem Anteil eines Miteigentümers besteht (§§ 1095, 1106, 1114, 1192, 1199).

Anm. 20

3. **Zubehör** eines Grundstücks können nach § 97 Abs. 1 Satz 1 nur bewegliche Sachen sein, nicht Grundstücke. Daher kann ein Grundstück nicht einem andern als Zubehör zugeschrieben werden (**RG** JW 1910, 60[1]); vielmehr ist nur die Zuschreibung als Bestandteil zulässig (§ 890). Über die Rechtsstellung des Zubehörs zum Grundstück im Falle der Verfügung enthält das BGB keine allgemeine Vorschrift. Sonderbestimmungen hierüber geben die §§ 926, 1031, 1093, 1096, 1120.

Anm. 21

4. **Wohnungseigentum.** Eine von der bisherigen abweichende Regelung hat das Bundesgesetz über Wohnungseigentum und Dauerwohnrecht v. 15. 3. 1951 (BGBl I 775) gebracht. Danach kann für die Benutzer von Wohnungen und anderen Räumen in den Formen der Übertragung eines Grundstücks ein Miteigentum an dem Grund und Boden und den gemeinschaftlichen Gebäudebestandteilen verbunden mit einem Sondereigentum an der Wohnung oder den anderen Räumen bestellt werden (§ 3). Auch kann der Eigentümer des Grundstücks durch Erklärung gegenüber dem Grundbuchamt das Eigentum an dem Grundstück in Miteigentumsanteile mit Sondereigentum der bestimmten Wohnungen oder anderen Räumen verwandeln (§ 8). Das Wohnungseigentum, bei anderen Räumen Teileigentum genannt, unterliegt den allgemeinen für Grundstücke geltenden Regeln. Es ist — mit Miteigentum und Sondereigentum zusammen — veräußerlich, was aber von der Zustimmung der anderen Wohnungsinhaber oder Dritter abhängig gemacht werden kann (§ 12). Es ist auch vererblich und kann durch Vermietung oder Verpachtung genutzt werden. Es kann auch gesondert mit

Hypotheken, Grundschulden, Verkaufsrechten, Reallasten, Dienstbarkeiten belastet werden, während bestehende Lasten Gesamtlasten werden. Für jeden Miteigentumsanteil ist ein besonderes Grundbuchblatt unter Schließung des bisherigen anzulegen. Wird ausnahmsweise davon abgesehen, so gilt das bisherige Grundbuchblatt als gemeinsames Wohnungsgrundbuchblatt.

V. Belastung eines Grundstücks

Anm. 22

1. Belastung ist nach dem Sprachgebrauch des BGB die **Begründung eines** (im Verhältnis zum Eigentumsrecht **beschränkten) dinglichen Rechts** an einem fremden Gegenstand. Das Recht kann durch Gesetz oder durch Rechtsgeschäft begründet werden. Im § 873 ist aber unter „Belastung", ebenso wie unter „Übertragung" (Anm. 9), nur eine **auf Rechtsgeschäft beruhende** Begründung zu verstehen; dies ergibt sich daraus, daß zur Entstehung der Belastung eine Einigung erfordert wird. Die auf Gesetz beruhenden Belastungen bedürfen zur Entstehung einer Einigung nicht; sie sind in Anm. 2—7 unter den nicht rechtsgeschäftlichen Rechtsänderungen aufgeführt (§§ 912ff, 917, 1075, 1287, 1363, 1649, 1686 BGB; §§ 830, 875 Abs. 6, 867, 932 ZPO; § 128 ZVG; Art. 91 EG; Umstellungsgrundschulden gemäß § 1 des Hypothekensicherungsgesetzes vom 2. 9. 48 — WiGBl 87 — und die an deren Stelle getretene Hypothekengewinnabgabe — §§ 91, 111 LAG —) und scheiden daher hier aus.

Anm. 23

2. Ferner kommen hier nicht in Betracht die gesetzlichen **Nachbarrechte** (§§ 906 bis 909; Art. 124 EG), da sie nicht Belastungen im Sinne des BGB, sondern gesetzliche Einschränkungen des Eigentumsrechts darstellen (OLG 1, 380, Vorbem. 9).

Anm. 24

3. Die Rechtsverhältnisse der **auf öffentlich-rechtlichen Titeln beruhenden Lasten** (Grundsteuer, gemeine Lasten, kommunale Abgaben usw.) bestimmen sich nach Landesrecht, da das öffentliche Recht vom BGB überhaupt nicht berührt wird. Die auf einem Grundstück ruhenden öffentlichen Lasten als solche sind von der Eintragung in das Grundbuch ausgeschlossen, es sei denn, daß ihre Eintragung gesetzlich besonders zugelassen oder angeordnet ist (§ 54 GBO). Das gilt ohne Rücksicht darauf, ob eine öffentliche Last zu den gemeinen oder zu den besonderen Lasten zu rechnen ist (JW 1937, 893[23]). Soweit aber eine öffentliche Last am 1. 4. 1946 eingetragen war, behält es dabei sein Bewenden; doch darf sie, einmal gelöscht, nicht wieder eingetragen werden, gleichviel ob sie zu Recht oder zu Unrecht gelöscht worden ist (JFG 15, 95). In JFG 4, 373 ist anerkannt die Eintragungsfähigkeit der nach § 121 PrWasserG v. 7. 4. 1913 vom Uferanlieger mit wasserpolizeilicher Genehmigung übernommenen Verpflichtung zur Unterhaltung eines Ufergrundstücks.

Anm. 25

4. Dagegen fallen unter § 873 (auch hier bei der Übertragung: Anm. 10) die Fälle, in denen eine Belastung nicht unmittelbar kraft Gesetzes entsteht, sondern das Gesetz nur einen (schuldrechtlichen) Anspruch auf Bestellung des Rechts am Grundstück gibt, z. B. der Fall des § 648, wonach der Bauunternehmer die Einräumung einer Sicherungshypothek an dem Baugrundstück des Bestellers verlangen kann. Zur Rechtsbegründung selbst ist in solchen Fällen also Einigung und Eintragung nötig. Wird daher durch letztwillige Anordnung dem Erben eine Belastung (an einem Nachbargrundstück oder an einem zum Nachlaß gehörigen Recht an einem Grundstück) zugunsten eines Vermächtnisnehmers auferlegt, so ist zur Begründung des vermachten Rechts nach § 873 Einigung zwischen dem Erben und Vermächtnisnehmer über die Bestellung des Rechts und Eintragung erforderlich; denn dem Vermächtnisnehmer steht nur ein Anspruch auf Bestellung des Rechts (z. B. des Nießbrauchs) zu (§§ 2174, 2150).

Anm. 26

5. § 873 umfaßt neben dem Fall der Belastung des Grundstücks selbst auch den Fall der **Belastung eines Rechtes an einem Grundstück** (der Belastung einer Belastung). In dieser Hinsicht ist zur Belastung die Übertragbarkeit des zu belastenden Rechts erforderlich (Anm. 11). Deshalb können als belastungsfähige Rechte an Grundstücken im wesentlichen nur die Reallasten, Hypotheken und Grundschulden in Betracht kommen. Als zulässige Belastungen eines Rechts sind im BGB nur Nießbrauch und Pfandrecht anerkannt. Diese werden gemäß §§ 1069, 1080, 1274, 1291 nach den für die Übertragung des Rechts geltenden Vorschriften rechtsgeschäftlich bestellt. Das Erbbaurecht (früher §§ 1012—1017, jetzt VO v. 15. 1. 1919) und die übrigen den Grundstücken gleichgestellten Rechte (§ 903 Anm. 6ff) können aber ebenso wie die Grundstücke selbst belastet werden; an ihnen können also nicht nur ein Nießbrauch, sondern auch die andern nach BGB zulässigen (Anm. 27) Grundstücksbelastungen bestellt werden, insbesondere Grunddienstbarkeiten und Hypotheken.

VI. Rechte, mit denen ein Grundstück belastet werden kann

Anm. 27

1. Der Kreis der dinglichen Rechte, mit denen ein Grundstück belastet werden kann, ist ein **geschlossener.** Andere als die vom BGB zugelassenen dinglichen Rechte können, selbst wenn sie nach früherem Rechte zulässig waren, unter der Herrschaft des BGB durch Einigung und Eintragung an einem Grundstück nicht rechtswirksam begründet werden. Ebensowenig können die zugelassenen dinglichen Rechte mit einem anderen Inhalt bestellt und in das Grundbuch eingetragen werden als mit dem Inhalt, der im Gesetz bestimmt ist (Vorbem. 6, 13). Die zugelassenen Rechte sind: Erbbaurecht (Anm. 26), Dienstbarkeiten (§§ 1018, 1030, 1090), Vorkaufsrecht (§ 1094), Reallast (§ 1105), Hypothek, Grund-, Rentenschuld (§§ 1113, 1191, 1199). Über nicht zugelassene und daher auch nicht eintragungsfähige Rechte vgl. Vorbem. 7ff.

Anm. 28

2. Hinzuzufügen ist, daß auch die Bestellung eines Besitz- und Nutzungspfandrechts (Antichrese) an Grundstücken mit dinglicher Wirkung ausgeschlossen ist, da das BGB ein solches Recht an Grundstücken (für bewegliche Sachen vgl. §§ 1213, 1214) nicht erwähnt (**RG** 48, 63; OLG 1, 261; RJA 3, 216). Der Zweck des Nutzungspfandrechts kann aber im wesentlichen durch Bestellung eines Nießbrauchs erreicht werden (**RG** 68, 10; RJA 3, 216); doch darf der Nießbrauch nicht mit den dem Wesen dieses Rechts nach BGB widerstreitenden Merkmalen des Nutzungspfandrechts ausgestattet werden (RJA 3, 216). Zulässig ist dagegen, daß zwischen den Vertragschließenden Rechte und Pflichten, wie sie dem Nutzungspfandrecht entsprechen, mit schuldrechtlicher Bindung festgesetzt werden, da auf dem Gebiet der Schuldverhältnisse Vertragsfreiheit besteht. Ein schon vor Inkrafttreten des BGB rechtswirksam begründetes Nutzungspfandrecht bleibt nach Art. 184 EG auch nach diesem Zeitpunkt bestehen, da es ein aus Pfandrecht und beschränktem Nutzungsrecht zusammengesetztes Recht an fremder Sache ist (**RG** 47, 56).

Anm. 29

3. Auch sonstige Rechte an einem Grundstück, die unter der Herrschaft des BGB nicht mehr begründet werden können, bleiben nach Art. 184 EG bestehen, wenn sie schon vor Inkrafttreten des BGB als dingliche Rechte begründet worden sind. Ferner haben Rechte, die nach früherem Recht ohne Eintragung mit Wirkung gegen Dritte begründet werden konnten und nicht eingetragen worden sind, insbesondere solche, die sich auf die den Landesrechten vorbehaltenen Rechtsgebiete beziehen (Art. 62, 64, 65, 67—69, 73, 74, 196 EG), durch das Inkrafttreten des die Eintragung erfordernden BGB ihre Geltung nicht verloren (**RG** 55, 315; 56, 13; 63, 6; 66, 30). Handelt es sich aber um Rechte, die zwar ohne Eintragung dinglich waren, aber schon nach früherem Recht (z. B. nach § 12 Abs. 1 PrEEG v. 5. 5. 1872) zur Wirksamkeit gegen Dritte der Eintragung bedurften, so müssen sie unter der Herrschaft des BGB zur Eintragung gebracht werden, wenn sie Wirksamkeit gegen dritte Erwerber haben sollen (**RG** 66, 28; 87, 171; JW 1904, 228[1]; § 892 Anm. 3). Die Übertragbarkeit und Belastbarkeit solcher Rechte gehören zu ihrem Inhalt. Daher richten sie sich nach bisherigem Recht (Art. 184 EG), soweit die Rechte nicht ohnehin den vorbehaltenen

Landesrechten angehören. Dagegen ist für die Übertragung und die Belastung selbst (abgesehen von Rechten, die den vorbehaltenen landesrechtlichen Rechtsgebieten angehören), das BGB, also auch § 873, maßgebend (**RG** 59, 292). Ist eine Grunddienstbarkeit, die nach früherem Recht ohne Eintragung begründet werden konnte, seinerzeit außerhalb des Grundbuchs wirksam entstanden und jetzt im Grundbuch noch nicht eingetragen, so kann nach Art. 187 Abs. 1 EG ihre Eintragung verlangt werden.

Anm. 30

4. Auch hier hat das Wohnungseigentumsgesetz eine neben das dingliche Wohnungsrecht des § 1093 tretende neue Belastung, **Dauerwohnrecht** (bei anderen als zu Wohnzwecken dienenden Räumen **Dauernutzungsrecht**) genannt, zugelassen. Es ist das Recht, eine bestimmte — möglichst geschlossene — Wohnung oder bestimmte andere Räume zu benutzen. Es kann auf bestimmte oder unbegrenzte Zeit und mit einem Heimfallrecht bestellt werden (§§ 36, 41). Es ist im Gegensatz zu dem dinglichen Wohnungsrecht des § 1093 vererblich und veräußerlich (unter Umständen nur mit Zustimmung des Grundstückseigentümers oder Dritter), auch können die Räume vermietet oder verpachtet werden.

VII. Einigung über den Eintritt der Rechtsänderung

Anm. 31

1. Sie ist eine rechtsgeschäftliche „Verfügung" i. S. des BGB (Anm. 77) und das **erste Erfordernis für die rechtsgeschäftliche Änderung der Rechte an Grundstücken,** insbesondere also für die Übertragung des Eigentums und die Bestellung, Übertragung und Belastung beschränkter dinglicher Rechte. Ist sie unter den Beteiligten nicht zustande gekommen, so tritt die Rechtsänderung nicht ein. Auch bei beweglichen Sachen wird eine Einigung erfordert im § 929 für die Übertragung des Eigentums, im § 1032 für die Bestellung eines Nießbrauchs, im § 1205 für die Bestellung eines Pfandrechts. Ferner spielt die Einigung eine Rolle im § 854 Abs. 2 für den Besitzerwerb.

Anm. 32

2. Überall ist die Einigung ein **selbständiger abstrakter Vertrag,** der lediglich die unmittelbare Herbeiführung einer Rechtsänderung an einer Sache zum Gegenstand hat (sog. **dinglicher Vertrag:** M 3, 172; **RG** 48, 135; 50, 82; 52, 114; 66, 99; 89, 371; 99, 68). Vertragsnatur hat sie deswegen, weil die rechtsgeschäftlichen Erklärungen der als Veräußerer und Erwerber sich gegenüberstehenden Beteiligten auf Erreichung eines gemeinsamen rechtlichen Zwecks gerichtet sind und derart in Wechselbeziehung zueinander stehen, daß sie sich gegenseitig bedingen (**RG** 50, 82; 63, 184; 66, 389; 68, 99; 89, 371; 99, 68; RJA 2, 85; 3, 263; KGJ 37 A 284). Allerdings unterscheidet sich dieser dingliche Vertrag von den Verträgen auf dem Gebiet der Schuldverhältnisse darin, daß er nicht auf die Erzeugung einer Verpflichtung, eines Anspruchs, sondern unmittelbar auf Begründung oder Änderung eines dinglichen Rechts gerichtet ist. Indessen gehört es nach dem BGB nicht zum Begriff eines Vertrags, daß er die Begründung einer Verpflichtung zum Inhalt hat; nur für die gemäß § 305 durch Vertrag zu begründenden Schuldverhältnisse gibt das BGB im § 241 die Begriffsbestimmung, daß sie einen Anspruch auf Leistung gewähren. Der Vertragsbegriff als solcher ist aber nicht auf das Gebiet der Schuldverhältnisse beschränkt; gibt es doch z.B. auch familienrechtliche, erbrechtliche Verträge. Nur das ist zum Begriff des Vertrags zu erfordern, daß die Willenserklärungen der Beteiligten sich auf die Bewirkung eines rechtlichen Erfolgs vereinigen. Dies ist aber auch bei der (dinglichen) Einigung der Fall. Und wie im Gebiet der Schuldverhältnisse z. B. das Schuldversprechen, das Schuldanerkenntnis (§§ 780, 781), die Übertragung einer Forderung, der Erlaß, die Schuldübernahme, die Ausstellung eines Wechsels abstrakt sind, so ist auch die Einigung abstrakt, weil sie grundsätzlich auf sich selbst gestellt ist und rechtliches Dasein hat unabhängig von dem Rechtsgeschäft, das den ihre Vornahme veranlassenden Rechtsgrund bildet.

Anm. 33

3. Aus der **Vertragsnatur der Einigung** folgt, daß grundsätzlich die Vorschriften des Abschnitts I des Allgemeinen Teils über Rechtsgeschäfte, auch die über den Vertrag (§§ 145 ff), auf die Einigung Anwendung finden (**RG** 66, 99; WarnRspr 1936 Nr. 79; KGJ 51, 152). Dies gilt jedoch nur insoweit, als sich nicht aus den besonderen Bestimmungen über die Einigung etwas Abweichendes ergibt. Eine Sonderbestimmung enthält z. B. § 873 Abs. 2, wonach die Beteiligten vor der Eintragung nur unter bestimmten Voraussetzungen an die Einigung gebunden sind. Mithin sind die Vorschriften der §§ 145—152 über den Vertragsantrag und die Annahmeerklärung insoweit nicht anwendbar, als sie bezüglich der Gebundenheit etwas anderes als § 873 Abs. 2 bestimmen (Anm. 109).

Anm. 34

Im übrigen ist zur **Anwendung der allgemeinen Vorschriften über Rechtsgeschäfte** folgendes hervorzuheben:

a) Im Falle der **Geschäftsunfähigkeit** auch nur eines Beteiligten ist die Einigung nichtig (§§ 104, 105; **RG** 72, 65; **RG** WarnRspr 1930 Nr. 161). Desgleichen, wenn die **Einigung nur zum Schein** oder nicht ernstlich erklärt wird (§§ 116 Satz 2, 117, 118; **RG** 78, 371; JW 1902 Beil. 202; OLG 23, 323). Die Einigung kann wegen **Irrtums, arglistiger Täuschung oder Drohung** anfechtbar und infolge der Anfechtung nichtig sein (§§ 119, 123, 142; **RG** 66, 389; 69, 13; 70, 55; 89, 32; 89, 157; Gruchot 59, 901). Besonders wichtig ist in dieser Hinsicht der Irrtum über den Gegenstand der Einigung, namentlich bei der Auflassung (§ 925 Anm. 28).

Anm. 35

b) Dagegen wird die Einigung ihrer Natur nach im allgemeinen nicht wegen **Verstoßes gegen die guten Sitten** (§ 138 Abs. 1) nichtig sein, da sie lediglich eine Rechtsänderung zum Gegenstand hat und dieser Inhalt eines Rechtsgeschäfts regelmäßig nicht sittenwidrig erscheinen wird. Denn unter einem nach § 138 Abs. 1 nichtigen Rechtsgeschäft ist nur ein solches zu verstehen, das nach seinem aus der Zusammenfassung von Inhalt, Beweggrund und Zweck sich ergebenden Gesamtcharakter den guten Sitten zuwiderläuft, nicht schon ein solches, das nur aus einem gegen die guten Sitten verstoßenden Grunde oder zu einem gegen die guten Sitten verstoßenden Zweck getätigt wird. Daher verstoßen dingliche Erfüllungsgeschäfte, wie Eigentumsübertragung, Hypothekbestellung, Hypothekabtretung, regelmäßig nicht schon deswegen gegen die guten Sitten, weil das schuldrechtliche Grundgeschäft, zu dessen Erfüllung sie getätigt werden, gegen die guten Sitten verstößt (§ 138 Anm.). Die Richtigkeit dieses Grundsatzes wird bestätigt durch § 817. Verstößt das Grundgeschäft gegen die guten Sitten, so ist damit auch der Zweck der Leistung, also des in Erfüllung des Grundgeschäfts vorgenommenen abstrakten Rechtsgeschäfts, der Einigung, in der Weise bestimmt, daß der Empfänger durch die Annahme gegen die guten Sitten verstößt. Dies begründet aber nach § 817 Satz 1 nicht die Nichtigkeit des abstrakten Rechtsgeschäfts, sondern nur eine schuldrechtliche Verpflichtung des Empfängers der Leistung zu ihrer Herausgabe, eine Verpflichtung, die nach § 817 Satz 2 überdies wegfällt, wenn dem Leistenden gleichfalls ein solcher Verstoß zur Last fällt, was bei der Leistung zur Erfüllung eines gegen die guten Sitten verstoßenden Grundgeschäfts regelmäßig ebenfalls zutrifft (**RG** 75, 74; 78, 285; JW 1911, 317[2]; 1912, 853[4]; 1913, 682[1]; WarnRspr 1912 Nr. 243; 1920 Nr. 147; Gruchot 59, 901; **RGSt** 46, 240; JW 1907, 548[1]). Wenn in **RG** Gruchot 57, 917 angenommen ist, auch ein abstraktes Rechtsgeschäft könne im einzelnen Falle wegen Unsittlichkeit nichtig sein infolge der von den Parteien vereinbarten Bedingung, daß die Gültigkeit des Erfüllungsgeschäfts von der Rechtswirksamkeit des unsittlichen Grundrechtsgeschäfts abhängig sein solle, so ist dabei übersehen, daß in diesem Fall die Hinfälligkeit des Erfüllungsgeschäfts nicht aus seiner Unsittlichkeit (§ 138 Abs. 1), sondern aus dem Eintritt der Bedingung (§ 158) folgt. Ausnahmsweise kann aber die Unsittlichkeit auch gerade dem dinglichen Erfüllungsgeschäft anhaften, so z. B. einer Auflassung, die zur Erleichterung der Ehescheidung erklärt wird. In solchen Ausnahmefällen ist auch die dingliche Einigung nichtig (**RG** 145, 152; § 138

Anm.). Ihre Nichtigkeit beim Wucher (§ 138 Abs. 2) sowie die Möglichkeit und die Folgen einer in der Einigung liegenden Leistung zu einem sittenwidrigen Zweck (§ 817) behandeln die Ausführungen zur Auflassung in § 925 Anm. 31, die in gleicher Weise auch für andere Gegenstände der Einigung gelten (vgl. zur wucherischen Hypothekbestellung **RG** JW 1906, 736[3]; 1913, 540[3]; zur Anwendung des § 817 bei der Hypothekabtretung **RG** JW 1913, 682[1]).

Anm. 36

c) **Ist die Einigung nichtig,** so tritt die gewollte Rechtsänderung nicht ein, mag auch der weiter erforderliche Tatumstand der Eintragung (in das Grundbuch oder in das Schiffsregister) oder der Übergabe hinzugetreten sein (**RG** 70, 356; 78, 371; 80, 317; 89, 157; 106, 139; JW 1912, 296[15]; KGJ 51, 153; OLG 45, 193). Der Passivbeteiligte ist Rechtsinhaber geblieben und kann mit der Eigentumsklage die übertragene Sache auch von einem Dritten herausverlangen und mit der dinglichen Klage aus § 894 die Berichtigung des Grundbuchs verfolgen (**RG** JW 1912, 296[15]), es sei denn, daß der Dritte, gegen den die Ansprüche erhoben werden, sich auf einen Rechtserwerb im guten Glauben (§§ 892, 932) berufen kann. Ist inzwischen über das Vermögen des Aktivbeteiligten der Konkurs eröffnet worden, so kann der Passivbeteiligte im Falle der Eigentumsübertragung Aussonderung (§ 43 KO) verlangen (**RG** 66, 389). Ferner können nicht nur die Beteiligten, sondern auch Dritte geltend machen, daß die Rechtsänderung nicht eingetreten sei, und im Falle der Eintragung ebenfalls Berichtigung des Grundbuchs gemäß § 894 verlangen, wenn sie durch die eingetragene Unrichtigkeit beeinträchtigt werden. Gegen gutgläubigen Erwerb Dritter gewährt in den Fällen der Rechtsänderung nach § 873 die Eintragung eines Widerspruchs in das Grundbuch (§ 899) Schutz.

Anm. 37

d) Ist die Einigung nur **anfechtbar,** so setzt die Eintragung des Widerspruchs die geschehene Anfechtung voraus, da bis dahin die Einigung noch nicht nichtig, das Grundbuch also durch die Eintragung noch nicht unrichtig geworden ist.

Anm. 38

e) Aus der Anwendung des § 130 ergibt sich, daß die erklärte Einigung **nicht unwirksam wird,** wenn einer der Beteiligten nach Abgabe seiner Erklärung **stirbt oder geschäftsunfähig wird.** Trotz des Eintritts dieser Tatsachen ist also auf Antrag die Rechtsänderung einzutragen und ist dann rechtswirksam vollzogen. Wenn allerdings die Einigung nicht in der nach § 873 Abs. 2 zur Bindung erforderlichen Form abgeschlossen war, kann sie noch von den Erben des verstorbenen oder dem gesetzlichen Vertreter des geschäftsunfähig gewordenen Beteiligten widerrufen werden. Den Eintritt dieser Tatsachen zwischen Auflassung und Eintragung behandelt § 925 Anm. 23, den Fall, daß der Passivbeteiligte in der Zeit zwischen Einigung und Eintragung in der Verfügungsfähigkeit beschränkt wird, § 878 und § 925 Anm. 23.

Anm. 39

5. Die Einigung kann auch unter einer **Bedingung** (z. B. Vorrangseinräumung, Abtretung einer Hypothek, Bestellung eines Nießbrauchs unter einer aufschiebenden oder auflösenden Bedingung) oder einer **Zeitbestimmung** (z. B. daß eine Hypothek zunächst dem einen und dann von einem gewissen Zeitpunkt ab dem andern Gläubiger zustehen soll; Bestellung eines Nießbrauchs, den der Berechtigte erst nach dem Tode des Bestellers erlangen soll) erklärt werden (§§ 158, 163; **RG** 70, 248; 75, 148; 76, 90; 106, 111; JW 1907, 747[18]; § 880 Anm. 19). Eine Ausnahme besteht aber nach § 925 Abs. 2 für die Auflassung (§ 925 Anm. 53). Ist das Recht des Passivbeteiligten zeitlich beschränkt, so wird in dem Zeitpunkt, in dem sein Recht aufhört, auch die von ihm bewilligte Rechtsänderung hinfällig (§§ 158 Abs. 2, 161 Abs. 2, 163) und damit das Grundbuch hinsichtlich der eingetragenen Rechtsänderung unrichtig; steht z. B. das Eigentum an dem Grundstück dem eine Hypothek bestellenden Eigentümer nur als Vorerben bis zu einem bestimmten Zeitpunkt zu, so hat der Eintritt des Nach-

erbenfalles (nach § 2113) die Folge, daß mit dem Eigentum des Hypothekbestellers auch die Hypothek erlischt, es sei denn, daß die Nacherben in die Hypothekbestellung eingewilligt haben (**RG** WarnRspr 1914 Nr. 126).

Anm. 40

6. Die Beteiligten können sich bei der Abgabe ihrer Einigungserklärung **durch Bevollmächtigte** vertreten lassen (§§ 164ff). Über den Nachweis der Bevollmächtigung dem Grundbuchamt gegenüber vgl. § 925 Anm. 39.

Anm. 41

a) Hat ein Vertreter die Erklärung **ohne Vertretungsmacht** abgegeben, so hängt die Wirksamkeit der Erklärung von der Genehmigung des Vertretenen ab (§ 177 Abs. 1). Die Genehmigung kann nach § 182 Abs. 1 gegenüber dem Vertreter oder dem andern Teil — wenn dieser aber eine Aufforderung nach § 177 Abs. 2 erlassen hat, nur ihm gegenüber — erklärt werden (**RG** 89, 382); eine dem Grundbuchamt gegenüber erklärte Genehmigung genügt nicht (KGJ 34 A 253; 36 A 199; aM RJA 4, 132). Die Genehmigung bedarf zur materiellen Wirksamkeit keiner Form, muß jedoch nach formellem Grundbuchrecht dem Grundbuchamt in der Form des § 29 GBO nachgewiesen werden.

Anm. 42

b) Nähere Ausführungen zur Auflassung finden sich in § 925 Anm. 33ff, 39ff; dort wird auch das Abschließen des Vertreters mit sich selbst (§ 181) erörtert. Im übrigen ergibt sich aus § 181 und daraus, daß die Einigung begrifflich das Zusammenwirken mindestens zweier Personen voraussetzt, die Unzulässigkeit einer vom Passivbeteiligten oder von dessen gewillkürtem oder gesetzlichem Vertreter mit sich selbst als Aktivbeteiligtem erklärten Einigung. Daher kann z. B. der Vertreter des Grundstückseigentümers nicht in dessen Namen für sich selbst eine Hypothek oder Grundschuld an dem Grundstück bestellen (**RG** 89, 371; KGJ 37 A 284; 47, 148); der Eigentümer oder Berechtigte nicht an eigener Sache oder eigenem Recht für sich selbst einen Nießbrauch bestellen (KGJ 51, 291), auch nicht an eigener verzinslicher Hypothek bei der Abtretung der Hypothek an einen andern (§ 1158 Anm.); der Vater die Auflassung seines Grundstücks an sein minderjähriges Kind nicht zugleich als gesetzlicher Vertreter des Kindes entgegennehmen (es bedarf hier vielmehr der Bestellung eines Pflegers, auch wenn die Auflassung schenkungsweise erfolgt: KGJ 45, 237); der Geschäftsführer einer Gesellschaft m. b. H. nicht die Bewilligung der Löschung einer für die Gesellschaft auf seinem Grundstück eingetragenen Hypothek gegenüber sich selbst erklären, wohl aber kann er seine Zustimmung als Eigentümer dem Grundbuchamt gegenüber abgeben (**RG** 157, 24). Ob ein Eigentümer zweier Grundstücke eine Grunddienstbarkeit an einem Grundstück zugunsten des andern bestellen kann, ist in § 1018 Anm. erörtert; ob eine Rangänderung zwischen zwei Rechten, die demselben Berechtigten zustehen, einseitig durch den Berechtigten bestimmt werden kann, in § 880 Anm. 24. Kraft ausdrücklicher Vorschrift kann aber ein Grundstückseigentümer an seinem Grundstück für sich selbst eine Grundschuld bestellen (§ 1196) und eine gemeinschaftliche Sache zugunsten eines Miteigentümers belastet werden (§ 1009). Die gesetzliche Vertretung und den Nachweis der gesetzlichen Vertretungsmacht behandeln die Ausführungen zur Auflassung in § 925 Anm. 39f; sie gelten in gleicher Weise auch für alle übrigen Fälle, in denen auf Grund einer Einigung eine Rechtsänderung einzutragen ist. Hat bei der Einigung ein Nichtberechtigter die verfügende Erklärung als Passivbeteiligter abgegeben, so kann die Einigung unter den Voraussetzungen des § 185 Abs. 2 wirksam werden (unten Anm. 78).

Anm. 43

7. Was die Anwendung der **Auslegungsregeln** der §§ 133, 157 betrifft, so kann hier der Grundsatz, daß der Vertragswille der Beteiligten für den Inhalt eines Rechtsgeschäfts maßgebend ist, nicht unbeschränkt gelten, da eine unbestimmte Reihe späterer Sondernachfolger gebunden werden soll.

Anm. 44

a) Der **Begründungsakt** ist vielmehr grundsätzlich streng nach dem Wortlaut so auszulegen, wie er von jedem der dinglich Berechtigten und Verpflichteten verstanden werden muß (**RG** Gruchot 68, 532; JW 1933, 605[7]). Für die unter der Herrschaft des Pr. Allg. Landrechts begründeten Grunddienstbarkeiten, die keiner Eintragung im Grundbuch zu ihrer Wirksamkeit bedurften, gelten nach **RG** 131, 158 (auch **RG** HRR 1932 Nr. 2161) besondere Auslegungsregeln. Im übrigen ist es aber nicht unzulässig, bei Grundstücksbelastungen die ihnen zugrunde liegenden Eintragungserklärungen der Beteiligten auch unter Heranziehung des § 133 auszulegen (**RG** 64, 167).

Anm. 45

b) Auch **Grundbucheintragungen** sind einer dem Parteiwillen entsprechenden Auslegung nicht verschlossen, wenn sie mit den Parteierklärungen übereinstimmen oder auf sie Bezug nehmen (**RG** 121, 43; 139, 130; JW 1926, 2547[4]). So wird z. B. in **RG** 136, 80 die auf zwei Grundstückshälften eines Ehepaars vorgenommene Eintragung einer „Sicherungshypothek zum Höchstbetrag von 15000 RM für A" der Auslegung dahin für zugänglich erklärt, daß beide Grundstückshälften für alle gegenwärtigen und künftigen Forderungen des A gegen den Ehemann bis zu 15000 RM haften sollen. Bei der Auslegung der Eintragungen ist der Revisionsrichter frei; doch darf bei ihr nichts verwertet werden, was außerhalb der Eintragungen liegt und nicht allgemein bekannt sein kann (**RG** 136, 234; JW 1934, 2612[3]). Bei der Ermittlung des Sinnes der Eintragung ist zu berücksichtigen, was sich der unbefangenen Auffassung jedes Betrachters als nächstliegende Bedeutung der Eintragung darstellt (JW 1938, 47[26]). An Umständen, die sich aus den besonderen, für jedermann ersichtlichen Verhältnissen des Einzelfalls ergeben, darf die Auslegung nicht vorübergehen. Deshalb erschien es z. B. gelegentlich möglich, die an sich unzulängliche bloße Eintragung eines „Wohnungsrechts" auf einem Grundstück, auf dem Fabrikgebäude und Wohnräume sich befanden, doch noch im Wege der Auslegung als rechtsbeständige Eintragung eines dinglichen Wohnungsrechts nach § 1093 an allen dort befindlichen Wohnräumen anzusehen (**RG** Gruchot 73, 217). Mit der Auslegung eines solchen für mehrere Personen eingetragenen Wohnungsrechts beschäftigt sich auch **RG** SeuffArch 88 Nr. 11. Wechselnde Eintragungen des Eigentums mehrerer Gesamthandsberechtigter werden ausgelegt in **RG** SeuffArch 91 Nr. 104. Einer Auslegung nach den hier entwickelten Grundsätzen kann aber unter besonderen Umständen der Einwand der unzulässigen Rechtsausübung (Arglist) entgegenstehen (HRR 1938, Nr. 1592).

Anm. 46

8. Den Vorschriften über **Verträge auf dem Gebiete des Rechts der Schuldverhältnisse** unterliegt der dingliche Vertrag nicht, soweit nicht im dritten Buch des BGB besonders auf sie Bezug genommen ist. Deshalb finden z. B. die §§ 323 ff über Unmöglichkeit der Leistung und die §§ 328 ff über Verträge zugunsten Dritter (mit der Wirkung eines unmittelbaren Rechtserwerbs des Dritten) auf den dinglichen Vertrag keine Anwendung (**RG** 66, 99; WarnRspr 1910 Nr. 271; JW 1922, 1513[2]; 27. 2. 1935 V 298/34; KGJ 43, 229; OLG 14, 102).

Anm. 47

9. Aus der **abstrakten Natur der Einigung** folgt, daß **ihr rechtlicher Bestand an sich unabhängig** ist **von dem Bestande des** sie veranlassenden **Grundrechtsgeschäfts.**

Anm. 48

a) Dies wurde zwar Ende der dreißiger Jahre in Zusammenhang mit den Bestrebungen auf Neubau des gesamten bürgerlichen Rechts lebhaft bekämpft. Zum Teil wurde gefordert, einen besonderen dinglichen Vertrag gänzlich fallen und den Eigentumsübergang durch das Grundgeschäft selbst herbeiführen zu lassen, zum Teil wurde mindestens die Abhängigkeit des dinglichen Vertrages von dem schuldrechtlichen Grundgeschäft verlangt (vgl. Krause AcP 145, 312; Brandt, Eigentumserwerb und

Austauschgeschäft u. a., dagegen insbesondere *Lange* AcP 146, 28ff; 148, 188). Die scharfe Scheidung zwischen schuldrechtlichem Verpflichtungsgeschäft und dinglichem Erfüllungsgeschäft (vgl. **RG** 137, 355) entspricht aber allein dem System des BGB und hat sich auch im allgemeinen bewährt.

Anm. 49

b) Die *Nichtigkeit des Grundrechtsgeschäfts* hat also nicht ohne weiteres auch die Nichtigkeit des Erfüllungsgeschäfts zur Folge (**RG** 54, 340; 57, 96; 63, 185; 68, 100; 72, 64; 75, 74; 78, 44; 104 S. 103, 298; 111, 246; JW 1912, 853[4]; 1913, 682[1]; WarnRspr 1910 Nr. 102; Gruchot 60, 325; **RGSt** JW 1907, 548[1]; RJA 7 S. 56, 278; KGJ 51, 178). So kann z. B. das Grundrechtsgeschäft nichtig sein, weil es der für den schuldrechtlichen Vertrag vorgeschriebenen Form entbehrt, während die Einigung, für die besondere Formregeln nicht gelten (Anm. 64), gültig ist, weil ihr ein Formmangel nicht anhaftet (**RG** 50, 82; 78, 44; 104, 102; JW 1911, 653[25]). Oder das Grundrechtsgeschäft kann wegen Geschäftsunfähigkeit eines Vertragsteils nichtig, die Einigung aber gültig sein, weil der Beteiligte inzwischen geschäftsfähig geworden ist (**RG** 72, 64). Ferner kann der vom Inhaber der elterlichen Gewalt für das Kind geschlossene schuldrechtliche Vertrag auf Erwerb eines Grundstücks wegen Fehlens der erforderlichen vormundschaftsgerichtlichen Genehmigung nichtig sein, während die Entgegennahme der Auflassung keiner Genehmigung bedarf, die Auflassung also gültig ist (KGJ 51, 177). Schließlich macht auch der Umstand, daß das Grundrechtsgeschäft gegen ein gesetzliches Verbot (§ 134) oder gegen die guten Sitten verstößt (§ 138), die Einigung regelmäßig nicht von selbst nichtig (JFG 1, 374; Anm. 35).

Anm. 50

c) Es macht für die selbständige Wirksamkeit der Einigung aber auch keinen Unterschied, ob das Grundrechtsgeschäft von vornherein nichtig war oder ob es durch Anfechtung, z. B. wegen Irrtums, arglistiger Täuschung, Drohung (§§ 119, 123, 142), nichtig geworden ist. Denn die **Anfechtung des Grundrechtsgeschäfts** ergreift nicht unbedingt von selbst auch die Einigung (**RG** 66, 389; 69, 16; 70, 57). Ist daher in solchen Fällen zwar das Grundrechtsgeschäft nichtig, die Einigung aber rechtswirksam, so ist trotz der Nichtigkeit des Grundgeschäfts die Rechtsänderung eingetreten (z. B. das Eigentum übergegangen, der Nießbrauch bestellt, die Hypothek übertragen, ein Pfandrecht entstanden). Der Passivbeteiligte hat dann gegen den Aktivbeteiligten nur einen *persönlichen Anspruch wegen grundloser Bereicherung* auf Rückgängigmachung der Rechtsänderung nach Maßgabe der §§ 812ff, z. B. auf Rückübertragung des Eigentums, Bewilligung der Wiedereintragung des Passivbeteiligten (**RG** 51, 422; 63, 185; 66, 389; 104, 103; 108, 329; 117, 287; JW 1913, 682[1]; Gruchot 68 S. 317, 536; RJA 7, 278; JFG 1, 376). Ist die zur Rechtsänderung erforderliche Eintragung noch nicht erfolgt, so geht der Bereicherungsanspruch auf Einwilligung in die Aufhebung der Einigung oder auf Verzicht auf die Rechte aus der Einigung (**RG** 108, 336; 111, 101; 119, 163; Gruchot 68, 317). Ein solcher Anspruch kann aber ausgeschlossen sein: wenn der Passivbeteiligte wußte, daß das Grundrechtsgeschäft nichtig und er deshalb nicht zur Leistung verpflichtet war (§ 814; **RG** 108, 333; 117, 295; 119, 167; Gruchot 68, 318); wenn dem Bereicherungskläger der Einwand der Arglist (der unzulässigen Rechtsausübung) entgegensteht, weil er den Erwerber wissentlich in den falschen Glauben versetzt hat, der Umstand, der die Nichtigkeit des Grundrechtsgeschäfts ergibt (z. B. Formmangel), stehe dessen Gültigkeit nicht entgegen (**RG** 107 S. 180, 357; 108, 110; 115, 41; 117, 295; 153, 59); wenn beide Teile gegen die guten Sitten verstoßen haben (§ 817; § 925 Anm. 31 zu cc). Ist der Konkurs über das Vermögen des Aktivbeteiligten eröffnet, so kann der Passivbeteiligte einen Anspruch aus der Bereicherung nur als Konkursgläubiger gegen die Konkursmasse geltend machen (§§ 3, 69 KO).

Anm. 51

d) Bei der **Bestellung einer Hypothek** besteht jedoch insofern eine Ausnahme, als im Falle der Nichtigkeit des Grundrechtsgeschäfts die für eine Forderung aus diesem

Rechtsgeschäft bestellte Hypothek zwar an sich rechtsgültig ist, aber nicht für den Aktivbeteiligten entsteht, sondern wegen Nichtigkeit der Forderung gemäß §§ 1163 Abs. 1 Satz 1, 1177 Abs. 1 kraft Gesetzes Grundschuld des bestellenden Eigentümers ist (**RG** 63, 189; 66, 101). Dies gilt auch dann, wenn die Forderung wegen Unsittlichkeit des Grundrechtsgeschäfts nichtig ist (**RG** 71, 435; JW 1911, 317[2]; 1912, 853[4]; 1913, 540[3]; WarnRspr 1912 Nr. 243). Der Aktivbeteiligte kann in diesem Fall die für ihn eingetragene Hypothek nicht im Klagewege geltend machen, da die Hypothek nicht ihm, sondern dem Eigentümer zusteht (**RG** 68, 97).

Anm. 52

e) **Ausnahmen** von dem Grundsatz, daß die Einigung von dem Bestand des Grundrechtsgeschäfts unabhängig ist, sind nur dann zuzulassen, wenn sie durch besondere Umstände des Sachverhalts (Anm. 35) oder durch den Inhalt der anzuwendenden besonderen gesetzlichen Bestimmungen gerechtfertigt werden (**RG** 111, 246), namentlich beim Wucher (§ 138 Abs. 2; **RG** 57, 97; 75, 76; OLG 44, 138).

Anm. 53

f) Ist das Grundrechtsgeschäft nicht nichtig, sondern nur anfechtbar, so kann die vor seiner Anfechtung erklärte Einigung eine das Geschäft unanfechtbar machende Bestätigung im Sinne des § 144 enthalten (Anm. 108). Tritt ein Vertragsteil von dem schuldrechtlichen Grundvertrag zurück mit der Folge, daß das Schuldverhältnis aufgehoben wird, so verliert die zur Erfüllung des Vertrags vorgenommene Einigung über die Rechtsänderung nicht ihre Wirksamkeit. Daher wird z. B. im Falle des Rücktritts von einem Kaufvertrag über ein Grundstück die vertragsmäßig erfolgte Auflassung nicht mit dinglicher Wirkung hinfällig. Vielmehr kann die Rechtsänderung nur nach §§ 346ff rückgängig gemacht werden (OLG 26, 37).

Anm. 54

g) Anderseits ist jedoch zu beachten, daß dieselben Umstände, aus denen sich die Nichtigkeit des Grundrechtsgeschäfts ergibt, auch der Wirksamkeit der Einigung entgegenstehen können. Ist dies der Fall, so ist sowohl **das Grundrechtsgeschäft als auch die Einigung nichtig.** Solche Fälle sind z. B. gegeben: wenn ein Beteiligter nicht nur beim Abschluß des Grundrechtsgeschäfts, sondern auch noch bei der Einigung geschäftsunfähig ist (**RG** 72, 64); wenn Irrtum, Arglist, widerrechtlicher Zwang auch bei der Einigung obwaltet, was besonders dann vorliegen wird, wenn das Grundrechtsgeschäft und die Einigung gleichzeitig vollzogen sind (**RG** 66, 390; 69, 16; 70, 55; 89, 154).

Anm. 55

h) Die Selbständigkeit der Einigung zeigt sich aber auch darin, daß sie selbst dann nicht ohne weiteres ungültig ist, wenn sie mit dem Grundrechtsgeschäft in der zu bewirkenden Rechtsänderung nicht übereinstimmt, insbesondere wenn sie im Umfang der Rechtsänderung (z. B. Höhe der einzutragenden Darlehnshypothek) über das Grundrechtsgeschäft hinausgeht (**RG** 52, 114). Soweit in einem solchen Falle nicht eine Anfechtung wegen Irrtums usw. Platz greift, wird nur die Geltendmachung eines persönlichen Anspruchs auf Rückgängigmachung der zu Unrecht vollzogenen Rechtsänderung gegeben sein.

Anm. 56

i) Auch wenn das Grundrechtsgeschäft und die dingliche Einigung in ein und demselben Rechtsakt getätigt, z. B. der Kaufvertrag über ein Grundstück und die Auflassung des verkauften Grundstücks (§ 925 Anm. 28 zu c) in derselben Urkunde erklärt sind, ist die Einigung gegenüber dem Grundrechtsgeschäft rechtlich als selbständiges Rechtsgeschäft zu beurteilen; ihr Bestand ist auch hier grundsätzlich unabhängig davon, ob das Grundrechtsgeschäft zu Recht besteht oder nicht (**RG** 57, 96; 78, 44; JW 1911, 653[25]; WarnRspr 1920 Nr. 147; JFG 1, 374). Insbesondere findet § 139, wonach regelmäßig das ganze Rechtsgeschäft nichtig ist, wenn ein Teil eines

Rechtsgeschäfts nichtig ist, im Falle der Nichtigkeit des Grundrechtsgeschäfts (z. B. wegen falscher Beurkundung des Kaufpreises für ein Grundstück: § 313 Satz 1) nicht dahin Anwendung, daß auch das gleichzeitig vorgenommene (beurkundete) dingliche Erfüllungsgeschäft (die Auflassung) von der Nichtigkeit ergriffen wurde; denn die dingliche Einigung, die unmittelbar eine Rechtsänderung zum Gegenstand hat, ist nicht ein Teil des schuldrechtlichen Grundrechtsgeschäfts, sondern ein anderes selbständiges Rechtsgeschäft (**RG** 104, S. 104, 298; JW 1911, 653[25]; 1926, 1029[7]).

Anm. 57

k) Mit Rücksicht auf die Vertragsfreiheit kann aber auch die Einigung, sofern es sich nicht um eine Auflassung handelt (§ 925 Abs. 2), an die Bedingung geknüpft werden, daß das Grundrechtsgeschäft rechtsgültig ist. Erweist sich dann das Grundrechtsgeschäft als nichtig, so ist auch die Einigung wegen des Ausfalls der Bedingung hinfällig (str.; JFG 1, 374; **RG** 54, 340: Ausübung des vertragsmäßig vorbehaltenen Rücktritts von einem Kaufvertrag über bewegliche Sachen, die dem Käufer bereits übereignet worden sind; Gruchot 57, 917, wo allerdings die Nichtigkeit der Einigung auf die bedenkliche Annahme gegründet wird, daß stets für den Fall der Nichtigkeit des Grundgeschäfts auch die Nichtigkeit des dinglichen Erfüllungsgeschäfts gewollt sei; ein solcher Wille wird nur dann vorliegen, wenn er durch Setzung einer Bedingung zum Ausdruck gelangt: JFG 1, 374).

Anm. 58

l) Ist das **Grundrechtsgeschäft rechtsgültig**, aber die **Einigung nichtig** (z. B. weil: der Passivbeteiligte inzwischen wegen Geisteskrankheit entmündigt war; nur die Einigung wegen Arglist angefochten ist; eine Einigung wegen fehlender Willensübereinstimmung nicht zustande gekommen ist; die freihändige Pfandübertragung gegen das Verbot des § 1245 Abs. 2 verstößt), so tritt die gewollte Rechtsänderung nicht ein (**RG** 70, 356; 72, 63; 78, 371; 80, 317; WarnRspr 1926 Nr. 40). Die Nichtigkeit der dinglichen Einigung macht aber das Grundrechtsgeschäft nicht von selbst nichtig, und zwar auch dann nicht, wenn beide Rechtsgeschäfte in ein und demselben Rechtsakt getätigt sind; § 139 findet auch hier keine Anwendung (**RG** WarnRspr 1926 Nr. 40). Der Aktivbeteiligte kann daher auf Grund des Grundrechtsgeschäfts verlangen, daß die Einigungserklärung von dem andern Teil rechtswirksam wiederholt wird (**RG** 78, 377). Dieser Anspruch entfällt aber, wenn zwischen den Beteiligten vereinbart ist, das schuldrechtliche Grundgeschäft solle nichtig sein, wenn die dingliche Einigung nichtig sei (**RG** WarnRspr. 1926 Nr. 40). Ein bedingtes Grundrechtsgeschäft wird durch ein vorzeitiges, unbedingtes Erfüllungsgeschäft, z. B. Auflassung, nicht ohne weiteres zu einem unbedingten (**RG** JW 1908, 270[3]).

Anm. 59

10. Was die **Form der Einigung** einerseits **und des Grundrechtsgeschäfts** anderseits anlangt, so folgen beide, wie sie im Verhältnis zueinander selbständige Verträge sind, auch insoweit eigenen Regeln.

Anm. 60

a) Nur insofern stimmen diese Regeln überein, als **grundsätzlich für beide Rechtsgeschäfte Formfreiheit** besteht (**RG** 48, 135; 50, 82; 54, 179; 120, 255; Gruchot 46, 901; 51, 987; SeuffArch 59 Nr. 183). So ist z. B. das schuldrechtliche Versprechen des Grundstückseigentümers, eine Hypothek zu bestellen, regelmäßig formfrei (§ 1113 Anm.).

Anm. 61

b) Für manche Grundrechtsgeschäfte gelten aber Ausnahmen (z. B. §§ 311, 313, 518, 761, 780, 781). Hat insbesondere das Grundrechtsgeschäft die **Übertragung des Eigentums** an einem Grundstück zum Gegenstand, so bedarf es der im § 313 Satz 1 vorgeschriebenen Form. Betrifft die Einigung eine solche Eigentumsübertragung, so muß sie nach § 925 in der Form der Auflassung erklärt werden. Dabei gilt nach § 313

Satz 2 die Besonderheit, daß ein ohne die Beobachtung der Form des Satz 1 geschlossenes Grundrechtsgeschäft durch Auflassung und Eintragung gültig wird. Die heilende Kraft der Auflassung und Eintragung bezieht sich an sich zwar nur auf die Vereinbarungen, welche die Hauptbeteiligten in dem formlosen Veräußerungsvertrag über Leistung und Gegenleistung getroffen haben; da aber die in dem Vertrag dem Erwerber auferlegte Zahlungspflicht von vornherein durch Auflassung und Eintragung bedingt war, so wird mit der Heilung des Vertrags nach § 313 Satz 2 auch die in dem Vertrag übernommene Bürgschaft eines Dritten für den Kaufpreis rechtswirksam (**RG** 134, 243).

Anm. 62

c) Die Frage, ob das Grundrechtsgeschäft über die Bestellung eines **dinglichen Vorkaufsrechts** an einem Grundstück der Form des § 313 Satz 1 bedarf und ob das Fehlen dieser Form durch Einigung und Eintragung des Vorkaufsrechts geheilt wird, ist in § 1094 Anm. behandelt.

Anm. 63

d) Im übrigen gilt bei der auf Änderungen der Rechtsverhältnisse an Grundstücken gerichteten Einigung des § 873 Abs. 1 nur noch die **Sonderbestimmung des Abs. 2**, wonach die formlose Einigung so lange widerrufen werden kann, als nicht die Eintragung erfolgt (**RG** 60, 262) oder eine von den dort aufgeführten, die Bindung bewirkenden Formen beobachtet ist (Anm. 103). Daraus ist aber nicht zu folgern, daß ein „Vorvertrag", der die Verpflichtung zur Herbeiführung begründen soll, einer dieser Formen bedürfe. Ein Vorvertrag zu der Einigung im Sinne einer Voreinigung wäre, wenn er überhaupt über eine rechtlich bedeutungslose Vorbesprechung hinaus gediehen sein sollte, in Wirklichkeit die Einigung selbst. Tatsächlich ist ein Vorvertrag, wenn er auf die Verpflichtung zur Herbeiführung der Rechtsänderung gerichtet ist und somit die Verpflichtung zu einer künftigen Einigung in sich schließt, nichts anderes als das schuldrechtliche Grundrechtsgeschäft, das die Bewirkung der Rechtsänderung zum Gegenstand hat (**RG** 68, 36; 86, 33; über die Erfordernisse eines wirklichen Vorvertrags auf schuldrechtlichem Gebiet **RG** 124, 83). Die Bestimmung im Abs. 2 § 873 bezieht sich lediglich auf die dingliche Einigung des Abs. 1 und kommt für das Grundrechtsgeschäft nicht in Betracht; sie enthält überhaupt keine Formvorschrift, sondern betrifft nur die Frage der Bindung (der Unwiderruflichkeit: § 130) vor der Eintragung (Anm. 104; **RG** 48, 133; 50, 82; Gruchot 46, 901). Allerdings kann der Passivbeteiligte die nicht in den Formen des Abs. 2 erklärte Einigung vor der Eintragung auch dann widerrufen, wenn er durch das Grundrechtsgeschäft zur Bewirkung der Rechtsänderung verpflichtet ist. Ein solcher Widerruf nützt ihm aber nichts. Denn seine Verpflichtung aus dem Grundrechtsgeschäft bleibt bestehen; er kann im Rechtswege zur Erfüllung angehalten werden (**RG** 11. 10. 06 VI 41/06). Anderseits wird das Grundrechtsgeschäft, wenn die hierfür vorgeschriebene Form fehlt, nicht dadurch gültig, daß eine der Formen des Abs. 2 § 873 eingehalten wird, sofern nicht diese Form zugleich die für das Grundrechtsgeschäft vorgeschriebene Form erfüllt (z. B. im Falle der gerichtlichen oder notariellen Beurkundung eines Schenkungsversprechens: §§ 873 Abs. 2, 518 Abs. 1 Satz 1).

Anm. 64

e) In den übrigen Fällen der dinglichen Einigung (bei beweglichen Sachen: Eigentumsübertragung, Bestellung eines Nießbrauchs, eines Pfandrechts nach den §§ 929, 1032, 1205; Besitzeinräumung nach § 854 Abs. 2) kommt die Wahrung einer Form überhaupt nicht in Frage. Aber auch in den Fällen der §§ 873, 1260 bedarf die Einigung zur Wirksamkeit an sich keiner Form (**RG** 89 S. 32, 373; 108, 148; WarnRspr 1936 Nr. 79). Ausnahmen gelten nur für die Übertragung des Eigentums an Grundstücken (§ 925), für die Bestellung und Übertragung des Erbbaurechts (früher §§ 1015, 1017, jetzt VO v. 15. 1. 19), des Wohnungseigentums (§ 4 WEG) und der den Landesgesetzen zur Regelung vorbehaltenen Rechte mit Grundstücksnatur (Art. 63, 68, 196 EG). Bei ihnen muß die erforderliche Einigung unter gleichzeitiger Anwesenheit beider Teile vor dem Grundbuchamt (oder einer sonst zugelassenen Amtsstelle) erklärt werden.

Tritt außerhalb dieser Ausnahmefälle zu der Einigung das andere Erfordernis für die Rechtsänderung, die Eintragung in das Grundbuch (oder in das Schiffsregister: bei Binnenschiffen, nicht Seeschiffen, § 32 SchiffsRegO), hinzu, so ist die Einigung, auch wenn sie formlos erklärt worden ist, unwiderruflich und die Rechtsänderung rechtswirksam vollzogen (**RG** 60, 263; WarnRspr 1911 Nr. 83). Daß die Einigung, solange sie nicht in den Formen des Abs. 2 § 873 erklärt war, bis zu der Eintragung hätte widerrufen werden können, ändert hieran nichts, wenn sie tatsächlich nicht widerrufen worden ist.

Anm. 65

f) Das Gesetz verlangt nicht, daß die Einigung der Eintragung vorangehen muß, um die Rechtsänderung sachlich wirksam herbeizuführen. Einigung und Eintragung sind im § 873 Abs. 1 (auch im § 1260) als gleichwertige Erfordernisse für die Rechtsänderung aufgestellt; sie stehen nur insofern zueinander in Beziehung, als erst bei ihrem Zusammentreffen die Rechtsänderung wirksam vollzogen ist (Anm. 85). Danach kann die Einigung der Eintragung auch nachfolgen (§ 879 Abs. 2; **RG** 84, 105; 89 S. 32, 374; 106, 139; 108, 148; 139, 129; JW 1912, 296[15]; KGJ 21 A 309; JFG 4, 329).

Anm. 66

g) Nach **formellem Grundbuchrecht** ist die Beobachtung der Formen des § 29 GBO erforderlich, um den Antrag auf Eintragung zu begründen. Diese Formen sind aber einerseits nicht dieselben wie im Abs. 2 § 873, sondern es genügt auch eine öffentlich beglaubigte Urkunde; anderseits handelt es sich im § 29 GBO nur um eine Ordnungsvorschrift, deren Nichtbeachtung auf die sachliche Wirksamkeit keinen Einfluß hat. Dem Grundbuchamt braucht die Einigung als solche nicht nachgewiesen zu werden; vielmehr genügt nach § 19 GBO regelmäßig (Ausnahme für die Auflassung im § 20, § 925a; Abweichungen in den §§ 21—27 GBO) die Eintragungsbewilligung des Passivbeteiligten allein zur Rechtfertigung des Eintragungsantrags (Vorbem. 18). Der Antrag kann nach § 13 Abs. 2 GBO von dem Passivbeteiligten selbst gestellt werden, so daß es zur Herbeiführung der Eintragung einer Aushändigung der Eintragungsbewilligung an den Aktivbeteiligten und eines Antrags von seiner Seite nicht bedarf. Liegt der Eintragungsbewilligung aber tatsächlich keine Einigung zugrunde und folgt die Einigung der Eintragung auch nicht nach, so ist die Eintragung nichtig. Es besteht also z. B. kein wirksames Grundstücksrecht, wenn der Eigentümer eine Darlehnshypothek hat eintragen lassen in der Annahme, er werde sich demnächst mit dem als Hypothekengläubiger Bezeichneten über die Hergabe des Darlehns und die Bestellung der Hypothek einigen, wenn diese Einigung aber nachträglich in Wirklichkeit nicht zustande kommt. Ist die Eintragungsbewilligung, die von der Einigung begrifflich zu scheiden ist (Anm. 68), von dem Aktivbeteiligten dem Grundbuchamt eingereicht, so kann sie gemäß § 130 von dem Passivbeteiligten nicht mehr einseitig widerrufen werden (JFG 2, 337; OLG 44, 142).

Anm. 67

11. Inhalt der Einigung

a) Ein **bestimmter** Inhalt der Einigung ist im BGB **nicht vorgeschrieben.** Es genügen Erklärungen, aus denen sich der übereinstimmende Wille der Beteiligten über den Eintritt der Rechtsänderung ergibt (**RG** 54, 381; 62, 378; 89, 32; 108, 148; JW 1903 Beil. 91). Zur Feststellung dieses Willens der Beteiligten ist gegebenenfalls die Auslegungsregel des § 133 anzuwenden, jedoch dürfen hierfür Erklärungen nur herangezogen werden, soweit sie aus Wortlaut und Sinn des dinglichen Vertrages zu entnehmen sind (**RG** 131, 168). So kann z. B., wenn der Grundstücksveräußerer bewilligt, daß der Erwerber als neuer Eigentümer eingetragen werde, und der Erwerber seine Eintragung beantragt, daraus die Einigung über den Eigentumsübergang (Auflassung: § 925) entnommen werden (**RG** 54, 381; 129, 7). Geht die Einigung, wie es regelmäßig der Fall sein wird, der Eintragung voraus, so genügt die Erklärung des Passivbeteiligten, daß er die Eintragung der Rechtsänderung bewillige, und die Erklärung des Aktivbeteiligten, daß er damit einverstanden sei (**RG** 62, 378).

Anm. 68

b) Anderseits ist nicht notwendig, daß neben der Einigung über die Rechtsänderung noch ausdrücklich eine **Vereinbarung über die Eintragung** erklärt wird. Ebensowenig brauchen in den Eintragungserklärungen die Worte „Bewilligung" und „Antrag" (auf Eintragung) vorzukommen (**RG** 54, 383; 62, 378; 89, 32; RJA 3, 143). In formellrechtlicher Hinsicht wird allerdings als Voraussetzung für die Vornahme der Eintragung im § 19 GBO die „Bewilligung" des Passivbeteiligten und im § 13 GBG ein „Antrag auf Eintragung" erfordert. Die formellrechtliche Eintragungsbewilligung und der Antrag sind aber begrifflich nicht dasselbe wie die Einigung oder ein Teil von ihr (**RG** 129, 8); sie stellen vielmehr rechtsgrundsätzlich selbständige, von den materiellen Einigungserklärungen zu unterscheidende formale Rechtsgeschäfte dar. Das hindert allerdings nicht, daß im einzelnen Falle die materiellen Erklärungen der Einigung und die formalen Grundbucherklärungen zu der Eintragung sich decken können (**RG** 54, 384; 89 S. 32, 371; JFG 2, 338; über Unzulässigkeit des Widerrufs Anm. 66 a. E.).

Anm. 69

c) Weiter ist zu beachten, daß § 19 GBO zur Verkehrserleichterung die **Eintragungsbewilligung des Passivbeteiligten allein** als Grundlage für die Eintragung genügen läßt. Um so mehr werden dem Grundbuchamt, wenn ihm in den Formen des § 29 Abs. 1 GBO Erklärungen beider Teile vorgelegt werden, aus denen sich zweifelsfrei die Einigung über die Rechtsänderung ergibt, diese Erklärungen zur Eintragung genügen müssen, selbst wenn von einer „Bewilligung der Eintragung" darin nicht ausdrücklich die Rede ist. Verlangt doch auch § 20 GBO in dem besonders wichtigen Falle der Auflassung nicht die Erklärung beider Teile über die „Eintragung", sondern nur die beiderseitige Erklärung der „Einigung" (§ 925 Anm. 49 zu c).

Anm. 70

d) Aus dem Wortlaut des § 19 GBO folgt nicht, daß die Eintragung nur beim Gebrauch des Wortes „Eintragungsbewilligung" vorzunehmen sei (**RG** 54, 383; 141, 374). Jedenfalls wird im Wege der **Auslegung** (§ 133) regelmäßig in den Erklärungen der Einigung zugleich die Bewilligung der Eintragung zu finden sein (KGJ 21 A 281). Anderseits muß aber die Eintragungsbewilligung den Rechtsvorgang, durch den die Rechtsänderung herbeigeführt wird, gemäß dem materiellen Recht (z. B. Abtretung, richterliche Überweisung) angeben, damit die Art der Rechtsänderung genügend zum grundbuchmäßigen Ausdruck gebracht werden kann. Deshalb genügt z. B. im Falle der Übertragung einer Hypothek nicht die bloße Bewilligung der „Umschreibung" (KGJ 40 A 268; OLG 25, 374).

Anm. 71

e) Für die Eintragungsbewilligung gilt ebenso wie für die Einigung (Anm. 42) die **Vorschrift des § 181;** liegt keiner der dort vorgesehenen Ausnahmefälle vor, so darf mithin der Passivbeteiligte oder dessen gewillkürter oder gesetzlicher Vertreter nicht die Eintragung einer Rechtsänderung zu seinen eigenen Gunsten bewilligen (KGJ 37 A 283; 41, 168; 47, 148). Die Eintragungsbewilligung muß deutlich und unmittelbar verständlich sein. Der Grundbuchrichter braucht sich grundsätzlich auf Deutung unklarer Bewilligungsurkunden nicht einzulassen (KGJ 53, 207), obwohl an sich auch sie ebenso wie die sachlichen Einigungserklärungen (Anm. 44) der Auslegungsvorschrift des § 133 unterliegen (JFG 1 S. 281, 284). Zulässig ist es, daß in der Eintragungsbewilligung verwiesen wird auf andere den Formvorschriften des § 29 GBO entsprechende Urkunden oder auf solche Schriftstücke, die durch körperliche Verbindung gemäß § 176 Abs. 2 FGG zu Anlagen gemacht sind; denn auch in diesem Falle handelt es sich tatsächllch nur um eine einheitliche Eintragungsbewilligung (KGJ 48, 175; 53, 207; JFG 1, 281).

Anm. 72

f) Gegenüber dem Grundrechtsgeschäft ist eine wörtliche oder (in einer Urkunde) räumliche **Sonderung der Einigungserklärungen nicht erforderlich;**

beide Akte können äußerlich vereint erscheinen (M 1, 128; **RG** Gruchot 58, 1015). Namentlich bei beweglichen Sachen, bei denen die Selbständigkeit der Einigung als eines besonderen dinglichen Vertrags weniger hervortritt als im Falle des § 873 und namentlich des § 925, werden häufig Grundrechtsgeschäft und Einigung (Erfüllungsgeschäft) zusammenfallen; die Einigung auf der Grundlage des Grundrechtsgeschäfts wird hier meist sofort stillschweigend vollzogen (z. B. bei den Kaufgeschäften des täglichen Lebens). Aber auch im Falle des § 873 wird (abgesehen von der Auflassung) die Einigung sich unter Umständen schon aus den beim Abschluß des Grundrechtsgeschäfts abgegebenen Erklärungen ohne weiteres ergeben können.

Anm. 73

12. Verurteilung zur Abgabe der Einigungserklärung

a) Wenn ein zur Mitwirkung bei der Rechtsänderung auf Grund des Grundrechtsgeschäfts Verpflichteter — sei es der Passivbeteiligte, sei es (z. B. bei der Auflassung) der Aktivbeteiligte — sich weigert, seiner Verpflichtung freiwillig nachzukommen, so kann ein Ersatz der Einigung durch rechtskräftige Verurteilung zur Abgabe der Einigungserklärung gemäß § 894 Abs. 1 ZPO herbeigeführt werden. Ein derartiger Ersatz findet besonders häufig bei der Abgabe einer Auflassungserklärung statt. In dieser Hinsicht wird auf die Ausführungen in § 925 Anm. 42, 51 verwiesen, die entsprechend auch für andere Rechtsänderungen gelten. In den übrigen Fällen der Einigung des § 873, bei denen die Abgabe der Einigungserklärungen beider Teile vor dem Grundbuchamt nicht erforderlich ist, gilt mit der Rechtskraft des Urteils gegen den einen Teil die Einigung ohne weiteres als vollzogen, da die Einigungserklärung des andern Teils bereits in der Klage enthalten ist. Daß der Verurteilte an die durch das Urteil ersetzte Erklärung gebunden ist und ein Widerruf nicht stattfindet, folgt aus dem Wesen eines rechtskräftigen Urteils (M 3, 197).

Anm. 74

b) Soll in diesen Fällen eine Eintragung in das Grundbuch gemacht werden, so genügt formellrechtlich zur Vornahme der Eintragung die Verurteilung des Passivbeteiligten zur Bewilligung der Eintragung im Sinne des § 19 GBO. Dabei braucht die Urteilsformel nicht notwendig die Worte „Bewilligung der Eintragung" zu enthalten. Es genügt, wenn aus dem Urteil als Ganzem im Wege der Auslegung (§ 133) zweifelsfrei zu ersehen ist, daß und hinsichtlich welcher Rechtsänderung die Verurteilung zur Eintragungsbewilligung ausgesprochen sein soll (**RG** 48, 400; KGJ 21 A 281). Das Urteil ersetzt auch die für die Eintragungsbewilligung im § 29 Abs. 1 GBO vorgeschriebene Form. Der Aktivbeteiligte kann unter Vorlegung des mit Rechtskraftzeugnis versehenen Urteils durch formlosen Antrag (§§ 13, 30 GBO) die Eintragung herbeiführen. Er muß aber selbstverständlich die auch im Falle der freiwilligen Eintragungsbewilligung sonst etwa noch zur Eintragung erforderlichen Nachweise erbringen.

Anm. 75

c) Der Grundbuchrichter hat die sachliche Richtigkeit des Urteils nicht nachzuprüfen. Ihm liegt aber trotz des Urteils ob zu prüfen, ob der zur Bewilligung der Eintragung Verurteilte berechtigt ist, über das Recht, das geändert werden soll, zu verfügen; denn das Urteil ersetzt die Abgabe der Willenserklärung (KGJ 51, 194; OLG 39, 210). Wegen der Genehmigung von Behörden und von dritten Personen s. § 925 Anm. 43f. Soll die Eintragung sich gegen einen andern als den Verurteilten richten, so muß eine gegen den andern erteilte Vollstreckungsklausel (§§ 727 bis 730 ZPO) beigebracht werden, soweit nach den Vorschriften der ZPO überhaupt ein Urteil gegen einen andern als den Schuldner wirksam und eine Zwangsvollstreckung zulässig ist (z. B. gegen einen Rechtsnachfolger, einen Nacherbrn, einen Erben im Verhältnis zum Testamentsvollstrecker nach Maßgabe der §§ 325 bis 327 ZPO). Den Fall der Abhängigkeit der Urteilsvollstreckung von einer Zug um Zug zu bewirkenden Gegenleistung (§ 726 Abs. 2 ZPO) erörtert § 925 Anm. 42 zu dd.

Anm. 76

VIII. Berechtigter

1. Der Berechtigte im Sinne des § 873 ist der **Passivbeteiligte,** also derjenige, der das Grundeigentum überträgt oder mit einem Recht belastet oder ein solches Recht überträgt oder belastet. Er ist derselbe wie der, dessen Recht im Sinne des § 19 GBO von der Eintragung der Rechtsänderung betroffen wird (KGJ 37 A 287; 43, 229; RJA 12, 162). Regelmäßig ist er der Inhaber des Rechts; ausnahmsweise der Inhaber der Verfügungsmacht, nämlich dann, wenn die Verfügungsmacht einem andern als dem Inhaber des Rechts zusteht (KGJ 37 A 286; 43, 256; JFG 1, 340). Berechtigte der letzteren Art sind z. B. Testamentsvollstrecker, Nachlaßverwalter, Konkursverwalter, welche die Verwaltung über Sondermassen kraft Amtes ausüben (KGJ 33 A 164; 40, 278; JFG 1, 340), aber auch der das Gesamtgut verwaltende Ehegatte (§ 1422 nF) und der überlebende Ehegatte (§ 1487 Abs. 1 nF) im Güterstand der Gütergemeinschaft, da sie aus eigenem Recht und in eigenem Namen über das gemeinschaftliche Vermögen zur gesamten Hand für die Gemeinschaften verfügen dürfen (KGJ 22 A 134; JFG 1, 340).

Anm. 77

2. Damit die Einigungserklärung des Berechtigten in Verbindung mit der Erklärung des andern Teils und der Eintragung die Rechtsänderung herbeiführt, **muß** der Berechtigte **befugt sein, über das Grundstück oder das Recht am Grundstück zu verfügen** (**RG** 54, 364; 106, 139; RJA 9, 274). Denn die Einigung ist eine Verfügung (RJA 9, 275; 12, 162). Hierunter versteht das BGB in den zahlreichen Vorschriften (z.B. §§ 135, 137, 161, 184, 185, 883, 892, 893, 1048, 1074, 1124, 1126, 1165, 1189, 1282, 2033 und verschiedentlich auf dem Gebiet des ehelichen Güterrechts), in denen es von einer „rechtsgeschäftlichen Verfügung" spricht, im Gegensatz zu dem eine Verpflichtung zur Verfügung begründenden (schuldrechtlichen) Rechtsgeschäft einen Vertrag oder ein einseitiges Rechtsgeschäft, wodurch unmittelbar das Eigentum oder ein Recht an einer Sache oder auch sonst ein Recht übertragen, belastet, geändert oder aufgehoben werden soll (**RG** 49, 416; RJA 2, 250; 9, 276; KGJ 23 A 136). Ein solcher Vertrag ist die Einigung des § 873, wie überhaupt der dingliche Vertrag, auch bei beweglichen Sachen (Anm. 31 f), während z. B. die Rechtsaufhebungserklärung des Berechtigten im § 875 eine einseitige rechtsgeschäftliche Verfügung ist (RJA 9, 275). Allerdings muß zur Vollendung der Rechtsänderung noch ein anderer Tatumstand (bei beweglichen Sachen die Übergabe), hinzutreten. Dieser Tatumstand ist aber nicht rechtsgeschäftlicher Natur und kann daher nicht zu den Begriffsmerkmalen der rechtsgeschäftlichen Verfügung gehören. Wenn diese auch ohne Hinzutritt der Eintragung (der Übergabe) den verfolgten Zweck nicht erreicht, so bleibt sie deshalb doch immer eine Verfügung, die nicht wirkungslos ist. Im Sinne des § 873 ist daher bereits die Einigungserklärung des Berechtigten in Verbindung mit der des andern Teils eine Verfügung; eine solche liegt nicht etwa erst dann vor, wenn auf Grund der Einigung die Rechtsänderung eingetragen worden ist (JFG 2, 412).

Anm. 78

3. Das ist wichtig für den Fall, daß ein **Nichtberechtigter** die verfügende Einigungserklärung abgibt. Diese Erklärung kann gemäß § 185 Abs. 2 durch die Genehmigung des Berechtigten schon vor der Eintragung Wirksamkeit erlangen (**RG** 54, 362; JW 1911, 976[8]; JFG 16, 149; KGJ 21 A 150; 26 A 145). Über die Erteilung der Genehmigung des Berechtigten zur Auflassung eines Nichtberechtigten und über die erforderliche Zustimmung Dritter zur Auflassungserklärung vgl. § 925 Anm. 33, 44. Solange der Berechtigte die Genehmigung nicht erteilt hat, ist die verfügende Einigungserklärung des Nichtberechtigten und die auf Grund der Eintragung etwa erfolgte Eintragung unwirksam (**RG** 54, 365; 106, 139). Bestellt ein Nichtberechtigter (z. B. der Käufer vor der Auflassung) ein Recht am Grundstück, so wird die Einigung zwischen ihm und dem andern Teil durch den späteren Erwerb des Grundstücks (Eintragung seines Eigentums) gemäß § 185 Abs. 2 wirksam (**RG** 77, 87).

Anm. 79

4. Abgesehen hiervon müssen aber das Recht und die Verfügungsmacht des Berechtigten **bis zur Vollendung der Rechtsänderung** fortdauern; sie müssen also, wenn zur Rechtsänderung die Eintragung erforderlich ist, noch zur Zeit der Eintragung, bei der Abtretung einer Briefhypothek (§ 1154 Abs. 1) noch zur Zeit der Briefübergabe vorhanden sein (KGJ 37 A 289; 40, 278; JFG 1, 341). Dies gilt auch für solche Verfügende, denen die Verfügungsmacht kraft Amtes zusteht, ohne daß sie selbst Inhaber des Rechts sind. Wenn also z. B. nach der Eintragungsbewilligung des Konkursverwalters der Konkurs aufgehoben wird, so ist zur Vornahme der Eintragung eine neue Bewilligung des Gemeinschuldners als des nunmehr Berechtigten erforderlich (RJA 12, 158; JFG 1, 341). Daß Gleiches aber auch für verfügungsberechtigte Verwalter von ehelichem Gesamtgut zu gelten hätte, ist wenigstens dann nicht anzunehmen, wenn das Recht der anderen, von den Verfügenden zugleich vertretenen Gemeinschafter bis zur Vollendung der Rechtsänderung fortbesteht; daher ist es z. B. unschädlich, wenn ein solcher Verfügender nach der von ihm erklärten Eintragungsbewilligung stirbt (JFG 1, 338). Eine nachträgliche Beschränkung des Berechtigten in der Verfügung berührt die Wirksamkeit einer bereits bindend gewordenen und zum Grundbuchamt eingereichten Verfügungserklärung nicht mehr (§ 878). Verfügt ein Miterbe über ein zum Nachlaß gehöriges Grundstücksrecht, so kann seine Verfügungserklärung nach § 873 Abs. 2 bindend und nach § 878 dem Eingreifen einer nachträglichen Verfügungsbeschränkung entzogen sein, obwohl die Mitwirkung der übrigen Miterben noch aussteht; die Bindung des verfügenden Miterben entfällt erst dann, wenn eine wirksame Mitwirkung der übrigen Miterben ausgeschlossen ist (JFG 13, 92).

Anm. 80

5. Der Passivbeteiligte kann auch dann Berechtigter sein, wenn er im Grundbuch als solcher **nicht eingetragen** ist. So ist z. B. Berechtigter: der nicht eingetragene Erbe (§ 1922) des als Inhaber des Rechtes noch im Grundbuch eingetragenen Erblassers; der als Hypothekengläubiger nicht eingetragene Eigentümer oder persönliche Schuldner, auf den eine Hypothek kraft Gesetzes übergegangen ist (§§ 1143, 1163, 1164, 1168 usw.; vgl. dazu **RG** 52, 258; OLG 8, 188). Ein solcher Berechtigter kann materiell wirksam verfügen, ohne sich zuvor als Berechtigter eintragen zu lassen. Denn § 873 macht die Wirksamkeit der Eintragung nicht von der Eintragung des Passivbeteiligten abhängig, sondern erfordert nur, daß der Passivbeteiligte wirklich Berechtigter ist (Prot. 3, 54; **RG** 54, 364). Die Wirkungen einer Erklärung, die der in Wirklichkeit allein Passivbeteiligte als vermeintlich nur Mitberechtigter abgibt, behandelt **RG** 125, 131. Nun soll freilich nach § 39 Abs. 1 GBO (Ausnahmefälle: §§ 39 Abs. 2, 40) eine Eintragung nur erfolgen, wenn der Passivbeteiligte als Berechtigter eingetragen ist. Dies ist jedoch nur eine Ordnungsvorschrift, deren Nichtbeachtung auf die Wirksamkeit der Eintragung oder gar der Einigung keinen Einfluß ausübt. Immerhin sind die Fälle, in denen der Passivbeteiligte ohne Eintragung Berechtigter ist, Ausnahmefälle. In der Regel kann der Passivbeteiligte nicht anders Berechtigter geworden sein als durch rechtsgeschäftlichen Erwerb nach Maßgabe des § 873; dann muß er als Inhaber des Rechts auch eingetragen sein. Daher ist in solchen Regelfällen der Passivbeteiligte vor seiner Eintragung auch dann noch Nichtberechtigter, wenn er sich schon mit dem Inhaber des Rechts über die Rechtsänderung zu seinen Gunsten geeinigt hat, wenn er z. B. von dem eingetragenen Gläubiger eine Buchhypothek übertragen erhalten soll (§§ 1154 Abs. 3, 873; **RG** 54, 365). Die aus dem Mangel der Eintragung folgende Nichtberechtigung kann aber durch die vorherige Einwilligung oder die nachträgliche Genehmigung des Berechtigten geheilt werden. Der Passivbeteiligte wird hierdurch zwar nicht Berechtigter, seine Verfügung erlangt aber nach § 185 Abs. 1, 2 in der Weise Wirksamkeit, wie wenn sie von vornherein von dem Berechtigten selbst vorgenommen worden wäre (**RG** 54, 366; SeuffArch 57 Nr. 7; KGJ 47, 158). Hat z. B. der Erwerber eines Grundstücks nach der ihm von dem Eigentümer erteilten Auflassung das Grundstück an einen weiteren Erwerber aufgelassen, so kann der Zweiterwerber ohne Eintragung des Ersterwerbers als Eigentümer eingetragen werden, sofern der Erstveräußerer zu der Auflassung an den Zweiterwerber seine Einwilligung oder Genehmigung erteilt hat (KGJ 47, 158). Sofern nicht besondere Umstände für das Gegenteil sprechen, wird die Einwilligung des Erstveräußerers ohne weiteres in der dem Ersterwerber erteilten Auflassung zu finden sein (§ 925 Anm. 33). Das Grundbuchamt hat die Verfügungsbefugnis des Passivbeteiligten zu prüfen (Vorbem. 20 und Anm. 71).

Anm. 81

6. Wird die Einigungserklärung des Passivbeteiligten gemäß § 894 ZPO **durch Urteil ersetzt** (Anm. 73), ist aber sein Recht nicht im Grundbuch eingetragen oder fehlen Urkunden zum Nachweis seines Rechts, so werden dem Aktivbeteiligten Hilfsmittel gegeben durch § 14 GBO zur Herbeiführung der Eintragung und durch §§ 792, 896 ZPO zur Beschaffung der Urkunden (z. B. eines Erbscheins). Hat der Aktivbeteiligte einen vollstreckbaren Titel gegen den Passivbeteiligten und steht diesem ein Anspruch auf Berichtigung des Grundbuchs (§ 894) gegen einen zu Unrecht als Rechtsinhaber eingetragenen Dritten zu, so kann jener sich den Anspruch überweisen lassen und dann gegen den Dritten auf Bewilligung der Eintragung des Passivbeteiligten klagen (**RG** 59, 293; 64, 165).

IX. „Anderer Teil"

Anm. 82

1. Der andere Teil, der bei der Einigung mitwirken muß, ist derjenige, zu dessen Gunsten die Rechtsänderung herbeigeführt werden soll, der **Aktivbeteiligte.** Er ist nach § 13 Abs. 2 GBO auch zum Antrag auf Eintragung der Rechtsänderung berechtigt. Da die Einigung ein (zweiseitiger) Vertrag ist, kann nicht dieselbe Person zugleich Passivbeteiligter und Aktivbeteiligter sein. Nähere Ausführungen hierzu finden sich in Anm. 42 und § 925 Anm. 41. Ist ein Vertreter für einen tatsächlich nicht vorhandenen Aktivbeteiligten aufgetreten, hat z. B. der Grundstückseigentümer mit dem vermeintlichen Vertreter einer nicht zur Entstehung gelangten Gesellschaft m. b. H. die Eintragung einer Hypothek für die Gesellschaft vereinbart, so ist die Einigung nichtig (JFG 2, 340). Dasselbe gilt, wenn der als Vertreter Aufgetretene (z. B. die Handelsvertretung eines ausländischen Staates) keine Rechtspersönlichkeit besitzt (OLG 43, 211).

Anm. 83

2. Soll eine Hypothek und zugleich ein Nießbrauch an der Hypothek (z. B. durch Zuweisung des Zinsgenußrechts) bestellt werden, so müssen materiellrechtlich der Eigentümer, der Hypothekengläubiger und der Nießbraucher bei der Einigung mitwirken (**RG** WarnRspr 1913 Nr. 260). Formellrechtlich genügt aber die Eintragungsbewilligung des Eigentümers allein, wenn gleichzeitig ein Recht am Grundstück (Hypothek, Grundschuld) und eine Beschränkung dieses Rechts (z. B. durch Nießbrauch oder Vormerkung) eingetragen werden soll (KGJ 43, 227; JFG 11, 268).

Anm. 84

3. Den Fall der Übertragung eines Miteigentumsanteils an einem Bergwerk auf eine zugleich zu begründende Gewerkschaft behandelt KGJ 30 A 180.

X. Eintragung

Anm. 85

1. Außer der Einigung ist zur Herbeiführung der Rechtsänderungen, die unter § 873 fallen, die **Eintragung der Rechtsänderung** notwendig.

a) Fehlt eines der beiden Erfordernisse, so tritt die Rechtsänderung nicht ein; insbesondere hat die Eintragung keine Wirkung, wenn ihr nicht eine Einigung vorangegangen ist oder nachfolgt (**RG** 70, 356; KGJ 21 A 21, A 157; JFG 4, 321). Die Eintragung begründet dann zwar gemäß § 891 eine Vermutung für das Bestehen des eingetragenen Rechts, die Vermutung wird aber durch den Nachweis des Fehlens der Einigung widerlegt; damit erweist sich die Eintragung als nichtig. Der durch sie Verletzte hat gegen den Aktivbeteiligten nicht etwa bloß einen persönlichen Anspruch auf Beseitigung der Eintragung, wie wenn diese an sich zu Recht bestände, sondern den dinglichen Anspruch auf Berichtigung des Grundbuchs gemäß § 894, soweit nicht ein inzwischen erfolgter Rechtserwerb eines Dritten im Vertrauen auf den öffentlichen Glauben des Grundbuchs (§ 892) entgegensteht (**RG** 70, 356). Anderseits verbleibt dem Passivbeteiligten auch nach der Einigung noch die Verfügungsbefugnis, solange die Eintragung nicht bewirkt ist (Anm. 105).

Anm. 86

b) Ist die **Einigung** wegen Fehlens der erforderlichen behördlichen Genehmigung (vgl. die Übersicht in § 433 Anm. 71) **unwirksam** und wird die trotzdem vorgenommene **Eintragung** im Wege der Grundbuchberichtigung **wieder beseitigt**, so hat die späterhin erteilte behördliche Genehmigung zwar zur Folge, daß die (noch nicht zurückgeforderte und zurückerlangte) Einigung rückwirkend rechtswirksam wird; zum Rechtsübergang ist aber eine neue Eintragung erforderlich, da bis dahin niemals eine wirksame Einigung und eine wirksame Eintragung zeitlich zusammengetroffen sind (**RG** 131, 97).

Anm. 87

c) Findet die **Einigung erst nach der Eintragung** statt (Anm. 65), so ist die Rechtsänderung erst mit diesem Zeitpunkt wirksam vollzogen (**RG** 139, 129). Wenn jedoch durch die Eintragung das Grundstück zugunsten des Aktivbeteiligten mit einem Recht belastet worden ist, gilt nach § 879 Abs. 2 hinsichtlich des Ranges dieses Rechts insofern eine Ausnahme, als für das Rangverhältnis die Eintragung auch dann maßgebend ist, wenn die Einigung erst nach der Eintragung zustande gekommen ist.

Anm. 88

d) Die Eintragung muß mit der Einigung **in innerem Zusammenhang** stehen. Beide müssen dieselbe Rechtsänderung zum Gegenstand haben. Denn § 873 erfordert zur Vollziehung der Rechtsänderung Einigung über den Eintritt der Rechtsänderung und Eintragung gerade dieser Rechtsänderung. Einigung und Eintragung müssen sich also im Inhalt der Rechtsänderung decken (**RG** 139, 130; KGJ 51, 190; JW 1925, 2617[4]; **RG** JR 1926 Nr. 804; **BGH** LM Nr. 1 zu § 873). Wenn somit zur Zeit der Einigung über eine Rechtsänderung zwar eine Eintragung gleichen Inhalts bereits vorhanden, aber aus anderer rechtlicher Veranlassung gemacht worden ist, so ist zu der Rechtsänderung eine neue Eintragung erforderlich; durch die Einigung ohne neue Eintragung ist die Rechtsänderung nicht vollzogen (KGJ 51, 190; OLG 45, 186; vgl. wegen der Auflassung **BGH** LM Nr. 1 zu § 873 und das Beispiel in § 925 Anm. 18). Das gilt namentlich dann, wenn ein im Grundbuch eingetragenes Recht erloschen ist, ohne daß es gelöscht worden ist; die noch vorhandene Eintragung kann also nicht zur Begründung eines neuen dinglichen Rechts verwendet werden; dazu bedarf es vielmehr außer der Einigung einer neuen Eintragung im Grundbuch (**RG** SeuffArch 91 Nr. 56).

Anm. 89

e) Stimmt die Eintragung nicht mit dem Inhalt der Einigung überein, so ist das eingetragene Recht nicht entstanden; das Grundbuch ist unrichtig (**RG** 108, 149; KGJ 53, 174), sofern nicht der Eintragung eine Einigung folgt oder dem Verhalten der Beteiligten zu entnehmen ist, daß das vermerkte Recht so, wie es eingetragen steht, Bestand haben soll (**RG** 108, 148), oder im Sinne einer Umgestaltung nach den §§ 139, 140 anzunehmen ist, die Beteiligten würden bei Kenntnis der Nichtigkeit das Recht ohne den nicht eingetragenen Teil (z. B. bei einer Hypothek ohne die vereinbarte, aber nicht eingetragene Kündigungsbestimmung: § 1115 Anm.) haben begründen wollen (**RG** 108, 149; KGJ 42, 260; 53, 175; § 874 Anm. 5).

Anm. 90

f) Ist jedoch — abgesehen von den Fällen der Übertragung des Eigentums (§ 925 Abs. 2) und des Erbbaurechts (VO v. 15. 1. 1919 § 11) — eine dem dinglichen Recht gesetzte **Bedingung oder Befristung nicht eingetragen** oder wegen unzulässiger Bezugnahme auf die Eintragungsbewilligung als nicht eingetragen anzusehen (§ 874

Anm. 5), so ist das Recht trotzdem als bedingtes oder befristetes entstanden, da nur insoweit die erforderliche Einigung vorliegt und die Eintragung weitergehend ein unbeschränktes Recht enthält; die Nichteintragung der Bedingung oder Befristung hat nur die Folge, daß diese Beschränkung nach §§ 892 ff gegenüber gutgläubigen Dritten ohne Wirkung ist (str.; **RG** 106, 113). Ebenso ist die Rechtslage zu beurteilen, wenn bei der Einigung über die Bestellung einer verzinslichen Grundschuld ausgemacht war, das Zinsrecht solle für bestimmte Zeit nicht dem Grundschuldgläubiger, sondern einem Dritten zustehen, und wenn diese Abrede nicht in das Grundbuch aufgenommen worden ist. In diesem Falle hat zwar der Dritte kein dingliches Recht auf die Zinsen erlangt; der Grundschuldgläubiger hat aber nur eine Grundschuld ohne Zinsbezugsrecht erworben (**RG** WarnRspr 1938 Nr. 47). Ist die Eintragung einer Verkehrshypothek bewilligt, versehentlich aber nur eine Sicherungshypothek (§ 1184) eingetragen worden, so ist die Sicherungshypothek als das mindere Recht (§ 1185) gegenüber dem gewollten Vollrecht der gewöhnlichen Verkehrshypothek (§§ 1113, 1138, 1141, 1156) wirksam begründet, denn die Beteiligten waren für alle Fälle über den jeder Hypothek eigenen Inhalt nach § 1113 Abs. 1 einig (**RG** 123, 169).

Anm. 91

g) Ist bei der Auflassung das Grundstück irrig bezeichnet worden und stimmt daher die daraufhin erfolgte Eintragung des Eigentumsübergangs mit dem wirklichen Willen aller Beteiligten nicht überein (sind z. B. bei der Auflassung von zwei Parzellen eines Grundstücks an A und B die Parzellennummern verwechselt und daraufhin A als Eigentümer der für B bestimmten und B als Eigentümer der für A bestimmten Parzelle eingetragen worden), so ist die Auflassung nicht nichtig (§ 925 Anm. 30 zu cc), wohl aber die Eintragung; wird die unrichtige Bezeichnung durch übereinstimmende Erklärungen der Beteiligten oder durch Urteil festgestellt, so kann die Eintragung im Wege der Berichtigung des Grundbuchs (§ 22 GBO) beseitigt und die Eintragung des Erwerbers auf dem richtigen Grundstück vorgenommen werden (**RG** 60, 340; OLG 40, 260). Jedoch soll nach § 39 (§ 40) Abs. 1 GBO vor der Berichtigung auf den Erwerber zunächst noch einmal der Veräußerer als Eigentümer eingetragen werden (**RG** 133, 279).

Anm. 92

2. **Voraussetzungen der Eintragung.** Über die Voraussetzungen, unter denen eine Eintragung vom Grundbuchamt vorgenommen werden darf, trifft nicht das BGB, sondern die **GBO** Bestimmungen, die aber nur als **Ordnungsvorschriften** gelten.

Anm. 93

a) Insbesondere kommen in Betracht: § 19 (Eintragungsbewilligung des Passivbeteiligten) nebst der Ausnahme für die Auflassung im § 20 und den Abweichungen in den §§ 21—27; § 13 (Antrag des Passivbeteiligten oder des Aktivbeteiligten auf Eintragung); § 39 Abs. 1 (vorherige Eintragung des Passivbeteiligten, bei buchungsfreien Grundstücken zunächst Anlegung eines Grundbuchblattes oder Zuschreibung auf ein anderes **RG** 164, 385) nebst den Ausnahmen in §§ 39 Abs. 2, 40; § 29 (Form der Eintragungsbewilligung und der sonstigen Voraussetzungen für die Eintragungen).

Anm. 94

b) Reicht ein **Notar,** der nach § 15 GBO als bevollmächtigt gilt, dem Grundbuchamt Eintragungsurkunden ein, in denen von den Beteiligten Anträge auf Eintragung von Rechtsänderungen gestellt sind, so darf er in seinem an das Grundbuchamt gerichteten Eintragungsantrag von den Anträgen der Beteiligten nicht abweichen (KGJ 22 A 296; 25 A 301), auch nicht in der Weise, daß er seinerseits von den mehreren in derselben Urkunde enthaltenen, miteinander zusammenhängenden Eintragungsanträgen der Beteiligten nur den einen oder den andern stellt (**RG** WarnRspr 1916 Nr. 179). Das Grundbuchamt hat auch im letzteren Falle den Antrag des Notars abzulehnen, es sei denn, daß die besondere Sachlage die Annahme rechtfertigt, daß auch nach dem Willen der Beteiligten vorderhand nur die Eintragung der einen Rechtsänderung herbeigeführt werden sollte (**RG** WarnRspr 1916 Nr. 279).

Anm. 95

c) Die Einrichtung der Grundbücher und damit auch die Stelle, an der die einzelnen Eintragungen ihren Platz erhalten, ist durch § 1 Abs. 3 GBO der Bestimmung des Bundes(Reichs)ministers der Justiz überlassen. Die Vorschriften darüber, welche Eintragungen in die einzelnen Abteilungen gehören, sind aber nur Ordnungsvorschriften. Ein Verstoß dagegen macht die Eintragung nicht unwirksam (**RG** 54, 148; 55, 343; 94, 7; JW 1907, 291[53]); das gilt selbst dann, wenn zugleich das Recht vom Grundbuchrichter unrichtig bezeichnet ist, sofern nur der Inhalt des Rechts aus dem Eintragungsvermerk erkennbar ist (z. B. wenn ein Recht, das nach der Eintragungsbewilligung und dem Eintragungsvermerk alle Kennzeichen einer Hypothek trägt, in die zweite statt in die dritte Abteilung des Grundbuchs eingetragen ist: **RG** 94, 8). In solchen Fällen kann die Eintragung dadurch richtiggestellt werden, daß das Recht mit seinem bisherigen Rang in die richtige Abteilung und mit der richtigen Bezeichnung eingetragen wird (**RG** 94, 9).

3. Inhalt der Eintragung

Anm. 96

a) Der Inhalt der bewirkten Eintragung, des Eintragungsvermerks, muß, um die Rechtsänderung materiell wirksam zu vollziehen, so **vollständig und bestimmt** sein, daß die Rechtsänderung für jedermann zweifelsfrei erkennbar ist (OLG 23 S. 231, 345; auch **RG** 113, 230). Ist die Eintragung in einem wesentlichen Punkt so unklar, daß nicht ersehen werden kann, was eigentlich eingetragen ist, so kann sie sogar ihrem Inhalt nach unzulässig im Sinne des § 53 (§ 54) Abs. 1 Satz 2 GBO sein (**RG** 113, 231). Anderseits aber unterliegt auch die Eintragung der Auslegung gemäß § 133 BGB (Anm. 45). Handelt es sich um die Eintragung der Übertragung eines eingetragenen Rechts am Grundstück (z. B. einer Hypothek), so wird dem Erfordernis der Klarheit und Bestimmtheit nicht genügt durch Hinzufügung eines einfachen „Übertragungs"-vermerks auf den neuen Erwerber; vielmehr ist der bestimmte sachlichrechtliche Übertragungsvorgang (Abtretung, richterliche Überweisung, Gesetz) anzugeben (KGJ 40 A 270; anders bei der Löschung: JW 1934, 1056[2]). Im Falle der Belastung des Grundstücks oder eines Rechts an diesem muß rechtsgrundsätzlich der gesamte Inhalt und Umfang der Belastung im Grundbuch zum Ausdruck gebracht werden. Enthält aber die vereinbarte Belastung nichts weiteres als die im BGB getroffene Regelung, so genügt die einfache Benennung des Rechts nach dem Gesetz (z.B. Nießbrauch, Vorkaufsrecht: KGJ 26 A 274). Zur Entlastung des Grundbuchs ist ferner im § 874 für die Belastung des Grundstücks im allgemeinen, im § 1115 für die Belastung mit einer Hypothek und im § 885 Abs. 2 für die Eintragung einer Vormerkung nachgelassen, daß die Eintragung in gewissem Umfang durch Bezugnahme auf die Eintragungsbewilligung oder die einstweilige Verfügung bewirkt wird. Anderseits hat natürlich das Grundbuchamt die in den §§ 44, 47—50 GBO für den Inhalt der Eintragungsvermerke gegebenen Ordnungsvorschriften auch insoweit zu beachten, als sie über die materiellrechtlich zu stellenden Erfordernisse hinausgehen (**RG** 94, 7). Wenn für eine Forderung, für die bereits eine Hypothek an einem Grundstück besteht, noch eine Hypothek an einem zweiten Grundstück bestellt werden, also eine Gesamthypothek entstehen soll, so richtet sich die Art der Eintragung danach, ob das zweite Grundstück ein eigenes Grundbuchblatt hat oder mit dem ersten als selbständiges Grundstück auf einem gemeinschaftlichen Grundbuchblatt verzeichnet ist (§ 1132 Anm.).

Anm. 97

b) Wer als **Berechtigter** eingetragen werden kann und in welcher Weise der Berechtigte bei der Eintragung zu bezeichnen ist, folgt aus den Ausführungen, die in § 1115 Anm. für den Hypothekengläubiger gemacht sind. Da die Rechtsfähigkeit des Menschen mit dem Tode endigt, kann ein Verstorbener als Berechtigter nicht eingetragen werden. Das gilt auch dann, wenn der Tod erst nach Einreichung der Eintragungsbewilligung und Stellung des Eintragungsantrags beim Grundbuchamt eingetreten ist. Das Grundbuchamt hat also eine solche Eintragung grundsätzlich abzulehnen (JFG 10, 212). Wenn es aber in Unkenntnis des Todes die Eintragung des Verstorbenen bewirkt hat, so ist die Eintragung nicht unwirksam. Vielmehr gilt dann das eingetragene Recht für den Erben des Verstorbenen, da er in die Rechtsstellung des Verstorbenen, die sich aus der eingegangenen Eintragungsbewilligung und dem Eintragungsantrag ergab, eingetreten ist und der Vermerk des Verstorbenen in Wahrheit den Erben, nur unter einer nicht zutreffenden Bezeichnung, begreift (str.; **RG** JW 1926, 1955[8]; ähnlich für den Fall einer Gesellschaftsauflösung vor Eintragung einer Hypothek für die Gesellschaft HRR 1936 Nr. 1276). Die Eintragung des verstorbenen Erstehers in der Zwangsversteigerung ist zugelassen in JW 1933, 705[5].

Anm. 98

c) Eine **Änderung** der von den Grundbuchbeamten abschließend vollzogenen und den Beteiligten bekannt gegebenen Eintragung ist unzulässig (**RG** 57, 284; **RG** 21. 2. 1931 V 72/30; noch enger JW 1932, 1228[3]). Hat das Grundbuchamt die Eintragung unter Verletzung gesetzlicher Vorschriften vorgenommen und ist dadurch das Grundbuch unrichtig geworden, so ist nach § 53 (§ 54) Abs. 1 Satz 1 GBO von Amts wegen ein Widerspruch einzutragen. Diese Regelung schließt aber nicht aus, daß das Grundbuchamt zur Berichtigung einer unrichtigen Eintragung auch eine Ergänzung eines Eintragungsvermerks auf Grund eines nachträglichen Rechtsakts vornehmen darf. Indessen hat es eine solche Ergänzung abzulehnen, wenn der mangelhafte Eintragungsvermerk wegen Fehlens einer wesentlichen Angabe inhaltlich unzulässig ist, da dann nach § 53 (54) Abs. 1 Satz 2 GBO die Eintragung von Amts wegen zu löschen ist (KGJ 44, 182; 46, 204). Hat das Grundbuchamt aber die Ergänzung trotzdem vorgenommen und ergibt sich nunmehr aus dem Zusammenhalt beider Eintragungen eine inhaltlich zulässige Rechtseintragung, so ist die Eintragung der Rechtsänderung als wirksam zu erachten (KGJ 46, 205), wenn nicht der einheitlichen Lesung der beiden Vermerke der Mangel des örtlichen Zusammenhangs entgegensteht (JFG 9, 194).

Anm. 99

d) Die **Unzulässigkeit** der Eintragung von Rechten, die nicht in den geschlossenen Kreis der eintragungsfähigen Rechte fallen, ist bereits in Vorbem. 6 behandelt.

XI. Grundbuch

Anm. 100

Bezüglich des Grundbuchs vgl. Vorbem. 4 „Einrichtung der Grundbücher". Das **Grundbuchblatt,** das nach § 3 GBO für das Grundstück als das Grundbuch im Sinne des BGB anzusehen ist, ist das Grundbuchblatt über dasjenige Grundstück, das von der Rechtsänderung betroffen wird. Dies ist besonders bedeutsam für subjektiv-dingliche Rechte, d. h. für Rechte zugunsten des jeweiligen Eigentümers eines Grundstücks (§§ 1018, 1094, 1105: Grunddienstbarkeit, Vorkaufsrecht, Reallast), aber auch für alle sonstigen Rechte, die mit dem Eigentum an einem Grundstück verbunden sind und nach § 96 als Bestandteile des Grundstücks gelten (§ 96 Anm.). Sind solche Rechte zugleich objektiv-dingliche Rechte an einem Grundstück, d. h. belasten sie ein anderes Grundstück (wie z. B. die Rechte der §§ 1018, 1094, 1105), so ist für die Frage ihres Bestehens und für ihren Inhalt das Grundbuchblatt über dieses Grundstück maßgebend (**RG** 104, 319). Zwar sind nach § 9 GBO solche Rechte auf Antrag auch auf dem Blatt über das berechtigte Grundstück zu vermerken, und die Vermerke sind von Amts wegen zu berichtigen, wenn die Rechte geändert oder aufgehoben werden. Jedoch haben die Vermerke nur nachrichtliche Bedeutung; sie stehen nicht unter dem öffentlichen Glauben des Grundbuchs; bei Verschiedenheit ihres Inhalts von dem der Eintragung auf dem belasteten Grundstück ist diese Eintragung entscheidend (**RG** 19. 11. 28 VI 50/28). Daher muß die zu ihrer Begründung oder zur Änderung ihres Inhalts erforderliche Eintragung auf dem Blatt über das zu belastende Grundstück erfolgen, während es für den Eintritt der Rechtsänderung einflußlos ist, wenn die Begründung oder die Inhaltsänderung auf dem Blatt über das herrschende Grundstück nicht vermerkt wird.

XII. Abweichende Vorschriften

Anm. 101

1. Etwas **anderes** als im § 873 Abs. 1 wird bei rechtsgeschäftlichen (Anm. 1) Rechtsänderungen, die an sich unter § 873 fallen, **vom Gesetz vorgeschrieben** für das Erfordernis der **Einigung**: bei der Bestellung einer Hypothek für eine Schuldverschreibung auf den Inhaber (§ 1188), einer Grundschuld auf den Inhaber (§§ 1192, 1195), einer Grundschuld für den Eigentümer (§ 1196). In diesen Fällen genügt auch materiell-rechtlich die einseitige Erklärung des Eigentümers, also des Passivbeteiligten, gegenüber dem Grundbuchamt, daß er die Hypothek, die Grundschuld bestelle oder daß die Grundschuld für ihn eingetragen werden solle.

Anm. 102

2. Ferner bestimmt das Gesetz Abweichendes für das Erfordernis der **Eintragung**: bei der Übertragung einer Briefhypothek und einer Briefgrundschuld (§§ 1154 Abs. 1, 1192; **RG** 69, 279), bei der Belastung dieser Rechte mit einem Nießbrauch (§ 1069) oder mit einem Pfandrecht (§§ 1274, 1291), bei der Übertragung und Belastung einer Hypothek für die Forderung aus einer Schuldverschreibung auf den Inhaber oder aus einem begebbaren Papier und einer Grundschuld für den Inhaber des Briefes (§§ 793, 1069, § 1187 Satz 3, §§ 1195, 1274, WechsG Art. 11 ff, HGB §§ 363—365). Zum Eintritt dieser Rechtsänderungen bedarf es der Eintragung nicht. Hier ist auch zu erwähnen der Fall, daß ein subjektiv- und objektiv-dingliches Recht (§§ 1018, 1094, 1105) bei einem rechtsgeschäftlichen Erwerb des Eigentums am herrschenden Grundstück nach § 96 als Bestandteil dieses Grundstücks auf den Erwerber mit übergeht. Eine Eintragung auf dem Grundbuchblatt des belasteten Grundstücks, die erforderlich wäre, wenn das Recht geändert oder aufgehoben würde (Anm. 100), findet in diesem Falle nicht statt, da von vornherein der jeweilige Eigentümer des herrschenden Grundstücks als der Berechtigte gilt, insoweit also eine Rechtänderung nicht erfolgt (**RG** 104, 319). Ferner ist die Eintragung nicht erforderlich für die besonderen bergrechtlichen Gebrauchs- und Nutzungsrechte (z. B. Schürf- und Bohrrechte), die nach § 8 PrAllgBergG im Wege des Zwangsverfahrens erworben werden können und nach Art. 22 Nr. 2 PrAllgBergG zur Erhaltung ihrer Wirksamkeit gegenüber dem öffentlichen Glauben des Grundbuchs der Eintragung nicht bedürfen, und zwar auch dann nicht, wenn sie im Einzelfall gemäß § 5 AllgBergG durch freiwillige Gestattung des Grundeigentümers erworben sind (**RG** 97, 38).

XIII. Bindung an die Einigung

Anm. 103

1. Die Beteiligten sind an die Einigung gebunden, wenn die Eintragung, sei es nachher sei es vorher, bewirkt ist (Anm. 63) oder wenn die Einigung in einer der im Abs. 2 bezeichneten Formen stattgefunden hat. Der gesetzgeberische Grund für die Bestimmung des Abs. 2 ist der: Einerseits sollte nach erfolgter Eintragung ein Widerruf der Einigung als wider Treu und Glauben verstoßend ausgeschlossen, anderseits durch eine Vorschrift, die die Unwiderruflichkeit vor der Eintragung von der Beobachtung gewisser Formen abhängig machte, übereilten und leichtfertigen Verfügungen über Rechte an Grundstücken vorgebeugt werden (M 3, 175; Prot. 3, 60ff).

Anm. 104

2. Abs. 2 enthält keine Formvorschrift. Die Einigung ist also nicht etwa nach § 125 nichtig, wenn sie in keiner der Formen des Abs. 2 vollzogen ist; vielmehr führt auch die formlose Einigung zur wirksamen Rechtsänderung, sofern die Eintragung hinzutritt, und anderseits bedarf auch die von vornherein bindende Einigung des Hinzutretens der Eintragung, um die Rechtsänderung zu bewirken. In der Unwiderruflichkeit der Einigung vor erfolgter Eintragung erschöpft sich mithin die Bedeutung der Vorschrift des § 873 Abs. 2 (Anm. 63).

Anm. 105

3. Die in der Form des Abs. 2 erklärte Einigung hat aber auch **nicht die Wirkung einer Verfügungsbeschränkung.** Durch die Beobachtung der Form ist die Einigung zwar bindend geworden, aber mit keiner andern Wirkung, als sie sonst einem bindenden Vertrage zukommt (**RG** 55, 352; 113, 407). Trotz der bindenden Einigung bleibt der Passivbeteiligte Inhaber des Rechts, solange noch nicht die Eintragung bewirkt ist; er ist nach wie vor materiellrechtlich Dritten gegenüber zur anderweiten Verfügung über das Recht befugt; die Bindung gegenüber dem andern Teil, die für sich allein keine Rechtsänderung herbeiführt, hindert ihn daran nicht (**RG** 55, 342; 66, 288; 73, 53; KGJ 38 A 276; 49, 152). Daher kann er z. B.: wenn er die Bestellung einer Hypothek auf seinem Grundstück bindend mit dem Aktivbeteiligten vereinbart hat, eine Hypothek für einen andern Gläubiger eintragen lassen; eine unter bindender Einigung abgetretene Buchhypothek an einen andern übertragen und diese Übertragung durch Eintragung vollziehen lassen. Unter Umständen begründet eine solche Verfügung allerdings einen Schadensersatzanspruch des Aktivbeteiligten nicht nur gegen den Passivbeteiligten, sondern auch gegen den Dritten, der gegen die guten Sitten verstößt (§ 826; **RG** 62, 137; 111, 102).

Anm. 106

4. Hat der Aktivbeteiligte auf Grund der bindenden Einigung **bereits den Eintragungsantrag (§ 13 GBO) gestellt,** so darf nach formellem Grundbuchrecht das Grundbuchamt einem auf Grund anderweiter Verfügung des Passivbeteiligten über das Recht gestellten Eintragungsantrag nicht mehr stattgeben. Nach § 17 GBO hat es vielmehr zunächst den ersten Antrag zu erledigen, und dann ist kraft der bewirkten Eintragung der Passivbeteiligte nicht mehr Berechtigter. Gibt aber das Grundbuchamt versehentlich doch dem zweiten Antrag statt, so ist damit materiellrechtlich die Rechtsänderung gemäß diesem Antrag wirksam vollzogen, und zwar gleichviel, ob der zweite Aktivbeteiligte in gutem Glauben war oder nicht, da nach dem maßgebenden Grundbuch der Passivbeteiligte zur Zeit der Eintragung noch Berechtigter war (**RG** 73, 53). Hat der Passivbeteiligte selbst den ersten Antrag gestellt (§ 13 GBO), so kann er ihn in der Form der §§ 31, 29 Satz 1 GBO zurücknehmen; dann steht auch formellrechtlich nichts entgegen, die Eintragung gemäß dem zweiten Antrag vorzunehmen. Auf die Wirksamkeit der bindenden Einigung hat aber die einseitige Zurücknahme des Eintragungsantrags keinen Einfluß (**RG** WarnRspr 1911 Nr. 83; JFG 2, 339). Vgl. ferner § 925 Anm. 19ff: über den nach der Auflassung, aber vor der Eintragung des Eigentumsübergangs gestellten Antrag auf Eintragung einer Belastung; über die regelmäßig in der Auflassung liegende unwiderrufliche Einwilligung des Auflassenden in die Verfügung des Auflassungsempfängers, der schon vor seiner Eintragung das Grundstück weiter an einen Dritten aufläßt; über die Rückforderung der Auflassungserklärung vor der Eintragung wegen Nichtigkeit des Grundrechtsgeschäfts (dasselbe gilt entsprechend auch für die Rückforderung anderer nach § 873 Abs. 2 bindend gewordener Einigungserklärungen). Ist auf Grund eines Grundstückskaufvertrags die Auflassung des Grundstücks erteilt, die Eigentumsänderung aber noch nicht eingetragen, so bedarf ein Vertrag, durch den der Kaufvertrag rückgängig gemacht wird, keiner Form, insbesondere nicht der Form des § 313, da er nicht die Verpflichtung zur Übertragung des Eigentums zum Inhalt hat und die durch die Auflassung eingetretene Bindung der Beteiligten mangels einer Formvorschrift auch durch formlose Vereinbarung aufgehoben werden kann (**RG** WarnRspr 1926 Nr. 43).

Anm. 107

5. Ist die Übertragung des Eigentums oder eines andern übertragbaren (Anm. 11) Rechts am Grundstück durch eine bindende Einigung erklärt, so hat der noch nicht eingetragene, zum Rechtserwerb aber regelmäßig (Ausnahmen Anm. 102) der Eintragung bedürfende Aktivbeteiligte trotz der Bindung keinen Aussonderungsanspruch gemäß § 43 KO, wenn über das Vermögen des Passivbeteiligten der Konkurs eröffnet wird; ebensowenig hat er, wenn ein Dritter die Zwangsvollstreckung in das Recht betreibt, ein Widerspruchsrecht gemäß § 771 ZPO, da ihm kein die

Veräußerung hinderndes Recht im Sinne dieser Vorschrift zusteht (**RG** 81, 64; **RGSt** 62, 152). Der Tod oder der Eintritt der Geschäftsunfähigkeit eines Beteiligten nach eingetretener Bindung ist auf die Wirksamkeit der Einigungserklärungen ohne Einfluß (Anm. 38; § 925 Anm. 23).

Anm. 108

6. Streitig ist, ob durch die bindend gewordene Einigung als solche ein **klagbarer Anspruch** begründet wird. Dies ist zu verneinen. Die Einigung ist nicht darauf gerichtet, irgendwelche Verpflichtungen zu Leistungen zu begründen, sondern sie hat selbst Leistungsinhalt. Sie ist eine Verfügung, die beim Hinzutreten eines andern, nicht rechtsgeschäftlichen Tatumstandes (Eintragung in den Fällen des § 873, Übergabe bei beweglichen Sachen) die aus einem Grundrechtsgeschäft bestehende Verpflichtung zu einer Leistung erfüllt (Anm. 32, 35, 48ff, 77; **RG** Gruchot 68, 317; KGJ 46, 175). Daher kann aus der Einigung des § 873, auch wenn sie in einer der Formen des Abs. 2 geschlossen ist, weder auf Beschaffung dessen geklagt werden, was etwa zur Vollziehung der Rechtsänderung durch Eintragung noch fehlt (**RG** 115, 39), noch auf Beseitigung von Hindernissen, die der Vollziehung entgegenstehen (**RG** Gruchot 58, 1013; aus der dinglichen Einigung über die Bestellung des Pfandrechts an einer Hypothek kann nicht auf Eintragung der Verpfändung geklagt werden, da in dem dinglichen Vertrag für sich allein nicht ohne weiteres auch die schuldrechtliche Verpflichtung zur Pfandbestellung zu finden ist, z. B. dann nicht, wenn die Verpfändung für eine fremde Schuld erfolgt ist; SeuffArch 65 Nr. 15). Vielmehr kann die Grundlage für einen solchen Anspruch nur das die Verpflichtung zu der Leistung begründende Grundrechtsgeschäft bieten (**RG** 115, 39; Gruchot 58, 1013). Ist das Grundrechtsgeschäft nichtig, so ist ein solcher Anspruch ausgeschlossen (**RG** 115, 39; WarnRspr 1928 Nr. 128). Ebenso fehlt er, wenn das Grundrechtsgeschäft mit einem andern als dem aus der dinglichen Einigung Berechtigten geschlossen ist (**RG** Gruchot 58, 1015: Verpfändung einer Hypothek für die Schuld eines andern: schuldrechtlicher Vertrag über Pfandbestellung nur zwischen diesem und dem Verpfänder, nicht auch zwischen Pfandgläubiger und Verpfänder). Auch die in den Formen des § 873 Abs. 2 geschlossene Einigung kann nicht auf dem Wege über § 141 (Bestätigung) dem nichtigen Grundrechtsgeschäft Kraft verleihen und so zur Begründung eines Anspruchs aus ihm führen (OLG 45, 188; nur wird ausnahmsweise ein Vertrag über die Übertragung des Eigentums an einem Grundstück, der lediglich der Form des § 313 Satz 1 ermangelt, durch rechtswirksame Auflassung und Eintragung gemäß § 313 Satz 2 gültig). Ist jedoch das Grundrechtsgeschäft nur anfechtbar (z. B. wegen Irrtums, Betrugs), so kann in der Einigungserklärung des zur Anfechtung Berechtigten eine Bestätigung des Grundrechtsgeschäfts gemäß § 144 liegen (**RG** 56, 51; 63, 113). Ohne Bedeutung ist § 873 Abs. 2 für die Frage, ob ein auf eine Eintragung gerichteter schuldrechtlicher Vertrag rechtswirksam und für die Vertragschließenden bindend ist. So wird z. B. ein nicht in der Form des § 313, sondern nur privatschriftlich geschlossener Vertrag über die Veräußerung eines Grundstücks nicht schon dadurch für die Vertragschließenden bindend, daß er dem Grundbuchamt eingereicht wird (**RG** 85, 411). Ferner bietet die dingliche Einigung (z. B. eine Auflassung) für sich allein noch keine Rechtsgrundlage für eine Vormerkung, da diese einen schuldrechtlichen Anspruch zur Voraussetzung hat (**RG** WarnRspr 1928 Nr. 128; § 883 Anm. 12). Ebensowenig läßt sich die Rechtsstellung, die sich aus der dinglichen Einigung nach § 873 ergibt, gemäß § 398 auf einen andern übertragen (HRR 1933 Nr. 1491).

Anm. 109

7. Um eine bindende Einigung im Sinne des Abs. 2 § 873 herbeizuführen, müssen die **Einigungserklärungen beider Teile** in einer der Formen des Abs. 2 abgegeben sein. Hat zwar der Passivbeteiligte eine Erklärung formgerecht abgegeben, der Aktivbeteiligte sie aber nicht formgerecht angenommen, so kann jener seine Erklärung vor erfolgter Eintragung ebenso wie eine formlos abgegebene widerrufen. Insofern gilt also Abweichendes von den in den §§ 145 ff für den Vertragsantrag und seine Annahme gegebenen Vorschriften. Daraus ist aber nicht zu folgern, daß die zur Bindung führenden

Erklärungen stets bei gleichzeitiger Anwesenheit beider Teile abgegeben werden müssen. Dies ist nur ausnahmsweise in den Fällen der §§ 925, 1015, § 11 ErbbVO, § 4 WEG, insbesondere für die Auflassung, vorgeschrieben. Abgesehen von diesen Ausnahmefällen kommen auch hier, soweit es sich um gerichtliche oder notarielle Beurkundung der beiderseitigen Einigungserklärungen handelt, die §§ 128, 152 zur Anwendung (**RG** JW 1901, 865). — Die Verschiedenheit der formellrechtlichen Voraussetzungen für die Eintragung und der materiellrechtlichen Erfordernisse für die Bindung nach Abs. 2 § 873 ist schon in Anm. 60ff erörtert.

Anm. 110

XIV. Gerichtliche und notarielle Beurkundung. Vgl. hierzu §§ 167 Abs. 1, 168—182 FGG sowie die Art. 141—143 EG (Vorbehalte für die Landesgesetzgebung). Ist eine Eintragungsbewilligung oder eine sonstige zu der Eintragung erforderliche Erklärung (z. B. Vollmacht) in einer fremdsprachigen öffentlichen oder öffentlich beglaubigten Urkunde enthalten, so darf der Grundbuchrichter die Eintragung von der Beibringung einer von einem beeidigten Dolmetscher gefertigten Übersetzung der Urkunde und von der Beglaubigung der Unterschrift des Übersetzers abhängig machen (JFG 7, 243).

Anm. 111

XV. Abgabe vor dem Grundbuchamt

1. Vor dem Grundbuchamt abgegeben sind die zur Bindung erforderlichen **Einigungserklärungen** beider Teile (Anm. 109) schon dann, wenn sie in mündlicher Form erfolgt sind. Der Aufnahme zu Protokoll bedarf es zu ihrer **materiellen** Wirksamkeit, insbesondere zur Herbeiführung der Bindung, nicht. Dafür spricht wesentlich die Gegenüberstellung der gerichtlich oder notariell beurkundeten und der vor dem Grundbuchamt abgegebenen Erklärungen im § 873 Abs. 2. Näheres über diese streitige Frage bringen die Ausführungen zur Auflassung in § 925 Anm. 50, die ebenso auch für die andern, unter § 873 fallenden Gegenstände der Einigung gelten (aM KGJ 51, 151 unter Berufung auf die Entstehungsgeschichte, die aber keineswegs so gestaltet ist, daß sie gegenüber dem Wortlaut des § 873 Abs. 2 maßgebend wäre, und auf **RG** 50, 83, aus dessen beiläufiger Bemerkung jedoch eine Bestätigung der Ansicht nicht entnommen werden kann).

Anm. 112

2. Formellrechtlich ist aber zur Begründung des Eintragungsantrags (§ 13 GBO) erforderlich, daß — abgesehen von der im § 20 GBO besonders geregelten Auflassung — mindestens die Eintragungsbewilligung des Passivbeteiligten (§ 19 GBO) zu Protokoll genommen wird, da nur dann die für die Eintragung nach § 29 Satz 1 GBO erforderliche Form erfüllt ist. Daß die Erklärungen gleichzeitig von beiden Teilen vor dem Grundbuchamt oder der sonstigen Stelle abgegeben werden, ist nur in den Ausnahmefällen der §§ 925, § 11 ErbbVO 4 WEG vorgeschrieben. „Grundbuchamt“ ist das Amtsgericht, in dessen Bezirk das Grundstück gelegen ist (§ 1 Abs. GBO).

Anm. 113

XVI. Einreichung beim Grundbuchamt. Daß die bei dem Grundbuchamt eingereichten Einigungserklärungen beider Teile einer Form bedürfen, um die **materiellrechtliche** Bindung zu bewirken, ist im Gesetz nicht vorgeschrieben; nur bei der letzten Bindungsform des Abs. 2 (Anm. 114) wird eine „den Vorschriften der Grundbuchordnung entsprechende“ Eintragungsbewilligung erfordert. Die „Erklärungen“ sind daher „bei dem Grundbuchamt“ eingereicht, auch wenn nur privatschriftliche Urkunden, in denen sie enthalten sind, eingereicht worden sind (str.); ein Widerruf findet dann nicht mehr statt. Die Erklärungen müssen aber von den Beteiligten oder doch mit ihrem Willen dem Grundbuchamt eingereicht sein; denn erst durch eine solche Einreichung werden die zur Bindung führenden Erklärungen vollendet. **Formellrechtlich** bedarf es zur Begründung des Eintragungsantrags (§ 13 GBO) der Eintragungsbewilligung des Passivbeteiligten (§ 19 GBO) in einer der im § 29 Satz 1 GBO vorgeschriebenen Formen. „Grundbuchamt“ ist das Amtsgericht (§ 1 Abs. 1 GBO).

Anm. 114

XVII. Eintragungsbewilligung. Eine **den Vorschriften der Grundbuchordnung entsprechende Eintragungsbewilligung** des Berechtigten, deren Aushändigung an den andern Teil die Bindung herbeiführt, ist die Eintragungsbewilligung des Passivbeteiligten im Sinne des § 19 GBO, die der Form nach die Vorschrift des § 29 Satz 1 und dem Inhalt nach die Vorschrift des § 28 GBO erfüllt (Anm. 66). Einer körperlichen Aushändigung der Eintragungsbewilligung bedarf es nicht unbedingt. Ist z. B. die Bewilligung in einem zwischen dem Bewilligenden und dem andern Teil geschlossenen notariellen Vertrag enthalten, so muß sie schon mit dem Abschluß der notariellen Verhandlung als dem andern Teil zugegangen gelten, ohne daß es erst noch der Aushändigung einer Ausfertigung der Verhandlung bedarf, die sich der andere Teil ohnedies jederzeit selbst beschaffen kann (KGJ 49, 155; str.).

§ 874

Bei der Eintragung eines Rechtes, mit dem ein Grundstück belastet wird, kann zur näheren Bezeichnung des Inhalts des Rechtes auf die Eintragungsbewilligung Bezug genommen werden, soweit nicht das Gesetz ein anderes vorschreibt.

E I 962, 969, 982, 1048, 1054 II 795; M 3 472, 483, 495, 586f; P 3 283f, 310f, 384, 437, 735, 762; 458f.

Übersicht

Anm. 1

I. Das Grundstück belastende Rechte

1. § 874 findet nach seinem klaren Wortlaut nur Anwendung auf die Eintragung eines ein Grundstück belastenden Rechtes, also auf die Eintragung eines Erbbaurechts (§ 1012, §§ 11, 14 Abs. 1 Satz 3 ErbbVO), einer Dienstbarkeit (§§ 1018, 1030, 1090), eines Vorkaufsrechts (§ 1094), einer Reallast (§ 1105). Zulässig ist eine Bezugnahme auf die Eintragungsbewilligung auch bei Rangänderungen (§ 880 Anm. 28; **RG** JW 33, 605; KGJ 48, 180). Für die Eintragung einer Hypothek, Grundschuld, Rentenschuld oder eines Dauerwohnrechts (§ 32 WEG) bestehen besondere Vorschriften (Anm. 14).

Anm. 2

2. Die **Eintragung des Eigentumsübergangs,** wodurch das Grundstück nicht „belastet" wird, fällt nicht unter § 874 (**RG** SeuffArch 91 Nr. 104). Aber auch nicht die **Eintragung eines Rechtes an einem Grundstücksrecht,** also der Belastung einer Belastung; denn dadurch wird nicht das „Grundstück" belastet. Daß dies der Wille des Gesetzes ist, erhellt auch daraus, daß im § 874 nicht, wie im vorangehenden § 873, neben der Belastung des Grundstücks auch die Belastung der Belastung genannt wird und daß im nachfolgenden § 877 die Anwendung des § 874 nur auf die „Änderung des Inhalts" einer Grundstücksbelastung vorgeschrieben ist. Daher können die als zulässige Belastungen von Grundstücksbelastungen in Betracht kommenden (§ 873 Anm. 26) Nießbrauchsrechte und Pfandrechte an Reallasten, Hypotheken, Grundschulden nicht durch die Bezugnahme auf die Eintragungsbewilligung zur materiell wirksamen Eintragung gebracht werden (str.; anders KGJ 33, 262; 48, 181; OLG 14, 64 und die hM, die § 874 entsprechend anwenden will). Auch Vormerkungen gehören nicht hierher, da sie keine das Grundstück belastenden „Rechte" sind (§ 883 Anm. 37). Für sie trifft § 885 Abs. 2 beondere Bestimmung.

Anm. 3

3. Ferner findet § 874 auf **Verfügungsbeschränkungen** keine Anwendung, auch soweit sie sich nicht auf Grundstücksbelastungen, sondern auf das Grundstück selbst beziehen. Denn sie gewähren kein Recht „am" Grundstück, und dieses wird nicht „mit" ihnen belastet; vielmehr schränken sie nur das Eigentumsrecht ein (str.; **RG** 78, 159; KGJ 45, 255; Güthe-Triebel § 49 Anm. 4, Anm. 8). Jedenfalls muß bei Verfügungsbeschränkungen (Veräußerungsverboten) zugunsten einer bestimmten Person die begünstigte Person im Eintragungsvermerk selbst genannt werden (**RG** JW 1900, 572[21]; KGJ 45, 254; Anm. 8). Eine Ausnahme hiervon macht kraft besonderer gesetzlicher Bestimmungen die Eintragung der (nach §§ 20, 23 ZVG als Veräußerungsverbot zugunsten des betreibenden Gläubigers wirkenden) Anordnung der Zwangsversteigerung oder Zwangsverwaltung und der Grundbuchvermerk über die Eröffnung des Konkursverfahrens (**RG** JW 1900, 572[21]; KGJ 45, 256).

Anm. 4

II. Zulässigkeit der Bezugnahme

1. Im **Ermessen des Grundbuchamts** steht es, ob und inwieweit es von dieser Befugnis Gebrauch machen, was es in dem Vermerk selbst aufnehmen und was es durch Bezugnahme mittelbar zur Eintragung bringen will; an Anträge der Beteiligten ist es in dieser Hinsicht nicht gebunden (**RG** 50, 153; KGJ 24 A 127; 32 A 252; RJA 4, 42; OLG 4, 198). Da aber die Vorschrift den Zweck hat, die Überlastung und Unübersichtlichkeit des Grundbuchs zu verhüten, wird von dem Eintragungsvermerk alles fernzuhalten sein, was durch Bezugnahme als eingetragen gelten kann (**RG** 50, 153; 54, 88; JFG 2, 308).

Anm. 5

2. Anderseits ist, da die Vorschrift des § 874 eine materiellrechtliche ist, die **Eintragung unwirksam** und das eingetragene Recht nicht zur Entstehung gelangt, wenn die Grenze der zugelassenen Bezugnahme überschritten ist und der Eintragungsvermerk nicht das enthält, was in ihn selbst (Anm. 6) aufgenommen werden muß (**RG** 108, 149; KGJ 49, 170; OLG 39, 245). In solchen Fällen kann das eingetragene Recht nur dann Bestand haben, wenn der Eintragung eine Einigung dahin folgt oder sonst aus dem Verhalten der Beteiligten zu entnehmen ist, daß das vermerkte Recht so, wie es bei Nichtberücksichtigung der Bezugnahme eingetragen steht, Bestand haben soll (**RG** 108, 148), oder wenn im Sinne des § 140 (Umgestaltung) anzunehmen ist, die Beteiligten würden bei Kenntnis der Nichtigkeit das Recht auch ohne den zufolge der unzulässigen Bezugnahme als nicht eingetragen geltenden Teil des Rechtsinhalts haben begründen wollen (**RG** 108, 149; 119, 214; § 873 Anm. 89). Der Sonderfall, daß wegen einer dem dinglichen Recht gesetzten Bedingung oder Befristung unzulässigerweise (Anm. 8) auf die Eintragungsbewilligung Bezug genommen ist, wurde bereits in § 873 Anm. 90 näher behandelt. Ist im Eintragungsvermerk nicht einmal die allgemeine Natur des Rechts angegeben und läßt sich aus dem Vermerk selbst das Fehlen dieser Kennzeichnung ohne weiteres ersehen, so ist die Eintragung ihrem Inhalt nach unzulässig (§ 873 Anm. 96) und deshalb nach § 53 (§ 54) Abs. 1 Satz 2 GBO von Amts wegen zu löschen (so z. B. wenn es sich um eine Reallast handeln soll, die Bezeichnung Reallast aber fehlt und der Eintragungsvermerk sich derart über die Verpflichtung verhält, daß die Möglichkeit einer nur einmaligen Leistung offen bleibt: OLG 39, 245).

Anm. 6

III. Nähere Bezeichnung. Nur zur näheren Bezeichnung des Rechtsinhalts kann Bezug genommen werden. Daraus folgt, daß das Recht und sein Inhalt in dem Eintragungsvermerk dargestellt werden müssen, soweit das zur Kennzeichnung des Rechts nach seiner allgemeinen rechtlichen Natur und seiner besonderen Art erforderlich ist (**RG** 89, 159; KGJ 23 A 134; 49, 169; OLG 39, 244). Bei Rechten, die im BGB erschöpfend geregelt sind, genügt die Benennung nach dem Gesetz (z. B. Nießbrauch, Vorkaufsrecht: KGJ 26 A 273). Ist vom Gesetz Abweichendes vereinbart, so kann hierauf „zur näheren Bezeichnung des Inhalts" Bezug genommen werden. Bei andern Belastungen, abgesehen von den hypothekarischen (Anm. 14), stellt der gesetzliche Name für sich allein noch nicht den Inhalt dar (z. B. Grunddienstbarkeit, beschränkte persönliche Dienstbarkeit, Reallast). Hier muß im Eintragungsvermerk selbst der Inhalt enger umgrenzt und genauer beschrieben werden (z. B. Wegerecht, Wohnungsrecht, Umfang der Belastung bei der Reallast); nur im übrigen ist eine Bezugnahme gestattet (KGJ 51, 272; JW 1936, 3477[63]; OLG Hamm DNotZ 54, 207). Nach § 49 GBO bedarf es aber bei der Eintragung eines Leibgedinges, Altenteils, Auszugs nicht der Bezeichnung der einzelnen Rechte. Gleiches bestimmt § 118 GBO für die in den Artt. 63, 68 EG bezeichneten Rechte (Erbpachtrecht, Abbaurecht usw.).

Anm. 7

IV. Inhalt des Rechtes

1. Nur wegen des Inhalts des Rechtes, d. h. der Gesamtheit der aus der Rechtsbegründung sich ergebenden Befugnisse des Berechtigten (KGJ 49, 189; 50, 185), ist die Bezugnahme gestattet. Daher bedürfen der **Aufnahme in den Eintragungsvermerk selbst** z. B.: die Bezeichnung des Berechtigten (**RG** 89, 159; JW 1900, 572[21]; KGJ 23 A 134; 45, 246), bei der aber Ungenauigkeiten sich im Wege der Auslegung beseitigen lassen (JW 1935, 144[10]; § 873 Anm. 45; § 1115 Anm.); eine Bedingung oder Befristung, von welcher der Bestand des Rechtes selbst abhängig gemacht ist (str.; KGJ 48, 182; 49, 189; 50, 188; JFG 13, 75; auch **RG** 106, 113; dagegen **RG** 108, 356, wo ohne Begründung bei der Eintragung eines Vorkaufsrechts die Bezugnahme auf die Eintragungsbewilligung wegen einer das Vorkaufsrecht zeitlich begrenzenden Bestimmung für zulässig erklärt ist); Bestimmungen über das Rangverhältnis (§ 879 Abs. 3; **RG** 3. 3. 1908 II 491/07); der Rangvorbehalt (§ 881; dort Anm. 25); der Höchstersatz für den Fall der Zwangsversteigerung nach § 882. Hält man entgegen der hier (Anm. 3) vertretenen Ansicht den § 874 für anwendbar auf sog. relative Veräußerungsverbote im Sinne des § 135, die sich als Verfügungsbeschränkungen darstellen (§ 878 Anm. 11 ff), so müssen bei ihrer Eintragung jedenfalls die Personen, deren Schutz sie bezwecken, im Eintragungsvermerk selbst bezeichnet werden; denn die geschützten Personen gehören nicht zum „Inhalt" des Verbots, sondern sind dessen Wesensbestandteil und geben erst das notwendige Kennzeichen für die Art des erlassenen Verbots (**RG** 89, 159; JW 1900, 572[21]).

Anm. 8

2. Soll einem Recht (z. B. einer Grunddienstbarkeit) in den nach BGB zulässigen Grenzen ein Inhalt gegeben werden, wie er dem **früheren Recht** eigentümlich war, so genügt nicht die Bezeichnung des Rechtes nach den nicht mehr geltenden Vorschriften; vielmehr muß entweder das Recht mit seinem gesamten Inhalt eingetragen werden oder die Eintragungsbewilligung, auf die Bezug genommen wird, den gesamten Rechtsinhalt enthalten (KGJ 26 A 271).

Anm. 9

V. Eintragungsbewilligung

1. Die Eintragungsbewilligung ist die **Bewilligung des Passivbeteiligten** nach § 19 GBO. Daß die Urkunde, auf die Bezug genommen wird, im Eintragungsvermerk ausdrücklich als „Eintragungsbewilligung" bezeichnet wird, ist im § 874 nicht vorgeschrieben. Es genügt materiellrechtlich, daß die Urkunde tatsächlich die Eintragungsbewilligung enthält (str.; OLG 16, 183). Die ausdrückliche Bezeichnung als solche ist aber zweckmäßig, um Zweifel zu vermeiden (KGJ 21 A 142). Daß die Eintragungsbewilligung „eine den Vorschriften der GBO entsprechende" ist, schreibt § 874 — insoweit abweichend von § 873 Abs. 2 — nicht vor. Daher ist die Bezugnahme materiellrechtlich auch dann wirksam, wenn die Eintragungsbewilligung nicht in der Form des

§ 29 GBO erklärt ist. Ist eine das Recht näher beschreibende Urkunde bereits zu den Grundakten eingereicht oder der Eintragungsbewilligung beigefügt und in der Bewilligung auf die Urkunde verwiesen, so ist die Urkunde als Teil der Eintragungsbewilligung anzusehen und daher eine mittelbare Bezugnahme auch auf sie gestattet (**RG** HRR 1933 Nr. 1643; KGJ 48, 175). Formellrechtlich ist in solchen Fällen bei der zu notariellem Protokoll erklärten Eintragungsbewilligung nicht erforderlich, daß die Urkunde eine Anlage des Protokolls (§ 176 Abs. 2 FGG) bildet, sofern sie nur unzweideutig bezeichnet und zu den Grundakten vorgelegt ist (KGJ 48, 175). Ist die Eintragungsbewilligung nur öffentlich beglaubigt und die Verbindung mit der Urkunde keine körperliche, so hat der Grundbuchrichter der Beweissicherung halber zur Vornahme der Eintragung zu fordern, daß die Urkunde gleichfalls eine öffentliche oder öffentlich beglaubigte Urkunde und so genau bezeichnet ist, daß kein Zweifel darüber bestehen kann, welche die in Bezug genommene Urkunde ist (KGJ 48, 178). Auch auf Karten und Zeichnungen kann die Eintragungsbewilligung (z. B. bei der Bestellung einer Grunddienstbarkeit, deren Ausübung auf einen bestimmten Teil des dienenden Grundstücks beschränkt sein soll) zur näheren Beschreibung und Verdeutlichung des Erklärungsinhalts Bezug nehmen; doch ist zu fordern, daß die Karten und Zeichnungen öffentliche Urkunden im Sinne des § 415 ZPO, also von einer öffentlichen Behörde innerhalb ihrer Amtsbefugnisse in der vorgeschriebenen Form ausgestellt sind (KGJ 50, 131).

Anm. 10

2. Ein **Urteil,** das den Passivbeteiligten zur Bewilligung der Eintragung nach § 894 ZPO verurteilt, steht auch für die Bezugnahme der freiwilligen Eintragungsbewilligung gleich (OLG 26, 4). Dasselbe gilt für **Eintragungsersuchen** von Behörden nach § 38 GBO, die ebenfalls die Eintragungsbewilligung ersetzen (OLG 8, 301).

Anm. 11

3. Einstweilige Verfügungen kommen für § 874 nicht in Betracht, da sie nicht zur Eintragung „belastender" Rechte führen (§ 885 Abs. 2), ebensowenig Arrestbefehle und vollstreckbare Schuldtitel wegen Geldforderungen, da für die auf ihrer Grundlage einzutragenden Sicherungshypotheken (§§ 867, 932 ZPO) die besonderen Vorschriften über die Hypothek (Anm. 14) gelten.

Anm. 12

VI. Bezugnahme. Durch die zulässig vorgenommene Bezugnahme gilt der Inhalt der Eintragungsbewilligung als eingetragen mit der Wirkung, daß er unter dem öffentlichen Glauben des Grundbuchs (§ 892) steht (**RG** 57, 284; 113, 299). Die Bezugnahme macht alles das zum Gegenstand der Eintragung, was in der angezogenen Urkunde bei einer dem § 133 entsprechenden Auslegung zum Inhalt des Rechts gemacht werden sollte (JFG 1, 284). Dem entsprechen die §§ 10, 12 GBO, wonach die Eintragungsbewilligung vom Grundbuchamt aufzubewahren ist und von jedem eingesehen werden kann, der ein berechtigtes Interesse darlegt. Dagegen stehen der Eintragungsbewilligung bezüglich der Wirkungen einer eingetragenen Bezugnahme nicht gleich noch nicht erledigte Eintragungsanträge, wiewohl sie im § 12 GBO für die Einsicht des Grundbuchs den in Bezug genommenen Urkunden gleichgestellt sind (**RG** 57, 284). Die Fassung des Bezugnahmevermerks behandelt JFG 8, 232. Durch die Bezugnahme wird die bei den Grundakten befindliche Urkunde für den Inhalt des Grundbuchs maßgebend. Weicht diese Urkunde inhaltlich von der Urschrift ab, so ist das Grundbuch unrichtig und ist dann unter denselben Voraussetzungen und in der gleichen Art zu berichtigen, als wenn der Eintragungsvermerk selbst fehlerhaft wäre (JFG 15, 85).

Anm. 13

VII. Ausnahmevorschriften

1. Etwas **anderes schreibt das Gesetz vor** bei der Hypothek, der Grundschuld und der Rentenschuld in den §§ 1115, 1116 Abs. 2, 1184 Abs. 2, 1189 Abs. 1, 1192,

1195, 1199. Vgl. auch § 800 ZPO für die Zwangsvollstreckungsklausel (RJA 4, 270; KGJ 45, 261: keine Bezugnahme auf die Eintragungsbewilligung; im Falle der Zinserhöhung nochmalige Eintragung). Sind bei der Bestellung einer Darlehnshypothek in der Schuldurkunde Verpflichtungen des Grundstückseigentümers enthalten, die an sich persönlicher Natur sind, deren Nichterfüllung dem Gläubiger aber das Recht zur Kündigung gibt, so dürfen diese Verpflichtungen bei der Eintragung der Hypothek nicht unmittelbar und unbeschränkt in Bezug genommen werden, vielmehr ist nur die Bezugnahme auf den die Kündigungsbedingungen enthaltenden Teil der Eintragungsbewilligung zulässig (**BGH** 21, 34). Bei der Eintragung des Dauerwohnrechts kann auch zur näheren Bezeichnung des Gegenstandes des Dauerwohnrechts auf die Eintragungsbewilligung Bezug genommen werden (§ 32 Abs. 2 WEG und dort Anm. II 2).

Anm. 14

2. Hat in Fällen, wo nach § 874 oder nach anderen Vorschriften eine Bezugnahme unzulässig ist, trotzdem eine solche stattgefunden oder ist in Fällen, wo eine Bezugnahme nach § 874 an sich zulässig ist, über die „nähere Bezeichnung des Inhalts des Rechtes" hinaus (Anm. 6—9) Wesentliches nur durch Bezugnahme, nicht durch Aufnahme in den Eintragungsvermerk selbst zur Eintragung gebracht, so ist die Eintragung rechtsunwirksam (**RG** 89, 159; JW 1900, 572[21]) und im Sinne des § 53 (§ 54) Abs. 1 Satz 2 GBO inhaltlich unzulässig (KGJ 45 S. 231, 256).

§ 875

Zur Aufhebung eines Rechtes an einem Grundstück ist, soweit nicht das Gesetz ein anderes vorschreibt, die Erklärung des Berechtigten, daß er das Recht aufgebe, und die Löschung des Rechtes im Grundbuch erforderlich. Die Erklärung ist dem Grundbuchamt oder demjenigen gegenüber abzugeben, zu dessen Gunsten sie erfolgt.

Vor der Löschung ist der Berechtigte an seine Erklärung nur gebunden, wenn er sie dem Grundbuchamte gegenüber abgegeben oder demjenigen, zu dessen Gunsten sie erfolgt, eine den Vorschriften der Grundbuchordnung entsprechende Löschungsbewilligung ausgehändigt hat.

E I 834, 960, 965, 977, 1015, 1048, 1061 II 796; M 3 200f, 460ff, 476, 489, 531, 658, 593; P 3 69ff; 6 2326.

Übersicht

Anm. 1

I. Aufhebung durch Rechtsgeschäft

1. Nur diese ist Gegenstand des § 875. Das folgt daraus, daß eine **Erklärung des Berechtigten** erfordert wird.

Anm. 2

2. Eine Aufhebung von Rechten an Grundstücken **auf anderer Grundlage** ergibt sich z. B. aus den §§ 158, 163 (auflösende Bedingung, Endtermin; § 24 GBO), §§ 901 f. (Verjährung gelöschter und eingetragener Rechte), 927 (Ausschluß des Eigentümers), 1025ff, 1028 (Erlöschen der Grunddienstbarkeit), 1061, 1090 (Tod des Berechtigten beim Nießbrauch, bei der beschränkten persönlichen Dienstbarkeit; § 23 GBO), 1104, 1112 (Ausschluß des unbekannten Berechtigten beim Vorkaufsrecht, bei der Reallast), 1173ff, 1181f, 1192, 1200 (Erlöschen von Gesamt-Hypotheken- und Grundschuldrechten, Erlöschen von hypothekarischen Rechten durch Vollstreckungsbefriedigung); ferner EG Art. 109 (Enteignung), 113 (Zusammenlegung), 120 (Unschädlichkeitszeugnis) und §§ 52, 91, 158 ZVG (Erlöschen von Rechten infolge Zwangsversteigerung oder Zwangsverwaltung). Vgl. auch § 46 Abs. 2 GBO (Erlöschen eines auf ein anderes Grundbuchblatt nicht mit übertragenen Rechtes).

Anm. 3

3. Auch bei der sog. **Pfandauswechselung,** bei der an die Stelle des für die Hypothek haftenden Grundstücks ein anderes Grundstück desselben Eigentümers oder eines Dritten gesetzt wird, findet die Aufhebung eines Rechtes statt, indem die Hypothek auf dem ursprünglich belasteten Grundstück nach § 875 aufgehoben und an dem anderen Grundstück nach §§ 873, 1113ff neu begründet wird (OLG 45, 283; JW 1927, 803).

Anm. 4

II. Recht an einem Grundstück

1. Allgemeines über **Grundstücke** und die **Rechte dazu** bringt § 873 Anm. 13—21, 27—30. Auch die Eigentümergrundschuld ist ein Recht am Grundstück im Sinne des § 875. Zu ihrer Aufhebung bedarf es der Aufgabeerklärung des Eigentümers (**RG** 66, 288; 73, 174; RJA 11, 63).

Anm. 5

2. Die Aufhebung von **Rechten an den ein Grundstück belastenden Rechten** betrifft § 875 nicht. In Betracht kommen in dieser Hinsicht Nießbrauch und Pfandrecht an Reallasten, Hypotheken und Grundschulden (§ 873 Anm. 26). Ihre Aufhebung vollzieht sich nach den für die Aufhebung solcher Rechte an beweglichen Sachen geltenden Vorschriften; einer Eintragung bedarf es zu ihrer Aufhebung nicht (§§ 1063, 1064, 1072 und 1252, 1255, 1256, 1273; vgl. § 27 Abs. 2 GBO).

Anm. 6

3. Ferner findet § 875 keine Anwendung auf Eintragungen, die sich nicht als das Grundstück belastende Rechte (§ 874 Anm. 2, 3) darstellen, wie Vormerkungen, Widersprüche, Verfügungsbeschränkungen (§ 25 GBO); auch nicht auf Rechtsverhältnisse, die nicht eintragungsfähig sind (Vorbem. 7ff vor § 873).

Anm. 7

4. Das **Erbbaurecht** ist ein Recht am Grundstück. Daher findet § 875 zunächst insoweit Anwendung, als das Recht selbst aufgegeben werden soll (RJA 8, 280). Da das Recht aber nach § 1017 Abs. 1, jetzt ErbbVO § 11, den Grundstücken gleichsteht, ist § 875 auch für die Aufhebung der das Erbbaurecht belastenden Rechte maßgebend. Über die Anwendung des § 875 auf die der landesgesetzlichen Regelung vorbehaltenen Erbpachtrechte und Abbaurechte vgl. EG Artt. 63, 68 und RJA 8, 278; JFG 4, 354.

Anm. 8

III. Abweichende Vorschriften. Ein **anderes schreibt das Gesetz vor:** für die Aufgabe des Eigentums (§ 928, eine Vorschrift, die beim Verzicht auf das Erbbaurecht und auf das Erbpachtrecht nicht Platz greift: Anm. 7; ErbbVO § 11; EG Art. 63); für den Verzicht auf hypothekarische Rechte und für die Aufhebung solcher Rechte (§§ 1168 Abs. 2, 1178 Abs. 2, 1183, 1192: Eintragung des Verzichts, Zustimmung des Eigentümers). Dabei ist indessen hervorzuheben, daß der Verzicht auf hypothekarische Rechte überhaupt nicht zur Aufhebung der Rechte führt. Vielmehr erwirbt nach § 1168 Abs. 1 der Eigentümer die Hypothek. Die davon verschiedene Aufhebung (JFG 4, 437) ist allerdings auf Beseitigung der Hypothek durch Löschung gerichtet. Sie hat die Besonderheit, daß der Eigentümer, der durch die Aufhebung das Recht auf den Erwerb der Hypothek verliert, seine Zustimmung zu der Aufhebung nach § 1183 (vgl. auch § 27 GBO) erteilen muß; das gilt auch bei der Entpfändung eines Grundstücksteils (KGJ 25 A 315; RJA 11, 155; § 1175 Anm., § 1183 Anm.). Aufhebungserklärung (Löschungsbewilligung) und Zustimmung schließen sich nicht etwa zu einem Vertrag zusammen, sondern jede der beiden Erklärungen ist ein einseitiges Rechtsgeschäft für sich (RJA 10, 240; KGJ 24 A 218; 25 A 274; 27 A 48). Die löschungsfähige Quittung des Hypothekengläubigers enthält regelmäßig keine Aufgabeerklärung im Sinne von § 875 (Anm. zu § 1168). Ist die Löschung einer Gesamthypothek nur für eines der gesamtbelasteten Grundstücke bewilligt und beantragt, so darf die Hypothek nur auf diesem Grundstück gelöscht werden, da sie nach § 1175 Abs. 1 Satz 2 an den übrigen Grundstücken Bestand behalten kann (KGJ 21 A 169; 45, 251; aM RJA 11, 246). Ist das aufzuhebende Recht mit dem Recht eines Dritten belastet, so bedarf es zur Aufhebung gemäß § 876 der Zustimmung des Dritten (Anm. 32). Die Zinsherabsetzung bei einer Hypothek behandelt § 1119 Anm. Die Aufhebung der nach früherem Recht begründeten, nicht eingetragenen Grundstücksbelastungen regelt Art. 189 Abs. 1, 3 EG.

Anm. 9

IV. Aufgabeerklärung

1. Die einseitige **Erklärung, das Recht aufzugeben,** genügt beim Hinzutreten der Löschung zur Aufhebung des Rechts. Einer zweiseitigen Einigung, wie sie § 873 für die Begründung eines Rechts an einem Grundstück erfordert, bedarf es hier aus Gründen der Verkehrserleichterung nicht.

Anm. 10

2. Die Aufgabeerklärung ist aber ebenso wie die Einigung ein **abstraktes Rechtsgeschäft;** nur ist sie nicht wie diese ein Vertrag (§ 873 Anm. 32), sondern ein **einseitiges Rechtsgeschäft** (RJA 10, 240; KGJ 24 A 218; 25 A 273; 27 B 48; JFG 1, 377). Aus der Rechtsgeschäftsnatur folgt, daß auf sie die Vorschriften des Allgemeinen Teils über Rechtsgeschäfte (§§ 104ff), mit Ausnahme derjenigen über Verträge (§§ 145—157), Anwendung finden. Insoweit kann im allgemeinen verwiesen werden auf die Ausführungen zur Einigung in § 873 Anm. 34ff, die entsprechend auch auf die Aufgabeerklärung zutreffen. Den Sonderfall der Anfechtbarkeit einer Aufgabeerklärung wegen Irrtums über den Inhalt der Erklärung behandelt **RG** 88, 286. Weiter folgt aus der abstrakten Natur der Erklärung: Ihr rechtlicher Bestand ist grundsätzlich unabhängig von dem schuldrechtlichen Grundrechtsgeschäft, zu dessen Erfüllung sie bewirkt wird. Insbesondere erstrecken sich die Nichtigkeit oder Anfechtbarkeit des Grundrechtsgeschäfts nicht ohne weiteres auch auf die Aufgabeerklärung, sondern geben dem Aufgebenden, wenn nicht etwa die Erklärung selbst unwirksam ist, nur einen persönlichen Anspruch gegen den durch die Aufhebung des Rechts Begünstigten auf Rückgängigmachung der Aufhebung, also auf Wiedereintragung des gelöschten Rechts. Umgekehrt kann der Begünstigte, wenn die Aufgabeerklärung nichtig, das Grundrechtsgeschäft aber gültig ist, auf Grund des letzteren von dem Aufgebenden die Abgabe einer neuen rechtsgültigen Aufgabeerklärung fordern. Insoweit gelten für die Aufgabeerklärung entsprechend die Ausführungen zur Einigung in § 873 Anm. 58.

Anm. 11

3. Auch hinsichtlich der **Form** folgen (ebenso wie bei der Einigung: § 873 Anm. 59) die Aufgabeerklärung und das Grundrechtsgeschäft besonderen Regeln.

Anm. 12

a) Das **Grundrechtsgeschäft,** also die vertragsmäßige Übernahme der Verpflichtung zur Aufgabe eines Rechts an einem Grundstück, bedarf regelmäßig keiner

Form (**RG** JW 1904, 7[2]; jedoch für den Fall der schenkungsweisen Verpflichtung zur Löschung **RG** JW 1911, 37[17]). Auf Grund eines solchen in der Regel formlos bindenden Grundrechtsgeschäfts kann nicht nur die Erfüllung der Verpflichtung durch Abgabe der Aufgabeerklärung und Einwilligung in die Löschung verlangt, sondern auch einer klageweisen Geltendmachung des Rechts einredeweise widersprochen werden (**RG** Gruchot 48, 350).

Anm. 13

b) Auch die **dingliche Aufgabeerklärung selbst** bedarf materiellrechtlich keiner Form. Wenn sie formlos abgegeben ist und die Löschung hinzutritt, so ist die Aufhebung des Rechts wirksam vollzogen. Unter Umständen kann aber die Wirksamkeit der Aufgabeerklärung kraft ausdrücklicher Gesetzesvorschrift an besondere Voraussetzungen, z. B. an eine behördliche Zustimmung, geknüpft sein. Ist mangels Erfüllung solcher Voraussetzungen die Erklärung nichtig, so bleibt das Recht trotz seiner Löschung außerhalb des Grundbuchs bestehen (**RG** 82, 22; Anm. 23).

Anm. 14

c) Die Erklärung braucht nicht das Wort „aufgeben" zu enthalten. Der „Aufgabe"erklärung steht im allgemeinen gleich eine Erklärung dahin, daß auf das Recht verzichtet werde (Prot. 3, 616; **RG** 78, 69); auch die Bewilligung der Löschung des Rechts enthält regelmäßig eine Aufgabeerklärung (**RG** 101, 234; RJA 10, 238; KGJ 38 A 275; 43, 147). Ausnahmen bestehen insoweit aber bei der Hypothek (Verzicht: Anm. 8, § 1168 Anm.; Löschungsbewilligung und löschungsfähige Quittung: Anm. 8, § 1163 Anm., § 1168 Anm.). Bei der Entscheidung der Frage, ob eine Willensäußerung, insbesondere auf Grund des schuldrechtlichen Grundrechtsgeschäfts, als Aufgabeerklärung zu deuten ist, finden die Auslegungsvorschriften der §§ 133, 157 Anwendung (**RG** Gruchot 54, 887).

Anm. 15

4. Über die **zeitliche Aufeinanderfolge** der beiden Erfordernisse für die Aufhebung, Aufgabeerklärung und Löschung, bestimmt das Gesetz nichts. Daher kann die Erklärung auch noch nach der Löschung wirksam abgegeben werden. Jedoch besteht, je nachdem die Erklärung oder die Löschung vorangeht, insofern eine Verschiedenheit in der Wirkung, als eine formlose Erklärung nicht schon als solche, sondern nur im Falle nachfolgender oder bereits vorausgegangener Löschung unwiderruflich ist. Soll die Erklärung vor bewirkter Löschung bindend sein, so muß sie in einer der beiden Formen des Abs. 2 § 875 abgegeben werden. Anderseits wird das Grundrechtsgeschäft, wenn es ausnahmsweise einer Form bedarf und dieser Form entbehrt, nicht dadurch gültig, daß es die für die Bindung der Aufgabeerklärung vorgeschriebene Form erfüllt. In allen diesen Beziehungen gelten auch hier sinngemäß die Ausführungen zur Einigung in § 873 Anm. 63. Formellrechtlich ist zur Vornahme der Löschung nach den §§ 19, 29 GBO die in den Formen des § 29 Satz 1 erklärte Löschungsbewilligung des Passivbeteiligten, der das Recht aufgibt, erforderlich. Verweigert er die Erklärung, obwohl er nach dem schuldrechtlichen Grundrechtsgeschäft zu ihr verpflichtet ist, so kann sie gemäß §§ 894ff ZPO durch Urteil ersetzt werden (**RG** 101, 234). Alles Nähere hierzu bringen die entsprechend zur Anwendung kommenden Ausführungen über die Einigungserklärung in § 873 Anm. 73—75. — Einen eigenartigen Anspruch auf Verzicht bei einer Hypothek gewährt § 1169.

Anm. 16

V. Berechtigter

1. Der **Berechtigte** ist regelmäßig der **Inhaber des Rechtes,** das aufgegeben werden soll (z. B. im Falle der Aufhebung einer Eigentümergrundschuld der Eigentümer: § 1163 Anm.), ausnahmsweise, nämlich dann, wenn die Verfügungsmacht einem andern als dem Inhaber des Rechtes zusteht, der Inhaber der Verfügungsmacht (§ 873 Anm. 76). Er muß nicht nur geschäftsfähig sein, sondern auch befugt, über das Recht zu verfügen. Ist eine Hypothek für mehrere „als Gesamtgläubiger" eingetragen, so kann die Aufhebungserklärung gemäß § 875 von jedem allein ohne Mitwirkung des andern wirksam abgegeben werden (JW 1937, 3158[10]). Die Aufgabeerklärung ist schon für sich allein eine Verfügung, und zwar durch einseitiges Rechtsgeschäft; eine Verfügung liegt also nicht erst dann vor, wenn zu der Erklärung die nichtrechtsgeschäftliche Löschungseintragung hinzugetreten ist (KGJ 24 A 218; 25 A 276). Das Nähere hierüber findet sich in § 873 Anm. 77). Auf die Form der Erklärung kommt es dabei nicht an, insbesondere nicht darauf, daß die Erklärung in einer der im Abs. 2 für die Bindung vorgeschriebenen Formen abgegeben ist. Auch die formlose Erklärung enthält eine Verfügung, wenn sie gegenüber dem Grundbuchamt oder dem Begünstigten abgegeben und diesem (mit dem Willen des Erklärenden: Anm. 28) zugegangen ist. Denn sie ist dann gemäß §§ 130, 875 Abs. 1 Satz 2 wirksam und, falls sie erst nach der Löschung abgegeben worden ist, auch unwiderruflich. Sie trägt aber auch dann Verfügungscharakter, wenn sie vor der Löschung abgegeben ist. Denn auch in diesem Falle führt sie, sofern sie nicht noch widerrufen wird, bei Hinzutritt der Löschung zur rechtsgültigen Aufhebung des Rechts. AM KGJ 25 A 276.

Anm. 17

2. Ist derjenige, der die Aufgabe erklärt, in Wirklichkeit **nicht Inhaber des Rechtes,** so hängt die Rechtsgültigkeit der Erklärung nach § 185 von der vorherigen Zustimmung (Einwilligung: § 183) oder der nachträglichen Zustimmung (Genehmigung: § 184) des Berechtigten ab. Fehlt diese Zustimmung, so ist auch die auf Grund der unwirksamen Erklärung etwa erfolgte Löschungseintragung nichtig. Das gelöschte Recht ist materiell bestehen geblieben. Der Berechtigte kann nach § 894 die Berichtigung des durch die Löschung unrichtig gewordenen Grundbuchs verlangen, also die Wiedereintragung des Rechts in dem früheren Rechtszustande, insbesondere mit dem früheren Rang (KGJ 33 A 278).

Anm. 18

3. Ist der Aufgebende zwar Berechtigter, bedarf er aber zur Wirksamkeit einer Verfügung über das Recht durch einseitiges Rechtsgeschäft der vorherigen **Zustimmung** (Einwilligung) **eines Dritten** (wie z. B. ein Ehegatte nach § 1424 nF der Einwilligung des anderen oder ein Vorerbe nach § 2113 Abs. 1 der Einwilligung des Nacherben: **RG** 102, 337), so muß die Zustimmung des Dritten, wenn die Aufgabeerklärung rechtsgültig sein soll, vor dem Zugehen der Erklärung an das Grundbuchamt oder an den Begünstigten erklärt sein (OLG 44, 82). Dasselbe gilt, wenn der Aufgebende minderjährig ist, für die zur Wirksamkeit der Erklärung nach § 111 erforderliche Einwilligung des gesetzlichen Vertreters. Eine nachträgliche Zustimmung (Genehmigung) macht in diesen Fällen die Erklärung nicht gültig, da nach § 141 nichtige Rechtsgeschäfte überhaupt nicht durch Genehmigung geheilt werden können (KGJ 25 A 277; OLG 7, 51). Der Nachweis der Einwilligung als Voraussetzung für die vom Grundbuchamt vorzunehmende Löschungseintragung wird aber regelmäßig auch dann als erbracht anzusehen sein, wenn in einer die Formvorschrift des § 29 Satz 1 GBO erfüllenden Urkunde zunächst die Aufgabe und dann die Genehmigung dazu erklärt wird; denn einer solchen Urkunde wird in der Regel entnommen werden können, daß die Einwilligung schon vor der Aufgabe erklärt worden ist (OLG 4, 492). Wenn dies aber nach der besonderen Lage des Falles abzulehnen sein sollte, wird doch in der Genehmigungserklärung wenigstens dann eine Einwilligung zu finden sein, wenn der Aufgebende seine Erklärung erst nach der Genehmigungserklärung dem Grundbuchamt zur Eintragung der Aufhebung des Rechts einreicht, da dann eine nach § 182 Abs. 1 erklärte und in der Form des § 29 Satz 1 GBO abgegebene Zustimmung vor dem Wirksamwerden der Aufgabeerklärung vorliegt (KGJ 25 A 277; OLG 7, 51). Ist der Berechtigte bevormundet und bedarf der Vormund zur Aufgabe des Rechts (z. B. einer Hypothek gemäß § 1822 Nr. 13) der Genehmigung des Vormundschaftsgerichts, so muß diese Genehmigung nach § 1831 ebenfalls vor der Aufgabeerklärung erteilt sein (KGJ 21 A 198; 24 A 218; 27 A 170). Auch hier ist aber ebenso wie in den bereits erörterten Fällen eine vorhergehende Genehmigung anzunehmen, wenn sie zwar erst nach der Aufgabeerklärung des Vormunds erteilt ist, diese Erklärung aber

erst später dem Grundbuchamt (oder auch dem bei der Erklärung nicht zugegen gewesenen Begünstigten) durch den Vormund zugeht (KGJ 24 A 219).

Anm. 19

4. Daß der **Berechtigte als solcher eingetragen** ist, erfordert das Gesetz zur rechtsgültigen Aufhebung nicht.

a) Wenn er wirklich Berechtigter ist, braucht er nicht eingetragen zu sein. Nach der Ordnungsvorschrift des § 39 Abs. 1 GBO soll allerdings, wenn nicht einer der Ausnahmefälle der §§ 39 Abs. 2, 40 GBO vorliegt, eine Eintragung, also auch eine Löschung nur erfolgen, wenn der durch die Eintragung Betroffene als der Berechtigte eingetragen ist. Eine unter Verletzung dieser formellen Vorschrift vorgenommene Löschung ist darum aber nicht unwirksam. Immerhin sind auch materiellrechtlich die Fälle, in denen eine Berechtigung ohne Eintragung besteht, nur Ausnahmefälle. In der Regel ist zur Erlangung der Berechtigung die Eintragung notwendig (§ 873 Anm. 80).

Anm. 20

b) Ist eine **Hypothek** gepfändet und dem Pfändungsgläubiger zur Einziehung überwiesen (§§ 830, 835 Abs. 1, 837 ZPO), so ist der Pfändungsgläubiger zwar nicht (wie bei der Überweisung an Zahlungs Statt: § 835 Abs. 2 ZPO) Hypothekengläubiger, also auch nicht Berechtigter im Sinne des § 875; da er aber ermächtigt ist, in Höhe des überwiesenen Betrags Zahlung von dem Drittschuldner mit befreiender Wirkung entgegenzunehmen und an Stelle des Hypothekengläubigers über den Empfang zu quittieren, so wird durch seine Quittung nachgewiesen, daß die Hypothek gemäß den §§ 1163 Abs. 1, 1177 auf den Eigentümer übergegangen ist. Die in der Form des § 29 GBO erteilte Quittung genügt mithin, um auf den in derselben Form gestellten Antrag des Eigentümers, der zugleich die nach § 19 GBO erforderliche Bewilligung und die nach § 27 GBO erforderliche Zustimmung enthält, die Löschung der Hypothek vorzunehmen (KGJ 52, 205). Dagegen ist der Pfändungsgläubiger zur Erteilung einer Aufgabeerklärung (Unterschied zur Quittung: Anm. 8; § 1168 Anm.) nicht befugt, da diese eine Verfügung über die ihm an sich nicht gehörende Hypothek (auch für den Fall des Nichterlöschens der Forderung durch Befriedigung) enthält (KGJ 34 A 309; 52, 206). Dies gilt auch dann, wenn die Hypothek für den Hypothekenschuldner selbst gepfändet worden ist. Da der Hypothekenschuldner als Pfändungsgläubiger nicht Gläubigerrechte an der Hypothek erlangt hat, so kann er nicht durch eine Löschungsbewilligung über die Hypothek verfügen; die Forderung ist auch nicht durch Vereinigung von Forderung und Schuld in seiner Person erloschen (KGJ 52, 206). Formellrechtlich kann aber die Löschung der Hypothek dadurch herbeigeführt werden, daß der Hypothekenschuldner als Pfändungsgläubiger sich im Wege der Verrechnung für befriedigt erklärt (KGJ 52, 206). Ist eine Hypothek für die Forderung eines Dritten verpfändet, so kann der Pfandgläubiger, wenn seine Forderung fällig geworden ist, die Löschung der Hypothek bewilligen, da er dann nach § 1282 zur Einziehung der Hypothekenforderung berechtigt ist, während dem Hypothekengläubiger selbst die Befugnis zur Einziehung und Löschungsbewilligung nicht zusteht (OLG 46, 17; § 1282 Anm.).

Anm. 21

VI. Löschung des Rechtes

1. Aufgabeerklärung und Löschung des Rechtes müssen zusammentreffen, um die Aufhebung des Rechts herbeizuführen (KGJ 38 A 275; 43, 151).

a) Solange die Löschung nicht bewirkt ist, bleibt trotz einer, sei es auch nach Abs. 2 bindenden, Aufgabeerklärung das Recht bestehen und der Aufhebende Berechtigter. Er wird im Verhältnis zu Dritten durch seine Erklärung in der Verfügung über das Recht nicht beschränkt (**RG** 66, 288; KGJ 38 A 276; 49, 152). Die Entlassung eines Grundstücks aus der Pfandhaft für eine Hypothek hat daher keine dingliche Wirkung, wenn die Hypothek nicht gelöscht wird. Dies gilt, sofern die Hypothek in der Zwangsversteigerung durch den Zuschlag des Grundstücks erlischt (§ 91 ZVG), auch für das an ihre Stelle tretende Recht auf den Versteigerungserlös. Das Recht auf den Erlös steht also sachenrechtlich dem Gläubiger zu, der die Pfandentlassung erklärt hat. Schuldrechtlich kann er allerdings verpflichtet sein, sein Pfandrecht an dem Grundstück nicht mehr geltend zu machen und folglich auch aus dem Versteigerungserlös keine Befriedigung zu suchen (**RG** 101, 120).

Anm. 22

b) Ist aber der Antrag auf Löschung (§ 13 GBO) mit der Aufgabeerklärung bereits beim Grundbuchamt eingegangen und geht alsdann ein weiterer Eintragungsantrag ein, der eine andere Verfügung über das Recht betrifft, so hat das Grundbuchamt nach § 15 GBO zunächst den ersten Antrag durch Bewirkung der Löschung zu erledigen und dann den zweiten Antrag, der nun nicht mehr begründet ist, zurückzuweisen (§ 873 Anm. 106).

Anm. 23

c) Liegt einer bewirkten Löschung eine Aufgabeerklärung nicht zugrunde oder ist diese Erklärung nichtig oder mit Erfolg angefochten, so ist auch die Löschung nichtig; dann bleibt das Recht außerhalb des Grundbuchs bestehen (**RG** 73, 174; 82, 22). Die Löschung kann aber dadurch gültig werden, daß die Aufgabeerklärung nachgeholt oder rechtswirksam wird (Anm. 15). Die Aufhebung des Rechts tritt dann mit dem Zeitpunkt der nachträglichen Erklärung ein. Unterbleibt eine solche Erklärung, so kann der Berechtigte im Wege der Grundbuchberichtigung nach § 894 die Wiedereintragung des Rechts herbeiführen, gegebenenfalls auch mit einer Schuldklage aus der persönlichen Verpflichtung, die der gelöschten Eintragung zugrunde lag, oder mit der Klage aus grundloser Bereicherung zu demselben Ziel gelangen (**RG** 82, 24).

Anm. 24

d) Die Löschungseintragung ist aber auch sonst für sich allein nicht ohne Rechtswirkung. Sie begründet nach § 891 Abs. 2 die Vermutung für das Nichtbestehen des Rechts; der Berechtigte hat also nicht mehr die Vermutung aus § 891 Abs. 1 für sich, sondern muß das Fortbestehen seines Rechts beweisen. Auch kann das Recht durch gutgläubigen Erwerb nach § 892 verlorengehen oder beschränkt werden. Es unterliegt schließlich nach § 901 der Verjährung (**RG** JW 1906, 17[16]).

Anm. 25

2. Über die Voraussetzungen, unter denen das Grundbuchamt die Löschung vorzunehmen hat, trifft nicht das BGB, sondern die GBO Bestimmung. Die hauptsächlich in Betracht kommenden Vorschriften der GBO sind in § 873 Anm. 92 ff besprochen. Gibt der Ersteher eines Grundstücks eine diesem Grundstück zustehende Grunddienstbarkeit auf, so kann die Dienstbarkeit auf dem belasteten Grundstück erst gelöscht werden, wenn der Ersteher auf dem berechtigten Grundstück als Eigentümer eingetragen ist (HRR 1933 Nr. 192).

Anm. 26

3. Über den Inhalt der Eintragung bestimmt § 46 Abs. 1 GBO, daß die Löschung eines Rechts durch Eintragung eines Löschungsvermerks zu erfolgen hat. Die Eintragung eines solchen Vermerks setzt begrifflich das Eingetragensein des zu löschenden Rechts voraus (JFG 10, 306). Soll das Recht nur an einem Teil des belasteten Grundstücks durch Löschung aufgehoben werden, so bedarf es nach § 7 (§ 6) GBO der Abschreibung des befreiten Teils, weil eine größere und insofern neue Belastung des andern Teils eintritt (KGJ 21 A 112). Doch handelt es sich dabei nur um eine Ordnungsvorschrift, deren Nichtbefolgung nicht die Unwirksamkeit der Löschung zur Folge hat. Daher treten die Wirkungen der Pfandentlastung einer Parzelle auch ohne deren Abschreibung ein, wenn die das ganze Grundstück belastende Hypothek nur auf dieser Parzelle gelöscht wird (**RG** 101, 120). Wird bei der Übertragung eines Grundstücks oder eines Grundstücksteils auf ein anderes Grundbuchblatt ein eingetragenes Recht nicht mit übertragen, so gilt es nach § 46 Abs. 2 GBO in Ansehung des Grundstücks oder des Teiles als gelöscht. Doch folgt hieraus nicht ohne weiteres, daß das Recht materiell erloschen ist; es ist nur nicht mehr gebucht. Ist die Mitübertragung sachlich zu Unrecht unterblieben, liegt der Nichtübertragung insbesondere keine Erklärung des Berechtigten nach § 875 (Entpfändung des Grundstücks oder Grundstücksteils) zugrunde, so besteht das Recht außerhalb des Grundbuchs weiter und kann im Wege der Grundbuchberichtigung (§ 894) wieder zum grundbuchmäßigen Dasein gelangen, soweit nicht etwa ein inzwischen eingetretener Erwerb unter dem Schutze des öffentlichen Glaubens des Grundbuchs (§ 892) entgegensteht (KGJ 27 A 116; 46, 211; OLG 40, 57; § 894 Anm. 3).

Anm. 27

VII. Aufgabeerklärung gegenüber dem Grundbuchamt

1. Damit die Aufgabeerklärung, die materiellrechtlich zwar keiner Form bedarf (Anm. 13), aber eine empfangsbedürftige Willenserklärung ist (KGJ 24 A 218; 37 A 224; 43, 148), Rechtswirkung hat, muß sie gegenüber einem der in Abs. 1 Satz 2 genannten Empfangsberechtigten abgegeben sein. Die Erklärung **gegenüber dem Grundbuchamt** kann dadurch geschehen, daß sie mündlich vor dem Grundbuchamt abgegeben oder schriftlich dem Grundbuchamt eingereicht wird (KGJ 25 A 277). Zur materiellen Wirksamkeit genügt im ersten Falle die mündliche Erklärung vor dem Grundbuchamt ohne Rücksicht auf die Aufnahme eines Protokolls (Anm. 33), im zweiten Falle auch eine privatschriftliche Eingabe. Formellrechtlich ist allerdings zur Vornahme der Eintragung die Beobachtung der im § 29 Satz 1 GBO vorgeschriebenen Form erforderlich. Danach hängt die Löschung davon ab, daß die vor dem Grundbuchamt abgegebene Erklärung zu Protokoll genommen ist und die schriftliche Erklärung die genannte Formvorschrift erfüllt. Läßt das Grundbuchamt aber dieser Ordnungsvorschrift außer acht und nimmt es trotz formloser Erklärung die Löschung vor, so ist die Aufhebung des Rechts gültig vollzogen.

Anm. 28

2. Nach § 130 Abs. 1, 3 wird die Erklärung mit dem **Zeitpunkt** wirksam, in dem sie dem Grundbuchamt zugeht. Dann ist auch die formlos abgegebene Erklärung unwiderruflich (Anm. 33). Die Erklärung vor dem Grundbuchamt und die Einreichung bei dem Grundbuchamt können auch durch einen Vertreter erfolgen. Vertretung des Aufgebenden bei der Einreichung durch den mitwirkenden Notar, sei es auf Grund der Ermächtigung des § 15 GBO (KGJ 21, 93), sei es als Bote (KGJ 24 A 216; 25 A 273, 315). Da eine empfangsbedürftige Willenserklärung nur dann wirksam abgegeben ist, wenn sie dem Empfangsberechtigten mit dem Willen des Erklärenden zugeht, kann die Aufgabeerklärung nicht als abgegeben gelten, wenn sie ohne den Willen des Erklärenden dem Grundbuchamt (oder dem Begünstigten: Anm. 29) zugegangen ist (KGJ 48, 187). — „Grundbuchamt" ist das Amtsgericht, in dessen Bezirk das belastete Grundstück liegt (GBO § 1).

Anm. 29

VIII. Begünstigter. Der durch die Erklärung Begünstigte, dem gegenüber die Erklärung wirksam abgegeben werden kann, ist in erster Linie der Eigentümer des mit dem Recht belasteten Grundstücks (KGJ 37 A 233; 43, 149). Aber auch der Inhaber eines dem aufzuhebenden Recht im Range nachstehenden oder gleichstehenden Rechts oder einer entsprechenden Vormerkung ist eine Person, zu deren Gunsten die Erklärung erfolgt (KGJ 48, 187). Für die Form der Erklärung gilt das in Anm. 27 Gesagte. Wirksam wird die Erklärung gemäß § 130 Abs. 1 Satz 1 mit dem Zeitpunkt, in dem sie dem Begünstigten zugeht (JW 1926, 2699[6]). Doch kann die nicht in der Form des Abs. 2 § 875 abgegebene Erklärung so lange widerrufen werden, bis die Erklärung (schriftlich) dem Grundbuchamt eingereicht (Anm. 27f) oder die Löschung erfolgt ist. Wenn die Erklärung von einem rechtsgeschäftlichen oder einem gesetzlichen Vertreter abgegeben ist und der Erklärende, bevor sie wirksam geworden ist, die Vertretungsmacht verliert (wenn z. B. der vertretene Minderjährige inzwischen volljährig geworden ist), so wird die Erklärung nicht dadurch wirksam, daß sie demnächst dem Empfangsberechtigten zugeht, es sei denn, daß der Vertretene sie genehmigt (KGJ 43 151).

Anm. 30

IX. Bindung des Berechtigten

1. Gebunden ist der Aufgebende an seine — sei es auch formlose — Erklärung, wenn ihr die Löschung gefolgt oder wenn sie erst nach der Löschung abgegeben ist; dabei ist vorausgesetzt, daß sie gegenüber einem der in Abs. 1 Satz 2 genannten Empfangsberechtigten abgegeben und diesem zugegangen ist (Anm. 27—29). Ferner ist der Aufgebende auch schon vor der Löschung gebunden, wenn er die Erklärung in einer der beiden Arten des Abs. 2 abgegeben hat.

Anm. 31

2. Die **Wirkung der Bindung** ist, daß die Erklärung nicht widerrufen werden kann. Ist die Erklärung nach § 130 wirksam geworden (Anm. 28, 29), so ist es nach § 130 Abs. 2 auf ihre Wirksamkeit ohne Einfluß, wenn der Erklärende stirbt oder geschäftsunfähig wird (**RG** JW 1926, 1955[8]). Die Erben oder der gesetzliche Vertreter können aber die Erklärung widerrufen, wenn sie nicht von vornherein bindend war oder inzwischen bindend geworden ist. Ferner wird die bindende Erklärung, auf deren Grundlage der Antrag auf Löschung beim Grundbuchamt gestellt worden ist, nach § 878 nicht dadurch unwirksam, daß der Erklärende nachträglich in der Verfügung beschränkt wird (RJA 9, 276). Dagegen bewirkt die Bindung an die Erklärung für sich allein noch keine Beschränkung des Berechtigten in der Verfügung über das Recht (Anm. 21). Auch folgt daraus nicht ein Anspruch auf Herbeischaffung oder Nachholung des etwa zur Löschung noch Fehlenden. Vielmehr kann der Begünstigte einen solchen Anspruch nur auf Grund des schuldrechtlichen Grundrechtsgeschäfts geltend machen (**RG** WarnRspr 1935 Nr. 100). Ist dieses nichtig, so wird es nicht durch die bindende Erklärung geheilt. Im Falle der Anfechtbarkeit kann aber in der bindenden Erklärung eine Bestätigung des auf die Aufhebung des Rechts gerichteten Grundrechtsgeschäfts nach § 144 Abs. 1 gefunden werden (§ 873 Anm. 108).

Anm. 32

3. Hat der Aufgebende den Löschungsantrag (§ 13 GBO) selbst gestellt, was namentlich dann vorkommen kann, wenn er ohne Zuziehung des Eigentümers das Recht durch Erklärung gegenüber dem Grundbuchamt zur Aufhebung bringen will, so kann er noch den Antrag gemäß §§ 31, 29 Satz 1 GBO zurücknehmen und dadurch die Löschung verhindern. Sein Widerruf ist aber vom Grundbuchamt in keinem Falle dann zu beachten, wenn der Antrag vom Begünstigten (Anm. 34) gestellt ist (KGJ 25 A 273; OLG 6, 207). Im Falle des § 876 hindert das Fehlen der Zustimmung des an dem Grundstücksrecht berechtigten Dritten zwar die Aufhebung des Rechts, aber nicht die Bindung an die Aufgabeerklärung.

Anm. 33

X. Formlose Erklärung gegenüber dem Grundbuchamt. Die gegenüber dem Grundbuchamt abgegebene Erklärung (Anm. 27) ist auch dann **bindend** und damit unwiderruflich (Anm. 31), wenn sie formlos abgegeben ist. Denn eine Form ist in dieser Hinsicht nicht vorgeschrieben. Insbesondere ist auch eine mündlich vor dem Grundbuchamt abgegebene Erklärung bindend. Der Aufnahme der Erklärung zu Protokoll bedarf es weder zur Wirksamkeit noch zur Bindung (§ 873 Anm. 111, § 925 Anm. 48).

Anm. 34

XI. Aushändigung der Löschungsbewilligung an den Begünstigten. Die den Vorschriften der GBO entsprechende Löschungsbewilligung, durch deren Aushändigung an den Begünstigten die Erklärung bindend und damit unwiderruflich (Anm. 31) wird, ist die vor dem Grundbuchamt zu Protokoll gegebene oder in einer öffentlichen oder öffentlich beglaubigten Urkunde abgegebene Löschungsbewilligung des durch die Aufhebung des Rechts Betroffenen im Sinne der §§ 19, 29 Satz 1 GBO, also dieselbe Erklärung, die auch formellrechtliche Voraussetzung für die Vornahme der Löschung bildet. Durch die Aushändigung der Löschungsbewilligung wird der Begünstigte in den

Stand gesetzt, unter Einreichung der Bewilligung den Antrag auf Löschung (§ 13 GBO) zu stellen, der nach § 30 GBO keiner Form bedarf. Die Aushändigung kann auch durch einen Vertreter erfolgen. Wenn der Gläubiger einer fälligen Hypothek eine den Vorschriften der GBO entsprechende Löschungsbewilligung einem Notar übersendet mit der Weisung, von der Urkunde nach Zahlung des Hypothekenbetrags Gebrauch zu machen, so gilt der Notar als ermächtigt, die Urkunde dem zahlenden Eigentümer auszuhändigen (**RG** Gruchot 52, 957). Einer körperlichen Aushändigung der Löschungsbewilligung bedarf es nicht unbedingt. Wenn z. B. die Bewilligung in einem zwischen dem Bewilligenden und dem Begünstigten geschlossenen notariellen Vertrag enthalten ist, so ist sie schon mit dem Abschluß der notariellen Verhandlung als dem Begünstigten zugegangen anzusehen, ohne daß es noch erst der Aushändigung einer Ausfertigung der Verhandlung bedarf, die sich der Begünstigte ja ohnehin jederzeit verschaffen kann (KGJ 49, 155).

Anm. 35

XII. Entsprechende Anwendung findet § 875 im Falle des § 1132 Abs. 2 (Verteilung einer Gesamthypothek auf die einzelnen Grundstücke) und Abs. 2 § 875 in den Fällen der §§ 1168 Abs. 2 (Verzicht auf eine Hypothek), 1180 Abs. 2 (Wechsel der Forderung bei einer Hypothek).

§ 876

Ist ein Recht an einem Grundstücke mit dem Rechte eines Dritten belastet, so ist zur Aufhebung des belasteten Rechtes die Zustimmung des Dritten erforderlich. Steht das aufzuhebende Recht dem jeweiligen Eigentümer eines anderen Grundstücks zu, so ist, wenn dieses Grundstück mit dem Rechte eines Dritten belastet ist, die Zustimmung des Dritten erforderlich, es sei denn, daß dessen Recht durch die Aufhebung nicht berührt wird. Die Zustimmung ist dem Grundbuchamt oder demjenigen gegenüber zu erklären, zu dessen Gunsten sie erfolgt; sie ist unwiderruflich.

E I 960, 965, 977, 1015, 1048, 1061 II 797; M 3 463ff, 474, 489, 551, 569, 594; P 3 69ff; 6 221.

Übersicht

Anm. 1

I. Belastungen eines Grundstücksrechts

1. Als **unmittelbare** Belastungen eines Grundstücksrechts mit dem Rechte eines Dritten kommen in Betracht: Nießbrauch und Pfandrecht an Reallasten, Hypotheken und Grundschulden (§ 873 Anm. 26). Wenn das betroffene Recht Grundstücksnatur hat (Erbbaurecht, Erbpachtrecht, Abbaurecht: ErbbVO, EG Artt. 63, 68), kommen weiterhin in Betracht alle Belastungen, die auf einem Grundstück ruhen können (§ 873 Anm. 26).

Anm. 2

2. Mittelbar können subjektiv-dingliche Rechte, nämlich Grunddienstbarkeit (§ 1018), Vorkaufsrecht (§ 1094 Abs. 2), Reallast (§ 1105 Abs. 2), mit dem Recht eines

Dritten dadurch belastet sein, daß dieses Recht (z. B. eine Hypothek, ein Nießbrauch) das aus jenen Rechten berechtigte Grundstück belastet und dabei jene Rechte als Bestandteile des Grundstücks mitergreift. Auf eine unmittelbare Belastung findet Satz 1 § 876, auf eine mittelbare Satz 2 Anwendung; Satz 3 gilt für beide Belastungen.

Anm. 3

3. Wird eine Hypothek unter Vorbehalt des Zinsgenusses so abgetreten, daß die Bestellung eines Nießbrauchs an ihr anzunehmen ist, so ist fortan § 876 auf sie anzuwenden (vgl. aber **RG** 86, 218; § 1158 Anm.). Die Anwendung des § 876 bei der rechtsgeschäftlichen Aufhebung einer Salzabbaugerechtigkeit behandelt JFG 14, 395.

Anm. 4

II. Aufhebung des belasteten Rechts

1. Unter der Aufhebung des belasteten Rechtes ist hier ebenso wie im § 875 nur eine **Aufhebung durch Rechtsgeschäft** gemeint, da eine Zustimmung, also eine rechtsgeschäftliche Erklärung, erfordert wird. Erlischt das belastete Recht aus einem Grunde, der nicht auf Rechtsgeschäft beruht (Fälle in § 875 Anm. 2), so erlischt ohne weiteres auch das belastende Recht, soweit es sich auf das belastete Recht bezieht; die Zustimmung des Drittberechtigten ist dann nicht erforderlich. Die Aufhebung des ein Grundstücksrecht (ohne Grundstücksnatur) unmittelbar belastenden Rechtes (Anm. 1) für sich allein behandelt § 875 Anm. 5.

Anm. 5

2. Entsprechende Anwendung findet § 876 in den Fällen der §§ 877, 880, 1109 Abs. 2, 1116, 1132 Abs. 2, 1172 Abs. 2, 1168 Abs. 2, 1180 und die Vorschrift des Satz 3 in den Fällen der §§ 1071, 1276. Auf andere Verfügungen über das belastete Recht (z. B. auf die Übertragung, eine weitere Belastung) bezieht sich § 876 nicht. Sie lassen das Recht des Dritten unberührt und bedürfen daher der Zustimmung des Dritten nicht (M 3, 63; **RG** 47, 161).

Anm. 6

III. Zustimmung des Dritten

1. Die Zustimmung des Drittberechtigten führt in Verbindung mit den übrigen im § 875 für die Aufhebung einer Grundstücksbelastung erforderten Voraussetzungen, nämlich der Aufgabeerklärung des Berechtigten und der Löschung, nicht nur zur Aufhebung der Grundstücksbelastung, sondern auch zur **Aufhebung der Rechtsbelastung selbst:** in den Fällen der unmittelbaren Belastung (Satz 1) zur Aufhebung der Rechtsbelastung im ganzen; in den Fällen der mittelbaren Belastung (Satz 2) zur Aufhebung des Belastungsrechts des Drittberechtigten insoweit, als dieses durch die Belastung des berechtigten Grundstücks die aufzuhebende Grundstücksbelastung mit ergriffen hatte, während hier im übrigen das Recht des Dritten an dem Grundstück unberührt bleibt.

Anm. 7

2. Die Zustimmung ist ein **besonderes Rechtsgeschäft** für sich. Da eine bestimmte Zeit für sie nicht vorgeschrieben ist, kann sie von dem „Drittberechtigten" (Inhaber der Rechtsbelastung) nicht nur nach der Aufgabeerklärung des „Berechtigten" (Inhaber des belasteten Rechts), sondern auch schon vorher, und nicht nur vor der Löschung, sondern auch noch nachher wirksam erteilt werden.

Anm. 8

3. Sie ist ein **einseitiges empfangsbedürftiges Rechtsgeschäft.** Daher finden auf sie die allgemeinen Vorschriften über Rechtsgeschäfte Anwendung mit Ausnahme der Vorschriften über den Vertrag (§§ 145—157), also die §§ 104—144, 158—181, 184, 185 (nicht auch §§ 182, 183: Anm. 20). Empfangsberechtigt sind die in Satz 3 § 876 genannten Stellen.

Anm. 9

4. Die Zustimmung ist ein **abstraktes Rechtsgeschäft**; sie ist also von dem (grundsätzlich formlos gültigen) Grundrechtsgeschäft, das die Verpflichtung zur Erteilung der Zustimmung begründet, losgelöst und namentlich in den Fragen der Form, der Nichtigkeit, der Anfechtbarkeit als selbständiges Rechtsgebilde zu behandeln.

Anm. 10

5. Sie **kann ersetzt werden** durch ein auf Grund des Grundrechtsgeschäfts erstrittenes **rechtskräftiges Urteil** gegen den Zustimmungspflichtigen nach § 894 ZPO. Wenn zwar die Zustimmungserklärung abgegeben ist, zur Herbeiführung der Löschung aber noch etwas fehlt, was von dem Zustimmungspflichtigen beizubringen ist, so kann aus dem Grundrechtsgeschäft, aber nicht aus der Zustimmung als solcher auf Nachbringung des Fehlenden geklagt werden. In allen diesen Beziehungen gilt dasselbe wie für die vom Berechtigten abzugebende Einigungserklärung des § 873 und die Aufgabeerklärung des § 875. Insoweit kann daher verwiesen werden auf § 873 Anm. 73, 108, § 875 Anm. 10, 30.

Anm. 11

6. Fehlt die Zustimmung des „Drittberechtigten" oder ist sie von vornherein nichtig oder durch Anfechtung nichtig geworden, so ist die etwa nur auf Grund der Aufgabeerklärung des „Berechtigten" vorgenommene Löschung unwirksam; weder die Rechtsbelastung noch das belastete Recht selbst ist materiell aufgehoben. Sowohl der „Drittberechtigte" als auch der „Berechtigte" hat dann gemäß § 894 einen dinglichen Anspruch auf Berichtigung des Grundbuchs, also auf Wiedereintragung des belasteten Rechts in dem früheren Rechtszustande, insbesondere einerseits mit der Belastung, anderseits in dem früheren Rang, soweit nicht ein inzwischen eingetretener Rechtserwerb unter dem Schutz des öffentlichen Glaubens des Grundbuchs (§ 892) entgegensteht (§ 875 Anm. 17, 23). Wird aber die Zustimmung nachträglich erteilt, so gilt nach § 184 die Löschung und damit auch die Aufhebung als von vornherein rechtsgültig bewirkt. Auf die Wirksamkeit der Aufgabeerklärung als solcher, namentlich wenn sie gemäß § 875 Abs. 2 bindend abgegeben worden ist, hat das Fehlen der Zustimmung keinen Einfluß.

Anm. 12

7. Eine **Form** ist für die materielle Gültigkeit der Zustimmung nicht vorgeschrieben. Nach formellem Recht (§§ 19, 29 GBO) darf aber das Grundbuchamt die Löschung nur vornehmen, wenn nicht nur die Aufgebeerklärung des „Berechtigten", sondern auch die Zustimmungserklärung des „Drittberechtigten" in einer der Formen des § 29 Satz 1 GBO abgegeben ist. Eine Verletzung dieser Ordnungsvorschriften, also auch eine Löschung auf Grund einer formlosen Zustimmung, macht indessen die Rechtsaufhebung nicht rechtsungültig.

Anm. 13

8. Die Zustimmung kann in den Fällen der unmittelbaren Rechtsbelastung durch Nießbrauch oder Pfandrecht (Anm. 1) nach Lage der Umstände und der Art der Erklärung einen unbedingten, von der Löschung des belasteten Rechts unabhängigen Verzicht auf das belastende Recht enthalten, da dieser Verzicht nach den §§ 1064, 1072, 1255, 1273 nur einer einseitigen Erklärung bedarf.

Anm. 14

IV. **„Dritter".** Der „Drittberechtigte" muß nicht nur geschäftsfähig sein, sondern auch die **Befugnis** haben, **über das belastende Recht zu verfügen.** Die Zustimmung zur Aufhebung des belasteten Rechts ist eine Verfügung über das belastende Recht, da sie auch dessen Aufhebung zur Folge hat (Anm. 6). Daher gilt in dieser Hinsicht dasselbe wie für die Befugnis des „Berechtigten" zur Verfügung über das belastete Recht (§ 875 Anm. 16).

Anm. 15

V. Unberührtbleiben des Rechtes des Dritten

1. Nicht berührt durch die Aufhebung des belasteten Rechtes wird das Recht des Dritten in den nach Satz 2 allein in Betracht kommenden Fällen der mittelbaren Belastung (Anm. 2), wenn also z. B. das belastende Recht des Dritten ein Nießbrauch oder eine Grunddienstbarkeit und das mit dem hierdurch belasteten Grundstück verbundene, als Bestandteil des Grundstücks mitbelastete Recht ein Vorkaufsrecht an einem andern Grundstück ist. Die Aufhebung des mitbelasteten Rechts läßt das belastende Recht unberührt, wenn dieses Recht in seiner Ausübung und Durchführung durch die Entziehung des belasteten Rechts als eines seiner Belastungsgegenstände keinerlei Einbuße erleidet. Dabei hat aber die Möglichkeit außer Betracht zu bleiben, daß das Recht des „Drittberechtigten" im Falle der Zwangsversteigerung des damit belasteten Grundstücks sich in einen Anspruch auf den Versteigerungserlös umwandeln und daß dann für die Höhe dieses Anspruchs das Fortbestehen des belasteten Rechts von Bedeutung sein kann. Denn für die hier erörterte Frage kommt nur in Betracht das Berührtwerden des Rechtes selbst, wenn und solange es als solches besteht (M 3, 464f).

Anm. 16

2. Wird das belastende Recht nicht berührt, so bedarf es der Zustimmung des „Drittberechtigten" nicht. Dem Grundbuchamt muß freilich das Vorliegen dieser Voraussetzung nachgewiesen werden, wenn die Löschung ohne die Zustimmungserklärung beantragt wird. Nach formellem Grundbuchrecht (§ 21 GBO) ist aber ohne Rücksicht darauf, ob der Nachweis erbracht wird oder nicht, eine Zustimmungserklärung zur Vornahme der Löschung überhaupt nicht erforderlich, wenn das belastete (subjektiv-dingliche) Recht auf dem Grundbuchblatt des berechtigten Grundstücks nicht vermerkt ist (§ 9 GBO).

Anm. 17

3. Einen Ersatz für die Zustimmungserklärung kann die Landesgesetzgebung schaffen durch ein Unschädlichkeitszeugnis auf Grund des Vorbehalts in Art. 120 Abs. 2 Ziff. 2 EG.

Anm. 18

VI. Zustimmungserklärung gegenüber dem Grundbuchamt. Für die Zustimmungserklärung „gegenüber dem Grundbuchamt", das einer der beiden im Satz 2 bestimmten Empfangsberechtigten ist, gelten entsprechend die Ausführungen zur Aufgabeerklärung in § 875 Anm. 27, 28, 33. Für diese Erklärung gilt § 181 BGB nicht, RG 157, 27.

Anm. 19

VII. Begünstigter. Der durch die Zustimmung Begünstigte, der empfangsberechtigt ist, kann der Eigentümer, ein Miteigentümer, der „Berechtigte" (Anm. 7) oder der Inhaber eines andern im Range gleichstehenden oder nachstehenden Rechtes sein. Im übrigen kann verwiesen werden auf die entsprechend anzuwendenden Ausführungen in § 875 Anm. 29.

Anm. 20

VIII. Unwiderruflichkeit der Zustimmung

1. Die Zustimmung ist stets unwiderruflich, wenn sie gegenüber einem der in Satz 3 genannten Empfangsberechtigten abgegeben ist. Die §§ 182, 183 finden hier keine Anwendung. Auch wenn die Zustimmung vor der Abgabe der Aufgabeerklärung des § 875 erteilt wird, ist sie unwiderruflich. Die Unwiderruflichkeit hängt auch nicht wie die Unwiderruflichkeit der Aufgabeerklärung nach § 875 Abs. 2 von der Einhaltung einer Form ab. Auch die gegenüber einem Empfangsberechtigten formlos erklärte Zustimmung ist bindend.

Anm. 21

2. **Verfügt der „Drittberechtigte"** nach Abgabe der unwiderruflichen Zustimmung **anderweit** über sein belastendes Recht (z. B. über eine Hypothek, die eine mit dem belasteten Grundstück verbundene Reallast ergreift), so muß der Erwerber die Zustimmung gegen sich gelten lassen; seiner eigenen Zustimmung zur Aufhebung bedarf es nur, wenn er sich auf den öffentlichen Glauben des Grundbuchs berufen kann (§§ 404, 413, 892; Prot. 3, 72f).

Anm. 22

3. Tritt eine **Verfügungsbeschränkung des „Drittberechtigten"** nach der Abgabe seiner Zustimmungserklärung ein, so findet § 878 keine Anwendung, da er sich nur auf „eine in Gemäßheit der §§ 873, 875, 877 abgegebene Erklärung" bezieht (**RG** 52, 416). Da aber die Zustimmung sofort unwiderruflich und ein in sich vollendetes Rechtsgeschäft ist, so ergibt sich von selbst, daß eine nachträgliche Verfügungsbeschränkung (z. B. die Eröffnung des Konkurses über das Vermögen des „Drittberechtigten") keinen Einfluß auf die Wirksamkeit der Zustimmung hat; das gilt selbst dann, wenn noch nicht einmal alle Voraussetzungen des § 878 (z. B. nicht ein beim Grundbuchamt gestellter Eintragungsantrag) vorliegen (**RG** 52, 416).

§ 877

Die Vorschriften der §§ 873, 874, 876 finden auch auf Änderungen des Inhalts eines Rechtes an einem Grundstück Anwendung.

E I 1134, 1144 II 798; M 3 779, 795f; P 3 692ff; 4 586f.

Übersicht

		Anm.
I.	Die anzuwendenden Vorschriften	1—4
II.	Inhalt eines Rechtes	5—11
III.	Recht an einem Grundstück	12
IV.	Anwendung der §§ 873, 874, 876	13—15

Anm. 1

I. Die anzuwendenden Vorschriften

1. Aus der **Anwendung des § 873** folgt, daß zur Rechtsänderung (z. B. zur Abänderung einer eingetragenen Wegegerechtigkeit: KGJ 48, 177) die (formlose) **Einigung zwischen dem Eigentümer und dem Inhaber des Rechtes und die Eintragung der Änderung** erforderlich ist (§ 873 Abs. 2; KGJ 48, 177). Ob die Änderung auf eine Erweiterung oder auf eine Einschränkung der Befugnisse des Berechtigten (z. B. die Aufhebung der Übertragbarkeit des Rechts) hinausläuft, macht hierbei grundsätzlich keinen Unterschied (**RG** JW 1904, 282[1]). Handelt es sich aber lediglich um eine teilweise Aufhebung des Rechts, die auch nicht etwa mit einer Erweiterung des Rechts nach einer andern Richtung verbunden ist, so kommt nicht § 877, sondern nur § 875 zur Anwendung. Dann genügt die einseitige Erklärung des Berechtigten, daß er den Teil des Rechtes aufgebe, und die hinzutretende Löschung des Rechtsteils. Ist die Einigung nach § 873 Abs. 2 bindend erklärt und der Antrag auf Eintragung der Änderung beim Grundbuchamt gestellt, so gilt für die Einflußlosigkeit des Eintritts einer Verfügungsbeschränkung des Eigentümers oder des Rechtsinhabers der § 878. Formellrechtlich bedarf es zur Vornahme der Änderungseintragung nicht des Nachweises der Einigung, sondern nur der in den Formen des § 29 Satz 1 GBO erklärten Eintragungsbewilligung des Passivbeteiligten (§ 19 GBO) und eines (formlosen: § 30 GBO) Eintragungsantrags des Aktivbeteiligten oder des Passivbeteiligten (§ 13 Abs. 1, 2 GBO). Im übrigen kann verwiesen werden auf die Bemerkungen zu § 873.

Anm. 2

2. Nach dem **anzuwendenden § 874** kann ebenso wie bei der Eintragung eines Rechtes auch bei der **Eintragung der Änderung** zur näheren Bezeichnung des Inhalts der Rechtsänderung auf die Eintragungsbewilligung und auf Urkunden, auf welche diese verweist (§ 874 Anm. 10—12), **Bezug genommen** werden (KGJ 48, 178).

Anm. 3

3. § 876 ist anwendbar, wenn das zu ändernde Recht **mit dem Recht eines Dritten belastet** ist.

a) Dann bedarf es zur Änderung des Inhalts des belasteten Rechts der **Zustimmung des Drittberechtigten** (§ 876 Satz 1). In den Fällen der mittelbaren Rechtsbelastung (§ 876 Anm. 2) ist die Zustimmung des „Drittberechtigten" nicht erforderlich, wenn durch die Änderung des mittelbar belasteten Rechtes das belastende Recht nicht berührt wird (§ 876 Satz 2). Daher bedarf es z. B. der Zustimmung der Hypothekengläubiger des herrschenden Grundstücks nicht, wenn eine durch die Hypotheken mittelbar belastete Wegegerechtigkeit, die nur auf einem Teil des dienenden Grundstücks ruht, auf einen andern Teil verlegt werden soll (str.; Anm. 12). Im übrigen gelten die entsprechend anzuwendenden Bemerkungen zu § 876.

Anm. 4

b) Die **Zustimmung eines Drittberechtigten** kann auch **nach anderen Vorschriften als § 877** (in Verbindung mit § 876) zur Änderung des Inhalts eines Grundstücksrechts erforderlich sein.

aa) Wird z. B. das Recht **erweitert,** so ist die Zustimmung der Inhaber gleich- oder nachstehender Rechte erforderlich, da die Erweiterungen sich als Neubelastungen darstellen, die den genannten Rechten nach § 879 nachstehen müßten (KGJ 52, 200; JFG 11, 234); die Umwandlung einer GM-Hypothek in eine RM-Belastung bedurfte nicht der Zustimmung der gleich oder nachstehend Berechtigten, **RG** 159, 379; über die nachträgliche Eintragung der Barzahlungsklausel bei einer Pfandbriefhypothek: § 1115 Anm.; über die Umwandlung eines bedingten oder befristeten Rechts in ein unbedingtes oder unbefristetes: unten Anm. 8. Eine Ausnahme enthält § 1119 Abs. 2 für die Erweiterung gewisser Nebenleistungen bei der Hypothek (RJA 7, 260; KGJ 52, 201; **RG** 132, 109, HHR 35 Nr. 579).

bb) Hieraus darf aber nicht gefolgert werden, daß es zu **jeder Inhaltsänderung** der Zustimmung der im Range gleich- oder nachstehenden Berechtigten bedürfe. Wenn dies als Regel gelten sollte, hätte es im § 877 bestimmt werden müssen. Aus den Sonderbestimmungen in den §§ 1119, Abs. 2, 1186, 1198, 1203 läßt sich indessen eher eine Regel im Sinne des Nichterfordernisses der Zustimmung entnehmen. Es fehlt auch ein gesetzgeberischer Grund dafür, die Zustimmung auch dann zu fordern, wenn die Rechtsstellung der im Range gleich- oder nachstehenden Berechtigten durch die Inhaltsänderung nicht verschlechtert wird (KGJ 52, 200; JW 1936, 2343[30]). Eine Verschlechterung ist z. B. nicht gegeben, wenn bei einer Höchstbetragshypothek die nur dem Höchstbetrag nach bezeichneten ungewissen Ansprüche des Gläubigers durch eine bestimmte Fassung ersetzt werden, oder wenn bei einer gewöhnlichen Sicherungshypothek oder bei einer Verkehrshypothek an die Stelle der zugrunde liegenden aufschiebend bedingten Forderung eine unbedingte gesetzt wird. Denn bis dahin bestand eine (vorläufige) Eigentümergrundschuld (§§ 1113 Anm.; 1190 Anm.), welche das Aufrücken der im Range gleich- oder nachstehenden Berechtigten verhinderte (KGJ 52, 202); vgl. aber auch **RG** WarnRspr 1909 Nr. 360, wo freilich die nachstehenden Hypothekengläubiger, deren Zustimmung zur Umwandlung der für eine bedingte Forderung bestellten Sicherungshypothek in eine gewöhnliche Hypothek erfordert ist, nur mit Rücksicht auf die Bedingtheit der Forderung den Vorrang vor ihren Hypotheken eingeräumt hatten.

cc) Ebenso wird die Lage gleich- oder nachstehender Berechtigter **nicht verschlechtert,** wenn bei einer Hypothek von gleichem oder besserem Rang für sog. Strafzinsen nicht deren Betrag erhöht wird, sondern nur die Bedingungen für ihren Verfall innerhalb des bisher für die Nebenleistungen eingetragenen Gesamtzinssatzes verschärft oder erweitert werden (KGJ 52, 197). Überhaupt tritt eine Verschlechterung der Rechtsstellung der gleich- oder nachstehenden Berechtigten infolge einer Änderung von Nebenleistungen nur dann ein, wenn dadurch der Umfang des Rechts derart erweitert wird, daß die Änderung einer Neubelastung gleichkommt (KGJ 24 A 130; 26 A 290; 33 A 250; 52, 201; RJA 15, 243). Daher kann auch die Erhöhung des Satzes der laufenden Zinsen einer Hypothek ohne Zustimmung der gleich- oder nachstehenden Gläubiger in das Grundbuch eingetragen werden, wenn infolge der gleichzeitig eintretenden Herabsetzung des Satzes der ausbedungenen Strafzinsen für den Säumnisfall die Gesamtbelastung des Grundstücks nicht vergrößert wird (JFG 9, 255).

Anm. 5

II. Inhalt eines Rechtes

1. Inhalt eines Rechtes bedeutet hier ebenso wie im § 874 die Gesamtheit der aus der Rechtsbegründung sich ergebenden Befugnisse des Berechtigten. Eine Neugestaltung, die den Inhalt des Rechts in diesem Sinne nicht zum Gegenstand hat, fällt nicht unter § 877 und kann daher auch grundbuchmäßig nicht als Inhaltsänderung zum Ausdruck gebracht werden.

Anm. 6

a) Immerhin läßt sich die **Umwandlung eines bedingten Rechts in ein unbedingtes** oder eines befristeten Rechts in ein unbefristetes noch unter § 877 bringen; mit Zustimmung der gleich- oder nachstehenden Berechtigten kann daher eine solche Umwandlung in der Veränderungsspalte eingetragen werden (JFG 13, 75 unter Preisgabe des gegenteiligen Grundsatzes in KGJ 50, 188). Dasselbe gilt natürlich auch für die Eintragung der Änderung der Bedingungen bei einer bedingten Hypothek (HRR 1933 Nr. 1929).

Anm. 7

b) Dagegen handelt es sich nicht mehr um eine Änderung des Rechtsinhalts, wenn **an die Stelle einer beschränkten persönlichen Dienstbarkeit** (§ 1090) eine **Grunddienstbarkeit** (§ 1018) treten soll. Denn zu den wesentlichen Begriffsmerkmalen der persönlichen Dienstbarkeit gehört, daß die Berechtigung an eine natürliche oder juristische Person, nicht, wie das Recht aus der Grunddienstbarkeit, an den jeweiligen Eigentümer eines Grundstücks geknüpft ist. Die Ersetzung kann daher nur in der Weise erfolgen, daß die beschränkte persönliche Dienstbarkeit gelöscht und die Grunddienstbarkeit neu eingetragen wird (JFG 1, 414). Ausnahmsweise mag bei einem Altenteil (Auszug, Leibgedinge, Leibzucht) die Umwandlung eines als beschränkte persönliche Dienstbarkeit anzusehenden Rechts in eine Reallastberechtigung ohne Löschung und Neueintragung zulässig sein (§ 1093 Anm. 1), ebenso die Ersetzung von Naturalleistungen durch eine Geldrente **RG** JW 1934, 2997. Die Erhöhung des Kapitals einer Hypothek und die Herabsetzung des Kapitals und des Zinssatzes einer Hypothek werden in Anm. 14f behandelt.

Anm. 8

2. Unter **Inhaltsänderungen** sind im § 877, wie sich aus der Bezugnahme auf die §§ 873, 876 ergibt, **nur die auf Rechtsgeschäft beruhenden,** nicht auch die kraft Gesetzes eintretenden Änderungen zu verstehen. Daher gehören z.B. nicht hierher Änderungen, die eintreten: bei der Grunddienstbarkeit nach §§ 1025, 1026; bei der Hypothek nach § 1177, nach §§ 1164, 1174 und nach §§ 1173 Abs. 2, 1182; bei der Zusammenlegung von Grundstücken im Flurbereinigungsverfahren.

Anm. 9

a) Eine Änderung des Inhalts liegt zunächst vor, wenn die Grundstücksbelastung in **eine anders geartete umgewandelt** wird: z.B. eine Sicherungshypothek in eine gewöhnliche Hypothek (§ 1186; in eine Tilgungshypothek RJA 8, 45); eine Hypothek in eine Grundschuld oder umgekehrt (§ 1198; KGJ 25 A 300; OLG 45, 272); eine Rentenschuld in eine gewöhnliche Grundschuld (§ 1203).

Anm. 10

b) Sie liegt aber auch dann vor, wenn beim Bestehenbleiben der Berechtigung in ihrer bisherigen Gesamtart ihr Umfang und ihre Gestaltung **nur im einzelnen verändert** wird (RJA 2, 36; KGJ 52, 200). Daher findet § 877 z.B. in folgenden Fällen Anwendung: wenn aus mehreren im Range unmittelbar aufeinanderfolgenden Hypotheken desselben Gläubigers eine Einheitshypothek gebildet werden soll (**RG** 145, 47); wenn ein Hypothekenrecht in den Nebenleistungen erweitert werden soll (§ 1119 Anm.; **RG** 72, 366; 132, 109; HHR 33 Nr. 579; RJA 7, 259; 8, 45; KGJ 40 A 283; 52, 200); wenn unter Aufhebung der Ausschließung eines Hypothekenbriefs eine Briefhypothek begründet werden soll (§ 1116 Abs. 3), da hierdurch die Verkehrsfähigkeit der bisherigen Buchhypothek verändert wird (RJA 2, 36); wenn die Übertragbarkeit eines Rechts (§§ 399, 413) aufgehoben werden soll (**RG** JW 1904, 282[1]); wenn der Eigentümer sich dem Hypothekengläubiger gegenüber nachträglich der Zwangsvollstreckung gemäß § 800 ZPO unterwirft, da der Gläubiger dadurch einen schnelleren Zugriff für sein Recht erlangt und dies auf die Rechtslage nachstehender Berechtigter von Einfluß sein kann (OLG 14, 136; aM 45, 99; KG JFG 13, 76; DJ 42, 244); wenn der Rang zweier Rechte geändert werden soll und § 880 Abs. 2 nicht zutrifft (z.B. im Falle der Vereinbarung der Rangänderung zwischen dem Eigentümer und dem Inhaber beider Rechte), da hierdurch die Sicherung der Durchführung und auch die Wertschätzung bei dem einen Recht vermindert, bei dem anderen vermehrt wird (RJA 9, 268; KGJ 39 A 195; § 880 Anm. 1); wenn dem Eigentümer von dem Inhaber eines Rechts die Befugnis eingeräumt wird, ein anderes Recht mit Vorrang eintragen zu lassen, da dadurch das betroffene Recht, dessen Rang sich bisher nach § 879 richtete, umgewandelt wird in ein Recht, das einem künftigen Recht im Range nachstehen soll (§ 881 Anm. 4; RJA 9, 54); wenn eine Grunddienstbarkeit nicht nur der Ausübung nach gemäß § 1023 eine (nicht in das Grundbuch gehörende) Änderung erfahren, sondern von einem Grundstücksteil, auf dem allein sie eingetragen ist (vgl. § 7 GBO), auf einen andern Teil des belasteten Grundstücks verlegt werden soll (Anm. 3), da in einem solchen Fall die Dienstbarkeit hinsichtlich des Belastungsgegenstandes eine andere Gestaltung gewinnt (str.).

Anm. 11

c) Dagegen fällt **nicht** unter § 877 die **Änderung der Person des Berechtigten** bei der Übertragung des Rechts, da der Inhalt des Rechts dadurch nicht geändert wird. Das gilt auch von der Überlassung der Ausübung des Nießbrauchs an einem Grundstück nach § 1059 Satz 2, wodurch der Inhalt des dinglichen Rechts nicht berührt wird (JFG 1, 412; § 1059 Anm. 2), wohl aber die Verlängerung eines zeitlich begrenzten Nießbrauchs JFG 13, 77.

Anm. 12

III. Recht an einem Grundstück. Den Begriff des Grundstücks und den Kreis der Rechte daran erläutern die Anm. 13—16, 27—30 zu § 873. Die Änderung des Inhalts von Rechten, die Rechte an Grundstücken belasten, fällt nicht unter § 877 (OLG 29, 379).

Anm. 13

IV. Anwendung der §§ 873, 874, 876

1. Die Anwendung findet nur statt, **soweit nicht das Gesetz** für einzelne Rechtsänderungen **etwas anderes bestimmt.** Insoweit sei verwiesen z.B. auf die §§ 880, 1151 (Rangänderung), 1109 (Teilung des herrschenden Grundstücks im Falle einer subjektiv-dinglichen Reallast), 1116 Abs. 2 (Ausschließung der Erteilung des Hypothekenbriefs), 1132 Abs. 2 (Verteilung einer Gesamthypothek auf die einzelnen Grundstücke), 1180 (Ersatz einer Hypothekenforderung durch eine andere). Vgl. auch die Übergangsbestimmung des Art. 189 Abs. 1 Satz 2 EG.

Anm. 14

2. Unzulässig ist die Änderung einer Hypothek (Grundschuld, Rentenschuld) durch **Erhöhung der Kapitalsumme,** da der wesentliche Inhalt eines solchen

Rechts nach den §§ 1113, 1191, 1199 gerade in der Sicherung der Zahlung einer ziffernmäßig fest begrenzten Geldsumme besteht. Ausnahme bei Entschuldungshypotheken nach Ges. v. 1. 6. 33 **RG** HHR 35 Nr. 1523. Für den erhöhten Kapitalbedarf kann daher nur ein neues hypothekarisches Recht eingetragen werden (§ 1119 Anm.). Eine als Erweiterung eingetragene Kapitalerhöhung macht aber das Grundbuch nur dann hinsichtlich des Ranges unrichtig, wenn die Inhaber der Nachrechte nicht zugestimmt haben (**RG** 143, 428).

Anm. 15

3. Zulässig ist die Umwandlung mehrerer Hypotheken in eine einheitliche (**RG** 145, 47), selbst wenn der Rang der Zinsen dadurch nicht geringer wird (DR 39, 2109) oder wenn eine Hypothek Gesamthypothek ist und teilweise Löschungsvormerkungen eingetragen sind (JFG 20, 381). Die Herabsetzung des Zinssatzes einer Hypothek ist ebenso wie die Herabsetzung des Kapitals keine Inhaltsänderung, sondern eine teilweise Aufhebung der Hypothek im Sinne der §§ 875, 1183 (**RG** 72, 366).

§ 878

Eine von dem Berechtigten in Gemäßheit der §§ 873, 875, 877 abgegebene Erklärung wird nicht dadurch unwirksam, daß der Berechtigte in der Verfügung beschränkt wird, nachdem die Erklärung für ihn bindend geworden und der Antrag auf Eintragung bei dem Grundbuchamte gestellt worden ist.

E I 831, 834, 1134, 1144 II 799; M 3 190ff, 779, 795f; P 3 65ff; 4 586.

Übersicht

Anm. 1

I. Die Erklärung des Berechtigten gemäß §§ 873, 875, 877

1. Die Erklärung muß **von dem Berechtigten** abgegeben sein. Der Begriff des Berechtigten im Sinne der §§ 873, 875, 877 ist erläutert in § 873 Anm. 76ff. Ist der Erklärende nicht Berechtigter in Ansehung des Grundstücks oder des Rechts, über das er durch die Erklärung verfügt, so ist die Erklärung von vornherein unwirksam. Mithin kann nicht in Frage kommen, daß sie noch durch den nachträglichen Eintritt einer Verfügungsbeschränkung unwirksam wird. Für einen solchen Fall hat also § 878 keine Bedeutung (**RG** 89, 156). Bewilligt z. B. der Käufer eines Grundstücks, bevor er die Auflassung erhalten hat, die Eintragung einer Hypothek und wird dann gegen ihn ein Veräußerungsverbot erlassen, so ist § 878 nicht anzuwenden, da der Käufer noch nicht Eigentümer, also nicht zu der Eintragungsbewilligung berechtigt war. Ergeht das Veräußerungsverbot, nachdem ihm das Grundstück aufgelassen, bevor er aber als Eigentümer eingetragen ist, so kann allerdings unter Umständen in der Auflassung zugleich die Einwilligung des Verkäufers als des eingetragenen Berechtigten in die Verfügung des Käufers über das Grundstück zu finden sein. Trotzdem ist auch in diesem Falle § 878 nicht anwendbar, selbst wenn der Käufer demnächst als Eigentümer eingetragen und so die Bewilligung der Hypothekeintragung an sich wirksam wird (§ 185 Abs. 2). Denn der nachträgliche Erwerb des Gegenstandes, über den der Käufer als Nichtberechtigter verfügt hat, hat nicht wie die Genehmigung des Berechtigten nach § 184 Abs. 1 rückwirkende Kraft. Daher verbleibt es trotz des nachträglichen Eigentumserwerbs des Käufers dabei, daß seine Bewilligung der Hypothekeintragung zur Zeit des Erlasses des Veräußerungsverbots die eines Nichtberechtigten war (**RG** 89, 158; 135, 382).

Anm. 2

2. Ferner werden nur die **in Gemäßheit der §§ 873, 875, 877 abgegebenen Erklärungen** von § 878 betroffen, also die dinglichen Rechtsgeschäfte, die zum Gegenstande haben: die Übertragung des Eigentums an einem Grundstück, die Belastung eines Grundstücks mit einem Recht, die Übertragung oder Belastung eines solchen Rechts (§ 873); die Aufhebung eines Rechts an einem Grundstück (§ 875); die Änderung des Inhalts eines Rechts an einem Grundstück (§ 877).

a) Auf die zu solchen Rechtsgeschäften in den Fällen der §§ 876, 880 Abs. 2, 1183 erforderliche **Zustimmung anderer Personen** bezieht sich § 878 nicht (**RG** 52, 416). Diese Zustimmungserklärungen werden aber aus anderem Grunde durch eine nachträglich eintretende Verfügungsbeschränkung in ihrer Wirksamkeit ebenfalls nicht berührt, und zwar selbst dann nicht, wenn nicht alle Voraussetzungen des § 878 vorliegen (§ 876 Anm. 22).

b) Das **Erlöschen der Vollmacht,** auf Grund deren eine Erklärung abgegeben ist, gehört gleichfalls nicht hierher. Tritt das Erlöschen nach Stellung des Eintragungsantrags ein (z. B. wenn die vom Konkursverwalter erteilte Auflassungsvollmacht nach erklärter Auflassung infolge Aufhebung des Konkurses erlischt), so kann die Eintragung nicht mehr stattfinden, da das Verfügungsrecht des Vollmachtgebers, in dessen Namen erklärt worden ist, auch noch zur Zeit der Eintragung fortbestehen muß (OLG 26, 4; JFG 1, 341).

c) Ferner fällt nicht unter § 878 die **Bewilligung einer Vormerkungseintragung,** da durch die Vormerkung kein dingliches Recht begründet wird (§ 885 Anm. 7). Das Kammergericht will allerdings bei der bewilligten Vormerkung den § 878 entsprechend anwenden (JFG 4, 336; JW 1932, 2441[3]; ebenso BayObLG NJW 54, 1120) und nur bei der auf Grund einer einstweiligen Verfügung angeordneten Vormerkung die entsprechende Anwendung nicht zulassen (HRR 1934 Nr. 167). Aus der Begründung dieser Ansicht ist sicher richtig, daß sich § 878 nur auf solche Eintragungen bezieht, die auf rechtsgeschäftlicher Grundlage beruhen. Deshalb gehört auch nicht hierher der gegen einen demnächst in der Verfügung beschränkten Schuldner gestellte Antrag des Gläubigers auf Eintragung einer Zwangshypothek (§ 867 ZPO; **RG** 84, 280; **BGH** 9, 250; RJA 10, 232). Dagegen findet § 878 Anwendung in den Fällen der §§ 880 Abs. 2, 1109 Abs. 2, 1116 Abs. 2, 1132 Abs. 2, 1154 Abs. 3, 1168 Abs. 2, 1187 Abs. 1, 1195 Abs. 2, 1260 Abs. 1.

d) Die durch **rechtskräftiges Urteil** nach § 894 ZPO ersetzte Erklärung des Berechtigten steht auch hinsichtlich des § 878 der freiwilligen Erklärung gleich (§ 873 Anm. 73).

Anm. 3

II. Erfordernisse für den Nichteintritt der Unwirksamkeit

1. Nicht unwirksam wird die Erklärung durch die Verfügungsbeschränkung nur dann, wenn **beide Erfordernisse** des § 878, die Unwiderruflichkeit der Erklärung und die Antragstellung, bereits zu der Zeit vorliegen, in der die Verfügungsbeschränkung eintritt (**RG** JW 1930, 3335). Geht also z. B. vor Erledigung eines auf Grund einer Auflassung gestellten Antrags auf Umschreibung des Eigentums ein Ersuchen des Vollstreckungsgerichts zu den Grundakten ein, auf Grund der gegen den auflassenden Eigentümer angeordneten Zwangsversteigerung den Zwangsversteigerungsvermerk einzutragen, so steht die mit dem Eingang des Ersuchens wirksam gewordene Verfügungsbeschränkung (Beschlagnahme des Grundstücks zugunsten des betreibenden Gläubigers: Anm. 12 zu bb) der Eintragung des Eigentumsübergangs auf Grund der Auflassung nicht entgegen (JFG 1, 312). Ebenso wird, wenn eine bindende Einigung zwischen Eigentümer und Gläubiger über die Bestellung einer Hypothek zustandegekommen und der Antrag auf Eintragung der Hypothek beim Grundbuchamt gestellt ist, die Eintragung der Hypothek nicht dadurch unzulässig, daß über das Vermögen des Eigentümers der Konkurs eröffnet wird (OLG 45, 189); allerdings genügt dazu nicht allein die (formgerechte) Eintragungsbewilligung des Eigentümers (OLG 45, 190; HRR 1932 Nr. 1656).

Anm. 4

2. Eine **bestimmte zeitliche Aufeinanderfolge** der beiden Erfordernisse ist nicht vorgeschrieben. Insbesondere sind die Voraussetzungen des § 878 auch dann gegeben, wenn die Unwiderruflichkeit der Erklärung erst nach dem Antrag eingetreten ist, sofern sie nur vor der Verfügungsbeschränkung liegt (OLG 15, 231). Ist die Erklärung von dem Berechtigten noch nicht unwiderruflich abgegeben, so übt die Verfügungsbeschränkung ihre Wirkung ohne weiteres aus. Dies ist z. B. dann der Fall, wenn der Passivbeteiligte (Übertragende, Belastende, Aufgebende) die „Eintragungsbewilligung" des § 873 Abs. 2 oder die „Löschungsbewilligung" des § 875 Abs. 2 nicht in einer der Formen des § 29 Satz 1 GBO erklärt oder wenn er seine Erklärung dem Aktivbeteiligten (Begünstigten) noch nicht ausgehändigt hat. Auch wenn der Passivbeteiligte selbst in solchen Fällen bereits den Antrag auf Löschung gestellt hat (§ 13 Abs. 2 GBO), wirkt eine nachträglich gegen ihn gerichtete Verfügungsbeschränkung noch, sofern sie vor der Eintragung oder Löschung eintritt. Denn der Passivbeteiligte kann zu dieser Zeit noch seine Erklärung widerrufen und den Antrag zurücknehmen (§ 31 GBO). Ob die Erklärung tatsächlich widerrufen und der Antrag zurückgenommen wird, darauf kommt es nicht an.

Anm. 5

3. Ist aber die Erklärung in bindender Form abgegeben, so wirkt die nachträglich eintretende Verfügungsbeschränkung nur, wenn sie zu einer Zeit eintritt, in der ein **Eintragungsantrag noch nicht gestellt** ist. Die Wirkung der Verfügungsbeschränkung besteht dann darin, daß die Einigung über die Eintragung oder Löschung (in andern gleichliegenden Fällen sonstige Erklärungen, wie Übertragungs-, Belastungs-, Aufgabeerklärungen) unwirksam ist gegenüber dem, zu dessen Schutz die Verfügungsbeschränkung besteht, und daß die etwa auf ihrer Grundlage erfolgte Eintragung (Löschung) der Anfechtung unterliegt. Wirkt die Verfügungsbeschränkung (der Ausschluß der Verfügungsbefugnis) allgemein (absolut), so ist die ihr zuwiderlaufende Eintragung nichtig (Anm. 13). In solchen Fällen muß das Grundbuchamt die beantragte Eintragung ablehnen, weil die Grundlage für die Eintragung, das dingliche Rechtsgeschäft, nichtig ist. Wenn dagegen eine aus dem Grundbuch ersichtliche Verfügungsbeschränkung nur den Schutz bestimmter Personen bezweckt, darf das Grundbuchamt (auch wenn die Voraussetzungen des § 878 nicht vorliegen) die Eintragung nicht ablehnen. Denn der Passivbeteiligte ist trotz der Verfügungsbeschränkung an sich zur Verfügung befugt; seine Verfügung ist wirksam für den Aktivbeteiligten (Erwerber des Rechts) und gegenüber dritten Personen, die nicht zu den geschützten gehören; den geschützten Personen gegenüber kann der Mangel der Verfügungsbefugnis (z. B. durch Genehmigung, Aufhebung der Verfügungsbeschränkung) wegfallen (**RG** 105, 76; KGJ 52, 130; HRR 1934 Nr. 1095). Ausnahmen gelten für den Konkurs und die Nachläßverwaltung (Anm. 16, 17, 20). Abgesehen von diesen Ausnahmen hat daher § 878 für das Grundbuchverfahren (die Vornahme der Eintragung) nur Bedeutung in den Fällen absolut wirkender Verfügungsbeschränkungen oder solcher nur relativ wirkender Verfügungsbeschränkungen, die dem Grundbuchamt bekannt, aber noch nicht in das Grundbuch eingetragen sind (HRR 1934 Nr. 1095; JW 1938, 3122[28]; BayObLG NJW 54, 1120). Vgl. aber wegen der Löschungseintragungen mit Rücksicht auf die erforderliche Sicherung der geschützten Personen gegen die Wirkung des Rechtserwerbs in gutem Glauben KGJ 22 A 242; 25 A 278; 30 A 286.

Anm. 6

4. Die Vorschrift des § 878, daß die Erklärung durch eine nach Bindung und Antrag eintretende Verfügungsbeschränkung nicht unwirksam gemacht wird, hat nur die Bedeutung, daß die Verfügungsbeschränkung (z. B. die Konkurseröffnung) der Rechtsgültigkeit der eingetragenen Rechtsänderung keinen Abbruch tut, daß vielmehr die Rechtsänderung auch gegenüber dem, zu dessen Schutz die Verfügungsbeschränkung dienen soll (z. B. den Konkursgläubigern), an sich als gültig vollzogen gilt. Dies schließt nicht aus, daß die eingetragene Rechtsänderung aus anderem Grunde nichtig oder anfechtbar ist. Ein solcher Grund ist z. B. die Anfechtung nach §§ 29ff KO,

wenn (nach Bindung und Antrag, aber) vor der Eintragung der Konkurs über das Vermögen des Passivbeteiligten eröffnet war (**RG** 51, 284; 81, 424).

Anm. 7

III. Verfügungsbeschränkung

1. Die **Beschränkung des Berechtigten in der Verfügung** im Sinne des § 878 umfaßt alle rechtlichen Behinderungen oder Beeinträchtigungen des Berechtigten oder seines Vertreters in der Befugnis, über das Recht durch Rechtsgeschäft zu verfügen, d. h. eine Änderung an dem Recht (Übertragung, Belastung, Aufhebung, Inhaltsänderung) unmittelbar (im Gegensatz zur Übernahme von Verpflichtungen zu Leistungen) durch eigene Machtvollkommenheit herbeizuführen (KGJ 51, 298). Gleichgültig ist dabei, ob die Beschränkungen auf Rechtsgeschäfte (z. B. letztwilliger Verfügung), behördlicher Anordnung oder unmittelbar auf (Reichs- oder Landes-)Gesetz beruhen (RJA 13, 250). Nach diesem Begriff der Verfügung ist z. B. keine Verfügungsbeschränkung die Beschränkung des Eigentümers in der Befugnis zur Verpachtung seines Grundstücks, da mit dem Abschluß eines Pachtvertrags nur schuldrechtliche Beziehungen begründet werden (KGJ 51, 298).

Anm. 8

a) Die Verfügungsbeschränkung ist auch zu unterscheiden von **Beschränkungen der Erwerbs- und Verpflichtungsfähigkeit,** also der Fähigkeit, zu erwerben uud sich persönlich zu verpflichten, und von Beschränkungen der Geschäftsfähigkeit, wodurch nicht die Befugnis, sondern die Fähigkeit zu einer wirksamen Verfügung beschränkt wird (§§ 104ff; RJA 9, 277). In letzter Hinsicht enthält bereits § 130 Abs. 2 die allgemeine Vorschrift, daß eine Willenserklärung, die nach § 130 Abs. 1, 3 wirksam geworden ist, durch den Eintritt der Geschäftsunfähigkeit ebensowenig unwirksam wird wie durch den Tod des Erklärenden (Beispielsfall JW 1936, 608[47]).

Anm. 9

b) § 878 hat die Bedeutung einer **Ausnahme** von dem Grundsatz, daß die Verfügungsbefugnis des Berechtigten bis zur Vollendung der Rechtsäuderung vorhanden sein muß; diese Ausnahme gilt aber nur unter den vom Gesetz bestimmten Voraussetzungen, insbesondere also nur für eine den Berechtigten treffende Verfügungsbeschränkung (OLG 45, 189). Auf nachträglich eintretende Erwerbsbeschränkungen oder sonstige Erwerbshindernisse (z. B. ein nach gestelltem Antrag auf Umschreibung des Eigentums an einem aufgelassenen Grundstück durch einstweilige Verfügung erlassenes Verbot an den Erwerber, sich das Eigentum durch Eintragung zu verschaffen) bezieht sich § 878 nicht; solche Hindernisse können also den Erwerb auch in den Fällen des § 878 hindern (**RG** 120, 120; § 925 Anm. 20).

Anm. 10

2. Unter § 878 fallen **nicht** solche Verfügungsbeschränkungen, die **erst mit der Eintragung in das Grundbuch wirksam werden,** auch nicht Belastungen während des Entschuldungsverfahrens (KG JW 34, 1245) und Verfügungsbeschränkungen der Besatzungsmächte gemäß MilRegG Nr. 52, 53, KontrRG Nr. 45.

Anm. 11

a) Im übrigen aber betrifft § 878 zunächst alle Arten teilweiser oder gänzlicher Entziehung der Verfügungs- und Vertretungsmacht, die **in den persönlichen Verhältnissen und Beziehungen des Erklärenden ihre Grundlage** haben, z. B. nach §§ 26 Abs. 2, 64, 70 (Vertretungsmacht des Vereinsvorstandes), § 710 (Vertretung der Gesellschaft), §§ 1357, 1365ff, 1516 (Vertretungsmacht nach Eherecht, Einfluß nachträglichen Eheschlusses nach Maßgabe des Güterstandes; vgl. RJA 9, 276), §§ 1629, 1641, 1643ff (Vertretung nach Maßgabe der Vorschriften über die elterliche Gewalt und des Vormundschaftsrechts), §§ 2113ff, 2121 (Vorerbe), §§ 2306, 2308, 2338 (mit Beschränkung als Erbe berufener Pflichtteilsberechtigter), § 2365 (Vermutung für die Vertretungsmacht des Testamentsvollstreckers). Ebenso gehören hierher die Konkurseröffnung (§§ 6, 7, 15 KO) und die ihr in den Wirkungen ähnliche Anordnung der Nachlaßverwaltung nach §§ 1975 ff BGB. Näheres hierüber unten in Anm. 15—20.

Anm. 12

b) Ferner fallen unter § 878 der Ausschluß und die Einschränkungen der Verfügungsmacht (insbesondere der Übertragungsmacht), die **aus sachlichen Gründen** hinsichtlich eines Rechtes erfolgen. Von diesen Beschränkungen kommen für § 878 **namentlich** in Betracht die **Veräußerungsverbote** der §§ 134—136. Diese beruhen auf Gesetz (§§ 134, 135) oder auf Anordnung der Gerichte oder anderer Behörden (§ 136).

aa) Zu den **gesetzlichen Veräußerungsverboten** gehören z. B.: die Vorschriften des Devisengesetzes, mindestens insoweit, als sie den Berechtigten wegen eines in seiner Person liegenden Grundes bei der Verfügung an die Genehmigung der Devisenstelle binden (JFG 17, 165); die Beschlagnahme des Vermögens Beschuldigter nach § 93 StGB und §§ 290 ff, 433 StPO (**RG** Gruchot 33, 1092); das in der 1. DVO der Niedersächs. Landesregierung zur MRVO (BrZ) 103 v. 11. 11. 1947 ausgesprochene Veräußerungsverbot (**BGH** LM Nr. 17 zu § 18 Abs. 1 Ziff. 2 UmstG). Hat eine Klage gegen den Berechtigten oder den als solchen Eingetragenen ein eingetragenes Recht zum Gegenstande oder zur Voraussetzung, so ist mit der Rechtshängigkeit nach §§ 265 Abs. 1, 325 ZPO ein gesetzliches Veräußerungsverbot im Sinne des § 878 insofern verbunden, als das ergehende Urteil, wenn es einen Anspruch aus einer Reallast oder einem hypothekarischen Recht betrifft, unbedingt (§ 325 Abs. 3 ZPO), andernfalls bei Kenntnis der Rechtshängigkeit (§ 325 Abs. 1, 2 ZPO, § 892 BGB) auch gegen den Erwerber des belasteten Grundstücks wirkt (**RG** 49, 366; 79, 165).

¶ **bb) Veräußerungsverbote der Gerichte oder anderer Behörden** (§ 136), die für § 878 Bedeutung haben können, sind z. B.: die gerichtlich angeordnete Beschlagnahme nach § 140 Abs. 3 StGB, §§ 283, 284 StPO; die Rechtspfändung nebst dem Verfügungsverbot nach §§ 829, 857 ZPO (RJA 3, 154; 6, 239); die einstweilige Verfügung nach § 938 ZPO (**RG** 67, 42; 106, 139; KGJ 30 A 240; Eintragungsfähigkeit einer Sequestration: § 892 Anm. 105); die Beschlagnahme eines Grundstücks in der Zwangsversteigerung oder Zwangsverwaltung nach §§ 23, 146 ZVG (**RG** 84, 279; JFG 1, 312; OLG 17, 352); das vom Konkursgericht erlassene allgemeine Veräußerungsverbot nach § 106 KO. Die Frage, ob und inwieweit bei Rentengütern (Art. 62 EG) nach der preußischen Rentengutsgesetzgebung eine Veräußerungsbeschränkung insofern besteht, als die Genehmigung der Landeskulturbehörde erforderlich ist, erörtert KGJ 47, 155.

Anm. 13

3. Die Verfügungsbeschränkungen können entweder **im öffentlichen Interesse** bestehen und wirken dann allgemein und unbedingt (absolut); oder sie können (so insbesondere die Veräußerungsverbote der §§ 135, 136) nur den **Schutz bestimmter Personen** bezwecken und wirken dann (relativ) nur zugunsten dieser Personen, und zwar bei Grundstücksrechten auch noch mit der Einschränkung, daß sie dem rechtsgeschäftlichen Erwerb eines Dritten nicht entgegenstehen, wenn sie weder aus dem Grundbuch ersichtlich noch dem Dritten bekannt sind (§§ 135 Abs. 2, 892 Abs. 1 Satz 2). Nur relative Wirkung wird z. B. beigelegt einer Vermögensbeschlagnahme auf Grund devisenrechtlicher Vorschriften (JW 1937, 2452[12]; 1938, 3122[28]). In den Fällen der **absoluten Verfügungsbeschränkungen** ist, soweit nicht § 878 Anwendung findet (Anm. 5), die entgegenstehende Verfügung nichtig (§ 134). Soche Verfügungsbeschränkungen sind z. B. verbunden mit: der Beschlagnahme des Vermögens Angeschuldigter nach §§ 290 ff StPO (M 3, 216; RJA 5, 260); forst- und baupolizeilichen Eigentumsbeschränkungen (OLG 6, 490; nach JFG 18, 54 fallen aber die in Baupolizeiverordnungen enthaltenen Verbote über die Bebauung von Grundstücken und die Veränderung baulicher Anlagen grundsätzlich nicht unter § 134); dem Recht der Gemeinde auf Entziehung des Grundeigentums gemäß dem Fluchtlinienplan (KGJ 25 A 147); dem auf Grund des § 6 des Kapitalabfindungsgesetzes v. 3. 7. 1916 eingetra-

genen Verbot der Weiterveräußerung und Belastung des Grundstücks (**RG** 105, 73; KGJ 52, 125); der Belastungsbeschränkung nach §§ 8, 91 des Schuldenregelungsgesetzes v. 1. 6. 1933 (**RG** 156, 93); den Veräußerungsverboten nach § 4 des preuß. Gesetzes, betreffend die Beförderung der Errichtung von Rentengütern, v. 7. 7. 1891 und § 7 des preuß. Gesetzes, betreffend das Anerbenrecht bei Renten- und Ansiedlingsgütern, v. 8. 6. 1896 (KGJ 52, 127). Absolute Wirkung haben zum Teil auch die Verfügungsbeschränkungen und Verfügungsentziehungen auf dem Gebiet des ehelichen Güterrechts (§§ 1365ff; § 892 Anm. 101).

Anm. 14

4. Was die **auf Rechtsgeschäft beruhenden Verfügungsbeschränkungen** anlangt, so bestimmt § 137 Satz 1 zwar grundsätzlich, daß die Befugnis zur Verfügung über ein veräußerliches Recht nicht durch Rechtsgeschäft mit dinglicher Wirkung ausgeschlossen oder beschränkt werden kann (Gegensatz Satz 2: die Übernahme der schuldrechtlichen Verpflichtung zur Nichtverfügung ist zulässig). Dies gilt aber nur, soweit nicht das Gesetz im einzelnen etwas anderes bestimmt.

a) Vom Gesetz zugelassene rechtsgeschäftliche Verfügungsbeschränkungen sind z. B. die der §§ 719 (Gesellschaftsanteil), 1442 aF, 1419 nF (Anteil am Gesamtgut der ehelichen Gütergemeinschaft), 2113ff (Nacherbe; § 894 Anm. 8, 11), 2211 (Testamentsvollstrecker; KGJ 52 S. 116, 129).

b) Auch die Beschränkungen durch **Bedingungen oder Zeitbestimmungen** (§§ 161, 163) gehören hierher (str.; § 892 Anm. 100). Ist z. B. ein Recht an einem Grundstück nur bedingt eingeräumt und tritt die diese Verfügung aufhebende oder beschränkende Bedingung erst nach Stellung des Eintragungsantrags ein, so hat ihr Eintritt keine Wirkung.

c) Keine (rechtsgeschäftlichen) Verfügungsbeschränkungen sind die dinglichen Rechte an fremder Sache. Zwar können sich auch aus ihnen Einschränkungen der Befugnis, über die belasteten Sachen zu verfügen, ergeben. Bei der Verfügungsbeschränkung ist aber der Betroffene behindert, ein Recht, das ihm an sich unbegrenzt zusteht, im Wege der Verfügung auszuüben; dagegen ist beim Bestehen eines dinglichen Rechts an fremder Sache das Recht des Belasteten als solches vermindert, die freie Verfügung über das so verminderte Recht dem Rechtsinhaber aber nicht verwehrt (**RG** 90, 237).

Anm. 15

5. Für die Anwendung des § 878 ist neben den Veräußerungsverboten des § 136 besonders wichtig die **Konkurseröffnung.**

a) Die im § 878 genannten Erklärungen sind Rechtshandlungen im Sinne der §§ 7, 15 KO; sie sind auch schon für sich allein Verfügungen, obgleich zur Vollendung der Rechtsänderung noch die Eintragung hinzukommen muß (§ 873 Anm. 77; § 875 Anm. 15). Nach § 6 KO verliert der Gemeinschuldner die Befugnis, über sein zur Konkursmasse gehöriges Vermögen zu verfügen; die Verfügungsbefugnis wird durch den Konkursverwalter ausgeübt. Danach ist während des Konkursverfahrens nur der Konkursverwalter verfügungsberechtigt.

Anm. 16

b) Daraus folgt zunächst, daß das Grundbuchamt auf eine **von dem Gemeinschuldner nach der Konkurseröffnung abgegebene Erklärung** eine Eintragung nicht vornehmen darf, wenn der Konkursvermerk eingetragen oder die Konkurseröffnung dem Grundbuchamt bekannt ist. Zwar ist die dennoch erfolgte Eintragung und die ihr zugrundeliegende Verfügung des Gemeinschuldners nach § 7 nur den Konkursgläubigern gegenüber unwirksam. Diese beschränkte Wirkung ändert aber nichts an der Tatsache, daß der Gemeinschuldner die Verfügungsbefugnis verloren hat. Diese Tatsache darf das Grundbuchamt nicht unberücksichtigt lassen. Ihm gegenüber ist nur der Konkursverwalter verfügungsberechtigt. Ob und welche Wirkung eine unberechtigte Verfügung des Gemeinschuldners materiellrechtlich hat, kommt für das Grundbuchverfahren nicht in Betracht. Insofern tritt mithin eine Sperre des Grundbuchs ein.

Die Rechtslage nach § 6 KO ist also eine andere (Anm. 5) als sonst bei Verfügungsbeschränkungen, die nur zugunsten bestimmter Personen wirken (str.; **RG** 71, 38; KGJ 40 A 279; 52, 130).

Anm. 17

c) Dasselbe gilt auch dann, wenn die verfügende Erklärung des Gemeinschuldners zwar vor der Konkurseröffnung abgegeben, die **Konkurseröffnung** aber **eingetreten** ist, **bevor der Eintragungsantrag gestellt** worden ist. Die Verfügungsbefugnis des Passivbeteiligten muß grundsätzlich nicht nur zur Zeit der Abgabe der Erklärung, sondern auch zur Zeit der Eintragung vorliegen (Anm. 9). Denn wenn auch die Erklärung schon eine Verfügung ist, wird doch die Rechtsänderung erst durch die Eintragung vollzogen. Dies wird auch durch § 878 bestätigt, da hiernach nur die erst nach Stellung des Eintragungsantrags eintretende Verfügungsbeschränkung keine Wirkung hat (RJA 3, 47; 9, 276). Das Grundbuchamt darf daher auch in diesem Falle einem Eintragungsantrag nicht stattgeben, weil der passiv beteiligte Gemeinschuldner nicht mehr verfügungsberechtigt ist. Es kann die Vornahme der Eintragung nicht auf die Erwägung stützen, daß der durch sie eintretende Erwerb des Aktivbeteiligten nach § 15 Satz 1 KO nur den Konkursgläubigern gegenüber unwirksam wäre (str.; RJA 3, 47).

Anm. 18

d) Nur dann hat nach § 878, dessen Vorschrift im § 15 Satz 2 KO als unberührt bleibend erklärt ist, die Konkurseröffnung keinen Einfluß, wenn sie erst **nach der Stellung des Eintragungsantrags** eingetreten ist; in diesem Falle ist trotz des Konkurses dem Eintragungsantrag stattzugeben (**RG** 51, 286; OLG 19, 204). Hat also z. B. der Grundstückseigentümer A seinem Gläubiger G eine dem § 29 GBO entsprechende Eintragungsbewilligung für eine Hypothek ausgehändigt, und G daraufhin die Eintragung der Hypothek beim Grundbuchamt beantragt, so ist die später eintretende Eröffnung des Konkurses über das Vermögen des A ohne Einfluß auf die Rechtswirksamkeit der Begründung des Hypothekenrechts für G, selbst wenn sowohl die Eintragung des A als Eigentümer (Ersteher in der Zwangsversteigerung) als auch die Eintragung der Hypothek für G erst nach der Konkurseröffnung erfolgt ist; dem Konkursverwalter bleibt dann nur die Anfechtung nach §§ 29ff KO übrig (**RG** WarnRspr 1933Nr. 198).

Anm. 19

e) Hat sich kraft einer vom Gemeinschuldner nach den §§ 873, 875, 877 abgegebenen Erklärung die Rechtsänderung bereits vor der Konkurseröffnung außerhalb des Grundbuchs vollzogen, handelt es sich also bei dem nach der Konkurseröffnung gestellten Antrag auf Eintragung **nur noch um die Berichtigung des Grundbuchs** (z. B. wenn eine vom Gemeinschuldner vor dem Konkurse schriftlich erklärte, durch Übergabe des Briefs vollzogene Abtretung einer Hypothek nach der Konkurseröffnung in das Grundbuch eingetragen werden soll), so steht die Konkurseröffnung der Eintragung nicht entgegen, da die Rechtsänderung zugunsten des Aktivbeteiligten schon vor der Konkurseröffnung eingetreten war (KGJ 40 A 278).

Anm. 20

f) In allen diesen Beziehungen gilt nach § 1984 Entsprechendes für die Anordnung der **Nachlaßverwaltung** (KGJ 52, 129) und wenn im Vergleichsverfahren dem Schuldner vom Gericht Verfügungsbeschränkungen (allgemeines Veräußerungsverbot oder ein besonderes Veräußerungsverbot hinsichtlich der Grundstücke) auferlegt sind (vgl. § 56ff VglO).

Anm. 21

6. **Vormerkungen und Widersprüche** sind keine Verfügungsbeschränkungen, da sie sich nicht gegen die Befugnis zur Verfügung richten, sondern nur die vorläufige Sicherung eines persönlichen Anspruchs oder eines dinglichen Rechtes zum Gegenstand haben (§ 883 Anm. 35). Wenn daher entgegen einer Auflassungsvormerkung für A das

Eigentum nach Auflassung und Stellung des Eintragungsantrags auf B umgeschrieben wird, so ist diese Umschreibung gegenüber A nach § 883 Abs. 2 auch dann unwirksam, wenn die Vormerkung erst in der Zeit zwischen der Stellung des Eintragungsantrags und der Eigentumsbeschreibung auf B für A eingetragen worden ist (**RG** 113, 408). Wetteifert eine Auflassungsvormerkung mit einer Verfügungsbeschränkung (z. B. einem Veräußerungsverbot), so ist die Frage, welche von diesen Beschränkungen stärker ist, aus dem Zeitpunkt ihrer Entstehung (nur ungenau als Rangverhältnis bezeichnet: § 879 Anm. 13) zu entscheiden. Geht die Auflassungsvormerkung zeitlich voran, so ist die Verfügungsbeschränkung dem Vormerkungsberechtigten gegenüber wirkungslos. Geht das Veräußerungsverbot zeitlich voran, so kann der durch das Verbot Geschützte vom Vormerkungsberechtigten, der das Eigentum erworben hat, nach § 888 Abs. 2 die Zustimmung zu dessen Löschung verlangen (JFG 4, 337). Nicht anders verhält es sich auch, wenn nicht eine durch einstweilige Verfügung angeordnete, sondern eine bewilligte Vormerkung vorliegt und das Veräußerungsverbot zwar außerhalb des Grundbuchs schon vorher rechtswirksam geworden, aber erst nach der Stellung des Antrags auf Eintragung der Vormerkung dem Grundbuchamt zugegangen ist. Die Anwendung des § 878 ist hier allerdings nicht statthaft, weil die einseitige (§ 885 Anm. 7) Bewilligung der Vormerkung keine bindende Einigung im Sinne des § 878 enthält; es bedarf aber auch des § 878 nicht, da aus dem späteren Eingang des Verbots seine Wirkungslosigkeit gegenüber der Vormerkung sich ergibt (aM JFG 4, 336; JW 1932, 2441[3]; HRR 1934 Nr. 167 insofern, als § 878 für entsprechend anwendbar erklärt wird).

Anm. 22

IV. **Bindung des Berechtigten.** Wann und unter welchen Voraussetzungen die Einigungserklärung des § 873, die Aufgabeerklärung des § 875, die Änderungserklärung des § 877 für den Berechtigten (Passivbeteiligten) bindend wird, behandeln § 873 Anm. 103ff, § 875 Anm. 30ff und für die Auflassung § 925 Anm. 19ff, 47. Eine durch rechtskräftiges Urteil nach § 894 Abs. 1 ZPO ersetzte Erklärung steht auch hier § 873 Anm. 73) der rechtsgeschäftlichen Erklärung gleich (OLG 19, 204).

V. Antrag auf Eintragung

Anm. 23

1. Der Antrag auf Eintragung, der nach § 30 GBO keiner Form bedarf und sonst nach § 13 GBO nur eine formellrechtliche Voraussetzung für die Eintragung ist, hat hier für den Einfluß einer nachträglichen Verfügungsbeschränkung zugleich materiellrechtliche Bedeutung. In dieser Beziehung erfordert das Gesetz nur, daß der „Antrag" **bei dem Grundbuchamt „gestellt"**, daß er also dort eingegangen ist (**RG** 53, 88). Auf seine Begründung kommt es materiellrechtlich nicht an.

Anm. 24

2. Hat das Grundbuchamt die Eintragung vorgenommen, so hat die **nach dem Eingang des Antrags eingetretene Verfügungsbeschränkung** auch dann keine Wirkung, wenn das Grundbuchamt den Antrag bei sachgemäßer Behandlung wegen Fehlens von (formellrechtlichen) Voraussetzungen hätte zurückweisen sollen. Dabei ist vorausgesetzt, daß das andere Erfordernis des § 878, die Unwiderruflichkeit der (sei es auch nicht zu den Grundakten eingegangenen) Erklärung, schon zur Zeit der Antragstellung gegeben war oder doch noch bis zum Eintritt der Verfügungsbeschränkung (Anm. 3) nachgeholt wird.

Anm. 25

3. Anders verhält es sich freilich, wenn der **Antrag vorher zurückgenommen** (§ 31 GBO; KGJ 28 A 91) **oder abgelehnt** und die etwa erhobene Beschwerde zurückgewiesen ist. Dann liegt ein Antrag nicht mehr vor. Setzt das Grundbuchamt gemäß § 18 Abs. 1 Satz 1 GBO zur Hebung eines dem Antrag entgegenstehenden Hindernisses eine Frist, so besteht der Antrag auch im Sinne des § 878 fort, bis er nach § 18 Abs. 1 Satz 2 GBO zurückgewiesen wird (OLG 17, 353). Dasselbe gilt, wenn das Grundbuchamt beim Eingang eines andern dasselbe Recht betreffenden Eintragungsantrags eine

Vormerkung oder einen Widerspruch nach § 18 Abs. 2 GBO einträgt. Denn auch hier ist allein entscheidend, ob der Antrag noch fortbesteht oder bereits hinfällig geworden ist. Die Vorschrift des § 24 KO über die Wirkung von Vormerkungen kommt hier auch in den Fällen der Konkurseröffnung mit Rücksicht auf § 15 KO nicht in Betracht; überdies bezieht sich die Vorschrift, wie ihr Wortlaut ergibt, nur auf Vormerkungen zur Sicherung eines Anspruchs im Sinne des § 883 (str.; RJA 10, 233).

Anm. 26

4. Die **Aushändigung der Eintragungsbewilligung** an den Aktivbeteiligten steht für sich allein einem Eintragungsantrag nicht gleich (RJA 3, 47).

§ 879

Das Rangverhältnis unter mehreren Rechten, mit denen ein Grundstück belastet ist, bestimmt sich, wenn die Rechte in derselben Abteilung des Grundbuchs eingetragen sind, nach der Reihenfolge der Eintragungen. Sind die Rechte in verschiedenen Abteilungen eingetragen, so hat das unter Angabe eines früheren Tages eingetragene Recht den Vorrang; Rechte, die unter Angabe desselben Tages eingetragen sind, haben gleichen Rang.

Die Eintragung ist für das Rangverhältnis auch dann maßgebend, wenn die nach § 873 zum Erwerbe des Rechtes erforderliche Einigung erst nach der Eintragung zustande gekommen ist.

Eine abweichende Bestimmung des Rangverhältnisses bedarf der Eintragung in das Grundbuch.

E I 840 II 800; M 3 225ff.; P 3 88ff.; 6 221.

Übersicht

I. Rangverhältnis im allgemeinen

Anm. 1

1. Der **Rang eines Rechts** bildet ein selbständiges wirtschaftliches Gut; er kann daher z. B. auch Gegenstand eines besonderen Treuhandverhältnisses sein (JW 1934, 1510[6]). Man kann den Rang auch als eine rechtliche Eigenschaft des Rechts bezeichnen (**RG** HRR 1934 Nr. 1009; **BGH** 6, 74). Rang und Recht sind rechtlich so verknüpft, daß jener sich nicht losgelöst von diesem abtreten läßt, wohl aber kann auf den bestehenden Rang zugunsten eines andern Rechts verzichtet, der Rang allein geändert werden (§ 880 Anm. 5).

Anm. 2

2. Die Bedeutung des **Rangverhältnisses unter mehreren Rechten** äußert sich besonders in der Zwangsversteigerung bei der Feststellung des geringsten Gebots (§§ 44ff ZVG) und bei der Befriedigung aus dem Versteigerungserlöse (§§ 10—14, 109, 112ff ZVG), in der Zwangsverwaltung bei der Verteilung der Verwaltungsüberschüsse (§§ 155ff ZVG). Der Inhaber eines vorgehenden Rechtes kann verlangen, daß er aus dem Versteigerungserlöse vor dem Inhaber eines nachstehenden Rechtes befriedigt werde. Gegen eine abweichende Verteilung des Erlöses kann er Widerspruch erheben und gemäß § 115 ZVG, §§ 876ff ZPO klagend vorgehen. Auch hat er im Falle unrichtiger Auszahlung des Erlöses an einen nachstehenden Rechtsinhaber den Bereicherungsanspruch nach § 812 (**RG** 39, 379; 40, 292; 76, 381).

Anm. 3

3. Anderseits **belastet jedes Recht das ganze Grundstück,** nicht etwa nur eine seinem Rang entsprechende Wertparzelle (Wertparzellentheorie). Es ergreift mit seinem Befriedigungsanspruch daher auch den ganzen Versteigerungserlös und braucht den voreingetragenen Rechten nur insoweit zu weichen, als sie materiellen Bestand haben (**RG** 60, 254). Die Annahme eines Rangverhältnisses unter mehreren Rechten erfordert nicht, daß das nachfolgende oder vorgehende Recht durch das andere Recht in seinem Bestande berührt wird (JW 1926, 1016[3]).

II. Grundstücksbelastungen

Anm. 4

1. Nur auf Belastungen eines **Grundstücks** bezieht sich § 879. Auf Belastungen von **Rechten an Grundstücken** findet er **keine Anwendung.** Über das Rangverhältnis mehrerer solcher Belastungen an demselben Recht (z. B. eines rechtsgeschäftlichen Pfandrechts und eines Pfändungspfandrechts an derselben Hypothek) enthält das BGB keine Bestimmung (KGJ 39 A 250). Da nun aber die Belastung unter den Begriff Veräußerung fällt und niemand mehr Rechte auf einen andern übertragen kann, als er ursprünglich hatte oder zur Zeit noch hat, so muß die ältere Belastung der jüngeren vorgehen. Für das Rangverhältnis mehrerer Rechtsbelastungen ist also der Zeitpunkt ihrer Entstehung maßgebend. Auf demselben Grundgedanken beruhen auch die Bestimmungen des § 879 Abs. 1: bei eintragungsbedürftigen Belastungen wird die in derselben Abteilung räumlich und die in der andern Abteilung zeitlich früher vermerkte regelmäßig auch die früher eingetragene und entstandene sein. Diese Regel wird zum gesetzlichen Grundsatz aber nur erhoben für Grundstücksbelastungen (Mot. 3, 225). Für Rechtsbelastungen paßt sie nicht. Deshalb erscheint eine auch nur entsprechende Anwendung des Grundsatzes auf sie ausgeschlossen. Nur für den Nachweis des Zeitpunkts der Einschreibung und damit der Entstehung einer eintragungsbedürftigen Rechtsbelastung kann die (räumliche) Reihenfolge oder, wenn die Vermerke datiert und die Daten richtig angegeben sind, auch die Datierung von Bedeutung sein (str.; wie hier OLG 6, 202; aM Palandt Anm. 2a bb u. Staudinger Anm. 26 Fußn. unter Hinweis auf GrBVerf § 21 II; KGJ 39 A 252; JFG 3, 439; 6, 342, wonach bei mehreren eingetragenen Rechten an einem Grundstücksrecht für die Feststellung des Ranges nicht der Zeitpunkt der Entstehung, sondern die Art und Weise, wie die Rechte in das Grundbuch eingetragen sind, maßgebend sein soll; JFG 3, 441 für den Fall, daß eine Buchhypothek für mehrere Gläubiger gepfändet und zugleich für einen dieser Gläubiger nach § 845 ZPO vorgepfändet ist; hier wird indessen doch für den Rang der Pfändungen der nicht aus dem Grundbuch ersichtliche Zeitpunkt der Vorpfändung gegenüber der Reihenfolge der Eintragungen für maßgebend erklärt).

Anm. 5

2. Nach §§ 1066, 1095, 1106, 1114, 1192, 1199 kann der **Anteil eines Miteigentümers** an einem Grundstück mit einem Nießbrauch, Vorkaufsrecht, einer Reallast, Hypothek, Grundschuld, Rentenschuld belastet werden. Belasten solche Rechte nur die Anteile einzelner jeweils verschiedener Miteigentümer, so besteht zwischen ihnen kein Rangverhältnis. Das ist z. B. nach § 57 GBO für die Erteilung von Hypothekenbriefen über Hypotheken, welche Bruchteile eines Grundstücks belasten, und nach § 864 Abs. 2 ZPO für die Zwangsversteigerung von Bedeutung. Denn der Anteil eines Miteigentümers ist für solche Belastungen einem selbständigen Grundstück vom Gesetz gleichgestellt (KGJ 52, 217).

III. Belastung mit mehreren Rechten

Anm. 6

1. Ein Grundstück ist im Sinne des § 879 mit mehreren Rechten belastet nur dann, wenn die **Rechte eingetragen** sind. Denn nur bei eingetragenen Rechten kann von einer Reihenfolge und einer Datierung der Eintragungen die Rede sein.

Anm. 7

2. Bei **uneingetragenen Rechten,** die trotz ihrer Nichteintragung als dingliche Grundstücksbelastungen bestehen (§ 873 Anm. 2—4: Nießbrauch und Sicherungshypothek nach §§ 1075 Abs. 1, 1287 Satz 1 BGB, § 848 ZPO sowie Art. 184, 187 EG), bestimmt sich ihr Rang untereinander nach dem Zeitpunkt ihrer Entstehung (Anm. 4) Aber auch für ihr Rangverhältnis zu eingetragenen Rechten ist dieser Zeitpunkt maßgebend, und zwar gilt dies dann auch für die eingetragenen Rechte. Die Reihenfolge und die Datierung der Eintragungen sind hier nur als Beweismittel für den Zeitpunkt der Entstehung von Bedeutung. § 879 ist insoweit nicht anwendbar. Denn er regelt lediglich das Rangverhältnis unter mehreren eingetragenen Rechten. Die uneingetragenen Rechte, auch soweit sie eintragungsfähig sind, haben also nicht etwa mit Rücksicht auf den öffentlichen Glauben des Grundbuchs den Rang erst hinter allen eingetragenen Rechten. In dieser Hinsicht gelten vielmehr, im allgemeinen wenigstens, die nicht eingetragenen, der Eintragung nicht bedürfenden Rechte als eingetragen (str.; Prot. 3, 77; **RG** 62, 99; JFG 3, 442). Gegenüber den nach §§ 1075 Abs. 1, 1287 Satz 1 BGB, § 848 ZPO entstandenen Rechten ist allerdings ausnahmsweise der gutgläubige Erwerb nach § 892 wirksam, weil durch ihre Entstehung das Grundbuch im Sinne des § 894 unrichtig wird. Haben aber die Inhaber der eingetragenen Rechte das Bestehen solcher Rechte gekannt, so müssen sie auch das Rangverhältnis nach Maßgabe des Entstehungszeitpunktes gelten lassen. Wird abgesehen hiervon ein nicht eingetragenes Recht, dessen Eintragung zulässig ist (§ 873 Anm. 24), zur Eintragung gebracht (vgl. Art. 187 Abs. 1 EG), so ist es mit dem aus seiner Entstehungszeit sich ergebenden Range einzutragen, widrigenfalls ein Berichtigungsanspruch nach § 894 gegeben ist.

Anm. 8

3. **Besondere Vorrangsrechte** sind in §§ 914 Abs. 1 Satz 1, 917 Abs. 2 Satz 2 den Überbau- und Notwegrenten gewährt. Ähnliche Vorschriften finden sich auch im § 10 Nr. 1—3 ZVG, Art. 118 EG, in dem § 1 des Ges. zur Sicherung von Forderungen für den Lastenausgleich (WiGBl 87) v. 2. 9. 1948 idF des Änderungsgesetzes vom 10. 8. 1949 (WiGBl 232) — nach § 8 Abs. 1 Nr. 5 LAG als „Hypothekensicherungsgesetz" bezeichnet — bez. der Umstellungsgrundschulden (**BGH** 6, 70) und der an deren Stelle getretenen Hypothekengewinnabgabe (§ 111 LAG). Solche Rechte, die kraft Gesetzes ohne Rücksicht auf Art und Zeit ihrer Eintragung allen anderen Grundstücksrechten vorgehen (z. B. die „Entschuldungsrente", öffentliche Lasten), haben keinen „Rang" im Sinne der Vorschriften des BGB und der GBO (**BGH** 6, 73) und sind deshalb auch ohne Rangvermerk in einen Hypothekenbrief aufzunehmen (JFG 14, 435; 15, 158); ihr Rangverhältnis zu anderen Grundstücksrechten ergibt sich jeweils aus dem Gesetz.

Anm. 9

4. Ein unter einer aufschiebenden **Bedingung** oder einem **Anfangstermin** eingetragenes Recht (§ 873 Anm. 39) hat den Rang eines endgültigen Rechts. Das folgt aus der Wirkung des Eintritts der Bedingung oder des Termins nach §§ 161, 163 (Prot. 3, 91; vgl. auch §§ 48, 50f, 119f ZVG).

Anm. 10

5. Ein eingetragenes **Vorkaufsrecht** steht, da es nach § 1094 Abs. 1 ein das Grundstück belastendes Recht ist, auch in einem Rangverhältnis zu anderen das Grundstück belastenden eingetragenen Rechten (JW 1926, 1016[3]; über Änderung dieses Rangverhältnisses § 880 Anm. 1).

Anm. 11

6. Dagegen fallen **Widersprüche** nicht unter § 879 **RG** 129, 127. Der Widerspruch hat keinen selbständigen Rang, sondern erhält nur einen Rang, der dem gesicherten dinglichen Recht nach den zeitigen Rechtsverhältnissen zukommt. Die Wirkungen eines nach der Bestellung einer Hypothek eingetragenen, begründeten Widerspruchs gegen das Grundstückseigentum des Hypothekbestellers auf den Rechtserwerb eines Abtretungsempfängers an der Hypothek erörtert § 899 Anm. 3 zu bb, die rangsichernde Wirkung eines Widerspruchs zugunsten eines gelöschten, aber aufzuwertenden Rechts RG WarnRspr 1931 Nr. 106.

Anm. 12

7. Auf **Vormerkungen** ist § 879 wegen der Sondervorschrift des § 883 Abs. 3 (Anm. 83 dort) wenigstens entsprechend anzuwenden (**RG** 124, 202; 142, 331; WarnRspr 1928 Nr. 135; JFG 6, 362), aber nicht bei mehreren Löschungsvormerkungen untereinander KG DR 44, 189. Wegen der Änderung des Ranges von Vormerkungen vgl. § 880 Anm. 12.

Anm. 13

8. **Verfügungsbeschränkungen** scheiden für § 879 aus, weil sie nicht „das Grundstück belasten", sondern nur das Eigentumsrecht einschränken (**RG** 135, 384; KGJ 51, 298; § 880 Anm. 13; aM JFG 4, 337). Deshalb besteht auch kein Rangverhältnis zwischen einer auf Bewilligung beruhenden Auflassungsvormerkung und einem eingetragenen Veräußerungsverbot. Der Vormerkungsberechtigte, dessen Vormerkung unter Verletzung der §§ 17, 18 Abs. 2 GBO nicht früher, sondern später als das Veräußerungsverbot eingetragen worden ist, hat keinen Berichtigungsanspruch (JW 1932, 2441[3]; § 878 Anm. 21).

Anm. 14

9. Auch zwischen dem **Zwangsversteigerungsvermerk** und eingetragenen Grundstücksrechten besteht kein Rangverhältnis im Sinne des § 879; vielmehr handelt es sich insoweit nur um die Frage, ob diese Rechte jenem Vermerk gegenüber wirksam sind, eine Frage, die lediglich nach den §§ 878, 892, 893 zu beurteilen ist. Ist der Vermerk später eingetragen als die Rechte und ist gleichwohl die Beschlagnahme den Rechten gegenüber wirksam, so kommt weder die Eintragung eines Vorrangsvermerks noch die Eintragung eines Vermerks der Wirksamkeit der Beschlagnahme gegenüber den Rechten in Betracht. Wer nach der Eintragung des Versteigerungsvermerks ein vor diesem eingetragenes Recht erwirbt, kann sich nicht darauf verlassen, daß der Versteigerungsvermerk dem erworbenen Recht gegenüber wirkungslos sei (JFG 12, 295).

Anm. 15

10. Ist als Grundstückseigentümer ein **Vorerbe unter Vermerk des Nacherbenrechts** eingetragen und demnächst eine Hypothek von ihm bestellt worden, so besteht zwischen diesen Grundbucheintragungen zwar kein Rangverhältnis nach § 879; doch kann im Grundbuch durch einen entsprechenden Vermerk kenntlich gemacht werden, daß die Hypothek dem Nacherbenrecht gegenüber wirksam ist; eine solche Eintragung hat dann die rechtliche Bedeutung einer Teillöschung der durch das Nacherbenrecht ausgedrückten Verfügungsbeschränkung (JW 1933, 2708[3]; 1935, 3560[37]). Wird die Hypothek auf Bewilligung des Vorerben schon vor der Eintragung des Nacherbenvermerks in das Grundbuch eingetragen, so bestimmt sich die Wirkung der beiden Eintragungen zueinander ebenfalls nicht nach § 879, sondern lediglich nach §§ 892, 2113, 2136 (JFG 16, 234).

Anm. 16

11. Ist die **Eintragung** eines Rechtes wegen Verletzung zwingender materiellrechtlicher Vorschriften über den Inhalt der Eintragung **nichtig** (z. B. weil eine Höchstbetragshypothek entgegen § 1190 ohne Angabe eines Höchstbetrags eingetragen oder bei einer Hypothek ein Erfordernis des § 1115 Abs. 1 in den Eintragungsvermerk

nicht aufgenommen ist), so bleibt sie für die Rangverhältnisse außer Betracht. Wird der Mangel nachträglich behoben, so gilt dies nach dem Grundsatz des § 141 als eine neue Eintragung des Rechts, die den rechtsgültigen eingetragenen Rechten nachstehen muß. Daher ist bei einer solchen Nachholung die Eintragung so zu bewirken, daß dieses Rangverhältnis aus dem Grundbuch ersichtlich ist (Löschung der alten Eintragung nach § 53 Abs. 1 Satz 2 GBO und Neueintragung des Rechts; Vermerk in Spalte „Veränderungen" und Vermerk des Vorrangs bei den Zwischenrechten). Anders verhält es sich, wenn wegen Fehlens einer rechtswirksamen Einigung das eingetragene Recht durch die Eintragung zunächst nicht rechtsgültig begründet ist, die rechtswirksame Einigung demnächst aber nachgeholt wird (Anm. 34).

Anm. 17

12. Ist ein Recht **zu Unrecht gelöscht,** so bleibt es materiellrechtlich bestehen, und zwar an sich mit dem bisherigen Rang (**RG** 73, 174). Sind aber in der Zwischenzeit bis zu der vom Berechtigten gemäß § 894 veranlaßten Wiedereintragung neue Rechte unter dem Schutz des öffentlichen Glaubens des Grundbuchs eingetragen, so kann die Wiedereintragung nur mit dem Rang nach diesen Rechten erfolgen (§ 875 Anm. 17, 23).

Anm. 18

13. Mehrere Ansprüche aus demselben Recht sind nicht „mehrere Rechte" im Sinne des § 879. Ihre Rangordnung bestimmt sich nach §§ 12, 10 Abs. 1 Nr. 4 und Abs. 2, 13 ZVG, also (entsprechend dem § 367 BGB) namentlich dahin, daß Kosten und Zinsen dem Hauptanspruch vorangehen. Für die einzelnen Teile des Hauptanspruchs, die in der Regel gleichen Rang haben, gelten einige Sonderbestimmungen, insbesondere in den Fällen des teilweisen Übergangs einer Hypothek auf einen andern als den bisherigen Alleingläubiger, z.B. §§ 1143, 774 Abs. 1, 1150, 268 Abs. 3, 1164, 1176 (OLG 6, 202).

IV. Rangordnung

Anm. 19.

1. Die Rangordnung bestimmt sich nach Abs. 1, soweit nicht gemäß Abs. 3 Abweichendes eingetragen ist oder **Sondervorschriften** gegeben sind. Solche Sondervorschriften enthalten: § 900 Abs. 2 Satz 2 (Rang eines durch Tabularersitzung erworbenen Rechts), § 1119 Abs. 1 (Erhöhung der Zinsen einer Hypothek bis zu 5 Prozent mit dem bisherigen Rang der Hypothek), § 1131 Satz 2 (im Falle der Zuschreibung eines Grundstücks gehen die an diesem bestehenden Rechte der Hypothek an dem Hauptgrundstück im Range vor). Vgl. auch Art. 118 EG (Vorbehalt für die Landesgesetzgebung bezüglich des Vorrangs von Meliorationsdarlehen, Landeskulturrenten vor andern Belastungen). Eine Übergangsbestimmung für die nach früheren Gesetzen begründeten Rechte gibt Art. 184 EG.

Anm. 20

2. Bei der **Eintragung mehrerer Rechte** auf dasselbe Grundstück hat das Grundbuchamt nach den §§ 44, 45 GBO zu verfahren.

a) Ist von den Antragstellern über die Folgeordnung eine besondere Bestimmung getroffen, so sind die Eintragungen so zu gestalten, daß diese Folgeordnung im Grundbuch zum Ausdruck gelangt (§ 45 Abs. 3; RJA 9, 200). Beim Range einer besonderen Bestimmung gilt der Grundsatz, daß die Zeitfolge des Eingangs der Anträge (Eingangsvermerk: § 13 Abs. 1 Satz 2 GBO) für das Rangverhältnis maßgebend ist, bei gleichzeitig eingegangenen Anträgen aber die mehreren Eintragungen den gleichen Rang erhalten (KGJ 50, 155). Daher sind die mehreren Eintragungen, wenn sie in derselben Abteilung des Grundbuchblattes zu bewirken sind, in der Reihenfolge vorzunehmen, die der Zeitfolge der Anträge entspricht, während bei gleichzeitig gestellten Anträgen im Grundbuch zu vermerken ist, daß die Eintragungen gleichen Rang haben (§ 45 Abs. 1).

Anm. 21

b) Immerhin können sich **bei gleichzeitig gestellten Anträgen** aus ihrer Natur auch **Zweifel** darüber ergeben, ob die einzutragenden Rechte wirklich gleichen Rang haben sollen; solchen Zweifeln muß das Grundbuchamt nachgehen, ehe es die Rechte als gleichrangig einträgt. Es darf also z.B. bei gleichzeitigem Eingang der Eintragungsanträge nicht ohne weiteres mit gleichem Range eintragen eine vom Grundstückskäufer im Kaufvertrag bestellte Restkaufgeldhypothek für den Verkäufer und eine an demselben Tage vom Käufer bestellte weitere Hypothek für einen Dritten (JW 1936, 1475[46]).

Anm. 22

c) Jedes selbständige Recht ist unter einer besonderen Nummer einzutragen. Eine gemeinsame Eintragung mehrerer Rechte unter einer Nummer ist unstatthaft (KGJ 20 A 101).

Anm. 23

d) Sind die **mehreren Eintragungen in verschiedenen Abteilungen** zu bewirken und sind die Anträge **zu gleicher Zeit** eingegangen, so sind sie — sofern keine Zweifel darüber bestehen, daß die einzutragenden Rechte gleichen Rang erhalten sollen — lediglich unter Angabe desselben Tages (§ 44 GBO) einzutragen, woraus sich dann nach § 879 Abs. 1 Satz 2 Halbs. 2 BGB ihr gleicher Rang von selbst ergibt.

Anm. 24

e) Sind die Anträge **zu verschiedenen Zeiten** eingegangen, so ist verschieden zu verfahren, je nachdem die Anträge unter Beobachtung der Vorschrift des § 17 GBO (Erledigung zunächst des früher gestellten Antrags) an verschiedenen Tagen oder an demselben Tage erledigt werden.

aa) Im ersten Falle müssen die Datierungen (§ 44 GBO) der Zeitfolge der Anträge entsprechen; dann wird ohne weiteres durch die Verschiedenheit der Datierung das Rangverhältnis gemäß § 879 Abs. 1 Satz 2 Halbs. 1 BGB zum Ausdruck gebracht; nachträgliche Umdatierungen sind aber unzulässig (**RG** HRR 29 Nr. 1833).

bb) Im zweiten Falle, also wenn die Eintragungen unter Angabe desselben Tages bewirkt werden, ist zu vermerken, daß die später beantragte Eintragung der früher beantragten im Range nachsteht (§ 45 Abs. 2 GBO).

Anm. 25

f) Wird wegen eines leicht behebbaren Hindernisses, das einem Eintragungsantrag entgegensteht, eine befristete **Zwischenverfügung** nach § 18 Abs. 1 GBO erlassen, so bleibt dem Antrag der Rang im Sinne der zeitlichen Reihenfolge (§ 45) bis spätestens zum Ablauf der gesetzten Frist gewahrt gegenüber einem später eingehenden, sofort erledigungsfähigen, dasselbe Recht betreffenden Antrag, der die antragsgemäße Erledigung des ersten Antrags vereitelt oder beeinträchtigt (JFG 1, 302). Wird das Hindernis bis zum Ablauf der Frist behoben und ist auf den späteren Antrag noch nicht verfügt, so sind die Eintragungen nunmehr so zu bewirken, daß die Eintragung auf Grund des ersten Antrags der Eintragung auf Grund des späteren Antrags im Range vorgeht. Ist aber bei sofortiger Erledigung des späteren Antrags nach § 18 Abs. 2 GBO eine Vormerkung zugunsten des ersten Antrags von Amts wegen eingetragen worden, so ist nunmehr an die Stelle der Vormerkung die endgültige Eintragung auf Grund des ersten Antrags mit dem Range vor der Eintragung auf Grund des späteren Antrags zu setzen. Anders verhält es sich allerdings, wenn der spätere Antrag unzulässig ist, sobald dem ersten Antrag stattzugeben ist, also z.B. dann, wenn der erste Antrag die Eintragung des Eigentums des Auflassungsempfängers, der spätere Antrag die Eintragung einer Zwangshypothek gegen den auflassenden bisherigen Eigentümer zum Gegenstand hat. Hier ist im ersten Falle (Hinausschiebung der Eintragungen auf beide Anträge) der spätere Antrag nunmehr zurückzuweisen, im zweiten Falle (Eintragung einer Vormerkung nach § 18 Abs. 2 GBO) die auf Grund des späteren Antrags bewirkte Eintragung zu löschen (KGJ 53, 109; JFG 1 S. 309, 321; 2, 445). Diese Vorschriften sind jedoch nur Ordnungsvorschriften.

Anm. 26

g) Bewirkt das Grundbuchamt die Eintragungen **in anderer Reihenfolge oder mit anderer Datierung** als es nach der Zeitfolge der Anträge hätte geschehen sollen (z. B. infolge irrtümlicher Auffassung über den Zeitpunkt des Antragseingangs), so bestimmt sich trotz des falschen Verfahrens das Rangverhältnis materiell gemäß Abs. 1 § 879 nach der Reihenfolge oder der Datierung der Eintragung im Grundbuch (**RG** 57, 280; 113, 403; WarnRspr 1928 Nr. 33; HRR 1932 Nr. 1658; KGJ 34 A 290). Gleiche Wirkung hat auch ein ausdrücklicher Rangvermerk des Grundbuchamts, der der Zeitfolge der Anträge nicht entspricht (OLG 36, 148). Ein Berichtigungsanspruch nach § 894 gegen die Rechtsinhaber, deren Rechte bei richtigem Verfahren mit nachstehendem Rang hätten eingetragen werden sollen, ist dem Benachteiligten nicht gegeben, da für ihn allein durch seinen Eintragungsantrag noch kein dingliches Recht außerhalb des Grundbuchs begründet war, wodurch der Inhalt des Grundbuchs unrichtig geworden wäre (**RG** 57, 282; **RG** HRR 1932 Nr. 1658; KGJ 34 A 291). Auch ein Bereicherungsanspruch (§ 812) besteht für den Benachteiligten nicht. Denn die begünstigten Rechtsinhaber haben ihre Voreintragung nicht ohne rechtlichen Grund erlangt; sie haben auch keinen Vorteil auf Kosten des Benachteiligten erlangt, da für diesen durch den früheren Eingang seines Antrags allein noch kein Vermögensrecht entstanden ist (**RG** 57, 283; 73, 175; OLG 6, 263). Höchstens könnte ein Anspruch aus einem persönlichen Schuldverhältnis zwischen dem Benachteiligten und den begünstigten Rechtsinhabern oder aus einer unerlaubten Handlung in Frage kommen (**RG** 57, 282; OLG 6, 263).

Anm. 27

h) Sind die falschen Eintragungen **noch nicht nach außen kundgegeben,** so kann das Grundbuchamt sie noch ändern (**RG** 57, 284; aM JW 1932, 1228[3]; § 873 Anm. 98). Ist aber den Beteiligten von den Eintragungen bereits Kenntnis gegeben, so ist auch für die Eintragung eines Widerspruchs nach § 53 (54) GBO kein Raum, da das Grundbuch nicht unrichtig ist (KGJ 34 A 291; OLG 6, 263; 36, 148; 38, 9). Ebensowenig kann durch eine Beschwerde, die überdies nach § 71 Abs. 2 GBO unzulässig wäre, eine Änderung der Einschreibungen herbeigeführt werden, weil dadurch in erworbene materielle Rechte eingegriffen werden würde. Der Benachteiligte hat nur einen Anspruch auf Schadensersatz, wenn ein Grundbuchbeamter vorsätzlich oder fahrlässig von den genannten Ordnungsvorschriften zu seinem Nachteil abgewichen ist (§ 839 Anm.).

Anm. 28

i) Anders verhält es sich, wenn ein **nicht eintragungsbedürftiges Recht** mit unrichtigem Rang eingetragen worden ist (Anm. 7) und wenn im Falle einer Einigung der Beteiligten über das Rangverhältnis die Eintragungen nicht der Einigung entsprechen (Anm. 38).

Anm. 29

k) Ist ein Recht in eine unrichtige Stelle (unrichtige Abteilung) des Grundbuchs eingetragen, so kann die Eintragung dadurch richtiggestellt werden, daß das Recht mit dem aus seiner bisherigen Eintragung sich ergebenden Rang in die richtige Stelle (richtige Abteilung) eingetragen wird (**RG** 94, 8; § 873 Anm. 95).

V. Reihenfolge

Anm. 30

1. Die Reihenfolge ist in dem Falle des Satz 1 (Eintragung mehrerer Rechte in derselben Abteilung) auch dann maßgebend, wenn eine Eintragung nicht datiert ist, ja selbst dann, wenn eine räumlich vorangehende Eintragung ein späteres Datum trägt als die räumlich nachfolgende (sog. Lokusprinzip).

Anm. 31

2. Bei der Aufteilung einer Grundbuchabteilung in **Haupt- und Nebenspalten** ist aber davon auszugehen, daß die in der Nebenspalte eingetragenen Vermerke mit der Eintragung in der Hauptspalte, auf die sie sich beziehen, eine einheitliche Eintragung darstellen, also mit ihr die räumliche Stellung in der Grundbuchabteilung teilen. Folglich haben die Vermerke in der Nebenspalte (z. B. Zinserhöhung auch über 5% hinaus) im Verhältnis zu anderen Rechten denselben Rang wie das in der Hauptspalte eingetragene Hauptrecht, falls nicht nach § 879 Abs. 3 ein abweichender Rang vermerkt ist. Bei nachträglichen Eintragungen in der Nebenspalte „Veränderungen" bedarf es also keines besonderen Rangvermerks, wenn diese Eintragungen am Rang des in der Hauptspalte eingetragenen Rechts teilnehmen sollen (**RG** 132, 106; § 1119 Anm.).

Anm. 32

3. Ist aber eine Einschreibung in einem zufällig leeren Raum zwischen zwei bereits vorhandenen Eintragungen **tatsächlich erst später** gemacht worden, so behalten diese Eintragungen (soweit nicht demnächst ein Erwerb unter dem Schutz des öffentlichen Glaubens des Grundbuchs stattfindet) ihren Vorrang (**RG** HRR 1935 Nr. 1016). Denn unter der Reihenfolge ist diejenige Aufeinanderfolge zu verstehen, die aus zeitlich nacheinander gemachten Einschreibungen sich ergibt (KGJ 41 A 224). Daraus folgt z. B., daß ein Recht, das unzulässigerweise noch an der Stelle einer bereits erloschenen Vormerkung (§ 886 Anm. 6) endgültig eingetragen wird, nicht den Rang hat, der sich nach § 883 Abs. 3 aus der Vormerkungseintragung ergeben würde; es steht vielmehr den nach der Vormerkung inzwischen eingetragenen Rechten im Range nach (KGJ 31, 225).

Anm. 33

VI. Eintragung ohne Tagesangabe. Enthält eine Eintragung (versehentlich: § 44 GBO) überhaupt nicht die Angabe eines Tages, so ist sie nicht unwirksam (Anm. 16). Es ist dann zu unterscheiden, ob sie in ihrer Abteilung an letzter Stelle steht oder ob dort noch weitere Eintragungen folgen. Im ersten Falle steht sie allen datierten Eintragungen in der andern Abteilung im Range nach, weil sie nicht gemäß Abs. 1 Satz 2 § 879 „unter Angabe eines früheren oder eines gleichen Tages eingetragen" steht. Im zweiten Falle hat sie, da sie nach der Reihenfolge (Anm. 30) den in ihrer Abteilung nachstehenden Rechten im Range vorgeht, naturgemäß auch den Vorrang vor Eintragungen in der andern Abteilung, die diesen Rechten nachstehen (str.). Sind mehrere Eintragungen in verschiedenen Abteilungen undatiert, so haben sie, wenn sie beide in ihren Abteilungen an letzter Stelle stehen, untereinander gleichen Rang. Steht nur eine der Eintragungen an letzter Stelle oder folgen beiden undatierten Eintragungen andere Eintragungen nach, so sind die oben dargelegten Grundsätze maßgebend (str.).

Anm. 34

VII. Einigung nach Eintragung. Kommt eine Einigung erst nach der Eintragung zustande, so wird die Eintragung, gleichviel ob ihr eine Einigung im Sinne des § 873 überhaupt nicht zugrunde lag oder die etwa erklärte Einigung nichtig war, an sich erst mit der nachträglichen rechtsgültigen Einigung wirksam; erst mit diesem Zeitpunkt entsteht das eingetragene Recht (§ 873 Anm. 65, 85). Nach Abs. 2 § 879 hat aber das so entstandene Recht den Rang, der sich aus seiner zunächst unwirksamen Eintragung ergibt, auch wenn vor der wirksam zustande gekommenen Einigung ein anderes Recht eingetragen worden ist (Prot. 3, 91). Dies ist allerdings für den Fall der Nichtigkeit der früheren Einigung bestritten. Jedoch ist eine nichtige Einigung einer zur Zeit der Eintragung überhaupt noch nicht erfolgten Einigung gleichzuachten (HRR 1932 Nr. 1823).

VIII. Abweichende Bestimmung der Rangverhältnisse

Anm. 35

1. Eine abweichende Bestimmung des Rangverhältnisses ist, wie aus dem Zusammenhalt des Abs. 3 mit Abs. 1 zu entnehmen ist, eine Bestimmung, aus der folgt, daß das Rangverhältnis nicht so sein soll, wie es sich aus der Reihenfolge oder der Datierung der Eintragungen bei Anwendung der Grundsätze des Abs. 1 ergeben würde. Abs. 3 will nichts weiter besagen, als daß eine solche Bestimmung eingetragen sein muß, wenn nicht das Rangverhältnis nach Maßgabe des Abs. 1 gelten soll. Bezugnahme auf die Eintragungsbewilligung genügt nicht (**RG** HHR 31 Nr. 1871). Das Rangverhältnis soll also lediglich aus den Einschreibungen entnommen werden, und zwar entweder nach Abs. 1 aus der Reihenfolge oder der Datierung oder nach Abs. 3 aus der eingetragenen abweichenden Bestimmung.

Anm. 36

2. Durch welche **Rechtshandlungen** diese Bestimmung zu treffen ist, darüber verhält sich Abs. 3 nicht. Nur soviel ist aus der Gesetzesfassung zu entnehmen, daß eine materiell rechtswirksame Bestimmung vorliegen muß. Dafür spricht auch die Entstehungsgeschichte des Gesetzes (Prot. 6, 221). Was zu einer rechtsgültigen Rangbestimmung erforderlich ist, bestimmt sich nach Lage des einzelnen Falles.

Anm. 37

3. Der Regelfall wird sein, daß die mehreren Rechte sämtlich neu eingetragen werden sollen. Dann kommt für alle diese Rechte § 873 zur Anwendung, da der Rang eines einzutragenden Rechts einen Teil seines Inhalts bildet. Danach erfordert die Rangbestimmung in diesem Falle nach § 873 Abs. 1 eine **rechtsgültige Einigung zwischen dem Eigentümer und den Erwerbern der Rechte** über die Rangverhältnisse. Formellrechtlich ist jedoch nach § 45 Abs. 3 GBO zur Vornahme der Eintragung genügend, daß das Rangverhältnis von den Antragstellern (§§ 13ff; wegen des mitwirkenden Notars vgl. KGJ 26 A 83) oder, falls nur einer von den Beteiligten den Antrag stellt (z. B. der Eigentümer mehrere Rechte zugleich eintragen läßt), von diesem bestimmt wird. Anderseits bedarf die Bestimmung, da sie eine zu der Eintragung erforderliche Erklärung enthält, formellrechtlich der im § 29 Satz 1 GBO vorgeschriebenen Form (KGJ 26 A 84), während materiellrechtlich auch die formlose Einigung wirksam ist.

Anm. 38

4. Steht die vom Grundbuchamt vorgenommene **Eintragung des Rangverhältnisses mit der Einigung im Widerspruch,** so ist die Eintragung unter Verletzung gesetzlicher Vorschriften zustande gekommen und hat das Grundbuch unrichtig gemacht. Die Folge davon ist, daß zwar nach außen hin zunächst das gesetzliche Rangverhältnis eintritt, daß also nach Abs. 1 § 879 die Reihenfolge (Satz 1) oder die Datierung (Satz 2) maßgebend ist. Das Grundbuchamt hat aber, solange nicht ein Erwerb dazwischen gekommen ist, der unter dem Schutz des § 892 steht, einen Amtswiderspruch nach § 53 Abs. 1 Satz 1 GBO einzutragen (HRR 1935 Nr. 114). Auch kann hier ein Berichtigungsanspruch nach § 894 (auf Rangänderung oder Löschung des eingetragenen Rechts, maßgebend ist § 139) in Frage kommen. Ferner kann auf Grund des schuldrechtlichen Grundrechtsgeschäfts (KGJ 27 A 290; OLG 6, 269) ein persönlicher Anspruch auf Herbeiführung einer der Einigung entsprechenden Änderung der Rangeintragung gegeben sein (str.; vgl. Düsseldorf HEZ 2, 369).

Anm. 39

5. Hat die Einigung zum Inhalt, daß die Eintragung „zur bereitesten Stelle" erfolgen soll, so hat dies die Bedeutung, daß das einzutragende Recht die ihm bei Berücksichtigung der bisher eingetragenen Belastungen nach dem Gesetz zukommende Rangstelle erhalten soll (KGJ 26 A 290; 52, 202).

Anm. 40

6. Eine **einseitige Bestimmung** des Rangverhältnisses ist in den Fällen der Eintragungsbewilligungen nach §§ 885 (Vormerkung), 889 Abs. 2 (Widerspruch), 1188 (Inhaberhypothek), 1195 (Inhabergrundschuld), 1196 (Eigentümergrundschuld) möglich.

Anm. 41

7. Über den Fall, daß ein neu einzutragendes Recht den **Vorrang vor einem bereits eingetragenen Recht** erhalten soll, vgl. § 880 Anm. 1, 29ff. Abs. 3 findet auch dann Anwendung, wenn auf Grund eines Rangvorbehalts (§ 881) ein Recht mit dem Range vor einem bereits eingetragenen Recht eingetragen werden soll (§ 881 Anm. 14).

IX. Umstellungsgrundschulden und Hypothekengewinnabgabe

Anm. 42

1. Die auf Grund des § 1 des Gesetzes zur Sicherung von Forderungen für den Lastenausgleich v. 2. 9. 1948 (WiGBl 87) idF v. 10. 8. 1949 (WiGBl 232) — „Hypothekensicherungsgesetz" (§ 879 Anm. 8) — entstandenen **Grundschulden,** $^9/_{10}$ des eingetragenen Reichsmarkbetrages, hatten als echte Grundschulden einen Rang i. S. des § 879, und zwar unmittelbar hinter dem umgestellten Stammrecht, von dessen weiterem Bestand und Rang sie aber unabhängig waren (BayObLG DNotZ 53, 131). Ihr Rang konnte jedoch zugunsten von Aufbaukrediten geändert werden (§ 5 Nr. 1 der 1. DVO, § 2 der 2. DVO), auch konnte ihnen der Vorrang vor Abgeltungslasten aus der VO v. 31. 7. 1942 über die Aufhebung der Gebäudeentschuldungssteuer eingeräumt werden, obwohl diese keinen Rang i. S. des § 879 haben (**BGH** 6, 70).

Anm. 43

2. Dagegen hat die aus der Zusammenfassung aller an dem Grundstück entstandenen Umstellungsgrundschulden gebildete **Hypothekengewinnabgabe** (§ 91 LAG) als öffentliche Last, obwohl sie ein Recht am Grundstück ist, keinen Rang i. S. des § 879, sondern nur i. S. des § 10 ZVG, d. h. sie ist in der Zwangsversteigerung nach dem letzten Stammrecht, aber vor den noch geltenden Rechten zu befriedigen, soweit nicht Vorrechte gemäß §§ 113—116, 152 LAG bestehen. Diese Vorrechte können im Grundbuch vermerkt werden, um die Reihenfolge der Befriedigung der auf dem Grundstück lastenden Rechte klarzustellen (§§ 117, 153 LAG). Nach § 880 früher eingeräumte Rangrechte behalten ihre Kraft, auch wenn das Vorrecht über die Umstellungsgrundschuld oder den Stammbetrag hinausgeht (Harmening-Weber § 113 Anm. 5).

Anm. 44

3. In Berlin West entstand dagegen auf Grund des Gesetzes über die Umstellung von Grundpfandrechten v. 9. 1. 1951 (jetzt idF v. 15. 1. 53 GVOBl 61) in Höhe von $^9/_{10}$ des früheren Reichsmarkbetrages für den Eigentümer, um ihm die Möglichkeit der Beleihung für den Wiederaufbau zu geben, eine — auch nach dem Inkrafttreten des LAG noch fortbestehende — **Aufbaugrundschuld,** über die aber nur mit Genehmigung des Senats verfügt werden kann (§ 19). Zu ihrer Entstehung wie zur Wirksamkeit gegenüber dem öffentlichen Glauben des Grundbuchs bedurfte die Aufbaugrundschuld nicht der Eintragung, sie genießt auch ohnedies den Rang hinter dem Stammrecht; sie erlosch aber, wenn sie nicht zugleich mit der Eintragung der Umstellung des Stammrechts eingetragen wurde, und spätestens am 31. 3. 1956, wenn bis dahin der Eigentümer von ihr keinen Gebrauch gemacht hatte. Ein vor der Aufbaugrundschuld gewährter Vorrang geht aber durch deren Erlöschen nicht verloren (§ 14).

§ 880

Das Rangverhältnis kann nachträglich geändert werden.

Zu der Rangänderung ist die Einigung des zurücktretenden und des vortretenden Berechtigten und die Eintragung der Änderung in das Grundbuch erforderlich; die Vorschriften des § 873 Abs. 2 und des § 878 finden Anwendung. Soll eine Hypothek, eine Grundschuld oder eine Rentenschuld zurücktreten, so ist außerdem die Zustimmung des Eigentümers erforderlich. Die Zustimmung ist dem Grundbuchamt oder einem Beteiligten gegenüber zu erklären; sie ist unwiderruflich.

Ist das zurücktretende Recht mit dem Rechte eines Dritten belastet, so finden die Vorschriften des § 876 entsprechende Anwendung.

Der dem vortretenden Rechte eingeräumte Rang geht nicht dadurch verloren, daß das zurücktretende Recht durch Rechtsgeschäft aufgehoben wird.

Rechte, die den Rang zwischen dem zurücktretenden und dem vortretenden Rechte haben, werden durch die Rangänderung nicht berührt.

E I 841 II 801; M 3 228ff.; P 3 91ff.

Übersicht

Anm. 1

I. Nachträgliche Rangänderung. Nachträglich im Sinne des § 880 ist eine Rangänderung, durch die ein bestehendes Rangverhältnis geändert wird. Gemeint ist ein Rangverhältnis, über das § 879 Bestimmung trifft. Denn § 880 schließt sich mit den Eingangsworten „Das Rangverhältnis" unmittelbar an § 879 an. § 880 betrifft also nur die Änderung des Rangverhältnisses zwischen **eingetragenen** Rechten. Welche Rechte im Rangverhältnis zueinander stehen, sagt § 879 Anm. 6ff. Da auch ein eingetragenes Vorkaufsrecht im Rangverhältnis zu anderen das Grundstück belastenden Rechten steht, kann dieses Verhältnis nachträglich geändert, also z. B. einer Hypothek der Vorrang vor dem Vorkaufsrecht eingeräumt werden (JFG 1, 422). Auch der Rangrücktritt einer nach einer Abgeltungslast entstandenen Umstellungsgrundschuld kann im Grundbuch eingetragen werden (**BGH** 6, 70). Sollen mehrere Rechte neu eingetragen und dabei das Rangverhältnis festgesetzt werden, so handelt es sich um eine abweichende Bestimmung des Rangverhältnisses bei der Bestellung im Sinne des § 879 Abs. 3 (dort Anm. 35), nicht um eine „nachträgliche" Änderung des Rangverhältnisses KGJ 40 A 243). Dagegen umfaßt § 880 auch den Fall, daß ein bereits bestehendes eingetragenes Recht zurücktreten soll hinter ein gleichzeitig einzutragendes neues Recht (**RG** 69, 327; 157, 24; JFG 12, 286).

Anm. 2

II. Rechtsgeschäftliche Rangänderung. Gemeint ist im § 880 nur eine **Änderung des Rangverhältnisses** durch Rechtsgeschäft, wie sich aus dem Erfordernis der Einigung im Abs. 2 ergibt. Daher gehören nicht hierher Rangänderungen, die nachträglich auf anderer Grundlage, insbesondere kraft Gesetzes eintreten, z. B. die Rangänderung der einzelnen Teile einer Hypothek im Falle des Übergangs eines Teiles auf einen andern als den bisherigen Gläubiger (§§ 1143, 774 Abs. 1, 1150, 268 Abs. 3, 1164, 1176) oder das Rangverhältnis der für die Forderungen gegen den Ersteher des zwangsversteigerten Grundstücks einzutragenden Sicherungshypotheken (§§ 128, 130, 131 ZVG). Eine Rangänderung im Sinne des § 880 ist es aber auch, wenn einer nachstehenden Post der gleiche Rang mit einer vorstehenden Post eingeräumt wird; denn diese tritt dadurch teilweise zurück, jene teilweise vor (KGJ 40 A 243).

III. Wesen der Rangänderung

Anm. 3

1. Das Wesen der Rangänderung im Sinne des § 880 ist dahin zu bestimmen, daß durch ein sachenrechtliches Rechtsgeschäft **der Inhalt der in Betracht kommenden Rechte hinsichtlich des Rangverhältnisses mit dinglicher Wirkung geändert und zugleich eine Wechselbeziehung zwischen diesen Inhaltsänderungen fest-**

gesetzt wird. Gegenstand der Inhaltsänderung (Anm. 1) ist, daß sowohl in der Pflicht, die Verdrängung durch vorgehende Rechte zu dulden, als auch in der Befugnis, nachstehende Rechte verdrängen zu dürfen, das zurücktretende Recht den Rang des vortretenden Rechts und dieses den Rang des zurücktretenden erhalten soll, und zwar so, als ob von vornherein das eine Recht den Rang des andern gehabt hätte (RJA 1, 129; 9, 54; 9, 268; KGJ 39 A 254; 40 A 245). Die Wechselbeziehung besteht darin, daß nach Maßgabe der beiderseitigen Inhaltsänderungen das vortretende Recht gegenüber dem zurücktretenden berechtigt, dieses zugunsten jenes belastet ist: der Inhaber des zurücktretenden Rechts muß dulden, daß die aus dem Recht fließende Befugnis, im Falle der Zwangsversteigerung des belasteten Grundstücks den Versteigerungserlös unmittelbar nach den ihm vorgehenden Rechten in Anspruch zu nehmen, von dem Inhaber des vortretenden Rechts im eigenen Interesse ausgeübt wird und daß ihn, den Zurücktretenden, die dem vortretenden Recht vorgehenden Rechte (die Zwischenrechte) verdrängen.

Anm. 4

2. Aus diesem Wesen der Rangänderung folgt, daß sie hinfällig ist, wenn **das vortretende Recht tatsächlich nicht besteht.** Denn durch die Rangänderung wird nicht eine persönliche Befugnis für den Inhaber des begünstigten Rechts begründet, sondern die Befugnis ist mit dem Recht als Teil seines Inhalts verbunden; wenn das Recht nicht besteht, kann ihm auch nicht die Befugnis erteilt werden. Wenn allerdings ein Dritter nach der ins Grundbuch eingetragenen Rangänderung das vortretende, in Wirklichkeit nicht bestehende Recht unter dem Schutz des öffentlichen Glaubens des Grundbuchs erwirbt, so wird nach § 892 mit dem Rechte auch die Rangänderung für den Erwerber wirksam. Wird das zunächst wirksam bestehende vortretende Recht später aufgehoben, sei es kraft Gesetzes, sei es durch Rechtsgeschäft, so wird die Rangänderung hinfällig; denn die Belastung des zurücktretenden Rechts hört wegen Fehlens eines Berechtigten auf, wie dies auch sonst bei Belastungen der Fall ist (JFG 8 298).

Anm. 5

3. Besteht das zurücktretende Recht trotz der Eintragung zur Zeit der Rangänderung **nicht,** so ist diese ohne Wirkung. Denn wenn das belastete Recht nicht besteht, kann aus der Belastung, die eine Veräußerung des Rechts im weiteren Sinne ist (§ 879 Anm. 4), auch eine Befugnis nicht erwachsen. Dies gilt sowohl dann, wenn die Eintragung selbst wegen Nichtbeachtung zwingender Einschreibungsvorschriften nichtig ist (§ 879 Anm. 16) und deshalb nicht zur Entstehung des Rechts geführt hat, als auch dann, wenn der Eintragung keine Einigung zugrunde liegt oder die Einigung nichtig oder mit Erfolg angefochten ist (§ 873 Anm. 65, 85). Die Berufung auf einen Rechtserwerb unter dem Schutz des § 892 kommt hier für den durch die Rangänderung Begünstigten nicht in Frage, da nach der Vorschrift des § 880 Abs. 5, die insoweit eine Einschränkung des § 892 enthält, die Zwischenrechte durch die Rangänderung unberührt bleiben und das vortretende Recht auch ohne Rangänderung an die Stelle des nicht bestehenden Rechtes rückt, wenn keine Zwischenrechte vorhanden sind (str.). Wird das zunächst wirksam bestehende zurücktretende Recht später durch Rechtsgeschäft aufgehoben, so geht nach der Vorschrift des Abs. 4 dem vortretenden Recht der ihm eingeräumte Rang nicht verloren. Daraus folgt aber, daß die Rangänderung ihre Wirkung verliert, wenn das zurücktretende Recht auf anderer Grundlage, insbesondere kraft Gesetzes, aufgehoben wird (RJA 11, 153). Deshalb kann man indessen noch nicht davon sprechen, daß die Rangänderung eine auflösend bedingte Rangabtretung sei. Ein Rang kann nicht losgelöst von dem Recht abgetreten werden (M 3, 231). Bei der Rangänderung wird auch nichts abgetreten, sondern der Inhalt der beiden Rechte wird geändert und das eine Recht zugunsten des andern belastet. Die Rangänderung wird durch die (nicht rechtsgeschäftliche) Aufhebung des zurücktretenden Rechts nicht deshalb hinfällig, weil sie (rechtsgeschäftlich) bedingt wäre, sondern deshalb, weil das belastete Recht von vornherein mit der aus dem Aufhebungsgrunde sich ergebenden Einschränkung behaftet war (str.).

IV. Wirkung der Rangänderung

Anm. 6

1. Aus dem dargestellten Wesen ergibt sich die Wirkung der durch Einigung und Eintragung nach Abs. 2 vollzogenen Rangänderung von selbst dahin, daß sie regelmäßig nicht bloß zwischen den an ihr Beteiligten, sondern auch gegenüber Dritten dinglich wirksam ist. Ausgenommen sind nach Abs. 5 die Zwischenberechtigten (M 3, 232; Prot. 3, 92; RJA 1, 129; 8, 72; KGJ 53, 179). Die Vorrangseinräumung bewirkt keinen absoluten Stellentausch mit nachteiligen Wirkungen für oder gegen die an ihr unbeteiligten Rechte, denn rechtsgrundsätzlich darf sich die Rangänderung nach § 880 weder zum Nachteil noch zum Vorteil solcher Rechte auswirken, die nicht an ihr beteiligt sind (**RG** 141, 235).

Anm. 7

2. Gegenständlich erstreckt sich die Rangänderung auch auf alle **Nebenrechte** des zurücktretenden Rechts, und zwar selbst dann, wenn die Nebenrechte erweitert werden; denn die Rangänderung enthält eine Belastung des Rechts, und die erweiterten Nebenrechte werden Bestandteile des Rechts (KGJ 26 A 140). Eine neue Rangänderung liegt in der Erweiterung nicht, selbst wenn dadurch eine Rangverschlechterung der nachstehenden Rechte eintritt. Deshalb bedarf es im Falle der Erweiterung der zurücktretenden Hypothek, z. B. hinsichtlich der Zinsen gemäß § 1119, nicht nach Abs. 2 Satz 2 der Zustimmung des Eigentümers (KGJ 26 A 140).

Anm. 8

3. Ist der Vorrang **nur an einem von mehreren haftenden Grundstücken** oder nur an einem reellen Teil eines Grundstücks (§ 7 GBO) eingeräumt, so kann der Inhaber des vortretenden Rechts in der Zwangsversteigerung bevorrechtigte Befriedigung nur aus dem Erlöse des einen Grundstücks oder Grundstücksteils verlangen (OLG 14, 85).

Anm. 9

4. An dem **Inhalt der beiden Rechte** wird, abgesehen von dem Rangverhältnis, nichts geändert. Der Inhaber des zurücktretenden Rechtes ist daher insbesondere nach wie vor berechtigt, über sein Recht zu verfügen. Er kann es übertragen, die Ansprüche daraus einziehen, auch darauf verzichten, Löschungsbewilligung erteilen usw., ohne daß er einer Zustimmung des Inhabers des vortretenden Rechts bedarf. Doch kann dies, wie auch sonst bei Belastungen, nur unbeschadet der aus der Rangänderung sich ergebenden Befugnisse geschehen. Insbesondere wird durch eine Verfügung, die eine rechtsgeschäftliche Aufhebung enthält, nach Abs. 4 der dem vortretenden Recht eingeräumte Rang nicht berührt.

Anm. 10

5. Besonders äußert sich die Wirkung der Rangänderung im Falle der **Zwangsversteigerung** des belasteten Grundstücks. Ist der Inhaber des zurücktretenden Rechts der betreibende Gläubiger, so ist das vortretende Recht in das geringste Gebot aufzunehmen, da es dem betreibenden Gläubiger vorgeht (§ 44 ZVG). Ist der Inhaber des vortretenden Rechts betreibender Gläubiger, so bleibt das zurücktretende Recht bei der Feststellung des geringsten Gebots unberücksichtigt. Dies gilt auch dann, wenn Zwischenrechte vorhanden sind. Denn ihnen gegenüber (Abs. 5) sind die beiden Rechte als im Range gegeneinander ausgetauscht anzusehen. Die Zwischenrechte werden also im ersten Falle in das geringste Gebot mitaufgenommen, im zweiten Falle nicht. Ist der Inhaber eines Zwischenrechts betreibender Gläubiger, so ist nur das vortretende Recht im geringsten Gebot zu berücksichtigen. Erhält der Inhaber des vortretenden Rechts in der ihm eingeräumten besseren Rangstelle eine Zahlung aus dem Barerlös, so wird nicht etwa das zurücktretende, sondern das vortretende Recht befriedigt. Denn der Erlösempfänger übt den Anspruch auf den Erlös, der ohne die Rangänderung nicht ihm, sondern dem zurücktretenden Recht zugestanden hätte, nunmehr nach der Rangänderung doch für sein eigenes vortretendes Recht aus; er ist also Zahlungsempfänger aus eigenem Recht. Daher tritt z. B., wenn das zurücktretende Recht eine Gesamthypothek ist, durch die Zahlung nicht nach § 1181 ein Erlöschen der Hypothek auf dem mithaftenden Grundstück ein (**RG** 16, 249).

V. Gegenstand der Rangänderung

Anm. 11

1. Gegenstand der Rangänderung können **grundsätzlich alle Rechte** sein, die ein Grundstück zulässigerweise belasten (§ 873 Anm. 27), also nicht nur hypothekarische Rechte, sondern z. B. auch ein Nießbrauch, eine Reallast, ein Vorkaufsrecht ein Dauerwohnrecht (§ 31 WEG), aber nicht Erbbaurechte (§ 10 ErbbVO) und die Eigenschaft als Reichsheimstätte (RHeimStG § 5). Für hypothekarische Rechte besteht nur die Sondervorschrift des Abs. 2 Satz 2, 3. Auch reelle Teile eines Rechts können unter ihrer bestimmten Bezeichnung sowohl im Verhältnis zueinander (§ 1151) als auch im Verhältnis zu anderen Rechten im Range geändert werden (KGJ 26 A 145; RJA 8, 70; unzulässig erscheint allerdings bei der Hypothek eine dingliche Rangänderung für Zinsrückstände: § 1159 Anm. 17). Für Bruchteilsrechte vgl. Anm. 17.

Anm. 12

2. Auch eine **Vormerkung** kann Gegenstand der Rangänderung sein. Sie ist zwar kein dingliches Recht am Grundstück, sondern sichert nur einen Anspruch (§ 883 Anm. 37). Nach § 883 Abs. 3 bestimmt sich aber der Rang des Rechts, auf dessen Einräumung der Anspruch gerichtet ist, nach ihrer Eintragung. Sie wirkt also insoweit gleich einer endgültigen Belastung (vgl. § 48 ZVG). Daher wird § 880 auf sie entsprechend angewendet (**RG** 55, 270; KGJ 39, 198; KGJ 39 A 197, 200; JFG 7, 362; 10, 226). Das gilt insbesondere auch für die Auflassungsvormerkung. Ist einer Hypothek der Vorrang vor einer Auflassungsvormerkung eingeräumt worden, so wird dadurch die Möglichkeit nicht ausgeschlossen, der Hypothek später auch noch den Vorrang einzuräumen vor einer zweiten Auflassungsvormerkung, die der ersten im Range nachsteht (JFG 10, 224). Ist eine Löschungsvormerkung (§ 1179) zugunsten einer Hypothek eingetragen, so nimmt sie, wenn der Rang der Hypothek geändert wird, als Nebenrecht ohne weiteres an der Rangänderung teil (RJA 11, 146).

Anm. 13

3. Dagegen kann eine eingetragene, gegen den Grundstückseigentümer gerichtete **Verfügungsbeschränkung** nicht Gegenstand der Rangänderung sein, da zwischen einem Recht am Grundstück und einer solchen Verfügungsbeschränkung, die sich nicht als eine Belastung des Grundstücks darstellt, überhaupt kein Rangverhältnis besteht (§ 879 Anm. 13).

VI. Mehrere vor- oder zurücktretende Rechte

Anm. 14

1. Wird durch die Rangänderung das Rangverhältnis derart bestimmt, daß ein Recht **hinter mehrere Rechte zurücktreten** soll, so gilt folgendes: Räumt der zurücktretende Berechtigte C zunächst dem nachgehenden Berechtigten A und dann erst dem nachgehenden Berechtigten B den Vorrang ein und werden die beiden Rangänderungen auch in dieser zeitlichen Reihenfolge nacheinander eingetragen, so erhält C den Rang hinter A und B und A den Rang vor B, auch wenn früher vor den beiden Vorrangseinräumungen B den Rang vor A hatte. Werden aber die beiden Vorrangseinräumungen gleichzeitig vorgenommen und eingetragen, so behalten A und B untereinander (vor C) den Rang, den sie früher hatten. Werden die beiden Vorrangseinräumungen zwar gleichzeitig vereinbart, bewilligt und beantragt, aber zeitlich nacheinander eingetragen, so erlangt der durch die erste Eintragung begünstigte A den Vorrang vor dem erst durch zweite Eintragung begünstigten B auch dann, wenn früher B dem A vorging und in den an das Grundbuchamt gerichteten Bewilligungen und Anträgen nichts über den künftigen Rang zwischen A und B gesagt war (KGJ 47, 189; JFG 8, 306).

Anm. 15

2. Wird einem Recht der **Vorrang vor mehreren Rechten** eingeräumt, so tritt es ohne Einschränkung vor diese, während sich an der Rangordnung der zurücktretenden Rechte untereinander nichts ändert (**RG** 64, 105; 79, 174; RJA 11, 297; Anm. 40). Die zurücktretenden Rechte haben mangels besonderer Vereinbarung auch dann nicht gleichen Rang, wenn die Vorrangseinräumungen gleichzeitig bewilligt und eingetragen worden sind (RJA 11, 297; KGJ 53, 179). In KGJ 53, 178 ist allerdings dahingestellt gelassen, ob diese Ansicht in ihrer Allgemeinheit zutreffend sei, soweit nach ihr das Rangverhältnis der zurücktretenden Rechte untereinander stets dasselbe bleibt, gleichviel, ob die Vorrangseinräumungen gleichzeitig erfolgen oder nicht, und ohne Rücksicht darauf, in welcher Reihenfolge im letzteren Falle die einzelnen Vorrangseinräumungen vor sich gehen. Auch dort ist aber angenommen, daß das Rangverhältnis zwischen zwei im Range nicht gleichen zurücktretenden Berechtigten sich auch dann nicht ändert, wenn sie einem nachstehenden Recht zwar nicht gleichzeitig den Vorrang einräumen, wenn aber die Vorrangseinräumung des an zweiter Stelle stehenden Berechtigten der Vorrangseinräumung des an erster Stelle stehenden vorangeht. Dies wird damit begründet, der zuletzt Zurücktretende wolle durch die Vorrangseinräumung nur dem vorrückenden Recht einen Vorteil verschaffen und sich von diesem Recht nur bis zu derjenigen Rangstelle zurückdrängen lassen, die es infolge der früheren Vorrangseinräumung des zweitstelligen Berechtigten innehabe. Zu demselben Ergebnis gelangt man durch die Erwägung, daß der Erststellige vor wie nach der ersten Vorrangseinräumung den Vorrang vor den Zweitstelligen hatte und daß sich hieran nichts dadurch geändert haben kann, daß der Vorgerückte demnächst auch mit dem Erststelligen ein weiteres Vorrücken vor diesen vereinbarte.

Anm. 16

VII. Aufhebung der Rangänderung. Eine Aufhebung der Rangänderung stellt sich als neue Rangänderung dar. Deshalb genügt dazu nicht die einseitige Aufgabeerklärung des Berechtigten; vielmehr müssen die Erfordernisse des Abs. 2 Satz 1 (Einigung und Eintragung) vorliegen. Der die Aufhebung von Grundstücksbelastungen betreffende § 875 ist hier nicht anwendbar. Nach Abs. 2 Satz 2 bedarf es bei hypothekarischen Rechten auch der Zustimmung des Eigentümers (str.).

VIII. Einigung des zurücktretenden und des vortretenden Berechtigten

Anm. 17

1. Von dieser Einigung, die zusammen mit der Eintragung die Rangänderung herbeiführt, gilt dasselbe wie von der Einigung des **§ 873.** Der **„Berechtigte"** (Passivbeteiligte) ist hier der Inhaber des **zurücktretenden** Rechts. Er (oder sein Vertreter) muß geschäftsfähig und verfügungsbefugt sein, braucht aber zur materiellen Wirksamkeit der Einigung nicht als Inhaber des Rechts eingetragen zu sein, wenn er nur, was in Ausnahmefällen möglich ist, ohne Eintragung wirklich Inhaber ist. Nach formellem Recht (§ 39 Abs. 1 GBO) muß er allerdings sich zuvor eintragen lassen, sofern nicht einer der Ausnahmefälle der §§ 39 Abs. 2, 40 GBO vorliegt. Der **„andere Teil"** (Aktivbeteiligte) ist der Inhaber des **vortretenden** Rechts. Der Passivbeteiligte muß zur Zeit der Einigung über den Rücktritt die Befugnis zur Verfügung über das zurücktretende Recht haben. Deshalb ist z. B. der Eigentümer des belasteten Grundstücks nicht befugt, einem Recht den Vorrang vor einer Hypothek einzuräumen für den Fall, daß diese oder der jeweils abgetragene Teil ihm künftig als Eigentümergrundschuld zufallen sollte. Denn zur Zeit dieser Erklärung ist nicht er, sondern ein anderer der allein verfügungsberechtigte Gläubiger der Hypothek (**RG** 84, 80; RJA 4, 244; 8, 73). Steht das zurücktretende Recht mehreren Berechtigten zu Bruchteilen zu, so kann nicht jeder einzelne Mitberechtigte für seinen Bruchteil, sondern nur alle gemeinsam für das ganze Recht einem andern Recht den Vorrang einräumen (JW 1934, 2485[1]).

Anm. 18

2. **Die Einigung hat Vertragsnatur,** so daß sämtliche Vorschriften des allgemeinen Teiles über Rechtsgeschäfte, auch die §§ 145ff, Anwendung finden, soweit nicht Ausnahmen aus dem im Abs. 2 Satz 1 anwendbar erklärten § 873 Abs. 2 sich ergeben.

Anm. 19

a) Insbesondere kann die Einigung auch eine **bedingte oder befristete** (§§ 158, 163) sein, z. B. dadurch bedingt, daß die Forderung der vortretenden Hypothek voll zur Entstehung gelangt, oder dadurch, daß gewisse schuldrechtliche Verpflichtungen erfüllt werden (HRR 1933 Nr. 1585). Die Bedingung oder Zeitbestimmung kann an sich auch stillschweigend vereinbart sein, muß aber für den Erwerb des Vorrechts eingetragen werden, wenn sie dritten rechtsgeschäftlichen Erwerbern des vortretenden Rechtes gegenüber wirksam sein soll (**RG** 59, 315; 61, 42; 76, 373; 122, 64). Die Bewilligung zur Eintragung der bedingt vereinbarten Rangänderung darf aber nach § 16 GBO nicht an einen Vorbehalt geknüpft sein; eine von einer Bedingung abhängig gemachte Eintragungsbewilligung ist für den Grundbuchverkehr nicht zu brauchen (**RG** WarnRspr 1934 Nr. 9; HRR 1933 Nr. 1585).

Anm. 20

b) Ist die vortretende Hypothek eine **Baugelderhypothek** und hat der Vortretende keinen Anspruch auf bedingungslose Vorrangseinräumung, so ist im allgemeinen, wenn nicht besondere Umstände für eine andere Willensmeinung sprechen, als stillschweigend vereinbart anzusehen, daß der vortretenden Hypothek das Vorrecht nur insoweit zustehen soll, als ihre Forderung durch Zahlungen an den Eigentümer gemäß dem Baugeldervertrag je nach Fortschreiten des Baues zur Entstehung gebracht ist (**RG** 76, 375; 122, 64). Jedoch ist der stillschweigenden Vereinbarung nicht der Inhalt beizulegen, daß die Baugeldhypothek in Höhe der vom Baugeldgeber an den Grundstückseigentümer gezahlten Teilbeträge immer nur dann den Vorrang vor der zurücktretenden Hypothek haben soll, wenn feststeht, daß der Bau bis zu dem Abschnitt, dessen Herstellung nach dem Baugeldervertrag die Teilbeträge fällig machen sollte, restlos und mängelfrei hergestellt ist. Hat der Baugeldgeber ohne Außerachtlassung der im Verkehr erforderlichen Sorgfalt Teilbeträge auf die Hypothek in dem Glauben gewährt, daß die Bauabschnitte fertiggestellt seien, deren Herstellung nach dem Baugeldervertrag die Fälligkeit der Teilbeträge herbeiführen sollte, so ist, falls nicht ausdrücklich etwas anderes vereinbart ist, anzunehmen, daß der Hypothek des Baugeldgebers in Höhe der gezahlten Teilbeträge der Vorrang vor der zurücktretenden Hypothek auch dann zusteht, wenn tatsächlich an den Bauabschnitten noch Bauarbeiten fehlen oder die Bauausführung Mängel aufweist (**RG** 83, 125; 86, 223). Hat der Verkäufer eines unbebauten Grundstücks sich in dem Kaufvertrag dem Käufer gegenüber verpflichtet, mit seiner Kaufgeldhypothek hinter eine vom Käufer zu einem bestimmten Betrag aufzunehmende Baugeldhypothek zurückzutreten, so ist dies dahin aufzufassen, daß der Verkäufer zur Vorrangseinräumung dann verpflichtet sein soll, wenn die demnächst vom Käufer bestellte Hypothek eine solche ist, deren Forderung in der vorbezeichneten Weise durch Zahlung von Teilbeträgen nach Maßgabe eines zwischen dem Käufer und dem Baugeldgeber geschlossenen Baugeldvertrages zur Entstehung gebracht werden soll (**RG** 86, 223; 92, 215). Daher kann der Käufer von dem Verkäufer die Erfüllung der Verpflichtung zur Vorrangseinräumung nur dann verlangen, wenn dem Verkäufer dargetan ist, daß der Hypothekenbestellung ein Baugeldvertrag zugrundeliegt, wonach das Baugeld in bestimmten Teilbeträgen je nach Fertigstellung der einzelnen Bauabschnitte ausgezahlt werden soll, und zwar, wenn die Vertragschließenden nicht besondere Bedingungen vereinbart haben, ein Baugeldvertrag, dessen Bedingungen im großen und ganzen nicht wesentlich von den im Baugeldverkehr bei Berücksichtigung der Art des zu errichtenden Neubaus üblichen abweichen (**RG** 86, 223). Den Fall der Verbindung einer bedingten Vorrangseinräumung mit einer Löschungsvormerkung zugunsten einer zurücktretenden Hypothek gegenüber einer vortretenden Hypothek (Baugeldhypothek) behandelt § 1179 Anm..

Anm. 21

3. Die **Einigung** ist nicht darauf gerichtet, Verpflichtungen irgendeiner Art zu begründen, sondern sie ist **rein dinglicher** (abstrakter) **Natur** (JFG 11, 192), so daß sie losgelöst ist von dem (schuldrechtlichen) Grundrechtsgeschäft und namentlich hinsichtlich der Nichtigkeit und Anfechtbarkeit ein selbständiges Dasein führt (**RG** 48, 133). Das Grundrechtsgeschäft bedarf nur ausnahmsweise einer Form (z. B. wenn die Vorrangseinräumung schenkungsweise versprochen ist: § 518; **RG** 48, 135). Die Einigung bedarf zur materiellen Wirksamkeit keiner Form. Nach formellem Recht ist zur Vornahme der Eintragung die Beobachtung der im § 29 Satz 1 GBO vorgesehenen Form notwendig. Zur Begründung des nach § 13 GBO erforderlichen, formlosen (§ 30 GBO) Eintragungsantrags eines der Beteiligten (KGJ 28 A 268) genügt nach § 19 GBO die einseitige Bewilligung der Eintragung durch den Inhaber des zurücktretenden Rechts als den in seinem Recht durch die Eintragung Betroffenen; die Einigung braucht dem Grundbuchamt nicht nachgewiesen zu werden (KGJ 21 A 309; 28 A 267; OLG 16, 151). Antragsberechtigt nach § 13 GBO ist beim Rangrücktritt einer Hypothek auch der Grundstückseigentümer (str.; JFG 15, 362).

Anm. 22

4. Die Einigung kann materiellrechtlich auch erst **nach der Eintragung** erfolgen; sie ist auch dann formlos wirksam (RJA 1, 128; KGJ 21 A 309). Mit ihrem nachträglichen Zustandekommen wird die bisher unwirksame Eintragung rechtsgültig und die Rangänderung vollzogen. Der Vorrang des vortretenden Rechts gilt aber nach § 879 Abs. 2 schon von der Eintragung ab. Bindend (unwiderruflich) ist die Einigung, wenn sie, sei es auch formlos, nach der Eintragung erklärt ist. Vor der Eintragung ist sie nur dann bindend, wenn die Einigungserklärungen in einer der im § 873 Abs. 2 vorgeschriebenen Formen abgegeben sind (**RG** WarnRspr 1911 Nr. 83). Ist dies der Fall und ist bereits der Eintragungsantrag beim Grundbuchamt gestellt, so wird nach dem im Abs. 2 Satz 1 für anwendbar erklärten § 878 die Einigungserklärung des Zurücktretenden nicht dadurch unwirksam, daß er in der Verfügung (z. B. durch Konkurseröffnung) beschränkt wird. Die Einigungserklärung kann nach § 894 ZPO durch rechtskräftiges Urteil ersetzt werden. Das Urteil steht in jeder Hinsicht, also auch in der Anwendbarkeit des § 878, der freiwilligen bindenden Erklärung gleich. Alles Nähere zu diesen Fragen findet sich in § 873 Anm. 63, 73—75 81, 109, 114 und § 878 Anm. 2 zu dd, 15ff.

Anm. 23

5. Da die Einigung ein Vertrag ist, erfordert sie begrifflich zwar den **Abschluß zwischen zwei verschiedenen Personen** (**RG** 47, 209; § 873 Anm. 32, 82). Die Einigung wird aber in § 880 II ebenso wie in § 873 I nur verlangt, damit niemand gegen seinen Willen ein Recht erwerben soll.

Anm. 24

a) Dieser Zweck wird bei Einheit in der Person des Gläubigers beider Rechte indessen auch durch eine einseitige Erklärung über die Rangänderung erreicht, da darin zugleich eine Zustimmung des Inhabers des vortretenden Rechtes hinreichend zum Ausdruck kommt. In diesem Falle genügt also die einseitige Erklärung des Inhabers beider Rechte gegenüber dem Grundbuchamt (so jetzt hM **RG** 142, 237; KGF 40 A 241; 43, 236; Palandt Anm. 3a).

Anm. 25

b) Allerdings kann der Inhaber zweier Rechte auch mit dem Eigentümer des belasteten Grundstücks eine Einigung dahin eingehen, daß das eine Recht den Rang des andern erhalten soll. Es handelt sich dann aber nicht um eine Rangänderung durch Einigung zwischen dem Zurücktretenden und dem Vortretenden, sondern um eine Änderung des Inhalts der beiden Rechte im Sinne des § 877 (RJA 9, 54; 9, 268).

Anm. 26

c) Auf Grund des Grundrechtsgeschäfts kann nach § 883 auch eine *Vormerkung* zur Sicherung des Anspruchs auf Rangänderung eingetragen werden (RJA 9, 53).

IX. Eintragung der Änderung

Anm. 27

1. Die formellrechtlichen **Voraussetzungen** für die Eintragung der Änderung in das Grundbuch sind schon in Anm. 17, 21 behandelt. Sind die beteiligten Rechte verbriefte hypothekarische Rechte, so tritt als weitere Voraussetzung nach §§ 41, 42 GBO die Vorlegung der Briefe hinzu (RJA 4, 245; 8, 53; OLG 8, 319). Die Anwendung des Eintragungsgrundsatzes auf die Rangänderung setzt voraus, daß das Recht, dessen Rang geändert werden soll, durch das Grundbuch nachgewiesen ist (**RG** 88, 163). Wird dafür einem in bestimmter Höhe einzutragendem hypothekarischem Recht der Vorrang eingeräumt, dann aber das *hypothekarische Recht zu einem geringeren Betrage eingetragen*, so wirkt die Vorrangseinräumung auch für diesen Betrag, da die Bewilligung des Vorrangs für den ganzen Betrag auch jeden Teil umfaßt. Dies gilt selbst dann, wenn die Zinsen für den Teilbetrag erhöht werden, sofern nur bei Hinzurechnung der erhöhten Zinsen der ganze Betrag nicht überstiegen wird. Auch kann der Berechtigte das hypothekarische Recht in Teilbeträgen nacheinander mit Vorrang eintragen lassen (**RG** WarnRspr 1911 Nr. 83).

Anm. 28

2. Der **Eintragungsvermerk** über die Rangänderung muß, da die Rangänderung außer der Belastung des zurücktretenden Rechts auch eine Änderung des Inhalts der beiden Rechte enthält (Anm. 3; RJA 9, 268), *nicht nur bei dem zurücktretenden, sondern auch bei dem vortretenden Recht* eingeschrieben werden, wenn die Rangänderung rechtsgültig vollzogen sein soll (KGJ 44, 256; 45, 293; aM **RG** HRR 31 Nr. 1912). Dies gilt um so mehr, als sonst in Fällen, in denen die auch den Rangvermerk umfassende Löschung des zurücktretenden Rechts nicht die Aufhebung der Rangänderung zur Folge hat (Anm. 37), die Rangänderung aus dem Grundbuch nicht mehr ersichtlich wäre (str.; Prot. 3, 99). Der Vermerk wird so zu gestalten sein, daß die Rangänderung und ihr Umfang, auch eine etwaige Bedingtheit des Vorrangs des vortretenden Rechts (Anm. 19), aus dem Grundbuch bei beiden Rechten deutlich erkennbar ist. Da die Rangänderung eine Inhaltsänderung enthält, ist bei der Eintragung eine *Bezugnahme* auf die Eintragungsbewilligung nach § 874, 877 *nicht ausgeschlossen* (str.). Ist das vortretende Recht eine *Briefhypothek*, so ist die Rangänderung gemäß § 62 Abs. 1 GBO auf dem Hypothekenbrief zu vermerken, und zwar auf dem Brief über die zurücktretende Hypothek der Rangrücktritt und auf dem Brief über die vortretende Hypothek der Rangvortritt; außerdem ist im Rangvortrittvermerk der bei der zurücktretenden Hypothek eingetragene Rücktrittsvermerk wiederzugeben (KGJ 45, 291). Über die Ergänzung des mit dem Brief verbundenen Grundbuchauszugs (§ 57 Abs. 3 GBO) durch Angabe des Rangverhältnisses zu den übrigen Hypotheken im Falle des Vorhandenseins von Zwischenhypotheken: RJA 11, 152.

X. Zustimmung des Eigentümers

Anm. 29

1. Außer der Einigung (Anm. 17ff) und der Eintragung der Rechtsänderung (Anm. 27f) bedarf es ausnahmsweise auch noch der Zustimmung des Eigentümers, *wenn das* **zurücktretende** *Recht* **ein hypothekarisches Recht** (§§ 1113, 1191, 1199) ist. Diese Vorschrift beruht auf der Erwägung, daß ein hypothekarisches Recht nach Maßgabe der §§ 1143, 1163f, 1168, 1170ff, 1192, 1200 auf den Eigentümer übergehen kann und daß daher die Rangänderung auch in dessen Rechtskreis eingreift (Prot. 3, 94; **RG** 88, 164; OLG 18, 108). Auf die rechtliche Natur des *vortretenden* Rechtes kommt es nicht an. Auch wenn dieses ein hypothekarisches Recht ist, bedarf es der Zustimmung des Eigentümers nicht, falls das zurücktretende Recht kein hypothekarisches ist (OLG 8, 106).

Anm. 30

2. Eine **Ausnahme** von der Ausnahmebestimmung enthält § 1151 (vgl. §§ 1192, 1200), wonach die Zustimmung des Eigentümers nicht erforderlich ist, wenn bei der Teilung eines hypothekarischen Rechts das Rangverhältnis der Teile untereinander geändert wird. Die Änderung des Rangverhältnisses der Teile kann aber erst bei der Abtretung eines Teils durch Einigung des bisherigen Gläubigers mit dem Abtretungsempfänger erfolgen; der alte Gläubiger kann für sich allein den Rang der Teile nicht ändern (str.).

Anm. 31

3. Soll eine **Hypothekenvormerkung** zurücktreten (Anm. 12), so bedarf es der Zustimmung nicht, weil die Vormerkung kein hypothekarisches Recht ist und die Vorschriften über die Eigentümerhypothek auf sie keine Anwendung finden (str.; JFG 13, 418). Der Zustimmung des **persönlichen Schuldners,** der nicht zugleich der Eigentümer ist, bedarf es nicht, obwohl die Hypothek nach §§ 1164, 1174 unter Umständen auch auf ihn übergeht; sein Interesse wird durch § 1165 gewahrt.

Anm. 32

4. Zu **nicht rechtsgeschäftlichen Rangänderungen,** auf die sich § 880 überhaupt nicht bezieht (Anm. 2), bedarf es einer Zustimmung nicht, also z. B. nicht zur Eintragung eines Vorrangs auf Grund der §§ 128, 130f ZVG (Anm. 2) oder zur Berichtigung des Grundbuchs hinsichtlich des Rangverhältnisses nach § 894 (OLG 6, 258; 8, 307; KGJ 49, 202). Indessen liegt kein Fall der Grundbuchberichtigung hinsichtlich des Ranges vor, wenn eine Hypothek von einem nachstehenden Hypothekengläubiger auf Grund des Anfechtungsgesetzes mit Erfolg angefochten ist (KGJ 49, 202; auch **RG** 71, 179; aM OLG 8, 307; 21, 409). Denn die Anfechtung hat keine dingliche Wirkung, sondern gewährt nur einen schuldrechtlichen Anspruch auf Duldung des Zwangsvollstreckung in das vom Schuldner veräußerte Vermögensstück (**RG** 56, 165; 70, 113; 71, 176).

Anm. 33

5. Eine **Zwangshypothek** (§§ 866, 867 ZPO) kann ohne Zustimmung des Vollstreckungsschuldners an seinem Grundstück mit dem Vorrang vor einer bereits bestehenden Hypothek eingetragen werden, wenn nur der Gläubiger dieses Rechts die Eintragung bewilligt hat oder dazu rechtskräftig verurteilt ist; unter denselben Voraussetzungen bedarf es der Zustimmung des Eigentümers auch nicht zu einer nachträglichen Rangänderung der beiden Rechte; diese Grundsätze gelten entsprechend für den Fall, daß eine Zwangshypothek gemäß § 848 ZPO kraft Gesetzes entsteht oder entstanden ist (JFG 12, 304).

Anm. 34

6. Bei der **Zustimmung des Eigentümers** (Bewilligung der Eintragung genügt: KGJ 26 A 140) gilt für ihre rechtliche Natur, die Erfordernisse ihrer Gültigkeit und ihre Wirkung dasselbe wie bei der Zustimmung des Dritten im § 876. Das Nähere hierüber bringt § 876 Anm. 6ff. Nur soviel sei an dieser Stelle hervorgehoben: Die Zustimmung bedarf zur materiellen Gültigkeit keiner Form. Formellrechtlich ist aber nach §§ 19, 29 GBO zur Eintragung der Rangänderung die Beibringung der Zustimmung in der Form des § 29 GBO erforderlich (OLG 18, 108). Auf die Wirksamkeit und Unwiderruflichkeit der Einigung zwischen dem Zurücktretenden und dem Vortretenden hat es keinen Einfluß, ob der Eigentümer zustimmt oder nicht. Eine rechtswirksame Rangänderung kommt aber beim Fehlen der Zustimmung nicht zustande, auch wenn die Rangänderung (versehentlich) eingetragen ist (KGJ 37 A 214).

Anm. 35

7. Die Erklärung **„gegenüber dem Grundbuchamt“** ist erläutert in § 875 Anm. 27f, 33, die **„Unwiderruflichkeit“** der Zustimmungserklärung in § 876 Anm. 20ff.

Wird die Zustimmung dem Grundbuchamt gegenüber erklärt, so kann § 181 auf sie keine Anwendung finden (**RG** 157, 24).

XI. Belastung des zurücktretenden Rechts mit dem Rechte eines Dritten

Anm. 36

Ist das zurücktretende Recht mit dem Rechte eines Dritten belastet, so bedarf es zur Rangänderung nach dem entsprechend anzuwendenden **§ 876** der Zustimmung des Drittberechtigten, z. B. des Nießbrauchers, des Pfandgläubigers (KGJ 37 A 213; OLG 20, 400). Beim Fehlen der Zustimmung kommt eine Rangänderung, auch wenn sie (versehentlich) eingetragen ist, nicht rechtswirksam zustande, da die Zustimmung zwingend vorgeschrieben ist (KGJ 37 A 217). Unzulässig ist auch eine Rangänderung mit der Einschränkung, daß die das zurücktretende Recht belastenden Rechte Dritter unberührt bleiben, also ihren Vorrang behalten sollen (KGJ 37 A 213). Im Falle der mittelbaren Belastung ist nach § 876 Satz 2 die Zustimmung des Drittberechtigten nicht erforderlich, wenn sein Recht durch die Rangänderung nicht berührt wird (§ 876 Anm. 15). Die Zustimmung ist gegenüber dem Grundbuchamt (§ 875 Anm. 27f, 33) oder dem durch die Rangänderung Begünstigten zu erklären. Letzterer ist in der Regel der Inhaber des vortretenden Rechts. Unter Umständen kann aber auch der Eigentümer durch die Rangänderung begünstigt sein.

XII. Aufhebung des zurücktretenden Rechts

Anm. 37

1. Eine **rechtsgeschäftliche Aufhebung** des zurücktretenden Rechtes, wodurch dem vortretenden Rechte der eingeräumte Rang nicht verloren geht, ist z. B. der Verzicht des Inhabers auf das Recht, die Empfangnahme der Befriedigung, die Löschungsbewilligung. Auch wenn der Eigentümer das zurücktretende Recht auf Grund einer Löschungsbewilligung des Berechtigten löschen läßt, bleibt dem vortretenden Recht der Rang erhalten; Zwischenrechte rücken nicht vor. Dabei ist zu bemerken, daß eine Hypothek durch Befriedigung, Verzicht usw. überhaupt noch nicht aufgehoben wird, sondern nach §§ 1163, 1177 sich nur zu einer Eigentümergrundschuld umwandelt (§ 875 Anm. 8, 14); für diese gilt die Rangänderung weiter.

Anm. 38

2. Wird das zurücktretende Recht **auf anderem Wege, insbesondere kraft Gesetzes, aufgehoben,** so wird auch die Rangänderung hinfällig (Anm. 5); das vortretende Recht tritt wieder in seine frühere Stelle zurück, während die Zwischenrechte vorrücken. Der Grund hierfür ist, daß die beschränkte Wirksamkeit und die Möglichkeit des Wegfalls dem zurücktretenden Recht und damit auch dem gewährten Vorrecht von vornherein anhaftete. Derartige Aufhebungsgründe sind z. B. der Eintritt der auflösenden Bedingung oder des Endtermins bei bedingten oder befristeten Rechten (§§ 158, 163), der Tod des Berechtigten bei Nießbrauch, beschränkter persönlicher Dienstbarkeit, Altenteil (§§ 1061, 1090 BGB; Art. 96 EG). Eine Gesamthypothek erlischt als zurücktretendes Recht auf dem einen Grundstück, wenn und soweit sie aus dem anderen mithaftenden Grundstück (§ 1182 Abs. 2) oder durch dessen Eigentümer befriedigt wird, ohne daß diesem ein Ersatzanspruch zusteht (§ 1173 Abs. 1, 2). Damit wird die Rangänderung (ganz oder zum Teil) hinfällig. Ist die Beschränktheit des zurücktretenden Rechts aus dem Grundbuch nicht ersichtlich (z. B. wenn bei einem bedingten Recht die Bedingung nicht eingetragen ist) und hat der Vortretende sie auch nicht gekannt, so wirkt nach § 892 der Eintritt des Aufhebungsgrundes gegen den Vortretenden nicht. Vgl. aber § 879 Anm. 46.

XIII. Zwischenrechte

Anm. 39

1. Die Zwischenrechte rücken, da sie **durch die Rangänderung nicht berührt** werden sollen, im Falle der Nichtigkeit des zurücktretenden Rechtes ebenso vor, wie wenn die Rangänderung überhaupt nicht stattgefunden hätte. Sie bleiben anderseits auf ihrer Stelle, wenn das vortretende Recht nichtig ist oder aufgehoben wird und infolgedessen das zurücktretende Recht in seine frühere Rangstelle zurücktritt (Anm. 4). Im Falle der Nichtigkeit des zurücktretenden Rechts kann sich der Vortretende auch nicht auf einen Rechtserwerb im Schutz des § 892 berufen, da § 880 Abs. 5 eine Einschränkung der Wirkung eines solchen Rechtserwerbs enthält (Anm. 5). Die Inhaber der Zwischenrechte können im Falle der Nichtigkeit (nicht auch der Anfechtbarkeit: § 143) des zurücktretenden Rechts Berichtigung des Grundbuchs durch Löschung des Rechts gemäß § 894 verlangen. Wird das zurücktretende Recht aufgehoben, so rücken sie nicht vor, wenn es durch Rechtsgeschäft, wohl aber, wenn es auf anderer Grundlage aufgehoben wird (Anm. 37f).

Anm. 40

2. Die **Rangänderung wirkt** hinsichtlich der Zwischenrechte **nur so weit, als sich der Umfang der beiden Rechte deckt** (RJA 11, 153; KGJ 53, 179). Hat das zurücktretende Recht größeren Umfang, so behält es mit dem überschießenden Umfang seinen Rang. Hat das vortretende Recht einen größeren Umfang, so gebührt ihm der Vorrang vor den Zwischenrechten nur in Höhe des zurücktretenden Rechts; mit dem überschießenden Umfang steht es den Zwischenrechten nach; insoweit geht es nur dem zurücktretenden Recht vor (**RG** 79, 173; KGJ 53, 179; HRR 28 Nr. 40). Wenn z.B. vor der Hypothek 2 von 20000 DM, die zufolge Vorrangseinräumung den Rang vor der Hypothek 1 von 30000 DM hat, der Vorrang für die Hypothek 3 von 100000 DM eingeräumt wird und dann die Hypothek 3 bis auf 10000 DM in Wegfall kommt, so gehen 10000 DM aus der Hypothek 3 und 10000 DM aus der Hypothek 2 der Hypothek 1 im Range vor (**RG** 79, 173, wo angenommen ist, eine Hypothek, hier Hypothek 3 in Höhe von 90000 DM, komme insoweit in Wegfall, als der Gläubiger im Verteilungstermin den baren Versteigerungserlös nicht in Anspruch nehme; dazu § 1168 Anm.). Ist der Hypothek 3 auch vor der Hypothek 1 der Vorrang eingeräumt, so gehen der letzteren Hypothek 10000 DM aus der Hypothek 3 und 20000 DM aus der Hypothek 2 im Range vor, da die Rangänderung zwischen den Hypotheken 2 und 3 der Hypothek 1 nicht zum Vorteil gereicht und eine Hypothek, der vor mehreren vorgehenden Hypotheken der Vorrang eingeräumt wird, vor diesen den Rang an erster Stelle hat, während das Rangverhältnis zwischen den zurücktretenden Hypotheken nicht geändert wird (**RG** 79, 174; vgl. Anm. 15). In **RG** Gruchot 58, 426 (JW 1913, 1147[5]) ist ausgeführt: Wenn für A eine Hypothek 1 und eine Hypothek 3 und für B ein im Range zwischen diesen Hypotheken stehendes Recht (z.B. ein Durchgangsrecht) eingetragen ist, so braucht der die Hypothek 1 gemäß §§ 1150, 268 ablösende B eine nach der Eintragung seines Rechts ohne seine Zustimmung erfolgte Verschlechterung des Ranges der auf ihn übergehenden Hypothek 1 zugunsten der Hypothek 3 (z.B. durch Einräumung des gleichen Ranges) nicht gelten zu lassen. Denn vor der Rangänderung hätte er als Inhaber seines Rechts die Möglichkeit gehabt, die Hypothek 1, wenn A ihretwegen Befriedigung aus dem Grundstück gesucht hätte, durch Befriedigung des A mit dem Vorrang vor der seinem Recht nachstehenden Hypothek 3 zu erwerben, während er nach der Rangänderung die Hypothek 1 nur mit der Wirkung einlösen könnte, daß die Hypothek mit dem verschlechterten Rang auf ihn überginge. Er würde also durch die Rangänderung tatsächlich schlechter gestellt sein. Dem ist auf Grund der Bestimmung des Abs. 5, daß Zwischenrechte durch die Rangänderung nicht berührt werden, von dem Gesichtspunkt aus beizustimmen, daß B durch die Eintragung seines Rechts die Anwartschaft erlangt hat, die Hypothek 1, falls A ihretwegen Befriedigung aus dem belasteten Grundstück verlangen werde, zur Abwendung der Gefahr des Verlustes seines Rechts im Wege der Ablösung im bisherigen Rechtszustande zu erwerben, und daß ihm diese Anwartschaft nicht durch Verschlechterung des Ranges der Hypothek beeinträchtigt werden kann. A kann auch nicht etwa wegen der Hypothek 3 die Ablösung der Hypothek 1 versagen oder diese Ablösung von der Befriedigung wegen der Hypothek 3 abhängig machen (§ 1150 Anm.). Über die Rechte, die keinen bestimmten Wert haben, vgl. KG JFG 10, 225, über das Rangverhältnis nach Löschung eines beteiligten Rechts JFG 22, 42.

§ 881

Der Eigentümer kann sich bei der Belastung des Grundstücks mit einem Rechte die Befugnis vorbehalten, ein anderes, dem Umfange nach bestimmtes Recht mit dem Range vor jenem Rechte eintragen zu lassen.

Der Vorbehalt bedarf der Eintragung in das Grundbuch; die Eintragung muß bei dem Rechte erfolgen, das zurücktreten soll.

Wird das Grundstück veräußert, so geht die vorbehaltene Befugnis auf den Erwerber über.

Ist das Grundstück vor der Eintragung des Rechtes, dem der Vorrang beigelegt ist, mit einem Rechte ohne einen entsprechenden Vorbehalt belastet worden, so hat der Vorrang insoweit keine Wirkung, als das mit dem Vorbehalt eingetragene Recht infolge der inzwischen eingetretenen Belastung eine über den Vorbehalt hinausgehende Beeinträchtigung erleiden würde.

E I 842 II 802; M 3 233f.; P 3 99ff.

Übersicht

I. Vorbehalt bei der Grundstücksbelastung

Anm. 1

1. Aus den Worten „**bei der Belastung**" ist **nicht** zu schließen, daß ein Vorbehalt **nur gleichzeitig** mit einer ursprünglichen Belastung gemacht werden könne. Abs. 1 will weiter nichts besagen, als daß ein Vorbehalt überhaupt statthaft sei, daß der Eigentümer den Vorbehalt zum Inhalt der Belastung machen dürfe. Der Sinn der Worte „kann sich bei der Belastung ... vorbehalten" läßt sich zwanglos dahin auflösen: „wenn der Eigentümer sein Grundstück belastet, kann er die Bedingung setzen, daß künftig einzutragende Rechte den Vorrang haben sollen". Es ist auch kein Grund ersichtlich, weshalb die Belastung und die Bestimmung des Vorbehalts unbedingt zeitlich zusammenfallen müßten. Die gegenteilige Meinung (KGJ 21 A 306; RJA 7, 252; 9, 54) übersieht, daß das Rangverhältnis zu anderen gegenwärtig oder künftig wetteifernden Rechten einen Teil des Inhalts, eine für die Durchführung und die Wertschätzung wesentliche Eigenschaft des Rechts bildet (§ 879 Anm. 1; § 880 Anm. 3) und daß daher der Rangvorbehalt den Inhalt des Rechts selbst betrifft. Auf die Festsetzung dieses Inhalts findet, nachdem Abs. 1 § 881 den Vorbehalt für zulässig erklärt hat, ebenso wie auf die Begründung des Rechts im ganzen § 873 Anwendung.

Anm. 2

2. Dies ist die Rechtslage, wenn der Vorbehalt von vornherein bei Aufnahme der Belastung vereinbart wird. Wie aber der Inhalt eines Rechts nachträglich überhaupt geändert werden kann, so muß er, da ein Vorbehalt zulässig ist, auch dahin geändert werden können, daß dem Recht **nachträglich** der eine Einschränkung enthaltende Vorbehalt hinzugefügt wird. Auf diese Inhaltsänderung findet dann § 877 Anwendung, der wiederum auf § 873 verweist (RJA 9, 54; KGJ 39 A 195). Hiernach kann der Rangvorbehalt auch noch nach der Eintragung des Vorrangrechts eingetragen werden, so daß also die vorbehaltene Rangbefugnis durch Eintragung eines schon vor der Begründung des Rangvorbehalts gebuchten Rechts in die vorbehaltene Rangstelle ausgeübt werden kann (JFG 8, 287).

Anm. 3

II. Belastung mit einem Rechte. Bei jedem **Rechte** (d.h. zu Lasten eines jeden Rechtes), mit dem ein Grundstück zulässigerweise rechtsgeschäftlich belastet werden kann (§ 873 Anm. 22), nicht allein bei Hypotheken, und anderseits für jedes Recht (d. h. zugunsten eines jeden Rechtes) dieser Art kann der Vorbehalt gemacht werden, z. B. bei einem hypothekarischen Recht (Hypothek, Grundschuld, Rentenschuld) für einen Nießbrauch, bei einer Reallast für eine beschränkte persönliche Dienstbarkeit, bei einem Altenteil für eine Hypothek. Auch eine Vormerkung kann aktiv und passiv Gegenstand eines Vorbehalts sein; sie ist zwar kein „Recht" am Grundstück, aber mit Rücksicht auf § 883 Abs. 3 für die Festsetzung und Änderung der Rangverhältnisse den endgültigen Rechten gleichzustellen (§ 880 Anm. 12; JW 1926, 2546[1]; 2546, 1010[23]; OLG 45 S. 306, 307). Jedoch kommt ein Rangvorbehalt bei der Vormerkung nicht in Betracht, wenn sie auf Grund einer einstweiligen Verfügung (§ 885) eingetragen wird. Denn nur bei einer rechtsgeschäftlichen Belastung kann die Festsetzung eines Vorbehalts in Frage kommen. Daher scheidet auch die Belastung im Wege der Zwangsvollstreckung (z. B. durch Eintragung einer Zwangshypothek: §§ 866, 867 ZPO) für die Frage des Vorbehalts aus.

III. Einigung über den Rangvorbehalt

Anm. 4

1. Der **Rangvorbehalt bedarf** zur materiellen Rechtswirksamkeit **der Einigung** zwischen dem Eigentümer und dem Inhaber des durch den Vorbehalt einzuschränkenden Rechts (**RG** WarnRspr 1913 Nr. 324). Aus den Worten „der Eigentümer kann sich vorbehalten" ist nicht zu folgern, daß eine einseitige Erklärung des Eigentümers genügt, daß also z. B. der Eigentümer nach vorbehaltloser Einigung mit dem Berechtigten über die Belastung bei der Stellung des Antrags auf Eintragung des Rechts einseitig den Vorbehalt rechtsgültig erklären könnte und es dann dem Berechtigten überlassen bleiben müßte, auf Grund des (schuldrechtlichen) Grundrechtsgeschäfts die Beseitigung des vertragswidrigen Vorbehalts herbeizuführen (aM RJA 9, 54). Abs. 1 § 881 bestimmt nicht, unter welchen Voraussetzungen ein Rangvorbehalt festgesetzt, sondern nur, daß überhaupt die Bedingung des Vorrangs anderer Rechte zum Inhalt des belastenden Rechts gemacht werden könne (Anm. 1). Die Voraussetzungen ergeben sich, abgesehen von der Eintragung, über die Abs. 2 § 881 besondere Bestimmung trifft, im Falle der Festsetzung bei der ursprünglichen Belastung aus § 873 und im Falle der nachträglichen Festsetzung aus § 877 in Verbindung mit § 873. Danach ist in beiden Fällen die Einigung zwischen dem Eigentümer und dem Berechtigten wie über den Inhalt der Belastung und dessen Veränderung so auch über den Rangvorbehalt erforderlich; in beiden Fällen hat der Rangvorbehalt die Wirkungen des § 881. Von dieser Einigung gilt also auch überall dasselbe wie von der Einigung des § 873 und des § 877 (§ 873 Anm. 63, 73—75, 81, 109, 114; § 877 Anm. 10ff).

Anm. 5

2. Im einzelnen ist folgendes hervorzuheben:

a) Der Rangvorbehalt kann auch **bedingt** sein, z. B. durch die Bestimmung, daß das begünstigte Recht eine Restkaufgeld- oder wenigstens eine Fremdhypothek bleiben muß (**RG** JW 1933, 605[7]); durch Verwendung der vollen Valuta einer künftigen Baugelderhypothek zu einem Neubau auf dem belasteten Grundstück (§ 880 Anm. 19; RJA 4, 250; 7, 62); durch Löschung voreingetragener Rechte (RJA 7, 251; vgl. aber auch KGJ 48, 183, wo eine solche Löschung nicht aufgefaßt ist als Bedingung, von der die Wirkung der auf die Begründung des Rangvorbehalts abzielenden Einigung abhängig gemacht wäre, sondern nur als nähere Bezeichnung der Art des Rechts, für welches der Vorrang vorbehalten sein sollte). Der Vorbehalt kann dann nach dem Eintritt der Bedingung vollzogen werden.

Anm. 6

b) Zulässig ist auch ein **inhaltlich beschränkter** Vorbehalt dahin, daß er nur für einen bestimmten Berechtigten gelten soll (HRR 30 Nr. 1611; 31 Nr. 288) oder nur eine solche Vorrangshypothek eingetragen werden darf, bei welcher zugleich eine Löschungsvormerkung nach § 1179 zugunsten des zurücktretenden Rechts für den Fall der Vereinigung des vorbehaltenen Rechts mit dem Eigentum eingetragen wird (JFG 18, 40).

Anm. 7

c) Es sind auch **mehrere** Rangvorbehalte nebeneinander zugunsten desselben Eigentümers zu Lasten desselben Vorbehaltsrechts möglich; sie können auch wechselseitig auflösend bedingt sein (JFG 8, 305).

Anm. 8

d) Der **„Berechtigte"** im Sinne des § 873 oder § 877 (der in seinem Recht betroffene Passivbeteiligte im Sinne des § 19 GBO) ist: wenn der Vorbehalt bei der ursprünglichen Belastung festgesetzt wird, der Eigentümer, der dem auf sein Grundstück einzutragenden Recht im Wege der Einigung mit dem Aktivbeteiligten den (hier eingeschränkten) Inhalt gibt; wenn aber der Vorbehalt erst nachträglich festgesetzt wird, der Inhaber des zurücktretenden Rechts, der seine Befugnisse zum Teil beschränkt (RJA 7, 252). Dieser Berechtigte (oder sein Vertreter) muß geschäftsfähig sein und die Befugnis haben, über das Grundeigentum oder das zurücktretende Recht zu verfügen. Daher ist z.B. der Eigentümer nicht befugt, zu Lasten der aus einer Hypothek künftig etwa für ihn entstehenden Eigentümergrundschuld einen Vorbehalt zugunsten eines anderen Rechts zu machen; denn er ist gegenwärtig noch nicht Gläubiger der Hypothek (§ 880 Anm. 17).

Anm. 9

e) Ist der **Vorbehalt eingetragen, obwohl die Einigung** über die Belastung **sich nicht auf ihn erstreckt hat,** oder ist die erklärte Einigung **nichtig,** so ist die Vorbehaltseintragung unwirksam. Den dadurch Verletzten steht der dingliche Anspruch auf Berichtigung des Grundbuchs nach § 894 zu (str.). Doch kann die Eintragung noch durch nachträgliche rechtsgültige Einigung wirksam werden. Ist umgekehrt der **Vorbehalt nicht eingetragen, obwohl er vereinbart war,** so hat der andere Vertragsteil nur einen persönlichen Anspruch auf Herbeiführung der Vorbehaltseintragung auf Grund des Grundrechtsgeschäfts, nicht einen dinglichen Berichtigungsanspruch; denn der Vorbehalt ist mangels Eintragung nicht begründet worden, das Grundbuch also nicht unrichtig (RJA 7, 252; JFG 8 S. 289, 299; str.).

IV. Wesen des Vorbehalts

Anm. 10

1. Das Wesen des Vorbehalts ist in Anbetracht der Vorschriften in Abs. 1, 3, 4 von **zwei Gesichtspunkten** aus zu bestimmen.

a) Vom Standpunkt des **Eigentümers** aus wird ihm durch den Vorbehalt die auf Grund des Eigentums (§ 903) von vornherein gegebene Befugnis, ein Recht an erster Stelle eintragen zu lassen, trotz der bewirkten, an sich die Befugnis ausschließenden Eintragung erhalten oder bei nachträglichem Vorbehalt zurückgegeben. Der Eigentümer behält sich daher durch den Rangvorbehalt eine ihm auf Grund seines Eigentums zustehende Befugnis vor (RJA 11, 67; KGJ 48, 181; **BGH** 12, 245).

Anm. 11

b) Vom Standpunkt des **Inhabers des zurücktretenden Rechts** aus handelt es sich um eine bedingte Vorrangseinräumung: Falls der jeweilige Eigentümer ein vorbehaltenes Recht eintragen läßt, soll dieses Recht innerhalb des bestimmten Umfangs den Vorrang haben (RJA 11, 67; HRR 1937 Nr. 1673), und zwar unbeschränkt — insbesondere auch für die Inanspruchnahme des Erlöses in der Zwangsversteigerung des belasteten Grundstücks — dann, wenn das Recht in der Rangstelle sich unmittelbar an das zurücktretende Recht anschließt oder auf nicht vorbehaltene Zwischenrechte nichts von dem Versteigerungserlöse entfallen kann, andernfalls unter Abzug der Zwischenrechtsbeträge (Anm. 28).

Anm. 12

2. Auf Grund eines Rangvorbehalts für eine **Hypothek** kann auch eine **Grundschuld** in gleicher Höhe und umgekehrt eingetragen werden (KG JFG 5, 340).

Anm. 13

3. Da das Recht aus dem Vorbehalt eine mit dem Eigentum verbundene, einen Teil des Eigentumsrechts darstellende Befugnis ist, kann es **nicht selbständig Gegenstand einer Verfügung oder der Zwangsvollstreckung** (z. B. Pfändung) sein (**RG** 117, 431; RJA 8, 53; 11, 69; 14, 308; KGJ 40, 234; 48, 182; **BGH** 12, 238 [245]). Der Gläubiger des Eigentümers ist auch nicht berechtigt, auf Grund eines vollstreckbaren Titels eine Zwangshypothek (§§ 866, 867 ZPO) an der vorbehaltenen Rangstelle eintragen zu lassen (**BGH** 12, 238; str.; vgl. Staudinger Anm. 15d). Nur durch ein den Eigentümer zur Bewilligung der Eintragung mit dem Vorrang verurteilendes rechtskräftiges Urteil (§ 894 ZPO) oder durch Rücktritt des mit dem Vorbehalt belasteten Rechts (§ 880 Anm. 33) könnte die Eintragung einer Hypothek mit einem dem Vorbehalt entsprechenden Range erzielt werden.

V. Wirkung des Vorbehalts

Anm. 14

1. Der Vorbehalt wirkt dinglich gegen jeden Dritten, jedoch mit der aus Abs. 4 sich ergebenden Einschränkung bezüglich der Zwischenrechte. Die Wirkung entspricht grundsätzlich der des § 880 (JFG 8, 298).

a) Läßt der jeweilige Eigentümer **ein vorbehaltenes Recht eintragen,** so ist die Vorrangseinräumung endgültig vollzogen. Der Rang des vorbehaltenen Rechts ist dann von dem Bestand des zurücktretenden Rechts insofern nicht abhängig, als eine **Aufhebung durch Rechtsgeschäft** keinen Einfluß hat; denn die Verfügung über das zurücktretende Recht kann die erworbenen Rangrechte des Erwerbers des vorbehaltenen Rechts nicht beeinträchtigen. Geschieht dagegen die **Aufhebung auf anderer Grundlage,** insbesondere kraft Gesetzes (z. B. im Falle eines zurücktretenden Nießbrauchrechts durch den Tod des Berechtigten), so wird auch der Vorrang für das vorbehaltene Recht hinfällig, weil das zurücktretende Recht und damit auch der Rangvorbehalt als Bestandteil des Rechts von vornherein mit der Einschränkung behaftet war. Hier gilt also im Ergebnis dasselbe wie nach § 880 Abs. 3 von der Aufhebung des zurücktretenden Rechts bei der Rangänderung (§ 880 Anm. 37f). Besteht das zurücktretende Recht trotz seiner Eintragung nicht (z. B. weil die Einigung fehlt oder nichtig ist) oder wird es, sei es rechtsgeschäftlich, sei es auf anderer Grundlage, aufgehoben, bevor der Eigentümer die vorbehaltene Befugnis ausgeübt hat, so ist oder wird auch der Vorbehalt hinfällig, weil er selbst ein Bestandteil des Rechts ist und ein Rechtserwerb auf Grund des Vorbehalts nicht stattgefunden hat.

Anm. 15

b) Die Frage, ob der **Rangvorbehalt mit einmaliger Ausübung erlischt,** ist streitig. Das Kammergericht (KGJ 40, 234; JFG 5, 383; 6, 315; 8, 298) nimmt an, daß der Eigentümer, wenn nach Vollziehung des Vorbehalts das eingetragene Vorrangsrecht gelöscht wird, auf Grund des Vorbehalts von neuem ein gleichartiges Recht mit Vorrang eintragen lassen dürfe, es sei denn, daß der Vorbehalt auf einen einzelnen Fall bestimmter Art beschränkt und dies im Grundbuch eingetragen sei. Dieser Ansicht kann in ihrer Allgemeinheit nicht beigetreten werden. Das Gesetz geht, wie seine Fassung zeigt, davon aus, daß der Eigentümer sich regelmäßig nur für ein einziges, dem Umfang nach zu bestimmendes und auch sonst zu kennzeichnendes (Anm. 19) Recht, nicht für mehrere Rechte nacheinander die Rangänderung vorbehält. Läßt also der Eigentümer ein solches Recht mit der Erklärung eintragen, daß es das vorbehaltene Recht sein solle, so ist damit die vorbehaltene Rangänderung vollzogen und der Vorbehalt erledigt. Kommt demnächst das Vorrangrecht in Wegfall und erlangt daher das zurückgetretene Recht den früheren Rang, so kann der Eigentümer nicht noch einmal für ein weiteres, sei es auch gleichartiges Recht eine Rangänderung auf Grund des Vorbehalts herbeiführen. Nur dann kann ihm diese Befugnis zugebilligt werden, wenn der Vorbehalt sich seinem Inhalt nach von vornherein ausdrücklich auf mehrere Fälle nacheinander erstreckte.

Anm. 16

c) Durch den Vorbehalt wird der Eigentümer nicht gehindert, **Eintragungen ohne Beilegung des vorbehaltenen Vorrechts** zu bewilligen. Auch können im Wege der Zwangsvollstreckung gegen ihn solche Eintragungen (z. B. von Zwangshypotheken) bewirkt werden (RJA 8, 55). Diese sind, wenn der Eigentümer demnächst das vorbehaltene Recht eintragen läßt, Zwischeneintragungen im Sinne des Abs. 4 (Anm. 27).

Anm. 17

d) Nach § 5 der 2. DVO zum Hypothekensicherungsgesetz v. 2. 9. 1948 (§ 879 Anm. 8) wirkt ein vor dem 21. 6. 1948 zu Lasten des umgestellten Rechts eingetragener Rangvorbehalt auch **gegen die Umstellungsgrundschuld** und die an deren Stelle getretene Hypothekengewinnabgabe (§ 113 LAG).

Anm. 18

VI. Aufhebung des Vorbehalts. Die Aufhebung des Vorbehalts erfordert auch vor seiner Aufhebung materiellrechtlich eine Einigung zwischen Eigentümer und Rechtsinhaber. Denn sie enthält nicht eine teilweise Aufhebung des zurücktretenden Rechts, das in vollem Umfang bestehenbleibt, sondern eine Inhaltsänderung. Deshalb kommt nicht § 875, wonach (außer der Löschung) eine einseitige Verzichtserklärung des Eigentümers genügen würde, sondern § 877 zur Anwendung (str.; KG JFG 12, 293). Formellrechtlich genügt aber auch hier zur Löschung nach §§ 19, 29 GBO die formgerechte Löschungsbewilligung des Eigentümers. Erlischt das mit dem Vorbehalt belastete Recht (z. B. durch Zuschlag in der Zwangsversteigerung des Grundstücks), bevor der Vorbehalt ausgeübt ist, so erlischt auch der Vorbehalt (Anm. 26).

VII. Dem Umfang nach bestimmtes Recht

Anm. 19

1. Das vorbehaltene Recht ist dem Umfange nach bestimmt, wenn sich aus dem Grundbuch klar ergibt, **bis zu welchem Höchstbetrag** es den Vorrang haben soll (**RG** WarnRspr 1908 Nr. 319; JFG 8, 302). Im Falle des Vorbehalts einer Hypothek zu einem bestimmten Betrage ist diesem Erfordernis auch dann genügt, wenn der Hypothek der Vorrang nur insoweit zustehen soll, als die durch sie gesicherte Forderung (z. B. Baugelddarlehn) zur Entstehung gelangt; denn bei einer solchen Regelung ist der aus dem Vorbehalt ausscheidende Teil der Hypothek jederzeit bestimmbar (RJA 4, 250; 7, 62; **RG** JW 1905, 434[12]).

Anm. 20

2. Soll eine vorbehaltene Hypothek **verzinslich** sein, so muß regelmäßig der Zinsfuß oder der Höchstbetrag, bis zu dem auch die Zinsen den Vorrang haben sollen, angegeben sein (RJA 4, 247). Die Verzinslichkeit kann sich aber auch ohne ausdrückliche Hervorhebung in der Eintragung aus der Natur der Sache ergeben (z. B. bei einem landschaftlichen Pfandbriefdarlehn); dann darf (in entsprechender Anwendung des § 1119 Abs. 1) die Hypothek, für die der Rang vorbehalten ist, ohne Zustimmung der mit dem Vorbehalt belasteten Rechte als verzinsliche mit einem Zinssatz bis zu 5% in den Vorbehalt eingetragen werden (**RG** 135, 196). Ist aber die Hypothek als eine unverzinsliche vorbehalten, so erhalten hinzugefügte Zinsen, auch wenn sie den Zinssatz von 5% nicht überschreiten, den Vorrang nicht; § 1119 kommt dann nicht zur Anwendung, da durch die Vorbehaltseinigung die Zinsen von der Erlangung des Vorrangs ausgeschlossen sind.

Anm. 21

3. Abgesehen von seinem Umfang muß auch **das vorbehaltene Recht selbst** in dem Vorbehalt so deutlich bezeichnet sein, daß später sein Gleichsein mit dem in den Vorbehalt einzutragenden Recht unzweifelhaft ist. Die Bezeichnung der Person, der das vorbehaltene Recht zustehen soll, ist nicht erforderlich.

VIII. Eintragung des vorbehaltenen Rechts

Anm. 22

1. Ein Recht erlangt den **Rang vor einem** andern **Recht** auch dann, wenn es gleichen Rang mit diesem Recht erhält. Denn damit tritt es teilweise dem anderen Rechte vor (§ 880 Anm. 2). Daher ist auch ein Vorbehalt der Eintragung eines Rechts mit gleichem Range zulässig (aM KGJ 39 A 194).

Anm. 23

2. Bei der **Eintragung des vorbehaltenen Rechtes** muß durch einen besonderen Vermerk ersichtlich gemacht werden, daß dieses Recht das kraft des Vorbehalts mit Vorrang versehene Recht ist (RJA 9, 200). Einer Eintragung des Vorrangs bei dem zurücktretenden Recht bedarf es zur materiellen Wirksamkeit nicht, da der Vorrang bereits aus dem eingetragenen Vorbehalt erkennbar ist (RJA 9, 202). Formellrechtlich ist aber ein Rangvermerk auch bei dem zurücktretenden Recht vorgeschrieben (§ 18 GrundbVerf v. 8. 8. 1935 mit Muster der Anlage 1 Abt. III Nr. 3, 4). Die Zustimmung des Inhabers des zurücktretenden Rechts zu der Eintragung des vorbehaltenen Rechts ist weder materiellrechtlich noch formellrechtlich erforderlich, da der Vorrang schon im voraus bewilligt ist (Anm. 11) und das durch den Vorbehalt ohnehin inhaltlich eingeschränkte Recht durch die Ausübung des Vorbehalts nicht mehr im Sinne des § 19 GBO betroffen wird (RJA 9 S. 67, 201). Daher genügt formellrechtlich zur Eintragung die einseitige Eintragungsbewilligung des Eigentümers. Bei der Eintragung hat das Grundbuchamt hinsichtlich des Umfangs nur zu prüfen, ob das einzutragende Recht für sich die Grenzen des Vorbehalts innehält (HRR 30 Nr. 1611; 31 Nr. 288; 32 Nr. 616; **RG** 135, 195). Zulässig ist auch eine mehrfache Eintragung von Vorrangsrechten insofern, als die vorbehaltene Rangstelle durch mehrere gleichartige Rechte ausgefüllt werden kann, die erst in ihrer Gesamtheit den Umfang des Rangvorbehalts erreichen oder hinter ihm zurückbleiben (RJA 11, 66). Ein bereits eingetragenes, dem Vorbehalt entsprechendes Recht, dem bei der Eintragung das Vorrecht nicht beigelegt worden ist, kann nachträglich gemäß § 877 als dasjenige Recht bestimmt werden, das den vorbehaltenen Rang einnehmen soll (RJA 11, 70; Anm. 2).

IX. Eintragung des Vorbehalts

Anm. 24

1. Erst durch die **Eintragung** des Vorbehalts bei dem zurücktretenden Recht tritt der Vorbehalt in Wirksamkeit. Ist die vereinbarte Eintragung des Vorbehalts unterblieben, so bestimmt sich der Rang eines später ohne Rangbegünstigungsvermerk eingetragenen Rechts gemäß § 879 nach der Eintragungsfolge; eine Rangänderung im Sinne des Vorbehalts ist dann nur noch nach § 880 möglich (JFG 12, 290). Das Grundbuch ist in Ansehung eines vereinbarten, aber nicht eingetragenen Vorbehalts auch nicht etwa unrichtig; bei einem Erwerb des Rechts, das mit dem Vorbehalt beschwert werden sollte, aber nicht beschwert worden ist, kann also gegen den Erwerber, der die Vorbehaltsvereinbarung kennt, § 892 nicht angewendet werden; die nachträgliche Eintragung des Vorbehalts kann vielmehr nur noch mit Zustimmung des Erwerbers erfolgen (JFG 12, 301). Sollen mehrere Rechte im Rang zurücktreten, wird aber der Vorbehalt nur bei einem von ihnen eingetragen, so entsteht er nur mit Wirkung gegenüber diesem Recht, nicht mit Wirkung gegenüber den anderen Rechten, bei denen die Eintragung unterblieben ist (JFG 8, 299). Die erforderliche Einigung (Anm. 4) ist auch noch nach der Eintragung möglich. Dann tritt die Wirksamkeit des eingetragenen Vorbehalts erst im Zeitpunkt der Einigung ein. Der Eintragungsvermerk muß das vorbehaltene Recht und dessen Umfang entsprechend der Einigung bestimmt bezeichnen.

Anm. 25

2. Die Aufnahme des Vorbehalts in den Eintragungsvermerk kann nicht durch **Bezugnahme auf die Eintragungsbewilligung** völlig ersetzt werden, da ausdrücklich die Eintragung des Vorbehalts vorgeschrieben ist (**RG** WarnRspr 1908 Nr. 319; KGJ 46, 202; 48, 181). Sind aber nähere Bestimmungen über die Art des Rechts gegeben, für welches der Vorrang vorbehalten sein soll, so ist § 874 entsprechend anzuwenden. Eine Bezugnahme auf die Eintragungsbewilligung zur näheren Bezeichnung des Inhalts der Bestimmungen ist also insoweit zulässig, als bei der Eintragung des vorbehaltenen Rechts selbst eine Bezugnahme auf die Eintragungsbewilligung zulässig wäre (str.; in KGJ 48, 182 wird der Rangvorbehalt einer Grundstücksbelastung gleichgestellt und allgemein wie bei dieser die Bezugnahme zur näheren Bezeichnung des Inhalts der Rangvorbehaltungsbestimmungen für zulässig erachtet).

Anm. 26

X. Übergang der vorbehaltenen Befugnis auf den Grundstückserwerber. Die vorbehaltene Befugnis geht auf den Erwerber des Grundstücks über, gleichviel, ob die Veräußerung freiwillig oder im Wege der Zwangsversteigerung erfolgt (Prot. 3, 102; RJA 11, 68). Im letzteren Falle gilt dies aber nicht, wenn das zurücktretende Recht durch den Zuschlag nach §§ 52 Abs. 1 Satz 2, 91 Abs. 1 ZVG erlischt. Dann erlischt mit dem Recht auch der Vorbehalt, weil er mit zum Inhalt des Rechts gehört (**RG** JW 1907, 703[4]).

XI. Zwischeneintragungen

Anm. 27

1. Werden nach der Eintragung des vorbehaltenen Rechts weitere Rechte eingetragen, so hat jenes Recht den Vorrang vor dem mit dem Rangvorbehalt belasteten Recht, und dieses Recht hat den Vorrang vor den später eingetragenen vorbehaltlosen Rechten. Wenn dagegen nach der Eintragung des mit dem Rangvorbehalt belasteten Rechts an dem Rangvorbehalt unbeteiligte Rechte, sei es im Wege der freiwilligen Bestellung, sei es im Wege der Zwangsvollstreckung, eingetragen werden (über die Berechtigung des Eigentümers zu solchen Eintragungen Anm. 16) und dann erst der Rangvorbehalt durch Eintragung des vorbehaltenen Rechts ausgefüllt wird, so soll nach Abs. 4 das vorbehaltene, nach den Zwischeneintragungen eingetragene Recht insoweit nicht kraft des Vorbehalts vor dem mit dem Rangvorbehalt belasteten Recht vorrücken, als das mit dem Rangvorbehalt belastete (zurücktretende) Recht infolge der Eintragung der Zwischenrechte eine über den Umfang des Vorbehalts hinausgehende Beeinträchtigung erleiden würde; der Betrag der Zwischenrechte soll also von dem Betrag des vorbehaltenen, nachträglich eingetragenen Rechts abgerechnet werden, und nur wegen des Überschusses soll das vorbehaltene und eingetragene Recht den Vorrang vor dem mit dem Rangvorbehalt belasteten Recht haben. Wie das Wort „inzwischen" klar ergibt, kommt als ein Zwischenrecht im § 881 Abs. 4 nur ein solches Recht in Betracht, das in der Zeit zwischen der Eintragung des Vorbehalts und der Eintragung des mit dem vorbehaltenen Vorrang ausgestatteten Rechts entstanden ist (str.; **RG** 131, 203).

Anm. 28

2. Eine **Beeinträchtigung durch solche Zwischeneintragungen über den Vorbehalt hinaus** kann aber für das mit dem Rangvorbehalt belastete, zurücktretende Recht nur dann in Frage kommen, wenn bei der Zwangsversteigerung des belasteten Grundstücks der Versteigerungserlös nicht ausreicht, um die bei dem Rangvorbehalt beteiligten Rechte und die Zwischeneintragungen zu decken, und ein Teil des Erlöses auf die letzteren entfällt. Wenn der Erlös nicht den Betrag übersteigt, der

zur Deckung des zurücktretenden Rechts erforderlich ist, tritt das vorbehaltene Recht im Umfang des Vorbehalts für den Anspruch auf den Erlös an die Stelle des zurücktretenden Rechts trotz der Zwischeneintragungen, da diese vom Erlöse nichts erhalten, also ihr Bestehen die Rangstellung des zurücktretenden Rechts bei der Verteilung nicht verschlechtert. Geht dagegen der nicht ausreichende Erlös über den zur Deckung des zurücktretenden Rechts erforderlichen Betrag hinaus, so mindert sich die Vorrangstellung des vorbehaltenen Rechts um den Betrag, der auf die Zwischeneintragungen entfällt. Denn das zurücktretende Recht wäre, wenn in diesem Falle das vorbehaltene Recht für den Anspruch auf den Erlös unverkürzt an die Stelle des zurücktretenden Rechts treten würde, nicht unmittelbar nach dem vorbehaltenen Recht hebungsberechtigt, würde also die Höhe des auf die Zwischeneintragungen entfallenden Betrags durch die Zwischeneintragungen beeinträchtigt sein. Bei der Feststellung des geringsten Gebots (§§ 44 ff ZVG) ist im Falle von Zwischeneintragungen das vorbehaltene Recht nur insoweit mit einem Range vor dem zurücktretenden Recht zu berücksichtigen, als nach Abzug der Beträge der Zwischeneintragungen von dem Betrag des vorbehaltenen Rechts ein überschießender Betrag dieses Rechts verbleibt. Sind z. B. an Hypotheken eingetragen für A 10000 DM mit dem Vorbehalt, für B vorbehaltlos zwischeneingetragene 100 DM und für C vorbehaltene 10000 DM, so erhält, wenn der Erlös 10000 DM beträgt, C diese 10000 DM, während A und B ausfallen, weil dem B die ursprüngliche Post des A, dem A die vorbehaltene Post des C vorgeht (irrtümlich Prot. 3, 101, wonach C nur 9900 und B 100 DM erhalten soll); wenn der Erlös 11000 DM beträgt, erhält A 1000, B 100 und C 9900 DM, weil dem B die ursprüngliche Post des A (10000 DM) vorgeht, A einen Anspruch auf Befriedigung hinter 10000 DM hat, so daß ihm 1000 DM zufallen, und C sich von den ihm an sich zustehenden 10000 DM die 100 DM des B abziehen lassen muß; wenn der Erlös 10050 DM beträgt, erhält A 50, B 50 und C 9950 DM, weil dem B die ursprünglichen 10000 DM des A vorgehen, so daß ihm noch 50 DM zufallen, A einen Anspruch auf Befriedigung hinter 10000 DM hat, so daß ihm noch 50 DM zukommen, und C sich von den ihm an sich zustehenden 10000 DM die dem B zufallenden 50 DM abziehen lassen muß.

§ 882

Wird ein Grundstück mit einem Rechte belastet, für welches nach den für die Zwangsversteigerung geltenden Vorschriften dem Berechtigten im Falle des Erlöschens durch den Zuschlag der Wert aus dem Erlöse zu ersetzen ist, so kann der Höchstbetrag des Ersatzes bestimmt werden. Die Bestimmung bedarf der Eintragung in das Grundbuch.

E II 867; P 6 242.

Anm. 1

Rechte, deren Wert aus dem Erlöse zu ersetzen ist. Das sind diejenigen, an deren Stelle im Falle ihres Erlöschens durch den Zuschlag (§§ 52 Abs. 1, 91 Abs. 1 ZVG) gemäß § 92 Abs. 1 ZVG der Anspruch auf Ersatz des Wertes aus dem Versteigerungserlöse tritt, die also nicht auf Zahlung eines Kapitals gerichtet sind. Daher betrifft § 882 nicht Hypotheken und Grundschulden. Ferner bestimmt sich bei ablösbaren Rechten der Betrag der Ersatzleistungen gemäß § 92 Abs. 3 ZVG nicht durch den Wert, sondern durch die Ablösungssumme. Deshalb scheiden hier auch aus die Rentenschuld (§ 1199 Abs. 2) und die übrigen ablösbaren Rechte nach den durch Art. 113 EG aufrechterhaltenen Landesgesetzen. Mithin kommen für § 882 nur vor dem 22. 1. 1919 bestellte (dagegen jetzt § 25 ErbbauVO) Erbbaurechte sowie Dienstbarkeiten und Reallasten in Betracht (OLG 39, 243). Bei Vorkaufsrechten kann § 882 nach §§ 1098, 512 nur dann in Frage kommen, wenn sie gemäß § 1097 Abs. 1 Halbs. 2 für mehrere oder für alle Verkaufsfälle bestellt sind.

Anm. 2

Höchstbetrag des Ersatzes. Durch den eingetragenen Höchstbetrag des Ersatzes wird der Ersatzanspruch nur nach oben hin begrenzt. Der Berechtigte kann im Falle der Zwangsversteigerung den Betrag nicht ohne weiteres als den Wert seines Rechts beanspruchen. Vielmehr bestimmt sich die Höhe des Ersatzanspruchs innerhalb der Grenze nach §§ 92, 121 ZVG. Allerdings wird der Höchstbetrag gemäß § 114 Abs. 1 ZVG in den Teilungsplan aufgenommen. Die gleich- oder nacheingetragenen Berechtigten können aber unter Erhebung des Widerspruchs nach § 115 ZVG die Herabsetzung des Ersatzanspruchs auf den wirklichen Wert verlangen.

Anm. 3

Bestimmung des Höchstbetrages. Sie betrifft den Inhalt des Rechts und bedarf daher, wie das Recht selbst, zur materiellen Wirksamkeit neben der Eintragung in das Grundbuch (OLG 39, 243) der Einigung zwischen dem Eigentümer und dem Berechtigten gemäß § 873 oder, wenn die Bestimmung erst nach der Eintragung des Rechts erfolgt, gemäß § 877. Formellrechtlich genügt zur Vornahme der Eintragung nach § 19 GBO die Eintragungsbewilligung, und zwar im ersten Falle (§ 873) des Eigentümers, im zweiten Falle (§ 877) des Berechtigten, der durch die sein Recht einschränkende Eintragung der Bestimmung betroffen wird. Die Zustimmung der gleich- oder nachstehenden Berechtigten ist im zweiten Falle nicht erforderlich, weil diese Berechtigten durch die Eintragung des Höchstbetrags nicht benachteiligt werden.

§ 883

Zur Sicherung des Anspruchs auf Einräumung oder Aufhebung eines Rechtes an einem Grundstück oder an einem das Grundstück belastenden Rechte oder auf Änderung des Inhalts oder des Ranges eines solchen Rechtes kann eine Vormerkung in das Grundbuch eingetragen werden. Die Eintragung einer Vormerkung ist auch zur Sicherung eines künftigen oder eines bedingten Anspruchs zulässig.

Eine Verfügung, die nach der Eintragung der Vormerkung über das Grundstück oder das Recht getroffen wird, ist insoweit unwirksam, als sie den Anspruch vereiteln oder beeinträchtigen würde. Dies gilt auch, wenn die Verfügung im Wege der Zwangsvollstreckung oder der Arrestvollziehung oder durch den Konkursverwalter erfolgt.

Der Rang des Rechtes, auf dessen Einräumung der Anspruch gerichtet ist, bestimmt sich nach der Eintragung der Vormerkung.

E II 803; P 3 107ff., 181ff., 740ff.; 6 222.

Übersicht

I. Vorläufige Eintragungen im Grundbuch

Anm. 1

1. Vormerkung und Widerspruch. Als vorläufige Eintragungen zur Sicherung gegen die Gefahren, die mit dem Grundsatz des öffentlichen Glaubens des Grundbuchs und mit dem Eintragungsgrundsatz verbunden sind, läßt das BGB die Vormerkung und den Widerspruch gegen die Richtigkeit des Grundbuchs zu. Die Vormerkung (§ 883) dient zur Sicherung eines persönlichen Anspruchs auf Änderung der Grundstücksrechtsverhältnisse, der Widerspruch (§ 899) zur Sicherung eines außerhalb des Grundbuchs bestehenden dinglichen Rechts. Beide Rechtsbehelfe sind grundsätzlich scharf zu trennen. Dennoch kann unter besonderen Umständen ihre Verwechslung für den Gesicherten unschädlich sein. Ist z. B. zugunsten des wahren Grundstückseigentümers eine Auflassungsvormerkung statt eines Widerspruchs eingetragen, so hat die Vormerkung dennoch die Wirkungen der §§ 883, 888 (**RG** 139, 355). Denn der Berichtigungsanspruch des wahren Eigentümers gegen den Bucheigentümer aus § 894, den der Widerspruch gesichert hätte, kann auch in der Form des jetzt durch die Vormerkung gesicherten Auflassungsanspruchs geltend gemacht werden (§ 894 Anm. 34).

Anm. 2

2. Vormerkung als Anspruchssicherung. Durch die Vormerkung wird der Anspruch nur gesichert, nicht erfüllt. Er wird auch nicht geschaffen, sondern nur erhalten (**RG** 139, 356). Das dingliche Recht, auf das der Anspruch gerichtet ist, wird durch die Vormerkung weder begründet noch umgewandelt; die Begründung wird nur vorbereitet (**RG** 151, 392). Der Anspruch wird durch die Vormerkung nicht verändert; insbesondere wird seinem Bestande dadurch keine größere Kraft als bisher verliehen (**RG** 78, 408). Vielmehr bleiben die ihm etwa anhaftenden Mängel und Einreden bestehen. Wer den vorgemerkten Anspruch geltend macht, muß sein Bestehen nach wie vor beweisen. Die Eintragung beweist nur bis zum Beweise des Gegenteils, daß die gesetzlichen Voraussetzungen für die Vormerkungseintragung (§ 885) vorliegen und daß die Vormerkung den in dem Eintragungsvermerk angegebenen Inhalt und Umfang hat (Anm. 43).

Anm. 3

3. Hypothekenvormerkungen. Die Vorschriften des AufwG über die Aufwertung von Hypotheken sind auf Vormerkungen zur Sicherung des Anspruchs auf Einräumung einer Hypothek entsprechend anwendbar (JFG 9, 223). Auch das Gesetz über die Bereinigung der Grundbücher v. 18. 7. 1930 findet auf Hypothekenvormerkungen Anwendung (JW 1932, 61[1]).

II. Vormerkungsfähige Ansprüche

Anm. 4

1. Allgemeines. Nur die im Abs. 1 bezeichneten Ansprüche können durch Vormerkung gesichert werden, also nur Ansprüche, **die auf Begründung einer eintragungsfähigen,** ein Grundstück oder ein Recht an einem Grundstück betreffenden **Rechtsänderung gerichtet sind** und durch die endgültige Eintragung der Rechtsänderung erfüllt werden können (**RG** 48, 64; 55, 273; 56, 14; 60, 319; 60, 425; KGJ 22 A 154; 40 A 126).

Anm. 5

a) Es sind dies Ansprüche auf diejenigen Rechtsänderungen, über deren Begründung die **§§ 873** (Übertragung des Eigentums an einem Grundstück, Einräumung eines begrenzten Rechts an einem Grundstück, Übertragung eines solchen Rechts, Einräumung eines Rechts an einem solchen Recht), **875** (Aufhebung eines Rechts an einem Grundstück), **876** (Zustimmung des Drittberechtigten zur Aufhebung eines mit einem Recht belasteten Rechts an einem Grundstück), **877** (Änderung des Inhalts eines Rechts an einem Grundstück), **880** (Rangänderung) Bestimmung treffen, und ferner Ansprüche auf **Aufhebung** von Rechten, die **ein Recht** an einem Grundstück **belasten.**

Anm. 6

b) Alle **anderen Ansprüche** sind von der Sicherung durch Vormerkung **ausgeschlossen.** Unzulässig sind daher z. B. Vormerkungen zur Sicherung des Anspruchs aus der vom Verkäufer eines Grundstücksteils übernommenen Verpflichtung, den Teil von den auf ihm haftenden Schulden und Lasten zu befreien (**RG** 55, 270), oder zur

Sicherung von Ansprüchen auf Begründung solcher Rechte und Rechtsverhältnisse deren Eintragung in das Grundbuch nicht zulässig ist (vgl. § 886 Anm. 12, und die in Vorbem. 7ff vor § 873 angeführten Beispiele für nicht eintragungsfähige Rechte). Ist ein Anspruch auf Eintragung solcher Rechte vorgemerkt, so ist die Vormerkung unwirksam (**RG** 48, 61; 53, 415; 55, 271; § 886 Anm. 12).

Anm. 7

c) Aus **schuldrechtlichen Rechtsverhältnissen,** die **selbst nicht eintragungsfähig** sind, kann sich aber ein Anspruch auf Einräumung eines Rechts ergeben, dessen Sicherung durch Vormerkung zulässig ist, z. B. ein vormerkungsfähiger Anspruch auf Übertragung von Grundeigentum (Auflassung): aus der vom Eigentümer bewilligten Eintragung eines Ankaufsrechts (**RG** Gruchot 67, 80; OLG 45, 202); aus der vom Eigentümer übernommenen Verpflichtung, einer Gemeinde eine Grundfläche gegen eine vereinbarte Entschädigung zum Straßenlande abzutreten (KGJ 25 A 149); aus der vom Verpächter in einem Pachtvertrage übernommenen Verpflichtung, das Pachtgrundstück nach Beendigung der Pacht dem Pächter zu einem bestimmten Kaufpreis zu überlassen (KGJ 20 A 77). Nicht vormerkbar ist der schuldrechtliche Anspruch auf künftig neu festzusetzende, noch nicht bestimmbare Erbbauzinsleistungen (§ 9 Anm. 1 ErbbauVO, OLG Oldenburg DNotZ 1956, 253), vormerkbar aber der Anspruch auf Eintragung einer Reallast des Inhalts, daß der Erbbauberechtigte von einem bestimmten Zeitpunkt an einen neu festgesetzten Erbbauzins zu zahlen hat (**BGH** 22, 220 = DNotZ 1957, 300; Weitnauer ebda. 295ff).

Anm. 8

d) Ansprüche, die an sich nach ihrer allgemeinen Natur vorgemerkt werden können, müssen für die Eintragung der Vormerkung in der Darstellung der Merkmale des vorzunehmenden Rechts dieselben **Anforderungen** erfüllen, die zur Vornahme der Eintragung des Rechts selbst zu stellen sind. Insbesondere muß also der vorzumerkende Anspruch auf Einräumung eines Grundstücksrechts dieses Recht in eindeutiger eintragungsfähiger Weise bezeichnen. Daher kann z. B. nicht durch Vormerkung gesichert werden die schuldrechtliche Verpflichtung des Eigentümers, im Falle einer geplanten Belastung des Grundstücks für jemand, der dieser Belastung nicht zustimmen werde, eine gleich hohe Belastung mit dem Vorrang vor der in Aussicht genommenen Last zu bestellen (JFG 15, 251). Ebensowenig kann der Grundbuchrichter eine Vormerkung zur Sicherung des Anspruchs auf Einräumung einer Reallast eintragen, wenn die Höhe der Reallastleistungen unbestimmbar ist (JFG 1, 429).

Anm. 9

e) Im Falle der **Anfechtung einer Veräußerung durch den Konkursverwalter** (§§ 29ff KO) muß nach § 37 KO das durch die anfechtbare Handlung aus dem Vermögen des Gemeinschuldners Veräußerte zur Konkursmasse zurückgewährt werden. Die Anfechtung gibt dem Verwalter nur einen schuldrechtlichen, keinen dinglichen Anspruch auf Rückgewähr (str.; **RG** 47, 220; 48, 149; 50, 341; 56, 14). Deshalb kommt als Sicherungsmittel die Eintragung eines Widerspruchs nicht in Frage. Wohl aber kann der Verwalter im Falle der Veräußerung eines Grundstücks seinen Anspruch auf Rückübertragung (Auflassung) des Grundeigentums gegen den Erwerber durch Vormerkung sichern lassen.

Anm. 10

f) Wird dagegen eine **Veräußerung auf Grund des AnfG von einem Gläubiger angefochten,** so kann nach § 7 aaO der Gläubiger, soweit es zu seiner Befriedigung erforderlich ist, nur verlangen, daß der veräußerte Gegenstand als noch zum Vermögen des Schuldners gehörig vom Empfänger zurückgewährt wird. Das bedeutet, daß der Empfänger sich die Zwangsvollstreckung für den Gläubiger in das empfangene Vermögensstück gefallen lassen muß, gleich als ob dieses noch zum Vermögen des Schuldners gehörte (**RG** 56, 195; 60, 425; 67, 40; JW 1902, 221[30]; 1903, 159[24]). Danach steht dem Gläubiger im Falle der Veräußerung eines Grundstücks weder ein Anspruch auf Rückübertragung des Grundeigentums an ihn oder den Schuldner zu noch ein Anspruch auf Bewilligung der Eintragung einer Hypothek für seine Forderung; für die Eintragung einer Vormerkung ist daher hier kein Raum (**RG** 60, 425; 67, 41; 71, 178; WarnRspr 1909 Nr. 104; RJA 5, 214). Zum Schutz gegen die Vereitelung des Anfechtungsrechts durch Weiterveräußerung des Empfangenen kann der Gläubiger nur ein Veräußerungsverbot im Wege der einstweiligen Verfügung gemäß §§ 935, 938 Abs. 2 ZPO erwirken (**RG** 67, 42; WarnRspr 1909 Nr. 104; OLG 4, 179). Derartige Veräußerungsverbote oder sonstige im Wege der einstweiligen Verfügung erlassene Verbote der Verfügung sind aber nicht auf Eintragung von Vormerkungen gerichtet, sondern enthalten Verfügungsbeschränkungen im Sinne des § 892 Abs. 1 Satz 2 (KGJ 30 A 242).

Anm. 11

2. Privatrechtliche Ansprüche. Der Anspruch (§ 194 Abs. 1) muß ferner, wie sich aus der Stellung der Vorschrift des § 883 im BGB ergibt, **ein privatrechtlicher** sein (**RG** 56, 14; 60, 425; KGJ 50, 197). Der Gläubiger einer vollstreckbaren Forderung hat keinen privatrechtlichen Anspruch auf Bestellung eines dinglichen Rechts an einem dem Schuldner gehörigen Grundstück oder Grundstücksrecht, es sei denn, daß durch besondere gesetzliche Bestimmung (z. B. § 648 BGB) oder durch ein auf die Bestellung gerichtetes Rechtsgeschäft die Verpflichtung hierzu begründet ist. Aus §§ 866, 867 ZPO, wonach der Gläubiger im Wege der Zwangsvollstreckung ohne Einwilligung des Schuldners eine Sicherungshypothek eintragen lassen darf, folgt kein privatrechtlicher Anspruch auf Bewilligung der Eintragung einer solchen Hypothek (**RG** 60, 426; WarnRspr 1909 Nr. 104; RJA 2, 93; KGJ 33 A 273; 47, 255). Ebensowenig ergibt sich aus der dem öffentlichen Recht entspringenden Befugnis zur Pfändung nach § 830 ZPO, daß der Gläubiger einen privatrechtlichen Anspruch auf Bestellung eines Pfandrechts an einer dem Schuldner gehörigen Hypothek hätte (**RG** 56, 15; KGJ 33 A 273). In diesen Fällen ist also für eine Vormerkung kein Raum. Ferner ist die Eintragung einer Vormerkung zur Sicherung des Anspruchs auf Zahlung von Steuern unzulässig, auch wenn die Staatskasse nach den einschlägigen Bestimmungen für einen solchen Anspruch eine Sicherungshypothek im Wege der Zwangsvollstreckung eintragen lassen kann (JW 1922, 911[1]).

Anm. 12

3. Schuldrechtliche Ansprüche. Der Anspruch muß weiter **ein schuldrechtlicher** sein. Daher ist für einen dinglichen Anspruch auf Berichtigung des Grundbuchs gemäß § 894 (z. B. auf Eintragung einer vor Inkrafttreten des BGB außerhalb des Grundbuchs entstandenen Grunddienstbarkeit) nicht eine Vormerkung als Sicherungsmittel gegeben, sondern die Eintragung eines Widerspruchs gemäß § 899 (OLG 4, 292; Anm. 1). Aus einer bindenden dinglichen Einigung folgt kein schuldrechtlicher Anspruch (§ 873 Anm. 108). Deshalb gibt eine solche Einigung für sich allein keine Rechtsgrundlage ab für die Eintragung einer Vormerkung (**RG** 108, 331; WarnRspr 1928 Nr. 128; SeuffArch 65 Nr. 15), wohl aber, falls wie in der Regel neben dem dinglichen Anspruch noch ein schuldrechtlicher Anspruch besteht (vgl. **RG** 139, 355).

4. Anspruchsgegner

Anm. 13

a) Der Anspruch muß **gegen denjenigen gerichtet** sein, **dessen Grundstück oder belastendes Recht** von der Vormerkung **betroffen** werden würde, also gegen den gegenwärtigen Grundstückseigentümer oder Rechtsinhaber, dessen Recht geändert werden soll (**RG** 84, 81; RJA 13, 152; OLG 15, 333; 26, 10; **BGH** 12, 120). Das gilt auch dann, wenn es sich um die Sicherung eines Anspruchs auf ein durch Testament begründetes persönliches Vorkaufsrecht (Anm. 56) handelt (OLG 42, 273). Daher ist **nicht vormerkungsfähig** z. B. ein Anspruch: auf Auflassung gegen einen Dritten, dem gegenüber der Eigentümer sich zur Auflassung verpflichtet hat (**RG** 20, 244); des Wiederkaufsberechtigten auf Rückübertragung des Eigentums auch gegenüber einem dritten Erwerber (OLG 14, 71) oder gar gegenüber dem jeweiligen Eigentümer eines Grundstücks (HRR 1935 Nr. 788).

Anm. 14

b) Dagegen ist **sicherungsfähig** der Anspruch: auf Rückübertragung gegen den Käufer (**RG** 69, 282; 72, 392); auf Bestellung einer Grunddienstbarkeit gegen den jeweiligen Eigentümer eines Grundstücks (KGJ 40 A 129), und zwar auch für den Fall der realen Teilung des Grundstücks (HRR 1932 Nr. 1659); des Grundstückskäufers gegen den Verkäufer auf Löschung einer nicht übernommenen, für den Verkäufer früher eingetragen gewesenen, demnächst aber auf einen andern übertragenen Hypothek (OLG 3, 98); eines Hypothekengläubigers gegen den Eigentümer auf Herbeiführung der Löschung vorgehender Hypotheken, falls sie einem Dritten zufallen sollten (OLG 3, 387); aus einem Erbvertrage auf Übertragung von Grundeigentum, falls der Berechtigte den Grundstückseigentümer überleben sollte (OLG 8, 106); gegen einen Miterben auf Bestellung einer Hypothek an dem künftig etwa ihm zufallenden Anteil an dem Nachlaßgrundstück (RJA 4, 253); auf Abtretung einer für den Verpflichteten etwa künftig entstehenden Hypothek (OLG 15, 334); des Hypothekengläubigers gegen den Eigentümer auf Löschung einer künftig etwa entstehenden und dann dem Eigentümer als Eigentümerhypothek zufallenden Hypothek (KGJ 23 A 154) oder auf Löschung einer vorgehenden Hypothek, auch wenn sie sich nicht mit dem Eigentum in einer Person vereinigt, also nicht der Sonderfall des § 1179 vorliegt (OLG 6, 124; 10, 425).

Anm. 15

c) Die **Vorschrift des § 1179** enthält eine **Ausnahme** von dem vorgenannten Grundsatz. Denn der Anspruch gegen den Eigentümer auf Löschung einer Hypothek, falls sie zur Eigentümergrundschuld werden sollte, könnte, weil der Eigentümer noch nicht Inhaber der Hypothek ist (RJA 3, 130), nach dem oben dargelegten Grundsatz nicht auf Grund des § 883 vorgemerkt werden; nur durch die Ausnahmebestimmung des § 1179 ist dies zulässig geworden (str.; **RG** 72, 277; 84, 81; 145, 354; RJA 13, 153; jetzt auch KGJ 45, 270 unter Aufgabe von KGJ 33 A 284).

Anm. 16

d) Aus demselben Grunde ist auch nicht zutreffend die Annahme, daß ein Anspruch auf Bestellung eines Pfandrechts oder eines Nießbrauchs an einer **künftigen Eigentümerhypothek** vorgemerkt werden könne (str.; KGJ 22 A 163; 26 A 46; 28 A 141; 30 A 244). Ferner kann bei einer Hypothek nicht ein Anspruch darauf vorgemerkt werden, daß der Eigentümer die Hypothek, falls sie zur Eigentümerhypothek werde, in eine Hypothek für eine andere Forderung des Gläubigers umwandle. Denn soweit der Anspruch auf Übertragung der künftigen Eigentümerhypothek gerichtet ist, scheitert die Zulässigkeit der Vormerkung daran, daß der Verpflichtete nicht gegenwärtiger Inhaber der Hypothek ist (so jetzt auch KGJ 45, 268; vgl. **RG** 82, 275). Soweit aber der Anspruch gegen den Eigentümer als solchen gerichtet ist, könnte nur eine Vormerkung für eine künftige neue Belastung an der zunächst offenen Stelle in Frage kommen (str.; aM KGJ 25 A 166).

Anm. 17

e) Weiter ist aus dem hier erörterten Grunde unzulässig eine Vormerkung zur Sicherung des Anspruchs auf Einräumung des **Vorrangs** vor einer künftig möglicherweise entstehenden Eigentümergrundschuld (**RG** 84, 78). Dies gilt auch dann, wenn es sich um den Anspruch eines nachstehenden Hypothekengläubigers handelt; aus der für die Löschungsvormerkung im § 1179 gegebenen Ausnahmebestimmung ist für die Zulässigkeit einer solchen Rangrücktrittsvormerkung nichts zu entnehmen (**RG** 84, 81; aM RJA 13, 152; vgl. § 1179 Anm. 5). Unzulässig ist schließlich auch eine Vormerkung auf zukünftige Abtretung einer durch Abzahlung einer Fremdhypothek erwarteten, zur Zeit der Eintragung der Vormerkung aber noch nicht entstandenen Eigentümergrundschuld (**RG** 145, 352); vormerkbar ist aber zugunsten eines Grundschuldgläubigers der diesem abgetretene Anspruch des Grundstückeigentümers auf Übertragung einer anderen von ihm bestellten Grundschuld, wenn der Gläubiger dieser Grundschuld die Eintragung der Vormerkung bewilligt (OLG Celle DNotZ 1957, 664).

5. Anspruchsberechtigter

Anm. 18

a) Nur der Anspruch **einer bestimmten Person,** der das Gläubigerrecht zusteht, kann durch Vormerkung gesichert werden. Grundsätzlich kann jede natürliche oder juristische Person Gläubiger und Vormerkungsberechtigter sein, dagegen nicht eine Behörde ohne eigene Rechtspersönlichkeit (z.B. Polizeibehörde: KGJ 39 A 210; Fideikommißaufsichtsbehörde: KGJ 50, 196). Im übrigen bestimmt sich, da der zu sichernde Anspruch ein schuldrechtlicher ist, nach dem Recht der Schuldverhältnisse, wer Gläubiger sein kann. So kann eine Auflassungsvormerkung allein zugunsten des Grundstückskäufers auch dann eingetragen werden, wenn er in allgemeiner Gütergemeinschaft lebt (BayObLG DNotZ 1957, 658). Deshalb braucht auch der durch Vormerkung gesicherte Gläubiger nicht immer der Vertragsgenosse des Verpflichteten zu sein. Ist z.B. durch Vertrag ein Anspruch auf Einräumung eines Rechts zugunsten eines Dritten (§§ 328ff) begründet, so kann für diesen Dritten eine Vormerkung eingetragen werden. Daneben oder auch selbständig kann für den Versprechensempfänger (§ 335) eine Vormerkung zur Sicherung seines Anspruchs auf Einräumung des Rechts an den Dritten eingetragen werden (JFG 9, 207). Für eine noch unerzeugte Nachkommenschaft, die nach § 331 jedenfalls dann, wenn sie als Dritte in einem Vertrage bedacht worden ist, vorgestellte (fingierte) Rechtspersönlichkeit hat, kann eine Vormerkung (z.B. zur Sicherung des für sie begründeten Anspruchs auf Bestellung einer Hypothek) eingetragen werden (**RG** 61, 356; 65, 277; KGJ 25 A 151; 32 A 217).

Anm. 19

b) Ferner **braucht der Gläubiger** des zu sichernden Anspruchs **nicht von vornherein der Person nach festzustehen;** vielmehr kann nach dem Grundsatz der Vertragsfreiheit im Gebiet der Schuldverhältnisse bestimmt werden, daß sich das Gläubigerrecht aus dem Eintritt einer Tatsache, aus dem Vorliegen eines sachlichen Merkmals, sei es auch bedingt oder zukünftig, ergeben soll (**RG** 128, 249; RJA 7, 145; 9, 265). Danach ist die Frage, ob für einen durch die jeweilige Inhaberschaft eines Rechts bestimmten Gläubiger eines vormerkungsfähigen Anspruchs eine Vormerkung eingetragen werden kann, zu bejahen. Dem kann nicht entgegengehalten werden, daß so das Gläubigerrecht verdinglicht werde, während der Kreis der dinglichen Rechte im BGB ein beschränkter sei. Es kommt hier eben nicht Sachenrecht, sondern Schuldrecht zur Anwendung (**RG** 128, 246; HRR 1935 Nr. 788; aM RJA 7, 67; OLG 40, 35). Zulässig ist also z.B.: bei dem Verkauf eines von zwei demselben Eigentümer gehörigen Grundstücken eine Grunddienstbarkeit (z.B. ein Fensterrecht) vorzumerken zugunsten künftiger Erwerber des anderen Grundstücks, mithin zugunsten noch ungewisser, aber durch den Eintritt der Tatsache des Grundstückserwerbs bestimmter Personen (**RG** SeuffArch 67, 174; aM KGJ 40 A 126); zur Sicherung des Anspruchs auf Bestellung einer Grunddienstbarkeit oder auf Auflassung eines Grundstücks eine Vormerkung einzutragen zugunsten des jeweiligen Eigentümers des herrschenden Grundstücks oder eines andern Grundstücks (**RG** 128, 246; aM RJA 7, 67; OLG 40, 35) — aber nicht zugunsten eines von ihm zu benennenden Dritten (OLG Hamm MDR 1953, 41; OLG Schleswig DNotZ 1957, 661; aM Hieber ebda 662) —; eine Vormerkung für den Anspruch auf Grund eines Wiederkaufsrechts zugunsten des jeweiligen Eigentümers eines Grundstücks (KGJ 40 A 128; HRR 1935 Nr. 788) sowie eine Vormerkung zur Sicherung des Anspruchs auf Eintragung einer beschränkten persönlichen Dienstbarkeit zugunsten des jeweiligen Inhabers eines unter einer bestimmten Firma betriebenen Geschäfts (JW 1937, 1023[40]). Solche Vormerkungen fallen aber nicht unter § 9 GBO (JFG 9, 207).

Anm. 20

c) Dagegen ist die Eintragung einer Vormerkung zur Sicherung des künftigen Anspruchs **der durch letztwillige Verfügung oder Erbvertrag Bedachten** vor dem

Erbfall nicht zulässig (KGJ 40, 189; HHR 42 Nr. 386; **BGH** 12, 115; aM Celle NJW 53, 27), ebenso nicht eine Vormerkung mit der Maßgabe, daß der gesicherte Anspruch auch dem Rechtsnachfolger des eingetragenen Anspruchsberechtigten zustehen soll, da die Vererblichkeit und Veräußerlichkeit des Anspruchs sich nach Schuldrecht bestimmt und daher ein Vermerk dieser Art nicht in das Grundbuch gehört (OLG 10, 433; RJA 7, 145). Wegen der Löschungsvormerkung für den jeweiligen Inhaber einer nachstehenden Hypothek: § 1179 Anm.

6. Rechtsbeständigkeit des Anspruchs

Anm. 21

a) Der Anspruch muß **rechtsbeständig** sein (**RG** 67,48; WarnRspr 1928 Nr. 128; Gruchot 67, 70). Die Vormerkung kann ihn weder schaffen noch erweitern (**RG** 139, 356). Ein nur gedachter, als möglich angenommener, in Wirklichkeit aber nicht bestehender Anspruch ist nicht vormerkungsfähig; ein Anspruch, der nur in der Vorstellung des Vormerkungsgesicherten vorhanden ist, dem aber in der Welt der Wirklichkeit jede Grundlage fehlt, genügt dem §883 nicht (**RG** WarnRspr 1937 Nr. 100). Die Vormerkung ist nichtig, wenn der Anspruch von vornherein nicht rechtsbeständig ist (z. B. wegen Verstoßes gegen die guten Sitten: KGJ 42, 212; bei Anfechtung wegen arglistiger Täuschung; wenn im Falle eines Anspruchs aus einem Kaufvorvertrage dieser nicht den für einen solchen Vorvertrag erforderlichen Inhalt hat: **RG** 124, 84; bei einem Anspruch auf Übertragung des Eigentums am Grundstück wegen Mangels der für die Übernahme der Verpflichtung im § 313 vorgeschriebenen Form: OLG 26, 5). Die Vormerkung verliert ihre Wirksamkeit, wenn der Anspruch nachträglich (z. B. durch Erfüllung, Erlaß, Eintritt auflösender Bedingung, Vereinigung von Forderung und Schuld) erloschen ist (JW 1922, 1349[7]; **RG** 113, 405, wo bei einer Auflassungsvormerkung für den Grundstückskäufer dessen gesicherter Anspruch durch Erteilung der Auflassung und Stellung des Antrags auf Umschreibung des Eigentums noch nicht für erfüllt erachtet ist, wenn der Umschreibung Hindernisse entgegenstehen, z. B. wenn der Verkäufer nicht oder nicht mehr als Eigentümer eingetragen ist). Dies gilt, gleichviel ob die Vormerkung auf Grund einer Bewilligung oder eines vorläufig vollstreckbaren Urteils gemäß § 895 ZPO oder einer einstweiligen Verfügung eingetragen ist (**RG** 65, 261; 77,404; 81,288; WarnRspr 1937 Nr. 100; KGJ 32 B 16; 43,213; RJA 11,61; 12,74). Die unwirksame Vormerkung wird auch dadurch nicht wirksam, daß die Beteiligten in der irrigen Meinung, die Vormerkung setze das Bestehen des vorgemerkten Anspruchs nicht voraus, vergleichsweise sich zwar zu der Vormerkung, aber nicht zu dem vorgemerkten Anspruch bekennen. Ein solcher Vergleich ist unwirksam, wenn ihm nicht im Wege der Auslegung das Bekenntnis auch zu dem vorgemerkten Anspruch entnommen werden kann (**RG** WarnRspr 1937 Nr. 100). Der von der unwirksamen Vormerkung Betroffene kann auf Beseitigung ihrer Eintragung klagen (§ 886 Anm. 19); nach **RG** 163, 62 kann er in entsprechender Anwendung des § 894 Löschung verlangen. Der Beseitigungsanspruch besteht bei einer auf Grund einer einstweiligen Verfügung eingetragenen Vormerkung auch dann, wenn die Verfügung noch nicht aufgehoben ist (§ 885 Anm. 5). Einen zweiten Weg zur Löschung der unwirksamen Vormerkung eröffnet in diesem Falle § 25 GBO (**RG** HRR 1932 Nr. 1837). Im übrigen kann auch formellrechtlich die Löschung (abgesehen von der Bewilligung des Vormerkungsberechtigten gemäß §§ 19, 29 GBO) durch den Nachweis des Nichtbestehens des Anspruchs gemäß § 22 GBO herbeigeführt werden. Denn diese Vorschrift betrifft zwar an sich nur dingliche Rechte, ist aber auf die schwächere Vormerkungsberechtigung entsprechend anzuwenden (KGJ 32 B 18; 40 B 354; 43, 213; 52, 164; RJA 11, 60).

Anm. 22

b) Der **schuldrechtliche Vertrag,** der dem Anspruch auf Bewirkung der Rechtsänderung zugrunde liegt, bedarf regelmäßig keiner Form (§ 873 Anm. 60). Eine Ausnahme bildet aber z. B. nach § 313 Satz 1 der einen Anspruch auf Auflassung begründende Vertrag; der Mangel der dort vorgeschriebenen Form wird durch Eintragung der Auflassungsvormerkung nicht gemäß § 313 Satz 2 geheilt (**RG** 54,76; 55,343; 67,48).

Anm. 23

c) Nach § 77 des **Reichsversorgungsgesetzes** v. 22. 12. 1927 (§ 75 des Bundesversorgungsgesetzes idF v. 7. 8. 1953, BGBl I 866) kann angeordnet werden, daß die Veräußerung und Belastung des mit der Kapitalabfindung erworbenen Grundstücks innerhalb (höchstens) 5 Jahren nur mit Genehmigung des Hauptversorgungsamts zulässig ist. Diese Anordnung wird mit der Eintragung im Grundbuch wirksam. Nach ihrer Eintragung ist auch eine Vormerkung auf Einräumung einer Hypothek nur mit Genehmigung der genannten Behörde eintragungsfähig, mag es sich auch um eine durch einstweilige Verfügung angeordnete Vormerkung zur Sicherung des Anspruchs auf Bestellung einer Hypothek für Forderungen aus der Bebauung des Grundstücks des Versorgungsempfängers im Sinne des § 648 handeln (**RG** 134, 182). Vgl. auch § 17 des Reichsheimstättengesetzes idF v. 25. 11. 1937 (RGBl I 1291).

Anm. 24

7. Rechtsgrund des Anspruchs. Der Rechtsgrund für den Anspruch kann nicht nur ein Vertrag, sondern auch ein **einseitiges Rechtsgeschäft** (z. B. ein Vermächtnis: § 2174; **RG** WarnRspr 1914 Nr. 50; OLG 8, 106) sein oder sich aus besonderer **Gesetzesvorschrift** ergeben. Ein solcher gesetzlicher vormerkungsfähiger Anspruch ist z. B.: der Wandlungsanspruch (§ 462) auf Rückgewähr eines verkauften Grundstücks; der Anspruch des Bauunternehmers auf Einräumung einer Sicherungshypothek (§ 648; OLG 7, 367); nicht aber der Anspruch des Nacherben nach dem Eintritt der Nacherbefolge auf „Herausgabe" der Erbschaft (§ 2130; Palandt Anm. 3; Staudinger Anm. 15 Abs. 4 a. E.; aM die 10. Aufl.). Auch auf ungerechtfertigte Bereicherung (§§ 812 ff) kann ein vormerkungsfähiger Anspruch (z. B. auf Auflassung, auf Aufhebung eines Rechts an einem Grundstück) gegründet sein (**RG** 139, 355). Wenn jedoch das Gesetz ein dingliches Recht selbst, nicht bloß einen Anspruch auf Einräumung eines Rechts am Grundstück gewährt, dient als Schutzmittel nicht die Vormerkung, sondern der Widerspruch gegen die Richtigkeit des Grundbuchs (Anm. 1). Das gilt z. B. beim Erwerb: des Nießbrauchs an einem Grundstück im Falle des § 1075 Abs. 1; einer Sicherungshypothek nach Maßgabe des § 1287. Das Recht auf die Überbau- und die Notwegrente, das kraft Gesetzes entsteht (§§ 914, 917 Abs. 2), wird nicht eingetragen (§ 914 Anm. 3) und kann daher auch nicht vorgemerkt werden. Wenn aber durch Vertrag auf das Recht verzichtet oder die Höhe der Rente festgestellt wird, kann der aus dem Vertrag sich ergebende Anspruch auf Eintragung des Verzichts oder der Höhe der festgesetzten Rente durch Vormerkung gesichert werden (§ 914 Anm. 4, 5).

8. Besondere Arten von Vormerkungen

Anm. 25

a) Die nicht auf Parteibetrieb, sondern von Amts wegen einzutragenden **Vormerkungen nach §§ 18 Abs. 2, 76 GBO, § 28 II SchiffsRegO** folgen ihren eigenen Regeln (§ 892 Anm. 70). Die Vorschriften der §§ 883 ff sind auf sie nicht anwendbar. Sie dienen insbesondere nicht zur Sicherung schuldrechtlicher Ansprüche, sondern zur Sicherung von Rechten, zu deren Dinglichkeit, abgesehen von den diese Vormerkungen veranlassenden Hindernissen, nur noch die Eintragung fehlt (**RG** 55, 342; 62, 377; 110, 207; KGJ 53, 111; JFG 1, 308).

Anm. 26

b) Die besonders gearteten Vormerkungen über die **Einleitung eines Enteignungsverfahrens** nach § 24 Abs. 4 des PrEnteignG v. 11. 6. 1874 und § 6 PrAG.-RSiedlG v. 15. 12. 1919 werden behandelt in KGJ 35 A 261; 40 A 130; 50, 174; OLG 44, 157. Sie sind keine Vormerkungen im Sinne des § 883, sondern nur tatsächliche Kundmachungsvermerke, welche die Verfügungsmacht am Grundstück nicht beschränken (OLG 44, 157).

III. Die vormerkungsfähigen Ansprüche im einzelnen:

Anm. 27

1. auf Einräumung eines Rechtes an einem Grundstück.

a) Das sind z.B.: die in Anm. 7 bezeichneten Ansprüche auf Auflassung aus vereinbarter Abtretung von Grundeigentum zum Straßenlande oder aus der in einem Pachtvertrag getroffenen Vereinbarung auf Übertragung des Pachtgrundstücks nach Beendigung der Pacht; der Anspruch auf Einräumung einer Hypothek, der aber nach § 1115 Abs. 1 auf einen bestimmten Betrag gerichtet sein muß (OLG 3, 3); der Anspruch des Unternehmers eines Bauwerks auf Einräumung einer Sicherungshypothek gemäß § 648 (OLG 26, 10); der Anspruch desjenigen, für den zwar eine Briefhypothek eingetragen ist, der aber den Brief noch nicht erhalten hat, auf Erwerb der Hypothek (durch Übergabe des Briefes) gemäß §§ 1117, 1163 Abs. 2, 1177 Abs. 1 (OLG 7, 369). Vormerkungsfähig ist auch der Anspruch eines Ausgebers von Reichsheimstätten gegen eine Siedlungsgenossenschaft auf künftige Umwandlung des besiedelten Grundbesitzes in Heimstätten (JFG 12, 314). Der Anspruch eines Hypothekengläubigers gegen den Eigentümer darauf, daß er nicht in die Umwandlung einer voreingetragenen Hypothekenvormerkung in eine endgültige Hypothek willige, kann nicht vorgemerkt werden. Denn die Bewilligung zur Umwandlung ist eine Verfügung, und die Beschränkung des Eigentümers in der Befugnis zur Verfügung kann nach § 137 überhaupt nicht (Vorbem. 9 vor § 873) eingetragen werden (OLG 6, 123).

Anm. 28

b) Für eine Vormerkung zur Sicherung des Anspruchs auf Auflassung eines **Grundstücksteils** genügt es, daß der Teil bestimmbar ist (**RG** Gruchot 58, 1016; BayObLG 1957, 408). Ist aber die Bezeichnung des Teiles derart unvollkommen, daß er weder aus dem Eintragungsvermerk noch aus der gemäß § 885 Abs. 2 in Bezug genommenen Eintragungsbewilligung bestimmbar ist (s. den Fall in § 885 Anm. 7), so ist die Vormerkung nichtig (**RG** Gruchot 62, 117).

Anm. 29

2. auf Aufhebung eines belastenden Rechtes. Hierher gehören z.B. der Anspruch des Eigentümers gegen einen Hypothekengläubiger auf Entlassung eines Grundstücksteils aus der Mithaft für eine Hypothek, da durch die Entlassung die Hypothek teilweise aufgehoben wird (KGJ 23 A 154; 33 A 259); der Anspruch des Begründers eines Erbbaurechts aus der vom Berechtigten übernommenen Verpflichtung, das Recht aufzugeben, wenn er es veräußert (OLG 18, 145). Vgl. auch die Sonderbestimmung des § 1179 (Anm.; OLG 6, 124). Keine Vormerkung für Löschung einer unter auflösender Bedingung bestellten Grunddienstbarkeit (**RG** DJ 41, 2673).

Anm. 30

3. auf Einräumung eines Rechts an einer Grundstücksbelastung: z.B. wenn gegenüber dem Gläubiger einer Hypothek unter gewissen Voraussetzungen ein Anspruch auf Übertragung der Hypothek (KGJ 25 A 167) oder auf Bestellung eines Pfandrechts daran besteht (KGJ 33 A 280; OLG 26, 197). Im übrigen ist auch hier auf die Ausführungen in Anm. 13—17 zu verweisen.

Anm. 31

4. auf Änderung des Inhalts eines Rechtes. Das sind z.B. der Anspruch auf Erweiterung einer Grunddienstbarkeit; der Anspruch auf Änderung der Zahlungsbedingungen bei einer Hypothek; der Anspruch des Gläubigers einer Höchstbetragshypothek gegen den Eigentümer auf Umwandlung der Hypothek in eine gewöhnliche Hypothek zu einem bestimmten Betrage mit der Klausel aus § 800 ZPO, daß die sofortige Zwangsvollstreckung zulässig sei (OLG 13, 196; 14, 135; RJA 2, 38; JW 31, 2743); der Anspruch gegen den Eigentümer auf Umwandlung einer Eigentümergrundschuld in eine Hypothek für einen neuen Gläubiger (KGJ 25 A 166). Im letzten Falle ist aber die Vormerkung nur dann zulässig, wenn der Eigentümer die Eigentümergrundschuld bereits erlangt hat (Anm. 16).

Anm. 32

5. **auf Änderung des Ranges eines Rechtes.** Diese ist Gegenstand eines vormerkungsfähigen Anspruchs z.B., wenn gegen den Gläubiger einer Hypothek der Anspruch des Eigentümers auf Einräumung des Vorrangs für eine später einzutragende Hypothek besteht (RJA 7, 62; KGJ 46, 202). Die Eintragung einer Vormerkung zur Sicherung des Anspruchs auf Eintragung einer Hypothek an erster Stelle ist nicht deshalb unzulässig, weil andere Rechte voreingetragen stehen. Denn der verpflichtete Eigentümer kann den Anspruch dadurch erfüllen, daß er die vorgehenden Rechte löschen läßt oder Rangänderungen herbeiführt (OLG 42, 274).

IV. Wesen der Vormerkung

Anm. 33

1. **Grundsatz.** Das Wesen der Vormerkung besteht darin, daß sie einem an sich persönlichen Anspruch, der die Änderung des Rechtsstandes eines Grundstücks zum Gegenstande hat, Wirkungen beilegt, die denen eines dinglichen Rechts ähnlich sind. Zugleich hat sie die Kraft eines Veräußerungsverbots von besonderer Art, schränkt die Möglichkeit, frei zu verfügen, tatsächlich ein und sichert so die Erfüllung des Anspruchs (str.; Prot. 3 S. 112, 740ff; KGJ 29 A 171; 31 A 325; 40 A 124). Ihre Aufgabe ist nach der negativen Seite, den Erwerb eines dem gesicherten Anspruch entgegenstehenden Rechts zu hindern (§ 883 Abs. 2), und nach der positiven Seite (§ 883 Abs. 1, 3), die Verwirklichung des gesicherten Anspruchs in die Wege zu leiten, ihm den Rang des Rechts zu wahren, die künftige Eintragung vorzubereiten (**RG** 113, 409; 116, 239; 151, 392).

Anm. 34

a) Die **wesentliche Grundlage** und zugleich der **hauptsächlichste Inhalt** der Vormerkung ist und bleibt der gesicherte persönliche Anspruch. Besteht der Anspruch nicht, so ist auch die Vormerkung hinfällig (Anm. 21). Daß der Anspruch auch den hauptsächlichsten Inhalt der Vormerkung bildet, ergibt sich besonders daraus, daß nach § 883 Abs. 1 Satz 1 Zweck der Vormerkung die Sicherung der dort bezeichneten Ansprüche ist, daß nach § 886 auf Grund von Einreden gegen den Anspruch die Beseitigung der Vormerkung verlangt werden kann und daß nach § 888 Abs. 1 auch im Falle des Erwerbs eines entgegenstehenden Rechts durch einen Dritten der vorgemerkte Anspruch an sich immer noch gegen den ursprünglich Verpflichteten geltend gemacht werden muß und von dem Dritten lediglich die Zustimmung zur Verwirklichung des Anspruchs verlangt werden kann.

Anm. 35

b) Daß anderseits dem Anspruch durch die Vormerkung ein **Veräußerungsverbot besonderer Art** mit tatsächlicher Einschränkung der Möglichkeit freier Verfügung beigegeben wird (nicht eine rechtliche Verfügungsbeschränkung), folgt besonders aus § 883 Abs. 2, wonach eine Verfügung insoweit unwirksam ist, als sie den Anspruch vereiteln oder beeinträchtigen würde, und aus § 888 Abs. 1, 2, wonach im Falle des Erwerbs eines entgegenstehenden Rechts ein den Anspruch sicherndes Veräußerungsverbot der Vormerkung gleichgestellt ist hinsichtlich der Verpflichtung des dritten Erwerbers, seine Zustimmung zur Verwirklichung des Anspruchs zu erteilen. (Weiteres hierüber Anm. 66).

Anm. 36

c) Die in gewisser Beziehung **einer dinglichen ähnliche Wirkung** zeigt sich besonders: in § 884, wonach sich der Erbe des Verpflichteten gegenüber dem gesicherten Anspruch nicht auf die Beschränkung der Haftung berufen kann; in § 439 Abs. 2, wonach beim Kauf für die Beseitigung von Mängeln im Recht die Vormerkung den hypothekarischen Rechten und dem Pfandrecht gleichgestellt ist; in § 1098, wonach das dingliche Vorkaufsrecht in der Wirkung gegenüber Dritten der Vormerkung des Anspruchs auf Übertragung des Eigentums gleichgestellt ist; in §§ 1971, 1974 Abs. 3, 2016, wonach der Vormerkungsgläubiger für das Aufgebot der Nachlaßgläubiger und für die dem Erben zustehenden aufschiebenden Einreden den Pfandgläubigern gleichgestellt ist; ferner in §§ 24, 47 KO, wonach der Gläubiger eines durch Vormerkung gesicherten Anspruchs Befriedigung aus der Konkursmasse verlangen kann und ein Recht auf Absonderung hat; in § 193 KO, wonach die Rechte aus einer Vormerkung durch einen Zwangsvergleich unberührt bleiben; in § 48 ZVG, wonach Rechte, die durch Vormerkung gesichert sind, bei Feststellung des geringsten Gebots wie eingetragene Rechte zu berücksichtigen sind. Der Schutz, den die Vormerkung dem Anspruch gegen Hindernisse gewährt, die sich seiner Erfüllung entgegensetzen, ergibt sich hieraus von selbst. Außerdem bestimmt § 883 Abs. 3, daß das Recht, auf dessen Einräumung der Anspruch gerichtet ist, den Rang der Vormerkung erhält.

Anm. 37

d) Danach ist die Vormerkung zwar kein dingliches Recht an einem Grundstück oder an einem ein Grundstück belastenden Rechte und keine dingliche Belastung im eigentlichen Sinne (str.; **RG** 116, 239; 129, 185 nebst Zitaten; KGJ 39 A 200; 40 A 125; 50, 173; JFG 13, 419; DR 44, 189). Sie ist aber auch nicht ein ausschließlich auf dem Gebiet der Schuldverhältnisse liegendes Rechtsgebilde. Vielmehr ist sie ein **besonders geartetes Sicherungsmittel**, das dem geschützten Anspruch in gewissem Umfange schon für die Gegenwart, nicht erst für die Zukunft (**RG** SeuffArch 87 Nr. 175) dingliche Wirkungen verleiht (**RG** 113, 409; 124, 202; 129, 186) und deshalb als eine **Belastung im weiteren Sinne** erscheint (**RG** 134, 182). Man kann sie also als ein teils dem Recht der Schuldverhältnisse, teils dem Sachenrecht angehörendes Rechtsverhältnis bezeichnen. Überwiegend weist ihre rechtliche Natur aber in die erste Richtung. Sie untersteht daher im allgemeinen dem Recht der Schuldverhältnisse (RJA 7, 143; 9, 272). Nur soweit das Gesetz sie durch besondere Bestimmungen in einzelnen Beziehungen einem dinglichen Rechte gleichstellt, finden die entsprechenden Vorschriften aus dem Gebiet des Sachenrechts Anwendung. Mangels einer solchen Sondervorschrift hat z. B. eine Auflassungsvormerkung bei einem der Form des § 313 Satz 1 ermangelnden Vertrag nicht die heilende Wirkung der Auflassung und Eintragung nach § 313 Satz 2 (**RG** WarnRspr 1928 Nr. 128).

2. Nicht anwendbare Vorschriften

Anm. 38.

a) Ausgeschlossen ist daher bei der **Begründung** der Vormerkung die Anwendung des § 873. In dieser Hinsicht trifft § 885 besondere Bestimmung.

Anm. 39

b) Bei der **Aufhebung** sind die §§ 875, 876 nicht anwendbar (str.). Da eine besondere Bestimmung für die Aufhebung nicht gegeben ist, sind die §§ 362ff über das Erlöschen der Schuldverhältnisse anzuwenden. Doch wird zur Aufhebung nicht ein Erlaßvertrag (§ 397) zu fordern, sondern eine einseitige Erklärung des Vormerkungsberechtigten gegenüber dem Grundbuchamt oder dem Begünstigten für genügend zu erachten sein, weil eine solche Erklärung zur Aufgabe eines Rechts nach § 875 genügt und die Vormerkung nur eine mindere Befugnis gewährt. Anderseits ist anzunehmen, daß das sachlich-rechtliche Erlöschen schon mit der Verzichtserklärung eintritt, daß es dazu also der grundbuchmäßigen Löschung der Vormerkung nicht bedarf (str.). Auf Grund des Erlöschens kann aber die Beseitigung der tatsächlich beeinträchtigenden Vormerkungseintragung verlangt werden (§ 886 Anm. 3). Über Erlöschen der Vormerkung infolge Aufhebung der zugrunde liegenden einstweiligen Verfügung vgl. oben Anm. 21 und § 885 Anm. 5. Wird die Vormerkung im Grundbuch gelöscht, so erlischt sie auch sachlich-rechtlich (§ 886 Anm. 6; § 894 Anm. 12). Ist der vorgemerkte Anspruch erloschen, so ist auch die Vormerkung hinfällig geworden (Anm. 21). Dies gilt auch dann, wenn Schuld und Anspruch sich in einer Person vereinigen, da der Anspruch dadurch erlischt und damit auch die Vormerkung (str.; OLG 6, 124). Auch in diesen Fällen kann also Beseitigung der Vormerkungseintragung verlangt werden (§ 886 Anm. 3, 9). Daraus folgt zugleich, daß § 889 auf die Vormerkung keine Anwendung findet. Ausnahmsweise wird aber die Vormerkung dadurch, daß der vorgemerkte Anspruch erfüllt, also die Rechtsänderung, deren Herbeiführung gesichert werden sollte, bewirkt wird, dann noch nicht hinfällig und löschungsreif, wenn inzwischen Verfügungen (z. B. im Falle einer Auflassungsvormerkung Hypothekeneintragungen) stattgefunden haben, die dem Vormerkungsberechtigten gegenüber nach § 883 Abs. 2 unwirksam sind. Denn dann behält die Vormerkung noch Bedeutung für die Geltendmachung der Unwirksamkeit (**RG** 129, 186; KGJ 50, 173). Im übrigen ist eine Vormerkung, deren Anspruch erfüllt ist (z. B. eine Auflassungsvormerkung nach Erteilung der Auflassung), nicht etwa von Amts wegen zu löschen. Der § 53 Abs. 1 Satz 2 GBO greift nicht Platz, da er eine vom Grundbuch überhaupt ausgeschlossene Eintragung voraussetzt. Die Löschung ist daher, nachdem durch die Erledigung der Vormerkung das Grundbuch unrichtig geworden ist, im Wege des Berichtigungsverfahrens nach §§ 13, 22 GBO nur auf Antrag vorzunehmen (KGJ 52, 231).

3. Vormerkung des Anspruchs auf Einräumung einer Hypothek

Anm. 40

a) Bei ihr sind die Sondervorschriften der §§ 1163, 1177 über die Umwandlung einer Hypothek in eine Eigentümerhypothek nicht anwendbar, wenn der vorgemerkte Anspruch nicht zur Entstehung gelangt ist oder erlischt. Vielmehr besteht dann auch die Vormerkung nicht (**RG** 65, 261; OLG 45, 307). Die sonstigen Vorschriften über die Eigentümerhypothek (§§ 1143, 1168, 1170, 1171, 1172, 1173, 1175) sind auf die Hypothekvormerkung nicht anzuwenden, weil diese kein hypothekarisches Recht ist und das Gesetz die für die Hypothek geltenden Vorschriften auf die Vormerkung nicht für anwendbar erklärt hat (**RG** 65, 260; RJA 3, 158; OLG 14, 69; 20, 419). Aus demselben Grunde ist auch die Vorschrift des § 1179 über die Eintragung einer Löschungsvormerkung bei einer Hypothek auf die Hypothekvormerkung nicht anwendbar (str.; OLG 6, 123). Ferner kann bei der Eintragung der (endgültigen) Hypothek nicht gemäß § 1180 an die Stelle des vorgemerkten Anspruchs eine andere Forderung gesetzt werden (OLG 20, 419). Wohl aber kann eine Vormerkung zur Sicherung des Anspruchs auf Einräumung einer Höchstbetragshypothek (§ 1190) durch eine den Höchstbetrag nicht übersteigende Grundschuld ausgefüllt werden (§ 1198; HRR 1935 Nr. 115).

Anm. 41

b) Dem Vormerkungsgläubiger steht nicht die **dingliche Klage** oder die **Gefährdungsklage** des Hypothekengläubigers nach § 1133 zu. Er hat nur die persönliche Klage gegen den schuldrechtlich Verpflichteten, insbesondere auf Einräumung der Hypothek (OLG 4, 237). Auch durch Beibringung eines rechtskräftigen Urteils gegen den persönlichen Schuldner des vorgemerkten Anspruchs wird die dingliche Klage noch nicht gerechtfertigt. Vielmehr erlangt der Gläubiger das Recht zur hypothekarischen Klage erst durch die Umschreibung der Vormerkung in eine Hypothek auf Grund des Urteils; denn erst damit entsteht nach § 873 die Hypothek (str.). Gegen Gefährdungen im Sinne der §§ 1133—1135 kann sich der Vormerkungsgläubiger nur durch Ausbringung von einstweiligen Verfügungen schützen.

Anm. 42

4. Übertragung und Belastung des vorgemerkten Anspruchs. Sie bestimmen sich mangels anderer Vorschriften nach den §§ 398ff, da durch Hinzutreten der Vormerkungseintragung der Anspruch zwar zu einem besonders gearteten Rechtsverhältnis geworden, der Anspruch als solcher aber der Hauptteil dieses Rechtsverhältnisses geblieben ist (OLG 10, 434; 42, 275; RJA 7 S. 68, 145). Einer Form bedarf die Übertragung nicht; ebensowenig ist die Eintragung erforderlich. Da aber die Begründung der Vormerkung eingetragen wird, ist auch die Eintragung des Wechsels des aus der Vormerkung Berechtigten zulässig. Übertragung und Belastungen können also, müssen aber nicht eingetragen werden (**RG** 83, 438; KGF 35, 317; 43, 212; JFG 8, 320; JW 1937, 249). Die Übertragbarkeit richtet sich danach, ob der Anspruch übertragbar ist. Bei einer Vormerkung zur Sicherung des Anspruchs auf ein persönliches Vorkaufsrecht

(Anm. 56) ist also zu beachten, daß nach § 514 das persönliche Vorkaufsrecht nicht übertragbar ist, wenn nicht ein anderes bestimmt ist (OLG 42, 275). Für sich allein kann die Rechtsstellung aus der Vormerkung nicht übertragen werden, da sie ein unselbständiger Teil des aus Anspruch und Vormerkung zusammengesetzten Rechtsverhältnisses ist (OLG 10, 434; RJA 7, 145). Mit der Übertragung des Anspruchs geht, wenn nicht ein anderes bestimmt ist, die Vormerkung ohne weiteres mit über, weil sie ein Nebenrecht im Sinne des § 401 ist (**RG** WarnRspr 1927 Nr. 92; KGJ 43, 209; vgl. **RG** 52, 11; 60, 371; 65, 169; 83, 438). Ist für den Veräußerer eines Grundstücks eine Auflassungsvormerkung eingetragen, so geht die daraus sich ergebende Rechtsstellung auch auf den Erwerber über (**RG** 142, 333). Soll bei der Übertragung des Anspruchs die Rechtsstellung aus der Vormerkung nicht mitübertragen werden, so erlischt die Vormerkung, da sie ohne einen Anspruch des Vormerkungsberechtigten nicht bestehen kann. Soweit der vorgemerkte Anspruch pfändbar ist, kann seine Pfändung und damit auch die Pfändung der Rechtsstellung aus der Vormerkung in das Grundbuch eingetragen werden; dazu bedarf es nicht des Nachweises, daß der Anspruch besteht (JW 1937, 249[38]).

5. Anwendung der §§ 891—894, 899

Anm. 43

a) Die **Vermutung für die Richtigkeit** aus § 891 steht der Vormerkung nicht zur Seite, da sie kein „Recht" im Sinne dieser Vorschrift ist. Die Vormerkungseintragung begründet nur als öffentliche Beurkundung nach § 418 Abs. 1 ZPO einen Beweis dafür, daß die Vormerkung unter den gesetzlichen Voraussetzungen (§ 885) eingetragen worden ist und den aus dem Eintragungsvermerk ersichtlichen Inhalt und Umfang hat (§ 891 Anm. 18). Für das Bestehen des gesicherten Anspruchs aber liefert die Eintragung einen solchen Beweis nicht, da das Grundbuch nicht dazu bestimmt ist, über das Bestehen des lediglich schuldrechtlichen Anspruchs Auskunft zu geben.

Anm. 44

b) Was der Vormerkungsgläubiger durch die Eintragung der Vormerkung erlangt hat, steht auch nicht unter dem Schutz des **öffentlichen Glaubens des Grundbuchs.** Zunächst könnte ein rechtsgeschäftlicher Erwerb im Sinne des § 892 Abs. 1 Satz 1 nur bei der Eintragung einer Vormerkung auf Grund einer Eintragungsbewilligung des Passivbeteiligten in Frage kommen, aber nicht dann, wenn die Vormerkung auf Grund einer einstweiligen Verfügung eingetragen worden ist. Sodann ist aber die unmittelbare Anwendung des § 892 überhaupt deswegen ausgeschlossen, weil der Gläubiger durch die Eintragung der Vormerkung nicht ein Recht am Grundstück oder ein Recht an einem solchen Rechte erlangt (**RG** 116, 238; 118, 233; 120, 13; 124, 202; **RG** WarnRspr 1928 Nr. 106; JFG 2, 410). Auch derjenige, der den vorgemerkten Anspruch durch Übertragung erwirbt, muß sich ohne Rücksicht auf seinen guten Glauben alle Einreden entgegenhalten lassen, die dem ursprünglichen Gläubiger entgegenstanden. Dies gilt insbesondere dann, wenn ein vorgemerkter Anspruch auf Hypothekeneinräumung abgetreten ist; die nur für Hypotheken geltende Vorschrift des § 1138 findet auf die Hypothekenvormerkung keine Anwendung.

Anm. 45

c) Was die **Anwendbarkeit des § 893 Halbs. 2** anlangt, so scheidet zwar auch hier die auf Grund einer einstweiligen Verfügung eingetragene Vormerkung von vornherein aus, weil sie nicht auf Rechtsgeschäft beruht. Dagegen ist davon auszugehen, daß ein eingetragener Berechtigter, der in Ansehung seines Rechts eine Vormerkung für einen andern bewilligt (z. B. der Bucheigentümer eine Auflassungsvormerkung für den Erwerber), dadurch im Sinne des § 893 Halbs. 2 ein Rechtsgeschäft vornimmt, das eine Verfügung über das Recht enthält, sobald die Vormerkung eingetragen wird. Das ist jetzt herrschende Meinung (JFG 2, 409; JW 1925, 1415[1]; 1926, 2870[1]) und war feste Rechtsprechung des Reichsgerichts (**RG** 116, 241; 118, 234; 120, 14; 121, 46; § 893 Anm. 12). Daher genießt die Vormerkung den Schutz des öffentlichen Glaubens (und ist die Eintragung eines Widerspruchs gegen sie zulässig), wenn die Unwirksamkeit der von einem Nichtberechtigten bewilligten Vormerkung durch gutgläubigen Erwerb geheilt werden kann (**BGH** Betrieb 1957, 682).

Anm. 46

d) Die **Vorschrift des § 893 Halbs. 1** aber ist keinesfalls auf eine Vormerkung anwendbar. Ist z. B. versehentlich ein anderer als der wirklich Berechtigte im Grundbuch als Vormerkungsberechtigter eingetragen, so wird derjenige, der den vorgemerkten Anspruch an den als Berechtigten Eingetragenen erfüllt, nicht befreit, auch wenn er sich in gutem Glauben an die Richtigkeit des Grundbuchs befunden hat.

Anm. 47

e) Mit der Frage, ob sich der öffentliche Glaube des Grundbuchs auf den vorgemerkten Anspruch erstreckt, steht die Frage im Zusammenhang, ob **gegen eine Vormerkung ein Widerspruch** (§§ 894, 899) eingetragen werden kann. Dies ist grundsätzlich (s. aber **BGH** Betrieb 1957, 682) zu verneinen (str.; § 899 Anm. 5; KGJ 21 A 148, 286; 26 A 77; 46, 205), denn der Widerspruch richtet sich gegen ein Recht an einem Grundstück oder gegen ein Recht an einem solchen Rechte; er dient als vorläufige Eintragung zum Schutz gegen einen Erwerb auf Grund des öffentlichen Glaubens des Grundbuchs. Die Vormerkung ist aber grundsätzlich weder ein Recht noch unter den Schutz des öffentlichen Glaubens des Grundbuchs gestellt. Sie ist daher auch keine Eintragung im Sinne des § 71 Abs. 2 GBO, so daß eine Beschwerde gegen ihre Einschreibung zulässig ist (KGJ 31 A 325). Die Frage, welche Bedeutung einem von Amts wegen gegen die zu Unrecht erfolgte Löschung einer Vormerkung eingetragenen Widerspruch beizumessen ist, erörtert § 886 Anm. 11.

Anm. 48

6. Wirkungen der Vormerkung. Sie sind im § 883 Abs. 2, 3 und im § 888 Abs. 1 bestimmt und werden erläutert unten in den Anm. 63—82 und in § 888 Anm. 1—23.

Anm. 49

7. Verjährung. Das Vorgemerkte unterliegt der Verjährung. Die Vorschrift des § 902 findet auf Vormerkungen keine Anwendung, da sie keine Rechte am Grundstück sind (§ 902 Anm. 5). Ist der vorgemerkte Anspruch, der trotz der Vormerkung ein persönlicher bleibt, nach §§ 194ff verjährt, so ist die Klage auf Beseitigung der Vormerkung gegeben (§ 886 Anm. 4; Prot. 3 S. 118, 751). Die Verjährung des persönlichen Anspruchs wird durch die Eintragung einer Vormerkung nicht unterbrochen, da die §§ 208, 209 eine solche Unterbrechung nicht kennen, der sich nur auf Hypotheken beziehende § 223 für eine Hypothekenvormerkung nicht in Betracht kommt, maßgebend vielmehr § 886 ist (**RG** JW 1908, 235[6], auch **RG** 81, 288; HRR 29 Nr. 8). Die Verjährungsfrist für den Anspruch beträgt nach § 195 dreißig Jahre, und zwar auch dann, wenn für eine der kurzen Verjährung nach § 196 unterliegende Forderung eine Hypothek bestellt werden soll. Denn es handelt sich hier nicht um die Verjährung der Forderung, sondern um die Verjährung des Anspruchs auf Einräumung einer Hypothek.

V. Eintragung ins Grundbuch

Anm. 50

1. Wirksamwerden der Vormerkung. Die Vormerkung tritt in Wirkung erst mit der Eintragung in das Grundbuch (**RG** 116, 240). Vorher besteht sie auch dann nicht, wenn die Eintragung bewilligt oder eine einstweilige Verfügung auf ihre Eintragung erlassen ist. Selbst wenn diese Tatsachen den Beteiligten bekannt sind, ist weder der Eigentümer (Berechtigte) in der Verfügung über sein Grundstück (Recht) beschränkt noch der Erwerb eines Rechtes seitens eines Dritten gehindert (**RG** 73, 53).

Anm. 51

2. Bestimmtheitsgrundsatz. Die Eintragung unterliegt wie alle übrigen Grundbuchvermerke dem Bestimmtheitsgrundsatz (Vorbem. vor § 873; **RG** JW 1938,

457[16]). Sie muß also so bewirkt werden, daß sich die Art und der Umfang des gesicherten Anspruchs aus dem Eintragungsvermerk oder der darin in Bezug genommenen Eintragungsbewilligung (einstweiligen Verfügung) für jeden Dritten erkennbar ergeben. Einer Angabe des Schuldgrundes in dem Grundbuch oder der in Bezug genommenen Eintragungsbewilligung bedarf es nur, wenn begründete Zweifel bestehen können, welcher der mehreren in Betracht kommenden Ansprüche gesichert werden soll (**BGH** LM § 883 Nr. 1). Ist der Anspruch in geringerem Umfang eingetragen, als er in Wirklichkeit zwischen dem Vormerkungsberechtigten und dem Vormerkungsverpflichteten besteht, so fehlen der Vormerkung für den weiteren Umfang des Anspruchs die Sicherungswirkungen der §§ 883 Abs. 2, 888 gegenüber dritten rechtsgeschäftlichen Erwerbern selbst dann, wenn die Erwerber das Bestehen des Anspruchs in weiterem Umfang gekannt haben (**RG** WarnRspr 1914 Nr. 321).

Anm. 52

3. Eintragungsvermerk. Für die Entstehung der Vormerkung ist nicht unbedingt erforderlich, daß in den Eintragungsvermerk das Wort „Vormerkung" aufgenommen wird; es genügt, wenn nach dem ganzen Inhalt des Vermerks kein Zweifel darüber besteht, daß ein Anspruch vorgemerkt werden sollte (**RG** 82, 24; Gruchot 67, 80; RJA 7, 66). Dies kann auch dann gelten, wenn irrtümlich statt „Vormerkung" das Wort „Widerspruch" gebraucht worden ist (**RG** 55, 343). Der Eintragungsvermerk ist im übrigen hier ebenso wie sonst (§ 873 Anm. 45) der Auslegung zugänglich (Beispielsfälle: **RG** JW 1934, 2612[3]; SeuffArch 90 Nr. 142). Über die Zulässigkeit der Bezugnahme auf die Grundlagen der Eintragung vgl. § 885 Abs. 2 und Anm. 18—21 dort.

Anm. 53

4. Grundstücksteil. Betrifft die Vormerkung (z. B. zur Erhaltung des Rechts auf Auflassung) nur einen Grundstücksteil, so bedarf es zur Eintragung nicht der Abschreibung des Teiles nach § 7 Abs. 1 GBO, da die Vormerkungseintragung keine Belastung mit einem Rechte ist (**RG** HRR 1934 Nr. 1222; KGJ 20 A 77; 29 A 135; vgl. auch **RG** 55, 273). Ist das von der Vormerkung zu ergreifende Trennstück noch nicht vermessen, so braucht es bei der Eintragung der Vormerkung weder nach der Katasterkarte bezeichnet noch mit einer ausdrücklichen Größenangabe versehen zu werden; erforderlich ist aber eine so genaue Beschreibung der Fläche, daß sich daraus Lage und Größe in einer dem Verkehrsbedürfnis entsprechenden Weise ergeben (JW 1937, 110[24]).

Anm. 54

5. Buchungsfreie Grundstücke. Bei buchungsfreien Grundstücken bedarf es ebenso wie sonst zur Begründung der Vormerkung der Eintragung in das Grundbuch, das zuvor anzulegen ist (Art. 127 EG; Art. 27 PrAG; KGJ 26 A 115). Soll bei einer **Briefhypothek** eine Vormerkung eingetragen werden, so bedarf es nach § 41 GBO der Vorlegung des Hypothekenbriefs. Doch ist bei Nichtbeachtung dieser Ordnungsvorschrift die erfolgte Eintragung nicht unwirksam (**RG** 73, 52).

Anm. 55

VI. Sicherung künftiger oder bedingter Ansprüche

1. Auflassungsvormerkung. Die Zulässigkeit der Sicherung künftiger oder bedingter Ansprüche ist für die Auflassungsvormerkung von besonderer Bedeutung, weil die Auflassung selbst nach § 925 Abs. 2 nicht unter einer Bedingung oder Zeitbestimmung erfolgen kann. Soll die Eigentumsübertragung gleichwohl bedingt oder betagt werden, so kann eine Sicherung für den Fall des Eintritts der Bedingung oder des Anfangs- oder Endtermins durch eine Auflassungsvormerkung herbeigeführt werden. Wenn z. B. die Eigentumsübertragung durch Zahlung eines Kaufpreisanteils aufschiebend bedingt sein soll, so kann für den Käufer eine Vormerkung dahin eingetragen werden, daß dem Verkäufer die Verpflichtung zur Auflassung obliegt, falls die Bedingung erfüllt ist. Wenn die Eigentumsübertragung durch Zahlung des Kaufpreises zu einem bestimmten Termin auflösend bedingt sein soll, so kann unter unbedingter Erteilung der Auflassung eine Vormerkung für den Verkäufer dahin eingetragen werden, daß der Käufer zur Rückauflassung verpflichtet ist, wenn er den Kaufpreis nicht zahlt. Ein bedingter Anspruch auf Auflassung, der durch Vormerkung gesichert werden kann, liegt auch dann vor, wenn Gegenstand des Anspruchs ein Grundstücksteil ist und die Bestimmung des Umfangs des Teiles noch von der Entschließung einer Behörde (z.B. wegen Anschlusses an eine Staatsbahn) abhängt (**RG** Gruchot 58, 1017). Dasselbe gilt, wenn der den Anspruch begründende Kaufvertrag noch einer behördlichen Genehmigung bedarf und daher bis zur Erteilung dieser Genehmigung ein Schwebezustand besteht (**RG** 108, 94).

Anm. 56

2. Andere vormerkungsfähige bedingte Ansprüche. Im übrigen sind vormerkungsfähige bedingte Ansprüche z. B.: der Anspruch gegen einen Hypothekengläubiger auf Entpfändung eines Grundstücksteils unter einer Bedingung (KGJ 23 A 152); der Anspruch einer Gemeinde auf Abtretung von Grundeigentum zu Straßenland gegen festgesetzte Entschädigung für den Fall der Anlage der Straße (KGJ 25 A 147); der Anspruch des Eigentümers auf Aufhebung des Erbbaurechts für den Fall, daß das Recht ohne seine Genehmigung veräußert oder der Erbbauzins nicht pünktlich gezahlt werden sollte (RJA 9, 271). Auch ein Anspruch, der sich aus der Begründung eines persönlichen Vorkaufsrechts (§§ 504ff), aus der Festsetzung eines Wiederkaufsrechts in einem Kaufvertrage (§§ 497ff) und aus der Vereinbarung eines Ankaufsrechts — Abgrenzung dieser Rechte gegeneinander: **RG** 154, 355 — ergibt, kann durch Vormerkung gesichert werden, und zwar schon bevor die Erklärung abgegeben worden ist, daß das Vorkaufsrecht, das Wiederkaufsrecht oder das Ankaufsrecht ausgeübt werde. Denn beim Vorkaufsrecht und beim Ankaufsrecht wird bereits durch den Begründungsvertrag, beim Wiederkaufsrecht durch den (ersten) Kaufvertrag die Verpflichtung zur Übertragung oder Rückübertragung des Eigentums unter der Bedingung begründet, daß das gewährte Recht von dem Vorkaufs-, Ankaufs- oder Wiederkaufsberechtigten ausgeübt wird. Diesem steht also, sofern der Begründungsvertrag rechtsbeständig, insbesondere formgerecht geschlossen ist (§ 313; **RG** 72, 385), ein bedingter Anspruch auf Übertragung oder Rückübertragung des Eigentums zu, der durch Vormerkung gesichert werden kann (**RG** 104, 123; 125, 247; 144, 282; 154, 366; KGJ 42, 211; 53, 152; JFG 3 S. 318, 321). Zur Sicherung des schuldrechtlichen Anspruchs aus dem Ankaufsrecht kann die Vormerkung nur zu Lasten des Vertragsgegners und seiner unmittelbaren Erben eingetragen werden (BayObLG DNotZ 1956, 206).

Anm. 57

3. Persönliches Vorkaufsrecht mit festbestimmtem Preis. Auch ein persönliches Vorkaufsrecht mit festbestimmtem Preis kann durch Vormerkung gesichert werden, obwohl ein nur dingliches Vorkaufsrecht mit festbestimmten Preisen nicht bestellt werden kann (§ 1098 Anm.). Denn beim persönlichen Vorkaufsrecht ist angesichts der Vertragsfreiheit auf dem Gebiet der Schuldverhältnisse eine Preisfestsetzung zulässig, und auch bei ihm handelt es sich um einen bedingten Anspruch auf Einräumung des Eigentums an dem Grundstück (**RG** WarnRspr 1914 Nr. 50; OLG 42, 275). Dasselbe gilt von einer Vormerkung für den Anspruch des Verkäufers auf Rückauflassung, wenn ihm im Kaufvertrag für den Fall des Eintritts einer Bedingung ein Wiederkaufsrecht zu einem bestimmten Preise eingeräumt ist. Diese Vormerkung hat aber nicht die Bedeutung, daß nun das Wiederkaufsrecht gegen jeden weiteren Erwerber des belasteten Grundstücks oder zeitlich unbeschränkt ausgeübt werden könnte. Vielmehr ist allein der ursprüngliche Käufer zur Rückauflassung verpflichtet; dabei greift, wenn nicht ein anderes vereinbart ist, die zeitliche Beschränkung nach § 503 ein; weitere Erwerber sind nur gemäß § 888 zur Erteilung der Zustimmung zur Rückauflassung verpflichtet (KGJ 53, 153).

Anm. 58

4. Potestativbedingung. Eine Vormerkung für einen bedingten Anspruch ist auch dann nicht unzulässig, wenn der Eintritt der Bedingung im freien Willen des Berechtigten steht, sofern nur die Ausübung des Willens als Verpflichtungsbedingung vertragsmäßig festgesetzt ist (**RG** 67, 45; 69, 283; aber auch OLG 15, 333; KG DR 43, 801).

Anm. 59

5. Künftiger Anspruch. Ein künftiger Anspruch liegt zunächst nur dann vor, wenn sein Inhalt und Gegenstand genügend bestimmt oder bestimmbar ist (**RG** 151, 75). Weiter ist aber auch zu verlangen, daß für die künftige Entstehung des Anspruchs nicht lediglich eine bloße mehr oder weniger aussichtsreiche tatsächliche Möglichkeit besteht, sondern daß bereits ein festes Rechtsverhältnis vorliegt, aus dem der künftige Anspruch erwachsen kann (**RG** WarnRspr 1937 Nr. 100). Ein solches Rechtsverhältnis wird z. B. schon durch den bindenden, formgerecht beurkundeten (§ 313) Antrag auf Abschluß eines Grundstückskaufs begründet; aus ihm entsteht bereits vor der Annahme ein künftiger, vormerkungsfähiger Auflassungsanspruch (**RG** 151, 77; JW 1936, 647[8]; WarnRspr 1927 Nr. 92; KGJ 37 A 270; HRR 1933 Nr. 1849). Dagegen erwächst aus einem formnichtigen Grundstückskauf für den Käufer selbst dann noch ein künftiger Auflassungsanspruch, wenn die Auflassung vollzogen wird; aus einem solchen Vertrag kann daher auch keine Vormerkung nach § 883 Abs. 1 Satz 2 eingetragen werden (**RG** 151, 75; WarnRspr 40, 42).

Anm. 60

6. Nicht vormerkungsfähige Ansprüche. Ebenso sind nicht vormerkungsfähig: ein Anspruch auf Eigentumsübertragung, der erst durch eine in Aussicht stehende Übertragung von dem zur Zeit Berechtigten erworben werden soll, jedenfalls dann, wenn die Vormerkung auf Grund einer einstweiligen Verfügung eingetragen werden soll (**RG** 74, 158); ein Anspruch auf Auflassung eines Grundstücks für den (angeblichen) gesetzlichen oder testamentarischen Erben des Eigentümers vor dessen Tode, da vor dem Erbfall keinerlei Rechte des vermeintlichen Erben auf das Grundstück bestehen (KGJ 48, 191); ein Auflassungsanspruch für den (angeblich) in einem Testament des Eigentümers als Vermächtnisnehmer mit dem Grundstück Bedachten, da nur ein zukünftiger und zugleich durch den früheren Tod des Erblassers bedingter, auch von dessen freier Willkür abhängiger Anspruch gegen die künftigen Erben in Betracht kommen kann (KGJ 48, 192); ebenso, wenn das Vermächtnis auf einem Erbvertrage beruht (**RG** 49, 372; 92, 2; 169, 99; **BGH** 12, 115; Anm. 20).

Anm. 61

7. Vormerkungsfähige Ansprüche. Dagegen ist vormerkungsfähig z. B. auch der (gegenwärtige) Anspruch einer Siedlungsgemeinschaft gegen einen Siedler auf Bestellung einer Sicherungshypothek für einen künftig entstehenden Schaden aus der Weigerung des Siedlers, den Anordnungen des Gemeinschaftsführers nachzukommen (HRR 1938 Nr. 278). Schließlich könnte von dem Gesichtspunkt der Sicherung eines künftigen Anspruchs aus vielleicht auch vorgemerkt werden ein Anspruch gegen den Eigentümer auf Übertragung einer Hypothek, die ihm bei der Veräußerung des Grundstücks von dem Käufer für das Kaufgeld bestellt werden soll (aM OLG 15, 334). Der Eintragung dieser Vormerkung steht aber entgegen, daß der Eigentümer nicht gegenwärtiger Inhaber der noch gar nicht bestehenden Hypothek ist (Anm. 13).

Anm. 62

8. Von Gegenleistung abhängige Ansprüche. Der vormerkungsfähige künftige oder bedingte Anspruch kann auch von einer Gegenleistung abhängig sein (**RG** Gruchot 34, 1091; JW 1889, 320[61]; 1897, 100[66]). Werden die Voraussetzungen für die Entstehung des vorgemerkten Anspruchs nachträglich geändert, so kann die Änderung bei der Vormerkung eingetragen werden, jedoch grundsätzlich nur mit Zustimmung der gleich- und nachstehenden Berechtigten (HRR 1933 Nr. 1849).

VII. Den Anspruch vereitelnde oder beeinträchtigende Verfügungen

Anm. 63

1. Unwirksamkeit. Eine den Anspruch vereitelnde oder beeinträchtigende Verfügung ist unwirksam **nur gegenüber dem durch die Vormerkung Berechtigten.**

Eine Sperre des Grundbuchs wird durch die Vormerkung nicht herbeigeführt. Der Verpflichtete bleibt zu Verfügungen über sein Recht befugt, auch wenn sie mit dem vorgemerkten Anspruch in Widerspruch stehen (RJA 11, 242). Eine rechtliche Beschränkung der Befugnis zur Verfügung, eine Verfügungsbeschränkung im Sinne der §§ 878, 892 Abs. 1 Satz 2 enthält daher die Vormerkung nicht (str.; **RG** 113, 408; aM KGJ 52 S. 128, 164). Zum Beispiel wird der Eigentümer durch eine Hypothekvormerkung nicht an einer weiteren Belastung des Grundstücks, durch eine Auflassungsvormerkung nicht an einer anderweiten Veräußerung gehindert (**RG** Gruchot 48, 934).

Anm. 64

2. Wirksamkeit. Die Verfügungen sind auch voll wirksam, wenn die Vormerkung etwa **wegfällt** oder der Vormerkungsberechtigte seine **Genehmigung** dazu erteilt (RJA 8, 157). Stimmt also z. B. der aus einer Auflassungsvormerkung Berechtigte der später erfolgten Eintragung einer Hypothek oder Grundschuld zu, so ist ihm gegenüber die Hypothek (Grundschuld) voll wirksam und § 883 Abs. 2 ausgeschaltet. Auf die Zustimmung sind die §§ 182ff anwendbar. Die Zustimmung kann auch durch schlüssige Handlungen stillschweigend erklärt werden. Sie wirkt auch zugunsten eines späteren Inhabers derselben Hypothek (Grundschuld), der sie nach ihrem Übergang auf den Eigentümer als Grundschuld unter Wiederumwandlung in eine Hypothek für eine neue Forderung erworben hat (**RG** 154, 355). Weil solche den § 883 Abs. 2 ausschaltenden Möglichkeiten stets in Rechnung zu stellen sind, darf das Grundbuchamt die Entgegennahme und Ausführung von Eintragungsanträgen nicht deshalb ablehnen, weil die beantragten Eintragungen mit einer Vormerkung in Widerstreit treten können (**RG** 132, 424; RJA 8, 157; 11, 242).

Anm. 65

3. Grenzen der Verfügungsfreiheit des Verpflichteten. Die Verfügungsfreiheit des Verpflichteten findet aber ihre Grenze darin, daß die Verfügung nicht die **Beseitigung der Vormerkung selbst** herbeiführen darf. Soweit eine Verfügung mit Notwendigkeit die Aufhebung der Vormerkung zur Folge hat, greift sie unberechtigt in die Rechte des Vormerkungsberechtigten unmittelbar ein. Deshalb ist der Verpflichtete ohne Zustimmung des Vormerkungsberechtigten z. B. nicht befugt, ein Recht, auf das die Vormerkung sich richtet, löschen zu lassen. Denn mit der Löschung des Rechts müßte auch die Vormerkung gelöscht werden (str.; JFG 9, 218).

Anm. 66

4. Tatsächliche Beschränkung der Verfügungsfreiheit. Wenn der vorgemerkte Anspruch endgültig festgestellt wird, sind die nach der Vormerkung gemachten Eintragungen dem Vormerkungsgläubiger gegenüber insoweit unwirksam, als sie den Anspruch vereiteln oder beschränken. Die Vormerkung bewirkt also insofern eine tatsächliche Beschränkung der Freiheit des Verfügens, als der Verfügende sich vor Augen halten muß, daß seine Verfügung nur dann voll wirksam werden kann, wenn die Vormerkung wegfällt. Diese Wirkung hat die Vormerkung gemein mit einem **Veräußerungsverbot zugunsten einer bestimmten Person** nach §§ 135, 136. Insoweit steht sie einem solchen Veräußerungsverbot gleich. Im übrigen aber **unterscheiden sich** beide nach Voraussetzungen und Folgen. Das Veräußerungsverbot kann auch zum Schutze eines dinglichen Rechts, die Vormerkung nur zur Sicherung eines persönlichen Anspruchs dienen. Das Veräußerungsverbot ist zwar eintragungsfähig, jedoch nicht eintragungsbedürftig, wirkt vielmehr auch ohne Eintragung, wenigstens gegen jeden, der es kennt (§ 135 Abs. 2, § 892 Abs. 1 Satz 2); die Vormerkung bedarf zur Wirksamkeit der Eintragung. Das Veräußerungsverbot kann nicht wie die Vormerkung zu einem dinglichen Recht werden, sondern erschöpft sich, abgesehen von dem Anspruch auf Zustimmung nach § 888, in der negativen Wirkung des Nichtdürfens. Ferner bestehen Unterschiede zwischen beiden in ihren Wirkungen gegenüber Zwangsvollstreckungsakten und im Konkurse (Anm. 73, 79). Endlich kann das Veräußerungsverbot nach § 137 Satz 1 nicht durch Rechtsgeschäft (Bewilligung) dinglich wirkend begründet werden. Die Vormerkung ist daher **kein Veräußerungsverbot im**

eigentlichen Sinne. Das ergibt sich übrigens auch schon aus der Fassung des § 888 Abs. 2 (**RG** 113, 407; KGJ 40 A 123). Die Vormerkung wirkt nur nach gewissen Richtungen wie ein Veräußerungsverbot. Deshalb kann man sagen, daß ein **Veräußerungsverbot besonderer Art** mit ihr verbunden ist (Anm. 35). Unzulässig wäre freilich die Eintragung einer Vormerkung zur Sicherung der persönlichen Verpflichtung, über ein Recht nicht zu verfügen. Denn hier kommt ein Anspruch in Betracht, dessen Sicherung durch Vormerkung im § 883 Abs. 1 nicht zugelassen ist (KGJ 40 A 126).

Anm. 67

5. Vereitelung und Beschränkung. Vereitelt wird z. B eine Auflassungsvormerkung durch anderweite Veräußerung (**RG** WarnRspr 1919 Nr. 95); **beschränkt** wird sie z. B. durch Eintragung von Hypotheken (**RG** Gruchot 48, 934; KGJ 43, 213; OLG 13, 7). Für die Unwirksamkeit der Verfügung kommt es nicht darauf an, ob derjenige, der durch die Verfügung Rechte erworben hat, **in gutem oder in bösem Glauben** über das Bestehen der Vormerkung gewesen ist. Auch wenn er geglaubt hat, der vorgemerkte Anspruch bestehe nicht, oder wenn er von der Vormerkungseintragung keine Kenntnis gehabt hat, wirkt gegen ihn allein die Tatsache, daß die Vormerkung im Grundbuch eingetragen steht; er muß die Unwirksamkeit der Verfügung gegen sich gelten lassen (**RG** 93, 118; WarnRspr 1911 Nr. 124, 379). Geschützt ist der Vormerkungsberechtigte jedoch unbedingt nur gegen solche Verfügungen, die von demjenigen ausgehen, **gegen den sich der Anspruch richtet,** nicht gegen Verfügungen eines anderen, für den nur tatsächlich die Verfügungsmöglichkeit gegeben war (vgl. hierzu die Ausführungen über die Löschungsvormerkung in § 1179 Anm.).

Anm. 68

6. Geltendmachung der Wirkung der Vormerkung. Die Wirkung der Vormerkung gegenüber einer den Anspruch vereitelnden oder beeinträchtigenden Verfügung tritt erst dadurch zutage, daß der Vormerkungsberechtigte, dessen vorgemerkter Anspruch festgestellt ist, die Unwirksamkeit der Verfügung geltend macht. Denn die Verfügung ist nicht allgemein (absolut), sondern nur dem Vormerkungsberechtigten gegenüber (relativ) unwirksam. Ein Dritter, z. B. bei Eintragung einer Hypothek nach einer Auflassungsvormerkung ein nachstehender Hypothekengläubiger, ist zur Geltendmachung der Unwirksamkeit nicht befugt. Noch weniger kann der Verfügende selbst die Unwirksamkeit der Verfügung gegenüber seinem Vertragsgenossen geltend machen (OLG 8, 433).

Anm. 69

7. Zubehör. Betrifft die Vormerkung das Grundstück selbst (z. B. Auflassungsvormerkung oder Hypothekvormerkung) und erstreckt sich der vorgemerkte Anspruch auch auf das zur Zeit der Eintragung der Vormerkung vorhandene Zubehör (z. B. nach § 314, wenn der Eigentümer sich zur Veräußerung des Grundstücks oder zu dessen Belastung mit einer Hypothek verpflichtet hat), so untersteht auch das Zubehör dem Schutze des § 883 Abs. 2. Dann sind Verfügungen des Eigentümers über das Zubehör, die den Gegenstand des Anspruchs ergreifen und dadurch den Anspruch vereiteln oder beschränken, ebenso unwirksam wie Verfügungen über das Grundstück (Prot. 3, 747). Ist das Grundstück versichert und zur Zeit des Versicherungsfalls eine Vormerkung für den Anspruch auf Eintragung einer Hypothek im Grundbuch eingetragen, so erstrecken sich die Wirkungen der Vormerkung auch auf die **Versicherungsforderung** (**RG** 151, 391). Ist die Vormerkung zwar auf dem Blatt des ganzen ungeteilten Grundstücks eingetragen, nach dem Inhalt des Eintragungsvermerks aber nur auf einen **Teil des Grundstücks** beschränkt, so erstreckt sich ihre Wirksamkeit nur auf diesen Teil (**RG** 55, 273; Anm. 53).

Anm. 70

8. Verfügung. Den **Begriff der Verfügung** erörtern § 873 Anm. 77, § 893 Anm. 7. Dort ist dargelegt, daß an sich zwar schon die dingliche Einigung über eine Rechtsänderung für sich allein eine rechtsgeschäftliche Verfügung ist, obwohl zur Vollendung der Rechtsänderung noch ein weiterer Tatumstand, nämlich die Eintragung, hinzutreten muß. Hier ist aber zu beachten, daß § 883 Abs. 2 eine Verfügung voraussetzt, die geeignet ist, den vorgemerkten Anspruch zu vereiteln oder zu beeinträchtigen. Die dingliche Einigung für sich allein hat diese Wirkung noch nicht; erst die durch Hinzutritt der Eintragung vollendete Rechtsänderung könnte den vorgemerkten Anspruch vereiteln oder beeinträchtigen. Deshalb ist erst die auf Grund dinglicher Einigung **durch Eintragung vollzogene Rechtsänderung** als Verfügung im Sinne des § 883 Abs. 2 zu erachten (**RG** 113, 406; WarnRspr 1927 Nr. 92). Dem § 883 Abs. 2 ist auch dann noch nicht genügt, wenn auf Grund der dinglichen Einigung bereits der Antrag auf Eintragung der Rechtsänderung beim Grundbuchamt gestellt ist. Denn die dadurch etwa gemäß § 873 Abs. 2 erzeugte Gebundenheit der Beteiligten enthält weder eine Verfügungsbeschränkung (§ 873 Anm. 105) noch eine Änderung der Rechtslage (**RG** 113, 407; WarnRspr 1927 Nr. 92). Daher ist z. B. eine nach Stellung eines solchen Eintragungsantrags eingetragene Vormerkung selbst dann rechtswirksam, wenn § 17 GBO bei ihrer Eintragung vom Grundbuchrichter verletzt worden ist. Wird demnächst auf jenen Eintragungsantrag die Eintragung der Rechtsänderung vollzogen, so greift die Vorschrift des § 883 Abs. 2 über die Unwirksamkeit der vereitelnden oder beeinträchtigenden Verfügung Platz (**RG** 113, 407).

Anm. 71

9. Vermietung und Verpachtung. Vermietung und Verpachtung des Grundstücks sind nach der obigen Begriffsbestimmung auch in Verbindung mit Gebrauchsüberlassung keine Verfügungen, wie auch die §§ 1821 Nr. 1, 1822 Nr. 4 und 5, 2113, 2135 bestätigen, in denen zwischen Vermietung (Verpachtung) und Verfügung unterschieden wird (**RG** 106, 111). Nicht aufrechtzuerhalten ist die in der früheren Auflage vertretene Ansicht (str., vgl. **RG** 106, 112), § 883 Abs. 2 sei hier entsprechend anzuwenden, weil die Vermietung (Verpachtung) in Verbindung mit der Gebrauchsüberlassung das Eigentum am Grundstück beschränke (§§ 571, 577) und im Vergleich zu einer beeinträchtigenden Verfügung als ein minderes beeinträchtigendes Ereignis zu erachten sei (**BGH** 13, 1). Der Berechtigte, der einen durch Vormerkung geschützten, festgestellten Anspruch auf Auflassung oder Nießbrauchsbestellung hat, ist somit an einen nach der Eintragung der Vormerkung von dem Eigentümer geschlossenen und durch Gebrauchsüberlassung vollzogenen Mietvertrag (Pachtvertrag) gebunden.

Anm. 72

10. Rechtserwerb kraft Gesetzes. Auch ein kraft Gesetzes sich vollziehender Rechtserwerb, durch den das Recht des Vormerkungsberechtigten beeinträchtigt würde (z. B. Enteignung, anders aber wohl Buchersitzung nach § 900 gegenüber einer Auflassungsvormerkung), ist einer Verfügung nicht gleichzustellen (str.).

VIII. Verfügungen im Wege der Zwangsvollstreckung oder Arrestvollziehung

Anm. 73

1. Unterschied vom Veräußerungsverbot. In den **Wirkungen** gegenüber Verfügungen im Wege der Zwangsvollstreckung oder Arrestvollziehung weist die Vormerkung gegenüber den Veräußerungsverboten der §§ 135, 136, bei denen die im Wege der Zwangsvollstreckung oder der Arrestvollziehung getroffenen Verfügungen im § 135 Abs. 1 Satz 2 einer rechtsgeschäftlichen Verfügung des Schuldners ebenfalls gleichgestellt sind, insofern einen Unterschied auf, als die Vorschrift des § 772 ZPO, wonach der Gegenstand, auf den sich ein Veräußerungsverbot bezieht, nicht im Wege der Zwangsvollstreckung veräußert werden darf, auf die Vormerkung keine Anwendung findet.

Anm. 74

2. Zwangsversteigerung. In der Zwangsversteigerung des Grundstücks, auf dem die Vormerkung oder ein von einer Vormerkung betroffenes Recht eingetragen ist, ist der Vormerkungsberechtigte nach §§ 9 Nr. 1, 48 ZVG Beteiligter. Sein vorgemerkter Anspruch wird gleich einem bedingten Recht bei der Feststellung des geringsten Gebots wie ein endgültig eingetragenes Recht berücksichtigt. Auf den vorgemerkten Anspruch finden daher die für bedingte Rechte geltenden Vorschriften Anwendung, insbesondere hinsichtlich der Folgen des Wegfalls eines Rechts, der Aufnahme in den Teilungsplan, der Behandlung bei der Verteilung des Versteigerungserlöses (§§ 50, 51, 114, 124, 125 ZVG). Die Zwangsversteigerung wird durch die Vormerkung ebensowenig verhindert wie eine rechtsgeschäftliche Verfügung über das Grundstück (str.; **RG** 125, 251; JW 1910, 489[37]).

Anm. 75

3. Auflassungsvormerkung. Auch die Vormerkung auf Einräumung des Eigentums (Auflassung) ist kein der Zwangsversteigerung entgegenstehendes Recht im Sinne des §§ 28, 37 Nr. 5 ZVG (str.).

Anm. 76

a) Ist die Auflassungsvormerkung **vor** dem Recht des betreibenden Gläubigers eingetragen und daher in das geringste Gebot aufgenommen, so bleibt sie bestehen und ist auch gegenüber dem Ersteher wirksam. Dieser muß also nach §§ 883 Abs. 2, 888 das Grundstück herausgeben, wenn der vorgemerkte Anspruch endgültig festgestellt wird (**RG** 27, 238; 133, 270).

Anm. 77

b) Ist die Vormerkung erst **nach** dem betreibenden Gläubiger eingetragen, so erlischt sie gemäß §§ 44, 45, 52 Satz 2, 91 ZVG durch den Zuschlag. Der Vorgemerkte kann dann nur einen Anspruch auf den Versteigerungserlös nach Maßgabe des § 92 ZVG geltend machen (str.; **RG** WarnRspr. 1908 Nr. 307; JW 1910, 489[37]). Dieser Anspruch braucht nicht schon vor dem Zuschlag (JW 1936, 2358[51]), muß aber spätestens im Verteilungstermin (§ 105 ZVG) geltend gemacht werden. Er richtet sich nicht etwa nur auf denjenigen Teil des Versteigerungserlöses, der dem wirtschaftlichen Wert entspricht, welchen die Auflassungsvormerkung für den Berechtigten in seinem Verhältnis zum Verpflichteten hatte. Vielmehr kann der Berechtigte ohne Rücksicht auf nachstehende Rechte den ganzen Versteigerungserlös für sich in Anspruch nehmen, der nach Befriedigung der ihm vorgehenden Rechte vorhanden ist. Diesen Erlös braucht er mit Nachberechtigten deshalb nicht zu teilen, weil einerseits die nacheingetragenen Rechte dem vorgemerkten, als wirksam festgestellten und geltend gemachten Auflassungsanspruch gegenüber nach §§ 883, 888 unwirksam sind und anderseits im Zwangsversteigerungsverfahren der Versteigerungserlös an Stelle des Grundstücks in die Haftung für die durch den Zuschlag erlöschende Vormerkung eingetreten ist. Die Nachberechtigten können einer solchen Zuteilung des Erlöses auf die Vormerkung auch nicht mit der Einrede begegnen, der Vormerkungsberechtigte habe seine Gegenleistung für die Auflassung noch nicht entrichtet (str.; aM KG JW 32, 190; Jäckel-Güthe § 92 Anm. 4; Palandt Anm. 6a a. E.). Einen Widerspruch gegen die Zuteilung des Versteigerungserlöses an den Vormerkungsberechtigten können sie vielmehr nur auf solche Einwendungen stützen, die sich gegen die Rechtsbeständigkeit des vorgemerkten Auflassungsanspruchs oder der Vormerkung richten (**RG** 144, 281; HRR 1935 Nr. 736; 1936 Nr. 1539).

Anm. 78

c) Bezieht sich der vorgemerkte Auflassungsanspruch nur auf einen **Teil des versteigerten Grundstücks,** so kann der Vormerkungsberechtigte nur denjenigen Teil des Versteigerungserlöses für sich beanspruchen, der auf den bisher vormerkungsbelasteten Grundstücksteil entfallen ist und nicht für vorgehende Rechte benötigt wird. Dieser Anspruch geht ihm auch dadurch nicht verloren, daß der Ersteher ihm nachträglich auf Grund eines neuen Vertrags den ehemals vormerkungsbelasteten Grundstücksteil übereignet. War dieser Grundstücksteil bebaut und belastet, ging aber der vorgemerkte Auflassungsanspruch auf Übertragung des unbebauten und unbelasteten Eigentums, so kommt für die Berechnung des Anteils, der dem Vormerkungsberechtigten vom Versteigerungserlöse gebührt, nur der nackte Grund und Boden des Grundstücksteils in Betracht. Denn der vorgemerkte Auflassungsanspruch und folglich auch die Vormerkung erfaßten nur das gebäudefreie Gelände. Die Freilegungs- und die Entpfändungspflicht des Auflassungsschuldners müssen bei der Berechnung des Anteils, der dem Vormerkungsberechtigten vom Versteigerungserlöse zuzuteilen ist, unberücksichtigt bleiben, weil diese Pflichten außerhalb des Schutzes der Vormerkung standen (**RG** 55, 270; HRR 1935 Nr. 736).

IX. Verfügungen des Konkursverwalters

Anm. 79

1. Unwirksamkeit. Dadurch, daß die den vorgemerkten Anspruch vereitelnden oder beschränkenden Verfügungen des Konkursverwalters unwirksam sind (**RG** JW 1906, 424[8]), unterscheidet sich die Vormerkung ebenfalls (Anm. 73) von den Veräußerungsverboten der §§ 135, 136. Diese sind nach § 13 KO den Konkursgläubigern gegenüber überhaupt unwirksam. Dagegen kann nach § 24 KO der Vormerkungsberechtigte von dem Konkursverwalter die Befriedigung seines Anspruchs verlangen. Das bedeutet, daß der vorgemerkte Anspruch, wenn er besteht, in vollem Umfang aus der Konkursmasse zu befriedigen, der Vormerkungsberechtigte also nicht auf die Rechtsstellung eines auf anteilige Befriedigung aus der Konkursmasse beschränkten Konkursgläubigers zu verweisen ist.

Anm. 80

2. Auflassungs- und Hypothekvormerkung. Die Befriedigpng geschieht, wenn die Vormerkung auf **Auflassung** gerichtet ist, nach Feststellung des vorgemerkten Anspruchs durch endgültige Einräumung des Eigentums. Das Wahlrecht des Konkursverwalters zwischen Erfüllung und Rücktritt aus § 17 wird hier auch wie sonst bei vorgemerkten Ansprüchen aus zweiseitigen Verträgen durch § 24 KO ausgeschlossen (str.). Die **Hypothekvormerkung** gewährt nach § 47 KO ein Absonderungsrecht. Sie bleibt nach § 193 KO durch einen Zwangsvergleich unberührt.

Anm. 81

3. Unwirksamkeit einer durch einstweilige Verfügung erlangten Vormerkung. Diese Wirkungen der Vormerkung bestehen, gleichviel, ob die Vormerkung auf Grund einer Bewilligung des Passivbeteiligten oder auf Grund einer einstweiligen Verfügung eingetragen worden ist. Nach §§ 221 Abs. 2, 236 KO gilt aber für den Konkurs über einen Nachlaß und das Gesamtgut einer fortgesetzten Gütergemeinschaft die Ausnahme, daß eine nach dem Eintritt des Erbfalls und der fortgesetzten Gütergemeinschaft im Wege der einstweiligen Verfügung erlangte Vormerkung unwirksam ist.

Anm. 82

4. Vormerkung nach § 18 Abs. 2 GBO. Eine Vormerkung gemäß § 18 Abs. 2 GBO hat die Wirkungen der §§ 883 Abs. 2, 888 BGB nicht. Denn sie dient nicht zur Sicherung eines Anspruchs im Sinne des § 883, sondern hat nur den Zweck, der vorbereiteten Eintragung für den Fall der Beseitigung des Hindernisses den Rang zu wahren (str.; Anm. 25; § 878 Anm. 34; RJA 10, 233).

X. Rang des gesicherten Rechtes

Anm. 83

1. Rangbestimmung. Der Rang des durch die Vormerkungseintragung gesicherten Rechtes bestimmt sich bei der endgültigen Eintragung, wenn das Recht das Grundstück belastet, nach § 879 (KGJ 41, 224; JFG 10, 226). Treffen mehrere Vormerkungen (z. B. mehrere Hypothekvormerkungen oder eine Auflassungsvormerkung und eine Hypothekvormerkung) zusammen und haben sich bei ihnen die vorgemerkten Ansprüche zu dinglichen Rechten entwickelt, so bestimmt sich der Rang der Rechte nach der Reihenfolge (in derselben Abteilung) oder nach dem Datum (in verschiedenen Abteilungen) der Vormerkungseintragungen auch dann, wenn die Umwandlung der

Vormerkungen in die Rechte in einem anderen Zeitverhältnis erfolgt ist, als es der Reihenfolge oder dem Datum der Vormerkungseintragungen entsprechen würde. Das Rangverhältnis von Rechten an Grundstücksrechten, auf die § 879 keine Anwendung findet, ist erläutert in § 879 Anm. 4. Über die Zulässigkeit der Rangänderung nach § 880 vor der endgültigen Eintragung des dem vorgemerkten Anspruch entsprechenden Rechtes: § 880 Anm. 12. Auf die (eine Belastung des Grundstücks betreffenden) Vormerkungen selbst findet, solange sie nicht zu endgültigen Rechten geworden sind, § 879 bezüglich des Rangverhältnisses zu anderen Eintragungen keine Anwendung (str.; § 879 Anm. 12). Ist die Vormerkung auf Grund einer einstweiligen Verfügung eingetragen (§ 885) und wird diese Verfügung aufgehoben, so erlischt die Vormerkung mit der Erlassung der aufhebenden Entscheidung. Daher kann nicht mehr an ihrer Stelle das gesicherte Recht mit dem aus § 883 Abs. 2 sich ergebenden Range endgültig eingetragen werden (§ 886 Anm. 6; § 879 Anm. 32).

Anm. 84

2. Durch Abs. 3 nicht betroffene Vormerkungen. Auf Vormerkungen zur Sicherung des Anspruchs auf Aufhebung oder auf Änderung des Inhalts oder des Ranges eines Rechts bezieht sich Abs. 3 seinem Wortlaut nach nicht; diese Ansprüche stehen auch zu dem Range anderer Rechte in keiner Beziehung. Soll jedoch durch die Inhaltsänderung das Recht erweitert werden (z. B. Zinserhöhung), so findet auch hier Abs. 3 Anwendung, da die Erweiterung der Einräumung eines neuen Rechtes gleichsteht.

Anm. 85

3. Auflassungsvormerkung. Da ein Rangverhältnis nur zwischen den das Grundstück belastenden Rechten untereinander, aber nicht zwischen diesen Rechten und dem Eigentum am Grundstück besteht, so hat die Vormerkung zur Sicherung des Anspruchs auf Einräumung des Grundstückseigentums an sich auch keine Rangwirkung im Sinne von § 883 Abs. 3. Deshalb kann ein Pfändungsgläubiger, der den vorgemerkten Anspruch auf Übertragung des Eigentums gepfändet hat, nach dem Eigentumserwerb des Schuldners von den Inhabern der nach der Eintragung der Vormerkung eingetragenen Rechte zwar nach §§ 883 Abs. 2, 888 BGB die Zustimmung dazu verlangen, daß seine kraft Gesetzes (§ 848 Abs. 2 ZPO) entstandene Sicherungshypothek den Vorrang vor jenen Rechten erhält, er kann aber nicht ohne diese Zustimmung die Eintragung des Vorrangs seiner Sicherungshypothek erreichen (JFG 8, 318).

§ 884

Soweit der Anspruch durch die Vormerkung gesichert ist, kann sich der Erbe des Verpflichteten nicht auf die Beschränkung seiner Haftung berufen.

E II 804; P 5 779 f.

Anm. 1

Nur **soweit der Anspruch vorgemerkt** ist, gilt § 884. Geht der Anspruch (auf Einräumung, Aufhebung oder Änderung eines Rechts an einem zum Nachlaß gehörigen Grundstück oder an einem zum Nachlaß gehörigen, ein Grundstück belastenden Recht) über die Vormerkungseintragung hinaus, ist z. B. vor der Eintragung einer Auflassungsvormerkung von dem Verpflichteten eine Hypothek bestellt worden, auf deren Beseitigung der Berechtigte nach dem ihn berechtigenden Rechtsgeschäft einen Anspruch hat, so steht dem Erben des Verpflichteten gegenüber diesem Anspruch die Einrede der beschränkten Haftung zu (Prot. 5, 780).

Anm. 2

Der **Verpflichtete, dessen Erbe** sich nicht auf die Beschränkung seiner Haftung berufen kann, ist derjenige, gegen den der durch die Vormerkung gesicherte persönliche Anspruch entstanden und ursprünglich gerichtet war. Auf denjenigen, dessen Zustimmung gemäß § 888 erforderlich ist, wenn nach der Eintragung der Vormerkung zu seinen Gunsten verfügt worden ist, findet § 884 keine Anwendung. Ist die Vormerkung erst nach dem Tode des Verpflichteten (auf dem zum Nachlaß gehörigen Grundstück oder Grundstücksrecht) eingetragen worden, so ist zu unterscheiden, ob die Eintragung auf Bewilligung des Erben oder auf einstweiliger Verfügung beruht. Im ersten Falle steht die Vormerkung einer vor dem Erbfall eingetragenen gleich. Im zweiten Falle ist die Vormerkung nach § 221 Abs. 2 KO unwirksam, wenn über den Nachlaß Konkurs eröffnet wird; dem Erben stehen dann nach §§ 1990 Abs. 2, 2016 Abs. 2 die Abzugseinrede aus § 1990 Abs. 1 und die aufschiebenden Einreden aus §§ 2014, 2015 zu, die dem unbeschränkt haftenden Erben nach §§ 2013, 2016 Abs. 1 sonst nicht gegeben sind.

Anm. 3

Die **Beschränkung der Haftung, auf die sich der Erbe des Verpflichteten nicht berufen kann,** regeln die §§ 1973, 1975 ff, 1989, 1994, 2000, 2013. Die Vorschrift des § 884 findet Ergänzungen in §§ 1971, 1974 Abs. 2, wonach Vormerkungsberechtigte durch das Aufgebot der Nachlaßgläubiger und durch die im § 1974 bestimmte Ausschlußfrist nicht betroffen werden und dem Erben ihnen gegenüber, abgesehen von dem in Anm. 2 erörterten Ausnahmefall, nicht die aufschiebenden Einreden aus §§ 2014, 2015 zustehen.

§ 885

Die Eintragung einer Vormerkung erfolgt auf Grund einer einstweiligen Verfügung oder auf Grund der Bewilligung desjenigen, dessen Grundstück oder dessen Recht von der Vormerkung betroffen wird. Zur Erlassung der einstweiligen Verfügung ist nicht erforderlich, daß eine Gefährdung des zu sichernden Anspruchs glaubhaft gemacht wird.

Bei der Eintragung kann zur näheren Bezeichnung des zu sichernden Anspruchs auf die einstweilige Verfügung oder die Eintragungsbewilligung Bezug genommen werden.

E II 804; P 3 108 ff., 115 f.; 4 586.

Übersicht

I. Anordnung der Vormerkungseintragung durch einstweilige Verfügung

Anm. 1

1. Voraussetzungen. Eine die Eintragung einer Vormerkung anordnende **einstweilige Verfügung** wird erlassen nach den §§ 935ff in Verbindung mit §§ 916ff ZPO. Jedoch bedarf es nach § 885 Abs. 1 Satz 2 BGB, abweichend von §§ 917, 920 Abs. 2 ZPO, **nicht der Glaubhaftmachung** (§ 294 ZPO), **daß der zu sichernde Anspruch gefährdet sei.** Der gesetzgeberische Grund für diese Abweichung ist, daß in allen hier in Betracht kommenden Fällen eine Gefährdung schon durch die Einrichtung des Grundbuchs gegeben ist, die es dem Schuldner ermöglicht, die Verwirklichung des Anspruchs durch Veräußerung des Grundstücks oder des Rechtes auszuschließen. Der Nachweis einer weiteren besonderen Gefahr ist dem Gläubiger nicht zuzumuten (Prot. 3, 115; SeuffArch 63 Nr. 44). Dagegen ist der **Anspruch glaubhaft zu machen.** Die Glaubhaftmachung kann aber durch Sicherheitsleistung ersetzt, anderseits kann trotz Glaubhaftmachung des Anspruchs Sicherheitsleistung gefordert werden (§§ 921 Abs. 2, 936 ZPO). Gründet sich der Anspruch auf ein Rechtsgeschäft, so muß glaubhaft gemacht werden, daß das Rechtsgeschäft gültig, insbesondere in der etwa vorgeschriebenen Form geschlossen ist. Über andere Rechtsgründe für den Anspruch vgl. § 883 Anm. 24. Der Anspruch braucht nicht fällig zu sein. Er kann bedingt oder von einer Gegenleistung abhängig sein (§ 883 Anm. 55, 62). Er muß aber im Klagewege verfolgbar sein. Zur Sicherung eines erst künftig zu erwerbenden Anspruchs auf Eigentumsübertragung kann keine einstweilige Verfügung erlassen werden (§§ 926, 936 ZPO), also auch nicht eine solche auf Eintragung einer Vormerkung (**RG** 74, 158; § 883 Anm. 60).

Anm. 2

2. Zuständigkeit. Zuständig für die Erlassung ist sowohl das Gericht der Hauptsache als auch das Amtsgericht, in dessen Bezirk das Grundstück liegt, auf dem die Vormerkung eingetragen werden soll. Das Gericht der belegenen Sache ist auch in nicht dringenden Fällen zuständig (§§ 919, 942 Abs. 1, 2 ZPO). Gericht der Hauptsache (943 Abs. 1 ZPO) ist dasjenige Gericht erster oder zweiter Instanz, bei dem der Rechtsstreit über den durch die Vormerkung zu sichernden Anspruch auf Einräumung, Aufhebung oder Änderung eines Rechts an einem Grundstück oder eines Rechts an einem solchen Recht anhängig ist oder anhängig gemacht werden kann (**RG** 30, 351; 31, 372).

Anm. 3

3. Passivlegitimation. Passiv legitimiert für die Klage und demgemäß auch für die einstweilige Verfügung ist derjenige, der aus einem der in § 883 Anm. 24 genannten Rechtsgründe persönlich verpflichtet ist, die durch die Vormerkung zu sichernde Änderung des Rechtsstandes eines Grundstücks herbeizuführen (z. B. auch derjenige, der verpflichtet ist, eine ihm abgetretene Hypothek unter gewissen Voraussetzungen zurückzuübertragen: OLG 8, 306). Ist der zu sichernde Anspruch auf Aufhebung eines Rechts an einem Grundstück (z. B. einer Hypothek, die vom Käufer im Kaufvertrag nicht übernommen worden ist) gerichtet, so ist ein Dritter, dem ein Recht an dem aufzuhebenden Recht zusteht (dem z. B. die Hypothek verpfändet ist), nicht passiv legitimiert, auch wenn zur Aufhebung des Rechts seine Mitwirkung erforderlich ist (OLG 3, 99). Hat der Grundstückseigentümer sich zur Eintragung eines Rechts verpflichtet, demnächst aber das Grundstück an einen Dritten veräußert, so ist der Dritte als Antragsgegner einer einstweiligen Verfügung auf Eintragung einer Vormerkung zur Sicherung des Anspruchs auf Eintragung des Rechts nicht passiv legitimiert, da gegen ihn überhaupt kein Anspruch auf Einräumung des Rechts besteht (OLG 26, 7).

Anm. 4

4. Vollziehung. Die einstweilige Verfügung muß binnen der Frist von einem Monat vollzogen werden (§ 929 Abs. 2 ZPO). Als Vollziehung gilt nach §§ 932 Abs. 3, 936 ZPO der Antrag auf Eintragung (§§ 13, 30 GBO), der vom Gläubiger gestellt werden kann (KGJ 41, 222). Wenn das Gericht gemäß § 941 ZPO um Eintragung ersucht, gilt als Vollziehung nach § 38 (§ 39) GBO der Eingang des Ersuchens beim Grundbuchamt (**RG** 67, 165; RJA 7, 69). Gemäß § 929 Abs. 3 ZPO muß aber die Zustellung an den Antragsgegner, falls sie noch nicht geschehen ist, innerhalb einer Woche nach der Vollziehung und vor Ablauf der Vollziehungsfrist ausgeführt werden (**RG** 67, 164; 81, 288; KGJ 52, 164). Sind die Fristen nicht eingehalten, so ist die vorgenommene Eintragung der Vormerkung unwirksam. Denn sie ist eine Vollziehungsmaßregel; das Vorhandensein der gesetzlichen Erfordernisse für die Vollziehung der einstweiligen Verfügung ist also — unverzichtbare (**RG** 151, 155) — Voraussetzung für ihre Wirksamkeit (**RG** 67, 165; 81, 288).

Anm. 5

5. Anspruch auf Beseitigung der Eintragung. Jeder Inhaber des durch die nichtige Vormerkungseintragung beeinträchtigten Grundeigentums oder Rechts am Grundstück kann ebenso, wie wenn eine einstweilige Verfügung überhaupt nicht erlassen wäre, von dem als Berechtigten Eingetragenen die Beseitigung der Eintragung verlangen. Dieser Anspruch rechtfertigt sich zwar nicht nach § 894, da die Vormerkung nicht ein „Recht" im Sinne dieser Vorschrift ist (§ 883 Anm. 47), wohl aber nach dem unmittelbar oder entsprechend anzuwendenden (§ 886 Anm. 3) § 1004 (str.; § 883 Anm. 21; § 886 Anm. 3; **RG** 56, 252; 81, 288; offengelassen in **RG** 151, 159; HRR 1932 Nr. 1837; aM KGJ 52, 164 insofern, als § 894 für entsprechend anwendbar erachtet wird und ebenso § 22 GBO, weil die Vormerkung nach § 883 Abs. 2 wie eine Verfügungsbeschränkung wirke). Der Beseitigungsanspruch besteht bei dem vorausgesetzten Tatbestand auch dann, wenn der gesicherte Anspruch rechtsbeständig und die einstweilige Verfügung nicht (auf Widerspruch des Vormerkungsverpflichteten gemäß § 924 ZPO) aufgehoben ist (§ 886 Anm. 6); denn die Vormerkungseintragung ist als solche nichtig (**RG** 81, 288). Wegen dieser Nichtigkeit kann, selbst wenn der Anspruch rechtskräftig festgestellt wird, nicht die Vormerkung in das endgültige Recht umgeschrieben werden (**RG** 81, 288). Ebensowenig kann die nichtige Vormerkungseintragung dadurch aufrechterhalten werden, daß eine neue einstweilige Verfügung ausgebracht und rechtzeitig vollzogen wird; vielmehr kann auf Grund der neuen einstweiligen Verfügung nur eine neue Vormerkung an anderer Stelle des Grundbuchblatts eingetragen werden (**RG** 81, 288; HRR 29, 1823).

Anm. 6

6. Konkursverfahren. Während der Dauer des Konkursverfahrens über das Vermögen des Verpflichteten darf nach § 14 Abs. 2 KO eine Vormerkung auf ein zur Konkursmasse gehöriges Grundstück oder Recht an einem Grundstück zugunsten einzelner Konkursgläubiger auf Grund einstweiliger Verfügung nicht eingetragen werden. Die etwa vorgenommene Eintragung ist nichtig. Der Konkursverwalter kann ihre Beseitigung verlangen wie in dem oben erörterten Falle der Nichtigkeit. Wird dagegen auf Grund der Bewilligung des Gemeinschuldners eine Vormerkung eingetragen, so ist sie nur den Konkursgläubigern gegenüber nach Maßgabe des § 7 KO unwirksam.

II. Eintragungsbewilligung

Anm. 7

1. Einseitige Bewilligung des Betroffenen. Die Eintragungsbewilligung des Betroffenen für sich allein **genügt,** abgesehen von der Eintragung, zur rechtswirksamen Begründung der Vormerkung. Einer Einigung zwischen dem Berechtigten und dem Verpflichteten nach §§ 873, 877 bedarf es nicht, da nicht ein Recht eingeräumt oder geändert, sondern nur ein persönlicher (schuldrechtlicher) Anspruch auf die Einräumung oder die Änderung gesichert wird. Die M 3, 244 bemerken zwar, es sei nicht zweifelhaft, daß ein Vertrag zwischen den Beteiligten vorausgesetzt werde. Diese Ansicht hat aber im Gesetz keinen Ausdruck gefunden (str.; **RG** Gruchot 62, 119, wo eine etwa vorhandene Einigung zwischen dem Berechtigten und dem Verpflichteten für die Heilung eines wesentlichen Mangels in der Eintragungsbewilligung als belanglos erklärt wird; **RG** JW 1926, 1955[8]; KGJ 46, 207; OLG 45, 198; JFG 4, 338). Für einen unstreitigen Anspruch wird eine Vormerkung namentlich dann freiwillig gewährt werden, wenn bei einem Geschäft, dessen Entwicklung sich je nach den Umständen verschieden gestalten kann, dem Verpflichteten nicht zuzumuten ist, dem Gläubiger sofort ein bestimmtes dingliches Recht einzuräumen (Prot. 3, 115). Ist die Bewilligung rechtsunwirksam (z. B. weil sie nur zum Schein erklärt oder wegen Irrtums oder Betrugs erfolgreich angefochten ist), so ist die Vormerkung nichtig. Dann kann ihre Beseitigung ebenso wie in den in Anm. 5 erwähnten Fällen der Nichtigkeit verlangt werden. Dies gilt auch, wenn der Gegenstand der Vormerkung in der Eintragungsbewilligung derart unvollkommen angegeben ist, daß er nicht einmal bestimmbar ist (z. B. wenn als Gegenstand einer Auflassungsvormerkung angegeben ist „mein Restgut von zirka 400 Morgen“: **RG** Gruchot 62, 117).

Anm. 8

2. Passivbeteiligter. Der **Passivbeteiligte,** der die Bewilligung erklären muß, ist der Eigentümer des Grundstücks oder der Inhaber des Grundstücksrechts, an dem die Vormerkung eingetragen werden soll (z. B. derjenige, der eine ihm abgetretene Hypothek unter gewissen Voraussetzungen zurückübertragen muß: OLG 8, 306), und zwar der Verfügungsberechtigte, also der Konkursverwalter, der Testamentsvollstrecker, der Treuhänder (KG DR 40, 1899).

Anm. 9

a) Über gleichzeitige Eintragung eines Rechts und Vormerkung JFG 11, 208; Vormerkung für künftige Ansprüche gegen Erben des derzeitigen Inhabers KG DR 40, 796. Sind Eigentümer des von der Vormerkung betroffenen Grundstücks mehrere Miterben in ungeteilter Erbengemeinschaft, so bedarf es zur Eintragung der Vormerkung der Bewilligung sämtlicher Erben; die Bewilligung eines einzelnen Miterben genügt nicht, auch nicht für seinen Anteil, da vor der Erbauseinandersetzung das Grundstück als ein Stück des Nachlasses lediglich den Erben insgesamt gehört (RJA 4, 255).

Anm. 10

b) In der Bewilligung, der die Eintragung der Vormerkung folgt, liegt eine Verfügung (§ 883 Anm. 45). Daraus folgt, daß im früheren gesetzlichen Güterstande der Verwaltung und Nutznießung der Ehemann nicht ohne Zustimmung der Frau, die Frau nicht ohne Einwilligung des Mannes eine Vormerkung in bezug auf das eingebrachte Gut bewilligen konnte (§§ 1375, 1395, 1398 aF), während im Rahmen der ab 1. 7. 1958 geltenden §§ 1365ff nF kein Ehegatte zur Verfügung über sein Vermögen der Zustimmung des anderen bedarf, es sei denn, daß die Verfügung sein Vermögen im ganzen oder Haushaltungsgegenstände betrifft. Bei gütergemeinschaftlicher Ehe kann der das Gesamtgut verwaltende Ehegatte (nach altem Recht: der Mann) die Eintragung einer Vormerkung, die sich auf ein zum Gesamtgut gehöriges Recht an einem Grundstück bezieht, ohne Zustimmung des anderen (nach altem Recht: der Frau) bewilligen (§ 1443 aF, § 1422 nF), sofern nicht eine Schenkung vorliegt (§ 1446 aF, § 1425 nF). Dagegen bedarf er der Einwilligung des anderen Teils (nach altem Recht: der Frau) zur Bewilligung einer Vormerkung, die sich auf ein zum Gesamtgut gehörendes Grundstück bezieht (§ 1445 aF, § 1424 nF; RJA 5, 195). Immer ist aber zu beachten, daß die Vormerkung überhaupt nur dann Rechtswirksamkeit hat, wenn der Anspruch rechtsgültig begründet worden ist (§ 883 Anm. 21) und daß die Verpflichtung zur Eintragung des endgültigen Rechts stets eine Verpflichtung zu einer Verfügung ist. Daher ist nach § 1445 aF, § 1424 nF eine Vormerkung in Ansehung eines zum Gesamtgut gehörigen Grundstücks immer nur dann wirksam, wenn der andere Ehegatte zur Begründung des Anspruchs seine Einwilligung erteilt hat. Das Grundbuchamt hat aber nicht zu prüfen, ob ein rechtsbeständiger Anspruch der Eintragungsbewilligung zugrunde liegt. Zur Vornahme der Eintragung genügt die (rechtsgültige) Eintragungsbewilligung des Legitimierten.

Anm. 11

3. Verfügungsbeschränkungen. Die **Vorschrift des § 878** über die Einflußlosigkeit des nachträglichen Eintritts einer Verfügungsbeschränkung findet keine

Anwendung, da sie lediglich die nach den §§ 873, 875, 877 abgegebenen Erklärungen betrifft, die Bewilligung der Vormerkungseintragung aber nicht darunter fällt (str.; § 878 Anm. 2).

Anm. 12

a) Daher macht die **Verfügungsbeschränkung des Bewilligenden,** auch wenn sie erst nach Stellung des Antrags auf Eintragung der Vormerkung beim Grundbuchamt eintritt, die Bewilligung unwirksam (str.; aM JFG 4, 336; BayObLG DNotZ 1954, 394; Palandt Anm. 1d, wonach es auf den Zweck der Verfügungsbeschränkungen ankommen soll). Deshalb hindert die Genehmigungspflicht bei Verfügung über landwirtschaftliche Grundstücke jetzt gemäß KRG Nr. 45 die Eintragung einer Vormerkung nicht, da die endgültige Verfügung von der Genehmigung abhängig bleibt (RJA 17, 120), ebenso nach § 5 der 10. DVO zum Devisengesetz v. 16. 9. 1937 (KG JFG 17, 185) — aM für Art. I Nr. 1 MRG 53 BayObLG DNotZ 52, 578 (dagegen zutreffend Hieber ebda 581) — und nach dem Wohnsiedlungsges. JFG 14, 164, während nach KG JFG 7, 378, 391 bei Heimstätten nach § 17 des HeimstGes. und nach § 77 RVersorgG (§ 75 BVersorgG idF v. 7. 8. 1953) Vormerkungen ohne Genehmigung nicht eingetragen werden dürfen (str.).

Anm. 13

b) Der Zustimmung derjenigen Personen, die als gegenwärtige **Drittberechtigte** (z. B. bei Aufhebung oder Änderung des Inhalts oder Ranges eines belasteten Rechts gemäß §§ 876, 877, 880 Abs. 3) oder als künftige Berechtigte (z. B. als künftige Eigentümerhypothekare bei Aufhebung oder Änderung des Ranges hypothekarischer Rechte gemäß §§ 880 Abs. 2 Satz 2, 1183 BGB; § 27 GBO) der endgültigen Aufhebung oder Änderung eines Rechts am Grundstück oder eines Rechts an einem solchen Rechte zustimmen müssen, bedarf es hier nicht, da durch die Vormerkung eine Aufhebung oder Änderung des Rechts nicht herbeigeführt und folglich die Rechtsstellung dieser Personen nicht berührt wird.

Anm. 14

4. Form der Bewilligung. Eine Form ist zur Wirksamkeit der Bewilligung nicht vorgeschrieben. § 885 spricht nicht, wie § 873 Abs. 2, § 875 Abs. 2 von „einer den Vorschriften der GBO entsprechenden" Eintragungsbewilligung. Sie kann daher (mit materiellrechtlicher Wirksamkeit) formlos, auch mündlich, erteilt werden (KGJ 46, 208). Ebensowenig ist für die Bindung (§ 130) eine Form vorgeschrieben. Da sie einseitig auf Herbeiführung einer Eintragung gerichtet ist, hat sie dem Grundbuchamt gegenüber (§ 875 Anm. 33) zu erfolgen. Wenn auch eine Bewilligung gegenüber dem Berechtigten hätte genügen sollen, hätte das im Gesetz gesagt werden müssen (str.; aM KGJ 46, 208, wo die Bewilligung ohne Begründung gleichgestellt wird einer Aufgabeerklärung nach § 875; Palandt Anm. 3a). Da die Eintragung der Vormerkung „auf Grund" der Eintragungsbewilligung erfolgen soll, muß hier die Bewilligung der Eintragung vorausgehen; eine nachträgliche Bewilligung macht die Eintragung nicht wirksam (KGJ 46, 208). Formellrechtlich ist nach §§ 19, 29 Satz 1 GBO zur Vornahme der Eintragung die Erklärung der Bewilligung in einer der Formen des § 29 Satz 1 GBO erforderlich. Hat aber das Grundbuchamt diese Ordnungsvorschrift außer acht gelassen, so ist die Eintragung um deswillen nicht unwirksam.

Anm. 15

5. Inhalt der Bewilligung. Der **Inhalt** der Bewilligung braucht nicht notwendig das Wort „Vormerkung" zu enthalten; es genügt, wenn ersichtlich ist, daß einem sicherungsfähigen Anspruch vorläufige Sicherung verschafft werden soll (**RG** Gruchot 67, 81; KGJ 23 A 154). Ist die Eintragung einer endgültigen Rechtsänderung bewilligt, so kann darin in der Regel nicht die Bewilligung der Eintragung einer entsprechenden Vormerkung gefunden werden, da durch diese nur ein schuldrechtlicher Anspruch gesichert werden soll (str.). Wäre aber in einem solchen Falle ausnahmsweise die Eintragung der endgültigen Rechtsänderung nicht zulässig, so könnte die Bewilligung in die der Eintragung einer etwa zulässigen Vormerkung umgedeutet werden (**RG** Gruchot 67, 81).

Anm. 16

6. Ersetzung der Bewilligung durch Urteil. Die Eintragungsbewilligung kann **ersetzt** werden durch ein **Urteil** gegen den Passivbeteiligten nach §§ 894, 895 ZPO. Für die Klage ist, da es sich lediglich um einen persönlichen Anspruch handelt, der von dem persönlich Verpflichteten zu erfüllen ist, weder der ausschließliche dingliche Gerichtsstand aus § 24 noch der wählbare des § 26 ZPO gegeben (**RG** 52, 40). Lautet das Urteil auf Bewilligung einer endgültigen Eintragung, so gilt nach § 895 ZPO die Eintragung einer Vormerkung als bewilligt, wenn das Urteil vorläufig vollstreckbar ist. Über die nach §§ 18 Abs. 2, 76 GBO von Amts wegen einzutragenden Vormerkungen vgl. § 883 Anm. 25.

III. Eintragung

Anm. 17

1. Notwendigkeit. Die Notwendigkeit der Eintragung zur Begründung der Vormerkung, die Form der Eintragung und auch die Unschädlichkeit einer (irrtümlichen) Bezeichnung der Vormerkung als Widerspruch sind bereits behandelt in § 883 Anm. 50—52. Ob die Eintragung einer Vormerkung für einen jeweiligen Berechtigten oder für den Berechtigten und dessen Rechtsnachfolger zulässig ist, wurde in § 883 Anm. 19 dargelegt.

Anm. 18

2. Bezugnahme. Nach Abs. 2 kann bei der Eintragung auf die einstweilige Verfügung (Anm. 1) oder auf die Eintragungsbewilligung, also auch auf das diese ersetzende Urteil (Anm. 16), zur näheren Bezeichnung des Anspruchs Bezug genommen werden. Die Bestimmung entspricht dem § 874 (vgl. dort Anm. 4—13). Eine besondere Vorschrift neben § 874 war geboten, weil die Vormerkung kein „Recht" am Grundstück im Sinne des § 874 ist (§ 874 Anm. 2).

Anm. 19

a) Außer dem **Gegenstand** des Anspruchs (z. B. Änderung, Aufhebung des Rechts) muß im Grundbuch, sei es durch Aufnahme in den Eintragungsvermerk, sei es durch Bezugnahme auf die Eintragungsbewilligung, der **Umfang** des Anspruchs (§ 883 Anm. 51) angegeben werden. Um den Anspruch gehörig zu kennzeichnen und die grundbuchlichen Verhältnisse klarzulegen, ist in derselben Weise nötigenfalls auch der **Grund** des Anspruchs anzugeben, also der Tatbestand, aus dem der zu sichernde Anspruch entstanden ist oder entstehen soll. Diese Angabe ist so zu fassen, daß der Anspruch von anderen inhaltsgleichen Ansprüchen desselben Gläubigers gegen denselben Schuldner unterschieden werden kann (**RG** JW 1911, 587[32]; WarnRspr 1928 Nr. 33; RJA 7, 146; KGJ 37 A 280; 48, 190; 51, 251). Wenn die Angabe des Schuldgrundes fehlt, so ist deswegen die erfolgte Eintragung noch nicht nichtig, sofern nur sonst die Identität des Anspruchs festgestellt werden kann, namentlich wenn nach der Sachlage nur ein einziger Anspruch in Frage kommt und Gefahr der Verwechslung nicht besteht (**RG** 42, 318; 45, 176; 133, 269; **RG** JW 1928, 498[30]; 1934, 2612[3]; 1937, 111[25]; JFG 9, 202; **BGH** LM Nr. 1 zu § 883). Unter „nähere Bezeichnung des Rechtes" fällt nicht die Angabe des **Vormerkungsberechtigten;** dieser muß daher in den Eintragungsvermerk selbst aufgenommen werden (KGJ 47, 212; § 874 Anm. 8).

Anm. 20

b) Die Vorschriften des **§ 1115 Abs. 1** finden auf Hypothek- oder Grundschuldvormerkungen keine Anwendung, da diese keine hypothekarischen Rechte sind. Die Gültigkeit der Vormerkungen hängt daher nicht unbedingt von der Aufnahme der dort vorgeschriebenen Angaben in den Eintragungsvermerk ab. Vielmehr kann über § 1115 Abs. 1 hinaus auf die Grundlagen Bezug genommen werden, sofern nur die Bezugnahme die Grenze der „näheren“ Bezeichnung des Anspruchs innehält (str.; JFG 4, 407; Bezugnahme auf eine Unterwerfung unter die sofortige Zwangsvollstreckung genügt bei der Hypothekvormerkung; aM OLG 3, 4). Der Forderungsbetrag wird aber auch bei einer Hypothekvormerkung in den Eintragungsvermerk selbst aufzunehmen sein, da eine Bezugnahme hierauf über die bloß „nähere“ Bezeichnung hinausgehen würde (OLG 3 S. 3, 364).

Anm. 21

c) Das in den Eintragungsvermerk Aufgenommene muß sich mit dem **wesentlichen Inhalt der Grundlagen** der Eintragung decken. Weicht es hiervon so ab, daß die wirkliche Rechtslage aus dem Eingetragenen überhaupt nicht erkannt werden kann, so ist die Eintragung unwirksam (**RG** 53, 414). Steht die Bedeutung einer Vormerkung in Frage, so darf auch die über die Begründung des Anspruchs sich verhaltende Urkunde zum Zweck der Auslegung berücksichtigt werden (**RG** JW 1911, 587[32]; 1928, 498[30]; **RG** 133, 269). Ist bei einer Hypothek eine Löschungsvormerkung (§ 1179) eingetragen, so kann mit Rücksicht auf den engen Zusammenhang zwischen Hypothek und Vormerkung bei der Auslegung der Vormerkung auch der Inhalt der Hypothekeintragung berücksichtigt werden, so z.B. der aus dieser Eintragung ersichtliche Umstand, daß die Hypothek eine Baugeldhypothek ist, deren Forderung erst durch Zahlungen an den Grundstückseigentümer je nach Fortschreiten des Baues zur Entstehung gelangen soll (**RG** JW 1911, 587[32]).

Anm. 22

3. Formellrechtliche Voraussetzungen. Die formellrechtlichen Voraussetzungen für die Vornahme der Eintragung stimmen, was die Grundlagen der Eintragung anbetrifft, überein mit den materiellrechtlichen Erfordernissen für die Rechtsgültigkeit. Auf Grund einer einstweiligen Verfügung gegen den durch die Eintragung in seinem Recht Betroffenen oder auf Grund seiner Eintragungsbewilligung hat das Grundbuchamt nach § 19 GBO die Eintragung vorzunehmen. Im Falle einer einstweiligen Verfügung ist vom Grundbuchamt zu prüfen, ob die Vollziehungsfrist noch läuft (Anm. 4). Die Eintragungsbewilligung muß die im § 29 Satz 1 GBO vorgeschriebene Form erfüllen (Anm. 14). Wird statt der Eintragungsbewilligung ein Urteil gemäß § 894 ZPO beigebracht, so muß die Ausfertigung mit dem Zeugnis der Rechtskraft versehen sein. Soll auf Grund eines den Betroffenen zur Bewilligung der Eintragung des endgültigen Rechts verurteilenden, vorläufig vollstreckbaren Urteils gemäß § 895 ZPO (sinngemäß anwendbar auf gewisse Feststellungsurteile: JFG 18, 148) der Anspruch auf das Recht vorgemerkt werden, so muß das Urteil mit Vollstreckungsklausel versehen sein (§§ 724, 725, 750 ZPO). Denn wenn auch die Eintragung ein grundbuchlicher Akt ist, stellt sich das Verfahren doch zugleich als ein Zwangsvollstreckungsakt dar (str.; **RG** 62, 157; KGJ 26 A 260). Hängt nach dem Urteil die vorläufige Vollstreckbarkeit von einer Sicherheitsleistung ab, so muß auch diese gemäß § 751 Abs. 2 ZPO nachgewiesen werden. Ob der zu sichernde Anspruch rechtsgültig besteht, hat das Grundbuchamt nicht zu prüfen (Anm. 10). Nach § 13 Abs. 1 GBO ist ein Eintragungsantrag erforderlich, der nach § 30 GBO keiner Form bedarf. Berechtigt zu dem Antrag ist nach § 13 Abs. 2 GBO nicht nur der Gläubiger, sondern auch der Schuldner, sofern nur die sonstigen urkundlichen Erfordernisse, insbesondere eine formgerechte Eintragungsbewilligung, beigebracht werden. Wenn das eine einstweilige Verfügung anordnende Gericht nach § 941 ZPO um Eintragung der Vormerkung ersucht, ersetzt nach § 38 GBO das Ersuchen den Antrag (Anm. 4). Nach OLG 7, 368 darf das Grundbuchamt nicht nachprüfen, ob die den Gegenstand des Ersuchens bildende Eintragung nach materiellem Recht zulässigerweise angeordnet ist.

Anm. 23

4. Eingetragensein des Betroffenen. Sofern nicht einer der Ausnahmefälle des § 40 GBO vorliegt, muß nach § 39 Abs. 1 der Betroffene als der Berechtigte (Eigentümer, Inhaber des betroffenen Rechtes) im Grundbuch eingetragen sein. Soll eine Vormerkung auf ein zum **Gesamtgut** der ehelichen Gütergemeinschaft gehöriges Grundstück eingetragen werden, so genügt zwar prozeßrechtlich zur Eintragung der Vormerkung eine einstweilige Verfügung gegen den das Gesamtgut verwaltenden Ehegatten (§§ 740, 928 ZPO; RJA 5, 196; für den Fall der Eintragungsbewilligung vgl. Anm. 10). Nach der Ordnungsvorschrift des § 39 Abs. 1 GBO ist aber neben der Eintragung dieses Ehegatten auch die des anderen als Eigentümer erforderlich, da dieser ebenfalls in seinem Miteigentumsrecht durch die Eintragung betroffen wird (RJA 5, 196; 12, 163). Im Falle einer Vormerkung auf Übertragung des Eigentums (Auflassung) gegen den **Erben** des eingetragenen Eigentümers soll der Erbe als Eigentümer eingetragen sein, bevor die Vormerkung eingetragen wird. Zwar findet nach § 40 die Vorschrift des § 39 Abs. 1 auf den Erben des eingetragenen Berechtigten keine Anwendung, wenn die Übertragung eines Rechtes eingetragen werden soll. Bei der Vormerkung handelt es sich aber nicht um die Übertragung eines Rechtes, sondern um die Sicherung des persönlichen Anspruchs auf Übertragung (RJA 6, 56; aM JFG 7, 328, wo indessen einerseits Sicherungszweck und vorbereitende Natur der Vormerkung zu sehr gleichgestellt sind und anderseits der Charakter des § 40 GBO als einer eng auszulegenden Ausnahmevorschrift unterschätzt ist). Soll eine Vormerkung (z. B. auf Einräumung einer Hypothek) auf den **Anteil eines Miteigentümers** eingetragen werden, so müssen nach § 47 in Verbindung mit § 39 Abs. 1 GBO die Anteile der Miteigentümer im Grundbuch nach Bruchteilen angegeben sein (RJA 5, 262). Über die Eintragung, wenn die Vormerkung einen (realen) Grundstücksteil betrifft: § 883 Anm. 53. Vgl. auch § 14 GBO (Herbeiführung der Eintragung des Berechtigten auf Grund eines vollstreckbaren Titels), §§ 792, 896 ZPO (Beschaffung der erforderlichen Legitimationsurkunden).

Anm. 24

5. Vormerkung bei einer Hypothek. Wenn bei einem **hypothekarischen Recht** eine Vormerkung eingetragen werden soll, so bedarf es nach den Ordnungsvorschriften (**RG** 73, 50; 83, 290) der §§ 41—43 GBO der Vorlegung der dort bezeichneten Urkunden, insbesondere bei einer Briefhypothek des Briefes (RJA 4, 68; 6, 165; OLG 7, 369). Gemäß §§ 938, 936, 928, 830 ZPO ist erforderlichenfalls dem Schuldner die Herausgabe des Hypothekenbriefes an den Gerichtsvollzieher aufzugeben und die Vorlegung des Briefs bei dem Grundbuchamt anzuordnen (OLG 18, 181). Die nur für die Eintragung eines Widerspruchs gegebene Vorschrift des § 896 BGB ist bei der Eintragung der Vormerkung nicht anwendbar. Ein anderer als der Schuldner (z. B. der Hypothekengläubiger, bei dessen Hypothek eine Löschungsvormerkung nach § 1179 eingetragen werden soll), ist also zur Vorlegung des in seinem Besitz befindlichen Briefs nicht verpflichtet, es sei denn, daß seine Verpflichtung hierzu sich aus einem besonderen Rechtsverhältnis ergibt (OLG 3, 98; 18, 181).

Anm. 25

6. Aufhebung der Vormerkung. Die **Aufhebung der Vormerkung** und die **Löschung** der Vormerkungseintragung werden besprochen in § 886 Anm. 2—13.

§ 886

Steht demjenigen, dessen Grundstück oder dessen Recht von der Vormerkung betroffen wird, eine Einrede zu, durch welche die Geltendmachung des durch die Vormerkung gesicherten Anspruchs dauernd ausgeschlossen wird, so kann er von dem Gläubiger die Beseitigung der Vormerkung verlangen.

E II 805; P 3 741 f., 748; 6 222.

Übersicht

Anm. 1

I. Betroffener. Der von der Vormerkung Betroffene, der die Beseitigung der Vormerkung auf Grund der Einrede verlangen kann, ist nicht nur derjenige, gegen den die Vormerkung **ursprünglich** gerichtet war, sondern auch sein **Rechtsnachfolger**, also z. B. im Falle einer Hypothekvormerkung derjenige, der von dem ursprünglich Verpflichteten das Grundstück erworben hat (Prot. 3, 748). Wenn der Rechtsnachfolger die Beseitigung der Vormerkung verlangt, bedarf es nicht der Zuziehung seines Rechtsvorgängers, des aus dem vorgemerkten Anspruch Verpflichteten. Selbst wenn dieser bereits rechtskräftig zur Bewilligung einer der Vormerkung entsprechenden endgültigen Eintragung verurteilt worden wäre, würde jener durch das Urteil, das nicht ihm gegenüber ergangen ist und daher seine rechtlichen Befugnisse nicht beeinflussen kann, nicht gehindert sein, seinerseits die Beseitigung der Vormerkung auf Grund der dem persönlich Verpflichteten zustehenden Einreden im Klagewege zu verfolgen (**RG** 53, 33).

II. Einrede

Anm. 2

1. Begriff. Einrede im **prozessualen** Sinne ist jedes Anführen, das, ohne die Richtigkeit der Klagetatsachen in Frage zu stellen, dem Klagebegehren auf Grund anderweiter Tatsachen entgegentritt. Dazu gehören auch diejenigen Tatsachen, die ergeben, daß der Anspruch, der Richtigkeit der Klagetatsachen ungeachtet, nicht zur Entstehung gelangt oder daß er zwar entstanden, aber wieder erloschen ist (M 1, 359). Hier aber handelt es sich um eine **Einrede im Sinne des materiellen Rechtes.** Diese deckt sich nicht mit der prozessualen Einrede. Die rechtshindernden und rechtsvernichtenden Tatsachen fallen nicht unter den Begriff der materiellrechtlichen Einreden, da sie mit und durch ihren Eintritt dem Recht seinen Bestand entziehen (M 1, 359).

Anm. 3

2. Einwendung. Wo das BGB vom Entgegensetzen solcher Tatsachen spricht, gebraucht es den Ausdruck **„Einwendung"** (§§ 334, 404, 417, 774, 784, 796, 986 Abs. 2, 1344, 1435 aF, 1412 nF). Erweist sich der Anspruch wegen einer solchen Einwendung oder aus einem andern Grunde als von vornherein nicht entstanden (z. B. weil das den Anspruch begründende Rechtsgeschäft nichtig oder wegen Betrugs, Irrtums mit Erfolg angefochten oder weil eine aufschiebende Bedingung ausgefallen ist) oder als nach der Entstehung erloschen (z. B. durch Erfüllung oder durch Eintritt einer auflösenden Bedingung), so ist auch die Vormerkung trotz der Eintragung hinfällig (§ 883 Anm. 21). Dem durch die Vormerkung Beeinträchtigten ist dann die Klage auf Löschung der Eintragung gegeben. Eine solche Klage bedarf aber nicht der Stütze durch § 886, da die Eintragung wegen Hinfälligkeit des Anspruchs nichtig ist. Auch § 894 findet auf diese Klage keine Anwendung, da die Vormerkung kein Recht an einem Grundstück oder an einem ein Grundstück belastenden Recht ist (§ 883 Anm. 37). Vielmehr ist die Klage gerichtet auf Beseitigung der Beeinträchtigung des Eigentums oder des Rechts, gegen das sich die Vormerkung richtet (§§ 1004, 1017, 1027, 1065, 1090 Abs. 2). Die Sache liegt ebenso, wie wenn die Vormerkungseintragung als solche nichtig ist, etwa weil die ihr zugrunde liegende einstweilige Verfügung unwirksam ist oder die Eintragungsbewilligung nicht zu Recht besteht (§ 885 Anm. 5, 7). Das dingliche Recht erzeugt vermöge seiner absoluten Natur für den Berechtigten gegen jeden, der sich in einem das Recht beeinträchtigenden Zustande befindet, den Anspruch darauf, daß dieser Zustand beseitigt wird und der Beeinträchtigende die zur Beseitigung notwendige Mitwirkung gewährt (M 3, 236). Im § 894 ist nur für den Fall, daß das Grundbuch hinsichtlich eines dinglichen Rechts unrichtig ist, der (negatorische) Anspruch besonders geregelt (M. aaO; § 894 Anm. 42). Allerdings ist § 1004 auf Reallasten und die hypothekarischen Rechte im Gesetz nicht für anwendbar erklärt. Wenn aber ein solches Recht mit einer nichtigen Vormerkung belastet ist (§ 883 Anm. 30), wird meistens auf Grund des schuldrechtlichen Rechtsverhältnisses zwischen dem Inhaber des Rechts und dem Vormerkungsberechtigten ein Anspruch auf Beseitigung der Vormerkungseintragung gegeben sein. Ist dies nicht der Fall (z. B. wegen Wechsels der Inhaberschaft), so wird die allgemeine Bestimmung des § 1004, nicht die Sonderbestimmung des § 894 entsprechend anzuwenden sein, und zwar gleichviel, ob die Vormerkung für den nicht zur Entstehung gelangten oder demnächst erloschenen Anspruch auf Grund einer Bewilligung oder eines vorläufig vollstreckbaren Urteils (§ 895 ZPO) oder einer einstweiligen Verfügung eingetragen worden ist. In den beiden zuletzt genannten Fällen kann die Beseitigung der Vormerkung auch durch Aufhebung des Urteils oder der einstweiligen Verfügung herbeigeführt werden (str.; § 885 Anm. 5; § 886 Anm. 6). Die Rechtsprechung ist allerdings bisher zu keiner Einheitlichkeit und Klarheit in diesen Fragen gelangt. So hat auch **RG** JW 1933, 1822[2] die Anwendung des § 894 abgelehnt, während **RG** v. 22.3.1933 V 47/32, anknüpfend an **RG** 129, 184 und 132, 419 (Anm. 11), zur entsprechenden Anwendung des § 894 neigt, so auch **RG** 163, 62 ohne nähere Begründung. Mit der hier vertretenen Ansicht stimmen im wesentlichen überein **RG** 26, 399; 56, 252; 81, 288; Gruchot 67, 79. Ihr steht nicht entgegen **RG** WarnRspr 1910 Nr. 239, wo nur allgemein von einem Berichtigungsanspruch als einem Ausfluß des Eigentums gesprochen wird. In **RG** WarnRspr 1913 Nr. 184 ist § 894 für anwendbar erachtet, weil die Vormerkung eine Verfügungsbeschränkung begründe (dazu § 883 Anm. 63; § 892 Anm. 106). In **RG** Gruchot 60, 506 wird zwar zunächst erklärt, es widerspreche dem Standpunkt des Reichsgerichts, wenn § 894 auf eine zu Unrecht eingetragene Vormerkung für unanwendbar erachtet werde; dann wird aber die Klage auf Löschung einer bei einer Hypothek eingetragenen Vormerkung zur Sicherung des Anspruchs auf Löschung der Hypothek wegen Nichtbestehens dieses Anspruchs aus obigen Gründen für gerechtfertigt erklärt mit dem Beifügen, wenn schon für den Fall des § 866 ein Anspruch auf Beseitigung der Vormerkung gegeben sei, so müsse dem Vormerkungsverpflichteten der gleiche Anspruch erst recht in dem Falle zustehen, daß der gesicherte Anspruch gar nicht bestehe. In KGJ 52, 164 ist § 894 für entsprechend anwendbar erachtet, weil die Vormerkung zwar kein dingliches Recht und keine Verfügungsbeschränkung sei, aber nach § 883 Abs. 2 wie eine Verfügungsbeschränkung wirke. Nach OLG 39, 74 soll die Beseitigung einer Vormerkung, die auf Grund einer einstweiligen Verfügung eingetragen ist, nur auf dem in den §§ 936, 924, 925, 927 ZPO gewiesenen Wege durch Aufhebung der Verfügung erreicht werden können, und zwar, soweit die Verfügung mangels Bestehens des gesicherten Anspruchs nicht zu Recht erlassen sei, durch Widerspruch nach §§ 924, 925 ZPO, soweit aber der gesicherte Anspruch nachher erloschen sei, wegen veränderter Umstände nach § 927 ZPO. Diese Auffassung ist in **RG** HRR 1932 Nr. 1837 ersichtlich mißbilligt. Folgt man der oben dargelegten Ansicht, so steht die Klage aus § 1004 nicht nur demjenigen zu, gegen dessen Recht ursprünglich der Anspruch vorgemerkt worden ist, sondern auch seinem Rechtsnachfolger sowie demjenigen, dem ein Recht an dem Rechte eingeräumt worden ist, das bei Bestehen der Vormerkung dem Vormerkungsberechtigten gegenüber nach § 883 Abs. 2 unwirksam sein würde (z. B. im Falle des vorgemerkten Anspruchs auf Aufhebung einer Hypothek auch demjenigen, dem die Hypothek verpfändet worden ist). Denn auch diese Personen sind durch die Eintragung beeinträchtigt. Anderseits ist die Klage, da sie dinglicher Natur ist, auch gegen den Rechtsnachfolger des Vormerkungsberechtigten gegeben, weil er den Anspruch mit der Vormerkung nur so erwirbt, wie er besteht, also mit allen ihm anhaftenden Einwendungen.

Anm. 4

3. Materiellrechtliche Einrede. Die **materiellrechtliche Einrede** dagegen gründet sich auf einen Umstand, der einen Anspruch nicht von Rechts wegen in seiner Entstehung hindert oder wieder aufhebt, sondern dem Verpflichteten nur die Möglichkeit gewährt, die Befriedigung des an und für sich begründeten Anspruchs abzulehnen (M 1, 359), sei es auf Zeit (verzögerliche Einreden; dazu **RG** WarnRspr 1927 Nr. 92), sei es für immer (rechtszerstörende Einreden). § 886 gibt nur auf Grund einer die **Geltendmachung des vorgemerkten Anspruchs dauernd ausschließenden Einrede** (rechtszerstörenden Einrede) die Klage auf Beseitigung der Vormerkung (**RG** 53, 33; 65, 262; 81, 288; vgl. § 1169). Die Notwendigkeit, den Anspruch auf Beseitigung der Vormerkung für diesen Fall besonders vorzusehen, ergab sich daraus, daß eine Einrede, durch welche die Geltendmachung eines Anspruchs dauernd ausgeschlossen wird, den Anspruch an und für sich unberührt läßt (**RG** Gruchot 60, 506). Als solche Einreden kommen hier besonders in Betracht die Einreden der Verjährung (§ 222 Abs. 1; **RG** 81, 288; JW 1908, 235[6]), des Eingehens einer Verbindlichkeit ohne Rechtsgrund (§ 821), des Erlangens einer Forderung durch eine unerlaubte Handlung (§ 853) und die Einrede der rechtskräftig entschiedenen Sache. Obwohl in allen diesen Fällen der Anspruch an sich bestehen bleibt, wird doch die Klage auf Beseitigung der Vormerkung in § 886 gewährt, weil der mit einer rechtszerstörenden Einrede behaftete Anspruch wirtschaftlich einem nicht bestehenden Anspruch gleichkommt.

III. Beseitigung der Vormerkung

Anm. 5

1. Allgemeines. Die Beseitigung der Vormerkung, die der durch die Eintragung Betroffene verlangen kann (Anm. 4), umfaßt **alle Maßnahmen,** die **zur Herbeiführung der Löschung erforderlich** sind, also nicht nur die Bewilligung der Löschung (wie im Falle der Berichtigung des Grundbuchs nach § 894), sondern auch die Antragstellung. Ist eine Hypothekvormerkung zu beseitigen, so bedarf es nicht der Zustimmung des Eigentümers nach § 1183 BGB, § 27 GBO, da die Vormerkung nicht zur Eigentümerhypothek wird (§ 883 Anm. 40); KGJ 25 A 170). Die Klage ist ebenso, wie wenn der Anspruch nicht besteht (Anm. 3), dinglicher Natur und sowohl für als auch gegen den Rechtsnachfolger gegeben. Im Konkurse des bisherigen Gläubigers hat der Anspruch die Natur eines Aussonderungsanspruchs (§ 43 KO), so daß er auch vom Konkursverwalter zu erfüllen ist.

Anm. 6

a) Die Vormerkung wird beseitigt, wenn der Vormerkungsberechtigte die **Löschungsbewilligung** erteilt und demnächst die Eintragung **gelöscht** wird (§ 46 GBO; KGJ 40 B 3 55). Die Bewilligung wird durch ein rechtskräftiges Urteil auf Bewilligung gemäß § 894 ZPO ersetzt. Ist die Vormerkung auf Grund einer einstweiligen Verfügung oder auf Grund eines vorläufig vollstreckbaren Urteils (§ 895 ZPO) eingetragen, so kann sie auch (Anm. 3) auf Grund einer die einstweilige Verfügung oder das Urteil aufhebenden vollstreckbaren Entscheidung gelöscht werden (**RG** 71, 288; OLG 39, 75), und zwar formellrechtlich nach § 25 GBO auf Antrag (§§ 13, 30 GBO) des von der Vormerkungseintragung Betroffenen (KGJ 41, 220; vgl. 20 A 77; 22 A 136). Dem Grundbuchamt muß eine vollstreckbare Ausfertigung der Entscheidung (§§ 724, 725 ZPO) vorgelegt werden, da die Löschung ein Akt der Zwangsvollstreckung ist (OLG 3, 4). Sachlich (materiell) erlischt die Vormerkung, wie aus §§ 868, 928, 932 Abs. 2, 936 ZPO und § 25 GBO zu entnehmen ist, bereits mit der Erlassung der Entscheidung (str.; KGJ 41 A 233). Sie kann daher, auch wenn sie noch nicht gelöscht worden ist, nicht mehr in das durch sie gesicherte Recht umgeschrieben werden (KGJ 41, 220; § 885 Anm. 5). Ist trotzdem (unzulässigerweise) umgeschrieben worden, so erhält das Recht nicht den Rang, der sich sonst nach § 883 Abs. 2 aus der Vormerkungseintragung ergeben würde (KGJ 41, 220).

Anm. 7

b) Beim **gesetzlichen Güterstand** der Zugewinngemeinschaft genügt ein Urteil gegen den vormerkungsberechtigten Ehegatten (§ 1364 nF); beim Güterstand der Gütergemeinschaft ist gemäß § 740 ZPO ein Urteil gegen den das Gesamtgut verwaltenden Ehegatten erforderlich und genügend.

Anm. 8

c) Wenn in der einstweiligen Verfügung eine Anordnung über **Aufhebung gegen Hinterlegung** nach §§ 923, 936 ZPO getroffen ist, so kann die Löschung auf Grund eines die einstweilige Verfügung nach Hinterlegung aufhebenden Beschlusses gemäß § 934 ZPO angeordnet werden. Jedoch ist eine solche Anordnung nach dem Zweck der Vormerkung, Sicherung für den Anspruch auf das endgültige Recht zu gewähren, und im Hinblick darauf, daß § 923 nach § 936 ZPO auf die einstweilige Verfügung nur entsprechend anzuwenden ist, nur dann als zulässig zu erachten, wenn das Recht, auf dessen Erwerb, Aufhebung oder Änderung die Vormerkung gerichtet ist, eine Geldleistung aus dem Grundstück zum Ziele hat (z. B. eine Hypothek ist), nicht dagegen, wenn durch das Recht eine Individualleistung erlangt werden soll (wie z. B. bei der Auflassungsvormerkung), da hier die Hinterlegung von Geld die Sicherung der Leistung nicht ersetzen kann (str.; **RG** 55, 140).

Anm. 9

2. **Nichtigkeit der Vormerkungseintragung.** In den sonstigen, an sich nicht unter § 886 fallenden Fällen, in denen eine **Vormerkungseintragung von vornherein nichtig ist oder nichtig wird** (Anm. 3; § 885 Anm. 5, 7), ist formellrechtlich § 22 GBO entsprechend anwendbar, obwohl es sich nicht um die Berichtigung des Grundbuchs im Sinne dieser Vorschrift und des § 894 BGB handelt (Anm. 3). Denn der im § 22 GBO bei dinglichen Rechten zugelassene Weg der Eintragungsbeseitigung muß auch auf die schwächer wirkende Vormerkungsberechtigung anzuwenden sein (RJA 11, 60; KGJ 32 B 16; 40 B 355; 52, 164). Formellrechtlich kann also durch einen dem Grundbuchamt zu erbringenden gehörigen Nachweis der Nichtigkeit die Löschung der Vormerkungseintragung herbeigeführt werden. Über die Aufhebung einer Vormerkung durch Aufgebot trifft § 887 Bestimmung.

Anm. 10

3. **Löschung von Amts wegen.** Von Amts wegen können die nach §§ 18 Abs. 2, 76 GBO eingetragenen Vormerkungen gelöscht werden. Jedoch fallen diese Vormerkungen nicht unter die §§ 883 ff (§ 883 Anm. 25).

Anm. 11

4. **Löschung auf Antrag.** Eine **dem § 883 entsprechende,** also nicht ihrem Inhalt nach unzulässig eingetragene (§ 53 Abs. 1 Satz 2 GBO) Vormerkung kann auch dann, wenn die Voraussetzung für ihr Nichtbestehen oder ihr Nichtigwerden gegeben sind, nicht von Amts wegen, sondern **nur auf Antrag** (§ 13 GBO) gelöscht werden (**RG** 129, 185). Ist dennoch die Löschung von Amts wegen, aber sachlich zu Recht erfolgt, so verliert die Vormerkung auch außerhalb des Grundbuchs für die Vergangenheit jede Bedeutung. Wird die Vormerkung aber sachlich zu Unrecht durch ein bloßes Versehen oder durch eine widerrechtliche Handlung gelöscht, so fragt es sich, ob sie auch dann, weil sie zu ihrer Entstehung des Eingetragenseins bedarf (§ 883 Anm. 50—52), gar keine Geltung mehr hat und völlig als erloschen gilt, oder ob trotz der Löschung die Tatsache ihres Eingetragengewesenseins noch fortwirkt. Die zweite Antwort verdient den Vorzug. Denn es darf eben nicht unberücksichtigt bleiben, daß die Vormerkung ehedem rechtmäßig eingetragen war und ohne die unrechtmäßige Löschung die Kraft hatte, nach § 883 Abs. 2, § 888 vormerkungswidrige Verfügungen unwirksam zu machen. Daher gebietet der den §§ 894, 899 BGB und dem § 53 GBO zugrunde liegende Zweckgedanke, die Eintragung eines Widerspruchs gegen die zu Unrecht erfolgte Löschung zuzulassen, obwohl eine Unrichtigkeit des Grundbuchs im strengen Sinne des § 894 BGB nicht vorliegt. Dieser Widerspruch hat dann die Bedeutung, den Vormerkungsberechtigten gegen die zwischen der Eintragung und der Löschung der Vormerkung getroffenen vormerkungswidrigen Verfügungen so zu schützen, als wenn die Vormerkung noch eingetragen wäre (**RG** 129, 184; 132, 419; HRR 1932 Nr. 1045; 1933 Nr. 1131). Sind freilich in der Zeit zwischen der Löschung der Vormerkung und der Eintragung des Widerspruchs vormerkungswidrige Verfü-

gungen eingetragen, so sind die Erwerber in ihrem Rechtserwerb geschützt. Dasselbe gilt, wenn der Vormerkungsberechtigte etwa, ohne daß er zur Eintragung eines Widerspruchs gekommen wäre, die Wiedereintragung der Vormerkung auf Grund des Schuldverhältnisses erst dann erreicht, wenn bereits entgegenstehende Verfügungen eingetragen sind.

Anm. 12

5. Eintragungsunfähige Rechte. Kann das Recht, auf dessen Eintragung der vorgemerkte Anspruch **nach früherem Rechte** gerichtet war, nach dem jetzt geltenden Rechte nicht mehr eingetragen werden (z. B. eine Antichrese), so wird die Vormerkung gegenstandslos und löschungsreif (**RG** 48, 61; 53, 415; JW 1903 Beil. 116).

Anm. 13

6. Einredebehaftete Hypotheken und Pfandrechte. Dem § 886 ähnliche Vorschriften geben die **§§ 1169, 1254** für einredebehaftete Hypotheken und Pfandrechte.

§ 887

Ist der Gläubiger, dessen Anspruch durch die Vormerkung gesichert ist, unbekannt, so kann er im Wege des Aufgebotsverfahrens mit seinem Rechte ausgeschlossen werden, wenn die im § 1170 für die Ausschließung eines Hypothekengläubigers bestimmten Voraussetzungen vorliegen. Mit der Erlassung des Ausschlußurteils erlischt die Wirkung der Vormerkung.

E II 805; P 3 742, 748.

Anm. 1

Unbekannt ist der Gläubiger zunächst dann, wenn nicht bekannt ist, ob der Eingetragene oder sein bekannter Rechtsnachfolger noch lebt oder wer sein Erbe ist, aber auch dann, wenn der als Gläubiger Auftretende sein Verfügungsrecht nicht in der für das Grundbuchverfahren erforderlichen Form nachweisen kann (M 3, 739; **RG** 67, 99; RJA 6, 145). Ist lediglich der Aufenthaltsort des der Person nach bekannten Gläubigers unbekannt, so ist § 887 nicht anwendbar. Vielmehr ist gegen einen solchen Gläubiger auf Löschung zu klagen, wenn die Voraussetzungen dafür vorliegen; die Klage ist gemäß §§ 203 ff ZPO öffentlich zuzustellen.

Anm. 2

Das **Aufgebotsverfahren** richtet sich nach den Vorschriften der ZPO §§ 946 ff, 988, 1024 (allgemeine Vorschriften für alle Aufgebote und besondere Vorschriften für die Vormerkungen). Antragsberechtigt ist der Eigentümer des Grundstücks oder der Inhaber des Grundstücksrechts, bei dem der Anspruch vorgemerkt ist (§§ 988, 984 ZPO), sowie derjenige, der auf Grund eines im Range gleich- oder nachstehenden Rechts Befriedigung aus dem Grundstück verlangen kann, sofern er für seinen Anspruch einen vollstreckbaren Schuldtitel erlangt hat (§ 988 Abs. 2 Satz 1 ZPO).

Anm. 3

Die **im § 1170 bestimmten Voraussetzungen** sind: 1. Ablauf von zehn Jahren seit der letzten die Vormerkung betreffenden Eintragung, d. h. entweder seit der ursprünglichen Eintragung oder, wenn ihr spätere nachgefolgt sind (z. B. Übertragung des vorgemerkten Anspruchs auf einen neuen Gläubiger), seit der letzten dieser späteren Eintragungen; 2. Nachweis, daß der vorgemerkte Anspruch nicht innerhalb dieser Frist vom Schuldner, sei es auch nur stillschweigend (z. B. durch Abschlagszahlung, Zinszahlung), im Sinne des § 208 dem Berechtigten gegenüber anerkannt worden ist. Bei Ansprüchen mit kalendermäßig bestimmter Zahlungsfrist beginnt nach § 1170 Abs. 1 Satz 2 die Frist nicht vor Ablauf des Zahlungstags. Ist die Entstehung des Anspruchs an eine aufschiebende Bedingung oder einen Anfangstermin geknüpft (§§ 158

Abs. 1, 163), so kann die Frist erst mit dem Eintritt der Bedingung oder des Anfangstermins beginnen, da vorher ein Gläubigerrecht nicht ausgeübt werden kann (str.). Nach einem Anerkenntnisse innerhalb der Frist beginnt eine neue Frist.

Anm. 4

Die **Wirkung der Vormerkung erlischt** mit der Erlassung des Ausschlußurteils. Der gesicherte Anspruch wird dadurch nicht berührt. Das Urteil muß, wenn es die Grundlage für den Löschungsantrag (§§ 13, 30 GBO) abgeben soll, ohne Vorbehalt erlassen sein. Hat sich jemand als Gläubiger gemeldet und ist ihm gemäß § 953 ZPO das angemeldete Recht vorbehalten, so ist er noch nicht ausgeschlossen. Deshalb hat ein solches Urteil für sich allein die Wirkung des Satz 2 nicht. Denn hier ist vorausgesetzt, daß alle diejenigen, die als Gläubiger in Betracht kommen können, ausgeschlossen worden sind. Erst wenn der Vorbehalt rechtswirksam beseitigt worden ist (z. B. durch Verzicht des Anmeldenden oder durch seine rechtskräftige Verurteilung zur Verzichtserklärung), tritt die Wirkung des Satz 2 ein (**RG** 67, 95; RJA 6, 145; KGJ 33 A 210). Eine Hypothekvormerkung geht nicht, wie nach § 1170 Abs. 2 die Hypothek, infolge des Erlöschens auf den Eigentümer über, da die Grundsätze der Eigentümerhypothek nicht für Hypothekvormerkungen gelten (§ 883 Anm. 40) und § 1170 im § 887 nur hinsichtlich der Voraussetzungen für die Ausschließung herangezogen ist. Formellrechtlich geschieht die Löschung gemäß §§ 13, 22 GBO auf einen Löschungsantrag, der sich stützt auf eine Ausfertigung des die Wirkung der Vormerkung beseitigenden Ausschlußurteils (§ 886 Anm. 9). Dem § 887 ähnliche Vorschriften enthalten die §§ 1104, 1112, SchiffsRG § 13.

§ 888

Soweit der Erwerb eines eingetragenen Rechtes oder eines Rechtes an einem solchen Rechte gegenüber demjenigen, zu dessen Gunsten die Vormerkung besteht, unwirksam ist, kann dieser von dem Erwerber die Zustimmung zu der Eintragung oder der Löschung verlangen, die zur Verwirklichung des durch die Vormerkung gesicherten Anspruchs erforderlich ist.

Das gleiche gilt, wenn der Anspruch durch ein Veräußerungsverbot gesichert ist.

E II 806; P 3 743, 746.

Übersicht

Anm. 1

I. Unwirksamer Rechtserwerb. Inwieweit der Erwerb eines eingetragenen Rechtes oder eines Rechtes an einem solchen Rechte gegenüber demjenigen, zu dessen Gunsten die Vormerkung besteht, unwirksam ist, das ist in § 883 Anm. 63—82 behandelt.

II. Zustimmung zur Eintragung oder Löschung des gesicherten Anspruchs

Anm. 2

1. **Anspruch des Vormerkungsberechtigten gegen den Erwerber.** Die Zustimmung zu der Eintragung oder Löschung, die zur Verwirklichung des gesicherten Anspruchs erforderlich ist, kann der Vormerkungsberechtigte (B) von dem Erwerber (E) verlangen, der nach der Vormerkungseintragung von dem Vormerkungsschuldner (S) das Recht erworben hat, gegen das die Vormerkung gerichtet ist (**RG** 108, 356). Zustimmung ist nach §§ 183, 184 entweder die vorherige Einwilligung oder die nachträgliche Genehmigung. B kann also nach seiner Wahl den E entweder darauf in Anspruch nehmen, daß er vorher seine Einwilligung, oder darauf, daß er nachträglich seine Genehmigung zu der Eintragung oder der Löschung erteilt.

Anm. 3

a) Was **sonst zur Vornahme der Eintragung oder Löschung erforderlich** ist, hat S zu verschaffen. Denn er allein ist und bleibt trotz der Veräußerung des Rechts an E zur Verwirklichung des durch die Vormerkung gesicherten Anspruchs durch diejenige endgültige Eintragung oder Löschung, die der Anspruch zum Ziele hatte, persönlich verpflichtet. Durch den Erwerb ist nicht etwa die persönliche Verpflichtung des S auf E übergegangen oder eine neue persönliche Verpflichtung des E neben der des S begründet worden. Vielmehr liegt dem E nur deshalb, weil sein Erwerb nach § 883 Abs. 2 dem B gegenüber unwirksam ist, die rein dingliche Verpflichtung ob, der den Anspruch verwirklichenden Eintragung oder Löschung durch Einwilligung zuzustimmen (Prot. 3, 746; **RG** 53, 28; 78, 73; 108, 356; WarnRspr 1927 Nr. 92).

Anm. 4

b) — aa) Besteht daher die Veräußerung des S an E darin, daß **das eingetragene Recht** oder das Recht ein einem solchen Rechte **völlig auf** E **übertragen** worden ist, so ist S, obwohl er nicht mehr Inhaber des Rechts ist, dennoch allein zur Abgabe der für die Eintragung oder Löschung erforderlichen Erklärungen verpflichtet (**RG** 108, 356). Er verfügt, wenn er diese Erklärungen abgibt, als ein Nichtberechtigter über das Recht. Erteilt E die ihm obliegende Einwilligung oder Genehmigung, so ist oder wird die Verfügung nach § 185 Abs. 1, 2 wirksam (KGJ 51, 196; OLG 39, 210). — bb) Besteht die Veräußerung nur darin, daß S **das Recht mit einem Rechte zugunsten des** E **belastet** hat, so ist S Inhaber des Rechts geblieben und in der Regel auch noch zur Verfügung über das Recht als solches unbeschränkt befugt (§ 876 Anm. 4). — cc) Zur **Aufhebung** des Rechts (an einem Grundstück) oder zur **Änderung des Inhalts** bedarf aber S nach §§ 876, 877 der Zustimmung des E. Ist deshalb die Vormerkung auf Aufhebung oder auf Änderung des Inhalts des Rechts des S gerichtet, so muß zur Verwirklichung des vorgemerkten Anspruchs S die Aufgabeerklärung des § 875 oder die Änderungserklärung des § 877 und E die Zustimmungserklärung des § 876 oder des § 877 abgeben.

Anm. 5

c) Im übrigen ist zu unterscheiden, ob die Vormerkung des B auf Übertragung oder nur auf Belastung des Rechts des S gerichtet ist. — aa) Im ersten Falle kommt eine Zustimmung des E zu der den Anspruch verwirklichenden Eintragung nicht in Frage, wenn für ihn das Recht des S belastet worden ist. B erlangt vielmehr in diesem Falle die Eintragung als Inhaber des Rechts auf Grund der Übertragungserklärung des noch legitimierten S; E muß aber sein das Recht belastendes Recht zur Löschung bringen, da es dem B gegenüber nach § 883 Abs. 2 unwirksam ist; B kann nötigenfalls mit der negatorischen Klage (§§ 1004, 1017, 1027, 1065, 1090 Abs. 2) die Verurteilung des E zur Löschung der sein Recht beeinträchtigenden Belastung verfolgen (str.). — bb) Ist die Vormerkung des B auf Belastung des Rechts des S gerichtet, so bedarf es der Beseitigung der weiteren Belastung zugunsten des E überhaupt nicht, also auch nicht der Abgabe einer zustimmenden oder sonstigen Erklärung des E. Denn die endgültige Belastung zugunsten des B ist auf Grund der Eintragungsbewilligung des S als des Inhabers des zu belastenden Rechts einzutragen; die so eingetragene endgültige Belastung hat nach § 883 Abs. 3 ohne weiteres den Vorrang vor der späteren Belastung zugunsten des E (str.). Danach kommt in diesen Fällen § 888 gar nicht zur Anwendung, weil es einer Zustimmung des E zu der den Anspruch des B verwirklichenden Eintragung überhaupt nicht bedarf (str.).

Anm. 6

2. Beispiele:

a) Für B ist auf dem Grundstück des S eine Auflassungsvormerkung eingetragen. S überträgt trotzdem das Grundstück an E. Dann muß S mit B die Einigung über die Übertragung des Eigentums (Auflassung) an B gemäß § 925 erklären; E muß hierzu die vorherige Einwilligung oder die nachträgliche Genehmigung erteilen (**RG** WarnRspr 1927 Nr. 92; KGJ 51, 196; OLG 39, 211). Hierzu ist zu vergleichen: § 925 Anm. 32f über die Entgegennahme der Auflassungserklärung eines Nichtberechtigten und die Zulässigkeit auch nachträglicher Genehmigung des Berechtigten, der bei der Auflassung nicht zugegen zu sein braucht; **RG** WarnRspr 1919 Nr. 95: wegen dieser Wirkung ist der Grundstücksverkäufer dem Käufer gegenüber nach §§ 433, 434 zur Herbeiführung der Löschung einer eingetragenen Auflassungsvormerkung verpflichtet; **RG** JW 1922, 576[2]: ist ein mit einem Vorkaufsrecht belastetes Grundstück von dem Vorkaufsverpflichteten an einen Dritten verkauft und übereignet, so kann der Vorkaufsberechtigte nach § 1098 Abs. 2, § 888 Abs. 1 beanspruchen, daß der Vorkaufsverpflichtete ihm das Grundstück aufläßt und daß der Dritte zur Eintragung seines (des Vorkaufsberechtigten) Eigentums die Zustimmung erklärt. — aa) Ist der Anspruch gegen S auf Auflassung an B oder an einen von diesem zu benennenden Dritten gerichtet und läßt B an den von ihm ausgewählten D auf, so genügt die Zustimmung des E zu dieser Auflassung. Denn die Auflassung von B an D wird durch die Zustimmung des E ohne Mitwirkung des S wirksam. S muß nur dulden, daß auf diese Weise die ihm obliegende Auflassungsverpflichtung erfüllt wird (KGJ 51, 196; OLG 39, 211). — bb) Hat in der Zwischenzeit S oder nach der Auflassung an E dieser auch noch eine Hypothek für F bestellt, so ist die Zustimmung des F zu der Auflassung an B nicht erforderlich. B kann aber zunächst auf Grund des Rechtsverhältnisses, aus dem der vorgemerkte Anspruch entspringt, von S Wegschaffung der Hypothek des F verlangen; nicht auch von E, selbst wenn E der Besteller der Hypothek ist, da ein persönlicher Anspruch des B gegen E nicht besteht. B kann aber auch F auf Löschung der Hypothek in Anspruch nehmen, da die Hypothek ihm gegenüber unwirksam ist. Ohne freiwillige oder durch Urteil gemäß § 894 ZPO ersetzte Löschungsbewilligung des F kann die Hypothek nicht gelöscht werden. Die Hypothek des F ist nicht nichtig, sondern nur dem B gegenüber unwirksam, und B muß die Unwirksamkeit geltend machen. Deshalb ist auch das Grundbuch nicht hinsichtlich der Hypothekeintragung unrichtig im Sinne des § 894. Lediglich auf Grund der Tatsachen, daß B nunmehr Eigentümer des Grundstücks und die Hypothek des F nach der Auflassungsvormerkung des B eingetragen worden ist, kann also auch nicht das Grundbuch gemäß § 22 Abs. 1 GBO berichtigt werden. Vielmehr ist die materiellrechtlich ein Anerkenntnis der Unwirksamkeit enthaltende freiwillige oder die im Wege der negatorischen Klage unter Feststellung der Unwirksamkeit erzwungene Löschungsbewilligung des F, der formellrechtlich der Passivbeteiligte im Sinne des § 19 GBO ist, zur Löschung erforderlich (str.; OLG 5, 296). Dabei ist zu bemerken, daß die Hypothek kraft der auf dieser materiellrechtlichen Grundlage erteilten Löschungsbewilligung nicht etwa zu einer Eigentümerhypothek des S oder des E oder des B wird; denn die hypothekarische Eintragung selbst ist unwirksam. — cc) Unter Umständen können dem F aus Vertrag oder aus unerlaubter Handlung schuldrechtliche Ansprüche gegen B darauf zustehen, daß dieser die Rechte aus §§ 883, 888 nicht geltend mache. Solche Ansprüche darf aber nur der am Vertrag mit B beteiligte oder von B unerlaubt geschädigte F selbst dem vorgemerkten Recht des B entgegenhalten. Ist die Hypothek des F später zur Eigentümergrundschuld geworden und dann wieder in eine Hypothek für eine Forderung des G umgewandelt worden, so kann G sich die schuldrechtlichen Einwendungen des F gegen die Vormerkung nicht zu eigen machen. G muß vielmehr die Wirkungen der Vormerkung gegen sich gelten lassen, sofern sich B nicht auch ihm gegenüber schuldrechtlich verpflichtet hat, Rechte aus der Vormerkung nicht herzuleiten (**RG** 142, 331). — dd) Ebenso ist die Rechtslage zu beurteilen, wenn S dem F sicherungshalber eine Grundschuld bestellt und B sich dem F gegenüber (ausdrücklich oder stillschweigend) schuldrechtlich verpflichtet hatte, die vorgehende Auflassungsvormerkung nicht geltend zu machen, demnächst aber F die Grundschuld ohne die gesicherten Forderungen an G abtritt und B dem G gegenüber nicht eine schuldrechtliche Verpflichtung eingeht, wie sie dem F gegenüber bestand. Auch hier kann sich G auf das schuldrechtliche Rechtsverhältnis zwischen S und F nicht berufen, sondern muß den Grundbuchstand so gegen sich gelten lassen, wie er ihn zur Zeit der Abtretung vorgefunden hat (**RG** 143, 159). — ee) Zur Rechtsstellung des Gläubigers, der den durch Vormerkung gesicherten Anspruch auf Auflassung gepfändet hat, gegenüber Rechten, die nach der Vormerkung eingetragen sind, vgl. § 883 Anm. 85.

Anm. 7

b) Für B ist eine Hypothekvormerkung auf dem Grundstück des S eingetragen. S veräußert das Grundstück an E. Dann muß S, obwohl ihm das Grundstück nicht mehr gehört, als Nichtberechtigter die Eintragung der endgültigen Hypothek für B bewilligen. E muß als Eigentümer des Grundstücks durch seine Zustimmung zu der Hypothekeintragung die Bewilligung des S wirksam machen (**RG** 78, 73). Hat S das Grundstück nur weiter belastet, z. B. mit einer Hypothek zugunsten des E, so bedarf es zu der endgültigen Eintragung der Hypothek für B lediglich der Bewilligung des S, nicht auch der Zustimmung des E, da die Hypothek des B ohne weiteres den Rang vor der Hypothek des E hat.

Anm. 8

c) Ist die Vormerkung des B auf Aufhebung eines Rechts an einem Grundstück (z. B. einer Hypothek) gerichtet und hat S trotzdem das Recht auf E übertragen oder zugunsten des E mit einem Recht belastet (z. B. verpfändet), so muß S die Aufgabe gemäß § 875 erklären und E im Falle der Übertragung durch die von ihm als Inhaber des Rechts erteilte Zustimmung die Erklärung des S wirksam machen, im Falle der Belastung seine Zustimmung zu der Aufhebung gemäß § 876 erklären (**RG** 93, 118).

Anm. 9

3. Eintragungsbewilligung des Erwerbers. In den Fällen, in denen E durch seine Zustimmung die Eintragungserklärung des nicht mehr verfügungsberechtigten S wirksam macht, kann **E auch selbst die Eintragung des Rechts für B bewilligen** (z. B. im Falle der Auflassungsvormerkung dem B die Auflassung erteilen). Denn er ist durch seine Eintragung als Inhaber des Rechts dem Grundbuchamt gegenüber formell legitimiert und erfüllt durch die Herbeiführung der Eintragung des Rechts (z. B. des Eigentums am Grundstück) für B die dem S obliegende Verpflichtung als Dritter gemäß § 267 Abs. 1 (str.; KGJ 51, 196; OLG 39, 211). Eine Verpflichtung des E dazu besteht jedoch dem B gegenüber nicht (KGJ 51, 196).

Anm. 10

4. Ersetzung durch Urteil. Die **Einwilligung oder Genehmigung des** E kann ebenso wie die Eintragungsbewilligung oder Aufgabeerklärung des S gemäß § 894 ZPO **durch rechtskräftiges Urteil ersetzt** werden (OLG 39, 209).

Anm. 11

a) Der **Anspruch gegen S und der gegen E** sind **selbständige, voneinander unabhängige Ansprüche.** Jener beruht auf einem den vorgemerkten Anspruch begründenden Schuldverhältnis zwischen B und S; dieser hat zum Rechtsgrund die Tatsache, daß E ein den vorgemerkten Anspruch des B vereitelndes oder beeinträchtigendes und daher gegenüber B unwirksames Recht erworben hat. Zur Begründung beider Ansprüche gehört aber, daß der vorgemerkte Anspruch wirklich besteht. Nur unter dieser Voraussetzung ist das Recht des E gegenüber B unwirksam. Weil somit beide Ansprüche gemeinsame Voraussetzungen haben und auf die Herbeiführung derselben Eintragung oder Löschung gerichtet sind, können S und E, wenn B die Ansprüche im Klagewege verfolgt, gemäß § 60 ZPO als **Streitgenossen** verklagt werden (str.).

Anm. 12

b) B kann aber auch **jeden der beiden für sich allein** verklagen. Dabei hat er die Wahl, welchen von beiden er zuerst verklagen will. Insbesondere ist nicht erforderlich, daß er zunächst ein rechtskräftiges Urteil gegen S auf Bewilligung der Eintragung oder Löschung erstreitet und dann erst auf Grund dieses Urteils Klage gegen E auf Genehmigung erhebt. Vielmehr kann B auch schon, bevor er gegen S im Klagewege vorgegangen ist, gegen E auf Einwilligung in die Eintragung oder Löschung klagen (str.; **RG** 53, 35; 78, 73). Ein Urteil, das den S zur Eintragungsbewilligung oder zur Aufgabeerklärung rechtskräftig verurteilt, ist nicht gegen E wirksam, da es nicht ihm gegenüber ergangen ist (**RG** 53, 34; 62, 377). Die gegen E erhobene Klage muß selbständig gerechtfertigt, insbesondere muß auch ihm gegenüber das Bestehen des vorgemerkten Anspruchs besonders dargetan werden. Selbst eine von S an B bereits erteilte Eintragungsbewilligung oder Aufgabeerklärung ist nicht unbedingt gegenüber E maßgebend, z.B. dann nicht, wenn sie zum Schein oder in unlauterem Zusammenwirken abgegeben ist (**RG** 36, 249; JW 1988, 209[31]; aM OLG 4, 238). In der Regel wird aber in solchen Erklärungen des S eine Bestätigung des Bestehens des vorgemerkten Anspruchs zu erblicken sein. Auch aus einem rechtskräftigen Urteil gegen S wird regelmäßig zu entnehmen sein, daß der vorgemerkte Anspruch tatsächlich besteht.

Anm. 13

c) Im übrigen kann aber natürlich E ebenso wie S alle auf rechtshindernde oder rechtsvernichtende Tatsachen gestützten **Einwendungen** (§ 886 Anm. 3) geltend machen, aus denen sich ergibt, daß der vorgemerkte Anspruch in Wirklichkeit nicht zur Entstehung gelangt oder daß er zwar entstanden, aber wieder erloschen ist. Aber auch die Geltendmachung der **rechtszerstörenden Einreden** des § 886 (§ 886 Anm. 4) steht dem E zu, da er als Rechtsnachfolger des S in dem von ihm erworbenen Recht durch die Vormerkung betroffen wird und daher nach § 886 Beseitigung der Vormerkung verlangen kann (**RG** 53, 33).

Anm. 14

d) Dagegen wird bei einer **Auflassungsvormerkung** der Anspruch des Vormerkungsberechtigten aus § 888 Abs. 1 nicht dadurch ausgeschlossen, daß der Erwerber des belasteten Grundstücks dieses mit einem Gebäude bebaut oder in sonstiger Weise umgestaltet hat. Denn die in **RG** 133, 293 zu § 818 Abs. 2 entwickelten Grundsätze kommen hier nicht ohne weiteres zur Anwendung. Unter besonderen Umständen könnte in einem solchen Falle vielleicht die Einrede der Arglist dem Vormerkungsberechtigten gegenüber Platz greifen (**RG** HRR 1933 Nr. 1850). Gegen den Anspruch aus einer Auflassungsvormerkung, die sich auf einen Kaufvertrag gründet, kann nicht mit Erfolg eingewendet werden, daß der Verkäufer zur Erfüllung des Anspruchs des Käufers seinerseits das Erforderliche (durch Erteilung der Auflassung) noch nicht getan habe. Denn für den Anspruch des vormerkungsberechtigten Käufers auf Zustimmung aus § 888 ist es gleichgültig, ob ihm das Grundstück von dem Verkäufer aufgelassen ist oder nicht (**RG** 53, 28; WarnRspr 1927 Nr. 92).

Anm. 15

e) Ist B mit seiner Klage gegen S **rechtskräftig abgewiesen,** so ist auch die Klage gegen E hinfällig. Denn nunmehr ist für eine Zustimmung des E kein Raum mehr; überdies hat E in diesem Falle eine Einrede nach § 886 (§ 886 Anm. 4). Sonst hat aber ein Urteil gegen S auch dann, wenn zur Zeit der Veräußerung an E der Anspruch gegen S bereits **rechtshängig** war (wenn z.B. die Vormerkung auf Grund einer einstweiligen Verfügung eingetragen war und die Hauptsache über den Anspruch auf endgültige Eintragung oder Löschung bereits schwebte), gegenüber E keine Wirksamkeit, da das von der Vormerkung betroffene Grundstück oder Recht in Anbetracht der persönlichen Natur der Klage nicht in Streit befangen ist und folglich die §§ 265, 266, 325, 727 ZPO keine Anwendung finden (str.). Veräußert aber E zu einer Zeit, in der die Klage des B aus § 888 gegen ihn rechtshängig ist, weiter an F, so wirkt das Urteil auch gegenüber F, wenn die Rechtshängigkeit ihm bekannt oder im Grundbuch eingetragen war. Denn soweit die Vormerkung eine den vorgemerkten Anspruch vereitelnde oder beeinträchtigende Verfügung unwirksam macht, hat sie und somit auch die Klage aus ihr dingliche Wirkung, so daß hier das von E erworbene Grundstück oder Recht in Streit befangen ist.

Anm. 16

5. Erwerb in der Zwangsvollstreckung. Nach allen erörterten Richtungen macht es gemäß § 883 Abs. 2 keinen Unterschied, ob der Erwerb des E auf freiwilliger Verfügung des S beruht oder im Wege der Zwangsvollstreckung (z. B. durch Eintragung einer Zwangshypothek; § 883 Anm. 73) oder der Arrestvollziehung oder von dem Verwalter des etwa inzwischen über das Vermögen des S eröffneten Konkurses (§ 883 Anm. 79) erlangt ist.

Anm. 17

6. Aufhebung und Löschung des betroffenen Rechts. Eine Aufhebung und Löschung des von der Vormerkung betroffenen Rechts durch S kommt für eine Anwendung des § 888 nicht in Betracht. Zunächst bedarf die Aufhebung der Zustimmung des B (§ 883 Anm. 66 „Verfügungsbeschränkung"). Ist aber die Löschung der Vormerkung, sei es auch versehentlich, ohne Zustimmung des B erfolgt, so ist die Vormerkung erloschen. Ein Erwerb des E, der unwirksam wäre, wenn die Vormerkung bestände, ist nun selbst dann wirksam, wenn E von der Unrechtmäßigkeit der Löschung Kenntnis hatte (§ 886 Anm. 11 „zu Unrecht gelöscht"; dort auch das Nähere über die Möglichkeit und die Wirkungen eines Widerspruchs gegen eine unrechtmäßige Löschung der Vormerkung).

III. Verwirklichung des vorgemerkten Anspruchs

Anm. 18

1. Erforderliche Erklärungen. Zur Verwirklichung des vorgemerkten Anspruchs hat **materiellrechtlich** der aus dem Anspruch **persönlich Verpflichtete,** wenn er noch Inhaber des von der Vormerkung betroffenen Rechts ist, die zur Rechtsänderung (§§ 873 Abs. 1, 877, 880) oder zur Rechtsaufhebung (§ 875) erforderliche Erklärung abzugeben und die endgültige Eintragung des der Vormerkung entsprechenden Rechts für den Vormerkungsberechtigten oder die endgültige Löschung des Rechts, auf dessen Aufhebung die Vormerkung gerichtet ist, zu bewilligen. **Formellrechtlich** ist zur Vornahme der Einschreibung nach §§ 19, 29 GBO erforderlich, daß die Bewilligung in der Form des § 29 Satz 1 GBO erklärt wird.

Anm. 19

a) Die formgerechte Bewilligung wird gemäß § 894 ZPO durch **rechtskräftiges Urteil** ersetzt, das namentlich dann ergehen wird, wenn die Vormerkung auf Grund einer einstweiligen Verfügung eingetragen ist und demnächst die Hauptsache durch ein Urteil auf Herbeiführung der Bestellung oder der Aufhebung des Rechts abgeschlossen wird (KGJ 51, 192 behandelt einen Sonderfall, in dem auf Bewilligung des Eigentümers eine Auflassungsvormerkung eingetragen war, dann der Eigentümer gemäß § 928 auf das Eigentum am Grundstück verzichtet hatte und darauf gegen den nach § 58 ZPO bestellten Pfleger ein Urteil auf Erteilung der Auflassung vom Vormerkungsberechtigten erstritten wurde). Das Urteil muß auf Bewilligung der Eintragung lauten. Deshalb genügt bei einer Hypothekvormerkung eine Verurteilung zur Zahlung nicht (KGJ 36 A 253).

Anm. 20

b) Ist bei einer **Hypothekvormerkung** weder aus dem Eintragungsvermerk noch aus seinen Unterlagen etwas über die Art der zu bestellenden Hypothek zu entnehmen so kann der Vormerkungsberechtigte die Umschreibung der Vormerkung in eine Ver, kehrshypothek, und zwar eine Briefhypothek, verlangen. Denn die Verkehrshypothe- und die Briefhypothek sind die Regel (§ 1116 Anm.), die Buchhypothek und die Sicherungshypothek (§ 1184) die Ausnahme (**RG** Gruchot 58, 1021).

Anm. 21

c) Die **Eintragung** wird auf formlosen (§ 30 GBO) Antrag (§ 13 Abs. 1 GBO) eines der Beteiligten (§ 13 Abs. 2 GBO) unter Vorlegung der Eintragungsbewilligung oder des mit Rechtskraftzeugnis versehenen Urteils vorgenommen. Handelt es sich um die Übertragung des Eigentums, so ist Auflassung gemäß § 925 BGB, § 20 GBO erforderlich. Auch in den Fällen des § 888 hat der persönlich Verpflichtete die ihm obliegende Eintragungs- oder Löschungserklärung abzugeben (Anm. 3). Die außerdem erforderliche Zustimmung des Erwerbers bedarf materiellrechtlich (§ 182 Abs. 2) keiner Form. Sie kann nach § 182 Abs. 1 sowohl gegenüber dem persönlich Verpflichteten als auch gegenüber dem Vormerkungsberechtigten erklärt werden. Formellrechtlich bedarf sie aber nach §§ 19, 29 GBO der in § 29 Satz 1 GBO vorgeschriebenen Form. Sie kann durch rechtskräftiges Urteil gemäß § 894 ZPO ersetzt werden. Auch der Verwalter des Konkurses über das Vermögen des persönlich Verpflichteten muß den vorgemerkten Anspruch erfüllen (§ 883 Anm. 79).

Anm. 22

2. Vormerkung nach § 18 Abs. 2 GBO. Auf eine nach § 18 Abs. 2 GBO eingetragene Vormerkung findet § 888 keine Anwendung. Das Grundbuchamt hat nach Behebung des der beantragten Eintragung entgegenstehenden Hindernisses die Eintragung vorzunehmen, ohne daß es der Einwilligung eines späteren Erwerbers bedarf (**RG** 62, 375; 110, 207; KGJ 53, 111; § 883 Anm. 25). Die Eintragung für den späteren Erwerber geschieht unter dem Vorbehalt, daß das vorgemerkte Recht nicht durch Behebung des Hindernisses zu einem endgültigen wird (**RG** 62, 378; 110, 207; KGJ 53, 111). Wird das Hindernis behoben, so ist die Entscheidung auf Eintragung für den späteren Erwerber rückgängig zu machen und diese Eintragung von Amts wegen zu beseitigen (**RG** 110, 207; KGJ 53, 111). Bei Behebung der Umstände ist also nicht nur dem ersten Antrag durch Ausführung der vorgemerkten Eintragung stattzugeben, sondern auch die auf den späteren Antrag für den Erwerber erfolgte Eintragung zu beseitigen (KGJ 53, 112). Die Vormerkung ist nicht zu löschen (KGJ 50, 173; 53, 112). Ist die Vormerkung zu Unrecht gelöscht und zugleich die Beseitigung der auf den späteren Antrag erfolgten Eintragung unterblieben, so kann die Beseitigung nicht mehr nachgeholt werden, wenn ein gutgläubiger Erwerb auf Grund dieser Eintragung nach Löschung der Vormerkung in Frage kommt (KGJ 53, 112). Ist dies aber nicht der Fall, so ist die Beseitigung der auf den späteren Antrag erfolgten Eintragung trotz der Löschung der Vormerkung noch zulässig und von Amts wegen nachzuholen. Denn die gegenüber jener Eintragung bereits entstandenen Wirkungen der Vormerkung sind durch ihre Löschung nicht hinfällig geworden (KGJ 53, 112). Wegen einer zu Unrecht gelöschten Vormerkung nach § 883 vgl. § 886 Anm. 11, § 894 Abs. 2.

Anm. 23

3. Keine selbständige Abtretung des Zustimmungsanspruchs. Der Zustimmungsanspruch aus § 888 ist wie der **Anspruch auf Grundbuchberichtigung** (§ 894 Anm. 26ff) **nicht selbständig** ohne den durch die Vormerkung gesicherten Anspruch **abtretbar** mit der Wirkung, daß der Zessionar die Zustimmung zur Verwirklichung des Vorgemerkten für sich selbst verlangen könnte (**RG** WarnRspr 1927 Nr. 92). Wird jedoch bei einer auf einen Kaufvertrag gegründeten Auflassungsvormerkung der gesicherte Anspruch des Käufers nebst der Vormerkung an einen Dritten abgetreten und erteilt der Verkäufer berechtigterweise als Eigentümer oder auch auf Grund einer Auflassung des Eigentümers an ihn (§ 925 Anm. 36) dem Dritten die Auflassung, so kann der Dritte die Zustimmung dazu verlangen, daß er selbst (nicht der Zedent) als Eigentümer eingetragen werde (**RG** WarnRspr 1927 Nr. 92).

IV. Veräußerungsverbot

Anm. 24

1. Allgemeines. Die **gleichartigen Wirkungen,** anderseits aber auch die **Unterschiede** von **Veräußerungsverboten** (§ 878 Anm. 16—18) **und Vormerkungen** sind erläutert in § 883 Anm. 66, 73, 79. Auf Grund des § 888 Abs. 2 kann der aus einem gesetzlichen oder richterlichen (z. B. durch einstweilige Verfügung angeordneten) Veräußerungsverbot (§§ 135, 136) Berechtigte, wenn das durch das Verbot betroffene Grundstück veräußert wird, ebenso wie bei einer Auflassungsvormerkung (Anm. 6) vom Erwerber die Zustimmung zur Auflassung an ihn, den Berechtigten, verlangen (**RG** 135, 381). Doch steht dem Erwerber der Schutz des öffentlichen Glaubens des Grundbuchs zur Seite, wenn das Verbot, das an sich ohne Eintragung wirkt (**RG** 135, 384), nicht eingetragen und ihm auch nicht bekannt gewesen ist (§§ 135 Abs. 2, 136, 892 Abs. 1 Satz 2). Für rechtsgeschäftliche Veräußerungsverbote (§ 137) gilt die Vorschrift des Abs. 2 nicht.

Anm. 25

2. Erwerbsverbot. Dagegen gilt sie auch für ein durch einstweilige Verfügung erlassenes **Erwerbsverbot,** das einem nach § 938 ZPO erlassenen Veräußerungsverbot gleichzustellen ist (**RG** 117, 292; § 925 Anm. 20). Hat also z. B. nach erteilter Auflassung der Veräußerer gegen den Erwerber des Grundstücks eine einstweilige Verfügung erwirkt und zugestellt, in der dem Erwerber verboten ist, sich durch einen Umschreibungsantrag das Eigentum zu verschaffen, so braucht der Veräußerer eine trotzdem erfolgende Umschreibung nicht zu dulden. Er kann verlangen, daß diese Umschreibung rückgängig gemacht wird. Er kann auch die Eintragung des Verbots in das Grundbuch herbeiführen und so dessen Wirkung auch Dritten gegenüber nach § 892 Abs. 1 Satz 2 sichern (**RG** 117, 294; das Kammergericht hat die Eintragungsfähigkeit des Erwerbsverbots verneint in JFG 18, 193).

§ 889

Ein Recht an einem fremden Grundstück erlischt nicht dadurch, daß der Eigentümer des Grundstücks das Recht oder der Berechtigte das Eigentum an dem Grundstück erwirbt.

E I 835 II 807; M 3 201 ff.; P 3 73.

1. Rechte an fremden Grundstücken

Anm. 1

a) Nur auf diese, also auf Erbbaurechte, Dienstbarkeiten, Vorkaufsrechte, Reallasten, hypothekarische Rechte (§ 873 Anm. 27), findet § 889 Anwendung. Bei hypothekarischen Rechten gelten ferner für das Nichterlöschen durch Vereinigung von Recht und Grundstückseigentum in einer Hand besondere Regeln (§§ 1163, 1177, 1178). Die ein Grundstück betreffenden Vormerkungen fallen nicht unter § 889, weil sie keine Rechte am Grundstück sind (§ 883 Anm. 37; OLG 6, 123). Ebensowenig gehören hierher Rechte an den genannten Rechten und Rechte an beweglichen Sachen. Diese erlöschen in der Regel bei ihrem Zusammentreffen mit dem Eigentum in einer Person; so der Nießbrauch und das Pfandrecht an beweglichen Sachen und an Rechten (§§ 1063, 1072, 1256, 1273, 1291).

Anm. 2

b) Anders verhält es sich, wenn der Eigentümer eines Grundstücks den **Nießbrauch an einer** auf dem Grundstück eingetragenen, **verzinslichen Hypothek** erlangt. Dann erlischt das Zinsrecht nicht deswegen, weil die Verbindlichkeit zur Entrichtung der Zinsen und das Recht auf die Zinsen sich in einer Person vereinigt hat. Denn der Nießbrauch an der Hypothek und das Eigentum am Grundstück stehen sich als gesonderte Rechte gegenüber; der Gegenstand des Nießbrauchs wird durch jene Vereinigung nicht berührt. Das Zinsrecht bleibt vielmehr bestehen. Die Folge der Vereinigung ist nur, daß der Eigentümer (Schuldner), solange er gleichzeitig Nießbraucher ist, Zinsen nicht zu entrichten braucht (KGJ 47, 198).

Anm. 3

c) Daß das **Recht im Grundbuch eingetragen** ist, wird für die Anwendung des § 889 nicht erfordert; es genügt, wenn das Recht außerhalb des Grundbuchs besteht (z. B. die Überbau- oder Notwegrente: §§ 912—918). Über die nach früherem Recht begründeten, nicht eingetragenen Rechte s. Anm. 9.

2. Nichterlöschen durch Vereinigung

Anm. 4

a) Hieraus darf nicht gefolgert werden, daß sich der Eigentümer am eigenen Grundstück ein Recht bestellen könnte. Nach § 181 kann der Eigentümer **nicht mit sich selbst** die nach § 873 erforderliche Einigung über die Bestellung des Rechtes vornehmen. Ausnahmen zugunsten einer Rechtsbestellung durch einseitige Erklärung finden sich freilich in den §§ 1009, 1196, 1199 (§ 873 Anm. 41).

Anm. 5

b) Ferner ist aus dem Nichterlöschen im Falle des § 889 nicht zu folgern, daß Rechte an einem fremden Grundstück immer erst dann erlöschen, wenn sie im Grundbuch **gelöscht** werden. Die formelle Löschung im Grundbuch bildet vielmehr eine unentbehrliche Voraussetzung für das materielle Erlöschen des Rechts nur bei der Aufhebung durch Rechtsgeschäft nach § 875. Fälle, in denen sonst Rechte auch ohne Löschung außerhalb des Grundbuchs erlöschen, sind in § 875 Anm. 2 besprochen.

Anm. 6

c) Aus dem Nichterlöschen eines Rechts nach § 889 folgt aber, daß nach der Vereinigung der Eigentümer als Rechtsinhaber **über das Recht besonders verfügen,** es aufheben, belasten, an einen anderen übertragen kann. Insoweit unterliegt daher das Recht für sich allein auch der Zwangsvollstreckung. Ferner steht dem Eigentümer wie sonst einem Inhaber der Schutz gegen Beeinträchtigungen zu (§§ 1017, 1027, 1065, 1090 Abs. 2). Er darf jedoch wegen einer Eigentümerhypothek oder Eigentümergrundschuld nach § 1177 Abs. 1, 2, § 1197 nicht die Zwangsvollstreckung in das Grundstück betreiben. Wird sie aber von anderer Seite betrieben, so kann der Eigentümer das Recht bei dieser Zwangsvollstreckung geltend machen.

Anm. 7

d) Veräußert der Eigentümer nach der Vereinigung das mit dem Recht belastete Grundstück, so verbleibt ihm das Recht. Ist bei der Vereinigung von Recht und Eigentum das Recht mit dem Recht eines Dritten belastet, so bleibt auch diese Belastung bestehen.

Anm. 8

e) Ausnahmen von dem Grundsatz des Nichterlöschens durch die Vereinigung gelten nach § 1178 Abs. 1 Satz 1 (Zinsrückstände und Kosten) bei einer Hypothek und einer Grundschuld sowie bei der Reallast und der Rentenschuld nach §§ 1107, 1192, 1200 in Verbindung mit § 1178 Abs. 1 Satz 1, auch hinsichtlich rückständiger Leistungen bei der Überbau- und der Notwegrente (§ 914 Abs. 3, § 917 Abs. 2).

Anm. 9

f) Ob ein unter der Herrschaft des früheren Rechts begründetes, nicht eingetragenes, aber zur Wirksamkeit der Eintragung auch nicht bedürfendes Recht (z. B. eine Grundgerechtigkeit nach § 12 Abs. 2 PrEEG v. 5. 5. 1872; Art. 187 EG BGB) durch Vereinigung (z. B. im Falle der Grundgerechtigkeit durch Vereinigung des herrschenden und des dienenden Grundstücks in der Hand eines Eigentümers) nach Anlegung des Grundbuchs erlischt, bestimmt sich nach den bisherigen Gesetzen. Denn nach Art. 189 Abs. 3

EG erfolgt die Aufhebung eines solchen Rechts, bis es in das Grundbuch eingetragen wird, nach den bisherigen Gesetzen. Unter „Aufhebung" ist hier aber nicht nur die rechtsgeschäftliche Aufhebung, sondern auch das ohne Rechtsgeschäft eintretende Erlöschen zu verstehen (str.; **RG** WarnRspr 1916 Nr. 19).

§ 890

Mehrere Grundstücke können dadurch zu einem Grundstücke vereinigt werden, daß der Eigentümer sie als ein Grundstück in das Grundbuch eintragen läßt.

Ein Grundstück kann dadurch zum Bestandteil eines anderen Grundstücks gemacht werden, daß der Eigentümer es diesem im Grundbuche zuschreiben läßt.

E I 787 II 808; M 3 56ff.; P 3 13, 327f., 550ff.

Übersicht

Anm. 1

1. Begriff des Grundstücks

a) Über den Begriff des Grundstücks und darüber, wann **mehrere selbständige Grundstücke** vorliegen, vgl. § 873 Anm. 13, 14, auch KGJ 37 A 209 (Eintragung mehrerer Katasterparzellen unter verschiedenen Nummern des Titelblatts nach früherem Recht).

Anm. 2

b) Sowohl für die Vereinigung als auch für die Zuschreibung wird im § 890 vorausgesetzt, daß die mehreren Grundstücke **demselben Eigentümer** gehören oder doch von ihm gleichzeitig mit der Stellung des Antrags auf Vereinheitlichung erworben werden (KGJ 36 A 193). Keine Voraussetzung ist, daß sie miteinander in **räumlichem Zusammenhang** stehen (**RG** 51, 215) oder im Bezirk desselben Grundbuchamts belegen sind (OLG 39, 221; KGJ 43, 291). Ferner ist nicht erforderlich, daß über die mehreren Grundstücke vor ihrer Vereinigung oder Verbindung durch Zuschreibung je ein **besonderes Grundbuchblatt** geführt worden ist. Auch Grundstücke, die auf einem gemeinschaftlichen Grundbuchblatt unter verschiedenen Nummern als selbständige Grundstücke gemäß § 4 GBO gebucht sind (§ 873 Anm. 14; OLG 39, 221; KGJ 30 A 195; 31 A 238; 49, 235), können miteinander zu einem Grundstück verbunden werden. Sind mehrere Grundstücke bereits vereinheitlicht worden, so können noch **andere Grundstücke zu einer Einheit hinzutreten,** aber nur zu dem Ganzen, nicht zu einem einzelnen Teile, mag dieser früher auch ein selbständiges Grundstück gebildet haben. Sollen die neu hinzutretenden Grundstücke nur mit einem Teil des Ganzen vereinheitlicht werden, so muß zunächst dieser Teil als selbständiges Grundstück auf dem bisherigen Grundbuchblatt gemäß § 4 GBO (unter besonderer Nummer) oder auf einem anderen Blatt gebucht werden (OLG 2, 407; KGJ 43, 292).

Anm. 3

c) Rechte, die den Grundstücken gleichgestellt sind (§ 903 Anm. 7), insbesondere Erbbaurechte, können entsprechend mit Grundstücken oder untereinander vereinheitlicht werden. Dagegen kann ein Miteigentumsteil (ideeller Grundstücksteil) weder mit einem Grundstück vereinigt noch ihm zugeschrieben werden (§ 873 Anm. 19). Besondere gesetzliche Bestimmungen gelten in dieser Hinsicht nach Landesrecht (Art. 67, 112 EG) für das Bergwerkseigentum und für Bahneinheiten.

Anm. 4

2. Zulässigkeit der Vereinheitlichung. Die mehreren Grundstücke **können** nach Abs. 1 oder nach Abs. 2 vereinheitlicht werden, wenn nicht durch **Landesgesetz** gemäß dem Vorbehalt in Art. 119 Nr. 3 EG die Vereinheitlichung untersagt oder beschränkt ist. Nach den Ordnungsvorschriften der §§ 5, 6 GBO, deren Nichtbeachtung die bewirkte Vereinheitlichung nicht unwirksam macht, soll die Vereinheitlichung nur erfolgen, wenn davon Verwirrung nicht zu besorgen ist. Wann diese Besorgnis gerechtfertigt ist, bestimmt sich nach der Lage des einzelnen Falles. Namentlich werden dabei eine Verschiedenheit der Belastung und die sich daraus ergebende Unübersichtlichkeit des Grundbuchs und die Schwierigkeit der Zwangsvollstreckung in Betracht kommen (OLG 18, 196; 20, 401; 39, 222).

Anm. 5

3. Vereinigung. Werden die mehreren Grundstücke **zu einem Grundstücke vereinigt,** so wird nicht das eine Grundstück Bestandteil des anderen, sondern jedes wird Bestandteil des nunmehr einheitlichen ganzen Grundstücks (KGJ 30 A 195; OLG 39, 221). Diese Bestandteile können aber, da sie nicht wesentliche sind, je für sich Gegenstand besonderer Rechte sein. Deshalb bleiben die Teile auch fernerhin gesondert so belastet, wie sie es früher als selbständige Grundstücke waren. Die Belastungen des einen Teiles erstrecken sich nicht auch auf den anderen Teil (RJA 6, 249; KGJ 30 A 195; OLG 39, 221, 223). Eine Gesamthypothek an den beiden bisherigen Grundstücken wird nicht zur Einzelhypothek, vielmehr finden die Vorschriften über die Gesamthypothek (§§ 1132, 1172ff, 1181 Abs. 2, 1182) nach wie vor auf sie Anwendung (KGJ 30 A 195; OLG 39, 223). Erst nach der Vereinigung können die Teile einheitlich belastet werden, wobei sie dann als ein Grundstück gelten (KGJ 30 A 195; OLG 39, 222). Wegen solcher Belastungen, die nur einen Teil betreffen, kann trotz der Vereinigung die Zwangsvollstreckung in den Teil allein betrieben werden (RJA 6, 249; OLG 39, 223). Soll nach der Vereinigung eine neue Belastung oder sonstige Verfügung nur einen der Teile betreffen, so kommen formellrechtlich, insbesondere hinsichtlich der Wiederabschreibung des Teiles, die §§ 3, 7 GBO zur Anwendung (§ 873 Anm. 13).

4. Antrag des Eigentümers

Anm. 6

a) Nur auf Veranlassung des **Eigentümers** kann die Vereinheitlichung der mehreren Grundstücke nach Abs. 1 oder nach Abs. 2 bewirkt werden, also nicht von Amts wegen (KGJ 31 A 238; 49, 235). Der gegenüber dem Grundbuchamt (§ 875 Anm. 27) zu stellende **Antrag des Eigentümers** enthält **materiellrechtlich** eine rechtsgeschäftliche Willenserklärung, weil rechtliche Folgen mit ihm verbunden sind und ein dem Liegenschaftsrecht unterliegender neuer Gegenstand durch ihn geschaffen werden soll. Daher bedarf er als eine zu der Eintragung erforderliche Erklärung im Sinne des § 29 Satz 1 GBO **formellrechtlich** der dort vorgeschriebenen Form (RJA 6, 74; KGJ 31 A 238). Der Antrag auf Vereinigung nach § 890 Abs. 1 kann jetzt auch von der Vermessungsbehörde (gebührenfrei) öffentlich beurkundet oder beglaubigt werden (Reichsgesetz v. 15. 11. 1937 RGBl I 1257).

Anm. 7

b) Von der Erklärung des Eigentümers, welche die materiellrechtliche Grundlage für die Vereinheitlichung bildet, ist zu unterscheiden der rein **verfahrensrechtliche Eintragungsantrag,** der für die Vornahme jeder Eintragung nach § 13 Abs. 1 GBO erforderlich ist, dessen Fehlen aber auf die Wirksamkeit der vorgenommenen Eintragung keinen Einfluß hat. Er bedarf nach § 30 GBO keiner Form und kann unter

Vorlegung der formgerechten materiellrechtlichen Erklärung des Eigentümers nach § 13 Abs. 2 GBO nicht nur von diesem, sondern auch von jedem andern gestellt werden, zu dessen Gunsten die Vereinheitlichung erfolgen soll. So kann z. B. im Falle der Zuschreibung nach § 890 Abs. 2 der Gläubiger einer auf beiden Grundstücken haftenden Gesamthypothek den verfahrensrechtlichen Antrag stellen. Denn er wird durch die Zuschreibung insofern begünstigt, als mit ihr anders als bei der bloßen Vereinigung (s. Anm. 5) die Gesamthypothek gemäß § 1131 zur Einzelhypothek auf einem Grundstück wird (RJA 6, 75).

Anm. 8

c) Ist eine Vereinheitlichung **ohne die materiellrechtliche Erklärung des Eigentümers** bewirkt worden oder ist diese Erklärung nicht rechtsgültig, so ist die Vereinheitlichung unwirksam. Die nach dem Gesetz mit einer Vereinheitlichung verbundenen rechtlichen Folgen treten dann nicht ein (JW 1933, 1339[6]). Das Grundbuchamt kann zwar eine solche ungerechtfertigte Vereinheitlichung nicht nach § 53 Abs. 1 Satz 2 GBO von Amts wegen löschen, da das Gesetz die Vereinheitlichung an sich gestattet und daher die zu Unrecht bewirkte Eintragung nicht ihrem Inhalt nach unzulässig ist. Das Grundbuchamt hat aber, da die Zusammenschreibung eine Eintragung im Sinne der §§ 53, 71 GBO ist (RJA 6, 251), gemäß § 53 Abs. 1 Satz 1 GBO von Amts wegen einen Widerspruch einzutragen; hierzu kann es nach § 71 Abs. 2 GBO im Wege der Beschwerde angehalten werden (RJA 6, 252).

Anm. 9

d) Es steht ohne Rücksicht auf die Größe, Lage und Beschaffenheit der Grundstücke **im freien Willen des Eigentümers,** zu bestimmen, welche von beiden Arten der Vereinheitlichung stattfinden soll. Er muß aber wegen der verschiedenen rechtlichen Folgen (Anm. 5, 12) mit Bestimmtheit angeben, ob eine Vereinigung oder eine Zuschreibung erfolgen soll (KGJ 30 A 195; OLG 39, 221). Hat das Grundbuchamt entgegen dem auf eine Vereinheitlichung gerichteten Antrag des Eigentümers das eine Grundstück, das mit dem anderen vereinheitlicht werden sollte, als selbständiges Grundstück gebucht, sei es auch gemäß § 4 GBO auf einem beiden Grundstücken gemeinschaftlichen Grundbuchblatt (Anm. 2), so steht dem Eigentümer die Beschwerde zu. Denn die vorgenommene Buchung ist keine auf Parteibetrieb erfolgende, mit besonderen rechtlichen Wirkungen versehene Eintragung im Sinne des § 71 Abs. 2 Satz 1 GBO (OLG 5, 188).

Anm. 10

e) Der **Zustimmung der Realberechtigten,** insbesondere der Hypothekengläubiger, bedarf es weder zur Vereinigung noch zur Zuschreibung, da ihre Rechte nicht beeinträchtigt werden und § 890 nur eine Erklärung des Eigentümers erfordert (RJA 6, 249; 12, 156), wohl aber bedarf es der Zustimmung des Heimstättenausgebers (HeimstG § 10).

Anm. 11

5. Eintragung als ein Grundstück. Sie wird vollzogen nach den Vorschriften in § 6 Abs. 6, § 13 der Grundbuchverfügung vom 8. 8. 1935. Die erfolgte Vereinigung kann nur auf Antrag des Eigentümers wieder aufgehoben werden. Dagegen hat bei der Buchung mehrerer Grundstücke auf einem gemeinschaftlichen Grundbuchblatt das Grundbuchamt nach § 4 GBO von Amts wegen darüber zu befinden, ob das für die mehreren selbständigen Grundstücke angelegte gemeinschaftliche Grundbuchblatt fortzuführen ist; Anträge Beteiligter, auch des Eigentümers, auf Aufhebung der gemeinschaftlichen Buchung haben hier nur die Bedeutung einer Anregung (KGJ 50, 127; OLG 39, 222). Die Beschwerde eines Hypothekengläubigers über die Beseitigung einer bereits bewirkten Vereinigung ist unzulässig (RJA 6, 247).

6. Bestandteil eines anderen Grundstücks

Anm. 12

a) Wird **ein Grundstück zum Bestandteil eines anderen** gemacht — nicht mehrerer Grundstücke KG DR 41, 1463 —, so gilt hinsichtlich der rechtlichen Folgen Abweichendes von der Vereinigung (Anm. 5) für die **Grundpfandrechte** (Hypotheken, Grund- und Rentenschulden). Nach §§ 1131, 1192, 1200 erstrecken sich die auf dem Hauptgrundstück bestehenden hypothekarischen Rechte auf das zugeschriebene Grundstück mit der Maßgabe, daß die auf diesem Grundstück lastenden Rechte im Range vorgehen. Dagegen erstrecken sich die Rechte am zugeschriebenen Grundstück nicht auf das Hauptgrundstück Die Hypotheken auf dem Hauptgrundstück werden durch die Erstreckung auf das zugeschriebene Grundstück nicht zu Gesamthypotheken im Sinne des § 1132, da ihnen auch nach der Zuschreibung nur ein Grundstück, zusammengesetzt aus dem Hauptgrundstück und dem zugeschriebenen Grundstück, haftet (str.). Bestand vor der Zuschreibung eine Gesamthypothek an dem Hauptgrundstück und dem zugeschriebenen Grundstück, so wird die Hypothek durch die Zuschreibung zu einer Einzelhypothek, weil die Hypothek an dem Hauptgrundstück sich auf das zugeschriebene Grundstück erstreckt und die beiden Haftungsobjekte dieser Hypothek nunmehr ein einheitliches Grundstück bilden (RJA 6, 74). Im übrigen gilt dasselbe wie bei der Vereinigung.

Anm. 13

b) Da das zugeschriebene Grundstück kein wesentlicher Bestandteil des Hauptgrundstücks ist, behält jedes Grundstück bei **dinglichen Rechten anderer Art** (Erbbaurecht, Dienstbarkeiten, Vorkaufsrecht, Reallasten) seine besondere Belastung. Diese Rechte bleiben durch die Zuschreibung unberührt und erfahren keine Erweiterung ihrer Belastungsobjekte (JW 1936, 2749[51]; OLG 20, 401; 39, 221). Dasselbe gilt von **Eigentumsbeschränkungen.**

Anm. 14

c) Aus Art. 181 EG ist zu folgern, daß ein nach früherem Recht **als Zubehör zugeschriebenes** Grundstück — diese Art der Zuschreibung ist jetzt nicht mehr zulässig — seit dem Inkrafttreten des BGB als zugeschriebener Bestandteil zu gelten hat (KGJ 37 A 211; 51, 261).

Anm. 15

d) Wird beim Bestehen einer **Grunddienstbarkeit** dem herrschenden Grundstück ein weiteres Grundstück als Bestandteil zugeschrieben, so wirkt die Grunddienstbarkeit nicht ohne weiteres auch zugunsten des zugeschriebenen Grundstücks (JFG 13, 314). Wird das herrschende Grundstück dem dienenden oder das dienende dem herrschenden als Bestandteil zugeschrieben, so ist trotz der Vorschrift des § 889 das Erlöschen der Grunddienstbarkeit anzunehmen. Denn nach § 1018 kann eine Grunddienstbarkeit nur bestehen, wenn ein selbständiges Grundstück als das herrschende einem anderen selbständigen Grundstück als dem dienenden gegenübersteht (KGJ 51, 261; § 1018 Anm.).

Anm. 16

7. **Zuschreibung.** Sie richtet sich nach den Vorschriften in § 6 Abs. 6, § 13 der Grundbuchverfügung vom 8. 8. 1935. Über die Ablehnung des von dem Eigentümer gestellten Antrags auf Zuschreibung kann sich auch der Hypothekengläubiger beschweren, dem eine Gesamthypothek an beiden Grundstücken zusteht (RJA 6, 73, aber auch 12, 157).

Anm. 17

8. **Teilung eines Grundstücks.** Im Falle der Teilung eines Grundstücks in mehrere selbständige Grundstücke, worüber das BGB keine Bestimmung trifft, wird an dem dinglichen Rechtszustand regelmäßig nichts geändert. Die Belastungen bleiben an den einzelnen Teilen bestehen. Die Realberechtigten brauchen in die Teilung nicht einzuwilligen (M 3 S. 654, 655). Die Übertragung der Belastungen auf die nach

einem anderen Grundbuchblatt übertragenen Teile ist geregelt in den §§ 46 Abs. 2, 48 GBO. Belastung und Entlastung von realen und ideellen Grundstücksteilen sind erläutert in § 873 Anm. 18, 19. Sondervorschriften über die Wirkung der Teilung bestehen für die Grunddienstbarkeit (§§ 1025, 1026), die beschränkte persönliche Dienstbarkeit (§§ 1090 Abs. 2, 1026) und die Reallast (§ 1108 Abs. 2). Vgl. ferner EG Art. 113 (Zusammenlegung von Grundstücken; dazu KGJ 43, 290), 119 Nr. 2 (Verbot der Teilung nach Landesrecht), 120 Abs. 1, 2 Nr. 1 (lastenfreie Abtretung von kleineren Trennstücken ohne Bewilligung der Realberechtigten auf Grund eines Unschädlichkeitszeugnisses; dazu JFG 17, 266 unter Preisgabe von KGJ 44, 226). Zustimmung erforderlich nach § 4 Wohnsiedlungsges. v. 22. 9. 1933, Reichssiedlungsges. v. 4. 1. 1935, § 9 Heimstättenges.

§ 891

Ist im Grundbuche für jemand ein Recht eingetragen, so wird vermutet, daß ihm das Recht zustehe.

Ist im Grundbuche ein eingetragenes Recht gelöscht, so wird vermutet, daß das Recht nicht bestehe.

E I 826 II 809; M 3 138ff., 153ff.; P 3 48f.

Übersicht

Anm. 1

I. Alte Rechte. Die Vorschriften des § 891 gelten auch für die **im Grundbuch** (Vorbem. vor § 873) nachgewiesenen, schon nach früherem Recht begründeten Rechte (**RG** 104, 318; 127, 261; JW 1912 S. 145[22], 196[18]). Ob ein Recht nach den früheren Gesetzen zur Begründung der Eintragung bedurfte oder außerhalb des Grundbuchs begründet werden konnte, ob also seine Eintragung rechtsbegründende oder nur feststellende Wirkung hatte (Vorbem. 21, 22 vor § 873), ist für die Anwendung des § 891 belanglos. Ebensowenig kommt es darauf an, ob nach den früheren Gesetzen eine dem § 891 ähnliche Vermutung für das Recht galt oder nicht (str.; M des EG 267; **RG** 62, 100; JW 1912 S. 145[22], 196[18]). Allerdings sind für die Frage, ob ein älteres Recht wirklich begründet worden ist und welchen Inhalt es hat, die früheren Gesetze maßgebend, soweit nicht besondere Ausnahmevorschriften nach dieser Richtung gegeben sind (Art. 181 ff, 184, 192—195 EG). Darum handelt es sich aber im § 891 nicht. Hier wird vielmehr dem Grundbuch eine **besondere Beweiskraft** beigelegt. Diese muß für und gegen alle Rechte gelten, auf die sich ein dem Liegenschaftsrecht des BGB entsprechend angelegtes Grundbuch bezieht. Daher steht ohne Ausnahme auch demjenigen, dessen eingetragenes Recht unter der Herrschaft der früheren Gesetze begründet worden ist, die Vermutung aus Abs. 1 § 891 zur Seite und demjenigen, dessen unter der Herrschaft der früheren Gesetze begründetes Recht gelöscht worden ist, die Vermutung aus Abs. 2 § 891 entgegen (**RG** 62, 100; JW 1912 S. 145[22], 196[18]; WarnRspr 1912 Nr. 258). Aus dem von der Gegenmeinung herangezogenen Urteil **RG** JW 1903 Beil. 54 ergibt sich nichts Gegenteiliges. Dort ist nur ausgesprochen, daß für die Anwendung des § 891 der Inhalt des neuen Grundbuchs, nicht der eines nach früherem Recht angelegt gewesenen Grundbuchs maßgebend sei. Handelt es sich um ein subjektiv- und objektiv-dingliches Recht (Grunddienstbarkeit, Vorkaufsrecht, Reallast: §§ 1018, 1094, 1105), so ist der Inhalt seiner Eintragung auf dem Grundbuchblatt des belasteten Grundstücks maßgebend, auch wenn der etwa gemäß § 9 GBO in das Grundbuchblatt des herrschenden Grundstücks aufgenommene Vermerk davon abweicht (§ 873 Anm. 100; § 1018 Anm.).

II. Eingetragener Berechtigter

Anm. 2

1. Deutliche Bezeichnung. Derjenige, für den ein Recht eingetragen ist, muß deutlich bezeichnet sein, wenn die Vermutung aus Abs. 1 zu seinen Gunsten ohne weiteres gelten soll. Andernfalls hat er sich als den nach dem Grundbuchvermerk gemeinten Inhaber des Rechts besonders auszuweisen (**RG** JW 1912, 145[22]). Eintragungen eines bereits zur Zeit der Eintragung Verstorbenen, eines Geschäftsunfähigen, eines nicht Rechtspersönlichkeit Besitzenden erörtern Anm. 32, 33.

Anm. 3

2. Mehrere Berechtigte. Ist ein Recht für mehrere eingetragen, so muß sich, sofern § 891 Abs. 1 auch das Rechtsband zwischen ihnen ergreifen soll, aus dem Grundbuch ergeben, um welche Art von Gemeinschaft es sich handelt, ob eine Gemeinschaft nach Bruchteilen (§§ 741 ff, z. B. Miteigentum: § 1008) vorliegt oder eine Gemeinschaft zur gesamten Hand (Gesellschaft: §§ 705 ff; allgemeine und fortgesetzte Gütergemeinschaft, Errungenschaftsgemeinschaft: §§ 1438, 1442 aF, §§ 1416, 1419 nF, 1471 Abs. 2, 1483, 1519 aF; Erbengemeinschaft: § 2032). Eine Vermutung für die eine oder die andere Art der Gemeinschaft besteht nicht. Nach § 47 GBO soll, wenn ein Recht für mehrere gemeinschaftlich eingetragen wird, in den Eintragungsvermerk entweder die Angabe der Anteile der Berechtigten in Bruchteilen oder die Bezeichnung des für die Gemeinschaft maßgebenden Rechtsverhältnisses aufgenommen werden. Wenn diese Ordnungsvorschrift außer acht gelassen ist, muß derjenige, der eine bestimmte Art der Gemeinschaft behauptet und darauf Rechte, insbesondere seine Befugnis zur Verfügung (§§ 719, 747, 1442 ff, 2033) gründet, das Bestehen dieser Gemeinschaft besonders nachweisen (RJA 5, 125; KGJ 20, 304; 21, 120; 27, 143). Ergibt sich jedoch aus dem Grundbuch wenigstens so viel, daß unter den mehreren Berechtigten eine Gemeinschaft nach Bruchteilen besteht, so ist nach §§ 742, 747 im Zweifel anzunehmen, daß den Teilhabern gleiche Anteile zustehen und jeder über seinen Anteil zu verfügen berechtigt ist.

Anm. 4

3. Briefhypotheken. Bei Briefhypotheken findet die Vermutung des § 891 Abs. 1 ihre Schranke an den für diese Hypotheken geltenden Vorschriften, namentlich an den §§ 1117 Abs. 1 u. 3, 1154, 1155, in denen der Erwerb und die Übertragung der Briefhypothek außerhalb des Grundbuchs zugelassen und geregelt ist (**RG** 1917 Nr. 56). Deshalb bedarf es auch nach § 1160 zur Geltendmachung der Hypothek auf Verlangen noch der Vorlegung des Hypothekenbriefs.

Anm. 5

4. Subjektiv persönliches Recht. Ist ein objektiv-dingliches Vorkaufsrecht oder Reallastrecht für eine bestimmte Person bestellt (§ 1094 Abs. 1, § 1105 Abs. 1), vom Grundbuchamt aber auf dem Grundbuchblatt des belasteten Grundstücks (Anm. 1; § 873 Anm. 100) irrtümlich zugunsten des jeweiligen Eigentümers eines andern Grundstücks (§ 1094 Abs. 2, § 1105 Abs. 2) eingetragen worden, so wird nach § 891 Abs. 1 vermutet, daß das Recht diesem Grundstück als ein subjektiv-dingliches Recht zustehe; doch gilt das nur solange, bis die Vermutung widerlegt und nachgewiesen ist (Anm. 21), daß das Recht tatsächlich nur ein subjektiv-persönliches ist (**RG** 104, 318).

III. Rechte an einem Grundstück

Anm. 6

1. Allgemeines. § 891 bezieht sich **nur** auf **Rechte an einem Grundstück,** also auf das Grundeigentum und die ein Grundstück belastenden, begrenzten dinglichen Rechte (Erbbaurecht, Dienstbarkeiten, dingliches Vorkaufsrecht, Reallasten, hypothekarische Rechte, Dauerwohnrecht WEG § 31).

Anm 7.

a) Verfügungsbeschränkungen sind keine Rechte am Grundstück (§ 874 Anm. 3) und fallen daher nicht unter § 891 (Prot. 3, 49; KGJ 52, 168); daraus folgt aber noch nicht, daß ihre Eintragung in das Grundbuch ohne jede Beweiskraft wäre (unten Abs. 18). Dasselbe gilt für **Vormerkungen** (§ 883 Anm. 2, 37), **Widersprüche** (**RG** JW 1910, 149[13]) und auch für die nach den §§ 51, 52 GBO von Amts wegen in das Grundbuch aufzunehmenden Vermerke über eine **Nacherbschaft** und über eine **Testamentsvollstreckung** (str.; aM Palandt Anm. 2a; KGJ 52, 168 gegen 40 A 196; § 892 Anm. 98; § 894 Anm. 11). Hat aber der Grundbuchrichter zunächst einmal auf Grund einer Testamentsauslegung jemanden im Grundbuch als Berechtigten ohne Hinzufügung eines Nacherbenvermerks eingetragen, so darf er nicht nachträglich lediglich auf Grund einer abweichenden Testamentsauslegung den Eingetragenen als bloßen Vorerben behandeln, es sei denn, daß besondere Umstände, namentlich neue Tatsachen, eine andere Auslegung rechtfertigen (JW 1934, 2931[1]).

Anm. 8

b) Nicht eintragungsfähige Rechte (Vorbem. 7ff vor § 873), die trotzdem eingetragen sind, gelten nicht als eingetragene Rechte im Sinne des § 891. Denn diese Einschreibungen sind ihrem Inhalt nach unzulässig (§ 53 Abs. 1 Satz 2 GBO); § 891 betrifft aber nur solche Rechte, die ihrem Inhalt nach zulässigerweise eingetragen sind (**RG** 62, 101; 88, 86). Das gleiche gilt für nichtige (z. B. durch erhebliche Bedrohung des Grundbuchrichters erzwungene, **BGH** 7, 64) Eintragungen. Auch für öffentliche Rechte (z. B. gemeines Eigentum des preußischen Staates an öffentlichen Flüssen nach dem früher geltenden § 21 ALR II 14; Bezeichnung einer Apotheke im Grundbuch als Hofapotheke), die in das Grundbuch eingetragen worden sind, hat § 891 keine Bedeutung. Denn das Grundbuch ist nur dazu bestimmt, über die privatrechtlichen Verhältnisse eines Grundstücks oder einer ihm gleichstehenden Gerechtigkeit Auskunft zu geben (**RG** 80, 366; WarnRspr 1914 Nr. 283; Gruchot 57, 989; 58, 949; HRR 1935 Nr. 1408).

Anm. 9

c) Ferner erstreckt sich die Rechtsvermutung des § 891 nicht auf solche im Grundbuch enthaltenen Vermerke, die auf den **Inhalt, Umfang oder Gegenstand der eingetragenen Rechte keinen Bezug** haben. Ein solcher Vermerk ist z. B. die Angabe über die Höhe des Kaufpreises. Weiter ist aus § 891 keine Vermutung zu entnehmen für eine bestimmte **rechtliche Natur** der Eintragung und für die Frage, ob das Eingetragene nach seiner rechtlichen Natur etwa kraft späterer Gesetzgebung nicht mehr rechtsbeständig ist (z. B. ein Vorkaufsrecht infolge des PrAblösungsges. v. 2. 3. 1850). Vielmehr sind Inhalt und rechtliche Natur der Eintragung aus dem Eintragungsvermerk und den zugrundeliegenden Urkunden zu bestimmen (**RG** JW 1912, 196[18]).

Anm. 10

2. Angaben tatsächlicher Natur. In den Gesetzesvorarbeiten (Prot. 3, 49; M z. E I GBO 35; DS zu § 2 E II GBO) wird mehrfach von „tatsächlichen Umständen" oder „Angaben tatsächlicher Natur" gesprochen, auf die weder die Rechtsvermutung des § 891 noch der öffentliche Glaube des Grundbuchs nach § 892 Anwendung finden soll. Als Beispiele hierfür werden angeführt die Angaben über Lage und Größe des Grundstücks.

Anm. 11

a) Diese Bemerkungen haben in der Rechtslehre zu zahlreichen Meinungsverschiedenheiten darüber geführt, ob und inwieweit die auf das Grundstück bezüglichen **Bestandsangaben** den Vorschriften der §§ 891, 892 unterliegen. Richtig erscheint folgendes: Die Rechtsvermutung und der öffentliche Glaube des Grundbuchs erstrecken sich nicht nur auf den gesamten Inhalt der eingetragenen Rechte und auf den Umfang der mit ihnen verbundenen Befugnisse, wie sie sich aus den besonderen Eintragungsvermerken für die Rechte ergeben, sondern auch auf den Gegenstand, an dem die Rechte bestehen. Denn gerade dieser Gegenstand gibt ihnen besondere rechtliche Bedeutung (**RG** 73, 128; KGJ 27 A 91, jedoch auch **RG** 61, 193; aM OLG 15, 335). Namentlich ist bei dem unbeschränkten Eigentumsrecht der Gegenstand, an dem es besteht, das wesentlichste Merkmal für seine Umgrenzung. Die durch § 891 gewährte Vermutung für das Bestehen des Eigentums kann für den eingetragenen Eigentümer nur dann zur vollen Geltung kommen, wenn sie sich auch darauf erstreckt, was nach dem Inhalt des Grundbuchs das Eigentumsrecht umfaßt. Erst hieraus ergibt sich das Eigentumsrecht in vollem Maße, so wie es im Einzelfalle besteht (**RG** 68, 2; 73, 129). Auch für den öffentlichen Glauben des Grundbuchs läßt sich das Eigentumsrecht nicht von seinem Gegenstande trennen. Der Inhalt des Grundbuchs im Sinne des § 892 Abs. 1 Satz 1 umfaßt bezüglich des Eigentums notwendig auch dessen Gegenstand, da nur so das im Einzelfalle bestehende Sondereigentum an einem Teil der Erdoberfläche mit zur Darstellung gebracht wird (**RG** 68, 24; 73, 129).

Anm. 12

b) Daher sind diejenigen **beschreibenden Angaben,** aus denen zu entnehmen ist, welche **Teile der Erdoberfläche** in den Bereich der Herrschaft der im Grundbuch eingetragenen Rechte, namentlich des Eigentumsrechts, fallen, ebensowenig bloß tatsächliche Angaben wie die für die einzelnen Rechte eingetragenen, ihren Inhalt und Umfang darstellenden Vermerke. Worauf die Angaben beruhen, ob sie insbesondere dem in § 2 Abs. 2 GBO vorgeschriebenen amtlichen Verzeichnis entnommen sind oder nicht, ist gleichgültig. Nur der Inhalt des Grundbuchs in der Darstellung der zu dem einzelnen, räumlich begrenzten Eigentum gehörigen Flächen des Grund und Bodens ist maßgebend (**RG** 73, 129).

Anm. 13

c) Als eine solche Darstellung müssen z. B. auch die im Bestandsverzeichnis gemäß § 6 der Grundbuchverfügung v. 8. 8. 1935 aufgeführten, aus dem Kataster entnommenen **Nummern der Flächenabschnitte** (Parzellennummern) gelten (**RG** 73, 129; JW 1910, 813[32]; Gruchot 58, 198; 68, 70). Denn auf Grund dieser Nummern sind in der Örtlichkeit die Grundflächen festzustellen, die von dem Eigentum umfaßt werden. Für diese Grundflächen gilt daher die Vermutung aus § 891 Abs. 1, daß sie dem eingetragenen Eigentümer gehören; auf sie erstreckt sich der öffentliche Glaube des Grundbuchs nach § 892 (**RG** 73, 129; JW 1910, 813[32]; KGJ 25 A 98, 106; 27 A 92). Wenn im Grundbuch (z. B. gemäß § 6 Abs. 4 der Grundbuchverfügung v. 8. 8. 1935) der Bestand des Grundstücks unter einer Gesamtbezeichnung und unter Vor-Weglassung der einzelnen Parzellennummern lediglich durch Bezugnahme auf die Artikel der Grundsteuermutterrolle angegeben ist, so erstreckt sich der öffentliche Glaube des Grundbuchs auf die in den Artikeln der Grundsteuermutterrolle aufgeführten Parzellen (**RG** JW 1927, 44[8]).

Anm. 14

d) Anders verhält es sich aber mit solchen Angaben, die nicht eine Darstellung des räumlichen Umfangs und der Begrenzung des Grundstücks enthalten, sondern **dem Grundstück lediglich einen Namen geben oder über besondere Eigenschaften des Grundstücks berichten** (z. B. Rittergut, Bauerngut, Kulturart, Reinertrag, Nutzungswert) oder die Grundlage der Eintragung in Spalte 4 der Abt. I des Grundbuchs bezeichnen (**BGH** 7, 64). Solche Angaben sind rein tatsächlicher Natur und unterliegen daher nicht den Vorschriften der §§ 891, 892 (**RG** 73, 129). Dasselbe gilt von den Angaben über die auf dem Grundstück errichteten **Gebäude** (**RG** WarnRspr 1924 Nr. 98). Was die Angaben über **die Lage und die Größe** anlangt, so werden sie sich in der Regel ebenfalls lediglich auf die Beschaffenheit, eine Eigenschaft des Grundstücks beziehen (z. B. wenn es heißt: „in der Nähe der Stadt N belegen, im Kreise X", oder wenn auf Grund einer Neuvermessung innerhalb der alten Grenzen eine neue Größenangabe eingeschrieben ist). Dann finden auf diese Angaben die Vorschriften der §§ 891, 892 keine Anwendung (**RG** 73, 128 KGJ 27 A 91; 30 A 206).

Anm. 15

e) Grundsätzlich muß man sich davor hüten, die **Bestandsangaben** des Grundbuchs etwa **über den Wortlaut der Eintragung hinaus** den §§ 891, 892 zugänglich zu machen (DRZRspr 1934 Nr. 141). Unter besonderen Umständen können aber ausnahmsweise die Beschreibungen der Lage und die Größenangaben derartige sein, daß sie den räumlichen Umfang und die Begrenzung des Grundstücks zur Darstellung bringen. Dann sind auch diese Angaben nicht mehr rein tatsächlicher Natur (**RG** 73, 128).

Anm. 16

f) Auch bei den **das Grundstück belastenden Rechten** kommt es darauf an, ob die hierauf bezüglichen, aus dem Grundbuch ersichtlichen Tatsachen den Inhalt und Umfang des Rechts mitbestimmen oder ob sie nur rein tatsächliche Bedeutung haben und Rechtsfolgen sich mit ihnen nicht verbinden (JW 1926, 2581[2]; 1927, 274[3]).

Anm. 17

3. Privatrechte. Unter Rechten im § 891 (und § 892) sind nur Privatrechte zu verstehen. Handelt es sich um die Frage, ob ein Grundstück (z. B. See, Fluß) eine des Privateigentums fähige Sache oder dem Privatrechtsverkehr entzogen ist, so kann für die Richtigkeit der Eintragung im Grundbuch weder die Vermutung aus § 891 noch der öffentliche Glaube aus § 892 ausgerufen werden, da das Grundbuch zum Beweise solcher Verhältnisse nicht bestimmt ist (**RG** 80, 367; Gruchot 55, 1152). Dahin gehört auch die im Grundbuch enthaltene Bezeichnung einer Grundfläche als öffentlicher Weg (**RG** V 278/03).

Anm. 18

4. Von § 891 nicht betroffene Eintragungen. Bei **Eintragungen, auf die § 891 keine Anwendung findet,** weil sie nicht Rechte am Grundstück betreffen, mit deren Inhalt aber doch rechtliche Wirkungen verbunden sind (oben Anm. 7), ist aus ihrer

Aufnahme in das Grundbuch, also in eine öffentliche Urkunde, gemäß § 418 Abs. 1 ZPO im Streitfalle voller Beweis für das tatsächliche Bestehen ihres Inhalts zu entnehmen. Gegen diesen Beweis ist nach § 418 Abs. 2 ZPO der Beweis der Unrichtigkeit zulässig. Dies trifft besonders für Verfügungsbeschränkungen, Vormerkungen und Widersprüche zu (Prot. 3, 49; str., insbesondere auch, ob die Eintragungen nur als Urkunden über getroffene Entscheidungen einer Behörde im Sinne des § 417 ZPO zu erachten sind).

IV. Die Vermutungen

Anm. 19

1. Wirkung gegenüber rechtlich Interessierten. Die **Vermutung** hinsichtlich des eingetragenen Rechts (Abs. 1) **wirkt nicht nur für den eingetragenen Berechtigten, sondern auch gegen ihn** (**RG** 95, 164). Die Vermutung hinsichtlich des gelöschten Rechts (Abs. 2) wirkt nicht nur gegen, sondern auch für denjenigen, der durch die Löschung betroffen worden ist. Insbesondere ist der als Eigentümer Eingetragene zur Einlassung verpflichtet (passiv legitimiert) auf jeden Anspruch, der gegen ihn als Eigentümer erhoben wird (OLG 8, 186). Demzufolge erklärt denn auch **RG** 95, 160 für zulässig die grundbuchliche Vollziehung eines Urteils, das der Eigentümer gegen einen als Hypothekengläubiger eingetragenen Scheinzessionar auf Einräumung des Vorrangs vor einer anderen Hypothek nach § 826 erstritten hatte, weil der Scheinzedent sich dem Kläger gegenüber verpflichtet hatte, der anderen Hypothek, falls sie eingetragen werde, den Vorrang einzuräumen. Überhaupt kann sich auf die Vermutungen des § 891 nicht wie im § 892 bloß ein dritter Erwerber, sondern jeder berufen, der an dem Bestehen des eingetragenen Rechts oder an dem Nichtbestehen des gelöschten Rechts ein rechtliches Interesse hat (**RG** JW 36, 2399). Auch dem Eigentümer und Schuldner, der von dem Inhaber eines eingetragenen Rechts in Anspruch genommen wird, steht sie zur Seite (**RG** V 243/03). Die kirchenrechtliche Vermutung, daß Friedhöfe im Eigentum der Kirchengemeinde (kirchlichen Anstalt) stehen (§§ 183, 190 II 11 PrALR), greift gegenüber der Vermutung des § 891 nicht durch, wenn ein anderer als Eigentümer eines Friedhofs eingetragen ist (**RG** JW 1912, 145[22]).

Anm. 20

2. Wirkung gegenüber dem Grundbuchamt. Die Vermutungen sind **auch für das Grundbuchamt bei Vornahme einer Eintragung maßgebend** (RJA 11, 64; KGJ 43, 240; 52, 169; JW 1932, 1562[1]; vgl. **RG** WarnRspr 1913 Nr. 199). Insbesondere hat das Grundbuchamt denjenigen, der als Berechtigter des von einer Eintragung betroffenen Rechts eingetragen ist, als den wirklich Berechtigten anzusehen. Das Bestehen einer Möglichkeit oder Wahrscheinlichkeit, daß die Eintragung unrichtig ist, hat für das Grundbuchamt außer Betracht zu bleiben (KGJ 35 A 303; 40 A 199, 296; 43, 237; 52, 170). Nur dann, wenn sich aus den urkundlichen Erklärungen der Beteiligten oder aus den Grundakten mit Sicherheit ergibt, daß die Eintragung unrichtig ist (z. B. daß der Hypothekengläubiger infolge Befriedigung nicht mehr Inhaber des Hypothekenrechts ist oder daß der Güterstand unter Eheleuten tatsächlich ein anderer als der eingetragene ist oder daß eine ins Grundbuch versehentlich nicht eingetragene Verfügungsbeschränkung besteht), kann wegen der etwa daraus sich ergebenden Anstände die beantragte Eintragung abgelehnt werden (KGJ 35 A 303; 40 A 294; 43, 240; JFG 16, 150; vgl. **RG** WarnRspr 1913 Nr. 199; JW 39, 265). Dagegen darf der Grundbuchrichter Tatsachen, die ihm sonst (z. B. als Prozeßrichter), insbesondere aus anderen Akten, bekannt geworden sind, nicht gegen die Vermutung aus § 891 zur Beanstandung eines Eintragungsantrags berücksichtigen, da die Kenntnis außerhalb seiner amtlichen Tätigkeit als Grundbuchrichter liegt (aM KGJ 25 A 117; RJA 11, 63). Auch darf das Grundbuchamt die Unrichtigkeit nicht annehmen, wenn die Möglichkeit besteht, daß sie nach Maßgabe der Vorschriften über den öffentlichen Glauben des Grundbuchs (§§ 892f) behoben ist (§ 892 Anm. 14, 15; **RG** 116, 344; KGJ 31, 271; 41, 225; 52, 145; aM KGJ 40, 265). Ferner ist zu beachten, daß eine frühere Eintragung wegen Fehlens lediglich formellrechtlicher Voraussetzungen für ihre Vornahme noch nicht unrichtig ist (RJA 1, 128; unten Anm. 24).

Anm. 21

3. Widerlegung. Die Vermutungen können nach § 292 ZPO, soweit sich nicht aus dem Gesetz etwa anderes ergibt (vgl. z. B. § 892 Abs. 1 Satz 1, § 1141 Abs. 1 Satz 2, § 1148; dazu **RG** 49, 8), durch den Beweis des Gegenteils wiederlegt werden (**RG** 116, 181).

Anm. 22

a) Die Widerlegung ist freilich nicht jedermann freigegeben. Vielmehr muß der Widerlegende ein **rechtliches Interesse** an ihr haben (**RG** 92, 70; WarnRspr 1910 Nr. 64). Jedoch steht ein solches Interesse und somit der Gegenbeweis jedem zu, der ein das eingetragene Recht ausschließendes oder einschränkendes Recht besitzt oder sonst durch die Eintragung in seinem Recht beeinträchtigt wird (**RG** WarnRspr 1910 Nr. 64; 1936 Nr. 116; JW 1911, 944[1]). Auch der von dem Bucheigentümer auf Herausgabe in Anspruch genommene Besitzer einer Parzelle, der selbst sein Eigentum nicht nachzuweisen vermag, kann geltend machen, jedenfalls habe der Eingetragene (z. B. weil nach seinem und seines Rechtsvorgängers übereinstimmenden Willen die Parzelle nicht Gegenstand des Erwerbs sein sollte) Eigentum nicht erworben (**RG** JW 1911, 944[10]).

Anm. 23

b) Der Gegenbeweisführer hat die Tatsachen (OLG 15, 109) darzulegen und **nachzuweisen,** aus denen hervorgehen soll, daß das eingetragene Recht trotz der Eintragung **nicht entstanden** oder zwar entstanden, demnächst aber **erloschen** ist (Abs. 1), oder daß das gelöschte Recht trotz der Löschung **nicht untergegangen** ist (Abs. 2). Einen solchen Gegenbeweis hat auch der (z. B. auf Grund eines Zeugnisses über 44jährigen Besitz eingetragene) Eigentümer zu führen, der aus einem eingetragenen begrenzten Recht in Anspruch genommen wird und sein Eigentum oder das Recht bestreitet (**RG** JW 1903 Beil. 91; OLG 15, 109). Der Gegenbeweis kann insbesondere auch darauf gerichtet werden, daß die Einigung über die Begründung des eingetragenen Rechts (§ 873) oder die Aufgabeerklärung des Berechtigten hinsichtlich des gelöschten Rechts (§ 875) gänzlich fehlt oder nichtig ist oder einen anderen Inhalt hat (**RG** JW 1903 Beil. 91; 1910 149[13]; 1911, 944[10]). Bei einer **Verkehrshypothek** kommt nach § 1138 ferner in Betracht der Beweis, daß die eingetragene Forderung nicht entstanden oder erloschen ist (**RG** 49, 8; 51, 45; JW 1922, 489[13]; KGJ 29 A 186; 35 A 302).

Anm. 24

c) Gegenbeweis muß dartun, daß **das eingetragene Recht wirklich (materiell) nicht besteht.** Die Vermutung kann nicht schon durch den Nachweis entkräftet werden, daß die formellen Voraussetzungen für die Eintragung nicht gegeben gewesen seien, daß insbesondere nach den eingereichten Urkunden die Eintragung (z. B. des Eigentums auf Grund eines angeblich widerspruchsvollen Zeugnisses über 44jährigen Besitz) vom Grundbuchrichter nicht hätte vorgenommen werden sollen. Denn das Eingetragensein als solches gewährt die Vermutung für das Bestehen des eingetragenen Rechts ohne Rücksicht darauf, wie es zu der Eintragung gekommen ist. Aus dem Mangel formeller Voraussetzungen allein ergibt sich aber das Nichtbestehen des Rechts und damit die Unrichtigkeit des Grundbuchs noch nicht (**RG** JW 1912, 145[22]; JW 36, 2400). Der Gegenbeweis muß **jede Möglichkeit ausräumen,** daß das eingetragene Recht, sei es auch in anderer Weise, zur Entstehung gelangt ist und daß das gelöschte Recht auf andere Weise erloschen ist. Solange dies nicht geschehen ist, ist sowohl der Grundbuchrichter als auch der Prozeßrichter an die gesetzliche Vermutung gebunden (**RG** 57, 322; 92, 71; JW 1905, 318[4]; 1906, 18[17]; 1922, 489[13]). Daher genügt z. B. zur Widerlegung der Vermutung, daß der als Eigentümer Eingetragene Grundstückseigentümer sei, nicht der Nachweis, daß der Rechtsakt nichtig ist, auf Grund dessen die Eigentumseintragung erfolgt ist (z. B. die Auflassung infolge Irrtumsanfechtung oder wegen fehlender Verfügungsbefugnis des Veräußerers). Vielmehr muß dargetan werden, daß das Eigentum des Eingetragenen auch nicht auf andere Weise erworben sein kann (**RG** 127, 281). Beruft sich der als Eigentümer Eingetragene, nachdem der Gegenbeweis geführt ist, daß derjenige, von dem er sein Eigentum ableitet, nicht Eigentümer war, auf eigene Ersitzung (nach früherem Recht), so liegt nicht ihm hierfür die Darlegungs- und Beweispflicht ob, sondern der Gegenbeweisführer muß auch diesen Rechtsgrund widerlegen (**RG** Gruchot 57, 989). Klagt der Eigentümer, auf dessen Grundstück auf Grund seines Bekenntnisses in der Schuldurkunde, ein Darlehn erhalten zu haben, eine Hypothek für das Darlehn eingetragen ist, gegen den eingetragenen Gläubiger auf Löschung der Hypothek mit der Behauptung, das Darlehn tatsächlich nicht erhalten zu haben, so liegt ihm, wenn der Gläubiger zugesteht, das Darlehn nicht bar gegeben zu haben, aber behauptet, eine ihm gegen den Eigentümer zustehende andere Forderung sei durch Vereinbarung (§ 607 Abs. 2) in eine Darlehnsforderung umgewandelt und der Hypothekbestellung zugrunde gelegt worden, nach §§ 891, 1138 die Widerlegung dieser Behauptung ob (**RG** JW 1922, 489[13]; § 894 Anm. 48).

Anm. 25

d) Es muß auch dargetan werden, daß die etwa schon bewiesene ursprüngliche Unrichtigkeit der Eintragung nicht nach den Vorschriften über den öffentlichen Glauben des Grundbuchs nachträglich wieder behoben worden ist (oben Abs. 2; **RG** Seuff-Arch 87 Nr. 146). Eine tatsächliche Vermutung für die Unrichtigkeit steht dem Beweise der Widerlegung der Richtigkeit einer Eintragung nicht gleich (**RG** JW 1922, 489[13]). Der Richter kann aber aus einer solchen Vermutung unter Umständen nach freier Überzeugung (§ 286 ZPO) entnehmen, daß der Beweis der Widerlegung geführt sei. Ist aber der Beweis geführt, daß das im Grundbuch eingetragene Recht gegenwärtig dem eingetragenen Berechtigten nicht zustehe, und ist damit die gesetzliche Vermutung widerlegt, so kann § 891 nicht mehr zur Stütze der Behauptung verwendet werden, daß das Recht früher einmal der Eintragung gemäß gültig entstanden gewesen sei und bestanden habe (**RG** HRR 1935 Nr. 1408).

Anm. 26

4. Widersprechende Eintragungen. Die Vermutungen können bei eingetragenen Rechten dann nicht Platz greifen, wenn sich auf verschiedenen Grundbuchblättern entgegengesetzte Eintragungen finden. Denn da für die Eintragung auf dem einen Grundbuchblatt die gleiche Vermutung sprechen würde wie für die auf dem anderen Grundbuchblatt, heben sich beide Vermutungen gegenseitig auf (**RG** 56, 60; Gruchot 53, 874).

Anm. 27

a) Dies gilt besonders für den Fall, daß im Grundbuch **dieselbe Parzelle verschiedenen Eigentümern zugeschrieben** (**RG** 56, 58; JW 1900, 573[22]; KGJ 39 A 158) oder **für einen Eigentümer auf mehreren Grundbuchblättern eingetragen ist.** — aa) In dem ersten Falle muß derjenige, der das Eigentum an der Parzelle in Anspruch nimmt, nicht nur gegenüber dem anderen als Eigentümer Eingetragenen, sondern auch gegenüber jedem Dritten nachweisen, daß er nach den Grundsätzen des materiellen Rechts über den Eigentumserwerb wirklich Eigentum an der Parzelle erworben hat (**RG** 56, 60). Ist die Parzelle deswegen doppelt gebucht, weil sie bei der Übertragung des Eigentums auf einen anderen nicht im Grundbuchblatt des Stammgrundstücks gelöscht worden ist, so ist der Erwerber zwar Eigentümer geworden, kann sich aber nicht wegen seiner Eintragung als Eigentümer auf die Vermutung des § 891 berufen, sondern muß seinen Eigentumserwerb nachweisen (vgl. jedoch **RG** 56, 61). — bb) In dem zweiten Falle muß derjenige, der die Parzelle aus einem für ihn auf dem einen Grundbuchblatt eingetragenen Recht als Befriedigungsobjekt in Anspruch nimmt, nachweisen, daß die Parzelle ausschließlich zu dem mit seinem Recht belasteten Grundstück gehört.

Anm. 28

b) In diesen Fällen versagt auch die Wirkung eines Rechtserwerbs unter dem **Schutz des öffentlichen Glaubens** des Grundbuchs nach § 892. Denn das Grundbuch umfaßt den gesamten Inhalt aller Grundbuchblätter. Daher kann das auf dem einen Grundbuchblatt Eingetragene insoweit nicht als richtig gelten, als auf einem anderen Grundbuchblatt Entgegengesetztes eingetragen ist (**RG** 29, 206; JW 1933, 1339[5]: auch für Doppelbuchung auf demselben Grundbuchblatt; JFG 18, 180). — aa) In dem zuerst genannten Falle erlangt also derjenige, dem der als Eigentümer der doppelt gebuchten Parzelle Eingetragene das Eigentum an der Parzelle überträgt oder ein begrenztes dingliches Recht bestellt, nur dann das Eigentum oder das Recht, wenn der Veräußernde wahrer Eigentümer der Parzelle ist. — bb) In dem zweiten Falle erwirbt, wenn der Eigentümer die Parzelle unter Ausnutzung der Doppelbuchung nacheinander an verschiedene Erwerber veräußert, derjenige das Eigentum, der das Grundstück erwirbt, zu dem die Parzelle wirklich gehört. Jedoch wird in der Regel anzunehmen sein, daß der Eigentümer die Parzelle dem ersten Erwerber als zu dem an ihn veräußerten Grundstück gehörig mitveräußert hat, auch wenn sie bisher nicht zu diesem Grundstück gehörig war. Wenn das der Fall ist, wird zu folgern sein, daß der erste Erwerber Eigentümer geworden ist. Das Verfahren des Grundbuchamts zur Beseitigung von Doppelbuchungen ist geregelt in § 38 der Grundbuchverfügung v. 8. 8. 1935.

Anm. 29

5. Widerspruch. Ein bei einer Eintragung vermerkter Widerspruch beseitigt die Vermutung noch nicht. Denn er ist nur eine vorläufige Eintragung zum Schutz des angeblich außerhalb des Grundbuchs bestehenden Rechts gegen die Wirkung eines gutgläubigen Erwerbs und hat für sich allein keine Beweiskraft gegenüber dem Recht, gegen das er sich richtet. Erst bei endgültiger Feststellung des gesicherten Rechts erweist sich die Eintragung als unrichtig (str.; **RG** HRR 1932 Nr. 317).

V. Vermutung, daß das Recht dem Eingetragenen zustehe (§ 891 Abs. 1)

Anm. 30

1. Folgerung. Aus der Vermutung, daß das eingetragene Recht dem Eingetragenen zustehe, folgt, daß bis zum Beweise des Gegenteils (Anm. 21—25) der als Berechtigter Eingetragene als wirklicher Berechtigter und das Recht als materiell bestehend gilt, wie es eingetragen ist (**RG** 116, 181). Der als Eigentümer Eingetragene kann also alle Eigentumsansprüche geltend machen, insbesondere auch die Herausgabe der auf dem Grundbuchblatt verzeichneten Grundstücke (Anm. 13) verlangen, ohne den Nachweis erbringen zu müssen, daß und auf welche Weise er das Eigentum daran erworben hat. Anderseits kann aber auch ohne weiteren Nachweis gegen ihn als Eigentümer geklagt und die Zwangsvollstreckung (§§ 866, 869 ZPO; § 17 ZVG) in die Grundstücke, die als sein Eigentum eingetragen sind, betrieben werden (OLG 8, 186). Entsprechendes gilt für die eingetragenen begrenzten Rechte (Anm. 19).

Anm. 31

2. Erwerbszeitpunkt. Auf den **Zeitpunkt des Erwerbs** am Eintragungstage bezieht sich die Vermutung nicht (**RG** 141, 382; HRR 1929 Nr. 950; JW 1935, 1505[23]; aM JFG 11, 281). Die Vermutung setzt nicht voraus, daß zur Entstehung oder zum Erwerb des Rechts die **Eintragung notwendig** war. Sie gilt also auch dann, wenn das Recht bereits außerhalb des Grundbuchs entstanden oder von dem Eingetragenen erworben war (z. B. das Eigentum nicht durch Auflassung, sondern durch Erbfolge) und das entstandene Recht oder der Erwerb durch die Eintragung nur beurkundet worden ist (Anm. 1; **RG** 28, 227). Bei begrenzten dinglichen Rechten erstreckt sie sich aber **nur auf das Recht selbst,** nicht auch auf den persönlichen Anspruch, der etwa damit verbunden ist (**RG** 60, 249). Eine Ausnahmevorschrift enthält § 1138 für die Verkehrshypothekenforderung (**RG** 49, 8; 51, 45). Die Vermutung des § 891 einschränkende (Anm. 4) Sonderbestimmungen über den Erwerb und die Geltendmachung einer Hypothek enthalten ferner die §§ 1117, 1141 Abs. 1 Satz 2, 1148 (dazu **RG** 49, 8), 1155, 1160, 1161.

Anm. 32

3. **Unmögliche Eintragungen.** Auf eine **von vornherein unmögliche Eintragung** kann die Vermutung aus § 891 nicht gegründet werden. Dies gilt z. B., wenn der als Berechtigter Eingetragene bereits zur Zeit der Eintragung gestorben war (OLG 41, 25). Ferner erstreckt sich die Vermutung nicht darauf, daß der eingetragene Berechtigte **geschäftsfähig** oder unbeschränkt **verfügungsfähig** ist. Denn nur das Bestehen und der Erwerb des Rechts wird vermutet (KG HHR 29, 1996).

Anm. 33

4. **Rechtspersönlichkeit.** Wohl aber erstreckt sich die Vermutung auch darauf, daß der Eingetragene **Rechtspersönlichkeit** besitzt. Das ist z. B. von Bedeutung, wenn es sich fragt, ob eine als Berechtigte eingetragene Stiftung die erforderliche Genehmigung der Aufsichtsbehörde gefunden und so Rechtspersönlichkeit erlangt hat. Hier greift die Vermutung des § 891 ein, weil beim Fehlen der Rechtspersönlichkeit das Recht nicht hätte eingetragen werden dürfen (**RG** 88, 88; 127, 263: preußische Kirchengemeinde in vorlandrechtlicher Zeit; 40, 43: der staatlichen Verleihung bedürfendes katholisches Krankenhaus). Ergibt sich aber aus dem Inhalt der Eintragung selbst, daß der Eingetragene keine Rechtspersönlichkeit besitzt (ist z. B. für eine Polizeibehörde eine Baubeschränkung eingetragen), so liegt eine ihrem Inhalt nach unzulässige Eintragung vor, so daß (Anm. 8) die Vermutung nicht Platz greift (KGJ 39 A 210; vgl. **RG** 88, 88).

Anm. 34

5. **Konkurs.** Der § 891 Abs. 1 hat keine Bedeutung für die Frage, ob ein Grundstück (Grundstücksrecht) wegen eines Treuhandverhältnisses zur **Konkursmasse** eines anderen als des eingetragenen Eigentümers (Rechtsinhabers) zu ziehen ist oder ob es wegen eines solchen Verhältnisses im Konkurse des Eingetragenen als materiell und wirtschaftlich einem anderen gehörend zu behandeln ist und dessen Aussonderungsanspruch (§ 43 KO) unterliegt. Dasselbe gilt für die Frage, ob im ersten Falle dem Gläubiger einer Hypothek an dem Grundstück mit Rücksicht auf sein Absonderungsrecht zufolge der in § 64 KO angeordneten Beschränkung gegen die Konkursmasse nur ein Anspruch auf verhältnismäßige Befriedigung wegen des Ausfalls zusteht (**RG** 91, 14; § 892 Anm. 5). Die Vorschrift des § 891 Abs. 1 kann auch nicht verwendet werden, um eine arglistige Täuschung in Ansehung solcher Verhältnisse zu beweisen (**RG** JW 1929, 2592[7]).

Anm. 35

6. **Tabularersitzung.** Der zu Unrecht als Berechtigter Eingetragene kann nach § 900 durch **Tabularersitzung** das Recht erwerben.

VI. Löschung

Anm. 36

1. **Allgemeines.** Eine Löschung ist denkbar zur Beseitigung eines nicht entstandenen, unrechtmäßig eingetragenen Rechts, also zur Berichtigung des Grundbuchs (§ 894), ferner zur Beurkundung des bereits außerhalb des Grundbuchs eingetretenen Erlöschens eines eingetragenen Rechts und endlich zur Herbeiführung der Aufhebung des eingetragenen Rechts, wenn dazu die Löschung erforderlich ist (§ 875). In allen diesen Fällen ist die Möglichkeit gegeben, daß trotz der Löschung das Recht bestehen geblieben ist, weil die materiellrechtlichen Grundlagen und Voraussetzungen für die Löschung tatsächlich nicht vorlagen (z. B. wenn der eingetragene Gläubiger einer Hypothek, die durch Zahlung eines früheren Eigentümers zu dessen Eigentümergrundschuld geworden war, dem gegenwärtigen Eigentümer Löschungsbewilligung erteilt hat: **RG** WarnRspr 1912 Nr. 11). Durch eine solche unrechtmäßige Löschung gehen dingliche Rechte (für die Vormerkung § 886 Anm. 11) nicht unter (**RG** 62, 100; 73, 174; WarnRspr 1912 Nr. 11); das Grundbuch wird vielmehr unrichtig; der Berechtigte kann im Wege des Berichtigungsverfahrens (§ 894) die Wiedereintragung verfolgen (**RG** WarnRspr 1912 Nr. 11).

Anm. 37

2. Vermutung für das Nichtbestehen des Rechtes. Nach Abs. 2 § 891 streitet aber gegen den bisher eingetragenen Berechtigten die Vermutung für das Nichtbestehen des Rechtes, die er widerlegen muß, wenn er das Fortbesthen des Rechts geltend macht (Anm. 21 ff). Ferner kann das zu Unrecht gelöschte Recht gemäß § 901 durch Verjährung erlöschen. Weiter haben gelöschte Vermerke grundbuchlich kein rechtliches Dasein. Sie schließen einen Rechtserwerb unter dem Schutz des öffentlichen Glaubens des Grundbuchs mit der Wirkung des § 892 Abs. 1 Satz 1 nicht aus, zumal gerade infolge der Löschung für den Erwerber die Annahme nahe liegt, daß das gelöschte Recht wirklich erloschen ist. Wer ein dem gelöschten Recht entgegenstehendes Recht am Grundstück erwirbt, braucht sich das Fortbestehen des gelöschten Rechts nur dann entgegenhalten zu lassen, wenn er das Bestehen wirklich gekannt hat (**RG** 62, 100 ff). Dem Berechtigten, der diese Kenntnis des Erwerbers des andern Rechts nicht dartun kann, bleiben nur Schadensersatzansprüche (§§ 823, 251) gegen denjenigen, der die Löschung unrechtmäßig herbeigeführt hat (**RG** WarnRspr 1912 Nr. 11).

Anm. 38

3. Der Eintragung nicht bedürfende Rechte. Dies gilt jedoch nicht für solche Rechte, deren Eintragung zwar zulässig ist, die aber zum Entstehen und Fortbestehen der Eintragung nicht bedürfen (z. B. für eine Grundgerechtigkeit nach früherem preußischen Rechte: Anm. 1). Denn der öffentliche Glaube des Grundbuchs wirkt nur für und gegen solche Rechte, die zur Wirksamkeit gegen Dritte der Eintragung bedürfen (**RG** 62, 99). Daher müssen auch gutgläubige Erwerber das Fortbestehen solcher zu Unrecht gelöschten Rechte gegen sich gelten lassen. Die Vermutung aus Abs. 2 § 891 steht ihnen nicht zur Seite (**RG** 62, 103).

Anm. 39

4. Keine Vermutung für Bestehen des gelöschten Rechts bis zur Löschung. Eine Vermutung dafür, daß das gelöschte Recht bis zur Löschung bestanden habe, ergibt sich aus § 891 nicht. Denn Abs. 1 knüpft die Vermutung für das Bestehen eines Rechts lediglich an dessen gegenwärtiges Eingetragensein (JW 1930, 157[2]), und Abs. 2 bestimmt nur eine Vermutung für das Nichtbestehen eines Rechts (**RG** 121, 318). Ein Widerspruch, der gegen eine Eintragung oder gegen eine Löschung eingetragen ist, steht der Vermutung nicht entgegen, daß das eingetragene Recht bestehe (Abs. 1) oder daß das gelöschte Recht erloschen sei (Abs. 2). Denn er hat nur die Wirkung, daß dem aus ihm Berechtigten die Geltendmachung der etwaigen, erst noch darzutuenden Unrichtigkeit der Eintragung oder der Löschung auch im Falle eines späteren Rechtserwerbs unter dem Schutz des öffentlichen Glaubens des Grundbuchs (§§ 892 f) erhalten wird (Anm. 29).

§ 892

Zugunsten desjenigen, welcher ein Recht an einem Grundstück oder ein Recht an einem solchen Rechte durch Rechtsgeschäft erwirbt, gilt der Inhalt des Grundbuchs als richtig, es sei denn, daß ein Widerspruch gegen die Richtigkeit eingetragen oder die Unrichtigkeit dem Erwerber bekannt ist. Ist der Berechtigte in der Verfügung über ein im Grundbuch eingetragenes Recht zugunsten einer bestimmten Person beschränkt, so ist die Beschränkung dem Erwerber gegenüber nur wirksam, wenn sie aus dem Grundbuch ersichtlich oder dem Erwerber bekannt ist.

Ist zu dem Erwerbe des Rechtes die Eintragung erforderlich, so ist für die Kenntnis des Erwerbers die Zeit der Stellung des Antrags auf Eintragung oder, wenn die nach § 873 erforderliche Einigung erst später zustande kommt, die Zeit der Einigung maßgebend.

E I 837, 844 II 810; M 3 208ff.; P 3 75ff., 214f., 558f., 707,; 6 222, 386, 398.

Übersicht

I. Nur Begünstigung (nicht Benachteiligung) des Erwerbers

Anm. 1

Nur **zugunsten** des Erwerbers **wirkt der öffentliche Glaube des Grundbuchs,** nicht zu seinem Nachteil (Prot. 3, 85). Der Erwerber ist also nicht gehindert, gegenüber Rechten, die das erworbene Recht grundbuchmäßig belasten und die er beim Erwerb für bestehend gehalten hat, die aber tatsächlich nicht rechtsbeständig sind, die Rechtsunwirksamkeit der Eintragung und das Nichtbestehen der Rechte geltend zu machen (z. B. kann der Eigentumserwerber die Beseitigung eines nicht rechtsbeständigen Vorkaufsrechts gemäß § 894 verlangen, auch wenn er das Vorkaufsrecht als bestehend erachtet hat). Nicht aber hat das Gesetzeswort „zugunsten" die Bedeutung, daß der Inhalt des Grundbuchs nur dann als richtig gelten soll, wenn der Erwerber den Schutz des öffentlichen Glaubens des Grundbuchs ausdrücklich für sich in Anspruch nimmt. Wird z. B. auf Grund eines Kaufgeschäfts ein Grundstück vom eingetragenen Nichteigentümer oder eine nicht rechtsbeständige Hypothek vom Buchgläubiger auf den gutgläubigen Käufer übertragen, so gilt dieser kraft Gesetzes auch dann als Eigentümer des Grundstücks oder als Gläubiger einer rechtsbeständigen Hypothek und der Verkäufer hat auch dann der ihm nach § 433 Abs. 1 obliegenden Pflicht zur Verschaffung des Eigentums oder der Hypothek genügt, wenn der Käufer das Eigentum oder die Hypothek als rechtsbeständig nicht für sich in Anspruch nehmen möchte (vgl. RG 81, 266).

II. Begünstigung nur des Erwerbers

Anm. 2

1. Allgemeines. Die Fiktion der Richtigkeit des Grundbuchinhalts gilt nur zugunsten **desjenigen, der** im Sinne des § 892 ein Recht **erwirbt,** nicht zugunsten eines jeden, insbesondere auch nicht zugunsten von Berechtigten, die an dem einzelnen Rechtserwerb nicht beteiligt sind (Anm. 78).

Anm. 3

a) Ist daher **ein Recht zu Unrecht gelöscht,** so daß es außerhalb des Grundbuchs fortbesteht, so wird das Recht nur demjenigen gegenüber unwirksam, der ein entgegenstehendes Recht ohne Kenntnis des Fortbestehens jenes Rechts erwirbt (§ 891 Anm. 37); anderen gegenüber aber bleibt das gelöschte Recht bestehen. Ist z. B. eine erststellige Hypothek unrechtmäßig gelöscht, so kann sie nur im Range nach einer Hypothek wieder eingetragen werden, die inzwischen für einen gutgläubigen Dritten bestellt worden ist, während ein Hypothekengläubiger, dessen Hypothek bereits vor der Löschung eingetragen war, dulden muß, daß die gelöschte Hypothek wieder mit dem Range vor ihm eingetragen wird (§ 875 Anm. 17, 26; § 879 Anm. 17).

Anm. 4

b) Wenn aber **das erworbene und das andere Recht** derart **in Widerstreit miteinander** stehen, daß dieses beim Bestehen jenes gar kein rechtliches Dasein haben kann, so muß das andere Recht gänzlich untergehen. So geht z.B. eine zu Unrecht gelöschte Hypothek unter im Falle eines gutgläubigen Erwerbs des Grundstückseigentums durch einen Dritten. Denn diesem gegenüber kann die gelöschte Hypothek nicht zur Wiedereintragung und gegenüber den anderen Realberechtigten ohne Eintragung nicht zur Geltung gebracht werden (aM RJA 6, 243; Staudinger Anm. 71 a).

Anm. 5

c) Für die Frage, ob ein Grundstück **wegen eines Treuhandverhältnisses zur Konkursmasse** eines anderen als des eingetragenen Eigentümers zu ziehen ist oder ob es im Konkurse des Eingetragenen als materiell und wirtschaftlich einem anderen gehörend zu behandeln ist und dessen Aussonderungsanspruch (§ 43 KO) unterliegt, hat § 892 keine Bedeutung (vgl. § 891 Anm. 34). Dasselbe gilt für die Frage, ob im ersten Falle dem Gläubiger einer Hypothek an dem Grundstück gegen die Konkursmasse zufolge der im § 64 KO angeordneten Beschränkung wegen seines Absonderungsrechts nur ein Anspruch auf verhältnismäßige Befriedigung für den Ausfall zusteht. Es kommt im ersten und dritten Falle nur auf die objektive Zugehörigkeit des Grundstücks zu der Konkursmasse, im zweiten Falle nur auf seine Zugehörigkeit zum Vermögen des die Aussonderung Beanspruchenden an. Insbesondere spielt im dritten Falle keine Rolle der gute Glaube des Hypothekengläubigers an die Richtigkeit des Grundbuchs hinsichtlich des Eigentums des als Eigentümer Eingetragenen, der für ihn die Hypothek bestellt hat (**RG** 91, 14). Vgl. im übrigen zum Eingreifen des § 892 beim Erwerb durch einen Treuhänder und zum Begriff der Treuhandschaft **RG** 127, 341; 133, 84.

Anm. 6

2. **Erwerber.** Erwerber ist, **wer das Recht** des bisherigen Inhabers oder ein begrenztes Recht aus dem Recht des Inhabers **für sich selbst erlangt.**

Anm. 7

a) Wer lediglich die Verfügungsmacht über das Recht erlangt, ist nicht Erwerber. Daher können z.B. dem Konkursverwalter (§ 6 KO) alle Einreden gegen das Bestehen eines Rechts entgegengehalten werden, die gegenüber dem Gemeinschuldner als Inhaber des Rechts gegeben waren (**RG** 19, 62; Gruchot 52, 1061). Dasselbe gilt, wenn eine Hypothek nur zur Einziehung oder Einklagung abgetreten wird (**RG** 72, 379). Ferner ist nicht Rechtserwerber, wer zwar einen persönlichen (schuldrechtlichen) Anspruch auf Bestellung oder Übertragung eines Rechts hat (z.B. infolge Kaufs), wem aber das Recht noch nicht gemäß § 873 bestellt oder übertragen worden ist (**RG** 106, 111; KGJ 26 A 252; 33 A 279; Anm. 88).

Anm. 8

b) **Zweck des Gesetzes** ist der Schutz eines neu hinzutretenden, dem in Betracht kommenden Grundstücksrecht bisher fernstehenden Erwerbers, dessen Kenntnis von den Rechtsverhältnissen nicht erwartet werden kann, der deshalb auf den Inhalt des Grundbuchs angewiesen ist und zur Wahrung der Sicherheit des Rechtsverkehrs in seinem Vertrauen auf die Richtigkeit und Zuverlässigkeit des Grundbuchs geschützt werden soll (**RG** 117, 265; 119, 129; 123, 56; 129, 121; 136, 148). Aus dem Gesetzeszweck ist — zur Bekämpfung unverkennbarer Mißstände, die aus der formalen Ausnutzung des § 892 im Verkehr sich ergeben haben —, im Schrifttum (Epping DRZ 1931, 171; Heinsheimer Gruchot 72, 195; Endemann zu JW 1931, 610[20]) die Ansicht hergeleitet worden, § 892 sei grundsätzlich auszuschalten, wo nach den Umständen des Einzelfalls der Schutz des Erwerbers mit Recht und Billigkeit nicht vereinbar sei, sondern ein dieses Schutzes nicht bedürftiges und nicht würdiges Geschäft vorliege. Diese Lehre wird jedenfalls nur in Ausnahmefällen zum Zuge kommen können. Ihr Grundgedanke läuft auf die Anwendung der Grundsätze über die unzulässige Rechtsausübung auch im Liegenschaftsrecht hinaus, da sie nicht nur dem Schuldrecht eigen, sondern innere wesensmäßige Schranken jeden Rechts sind (vgl. Einleitung § 242 Anm.).

Anm. 9

3. Verschiedenheit von Erwerber und Veräußerer. Jedenfalls hat die bisherige Rechtsprechung dem Zweck des Gesetzes folgenden Grundsatz entnommen: § 892 greift nur dann Platz, wenn ein **eigentliches Verkehrsgeschäft** vorliegt, d. h. wenn der **Erwerber eine vom Veräußerer verschiedene Person** ist, gleichgültig, ob der Erwerb entgeltlich oder unentgeltlich erfolgt. Die Vorschrift kommt daher z. B. nicht zur Anwendung, wenn der Grundstückseigentümer für sich selbst ein dingliches Recht (Grundschuld nach § 1196) an dem Grundstück bestellt (JW 1927, 805[2]; JFG 3, 412; OLG 46, 61 u. 63) oder für sich bei der Veräußerung des Grundstücks vom Erwerber bestellen läßt (JFG 5, 433).

Anm. 10

a) Auch ist § 892 nicht anzuwenden auf Fälle, in denen **nur wirtschaftlich die Verfügungsmacht** über ein Grundstück, aber nicht rechtlich das Eigentum an ihm **wechselt,** z. B. nicht auf den Fall, wo alle Aktien einer Aktiengesellschaft, die Grundstückseigentümerin ist, in andere Hände übergehen, die Gesellschaft aber Eigentümerin bleibt (**RG** 118, 385).

Anm. 11

b) Aber **auch beim Eigentumswechsel im Rechtssinne,** der sich in den Formen der §§ 873, 925 vollzogen hat, kann unter Umständen § 892 nicht eingreifen, so z. B. dann, wenn kein neu hinzutretender Erwerber das Grundstück erlangt, sondern trotz des juristischen Übertragungsakts das Grundstück in Wirklichkeit in der Hand derselben natürlichen Person bleibt, also nur die Rechtsform ihres Eigentums sich wandelt (**RG** 129, 121). Deshalb findet § 892 keine Anwendung, wenn die an einer Gemeinschaft zur gesamten Hand (z. B. fortgesetzte eheliche Gütergemeinschaft, Erbengemeinschaft, offene Handelsgesellschaft) Beteiligten bei der Auseinandersetzung das zum Gesamthandvermögen gehörige Grundstück an einen von ihnen oder an mehrere nach Bruchteilen übereignen oder wenn die Gesamthänder das Grundstück einer anderen aus ihnen gebildeten Gesellschaft zur gesamten Hand (z. B. Kommanditgesellschaft) übertragen (**RG** 117, 257; 119, 126; 120, 333; 129, 119; Gruchot 71, 272; SeuffArch. 85 Nr. 49; JW 1927 S. 805[2], 1000[10], 1896[15]; OLG 46 S. 46, 73; noch weiter gehen JW 1927, 2521[4]; 1928 S. 193[9], 522[2]; aM JW 1926, 992[2]; 1927 S. 61[7], 62[8]; JFG 3, 409). Dasselbe gilt für folgende Fälle: wenn das Grundstück einer Gesellschaft m. b. H. von ihrem Geschäftsführer, nachdem er alle Geschäftsanteile erworben hat, an ihn selbst als natürliche Person aufgelassen wird (**RG** 126, 46) oder wenn der Geschäftsführer einer Gesellschaft m. b. H., der alle Geschäftsanteile besitzt, sein Grundstück an die Gesellschaft aufläßt (**RG** 143, 207); wenn das Grundstück von einer offenen Handelsgesellschaft an eine Gesellschaft m. b. H. oder von mehreren Bruchteilseigentümern an eine Aktiengesellschaft übereignet wird, sofern zur Zeit der Übereignung dieselben Personen alleinige Gesellschafter der offenen Handelsgesellschaft und der Gesellschaft m. b. H. oder die bisherigen Bruchteilseigentümer zugleich alleinige Aktionäre der Aktiengesellschaft sind (**RG** 119, 126; JW 1927, 1431[5]; OLG 46, 47). Doch greift in solchen Fällen § 892 wiederum Platz, wenn bei dem Erwerb auf der Erwerberseite außer den veräußernden Personen noch eine oder mehrere andere Personen stehen, die bisher am Grundstückseigentum unbeteiligt waren, z. B. als weitere Gesamthänder oder Gesellschafter der G. m. b. H. oder Aktionäre der Aktiengesellschaft (**RG** 117, 267; 119, 132; WarnRspr 1936 Nr. 171; JW 1930, 3740[6]; 1931, 2731[22]; HRR 1931 Nr. 591; Recht 1930 Rspr Nr. 1711; noch weiter geht JW 1928, 1827[3]), es sei denn, daß die bisher grundstücksfremden Miterwerber nur als Strohmänner für die früheren Eigentümer auftreten (**RG** 130, 390; HRR 1931 Nr. 591). § 892 ist anwendbar, wenn eine Aktiengesellschaft ihr Grundstück an einen einzelnen Aktionär veräußert (**RG** JW 1929, 1387[19]), es sei denn, daß dieser alle Aktien besitzt (**RG** HRR 1931 Nr. 1047).

Anm. 12

c) Treten nach außen hin als Veräußerer und Erwerber verschiedene natürliche oder juristische Personen auf, so hat die **Beweislast** dafür, daß dennoch Personengleichheit auf beiden Seiten besteht und folglich kein eigentliches Verkehrsgeschäft vorliegt, derjenige, der sich darauf beruft (**RG** v. 8. 3. 1930 V 143/29). In HRR 1937 Nr. 1005 wird § 892 für anwendbar erklärt bei einer Veräußerung, die zwar, objektiv betrachtet, kein Verkehrsgeschäft darstellte, bei der aber der Erwerber die für den Mangel der Verkehrseigenschaft des Veräußerungsgeschäfts maßgeblichen Umstände nicht kannte.

Anm. 13

d) Die für die Grundstücksveräußerung entwickelten Grundsätze gelten auch für die **Grundstücksbelastung.** Nach ihnen ist z. B., wenn eine Gesellschaft m. b. H. an ihrem Grundstück eine Hypothek für einen ihrer Gesellschafter bestellt, die Frage zu entscheiden, ob der Hypothekengläubiger kraft des öffentlichen Glaubens des Grundbuchs den Vorrang erhält vor einer zwar gelöschten, aber in Wirklichkeit (teilweise) noch bestehenden anderen Hypothek (**RG** 130, 341). Belastet der Bevollmächtigte einer Aktiengesellschaft deren Grundstück mit einer Hypothek für eine Gesellschaft m. b. H., deren alleiniger Inhaber er ist, so liegt nach **RG** 131, 64 Personenverschiedenheit und damit ein Verkehrsgeschäft auch dann vor, wenn der Bevollmächtigte der wirtschaftliche Beherrscher des belasteten Grundstücks ist; es soll daher, wenn ein Dritter geltend macht, er sei der Grundstückseigentümer, die Aktiengesellschaft habe als Nichtberechtigte das Grundstück belastet, für den Hypothekenerwerb der Gesellschaft m. b. H. auf deren guten Glauben an das Grundstückseigentum der Aktiengesellschaft ankommen; das wenig befriedigende Ergebnis hätte sich wohl bei freierer Behandlung der Frage nach der Personenverschiedenheit vermeiden lassen (str.; aM Staudinger Anm. 22 d).

Anm. 14

4. Rechtsnachfolger des Erwerbers. Auf den Rechtsnachfolger des Erwerbers geht das Recht so über, wie es in der Hand des Erwerbers bestand (Prot. 3, 84; OLG 2, 266).

Anm. 15

a) Selbst wenn der Rechtsnachfolger die **Fehlerhaftigkeit des Erwerbs seines (gutgläubigen) Rechtsvorgängers** kennt, schadet ihm das nicht. Denn kraft der Fiktion gilt das durch den früheren gutgläubigen Erwerber erworbene Recht mit dem buchmäßigen Inhalt und Rang als wirklich bestehend; entgegenstehende Einreden werden hinfällig; Rechte, die sich mit dem Recht des Erwerbers nicht vereinigen lassen, erlöschen; andere entgegenstehende Rechte werden dem Erwerber gegenüber unwirksam (z. B. das Eigentum des wahren Eigentümers gegenüber demjenigen, der vom Bucheigentümer eine Hypothek bestellt erhalten hat). Daher ist das Grundbuch seit dem ersten gutgläubigen Erwerb in Ansehung des erworbenen eingetragenen Rechts nicht unrichtig (Prot. 3, 84; **RG** 120, 353; 141, 64; 134, 284), so daß für eine Anwendung des § 892 kein Raum ist. — **aa)** So wird z. B., wenn A von B eine diesem nicht gehörende Parzelle gutgläubig zum Eigentum erworben hat, derjenige, dem A die Parzelle weiter überträgt, auch dann Eigentümer, wenn er weiß, daß B nicht Eigentümer war. Denn Eigentum des B kommt seit dem Erwerb des A nicht mehr in Frage; also ist dem Rechtsnachfolger des A nicht etwas bekannt, was das Grundbuch unrichtig machte. — **bb)** Hatte der Bucheigentümer B, der nicht wahrer Grundstückseigentümer war, für den in Ansehung des Eigentums des B gutgläubigen A eine Hypothek bestellt, so ist C, der die von A als Erstgläubiger erworbene Hypothek sich abtreten läßt, auch dann in seinem Erwerb als Zweitgläubiger geschützt, wenn zwischen dem Erwerb des A und der Abtretung an C ein Widerspruch gegen das Eigentum des B eingetragen worden ist (**RG** 129, 128). — **cc)** Unter Heranziehung des § 185 hat das Reichsgericht einen unter dem Schutz des § 892 stehenden Zweiterwerb auch in folgendem Falle angenommen: A, eingetragener Gläubiger einer nichtigen Buchhypothek, hatte die Hypothek an B abgetreten; B hatte vor seiner Eintragung als Gläubiger die Hypothek an C abgetreten; C kannte die Nichtigkeit der Hypothek nicht und wurde als Gläubiger eingetragen; sein Erwerb ist geschützt, weil der öffentliche Glaube des Grundbuchs, das den A als Gläubiger auswies, zugunsten des C die mangelnde Befugnis des A ersetzt, in die Weiterabtretung des B an C zu willigen, eine Erklärung, die an sich in der Abtretung des A an B lag (**RG** v. 6.2.1935 V 348/34). — **dd)** Ein weiteres Beispiel: Wenn zunächst für A eine Hypothek bestellt ist, die wegen Nichtigkeit der Forderung (z.B. Kaufpreisforderung aus wucherischem Geschäft) von A nicht als Hypothek erworben worden ist, demnächst B den A beerbt, die Hypothek an den gutgläubigen C abtritt und dann den C beerbt, so besteht die Hypothek rechtswirksam für B (**RG** Gruchot 63, 485).

Anm. 16

b) Auch sonst kommt, wenn das veräußerte Recht von dem Erwerber **an den Veräußerer zurückübertragen** wird, diesem in der Regel der gute Glaube des Erwerbers zugute. So gilt z.B. im Falle der Veräußerung und Rückübertragung einer nichtigen Hypothek, wenn der Erwerber hinsichtlich ihres Bestehens gutgläubig war, die Hypothek für den zurückempfangenden Veräußerer als bestehend, selbst wenn er bei der Veräußerung schlechtgläubig war. Anders liegt die Sache aber, wenn die Rückübertragung ihren rechtlichen Grund schon in dem Veräußerungsgeschäft hat und nur zur Erfüllung der in diesem Geschäft unter bestimmten Voraussetzungen bereits vorgesehenen Rückübertragungspflicht vorgenommen wird, wie dies z.B. bei der Übereignung sicherheitshalber der Fall ist. Hier enthält die Rückübertragung keine neue Veräußerung; vielmehr wird das (erste) Veräußerungsgeschäft so rückgängig gemacht, wie wenn es nicht vorgenommen worden wäre (JW 1922, 788; HRR 1934 Nr. 324).

Anm. 17

c) Unter einem **Rechtsnachfolger,** zu dessen Gunsten der gute Glaube des Erwerbers an die Richtigkeit des Grundbuchs wirkt, ist nicht ein Zweiterwerber desselben Rechts zu verstehen, sondern **jeder, der sein dingliches Recht vom Ersterwerber herleitet,** da dieser zufolge der gesetzlichen Fiktion als der Verfügungsberechtigte gilt. Hat also z.B. A das Grundstückseigentum im guten Glauben an das Nichtbestehen einer an sich zu Unrecht gelöschten Hypothek erworben und dann für B eine Hypothek bestellt, so erwirbt B seine Hypothek mit dem Range, der sich aus dem Erloschensein der gelöschten Hypothek ergibt, gleichviel ob er selbst bezüglich der gelöschten Hypothek in gutem oder bösem Glauben ist (**RG** 128, 53).

Anm. 18

d) Wenn ein Recht am Grundstück **durch einen Vertreter bestellt** ist, so erstreckt sich der öffentliche Glaube des Grundbuchs nicht darauf, daß der Vertreter auch Vertretungsmacht gehabt hat (Anm. 55). Der Rechtsnachfolger des Ersterwerbers kann sich daher auf den Ersterwerb nur dann berufen, wenn der Vertreter von dem eingetragenen Berechtigten Vertretungsmacht hatte oder wenn der Vertretene nachträglich seine Genehmigung erteilt hat (**RG** 134, 284). Die Genehmigung ist aber nur wirksam, wenn der genehmigende eingetragene Berechtigte auch wirklicher Berechtigter und wenn kein Widerspruch gegen die Berechtigung eingetragen ist (§ 184 Abs. 1). Sonst kann sich der Rechtsnachfolger nicht auf einen gutgläubigen Ersterwerb berufen (**RG** 134, 286).

Anm. 19

5. Eintragung des Erwerbers. Daß der Erwerber als Berechtigter eingetragen sein muß, um sich auf seinen gutgläubigen Erwerb berufen zu können, ist vom Gesetz **nicht vorgeschrieben.** Ist zum rechtsgeschäftlichen Erwerb des Rechts die Eintragung nicht erforderlich (z.B. im Falle der Übertragung einer Briefhypothek nach § 1154 Abs. 1), so ist der Erwerber in seinem gutgläubigen Erwerb ebenfalls geschützt (M 3, 211).

Anm. 20

6. Unentgeltlicher Erwerb. Ob der Erwerber das Recht **gegen Entgelt oder unentgeltlich erworben** hat, **macht** für die Wirkung des gutgläubigen Erwerbs **keinen Unterschied** (M 3, 212; Prot. 3, 84). Jedoch ist derjenige, der ein Recht von einem als Berechtigter eingetragenen Nichtberechtigten unentgeltlich erworben hat, nach § 816 Abs. 1 zur Herausgabe des erlangten rechtlichen Vorteils an den wahren Berechtigten verpflichtet (Prot. 3, 82). Wenn also z.B. der Bucheigentümer A an einem in Wahrheit dem B gehörenden Grundstück für den gutgläubigen C eine Hypothek bestellt, so erwirbt C die Hypothek auch dann, wenn sie schenkungsweise bestellt ist; B hat aber einen persönlichen Anspruch gegen C auf Übertragung oder (wenn B inzwischen als Eigentümer eingetragen worden ist) auf Wegschaffung der Hypothek. Mit diesem Anspruch ist B im Falle des Konkurses des C nur Konkursgläubiger (§ 3 KO); ein Aussonderungsrecht (§ 43 KO) steht ihm nicht zu.

III. Rechte an einem Grundstück und an den ein Grundstück belastenden Rechten

Anm. 21

1. Allgemeines. Rechte an einem Grundstück sind das Eigentum und die begrenzten dinglichen Rechte an einem fremden Grundstück (§ 873 Anm. 27). Als Rechte an den ein Grundstück belastenden Rechten kommen Nießbrauch und Pfandrecht an Reallasten, Hypotheken und Grundschulden sowie dem Dauerwohnrecht des § 31 WEG in Betracht.

a) Unter dem Schutz des öffentlichen Glaubens des Grundbuchs stehen mithin **z.B. folgende Erwerbsfälle:** die Übertragung des Grundstückseigentums durch den Bucheigentümer, wobei der Erwerber sowohl gegenüber dem wahren Eigentümer als auch gegenüber zu Unrecht gelöschten Belastungen geschützt ist (Anm. 1); die Bestellung eines begrenzten dinglichen Rechts (z.B. Dienstbarkeit, Vorkaufsrecht, Reallast, Hypothek, Dauerwohnrecht) an dem Grundstück durch den Bucheigentümer; die Übertragung eines solchen Rechts durch den Buchberechtigten (wegen Übertragung von Grunddienstbarkeiten und subjektiv-dinglichen Vorkaufsrechten und Reallastrechten Anm. 34); die Bestellung eines Nießbrauchs oder Pfandrechts an einer Reallast, Hypothek oder Grundschuld durch den grundbuchmäßig ausgewiesenen Inhaber dieser Rechte. Letzteres gilt auch für ein Pfandrecht an einer gemäß § 1196 bestellten Eigentümergrundschuld, obwohl diese selbst sich nicht als Rechtserwerb eines Dritten (Anm. 8) im Sinne des § 892 darstellt. Daher erwirbt der gutgläubige Pfandgläubiger das Pfandrecht an der Grundschuld so, wie diese nach Inhalt und Rang durch das Grundbuch ausgewiesen wird (OLG 46, 62), der gutgläubige Erwerber des herrschenden Grundstücks das Wegerecht am dienenden Grundstück so, wie es der Eintragung entspricht (OLG Celle HEZ 1, 155). Immer aber muß es sich, wenn § 892 Platz greifen soll, um den Erwerb eines dinglichen Rechts handeln. Deshalb steht dem Mieter oder Pächter (der z.B. mit einem Bucheigentümer oder einem zu Unrecht eingetragenen Nießbraucher den Vertrag abgeschlossen hat) der Schutz aus § 892 nicht zur Seite, da sein Recht nur ein schuldrechtliches ist (**RG** 106, 111).

Anm. 22

b) Auf das bei ungeteilter Erbengemeinschaft **einem Miterben zustehende Anteilsrecht** findet § 892 keine Anwendung, auch dann nicht, wenn die Erben als Eigentümer im Grundbuch eines Nachlaßgrundstücks eingetragen sind. Denn dieses Anteilsrecht besteht nur am ganzen Nachlaß; ein Recht am Grundstück ist es nicht. Wird daher z. B. das Recht mehrmals nacheinander abgetreten, so geht der erste Erwerber vor, auch wenn der zweite in gutem Glauben war (KGJ 40 A 169). Ebensowenig greift § 892 ein beim Erwerb an einem Recht, das bereits durch den Zuschlag in der Zwangsversteigerung des belasteten Grundstücks gemäß § 91 ZVG erloschen ist. Denn das nach § 92 ZVG an die Stelle des erloschenen Rechts tretende **Recht auf den Versteigerungserlös** ist kein Recht am Grundstück mehr (**RG** 76, 377). Dies gilt insbesondere im Falle der Abtretung einer Hypothek auch dann, wenn die Hypothek noch nicht gelöscht ist (§ 130 ZVG) und der Erwerber nach dem Zuschlag als Gläubiger eingetragen wird oder bei einer Briefhypothek den Hypothekenbrief übergeben erhält. Der Erwerber kann sich dann z. B. hinsichtlich der Rechtsbeständigkeit der Hypothek oder des Bestehens der Forderung (§ 1138) nicht auf den öffentlichen Glauben des Grundbuchs berufen, da dieses durch den Versteigerungsvermerk auf die Möglichkeit des

Erlöschens der Hypothek durch den Zuschlag hinweist, auch der Versteigerungstermin öffentlich bekanntgemacht und der Zuschlag verkündet wird (**RG** 76, 378).

Anm. 23

2. Eingetragene Rechte. Der Erwerb ist nur dann geschützt, wenn die Rechte, die übertragen oder mit einem Recht für den Erwerber belastet werden, **im Grundbuch eingetragen sind.** Denn die Wirkung des öffentlichen Glaubens des Grundbuchs besteht, abgesehen von der Gewährleistung der Vollständigkeit des Grundbuchs (d. h. daß keine weiteren eintragungsmäßigen Rechte bestehen, **negative Wirkung**), darin, daß zugunsten des Erwerbers der grundbuchmäßige Inhalt des übertragenen oder belasteten Rechts als richtig gilt (**RG** 116 S. 354, 361; **RG** WarnRspr 1930, **positive Wirkung**). Beruhen die Rechte auf rechtsgeschäftlicher Grundlage, so bedürfen sie der Eintragung auch, um zur Entstehung zu gelangen (§ 873 Abs. 1). Wird über ein Recht verfügt, bevor es eingetragen ist, und wird daher die Verfügung erst mit der Eintragung des Rechts wirksam — wird z. B. eine bestellte, aber noch nicht eingetragene Briefhypothek (Briefgrundschuld) im voraus von dem zum ersten Gläubiger Bestimmten gemäß §§ 1154, 1117 an einen andern abgetreten —, so findet § 892 zugunsten des Abtretungsempfängers keine Anwendung, wenn nicht der Abtretende mit seinem Recht zunächst ins Grundbuch eingetragen wird. Geschieht dies aber, so ist der Abtretungsempfänger fortan durch § 892 in seinem guten Glauben an das für den Abtretenden eingetragene Recht geschützt (**RG** 140, 35). Ist eine für A eingetragene Briefhypothek in Wirklichkeit Eigentümergrundschuld des B, weil die gesicherte Forderung nicht zur Entstehung gelangt ist (§ 1173 Abs. 1 Satz 1, § 117 Abs. 1), so kann sich C, dem B die Grundschuld unter Übergabe des Hypothekenbriefs verpfändet hat, für die Wirksamkeit der Verpfändung nicht auf den öffentlichen Glauben des Grundbuchs berufen, sofern nicht die Voraussetzungen des § 1155 vorliegen (dort Anm.). Denn nur A ist als Hypothekengläubiger, aber nicht der verpfändende B als Grundschuldgläubiger eingetragen (**RG** WarnRspr 1930 Nr. 163). Jedoch ergibt sich in diesem Falle, wenn die Bestellung der Hypothek für A und dann die Verpfändung an C mit Bewilligung des B geschehen sind, schon hieraus die Rechtsbeständigkeit der Eigentümergrundschuld und somit die Wirksamkeit der Verpfändung (WarnRspr aaO a. E.).

Anm. 24

3. Nicht eingetragene Rechte. Es gibt aber auch **Rechte,** die **ohne Eintragung** als dingliche Grundstücksbelastungen bestehen, z. B. die Umstellungsgrundschulden des Hypothekensicherungsgesetzes v. 2. 9. 1948, in Berlin-West die Aufbaugrundschuld (§ 14 d. Ges. v. 9. 1. 51 VOBl I 71). Sie können entstehen oder vor dem Inkrafttreten des BGB entstanden sein, teils kraft Gesetzes (Bundes[Reichs]gesetz oder Landesgesetz), teils auch kraft Rechtsgeschäfts. Sie scheiden sich in solche, die von der Eintragung in das Grundbuch ausgeschlossen sind, und in eintragbare (Vorbem. 7ff vor § 873).

Anm. 25

a) Weiter gibt es dingliche Grundstücksbelastungen, die auf **nicht rechtsgeschäftlicher** Grundlage beruhen, die aber zur Entstehung **der Eintragung bedürfen** (§ 873 Anm. 5—7). Sind solche eintragungsberechtigte Rechte eingetragen, so steht der Erwerb durch ihre Übertragung oder Belastung gleichfalls unter dem Schutz des öffentlichen Glaubens. In Betracht kommen in dieser Hinsicht: die auf Ersuchen des Vormundschaftsgerichts auf Grundstücke des Vormundes, Pflegers oder Beistandes einzutragende Sicherungshypothek (§§ 1844, 1915, 1693; FGG § 54); die Zwangs- und Arresthypothek (§§ 866f, 932 ZPO), die auf Ersuchen des Vollstreckungsgerichts einzutragenden Sicherungshypotheken für Forderungen gegen den Ersteher (§ 128 Abs. 3 ZVG).

Anm. 26

b) Auf den Erwerb durch Übertragung oder Belastung **nicht eintragungsfähiger** Rechte findet § 892 aber auch dann keine Anwendung, wenn diese Rechte (versehentlich) eingetragen worden sind. Denn nur die Richtigkeit des zulässigen Inhalts des Grundbuchs kann durch den öffentlichen Glauben gewährleistet werden (**RG** 62, 101). Deshalb scheiden für § 892 aus die gesetzlichen Überbau- und Notwegrenten, die nach §§ 914 Abs. 2, 917 Abs. 2 nicht eingetragen werden (**RG** 62, 101; § 914 Anm. 3). Dasselbe gilt natürlich auch für nicht eintragungsfähige Rechte rein persönlicher (schuldrechtlicher) Natur (Vorbem. 7 vor § 873), z. B. ein im Gebiet des gemeinen Rechts begründetes persönliches Wiederkaufsrecht, das entgegen den Vorschriften der PrAllgHypO v. 20. 12. 1783 ins Grundbuch eingetragen worden ist (JFG 18, 257).

Anm. 27

c) Aber auch auf den Erwerb an solchen Rechten, die zur Wirksamkeit überhaupt und insbesondere gegenüber dem öffentlichen Glauben des Grundbuchs **nicht der Eintragung bedürfen, aber eingetragen werden können** (z. B. früher entstandene Grunddienstbarkeiten nach preußischem Recht: § 12 Abs. 1 Preuß. G. über den Eigentumserwerb [PrEEG] v. 5. 5. 1872 [GS 433], Art. 187 Abs. 1 EG, dazu **RG** 62, 99; 93, 64; preuß. Rentenbankrenten: Vorbem. 14 vor § 873; Rechte, die auf Grund der Vorbehalte in Art. 67, 109, 114 EG landesgesetzlich bestehen: **RG** 6, 292; 44, 243; 62, 102; Gruchot 47, 396), findet § 892 selbst keine Anwendung, wenn die Rechte eingetragen sind (str.; vgl. Staudinger Anm. 70a). Denn der öffentliche Glaube des Grundbuchs wirkt nur für und gegen solche Rechte, die zur Wirksamkeit gegen Dritte der Eintragung bedürfen. Durch Unterlassung der nur gestatteten Eintragung von Rechten, die zur Wirksamkeit gegen gutgläubige Dritte der Eintragung nicht bedürfen, wird das Grundbuch weder unvollständig noch unrichtig (**RG** 62, 99; 93, 65; Gruchot 64, 621; OLG 46, 68; KGJ 27 A 115; § 1018 Anm.). Daher gilt ein solches Recht, wenn es nach Eintragung versehentlich gelöscht war, trotz der Löschung einem dritten Erwerber des belasteten Grundstücks gegenüber als bestehend, selbst wenn er von ihm keine Kenntnis gehabt hat (**RG** 62, 99; 93, 65; KGJ 27 A 115; OLG 46, 68). Umgekehrt gilt eine solche Grunddienstbarkeit, wenn sie nach Eintragung auf dem herrschenden Grundstück durch den Eintritt eines außerhalb des Grundbuchs liegenden Aufhebungsgrundes erloschen war, dem dritten Erwerber des herrschenden Grundstücks gegenüber auch dann als erloschen, wenn sie nicht gelöscht worden ist und der Erwerber das Recht noch für bestehend hält (**RG** 93, 64). Ist eine solche Grunddienstbarkeit vor Inkrafttreten des BGB mit einem unrichtigen oder unvollständigen Inhalt eingetragen worden, so ist sie gegenüber dem dritten Erwerber des dienenden Grundstücks, mag er auch auf den Inhalt des Grundbuchs vertraut haben, doch mit dem richtigen und vollständigen Inhalt nach Maßgabe des Begründungstitels wirksam (**RG** 93, 63).

Anm. 28

d) Zu diesen dem Anwendungsgebiet des § 892 entzogenen Rechten gehören aber nicht der **Nießbrauch** aus § 1075 und die **Sicherungshypotheken** aus § 1287 Satz 2 und ZPO § 848 Abs. 2. Sie entstehen zwar nicht auf rechtsgeschäftlicher Gundlage und bedürfen zur Entstehung an sich nicht der Eintragung (§ 873 Anm. 2). Sie sind aber der Wirkung des öffentlichen Glaubens des Grundbuchs durch das Gesetz nicht entzogen, unterliegen daher den Bestimmungen des § 892 und können deshalb, wenn sie nicht eingetragen sind, nur bösgläubigen Erwerbern entgegenstehender Rechte entgegengehalten werden. Demnach wird der Erwerb an solchen Sicherungshypotheken (der Nießbrauch scheidet hier aus, weil er nicht übertragbar und daher auch nicht belastbar ist), wenn sie eingetragen sind, gemäß § 892 geschützt.

Anm. 29

e) Dingliche Rechte, die **vor Inkrafttreten des BGB zwar an sich entstanden** waren, **aber zur Wirksamkeit gegen Dritte,** gleichviel, ob sie diesen bekannt waren oder nicht, **der Eintragung bedurften** (vgl. für Preußen § 12 PrEEG), sind nur in diesem unvollkommenen Rechtszustande bestehen geblieben und werden gegen den Erwerb eines Dritten erst dann geschützt, wenn sie gemäß Art. 184 EG eingetragen worden sind (**RG** 66, 28; 87, 178; JW 1904, 282[1]; vgl. § 873 Anm. 6; **RG** 55, 315; 56, 13; 74, 60).

Anm. 30

4. Zu Unrecht gelöschtes Recht. Ist ein eintragungsbedürftiges Recht zu Unrecht gelöscht, so kann vor seiner Wiedereintragung ein geschützter Erwerb daran nicht in Frage kommen, auch wenn die Wiedereintragung bereits durch einen Widerspruch (§§ 894, 899) gesichert ist. Denn das Recht kann nach § 873 ohne Eintragung nicht rechtsgeschäftlich übertragen oder belastet werden. Durch die Eintragung einer Vormerkung wird weder ein „Recht" am Grundstück erworben noch der vorgemerkte persönliche Anspruch so umgestaltet, daß an ihm ein „Recht" im Sinne des § 892 erworben werden könnte. Alles Nähere zu der Frage, inwieweit die §§ 892, 893, 894 bei Vormerkungen eine Rolle spielen, ist dargelegt in § 883 Anm. 44; § 886 Anm. 11; § 893 Anm. 12. Durch die Eintragung von Widersprüchen wird ebenfalls noch kein „Recht" am Grundstück oder an einer Grundstücksbelastung erworben, da die Widersprüche nur zur vorläufigen Sicherung uneingetragener dinglicher Rechte dienen (RJA 4, 50; § 899 Anm. 1).

IV. Rechtsgeschäft

Anm. 31

1. Dingliche Einigung. Das Rechtsgeschäft, wodurch ein geschützter Erwerb bewirkt wird, ist nicht ein Rechtsgeschäft, das einen persönlichen Anspruch auf Einräumung oder Übertragung eines Rechts (z. B. Kauf, Schenkung) begründet, insbesondere nicht das schuldrechtliche Grundrechtsgeschäft im Sinne von § 873 Anm. 48ff, sondern die dingliche Einigung über die Änderung des Rechtsstandes eines Grundstücks, die gemäß §§ 873, 877, 925, 1154, 1192, 1200 Abs. 1 zur Herbeiführung der Rechtsänderung erforderlich ist (KGJ 33 A 279).

Anm. 32

a) Der **persönliche (schuldrechtliche) Anspruch** auf eine Rechtsänderung steht nicht unter dem Schutz des § 892; auch dann nicht, wenn er durch Vormerkung gesichert ist (Anm. 30). Anderseits liegt ein unter § 892 fallender rechtsgeschäftlicher Erwerb auch dann vor, wenn die dingliche Einigung über die Rechtsänderung einen schuldrechtlichen Anspruch erfüllen soll, also z. B. dann, wenn der Beauftragte oder der Gesellschafter, der ein Grundstück im eigenen Namen, aber für Rechnung des Auftraggebers oder der Gesellschaft erworben hat, demnächst das Grundstück dem Auftraggeber oder der Gesellschaft übereignet (**RG** 127, 346). Andere eine Verfügung über das Recht enthaltende Rechtsgeschäfte, die nach § 893 den Vorschriften des § 892 unterliegen, sind in § 893 Anm. 6ff behandelt.

Anm. 33

b) Das zum Erwerb erforderliche dingliche Rechtsgeschäft muß **rechtswirksam** sein, wenn der öffentliche Glaube des Grundbuchs Platz greifen soll. Ist also z. B. auf Grund einer Auflassung der Erwerber als Eigentümer eingetragen worden, obwohl die Auflassung (etwa wegen Versagung der erforderlichen behördlichen Genehmigung) nichtig ist, so kommt § 892 für diesen (scheinbaren) Erwerb nicht in Betracht (**RG** WarnRspr 1927 Nr. 136).

Anm. 34

c) **Subjektiv-dingliche Rechte** (Grunddienstbarkeit, Vorkaufsrecht, Reallast: §§ 1018, 1094 Abs. 2, 1105 Abs. 2) werden beim Erwerb des Eigentums am herrschenden Grundstück als dessen Bestandteile (§ 96) mit übertragen. Daher sind sie, wenn das Eigentum auf Grund eines Rechtsgeschäfts erworben wird, als im Sinne des § 892 durch Rechtsgeschäft erworben anzusehen (**RG** 104, 319). Wegen des maßgebenden Grundbuchinhalts für ihren auf diese Weise zustande gekommenen gutgläubigen Erwerb vgl. Anm. 52.

Anm. 35

2. Erwerbsgrundlage. Das Rechtsgeschäft **braucht nicht die alleinige Grundlage des Erwerbs zu sein;** es genügt, wenn das Rechtsgeschäft eine von mehreren zum Erwerb erforderlichen Grundlagen ist. Tatsächlich muß ja auch noch ein anderer rechtswirkender Umstand zu dem Rechtsgeschäft hinzutreten, um den Erwerb zu vollziehen. In der Regel ist dieser Umstand die Eintragung des Erwerbs (§§ 873, 877). Daß ein solcher anderer Umstand hinzutreten muß, steht der rechtsgeschäftlichen Natur des Erwerbs nicht entgegen (**RG** 128, 278). Dies gilt auch dann, wenn das Gesetz mehrere andere Umstände zur Vollendung des Erwerbs verlangt. Der Erwerb ist deshalb nicht etwa ein solcher kraft Gesetzes (Anm. 40). Mithin liegt z. B. auch ein rechtsgeschäftlicher Erwerb des Hypothekengläubigers vor, der die für ihn bewilligte und eingetragene Hypothek erst durch die nachträgliche Entstehung der gesicherten Forderung (§ 1163 Abs. 1 Satz 1; dort Anm.) erlangt (**RG** 128, 278). Dagegen steht der Erwerb des Grundstückseigentümers an der vorläufigen, auflösend bedingten Eigentümergrundschuld, die bei der Höchstbetragshypothek bis zur Entstehung gesicherter Forderungen kraft Gesetzes vorhanden ist (§ 1190 Anm.), noch nicht unter dem Schutz des § 892; ein unter den öffentlichen Glauben des Grundbuchs fallender Erwerb kommt hier vielmehr erst dann in Frage, wenn die Höchstbetragshypothek durch Begründung einer gesicherten Forderung Fremdhypothek des eingetragenen Gläubigers geworden ist (**RG** WarnRspr 1934 Nr. 38). In den Ausnahmefällen (§ 873 Abs. 1 Schlußhalbsatz und dazu dort Anm. 102), in denen sich der rechtsgeschäftliche Erwerb ohne Eintragung vollziehen kann, bedarf es zum Schutz des Erwerbs durch den öffentlichen Glauben des Grundbuchs der Eintragung nicht, wenn der andere rechtswirkende Umstand (z. B. bei der Übertragung einer Briefhypothek gemäß § 1154 Abs. 1 die Übergabe des Briefs) hinzugetreten ist (Anm. 19).

Anm. 36

3. Eingetragensein des Veräußernden. Daß der veräußernde Rechtsinhaber eingetragen sein muß, ist vom materiellen Recht **nicht vorgeschrieben** (M 3, 211). Daher ist durch § 892 geschützt auch der Erwerb, der sich von einem Nichteingetragenen herleitet, wenn dieser nur der wirklich Berechtigte ist. Allerdings soll der Passivbeteiligte nach § 39 Abs. 1 GBO, sofern nicht einer der Ausnahmefälle der §§ 39 Abs. 2, 40 GBO vorliegt, eingetragen sein. Die Nichtbeachtung dieser Ordnungsvorschrift hindert aber den Rechtserwerb nicht.

Anm. 37

a) Jedoch wirkt der öffentliche Glaube des Grundbuchs **im Falle fehlender Eintragung in der Regel nicht in gleichem Maße,** wie wenn der Passivbeteiligte als Berechtigter eingetragen gewesen wäre. Ist der Passivbeteiligte eingetragen, so gilt zugunsten des Erwerbers das Recht nicht nur als in der Hand des Rechtsvorgängers des Passivbeteiligten mit dem buchmäßigen Inhalt wirklich entstanden, sondern auch als auf den Passivbeteiligten wirksam übertragen. Diese Wirkung tritt bei fehlender Eintragung nicht ein; der angebliche Übergang wird nicht als richtig gewährleistet (M 3, 211). Der Erwerb ist also nur dann wirksam, wenn der nicht eingetragene Passivbeteiligte wirklich Berechtigter oder durch Erbschein (§ 2366) als Erbe des Eingetragenen ausgewiesen ist (**RG** 129, 285).

Anm. 38

b) Anderseits steht dem Erwerber, sofern letzteres der Fall ist, der öffentliche Glaube des Grundbuchs so zur Seite, wie wenn er das Recht **von dem eingetragenen Rechtsvorgänger des Passivbeteiligten unmittelbar** erworben hätte, also auch dann, wenn der Passivbeteiligte selbst sich auf den öffentlichen Glauben nicht hätte berufen können. Zum Beispiel könnte der als Erbe eingerückte Passivbeteiligte, wenn das Recht seines eingetragenen Erblassers nicht bestände, auch im Falle der Gutgläubigkeit das Recht nicht in Anspruch nehmen, da sein Erwerb nicht auf Rechtsgeschäft beruht und da er nur in die Rechtsstellung des Erblassers eintritt. Dagegen gilt zugunsten des zweiten rechtsgeschäftlichen Erwerbers das Recht des Erblassers als bestehend.

Anm. 39

c) Im Falle der **rechtsgeschäftlichen Sondernachfolge** gilt dieses auch schon zugunsten des Passivbeteiligten, z. B. wenn ihm ein verbrieftes hypothekarisches Recht durch schriftliche Abtretung und Briefübergabe gemäß §§ 1154 Abs. 1, 1192, 1200 Abs. 1 übertragen worden ist. Ist bei der Übertragung eines solchen Rechts die Abtretungserklärung öffentlich beglaubigt oder liegt der Übertragung eine der in § 1155 Satz 2 bezeichneten Urkunden zugrunde, so besteht nach § 1155 Satz 1 die Besonderheit, daß der Sondernachfolger als eingetragen gilt (vgl. auch § 39 Abs. 2 GBO). Daher wird in diesem Falle dem (zweiten) Erwerber auch der Übergang auf den Passivbeteiligten als richtig gewährleistet.

Anm. 40

4. Nicht auf Rechtsgeschäft beruhender Erwerb. Zugunsten eines Erwerbs, der nicht auf Rechtsgeschäft beruht, wirkt der öffentliche Glaube des Grundbuchs nicht.

a) Daher fällt **nicht** unter § 892 **ein Erwerb, der kraft Gesetzes eintritt.** Die Frage, in welchen Fällen ein Erwerb kraft Gesetzes stattfindet, entscheidet sich nach denselben Gesichtspunkten wie die Frage, in welchen Fällen zur Änderung des Rechtsstandes eines Grundstücks, insbesondere zum Übergang des Grundeigentums auf einen anderen, nicht Einigung (Auflassung) und Eintragung erforderlich sind, sondern die Rechtsänderung sich ohne weiteres kraft gesetzlicher Vorschrift vollzieht (§ 873 Anm. 2—7; § 925 Anm. 1). Als nicht auf Rechtsgeschäft, sondern auf Gesetz beruhende Erwerbsarten nach dem BGB sind hervorzuheben: der Erwerb kraft Aneignungsrechts (§ 928 Anm. 7), die Erbfolge (§§ 1922, 1937, 1941), der Eintritt der ehelichen Gütergemeinschaft (§§ 1416, 1485 Abs. 3), nach früherem Recht auch die Begründung der ehemännlichen und elterlichen Nutznießung (§§ 1363, 1649 aF), ferner die dem Erbanfall gleichstehenden Fälle des Erwerbs des Fiskus an Vermögen aufgelöster Vereine und Stiftungen (§§ 45ff, 88).

Anm. 41

b) Auch soweit in diesen Fällen dem Erwerb ein Rechtsgeschäft zugrunde liegt, z. B. bei der Erbfolge eine letztwillige Verfügung oder ein Erbvertrag (§§ 1937, 1941), bei der ehelichen Gütergemeinschaft ein Ehevertrag (§ 1415), geschieht doch der Erwerb nicht „durch" ein solches Rechtsgeschäft. Denn das Rechtsgeschäft wirkt nicht unmittelbar bei dem Erwerb mit; sein Zweck und Inhalt ist nicht darauf gerichtet, Vermögensgegenstände zu veräußern. Vielmehr ist es nur kraft besonderer gesetzlicher Vorschrift die Voraussetzung dafür, daß sich ein Erwerb ohne weiteren Übertragungsakt vollzieht. Aus demselben Grunde kommt der Erwerb nicht „durch" Rechtsgeschäft, sondern kraft Gesetzes in Fällen zustande, in denen eine Forderung oder eine Hypothek aus Anlaß eines Rechtsgeschäfts, wie z. B. der Befriedigung des Gläubigers (§§ 268, 426, 774, 1143, 1163, 1164, 1173, 1174, 1182) oder des Verzichts des Hypothekengläubigers auf die Hypothek (§ 1168), auf einen anderen als den bisherigen Gläubiger übergeht. Gleiches gilt weiter für die Fälle der §§ 1075 Abs. 1, 1287 Satz 2, wonach beim Nießbrauch und beim Pfandrecht an einer Forderung der Nießbraucher und der Pfandgläubiger mit der Leistung des Schuldners den Nießbrauch und das Pfandrecht an dem geleisteten Gegenstande erwirbt. Demnach kann in allen diesen Fällen, soweit es sich um den Erwerb des Grundeigentums oder eines begrenzten dinglichen Rechts am Grundstück oder eines Rechts an solchen Rechten handelt, dem Erwerber, auch wenn er gutgläubig ist, das Nichtbestehen des Rechts entgegengehalten werden.

Anm. 42

c) Jedoch ergibt sich eine **Ausnahme** aus § 893 für die Fälle, in denen ein Erwerb kraft Gesetzes **zufolge einer Leistung** eintritt. Denn hiernach gilt zugunsten des Erwerbers, der gutgläubig die Leistung an den Buchberechtigten (dem im Falle einer

Briefhypothek der gemäß § 1155 ausgewiesene Besitzer des Briefs gleichsteht) bewirkt hat, der eingetragene Berechtigte als der wirklich Berechtigte. Hier vollzieht sich also trotz der Leistung an den Nichtberechtigten der Übergang des Rechts mit Wirksamkeit gegenüber dem wahren Berechtigten.

Anm. 43

d) Im übrigen wird aber außerhalb dieser Ausnahmefälle die Rechtslage auch dann nicht geändert, wenn aus Anlaß der den Übergang kraft Gesetzes bewirkenden Tatsache **obendrein auch noch** ein (zum Übergang nicht erforderlicher) rechtsgeschäftlicher Übertragungsakt (z. B. die Abtretung einer dem Eigentümer bereits zugefallenen Hypothek) zwischen den Beteiligten vorgenommen wird. Denn ein solches Rechtsgeschäft hat dann nur die Bedeutung einer Bestätigung oder Beurkundung des bereits vollzogenen Erwerbs. Ein einzelner Miterbe kann, weil ihm vor der Teilung nur ein Anteilsrecht an dem gesamten Nachlasse zusteht (§ 2033), ein zum Nachlasse gehörendes Recht nur durch rechtsgeschäftliche Übertragung von den anderen Miterben (z. B. das Eigentum an einem Nachlaßgrundstück nur durch Auflassung) erwerben (§ 925 Anm. 4). Trotz dieses Übertragungsaktes steht ihm aber der öffentliche Glaube des Grundbuchs nicht zur Seite. Denn er erlangt das Recht nicht „ausschließlich durch" den Übertragungsakt, sondern vor allem aus dem Rechtsgrunde des gesetzlichen Übergangs des Nachlasses an alle Miterben zusammen (**RG** 22, 340; Gruchot 47, 667). Hat dagegen der Erbe bereits zu Lebzeiten des Erblassers von diesem ein Recht gutgläubig durch Rechtsgeschäft erworben, so bleibt er auch dann geschützt, wenn er demnächst den Erblasser beerbt. Insbesondere gilt zu seinen Gunsten auch fernerhin das für den Erblasser eingetragene, tatsächlich aber nicht entstandene Recht als wirklich bestehend. Allerdings kann ein dem Verletzten etwa gegen den Erblasser wegen der unrechtmäßigen Eintragung zustehender persönlicher Anspruch gemäß § 1967 auch gegen den Erben (die Miterben) geltend gemacht werden (**RG** 22, 340; Gruchot 32, 1085).

Anm. 44

e) Nicht hierher gehören die Verträge, wodurch **ein Vermögen übernommen** wird (§ 419 BGB; § 25 HGB). Sie unterstehen dem Recht der Schuldverhältnisse und gewähren, wie andere schuldrechtliche Verträge, nur einen persönlichen Anspruch auf Übertragung der einzelnen zum Vermögen gehörenden Gegenstände. Erworben wird durch sie noch nichts; vielmehr bedarf es zum Erwerbe, wie sonst, eines rechtsgeschäftlichen Übertragungsakts, einer dinglichen Einigung. Sind auf diesem Wege Grundstücksrechte dem Übernehmer übertragen, so ist er bei Gutgläubigkeit in seinem Erwerb geschützt (**RG** 123, 55). Allerdings haftet er für die Verbindlichkeiten des Veräußerers. Aus dieser Haftung folgt aber nur, daß im Falle des Nichtbestehens des übertragenen Rechts ein persönlicher Anspruch des Verletzten gegen den Veräußerer (z. B. auf Beseitigung der Belastung) auch gegen den Übernehmer geltend gemacht werden kann (**RG** 123, 56). Die dingliche Rechtsänderung wird aber dadurch nicht berührt. Der Übernehmer bleibt z. B. Eigentümer des ihm aufgelassenen, dem Veräußerer nicht gehörenden Grundstücks oder Inhaber einer für den Veräußerer zu Unrecht eingetragenen Hypothek (str.; aM KGJ 22 A 145). Gleiches gilt von dem Erbschaftskäufer gemäß § 2374. Auch der Vermächtnisnehmer hat nach § 2174 nur einen persönlichen Anspruch gegen den Erben auf Übertragung des Vermachten; erst bei Vollziehung des dinglichen Übertragungsakts kann also § 892 zum Schutz des Vermächtnisbedachten eingreifen.

Anm. 45

f) Grundsätzlich entbehrt dieses Schutzes der dingliche Erwerb des Grundstückseigentums in Ausführung eines **Gutsüberlassungsvertrags,** durch den sowohl nach der tatsächlichen Gestaltung wie nach dem Willen der Beteiligten nur die künftige Erbfolge vorweggenommen ist und werden sollte. Hier kann der Erwerber sich hinsichtlich des Bestehens des Eigentums des Veräußerers und hinsichtlich des Nichtbestehens zu Unrecht gelöschter Rechte am Grundstück nicht auf den öffentlichen

Glauben des Grundbuchs berufen, da er einem Erben des Veräußerers gleichzustellen ist (str.; **RG** 123, 56). Dieser Grundsatz gilt selbst dann, wenn es sich bei der Gutsüberlassung nicht um eine Verfügung über das ganze Vermögen, sondern nur um die Veräußerung eines einzelnen Grundstücks von Eltern an Kinder handelt, sofern nur das Geschäft nach seiner Gestaltung lediglich die Vorwegnahme eines später zu erwartenden Erbgangs mit nachfolgender Erbauseinandersetzung darstellt (**RG** 136, 148).

Anm. 46

5. Behördliches Eintragungsersuchen. Soweit **eine Behörde befugt** ist, **um eine Eintragung zu ersuchen** (§ 38 GBO), kommt nirgends ein Erwerb durch Rechtsgeschäft in Frage (§ 941 ZPO, § 130 ZVG, §§ 1844, 1815, 1693 BGB, § 54 FGG, Art. 91 EG). Wenn vor dem Vollstreckungsgericht eine Änderung des Inhalts eines bleibenden Rechts oder die Eintragung eines neuen Rechts bewilligt wird und die Urkunden dann dem Grundbuchamt vom Vollstreckungsgericht zugehen, so geschieht die Eintragung allerdings auf Grund eines Rechtsgeschäfts. Denn das Vollstreckungsgericht übermittelt hier nur die Urkunden; zu einem Ersuchen um die Eintragung der bewilligten Rechtsänderung ist es nicht befugt (KGJ 22 A 157).

Anm. 47

6. Erwerb durch Zwangsvollstreckung oder Arrestvollziehung. Den Schutz des öffentlichen Glaubens des Grundbuchs entbehrt ferner ein **Erwerb** von Rechten an Grundstücken **im Wege der Zwangsvollstreckung** oder der **Arrestvollziehung** (**RG** 68, 153; 72, 271; 84, 281; 90, 338; Anm. 110). Beispiele für solche Erwerbsfälle sind insbesondere: der Erwerb, der sich durch Pfändung oder durch Überweisung an Zahlungs Statt an Reallasten und hypothekarischen Rechten (§§ 830, 835—837, 857 Abs. 6 ZPO) vollziehen kann (**RG** 59, 315; 90, 338; JW 1902 Beil. 272); der Erwerb durch Eintragung einer Zwangs- oder Arresthypothek (§§ 866f, 932 ZPO; **RG** 54, 105; 84, 281; KGJ 49, 184). Wenn also Miterben vor erfolgter Auseinandersetzung irrtümlich ohne Auflassung (§ 925 Anm. 4) als Miteigentümer nach Bruchteilen eingetragen worden sind und der Gläubiger eines Miterben auf dessen buchmäßigem Bruchteil eine Zwangshypothek hat eintragen lassen, so hat der Gläubiger auch im Falle seiner Gutgläubigkeit kein Recht an dem Grundstück erworben. Wenn aber der Miterbe an seinem buchmäßigen Bruchteil rechtsgeschäftlich eine Hypothek bestellt hat, so ist für den gutgläubigen Erwerber die Hypothek rechtswirksam entstanden und bleibt an dem Bruchteil auch dann bestehen, wenn demnächst das Grundbuch durch Eintragung der Erbengemeinschaft berichtigt wird (KGJ 51, 224).

Anm. 48

a) Weiter sind Erwerbsfälle, die nicht unter dem Schutz des § 892 stehen: die Erlangung einer Vormerkung auf Grund einstweiliger Verfügung (**RG** 68, 151; KGJ 33 A 279; OLG 15, 232), ein Erwerb, der übrigens schon deshalb von dem öffentlichen Glauben ausgeschlossen ist, weil die Vormerkung kein Recht ist (Anm. 30; KGJ 33 A 279); der Erwerb einer Sicherungshypothek gemäß § 848 Abs. 2 ZPO, da hier der mit dem Übergang des Grundeigentums auf den Schuldner sich vollziehende Erwerb eine Fortwirkung von Zwangsvollstreckungsregeln ist. In solchen Fällen, abgesehen von dem Fall der Vormerkung, findet aber nach dem Ersterwerb des Rechts § 892 wieder Anwendung auf einen späteren rechtsgeschäftlichen Erwerb an dem Recht, z. B. auf dessen weitere Übertragung oder Belastung (Prot. 3, 79; Anm. 28). Für die Zwangsversteigerung gelten besondere Regeln. Nach §§ 90, 91, 37 Nr. 4, 5, §§ 52, 57ff ZVG erwirbt der Ersteher durch den Zuschlag das Grundstück frei von allen Belastungen, die nicht nach den gesetzlichen oder vereinbarten Versteigerungsbedingungen bestehenbleiben sollen. Er erwirbt das Eigentum nach Maßgabe des Zuschlagsbeschlusses selbst dann, wenn das Grundstück einem andern als dem Vollstreckungsschuldner gehört hat und diese Tatsache dem Ersteher bekannt gewesen ist (**RG** 45, 284; 72, 271; JW 1911, 211[5]; WarnRspr 1910 Nr. 41).

Anm. 49

b) Wird die Einigungserklärung des Passivbeteiligten durch **Urteil** (§ 894 ZPO) ersetzt, so ist der darauf gegründete Erwerb des anderen Teils nach § 898 ZPO ebenso geschützt wie bei einer freiwilligen Einigung.

Anm. 50

V. Fiktion der Richtigkeit. Der Inhalt des Grundbuchs **gilt** als richtig. Danach ist im Falle eines gutgläubigen Rechtserwerbs der sonst zulässige Gegenbeweis (§ 891 Anm. 21 ff) gegen die Vermutung, daß ein eingetragenes Recht dem Buchberechtigten zusteht (§ 891 Anm. 24) und daß ein gelöschtes Recht nicht besteht (§ 891 Anm. 37), hier zugunsten des Erwerbers ausgeschlossen (**RG** 49, 8; 86, 356; 116, 181). Im Wege der Fiktion wird also materielles Recht geschaffen. Wenn das Recht des Übertragenden oder Belastenden nicht besteht, so daß der Erwerber ein Recht an sich nicht erwerben könnte, wird vermöge der Fiktion, daß jenes Recht bestehe, das Veräußerte als ein Recht erworben (z. B. das Eigentum oder eine Hypothek am Grundstück, auch wenn der Veräußernde oder der Hypothekbesteller nicht wahrer Eigentümer war: **RG** 69, 268; 73, 127; 85, 63; WarnRspr 1922 Nr. 14; RJA 6, 241). Wenn dem Recht des Veräußerers ein zu Unrecht gelöschtes, noch bestehendes Recht eines Dritten vorgeht, so daß der Erwerber sein Recht an sich nur mit der Beschränkung durch das Recht des Dritten erwerben könnte, wird vermöge der Fiktion, daß das Recht des Dritten nicht bestehe, das erworbene Recht von der Beschränkung frei (z. B. das erworbene Eigentum frei von einer zu Unrecht gelöschten Hypothek). Die Fiktion gilt nur dann nicht, wenn einer der beiden Ausnahmefälle, eingetragener Widerspruch oder Kenntnis der Unrichtigkeit, vorliegt. Kraft der Fiktion ist derjenige, der von einem im Grundbuch als Berechtigter Eingetragenen, in Wirklichkeit Nichtberechtigten ein Recht am Grundstück oder ein Recht an einem Grundstück belastenden Recht gutgläubig durch Rechtsgeschäft erworben hat, in diesem das Recht des wirklich Berechtigten beeinträchtigenden Erwerb nicht nur gegen dingliche, sondern auch gegen schuldrechtliche (persönliche) Ansprüche des nicht eingetragenen wahren Berechtigten geschützt (M 3, 225). Insbesondere steht dem wahren Berechtigten, auch wenn der Erwerber aus Fahrlässigkeit über die Unrichtigkeit des Grundbuchinhalts in Unkenntnis gewesen ist (z. B. aus Fahrlässigkiet nicht gewußt hat, daß der Bucheigentümer, von dem er sich eine Hypothek hat bestellen lassen, nicht wahrer, sondern nur Scheineigentümer sei), ein Schadensersatzanspruch aus § 823 gegen den Erwerber nicht zu (**RG** 85, 61; 90, 397). Unter besonderen Umständen kann aber dem Erwerber wegen eines unter § 826 fallenden Verhaltens die Berufung auf § 892 verwehrt sein (**RG** JW 1935, 3220[4]). Auch kann ein Bereicherungsanspruch auf Herausgabe nach Maßgabe des § 816 Abs. 1 Satz 2 für den wahren Berechtigten gegen den Erwerber gegeben sein, wenn die Verfügung des Nichtberechtigten unentgeltlich erfolgt ist (Prot. 3, 82; **RG** 85, 64).

VI. Inhalt des Grundbuchs

Anm. 51

1. Inhalt. Unter dem **Inhalt des Grundbuchs,** der als richtig gelten soll, ist zu verstehen einmal der nach dem Grundbuchsystem **zulässige Inhalt,** sodann die **Gesamtheit der Einschreibungen,** die auf den Rechtsstand des Grundstücks Bezug haben, und zwar nicht bloß nach den Eintragungen in der einzelnen Abteilung oder Spalte, sondern nach dem Zusammenhang der Eintragungen in den verschiedenen Abteilungen (**RG** 88, 27; 98, 219; 116, 180). Ist z. B. bei einer Hypothek im Grundbuch vermerkt, daß sie den Vorrang vor einem anderen Recht habe, und wird dann die Hypothek abgetreten, so gilt, wenn auch der Vorrangsvermerk zu Unrecht eingetragen ist, zugunsten des gutgläubigen Abtretungsempfängers die von ihm erworbene Hypothek als dem anderen Recht im Range vorgehend (**RG** 130, 66). Der Erwerber des mit Vorrang eingetragenen Rechts ist auch dann durch § 892 geschützt, wenn der Vorrang nur bei dem zurückstehenden, nicht bei dem erworbenen vorgehenden Recht vermerkt ist **RG** HRR 1931 Nr. 1912).

Anm. 52

2. Grundbuch. Unter Grundbuch ist nach § 3 GBO das **Grundbuchblatt über das betroffene Grundstück** zu verstehen (§ 873 Anm. 100). Bei subjektiv- und objektiv-dinglichen Rechten (§§ 1018, 1094 Abs. 2, 1105 Abs. 2: Grunddienstbarkeit, Vorkaufsrecht, Reallast) ist für ihr Bestehen und ihren Inhalt das Grundbuchblatt **über das belastete Grundstück** maßgebend (§ 873 Anm. 100 und hier Anm. 72). Wenn solche Rechte beim rechtsgeschäftlichen Erwerb des Eigentums am herrschenden Grundstück als dessen Bestandteile (§ 96) auf den Erwerber mit übergehen und daher im Sinne des § 892 als durch Rechtsgeschäft erworben anzusehen sind (Anm. 34), kommt es also für die Frage des Schutzes des Erwerbers durch den öffentlichen Glauben des Grundbuchinhalts auf den Inhalt des Grundbuchblatts über das belastete Grundstück an (**RG** 104, 319). Ist z. B. ein Vorkaufsrecht auf dem belasteten Grundstück als subjektiv-dingliches (zugunsten des jeweiligen Eigentümers eines anderen Grundstücks) eingetragen, so erwirbt der rechtsgeschäftliche Erwerber des herrschenden Grundstücks, der im Schutz des öffentlichen Glaubens dieses Grundbuchinhalts steht, das Vorkaufsrecht auch dann als subjektiv-dingliches Recht, wenn es in Wirklichkeit nur für eine bestimmte Person (als subjektiv-persönliches) bestellt und irrtümlich als subjektiv-dingliches eingetragen worden ist (**RG** 104, 319).

Anm. 53

3. Vorgänge außerhalb des Grundbuchs. Rechtliche Vorgänge außerhalb des Grundbuchs bleiben aber für die Frage des Rechtserwerbs im Schutz des öffentlichen Glaubens des Grundbuchs außer Betracht.

Anm. 54

a) So gehört z. B. bei einem im Grundbuch eingetragenen **bedingten Recht** der Eintritt oder Ausfall der Bedingung nicht zum Inhalt des Grundbuchs und stellt daher auch keine Tatsache dar, die unter dem Schutz des öffentlichen Glaubens des Grundbuchs stände. Ist also das bedingte Recht im Grundbuch zu Unrecht als unbedingtes eingetragen, so schützt der öffentliche Glaube zwar einen Rechtserwerber, der das Bestehen der Bedingung nicht kennt, aber nicht einen Erwerber, der die Bedingtheit des Rechts kennt und nur irrig an den Eintritt oder Ausfall der Bedingung glaubt (**RG** 144, 26).

Anm. 55

b) Ebenso erstreckt sich der öffentliche Glaube des Grundbuchs nicht auf die **Vertretungsmacht eines Bevollmächtigten** des eingetragenen Berechtigten (**RG** 134, 284; WarnRspr 1933 Nr. 8). Hat der Gläubiger einer Sicherungshypothek in Erwartung der tatsächlich nicht erfolgten Zahlung dem Grundstückseigentümer im voraus löschungsfähige Quittung erteilt und tritt der Eigentümer dann die angeblich zur Eigentümerschuld gewordene Hypothek unter Umwandlung in eine Verkehrshypothek für ein Darlehn an einen Dritten ab (§ 1198), so kann der Dritte sich nicht auf einen Rechtserwerb in gutem Glauben an die Gläubigerschaft des abtretenden Grundstückseigentümers berufen, wenn dieser nicht im Grundbuch als Gläubiger der aus der Sicherungshypothek angeblich entstandenen Eigentümergrundschuld eingetragen war (**RG** 86, 353). Dies gilt auch dann, wenn die Abtretung in das Grundbuch eingetragen und dabei vermerkt ist, die zunächst als Grundschuld auf den Eigentümer übergegangene Sicherungshypothek sei in eine Hypothek für eine Forderung aus einem Darlehn umgewandelt. Denn hierin ist nicht die Einschreibung des Eigentümers als Gläubiger unter Nennung seines Namens zu erblicken (**RG** 86, 355).

Anm. 56

c) Ist das Grundbuch dadurch unrichtig geworden, daß eine **Enteignung** des Grundstücks stattgefunden hat, der Enteignungsunternehmer aber noch nicht als Eigentümer eingetragen ist, so kann sich derjenige, der von dem noch eingetragenen früheren Eigentümer ein Recht am Grundstück erwirbt, für den Erwerb des Rechts (z. B. des Eigentums durch Auflassung und Eintragung) nicht auf den öffentlichen

Glauben des Grundbuchs berufen, auch wenn die Einleitung des Enteignungsverfahrens aus dem Grundbuch nicht ersichtlich ist. Denn die Enteignung ist ein in Ausübung eines staatlichen Hoheitsrechts vorgenommener Eingriff in das Eigentumsrecht, der gegen den jeweiligen Eigentümer und gegen jeden späteren Erwerber eines Rechts am Grundstück wirkt (JFG 1, 388).

Anm. 57

4. Unzulässige Eintragungen. Was **unzulässigerweise eingeschrieben** ist, muß rechtlich als im Grundbuch nicht vorhanden gelten und kann daher nicht durch den öffentlichen Glauben des Grundbuchs als richtig gewährleistet werden.

Anm. 58

a) Hierher gehören **nichtige** (z.B. durch erhebliche Bedrohung des Grundbuchrichters erzwungene, **BGH** 7, 64) sowie solche Eintragungen, die **ihrem Inhalt nach** sich als **unzulässig** darstellen und daher nach § 53 Abs. 1 Satz 2 GBO vom Grundbuchamt von Amts wegen gelöscht werden können und müssen (**RG** 88 S. 27, 87; 98, 219; 130, 67; JFG 1, 500). So kann z.B. der Erwerber einer Hypothek, die entgegen der Vorschrift des § 1114 auf den Anteil eines Miterben an dem der ungeteilten Erbengemeinschaft gehörigen Grundstück eingetragen worden ist (§ 1114 Anm.), sich nicht auf seinen guten Glauben an die Rechtsbeständigkeit der Hypothek berufen (**RG** 88, 27). Ebensowenig kann der Erwerber eines Grundstücks sich auf das Bucheigentum des Veräußerers berufen, wenn zugleich (in Abteilung II) für einen anderen noch ein Erbpachtrecht eingetragen steht, das durch § 2 des preuß. Ablösungsgesetzes v. 2. 3. 1850 zu vollem Eigentum an dem Grundstück geworden war. Denn die wahre rechtliche Bedeutung des Grundbuchinhalts ging seit dem genannten Gesetz dahin, daß der als Eigentümer Eingetragene sein Eigentum verloren hatte und der bisherige Erbpächter Eigentümer war. Der öffentliche Glaube des Grundbuchs erstreckt sich aber nicht auf das Nichterkennen der wahren rechtlichen Bedeutung einer Eintragung, die ein kraft gesetzlicher Veränderungen rechtlich unmöglich gewordenes Rechtsverhältnis kundgibt (**RG** 98, 219).

Anm. 59

b) Inhaltlich unzulässige Eintragungen liegen auch dann vor, wenn Eintragungsvermerke (z.B. über das Rangverhältnis zwischen mehreren Rechten am Grundstück) in einem wesentlichen Punkt einander **widersprechende Angaben** enthalten oder so **unklar** sind, daß nicht ersehen werden kann, was eigentlich eingetragen ist. Bloße Zweifel über den Inhalt einer Eintragung können deren Unzulässigkeit aber nur dann begründen, wenn sie sich nicht im Wege der Auslegung beheben lassen (**RG** 113, 229; 130, 67).

Anm. 60

c) Ist eine Eintragung zwar nicht inhaltlich unzulässig, sondern nur unrichtig, ergibt sich die **Unrichtigkeit aber für jeden Dritten erkennbar** aus dem Grundbuch, so kommt ihr gegenüber eine Berufung auf den öffentlichen Glauben des Grundbuchs gleichfalls nicht in Frage (**RG** JW 1934, 2612[3]). Eine Eintragung für mehrere Berechtigte, die lediglich dem § 47 GBO nicht genügt, ist nicht inhaltlich unzulässig und genießt den öffentlichen Glauben des Grundbuchs (**RG** SeuffArch 91 Nr. 104).

Anm. 61

5. Nicht eintragungsfähige Rechte. Aus der Begrenzung des § 892 auf inhaltlich zulässige Eintragungen folgt, daß nicht unter dem öffentlichen Glauben stehen **nicht eintragungsfähige** und auch gegen Dritte nicht wirkende Rechte (Vorbem. 7 ff vor § 873), wenn sie (versehentlich) eingetragen worden sind. Wegen der Rechte, die zwar eintragungsfähig, aber auch zur Wirkung gegen Dritte **nicht eintragungsbedürftig** sind, vgl. Anm. 27, 75. Weiter wirkt der Inhalt des Grundbuchs nur für privatrechtliche Verhältnisse (**RG** Gruchot 64, 621). Ist ein Teil eines Grundstücks, z.B. als Weg oder Fluß, öffentlichrechtlicher Natur und somit dem Privatrechtsverkehr entzogen, so ändert es hieran nichts, daß der Teil als im Privateigentum stehend im Grundbuch eingetragen ist. Der Erwerber kann sich also nicht auf den öffentlichen Glauben des Grundbuchs berufen (**RG** 80, 367; JW 1901, 858[56]; § 891 Anm. 17).

Anm. 62

6. Umfang des Inhalts. Da der Erwerb von Rechten am Grundstück oder an Rechten, die das Grundstück belasten, geschützt werden soll, so muß einerseits alles, was das Grundbuch über das erworbene Recht selbst und über seine rechtlichen Beziehungen zu anderen Rechten aussagt, als unter den Begriff „Inhalt" fallend erachtet, anderseits alles davon ausgenommen werden, was zwar eingeschrieben werden durfte, aber für die Gestaltung und Wirkung der Rechte ohne Bedeutung ist.

Anm. 63

a) Nach der ersten Richtung gehört daher **zum Inhalt des Grundbuchs** nicht nur das, was bei den einzelnen Rechten in den auf sie bezüglichen besonderen Eintragungsvermerken eingeschrieben ist, sondern auch die sonstigen Einschreibungen, soweit sie **Inhalt, Umfang und Rechtswirkung der Grundstücksrechte** mitbetreffen, insbesondere also auch die Grundbuchvermerke, die den Gegenstand beschreiben und umgrenzen, auf den sich das Eigentum und die anderen dinglichen Rechte erstrecken; hierher gehören nicht die Angaben über die Grundlage der Eintragung in Spalte 4 der Abt. I des Grundbuchs (**BGH** 7, 64). In § 891 Anm. 10ff ist näher ausgeführt, inwieweit sog. tatsächliche Angaben, namentlich diejenigen, die auf das vom Eigentum ergriffene und mit Rechten belastete Grundstück Bezug haben, unter dem öffentlichen Glauben des Grundbuchs stehen oder davon ausgeschlossen sind.

Anm. 64

b) Hervorzuheben ist hier, daß die sog. **Parzellenverwechslungen** nichts Besonderes an sich haben (OLG 2, 492; 6, 12). Ist eine Parzelle, ein begrenzter Teil der Erdoberfläche, irrtümlich bei der Abschreibung von einem Stammgrundstück oder aus anderem Anlaß, insbesondere auch bei der Zurückführung des Grundbuchblatts auf das Grundsteuerbuch, auf einem andern Grundbuchblatt als dem des wahren Eigentümers eingeschrieben worden, so erhält diese Einschreibung, mag sie durch Angabe einer Parzellennummer des Katasters oder durch eine andere Bezeichnung der Parzelle bewirkt worden sein, eine Beschreibung und Umgrenzung des von den Eigentums- und sonstigen Rechten des Grundbuchblatts ergriffenen Grundstücks. Sie steht daher fortan zugunsten eines gutgläubigen rechtsgeschäftlichen Erwerbs ebenso unter dem öffentlichen Glauben des Grundbuchs wie die Einschreibungen, die sich auf die Beschreibung und Umgrenzung der etwa sonst noch auf dem Grundbuchblatt vermerkten Grundflächen beziehen. Ob die Beschreibung und Umgrenzung das ganze Grundstück oder nur einzelne Grundflächen betrifft, macht für den öffentlichen Glauben keinen Unterschied. Würden die Bestandsangaben, soweit sie das Grundstück beschreiben und umgrenzen, nicht unter den öffentlichen Glauben zu stellen sein, so müßte folgerichtig angenommen werden, daß auch nach einem gutgläubigen Erwerb des Eigentums oder eines das Grundstück belastenden Rechts eine falsch gebuchte Grundfläche immer noch lediglich auf Grund der Nachweisung des wahren Eigentums eines andern als des Veräußerers ohne Zustimmung des Erwerbers für den andern von dem Grundbuchblatt abgeschrieben werden könnte. Unter Umständen würde sogar das Ergebnis nicht zu vermeiden sein, daß der wahre Eigentümer des ganzen Grundstücks die völlige Beseitigung der ohne seine Zustimmung an dem Grundstück erworbenen Rechte zu verlangen berechtigt wäre. Damit könnte dem Erwerber eines belastenden Rechts der Gegenstand seines Rechts gänzlich entzogen und so das Recht selbst bedeutungslos werden, ein Ergebnis, das mit § 892 schlechterdings unvereinbar wäre (**RG** Gruchot 68, 71).

Anm. 65

c) Anderseits kann der öffentliche Glaube des Grundbuchs sich nur auf einen Gegenstand erstrecken, der **von Natur ein Teil der Erdoberfläche** ist.

Denn nur ein solcher Gegenstand ist nach dem Grundbuchsystem ein Grundstück; nur er trägt auch eine Gewähr für die Dauer in sich. Daher wird alles vom öffentlichen Glauben des Grundbuchs ausgeschlossen, was nur mit der Erdoberfläche verbunden ist und von ihr wieder entfernt werden kann, mag es auch in gewissen anderen rechtlichen Beziehungen als Bestandteil des Grundstücks gelten. Dies gilt insbesondere von **Gebäuden** (**RG** 73, 129; WarnRspr 1924 Nr. 98). Die darüber etwa im Grundbuch enthaltenen Angaben gehören nicht zur Beschreibung und Umgrenzung des vom Eigentum erfaßten Teils der Erdoberfläche, sondern betreffen nur die Beschaffenheit dieses Teils. Daher wird den Erwerbern nicht gewährleistet, daß die im Grundbuch vermerkten Gebäude wirklich vorhanden sind und daß den vorhandenen Gebäuden nicht etwa nach § 95 die sonst aus § 94 Abs. 1 ergebende Bestandteilseigenschaft fehlt (**RG** 61, 193; WarnRspr 1924 Nr. 98; Gruchot 42, 526).

Anm. 66

d) Die Frage, ob **die Existenz des Grundstücks gewährleistet** wird, kann nicht aufgeworfen werden, da das Eigentum sich in die unbegrenzte Tiefe erstreckt und Veränderungen der Oberfläche (z. B. durch dauernde Überschwemmungen) nur die Beschaffenheit des Grundstücks betreffen, die nicht unter dem öffentlichen Glauben steht. Deshalb greift § 892 auch dann Platz, wenn Grundstücke veräußert werden, die ehemals Land waren, dann im Wasser versanken, schließlich aber wieder als Neuland auftauchen und nun für einen unrichtigen Eigentümer mit ihrer katasteramtlichen Bezeichnung im Grundbuch eingetragen sind (**RG** SeuffArch 88 Nr. 189; JW 1936, 3396[12]; ähnlich HRR 1935 Nr. 1312).

Anm. 67

e) Im Falle der sog. **Doppelbuchung,** wenn also auf verschiedenen Grundbuchblättern einander widersprechende Einschreibungen, insbesondere über die zugehörigen Grundflächen, enthalten sind, gebührt der öffentliche Glaube keiner der Einschreibungen, soweit sie sich gegenseitig ausschließen (§ 891 Anm. 26ff).

Anm. 68

f) Endlich kommt der Grundsatz, daß der öffentliche Glaube des Grundbuchs sich auf die Bestandsangaben erstreckt, ohnehin nicht in Betracht, wenn sowohl der **Wille des Veräußerers wie der des Erwerbers** zur Übertragung und zum Erwerb des Eigentums eine auf dem Grundbuchblatt vermerkte **Parzelle nicht mitumfaßte** (§ 925 Anm. 29 zu cc; **RG** 73, 125; 77, 33).

Anm. 69

7. Übertragungs- oder Belastungsgeschäft. Zum Inhalt des Grundbuchs gehört noch nicht das Übertragungs- oder Belastungsgeschäft, auf Grund dessen das geschützte Recht erworben wird. Der Rechtserwerber kann sich zur Begründung seines gutgläubigen Erwerbs auch dann nicht auf die seinen Erwerb verlautbarende Eintragung berufen, wenn die Einigung der Eintragung erst nachfolgt (**RG** 128, 280). Das den Rechtserwerb begründende Geschäft muß nach allgemeinen Grundsätzen **rechtsgültig** sein, sonst vollzieht sich der Erwerb überhaupt nicht. Der gute Glaube heilt die Mängel des Rechtsgeschäfts nicht (**RG** 69, 268; 84, 245; 128, 279). Gab z. B. der Veräußernde oder der ein Grundstücksrecht Bestellende oder der einen Rangrücktritt Erklärende sich fälschlich als den eingetragenen Verfügungsberechtigten aus (M 3, 213; **RG** 128, 279; WarnRspr 1933 Nr. 8), fehlte ihm die Berechtigung zur Veräußerung des für einen andern eingetragenen Rechts (**RG** 84, 245), besaß er keine Rechtspersönlichkeit (war z. B. die veräußernde juristische Person nicht rechtsfähig: **RG** 88, 89), war er geschäfts- oder sonst verfügungsunfähig (**RG** 69, 268; WarnRspr 1936 Nr. 2; OLG 18, 110; die zugunsten einer bestimmten Person beschränkte Verfügungsbefugnis regelt dagegen § 892 Abs. 1 Satz 2), mangelte seinem Vertreter die Vertretungsmacht (**RG** 69, 268; 134, 284; Anm. 18), fehlte die erforderliche Zustimmung einer Behörde oder eines Dritten (**RG** 125, 53), so ist das Rechtsgeschäft nicht um deswillen gültig, weil der Erwerber geglaubt hat, diese den Erwerb hindernden

Mängel lägen nicht vor. Ist aber der Erwerber trotz solcher Mängel (versehentlich oder weil die Mängel nicht bekannt waren) als Berechtigter eingetragen worden, so wirkt zugunsten eines **späteren Erwerbers** des Rechts wiederum der öffentliche Glaube. So gilt z. B., wenn eine Hypothekbestellung wegen Wuchers nichtig oder wegen Betrugs erfolgreich angefochten war, die Hypothek zugunsten eines gutgläubigen Zessionars als rechtsgültig bestellt (**RG** 69, 268; 88, 89). Entsprechendes gilt für den späteren Erwerb im guten Glauben an den zunächst unwirksam eingetragenen Rang (**RG** 128, 279).

Anm. 70

8. Inhalt der Eintragungsbewilligung. Dem Inhalt des Grundbuchs steht gleich der Inhalt der einer Eintragung zugrunde liegenden Eintragungsbewilligung, soweit hierauf in den Eintragungsvermerken zulässigerweise (§§ 874, 877; § 874 Anm. 14, 15) Bezug genommen ist. Denn insoweit gilt der Inhalt der Eintragungsbewilligung als in das Grundbuch eingeschrieben (über Einsicht dieser Urkunden: § 12 Abs. 1 Satz 2, Abs. 3 GBO; Grundbuchverfügung v. 8. 8. 1935 §§ 43, 46; RGes. v. 30. 9. 1936 über die Einsicht in gerichtliche öffentliche Bücher und Register). Auf den sonstigen Inhalt der Grundakten erstreckt sich aber der öffentliche Glaube des Grundbuchs auch dann nicht, wenn nach § 124 GBO den Beteiligten die Einsicht in die Grundakten gestattet ist (**RG** 57, 281). Dasselbe gilt von dem **Eingangsregister** des Grundbuchamts. Daher steht z. B. die Kenntnis des eingetragenen Berechtigten von einem früheren Eintragungsantrag, der bei richtigem Verfahren, insbesondere nach den Ordnungsvorschriften der §§ 17, 45 GBO, zuerst hätte erledigt werden und so zur Eintragung eines im Range vorgehenden Rechts hätte führen sollen, dem Erwerbe seines Rechts mit Vorrang nicht entgegen (**RG** 57, 277; KGJ 39 A 248; Prot. 3, 90). Die Verletzung dieser Ordnungsvorschriften hindert materiellrechtlich den Erwerb nicht. Steht dem früher gestellten Antrag ein Hindernis entgegen, so hat allerdings das Grundbuchamt, wenn es den Antrag nicht zurückweist, gemäß § 18 Abs. 2 GBO eine Vormerkung zugunsten des Antrags einzutragen, bevor es dem zweiten Antrag stattgibt. Ist dies geschehen, so ist die nach Behebung des Hindernisses bewirkte endgültige Eintragung gegenüber der auf Grund des zweiten Antrags erfolgten Eintragung wirksam. Dabei ist einerlei, ob das Recht aus der Eintragung zum zweiten Antrag ohne jene Vormerkung zugunsten des ersten Antrags das Recht aus der Eintragung zum ersten Antrag ausschließen oder nur beschränken würde und ob das Recht aus der Eintragung zum zweiten Antrag noch in der Hand des ursprünglichen Erwerbers steht oder bereits auf einen Rechtsnachfolger übergegangen ist. Die Vorschriften der §§ 883 ff finden auf die Vormerkung des § 18 Abs. 2 GBO keine Anwendung. Denn jene Vorschriften dienen nur zur Sicherung eines persönlichen Anspruchs, während es sich hier um die Sicherung des durch den ersten Eintragungsantrag erlangten Rechts auf Eintragung nach Maßgabe des damals vorliegenden Grundbuchinhalts handelt (str.; **RG** 55, 342; 110, 207; § 883 Anm. 24). Es bedarf daher z. B. weder dann, wenn beide Rechte Belastungen des Grundstücks sind, noch dann, wenn das vorgemerkte Recht eine Belastung ist, das andere Recht aber den Eigentumsübergang betrifft, zur Umschreibung der Vormerkung in das endgültige Recht der Zustimmung des Inhabers des andern Rechts oder seines etwaigen Rechtsnachfolgers, insbesondere nicht nach § 888 (**RG** 110, 207). Von diesen Gesichtspunkten aus ist auch die Entscheidung **RG** 62,375 im Ergebnis richtig. Mißverständlich ist aber ihre Begründung dahin, der öffentliche Glaube des Grundbuchs versage gegenüber schon beantragten Eintragungen, wie sich aus dem § 879 BGB und den §§ 17, 46 (jetzt 45) GBO ergebe, die durch die §§ 892, 893 nicht berührt würden (vgl. Staudinger § 892 Anm. 7a Fußn *).

Anm. 71

9. Eintragung an unrichtiger Stelle. Die Einschreibung des Rechts an einer andern Stelle des Grundbuchs als an der durch die Anordnungen des Reichsministers der Justiz (§ 1 Abs. 3 GBO) bestimmten, z. B. in eine unrichtige Abteilung des Grundbuchblatts, hindert nicht die Entstehung des Rechts (§ 873 Anm. 95), entzieht auch nicht dem Recht den öffentlichen Glauben des Grundbuchs. Denn jene Anordnungen enthalten nur Ordnungsvorschriften, deren Verletzung materielle Nachteile für die Beteiligten nicht zur Folge hat (**RG** 31, 311; 55, 343; 94, 7).

10. Einzelne dingliche Rechte

Anm. 72

a) Sind subjektiv dingliche Rechte (z.B. Grunddienstbarkeit: § 1018; Vorkaufsrecht nach §§ 1094 Abs. 2, 1103 Abs. 1; Reallasten nach §§ 1105 Abs. 2, 1110) gemäß § 9 GBO nicht nur auf dem belasteten, sondern auch auf dem herrschenden Grundstück eingetragen, so ist für den öffentlichen Glauben der Inhalt des Grundbuchblattes **des belasteten Grundstücks** maßgebend. Denn durch § 892 wird der Inhalt des Grundbuchs nur insoweit als richtig gewährleistet, als er das Grundstück betrifft, an dem (nicht: für das) ein Recht erworben wird (§ 873 Anm. 100 und oben Anm. 52). Dasselbe gilt vom Erbbaurecht und den anderen Rechten an Grundstücken mit Grundstücksnatur (§ 903 Anm. 6), die nach §§ 8, 118 GBO ein eigenes Grundbuchblatt erhalten.

Anm. 73

b) Für die **Hypothek** bestehen mehrere besondere Vorschriften: Für sie — d. h. für das dingliche Recht, nicht für das persönliche Schuldverhältnis (§ 1138 Anm.) und nach § 1185 Abs. 2 nur für die Verkehrshypothek, nicht für die Sicherungshypothek — gilt der öffentliche Glaube des Grundbuchs gemäß § 1138 auch in Ansehung der Forderung und der dem Eigentümer nach § 1137 zustehenden Einreden, ferner gemäß § 1157 Satz 2 hinsichtlich der im Falle der Abtretung der Hypothek gegenüber dem neuen Gläubiger nach § 1157 Satz 1 dem Eigentümer zustehenden Einreden. Ausnahmen gelten aber wiederum für Ansprüche auf Zinsen usw. nach Maßgabe der §§ 1158, 1159 Abs. 1, 2. Soweit bei einer Briefhypothek die Unrichtigkeit des Grundbuchs aus dem Hypothekenbrief hervorgeht, ist nach § 1140 die Berufung auf die Vorschriften der §§ 892, 893 ausgeschlossen. Der gemäß § 1155 ausgewiesene Besitzer des Hypothekenbriefs steht hinsichtlich des öffentlichen Glaubens einem im Grundbuch als Gläubiger eingetragenen Berechtigten gleich. Die bei der Hypothek eingetragene Unterwerfungsklausel nach § 800 ZPO nimmt am Schutz des § 892 BGB nicht teil (HRR 1931 Nr. 1704, 1705; 1937 Nr. 1657; FG 15, 259).

Anm. 74

c) Als **Sondervorschriften,** in deren Bereich § 892 eine Rolle spielt, kommen noch in Betracht: § 1028 Abs. 2 für die Verjährung von Grunddienstbarkeiten, § 1010 für den Eintragungszwang bei Miteigentum und die Art. 114, 118, 187, 188 EG als Vorbehalte für das Landesrecht. Eintragungen in öffentliche Bücher des früheren Grundbuchrechts stehen von dem Zeitpunkt ab, in dem diese Bücher als Grundbücher im Sinne der Reichsgesetze gelten (Art. 186 EG; § 119 GBO), den unter der Herrschaft des neuen Rechts bewirkten Eintragungen gleich (**RG** 47, 229; JW 1906, 17[16]; Gruchot 51, 609).

VII. Richtigkeit des Grundbuchinhalts

Anm. 75

1. Vollständigkeit. Als **richtig** gilt der Grundbuchinhalt. Er gilt **daher auch als vollständig.** Denn das Grundbuch gibt den Rechtsstand eines Grundstücks nur dann richtig wieder, wenn alle Rechte, die an dem Grundstück oder an Belastungen des Grundstücks bestehen, mit ihrem Inhalt und Rang in das Grundbuch eingeschrieben sind (**RG** 62, 100; 93, 65; 116, 180). Demnach wird dem gutgläubigen Erwerber nicht nur gewährleistet, daß der eingetragene Berechtigte, von dem er das erworbene Recht ableitet, der wahre Berechtigte ist und daß dessen Recht mit dem grundbuchmäßigen Inhalt und Rang besteht (z.B. daß der ihm eine Hypothek Bestellende Eigentümer des Grundstücks ist oder daß der ihm eine Hypothek Übertragende Gläubiger der Hypothek und diese rechtsgültig bestellt ist: Anm. 50, 51; **RG**

69, 268; 116, 180). Vielmehr wird ihm auch gewährleistet, daß gelöschte Rechte wirklich erloschen sind und daß sonst keine Rechte außerhalb des Grundbuchs bestehen, die dem erworbenen Recht entgegenstehen oder es beschränken könnten (z.B. nicht eine ehemals vor der erworbenen eingetragene Hypothek, die zu Unrecht gelöscht ist, die also an sich noch besteht und den Vorrang haben sollte: Anm. 2, 50; **RG** 62, 100; 116, 181; WarnRspr 1912 Nr. 11; § 891 Anm. 37).

Anm. 76

2. Positive Wirkung des öffentlichen Glaubens. Was die erste sog. positive Wirkung des öffentlichen Glaubens anlangt, so kann indessen derjenige, der ein nicht eintragungsfähiges oder (str., vgl. Staudinger Anm. 69*) ein zwar eintragungsfähiges, aber nicht eintragungsbedürftiges Recht erwirbt, sich für das Bestehen des Rechts nicht auf seinen guten Glauben berufen, auch wenn das Recht eingetragen ist. Ausnahmen bilden hier allerdings der Nießbrauch aus § 1075 und die Sicherungshypotheken aus § 1287 Satz 2 und ZPO § 848 Abs. 2.

Anm. 77

3. Negative Wirkung des öffentlichen Glaubens. Was die zweite sog. negative Wirkung betrifft, so haben einerseits (versehentlich) eingetragene, aber nicht eintragungsfähige und gegen Dritte nicht wirkende Rechte gegenüber dem erworbenen Recht trotz der Eintragung keine Kraft. Anderseits sind nicht eintragungsbedürftige Rechte, gleichviel ob sie eintragungsfähig sind (z.B. preuß. Rentenbankrenten: Vorbem. 7ff vor § 873) oder nicht (z.B. die gesetzlichen Überbau- und Notwegrenten nach §§ 914 Abs. 2, 917 Abs. 2, die Hypothekengewinnabgabe des § 91 LAG, die Aufbaugrundschuld in Berlin West, Ges. v. 9. 1. 51), dem erworbenen Recht gegenüber auch dann wirksam, wenn sie nicht eingetragen oder nach der Eintragung (versehentlich) wieder gelöscht sind. Dabei ist es ohne Bedeutung, ob sie dem Erwerber bekannt gewesen sind oder nicht. Ausgenommen sind hier wiederum die Rechte aus den §§ 1075, 1287 Satz 2 BGB und § 848 Abs. 2 ZPO sowie die Vorrechte der §§ 113—116 LAG, da sie zwar ohne Eintragung entstehen, aber zur Wirksamkeit gegen gutgläubige Dritte der Eintragung bedürfen. Das Nähere hierüber ist schon in Anm. 28, 61 gesagt.

Anm. 78

4. Begünstigter. Abgesehen von den Fällen des erweiterten Schutzes des öffentlichen Glaubens des Grundbuchs nach § 893 wirkt der Grundsatz, daß der eingetragene Berechtigte als der wahre Berechtigte gilt, **nur zugunsten desjenigen, der ein Recht** von diesem Berechtigten **(durch Rechtsgeschäft) erwirbt,** nicht zugunsten eingetragener Berechtigter, die bei dem Rechtserwerb unbeteiligt sind. Daher verhilft der Schutz des öffentlichen Glaubens des Grundbuchs auch nicht dazu, daß zugunsten des Grundstückserwerbers derjenige, für den ein begrenztes Recht an dem Grundstück eingetragen ist, als der wirkliche und ausschließliche Berechtigte anzusehen wäre. Der Erwerber muß also z. B. dulden, daß eine abgetretene und auf den neuen Gläubiger umgeschriebene Hypothek wegen nachträglich festgestellter Nichtigkeit der Abtretung wieder auf den alten Gläubiger umgeschrieben wird. Hier gilt also (außer § 893) nur die widerlegbare Vermutung des § 891 Abs. 1, nicht § 892 (**RG** 116, 182; 126, 92). Ebenso kann sich der gutgläubige Grundstückserwerber nicht auf den Charakter einer von ihm übernommenen Hypothek als einer (10:1 umzustellenden) Darlehnshypothek berufen (KG NJW 52, 885).

Anm. 79

5. Wirkung gegen den Rechtsnachfolger im Eigentum. Kraft besonderer Gesetzesvorschriften wirken **gewisse Ansprüche,** obwohl sie nicht Rechte am Grundstück sind und in das Grundbuch nicht aufgenommen werden dürfen, doch gegen den Rechtsnachfolger im Eigentum, auch wenn er das Bestehen der Ansprüche nicht gekannt hat. Hierher gehören die Ansprüche: des Besitzers gegen den Eigentümer wegen Verwendungen im Sinne des § 999 Abs. 2; des Mieters und des Pächters im Falle der Grundstücksveräußerung nach Maßgabe der §§ 571, 581 (vgl. auch die Übergangsvorschrift des Art. 172 EG).

Anm. 80

6. Nichtmitübertragung eines eingetragenen Rechts. Wird **bei der Übertragung eines Grundstücks** oder eines Grundstücksteils auf ein anderes Grundbuchblatt ein **eingetragenes Recht nicht mitübertragen,** so gilt es in Ansehung des Grundstücks oder des Teiles als gelöscht (§ 46 Abs. 2 GBO; KGJ 27 A 115; RJA 242).

Anm. 81

VIII. Die beiden Ausnahmefälle. Wie aus den Worten „**es sei denn**“ folgt, muß derjenige, dessen Recht verletzt wird, wenn der Inhalt des Grundbuchs zugunsten des Erwerbers als richtig gilt, und der sein Recht der gesetzlichen Vermutung zuwider gegenüber dem Erwerber zur Geltung bringen will, das Vorliegen eines der beiden **Ausnahmefälle des Abs. 1 Satz 1 Halbs. 2 nachweisen.** Der Erwerber braucht keinen Beweis für seinen guten Glauben an die Richtigkeit des Grundbuchinhalts zu führen, sondern kann sich darauf beschränken, auf den Inhalt des Grundbuchs zu verweisen (M 3, 212). Liegen die Voraussetzungen des § 898 vor, so erübrigen sich Untersuchungen darüber, wie die wirkliche Rechtslage vor dem Erwerb auf Grund der Eintragung im Grundbuch gewesen ist. Auch Mängel des Eintragungsverfahrens können die Eintragung und ihre rechtliche Bedeutung so lange nicht erschüttern, als nicht das Grundbuch nach § 53, 22 GBO richtiggestellt oder ein Widerspruch eingetragen ist (**RG** 156, 126). Dies gilt auch im Grundbuchverfahren. Das Grundbuchamt hat daher z. B. einen Antrag auf Berichtigung des Grundbuchs abzulehnen, wenn der Berichtigung ein inzwischen erfolgter Grundstückserwerb entgegensteht und nicht der Nachweis der Bösgläubigkeit des Erwerbers in der Form des § 29 GBO oder durch ein rechtskräftiges Urteil gegen ihn auf Bewilligung der Eintragung erbracht wird (**RG** 116, 344). Der dem Erwerber gewährte Schutz ist vom Gesetz auch nicht davon abhängig gemacht, daß er vor dem Erwerb das Grundbuch eingesehen hat (M 3, 212; **RG** 74, 420). Die kraft Gesetzes eintretende Rechtsfolge, daß bei Gutgläubigkeit des Erwerbers der Erwerb eines eingetragenen Rechts sich trotz der Unrichtigkeit des Grundbuchs rechtsgültig vollzieht, steht aber natürlich nicht einer solchen Anfechtung des Erwerbs entgegen, die ihrem Begriffe nach nur gegen an sich rechtsgültige Geschäfte gerichtet werden darf, also namentlich nicht einer Anfechtung nach dem AnfG und der KO (§ 42 KO; **RG** 51, 284; 68, 153; JW 1910, 762[33]).

IX. Widerspruch

Anm. 82

1. Allgemeines. Ein gegen die Richtigkeit des Grundbuchs eingetragener Widerspruch (§§ 894, 899) ist ein Widerspruch, der sich gegen das Recht richtet, das erworben werden soll. Er kann sich entweder ausschließlich (z. B. wenn eine zu übertragende Hypothek nichtig und das Eigentum davon frei sein soll) oder doch unter anderen auch gegen dieses Recht richten (z. B. wenn das wahre Eigentum einem andern als dem Bucheigentümer zustehen und die von diesem demnächst ausgehenden Belastungen unwirksam sein sollen, oder wenn eine zu Unrecht gelöschte, daher außerhalb des Grundbuchs noch bestehende Hypothek gegen spätere Veräußerungen und Belastungen gesichert werden soll). Durch die Eintragung des Widerspruchs soll ein Recht für den Fall, daß es außerhalb des Grundbuchs besteht und nachgewiesen werden kann, gegen spätere rechtsgeschäftliche Verfügungen gesichert werden (**RG** 117, 352; 121, 47). Der nach der Bestellung einer Hypothek eingetragene Widerspruch gegen das Grundstückseigentum des Bestellers steht einem gutgläubigen Erwerb der vom Ersterwerber noch nicht erworbenen Hypothek durch einen Abtretungsempfänger entgegen (**RG** 129, 124; SeuffArch 87 Nr. 146; str., vgl. Staudinger § 892 Anm. 35 Abs. 2). § 892 Abs. 1 Satz 1 setzt einen sachlich begründeten Widerspruch voraus (**RG** 128, 55; HRR 30 Nr. 1388).

Anm. 83

2. Widerspruchseintragung. Die Widerspruchseintragung muß **das Recht, das gesichert werden soll** (den Berichtigungsanspruch), **bezeichnen** (z. B. das Eigentum, das von der nichtigen Hypothek frei werden soll; das Eigentum des wahren Eigentümers; die zu Unrecht gelöschte Hypothek). Sie muß ferner den **Inhalt des Widerspruchs** angeben und den **Rechtsinhaber, gegen den sich der Widerspruch richtet,** sowie den **Berechtigten, zu dessen Gunsten der Widerspruch eingetragen** wird, benennen. Andernfalls ist der eingetragene Widerspruch unwirksam. Denn für seine Eintragung, an deren Stelle demnächst die Eintragung des gesicherten Rechts treten soll, gelten dieselben Erfordernisse wie für die Eintragung des Rechts selbst (KGJ 23 A 133; 36 A 178; RJA 11, 131). Die besonderen Tatsachen, aus denen sich die Unrichtigkeit des Grundbuchs herleitet, also den Grund für die Entstehung des Berichtigungsanspruchs, braucht die Eintragung aber nicht zu enthalten. Der Widerspruch ist mithin auch dann rechtswirksam, wenn die in der Eintragung gegebene besondere Begründung nicht zutrifft, der Widerspruch sich aber aus einem andern Grund als gerechtfertigt erweist (JFG 2, 293). Die sonstigen Voraussetzungen für die Eintragung eines Widerspruchs sind bei § 899 erörtert.

Anm. 84

3. Sicherungshypothek nach §§ 125, 128 ZVG. Wird in der **Zwangsversteigerung** gegen eine in das geringste Gebot aufgenommene, in Wahrheit nicht bestehende Hypothek (§ 50 Abs. 1 ZVG) Widerspruch erhoben und für die bedingt zugeteilte Forderung des Widersprechenden gegen den Ersteher eine **Sicherungshypothek** eingetragen (§§ 125, 128 ZVG), so erhält diese Eintragung nicht die Eintragung eines Widerspruchs. Die Voraussetzungen für die Eintragung eines Widerspruchs nach § 899 Abs. 2 liegen hier nicht vor. Die Sicherungshypothek richtet sich überhaupt nicht gegen die im geringsten Gebot berücksichtigte Hypothek, sondern stellt eine selbständige bedingte Hypothek dar (§ 1113 Anm. 2). Ihre Eintragung schließt also nicht aus, daß die im geringsten Gebot stehende Hypothek von einem Dritten mit der Wirkung nach § 892 erworben werden kann und dann trotz ihrer früheren Nichtigkeit als rechtsbeständig gilt, wenn der Dritte, dem die Kenntnis von der Eintragung der Sicherungshypothek unschädlich ist, beim Erwerbe bezüglich des Bestehens der erworbenen Hypothek gutgläubig war (OLG 39, 212).

Anm. 85

4. Zeitpunkt der Widerspruchseintragung. Die **Eintragung des Widerspruchs muß dem Erwerb des davon betroffenen Rechts vorangegangen oder doch mindestens zugleich mit ihm erfolgt** sein. In der Regel vollzieht sich dieser Erwerb ebenfalls durch Eintragung (§ 873 Abs. 1). Dann ist entscheidend, welche von den beiden Eintragungen die frühere ist. Sind beide Eintragungen gleichzeitig erfolgt, so fehlen die Voraussetzungen für einen durch § 892 geschützten Erwerb. Ist also z. B. gleichzeitig A als Eigentümer des Grundstücks, für B ein Widerspruch gegen das Eigentum des A und für C eine von A bestellte Hypothek eingetragen worden, so steht der Rechtserwerb des C nicht unter dem Schutz des öffentlichen Glaubens des Grundbuchs (**RG** WarnRspr 1933 Nr. 150). Auf die Zeit der Stellung der Eintragungsanträge kommt es nicht an (JFG 2, 292). Ist der Antrag auf Eintragung des Widerspruchs früher zu den Grundakten gelangt als der Antrag auf Eintragung des Rechtserwerbs, wird aber die Eintragung des Rechtserwerbs entgegen den Ordnungsvorschriften der §§ 17, 45 GBO vom Grundbuchamt früher bewirkt als die Eintragung des Widerspruchs, so hat der Widerspruch keine Wirkung gegenüber dem eingetragenen Rechtserwerb. Denn nach dem Gesetz wirkt nur ein (vorher) eingetragener Widerspruch. Die Tatsache des gestellten Eintragungsantrags steht aber wie bei anderen Eintragungen so auch beim Widerspruch der vollzogenen Einschreibung materiellrechtlich nicht gleich (str.; **RG** 57, 277; Anm. 70 „Eingangsregister"). Der Abs. 2 § 892 findet hier keine Anwendung. Denn er bezieht sich nur auf die zweite Ausnahme von der Wirkung des öffentlichen Glaubens des Grundbuchs, auf die Kenntnis der Unrichtigkeit des Grundbuchs (str.; JFG 2, 292). Selbstverständlich bleibt aber dem Widerspruchsberechtigten, wenn demnächst sein durch den Widerspruch gesichertes Recht festgestellt wird, unbenommen, nachzuweisen, daß der Erwerber bereits zur Zeit des (erst nach dem Antrag auf Eintragung des Widerspruchs) gestellten Antrags auf Eintragung seines Erwerbs Kenntnis von dem gesicherten Recht gehabt habe. Auf diesem Wege kann dann der Widerspruchsberechtigte sein Recht gemäß Abs. 2 gegenüber dem Erwerber des andern Rechts zur Geltung bringen. Auch wird für das Grundbuchamt beim Vorliegen des Antrags auf Eintragung des Widerspruchs Anlaß gegeben sein können, wegen der Bedenken gegen die Richtigkeit des Grundbuchs den Eintragungsantrag des Erwerbers abzulehnen (KGJ 28 A 93). Ist zum Erwerb außer der Einigung ausnahmsweise ein anderer rechtswirkender Umstand als die Eintragung erforderlich (z. B. die Übergabe des Hypothekenbriefs bei der Übertragung einer Briefhypothek: § 1154 Abs. 1), so kommt es darauf an, ob der Widerspruch vor Eintritt dieses Umstandes eingetragen war (Anm. 39). Vgl. aber § 1139 über die rückwirkende Kraft eines Widerspruchs gegen eine Darlehns-Buchhypothek.

Anm. 86

5. Keine Verfügungshinderung. Der Widerspruch hindert die Verfügung über das von ihm betroffene Recht nicht (**RG** 117, 352). Der Erwerb hat nur gegenüber dem durch den Widerspruch gesicherten Recht, wenn dieses besteht, keine Wirkung (JFG 2, 294). Hat ein Nichtberechtigter oder ein Vertreter ohne Vertretungsmacht über das Recht verfügt und ist danach ein Widerspruch eingetragen, so hindert der Widerspruch zwar nicht, daß die gemäß §§ 177, 185 erfolgte Genehmigung des Berechtigten oder des Vertretenen nach § 184 zurückwirkt. Für die Frage, ob die Voraussetzungen des Gutgläubigkeitsschutzes vorliegen, ist aber nicht der Zeitpunkt der Vornahme des genehmigten Rechtsgeschäfts maßgebend, sondern der Zeitpunkt der Genehmigung (**RG** 134, 286 unter Einschränkung von **RG** 69, 263).

X. Kenntnis der Unrichtigkeit.

Anm. 87

1. Beweislast. Soll die zweite Ausnahme von der Wirkung des öffentlichen Glaubens des Grundbuchs, die **Kenntnis des Erwerbers von der Unrichtigkeit,** vorgelegen haben, so muß derjenige, der dies geltend macht, nachweisen (Anm. 81), einmal (nach der objektiven Seite), daß das Grundbuch in einem bestimmten Punkte unrichtig ist, und sodann (nach der subjektiven Seite), daß dem Erwerber diese Unrichtigkeit bekannt gewesen ist.

Anm. 88

2. Unrichtigkeit des Grundbuchs. Unrichtig im hier in Betracht kommenden Sinne **ist das Grundbuch,** wenn entweder ein eingetragenes Recht des die Unrichtigkeit Behauptenden buchmäßig mit einem (an den Erwerber übertragenen oder zu dessen Gunsten belasteten) Recht belastet ist, das in Wirklichkeit nicht besteht, oder wenn außerhalb des Grundbuchs ein dingliches Recht des Behauptenden besteht, welches das erworbene Recht ausschließt oder doch beschränkt.

a) Das Grundbuch ist aber nicht schon um deswillen unrichtig, weil dem Behauptenden ein persönlicher (schuldrechtlicher) **Anspruch auf Einräumung eines Rechts** am Grundstück zusteht, sondern nur dann, wenn es ein bereits bestehendes dingliches Recht nicht aufweist (**RG** WarnRspr 1928 Nr. 128 a. E.). Daher schadet z. B. demjenigen, der das Grundstück oder ein begrenztes Recht am Grundstück von dem eingetragenen Eigentümer erwirbt, nicht die Kenntnis davon, daß dem Behauptenden gegen den Eigentümer ein persönlicher (schuldrechtlicher) Anspruch auf Übertragung des Eigentums (z. B. aus einem Kaufvertrag) oder auf Einräumung eines begrenzten Rechts am Grundstück (z. B. des Nießbrauchs auf Grund eines Schenkungsversprechens oder einer Hypothek auf Grund der übernommenen Bestellungspflicht) zusteht (**RG** 62, 138; JW 1910, 390[7]; Gruchot 35, 1101; 41, 1030; 51, 989; Anm. 7). Auch dann, wenn der Behauptende sich auf eine mit dem Berechtigten **bereits vollzogene (dingliche) Einigung** (§ 873) über die Einräumung eines Rechts berufen kann, ohne daß aber der zur Entstehung des Rechts weiter erforderliche rechtswirkende Umstand vorliegt (in der Regel die Eintragung, ausnahmsweise ein anderer Umstand, z. B. bei der Übertragung einer Briefhypothek gemäß § 1154 Abs. 1 die Übergabe des Briefs), ist das Grundbuch zur Zeit des bei dieser Sachlage vollzogenen Erwerbs eines Dritten nicht unrichtig. Dem Erwerber schadet also die Kenntnis von jener Einigung nicht. Denn ein dingliches Recht war für den Behauptenden noch nicht entstanden (**RG** 73, 53; § 873 Anm. 105). Sogar die Kenntnis von einem dem Grundbuchamt **früher vorgelegten Antrag auf Eintragung** eines Rechts für den Behauptenden steht dem Erwerb eines Rechts, dessen Eintragung erst später beantragt, aber versehentlich (§ 17 GBO) vor Erledigung des früheren Antrags vom Grundbuchamt vorgenommen worden ist, mit dem dann aus der Eintragung sich ergebenden Range nicht entgegen (**RG** 57, 277; KGJ 29 A 248; A 70 „Eingangsregister"). In allen diesen Fällen kann für den Behauptenden gegen den Erwerber höchstens ein Schadensersatzanspruch aus einem Schuldverhältnisse zwischen beiden oder aus unerlaubter Handlung nach Maßgabe des § 826 gegeben sein (**RG** 57, 282; 62, 137; 156, 128; JW 1910, 690[7]; Gruchot 51, 987).

Anm. 89

b) Besteht bei einem **buchungsfreien Grundstück** zwar nicht die Gewißheit, wohl aber die Möglichkeit, daß ein außerhalb des Grundbuchs vollzogener Übertragungsakt (Einigung nach Art. 127 EGBGB, Art. 27 Preuß.AGBGB) dem daraufhin eingetragenen Erwerber wegen Mangels im Recht des Veräußerers kein Eigentum verschafft hat, so kann durch einen neuen Übertragungsakt nach §§ 873, 925 die Eigentumsfrage dahin geklärt werden, daß nunmehr § 892 zugunsten des Erwerbers Platz greift und ihn schützt gegen Einwendungen, die Dritte gegen sein oder des Veräußerers Eigentum erheben (**RG** 156, 122).

Anm. 90

3. Kenntnis. Hat der Behauptende die Unrichtigkeit des Grundbuchs nachgewiesen (z. B. der das Eigentum an einer eingetragenen Parzelle Beanspruchende, daß dem Rechtsvorgänger des Erwerbers das Eigentum an der Parzelle nicht zustand: **RG** WarnRspr 1911 Nr. 433; der behauptende Eigentümer, daß die an den Erwerber übertragene Hypothek nicht dem übertragenden Gläubiger, sondern gemäß §§ 1163, 1177 ihm als Grundschuld zugestanden hat: **RG** Gruchot 50 S. 985, 988), so kommt es weiter auf den Beweis an, daß **der Erwerber von dieser Unrichtigkeit Kenntnis gehabt hat.**

Anm. 91

a) Wann dieser Beweis als erbracht angesehen werden kann, ist die Frage der **Beweiswürdigung** im einzelnen Falle (**RG** JW 1911, 153[11]; WarnRspr 1912 Nr. 392; 1914 Nr. 253; Gruchot 58, 1023). Bestimmte Regeln lassen sich darüber nicht aufstellen. Die Grundsätze über den sog. prima-facie-Beweis sind hier nicht anzuwenden (**RG** 130, 359). Auch dürfen die Umstände des Einzelfalls nicht deshalb ungeprüft bleiben, weil eine vermeintliche allgemeine Lebenserfahrung nach Ansicht des Gerichts für den Beweisführer streitet. Es besteht insbesondere kein Erfahrungssatz des Inhalts, ein erfahrener Kaufmann wisse stets, daß bei Nichtzahlung des Darlehns eine Darlehnshypothek nicht entstanden sei (**RG** JW 1936, 804[15]). Im allgemeinen wird freilich die Kenntnis der Unrichtigkeit des Grundbuchs anzunehmen sein, wenn bewiesen ist, daß dem Erwerber die Tatsachen bekannt gewesen sind, aus denen sich nach dem Gesetz die Unrichtigkeit des Grundbuchs ohne weiteres ergibt. So wird regelmäßig z. B. genügen: die Kenntnis von der Entmündigung eines Beteiligten an der Einigung über die Bestellung des dem Erwerber übertragenen Rechts, die Kenntnis von der Nichtzahlung des Darlehns auf eine dem Erwerber verpfändete Hypothek, die Kenntnis des Erwerbers einer Hypothek von einer arglistigen Täuschung oder Bewucherung bei der Begründung einer Hypothekenforderung (§ 1138).

Anm. 92

b) Indessen können im Einzelfall besondere Umstände vorliegen, die trotz Kenntnis solcher Tatsachen der Möglichkeit eines guten Glaubens Raum geben (**RG** 69, 268; 78, 73; 116, 106; Gruchot 58, 1023). Insbesondere kann (z. B. bei nicht einfacher Rechtslage oder bei ungewöhnlichen Rechtsverhältnissen) auch ein **Rechtsirrtum** in Betracht kommen. Denn nach dem Gesetz ist an sich nicht die Kenntnis von Tatsachen nachzuweisen, sondern die Kenntnis von der Unrichtigkeit des Grundbuchinhalts als solchem, d. h. von der Unrichtigkeit der Eintragungen über ein dingliches Recht (Prot. 3, 85f; **RG** 116, 106; 117, 187; JW 1911, 153[11]; WarnRspr 1912 Nr. 392; Gruchot 50 S. 988, 991; 58, 1023; JW 1926, S. 65[3], 2215[3]). Bleibt daher die Möglichkeit, daß der Erwerber trotz nachgewiesener Kenntnis der die Unrichtigkeit ergebenden Tatsachen nicht den Schluß auf die Unrichtigkeit des Grundbuchs gezogen (**RG** HRR 1934 Nr. 806), sondern wegen rechtsirriger Auffassung das Grundbuch bezüglich des fraglichen Rechts für richtig gehalten hat, so ist dem Behauptenden der Nachweis der Kenntnis von der Unrichtigkeit nicht gelungen (**RG** 91, 223; 98, 220; Gruchot 58, 1023). So liegt die Sache z. B. dann, wenn der Zessionar einer Hypothek trotz Kenntnis der Tatsache, daß die durch die abgetretene Hypothek gesicherte Forderung aus einem sittenwidrigen Geschäft stammt, die Hypothek als für den Zedenten rechtsgültig begründet erachtet hat (§ 1138; **RG** 81, 266). Ebenso fehlt der Beweis der Kenntnis von der Unrichtigkeit des Grundbuchinhalts beim Erwerber einer Hypothek, wenn er trotz Kenntnis des Nichtvorliegens der zu einem früheren Hypothekerwerb erforderlichen Zustimmung eines Dritten die Hypothek als für seinen Veräußerer rechtswirksam begründet angesehen hat (**RG** 84, 400).

Anm. 93

c) Selbstverständlich ist aber nicht jeder Behauptung des Erwerbers, daß er sich im Rechtsirrtum befunden habe, ohne weiteres zu glauben. Vielmehr ist die **Glaubwürdigkeit** einer solchen Behauptung nach den Umständen des Einzelfalls vom Gericht **zu prüfen** (**RG** 91, 223; Gruchot 58, 1023; WarnRspr 1912 Nr. 292; JW 1926, 2215[3]). Erkenntnisquellen werden besonders Mitteilungen des Veräußerers sein. Jedoch ist nicht ausgeschlossen, daß auch durch Mitteilungen glaubwürdiger Dritter die Kenntnis erlangt wird (**RG** JW 1910, 813[13]).

Anm. 94

d) Ein **Kennenmüssen,** also nach § 122 Abs. 2 ein Nichtkennen aus Fahrlässigkeit, steht der wirklichen Kenntnis nicht gleich (KGJ 49, 205; anders bei beweglichen Sachen § 932 Abs. 2). Auch erhebliche **Zweifel** an der Richtigkeit des Grundbuchs, die nicht zur Kenntnis der Unrichtigkeit sich verdichtet haben, und bloßes Rechnen mit der Möglichkeit der Unrichtigkeit genügen nicht (**RG** 117, 188; 156, 128; JW 1929, 581[10]; LZ 1932, 764[8]; für Grenzfälle **RG** JW 1928, 102[5]). Nur unter ganz besonderen Umständen kann das Bewußtsein der Möglichkeit, einem andern durch den Erwerb Rechtsnachteile zuzufügen, die Berufung auf den öffentlichen Glauben des Grundbuchs nach § 826 ausschließen, wenn nämlich der Erwerb zum eigenen Vorteil auf die Gefahr des Schadens anderer in einer gegen die guten Sitten verstoßenden Weise vorgenommen wird (**RG** 117, 189; 156, 128; JW 1929, 581[10]; § 826 Anm.). Ein solches **sittenwidriges Verhalten** beim Erwerb kann z. B. vorliegen, wenn eine Gesellschaft m. b. H. zur Ausschaltung der Folgen des bei ihrem Geschäftsführer vorhandenen bösen Glaubens gerade für das Erwerbsgeschäft einen Geschäftsführerwechsel vornimmt (**RG** SeuffArch 82 Nr. 170). Außerhalb solcher ganz besonderen Umstände kann § 892 nicht durch die Einrede ausgeschaltet werden, daß die Berufung auf ihn arglistig sei (**RG** HRR 1934 Nr. 866).

Anm. 95

4. Einsicht ins Grundbuch. Für die Anwendung des § 892 ist es ferner belanglos, ob **der Erwerber das Grundbuch eingesehen** hat oder nicht (Anm. 81). Es kommt auch nicht darauf an, ob er überhaupt auf das, was im Grundbuch enthalten sein möge, bei seinem Erwerb Rücksicht genommen oder lediglich das für maßgebend erachtet hat, was ihm von anderer Seite, insbesondere von seinem Rechtsurheber, mitgeteilt worden ist. Die Fiktion der Richtigkeit des Grundbuchinhalts schafft ihm auch in diesen Fällen materielles Recht (Anm. 50). Er kann sich selbst dann darauf stützen, wenn ihm kraft der Fiktion weitergehende Rechte zustehen, als er auf Grund der Mitteilungen bei dem Erwerb angenommen hat. Denn § 892 stellt die einer Widerlegung nicht zugängliche Fiktion der Richtigkeit des Grundbuchinhalts auf und versagt dem rechtsgeschäftlichen Erwerber den Schutz nur dann, wenn die Unrichtigkeit des Grundbuchs — zur Zeit der Vollendung des Erwerbs vgl. Anm. 113 — entweder aus dem Grundbuch selbst erhellt oder nachweislich dem Erwerber bekannt gewesen ist (**RG** 140, 39; 146, 302). Ist der Rechtsurheber, von dem der Erwerber seinen Erwerb herleitet, im Grundbuch nicht als Berechtigter eingetragen, obwohl er nur im Falle seiner Eintragung Berechtigter sein könnte, so kann überhaupt nicht davon die Rede sein, daß der Erwerber hinsichtlich der Berechtigung des Rechtsurhebers in gutem Glauben an die Richtigkeit des Grundbuchs gewesen ist. Denn das Grundbuch enthielt nichts davon, daß der Rechtsurheber Berechtigter sei. Sein Inhalt umfaßte die Berechtigung des Rechtsurhebers nicht, sondern sprach sogar gegen das Bestehen der Berechtigung (**RG** 74, 421; 86, 355; 89, 162; 116, 353; 128, 284). Verstieß die Eintragung einer Hypothek gegen ein nicht eingetragenes Veräußerungsverbot, das gegen den die Hypothek bestellenden Eigentümer erlassen war und eine Verfügungsbeschränkung enthielt (§ 878 Anm. 9), so ergibt sich die Bösgläubigkeit des Dritten, der die Hypothek erwirbt, nicht schon daraus, daß er beim Erwerb der Hypothek Kenntnis von dem Veräußerungsverbot gehabt hat. Vielmehr muß ihm nachgewiesen werden, daß er sich bei dem Erwerb bewußt gewesen ist, sein Rechtsvorgänger habe die Hypothek nicht rechtsgültig erworben (**RG** 89, 162). Kennt der Erwerber die Anfechtbarkeit der Einigung, die der Bestellung einer ihm übertragenen Hypothek zugrunde liegt, oder der Auflassung an den Bucheigentümer, der für ihn eine Hypothek bestellt, so steht diese Kenntnis nach § 142 Abs. 2 der Kenntnis der Nichtigkeit jener Einigung oder Auflassung gleich, wenn die Anfechtung ausgesprochen wird (**RG** 89, 157; WarnRspr 1911 Nr. 360). Aus einem Löschungsvermerk ist nicht die Schlechtgläubigkeit bezüglich des Vorhandenseins eines zu Unrecht gelöschten Rechts zu entnehmen (§ 891 Anm. 37). Den Zeitpunkt, in dem die Kenntnis vorliegen muß, behandelt Anm. 113ff. Besonderheiten bei der Hypothek sind in § 1138 Anm. erörtert.

Anm. 96

5. Vertretung beim Erwerb. Ist der Erwerber von einem andern **beim Erwerb vertreten** worden, so kommt es nach § 166 Abs. 1 nicht auf die Kenntnis des Erwerbers, sondern auf die des Vertreters an. Eine Ausnahme bildet der Fall der Vollmachterteilung unter bestimmten Weisungen nach § 166 Abs. 2 Satz 1. Findet eine Vertretung durch mehrere Personen (Kollektivvertreter) statt, so genügt es, wenn einem der Vertreter (z. B. einem Vorstandsmitglied der eingetragenen Genossenschaft oder der Aktiengesellschaft, einem Teilhaber der offenen Handelsgesellschaft, einem Vertreter des Fiskus) die Unrichtigkeit des Grundbuchs bekannt ist (**RG** 59, 408; JW 1893, 429[19]; 1911, 1012; Gruchot 29, 703). Diese Kenntnis des einzelnen Vertreters schließt für die juristische Person oder Gesellschaft eine Berufung auf den öffentlichen Glauben des Grundbuchs selbst dann aus, wenn jener Vertreter bei dem Erwerbsgeschäft, das gerade in Betracht kommt, nicht mitgewirkt hat (**RG** JW 1935, 2044[9]). Kenntnis des Grundbuchamts gilt nicht als Kenntnis eines Vertreters (**RG** 89, 162). Wird ein Grundstück in einem Rechtsstreit, der das Nichtbestehen des eingetragenen Eigentums zum Gegenstand hat, nach der Rechtshängigkeit veräußert, so wirkt das ergehende Urteil nach Eintritt der Rechtskraft gemäß § 325 Abs. 1, 2 ZPO gegen den Rechtsnachfolger, wenn er zur Zeit des Erwerbs entweder die Rechtshängigkeit oder die Unrichtigkeit des Grundbuchs bezüglich des eingetragenen Eigentums gekannt hat (**RG** 79, 165; 88, 268; Gruchot 60, 509; 61, 145). Daß der gute Glaube sich nicht erstreckt auf das Nichterkennen der wahren rechtlichen Bedeutung einer Eintragung, die ein kraft gesetzlicher Veränderungen rechtlich unmöglich gewordenes Rechtsverhältnis kundgibt, ist bereits in Anm. 58 dargelegt.

XI. Verfügungsbeschränkungen

Anm. 97

1. Beschränkungen zugunsten einer bestimmten Person. Den Begriff und die verschiedenen Arten der Verfügungsbeschränkungen behandelt § 878

Anm. 7 ff. Die Vorschrift des § 892 Abs. 1 Satz 2 betrifft nur Beschränkungen des Berechtigten in der Verfügung über ein eingetragenes Recht zugunsten einer bestimmten Person (**RG** HRR 1932 Nr. 618; OLG 18, 110). Daher scheiden die im allgemeinen öffentlichen Interesse bestehenden Verfügungsbeschränkungen (Beispiele in § 878 Anm. 19 und RJA 5, 260; 14, 245; KGJ 25 A 147) hier aus. Sie wirken unbedingt (absolut) gegen jedermann, gleichviel, ob sie dem Betroffenen bekannt sind oder nicht; sie sind auch weder eintragungsbedürftig noch eintragungsfähig (**RG** 125, 55; 156, 93; RJA 14, 246; KGJ 50, 170; Vorbem. 9 vor § 873). Die gegen sie verstoßenden Rechtsgeschäfte sind nichtig, sofern sich nicht aus dem Gesetz etwas anderes ergibt (§ 134; **RG** 105, 73; JW 1903 Beil. 75).

Anm. 98

2. Auf Rechtsgeschäft beruhende Verfügungsbeschränkungen. Sie kommen für die Anwendung des § 892 Abs. 1 Satz 2 **regelmäßig nicht in Betracht.** Denn nach § 137 Satz 1 kann durch Rechtsgeschäft die Befugnis zur Verfügung über ein veräußerliches Recht nicht ausgeschlossen oder beschränkt werden. Die Übernahme der Verpflichtung, nicht zu verfügen, ist allerdings im allgemeinen (§ 137 Satz 2) wirksam; eine Ausnahme enthält § 1136 (Nichtigkeit eines zugunsten eines Hypothekengläubigers vereinbarten Veräußerungs- und Belastungsverbots). Aber auch die wirksame Verpflichtung hindert einen Erwerb auf Grund der (vertragswidrigen) Verfügung des Verpflichteten selbst dann nicht, wenn der Erwerber sie gekannt hat. Sie kann auch, weil sie dem Gebiet der Schuldverhältnisse, nicht dem Sachenrecht angehört, nicht eingetragen und so mit dinglichen Wirkungen gegenüber Dritten versehen werden (Vorbem. 10 vor § 873; KGJ 20 A 292; 21 A 133; OLG 17, 30; 21, 407).

Anm. 99

a) In gewissen **Ausnahmefällen** sind aber rechtsgeschäftliche Verfügungsbeschränkungen durch besondere gesetzliche Vorschriften mit Wirksamkeit versehen (§ 878 Anm. 14). Diese Beschränkungen sind eintragungsfähig. Auf sie findet die Vorschrift des § 892 Abs. 1 Satz 2 Anwendung. Sie sind also gegenüber dem Erwerber eines eingetragenen Rechts nur wirksam, wenn sie aus dem Grundbuch ersichtlich oder ihm bekannt sind. Besonders gehören hierher die durch letztwillige Verfügung erfolgte Ernennung eines Testamentsvollstreckers (§ 221; GBO § 52; § 891 Anm. 7) oder eines Nacherben (§§ 2113 ff; GBO § 51; **RG** 61, 232; 83, 436; JW 1901, 102; KGJ 42, 238; 47, 168). Ist das Nacherbenrecht, das veräußert und verpfändet werden kann (**RG** 80, 377; 83, 437; Gruchot 52, 680), für einen Gläubiger des Nacherben verpfändet oder gemäß § 857 Abs. 2 ZPO gepfändet, so besteht nach § 1276 Abs. 2 BGB und § 804 Abs. 2 ZPO gegen den Vorerben auch zugunsten des Pfandgläubigers oder des Pfändungsgläubigers eine Verfügungsbeschränkung. Solange das Pfandrecht oder Pfändungspfandrecht besteht, kann der Nacherbe seine Befugnisse aus der Verfügungsbeschränkung des Vorerbenrechts (vgl. insbesondere § 2113) nicht für sich ausüben (**RG** 80, 377; 83, 437). Daher kann, wenn das Nacherbenrecht im Grundbuch eingetragen ist, auch seine Abtretung, Verpfändung oder Pfändung auf Bewilligung des Nacherben oder im Wege der Grundbuchberichtigung (§ 894 BGB; § 22 GBO) in das Grundbuch eingetragen werden, obwohl das Nacherbenrecht kein dingliches Recht an dem zum Nachlaß gehörenden Grundstück oder Grundstücksrecht ist (**RG** 83, 436). Denn andernfalls würde das Grundbuch mit der wirklichen Rechtslage nicht im Einklang stehen, sondern den Anschein erwecken, als gelte die in dem Nacherbenrecht enthaltene Verfügungsbeschränkung nicht ausschließlich zugunsten des Nacherben (**RG** 83, 434; KGJ 42 S. 228, 241). Die Frage, ob dem für einen Nacherben eingesetzten Ersatzerben vor dem Wegfall des erstberufenen Nacherben ein eintragungsfähiges Recht zusteht, ist zu verneinen (**RG** 145, 317; KGJ 35 A 215; 42, 227; JW 1937, 2045).

Anm. 100

b) Die aus **Bedingungen** oder **Zeitbestimmungen** nach §§ 158, 161, 163 sich ergebenden Verfügungsbeschränkungen des dinglich Berechtigten zugunsten des durch den Eintritt der Bedingung oder den Ablauf der Frist gewinnenden Teils lassen sich gleichfalls unter § 892 Abs. 1 Satz 2 einreihen (str.; KGJ 52, 128; nach aM handelt es sich hier um absolut wirkende Begrenzungen des Rechts: **RG** 76, 91; 106, 113; KGJ 49, 189; Staudinger Anm. 82b). Da in der durch Bedingung oder Befristung eintretenden Beschränkung der Verfügung zugleich ein Verbot der Veräußerung liegt, so werden diese Verfügungsbeschränkungen, soweit sich nicht aus dem Gesetz Sonderbestimmungen für sie ergeben, den gesetzlichen Veräußerungsverboten des § 135 gleichzustellen sein (M 3, 216; Prot. 1, 125; Anm. 40). Der öffentliche Glaube des Grundbuchs erstreckt sich aber bei bedingten Rechten nur auf das Bestehen der Bedingung, nicht auf ihren Eintritt oder Ausfall (Anm. 53).

Anm. 101

c) Gesetzliche Verfügungsbeschränkungen zugunsten einer bestimmten Person sind an sich auch die auf dem **familienrechtlichen Vertrage der Eheschließung und** auf den **vermögensrechtlichen Eheverträgen** (§§ 1432ff, 1368, 1508, 1523, 1526, 1553, 1557aF, jetzt 1408ff, 1415f, 1418 Abs. 2, 1421, 1483) beruhenden Beschränkungen in der Verfügungsbefugnis des einen Ehegatten zugunsten des andern. — **aa)** Doch wirkten beim früheren gesetzlichen Güterstand der Verwaltung und Nutznießung, bei der Errungenschaftsgemeinschaft und bei der Fahrnisgemeinschaft die aus dem Verwaltungs- und Nutzungsrecht des Mannes am eingebrachten Gut sich ergebenden Beschränkungen der Ehefrau absolut, also auch gegen einen Dritten, der die Verfügungsbeschränkung der Frau hinsichtlich des eingebrachten Gutes nicht gekannt hatte (§§ 1404, 1525 Abs. 2, 1550 Abs. 2; **RG** 83, 241). Daher fallen diese Beschränkungen nicht unter § 892 Abs. 1 Satz 2. Sie sind überhaupt nicht eintragungsfähig (M 4, 319; RJA 3, 162). Das gilt auch von den Änderungen der Verfügungsbefugnisse der Ehefrau, die sich daraus ergaben, daß durch Eheverträge beim gesetzlichen Güterstand das Verwaltungs- und Nutzungsrecht des Mannes ausgeschlossen oder bei allen Arten des Güterstandes Vermögen der Frau zum Vorbehaltsgut erklärt wurde. Denn dadurch wurde an dem betroffenen Vermögen weder eine dingliche Rechtsänderung bewirkt noch eine Verfügungs-„Beschränkung" begründet (M 4 S. 319, 310; RJA 3, 161; 4, 261; KGJ 38 A 211). Da seit dem 1. 4. 1953 der Güterstand der Verwaltung und Nutznießung nicht mehr gesetzlicher Güterstand ist, sind die mit ihm verbundenen Verfügungsbeschränkungen der Frau und damit auch § 1404 BGB (und insoweit auch § 1525 für die Errungenschafts- und § 1550 Abs. 2 für die Fahrnisgemeinschaft) seitdem weggefallen, so daß Eintragungen der erwähnten Art im Grundbuch nicht mehr in Frage kommen. Vom 1. 7. 1958 ab ist gesetzlicher Güterstand der Güterstand der Zugewinngemeinschaft (§ 1363), bei dem jeder Ehegatte sein Vermögen selbständig verwaltet (§ 1364) und nur zur Verfügung über sein Vermögen im ganzen (§ 1365) oder über Haushaltsgegenstände (§ 1369) der Einwilligung des anderen Ehegatten bedarf. Die Güterstände der Errungenschafts- und der Fahrnisgemeinschaft sind ab 1. 7. 1958 für die Zukunft beseitigt. — **bb)** Unzulässig war ferner eine Eintragung auf Grund eines Ehevertrags, durch den bei der allgemeinen Gütergemeinschaft des alten Rechts Vermögen der Frau zu Sondergut bestimmt wurde. Denn hierauf fand § 1404 aF ebenfalls Anwendung (§§ 1439 Satz 2, 1525 Abs. 2 aF). Sind solche Eintragungen trotzdem vorgenommen worden, so sind sie für die Wirkungen eines gutgläubigen Erwerbs bedeutungslos. Denn der öffentliche Glaube des Grundbuchs erstreckt sich nicht auf unzulässige Eintragungen. Nach neuem Recht (§ 1417 nF) ist dagegen die Vereinbarung von Sondergut für einen Ehegatten eintragungsfähig. — **cc)** Wenn durch Ehevertrag Vermögen der Eheleute zum Gesamtgut einer Gütergemeinschaft bestimmt wird, so ist diese Bestimmung eintragungsfähig und im Sinne des § 892 Abs. 1 Satz 2 eintragungsbedürftig. Denn dadurch wird das Einzelvermögen kraft Gesetzes (§ 1438 aF, § 1416 nF) zum Gesamthandsvermögen beider Eheleute. Es wird also eine dingliche Rechtsänderung herbeigeführt, zu deren Wirksamkeit gegenüber gutgläubigen Dritten die Berichtigung des Grundbuchs (§§ 1438 Abs. 3 aF, 1416 Abs. 3 nF, 894) erforderlich ist. Wenn daher z. B. der Ehemann als Alleineigentümer eines Grundstücks eingetragen steht, das kraft Ehevertrags zum Gesamtgut der Eheleute gehört, so ist derjenige, der von dem Manne (ohne Einwilligung der Frau) das Grundstück gutgläubig erwirbt, trotz § 1445 aF, § 1424nF in seinem Erwerb so geschützt, wie wenn der Mann Alleineigentümer wäre (M 4, 319; RJA 5, 125). Dem steht auch nicht etwa die Eintragung der Gütergemeinschaft in das Güterrechtsregister auf Grund des §§ 1435 aF, 1412 nF entgegen. Denn das Güterrechtsregister beurkundet nur Änderungen in den Güterrechtsverhältnissen, die sich außerhalb des Registers durch Gesetz oder Ehevertrag vollziehen. Es bietet aber keine Gewähr für die Richtigkeit und Vollständigkeit, schützt insbesondere Dritte nur unter der Voraussetzung, daß die Eintragungen auf rechtsgültigen Grundlagen beruhen, und hat nicht den öffentlichen Glauben des Grundbuchs (M 4, 319; KGJ 38 A 211, jedoch RJA 3, 162; 4, 262). Für die Frage des guten Glaubens kommt es also in dem Beispielsfalle darauf an, ob der Erwerber Kenntnis davon hatte, daß die Ehefrau kraft der ehelichen Gütergemeinschaft Miteigentümerin des Grundstücks war. Weiß der Erwerber dies, so kann er sich nicht darauf berufen, daß er (z. B. weil der Mann das Grundstück in die Ehe eingebracht habe und die Eheleute in Scheidung lebten) angenommen habe, der Mann sei allein zur Verfügung über das Grundstück befugt. Denn auf die aus dem Mangel der Verfügungsmacht folgende Ungültigkeit des Erwerbsgeschäfts erstreckt sich die Wirkung des öffentlichen Glaubens des Grundbuchs nicht (Anm. 55).

Anm. 102

d) Rechtsgeschäftliche Verfügungsbeschränkungen, worauf nach Art. 61 EG die §§ 892, 893 Anwendung finden (RJA 4, 110), können nach Landesrecht bestehen auf Grund der Vorbehalte in Art. 59, 62, 64 EG (Lehn- und Fideikommiß-, Anerbenguts-, Rentenguts-Eigenschaft).

Anm. 103

3. **Verfügungsbeschränkungen im Sinne des § 892 Abs. 1 Satz 2.** Das sind die nur dem Schutz bestimmter Personen dienenden **gesetzlichen, behördlichen oder richterlichen Veräußerungsverbote** der §§ 135, 136 und die **Konkurseröffnung.** Vgl. über die einzelnen Fälle der ersten und über die Wirkung der letzten § 878 Anm. 7ff, zur Konkurseröffnung auch JW 1933, 619[7]. Ein gesetzliches Veräußerungsverbot im Sinne des § 135 ergibt sich auch aus § 110 Abs. 2 des RGes über die Beaufsichtigung der privaten Versicherungsunternehmungen und Bausparkassen vom 6. 6. 1931 (früher § 90 Abs. 2 PrivVUntG v. 12. 5. 1901; OLG 8, 401). Ebenso gehört der Treuhändervermerk nach §§ 65ff des Gesetzes v. 6. 6. 1931 hierher (HRR 1934 Nr. 1485).

Anm. 104

a) Dasselbe gilt für das durch einstweilige Verfügung (§ 938 ZPO) erlassene **Erwerbsverbot,** z. B. das Verbot an den Grundstückserwerber, der vom Veräußerer bereits die Auflassung erhalten hat, sich durch einen Umschreibungsantrag das Eigentum am Grundstück zu verschaffen (**RG** 117, 292; § 888 Anm. 25; § 925 Anm. 20). Durch Eintragung in das Grundbuch kann einem solchen Verbot Wirkung gegen Dritte verschafft werden (aM das Kammergericht in JFG 18, 193). Denn dem § 892 Abs. 1 Satz 2 ist der Grundsatz zu entnehmen, daß jeder Dritte Beschränkungen, denen eine Person in bezug auf die Veräußerung oder den Erwerb eines Grudstücks oder Grundstücksrechts unterliegt, im Falle ihrer Verlautbarung im Grundbuch gegen sich gelten lassen muß. Der Eintragung steht nicht der Rechtsgrundsatz entgegen, daß der Kreis der dinglichen Rechte ein geschlossener ist (Vorbem. 6 vor § 873). Denn hier handelt es sich nicht um ein dingliches Recht (**RG** 117, 294).

Anm. 105

b) Der **Arrestbefehl** kommt dagegen als Verfügungsbeschränkung nicht in Betracht. Denn er wird erst wirksam mit der Vollziehung. Sie geschieht in ein eingetragenes Recht durch Pfändung, in ein Grundstück durch Eintragung einer Sicherungshypothek (§§ 930, 932, 830ff, 857 Abs. 6, 866f ZPO). Damit hat der Arrestbefehl seine Erledigung gefunden. Sofern also mit dem Arrestbefehl nicht etwa zugleich ein Veräußerungsverbot auf Grund einstweiliger Verfügung (§ 938 Abs. 2 ZPO; **RG** JW 1903 Beil. 75; KGJ 30 A 240) verbunden ist, schadet demjenigen, der von dem Arrestschuldner dessen Grundstück erwirbt, bevor der Arrestgläubiger zur Vollziehung des Arrestbefehls (§ 932 Abs. 3 ZPO) die Eintragung einer Sicherungshypothek beim Grundbuchamt beantragt hat, die Kenntnis von der Anwendung des Arrestes nicht (aM: M 3, 218). Eine durch einstweilige Verfügung angeordnete Sequestration des Grundstücks (§ 938 Abs. 2 ZPO) kann in das Grundbuch nur dann eingetragen werden, wenn und soweit in ihr eine Verfügungsbeschränkung des Eigentümers oder eines Miteigentümers enthalten ist (JW 1937, 2115[18]).

Anm. 106

c) Die Frage, ob eine **Vormerkung** als Verfügungsbeschränkung im Sinne des § 892 Abs. 1 Satz 2 anzusehen sei, ist schon im § 883 Anm. 35 behandelt. Sie ist grundsätzlich zu verneinen. Insbesondere kommt § 892 nicht in Betracht, wenn die Vormerkung auf Grund einer einstweiligen Verfügung (§ 885) eingetragen ist (**RG** 118, 230; WarnRspr 1928 Nr. 128 a. E.). Daher kann sich auch ein Grundstückserwerber, der schon die Auflassung erhalten und den Umschreibungsantrag gestellt hat, nicht auf den Schutz des § 892 Abs. 2 berufen, wenn noch vor der Umschreibung — sei es sogar unter Verletzung des § 17 GBO — auf Grund einer einstweiligen Verfügung eine Auflassungsvormerkung für einen andern eingetragen worden ist. In diesem Falle ist vielmehr die Umschreibung des Eigentums auf den Erwerber, die der Eintragung der Vormerkung erst gefolgt ist, gemäß § 883 Abs. 2 dem Vormerkungsberechtigten gegenüber unwirksam (**RG** 113, 403ff). Dagegen kann § 892 entsprechend angewendet werden, wenn es sich um eine rechtsgeschäftlich bestellte Vormerkung handelt und somit § 893 Halbsatz 2 eingreift (§ 883 Anm. 45; § 893 Anm. 12).

Anm. 107

4. Wirkung. Soweit hiernach Verfügungsbeschränkungen unter § 892 Abs. 1 Satz 2 fallen, ist ihre **Wirkung gegenüber demjenigen, der durch Rechtsgeschäft ein eingetragenes Recht erwirbt,** davon abhängig, daß sie **aus dem Grundbuch ersichtlich oder dem Erwerber bekannt** sind.

Anm. 108

a) Aber auch beim Vorliegen dieser Voraussetzungen machen sie nicht wie die im öffentlichen Interesse bestehenden Verfügungsbeschränkungen die rechtsgeschäftliche Verfügung nichtig. Diese Verfügung ist vielmehr **nur denjenigen gegenüber unwirksam, deren Schutz die Verfügungsbeschränkung bezweckt** (§ 135 Abs. 1 Satz 1; **RG** 106, 140; JW 1903 Beil. 75), sofern nicht das Gesetz etwas anderes bestimmt (vgl. z. B. für die Bedingung § 161, für die Nacherbschaft § 2113). Inwieweit die Verfügung dem Geschützten gegenüber unwirksam ist, bestimmt sich nach dem Inhalt der Beschränkung. In den durch den Inhalt gezogenen Grenzen hat der Verletzte gemäß § 894 einen dinglichen Anspruch auf Beseitigung der Rechtsverletzung und Herstellung der Übereinstimmung des Grundbuchs mit der wirklichen Rechtslage. Beruht die Wirksamkeit der Verfügungsbeschränkung auf Schlechtgläubigkeit des Erwerbers, so kann auch ein Schadensersatzanspruch gemäß §§ 823ff gegen ihn gegeben sein.

Anm. 109

b) Da aber die Verfügungsbeschränkung die gegen sie verstoßenden Verfügungen, in der Regel wenigstens, nur zugunsten des Geschützten unwirksam macht und da die Verfügungen durch den Wegfall der Beschränkung vollinhaltlich gültig werden können, ist der Berechtigte, soweit diese Regel zutrifft, **an der Verfügung über sein eingetragenes Recht auch dann nicht gehindert, wenn die Beschränkung eingetragen ist.** Das Grundbuch wird also durch die Eintragung nicht gesperrt; das Grundbuchamt darf die Eintragung für den Erwerber des Rechts nicht wegen der eingetragenen Beschränkung ablehnen (RJA 2, 140; 6, 67; 8, 50 und für die Löschung des durch die Beschränkung betroffenen Rechts RJA 3, 46; 4, 69; 6 S. 66, 69; KGJ 22 A 315; 23 A 250). Dies gilt insbesondere auch von den Veräußerungsverboten der §§ 135, 136. Z. B. hat das Grundbuchamt auch nach der Eintragung des Vermerks über die zugunsten des betreibenden Gläubigers als Beschlagnahme wirkende Einleitung der Zwangsversteigerung (§ 19 Abs. 1, §§ 20ff ZVG) die Auflassung des Schuldners und Eigentümers oder seine Bewilligung auf Eintragung eines begrenzten Rechts für einen anderen entgegenzunehmen und die entsprechende Eintragung für den Erwerber zu bewirken (OLG 4, 161). Anders verhält es sich aber mit der durch die Konkurseröffnung oder die Anordnung einer Nachlaßverwaltung verbundenen Verfügungsbeschränkung (§ 878 Anm. 15ff).

Anm. 110

c) Die Veräußerungsverbote der §§ 135, 136 haben an sich nach § 135 Abs. 1 Satz 2 gegenüber den **im Wege der Zwangsvollstreckung und der Arrestvollziehung** erfolgenden Verfügungen dieselben Wirkungen wie gegenüber einer rechtsgeschäftlichen Verfügung. Beim Erwerb eines Rechts an einem Grundstück oder eines Rechts an einem solchen Rechte greift aber § 892 Abs. 1 Satz 2 nur Platz, wenn der Erwerb durch Rechtsgeschäft erfolgt. Denn wie sich aus Abs. 1 Satz 1 ergibt, ist unter „Erwerber" nur ein rechtsgeschäftlicher Erwerber zu verstehen, während auf einen Erwerb im Wege der Zwangsvollstreckung oder Arrestvollziehung § 892 Abs. 1 Satz 2 keine Anwendung findet (**RG** 84, 281; 90, 338; Anm. 47). Für einen solchen Erwerb ist also die Bestimmung des § 135 Abs. 2 über die Anwendung der Vorschriften zum Schutz eines gutgläubigen Rechtserwerbs gegenüber Veräußerungsverboten ohne Bedeutung (**RG** 90, 339). Ein im Wege der Zwangsvollstreckung oder der Arrestvollziehung erfolgender Erwerb, der gegen ein Veräußerungsverbot nach §§ 135, 136 verstößt, ist mithin gegenüber demjenigen, zu dessen Gunsten das Verbot besteht, auch dann unwirksam, wenn das Verbot weder im Grundbuch eingetragen noch dem Erwerber zur Zeit des Erwerbs bekannt ist (**RG** 90, 341).

Anm. 111

d) Anderseits wird die Eintragung des erworbenen Rechts (z. B. einer Zwangshypothek auf das zur Zwangsversteigerung stehende Grundstück) an sich nicht dadurch gehindert, daß ein Veräußerungsverbot im Grundbuch eingetragen steht (vgl. auch die Ordnungsvorschrift des § 772 ZPO; RJA 4, 59). Die Veräußerungsverbote sind im Falle des Konkurses über das Vermögen desjenigen, gegen den sie sich richten, nach § 13 KO den Konkursgläubigern gegenüber unwirksam, mit Ausnahme der Beschlagnahme in der Zwangsversteigerung. Wie die Enteignung des Grundstücks wirkt, wenn die Einleitung des Enteignungsverfahrens aus dem Grundbuch nicht ersichtlich ist, wurde bereits in Anm. 56 erörtert.

XII. Ersichtlichkeit der Verfügungsbeschränkung aus dem Grundbuch

Anm. 112

In welcher Weise die **Verfügungsbeschränkungen im Grundbuch ersichtlich** zu machen sind, bestimmt sich nach den Anordnungen des Reichsministers der Justiz (§ 1 Abs. 3 GBO; §§ 10, 11 Grundbuchverfügung v. 8. 8. 1935). Die durch die Verfügungsbeschränkung begünstigte Person muß in der Eintragung genannt werden, sonst ist die Eintragung inhaltlich unzulässig. Die Verfügungsbeschränkung wirkt dann gegenüber dem Erwerber nur, wenn er sie ihrem ganzen Inhalt nach außerhalb des Grundbuchs gekannt hat (KGJ 4, 254; OLG 44, 164). Da die Verfügungsbeschränkungen, insbesondere die Veräußerungsverbote der §§ 135, 136, an sich auch außerhalb des Grundbuchs bestehen, so ist das Grundbuch unrichtig, wenn es sie nicht aufweist. Mithin erfolgt die Eintragung im Wege der Berichtigung des Grundbuchs gemäß § 894 (vgl. § 22 Abs. 1 Satz 2 GBO; RJA 3, 154; 6, 239). Zur Vornahme der Eintragung beim Grundbuchamt ist regelmäßig erforderlich die Einreichung der Unterlagen, aus denen sich die Verfügungsbeschränkung ergibt (z. B. des Testaments bei der Nacherbfolge oder der Testamentsvollstreckung, der einstweiligen Verfügung), und ein Eintragungsantrag des aus der Beschränkung Berechtigten (z. B. des Gläubigers bei der einstweiligen Verfügung). Nur ausnahmsweise geschieht die Eintragung von Amts wegen (§§ 51, 52 GBO) oder, wie meistens bei behördlichen Veräußerungsverboten, auf Ersuchen einer dazu befugten Behörde (z.B. bei der Zwangsversteigerung, Konkurseröffnung, einstweiligen Verfügung: § 19 ZVG, § 113 KO, § 941 ZPO). Bei einer Briefhypothek ist die Eintragung einer Verfügungsbeschränkung auf dem Hypothekenbrief gemäß §§ 41, 62 GBO zu vermerken (RJA 2, 204; OLG 12, 168). Durch die Eintragung wird die (an sich außerhalb des Grundbuchs bestehende) Verfügungsbeschränkung (z.B. eine einstweilige Verfügung) inhaltlich nicht geändert. Vielmehr wird durch die Eintragung nur die Wirkung dahin verstärkt, daß die Beschränkung nunmehr dem Erwerber des von ihr betroffenen eingetragenen Rechts auch dann entgegensteht, wenn er sie nicht gekannt hat (**RG** Gruchot 47, 904). Solange aber die Beschränkung nicht eingetragen ist, hat ein Erwerber, der sie nicht kennt, kein Recht darauf, daß der Grundbuchrichter, der die Unrichtigkeit (Unvollständigkeit) des Grundbuchs erkannt hat, diesen Mangel unbeachtet lasse, um dem Erwerber zu einem sachlich unberechtigten Erwerb auf Grund des § 892 zu verhelfen (JFG 16, 149).

XIII. Für die Kenntnis des Erwerbers maßgebender Zeitpunkt

Anm. 113

1. Vollendung des Erwerbs. Der **Zeitpunkt, bis zu dem der Erwerber** von der Unrichtigkeit des Grundbuchs (Abs. 1 Satz 1) oder von dem Bestehen der nicht eingetragenen Verfügungsbeschränkung (Abs. 1 Satz 2) **keine Kenntnis erlangt haben darf,** wenn er durch den öffentlichen Glauben des Grundbuchs in seinem Erwerb geschützt sein soll, ist grundsätzlich die **Zeit der Vollendung des Erwerbs** (**RG** 89, 160; 116 S. 354, 361; 123, 21; 128, 278; 140, 35; 147, 298). Kommt es überhaupt nicht zur Vollendung des Erwerbs, so ist für die Anwendung des § 892 kein Raum (JFG 11, 228). In den Ausnahmefällen, in denen es zum Erwerb außer der **Einigung** (§ 873 Abs. 1) eines anderen rechtswirkenden Umstandes als der Eintragung bedarf, ist immer der Augenblick maßgebend, in dem beide Erfordernisse für den Erwerb zusammengetroffen sind, mag das eine oder das andere Erfordernis vorausgegangen sein. So entscheidet z.B. bei der Übertragung einer Briefhypothek nach § 1154 Abs. 1, 2 der Zeitpunkt der Übergabe des Briefs, wenn zuerst die schriftliche Abtretungserklärung dem Erwerber gegenüber abgegeben oder die Eintragung für ihn bewirkt und demnächst erst der Hypothekenbrief dem Erwerber nach Maßgabe des § 1117 übergeben worden ist. Bei anderer zeitlicher Reihenfolge der Ereignisse kann der Zeitpunkt der Abtretungserklärung oder der Eintragung den Ausschlag geben. Würde nun für den Regelfall (Erforderlichkeit von Einigung und Eintragung zum Erwerb) nicht die Bestimmung des Abs. 2 gegeben sein, so würde, wenn die Einigung der Eintragung vorangegangen wäre, der Zeitpunkt der Eintragung, und wenn die Einigung der Eintragung nachgefolgt wäre, der Zeitpunkt der Einigung maßgebend sein. Denn erst mit dem Zusammentreffen beider Erfordernisse vollzieht sich der Erwerb.

Anm. 114

2. Eintragungsantrag

a) Das Gesetz hat jedoch im Abs. 2 Halbsatz 1 zugunsten des Erwerbers für den ersten (regelmäßigen) Fall, daß der Erwerb nach vorausgegangener Einigung sich durch die Eintragung vollendet, den über die Gutgläubigkeit entscheidenden Zeitpunkt vorangesetzt auf die Zeit der **Stellung des Eintragungsantrags.** Damit ist nicht etwa dieser Zeitpunkt in jeder Hinsicht dem Zeitpunkt des vollendeten Erwerbs gleichgestellt (JFG 11, 227). Vielmehr ist nur verordnet, daß der Erwerber, dessen Erwerb sich vollendet hat, gegen Einwendungen aus der Unrichtigkeit des Grundbuchs auch dann geschützt ist, wenn er in der Zwischenzeit von der Stellung des Antrags bis zur Eintragung nachträglich Kenntnis von der Unrichtigkeit des Grundbuchinhalts erlangt (**RG** 74, 420; 89, 161; 116, 353; 123, 31; 140, 35; der umgekehrte, praktisch seltene Fall, daß der Erwerber zwar zur Zeit der Stellung des Eintragungsantrags von der Unrichtigkeit des Grundbuchs Kenntnis hatte, in der Zwischenzeit bis zur Eintragung aber zu der Überzeugung gelangt ist, das Grundbuch sei richtig, ist gestreift in **RG** 116, 349; der Fall, daß das Grundbuch erst in der Zwischenzeit von der Stellung des Eintragungsantrags bis zu der Eintragung unrichtig wird, ist in Anm. 117 behandelt). Diese Vorschrift soll dem Erwerber bei der Unbestimmtheit des sonst maßgebenden Zeitpunkts der Eintragung die Möglichkeit wahren, ohne Gefahr die Valuta an den anderen Teil zu zahlen, sobald die Eintragung beim Grundbuchamt beantragt ist (Prot. 3, 80ff). Sie soll also den Erwerber nicht etwa des Nachweises irgendeiner neben der Eintragung bestehenden Erwerbsvoraussetzung überheben, sondern ihn lediglich gegen die Zufälligkeiten der Erledigung des Eintragungsantrags schützen (**RG** 141, 383).

Anm. 115

b) Der Eintragungsantrag, der nach § 13 Abs. 2 GBO sowohl vom Passivbeteiligten als auch vom Erwerber gestellt werden kann und nach § 30 GBO keiner Form bedarf, ist besprochen in § 878 Anm. 23ff. Hervorzuheben ist hier noch, daß ein Eintragungsantrag nur vorliegt, wenn er **beim Grundbuchamt gestellt** ist. Auch in denjenigen Fällen, in denen eine Auflassung an anderer Stelle als vor dem Grundbuchamt erklärt wird (§ 925 Anm. 46; z. B. vor einem Notar) und dort der Antrag auf Eintragung des Eigentums des Erwerbers beurkundet wird, ist der Eintragungsantrag im Sinne des § 892 Abs. 2 erst dann gestellt, wenn die ihn enthaltende Urkunde dem Grundbuchamt zugegangen (OLG 26, 8; vgl. auch **RG** 53, 88) und wenn bei der Überreichung an das Grundbuchamt das Eintragungsbegehren klar zum Ausdruck gebracht ist. Ein in der notariellen Auflassung enthaltener Antrag auf Umschreibung des Grundstückseigentums kann als nicht gestellt angesehen werden, wenn im Einreichungsschreiben des Notars an das Grundbuchamt nur beantragt wird, einem in der Auflassungsurkunde gleichfalls enthaltenen Antrag auf Eintragung einer Auflassungsvormerkung stattzugeben (**RG** HRR 1930 Nr. 217). Der Zeitpunkt, in dem der Antrag auf Umschreibung des Grundstückseigentums beim Grundbuchamt eingeht, ist für die Anwendung des § 892 Abs. 2 Halbsatz 1 auch dann entscheidend, wenn in diesem Augenblick der Nachweis der Zahlung einer etwa zu entrichtenden Steuer (Wertzuwachssteuer, Grunderwerbsteuer) noch nicht geführt ist (**RG** HRR 1929 Nr. 1370).

Anm. 116

c) Ein Antrag, der **zurückgenommen** (§ 31 GBO) oder wegen bestehender Hindernisse **zurückgewiesen** wird, ist bedeutungslos (JFG 11, 228); bei etwaiger Wiederholung des Antrags kommt es auf den Zeitpunkt dieses zweiten Antrags an (**RG** HRR 1929 Nr. 384; RJA 4, 113; OLG 46, 42).

Anm. 117

d) Tritt **zwischen der Stellung des Eintragungsantrags und der zum Erwerb führenden Eintragung eine Änderung des Grundbuchinhalts** ein, wodurch das Grundbuch unrichtig wird, so könnte dem Erwerber nach Abs. 2 die in der Zwischenzeit erlangte bloße Kenntnis dieser Änderung nicht schädlich sein. Indessen ist nach der aus Abs. 1 zu entnehmenden Regel für den Erwerber der Grundbuchinhalt zur Zeit der Vollendung seines Erwerbs maßgebend, gleichviel ob ihm zu dieser Zeit die inzwischen eingetretene Veränderung des Grundbuchinhalts bekannt war. Nur dann steht ihm hinsichtlich der zwischenzeitlich erfolgten, das Grundbuch unrichtig machenden Eintragung der öffentliche Glaube des Grundbuchs nicht zur Seite, wenn ihm nachgewiesen wird, daß er zur Zeit der Vollendung seines Erwerbs die durch die zwischenzeitlich vorgenommene Eintragung herbeigeführte Unrichtigkeit des Grundbuchs kannte (**RG** 116, S. 354, 361; 123 S. 21, 64). Ist nach der Stellung des Antrags auf Eintragung des Eigentums des Grundstückserwerbers eine Eintragung oder Löschung eines Rechts am Grundstück beantragt, so hat das Grundbuchamt nach §§ 17, 45 Abs. 3 GBO zu verfahren, also zunächst den Eigentumswechsel einzutragen und dann erst den andern Antrag auf Eintragung oder Löschung zu erledigen. Wird so verfahren, dann ist die durch die Erledigung des zweiten Antrags etwa eintretende Unrichtigkeit des Grundbuchs für den Grundstückserwerber ohne Bedeutung, da für ihn der Grundbuchinhalt zur Zeit seiner Eigentumseintragung entscheidend ist. Werden dagegen beide Anträge gleichzeitig erledigt, alle Einschreibungen in derselben Verfügung angeordnet und unter demselben Datum bewirkt, so gelten alle rechtändernden Eintragungen als mit der Vollziehung der letzten Eintragung des zweiten Antrags herbeigeführte Eintragung oder Löschung als zur Zeit der Vollendung seines Eigentumserwerbs schon vorhanden. Er ist, wenn durch diese Erledigung das Grundbuch unrichtig geworden ist, nach Abs. 1 gegen die Unrichtigkeit geschützt, es sei denn, daß ihm die in diesem Zeitpunkt vorhandene Kenntnis der Unrichtigkeit nachgewiesen wird (**RG** 116, 362; 123 S. 22, 83). Im übrigen schützt aber auch Abs. 2 nicht gegen eine Änderung des Grundbuchstands, die nach der Einreichung des Umschreibungsantrags unter Verletzung der §§ 17, 45 GBO eingetreten ist (**RG** HRR 1931 Nr. 1313).

Anm. 118

3. Späterer Zeitpunkt. Ist zur Vollendung des Erwerbs außer der (vorausgegangenen) Einigung und Eintragung **noch ein anderer Rechtsakt erforderlich,** der später nachfolgt, so findet § 892 Abs. 2 Halbsatz 1 keine Anwendung. Vielmehr ist dann der Zeitpunkt dieses Rechtsakts der für die Kenntnis maßgebende Zeitpunkt (**RG** 89, 160).

Anm. 119

a) Das ist namentlich von Bedeutung beim **Erwerb einer Hypothek** durch den eingetragenen Hypothekengläubiger. Der Gläubiger erwirbt die Hypothek erst im Augenblick der Entstehung der gesicherten Forderung (§ 1163 Abs. 1 Satz 1), wenn er also z.B. das hypothekarisch gesicherte Darlehn erst nach der Eintragung der Hypothek auszahlt, erst im Zeitpunkt seiner Zahlung (**RG** 128, 278; Anm. 35). In einem solchen Fall ist mithin auch für die Gutgläubigkeit des Erwerbers im Sinne des § 892 nicht schon die Stellung des Eintragungsantrags, sondern erst die Entstehung der hypothekarisch gesicherten Forderung der maßgebende Zeitpunkt (**RG** 141, 382). Ausnahmen mögen gelten bei der Hypothek für eine künftige Forderung (§ 1113 Abs. 2) und bei der Höchstbetragshypothek des § 1190 (**RG** JW 1935, 2629[12]; JFG 11, 284). Zu weit geht aber das Urteil JW 1935, 1195[9] (OLG Kassel), das bei jeder Buchhypothek zur Anwendung des § 892 den guten Glauben des Erwerbers im Zeitpunkt der Stellung des Eintragungsantrags genügen lassen will und den bösen Glauben im Zeitpunkt der Entstehung der Forderung für unschädlich hält.

Anm. 120

b) Bei der Briefhypothek vollendet sich der Erwerb des Gläubigers ferner gemäß § 1117 erst mit der Übergabe des Hypothekenbriefs. Deshalb ist auch der Augenblick der Briefübergabe entscheidend für den Schutz des Hypothekenwerbers durch § 892, also für die Frage, ob er zu der Zeit, als sich sein Erwerb vollendete, Kenntnis davon gehabt hat, daß der die Hypothek bestellende Bucheigentümer nicht wahrer Grundstückseigentümer oder daß gegen den Eigentümer ein (im Grundbuch nicht eingetragenes) Veräußerungsverbot erlassen war (**RG** 89, 160; 128, 278). Ist aber zwischen dem Hypothekbesteller und dem Gläubiger schon vor der Eintragung der Hypothek eine die Übergabe des Briefs ersetzende Vereinbarung gemäß § 1117 Abs. 2 getroffen, so greift wiederum § 892 Abs. 2 Halbsatz 1 ein. Denn nach § 1117 Abs. 2 wird die Übergabe des Briefs ersetzt „durch die Vereinbarung", daß der Gläubiger berechtigt sein soll, sich den Brief vom Grundbuchamt aushändigen zu lassen; diese Vereinbarung kann schon vor der Herstellung des Hypothekenbriefs wirksam getroffen werden; mithin erwirbt der Gläubiger in solchem Falle die Hypothek bereits mit der Eintragung (**RG** 64, 313; 66, 210; 81, 425); für seine Kenntnis von der Unrichtigkeit des Grundbuchinhalts ist also hier nach § 892 Abs. 2 die Zeit der Stellung des Eintragungsantrags maßgebend (**RG** 89, 161). Dies gilt aber nicht, wenn keine Vereinbarung über die Aushändigung des Briefs an den Gläubiger getroffen ist, sondern nur der Hypothekbesteller in der Eintragungsbewilligung das Grundbuchamt ermächtigt hat, den Hypothekenbrief dem Gläubiger unmittelbar auszuhändigen. Denn diese einseitige Bestimmung im Sinne des § 60 Abs. 2 GBO enthält noch keine Vereinbarung nach § 117 Abs. 2 (**RG** 66, 100; 77, 107). Der Gläubiger erwirbt die Hypothek in diesem Falle also erst, sobald ihm der Hypothekenbrief vom Grundbuchamt ausgehändigt ist (**RG** 89, 160).

Anm. 121

4. Eintragung des Rechtsurhebers. Handelt es sich darum, ob der **Rechtsurheber,** von dem der Erwerber seinen Erwerb herleitet, nicht der Berechtigte oder ob er zu der Verfügung (z. B. wegen eines gegen ihn erlassenen, im Grundbuch nicht eingetragenen Veräußerungsverbots) nicht befugt war und ob dies dem Erwerber bekannt gewesen ist, so hat die Anwendung des Abs. 2 Halbsatz 1 zur Voraussetzung, daß der Rechtsurheber **im Grundbuch eingetragen** ist. Wenn der Rechtsurheber zur Zeit der Stellung des Eintragungsantrags als Berechtigter im Grundbuch nicht eingetragen steht, obwohl er nur im Falle seiner Eintragung Berechtigter sein könnte (wenn z. B. der die Eintragung einer Hypothek Bewilligende zwar die Auflassung des Grundstücks erhalten hat, aber noch nicht als Eigentümer eingetragen ist), so kann überhaupt nicht die Rede davon sein, daß der Erwerber zu dieser Zeit hinsichtlich der Berechtigung des Rechtsurhebers unter dem Schutz des öffentlichen Glaubens des Grundbuchs gestanden haben könnte. Denn das Grundbuch enthält dann nichts davon, daß der Rechtsurheber Berechtigter sei; sein Inhalt umfaßt die Berechtigung des Rechtsurhebers nicht, sondern spricht sogar gegen das Bestehen der Berechtigung (**RG** 89, 161; 116 S. 353, 361). Auch wenn in solchem Falle der Rechtsurheber zugleich mit der Eintragung des Rechts des Erwerbers als Berechtigter eingetragen wird und der Erwerber durch seine Eintragung das Recht erwirbt, ist für die Frage der Kenntnis des Erwerbers davon, daß der Rechtsurheber (trotz seiner Eintragung) nicht wahrer Berechtigter oder (wegen einer Verfügungsbeschränkung) nicht zur Verfügung befugt war, nicht der Zeitpunkt der Stellung des Eintragungsantrags, sondern der Zeitpunkt der Eintragung maßgebend (**RG** 89, 162).

Anm. 122

a) Wird eine **Hypothek** schon vor ihrer Eintragung (Entstehung) gemäß §§ 1154, 1117 Abs. 2 abgetreten, so erwirbt der **Abtretungsempfänger** sie unter dem Schutz des § 892, wenn er im Zeitpunkt ihrer Eintragung auf den Namen des Abtretenden die Nichtentstehung des Rechts (z. B. wegen Fehlens der vormundschaftsgerichtlichen Genehmigung zur Hypothekbestellung) nicht gekannt hat (**RG** 140, 35; WarnRspr 1935 Nr. 58). Der Abtretungsempfänger einer Hypothek, die zugleich mit der Abtretung aus einer Höchstbetragshypothek in eine Verkehrshypothek umgewandelt wird (§§ 1180, 1186), erwirbt die umgewandelte Post nur dann unter dem Schutz des § 892, wenn er zur Zeit der Vollendung seines Rechtserwerbs in Ansehung des Bestehens der Hypothek und der gesicherten Forderung gutgläubig ist. Unter dieser Voraussetzung scheitert jener Schutz aber auch nicht daran, daß der Abtretungserwerb zeitlich zusammenfällt mit dem Umwandlungserwerb des abtretenden Erstgläubigers und daß beide Rechtsvorgänge in einem Grundbuchvermerk vollzogen werden (**RG** 147, 298).

Anm. 123

b) Ist das Grundbuch **unrichtig,** weil ein Recht außerhalb des Grundbuchs besteht (z. B. weil es zu Unrecht gelöscht ist), oder ist eine bestehende Verfügungsbeschränkung im Grundbuch **nicht eingetragen,** so kann das Grundbuchamt, wenn es aus dem Grundbuch oder den Grundakten Kenntnis davon erlangt, die Eintragung eines entgegenstehenden Erwerbs, der sich nicht ausnahmsweise außerhalb des Grundbuchs vollzieht (KGJ 27 A 92; BayObLG NJW 54, 1120), ablehnen ohne Rücksicht darauf, daß der Erwerber möglicherweise seinerseits bei Stellung des Eintragungsantrags keine Kenntnis davon hatte. Denn den Erwerber schützt sein guter Glaube erst dann, wenn er das Recht erworben hat. Durch den Eintragungsantrag, der nur im Fall des vollendeten Erwerbs für den Zeitpunkt der Kenntnis maßgebend ist, erwirbt er das Recht aber noch nicht (**RG** 57, 281; RJA 4, 110; KGJ 28 A 93) und ebensowenig einen Anspruch darauf, daß der Grundbuchrichter, der die Unrichtigkeit (Unvollständigkeit) des Grundbuchs erkannt hat, diesen Mangel unbeachtet lasse, um einen sachlich unberechtigten Erwerb auf Grund des § 892 herbeizuführen (JFG 16, 149).

Anm. 124

c) Will der Erwerber den Schutz des § 892 Abs. 2 in Anspruch nehmen, so wird immer vorausgesetzt, daß die **sonstigen Erfordernisse für einen rechtsgültigen Erwerb** vorliegen. Hat jemand als Nichtberechtigter oder als Vertreter ohne Vertretungsmacht zugunsten des Erwerbers verfügt, so wirkt die den Erwerb gemäß §§ 177, 185 gültig machende Genehmigung des Berechtigten oder Vertretenen nach § 184 zurück. Der Erwerber ist aber nur geschützt, wenn er nicht nur zur Zeit der Vornahme des Erwerbsakts, insonderheit im Augenblick der Stellung des später durch Eintragung erledigten Eintragungsantrags, sondern auch zur Zeit der Genehmigung in gutem Glauben war (**RG** 134, 283; vgl. Anm. 86).

Anm. 125

d) Die rechtliche Bedeutung der Kenntnis des Zwangsversteigerungsantrags ist im § 23 ZVG geregelt.

Anm. 126

XIV. Besatzungsrecht. Die Anwendung der §§ 892, 893 kommt nicht in Frage bei Erwerb von Grundstücken und Grundstücksrechten, die zu dem durch MRGes. Nr. 52, 53 gesperrten Vermögen gehören, da hinsichtlich dieser im allgemeinen Veräußerungs- und Verfügungsverbot bestand. Dies gilt auch für Zweiterwerber (teilweise aM Staudinger Anm. 26). Auch im Rückerstattungsrecht ist die Berufung auf den guten Glauben weitgehend ausgeschlossen, allerdings ist die Regelung in den drei Zonen unterschiedlich sowohl bez. der Gegenstände wie auch der Zweiterwerber. Vgl. jetzt auch BundesrückerstattungsG v. 19. 7. 1957 (BGBl I 734).

§ 893

Die Vorschriften des § 892 finden entsprechende Anwendung, wenn an denjenigen, für welchen ein Recht im Grundbuch eingetragen ist, auf Grund dieses Rechtes eine Leistung bewirkt oder wenn zwischen ihm und einem anderen in Ansehung dieses Rechtes ein nicht unter die Vorschriften des § 892 fallendes Rechtsgeschäft vorgenommen wird, das eine Verfügung über das Recht enthält.

E I 838 II 811; M 3 223; P 3 86f.

Übersicht

I. Entsprechende Anwendung des § 892

Anm. 1

1. Allgemeines. In entsprechender Anwendung des § 892 gilt derjenige, an den auf sein eingetragenes Recht eine Leistung bewirkt wird oder der eines der im Halbsatz 2 bezeichneten Rechtsgeschäfte über dieses Recht vornimmt, **zugunsten des anderen Teiles als der wirklich Berechtigte,** auch wenn er dies tatsächlich nicht ist (**RG** JW 1927, 1626; OLG 18, 110). Ebenso gilt er **als zur Verfügung über das Recht befugt,** auch wenn er in Wirklichkeit wegen einer nicht eingetragenen Verfügungsbeschränkung zu der Annahme der Leistung oder zu dem verfügenden Rechtsgeschäft nicht befugt ist. Beides gilt nur dann nicht, wenn gegen den Leistungsempfänger ein Widerspruch für das Recht des wahren Berechtigten eingetragen oder dem anderen Teile das Bestehen dieses Rechts oder der Verfügungsbeschränkung bekannt ist. Liegen solche die Wirkung des öffentlichen Glaubens des Grundbuchs ausschließenden Tatsachen nicht vor, so wird der Leistende auch gegenüber dem wahren Berechtigten oder trotz der Verfügungsbeschränkung des Berechtigten befreit (OLG 18, 110). Das verfügende Rechtsgeschäft ist zugunsten des andern Teiles so wirksam, wie wenn der wahre Berechtigte es vorgenommen hätte oder der Berechtigte nicht in der Verfügung beschränkt wäre (**RG** 116, 181).

Anm. 2

2. Wahrer Berechtigter. Wahrer Berechtigter ist nur derjenige, der tatsächlich Inhaber des Rechts ist und statt des Leistungsempfängers oder Verfügenden eingetragen sein sollte, nicht derjenige, der nur einen persönlichen (schuldrechtlichen) Anspruch auf Einräumung des Rechts hat. Ein solcher Anspruch nimmt dem Empfänger oder Verfügenden die Berechtigung nicht; die Kenntnis vom Bestehen des Anspruchs schadet also dem anderen Teile nicht (§ 892 Anm. 88). Der wahre Berechtigte muß sich an den Empfänger oder Verfügenden halten. Er kann insbesondere gemäß § 816 Abs. 1 Satz 1, Abs. 2 von diesem die Herausgabe der empfangenen Leistung oder das durch die Verfügung Erhaltene verlangen. Nur wenn die Verfügung unentgeltlich geschehen ist, hat er gemäß § 816 Abs. 1 Satz 2 auch gegen den andern Teil einen Anspruch auf Herausgabe des auf Grund der Verfügung erlangten Vorteils. Dagegen steht ihm gegen den anderen Teil, auch wenn dieser fahrlässig gehandelt hat, ein Schadensersatzanspruch nach § 823 nicht zu. Denn der andere Teil, der ein Rechtsgeschäft nach § 893 mit oder gegenüber dem Buchberechtigten vorgenommen hat, ist auch gegen persönliche Ansprüche des nicht eingetragenen wahren Berechtigten (abgesehen von dem Bereicherungsanspruch) geschützt, sofern ihm nicht die Unrichtigkeit des Grundbuchs bekannt oder ein Widerspruch gegen die Richtigkeit des Grundbuchs eingetragen war (**RG** 85, 61; 90, 397; § 892 Anm. 50).

Anm. 3

3. Zeitpunkt der Kenntnis. Der Zeitpunkt, bis zu dem die Kenntnis des anderen Teils nicht vorliegen darf, wenn die Wirkungen des öffentlichen Glaubens des Grundbuchs zu seinen Gunsten eintreten sollen, ist grundsätzlich der Augenblick, in dem die Leistung vollendet oder das Rechtsgeschäft wirksam wurde. Wenn zur Wirksamkeit die Eintragung erforderlich ist, entscheidet nach § 892 Abs. 2 die Zeit der Stellung des Eintragungsantrags oder, falls das Rechtsgeschäft erst nach der Eintragung zustande kommt, die Zeit der Vornahme des Rechtsgeschäfts.

Anm. 4

4. Hypothek. Die für die Hypothek geltenden Sondervorschriften sind behandelt in § 892 Anm. 73, 113, 119, 120, 122. Hervorzuheben ist aber, daß der gemäß § 1155 ausgewiesene Besitzer des Briefs als eingetragener Gläubiger gilt; besitzt er aber den Hypothekenbrief nicht, so ist § 893 nicht anwendbar (**RG** 150, 356). Aus § 893 ergibt sich, daß ein Hypothekenschuldner, der außer vom eingetragenen Gläubiger auch noch von einem andern in Anspruch genommen wird und den Mangel im Recht des eingetragenen Gläubigers nicht kennt, an diesen mit befreiender Wirkung zahlen kann. Das schließt aber nicht aus, daß er auch nach § 372 zur Hinterlegung des geschuldeten Geldbetrags berechtigt ist, wenn er infolge einer nicht auf Fahrlässigkeit beruhenden Ungewißheit über die Person des Gläubigers seine Verbindlichkeit nicht mit Sicherheit erfüllen kann. Denn § 372 gestattet bei einer solchen Sachlage dem Schuldner die Hinterlegung ausnahmslos. Dem leistenden Hypothekenschuldner ist aber angesichts der von ihm entschuldbar als bestehend angenommenen Gefahr, daß er zweimal auf dieselbe Zahlung belangt werden könnte, das im § 372 vorausgesetzte Interesse an der Hinterlegung zuzugestehen (**RG** 97, 173).

Anm. 5

II. Eingetragenes Recht. Auf ein eingetragenes Recht, also auf das Eigentum oder ein begrenztes Recht am Grundstück oder ein Recht an einem solchen Recht (§ 873 Anm. 27ff) muß geleistet sein oder das verfügende Rechtsgeschäft sich bezogen haben, wenn § 893 Anwendung finden soll. Über vorgemerkte Rechte vgl. Anm. 12 und § 883 Anm. 33ff. Rechte aus Schuldverhältnissen, auch wenn sie zu eingetragenen Rechten in Beziehung stehen, fallen nicht unter § 893. Daher wird z.B. der Mieter, der die Mietzinsen nicht an den aus dem Mietvertrage wirklich Berechtigten, sondern an den zahlt, der zwar als Eigentümer eingetragen, aber tatsächlich nicht Eigentümer ist, nicht befreit, auch wenn er den Eingetragenen für den Berechtigten gehalten, insbesondere etwa angenommen hat, dieser sei gemäß § 571 an die Stelle des Vermieters getreten (str.). Auf (aus Versehen) eingetragene Rechte, die nicht eintragungsfähig sind (Vorbem. 7ff vor § 873), ist die Anwendung des § 893 ausgeschlossen, da nur der zulässige Grundbuchinhalt unter dem Schutz des öffentlichen Glaubens des Grundbuchs steht (§ 892 Anm. 51, 57—60).

Anm. 6

III. Leistungen auf Grund eingetragener Rechte. Beispielsfälle für Leistungen, die auf Grund eingetragener Rechte bewirkt werden, sind: Kapitalzahlungen des Grundstückseigentümers an den eingetragenen, aber in Wirklichkeit nicht oder nicht allein berechtigten Gläubiger einer Buchhypothek oder Buchgrundschuld (RJA 11, 62; OLG 18, 110); Zinszahlungen des Eigentümers auf hypothekarische Rechte, gleichviel ob diese verbrieft oder unverbrieft sind (§§ 1158, 1159, 1160 Abs. 3; **RG** 56, 415); die Entrichtung der Einzelleistungen aus einer Reallast. Aber auch die Erfüllung eines Vorkaufsrechts, die Unterhaltung einer für die Grunddienstbarkeit bestimmten Anlage im Falle des § 1021 und die Zahlung der Ablösungssumme für eine Reallast fallen unter § 893. Dagegen nicht Kapitalzahlungen auf Briefhypotheken und Grundbuchschulden. Denn bei diesen Rechten ist der eingetragene Gläubiger als solcher nicht schon durch die Eintragung zur Einziehung des Kapitals legitimiert, sondern gemäß §§ 1144, 1145 Abs. 1, 1160 Abs. 1 Halbs. 1, 1192 erst dann, wenn er den Brief vorlegt (Prot. 3, 86; **RG** 56, 414; 150, 356). Daß die Leistung von bestimmten Personen bewirkt sein müsse, ist im Gesetz nicht vorgeschrieben. Daher muß § 893 auch dann Anwendung finden, wenn nicht der Eigentümer oder sonst ein Verpflichteter, sondern ein Dritter, sei es für jenen oder um das Recht zu erwerben (§§ 1143, 1150, 268), die Leistung bewirkt.

IV. Nicht unter § 892 fallendes Verfügungsgeschäft

Anm. 7

1. Allgemeines. Ein nicht unter § 892 fallendes, eine Verfügung enthaltendes Rechtsgeschäft ist einerseits ein solches Rechtsgeschäft, das **nicht auf den Erwerb eines Rechts** am Grundstück oder an einem Grundstücksrecht (§ 892 Anm. 6) **gerichtet** ist (**RG** 56, 415), anderseits aber nur ein solches zweiseitiges oder einseitiges Rechtsgeschäft, das nicht lediglich die Begründung einer persönlichen (schuldrechtlichen) Verpflichtung zur Einräumung eines Rechtes (**RG** 90, 399; WarnRspr 1912 Nr. 391), sondern die **unmittelbare Herbeiführung einer dinglichen Rechtsänderung** (Übertragung, Belastung, Änderung des Inhalts, Aufhebung eines Rechts) zum Gegenstande hat (**RG** 90, 399; 92, 35; 106, 111; § 873 Anm. 77).

Anm. 8

2. Zweiseitige Geschäfte. Zweiseitige Rechtsgeschäfte dieser Art sind z. B.: die Einigung über die Änderung des Inhalts eines Rechts (§ 877); die Verlegung einer Grunddienstbarkeit gemäß § 1023; die Änderungen hypothekarischer Rechte nach Maßgabe der §§ 1119 Abs. 2, 1180, 1186, 1198, 1203. Wegen der Rangänderung wird verwiesen auf § 880 Anm. 2f.

Anm. 9

3. Einseitige Geschäfte. Zu den **einseitigen Verfügungsgeschäften** gehört besonders die **Aufhebung eines Rechts** (**RG** 90, 399). — **a)** Hierzu ist, wenn es sich um Aufhebung eines **ein Recht am Grundstück belastenden** Rechts handelt, die Aufgabeerklärung des Inhabers des belastenden Rechts gegenüber (§ 130 Abs. 1) dem Inhaber des belasteten Rechts erforderlich und genügend; einer Eintragung bedarf es nicht (§ 875 Anm. 5). Das belastende Recht gilt also zugunsten des Inhabers des belasteten Rechts als wirksam aufgehoben, wenn dieser zur Zeit der Erklärung ihm gegenüber von der Nichtberechtigung des Erklärenden keine Kenntnis hat. — **b)** Zur Aufhebung eines **das Grundstück belastenden** Rechts ist nach § 875 Abs. 1 Aufgabeerklärung und Löschung erforderlich. Ist die Löschung bewirkt, so gilt das Recht trotz Nichtberechtigung des Erklärenden zugunsten des Eigentümers als wirksam aufgehoben, wenn der Eigentümer zur Zeit der Stellung des Löschungsantrags (Anm. 3) keine Kenntnis von der Nichtberechtigung hat. Voraussetzung für diese Wirkung ist aber auch hier, daß die Erklärung gegenüber dem Eigentümer abgegeben wird. Zwar genügt zur Aufhebung nach § 875 Abs. 2, wenn der Erklärende wirklicher Berechtigter ist, die Abgabe der Erklärung gegenüber dem Grundbuchamt (str.). Der § 893 Halbs. 2 erfordert aber ein „zwischen dem Eingetragenen und einem anderen vorgenommenes" Rechtsgeschäft. Daß dieser Unterschied bestehen sollte, ist auch bei den Gesetzesvorarbeiten ausdrücklich hervorgehoben worden. Nur unter der genannten Voraussetzung sollte der Eigentümer geschützt sein, weil er nur dann in seinem nach Lage des Grundbuchs begründeten Vertrauen auf die Wirksamkeit der Aufgabeerklärung getäuscht sei (Prot. 3, 87). — **c)** Ferner gehört zu den einseitigen Verfügungsgeschäften die **Kündigung** durch oder an den eingetragenen, tatsächlich nicht berechtigten Inhaber einer Grundstücksbelastung sowie die Kündigung durch oder an den eingetragenen, tatsächlich nicht berechtigten Eigentümer (**RG** 90, 399; **BGH** 1, 304). Sie gilt also zugunsten des anderen gutgläubigen Beteiligten als rechtsbeständig auch dem wahren Berechtigten gegenüber. Jedoch ist die Kündigung einer Hypothek und Grundschuld besonders geregelt (§§ 1141, 1156; auch §§ 1148, 1155, 1158ff, 1192, 1193, 1202). — **d)** Auch die **Einwilligung** und die **Genehmigung des Berechtigten** zu Verfügungen, die ein Nichtberechtigter über einen Gegenstand trifft (§ 185), ist als Verfügung im Sinne des § 893 anzusehen (**RG** 90, 399; 137, 357).

Anm. 10

4. Vollmacht. Die Erteilung einer Vollmacht zur Verfügung kann dagegen im allgemeinen nicht als Verfügung gelten. Denn durch die Vollmacht erlangt zwar der Bevollmächtigte die rechtliche Befähigung, mit Wirksamkeit für den Vollmachtgeber über das Recht zu verfügen, solange die Vollmacht nicht widerrufen ist. Die Vollmachtserteilung ist aber nur ein Mittel zur Bewirkung der Verfügung, nicht die Verfügung selbst, da sie für sich allein nicht unmittelbar eine Rechtsänderung herbeiführt. Wenn indessen eine Vollmacht zur Verfügung über eine Sache in der Weise erteilt wird, daß sie unwiderruflich ist, und zugleich dem Bevollmächtigten Besitz- und Nutzungsrechte an der Sache eingeräumt werden (z. B. bei der Vollmacht zur Parzellierung eines Grundstücks), so ist eine Verfügung als gegeben zu erachten, da dann das Eigentumsrecht des Vollmachtgebers hinsichtlich der freien Verfügungsmacht und des Besitz und Nutzung umfassenden Inhalts unmittelbar eine Änderung erfährt (**RG** 90, 400).

Anm. 11

5. Erfüllungssurrogate. Die eine Leistung ersetzenden Rechtsgeschäfte (Erfüllungsrurrogate, wie Aufrechnung, Annahme an Erfüllung Statt) sind ebenfalls hierher zu zählen. § 893 kann daher namentlich bei der Aufrechnung gegenüber einem Treuhänder Bedeutung gewinnen (HRR 1934 Nr. 851).

Anm. 12

6. Vermietung und Verpachtung, Prozeßführung. Kein Verfügungsgeschäft ist dagegen z. B. die dem Gebiet der Schuldverhältnisse angehörende **Vermietung und Verpachtung,** auch wenn sie durch Besitz- und Gebrauchsüberlassung vollzogen ist. Der wahre Eigentümer ist also an einen von einem Bucheigentümer oder einem zu Unrecht eingetragenen Nießbraucher geschlossenen Mietvertrag (Pachtvertrag) nicht gebunden (str.; **RG** 106, 122; KGJ 51, 298). Ebensowenig ist als Verfügungsgeschäft anzusehen die überhaupt nicht als sachenrechtliches Rechtsgeschäft sich darstellende **Prozeßführung.** Mithin wirkt ein gegen den eingetragenen Nichtberechtigten (z. B. auf Aufhebung des Rechts) erstrittenes Urteil nicht gegen den seine Eintragung erlangenden Berechtigten, der nicht Rechtsnachfolger (§ 325 ZPO) des Nichtberechtigten ist (str.; M 3, 223).

Anm. 13

7. Bewilligung der Vormerkungseintragung. Die Bewilligung der Eintragung einer Vormerkung in Ansehung eines eingetragenen Rechts ist, wenn ihr die Eintragung der Vormerkung folgt, mit Rücksicht auf die dadurch bewirkte dingliche Gebundenheit des betroffenen Rechts als Verfügung über das Recht im Sinne des § 893 anzusehen (**RG** 116, 241; 118, 234; 120, 14; 121, 46; WarnRspr 1928 Nr. 106). Daher führt die im § 893 bestimmte entsprechende Anwendung des § 892 zunächst dazu, daß der eingetragene Verfügende als Berechtigter gilt, auch wenn er in Wirklichkeit nicht Berechtigter ist (Anm. 2). Mithin wird der Vormerkungsberechtigte in seinem guten Glauben an die Richtigkeit des Grundbuchs in Ansehung der Eintragung des die Vormerkung bewilligenden Nichtberechtigten geschützt (**RG** 118, 234; JW 1926, 2870[1]; WarnRspr 1928 Nr. 106). Durch die Eintragung der bewilligten Vormerkung wird aber auch die dingliche Wirkung des vorgemerkten Anspruchs (§ 983 Abs. 1, 2; § 888) vorweggenommen, sofern er zur Entstehung und Erfüllung gelangt. Ist die Vormerkung auf Grund der Bewilligung des Buchberechtigten nach den Regeln des § 892 rechtsgültig entstanden, so ist damit der Grund für die Erfüllung des Anspruchs gelegt. Der Erwerb des Rechts selbst vollzieht sich später unabhängig von der weiteren Entwicklung des Grundbuchinhalts und von dem guten Glauben des Berechtigten. Ist also z. B. von dem fälschlich als Eigentümer eingetragenen A das in Wirklichkeit dem B gehörige Grundstück an C verkauft und auf Bewilligung des A für C eine Auflassungsvormerkung zu einer Zeit eingetragen worden, in der C die Unrichtigkeit des Grundbuchs hinsichtlich der Eigentumseintragung des A nicht kannte, so erwirbt C, wenn demnächst die Auflassung an ihn und seine Eintragung bewirkt wird, das Eigentum ohne Rücksicht auf seinen nunmehr noch vorhandenen guten oder etwa bereits eingetretenen schlechten Glauben über das Nichteigentum des A (**RG** 121, 46; OLG 46, 60; JFG 4, 336). Auch wenn nach der Eintragung der Auflassungsvormerkung für C das Eigentum auf B, sei es auf Grund einer Auflassung, sei es durch Berichtigung des Grundbuchs (z. B. im Wege der Zwangsvollstreckung nach § 894 ZPO), umgeschrieben würde, wäre diese Umschreibung gegenüber dem durch die Vormerkung gesicherten Auflassungsanspruch des C nach § 883 Abs. 2, § 888 unwirksam. Der an sich auf Künftiges deutende Begriff der „Verfügung" im § 883 Abs. 2 ist dann entsprechend auf die nachträgliche Grundbuchberichtigung anzuwenden (**RG** 121, 47). Daraus ist aber nicht zu folgern, daß auch der übrige Inhalt des Grundbuchs, der zu der Vormerkungs-Verfügung in keiner Beziehung steht, zugunsten des Vormerkungsgläubigers als richtig zu gelten hätte. Die weitere Wirkung des öffentlichen Glaubens des Grundbuchs würde nur nach § 892 selbst eintreten, wenn die Vormerkung ein „Recht" wäre, was zu verneinen ist (§ 883 Anm. 43). Auf diesem Standpunkt stehen ersichtlich auch die (zu Aufwertungsfragen ergangenen) Entscheidungen in **RG** 116, 238; 120 S. 13, 353 (aM JW 1925, 1415[1], wo § 893 weitergehend für anwendbar erachtet wird).

§ 894

Steht der Inhalt des Grundbuchs in Ansehung eines Rechtes an dem Grundstück, eines Rechtes an einem solchen Rechte oder einer Verfügungsbeschränkung der im § 892 Abs. 1 bezeichneten Art mit der wirklichen Rechtslage nicht im Einklange, so kann derjenige, dessen Recht nicht oder nicht richtig eingetragen oder durch die Eintragung einer nicht bestehenden Belastung oder Beschränkung beeinträchtigt ist, die Zustimmung zu der Berichtigung des Grundbuchs von demjenigen verlangen, dessen Recht durch die Berichtigung betroffen wird.

E I 843 II 813; M 3 234ff.; P 3 102f.; 4 589; 6 386.

Übersicht

A. Widersprüche zwischen Grundbuchinhalt und wirklicher Rechtslage

Anm. 1

I. Allgemeines. Mit der wirklichen Rechtslage nicht im Einklange steht der Inhalt des Grundbuchs (§ 892 Anm. 51) in Ansehung eines Rechtes an dem Grundstück, eines Rechtes an einem solchen Rechte (§ 873 Anm. 12, 22—30) oder einer Verfügungsbeschränkung der im § 892 Abs. 1 bezeichneten Art (§ 892 Anm. 97ff) im allgemeinen dann, wenn ein dingliches Recht am Grundstück (Eigentum Wohnungseigentum § 1 WEG oder begrenztes dingliches Recht, also Erbbaurecht, Dienstbarkeit, Vorkaufsrecht, Reallast, Dauerwohnrecht des § 31 WEG, hypothekarisches Recht) oder ein dingliches Recht an einem das Grundstück belastenden Rechte (Nießbrauch oder Pfandrecht an einer Reallast oder an einem hypothekarischen Recht) nicht eingetragen ist, aber außerhalb des Grundbuchs besteht; oder wenn ein solches Recht zwar eingetragen ist, aber nicht mit dem seinen Wesen und seiner Bedeutung entsprechenden Inhalt; oder nach den Grundbucheintragungen das Eigentum mit einem begrenzten dinglichen Recht oder eine Reallast oder ein hypothekarisches Recht mit einem Nießbrauch oder einem Pfandrecht belastet ist, die belastenden Rechte aber tatsächlich nicht entstanden sind oder doch nicht mehr bestehen; schließlich, wenn eine bestehende Verfügungsbeschränkung bei dem Recht, das sie beschränkt, nicht eingetragen oder eine eingetragene Beschränkung tatsächlich nicht entstanden oder aufgehoben ist.

II. Beispiele.

Anm. 2

Als Beispiele sind zu nennen:

1. für das **Bestehen eines nicht eingetragenen Rechtes: a)** die Fälle, in denen ein eingetragenes Recht nicht durch Rechtsgeschäft, sondern **kraft Gesetzes** ohne Eintragung von einem anderen erworben wird (§ 892 Anm. 40). — **aa)** Vor allem kommt hier in Betracht der Erwerb durch **Erbfolge** (§§ 1922, 1937, 1941, 1942, 2139). Einzelfälle sind behandelt in KGJ 25 A 115; RJA 13, 263: als Eigentümer eines zum Gesamtgut der ehelichen Gütergemeinschaft gehörenden Grundstücks sind nach dem Tode des einen Ehegatten der überlebende Ehegatte und die Erben eingetragen, jedoch ohne den Vermerk, daß der überlebende Ehegatte ebenfalls als Miterbe beteiligt ist; KGJ 51, 189: der Vorerbe ist noch als Eigentümer eingetragen, während durch den Eintritt der Nacherbfolge bereits der Nacherbe das Eigentum erlangt hat; KGJ 49, 178: hat der Vorerbe durch Auflassung eines Nachlaßgrundstücks an einen Dritten das Recht des Nacherben gemäß § 2113 beeinträchtigt oder vereitelt, so kann der Nacherbe nach Eintritt des Nacherbfalles als Vollerbe Berichtigung des Grundbuchs durch seine Eigentumseintragung verlangen; **RG** 102, 335: ist auf Grund einer Löschungsbewilligung des Vorerben ohne Zustimmung des Nacherben — diese Zustimmung würde die Verfügung des Vorerben gemäß 185 voll wirksam machen (**RG** 61, 232; 70, 33; 102, 337) — eine zum Nachlaß gehörende Hypothek gelöscht und dadurch das Recht des Nacherben beeinträchtigt oder vereitelt worden, so hat der Nacherbe nach Eintritt des Nacherbfalls gemäß § 2113 Abs. 1 einen Anspruch auf Berichtigung des Grundbuchs mit dem Ziel der Wiedereintragung der Hypothek mit dem bisherigen Rang, soweit nicht ein inzwischen eingetretener Erwerb unter dem Schutz des öffentlichen Glaubens des Grundbuchs ihm entgegensteht. — **bb)** Ferner gehört hierher der Erwerb durch Eintritt der **ehelichen Gütergemeinschaft** (§§ 1438 Abs. 2, 1485 Abs. 3, 1519 Abs. 2 aF, 1416 Abs. 2, 1485 Abs. 3 nF; **RG** 108, 286). — **cc)** Fälle der Unrichtigkeit des Grundbuchs infolge gesetzlichen Erwerbs können weiterhin herbeigeführt werden: durch **Verstaatlichung einer Aktiengesellschaft** unter Ausschluß der Abwicklung (Liquidation) nach § 253 AktG, früher § 304 HGB (KGJ 47, 121: entsprechend anzuwenden auf die Verschmelzung eines Versicherungsvereins auf Gegenseitigkeit mit einer öffentlichrechtlichen Versicherungsanstalt unter Ausschluß der Liquidation); durch Verschmelzung zweier Aktiengesellschaften unter Ausschluß der Abwicklung (Liquidation) gemäß §§ 233ff AktG, früher § 306 HGB (KGJ 46, 190; nicht im Falle der Verschmelzung mit Liquidation nach § 255 AktG, früher § 303 HGB: KGJ 46, 194); durch **Zuschlag des Grundstücks in der Zwangsversteigerung** (§ 90 ZVG; RJA 13, 147 darüber, ob das Vollstreckungsgericht beim Ersuchen an das Grundbuchamt nach § 130 ZVG auch um die Eintragung der Erben des Erstehers ersuchen kann).

Anm. 3

b) Unstimmigkeiten zwischen Grundbuch und wahrer Rechtslage ergeben sich ferner besonders leicht beim **Erwerb der Hypothek,** namentlich: wenn die Hypothek nach Befriedigung oder Verzicht des Gläubigers gemäß §§ 1143, 1150, 1163, 1164, 1168, 1170 Abs. 2, 1171 Abs. 2, 1173, 1174, 1177, 1182, 268 Abs. 3, 426 Abs. 2, 774 auf einen andern übergeht (**RG** 80, 319; 101, 233; KGJ 36 A 179; OLG 18, 198; 25, 376); wenn die nach Beerbung des Hypothekengläubigers durch den Hypothekenschuldner und Eigentümer auf diesen als Grundschuld übergegangene Hypothek (§ 1163 Anm.) auf den Eigentümer umgeschrieben oder gelöscht ist, dann aber durch Anordnung der Nachlaßverwaltung oder Eröffnung des Nachlaßkonkurses die Hypothekenforderung gemäß § 1976 als nicht erloschen gilt, die Hypothek als solche wieder auflebt und demgemäß (für den Erben) umzuschreiben oder mit dem früheren Range wieder einzutragen ist, soweit nicht ein inzwischen eingetretener Erwerb unter dem Schutz des öffentlichen Glaubens des Grundbuchs (§ 892) entgegensteht (RJA 16, 148); wenn die Übertragung, Pfändung und Überweisung von Briefhypotheken ohne Eintragung stattfindet (§ 1154 BGB; §§ 830, 837 ZPO; KGJ 49, 206).

Anm. 4

c) Zu erwähnen ist auch die **Abtretung eines eingetragenen Nacherbenrechts** (**RG** 83, 437; § 892 Anm. 99; Verpfändung und Pfändung: unten Anm. 8).

Anm. 5

d) Unrichtigkeitsfälle dieser Art liegen schließlich vor: wenn ein Recht wegen Nichtigkeit der vom Berechtigten erteilten Löschungsbewilligung oder wegen ihres Zugehens an den Empfangsberechtigten ohne Willen des Berechtigten (§ 875 Anm. 28) oder wegen fehlender Verfügungsbefugnis des die Löschung Bewilligenden oder aus sonst einem Grund **zu Unrecht gelöscht ist** (**RG** 73, 175; 82, 22; 88, 286; WarnRspr 1912 Nr. 11; Gruchot 52, 957; KGJ 34 A 267; 48, 188; JFG 2, 293; § 891 Anm. 36ff); wenn beim Abschreiben einer veräußerten Parzelle ein auf dem Hauptgrundstück eingetragenes Recht zu Unrecht auf die Parzelle **nicht übertragen** ist, was einer Löschung des Rechts an der Parzelle gleichkommt (§ 46 Abs. 2 GBO; KGJ 27 A 116; 46, 211; OLG 40, 57; § 875 Anm. 26); wenn im Falle der Übertragung eines Rechts eine **Einigung** überhaupt nicht zustande gekommen oder die Einigung **nichtig** oder anfechtbar und angefochten ist (§ 925 Anm. 29ff; Auflassung: aus Irrtum RJA 9, 59, bei Betrug **RG** JW 1896, 362[40], [41], zum Schein **RG** 79, 165; JW 1902 Beil. 202; Übertragung eines Rechts ohne Vertretungsmacht **RG** 69, 266; Gruchot 52, 957; OLG 18, 110); wenn eine dem A gehörende Grundfläche (Parzelle) auf das Grundbuchblatt des B **irrtümlich eingetragen** ist (**RG** 68, 24; KGJ 26 A 245; § 891 Anm. 11ff; § 892 Anm. 64 „tatsächliche Angaben").

Anm. 6

2. für das **Nichtbestehen eines eingetragenen Rechtes:** wenn das Recht wegen Fehlens einer Einigung (§ 873) nichtig ist (**RG** 88, 89; 89, 371; KGJ 39 A 177); wenn es wegen Unwirksamkeit der ihm zugrunde liegenden Einigung, z. B. der Auflassung beim Fehlen der erforderlichen behördlichen Genehmigung oder eines relativen Veräußerungsverbotes, nicht rechtsbeständig ist (**RG** 129, 152; 138, 149); wenn ein eingetragenes Recht außerhalb des Grundbuchs (ohne Löschungseinschreibung) durch Rechtsgeschäft erloschen ist, wie z. B. ein Pfandrecht an einer Reallast oder an einem hypothekarischen Recht durch rechtsgeschäftliche Aufhebung (§ 875 Anm. 5); wenn ein Recht (nicht das Eigentum: § 927 Abs. 2) durch Ausschlußurteil ohne Löschung erlischt, wie z. B. ein Vorkaufsrecht (§ 1104 Abs. 1 Satz 2), eine Reallast (§ 1112), ein Pfandrecht an einer Reallast oder an einem hypothekarischen Recht (§§ 1273, 1269); wenn ein Recht durch Vereinigung mit dem belasteten Eigentum oder mit dem belasteten Rechte erlischt, wie die Hypothek, Grundschuld, Reallast nach §§ 1178 (Rückstände von Zinsen usw.), 1107, 1200, der Nießbrauch und das Pfandrecht nach §§ 1063, 1068, 1072, 1256, 1273; wenn eine Grunddienstbarkeit oder beschränkte persönliche Dienstbarkeit nach §§ 1028, 1090 Abs. 2 durch Verjährung des Anspruchs (zum Teil) erlischt; wenn ein Recht infolge Eintritts eines Ereignisses kraft Gesetzes erlischt, wie der Nießbrauch durch den Tod des Nießbrauchers (§ 1061 BGB; § 23 GBO), eine Grunddienstbarkeit gemäß §§ 1025, 1026 durch Teilung, eine Gesamthypothek auf einem der haftenden Grundstücke in den Fällen der §§ 1173 Abs. 1, 1174 Abs. 1, 1181 Abs. 2 (**RG** WarnRspr 1912 Nr. 259); wenn ein auflösend bedingtes oder zeitlich begrenztes Recht infolge Eintritts der Bedingung oder des Endtermins erlischt (§§ 158 Abs. 2, 163; **RG** JW 1902 Beil. 222, 250), also z. B. auch, wenn der Eigentümer, dem das Eigentum am Grundstück nur als Vorerben bis zu einem bestimmten Zeitpunkt zusteht, eine Hypothek ohne Zustimmung der Nacherben bestellt hat und beim Eintritt des Nacherbenfalles nach §§ 158 Abs. 2, 161 Abs. 2, 163, 2113 zugleich mit dem Eigentum des Hypothekbestellers auch die Hypothek erloschen ist (**RG** WarnRspr 1914 Nr. 126); wenn Miterben vor der Auseinandersetzung irrtümlich ohne Auflassung (§ 925 Anm. 4) als Miteigentümer nach Bruchteilen eingetragen worden sind (KGJ 51, 220); wenn ein Recht durch Zuschlag in der Zwangsversteigerung gemäß § 91 ZVG, eine Hypothek durch Befriedigung aus dem Grundstück gemäß § 1181 erlischt.

Anm. 7

3. für die **nicht richtige oder unvollständige Eintragung eines Rechts** (OLG 45, 288): wenn der mit einem Recht belastete Miteigentumsanteil nicht gemäß § 47 GBO in einem Bruchteil angegeben ist (**RG** 54, 85; OLG 14, 185; § 895 Anm. 5); wenn Eheleute als Miteigentümer eines Grundstücks eingetragen sind, während dieses zum Gesamtgut der zwischen ihnen bestehenden Fahrnisgemeinschaft (§§ 1549, 1438 aF) gehört (KGJ 50, 151); wenn Miterben als Eigentümer in Erbengemeinschaft eingetragen sind, einer der Miterben aber seinen Anteil am gesamten Nachlasse gemäß §§ 398, 413, 1274, 2033 rechtswirksam einem andern übertragen oder verpfändet hat (RJA 6, 235; 10, 69; KGJ 26 A 114; 33 A 231; OLG 25, 377); wenn bei einer Hypothek das Schuldverhältnis, auf dem die gesicherte Forderung beruhen soll, oder auch sonst der Inhalt des Rechts, insbesondere in Anbetracht der Eintragungsbewilligung, im Grundbuch nicht richtig eingeschrieben ist (**RG** 57, 321; JW 1902, 421[14], Beil. 194; 1903 Beil. 48; 1906, 18[17]); wenn überhaupt die Eintragung mit der zugrunde liegenden Einigung nicht übereinstimmt, insbesondere unvollständig ist (KGJ 53, 174), es sei denn, daß anzunehmen ist, die Einigung würde auch ohne den nicht eingetragenen Teil des Rechtsinhalts vorgenommen sein (§ 139; KGJ 42, 260; 53, 175); wenn eine Hypothek statt auf den Namen der Gemeinde auf den Namen der eigene Rechtspersönlichkeit genießenden Gemeindesparkasse eingetragen ist (unten Anm. 15 a. E.); wenn im Falle der Übertragung eines Teils einer verbrieften Hypothek oder Grundschuld die Übertragung (versehentlich) zu einem geringeren als dem abgetretenen Betrage für den Erwerber eingetragen worden ist; wenn ein Recht (z. B. wegen Nichtigkeit der Einigung über eine Rangänderung) nicht

mit dem ihm zustehenden Range eingetragen ist (**RG** 128 S. 56, 280; § 880 Anm. 17); wenn im Auseinandersetzungsverfahren nach preußischem Recht auf Grund eines bestätigten Rezesses oder eines ausgeführten Auseinandersetzungsplanes ein Wechsel im Besitzstande eingetreten, insbesondere an die Stelle eines abgefundenen Grundstücks das Abfindungsgrundstück getreten ist (KGJ 38 A 250; 50, 145).

Anm. 8

4. für die Fälle einer **Verfügungsbeschränkung**: wenn eine Bedingung oder Zeitbestimmung, unter die ein eingetragenes Recht gestellt wurde, nicht eingetragen ist (§ 892 Anm. 100); wenn das Recht des Nacherben (§§ 2113ff) bei dem Recht des Vorerben nicht eingetragen ist (§ 897 Anm. 3; § 51 GBO; **RG** Gruchot 48, 1022; KGJ 52, 144; OLG 40, 125); wenn bei einem eingetragenen Nacherbenrecht dessen Verpfändung oder Pfändung, Rechtsvorgänge, die sich als Verfügungsbeschränkungen darstellen, nicht eingetragen sind (**RG** 83, 438; KGJ 42 S. 239, 241; 47, 167; § 892 Anm. 99, über die Abtretung oben Anm. 4).

Anm. 9

a) Hierher gehört auch der Fall, daß das **Anteilsrecht eines Miterben** an dem gemäß § 2032 Abs. 1 im gemeinschaftlichcn Vermögen der Erben stehenden Nachlasse mit einem gemäß §§ 1273, 1274 wirksam bestellten (**RG** 84, 396; 87, 324) Pfandrecht belastet ist, daß aber dieses Pfandrecht nicht eingetragen ist im Grundbuch über ein Nachlaßgrundstück, bei dem die Miterben in ihrer Gesamtheit als Eigentümer eingetragen sind (**RG** 90, 235). Nach dem Grundbuch könnte hier der Miterbe in Gemeinschaft mit den anderen Miterben unbeschränkt über das Grundstück verfügen, während er nach der wirklichen Rechtslage wegen der Pfandbestellung gemäß § 1267 (**RG** 84, 399) zur Verfügung der Zustimmung des Pfandgläubigers bedarf. Das Grundbuch ist also insofern unrichtig, als es schweigt über eine bestehende Verfügungsbeschränkung, die keine rechtsgeschäftliche (nicht eintragbare) Beschränkung im Sinne des § 137 ist, sondern sich aus dem dinglichen Recht an fremdem Gegenstand ergibt (**RG** 90, 237).

Anm. 10

b) Weitere Beispiele: wenn ein **Veräußerungsverbot** der in den §§ 135, 136 bezeichneten Art bei dem betroffenen Recht nicht eingetragen ist, ein Fall, in dem allerdings die Zustimmung des durch die Eintragung Betroffenen meistens durch das Eintragungsersuchen einer zuständigen Behörde ersetzt werden wird (RJA 6, 239; § 892 Anm. 112); wenn eine eingetragene Verfügungsbeschränkung tatsächlich nicht entstanden ist (z. B. weil die Einigung über eine Bedingung oder die letztwillige Verfügung mit der Anordnung eines eingetragenen Nacherbenrechts nichtig ist) oder wenn sie zwar entstanden, aber wieder aufgehoben ist (z. B. eine einstweilige Verfügung mit Veräußerungsverbot durch vollstreckbare Entscheidung).

Anm. 11

c) Dagegen wird ein dem Schutz des Nacherben dienender Vermerk über sein **Nacherbenrecht** durch den Eintritt des Nacherbfalles nicht unrichtig, solange noch die Möglichkeit eines Rechtsverlustes, namentlich durch Verfügungen der Erben des Vorerben, besteht (KGJ 49, 179). Hat der Vorerbe über ein zur Erbschaft gehörendes Grundstück oder Grundstücksrecht zugunsten eines Dritten verfügt, ohne daß das Nacherbenrecht eingetragen war oder der Nacherbe seine Zustimmung zu der Verfügung erteilt hatte, so steht dem Nacherben, sofern nicht der Verfügende befreiter Vorerbe war und die Verfügung gegen Entgelt getroffen wurde (§§ 2136, 2113 Abs. 2), ein Berichtigungsanspruch auf Zustimmung zur Eintragung des Nacherbenrechts auch noch gegen den Erwerber zu, soweit dieser sich nicht nach § 2113 Abs. 3 auf den öffentlichen Glauben des Grundbuchs berufen kann. Dieser Anspruch besteht selbständig neben dem Recht auf Eintragung eines Widerspruchs gegen die Eintragung des Erwerbers nach § 899 oder nach § 53 GBO (KGJ 52, 140; OLG 40, 125). Durch die Eintragung des Nacherbenrechts wird der Nacherbe dagegen geschützt, daß sein Recht, im Falle des Eintritts der Nacherbfolge die Unwirksamkeit der Verfügung geltend zu machen, durch

Weiterverfügung des ersten (bösgläubigen) Erwerbers an einen zweiten (gutgläubigen) Erwerber vereitelt wird (KGJ 52, 144). Dies gilt auch dann, wenn noch der Erblasser als Rechtsinhaber eingetragen stand und nun der Vorerbe, der durch die Verfügung zugunsten des Dritten sein Verfügungsrecht verloren hat, nicht mehr als Rechtsinhaber eingetragen werden kann. Der § 51 GBO, der bei der Eintragung des Vorerben die gleichzeitige Eintragung des Nacherbenrechts von Amts wegen vorsieht, kommt hier, wo es sich um die Bewilligung der Eintragung des Nacherbenrechts handelt, nicht in Betracht. Das Nacherbenrecht besteht aber selbständig und unabhängig davon, ob der Vorerbe eingetragen ist oder nicht (KGJ 52, 145).

III. Keine Unrichtigkeit des Grundbuchs

Anm. 12

1. Vormerkung und Widerspruch. Die **Vormerkung** (§ 883) und der **Widerspruch** (§ 899) entstehen erst durch Eintragung. Der Inhalt des Grundbuchs ist daher beim Fehlen ihrer Eintragung mit der wirklichen Rechtslage im Einklang, so daß § 894 keine Anwendung findet. Gleiches gilt, wenn eine eingetragene Vormerkung oder ein eingetragener Widerspruch wegen Nichtbestehens des gesicherten Anspruchs oder des gesicherten dinglichen Rechts oder aus sonst einem Grunde hinfällig geworden sind. In diesem Falle ist trotz der Hinfälligkeit der Eintragung das Grundbuch nicht unrichtig im Sinne des § 894, weil die Vormerkung und der Widerspruch keine dinglichen Rechte am Grundstück oder an einem das Grundstück belastenden Recht sind, die „Rechtslage" des Grundstücks also nicht geändert ist. Die Löschung der hinfälligen Eintragung ist mithin hier auf einem anderen Wege als dem des § 894 herbeizuführen (§ 883 Anm. 21, § 886 Anm. 3, 5ff; aM **RG** 163, 62, wonach § 894 entsprechend anzuwenden ist). Ist aber eine Vormerkung rechtmäßig eingetragen gewesen und nur aus Versehen oder durch widerrechtliche Handlung gelöscht worden, so hatte die Vormerkung in der Zwischenzeit gegenüber ihr entgegenstehenden Verfügungen nach §§ 883 Abs. 2, 888 dingliche Wirkungen erlangt (**RG** 132, 423). Diese mit der Vormerkung verknüpfte und einmal entstandene Rechtsstellung konnte nicht durch eine zu Unrecht erfolgte Löschung wieder beseitigt werden. Wie die Rechtsstellung wieder verschafft werden kann, ist in § 886 Anm. 11 erörtert. Die Abtretung, Verpfändung oder Pfändung des durch Vormerkung gesicherten Anspruchs erstreckt sich auch auf die Vormerkung, wie unter entsprechender Anwendung des § 401 anzunehmen ist (§ 883 Anm. 42). Die Übertragung oder Belastung des vorgemerkten Anspruchs kann im Grundbuch vermerkt werden (KGJ 35 A 314; 43, 210).

Anm. 13

2. Persönliche Ansprüche. Ferner ist das Grundbuch nicht unrichtig, wenn für jemanden lediglich ein **persönlicher** (schuldrechtlicher) **Anspruch auf Einräumung eines dinglichen Rechtes** am Grundstück oder an einer Grundstücksbelastung **oder auf Aufhebung** eines solchen Rechtes besteht. Denn eine Unrichtigkeit des Grundbuchs liegt nur dann vor, wenn die Rechtslage hinsichtlich der dinglichen Rechte eine andere ist, als sie nach dem Inhalt des Grundbuchs erscheint (**RG** 53, 377; 60, 264; 65, 356; SeuffArch 61 Nr. 272). Bei schuldrechtlichen Ansprüchen kann also nur auf Grund des Schuldverhältnisses mit der persönlichen Klage gegen den Verpflichteten die Herbeiführung der Eintragung oder der Löschung des Rechts verfolgt werden (§ 875 Anm. 10; § 925 Anm. 26 zu b). Den Fall einer dem § 45 GBO oder der Vereinbarung der Beteiligten nicht entsprechenden Rangeintragung behandelt § 879 Anm. 20, 38. Ist die einer Eintragung zugrunde liegende (dingliche) Einigung (§ 873 Abs. 1) an sich rechtsgültig und nur das (schuldrechtliche) Grundrechtsgeschäft nichtig oder fehlt sonst ein Rechtsgrund für die Bestellung des Rechts, so ist nicht etwa ein (dinglicher) Berichtigungsanspruch aus § 894 gegeben. Vielmehr kommt nur ein persönlicher Anspruch, namentlich wegen ungerechtfertigter Bereicherung nach §§ 812ff, auf Beseitigung der Eintragung in Frage (**RG** 51, 422; 63, 185; 66, 389; Gruchot 52, 958; RJA 7, 278). Durch eine Anfechtung auf Grund des AnfG oder der §§ 29ff KO wird das durch die anfechtbare Veräußerung an einem Grundstück oder an einem das Grundstück belastenden Recht erlangte eingetragene Recht nicht aufgehoben, da die Anfechtung den Rechtserwerb nicht unwirksam macht (unten Anm. 25 und § 883 Anm. 9, 10). Daher wird auch das Grundbuch nicht unrichtig; ein Berichtigungsanspruch ist also auch hier nicht gegeben (**RG** 71, 178; OLG 10, 203; aM OLG 21, 409). Selbstverständlich liegt keine Unrichtigkeit des Grundbuchs vor, wenn der eingetragene Gläubiger einer Briefhypothek wirklicher Gläubiger ist, einem anderen aber ein persönliches Zurückbehaltungsrecht an dem Brief zusteht (**RG** JW 1901, 130[35]).

IV. Wirkliche Rechtslage

Anm. 14

1. Materielle Rechtslage. Unter der wirklichen Rechtslage, mit der das Grundbuch nicht in Einklang steht, ist die materielle Rechtslage zu verstehen. Durch das Vorhandensein der **formellrechtlichen Voraussetzungen** für die Eintragung (Eintragungsbewilligung und Antrag) wird der Berichtigungsanspruch nicht ausgeschlossen, wenn zwischen Grundbuch und materieller Rechtslage ein Widerspruch besteht (**RG** 51, 420). Umgekehrt ist kein Berichtigungsanspruch gegeben, wenn die Eintragung zwar wegen Fehlens der (formellen) Voraussetzungen hätte unterbleiben sollen, aber der materiellen Rechtslage entspricht (OLG 25, 378).

Anm. 15

2. Richtigstellung der Einschreibung. Nicht um eine Berichtigung des Grundbuchs im Sinne des § 894, sondern um Richtigstellung der Einschreibung in das Grundbuch handelt es sich, wenn nachrichtliche Vermerke, tatsächliche Angaben im Sinne der Anm. 10—16 § 891 und ähnliches, was Inhalt, Umfang oder Wirksamkeit der eingetragenen Rechte nicht berührt, der Wirklichkeit entsprechend geändert werden (z. B. Vermerk einer Änderung des Namens, der Firma, Kommanditgesellschaft anstatt OHG, Berufs oder Wohnorts des Berechtigten: JW 1936, 1082[40]; JFG 1, 369; BayObLG 50/51, 426; Beseitigung von bloßen Schreibfehlern, versehentlichen Bezeichnungen, unzutreffenden Beschreibungen, Undeutlichkeiten hinsichtlich des Rechts [**RG** JW 1911, 976[8]; KGJ 25 A 104; 27 A 244; 38 A 237; OLG 7, 197; 8, S. 211, 219, 310; 15, 345; 16 S. 151, 156; 18, 210]; Richtigstellung des Erwerbsgrundes RJA 9, 60). Die Beteiligten haben zwar ein Recht auf die Richtigstellung, weil das Grundbuch nichts Unrichtiges enthalten soll (**RG** 83, 438). Das Grundbuch wird aber dadurch nicht „mit der wirklichen Rechtslage" in Einklang gebracht. „Unrichtig" ist das Grundbuch auch dann nicht, wenn die Eintragung nur undeutlich ist und ihr Sinn durch die zugrunde liegende Eintragungsbewilligung festgestellt werden kann (**RG** 53, 414; JW 1903 Beil. 48; WarnRspr 1908 Nr. 22; KG DR 42, 1796; OLG 16, 171), insbesondere, wenn mit an Sicherheit grenzender Wahrscheinlichkeit auf Grund einer ungenauen Eintragung Rechte Dritter nicht entstanden sein können (DNotZ 55, 148). Für die Abtretung einer RM-Hypothek ist die vorherige Eintragung ihrer Umstellung auf DM erforderlich (**BGH** 16, 101), nicht aber für ihre Löschung (**BGH** 18, 291 und 296). Ferner handelt es sich nicht um Berichtigung des Grundbuchs, wenn eine beantragte Eintragung nicht vollständig bewirkt und daher ein Recht (z. B. ein Zinsrecht) nicht zur Eintragung gelangt ist. Denn ohne Eintragung ist das Recht noch nicht entstanden, das Grundbuch also nicht unrichtig. Hier muß die vollständige Erledigung des Eintragungsantrags, nötigenfalls im Wege der Beschwerde, verlangt werden (OLG 21, 413). Um einen echten Fall der Grundbuchberichtigung handelt es sich dagegen, wenn eine Hypothek im Grundbuch zu Unrecht auf den Namen einer mit eigener Rechtspersönlichkeit ausgestatteten Gemeindesparkasse eingetragen ist, während sie in Wirklichkeit nicht zum Sparkassenvermögen, sondern zum Gemeindevermögen gehört und daher auf den Namen der Gemeinde eingetragen sein muß (JW 1938, 2407[16]).

Anm. 16

3. Gutgläubiger Rechtserwerb. Wird **zu einer Zeit, in der das Grundbuch** hinsichtlich eines eingetragenen Rechts **unrichtig ist, dieses Recht von einem Dritten durch Rechtsgeschäft gutgläubig erworben** (hat z. B. C, nachdem die

Hypothek des B durch Befriedigung der Forderung auf den Eigentümer A übergegangen war, die Hypothek von dem noch eingetragenen B durch Übertragungsgeschäft erworben, ohne daß er die Nichtberechtigung des B kannte), so gilt nach § 892 Abs. 1 Satz 1 zugunsten des Erwerbers das Recht als wirklich bestehend. Wird zu einer Zeit, in der das Grundbuch unrichtig ist, weil ein außerhalb des Grundbuchs bestehendes dingliches Recht nicht eingetragen steht, ein diesem Recht entgegenstehendes Recht von einem Dritten durch Rechtsgeschäft gutgläubig erworben, so gilt nach § 892 Abs. 1 Satz 1 das nicht eingetragene Recht zugunsten des Erwerbers als nicht bestehend. Das trifft z. B. zu, wenn C, nachdem eine dem A gehörende Parzelle irrtümlich auf das Grundbuchblatt des B als diesem gehörig vermerkt war, von B das Eigentum übertragen oder ein begrenztes dingliches Recht bestellt erhält, ohne davon Kenntnis zu haben, daß die Parzelle dem A gehört. Ebenso greift § 892 Abs. 1 Satz 1 ein, wenn auf Grund der Löschungsbewilligung des Vorerben allein eine im Falle des Eintritts der Nacherbfolge dem Nacherben gegenüber nach § 2113 Abs. 1 unwirksame Löschung einer zum Nachlaß gehörenden Hypothek bewirkt worden ist und dann für einen andern, der die Unwirksamkeit der Löschung nicht kennt, eine Hypothek an dem Grundstück bestellt wird (**RG** 102, 335). In allen diesen Fällen steht das Grundbuch, soweit durch seine (ursprüngliche) Unrichtigkeit an sich der Erwerber betroffen werden müßte, kraft der gesetzlichen Fiktion der Richtigkeit mit der wirklichen Rechtslage nicht mehr im Widerspruch. Derjenige, dessen Recht zu Unrecht belastet wurde oder der der wahre Berechtigte war oder dessen Recht außerhalb des Grundbuchs bestand, hat also keinen Berichtigungsanspruch gegen den Erwerber. Entsprechendes gilt nach § 893, wenn ein Dritter gutgläubig an einen eingetragenen Nichtberechtigten eine Leistung bewirkt (z. B. wenn der Eigentümer C eine Buchhypothek an den als Gläubiger eingetragenen B, der von dem ursprünglichen Gläubiger A die Hypothek nicht rechtswirksam übertragen erhalten hat, bezahlt und so die Hypothek erwirbt) oder mit einem eingetragenen Nichtberechtigten ein anderes, eine Verfügung enthaltendes Rechtsgeschäft vornimmt (z. B. wenn der Eigentümer C mit dem nur buchmäßig berechtigten B die Aufhebung eines das Grundstück belastenden Rechts vereinbart, das in Wirklichkeit dem A zusteht). Alles Nähere hierüber findet sich in § 892 Anm. 2 ff, 50 ff, 75 ff; § 893 Anm. 1, 6, 7 ff. Soweit danach das Recht des Berichtigungsberechtigten nicht überhaupt erlischt, kann der Berichtigungsanspruch nur gegenüber anderen, die sich auf einen gutgläubigen Erwerb nicht berufen können, geltend gemacht werden (z. B. im Falle unrechtmäßiger Löschung einer Hypothek gegen diejenigen nachstehenden Gläubiger, deren Hypotheken zur Zeit der Löschung bereits eingetragen standen: § 892 Anm. 2).

Anm. 17

V. Ohne Eintragung bestehende Rechte. Dingliche Rechte, die ohne Eintragung mit voller Wirksamkeit bestehen, aber nicht eintragungsfähig sind (z. B. die Überbau- und die Notwegrente: §§ 912—918), machen durch ihr Bestehen außerhalb des Grundbuchs dieses nicht unrichtig. Denn das Grundbuch soll nur in seinem zulässigen Inhalt vollständig sein. Nicht eintragungsbedürftige, aber eintragungsfähige Rechte können eingetragen werden, weil ein bestehendes dingliches Recht auf den Anspruch auf Eintragung gewährt. Für die vor Inkrafttreten des BGB entstandenen Grunddienstbarkeiten gewährt Art. 187 EG ausdrücklich das Recht auf Eintragung (im Wege der Berichtigung: JW 34, 2354; BayJMBl 52, 216, str.; auf Reallasten bezieht sich die Vorschrift nicht: OLG 35, 328). Ebenso können berichtigend zur Eintragung gebracht werden Rechte, die zwar ohne Eintragung entstehen, jedoch zur Wirksamkeit gegenüber gutgläubigen Erwerbern der Eintragung bedürfen, wie der Nießbrauch nach § 1075, die Sicherungshypothek aus § 1287 Satz 2 und aus ZPO § 848 Abs. 2, die Vorrechte aus § 113—116 LAG. Ferner können auch im Wege der Berichtigung das Grundbuchs Rechte eingetragen werden, die vor Inkrafttreten des BGB zwar ohne Eintragung entstanden sind, aber zur Wirksamkeit gegen Dritte, gleichviel ob sie diesen bekannt waren oder nicht, der Eintragung bedurften (**RG** 55, 315; 56, 13; 66, 30; JW 1904, 282[1]; in Preußen § 12 EEG v. 5. 5. 1872 und für vorher begründete dingliche Rechte § 73 GBO v. 5. 5. 1872, dazu Gruchot 62, 411). Da aber diese Rechte gemäß Art. 184 EG nur in ihrem bisherigen unvollkommenen Rechtszustande bestehen geblieben sind (**RG** 66, 30; OLG 35, 329), so ist die Eintragung nicht mehr zulässig, wenn inzwischen das Eigentum auf einen, sei es auch bösgläubigen, Erwerber übergegangen ist (**RG** JW 1904, 282[1]; **RG** 74, 60; § 892 Anm. 27).

B. Berichtigung des Grundbuchs

Anm. 18

I. Berichtigungsberechtigte. Berichtigungsberechtigt sind nur die im § 894 bezeichneten, **bei der Unrichtigkeit des Grundbuchs unmittelbar Beteiligten** (**RG** Gruchot 62, 384).

1. Nichteingetragensein eines Rechts. Steht das Grundbuch mit der wirklichen Rechtslage nicht im Einklang, weil ein außerhalb des Grundbuchs **bestehendes dingliches Recht nicht eingetragen** ist (Anm. 2), so ist berichtigungsberechtigt derjenige, dessen dingliches Recht der Eintragung entbehrt (**RG** Gruchot 62, 384). Ein anderer, mag ihm auch sonst ein dingliches Recht am Grundstück zustehen, ist nicht befugt, die Eintragung jenes Rechtes zu betreiben. So kann z. B. der Grundstückseigentümer, wenn eine an sich bestehende Hypothek auf einen andern als den Buchgläubiger übergegangen ist, nicht vom Buchgläubiger die Zustimmung zur Eintragung des andern verlangen; vielmehr steht der Anspruch nur diesem zu (**RG** 60, 264; Gruchot 58, 668). — **a)** Wohl aber kann der **Verwalter im Konkurse des Berichtigungsberechtigten** dessen Berichtigungsanspruch verfolgen. Er kann also von dem als Gläubiger einer Briefhypothek auf dem Grundstück des Gemeinschuldners Eingetragenen, dem der Brief noch nicht übergeben ist, die Zustimmung dazu verlangen, daß die gemäß §§ 1163 Abs. 2, 1177 Abs. 1 dem Gemeinschuldner als Grundschuld zustehende Hypothek auf den Gemeinschuldner umgeschrieben werde. Das gilt selbst dann, wenn dem Eingetragenen nach Zahlung des Hypothekenbetrags ein Anspruch auf Verschaffung der Hypothek gegen den Gemeinschuldner zusteht. Wegen dieses persönlichen Anspruchs kann der Eingetragene nur eine Geldforderung gemäß § 69 KO als Konkursforderung geltend machen (**RG** 77, 100). — **b)** Sind **mehrere als (nicht eingetragene) Miteigentümer** eines Grundstücks berichtigungsberechtigt, so kann nach § 1011 jeder für sich allein den Berichtigungsanspruch geltend machen, und zwar dahin, daß sämtliche Berechtigte als Miteigentümer eingetragen werden (**RG** JW 1911, 280[10]). Ebenso kann gemäß § 2039 jeder Miterbe auf Grund des allen Miterben zustehenden Gesamthandeigentums am Grundstück von dem Bucheigentümer die Berichtigung des Grundbuchs auf alle Miterben verlangen, ohne die Zustimmung der anderen Miterben zu ihrer Eintragung darlegen zu müssen (**RG** HRR 1930 Nr. 1220).

Anm. 19

2. Unrichtige Eintragung eines Rechts. Ist ein Recht nicht richtig eingetragen (Anm. 7), so kann nur der Inhaber des Rechts die Berichtigung des Inhalts verlangen. Betrifft jedoch die unrichtige Eintragung das Eigentum und hat sie zur Folge, daß ein das Grundstück belastendes Recht nicht richtig oder nicht vollkommen eingetragen ist (sind z. B. bei einer Hypothek an einem Miteigentumsanteil die Anteile der Miteigentümer nicht gemäß § 47 GBO in Bruchteilen angegeben), so steht auch dem Inhaber des Rechtes der Anspruch auf Zustimmung zur Richtigstellung der Eigentumseintragung gegen den dadurch Betroffenen zu (**RG** 54, 85; § 895 Anm. 5). Auf die Berichtigung unrichtiger Eigentumseintragungen kann das Grundbuchamt unter gewissen Umständen auch von Amts wegen hinwirken (§ 82 GBO). Ist der eingetragene Inhaber des zu berichtigenden Rechts nicht der wahre Inhaber, so fehlt ihm die sachliche Befugnis zur Geltendmachung des Berichtigungsanspruchs. Da er das Recht überhaupt nicht für sich geltend machen darf, ist er auch nicht befugt, die Richtigstellung des Rechts zu verfolgen (str.). Allerdings kann er sich im Falle der Klagerhebung auf die Vermutung des § 891 für seine Berechtigung berufen. Wird aber die Vermutung durch den Nachweis widerlegt, daß er nicht der wahre Berechtigte ist, so ist die Klage abzuweisen.

Anm. 20

3. Nichtrechtsbeständigkeit eines eingetragenen Rechts. Wenn die Unrichtigkeit des Grundbuchs darin besteht, daß **ein eingetragenes Recht** am Grundstück oder an einem das Grundstück belastenden Recht **nicht rechtsbeständig ist** (Anm. 6), so steht zunächst **dem Eigentümer oder dem Inhaber des belasteten Rechts** der Berichtigungsanspruch zu. Denn er wird durch die nicht bestehende Belastung in seinem Rechte beeinträchtigt, zumal die Belastung nach § 891 die Vermutung für ihr Bestehen hat und nach § 892 Abs. 1 Satz 1 durch Erwerb eines gutgläubigen Dritten wirksam werden kann (**RG** WarnRspr 1912 Nr. 259).

Anm. 21

a) Wenn das Grundstück oder das Recht am Grundstück **noch mit anderen Rechten belastet** ist (z. B. jenes mit mehreren Hypotheken, dieses mit Pfandrecht und Nießbrauch), so kann die Berichtigung (Zustimmung zur Löschung des belastenden Rechts) auch von den **Inhabern derjenigen anderen belastenden Rechte** verlangt werden, **die dem nicht bestehenden Recht im Range gleich oder nachstehen** (**RG** 146, 359). Deshalb steht z. B. ein Berichtigungsanspruch zu: dem nachstehenden Hypothekengläubiger gegenüber einer vorgehenden rechtsunwirksamen Eintragung oder gegenüber einer vorgehenden, durch Verzicht gemäß § 1175 Abs. 1 Satz 2 an einem der belasteten Grundstücke erloschenen Gesamthypothek (**RG** 73, 52; OLG 21, 407; KGJ 47, 208; JFG 11, 211); dem Gläubiger, für den in der Zwangsversteigerung eine Sicherungshypothek gemäß §§ 50 Abs. 1, Abs. 2 Nr. 2, 125, 128 ZVG unter der Bedingung eingetragen worden ist, daß eine bei der Feststellung des geringsten Gebots berücksichtigte Hypothek nicht besteht (**RG** WarnRspr 1912 Nr. 259); dem Gläubiger eines späteren Pfändungspfandrechts gegenüber einem früher bestellten Pfandrecht an einer Hypothek (**RG** 65, 365). Denn auch diese Rechtsinhaber werden in ihren Rechten durch die nicht bestehende Belastung beeinträchtigt (**RG** 146, 350). Erstens hindert sie die Vermutung für das Bestehen dieser Belastung aus § 891 daran, ihre Rechte mit dem Range zur Geltung zu bringen, der ihnen im Falle der Löschung der Belastung zustehen würde; zweitens leidet die Wertschätzung ihrer Rechte im Verkehr; drittens laufen sie nach § 892 Abs. 1 Satz 1 Gefahr, daß die Belastung durch Erwerb eines gutgläubigen Dritten mit gleichstehendem oder vorgehendem Range rechtsbeständig wird (**RG** 73, 52; JW 1908, 275[11]; WarnRspr 1912 Nr. 259). Jeder der hiernach Berichtigungsberechtigten kann den Berichtigungsanspruch selbständig und unabhängig von den anderen Berechtigten geltend machen. Selbstverständliche Voraussetzung dafür ist aber, daß derjenige, der den Anspruch geltend macht, ein rechtsschutzwürdiges Interesse an der begehrten Berichtigung hat; mangels eines solchen Interesses fehlt es an einer Beeinträchtigung seines Rechts (**RG** 135, 35). Daher kann z. B. ein Treuhänder im Grundstückseigentum nicht im Wege der Grundbuchberichtigung die Löschung einer Hypothek verlangen, die der Treugeber auf Grund einer Generalvollmacht des Treuhänders für ein nicht gegebenes Darlehn einem Dritten bestellt hat. Denn als dinglicher Schuldner hat der Treuhänder mangels eines eigenen sachlichen Rechts am Grundstück an dessen Haftung kein Interesse; als persönlicher Schuldner braucht er eine Gefährdung durch den öffentlichen Glauben des Grundstücks nicht (auch nicht nach § 1138) zu besorgen (**RG** JW 1934, 3054[3]).

Anm. 22

b) Soll die beeinträchtigende Belastung deswegen nicht rechtsbeständig sein, weil die ihr zugrunde liegende **Einigung über die Bestellung anfechtbar** (z. B. wegen Irrtums, Betrugs) sein soll, so muß die Einigung von dem Besteller rechtzeitig angefochten (§§ 121, 124) und dadurch nichtig geworden sein (§ 142 Abs. 1), bevor die Inhaber gleich- oder nachstehender Rechte, die zur Anfechtung nicht befugt sind, das Nichtbestehen der Belastung geltend machen können. Ferner sind auch hier überall nur die wahren Rechtsinhaber, nicht die zwar eingetragenen, aber tatsächlich nicht berechtigten Inhaber zur Geltendmachung des Berichtigungsanspruchs befugt.

Anm. 23

c) Derjenige, **für den ein Recht eingetragen** ist, kann keinen Berichtigungsanspruch erheben mit der Begründung, daß das Recht in Wirklichkeit nicht bestehe. Daher hat z. B. keinen Berichtigungsanspruch der Bucheigentümer, der behauptet, die Auflassung, auf Grund deren er eingetragen ist, sei nichtig, weil sein Vertreter bei der Auflassung keine Vertretungsmacht gehabt habe. Zwar kann der Buchberechtigte ein Interesse an der Beseitigung des Rechts haben, dessen Bestehen für ihn nach § 891 Abs. 1 vermutet wird (z. B. der Bucheigentümer daran, nicht mehr genötigt zu sein, sich auf Klagen, die das Grundstück betreffen, einzulassen). Aber er ist nicht eine Person, „deren Recht nicht oder nicht richtig eingetragen ist" (OLG 26, 97; KGJ 47, 182; in JW 1922, 218 Anm. 1 wird auch dem fälschlich Gebuchten bei wirtschaftlichem und rechtlichem Interesse ein Berichtigungsanspruch zugestanden, jedoch anerkannt, daß dieser Fall im § 894 nicht vorgesehen sei). In solchen Fällen kann aber der Buchberechtigte gegen einen anderen, der zur Beseitigung des Rechts aus dem Grundbuch in der Lage oder dessen Mitwirkung bei der Beseitigung erforderlich ist und der für die erfolgte Eintragung des Rechts aufzukommen hat, einen schuldrechtlichen Anspruch auf Vornahme der geeigneten Maßnahmen und auf Erstattung der zur Beseitigung aufgewandten Kosten haben (OLG 26, 97; DRZRspr 1933 Nr. 377).

Anm. 24

4. Eintragung einer nicht bestehenden Verfügungsbeschränkung. Ist bei einem Recht **eine von vornherein nicht entstandene oder wieder aufgehobene Verfügungsbeschränkung** (Anm. 8—11) **eingetragen,** so steht dem **Inhaber des Rechts** der Berichtigungsanspruch zu. Richtet sich die Verfügungsbeschränkung gegen das Eigentum oder gegen ein begrenztes Recht am Grundstück, so ist auch für die **Inhaber von Rechten, die das Eigentum oder Recht belasten,** ein Berichtigungsanspruch gegeben, falls ihre Rechte durch die nicht bestehende, aber eingetragene Beschränkung beeinträchtigt erscheinen. Streitig ist, ob bei einer nicht eingetragenen Verfügungsbeschränkung, die sich nicht, wie etwa eine Bedingung, aus dem Inhalt des Rechtes ergibt, sondern auf einem außerhalb des Rechtes liegenden Rechtsgrunde beruht (z. B. bei Veräußerungsverboten nach §§ 135, 136), dem Geschützten ein Berichtigungsanspruch auf Zustimmung zur Eintragung der Verfügungsbeschränkung gegen den dadurch Betroffenen zusteht. Nach dem Wortlaut des § 894 ist, abgesehen von dem Fall des Eingetragenseins einer nicht bestehenden Belastung oder Beschränkung, nur demjenigen ein Berichtigungsanspruch gewährt, dessen „Recht nicht oder nicht richtig" eingetragen ist. Da aber hier der Inhalt des Grundbuchs „in Ansehung einer Verfügungsbeschränkung mit der wirklichen Rechtslage nicht im Einklang steht", indem der betroffene Rechtsinhaber nach dem Grundbuchinhalt als unbeschränkt verfügungsbefugt erscheint, während die Verfügungsbeschränkung dem Geschützten seine Rechte wahrt, so ist § 894 sinngemäß zur Anwendung zu bringen (KGJ 52, 144). In entsprechender Anwendung des § 894 ist deshalb auch demjenigen, der durch ein relatives Veräußerungsverbot mit dinglicher Kraft gegen Verfügungen des Rechtsinhabers geschützt ist, ein Anspruch auf Berichtigung des Grundbuchs, nicht bloß ein Anspruch auf Rückverschaffung, zuzubilligen, wenn der Rechtsinhaber das Recht dem Verbot zuwider an einen bösgläubigen Erwerber veräußert hat (**RG** 132, 149).

Anm. 25

5. Schuldrechtlicher Anspruch auf Rechtsänderung. Wer nur einen **schuldrechtlichen Anspruch auf Herbeiführung einer Rechtsänderung** hat, dem steht überall ein Berichtigungsanspruch nicht zu. Denn sein Anspruch ist kein Recht am Grundstück oder an einem das Grundstück belastenden Recht (**RG** 53 S. 377, 410; 73 S. 52, 175; KGJ 26 A 248; OLG 26, 7). So steht z. B. dem Käufer, der vom wahren Eigentümer eine versehentlich auf dem Grundbuchblatt eines andern eingetragene Parzelle gekauft hat, kein Anspruch auf Berichtigung des Grundbuchs durch Eintragung des wahren Eigentümers zu, selbst wenn er vom Verkäufer bereits die Auflassung erhalten hat (KGJ 26 A 245). Ebensowenig kann ein vorgehender Hypothekengläubiger von einem nachstehenden auf Vorrangseinräumung in Anspruch genommen werden, weil der Eigentümer sich dem Nacheingetragenen gegenüber verpflichtet hatte, dessen Hypothek im Vorrang einzutragen (**RG** 73, 175). Eine Grundbuchberichtigung in Ansehung des Ranges eingetragener Rechte (Anm. 7) kommt auch dann nicht in Betracht, wenn ein Hypothekengläubiger eine vorgehende Hypothek auf Grund des Anfechtungsgesetzes mit Erfolg angefochten und ein rechtskräftiges Urteil gegen den vorgehenden Hypothekengläubiger erstritten hat (**RG** 71, 179; KGJ 49, 202; Anm. 13; aM OLG 8, 307; 21, 409). Denn die Anfechtung hat keine dingliche Wirkung, sondern gewährt nur einen schuldrechtlichen Anspruch auf Duldung der Zwangsvollstreckung in das vom Schuldner veräußerte Vermögensstück (**RG** 47, 216; 56, 165; 70, 113; 71, 176). Ebensowenig kann ein **Gläubiger** des Schuldners, der mit seinem Recht nicht eingetragen ist, nach § 894 die Eintragung betreiben (OLG 2, 152). Hat **das Recht,** auf Grund dessen ein Berichtigungsanspruch gegeben ist, **früher einem andern gehört,** so ist der frühere Rechtsinhaber zur Geltendmachung des Anspruchs nicht befugt (z. B. der frühere Eigentümer nicht gegenüber einer nicht bestehenden Grundstücksbelastung). Denn nur der durch das andere Recht beeinträchtigte gegenwärtige Rechtsinhaber ist berichtigungsberechtigt (**RG** 53, 408; Gruchot 48, 937; WarnRspr 1910 Nr. 239; OLG 26, 8; KGJ 52, 163). Doch kann der frühere Inhaber auf Grund einer Ermächtigung des gegenwärtigen Inhabers den Berichtigungsanspruch für diesen in dessen Namen, aber im eigenen Interesse geltend machen (**RG** 53, 408; 59, 294; 64, 168; 91, 396; Gruchot 48, 937; OLG 8, 196; s. Anm. 27 zu aa). Die Ermächtigung kann z. B. im Falle der Eigentumsübertragung auf Grund eines Kaufvertrags darin gefunden werden, daß dem Veräußerer die Verpflichtung auferlegt worden ist, ein das Grundstück belastendes nicht bestehendes Recht zur Löschung zu bringen (**RG** 53, 408; 91, 396; OLG 8, 186; vgl. aber für den Fall der Weiterveräußerung OLG 26, 8). Hat dagegen der Veräußerer sich verpflichtet, eine auf ihn als Eigentümergrundschuld übergegangene, aber noch auf den Namen des Gläubigers eingetragene Hypothek zur Löschung zu bringen, so ist darin nicht die Ermächtigung für den Erwerber zu erblicken, die Umschreibung der Hypothek auf den Veräußerer oder gar die Löschung der Hypothek von dem Buchgläubiger zu verlangen (**RG** Gruchot 58, 669). Ist der Veräußerer eines Grundstücks nicht als Eigentümer einer ihm gehörigen Parzelle eingetragen und geht daher trotz der Veräußerung des Grundstücks das Eigentum an der fälschlich für einen andern gebuchten Parzelle nicht auf den Erwerber über, so kann nach wie vor grundsätzlich nur der Veräußerer vom Bucheigentümer Berichtigung des Grundbuchs verlangen, und zwar nicht auf den Namen des Erwerbers, sondern nur für sich selbst (**RG** JW 1911, 280[10]); unter Umständen kann aber in der Veräußerung eine Ermächtigung des Veräußerers an den Erwerber zur Geltendmachung des Berechtigungsanspruchs liegen (s. Anm. 27).

II. Berichtigungsanspruch

Anm. 26

1. Als Bestandteil des Grundrechts. Der Berichtigungsanspruch ist ein Bestandteil (Ausfluß) des Rechts, auf Grund dessen er geltend gemacht werden kann; mit ihm wird nicht nur ein aus dem Eigentum abgeleitetes Recht, sondern das Eigentum selbst geltend gemacht (**RG** 158, 43).

Anm. 27

a) Er **kann** daher **nicht für sich allein in dem Sinne** veräußert und auf einen andern **übertragen werden, daß der Zessionar,** ohne Inhaber des begründenden Rechts zu sein, **die Berichtigung für sich beanspruchen könnte** (**RG** 62, 327; 78, 90; 112, 265; JW 1932, 1206[8]; Gruchot 65, 723; WarnRspr 1910 Nr. 239; 1922 Nr. 15; KGJ 47, 173). Ist z. B. A trotz Umschreibung eines Rechts auf B wahrer Inhaber des Rechts geblieben (etwa wegen Nichtigkeit der Auflassung Eigentümer) und tritt A nunmehr seinen Anspruch auf Berichtigung des Grundbuchs an C ab, so kann C nicht von B die Zustimmung dazu verlangen, daß er als Inhaber des Rechts (in dem Beispielsfall also als Eigentümer ohne Auflassung) eingetragen werde (**RG** 59, 295; 64, 168; Gruchot 55, 103; 62, 384; 65, 723; aM OLG 29, 327). — **aa)** Nun kann aber bei nicht abtretbaren Ansprüchen ein Dritter ermächtigt werden, den Anspruch des Ermächtigenden **im eigenen Namen und auf eigene Gefahr und Kosten** geltend zu machen, wenn der Ermächtigte ein rechtsschutzwürdiges Interesse an der gerichtlichen Geltendmachung des Rechts im eigenen Namen hat (**RG** 73, 306; 91, 396; WarnRspr 1908 Nr. 197). Deshalb kann auch der Berichtigungsberechtigte einen andern ermächtigen, den Berichtigungsanspruch in eigenem Namen und Interesse gerichtlich geltend zu machen, sofern nur der Ermächtigte ein rechtsschutzwürdiges eigenes Interesse an der Geltendmachung des Berichtigungsanspruchs hat, z. B. nach erfolgter Berichtigung von dem Ermächtigenden die Eintragung eines Rechts erlangen kann (**RG** 59, 294; 64, 169; 78, 90; 112, 265; JW 1911, 280[10]; 1926, 252[8]; WarnRspr 1922 Nr. 15; 1931 Nr. 65; Gruchot 65, 724). Dieser Voraussetzungen für die Berichtigungsklage bedarf es nicht, wenn der Kläger selbst wirklicher Berichtigungsberechtigter ist und nur ein anderer auch zur Wahrnehmung seiner Belange ihn ermächtigt. Denn hier wird nicht ein fremdes Recht eingeklagt. Eines besonderen Interesses bedarf es also nicht (**RG** 129, 158). — **bb)** In einer **„Zession" des Berichtigungsanspruchs** wird eine Ermächtigung zur Geltendmachung des Anspruchs mit dem Ziel auf Eintragung des Rechts des „Zedenten" gefunden werden können (**RG** 64, 168; Gruchot 62, 384; 65, 724; WarnRspr 1922 Nr. 15). Rechtlich liegt dann aber keine Abtretung vor, da diese eine Übertragung des Rechts zum eigentumsgleichen Erwerb erfordert. Hier steckt in der sog. „Zession" vielmehr nur die über Auftrag oder Bevollmächtigung hinausgehende Erteilung der Befugnis, in eigenem Namen und Interesse das Recht des Ermächtigenden zur Geltung und Durchführung zu bringen (**RG** 73, 307; Gruchot 62, 384; 65, 724; KGJ 47, 174 gegen 36 A 180). Der Ermächtigende, der so die Ausübung seines Berichtigungsanspruchs dem andern überläßt, bleibt der eigentliche Gläubiger des Anspruchs. Er kann den Anspruch nach wie vor gegen den Berichtigungsverpflichteten für sich geltend machen; der Verpflichtete kann die obliegende Leistung (Zustimmung zur Grundbuchberichtigung) mit befreiender Wirkung an ihn bewirken (**RG** JW 1932, 1206[8]). Nur daneben steht dem an der Berichtigung interessierten Ermächtigten die Befugnis zu, den Anspruch geltend zu machen und die Leistung anzunehmen (**RG** JW 1922, 218[1]; KGJ 47, 174). Auch wenn der Ermächtigende zugunsten des Ermächtigten darauf verzichtet hat, den Berichtigungsanspruch selbst geltend zu machen, bleibt er zur Geltendmachung des Anspruchs für sich befugt. Denn nach § 137 hat der Verzicht nur schuldrechtliche Wirkung zwischen den Vertragschließenden, beseitigt oder beschränkt aber nicht die Verfügungsbefugnis des Ermächtigenden gegenüber Dritten (**RG** JW 1922, 218[1]). — **cc)** Ist eine **Parzelle irrtümlich auf ein falsches Grundbuchblatt** eingetragen worden und läßt der wahre Eigentümer mit den ihm gehörigen übrigen Grundflächen auch diese Parzelle an einen Dritten auf, so daß die dingliche Einigung (§ 925) ausdrücklich die Parzelle mit umfaßt, so ist der Dritte als ermächtigt anzusehen, vom Bucheigentümer der Parzelle die Zustimmung zur Eintragung des wahren Eigentümers zu verlangen (**RG** 62, 322; 78, 90; 112, 266; Gruchot 55, 100; OLG 29, 327). Wird alsdann die Parzelle auf Grund der freiwilligen oder gemäß § 894 ZPO durch Urteil ersetzten Zustimmung auf das richtige Grundbuchblatt eingetragen, so erlangt der Dritte, wenn er demnächst auf Grund der Auflassung eingetragen wird, Eigentum wie an den übrigen Grundflächen so auch an der Parzelle. Denn zur Wirksamkeit der Auflassung an dieser Parzelle war die vorherige Eintragung des wahren Eigentümers nicht erforderlich (§ 925 Anm. 32 zu a; **RG** 62, 322; OLG 15, 340). Ist der Dritte aber schon früher als Eigentümer der übrigen Grundflächen eingetragen worden, so kann er nur die Zustimmung zur Übertragung der Parzelle auf ein neues Grundbuchblatt für den Auflassenden beanspruchen, nicht die Zustimmung zur Übertragung auf sein Blatt. Denn dies käme einer Zustimmung zur Eintragung seines Eigentums gleich. Auch würde einer sofortigen Eintragung des Dritten ohne vorangehende Eintragung des Auflassenden die Ordnungsvorschrift des § 39 Abs. 1 GBO entgegenstehen (KGJ 26 A 248; aM **RG** 62, 324ff; OLG 29, 327). Der Dritte erlangt also in diesem Falle erst nach Eintragung des Auflassenden durch eine weitere Eintragung auf Grund der Auflassung das Eigentum an der Parzelle (aM OLG 29, 327).

Anm. 28

b) Von diesen rechtlichen Gesichtspunkten aus ist auch die **Pfändung eines Berichtigungsanspruchs** mit folgender Wirkung für zulässig zu erachten. Da der Berichtigungsanspruch nicht übertragbar ist, kann nach § 857 Abs. 3 ZPO Gegenstand der Pfändung nur die **Überlassung der Ausübung** des Anspruchs sein (KGJ 47, 174). Durch diese Pfändung nebst Überweisung zur Einziehung (§§ 857 Abs. 1, 829, 835 ZPO) erlangt der Pfändungsgläubiger die Befugnis, den Anspruch im eigenen Namen und Interesse, aber als einen Anspruch des Schuldners geltend zu machen (**RG** 60, 264; 94, 10; KGJ 47, 174; OLG 13, 12; 14, 185; 18, 235; für den Fall der Pfändung eines Löschungsanspruchs aber **RG** WarnRspr 1910 Nr. 239). Der Pfändungsschuldner bleibt der eigentliche Gläubiger des Berichtigungsanspruchs. Er ist trotz der Pfändung berechtigt, den Anspruch gegen den Berichtigungsverpflichteten gerichtlich geltend zu machen, da die Prozeßführung keine Verfügung ist, die ihm durch die Pfändung verboten wurde. Er behält auch die Befugnis, die dem Berichtigungsverpflichteten obliegende Leistung (Zustimmung zur Grundbuchberichtigung) in Empfang zu nehmen. Nur **neben** ihm hat der Pfändungsgläubiger die Berechtigung, den Anspruch geltend zu machen und die Leistung des Berichtigungsverpflichteten anzunehmen (KGJ 47, 174). — **aa)** Durch die Pfändung des Berichtigungsanspruchs erlangt der Gläubiger, wenn die Unrichtigkeit des Grundbuchs darin besteht, daß der Schuldner gegenüber dem eingetragenen Berechtigten der wahre Berechtigte ist, an diesem Recht noch kein Pfandrecht. Dazu ist vielmehr die **Pfändung des Rechts selbst** gegen den Schuldner als wahren Inhaber und die Eintragung der Pfändung (sofern diese notwendig ist: § 830 Abs. 1 Satz 1, 2 ZPO) bei oder nach der Eintragung des Schuldners als Inhabers erforderlich (SeuffArch 62 Nr. 250; OLG 13, 13; 18, 198). — **bb)** Die **Eintragung der Pfändung des Berichtigungsanspruchs** in das Grundbuch ist nicht zulässig. Denn auch für die Eintragung des Berichtigungsanspruchs selbst, der sich nicht als ein Recht am Grundstück oder an einem das Grundstück belastenden Recht darstellt, bietet das Grundbuch keinen Raum (OLG 18, 198; KGJ 47, 179). Der Pfändungsgläubiger kann jedoch im Wege der einstweiligen Verfügung die Eintragung eines **Widerspruchs** (§ 899) gegen das Recht des Berichtigungsverpflichteten zugunsten des Pfändungsschuldners erwirken. Denn in der Befugnis, den Berichtigungsanspruch geltend zu machen, ist auch die Befugnis mitenthalten, Maßregeln zum Schutz des dem Pfändungsschuldner zustehenden Rechts selbst zu ergreifen (OLG 18, 198). Aber auch dann ist die Eintragung der Pfändung (bei der Widerspruchseintragung) nicht zulässig, da durch die Pfändung eben nur die Befugnis zur Ausübung eines fremden Rechts erlangt und das Grundbuch zur Kundbarmachung einer solchen Befugnis nicht bestimmt ist (KGJ 47, 179; aM OLG 18, 198).

Anm. 29

2. Schuldrechtliche Ansprüche

a) Steht der durch eine Unrichtigkeit des Grundbuchs Benachteiligte mit dem dadurch Begünstigten in einem das betroffene Recht erfassenden Schuldverhältnis, so kann daraus ein **schuldrechtlicher Anspruch** des Benachteiligten gegen den Begünstigten **auf Herstellung des** der schuldrechtlichen Verpflichtung entsprechenden **dinglichen Rechtszustands** und Grundbuchinhalts erwachsen. So z. B. dann, wenn eine Eintragung nicht so bewirkt worden ist, wie sie nach dem Grundrechtsgeschäft bewirkt werden sollte (**RG** WarnRspr 1918 Nr. 22). Vgl. auch § 891 Anm. 37 über Schadensersatzansprüche gegen denjenigen, der ein Recht unrechtmäßig zur Löschung gebracht hat. — **aa)** Derartige schuldrechtliche Ansprüche können **neben dem dinglichen Berichtigungsanspruch** zwischen denselben Beteiligten bestehen. Ist z. B. der Erwerber eines Grundstücks auf Grund eines Kaufvertrags und einer Auflassung, die aus irgendeinem Rechtsgrunde (Geschäftsunfähigkeit, Formmangel, Fehlen einer behördlichen Genehmigung usw.) nichtig sind, als Eigentümer des Grundstücks eingetragen worden oder ist bei der Veräußerung eines Grundstücks eine Parzelle, die nach dem übereinstimmenden Willen der Vertragschließenden nicht von der Veräußerung umfaßt wurde, infolge ihrer unrichtigen Buchung im Grundbuch mit auf den Erwerber umgeschrieben worden, so hat der Veräußerer zunächst einmal den Berichtigungsanspruch aus § 894, weil mangels rechtswirksamer Einigung über den Übergang des Eigentums die Eintragung des Eigentums des Erwerbers an dem Grundstück oder der Parzelle nichtig ist (**RG** 66, 21; 112, 264; Gruchot 67, 554; JW 1926 S. 1025[1], 2387[1]; § 925 Anm. 30 zu dd). Ferner hat aber der Erwerber, obwohl seine Eigentumseintragung nichtig ist, doch schon dadurch, daß er an Stelle des Veräußerers im Grundbuch als Eigentümer eingetragen ist, etwas auf Kosten des Veräußerers ohne rechtlichen Grund im Sinne des § 812 erlangt. Denn die durch die Änderung der Eigentumseintragung dem Veräußerer entzogene und dem Erwerber gebotene Möglichkeit der Veräußerung und Belastung des Grundstücks oder der Parzelle stellt schon für sich allein einen Vermögenswert dar (**RG** 51, 422; 129, 311; Gruchot 67, 554). Dem Veräußerer ist also auch ein schuldrechtlicher Bereicherungsanspruch auf Wiederverschaffung des Bucheigentums zuzugestehen, ein Anspruch, der nicht nur auf die Löschung des Bucheigentums des Erwerbers, sondern zur Klarstellung des Grundbuchs auch auf die Bewilligung der Wiedereintragung des Eigentums des Veräußerers sich richten darf (**RG** Gruchot 67, 554; JW 1926, 1025[1]). Einen weiteren Fall eines schuldrechtlichen Bereicherungsanspruchs auf Wiederverschaffung einer Grundbuchstellung erwähnt Anm. 49. Die Geltendmachung eines solchen schuldrechtlichen Anspruchs hat für den Gläubiger gegenüber der Geltendmachung des dinglichen Berichtigungsanspruchs z. B. den Vorteil, daß er nicht gemäß § 897 die Kosten der Wiederherstellung des richtigen Grundbuchzustandes zu tragen hat. — **bb)** Weiter aber ist der schuldrechtliche Anspruch auf Herbeiführung der Richtigstellung des Grundbuchs nach allgemeinen Grundsätzen **unbeschränkt übertragbar.** Deshalb kann der Erwerber des Anspruchs (Zessionar) von dem zu Unrecht als Eigentümer Eingetragenen verlangen, daß die Parzelle an ihn statt an den Veräußerer (Zedenten) zurückgewährt wird. Denn in der Abtretung des Anspruchs wird, in der Regel wenigstens, der Ausdruck des Willens des Abtretenden zu finden sein, daß die Rückgewährverpflichtung durch Auflassung an den Abtretungsempfänger erfüllt werden soll. Der als Eigentümer Eingetragene, der buchmäßig zur Verfügung über das Grundstück durch Auflassung an einen Dritten in der Lage ist, wird durch eine solche Auflassung von seiner Verpflichtung gegenüber dem Veräußerer befreit. — **cc)** Die Rechtsverschiedenheit des dinglichen Berichtigungsanspruchs aus § 894 und des schuldrechtlichen Bereicherungsanspruchs aus § 812 zeigt sich insbesondere auch bei der **Rechtskraftwirkung** von Urteilen, die jenen oder diesen Anspruch für begründet erklären oder abweisen. Ein Urteil, das den Anspruch auf Grundbuchberichtigung nach § 894 (und auf Grundstücksherausgabe nach § 985) rechtskräftig abgewiesen hat, hindert den Kläger nicht, demnächst den Anspruch auf Rückauflassung des Grundstücks wegen ungerechtfertigter Bereicherung geltend zu machen (**RG** JW 1935, 2269[6]); dagegen steht es der erneuten Aufrollung der Eigentumsfrage entgegen (**RG** JW 1936, 3047[5]; **RG** 158, 43).

Anm. 30

b) Wollten **mehrere Personen** verschiedene Grundstücksteile von demselben Grundstückseigentümer erwerben, so kann im Falle unrichtiger Buchung des Erwerbs bei den Teilen ein **Berichtigungsanspruch schuldrechtlicher Natur** auch unmittelbar **für einen Erwerber gegen den andern** gegeben sein. Waren z. B. A und B übereingekommen, daß A die Parzelle 1, B die Parzelle 2 von C erwerben sollte, und war auch C willens, die Parzelle 1 an A, die Parzelle 2 an B zu veräußern, ist aber infolge einer Verwechslung in der Bezeichnung der Parzellen bei der Auflassung B als Eigentümer der Parzelle 1 eingetragen worden, so ist zwar C Eigentümer der Parzelle 1 geblieben (§ 925 Anm. 30), A hat aber auf Grund der Vereinbarung mit B einen schuldrechtlichen Anspruch darauf, daß B ihm durch Zustimmung zu seiner Eigentumseintragung die von den Beteiligten gewollte Rechtsstellung verschafft (**RG** 112, 267; 137, 336). Aber auch wenn keine besondere Vereinbarung zwischen A und B getroffen ist, wird A gegen B, der auf Kosten des A das Bucheigentum an der Parzelle 1 ohne Rechtsgrund erlangt hat, einen Anspruch aus ungerechtfertigter Bereicherung nach § 812 darauf haben, daß B die zur Eintragung des Bucheigentums des A erforderliche Einwilligung erklärt (**RG** 112, 268; 137, 336). Bei der formellen Abwicklung der Grundbuchberichtigung ist aber in solchen Fällen dem § 39 Abs. 1 GBO Rechnung zu tragen (**RG** 133, 279).

III. Zustimmung zur Berichtigung

Anm. 31

1. Form. Die Zustimmung zu der Berichtigung muß in der Weise geschehen, daß daraufhin die **Berichtigung bewirkt** werden kann. Gemäß §§ 19, 29 Satz 1 GBO muß sie daher in der Form des § 29 Satz 1 erklärt werden (RJA 9, 204; OLG 3, 225; 9, 332). Ist das Grundbuch unrichtig, weil ein Recht außerhalb des Grundbuchs auf einen neuen Berechtigten übergegangen ist, so ist die Angabe des materiellen Rechtsakts erforderlich, durch den der Übergang sich vollzogen hat (KGJ 40 A 270). Ist zur Berichtigung zunächst die Eintragung des Berichtigungsverpflichteten erforderlich, so gibt § 895 dem Berichtigungsberechtigten auch hierauf einen Anspruch. Ist der Berichtigungsverpflichtete zwar eingetragen, hat er aber das Recht (Briefhypothek) außerhalb des Grundbuchs (§ 1154) an einen andern abgetreten, von dem es der Berichtigungsberechtigte ebenso erworben hat, so kann dieser mit der Klage aus § 894 aus eigenem Recht vom Berichtigungsverpflichteten im Hinblick auf § 39 GBO auch die Zustimmung zur Vorabeintragung des Zwischenmanns begehren (**RG** JW 1938, 1255[22]). Ferner kann nach § 896 die etwa notwendige Vorlegung der Briefe über hypothekarische Rechte verlangt werden.

Anm. 32

2. Kein weiterer Anspruch des Berichtigungsberechtigten. Ein weiterer Anspruch steht aber dem Berichtigungsberechtigten **nicht** zu. Insbesondere kann er von einem Berichtigungsverpflichteten, der als Inhaber eines Rechts eingetragen ist, das in Wirklichkeit ihm (dem Berichtigungsberechtigten) zusteht, nicht verlangen, daß das Recht an ihn so übertragen wird, wie es für die rechtsgeschäftliche Übertragung eines bestehenden Rechts im Gesetz (§§ 873, 925, 1154) vorgeschrieben ist. Deshalb kann der Berichtigungsberechtigte z. B. nicht verlangen: die Abtretung einer für den Verpflichteten eingetragenen Hypothek, die durch dessen Befriedigung auf den Berechtigten als Eigentümer oder persönlichen Schuldner kraft Gesetzes (§§ 1163 Abs. 1, 1167) übergegangen ist (§§ 1144, 1145, 1167; **RG** JW 1902 Beil. 240, 250); die Rückabtretung einer Hypothek, die unwirksam (z. B. durch den gesetzlichen Vertreter des minderjährigen Gläubigers ohne die erforderliche vormundschaftsgerichtliche Genehmigung) an den Verpflichteten abgetreten war (**RG** Gruchot 59, 480); die Rückauflassung eines Grundstücks, das er durch eine nichtige Auflassung dem Verpflichteten übertragen hatte (**RG** JW 1902 Beil. 202). Wird in solchen Fällen der **Berichtigungsanspruch im Klagewege** geltend gemacht, so ist der Klageantrag dahin zu stellen: den Beklagten zu verurteilen, zu bewilligen (§ 19 GBO; RJA 9, 204), daß an seiner Stelle der Kläger (oder, wenn noch andere, z. B. die gütergemeinschaftliche Ehefrau, mitberechtigt sind, der Kläger und diese anderen: **RG** JW 1902 Beil. 202) als Inhaber des Rechts eingetragen werde (RJA 2, 49). Der Kläger erlangt dann auf Grund des die Zustimmung gemäß § 894 ZPO ersetzenden rechtskräftigen Urteils und eines keiner Form bedürftigen Antrags (§§ 13, 30 GBO) die berichtigende Eintragung.

Anm. 33

3. Umschreibung einer Hypothek als Grundschuld. Ist eine Hypothek wegen Nichtentstehens oder Erlöschens der gesicherten Forderung gemäß §§ 1163 Abs. 1, 1177 Abs. 1 auf den Grundstückseigentümer als Grundschuld übergegangen, so ist der Antrag des Eigentümers darauf zu richten, daß der als Gläubiger Eingetragene die **Umschreibung** der Hypothek als Grundschuld auf den Namen des Eigentümers bewillige (**RG** 101, 234). Ein Fall des § 1169 liegt hier nicht vor (§ 1169 Anm.). Doch kann der Eigentümer auch die Bewilligung der **Löschung** der Hypothek verlangen. Denn einerseits kann er über seine Eigentümergrundschuld auch so verfügen, daß er sie zur Löschung bringt; er erklärt dadurch, daß er von dem Buchgläubiger die Löschung verlangt, seine

Einwilligung (§ 185 Abs. 1) zu der dem Buchgläubiger an sich nicht zustehenden Verfügung über die Hypothek. Anderseits ist der Buchgläubiger als solcher in der Lage, die Löschungsbewilligung zu erklären; er wird auch nicht dadurch beschwert, daß er zur Bewilligung der Löschung statt zur Bewilligung der Umschreibung der Hypothek als Grundschuld auf den Eigentümer verurteilt wird (**RG** 86, 305; 91, 226; 101, 234). Dagegen ist derjenige, der lediglich die Pfändung und Überweisung des dem Eigentümer zustehenden Löschungsanspruchs erwirkt hat, nicht berechtigt, gegen den als Hypothekengläubiger Eingetragenen auf Bewilligung der Löschung der auf den Eigentümer als Grundschuld übergegangenen Hypothek zu klagen. Denn die Pfändung und Überweisung nur des Löschungsanspruchs gewährt ihm nicht die Befugnis, über die Eigentümergrundschuld, zu der die Hypothek geworden ist, zu verfügen (**RG** 101, 235).

Anm. 34

4. Eigentumsberichtigung. Wenn im Fall der **Eigentumsberichtigung** der Berichtigungsberechtigte **auf Auflassung statt auf Zustimmung zur Eintragung** klagen würde, wäre dadurch in der Regel nur er selbst, nicht der Beklagte benachteiligt. Denn der obsiegende Kläger müßte mit dem Urteil vor dem Grundbuchamt erscheinen, um dort seinerseits die Auflassungserklärung abzugeben (§ 925 BGB; § 20 GBO; § 925 Anm. 42), während der Beklagte nach rechtskräftiger Verurteilung nichts Weiteres zur Herbeiführung der Berichtigung zu veranlassen hätte. Daher wird eine statt der Berichtigungsklage erhobene Klage auf Auflassung, wenn der Beklagte nicht besondere ihn benachteiligende Umstände darzulegen vermag, nicht abgewiesen werden dürfen (**RG** 139, 355; WarnRspr 1929 Nr. 44). Anderseits kann eine Verurteilung zur „Bewilligung der Eintragung des Eigentums eines andern" nicht nur als Verurteilung zur Zustimmung in die Berichtigung des Grundbuchs gedeutet werden, sondern auch als Verurteilung zur Abgabe der Auflassungserklärung, da hierbei der Gebrauch des Wortes Auflassung nicht notwendig ist (§ 925 Anm. 47 zu b). Wenn daher der Berichtigungsberechtigte auf Grund eines solchen Urteils ohne Abgabe einer eigenen Auflassungserklärung seine Eintragung herbeiführen will, muß das Urteil (insbesondere für das Grundbuchamt) die Feststellung enthalten, daß es sich um eine Berichtigung, nicht um eine rechtsgeschäftliche Eigentumsübertragung handelt (§§ 20, 22 GBO). Denn andernfalls würde eine notwendige Auflassung durch Ausnutzung des Prozeßweges umgangen werden können (RJA 9, 205). Sachgemäß wird deshalb der Klageantrag dahin zu stellen sein: den Beklagten zu verurteilen, anzuerkennen, daß nicht ihm, sondern dem Kläger das Eigentum zusteht, und demgemäß zu bewilligen, daß der Kläger als Eigentümer eingetragen wird. Schief gefaßte Berichtigungsanträge kann das Prozeßgericht in jeder Lage des Rechtsstreits durch die Fassung des Urteilsspruchs richtigstellen (**RG** WarnRspr 1934 Nr. 172).

Anm. 35

5. Auflassung statt Berichtigung. Natürlich ist nicht ausgeschlossen, daß der Berichtigungsverpflichtete im Falle des Einverständnisses des Berechtigten **freiwillig durch Auflassung** seine Berichtigungspflicht erfüllt. Denn er ist formell zur Abgabe der Auflassungserklärung legitimiert, und die daraufhin erfolgende Eintragung bringt den wirklichen Rechtszustand im Grundbuch zur Darstellung (RJA 9, 59). Inwieweit im Falle des Bestehens eines schuldrechtlichen Anspruchs auf Richtigstellung der Eigentumseintragung Auflassung verlangt werden kann, ist oben in Anm. 29 (zu bb) erörtert. Ist eine Parzelle, die dem A übereignet werden sollte, infolge irrtümlicher Bezeichnung bei der Auflassung auf den Namen des B eingetragen worden, so kann der Grundstückseigentümer C, der Eigentümer der Parzelle geblieben ist (Anm. 30), von B nur Zustimmung zur Eintragung seines Eigentums, nicht Zustimmung zur Eintragung des A verlangen, da das Grundbuch hinsichtlich der Rechte des A nicht unrichtig ist (**RG** 112, 266). Ist eine Parzelle irrtümlich auf ein anderes Grundbuchblatt als auf das des Eigentümers eingetragen worden, so ist die Verurteilung auf Bewilligung der Übertragung von jenem auf dieses Blatt zu richten (**RG** 62, 324). Zur lastenfreien Abschreibung ist dann aber noch die Zustimmung der Realberechtigten erforderlich. Sie brauchen ihre Zustimmung nicht zu geben, wenn sie vom

Bucheigentümer unter dem Schutz des öffentlichen Glaubens des Grundbuchs ein Recht an der Parzelle erworben haben (§ 891 Anm. 13).

Anm. 36

6. Inhalt der Bewilligung. Im Falle des Bestehens eines dinglichen Rechts außerhalb des Grundbuchs (Anm. 2) ist die Eintragung des Rechts (**RG** 82, 23; 88, 286; WarnRspr 1912 Nr. 11; § 891 Anm. 36), im Falle des Nichtbestehens eines das Grundstück oder ein Recht am Grundstück belastenden eingetragenen Rechts (Anm. 6) oder einer eingetragenen Verfügungsbeschränkung (Anm. 8) ist die Löschung der Belastung oder der Beschränkung, im Falle unrichtiger Einschreibung eines Rechts (Anm. 7) ist die Eintragung des richtigen und vollständigen Inhalts zu bewilligen. In dem zuerst genannten Falle steht es der Wiedereintragung eines zu Unrecht gelöschten, unter der Herrschaft der früheren Gesetze begründeten Rechts nicht entgegen, daß dem BGB die Rechtsform unbekannt ist, sofern die Übergangsvorschriften des EG (z. B. Art. 179, 184) die weitere Geltung eines derartigen Rechts anerkennen (**RG** 82, 23).

IV. Berichtigungsverpflichteter

Anm. 37

1. Allgemeines. Berichtigungsverpflichtet ist, wer durch die Berichtigung im Falle seiner unrichtigen Eintragung als Eigentümer oder Inhaber einer Grundstücks- oder Rechtsbelastung oder als ein durch Verfügungsbeschränkung Begünstigter **aus dem Grundbuch gänzlich ausscheidet,** im Falle der Eintragung eines außerhalb des Grundbuchs bestehenden Rechts oder des richtigen Inhalts eines eingetragenen Rechts oder einer außerhalb des Grundbuchs bestehenden Verfügungsbeschränkung eine **Schmälerung seiner grundbuchmäßigen Rechtslage** erleidet.

Anm. 38

a) Auch wenn der **Betroffene nicht wahrer Inhaber des Rechts** ist, das aus dem Grundbuch ausscheiden oder in seinem buchmäßigen Inhalt beschränkt werden soll (z. B. der Bucheigentümer, wenn eine zu Unrecht gelöschte Hypothek wieder eingetragen werden soll, oder der auf Grund einer nichtigen Übertragung eingetragene Gläubiger einer Hypothek, wenn der Eigentümer ihre Löschung wegen Nichtbestehens und Kenntnis des Buchgläubigers davon verlangt), hat er bei der Berichtigung mitzuwirken und kann die Klage nicht durch die Einrede abwehren, daß er nicht der wahre Berechtigte sei. Denn bei der Berichtigung handelt es sich nur darum, den Grundbuchinhalt (formell) mit der wahren Rechtslage in Einklang zu bringen. Nach dem Grundbuch ist aber der Eingetragene Inhaber des betroffenen Rechts (**RG** WarnRspr 1927 Nr. 136). Deshalb kann auch der Grundstückseigentümer, der eine gemäß § 1154 abgetretene Briefhypothek an den Abtretungsempfänger ausgezahlt und damit nach §§ 1163, 1177 als Eigentümergrundschuld erworben hat, den noch im Grundbuch eingetragenen alten Gläubiger auf Grund des § 894 auf Löschung der Hypothek (Anm. 33) verklagen (JW 1936, 401[41]). Die Zustimmung des Buchinhabers allein genügt daher auch zur Herbeiführung der Berichtigung, da er gegenüber dem Grundbuchamt formell zur Verfügung über das Recht legitimiert ist, es sei denn, daß aus den Unterlagen für die Eintragung Bedenken gegen seine Legitimation vom Grundbuchamt zu entnehmen sind (RJA 9, 205; KGJ 49, 206).

Anm. 39

b) Wird **statt des ursprünglich Berichtigungsverpflichteten** (z. B. bei der Veräußerung des Grundstücks, als dessen Eigentümer er zu Unrecht eingetragen war) **ein anderer** als der Berechtigte in das Grundbuch **eingetragen,** so erlischt der Berichtigungsanspruch gegen jenen (**RG** Gruchot 65, 725). Beruht die Eintragung aber auf einer Veräußerung, die nach dem Eintritt der Rechtshängigkeit des Berichtigungsanspruchs eingetreten ist, so wird der Prozeß nach § 265 Abs. 2 ZPO von ihr grundsätzlich nicht berührt. Er ist vielmehr so fortzusetzen, als wenn die Veräußerung nicht stattgefunden hätte. Für die Entscheidung ist auch in materieller Hinsicht die Rechtslage vor der Veräußerung maßgebend, so daß die Klage gegen den auf Zustimmung zur Berichtigung verklagten ersten Berichtigungsverpflichteten weiter verfolgt werden kann (**RG** Gruchot 65, 725; **RG** 121, 381).

Anm. 40

2. Mehrere Berichtigungsverpflichtete. Wenn **mehrere Personen** an dem von der Berichtigung betroffenen Recht **mitberechtigt** sind, müssen sämtliche Berechtigte die Zustimmung erteilen (RJA 1, 121), z. B. sämtliche Miteigentümer, wenn der Gläubiger einer nur an einem Anteil bestehenden Hypothek Richtigstellung ihrer Anteile verlangt (**RG** 54, 85; OLG 18, 116), oder sämtliche Miterben, wenn sie auf Antrag eines Miterben als Eigentümer eingetragen werden sollen (§ 22 Abs. 2 GBO; KGJ 25 A 114). Eine Ausnahme gilt nur dann, wenn einem von ihnen allein die Verfügung über das Recht ausschließlich zusteht (wie z. B. dem Manne bei der ehelichen Gütergemeinschaft alten Rechts; vgl. §§ 1443ff, 1519, 1549 aF BGB; § 740 aF ZPO; RJA 2, 89; KGJ 22 A 140, jedoch auch OLG 18, 117; für das neue Recht §§ 1422ff nF BGB, § 740 nF ZPO); bei selbständigen Teilhypotheken hat nur der betroffene Teilgläubiger (**RG** 141, 379 [385]) die Zustimmung zu erteilen.

Anm. 41

3. Zustimmung des Eigentümers zur Löschung einer Hypothek. Wird von **einem andern als dem Eigentümer,** z. B. von einem nachstehenden Hypothekengläubiger, die **Löschung einer nicht bestehenden Hypothek** im Berichtigungswege verfolgt, so ist nach § 27 GBO auch die Zustimmung des Eigentümers erforderlich (**RG** 72, 367; KGJ 24 A 135). Verlangt der nacheingetragene Hypothekengläubiger, daß im Wege der Grundbuchberichtigung eine ihm vorgehende, ursprünglich einheitliche, nachträglich aber geteilte Hypothek im Range zurücktrete, so sind die Teilgläubiger der zu Unrecht mit Vorrang eingetragenen Hypothek nicht als Gesamtschuldner, sondern nur als Einzelschuldner, ein jeder für seine Teilhypothek, berichtigungsverpflichtet (**RG** 141, 385).

Anm. 42

4. Konkurs des Verpflichteten. Ist über das Vermögen des Verpflichteten der **Konkurs** eröffnet, so hat nach §§ 6, 43 KO der Konkursverwalter die Zustimmung zu erteilen (SeuffArch 62 Nr. 175).

V. Berichtigungsverlangen

Anm. 43

1. Dinglicher Anspruch. Die Zustimmung zur Berichtigung, die der Berichtigungsberechtigte verlangen kann, stellt sich als **Gegenstand eines dinglichen Anspruchs** dar, der gleichzustellen ist den Ansprüchen aus dem Eigentum und aus begrenzten dinglichen Rechten wegen Entziehung oder Beeinträchtigung (§§ 985, 1004, 1017 Abs. 2, 1027, 1065, 1090 Abs. 2, 1227; **RG** 51, 420; 82, 24; 158, 43; Gruchot 48, 937) und als besonders behandelter Fall des § 1004 erscheint (**BGH** 5, 82; § 1004 Anm.). Macht im Konkurse eines Hypothekengläubigers der Grundstückseigentümer geltend, die Hypothekenforderung sei getilgt, und verlangt er vom Konkursverwalter demzufolge die Bewilligung der Umschreibung der Hypothek in eine Eigentümergrundschuld (§§ 1163 Abs. 1, 1177 Abs. 1) oder die Bewilligung der Löschung, so handelt es sich um einen Aussonderungsanspruch gemäß § 43 KO (**RG** 60, 251; 86, 240). Wenn wegen Nichtigkeit der Auflassung das Eigentum an einem ganzen Grundstück nicht auf den Auflassungsempfänger übergegangen ist, so kann der Auflassende gleichwohl (ebenso, wie es dem Eigentümer frei steht, mit der Eigentumsklage vom Besitzer die Herausgabe nur eines Teils seines Eigentums zu beanspruchen) auch lediglich für einen Grundstücksteil die Berichtigung des Grundbuchs verlangen (**RG** 78, 374).

Anm. 44

2. Gerichtliche Zuständigkeit. Ist der Berichtigungsanspruch gerichtet auf das Eigentum (z. B. gegen den eingetragenen Nichteigentümer auf Bewilligung der Eintragung des wahren Eigentümers), auf das Bestehen einer dinglichen Belastung (z. B. wenn die Eintragung eines außerhalb des Grundbuchs bestehenden Rechts am Grundstück oder wenn die Richtigstellung des Inhalts eines eingetragenen Rechts am Grundstück verlangt wird) oder auf das Nichtbestehen eines eingetragenen Rechts, so ist nach § 24 ZPO für die Klage das **Gericht der belegenen Sache ausschließlich zuständig** (**RG** 82, 24; 88, 61). Dabei kommt es nicht darauf an, von welchem der etwa vorhandenen mehreren Berichtigungsberechtigten (**RG** 15, 386; 20, 403; 23, 339; 25, 384; 35, 365; Gruchot 35, 816; 36, 1201) die Klage erhoben wird. — **a)** Der ausschließliche dingliche Gerichtsstand des § 24 ZPO greift auch dann Platz, wenn ein Gläubiger des Eigentümers dessen angeblichen Berichtigungsanspruch gegen einen Hypothekengläubiger auf Bewilligung der Umschreibung der Hypothek in eine Eigentümergrundschuld (wegen Nichtentstehung der durch die Hypothek gesicherten Forderung) gepfändet hat und nunmehr der Hypothekengläubiger auf Feststellung des Nichtbestehens eines Anspruchs auf Umschreibungsbewilligung klagt. Denn auch bei dieser negativen Feststellungsklage ist im Streit, ob ein Berichtigungsanspruch bezüglich des Bestehens der Hypothek als solcher gegeben ist (**RG** Gruchot 57, 160. — **b)** Dagegen kommt mangels der Voraussetzung, daß das Grundstück selbst von der Berichtigungsklage betroffen wird, **§ 24 ZPO nicht zur Anwendung,** wenn die Klage eine **Belastung oder** eine **Verfügungsbeschränkung an einem das Grundstück belastenden Recht** zum Gegenstand hat. — **c)** Um einen Berichtigungsanspruch im Sinne des § 894 handelt es sich bei einer Klage auf Wiedereintragung eines zu Unrecht gelöschten Rechts überhaupt nicht, wenn die Klage nur auf die **schuldrechtliche Verpflichtung,** die der ursprünglichen Rechtseintragung zugrunde lag, oder auf **grundlose Bereicherung** gestützt ist (**RG** 82, 24; Anm. 2 letzter Abs.). Ein Bereicherungsanspruch kann sich z. B. auch dann ergeben, wenn ein Grundstücksberechtigter dem Berichtigungsverlangen eines nachstehenden Berechtigten stattgegeben hat und sich demnächst herausstellt, daß das Berichtigungsverlangen unbegründet war (**RG** 146, 355).

Anm. 45

3. Eintragung auf Grund staatlichen Hoheitsaktes. Für die Klage aus § 894 BGB ist der **Rechtsweg auch dann zulässig,** wenn der Beklagte auf Grund eines **staatlichen Hoheitsaktes** an Stelle des Klägers als Eigentümer im Grundbuch eingetragen ist und der Kläger die Unrichtigkeit des Grundbuches daraus herleitet, daß der Staatshoheitsakt unwirksam sei (**BGH** 5, 76).

Anm. 46

4. Entsprechende Anwendung der §§ 987, 989, 990, 993, 994, Abs. 2, 995. Bei der Berichtigungsklage des wahren Grundstückseigentümers gegen den Bucheigentümer ist die **Stellung des beklagten Bucheigentümers nahe verwandt der Stellung des Sachbesitzers gegenüber dem Herausgabeanspruch des Eigentümers.** Deshalb finden auch auf den Berichtigungsbeklagten hinsichtlich der Befreiung von Belastungen nicht nur die §§ 989, 990 (**RG** 121, 336; 158, 45), sondern hinsichtlich der Nutzungen auch die §§ 987, 993 entsprechende Anwendung. Er braucht daher grundsätzlich nur die nach der Rechtshängigkeit des Berichtigungsanspruchs gezogenen Nutzungen (z. B. Pachtzinsen) herausgegeben (§ 101 Nr. 2, § 993 Abs. 2; **RG** 133, 285). Anderseits muß der Berichtigungsberechtigte nach den gleichfalls entsprechend anzuwendenden §§ 994 Abs. 2, 995 dem Verpflichteten fällige Hypothekenzinsen erstatten, die dieser nach der Rechtshängigkeit bezahlt hat (**RG** 133, 287). Die prozessuale Wirkung der Rechtshängigkeit des Anspruchs regeln die §§ 265, 266, 325 ZPO (**RG** 79, 165; 121, 380; WarnRspr 1922 Nr. 15; oben Anm. 39). Der auf Berichtigung in Anspruch genommene Beklagte kann nicht einwenden, daß die Herbeiführung der Grundbuchberichtigung dem Kläger auf anderem Wege (§ 22 GBO) möglich sei, und zwar auch dann nicht, wenn er selbst bereits dem Kläger die Möglichkeit durch

Beschaffung der erforderlichen Urkunden gegeben hat. Denn § 894 (anders § 895: dort Anm. 4) macht die Gewährung des Rechts auf Zustimmung nicht davon abhängig, daß die Herbeiführung der Berichtigung dem Berichtigungsberechtigten nicht anders möglich sei (**RG** WarnRspr 1914 Nr. 126; JW 1923, 750[3]; 1925, 1796[7]; **RG** HRR 1931 Nr. 1049). So kann z. B. der Eigentümer, der den Hypothekengläubiger befriedigt hat, trotz Quittungsempfangs noch die Bewilligung der Umschreibung der Hypothek verlangen, und ebenso kann der Eigentümer, auf dessen Grundstück eine Gesamthypothek gemäß § 1181 Abs. 2 durch Befriedigung aus einem andern Grundstück erloschen ist, die Bewilligung der Löschung von dem Hypothekengläubiger beanspruchen (OLG 14, 124). Auch der Eigentümer, dessen Grundstück mit einer dem Inhalt nach unzulässigen Eintragung belastet ist, kann die Bewilligung der Löschung verlangen, wenngleich die Löschung vielleicht einfacher nach § 52 Abs. 1 Satz 2, § 71 GBO herbeigeführt werden könnte (**RG** JW 1923, 750[3]; JW 33, 2779).

Anm. 47

5. Einreden

a) Hat der Berichtigungsverpflichtete gegen den Berichtigungsberechtigten aus einem Schuldverhältnis einen persönlichen Anspruch darauf, daß der Grundbuchinhalt wie bisher bestehenbleibt (z. B. wenn auf Grund eines gültigen Kaufvertrags eine nichtige Auflassungserklärung abgegeben oder wenn eine Hypothek so unvollständig eingetragen ist, daß sie nichtig ist, der Gläubiger aber nach dem schuldrechtlichen Hypothekbestellungsvertrag die Eintragung einer gültigen Hypothek verlangen kann oder wenn auf die Berichtigung verzichtet worden ist), so kann er die Klage mit der **Einrede arglistigen Verhaltens** (unzulässiger Rechtsausübung) abwehren (**RG** 78, 377; 80, 321; 81, 291; 115, 41; 137, 336; JW 34, 3054; 38, 1255). Auch sonst kann diese Einrede gegenüber dem Berichtigungsanspruch durchgreifen, namentlich in Fällen, in denen er sich auf Nichtigkeit eines Vertrags wegen Formmangels gründet (**RG** 115, 42). Sie läßt sich aber nicht schon damit begründen, daß der Berichtigungsberechtigte, als er sein Recht erwarb, von irgendwelchen schuldrechtlichen Ansprüchen des Berichtigungsverpflichteten gegen Dritte Kenntnis gehabt habe (**RG** JW 1938, 1255[22]). Als Sonderfall der Einrede unzulässiger Rechtsausübung ist auch der Einwand der Verwirkung zulässig (OGH 1, 279).

Anm. 48

b) Die dem Bucheigentümer gegenüber der Berichtigungsklage des wahren Eigentümers zustehende **Einrede des Zurückbehaltungsrechts** wegen Verwendungen auf das Grundstück nach § 273 Abs. 2 oder wegen anderer Ansprüche nach § 273 Abs. 1 ist behandelt in **RG** 114, 266; 115, 46; 141, 226; 163, 62; WarnRspr 1911 Nr. 391; 1930 Nr. 28. Diese Einrede kann dadurch ausgeschlossen sein, daß dem Bucheigentümer eine unerlaubte Handlung zur Last fällt (**RG** WarnRspr 1930 Nr. 28). Verlangen Miterben als Grundstückseigentümer vom Hypothekengläubiger die Berichtigung des Grundbuchs durch Löschung einer Hypothek, die ihr geisteskranker Erblasser für eine fremde Schuld bestellt hatte, so kann der Beklagte zwar ein Zurückbehaltungsrecht wegen eines gegen alle Miterben gerichteten Schadensersatzanspruchs geltend machen, wenn sie alle ihn über den Geisteszustand des Erblassers getäuscht hatten, um den Kredit des Gläubigers zu erlangen. Wegen anderer persönlicher Ansprüche gegen die Miterben oder gar nur gegen einen einzelnen von ihnen kann der berichtigungsverpflichtete Beklagte aber kein Zurückbehaltungsrecht ausüben (**RG** 132, 81). Einen Sonderfall behandelt **RG** 134, 144: A hatte durch einen Bevollmächtigten B sein Grundstück an C verkauft und übereignet; die Vollmacht war ungültig; A erzielte zunächst die Eintragung eines Widerspruchs zugunsten des ihm verbliebenen Eigentums und dann seine Wiedereintragung als Eigentümer; C hatte in der Zeit zwischen der Eintragung des Widerspruchs und der Wiedereintragung des A eine Eigentümergrundschuld für sich eintragen lassen. Gegenüber der nunmehr erhobenen Grundbuchberichtigungsklage des A gegen C auf Einwilligung in die Löschung der Eigentümergrundschuld machte C ein Zurückbehaltungsrecht wegen des seinerzeit an A gezahlten Kaufpreises geltend. Das Zurückbehaltungsrecht wurde ihm versagt, weil zwischen dem Klageanspruch des A und dem von C geltend gemachten Bereicherungsanspruch kein innerer, natürlicher, wirtschaftlicher Zusammenhang bestehe, wie ihn § 273 erfordere und weil C auch die Grundschuld erst nach der Eintragung des Widerspruchs für A bestellt habe.

Anm. 49

6. Beweislast. Die **Beweislast für die Unrichtigkeit des Grundbuchs** liegt in der Regel dem Kläger ob nach dem allgemeinen Rechtsgrundsatz, daß der Kläger die Tatsachen beweisen muß, die zur Begründung seines Anspruchs dienen (**RG** WarnRspr 1914 Nr. 291). Die Grundsätze des sog. Prima-facie-Beweises sind hier nicht anwendbar (**RG** 130, 358). Klagt daher z. B. der Grundstückseigentümer gegen den Gläubiger einer Hypothek mit der Behauptung, die Hypothek bestehe nicht oder stehe wegen Fehlens der gesicherten Forderung nicht dem Gläubiger, sondern ihm als Eigentümergrundschuld (§§ 1163 Abs. 1, 1177 Abs. 1) zu, auf Bewilligung der Löschung oder Umschreibung der Hypothek, so muß er das Nichtbestehen (Nichtigkeit) der Hypothek oder die Nichtentstehung oder das Erlöschen der Forderung (§§ 891, 1138) beweisen (**RG** 18, 266; 57, 321; 60, 249; JW 1902, 421[14]; 1906, 18[17]; 1922, 489[13]; Gruchot 58, 833; § 891 Anm. 24). **Anders** verhält es sich aber, wenn der Grundstückseigentümer die **Grundbuchberichtigungsklage gegen den Gläubiger einer Sicherungshypothek** (§ 1184) **oder Höchstbetragshypothek** (§ 1190) **wegen Nichtentstehung der Forderung** erhebt. Hier kann der Gläubiger sich nach §§ 1184 Abs. 1, 1190 Abs. 1 zum Beweise der Forderung nicht auf die Eintragung berufen, sondern muß wie bei der negativen Feststellungsklage über eine Forderung die Entstehung der Forderung beweisen. Klagt also der Grundstückseigentümer gegen den Gläubiger einer Höchstbetragshypothek auf Löschungsbewilligung zum Zweck der Grundbuchberichtigung nach § 894, so liegt der Beweis für die Entstehung und den Umfang der Forderung dem Beklagten ob; das gilt auch dann, wenn der Kläger statt der Berichtigungsklage aus § 894 die Bereicherungsklage aus § 812 (§ 894 Anm. 29 zu aa) wählt (**RG** HRR 1936 Nr. 687). Ein hinreichender Beweis kann sich aber schon aus den Eintragungsurkunden ergeben, namentlich wenn die Hypothek für eine künftige Forderung (§ 1113 Abs. 2), eine Höchstbetragshypothek für künftige Forderungen, die aus einem Rechtsverhältnis entstehen werden, bestellt ist (**RG** Gruchot 58, 833; WarnRspr 1914 Nr. 76, 291).

Anm. 50

7. Voraussetzungen der Berichtigung. Die **Berichtigung** wird beim Grundbuchamt vorgenommen auf **Antrag des Berechtigten** (§§ 13, 30 GBO) und auf Grund der freiwilligen (§§ 19, 29 GBO) oder durch Urteil ersetzten (§ 894 ZPO) **Bewilligung des Verpflichteten,** ohne daß (auch bei einer Berichtigung der Eigentumseintragung) ein weiterer Nachweis der Unrichtigkeit erforderlich ist (**RG** 73, 154; RJA 9, 203; 11, 239; 12, 72). Die Berichtigungsbewilligung muß den materiellen Rechtsgrund der Berichtigung angeben; das gilt aber nicht für eine auf Grundbuchberichtigung abzielende Löschungsbewilligung (JW 1934, 1056[2]). Der Grundbuchrichter hat die Berichtigung auf Grund einer Berichtigungsbewilligung abzulehnen, wenn sich aus den beigebrachten Urkunden ergibt, daß eine der Bewilligung entsprechende Eintragung das Grundbuch nicht berichtigen, sondern unrichtig machen würde (**RG** 73, 157; RJA 11, 239; 12, 73; HRR 1934 Nr. 1366). Da die Rechtskraft des Urteils das Eigentum an dem Grundstück selbst feststellt und im Verhältnis der Prozeßparteien eine widersprechende Entscheidung darüber ausschließt (**RG** 158, 43), so ist auch der Grundbuchrichter daran gebunden (JFG 11, 219). Nur wenn das Urteil unter Verstoß gegen die guten Sitten (§§ 138, 826), erwirkt ist, braucht er es nicht als geeignete Unterlage für die Grundbuchberichtigung gelten zu lassen (JFG 18, 267). Nach § 22 GBO hat das Grundbuchamt die Berichtigung auch **ohne Bewilligung des Betroffenen** zu bewirken, wenn die **Unrichtigkeit** des Grundbuchs **nachgewiesen** wird. So kann z. B. nachgewiesen werden: das Erlöschen eines nur für einen Verkaufsfall bestellten und nicht ausgeübten Vorkaufsrechts (§ 1097 Anm.) durch Vorlegung eines notariellen

Tauschvertrags seitens des Grundstückserwerbers (KGJ 40 A 133); die Umwandlung einer Hypothek in eine Eigentümergrundschuld (§§ 1163, 1177) durch die beglaubigte Quittung des Gläubigers (**RG** 56, 327; KGJ 26 A 150; 40 A 136, 294; RJA 11, 63); die Übertragung einer Briefhypothek (§ 1154 Abs. 1, § 1117 Abs. 3) durch Einreichung von Abtretungs- und Annahmeerklärungen in der Form des § 29 GBO und des Hypothekenbriefs (KGJ 49, 206); die Nichtigkeit einer Hypothekübertragung, weil der Erwerber (z. B. eine Stiftung) keine Rechtspersönlichkeit besitzt, durch den Nachweis des Mangels der Rechtspersönlichkeit (**RG** 88, 89). An die Führung des Nachweises sind strenge Anforderungen zu stellen (JFG 11, 219).

Anm. 51

8. Ausführung der Berichtigung.

a) Handelt es sich um die Berichtigung durch Wiedereintragung einer zu Unrecht gelöschten Hypothek, die zur Eigentümergrundschuld geworden war, so ist diese in der Hauptspalte der Abt. III unter neuer Nummer hinter den später eingetragenen anderen Hypotheken einzutragen. Dabei ist zum Ausdruck zu bringen, daß das wiedereingetragene Recht eine aus einer früheren Hypothek entstandene Eigentümergrundschuld darstellt; bei ihr und bei den anderen Hypotheken ist der Vorrang des wiedereingetragenen Rechts zu vermerken (KGJ 48, 189). Ist jedoch inzwischen nach der Löschung ein Recht am Grundstück durch Erwerb unter dem Schutz des öffentlichen Glaubens des Grundbuchs (§ 892) für einen Dritten begründet worden, so ist die Wiedereintragung nur mit dem Rang nach diesem Recht möglich. Dies gilt auch dann, wenn eine Hypothek durch Erbgang vom Hypothekengläubiger auf den Hypothekenschuldner und Eigentümer als Grundschuld (§§ 1163, 1177 Abs. 1) übergegangen (§ 1163 Anm.) und der Antrag des Eigentümers gelöscht ist, demnächst durch Anordnung der Nachlaßverwaltung oder Eröffnung des Nachlaßkonkurses gemäß § 1976 die Hypothekenforderung und damit auch die Hypothek wieder auflebt und der Nachlaßverwalter oder der Konkursverwalter ihre Wiedereintragung im Wege der Berichtigung des Grundbuchs beantragt, inzwischen aber ein gutgläubiger Dritter durch Bestellung des Eigentümers eine Hypothek an dem Grundstück erworben hat (RJA 16, 148).

Anm. 52

b) Den zur Berichtigung erforderlichen Inhalt einer Urteilsformel erörtert Anm. 32ff. Ist das Urteil noch nicht rechtskräftig (§ 894 ZPO), aber vorläufig vollstreckbar, so kann ein Widerspruch für den Berichtigungsberechtigten nach Maßgabe der im Urteil angenommenen wirklichen Rechtslage eingetragen werden (§ 895 ZPO).

Anm. 53

c) Hat der Berichtigungsverpflichtete **in der Zwischenzeit** bis zur Erhebung der Berichtigungsklage **grundbuchliche Verfügungen** vorgenommen, die das Recht des Berichtigungsberechtigten zwar nicht vereiteln, aber beeinträchtigen (hat z. B. der eingetragene Nichteigentümer das Grundstück inzwischen hypothekarisch belastet), so ist der Weg, auf dem die Beseitigung der Beeinträchtigung (Belastung) erzwungen werden kann, nicht der aus § 1004, sondern der aus §§ 989, 990. Denn die beeinträchtigende Verfügung (Belastung) stellt sich als eine Verschlechterung des Grundstücks im Sinne dieser Vorschriften dar (**RG** JW 1928, 1387[52]; § 989 Anm.), und die Stellung des Berichtigungsverpflichteten zum Berichtigungsberechtigten gleicht, wie bereits (Anm. 46) dargelegt wurde, der Stellung des Besitzers zum Eigentümer so sehr, daß die entpsrechende Anwendung der §§ 989, 990 geboten ist, mit der Maßgabe, daß für die Frage der Rechtshängigkeit der Berichtigungsanspruch (aus § 894) dem Herausgabeanspruch gegen den Besitzer gleichzustellen ist (**RG** 121, 335).

§ 895

Kann die Berichtigung des Grundbuchs erst erfolgen, nachdem das Recht des nach § 894 Verpflichteten eingetragen worden ist, so hat dieser auf Verlangen sein Recht eintragen zu lassen.

E I 1826 II 880; M 5 111f.; P 6 223ff.

Anm. 1

1. Verpflichteter

a) Das Recht des nach § 894 Verpflichteten ist das Recht desjenigen, der **durch die Berichtigung des Grundbuchs betroffen** wird und seine Zustimmung zur Berichtigung erteilen muß.

Anm. 2

b) Seine **Eintragung** im Grundbuch ist nach materiellem Recht zur Wirksamkeit der Zustimmung ebensowenig erforderlich, wie sonst die Eintragung des bei einer dinglichen Rechtsänderung als Verfügenden beteiligten Berechtigten (§ 873 Anm. 80). Ist also der Verpflichtete trotz fehlender Eintragung wirklicher Inhaber des betroffenen Rechts, so ist seine Zustimmung sachlichrechtlich wirksam. Formellrechtlich soll aber nach § 39 Abs. 1 GBO eine Eintragung nur dann stattfinden, wenn derjenige, dessen Recht durch sie betroffen wird, als der Berechtigte eingetragen ist. Obwohl diese Bestimmung nur eine Ordnungsvorschrift ist und ihre Nichtbefolgung auf die materielle Wirksamkeit der Verfügung des wirklich berechtigten Passivbeteiligten keinen Einfluß hat, wird doch durch § 895 gegen den Zustimmungsverpflichteten ein **Anspruch auf Bewirkung seiner Eintragung** gegeben, damit das aus der Ordnungsvorschrift für die Grundbuchberichtigung sich ergebende Hindernis behoben wird (Prot. 6, 224).

Anm. 3

c) Die §§ 39 Abs. 2, 40 GBO enthalten aber **Ausnahmen** von der Vorschrift des § 39 Abs. 1, namentlich für den im Besitz des Briefs über ein hypothekarisches Recht befindlichen, gemäß § 1155 ausgewiesenen Gläubiger (§ 39 Abs. 2) und (in den Fällen der Übertragung und der Aufhebung des Rechts) für den Erben des eingetragenen Berechtigten. Soweit diese Ausnahmen zutreffen, ist der Anspruch gegen den Verpflichteten aus § 895 nicht gegeben, da dann das Grundbuch ohne seine Eintragung berichtigt werden kann. Eine trotzdem erhobene Klage auf Herbeiführung der Eintragung ist in der Regel abzuweisen, da dem Anspruch die durch § 895 gesetzte materielle Grundlage fehlt (str.). So bedarf es z. B. zur Wiedereintragung einer zu Unrecht gelöschten Hypothek gegenüber dem Erben des verstorbenen Eigentümers oder zur Umschreibung einer vom Erben des Gläubigers bezahlten Buchhypothek auf den Eigentümer nur der in der Form des § 29 Satz 1 GBO freiwillig erklärten oder gemäß § 894 ZPO ersetzten Eintragungsbewilligung (Quittung) des Erben. Eine Klage auf Eintragung des Erben wäre in diesen Fällen unzulässig.

Anm. 4

d) Indessen ist die Geltendmachung des Anspruchs aus § 895 nicht etwa davon abhängig gemacht, daß die Eintragung „nach Maßgabe der §§ 39, 40 GBO" erforderlich ist, sondern nur davon, daß **die Berichtigung ohne Eintragung nicht „erfolgen kann"**. Hierunter ist aber nicht nur ein aus der fehlenden Eintragung nach den §§ 39, 40 GBO sich ergebendes rechtliches, sondern **auch ein tatsächliches Hindernis** zu verstehen. Lehnt z. B. das Grundbuchamt die Berichtigung ab in der irrigen Annahme, die Eintragung sei nach § 39 Abs. 1 GBO erforderlich, während bei richtiger Beurteilung ein Ausnahmefall der §§ 39 Abs. 2, 40 vorliegt, und hat auch die Beschwerde keinen Erfolg, so ist die Klage auf Bewirkung der Eintragung auch dann begründet, wenn der Prozeßrichter anderer Auffassung als das Grundbuchamt ist. Denn tatsächlich ist auch hier die Berichtigung ohne die Eintragung nicht möglich (**RG** 54, 87). Allerdings kann in derartigen Fällen der Berichtigungsberechtigte, der ein Urteil auf Bewilligung der Berichtigungseintragung erstritten hat, die Eintragung des Verpflichteten gemäß § 14 GBO herbeiführen (RJA 10, 70). Durch die Möglichkeit der Anwendung dieses Mittels wird aber die Anwendung des anderen Mittels, der der Klage aus § 895, nicht ausgeschlossen. Vielmehr steht einem Gläubiger, bei dem die Voraussetzungen des § 14 GBO erfüllt sind, wahlweise auch das Recht zu, die Berichtigung im Klagewege zu verlangen (JM 1933, 2779[4]).

Anm. 5

e) Ein Anspruch aus § 895 ist auch dann gegeben, wenn der Verpflichtete zwar eingetragen ist, aber nicht so, daß das Recht des Berichtigungsberechtigten nach Inhalt und Gegenstand **richtig und vollkommen eingetragen** werden könnte. Denn die richtige und vollkommene Eintragung des Rechts, auf die der Berichtigungsberechtigte Anspruch hat, ist erst dann möglich, wenn der Verpflichtete in entsprechender Weise eingetragen ist. Daher ist in einem solchen Fall eine Klage auf Herbeiführung der erforderlichen **Änderung der Eintragung** zulässig (**RG** 54, 87; RJA 10, 69; KGJ 26 A 80). Soll also z. B. im Wege der Grundbuchberichtigung eine (zu Unrecht gelöschte) Hypothek an der Grundstückshälfte eines von zwei Miteigentümern eingetragen werden, sind aber im Grundbuch die Miteigentumsanteile nicht gemäß § 47 GBO in Bruchteilen angegeben, so ist die Klage auf Eintragung des Bruchteils von $^1/_2$ zuzulassen.

Anm. 6

2. Berechtigter

a) Die Eintragung des Berichtigungsverpflichteten **verlangen** kann nur derjenige, der nach Maßgabe des § 894 die **Zustimmung des Verpflichteten zu der Grundbuchberichtigung verlangen** kann, also derjenige, dessen bestehendes dingliches Recht nicht oder nicht richtig oder gegen dessen Recht zu Unrecht eine Belastung oder eine Verfügungsbeschränkung eingetragen ist. So kann z. B. der Nacherbe verlangen, daß der Vorerbe sich als Inhaber des Eigentums oder Rechts der Erblassers eintragen läßt, damit das Recht des Nacherben als Verfügungsbeschränkung eingetragen werden kann (§§ 1922, 2113 BGB; § 51 GBO; **RG** 61, 232).

Anm. 7

b) Wer lediglich auf schuldrechtlicher Grundlage einen **persönlichen Anspruch** auf Herbeiführung einer dinglichen Rechtsänderung hat (z. B. einen Anspruch auf Einräumung eines Rechts am Grundstück), dem steht der (dingliche) Anspruch aus § 895 nicht zu. Doch wird er in der Regel aus dem Schuldverhältnis gegen seinen Vertragsgegner die persönliche Klage nicht nur auf Herbeiführung der Rechtsänderung überhaupt, sondern auch auf Bewirkung der dazu etwa erforderlichen Eintragung des Vertragsgegners anstrengen können. So wird z. B. der Verkäufer eines Grundstücks die Klage auf Entgegennahme der Auflassung und Eintragung des Käufers als Eigentümer erheben können, damit für den Kläger eine Restkaufgeldhypothek eingetragen werden kann (OLG 7, 283).

Anm. 8

c) Der Inhalt des persönlichen Anspruchs gegen den Vertragsgegner ist dann der gleiche wie der Inhalt des dinglichen Anspruchs aus § 895 gegen den Berichtigungsverpflichteten. In beiden Fällen ist der Anspruch darauf gerichtet, daß sich der Verpflichtete eintragen lasse, also **alles bewirke und beschaffe, was zur Eintragung seines Rechts erforderlich ist,** damit dann die Eintragung für den persönlich Berechtigten oder für den Berichtigungsberechtigten vorgenommen werden kann. Insbesondere hat auch im Falle des § 895 der Berichtigungsverpflichtete nicht etwa nur die Zustimmung zu seiner Eintragung zu erteilen. Das dem Klageanspruch stattgebende Urteil wird in beiden Fällen nach § 888, nicht nach § 887 ZPO vollstreckt. Denn der nach § 13 GBO von dem Verpflichteten zu stellende Eintragungsantrag kann nicht von einem beliebigen Dritten gestellt werden (str.; vgl. jedoch **RG** 55, 59). Der § 14 GBO (Anm. 4) kommt bei einem solchen Urteil nicht zur Anwendung, da es nicht die Eintragung eines (anderen) Rechts für den Berechtigten zum Gegenstand hat.

Anm. 9

d) Wenn aber **außerdem** der Berichtigungsberechtigte ein **Urteil auf Zustimmung zur Berichtigung**, also zur Eintragung seines Rechts, und der persönlich Berechtigte ein Urteil auf Bewilligung der Eintragung der Rechtsänderung erstritten hat, so können beide auf Grund dieses Urteils die Eintragung des Verpflichteten gemäß § 14 GBO selbst beantragen (SeuffArch 56 Nr. 142). In dieser Vorschrift ist kein Unterschied gemacht, ob der Gläubiger einen Anspruch auf Grundbuchberichtigung durch Eintragung seines bereits dinglich bestehenden Rechts oder nur einen persönlichen Anspruch auf Einräumung eines dinglichen Rechts im Rechtsstreit durchgesetzt hat. Der Berechtigte kann sich in beiden Fällen auch die zur Eintragung des berichtigungsberechtigten Verpflichteten notwendigen (§ 22 GBO) Unterlagen (z. B. einen Erbschein für den verpflichteten Erben des Bucheigentümers) gemäß §§ 792, 796 ZPO beschaffen.

Anm. 10

e) Ist der **Verpflichtete nicht an die Stelle des Buchberechtigten** getreten, liegt der Fall vielmehr so, daß der Verpflichtete wahrer, der Eingetragene nur scheinbarer Berechtigter sein soll (z. B. wegen Nichtigkeit der diesem erteilten Auflassung), so wird der **persönlich Berechtigte** mit der vorbezeichneten Klage von dem Verpflichteten, der ihm alle zulässigen Mittel zur Erlangung des Rechts an die Hand geben muß, auch die Abtretung des Berichtigungsanspruchs (§ 894 Anm. 27) verlangen können, um daraufhin gegen den Buchberechtigten auf Bewilligung der Eintragung des Verpflichteten klagen zu können. Für den **Berichtigungsberechtigten** kommt dies nicht in Betracht; er kann auch vom Buchberechtigten die Zustimmung nach § 894 verlangen. Eine Überweisung des Berichtigungsanspruchs könnte nur wegen einer vollstreckbaren Geldforderung (§§ 829, 835, 857 ZPO), nicht auf Grund des Urteils auf Herbeiführung der Rechtsänderung erfolgen.

§ 896

Ist zur Berichtigung des Grundbuchs die Vorlegung eines Hypotheken-, Grundschuld- oder Rentenschuldbriefs erforderlich, so kann derjenige, zu dessen Gunsten die Berichtigung erfolgen soll, von dem Besitzer des Briefes verlangen, daß der Brief dem Grundbuchamt vorgelegt wird.

E I 1109 II 1091; M 3 745 f.; P 3 646; 6 386 f.

Anm. 1

1. Vorlegungserfordernis. Erforderlich ist die Vorlegung des Briefs, damit ein **Vermerk gemäß § 62 GBO** darauf gesetzt werden kann. Dieses Erfordernis besteht nach §§ 41 Abs. 1 Satz 1, 42 GBO regelmäßig, wenn eine Eintragung bei einem verbrieften hypothekarischen Recht (Hypothek, Grundschuld, Rentenschuld), also auch eine Berichtigung des Grundbuchs bei solchen hypothekarischen Rechten bewirkt werden soll. Die genannten Bestimmungen sind zwar nur Ordnungsvorschriften, deren Nichtbefolgung auf die Wirksamkeit des Eintragungsakts keinen Einfluß hat. Der § 896 gibt aber trotzdem dem Berichtigungsberechtigten einen materiellrechtlichen Anspruch auf Vorlegung, um ihm die Herbeiführung der Berichtigung zu ermöglichen. In gewissen Fällen bedarf es jedoch nach § 41 Abs. 2 GBO (Ausschlußurteil) und nach § 42 Satz 2 (Brief für den Inhaber) der Vorlegung des Briefs zur Eintragung nicht. In solchen Ausnahmefällen besteht auch kein Anspruch auf Vorlegung, da diese dann zur Berichtigung nicht erforderlich ist. § 896 ist auch anzuwenden auf die nach § 43 Abs. 1 GBO (Hypothek für Forderungen aus Inhaber- und Orderpapieren) vorzulegende Urkunde, die den Hypothekenbrief vertritt.

Anm. 2

2. Vorlegungsberechtigter

a) Das ist derjenige, **zu dessen Gunsten die Berichtigung erfolgen soll**, also der, dem ein Berichtigungsanspruch aus § 894 zusteht, weil sein hypothekarisches Recht nicht oder nicht richtig eingetragen oder zu Unrecht belastet oder durch eine Verfügungsbeschränkung zu Unrecht beeinträchtigt ist oder weil sein Eigentum zu Unrecht mit dem hypothekarischen Recht belastet ist. Namentlich kommen hier in Betracht die Fälle, in denen eine Hypothek außerhalb des Grundbuchs erloschen (§§ 1173—1175, 1178) oder auf den Eigentümer oder sonst einen andern als den eingetragenen Gläubiger übergegangen ist (§§ 1143, 1150, 1163, 1164, 1168, 1170 Abs. 2, 1173, 1174, 1182, 268 Anm. 2, 426 Abs. 2, 774, 1922), ferner die Fälle der widerrechtlichen Eintragung oder der Aufhebung einer Verfügungsbeschränkung des Gläubigers.

Anm. 3

b) Wenn der Eigentümer oder der Schuldner oder ein Dritter durch **volle Befriedigung des Gläubigers** die Hypothek gemäß §§ 1143, 1150, 1163, 1164 erwirbt, gilt nach §§ 1144, 1167 die Sonderbestimmung, daß der Erwerber nicht nur die Vorlegung des Hypothekenbriefs an das Grundbuchamt, sondern die **Aushändigung des Briefs** verlangen kann. Dagegen kann bei nur teilweiser Befriedigung oder bei teilweisem Verzicht nach §§ 1145, 1150, 1167, 1168 Abs. 3 (§ 61 Abs. 1 GBO) nur die Vorlegung des Briefs an das Grundbuchamt, das Gericht oder den Notar zwecks Bildung eines Teilhypothekenbriefs verlangt werden (**RG** 69, 42; RJA 2, 83).

Anm. 4

c) Wem lediglich auf schuldrechtlicher Grundlage ein **persönlicher Anspruch** auf Herbeiführung einer Rechtsänderung an einem hypothekarischen Recht zusteht, hat keinen Anspruch aus § 896. Doch wird ihm in der Regel aus dem Schuldverhältnis gegen seinen Vertragsgegner ein persönlicher Anspruch auf Vorlegung des Briefs zustehen, wenn die Herbeiführung der Rechtsänderung nicht anders zu ermöglichen ist (§ 895 Anm. 7). Das Grundbuchamt ist zur Anordnung der Vorlegung weder verpflichtet noch berechtigt (RJA 6, 165).

Anm. 5

d) Die Vorlegung des Briefs **zur Eintragung einer Vormerkung bei einem verbrieften hypothekarischen Recht** erörtert § 885 Anm. 24. Wer eine solche Vormerkung (z. B. zur Sicherung seines Anspruchs auf Löschung) eintragen lassen will, hat gegen den dritten Besitzer des Briefs (z. B. einen Pfandgläubiger) keinen Anspruch auf Vorlegung aus § 896, da die Vormerkung kein Recht an der Hypothek ist und erst durch Eintragung entsteht, eine Grundbuchberichtigung also durch ihre Eintragung nicht stattfindet (OLG 3, 98).

Anm. 6

3. Vorlegungsverpflichteter

a) Von jedem (unmittelbaren oder mittelbaren: § 868) **Besitzer des Briefes** kann die Vorlegung verlangt werden, nicht bloß von demjenigen, der nach § 894 die Zustimmung zu der Berichtigung zu erteilen hat (**RG** 47, 161; 69, 42). So ist z. B. derjenige, dem eine Briefhypothek verpfändet ist, zur Vorlegung des Briefs verpflichtet, wenn die Hypothek durch Befriedigung auf einen andern als den eingetragenen Gläubiger übergegangen ist (Anm. 2) und auf diesen andern zur Berichtigung des Grundbuchs umgeschrieben werden soll (**RG** 47 S. 160, 161). Soll im Falle der Abtretung eines Teils einer Briefhypothek unter Übergabe des Teilhypothekenbriefes die an sich außerhalb des Grundstücks vollzogene Teilübertragung (§§ 1154 Abs. 1, 1145, 1152 Abs. 1 BGB; § 61 GBO; **RG** 69, 43) berichtigend im Grundbuch verlautbart werden, so ist der Besitzer des Stammbriefs zur Vorlegung nach § 41 GBO verpflichtet, da die Eintragung der Teilabtretung gemäß § 62 Abs. 1 GBO auch auf diesem Brief zu vermerken ist (**RG** 59, 318; RJA 6, 66).

Anm. 7

b) Wird der besitzende Dritte lediglich als Besitzer auf Vorlegung in Anspruch genommen, so muß er **noch zur Zeit der Klagerhebung im Besitz des Briefes** sein (**RG** JW 1904, 92[12]). Dies gilt jedoch z. B. nicht, wenn bei einer Pfändung und Überweisung einer Hypothek zugleich der persönliche Anspruch des Schuldners auf

Herausgabe des Briefs gegen den Besitzer dem Gläubiger überwiesen ist und dieser daraufhin mit der Klage gegen den Besitzer der Vorlegung des Briefs verlangt, um demnächst das Grundbuch durch Eintragung der Pfändung berichtigen zu können. Denn hier handelt es sich nicht um eine Klage aus dem Recht des Berichtigungsberechtigten gemäß § 896, sondern um die Geltendmachung des persönlichen Anspruchs des Schuldners (**RG** JW 1904, 92[12]).

Anm. 8

c) Hat der **dritte Besitzer ein Recht zum Besitz** (§ 986), sei es dinglicher Natur und gegen jedermann gerichtet, sei es auf ein schuldrechtliches Rechtsverhältnis zwischen ihm und dem Berichtigungsberechtigten gegründet und deshalb nur persönlich wirkend (z. B. weil er die Hypothek bezahlt hat und dafür Ersatz verlangen kann), so können die daraus herzuleitenden Einwendungen auch gegenüber dem Anspruch aus § 896 mit Erfolg geltend gemacht werden (M 3, 746; JW 1936, 1136[15]).

Anm. 9

4. **Vorlegung beim Grundbuchamt.** Auf Grund des § 896 kann **nur** die Vorlegung des Briefs an das Grundbuchamt verlangt werden, nicht die Aushändigung des Briefs an den Berichtigungsberechtigten (**RG** 69, 42; SeuffArch 91 Nr. 128). Die Fälle, in denen kraft Sonderbestimmung die Aushändigung beansprucht werden kann, sind in Anm. 3 erwähnt. Die Vollstreckung eines Urteils auf Vorlegung erfolgt gemäß § 883 Abs. 1 ZPO, also durch die vom Gerichtsvollzieher vorzunehmende Wegnahme des Briefs und dessen Vorlegung beim Grundbuchamt. Denn die Vorlegung des Briefs ist eine (wenn auch vorübergehende) Herausgabe einer Sache im Sinne dieser Vorschrift (**RG** Gruchot 50, 1110). Die Herbeiführung der Vorlegung eines für mehrere Pfändungsgläubiger hinterlegten Briefs behandelt OLG 15, 347.

§ 897

Die Kosten der Berichtigung des Grundbuchs und der dazu erforderlichen Erklärungen hat derjenige zu tragen, welcher die Berichtigung verlangt, sofern nicht aus einem zwischen ihm und dem Verpflichteten bestehenden Rechtsverhältnisse sich ein anderes ergibt.

E I 843 II 813; M 3 237; P 3 102.

Anm. 1

Zu diesen **Kosten** gehören namentlich die Kosten der öffentlichen Beurkundung oder Beglaubigung (§ 29 Satz 1 GBO) der vom Berichtigungsverpflichteten gemäß § 894 zu erteilenden Zustimmung. Die Kosten eines Rechtsstreits gehören nicht hierher; insoweit bestimmt sich die Kostenpflicht vielmehr nach §§ 91 ff. ZPO.

Anm. 2

Zu tragen hat die Berichtigungskosten **der Berichtigungsberechtigte** deswegen, weil die Berichtigung in der Regel in seinem Interesse erfolgt (M 3, 237). Da der Berichtigungsverpflichtete sich auf die Abgabe der Zustimmungserklärung nicht einzulassen braucht, bevor er nicht wegen der Kosten gesichert ist, hat der Berichtigungsberechtigte ihm die erforderlichen Kosten vorzuschießen (vgl. §§ 369 Abs. 1, 403 Satz 2, 799 Abs. 2, 800 Satz 2, wo die Vorschußpflicht ausdrücklich bestimmt ist).

Anm. 3

Das ausnahmsweise die Kostenpflicht des Berichtigungsverpflichteten begründende **Rechtsverhältnis** kann auf Vertrag (vgl. für den Kauf §§ 435, 449) oder auf unerlaubter Handlung (z. B. vorsätzlicher Vernichtung von Urkunden) beruhen. Zwischen dem Nacherben und dem Vorerben besteht auf Grund der letztwilligen Verfügung ein solches Rechtsverhältnis nicht. Der Nacherbe muß also die Kosten tragen, wenn er die Eintragung des Vorerben und seines Nacherbenrechts verlangt (str.; die Eintragung von Amts wegen regelt § 51 GBO). Besteht kein dinglicher Berichtigungsanspruch nach § 894, sondern nur ein schuldrechtlicher Anspruch auf Richtigstellung des Grundbuchs (§ 894 Anm. 25, 29), so greift die Kostenregelung des § 897 nicht Platz.

§ 898

Die in den §§ 894 bis 896 bestimmten Ansprüche unterliegen nicht der Verjährung.

E II 813; P 3 102ff.; 4 589.

Anm.

Die **Unverjährbarkeit** ist für die **Ansprüche des Berichtigungsberechtigten aus den §§ 894—896** deswegen bestimmt, weil das dingliche Recht selbst nach dem BGB nicht durch Verjährung untergehen kann (§ 901 Anm. 2, § 902 Anm. 1) und weil nach § 902 Abs. 1 Satz 1, Abs. 2 auch der dingliche Hauptanspruch aus dem Recht auf Herstellung des diesem entsprechenden Zustandes (§ 901 Anm. 3) regelmäßig nicht verjährt, wenn das Recht eingetragen oder ein Widerspruch zu seinen Gunsten im Grundbuch vermerkt ist (Prot. 3, 107; 4, 589). Ausnahmefälle finden sich im § 902 Abs. 1 Satz 2 und in den §§ 1028, 1090 Abs. 2. Weiterhin können das Eigentum und die im § 900 Abs. 2 bezeichneten Rechte nach § 900 durch Tabularersitzung erworben und damit die entsprechenden Rechte der wahren Berechtigten zum Erlöschen gebracht werden. Ferner erlöschen Rechte an fremden Grundstücken in den Fällen der §§ 901, 1028, 1090 Abs. 2 durch Verjährung des Hauptanspruchs. Soweit danach das nicht eingetragene (wahre) Recht erloschen ist, hat nunmehr das Grundbuch einen richtigen und vollständigen Inhalt. Daher ist ein Berichtigungsanspruch (insbesondere gegenüber dem eingetragenen ursprünglich nicht wirklichen Rechte) nicht mehr gegeben, so daß eine Unverjährbarkeit des Anspruchs überhaupt nicht in Frage kommt (str.; § 901 Anm. 3). Der Hauptanspruch aus nicht eingetragenem (wahrem) Eigentum (z. B. gegenüber dem Besitzer des Grundstücks) kann allerdings verjähren, ohne daß das Eigentum erlischt (§ 902 Anm. 1). Dann ist fortdauernd ein Berichtigungsanspruch (z. B. gegen den nicht besitzenden, zwar eingetragenen, aber nicht wirklichen Eigentümer) gegeben, der einer Verjährung nicht unterliegt (str.). Dem Einwand der Verwirkung des Berichtigungsanspruchs steht § 898 nicht entgegen (OGH 1, 283).

§ 899

In den Fällen des § 894 kann ein Widerspruch gegen die Richtigkeit des Grundbuchs eingetragen werden.

Die Eintragung erfolgt auf Grund einer einstweiligen Verfügung oder auf Grund einer Bewilligung desjenigen, dessen Recht durch die Berichtigung des Grundbuchs betroffen wird. Zur Erlassung der einstweiligen Verfügung ist nicht erforderlich, daß eine Gefährdung des Rechts des Widersprechenden glaubhaft gemacht wird.

E I 844, 845 II 814; M 3 237ff., 242ff.; P 3 107ff. 116; 6 222f.

Übersicht

I. Wesen und Wirkungen des Widerspruchs

Anm. 1

1. Allgemeiner Charakter

a) Das BGB enthält weder in § 899 noch sonst eine **allgemeine** Bestimmung über das Wesen und die Wirkungen eines Widerspruchs. Nur in **Einzelbestimmungen** (§§ 892 Abs. 1 Satz 1, 900 Abs. 1 Satz 3, 902 Abs. 2, 927 Abs. 3) ist vorgeschrieben, welche Wirkung es haben soll, wenn bei einem unter § 894 fallenden Tatbestand ein Widerspruch eingetragen ist.

Anm. 2

b) Aus diesen einzeln geregelten Wirkungen ergibt sich, daß der Widerspruch zum Schutz eines überhaupt nicht oder nur beschränkt eingetragenen dinglichen Rechts insofern dient, als die dort bezeichneten Tatsachen, solange der Widerspruch eingetragen ist, dem wirklich bestehenden oder unbeschränkt bestehenden Recht in dem gleichen Maße unschädlich sein sollen, wie es der Fall wäre, wenn das Recht eingetragen oder ohne Beschränkung eingeschrieben wäre. Danach ist der Widerspruch **kein Recht am Grundstück** oder an einem das Grundstück belastenden Recht, sondern eine **Schutzeintragung für ein dingliches Recht,** die während ihrer Dauer in bestimmten Beziehungen mit der Wirkung der Eintragung oder der unbeschränkten Einschreibung des Rechts versehen ist (**RG** 117, 352). Daher finden auf den Widerspruch die Vorschriften über eingetragene Rechte im allgemeinen keine Anwendung, insbesondere z. B. nicht die Vorschriften über den Rang unter mehreren eingetragenen Rechten (§ 879 Anm. 11). Nur soweit es sich um die vom Gesetz dem Widerspruch beigelegten einzelnen Wirkungen eingetragener Rechte handelt, wird eine entsprechende Anwendung Platz greifen können. Wo ein Schutzbedürfnis im vorbezeichneten Sinne nicht in Frage kommen kann, ist für die Eintragung eines Widerspruchs kein Raum (so z. B. wenn der Bucheigentümer geltend macht, er sei in Wirklichkeit nicht Eigentümer, weil die Auflassung an ihn nichtig sei; KGJ 47, 184; § 894 Anm. 23).

Anm. 3

c) Der Widerspruch ist aber auch **keine Verfügungsbeschränkung im Rechtssinne.** — aa) Allerdings muß er sich, obwohl er nur das außerhalb des Grundbuchs bestehende dingliche Recht oder die Freiheit des eingetragenen Rechts von einer Beschränkung sichern soll, notwendig immer **gegen ein eingetragenes Recht richten.** Denn unter der Voraussetzung, daß das durch den Widerspruch gesicherte Recht wirklich besteht oder unbeschränkt besteht, wird von dem Zeitpunkt der Widerspruchseintragung an ein eingetragenes Recht entweder beseitigt oder eingeschränkt. Wird z. B. ein Widerspruch für ein außerhalb des Grundbuchs bestehendes Eigentum eingetragen oder bei einem eingetragenen begrenzten Recht (z. B. einer Hypothek) ein Widerspruch dahin vermerkt, daß das Recht nicht dem Bezugsberechtigten, sondern dem Widersprechenden zustehe, oder wird durch den Widerspruch das Recht des Eigentümers darauf geschützt, daß sein Eigentum von einer zwar eingetragenen, aber tatsächlich nicht bestehenden Belastung frei sei, so ist der Widerspruch in den ersten beiden Fällen dahin gerichtet, daß das für den Nichtberechtigten eingetragene Eigentum oder begrenzte Recht insofern beseitigt werden soll, als an Stelle des Nichtberechtigten der wahre Berechtigte treten soll, in dem dritten Falle dahin, daß die nicht bestehende Belastung des Eigentums gelöscht werden soll. Eine Beschränkung eingetragener Rechte bewirkt der Widerspruch ferner z. B. dann, wenn ein außerhalb des Grundbuchs bestehendes begrenztes Recht am Grundstück (z. B. eine zu Unrecht gelöschte Hypothek: § 891 Anm. 36) gesichert werden soll. Denn dadurch wird einerseits das Eigentum belastet, andererseits erleiden, wenn das gesicherte Recht den Vorrang vor andern bereits eingetragenen begrenzten Rechten haben soll, auch diese eine Schmälerung in ihrer Wertschätzung und Durchführbarkeit. — bb) In der **rechtlichen Befugnis, über die betroffenen Rechte zu verfügen,** werden die eingetragenen Inhaber aber in keiner Weise beschränkt (**RG** 117, 352; § 892 Anm. 86). Eine Wirkung nach dieser Richtung ist dem Widerspruch vom Gesetz nicht beigelegt. Abgesehen von den Wirkungen bei der Tabularersitzung, der Anspruchsverjährung und dem Eigentumserwerb auf Grund des Ausschlußurteils (§§ 900 Abs. 1 Satz 3, 902 Abs. 2, 927 Abs. 3) hat nach § 892 Abs. 1 Satz 1 der Widerspruch vielmehr nur **die Wirkung,** daß im Falle eines seiner Eintragung nachfolgenden (**RG** 128, 55) rechtsgeschäftlichen Erwerbs an dem betroffenen Recht **das durch den Widerspruch gesicherte Recht,** wenn es wirklich besteht, **als eingetragen gilt** und daher das dem Erwerb entgegenstehende oder ihn beschränkende Recht dem Erwerber gegenüber auch dann wirksam ist, wenn er sein Bestehen nicht gekannt hat (**RG** 67, 41; 88, 85; 117, 352; **RG** JW 1901, 130[35]; 1926, 65[3]; KGJ 36 A 179; 47 S. 177, 213; 49, 182; OLG 17, 77). Hat z. B. der Bucheigentümer A, der nicht wahrer Eigentümer ist, eine Hypothek für B bestellt und hat B dann die Hypothek an C abgetreten, so steht ein in der Zwischenzeit zwischen der Hypothekeintragung und der Abtretung eingetragener Widerspruch gegen das Eigentum des A dem Hypothekerwerb des C entgegen, auch wenn er das Nichteigentum des A nicht gekannt hat (**RG** 129, 127; str.; vgl. Staudinger Anm. 24). Anders liegt die Sache indessen, wenn schon B in gutem Glauben an das Eigentum des A die Hypothek rechtswirksam erworben hatte (§ 892 Anm. 15). In der dem Widerspruch durch § 892 beigelegten Wirkung liegt mithin zwar eine Beschränkung des betroffenen Rechts insofern, als dem Buchinhaber die Möglichkeit genommen ist, darüber rechtsgeschäftlich so zu verfügen, daß der Erwerber, der das durch Widerspruch gesicherte Recht nicht kennt, das übertragene Recht rechtsgültig oder unbeschränkt erwirbt. Darin liegt aber nur eine Beschränkung der Wirkung der Veräußerung nach einer bestimmten Richtung, also nur eine **tatsächliche Verfügungsbeschränkung** insofern, als das gesicherte Recht durch die Verfügung nicht beseitigt werden kann. Rechtlich bleibt der Inhaber des betroffenen Rechts nach wie vor zur Verfügung über das Recht befugt. Insoweit gilt also beim Widerspruch dasselbe wie bei der Vormerkung. Insbesondere darf das Grundbuchamt bei einem eingetragenen Recht die Eintragung eines rechtsgeschäftlichen Erwerbs und sonstige Eintragungen auf Grund einer Verfügung des eingetragenen Inhabers, z. B. auch eine Löschung, nicht deshalb ablehnen, weil ein Widerspruch gegen das Recht eingetragen ist (KGJ 26 A 253). Die Verfügung erlangt volle Wirkung, wenn die Widerspruchseintragung wegfällt (§ 892 Anm. 109). Auch steht dem Inhaber des betroffenen Rechts nach wie vor die Vermutung aus § 891 zur Seite (§ 891 Anm. 29).

Anm. 4

2. Zulässigkeit des Widerspruchs

a) Ist hiernach der Widerspruch weder ein Recht noch eine Verfügungsbeschränkung, so ergibt sich als Folge, daß die **Eintragung eines Widerspruchs gegen einen Widerspruch nicht zulässig** ist (**RG** 117, 352; RJA 4, 48; KGJ 39 A 255). Denn nach § 899 Abs. 1 kann nur „in den Fällen des § 894" ein Widerspruch eingetragen werden; § 894 betrifft aber nur die Fälle, in denen „in Ansehung eines Rechts oder einer Verfügungsbeschränkung" der Inhalt des Grundbuchs mit der wirklichen Rechtslage nicht im Einklang steht. Es bedarf auch eines solchen zweiten Widerspruchs zum

Schutz gegen den ersten Widerspruch nicht. Denn das Gesetz hat dem Widerspruch nicht die Wirkung beigelegt, daß das gesicherte Recht im Falle eines gutgläubigen rechtsgeschäftlichen Erwerbs an ihm als eingetragen anzusehen ist, daß es also in diesem Falle als bestehend gilt, auch wenn es tatsächlich nicht besteht. Vielmehr entzieht der Widerspruch nur dem betroffenen Recht die sonst zu seinen Gunsten geltende Fiktion. — aa) Der Widerspruch hat also nicht zur Folge, daß das gesicherte Recht bei einem rechtsgeschäftlichen Erwerb (§ 892 Abs. 1 Satz 1) oder bei einer Leistung des Verpflichteten an den tatsächlich nicht berechtigten Widerspruchsbegünstigten (§ 983) unter dem **öffentlichen Glauben** des Grundbuchs steht (**RG** 117, 352; KGJ 20 A 217; 21 A 288; 26 A 79). Er bewirkt vielmehr nur, daß dem betroffenen Recht nicht mehr dieser Glaube beiwohnt. Wird daher z. B. das für den (angeblich) Nichtberechtigten A eingetragene Recht vom Widerspruchsberechtigten B als sein Recht in Anspruch genommen, so wird die Rechtslage eines Dritten C, der ebenfalls auf das Recht Anspruch erhebt, gegenüber B durch die Widerspruchseintragung als solche nicht beeinträchtigt. Denn es kommt immer darauf an, ob das gesicherte Recht des B wirklich besteht oder nicht, und es macht auch keinen Unterschied, ob das gesicherte Recht in der Hand des Widerspruchsberechtigten bleibt oder, sofern dies überhaupt ohne Eintragung möglich ist, inzwischen von einem andern erworben ist. Dasselbe würde z. B. auch dann, wenn für ein außerhalb des Grundbuchs bestehendes begrenztes Recht am Grundstück (z. B. für eine zu Unrecht gelöschte Hypothek) ein Widerspruch eingetragen wäre, im Verhältnis zwischen dem Widerspruchsberechtigten und demjenigen gelten, der, falls das gesicherte Recht endgültig eingetragen wäre, wegen seiner Beeinträchtigung durch dieses (angeblich) nicht bestehende Recht (z. B. als nachstehender Hypothekengläubiger wegen der Rangverschlechterung: § 894 Anm. 21) einen Widerspruch gegen das Recht eintragen lassen könnte. Im ersten Falle muß der Dritte C, der sein Recht sichern will, gleichfalls gegen das schon durch den Widerspruch des B betroffene Recht für sich einen Widerspruch eintragen lassen. — bb) In beiden Fällen muß es dem Beeinträchtigten überlassen bleiben, die Beseitigung der Widerspruchseintragung wegen Nichtbestehens des durch diese Eintragung gesicherten Rechts **im Klagewege** herbeizuführen. Die Klage ist zwar keine persönliche, sondern eine dingliche; sie ist aber nicht eine Berichtigungsklage aus § 894. Denn auch wenn die Widerspruchseintragung wegen Nichtbestehens des gesicherten Rechts sachlich ungerechtfertigt ist, so ist doch das Grundbuch nicht „in Ansehung eines Rechts oder einer Verfügungsbeschränkung" unrichtig. Vielmehr ist die Klage ebenso wie die Klage auf Beseitigung einer das Eigentum oder ein sonstiges Recht am Grundstück beeinträchtigenden Vormerkung als eine Störungsklage im Sinne des § 1004 (und verwandter Gesetzesvorschriften) aufzufassen (§ 883 Anm. 39; § 886 Anm. 3, 9).

Anm. 5

b) Gegen eine Vormerkung ist ein **Widerspruch nicht zulässig** (§ 883 Anm. 47, str.). Die Vormerkung dient nicht wie der Widerspruch zum Schutz eines dinglichen Rechts, sondern zum Schutz eines persönlichen Anspruchs auf Einräumung, Aufhebung oder Änderung des Inhalts oder Ranges eines Rechts (§ 883 Abs. 1 Satz 1; § 883 Anm. 4f, 33f). Nimmt also ein anderer als der Vormerkungsbegünstigte die vorgemerkte Forderung (z. B. auf Auflassung oder auf Einräumung einer Hypothek) für sich in Anspruch, so kann von einer Widerspruchseintragung gegen die Vormerkung für diesen Rechtsbewerber schon deshalb keine Rede sein, weil der Widerspruch nur zum Schutz eines dinglichen Rechts am Grundstück oder an einem das Grundstück belastenden Recht dient, das Recht auf einen schuldrechtlichen Anspruch also für den Widerspruch ausscheidet. Aber auch dann, wenn ein durch die Vormerkungseintragung Beeinträchtigter (z. B. bei einer Hypothekvormerkung der Eigentümer oder ein nachstehender Hypothekengläubiger) geltend macht, daß der vorgemerkte Anspruch überhaupt nicht bestehe, ist für eine Widerspruchseintragung zugunsten des Beeinträchtigten kein Raum. Denn wenn auch der vorgemerkte Anspruch nicht besteht, so ist doch das Grundbuch nicht, wie nach § 894 erforderlich ist, „in Ansehung eines Rechts oder einer Verfügungsbeschränkung" unrichtig. Denn die Vormerkung ist weder ein Recht noch eine Verfügungsbeschränkung (§ 883 Anm. 35, 37, 63). Der Beeinträchtigte bedarf auch keines Schutzes durch einen Widerspruch, der verhindert, daß das von ihm betroffene, zwar eingetragene, aber tatsächlich nicht bestehende Recht bei einem gutgläubigen rechtsgeschäftlichen Erwerb als bestehend gilt. Denn der Erwerb an einem vorgemerkten Anspruch wird nicht durch den öffentlichen Glauben des Grundbuchs geschützt (§ 883 Anm. 44). Selbst wenn ein Dritter den vorgemerkten Anspruch inzwischen erworben hat (§ 894 Anm. 16), kommt es immer darauf an, ob der Anspruch tatsächlich besteht oder nicht. Dem Beeinträchtigten muß es auch hier überlassen bleiben, die Vormerkung wegen Nichtbestehens des vorgemerkten Anspruchs im Wege der Störungsklage (§ 886 Anm. 3, 9) zur Löschung zu bringen.

Anm. 6

c) Dagegen ist ein **Widerspruch gegen eine Verfügungsbeschränkung grundsätzlich zulässig** (vgl. OLG 12, 167; anders die hM: eine unrichtige Verfügungsbeschränkung könne ein Recht nicht von Rechts wegen beeinträchtigen, KGJ 26 A 77; BayObLG 15, 325; HRR 1930 Nr. 239; Staudinger Anm. 9). Denn nach § 899 Abs. 1 kann ein Widerspruch in allen Fällen des § 894 eingetragen werden. Zu ihnen gehört auch der Fall, daß der Inhalt des Grundbuchs „in Ansehung einer Verfügungsbeschränkung der im § 892 Abs. 1 bezeichneten Art“ mit der wirklichen Rechtslage nicht im Einklang steht. Nach § 22 Abs. 1 Satz 2 GBO gilt auch die Vorschrift des Abs. 1 Satz 1 über die Berichtigung des Grundbuchs „insbesondere für die Eintragung oder Löschung einer Verfügungsbeschränkung“. So kann z. B. das (angeblich) bestehende, den Vorerben beschränkende Recht des Nacherben (§ 2113) oder das Recht auf Beseitigung einer (angeblich) nicht bestehenden, einem eingetragenen Recht beigefügten Bedingung durch Widerspruch gesichert werden (§ 892 Anm. 99f, 112). Soweit freilich Verfügungsbeschränkungen, wie dies bei behördlichen Veräußerungsverboten des § 136 meistens der Fall ist (§ 892 Anm. 112), auf Ersuchen einer Behörde eingetragen sind, wird eine Berichtigung im Sinne des § 894 BGB und des § 22 GBO kaum in Frage kommen, da die Eintragung wie die Löschung auf das maßgebende Ersuchen hin vorgenommen wird (§§ 19, 20, 130 ZVG; §§ 106, 113, 114 KO). Kein Widerspruch ist gegen den Enteignungsvermerk gegeben (KGJ 35 A 261; OLG 21, 167).

Anm. 7

3. Voraussetzung des Widerspruchs. Die Eintragung des Widerspruchs hat zur Voraussetzung, **daß ein Fall des § 894 vorliegt.**

a) Diese Voraussetzung ist **erst mit der Vornahme der die Unrichtigkeit des Grundbuchs bewirkenden Eintragung** gegeben. Immerhin ist nicht ausgeschlossen, daß die Eintragung des Widerspruchs schon vorher beantragt und dann **gleichzeitig mit der (unrichtigen) Eintragung der Rechtsänderung** vorgenommen wird (OLG 26, 7). Das ist besonders von Bedeutung, wenn dem Widersprechenden kein Rechtsbehelf zur Seite steht, die (unrichtige) Eintragung der Rechtsänderung zu verhindern (OLG 26, 6).

b) Hat an dem (angeblich) nichtbestehenden **eingetragenen Recht bereits ein rechtsgeschäftlicher Erwerb stattgefunden,** so daß das Recht nunmehr zugunsten des gutgläubigen Erwerbers gemäß § 892 Abs. 1 Satz 1 als bestehend gilt, so fragt es sich, inwieweit und unter welchen Voraussetzungen die Eintragung eines Widerspruchs noch zulässig ist. — aa) Ist **das Recht auf den Erwerber vollständig übertragen** (z. B. das Eigentum an einer auf dem Grundbuchblatt irrtümlich eingetragenen Parzelle oder eine Hypothek), so kann der Widerspruch nur gegen den Erwerber eingetragen werden, gleichviel ob das zu sichernde Recht ebenfalls jenes Recht im vollen Umfange begreift oder nur auf eine Belastung des Rechts (z. B. auf Belastung des Eigentums durch eine zu Unrecht gelöschte Hypothek oder auf Belastung einer Hypothek durch Pfandrecht) gerichtet ist. Denn der Erwerber ist der gegenwärtige eingetragene Inhaber des Rechts; nur er wird im Sinne des § 894 nach dem Inhalt des Grundbuchs von der mit dem Widerspruch verfolgten Berichtigung des Grundbuchs betroffen. Die Möglichkeit, daß künftig etwa der frühere Inhaber das Recht zurückerlangt oder sonst die Berechtigung des Erwerbers fortfällt, muß für die Frage, ob und wie gegenwärtig ein Widerspruch eingetragen werden kann, außer Betracht bleiben (vgl. jedoch **RG** 65, 101; RJA 65, 243; 11, 131). Zu einer solchen Widerspruchseintragung kann aber der zu Schützende, falls der Erwerber nicht freiwillig die Eintragung bewilligt, nach § 899 nur gelangen, wenn er zur Begründung seines Antrags auf Erlassung einer einstweiligen Verfügung glaubhaft macht (Anm. 20) oder zur Erlangung eines vollstreckbaren Urteils gemäß § 895 ZPO beweist, daß sein Recht bestand oder noch besteht, daß das Recht des früher Eingetragenen dagegen nicht bestand oder belastet war und daß endlich der Erwerber zur Zeit des Erwerbs davon Kenntnis hatte (RJA 6, 244; 7, 73; 11, 131). — bb) Hat der Erwerb **nur eine Belastung des Rechts** zum Gegenstand und begreift das zu sichernde Recht jenes Recht in vollem Umfange (will z. B. der zu Schützende der wahre Eigentümer gegenüber dem eine Hypothek für den Erwerber bestellenden Nichteigentümer sein), oder soll das zu sichernde Recht von jenem Recht frei sein (macht z. B. der zu schützende Eigentümer die Nichtigkeit der Hypothek geltend, an der dem Erwerber ein Pfandrecht bestellt ist), so kann zunächst gegen den noch eingetragenen Inhaber jenes Rechts ein Widerspruch lediglich unter Glaubhaftmachung des Nichtbestehens des eingetragenen Rechts zur Eintragung gebracht werden. Soll aber das zu sichernde Recht auch gegenüber dem Erwerber des belastenden Rechts geschützt sein, so muß auch gegen diesen eine Widerspruchseintragung veranlaßt werden, und zwar unter Glaubhaftmachung auch der den Erwerb beeinträchtigenden Kenntnis des Erwerbers. So wird z. B. in HRR 1936 Nr. 404 ein sowohl gegen den Hypothekengläubiger wie gegen den Grundstückseigentümer sich richtender Widerspruch zugelassen zugunsten des Nacherben bei einer Hypothek, die der nichtbefreite Vorerbe an dem zum Nachlaß gehörigen Grundstück für einen in Ansehung der Nacherbenschaft nicht gutgläubigen Dritten zu einer Zeit bestellt hatte (§ 2113 Abs. 1), wo der Vorerbe entgegen § 51 (52) GBO ohne Nacherbenvermerk als Grundstückseigentümer in das Grundbuch eingetragen war.

Anm. 8

4. Wirkung des Widerspruchs.

a) Da die Wirkung des Widerspruchs, abgesehen von §§ 900, 902, 927, sich darin erschöpft, daß der rechtsgeschäftliche Erwerber des betroffenen Rechts ohne Rücksicht auf seinen guten Glauben das entgegenstehende oder beschränkende gesicherte Recht, sofern es wirklich besteht, gegen sich gelten lassen muß (**RG** 117, 352), so ist der Widerspruch als solcher nur von Bedeutung auf der einen Seite für den eingetragenen Inhaber des betroffenen Rechts, der durch eine Verfügung über sein Recht das gesicherte Recht nicht beseitigen oder einschränken kann, und für den Erwerber des betroffenen Rechts, der sich nicht auf § 892 berufen kann, auf der andern Seite für den Inhaber des gesicherten Rechts. **Im übrigen erfährt das gesicherte Recht durch die Widerspruchseintragung keine Verstärkung oder Erweiterung.** Auch dadurch, daß dem Erwerber des betroffenen Rechts das gesicherte Recht bekannt ist, verbesssert sich die Rechtslage des Widerspruchsgeschützten nicht (KGJ 26 A 253). **Andere als der Geschützte erlangen** durch die Widerspruchseintragung **keinerlei Rechte oder Sicherungen.**

b) Hieraus folgt: — aa) Der Geschützte muß im Falle des Bestreitens sein Recht nach wie vor **beweisen.** Er gilt nicht etwa als der eingetragene Berechtigte, der z. B., wenn das gesicherte Recht das Eigentum betrifft, zur Auflassung befugt wäre, oder zur Löschung von Hypotheken nach § 27 GBO seine Zustimmung zu erteilen hätte (KGJ 26 A 250). — bb) Auf den für den Geschützten eingetragenen Widerspruch **können sich andere** eingetragene oder nicht eingetragene Realberechtigte auch dann **nicht berufen,** wenn ihnen selbst ein das betroffene Recht ausschließendes oder einschränkendes Recht zusteht (str.; vgl. Staudinger Anm. 20). Vielmehr müssen sie, wenn sie gegen einen rechtsgeschäftlichen Erwerb geschützt sein sollen, wegen ihren eigenen Rechts einen besonderen Widerspruch eintragen lassen. So ist z. B. der Eigentümer, der wegen unrechtmäßiger Belastung seines Eigentums durch eine nicht bestehende Hypothek einen Widerspruch gegen diese hat eintragen lassen, nur für seine

Person geschützt. Nachstehende Hypothekengläubiger müssen wegen ihrer Rangverschlechterung einen besonderen Widerspruch für ihr Recht auf Beseitigung der sie beeinträchtigenden Hypothek eintragen lassen, wenn sie gegen einen rechtgeschäftlichen Erwerb geschützt sein wollen. Immerhin wird aus der Tatsache, daß bei dem betroffenen Recht ein Widerspruch zugunsten eines von mehreren Beeinträchtigten eingetragen ist, unter Umständen ein Beweis dafür zu entnehmen sein, daß der Erwerber des betroffenen Rechts das Nichtbestehen des Rechts gekannt hat. Insofern kann daher der Widerspruch auch für die anderen Beeinträchtigten von Bedeutung sein.

c) Das durch den Widerspruch gewährte Schutzrecht kann für sich allein weder an einen andern übertragen noch für einen andern gepfändet werden. Es ist **nur zugleich mit dem zugrunde liegenden dinglichen Recht übertragbar und pfändbar,** da es mit diesem in unlöslichem Zusammenhang steht (KGJ 47, 177).

Anm. 9

5. Übertragung des betroffenen Rechts. Hat **nach Eintragung des Widerspruchs ein anderer** als der eingetragene Inhaber durch Rechtsgeschäft oder auf anderem Wege (§ 892 Anm. 40) **das betroffene Recht** oder ein Recht daran **erworben,** so kann der Widerspruchsberechtigte unter Nachweis seines Rechts die **Herstellung des seinem Recht entsprechenden Inhalts** von dem Passivbeteiligten verlangen. Je nach Lage des Falles kann er also begehren: die **Beseitigung des Rechts** aus dem Grundbuch entweder nur vom gegenwärtigen Inhaber (z. B. der nachstehende Hypothekengläubiger die Beseitigung einer nicht bestehenden Hypothek von deren Erwerber) oder auch vom ursprünglichen Inhaber und vom Erwerber einer Belastung an dem Recht (z. B. der Eigentümer die Beseitigung einer nicht bestehenden Hypothek vom Gläubiger und vom Erwerber eines Pfandrechts daran). Bei anderer Sachlage kann er verlangen: die **endgültige unbeschränkte Eintragung** seines Rechts entweder nur vom gegenwärtigen Inhaber des betroffenen Rechts (z. B. derjenige, dem in Wirklichkeit eine für einen andern eingetragene Hypothek zusteht, seine Eintragung als Gläubiger vom Erwerber der Hypothek) oder auch vom ursprünglichen Inhaber und vom Erwerber einer Belastung an dem Recht (z. B. der wahre Eigentümer vom Bucheigentümer und von dem, der vom Bucheigentümer eine Hypothek bestellt erhalten hat, die Eintragung seines Eigentums frei von der Hypothek, oder derjenige, dessen Hypothek zu Unrecht gelöscht ist, vom Eigentümer und vom Gläubiger einer nachher eingetragenen Hypothek die Eintragung der gelöschten Hypothek mit dem Range vor der später eingetragenen Hypothek). Hat der Widerspruchberechtigte wegen seines Rechts zur Zeit des Erwerbs des betroffenen Rechts bereits die Klage gegen dessen Inhaber erhoben, so kommen die Vorschriften der §§ 265, 266, 325 ZPO über die Wirkungen der Rechtshängigkeit gegenüber dem Erwerber zur Anwendung (**RG** 79, 165). Durch die Eröffnung des **Konkurses** über das Vermögen des Widerspruchsverpflichteten wird das gesicherte Recht des Widerspruchsberechtigten, sofern es besteht, gemäß § 43 KO nicht berührt. Im Falle der **Zwangsversteigerung** ist das durch Widerspruch gesicherte Recht nach § 48 ZVG bei der Feststellung des geringsten Gebots wie ein eingetragenes Recht zu berücksichtigen. Ein zu Unrecht gelöschtes Recht ist also auch mit dem bisherigen Range anzusetzen, soweit nicht ein in der Zwischenzeit bis zur Eintragung des Widerspruchs eingetretener gutgläubiger Rechtserwerb Dritter entgegensteht (KGJ 47, 214). Auch sonst hat hier der Widerspruch die gleichen Wirkungen wie eine Vormerkung (§ 883 Anm. 74ff). Insbesondere hindert der Widerspruch für sich allein nicht die Zwangsversteigerung, auch wenn er das Eigentum des zur Zwangsversteigerung stehenden Grundstücks betrifft. Eine solche Wirkung ist ihm, der auch einen rechtsgeschäftlichen Erwerb des betroffenen Rechts nicht hindert, vom Gesetz nicht beigelegt. Ein „aus dem Grundbuch ersichtliches Recht, das der Zwangsversteigerung entgegensteht" (§ 28 ZVG), ist der auf das Eigentum gerichtete Widerspruch als solcher nicht. Er ist weder selbst ein eingetragenes Recht noch ist durch das Gesetz bestimmt, daß kraft der Widerspruchseintragung ein nicht eingetragenes Eigentumsrecht mit der Wirkung als eingetragen gelten soll, daß es der Zwangsversteigerung entgegensteht (str.). Der Widerspruchsberechtigte kann also nur auf Grund des gesicherten Rechts, wenn es wirklich besteht, nicht auf Grund des Widerspruchs als solchen, gemäß §§ 771 ff ZPO die Aufhebung der Zwangsversteigerung herbeiführen. Der Widerspruch ist hier nur insofern von Bedeutung, als daraus zu entnehmen ist, ob das geschützte Recht dem betreibenden Gläubiger vorgeht oder ihm nachsteht. Denn nur wenn das erste der Fall ist, kann der Widerspruchsbegünstigte wegen seines Rechts die Klage aus §§ 771 ff ZPO mit Erfolg erheben.

Anm. 10

6. Übertragung des gesicherten Rechts. Eine Übertragung des gesicherten Rechts kommt nur in Frage bei solchen Rechten, die eingetragen werden sollen, nicht bei solchen, die nur auf Beseitigung eines eingetragenen Rechts gerichtet sind. Auf die Form und die Voraussetzungen dieser Übertragung hat die Widerspruchseintragung keinen Einfluß. Da nach § 873 zur Übertragung eines Rechts am Grundstück oder eines Rechts an einem solchen Recht außer der Einigung regelmäßig die Eintragung erforderlich ist, wird eine Übertragung in der Regel erst nach oder gleichzeitig mit der endgültigen Eintragung des Rechts möglich sein. Abtretung und Pfändung des Berichtigungsanspruchs sind erörtert in § 894 Anm. 27, 28; ihre Erstreckung auf den für das geschützte Recht eingetragenen Widerspruch behandelt KGJ 36 A 178. Die **endgültige Eintragung** eines gesicherten Rechts, das auf Eintragung gerichtet ist, oder die endgültige Löschung des eingetragenen Rechts, dessen Beseitigung das gesicherte Recht zum Ziele hat, geschieht auf Grund der freiwillig erklärten oder gemäß § 894 ZPO durch rechtskräftiges Urteil ersetzten Bewilligung des durch die Widerspruchseintragung Betroffenen. Hat das gesicherte Recht das **Eigentum** zum Gegenstand, so bedarf es einer Auflassung nicht. Denn es handelt sich hier nicht um eine rechtsgeschäftliche Übertragung des Eigentums, sondern um die Berichtigung des Grundbuchs durch Eintragung des wahren Eigentümers. Ist das Recht auf Eintragung einer **Belastung** des Grundstücks gesichert, so erhält die endgültige Eintragung den Rang, der sich aus dem Zeitpunkt seiner Entstehung ergibt, sofern es ein Recht ist, das noch nicht eingetragen war und zur Entstehung der Eintragung auch nicht bedurfte. Das gilt selbst dann, wenn vor der Eintragung des Widerspruchs ein Rechtserwerb im guten Glauben stattgefunden hat. War das Recht dagegen eintragungsbedürftig und eingetragen, ist es demnächst aber zu Unrecht gelöscht worden, so behält es an sich zwar auch seinen früheren Rang; doch gehen ihm nach seiner Wiedereintragung diejenigen Rechte am Grundstück, die inzwischen durch Übertragung oder Neubelastung gutgläubig erworben sind, im Range vor, soweit es nicht durch einen Widerspruch (gegenüber dem Eigentum oder gegenüber früheren Belastungen) gegen diesen Erwerb geschützt ist.

Anm. 11

7. Sonderfälle. Zur Sicherung des gegen ein eingetragenes Recht sich richtenden **Anfechtungsanspruchs** aus dem Anfechtungsgesetz oder aus §§ 29 ff KO kann ein Widerspruch nicht eingetragen werden, da der Anspruch auf Rückgewähr kein dingliches Recht ist (**RG** 67, 41; § 883 Anm. 9, 10). Bei einer **Hypothekeintragung** ist ein Widerspruch auch zulässig in Ansehung der Forderung und der dem Eigentümer nach § 1137 zustehenden Einreden (§§ 1138, 1139, 1157). Bei der **Briefhypothek** kann sich der Widerspruch nicht nur gegen den eingetragenen Gläubiger richten, sondern auch gegen den gemäß § 1155 ausgewiesenen Besitzer des Briefs (§ 1155).

Anm. 12

8. Beschwerde gegen die Widerspruchseintragung. Gegen eine Widerspruchseintragung ist ebenso wie gegen eine Vormerkung eine Beschwerde zulässig, weil sie keine Eintragung im Sinne des § 71 Abs. 2 GBO ist (§ 883 Anm. 47; RJA 4, 48; KGJ 23 A 133; OLG 7, 377; JW 1926, 65[3]).

II. Eintragung des Widerspruchs

Anm. 13

1. Vorschriften. Maßgebend ist **§ 12 der Grundbuchverfügung** des Reichsministers der Justiz v. 8. 8. 1935. § 7 Satz 1 GBO (Abschreibung im Falle der Belastung eines Grundstücksteils) findet auf Widersprüche ebensowenig Anwendung wie auf Vormerkungen (§ 883 Anm. 53).

Anm. 14

2. Bezugnahme auf die Unterlagen. Bei der Eintragung des Widerspruchs kann wie bei der Vormerkung zur näheren Bezeichnung des zu sichernden Rechts auf die Unterlagen (Eintragungsbewilligung, einstweilige Verfügung, vollstreckbares Urteil gemäß § 895 ZPO) **Bezug genommen** werden (str.). Zwar fehlt im § 899 eine dem § 885 Abs. 2 entsprechende ausdrückliche Vorschrift. Das praktische Bedürfnis spricht aber für die gleichmäßige Behandlung beider Fälle. Ihm trägt denn auch die Mustereintragung in Abt. II Nr. 2 der Anlage 1 zur Grundbuchverfügung v. 8. 8. 1935 Rechnung.

Anm. 15

3. Inhalt. Da der Widerspruch den Inhaber eines dinglichen Rechts gegenüber einem entgegenstehenden oder beschränkenden Recht sichern soll, muß der Widerspruchsvermerk **das geschützte dingliche Recht** seinem Rechtsgrunde nach bezeichnen, den **Namen des Inhabers** angeben und auf **das betroffene Recht** hinweisen (KGJ 23 A 133; 36 A 180; 54, 231; 47, 212; § 892 Anm. 83). Fehlt es an solchen Angaben im Eintragungsvermerk, ist insbesondere der Widerspruchsberechtigte nicht genannt, so ist die Widerspruchseintragung rechtsunwirksam und im Sinne des § 53 Abs. 1 Satz 2 GBO inhaltlich unzulässig (KGJ 23 A 133; 45 S. 231, 256; 47, 212; OLG 45, 204). Das Wort „Widerspruch" braucht in dem Eintragungsvermerk nicht unbedingt enthalten zu sein; auch schadet eine Eintragung an falscher Stelle nicht; ebensowenig die falsche Bezeichnung der Eintragung als „Vormerkung". Nur muß immer aus dem Vermerk hervorgehen, daß es sich um den Schutz eines bestimmten dinglichen Rechts gegenüber einem eingetragenen Recht handelt (**RG** 55, 243; JW 1908, 275[11]; RJA 11, 131; § 883 Anm. 52).

Anm. 16

4. Erwerb des betroffenen Rechts, Konkurs des Betroffenen. Die Frage, wann eine Widerspruchseintragung als **vor einem Erwerb** des betroffenen Rechts bewirkt anzusehen ist, wird in § 892 Anm. 85 behandelt. Die Eröffnung des **Konkurses über das Vermögen des Betroffenen** hindert eine Widerspruchseintragung nicht. Denn § 14 KO bezieht sich auf den Widerspruch nicht; der Konkursverwalter muß das geschützte dingliche Recht, wenn es besteht, nach § 43 KO auch gegenüber der Konkursmasse gelten lassen.

Anm. 17

5. Hypothek. Soll der Widerspruch **bei einem verbrieften hypothekarischen Recht** eingetragen werden, so ist nach §§ 41 Abs. 1 Satz 1, 42 Satz 1, 62 GBO der Brief vorzulegen, sofern nicht einer der Ausnahmefälle der §§ 41 Abs. 1 Satz 2, 42 Satz 2, 53 Abs. 2 GBO gegeben ist (RJA 6, 243; 7, 60; KGJ 31 A 371). Nach § 1140 Satz 2 steht ein aus dem Brief oder einem Vermerk auf dem Brief hervorgehender Widerspruch einem im Grundbuch eingetragenen Widerspruch gleich. Hiervon abgesehen, muß der Widerspruch eingetragen sein, wenn er Wirkung haben soll.

Anm. 18

6. Löschung des Widerspruchs. Ist der **Widerspruch gelöscht,** sei es auch zu Unrecht, so verliert er jede Kraft, selbst gegenüber demjenigen, der in Kenntnis der unrechtmäßigen Löschung ein Recht an dem betroffenen Recht durch Rechtsgeschäft erworben hat. Nur die Kenntnis von dem geschützt gewesenen dinglichen Recht selbst schadet nach § 892 Abs. 1 Satz 1 dem Erwerber. Da der Widerspruch mit der Löschung erlischt, wird das Grundbuch, auch wenn die Löschung zu Unrecht erfolgt ist, nicht unrichtig im Sinne des § 894. Deshalb kann auch nicht gemäß § 53 Abs. 1 Satz 2 GBO ein Widerspruch gegen die unrechtmäßige Löschung des Widerspruchs eingetragen werden (KGJ 49, 181). Damit das Recht wieder geschützt wird, muß der Widerspruch nach Maßgabe des § 899 Abs. 2 von neuem eingetragen werden. Hier weicht also die Rechtslage von derjenigen bei der Vormerkung ab (§ 886 Anm. 11, wo insbesondere auch die Frage behandelt ist, welche Bedeutung einem von Amts wegen eingetragenen Widerspruch gegen die zu Unrecht erfolgte Löschung einer Vormerkung beizumessen ist).

III. Grundlagen der Widerspruchseintragung

Anm. 19

1. Einstweilige Verfügung und Eintragungsbewilligung. Wegen der einstweiligen Verfügung und der Eintragungsbewilligung, auf Grund deren der Widerspruch eingetragen wird, gelten die Ausführungen zur Vormerkung in § 885 Anm. 1—16. Jedoch hindert der Konkurs über das Vermögen des Verpflichteten nicht, wie bei der Vormerkung (§ 14 KO), die Eintragung eines Widerspruchs (Anm. 16).

Anm. 20

a) Die **Glaubhaftmachung** (§ 294 ZPO) der Gefährdung des zu sichernden Rechts ist zur Erlassung der **einstweiligen Verfügung** nach § 899 Abs. 2 Satz 2 nicht erforderlich. Wohl aber muß nach §§ 936, 920 Abs. 2 ZPO das Bestehen des Berichtigungsanspruchs glaubhaft gemacht werden (KGJ 41, 211; 45, 214; 47, 185; 48, 195; JFG 1, 481). Die einstweilige Verfügung ist vom Grundbuchrichter bei der Eintragung des Widerspruchs nicht auf ihre materielle Rechtfertigung nachzuprüfen, sofern sie nicht eine inhaltlich unzulässige Eintragung anordnet (JFG 3, 422). Doch muß die einstweilige Verfügung gegen einen bestimmten Gegner erlassen sein (Anm. 15; OLG 7, 60; 8 S. 109, 110; KGJ 31 A 371). Werden mehrere Rechte durch die Eintragung des Widerspruchs betroffen, so muß sich die einstweilige Verfügung gegen alle Betroffenen richten (JFG 3, 421). Die Voraussetzungen, unter denen im Falle eines vor der Eintragung des Widerspruchs vollzogenen Erwerbs an dem betroffenen Recht die Erlassung der einstweiligen Verfügung zulässig ist, sind erörtert in Anm. 9.

Anm. 21

b) Nach § 895 ZPO kann ein Widerspruch auch eingetragen werden auf Grund eines **vorläufig vollstreckbaren Urteils,** wodurch der Inhaber des eingetragenen Rechts, gegen das ein dingliches Recht besteht, zur Bewilligung der dem entgegenstehenden Recht entsprechenden Eintragung oder Löschung verurteilt ist.

Anm. 22

c) Auf **anderen Grundlagen** als den vorbezeichneten (einstweilige Verfügung, Eintragungsbewilligung, vorläufig vollstreckbares Urteil) kann nach dem Wortlaut des § 899 Abs. 2 und des § 895 ZPO ein Widerspruch **nicht** eingetragen werden, insbesondere also regelmäßig auch nicht auf den einseitigen Antrag des Gefährdeten, der die Unrichtigkeit des Grundbuchs hinsichtlich des eingetragenen Rechts, gegen das der Widerspruch sich richten soll, gemäß § 22 GBO nachweist. Es bedarf hier im allgemeinen auch keines Widerspruchs. Denn auf Grund des im Nachweis der Unrichtigkeit des Grundbuchs enthaltenen Nachweises des zu schützenden dinglichen Rechts kann die diesem entsprechende Eintragung oder Löschung selbst vollzogen werden (str.; OLG 2, 59). Jedoch ergeben Sonderbestimmungen **Ausnahmen von der Regel.** So genügt z. B. im Falle des § 1139 (Widerspruch gegen eine Darlehnsbuchhypothek wegen fehlender Zahlung des Darlehns) zur Eintragung des Widerspruchs der vom Eigentümer an das Grundbuchamt gerichtete Antrag.

Anm. 23

2. Widerspruch von Amts wegen

a) Nach **§ 53 Abs. 1 Satz 1 GBO** ist ein **Widerspruch von Amts wegen** oder gemäß **§ 71 Abs. 2 Satz 2 GBO auf Beschwerde** einzutragen, wenn sich ergibt, daß das Grundbuchamt unter Verletzung gesetzlicher Vorschriften eine die Unrichtigkeit des Grundbuchs verursachende Eintragung vorgenommen hat. Dieser Widerspruch hat die gleiche Wirkung wie der nach § 899 eingetragene. Der Eintragungsvermerk muß ebenfalls den in Anm. 15 bezeichneten Inhalt haben (KGJ 23 A 133; 47, 184; RJA 6, 245; 7, 73; 11, 131). Voraussetzung für seine Einschreibung ist, daß durch die Eintragung, gegen die er sich richtet, das Grundbuch unrichtig geworden ist und daß die Unrichtigkeit mit der **Nichtanwendung oder unrichtigen Anwendung einer gesetzlichen Vorschrift** im Zusammenhang steht. Ist der Grundbuchbeamte nach dem zur Zeit der Eintragung ihm vorliegenden Tatbestand richtig verfahren, so kann nicht deswegen ein Widerspruch nach § 53 GBO eingetragen werden, weil der mitgeteilte Tatbestand unrichtig oder unvollständig war und daher das Grundbuch unrichtig geworden ist. Vielmehr muß es bei einem solchen Sachverhalt den Beteiligten überlassen bleiben, nach § 899 BGB die Eintragung eines Widerspruchs herbeizuführen. Anderseits braucht im Bereich des § 53 GBO die Verletzung gesetzlicher Vorschriften nicht auf Vorsatz oder Fahrlässigkeit des Grundbuchbeamten zu beruhen (KGJ 40 A 170; 47, 184). Die Voraussetzung für die Eintragung eines Widerspruchs von Amts wegen, daß das Grundbuchamt durch Vornahme einer Eintragung das Gesetz verletzt hat, ist nicht ohne weiteres dann gegeben, wenn eine **Verletzung ausländischen Rechts** in Betracht kommt. Denn das Grundbuchamt braucht dieses Recht nicht wie inländisches Recht zu kennen. Es ist nur verpflichtet, sich nach Möglichkeit von dem ausländischen Recht Kenntnis zu verschaffen. Nur soweit es diese nach inländischem Recht ihm obliegende Pflicht außer acht läßt, verletzt es das inländische Gesetz und begeht dadurch eine Gesetzesverletzung im Sinne des § 53 GBO (JFG 7, 250).

Anm. 24

b) Weiter sind Widerspruchseintragungen von Amts wegen vorgeschrieben oder gestattet in **§ 18 Abs. 2** (wenn bei mehreren gleichzeitigen Eintragungsanträgen einem Antrag ein vorläufiges Hindernis entgegensteht) und in **§ 76 GBO** (Eintragung auf Grund einstweiliger Anordung des Beschwerdegerichts). Diese Widersprüche haben aber nach ihrem Sinn und Zweck besondere Wirkungen wie auch die Vormerkungen, die nach denselben Vorschriften eingetragen werden (§ 892 Anm. 70). Der nach §§ 23, 24 GBO von Amts wegen vor der Löschung eines zeitlich beschränkten Rechts einzutragende Widerspruch soll nur verhindern, daß das Grundbuch durch Löschung des Rechts unrichtig wird; er ist daher kein Widerspruch im Sinne des § 899. Die von Amts wegen eingetragenen Widersprüche der §§ 18, 76 werden gemäß §§ 18 Abs. 2 Satz 2, 76 Abs. 2 GBO von Amts wegen gelöscht, im übrigen auf freiwillige oder durch Urteil ersetzte (§ 894 ZPO) Bewilligung des Widerspruchsberechtigten oder auf Grund einer vollstreckbaren Entscheidung, wodurch die der Widerspruchseintragung zugrunde liegende einstweilige Verfügung aufgehoben ist (§ 25 GBO; einen besonderen Aufhebungsgrund enthält § 942 Abs. 3 ZPO).

Anm. 25

3. Widerspruch auf behördliches Ersuchen. Von gleicher Wirkung wie die von Amts wegen einzutragenden sind die Widersprüche, die **wegen fehlender Genehmigung** von grundbuchlichen Rechtsakten auf Ersuchen von Behörden einzutragen sind (OLG 44, 167), z. B. auf Ersuchen der Landwirtschaftsbehörde zur Durchführung des KRG 45 — vgl. § 32 Abs. 3 LVO v. 2. 12. 1947 (VOBlBrZ 157); § 10 Bayr. VO v. 20. 2. 1947 (GVBl. 180); § 10 Brem. VO v. 19. 7. 1948 (GBl. 119); § 11 Hess. VO v. 11. 7. 1947 (GBl. 44); § 12 Württ.-Bad. VO v. 16. 7. 1947 (RegBl. 63) i. d. F. v. 24. 10. 1949 (RegBl. 50, 2); § 6 Bad. VO v. 11. 12. 1948 (GVBl. 217); § 6 Rhld.-Pf. VO v. 11. 12. 1948 (GVBl. 447); § 6 Württ.-Hohenz. Ges. v. 10. 5. 1949 (RegBl. 143) —; auf Ersuchen der Siedlungsbehörde zur Durchführung der Bodenreformgesetze (**BGH** RdL 54, 135; OLG Hamm RdL 51, 158); ferner § 11 Abs. 2 WohnsiedlGes v. 22. 9. 1933; Art. 2 Abs. 3 VO über die Veräußerung von Entschuldungsbetrieben v. 6. 1. 1937 (RGBl. I 5). Als Berechtigter ist nicht die ersuchende Behörde, sondern der Inhaber des Berichtigungsanspruchs einzutragen (KG JW 25, 1779).

§ 900

Wer als Eigentümer eines Grundstücks im Grundbuch eingetragen ist, ohne daß er das Eigentum erlangt hat, erwirbt das Eigentum, wenn die Eintragung dreißig Jahre bestanden und er während dieser Zeit das Grundstück im Eigenbesitze gehabt hat. Die dreißigjährige Frist wird in derselben Weise berechnet wie die Frist für die Ersitzung einer beweglichen Sache. Der Lauf der Frist ist gehemmt, solange ein Widerspruch gegen die Richtigkeit der Eintragung im Grundbuch eingetragen ist.

Diese Vorschriften finden entsprechende Anwendung, wenn für jemand ein ihm nicht zustehendes anderes Recht im Grundbuch eingetragen ist, das zum Besitze des Grundstücks berechtigt oder dessen Ausübung nach den für den Besitz geltenden Vorschriften geschützt ist. Für den Rang des Rechtes ist die Eintragung maßgebend.

E II 815; P 3 192ff., 307f., 384f., 547f., 735; 4 588f.

Anm. 1

1. Ersitzung im allgemeinen

a) Eine Ersitzung **gegen den Inhalt des Grundbuchs** ist dem BGB **unbekannt.** Ein Nichteingetragener kann also weder das Eigentum noch ein begrenztes dingliches Recht an Grundstücken durch Ersitzung erwerben. Nur einen gewissen Ersatz für die Ersitzung bietet beim Eigentum (nicht auch bei begrenzten dinglichen Rechten), beim Erbbaurecht (VO v. 15. 1. 1919 § 11) und bei den anderen dem Grundeigentum gleichgestellten Rechten (§ 903 Anm. 6f.) der Erwerb auf Grund eines Ausschlußurteils gegen den Eigentümer gemäß § 927. Dagegen ist im § 900 zugunsten desjenigen, der **als Berechtigter eingetragen, in Wirklichkeit jedoch nicht Berechtigter** ist, die **Buchersitzung (Tabularersitzung)** des Rechts, und zwar sowohl des Eigentums wie eines der im Abs. 2 genannten begrenzten dinglichen Rechte, zugelassen.

Anm. 2

b) Für diese Ersitzung gelten **keine weiteren Erfordernisse als die im Abs. 1 aufgeführten.** Insbesondere kommt es auf das Vorhandensein eines Erwerbsakts (Titels) ebensowenig an wie auf guten Glauben. Auch wenn der Erwerber von der Unrechtmäßigkeit seiner Eintragung oder seines Besitzes zur Zeit des Eintritts dieser Tatsachen oder später Kenntnis gehabt hat, ist die Ersitzung nicht ausgeschlossen.

Anm. 3

c) Bis zur Anlegung des Grundbuchs (Art. 186 EG) bestimmte sich die Ersitzung nach den bisherigen Gesetzen (Art. 189 Abs. 1 EG). Die bis dahin vollendete Ersitzung behält ihre Kraft auch dann, wenn der Zeitpunkt der Vollendung erst nach dem Inkrafttreten des BGB eingetreten ist. **Vom Zeitpunkt der Grundbuchanlegung ab** kann aber die noch nicht vollendete Ersitzung nicht mehr nach den bisherigen Gesetzen fortgesetzt werden. Vielmehr ist die Vollendung gemäß Art. 189 Abs. 2 nur nach Maßgabe und unter den Voraussetzungen des § 900 und des Art. 169 EG möglich (**RG** WarnRspr 1919 Nr. 97).

Anm. 4

d) Danach scheiden hier die von § 900 nicht umfaßten **begrenzten dinglichen Rechte** (Anm. 10) von vornherein aus. Bei den **übrigen Rechten** müssen in der vorhergehenden Zeit sämtliche Erfordernisse der bisherigen Gesetze (gegebenenfalls auch Titel und guter Glaube), abgesehen von dem Fristablauf, für die Ersitzung vorgelegen haben, und ferner muß der Besitzer bei der Grundbuchanlegung (oder in dem Zeitpunkt, in dem das Grundbuch als angelegt anzusehen ist) als der Berechtigte eingetragen sein. Dann setzt sich die Ersitzung als Buchersitzung fort, und auf die dreißigjährige Frist des § 900 Abs. 1 wird die frühere Besitzzeit angerechnet. Wird aber der

Besitzer erst später als Berechtigter eingetragen, so findet eine Fortsetzung der Ersitzung überhaupt nicht statt; vielmehr kann nur eine neue Buchersitzung gemäß § 900 vom Zeitpunkt der Eintragung ab beginnen.

Anm. 5

2. Die **Buchersitzung des Eigentümers** gilt entsprechend auch für den eingetragenen Inhaber eines **Erbbaurechts** (§ 1017, VO § 11) oder eines **andern Rechts mit Grundstücksnatur** (§ 903 Anm. 6f). Eine Vormerkung auf Übertragung des Eigentums ist keine Eigentumseintragung. Ebensowenig genügt die Eintragung eines Widerspruchs im Grundbuch, um darauf eine Ersitzung nach § 900 zu stützen (HRR 1936 Nr. 1278). Ist ein Grundstück im Grundbuch auf mehreren Blättern für verschiedene Eigentümer gebucht, so kann keiner von ihnen auf seine Eintragung einen Ersitzungserwerb nach § 900 gründen (JFG 18, 180).

Anm. 6

3. Der Fall, daß der Besitzer trotz der Eintragung **Eigentum nicht erlangt hat,** liegt z. B. vor, wenn die Einigung über die Übertragung des Eigentums an den Besitzer (§§ 873 Abs. 1, 925) nichtig (z. B. wegen Geschäftsunfähigkeit eines Beteiligten) oder erfolgreich angefochten ist oder wenn der Besitzer auf Grund eines rechtsungültigen Testaments des verstorbenen Eigentümers für dessen Erben angesehen wurde.

Anm. 7

4. Das **Eigentum** wird so **erworben,** wie wenn die Eintragung rechtmäßig erfolgt wäre. Stimmen Eintragung und Besitz in ihrem Umfang nicht überein, so tritt der Eigentumserwerb nur insoweit ein, als beide sich decken. Denn nur in diesem Umfang treffen die beiden Voraussetzungen für den Erwerb zusammen. Das Eigentum des bisherigen Eigentümers ist beseitigt. Sein Eigentumsanspruch ist gemäß §§ 194, 195 verjährt.

Anm. 8

5. **Eigenbesitzer** ist, wer das Grundstück als ihm gehörend besitzt (§ 872). Auch mittelbarer Besitz (z. B. durch einen Nießbraucher, Pächter: § 866) genügt (**RG** Gruchot 44, 865).

Anm. 9

6. Auf die **Berechnung der dreißigjährigen Frist** finden die §§ 938ff. Anwendung. Die Frage, ob und mit welcher Wirkung die **Ersitzung gehemmt** ist, entscheidet sich nach Abs. 1 Satz 3 § 900 (Hemmung durch einen gemäß § 899 eingetragenen Widerspruch bis zu dessen Löschung) und §§ 202—207 in Verbindung mit § 939. Für die Frage der **Unterbrechung** sind die §§ 940, 941 maßgebend. Nach §§ 943, 944 kommt dem Ersitzenden die Ersitzungszeit des Rechtsvorgängers zustatten, und wenn er Erbe eines als Eigentümer Eingetragenen ist, die Ersitzungszeit eines etwaigen Erbschaftsbesitzers (§§ 2018, 2030), gleichviel ob dieser als Eigentümer eingetragen war oder nicht.

Anm. 10

7. Als nach Abs. 2 **ersitzungsfähige andere Rechte** kommen in Betracht hinsichtlich der Berechtigung zum Besitze des Grundstücks: Nießbrauch (§ 1036 Abs. 1), Wohnungsrecht (§§ 1093 Abs. 1 Satz 2, 1036), Wohnungseigentum und Dauerwohnrecht (§§ 1, 31 WEG) und die in Art. 63, 68 EG bezeichneten Rechte; hinsichtlich des Schutzes der Ausübung nach den für den Besitz geltenden Vorschriften: Grunddienstbarkeiten und beschränkte persönliche Dienstbarkeiten (§§ 1027, 2039, 1090 Abs. 2). Erforderlich ist zur Ersitzung, daß während 30 Jahren in den zuerst genannten Fällen das Grundstück besessen, in den zuletzt aufgeführten Fällen die den Besitz ersetzende (§ 1029) Ausübung der Dienstbarkeiten an dem Grundstück stattgefunden hat. Ob letzteres der Fall gewesen, ist Tatfrage. Die Erfordernisse für den Besitzschutz (Ausübung der Dienstbarkeit innerhalb eines Jahres vor der Störung:

§ 1029) kommen hier nicht in Betracht; die auf den Besitzschutz verweisenden Worte in Abs. 2 Satz 1 dienen nur zur Bezeichnung der ersitzungsfähigen Rechte (str.; vgl. Staudinger Anm. 4a Abs. 2). § 938 (Vermutung für den Besitz in der Zwischenzeit vom Anfang bis zum Ende der Frist) findet auch hier Anwendung. Die anderen begrenzten Rechte, wie Vorkaufsrecht, Reallast, Hypothek, Grundschuld, Rentenschuld, können nicht ersessen werden.

Anm. 11

8. Abs. 2 Satz 2 entspricht dem § 879 Abs. 2. Der danach maßgebende **Rang** der Eintragung bestimmt sich gemäß § 879 Abs. 1. Eine durch Buchersitzung erworbene Dienstbarkeit (Anm. 10) geht mithin auch allen Rechten im Range vor, die während des dreißigjährigen Zeitraumes eingetragen worden sind.

§ 901

Ist ein Recht an einem fremden Grundstück im Grundbuche mit Unrecht gelöscht, so erlischt es, wenn der Anspruch des Berechtigten gegen den Eigentümer verjährt ist. Das gleiche gilt, wenn ein kraft Gesetzes entstandenes Recht an einem fremden Grundstücke nicht in das Grundbuch eingetragen worden ist.

E II 816; P 3 327, 412f., 620, 738; 4 588.

Anm. 1

Ein begrenztes dingliches **Recht an einem fremden Grundstück** (für das Eigentum gilt nicht § 901, sondern §§ 900, 927) erlischt noch nicht durch die **unrechtmäßige Löschung.** Dem bisher eingetragenen Berechtigten steht aber eine (widerlegbare) Vermutung für das Nichtbestehen des gelöschten Rechts entgegen (§ 891 Abs. 2), und das Bestehen des Rechts trotz der Löschung hat gegenüber dem gutgläubigen Erwerber eines dem gelöschten Recht entgegenstehenden Rechts keine Wirkung (§ 892). Das Nähere hierüber ist in § 891 Anm. 37 gesagt.

Anm. 2

Ausnahmsweise bestimmt § 901, um die Richtigkeit des Grundbuchs herbeizuführen (§ 891 Anm. 36), als rechtliche Folge der Verjährung des dinglichen Anspruchs aus dem dinglichen Recht, daß das **Recht selbst erlischt.** Sonst bewirkt die Verjährung des Anspruchs nach § 222 Abs. 1 nicht die Aufhebung des Rechts, sondern gewährt nur eine den Anspruch dauernd ausschließende (rechtszerstörende: § 886 Anm. 4) Einrede. Denn das gegen alle wirkende dingliche Recht geht hinaus über den aus ihm erwachsenden dinglichen Anspruch. Dieser entsteht nur gegen die bestimmte Person, die das Recht beeinträchtigt (§§ 985, 1004). Sein Erlöschen läßt also regelmäßig das Recht selbst unberührt (§ 902 Anm. 1). Eine fernere Ausnahmebestimmung, die sogar im Falle der grundbuchlichen Eintragung gilt, geben die §§ 1082, 1090 Abs. 2, wonach eine Grunddienstbarkeit oder eine beschränkte persönliche Dienstbarkeit erlischt, wenn der Anspruch auf Beseitigung einer die Dienstbarkeit beeinträchtigenden Anlage verjährt ist.

Anm. 3

Der **Anspruch,** dessen Verjährung das Erlöschen des Rechts zur Folge hat, ist der dingliche Anspruch (§ 194 Abs. 1) **des Berechtigten gegen den Eigentümer** auf Herstellung des dem Recht entsprechenden Zustandes, also bei Dienstbarkeiten auf Duldung der Benutzung des Grundstücks (§§ 1018, 1027, 1030, 1065, 1090), bei einem Vorkaufsrecht auf Anerkennung der Befugnis zur Ausübung des Rechts (§§ 1094, 1098, 505), bei Reallasten und hypothekarischen Rechten auf Leistungen aus dem Grundstück (§§ 1005, 1107, 1113, 1147, 1191, 1192, 1199, 1200). Der aus § 894 hergeleitete Anspruch auf Berichtigung des durch die unrechtmäßige Löschung unrichtig gewordenen Grundbuchs (§ 891 Anm. 37) verjährt nach § 898 an sich nicht. Ist aber das Recht durch Verjährung des Anspruchs erloschen, so ist das Grundbuch nunmehr richtig; ein Berichtigungsanspruch besteht nicht mehr.

Anm. 4

Die Erfordernisse für die **Verjährung** des Anspruchs bestimmen sich nach den §§ 194ff. Die Verjährung beginnt nicht mit der Löschung des Rechts. Denn hieraus entsteht nur ein Anspruch auf Berichtigung des Grundbuchs (Anm. 3), nicht der hier gemeinte, in Anm. 3 bezeichnete Anspruch. Erst von dem Zeitpunkt der Entstehung dieses Anspruchs, also sobald ein dem Recht nicht entsprechender Zustand veruracht ist (z. B. dem Nießbraucher der Besitz vorenthalten, die Ausübung der Grunddienstbarkeit verweigert, bei Reallasten oder hypothekarischen Rechten der Anspruch auf eine Leistung fällig geworden ist), läuft gemäß § 198 die Verjährung. Ist aber der Anspruch bereits zu einer Zeit entstanden, als das Recht noch eingetragen war, so kann der Lauf der Frist gemäß § 902 erst mit der Löschung des Rechts beginnen. Wird das gelöschte Recht wieder eingetragen, so wird eine in Lauf gesetzte Anspruchsverjährung nicht etwa bloß gehemmt oder unterbrochen (§§ 205, 217), sondern rechtlich völlig bedeutungslos, da nach § 902 Abs. 1 Ansprüche aus eingetragenen Rechten nicht verjähren. Sollte späterhin das Recht wiederum zu Unrecht gelöscht werden, so könnte nur eine neue Verjährung beginnen (str.). Wird zugunsten des gelöschten Rechts ein Widerspruch (§ 899) eingetragen, so gilt gemäß § 902 Abs. 1, 2 von dem Zeitpunkt der Widerspruchseintragung ab dasselbe, wenn demnächst das Recht entsprechend dem Widerspruch endgültig wieder eingetragen wird. Wenn dagegen der Widerspruch gelöscht wird (z. B. wegen Aufhebung der zugrunde liegenden einstweiligen Verfügung), so ist es auch für die Verjährung so anzusehen, als ob der Widerspruch niemals eingetragen gewesen wäre. Die Verjährung ist also in diesem Falle durch die Widerspruchseintragung weder gehemmt noch unterbrochen worden (str.; § 216 Abs. 1). Unter Umständen kann aber bei einer auf Grund einer Bewilligung des Anspruchsverpflichteten erfolgten Widerspruchseintragung in der Bewilligung eine die Verjährung nach § 208 unterbrechende Anerkennung des Anspruchs zu finden sein. Wenn eine derartige Bewilligung vorliegt, wird es indessen wohl kaum zu einer Beseitigung des Widerspruchs kommen.

Anm. 5

Kraft Gesetzes ohne Eintragung entstandene Rechte an einem fremden Grundstücke, die nach Satz 2 ebenfalls erlöschen, wenn der Anspruch des Berechtigten gegen den Eigentümer (Anm. 3) verjährt ist, sind z. B. der Nießbrauch im Falle des § 1075, die Sicherungshypothek aus § 1287 Satz 2 und aus ZPO § 848 Abs. 2 Satz 2 (§ 873 Anm. 2). Vgl. auch Art. 114 EG (landesgesetzliche Ablösungsrenten). Rechte, die nicht eintragungsfähig sind (Vorbem. 7ff. vor § 873), gehören nicht hierher. Denn das Gesetz will nur das, was zulässig im Grundbuch eingetragen ist, mit der wirklichen Rechtslage in Einklang bringen (str.). Daher fallen unter § 901 auch nicht die gesetzlichen Überbau- und Notwegrenten, die nach §§ 914, 917 Abs. 2 nicht eingetragen werden (str.). Die Eintragung des Rechts und die Eintragung eines Widerspruchs zugunsten des nicht eingetragenen Rechts haben nach § 902 Abs. 1, 2 auf eine vorher in Lauf gesetzte Verjährung des Anspruchs aus dem Recht dieselben Wirkungen wie die Wiedereintragung und die Eintragung eines Widerspruchs bei einem zu Unrecht gelöschten Recht (Anm. 4).

§ 902

Die Ansprüche aus eingetragenen Rechten unterliegen nicht der Verjährung. Dies gilt nicht für Ansprüche, die auf Rückstände wiederkehrender Leistungen oder auf Schadenersatz gerichtet sind.

Ein Recht, wegen dessen ein Widerspruch gegen die Richtigkeit des Grundbuchs eingetragen ist, steht einem eingetragenen. Rechte gleich.

E I 847 II 817; M 3 250ff.; P 3 117f.

Übersicht

I. Unverjährbare Ansprüche aus eingetragenen Rechten

Anm. 1

1. Allgemeines. Daß Ansprüche aus eingetragenen Rechten nicht der Verjährung unterliegen, enthält eine **Ausnahme von der Regel des § 194,** wonach alle Ansprüche auf ein Tun oder Unterlassen, also auch dingliche Ansprüche aus dinglichen Rechten, verjährbar sind.

a) Eine **Verjährung des Rechts selbst** kommt überhaupt nicht in Frage (vgl. aber HRR 1932 Nr. 452, wo für grundbuchlich eingetragene Realgewerbeberechtigungen in Bayern unter Berufung auf Art. 74 EG und auf bayerisches Landesrecht eine Ausnahme gemacht wird). Nach dem BGB unterliegen nur die aus den Rechten erwachsenden Ansprüche, nicht die Rechte selbst der Verjährung. Bei den Schuldverhältnissen erschöpft sich allerdings das Recht in dem Anspruch. Bei ihnen entfällt daher mit dem Anspruch auch das Recht. Dagegen werden die gegenüber allen (absolut) wirkenden, insbesondere die dinglichen, familien- und erbrechtlichen Rechte durch Verjährung der aus ihnen erwachsenden Ansprüche in ihrem Fortbestand nicht berührt (M 1, 291). Nur ausnahmsweise bewirkt in den Fällen der §§ 901, 1028, 1090 Abs. 2 die Verjährung des Anspruchs aus begrenzten dinglichen Rechten das Erlöschen der Rechte (§ 901 Anm. 2).

Anm. 2

b) Durch § 902 wird auch die **Verjährung von Ansprüchen ausgeschlossen, die aus eingetragenen Rechten erwachsen sind** (abgesehen von den Ausnahmen des Abs. 1 Satz 2). Zu diesen Rechten gehören nicht nur die Rechte an fremden Grundstücken, die **begrenzten dinglichen Rechte** (§ 873 Anm. 27, § 901 Anm. 1), sondern auch das **Eigentum.** Während also z. B. bei beweglichen Sachen das Eigentum fortbestehen, der Eigentumsanspruch auf Herausgabe der Sache gegen den Besitzer (§ 985) dagegen verjährt sein kann, ist dieses Ergebnis bei dem im Grundbuch eingetragenen Eigentum ausgeschlossen, da hier auch der Anspruch nicht verjährt. Daraus folgt aber nicht die Befugnis des Eigentümers, ohne Rücksicht auf geschlossene Verträge den Besitz einseitig zurückzufordern. Hat also der Eigentümer sein Grundstück verkauft und dem Erwerber übergeben, ohne daß es zur Auflassung und Eintragung des Eigentumswechsels gekommen wäre, so kann der Erwerber der Eigentumsklage des Veräußerers auch dann die Einrede des Besitzrechts entgegensetzen, wenn der Auflassungsanspruch aus dem Kaufvertrag bereits verjährt ist (**RG** 138, 296). Im einzelnen vgl. wegen der aus dem Eigentum erwachsenden Ansprüche §§ 985ff, wegen der Ansprüche aus begrenzten dinglichen Rechte, soweit sie gegen den Eigentümer gerichtet sind, § 901 Anm. 3 und im übrigen §§ 1017, 1027, 1065, 1090 in Verbindung mit § 1004.

Anm. 3

c) Bei der **Hypothek** ist zu unterscheiden zwischen den Ansprüchen aus der Forderung, für die sie bestellt ist, und den Ansprüchen aus dem dinglichen Recht. Jene sind durch § 1094 der Verjährung unterworfen; diese sind nach § 902 unverjährbar. Die Hypothekbestellung hindert ebensowenig wie die Bestellung eines Pfandes die Verjährung des Anspruchs aus der Forderung. Bestellt jedoch der Verpflichtete die Hypothek erst nachträglich, so wird die Verjährung des gesicherten Anspruchs gemäß § 208 unterbrochen. Ist der Anspruch aus der Forderung verjährt, so steht dem Verpflichteten gegenüber einer persönlichen Schuldklage die Einrede aus § 222 Abs. 1 zu, während die dingliche Klage aus dem Hypothekenrecht gemäß § 902 nach wie vor unbeschränkt zulässig ist. Die Einrede aus § 222 Abs. 1, das Leistungsverweigerungsrecht, steht dem Verpflichteten aber auch gegenüber der persönlichen Schuldklage nur insoweit zu, als der Berechtigte wegen der Forderung aus dem Vermögen des Verpflichteten über das mit der Hypothek belastete Grundstück hinaus Befriedigung suchen will. Denn nach § 223 Abs. 1 hindert die Verjährung des Anspruchs aus der durch die Hypothek gesicherten Forderung den Berechtigten nicht, seine Befriedigung aus dem verhafteten Gegenstande zu suchen. Insoweit versagt daher das Leistungsverweigerungsrecht des Verpflichteten aus § 222 Abs. 1 (str.). Deshalb kann der Eigentümer auch nicht etwa gemäß § 1169 wegen Verjährung des persönlichen Anspruchs Verzicht auf die Hypothek verlangen. Verkehrshypothek und Sicherungshypothek stehen in allen diesen Beziehungen gleich. Grundschulden und Rentenschulden kommen hier nicht in Betracht, weil sie keine Forderung voraussetzen (§§ 1192, 1199). Nach § 223 Abs. 3 findet § 223 Abs. 1 bei persönlichen Ansprüchen auf Rückstände von Zinsen oder anderen widerkehrenden Leistungen keine Anwendung. Gegenüber diesen Ansprüchen verbleibt es also im Falle ihrer Verjährung bei dem allgemeinen Leistungsverweigerungsrecht aus § 222 Abs. 1.

Anm. 4

d) Ob die eingetragenen Rechte **zur Entstehung der Eintragung bedurften** oder außerhalb des Grundbuchs entstanden und durch die Eintragung nur beurkundet sind, ist für die Anwendung des § 902 gleichgültig. Das Gesetz macht hier beim Ausschluß der Verjährung keinen Unterschied zwischen rechtsbegründender und nur beurkundender Eintragung der Rechte (Vorbem. 21f vor § 873).

Anm. 5

e) Ein vorgemerkter Anspruch (z. B. auf Übertragung des Eigentums, auf Bestellung einer Hypothek) ist durch die Eintragung der Vormerkung der Verjährung nicht entzogen. Das gilt aber nicht für einen durch eine Vormerkung aus § 8 des preuß. EEG v. 5. 5. 1872 gesicherten Anspruch (**RG** 144, 364; HRR 1933 Nr. 1586; a. M. JW 1933, 710[6]). Näheres über die Verjährungsfrist und über die Nichtunterbrechung der Verjährung durch eine Vormerkungseintragung nach BGB findet sich in § 883 Anm. 49.

Anm. 6

2. **Eintragung.** Die Eintragung kann die Wirkung des Ausschlusses der Anspruchsverjährung nur dann haben, wenn sie **alle wesentlichen Bestandteile des Rechtes** darstellt. Denn andernfalls ist sie nichtig (§ 873 Anm. 96). Deshalb muß der Eintragungsvermerk insbesondere den Berechtigten aufführen. Genügt der Vermerk diesen Anforderungen, so ist die Eintragung an sich auch dann wirksam, wenn der als Berechtigter Eingetragene in Wirklichkeit kein Recht hat. Ansprüche, die ihm etwa aus dem für ihn eingetragenen Recht trotz der tatsächlichen Nichtberechtigung erwachsen, unterliegen also der Verjährung nicht. Das Recht des wirklich Berechtigten ist aber in diesem Falle nicht eingetragen. Die aus diesem Recht erwachsenden Ansprüche sind mithin keine Ansprüche aus einem eingetragenen Recht, sondern Ansprüche aus einem nicht eingetragenen Recht. Deshalb unterliegt z. B. ein Anspruch aus dem Eigentum desjenigen, dem zwar, entgegen der Eigentumseintragung für einen andern, das Grundstück eigentümlich gehört, dessen Eigentum aber nicht eingetragen ist, der Verjährung (str.). Unverjährbar ist aber auch in diesem Falle der Berichtigungsanspruch des wahren Eigentümers (§ 898 und Anm. dort). Ist das eingetragene Recht des eingetragenen wirklichen Berechtigten außerhalb des Grundbuchs durch allgemeine Rechtsnachfolge (z. B. Erbschaft: M 3, 254; Prot. 3, 117f) oder im Wege der Sondernachfolge (z. B. Übertragung einer Briefhypothek: § 1154 Abs. 1; Übergang einer Hypothek gemäß §§ 1143, 1163, 1164) wirksam übergegangen, ohne daß der Erwerber sich als neuen Inhaber des Rechts hat eintragen lassen, so steht der Erwerber doch mit seinen Ansprüchen unter dem Schutz des § 902 Satz 1. Denn mit dem eingetragenen Recht ist auch die Befugnis zur Geltendmachung der aus ihm entstandenen oder künftig entstehenden Ansprüche auf den Erwerber übergegangen. Die Ansprüche,

die dieser geltend macht, sind mithin Ansprüche des eingetragenen Berechtigten aus dem eingetragenen Recht. Sie unterliegen also trotz der Nichteintragung des Erwerbs nicht der Verjährung.

Anm. 7

II. Verjährbare Ansprüche aus eingetragenen Rechten. Ansprüche auf **Rückstände wiederkehrender Leistungen oder auf Schadensersatz** unterliegen nach Abs. 1 Satz 2 ausnahmsweise der Verjährung, obwohl das dingliche Recht, aus dem sie erwachsen sind, im Grundbuch eingetragen ist. Solche Ansprüche können sich z. B. ergeben: bei wiederkehrenden Leistungen (rückständige Zinsen einer Hypothek, Leistungen aus einer Reallast, Renten aus einer Rentenschuld usw.) nach §§ 1020—1022, 1090, 1105, 1107, 1115, 1118, 1192, 1200; bei Schadenersatzansprüchen nach §§ 123 ff,, 904, 989—992, 1057, 1065. Die Verjährungsfristen ergeben sich aus den §§ 105, 197, 852. Zu den wiederkehrenden Leistungen gehören auch die vereinbarten regelmäßigen, als Zuschläge zu den Zinsen erscheinenden Tilgungsbeiträge der Hypothekenforderungen (**RG** 54, 93; str.). Auf das Zinsrecht im ganzen bezieht sich die Vorschrift des § 908 Abs. 1 Satz 2 aber nicht; dafür gilt vielmehr Satz 1 (KGJ 42, 254).

Anm. 8

III. Ansprüche aus nicht eingetragenen Rechten. Nach Abs. 2 wird die Verjährung von Ansprüchen aus nicht eingetragenen Rechten, die entweder der Eintragung nicht bedürfen und überhaupt noch nie eingetragen waren oder zwar eingetragen gewesen, aber zu Unrecht gelöscht sind (§ 901), durch **Eintragung eines Widerspruchs** (§ 899) zugunsten der nicht eingetragenen Rechte **gehindert.** Die Frage, welchen Einfluß die Widerspruchseintragung auf eine vorher in Lauf gesetzte Verjährung des Adspruchs aus dem nicht eingetragenen Recht hat, ist erörtert in § 901 Anm. 4, 5.

Dritter Abschnitt

Eigentum

Vorbemerkungen

Übersicht

I. Wesen des Eigentums

Anm. 1

1. Uneingeschränkte Sachherrschaft. Das BGB betrachtete, vom römischen Recht ausgehend, das Eigentum als die **uneingeschränkte Herrschaft über Sachen** und sah die aus dem Zusammenleben der Menschen und der mehr oder weniger engen Berührung der Sachen, namentlich bei Grundstücken sich ergebenden Beschränkungen nur als Ausnahmen von dem absoluten Herrschaftsrecht, nicht als innere Schranken an. Zu dieser Auffassung hatten auch die Ideen der Aufklärungszeit und des Liberalismus über das Recht zur freien Gestaltung der Persönlichkeit, das eine freie Verfügungsmöglichkeit über die Sache und eine Garantie des Eigentums verlange, beigetragen. Auch wurde deswegen, abgesehen von gesonderten Bestimmungen für Erwerb und Verlust, zwischen Eigentum an beweglichen und unbeweglichen Sachen wesensmäßig kein Unterschied gemacht. Für Grundstücke bestanden somit ebenfalls grundsätzlich die freie Verfügungsmöglichkeit und die volle Herrschaft, die nur im geringen Maße durch nachbarrechtliche Beziehungen gemindert waren. Indessen war diese Auffassung des Eigentums als absolutes, unbeschränktes Privatrecht **mehr Theorie**; sie entsprach nicht der Wirklichkeit, sondern war bei Inkrafttreten des BGB schon überholt (**RG** 52, 370). Auch wurde sie nicht streng durchgeführt, da die landesrechtlichen Beschränkungen (vgl. z. B. Art. 109, 111, 117, 119, 124 EG) aufrechterhalten blieben und in § 903 Einschränkungen durch Gesetz zugelassen wurden. Denn die Entwicklung im 19. Jahrhundert hatte gezeigt, daß eine größere Zusammenfassung von Grund und Boden und vor allem der Produktionsmittel in einer Hand eine außergewöhnliche Macht gibt, die leicht mißbraucht werden kann und mit den Zielen und Zwecken der Gemeinschaft nicht immer vereinbar ist, daß also die Ausübung des Eigentumsrechts Schranken haben muß. Bis zum ersten Weltkrieg hielten sich zwar solche Beschränkungen noch in mäßigen Grenzen, betrafen auch nur den Grund und Boden und geschahen weniger durch Gesetz als im Verwaltungswege bei der Konzessionierung von Unternehmen und der Genehmigung von gewerblichen Anlagen, was gemäß § 26 GewO den Ausschluß von Abwehransprüchen anliegender Grundstücke zur Folge hatte. Erst die Bedürfnisse des Krieges und der Ernährungssicherung führten zu einer Ausdehnung der Eingriffe der öffentlichen Hand auf bewegliche Sachen und zur stärkeren Beschränkung in der Verfügungsmöglichkeit über Grund und Boden. Der nach dem Kriege notwendige Neubau des Staates und der Gesellschaftsordnung ließen weitere Beschränkungen durch staatliche Maßnahmen erforderlich erscheinen, bis dies unter der Herrschaft des nationalsozialistischen Grundsatzes „Gemeinnutz geht vor Eigennutz“ kaum noch Grenzen kannte.

Anm. 2

2. Beschränkungen. Diese Beschränkungen des Eigentumsrechts lassen sich, von besonderen Kriegsmaßnahmen abgesehen, in **zwei Gruppen** zusammenfassen, nämlich einmal die Maßnahmen, die das Eigentum in seinem **Bestand erfassen,** sei es, daß der Erwerb und die Veräußerung von Grundstücken und ihre Belastung an behördliche Genehmigung gebunden oder das Eigentum gänzlich entzogen und auf einen anderen übertragen wird; diese sog. Enteignung, die aber von dem Vorhandensein besonderer Voraussetzungen abhängig ist, betraf ursprünglich nur Grundstücke und wurde erst später auf alle Vermögensrechte ausgedehnt (**RG** 105, 291; 109, 310; 116, 268). Weiter die den überwiegenden Teil bildenden Maßnahmen, die den Bestand des Eigentums nicht berühren und einen Wechsel des Trägers der Eigentumsrechte nicht herbeiführen, sondern nur seine **Nutzungsrechte einschränken,** sei es, daß die Ausnutzung und die Bestimmung des Entgelts an behördliche Zustimmung gebunden wird (Kündigung bei Miete und Pacht, Preisüberwachung), die Duldung bestimmter Einwirkungen auferlegt wird, Richtlinien für die Benutzung gegeben werden, die Benutzung zeitweise anderen Personen überlassen werden muß (Reichsleistungsgesetz) oder das Recht der Benutzung überhaupt entzogen und einem Treuhänder übertragen wird (Abmeierung).

Anm. 3

3. Wandlung der Auffassung. Möglich waren diese weitgehenden Eingriffe in das Eigentumsrecht nur, weil sich die Grundauffassung von dem Wesen des Eigentums im Zusammenhang mit der Änderung der allgemeinen Rechtsanschauungen und der Entwicklung der sozialen Verhältnisse (vgl. Einleitung Bd. I) mehr und mehr gewandelt hatte. Zwar wurde das Eigentum nach wie vor als die Grundlage der Rechts- und Sozialordnung betrachtet und verfassungsrechtlich geschützt. Aber es soll nicht mehr allein den Interessen des Menschen als Einzelwesen dienen, sondern auch auf die anderen Personen Rücksicht nehmen und das gemeine Beste fördern; es soll **sozial gebunden** sein (Art. 153 III WeimVerf). Der Eigentümer soll nicht nur Rechte, sondern auch Pflichten haben; er soll insbesondere Einschränkungen seines Nutzungsrechts hinnehmen müssen, soweit berechtigte Interessen Dritter oder der Allgemeinheit dies fordern. Es bedarf also einer Abwägung der Interessen des Eigentümers und desjenigen, der mit ihm durch das Eigentum in Rechtsbeziehungen tritt, bei der aber nicht nur die privaten Interessen, sondern auch Fragen der Volkswirtschaft, die Entwicklung der Technik und des Verkehrs eine Rolle spielen, während bei Eingriffen der öffentlichen Hand die wechselnden Staatsnotwendigkeiten den Ausschlag geben. In jedem Falle erforderte aber der verfassungsrechtliche Schutz des Eigentums, daß, soweit nicht der Inhalt des Eigentums durch Gesetz festgelegt ist, dem Eigentümer nicht bloß für die Aufgabe seines Eigentums, sondern auch für die Beschränkung seiner Nutzungsrechte eine Entschädigung gewährt wird. Demgemäß hat die Rechtsprechung zunächst in den Fällen des § 26 GewO einen Anspruch auf Schadensersatz unabhängig von einem Verschulden gewährt (vgl. § 906 Anm. 4, 27) und später aus §§ 74, 75 EinlALR den allgemeinen Grundsatz abgeleitet, daß derjenige, der mit Rücksicht auf die allgemeine Nützlichkeit eines Unternehmens oder infolge staatlicher Hoheitsausübung gewisse Beeinträchtigungen seines Eigentums hinnehmen muß, eine billige Entschädigung in Geld verlangen kann (sog. **Aufopferungsanspruch**, vgl. § 906 Anm. 27, 32), und schließlich eine solche billige Entschädigung auch bei übermäßigen, aber ortsüblichen Einwirkungen zugebilligt, wenn durch die von einem Grundstück ausgehenden, an sich zulässigen Einwirkungen die Daseinsgrundlage des benachbarten Grundstückseigentümers gefährdet und diese Gefährdung nicht durch besondere Schutzanlagen für das Grundstück gemindert werden kann (vgl. § 903 Anm. 28).

Anm. 4

4. Abschluß der Entwicklung. Den Abschluß und eine endgültige Klärung dieser Fragen hat nunmehr die grundlegende **Entscheidung des Großen Zivilsenats des Bundesgerichtshofes** vom 16. 6. 1952 (**BGH** 6, 271) gebracht. Danach kann durch Gesetz in allgemeinverbindlicher Weise der Inhalt des Eigentums bestimmt und es können ihm Grenzen gezogen werden, die nun für die betreffende Eigentumsgattung eigentümlich sein sollen; es können zusätzliche Pflichten und Duldungspflichten auferlegt werden und die Rechtsträger, unterschiedslos und einheitlich, bei der Ausübung gebunden werden, vorausgesetzt, daß damit nicht das Grundrecht des Eigentums in stärkerem und weiterem Umfange eingeschränkt wird, als die sachlichen Gründe, die zur Einschränkung führen, unter den jeweiligen Verhältnissen zwingend erfordern. Dagegen sind Entziehungen und Belastungen durch Gesetz oder behördliche Maßnahmen, die einzelne Personen oder Gruppen von Personen im Vergleich zu anderen ungleich treffen und ihnen besondere, den übrigen nicht zugemutete Opfer auferlegen, nur gegen eine die Ungleichheit wieder ausgleichende Entschädigung zulässig, die in erster Linie der Begünstigte, sonst die Allgemeinheit zu tragen hat.

Anm. 5

5. Wesensmäßige Begrenzungen des Eigentums. Die Grundauffassung des Eigentums als ein individualistisches, für bewegliche und unbewegliche Sachen gleiches, absolutes Privatrecht ist somit endgültig überholt. Der **Inhalt des Eigentums bestimmt sich** vielmehr **nach den jeweils für die einzelnen Gegenstände geltenden Gesetzen** und ist wandelbar. Die danach sich ergebenden Beschränkungen sind keine äußerlichen Ausnahmen, sondern wesensmäßege Begrenzungen des Eigentums. Auch gilt für das Eigentumsrecht der allgemeine Grundsatz, daß die Ausübung eines Rechts im einzelnen Falle ihre innere Berechtigung verliert und damit unzulässig wird, wenn sie mit den allgemeinen sittlichen Anschauungen im Widerspruch steht und zu einer durch nichts gerechtfertigten Schädigung eines Dritten führt (**BGH** LM § 903 Nr. 1).

II. Privateigentum und öffentliches Eigentum

Anm. 6

1. Allgemeines. Bei den Sachen, die in der **Verfügungsgewalt der öffentlichen Hand** (Staat, Gemeinden, öffentliche Anstalten und Körperschaften) stehen, ist zu unterscheiden, ob sie der **Betätigung auf wirtschaftlichem Gebiete, fiskalischen oder Verwaltungszwecken** oder der **unmittelbaren Erfüllung öffentlicher Aufgaben** dienen. Nicht nur im ersten Falle, sondern auch bei Sachen, die wie Domänen, Wälder, Bergwerke Mittel zur Bestreitung der Staatsaufgaben beschaffen sollen oder wie Dienstgebäude der Verwaltungen und Gebäude der wissenschaftlichen oder kulturellen Institute (Universitäten, Krankenanstalten, Theater, technische Untersuchungs- und Versuchsanstalten) mit ihren sächlichen Mitteln (Büroeinrichtungen, Büromaschinen, Apparaturen, Mikroskope, Röntgenapparate und dergleichen) für den inneren Betrieb und die Erfüllung die staatlichen Aufgaben erforderlich sind und nach dem Zweck und der Art ihrer Benutzung den Betriebsmitteln der privaten Wirtschaft gleichen, unterscheidet sich die Verfügungsgewalt der öffentlichen Hand nicht von der privaten Sachherrschaft natürlicher oder juristischer Personen über den Grund und Boden und über bewegliche Sachen. Es liegt Eigentum des bürgerlichen Rechts vor. Das Fehlen des Grundbuchzwanges gemäß § 3a b GBO ist wesensmäßig ohne Bedeutung, da die Eintragung nur von dem Willen des Eigentümers abhängt. Es finden somit für diese Sachen alle bürgerlich-rechtlichen Grundsätze über Erwerb und Verlust des Eigentums und über die Ausübung der Verfügungsgewalt und deren Beschränkungen Anwendung, ebenso die Vorschriften über die Haftung, insbesondere aus der Verkehrssicherungspflicht, da hier die Ausübung der Sachherrschaft Betätigung im privaten Geschäftsbereich ist (vgl. § 89 Anm.).

Anm. 7

2. **Öffentliche Sachen.** Anders ist es bei den sogenannten **öffentlichen Sachen** (Wege, Wasserstraßen, Kirchen, Friedhöfe u. dgl.), d. h. bei Sachen, die nicht zu individuellen Zwecken, sei es auch des Staates, sondern für den Gemeingebrauch, sei es auch mit Sondernutzung einzelner wie z. B. Anlieger (vgl. § 905 Anm. 5) oder auf Grund besonderer Gebrauchsüberlassung oder Verleihung, bestimmt sind (**RG** 123, 185; 190; JW 38, 3208). Über das Wesen der öffentlichen Sachen bestehen verschiedene Auffassungen. Die ältere, heute wohl überholte, zivilistische Lehre erfaßte die öffentlichen Sachen als **zweckgebundenes Privateigentum,** betrachtete die Herrschaft des Staates über sie wie das Verhältnis des Privatmannes zur Sache. Die sog. Fiskustheorie, vertreten insbesondere von Hatschek und auch vom Reichsgericht (**RG** 132, 399 m. Nachweis), nahm ein **gemischtes Rechtsverhältnis** an, das eine öffentlich-rechtliche und eine privatrechtliche Seite habe, je nachdem die einzelne Verwaltungstätigkeit auf öffentlich-rechtlichem Gebiete liege oder auch in die private Rechtssphäre des Staatsbürgers eingreife. Die hauptsächlich von Otto Mayer vertretene Verwaltungsrechtslehre nimmt ein von dem Privateigentum völlig verschiedenes **öffentliches Eigentum** an, das mit der Widmung der Sache für den Gemeingebrauch, bei Sondernutzung mit der Gebrauchsüberlassung oder Verleihung begründet wird. Damit wurde die private und öffentlich-rechtliche Sachherrschaft zu einem öffentlich-rechtlichen Institut verbunden und die Anwendung bürgerlicher Rechtssätze ausgeschlossen. Die neuere Verwaltungslehre (vertreten von Maunz, Hauptprobleme des öffentlichen Sachenrechts 1933, S. 230) hält den Begriff des öffentlichen Eigentums für entbehrlich, geht von einem **öffentlichen Nutzungsverhältnis** aus, kraft dessen der Träger dieses Rechtsverhältnisses die Sachen für den Gemeingebrauch bereitzustellen und zu halten habe. Sein Inhalt werde durch Satzung (Anstaltsordnung, Friedhofsordnung) oder durch die Widmung, ausdrücklich oder stillschweigend entsprechend der Übung, bestimmt; ein subjektives Recht werde erst mit der Benutzung erworben. Bei allen verwaltungsrechtlichen Theorien bildet aber das Privateigentum, sei es des Staates, der Gemeinde oder eines Dritten z. B. einer Baugenossenschaft die Voraussetzung, die Grundlage des öffentlichen Eigentums oder des öffentlich-rechtlichen Nutzungsverhältnisses. Der Staat, die Gemeinde oder Körperschaft muß entweder das Privateigentum an der Sache, den Grund und Boden selbst haben (vgl. Ges. v. 2. 6. 1934 über die einstweilige Regelung des Straßenverkehrs) oder sich vom Eigentümer die Zustimmung zu ihrer Begründung verschaffen (vgl. § 2 II BFernstraßenG v. 6. 8. 1953). Mit der Widmung geht entweder das private Eigentum in das öffentliche Eigentum über und wird durch dieses verdrängt, oder die

private Sachherrschaft tritt mit ihren einzelnen Rechten und Pflichten gegenüber dem stärkeren öffentlichen Recht zurück und lebt erst wieder auf, wenn die Widmung der Sachen für den Gemeingebrauch wieder aufgehoben wird. Der private Eigentümer hat, soweit die Widmung reicht, nur noch die Pflicht, die Nutzung im Rahmen des öffentlichen Rechtsverhältnisses zu dulden; er ist insoweit weder berechtigt noch verpflichtet, eine sachliche Herrschaft über die Sachen auszuüben oder sie zu nutzen; auch Dritten (z. B. den Anliegern) gegenüber hat er keinerlei Verpflichtungen, es sei denn, daß er bei der Widmung eine Unterhaltspflicht besonders übernommen hat (**BGH** 9, 386). Soweit die Widmung und der Gemeingebrauch nicht reichen, bleibt aber das Privateigentum bestehen; es kann auch während des öffentlichen Rechts ausgeübt werden. Die aus der Widmung und dem Gemeingebrauch sich ergebenden Rechte und Pflichten gegenüber den Benutzern und Dritten obliegen aber dem Träger des öffentlichen Rechts; sie sind öffentlichrechtlicher Art. Indessen ist für Streitigkeiten über den Umfang der aus dem Gemeingebrauch entspringenden Rechtsbefugnisse kraft Überlieferung oder Gewohnheitsrecht entsprechend der früheren Rechtsprechung (**RG** 125, 109; 131, 264; 169, 271) der Rechtsweg nach wie vor zulässig (**BGH** 1, 396; 3, 162; 9, 339). Ebenso auch für Ansprüche aus der Verkehrssicherungspflicht, da die Quelle dieser Verpflichtung die von der Sache ausgehende Gefährdung bildet und für diese kein Unterschied zu machen ist, ob als Grundstückseigentümer ein Privatmann oder eine öffentlich-rechtliche Körperschaft für die Entstehung dieser Gefahr durch Vernachlässigung der Unterhaltspflicht verantwortlich ist. Die Verletzung einer Verkehrssicherungspflicht ist also auch bei öffentlichen Sachen nach privatrechtlichen Grundsätzen zu beurteilen, wenn auch die Herstellung und Unterhaltung der Verkehsrwege Teil der öffentlichen Verwaltung ist (**BGH** 9, 389 m. Nachw.; str.). Sonst richtet sich die Haftung nach den Grundsätzen der Staatshaftung (§ 89 Anm.).

Erster Titel

Inhalt des Eigentums

§ 903

Der Eigentümer einer Sache kann, soweit nicht das Gesetz oder Rechte Dritter entgegenstehen, mit der Sache nach Belieben verfahren und andere von jeder Einwirkung ausschließen.

E I 848 II 818; M 3 262ff.; P 3 118ff.

Übersicht

I. Eigentümer

Anm. 1

1. Befugnisse. § 903 bestimmt nur die **Befugnisse des** Eigentümers (positiv: „nach Belieben verfahren“, negativ: „andere von jeder Einwirkung ausschließen“). Das Gesetz gibt aber keine Begriffsbestimmung für das Eigentum, darüber Vorbem. 1—5.

Anm. 2

2. Arten des Eigentums. Das BGB kennt nur **drei Arten** des Eigentums: Allein-Eigentum, Miteigentum nach Bruchteilen und Eigentum zur gesamten Hand (Gesellschaft, eheliche Gütergemeinschaft). Daneben besteht jetzt nach dem WEG noch das Wohnungseigentum, das ein Miteigentum am Grund und Boden und den gemeinschaftlichen Gebäudeteilen verbunden mit einem Sondereigentum an einer Wohnung oder anderen Räumen ist. Dagegen ist das fiduziarische Eigentum keine besondere Eigentumsart, da hier der Treuhänder nur schuldrechtlich verpflichtet ist, die Sache in bestimmter Weise zu gebrauchen oder zu verwerten und unter gewissen Umständen wieder herauszugeben (**RG** 127, 345).

Anm. 3

3. Keine Doppelseitigkeit des Eigentums. Eine Doppelseitigkeit des Eigentums besteht nicht. Insbesondere ist der im Grundbuch zu Unrecht als Eigentümer Eingetragene (Bucheigentümer) zwar formell zur Veräußerung und Belastung des Grundstücks befugt; wirklicher Eigentümer ist er aber nicht. Die nach Art. 113 EG weiter bestehende deutschrechtliche Gesamthandgemeinschaft an sog. Zweck- oder Interessengrundstücken, die in einem agrarrechtlichen Gemeinheitsteilungsverfahren ausgeworfen worden sind, ist behandelt in KGJ 48, 199.

Anm. 4

4. Beschränkungen der Eigentumsfähigkeit. Eine Beschränkung der einen Teil der Rechtsfähigkeit (§ 1) bildenden **Eigentumsfähigkeit** natürlicher oder juristischer Personen, insbesondere der Fähigkeit zum Erwerb des Eigentums, kennt das BGB nicht. Wohl aber gibt oder gab es solche Beschränkungen in einzelnen durch reichsrechtliche Vorbehalte aufrechterhaltenen **landesgesetzlichen Vorschriften:** EG Art. 84 (Religionsgesellschaften, gegenstandslos geworden durch Art. 137 Abs. 4 WeimVerf.), 86 (juristische Personen, durch Art. 2 Abs. 1 d. Ges. zur Wiederherstellung der Gesetzeseinheit v. 5. 3. 1953 [BGBl I 33] aufgehoben, soweit der Erwerb von Rechten durch inländische juristische Personen von staatlicher Genehmigung abhängig gemacht), 87 (Religiöse, aufgehoben durch Art. 2 Abs. 3 d. Ges. zur Wiederherstellung der Gesetzeseinheit), 88 (Ausländer). Vgl. ferner § 5 Abs. 3 HypBankG v. 13. 7. 1899 (RGBl 375), § 54 Ges. über die Beaufsichtigung der privaten Versicherungsunternehmungen und Bausparkassen v. 6. 6. 1931.

Anm 5

5. Früheres Recht. Erwerb und Verlust des Eigentums an einem Grundstück richten sich **bis zur Anlegung des Grundbuchs** (Art. 186 EG) nach den bisherigen Gesetzen (Art. 189 EG). Auf das zur Zeit des Inkrafttretens des BGB bestehende Eigentum an beweglichen und unbeweglichen Sachen finden grundsätzlich die Bestimmungen des BGB Anwendung (Art. 181 Abs. 1 EG); Ausnahmen lassen zu: EG Art. 181 Abs. 2 (nicht nach Bruchteilen geteiltes Eigentum mehrerer, Sondereigentum anstehenden Erzeugnissen eines Grundstücks), 182 (Stockwerkseigentum), 183 (Waldgrundstück), 197 (bäuerliches Nutzungsrecht). Die Frage, ob Eigentum zur Zeit des Inkrafttretens des BGB erworben war, richtet sich nach dem bisherigen Recht (**RG** 47, 115; JW 1900 S. 763[40], 777; Gruchot 45, 1006).

II. Sachen

Anm 6

1. Allgemeines. Eigentum gibt es nur an **Sachen** (§ 90) — nach § 1 Abs. 2 und 3 WEG (dort Anm. A II) auch an Räumen (vgl. auch §§ 580, 865 BGB) —, dagegen nicht an Rechten oder anderen unkörperlichen Gegenständen wie z. B. Erzeugnissen der geistigen Arbeit. Auch nicht an einer Sachgesamtheit: § 90 Anm. 1.

Anm 7

2. Grundstücksgleiche Rechte. Die auf Grundstücke sich beziehenden Vorschriften gelten aber auch für gewisse Rechte, so nach der VO v. 15. 1. 1919 § 11 für das **Erbbaurecht.** Hierher gehören ferner nach den gemäß Art. 3, 4, 55, 63, 67, 68, 74 EG in Geltung befindlichen Landesgesetzen zunächst das **Erbpachtrecht** (mit Einschluß des Büdner- und Häuslerrechts) und das **Bergrecht.** Dieses ist aber kein Eigentum an bestimmten körperlichen Sachen, sondern der Inbegriff der Berechtigungen, die dem Zweck der bergmännischen Erzeugung dienen. Die Vorschriften der §§ 903ff. über den Inhalt des Eigentums finden daher auf das Bergrecht keine Anwendung (**RG** 87, 400; Gruchot 59, 1059). Bei Gewerkschaften alten Rechts steht das Bergwerk nicht im Eigentum der Gewerkschaft als solcher, sondern im Eigentum der Gewerken; dieses Eigentum ist kein Gesamthandeigentum, sondern Eigentum nach Bruchteilen (Kuxen): KGJ 52, 209. Einen Fall des Widerstreits von Grundeigentum und Bewerkseigentum behandelt **RG** 147, 161, den Erwerb von Bergwerkseigentum durch Feldesteilung **RG** 155, 167. Weiter sind als eigentumsähnliche Rechte hier zu erwähnen die **selbständigen Gerechtigkeiten,** wie z. B.: das Apothekerprivileg (**RG** JW 1902, 40[43]; JFG 2, 310 über Umwandlung eines mit einem Grundstück verbundenen Apothekerprivilegs in eine selbständige Gerechtigkeit und Anlegung eines Grundbuchblatts dafür); die Fährgerechtigkeit; die Fischereigerechtsame; Schiffsmühlengerechtigkeit; Kohlenabbaugerechtigkeit: Salzabbaugerechtigkeit.

Anm. 8

3. Landesrecht. Auch für die übrigen in den Art. 57ff EG den Landesgesetzen vorbehaltenen Gebiete des Privatrechts gelten die das Eigentum betreffenden, vom BGB abweichenden landesgesetzlichen Vorschriften, so nach Art. 65 EG die Vorschriften über das Eigentum an Privatflüssen, Flußufern, Seen (OLG 26, 11; 26, 12; über den Begriff „See“ **RG** 140, 49). Für die dem Gemeinbrauch (z. B. öffentliche Flüsse, Straßen, Meeresufer) oder dem Gottesdienst (z. B. Kirchen) dienenden Sachen und für Begräbnisplätze (SeuffArch 86 Nr. 97; **BGH** 14, 296) sind aber nach Art. 55 EG in erster Linie die öffentlich-rechtlichen Bestimmungen der Landesgesetze maßgebend (§ 90 Anm.). Nach dem gemeinen Recht war Privateigentum an öffentlichen Flüssen nicht ausgeschlossen (**RG** 3, 233; 52, 383; 53, 99; 80, 369). Nach § 21 II 14 PrALR standen dagegen die von Natur schiffbaren Ströme ebenso wie die Land- und Heerstraßen, das Ufer des Meeres, die Häfen nicht im Privateigentum, sondern im gemeinen Eigentum des Staates (**RG** 3, 232; 4, 258; 28, 210; 32, 238; 35, 237; 71, 65). Der Eigentumserwerb an Aufschüttungen in öffentlichen Flüssen und an deren Ufern nach PrALR ist behandelt in **RG** 28, 209; 71, 66; 131, 60). Über die Eigentumsverhältnisse einer in der Nordsee an der ostfriesischen Küste unter der Geltung des PrALR neu entstandenen Insel verhält sich **RG** 137, 263; über den Eigentumserwerb am verlassenen Bett öffentlicher Flüsse durch den preußischen Staat **RG** 80, 123; über den Einfluß provinzieller Auenrechte (Aue ist das nicht zu Sondereigentum der Einwohner gewordene Dorfgebiet) auf das

Eigentum an Flüssen OLG 40, 30; KGJ 45, 207. Jetzt steht gemäß §§ 7, 8 PrWassG v. 7. 4. 1913 das Eigentum an den Wasserläufen erster Ordnung dem Staat, an den Wasserläufen zweiter und dritter Ordnung den Eigentümern der Ufergrundstücke anteilig zu. Das Eigentum des Staates ist ein privatrechtliches Eigentum im Sinne des BGB. Es ist mit dem Inkrafttreten des Wassergesetzes entstanden, mag auch das Recht des Staates an dem Strom zuvor eine andere Rechtsnatur gehabt haben, insbesondere gemeines Eigentum gewesen sein (**RG** 94, 35). Nach §§ 12, 17, 140, 162 PrWassG fällt das Eigentum an Anladungen, die von selbst oder durch Unterhaltungs- oder Ausbauarbeiten am Ufer eines Wasserlaufs sich gebildet haben, den Eigentümern der an den Wasserlauf angrenzenden Grundstücke zu (**RG** 87, 26). Nach § 17 wird der Eigentümer einer im Fluß gelegenen Insel auch Eigentümer einer Anlandung, die durch allmähliche Anspülung entsteht (**RG** 137, 263). Nach gemeinem und rheinisch-französischem Recht gehörten Anlandungen bis zu der Linie, welche der Fluß bei seinem höchsten normalen Wasserstand erreicht, nach dem PrALR bis zur Linie des mittleren Wasserstandes zum Flußbett. Solche Anlandungen waren daher bei öffentlichen Flüssen früher dem Privatrecht entzogene, dem gemeinen Gebrauch dienende Sachen (**RG** 87, 27). Das durch künstliche Anschüttungen am Ufer entstandene Land gehört nach dem PrWassG nicht den Angrenzern, sondern dem Eigentümer des Wasserlaufs (**RG** 87, 30). Der grundsätzliche Unterschied zwischen Anlandungen und Anschüttungen wird erörtert in **RG** SeuffArch 88 Nr. 189; JW 1936, 3396[12] (Köhlbrand-Vertrag). Durch das PrQuellenschG v. 14. 5. 1908 sind den Eigentümern von Grundstücken, die in den festzusetzenden Schutzbezirk einer gemeinnützigen Quelle fallen, gewisse Beschränkungen in der Ausübung der ihnen nach den §§ 903ff kraft ihres Eigentums zustehenden Rechte auferlegt (**RG** 90, 280).

Anm. 9

4. Wesentliche Bestandteile. Das Eigentum an einer Sache umfaßt auch deren wesentliche Bestandteile (§ 93). Daher gibt es nach dem BGB z. B. kein vom Eigentum an der Sache getrenntes Eigentum an deren mit dem Boden noch zusammenhängenden Erzeugnissen (§ 94) und kein Stockwerks- oder Kellereigentum (§ 93 Anm.). Anders aber § 1 Abs. 2 und 3 WEG (Sondereigentum an Räumen, s. WEG § 1 Anm. B II).

III. Entgegenstehende Gesetze

Anm. 10

1. Eigentumsbeschränkungen. Gesetz ist jede rechtsgültige bestimmende Regel (Norm) des Privat- oder öffentlichen Rechts (Art. 2 EG), auch die von einem zuständigen Staatsgliede (staatlichen Organe) erlassene Vorschrift (z. B. Polizeiverordnung: **RG** JW 1908, 142[12]). Die **Beschränkungen,** denen der Eigentümer **in der Ausübung des Eigentums nach Gesetz** unterliegen kann, sind daher teils öffentlich-rechtlicher, teils privatrechtlicher Natur.

Anm. 11

2. Bundesgesetzliche Eigentumsbeschränkungen des öffentlichen Rechts. Als Beispiele mögen hier erwähnt sein:

a) Gesundheitswesen: Ges. betr. die Bekämpfung gemeingefährlicher Krankheiten v. 30. 6. 1900 (RGBl 306) §§ 11ff; ViehseuchenG v. 26. 6. 1909 (RGBl 519) mit Änderungen v. 18. 7. 1928 (RGBl I 289), 10. 7. 1929 (RGBl I 133), 13. 11. 1933 (RGBl I 969), 2. 4. 1940 (RGBl I 606), 2. 1. 1955 (RGBl I 1); SüßstoffG v. 1. 2. 1939 (RGBl I 111).

b) Naturschutz: ReichsnaturschutzG v. 26. 6. 1935 (RGBl I 821) mit Änderungen v. 1. 12. 1936 (RGBl I 1001) und 20. 1. 1938 (RGBl I 36); VO zur Verhütung und Bekämpfung von Waldbränden v. 18. 6. 1937 (RGBl I 721); Ges. gegen Waldverwüstungen v. 18. 1. 1934 (RGBl I 37); BundesjagdG v. 29. 11. 1952 (BGBl I 780).

c) Verkehrswesen: LuftverkehrsG v. 1. 8. 1922 (RGBl I 681) idF v. 21. 8. 1936 (RGBl I 582) mit Änderungen v. 27. 9. 1938 (RGBl I 1246) und 26. 1. 1943 (RGBl I 69); ReichsbahnG v. 4. 7. 1939 (RGBl I 1205) § 38 mit Ges. v. 2. 3. 1951 (BGBl I 155); BundesbahnG v. 13. 12. 1951 (BGBl I 955) § 37; Allg. EisenbahnG v. 29. 3. 1951 (BGBl I 225); ReichsautobahnG idF v. 29. 5. 1941 (RGBl I 312) mit Ges. über die vermögensrechtlichen Verhältnisse der Bundesautobahnen und sonstigen Bundesstraßen des Fernverkehrs v. 2. 3. 1951 (BGBl I 157); BundesfernstraßenG v. 6. 8. 1953 (BGBl I 903) § 19; Ges über die vermögensrechtlichen Verhältnisse der Bundeswasserstraßen v. 21. 5. 1951 (BGBl I 352); Wasserverbandsordnung v. 3. 9. 1937 (RGBl I 933) §§ 22 ff., 122 ff., 158; Ges über das Postwesen v. 28. 10. 1871 (RGBl 347) mit Änderungen (dazu **RG** 70, 295; 73, 271); PostverwaltungsG v. 24. 7. 1953 (BGBl I 676); TelegraphenwegeG v. 18. 12. 1899 (RGBl 705) § 12 mit Ges. v. 24. 9. 1935 (RGBl I); Ges über Fernmeldeanlagen idF v. 14. 1. 1928 (RGBl I 8).

d) Siedlungswesen: ReichssiedlungsG v. 11. 8. 1919 (RGBl 1429) mit ErgänzungsG v. 4. 1. 1935 (RGBl I 1) §§ 3, 12 ff, 22 ff; VO über das Vorkaufsrecht nach dem ReichssiedlungsG v. 15. 4. 1937 (RGBl I 546); ReichsheimstättenG v. 10. 5. 1920 idF v. 25. 11. 1937 (RGBl I 1291) §§ 9, 11, 12, 17—20 (dazu JFG 10, 318); VO über die Bildung von Ödlandgenossenschaften v. 13. 2. 1924 (RGBl I 111); Ges über die Aufschließung von Wohnsiedlungsgebieten v. 22. 9. 1933 (RGBl I 659) mit Änderungen v. 27. 9. 1938 (RGBl I 1246), dazu § 925 Anm. 13; BundesvertriebenenG v. 19. 5. 1953 (BGBl I 201); die Bodenreformgesetze der Länder.

e) Landwirtschaftsrecht: KRG 45 mit Ausführungsvorschriften; FlurbereinigungsG v. 14. 7. 1953 (BGBl I 591).

f) Enteignungsrecht: EGBGB Art. 52—53a; LandbeschaffungsG v. 23. 2. 1957 (BGBl I 134); BaulandbeschaffungsG v. 3. 8. 1953 (BGBl I 720); SchutzbereichG v. 7. 12. 1956 (BGBl I 899).

g) Wohnungswesen: 1. WohnungsbauG v. 24. 4. 1950 (BGBl I 83) § 12; 2. WohnungsbauG v. 27. 6. 1956 (BGBl I 523); WohnraumbewirtschaftungsG v. 31. 3. 1953 (BGBl I 97).

h) Wirtschaftsrecht: EnergiewirtschaftsG v. 13. 12. 1935 (RGBl I 1451) §§ 1, 2, 8, 9, 11.

Anm. 12

3. Bundesgesetzliche Eigentumsbeschränkungen des Privatrechts. Beispiele: Das BGB selbst enthält solche Beschränkungen für alle Sachen in den §§ 226 (Schikaneverbot), 227 ff (Notwehr, Selbsthilfe), 823 ff (unerlaubte Handlungen, namentlich § 826, z. B. Bordellbetrieb: **RG** 50, 227; 57, 239; SeuffArch 61 Nr. 241), 904 (Notstandsrecht), 962 (Bienenschwarm); für Grundstücke in den §§ 867, 1005 (Aufsuchen und Wegschaffen von Sachen auf fremden Grundstücken), 905—924 (Nachbarrecht).

Anm. 13

4. Landesrecht. Vorbehalte für die Landesgesetzgebung zu Eigentumsbeschränkungen im öffentlichen Interesse enthält das EG hinsichtlich der Enteignung (Art. 109; später WeimVerf. Art. 153, jetzt Art. 14 III GG); tatsächlicher Verfügungen (Art. 111), z. B. durch Bau-, Straßen-, Forstordnungen, Kulturedikte. Als Beispiele für solche landesrechtlichen Vorschriften seien hier nur erwähnt das preußische Fluchtliniengesetz v. 2. 7. 1875 und das preußische Baumschutzgesetz v. 29. 7. 1922. Ferner sind in EG Art. 115, 117, 119 Vorbehalte für die Landesgesetzgebung enthalten zu Beschränkungen des Eigentümers in rechtlichen Verfügungen (Verbot oder Beschränkung: der Belastung mit gewissen Dienstbarkeiten oder Reallasten; der Belastung über eine bestimmte Wertgrenze hinaus; der Veräußerung, Teilung oder Vereinigung von Grundstücken).

IV. Entgegenstehende Rechte Dritter

Anm. 14

1. Dingliche Rechte. Rechte Dritter, die den Eigentümer **in der Ausübung des Eigentums beschränken,** sind in erster Linie dingliche Rechte an der Sache (JFG 4, 382). Schuldverhältnisse, die dem Eigentümer in Beziehung auf seine Sache persönliche Verpflichtungen auferlegen, berühren das Eigentumsrecht als solches nicht (**RG** 55, 165). Wenn jedoch der schuldrechtlich Berechtigte im Besitz der Sache ist (wie z. B. der Mieter, Pächter), wird er gegenüber einem Eigentumsanspruch nach Maßgabe der §§ 986, 1000 geschützt. Hat ein Künstler auf Bestellung ein Kunstwerk geliefert, so kann der Besteller sein Eigentumsrecht an dem Kunstwerk (z. B. Freskogemälde in dem Treppenflur eines Wohnhauses) nur unberschadet des Urheberechts des Künstlers ausüben; z. B. darf er ohne Einwilligung des Künstlers nicht Änderungen daran vornehmen (**RG** 79, 397). In **RG** 63, 398 wird aber eine Wirkung von Urheberrechten gegenüber rechtmäßigen Eigentümern von Einzelstücken des Werks verneint. Ein Verstoß des Eigentümers gegen eine Polizeiverordnung (z. B. eine Baupolizeiverordnung) berechtigt einen Dritten zur Klage nur dann, wenn die Verordnung einen privatrechtlichen Anspruch auf Einhaltung ihrer Bestimmungen gewährt (**RG** JW 1908, 142[12]).

Anm. 15

2. Landesrecht. Nach Art. 124 EG bleiben die landesgesetzlichen Vorschriften unberührt, die das Eigentum zugunsten des Nachbars noch anderen als den im BGB bestimmten Beschränkungen unterwerfen. Diese Vorschriften über sog. Legalservituten (§ 1018 Anm.) betreffen hauptsächlich (vgl. für preußisches Recht §§ 118ff. I 8 ALR) die Einhaltung eines Abstandes beim Bauen oder bei Erniedrigungen oder Erhöhungen des Bodens an der Grenze (OLG 26 S. 13, 14, 17, 21) und das Licht- und Fensterrecht (OLG 26 S. 14, 15; 29, 333). In Preußen besteht also z. B. das Lichtrecht nach ALR I 8 § 142 fort (**RG** SeuffArch 86 Nr. 70; **BGH** 14, 64; § 907 Anm. 11). Ferner kommen nach Art. 65 EG hier die landesgesetzlichen Beschränkungen in der Ausübung des Eigentums an Wasserläufen in Betracht (§ 906 Anm. 10, 11).

Anm. 16

V. Vermutung für die Freiheit des Eigentums. Aus den Worten **„soweit nicht entgegenstehen"** ergibt sich eine Vermutung für die Freiheit des Eigentums. Eine Beschränkung hat also derjenige zu beweisen, der sie behauptet, und zwar in dem von ihm behaupteten Umfang. Die Beschränkung geht gerade so weit, als Gesetz oder Rechte Dritter der Ausübung des Eigentums entgegenstehen. Daher ist z. B. eine Stadt als Eigentümerin einer Straße im Gebiet des rheinisch-französischen und des preußischen Rechts durch das Recht der Straßenanlieger nicht an jeder privatwirtschaftlichen Ausnutzung der Straße (z. B. Aufstellung eines Erfrischungszelts) gehindert (**RG** 62, 87). Anderseits müssen sich z. B. die einer Eisenbahn benachbarten Grundbesitzer wegen der staatlichen Bau- und Betriebserlaubnis alle Einwirkungen gefallen lassen, ohne die der Betrieb nicht ausführbar ist, und alles unterlassen, wodurch die Sicherheit des Bahnverkehrs beeinträchtigt wird; zum Ausgleich dieser Duldungspflicht haben sie einen Anspruch auf Ersatz des durch den Betrieb der Eisenbahn verursachten Schadens (Anm. 18). Wegen der Rechte der Anlieger an öffentlichen Straßen vgl. im übrigen die in § 1018 Anm. angeführten Urteile.

Anm. 17

VI. Verfahren nach Belieben. Mit seiner Sache nach Belieben verfahren bedeutet, wie in der Vorbemerkung dargelegt, nicht mehr ein willkürliches, schrankenloses Ausnutzen des Eigentumsrechts nur zum eigenen Nutzen, sondern eine Verwendung der Sache innerhalb der für sie jeweils bestehenden Schranken zu berechtigtem Zwecke unter angemessener Berücksichtigung der Interessen anderer, namentlich der Nachbarn und des gemeinen Besten. Eine Ausübung des Eigentumsrechtes ist aber nicht schon dann unzulässig, wenn einem andern dadurch Nachteile entstehen, sondern erst dann, wenn diese Nachteile in keinem angemessenen Verhältnis zu dem Nutzen des Eigentümers stehen und deshalb die Nutzunghandlung als sittlich verwerflich erscheint (**RG** 50, 227; 57, 239; WarnRspr 1910 Nr. 335; **BGH** LM § 903 Nr. 2). Nur dann können aus der Ausübung des Eigentumsrechts Schadensersatzansprüche entstehen (**RG** 50, 227; 57, 239; 70, 205; 96, 16). Die Befugnis zum „Verfahren nach Belieben" schließt in sich die besonders im Besitzen und Benutzen sich äußernde tatsächliche Herrschaft über die Sache sowie die rechtliche Herrschaft, die namentlich durch die Verfügungsmacht (§§ 928, 959: Aufgeben des Eigentums; §§ 873, 925, 929: Übertragung auf einen anderen; §§ 1012, 1018, 1030: Belastung der Sache) zur Geltung kommt.

VII. Ausschließung anderer von Einwirkungen

Anm. 18

1. Geltendmachung. Das Recht auf Ausschließung anderer von **jeder Einwirkung** wird, soweit es sich nicht um eine Einwirkung handelt, die nach §§ 904, 905, 906 oder nach einem andern Gesetz (Anm. 10ff) oder wegen eines Rechts des Einwirkenden (Anm. 14f) zu dulden ist, im allgemeinen durch Klagen auf Unterlassung und Beseitigung der störenden Einwirkungen gemäß § 1004 und in den Sonderfällen der §§ 907, 908 durch Klagen auf Beseitigung des gefahrdrohenden Zustandes geltend gemacht. Der Eigentümer kann sich gegebenenfalls, namentlich bei Grundstücken, auch durch die Besitzstörungsklage (§§ 858ff) gegen unberechtigte Eingriffe schützen. Im Falle des Verschuldens des Störenden hat der Eigentümer auch Klagen auf Schadensersatz gemäß §§ 823ff. Kann nach besonderen Vorschriften, insbesondere des öffentlichen Rechts, die Beseitigung einer Einwirkung, die an sich über das zu duldende Maß hinausgeht, nicht verlangt werden, so ist auch ohne Nachweis eines Verschuldens für den verursachten Schaden Ersatz zu leisten (§ 906 Anm. 32; § 907 Anm. 2; § 908 Anm. 7). Um eine Klage auf Unterlassung zu begründen, muß die Einwirkung in sinnlich wahrnehmbarer Weise die Sache selbst ergreifen (**RG** 50, 228; JW 1902 Beil. 240). Es genügen also grundsätzlich nicht die sog. negativen Einwirkungen, bei denen nur natürliche Zuführungen (z. B. Licht) abgehalten werden (**RG** 51, 254; 98, 17; 155, 158; **BGH** LM § 903 Nr. 1; § 906 Anm. 6). Deshalb kann z. B. auch auf Unterlassung eines Bordellbetriebs auf dem Nachbargrundstück nicht (gemäß §§ 903, 906, 1004) geklagt werden, es sei denn, daß die Voraussetzungen des § 826 gegeben sind (**RG** 57, 239).

Anm. 19

2. Ausgleich widerstreitender Interessen von Grundstücksnachbarn. Er geschieht in erster Linie durch die nachbarrechtlichen Gesetzesvorschriften; eine über sie hinausgehende Beschränkung bestehender Eigentumsrechte auf Grund der Pflicht zu nachbarlicher Rücksichtnahme (§ 242) muß eine durch zwingende Gründe erforderte Ausnahme bleiben (**BGH** LM § 903 Nr, 1 und 2). Im einzelnen sind die unzulässigen Einwirkungen von Nachbargrundstücken aus in den Anmerkungen zu §§ 906ff. behandelt. Nach diesen Vorschriften unzulässige Einwirkungen braucht der Eigentümer auch dann nicht zu dulden, wenn die Benutzung des Nachbargrundstücks einem Wohlfahrtszweck dient, es sei denn, daß die Duldungspflicht ihm nach besonderer gesetzlicher Bestimmung obliegt (**RG** 70, 313; Gruchot 58, 1026). Dem Unterlassungsanspruch des Grundstückeigentümers wegen der durch eine nachbarliche Rotationsmaschine verursachten übermäßigen Geräusche kann die Zeitungsdruckerei nicht entgegenhalten, daß die Presse nach Art. 5 GG in der Erfüllung ihrer Aufgabe nicht gehindert werden dürfe (**BGH LM** § 903 Nr. 4). Die photographische Aufnahme eines Gebäudes oder der inneren Räume enthält eine zur Abwehr nach §§ 903, 1004 berechtigende Einwirkung, wenn der Eigentümer ein Interesse (z. B. mit Rücksicht auf eigene Veranstaltung von Abbildungen) daran hat, daß die Aufnahme unterbleibt (OLG 20, 402). Die Einwirkungen durch Entziehen von Brunnen- und Grundwasser behandeln § 905 Anm. 2, § 906 Anm. 10f, § 909 Anm. 4. Der Eigentümer eines Friedhofs kann, soweit nicht ein Herkommen etwas anderes ergibt, den Angehörigen Verstorbener die Ausschmückung der Grabhügel durch einen ihm nicht genehmen Gärtner verbieten (JW 1924, 2054[18]); eine Kirchenstiftung kann als Friedhofseigentümerin, wenn kein gegenteiliges Herkommen besteht, gewerbliche Bestattungsunternehmer auf die Verbringung der Leiche in die Leichenhalle beschränken, ihnen weitere Bestattungshandlungen aber verbieten und diese selbst vornehmen (**BGH** 14, 294).

Anm. 20

VIII. Internationales Privatrecht. Im internationalen Privatrecht gilt für das Eigentum das Recht des Ortes, an welchem sich die Sache befindet; ausdrücklich ist das zwar im Gesetz nicht ausgesprochen, aber es ergibt sich mittelbar aus Art. 11 Abs. 2 Art. 28 EG; **RG** 103, 31; 149, 93. Ausnahmen bestehen für besondere Vermögensmassen, so im ehelichen Güterrecht, beim Kindesvermögen und im Erbrecht (Art. 15, 19, 24ff EG); doch werden auch diese Ausnahmen durch Art. 28 EG abgeschwächt. Besonderes gilt auch für das Eigentum an Schiffen und Luftfahrzeugen; es untersteht dem Recht des Staates, dessen Flagge diese Fahrzeuge befugterweise führen. Das anwendbare Recht kann im Sachenrecht nicht durch Parteivereinbarung beliebig bestimmt werden; bedenklich insoweit BayObLG BayZ 1934, 126. Wird eine Sache von einem Land oder Rechtsgebiet in ein anderes gebracht, so wandelt sich damit der Inhalt des Eigentumsrechts. War eine Sache in einem Land nicht Gegenstand des rechtlichen Verkehrs, so kann sie es durch Verbringung in ein anderes Land werden (**RG** 14. 12. 1922 IV 409/21). Im Nachbarrecht kann bei Grenzgrundstücken von dem jenseits der Grenze wohnenden Nachbarn nur das verlangt werden, wozu dieser nach dem Recht des Landes verpflichtet ist, in dem ein Grundstück liegt.

§ 904

Der Eigentümer einer Sache ist nicht berechtigt, die Einwirkung eines anderen auf die Sache zu verbieten, wenn die Einwirkung zur Abwendung einer gegenwärtigen Gefahr notwendig und der drohende Schaden gegenüber dem aus der Einwirkung dem Eigentümer entstehenden Schaden unverhältnismäßig groß ist. Der Eigentümer kann Ersatz des ihm entstehenden Schadens verlangen.

E II 889; P 6 212ff.

Übersicht

Anm. 1

1. Verhältnis des § 904 zu § 228. Der § 228 behandelt den Fall, in dem jemand sich gegen eine Sache wendet, durch welche die Gefahr droht, d. h. welche sie erzeugt hat und ohne Abwehrmaßregel fortwirken lassen würde. Der § 904 behandelt dagegen den Fall, in dem sich jemand einer fremden Sache bedient, um einer nicht von ihr ausgehenden Gefahr zu begegnen (**RG** 88, 213). § 228 läßt die Interessen des Geschädigten hinter die des Bedrohten weit mehr zurücktreten als § 904; denn im letzteren Falle besteht eine Ersatzpflicht, im ersten fehlt sie, es sei denn, daß die Gefahr verschuldet war. Das hat auch seinen guten Grund. Denn im Falle des § 228 nimmt der Schädiger der „drohenden" Sache gegenüber eine Verteidigungsstellung, im Falle des § 904 der nicht drohenden Sache gegenüber eine Angriffsstellung ein (**RG** 88, 214; **BGH** 6, 106). Da die im § 904 bestimmte Beschränkung in der Ausübung des Eigentums sich gegen den **Eigentümer** der Sache als solchen richtet, also die Sache selbst ergreift, unterliegt ihr auch der Besitzer sowie derjenige, dem ein anderes Recht an der Sache zusteht (z. B. der Nießbraucher, auf dessen Früchte eingewirkt wird; Prot. 6, 216; **RG** 156, 90), auch der Bergwerkseigentümer (**RG** 57, 187).

Anm. 2

2. Sache. Unbewegliche oder bewegliche Sache (z. B. ein Kabel: **RG** 113, 301). Bei Einwirkungen auf andere Rechtsgüter (§ 90 Anm.) findet § 904 keine Anwendung (str.). Bei ihnen hat der Angegriffene das Recht der Notwehr (§ 227).

Anm. 3

3. Duldungspflicht des Eigentümers. Die Nichtberechtigung des Eigentümers zum Verbot der Einwirkung ist eine Ausnahme von der im § 903 aufgestellten Regel der Berechtigung zur Ausschließung jeder Einwirkung (**RG** 113, 303). Über die Fälle des Notstandes nach § 228 hinaus soll der Eigentümer der Sache unter den im § 904 bestimmten Voraussetzungen zur Duldung der Eingriffe in sein Eigentum verpflichtet sein (**RG** 75, 83). Daher muß derjenige, der einen solchen Ausnahmefall geltend macht, die Voraussetzungen des § 904 Satz 1 beweisen. Aus der Nichtberechtigung zum Verbot folgt, daß der Eigentümer weder zur Notwehr (§ 227) noch zur Abwehr nach § 859 (gegen verbotene Eigenmacht) berechtigt ist. Im Gegenteil kann er nach § 823 Abs. 2 schadensersatzpflichtig werden, wenn er die Einwirkung dennoch verbietet. Der Einwirkende handelt nicht widerrechtlich. Er ist nicht nach § 823 Abs. 1 schadensersatzpflichtig, geschweige denn (z. B. wegen Sachbeschädigung) strafbar. Widersetzt sich der Eigentümer, so befindet sich der Einwirkende in der Notwehrlage und kann gemäß § 227 dem rechtswidrigen Angriff mit Gewalt entgegentreten. Ein durch Klage erzwingbares Recht auf die Duldung der Einwirkung steht ihm aber nicht zu (OLG 12, 121).

Anm. 4

4. Einwirkung. Die Einwirkung kann nicht bloß in einem Beschädigen oder Zerstören, wie im Falle des Selbstschutzes gegen fremde Sachen (§ 228), sondern auch in einem Gebrauch der Sache (z. B. Benutzen eines fremden Pferdes, um einen Arzt zum Schwerkranken zu holen) bestehen (OLG 13, 370). Ob die Veräußerung der Sache als Einwirkung anzusehen ist, läßt **BGH** 2, 44f dahingestellt. Darauf, ob die Einwirkung unmittelbar oder mittelbar geschieht, kommt es nicht an, es genügt, daß ein ursächlicher Zusammenhang zwischen dem Sachschaden, dessen Ersatz verlangt wird, und der Notstandshandlung besteht (**RG** 156, 187).

Anm. 5

5. Gegenwärtige Gefahr. Sie ist ein außergewöhnliches Ereignis, durch das die bestehenden Verhältnisse mit denen man rechnen muß, derartig verändert werden, daß sofortige Abhilfe notwendig wird (**RG** 57, 191; SeuffArch 62 Nr. 13; OLG 12, 121). Eine solche Gefahr wird z. B. bestehen können für einen Luftschiffer, der genötigt ist, Ballast auszuwerfen oder auf einem Grundstück zu landen (OLG 29, 334), oder einen Schiffer, der sein Schiff, um es gegen einen Sturm zu schützen, an dem Schiff eines anderen befestigt (**RG** 88, 215; **BGH** 6, 103). Dagegen besteht sie z. B. nicht im Falle: der Verhinderung der Ableitung der Grubenwässer aus einem Bergwerk (**RG** 57, 191); des Eindringens von Feuchtigkeit bei Ausbesserungsarbeiten an einem Nachbarhause (OLG 12, 121). Auch wenn der drohende Schaden nicht ersichtlich unmittelbar bevorsteht, ist eine Gefahr (mindestens im Falle der Bedrohung von Leib und Leben) gegenwärtig, wenn sie sich ständig vergrößert, es als ausgeschlossen erscheint, daß sie wieder verschwindet oder anders als durch die Notstandshandlung abgewendet werden kann, und bei Beginn ihrer Verwirklichung es voraussichtlich zu spät wäre, ihr entgegenzutreten (**BGH** LM § 904 Nr. 3). Gefahr für immaterielle Rechtsgüter, wie Leben, Gesundheit, Freiheit, ist nicht erforderlich. Es genügt auch eine Gefahr für das Vermögen (z. B. Einreißen eines Gebäudes bei Feuersgefahr; Prot. 6, 217). Ferner ist nicht wie im Falle des § 228 erforderlich, daß die Sache, auf die eingewirkt wird, an der Gefährdung beteiligt ist (**RG** 71, 241; 88, 213; JW 1908, 611[147]).

Die Gefahr braucht auch nicht dem Einwirkenden selbst zu drohen. Vielmehr kann, wie aus der allgemeinen Fassung des Gesetzes zu folgern ist, auch eingewirkt werden zugunsten eines Dritten, in dessen Person die Voraussetzungen des § 904 vorliegen (z. B. Benutzung einer fremden Sache zur Rettung eines anderen aus Lebensgefahr: **RG** Gruchot 66, 479; JW 1925, 1535[5]). § 904 findet auch dann Anwendung, wenn die Gefahr durch Verschulden des Einwirkenden oder einer dritten Person herbeigeführt ist. Denn das Gesetz hat keine Einschränkung nach dieser Richtung gemacht (vgl. § 228 Satz 2; SeuffArch 62 Nr. 13). Unerheblich ist auch, ob die Gefahr vorauszusehen war (aM **RG** 57, 192).

Anm. 6

6. Notwendigkeit der Einwirkung. Die Einwirkung muß objektiv **zur Abwendung der Gefahr notwendig** sein, d. h. es müssen andere genügende Abwehrmittel fehlen (**RG** Gruchot 45, 1009). Dagegen ist nicht erforderlich, daß die Einwirkung den Erfolg der Abwendung der Gefahr gehabt hat. Durch ein Mißlingen wird die Einwirkung nicht widerrechtlich.

Anm. 7

7. Drohender Schaden. Der drohende Schaden muß gegenüber dem Schaden des Eigentümers der Sache **unverhältnismäßig groß** sein (**RG** 71, 241; 88, 213). Dies wird bei Bedrohung des Lebens oder erheblicher Gefährdung der Gesundheit stets der Fall sein (JW 1925, 1535[5]). Wenn es sich um Vermögensschaden handelt, so sind bei der Prüfung der Frage nach der Widerrechtlichkeit der Einwirkung der Nachteil des Einwirkenden und der Schaden des Eigentümers der fremden Sache in Geldbeträgen zu schätzen und gegeneinander abzuwägen (**RG** JW 1908, 611[137]). Ist der drohende Schaden nicht unverhältnismäßig groß, so ist der Eigentümer zur Duldung der Einwirkung nicht verpflichtet (**RG** 113, 303).

Anm. 8

8. Schadensersatz

a) Der Einwirkende muß, anders als im Falle des § 228, auch dann Schadensersatz (§§ 249ff.) leisten, wenn ihn kein Verschulden trifft (**RG** 58, 132; 60, 345; 75, 81; 113, 302), daher auch dann, wenn er die Einwirkung zur Beobachtung einer nach anderen Vorschriften (§ 836) gebotenen Sorgfalt vornimmt (**BGH** LM § 904 Nr. 3) oder der Eigentümer mit dem Eingriff einverstanden ist (**BGH** LM § 904 Nr. 2 a. E.). Voraussetzung für die Schadensersatzpflicht ist aber eine **Einwirkung im Sinne eines in den Eigentumsbereich eingreifenden Tuns** (**RG** 75, 83). Entsteht eine Beschädigung unter Umständen, die völlig unabhängig von dem Willen des Verursachers sind, so besteht keine Schadensersatzpflicht (**RG** 113, 302; OLG 20, 404; JR 50, 345). War der Einwirkende nicht selbst gefährdet, hat er vielmehr zugunsten eines Dritten eingewirkt, so ist der Dritte schadensersatzpflichtig, wenn der Einwirkende zu ihm in einem Abhängigkeitsverhältnis stand (§ 855) und auf seine Weisung oder zur Erfüllung seiner Verpflichtungen gehandelt hat (**BGH** LM § 904 Nr. 2). So Haftung des Reiches für den Schaden, den der Führer eines zur Hilfeleistung in Seenot abgeordneten Kriegsschiffs verursacht hat (**RG** 113, 303); Haftung des Ausrüsters eines Schiffes, wenn der Schiffer in Ausübung seiner Dienstverrichtung eine Notstandsmaßnahme (Werfen eines Ankers) trifft (**BGH** 6, 106). Nimmt ein Zwangslotse bei der Einfahrt in einen Hafen eine Nothilfelandung zugunsten eines andern als des von ihm geführten Schiffs vor und beschädigt er dabei ein drittes Schiff, so richtet sich der Schadensersatzanspruch des Eigentümers des beschädigten Schiffs gegen die Reederei des von dem Lotsen geführten Schiffs, nicht gegen die Kommune, die den Lotsen angestellt hat (JW 1938, 1205[70]). Sind an der Einwirkung mehrere beteiligt, so haftet jeder für den Teil des Gesamtschadens, der durch die von ihm gewollten Eingriffe entstanden ist, unabhängig davon, in welchem Umfange er selbst die einzelnen Schäden herbeigeführt hat (**BGH** LM § 904 Nr. 2).

Anm. 9

b) Da der Schadensersatzanspruch die Duldungspflicht des § 904 Satz 1 ausgleichen soll, steht er nicht nur dem Eigentümer der geschädigten Sache, sondern **jedem Duldungspflichtigen** (Anm. 1), z. B. also auch einem Pächter, zu (**RG** 156, 190). Wer den Schadensersatzanspruch geltend macht, muß den ursächlichen Zusammenhang zwischen der Einwirkung des andern und seinem Schaden **beweisen.** Steht aber nach dem wirklichen Geschehensablauf ein solcher Zusammenhang fest, so braucht der Geschädigte nicht auch noch zu beweisen, daß beim Unterbleiben der Einwirkung des andern der Schaden nicht eingetreten wäre. Vielmehr muß der Schädiger, der behauptet, daß bei Unterlassung der Notstandshandlung derselbe Schaden eingetreten wäre, weil die beschädigte Sache durch die Notstandsgefahr mitgefährdet war, diese Behauptung beweisen, wenn er von der Schadensersatzpflicht freikommen will (**RG** 156, 191).

Anm. 10

c) Der Anspruch auf Schadensersatz aus § 904 Satz 2 **verjährt** nach § 195 in 30 Jahren, nicht etwa nach § 852 in drei Jahren, da keine unerlaubte Handlung vorliegt (str.; aM München HRR 41, 1057; Palandt Anm. 3b aE). Liegt ein Verschulden des Einwirkenden vor, so ist ein Schadensersatzanspruch wegen unerlaubter Handlung nach § 823 gegeben (**RG** 88, 215).

Anm. 11

9. Landesrecht. Art. 109 EG hält die **landesgesetzlichen** Vorschriften über die im öffentlichen Interesse erfolgende Entziehung, Beschädigung oder Benutzung einer Sache aufrecht. Vgl. auch § 9 StrandO v. 17. 5. 1874 (Rettung aus Seenot).

§ 905

Das Recht des Eigentümers eines Grundstücks erstreckt sich auf den Raum über der Oberfläche und auf den Erdkörper unter der Oberfläche. Der Eigentümer kann jedoch Einwirkungen nicht verbieten, die in solcher Höhe oder Tiefe vorgenommen werden, daß er an der Ausschließung kein Interesse hat.

E I 849 II 819; M 3 263f.; P 3 120ff.

Übersicht

Anm. 1

I. Recht des Grundstückseigentümers

1. Grundsatz. Aus der nur auf Grundstücke sich beziehenden Bestimmung des Satz 1 in Verbindung mit dem für alle Sachen geltenden § 903 ergibt sich als Regel das Recht des Eigentümers eines Grundstücks, mit seinem Grundeigentum innerhalb des bezeichneten Herrschaftsgebiets nach Belieben zu verfahren und andere von jeder Einwirkung darauf auszuschließen. Er kann also regelmäßig unbeschränkt hoch bauen, in die Tiefe gehen, Bodenbestandteile, auch Wasser aus Flüssen und Quellen entnehmen.

Anm. 2

2. Gesetzliche Beschränkungen. Ausnahmsweise können sich aber schon nach § 903 aus Gesetz oder Rechten Dritter in dieser Hinsicht Beschränkungen über die besondere Bestimmung des § 905 Satz 2 hinaus ergeben (§ 903 Anm. 11—15).

a) An gesetzlichen Beschränkungen kommen insoweit für das Grundeigentum namentlich in Betracht: von den in Anm. 11 § 903 angeführten **Bundesgesetzen** das Schutzbereichgesetz v. 7. 12. 1956 (BGBl I 899); das Luftverkehrsgesetz v. 1. 8. 1922 idF v. 21. 8. 1936 (RGBl I 582) mit Änderungen und Ergänzungen durch die Gesetze v. 27. 9. 1938 (RGBl I 1246) und v. 26. 1. 1943 (RGBl I 69) — dazu **RG** 158, 34; unten Anm. 8 —; das Telegraphenwegegesetz v. 18. 12. 1899 (RGBl 705) mit Ergänzungen und Änderungen durch Ges. v. 24. 9. 1935 (RGBl I 1177) und DVO v. 10. 10. 1935 (RGBl I 1236), dazu § 1 PostverwaltungsG v. 24. 7. 1953 (BGBl I 676) — vgl. zur Auslegung des § 6 **RG** 57, 364; 63, 88 und des § 12 **RG** 116, 286; 126, 28 — das Gesetz über Fernmeldeanlagen idF v. 14. 1. 1928 (RGBl I 8).

b) An **Landesgesetzen** sind hier insbesondere wichtig die Vorschriften auf den der Landesgesetzgebung vorbehaltenen Rechtsgebieten des **Wasserrechts** und des **Bergrechts** (EG Art. 65, 67). — **aa)** Aus der Rechtsprechung darüber sind z. B. zu erwähnen die **wasserrechtlichen** Entscheidungen über Ableitungen von Quellwasser (**RG** 12, 183; 16, 229; 27, 328; Gruchot 42, 1009; WarnRspr 1913 Nr. 96, 153; SeuffArch 33 Nr. 2; 34 Nr. 2; 34 Nr. 2; 34 Nr. 92, 267; 40 Nr. 181; 47 Nr. 261; 52 Nr. 6, 145), Entziehung von Grundwasser (**RG** WarnRspr 1913 Nr. 96; V 100/09; OLG 12, 120), Zuleitungen von Regenwasser (OLG 10, 116), Ableitung von Abwässern durch Wassergräben (**RG** 57, 187). Vgl. zu alledem weiter das PrWassG v. 7. 4. 1913 §§ 40ff und für gemeinnützige Ouellen das PrQuellenschutzG v. 14. 5. 1908. — **bb)** Aus der **bergrechtlichen** Rechtsprechung sind z. B zu nennen die Urteile über Abgrenzung des Grundeigentums und der Bergwerksberechtigung (**RG** 28, 152; 147, 161), über die Nichtanwendbarkeit der Vorschriften in §§ 905ff. auf das Bergwerkseigentum nach PrAllgBergG, z. B. bei Einwirkungen von einem benachbarten Bergwerk aus (**RG** 72, 304; 87, 400), über die Rechtsverhältnisse zwischen Eigentümer und Pächter bei Bergwerksgrundstücken (**RG** 135, 94; 137, 234).

Anm. 3

3. Berechtigte Einwirkungen. Zu Einwirkungen, die an sich den §§ 903, 905 zuwiderlaufen, kann aus besonderen Gründen eine **Berechtigung** bestehen und damit die Eigentumsstörungsklage gemäß § 1004 Abs. 2 ausgeschlossen sein. So kann z. B. ein Recht zu solchen Einwirkungen als Dienstbarkeit gemäß §§ 1018, 1090 bestellt sein (RJA 10, 74). Auch kann die Vermietung des Grund und Bodens die Benutzung des Raumes über der Oberfläche (z. B. beim Betrieb einer elektrischen Straßenbahn auf einer gemieteten Straße) mit sich bringen (**RG** 108, 206). Schließlich kann kraft besonderer Gesetzesbestimmung (z. B. § 912: Überbau) eine Duldungspflicht des Eigentümers bestehen (**RG** 88, 40).

Anm. 4

4. Schutz des Eigentümers. Den **Schutz des Eigentümers** gegen unberechtigte Einwirkungen erörtern § 903 Anm. 18, 19. Der Anspruch auf Unterlassung unterliegt nach § 902 nicht der Verjährung. Das Verbietungsrecht steht nicht bloß dem Eigentümer, sondern auch dem Erbbau- und Dienstbarkeitsberechtigten, soweit ihr Recht durch die Einwirkung beeinträchtigt wird (§ 11 VO v. 15. 1. 1919; §§ 1027, 1065, 1090 Abs. 2), sowie dem Besitzer des Grundstücks zu. Ob das Eigentum einer Privatperson oder einer öffentlich-rechtlichen Körperschaft (z. B. einer Stadtgemeinde) zusteht, macht keinen Unterschied (**RG** 42, 208; WarnRspr 1910 Nr. 335; SeuffArch 54 Nr. 918; OLG 18, 121).

Anm. 5

5. Öffentlicher Gebrauch. Ist jedoch das Grundstück dem **öffentlichen Gebrauch** gewidmet, so können Einwirkungen, die sich innerhalb der Grenzen des bestimmungsmäßigen Gebrauchs halten, vom Eigentümer nicht gehindert werden (**RG** 32, 208). Dies gilt insbesondere auch von der Straßenfläche einer Stadtgemeinde. Sie steht im Privateigentum der Stadtgemeinde; das Eigentum ist aber beschränkt durch die Zweckbestimmung der Straße, dem Gemeingebrauch zu dienen. Grundsätze für diesen — nach den jeweiligen Verkehrsanschauungen wandelbaren — Gemeingebrauch sind aufgestellt in **RG** 123 S. 181, 187; 125, 108; 131, 264; 132, 398; JW 1930, 1961[20]; 1934, 3008[12] (eine zusammenfassende Darstellung bringt JW 1938, 3201). Das Parken von Kraftwagen insbesondere fällt unter den Gemeingebrauch öffentlicher Straßen, soweit nicht ein Parkverbot besteht. Zu der Straße gehört auch der Luftraum über der Straße, jedoch in den Schranken des § 905 Satz 2. Der Straßenanlieger kann den Gemeingebrauch infolge seines räumlichen Verhältnisses zur Straße in ganz besonderem Maße ausüben. Hält er sich im Rahmen des Gemeingebrauchs, so kann die Stadtgemeinde eine Vergütung von ihm nicht verlangen. Denn der Eigentümer kann für eine ihm obliegende Gestattung keine Vergütung fordern. Ob dies der Fall ist, dafür ist eine polizeiliche Gestattung nicht oder doch nicht allein maßgebend, da sie nur besagt, daß die Anlage dem Verkehr in der Straße und andern dort befindlichen Anlagen nicht hinderlich sei. Es muß vielmehr geprüft werden, ob die Anlage (z. B. ein über den ganzen Bürgersteig hinweg bis zum Fahrdamm in einer Höhe von 4 Metern führendes Schutzdach von einem Hotel aus) auch sonst in Städten gemeingebräuchlich ist. Wenn es sich um eine preußische Stadt handelt, kann auch eine Einrichtung vorliegen, deren Anlage dem Hauseigentümer nach den §§ 78 bis 82 I 8 ALR gestattet ist. Dann muß die Stadtgemeinde als Straßeneigentümerin aus diesem Grunde sich die gesetzlich begründete Einschränkung ihres Eigentums gefallen lassen, ohne die ihr obliegende Duldung von der Zahlung einer Gebühr abhängig machen zu können (**RG** 132, 398). Im übrigen wird die Benutzung des Luftraumes über öffentlichen Straßen in Anm. 11 besprochen.

II. Verbietbare Einwirkungen

Anm. 6

1. Allgemeines. Fallen Einwirkungen auf den **Raum über der Oberfläche** (Luftraum) oder auf **den Erdkörper unter der Oberfläche** nicht unter § 905 Satz 2 oder § 906 und hat der Einwirkende zu ihrer Vornahme auch keine besondere Berechtigung, so kann der Eigentümer gemäß § 1004 oder im Falle eines Verschuldens gemäß §§ 823ff (§§ 903 Anm. 18, 906 Anm. 25) einschreiten. Beispielsfälle: lästiges Hinüberwehen der Sandmassen von Sandkippen auf dem Nachbargrundstück (**RG** 60, 140); lästige Überführung von Sand und Wasser durch eine Feldbahnanlage (OLG 26, 22); Errichtung von Erkern, Balkonen oder sonstigen Vorbauten, die in den Luftraum über einer der Stadtgemeinde gehörigen Straße hineinragen (**RG** WarnRspr 1910 Nr. 335; Gruchot 54, 918; OLG 18, 121; 26, 16), sofern nicht nach landesrechtlichen Vorschriften (z. B. §§ 79ff I 8 PrALR) oder mit Rücksicht auf den in Anm. 5 erörterten Gemeingebrauch an öffentlichen Straßen solche Vorbauten zu dulden sind; nicht lotgerechte Errichtung einer Giebelmauer, die infolgedessen mit Ausbucklungen in den Luftraum über dem Nachbargrundstück hineinragt (**RG** 88, 40), sofern nicht die Voraussetzungen eines Überbaus nach § 912 vorliegen und daher eine Duldungspflicht besteht; Anlage eines Tunnels unter einem Wohnhause vom Nachbargrundstück aus (**RG** JW 1912, 869[28]); Beschädigung von Sachen des Eigentümers eines Grundstücks, durch dessen Luftraum die Reichspost in Ausübung ihres Hoheitsrechts (§ 1 TelegrWegeG; Anm. 2a) eine Fernsprechleitung legt, bei Verschulden von Beamten der Postverwaltung (**RG** 126, 31). Auch an dem Luftraum der sich über dem im Privateigentum stehenden Bette eines Wasserlaufs befindet, steht dem Eigentümer das Ausschließungsrecht des § 905 zu, z. B. im Falle einer Überdeckung des Wasserlaufs durch einen hinüberreichenden Bau oder der Leitung elektrischer Drähte über den Wasserlauf (**RG** 92, 48; WarnRspr 1926 Nr. 158). Das gilt auch dann, wenn das Wasser (die fließende Welle) öffentlich ist, hier allerdings nur mit den durch den Gemeingebrauch des Wassers und der darüber befindlichen Luft gebotenen Beschränkungen (**RG** 92, 48). Dasselbe gilt auch von dem über dem Bette innerhalb der Ufer befindlichen Raum, in dem sich das Flußwasser bewegt. In Preußen stellt sich daher jede in diesem Raum durch unbefugte Dritte ausgeübte, vom WassG v. 7. 4. 1913 nicht besonders zugelassene, den Gemeingebrauch des § 25 an einem im Privateigentum des Staates stehenden (§ 903 Anm. 8) Wasserlauf erster Ordnung überschreitende Betätigung als rechtswidrige Störung des Eigentums dar (**RG** 53, 99; 94, 35; JW 1914, 87[17]). Eine solche Störung liegt insbesondere auch in der Verletzung des dem Eigentümer nach § 7 PrFischereiG v. 11. 5. 1916/25. 7. 1933 (GS 274) zustehenden Fischereirechts durch Ausübung der Fischerei, sofern nicht der Störende ein Gegenrecht nachweist (**RG** 94, 35). Wenn im Zuge städtischer Straßen oder öffentlicher Wege Brücken über den Wasserlauf führen, so wird dadurch die Verbindung zwischen dem Wasserlauf und dem Luftraum oberhalb der Brücken nicht unterbrochen. Die Brücken stellen sich vielmehr lediglich als ein in den Luftraum eingeschobenes Bauwerk dar, das die Verbindung zwischen der Luftsäule über und unter ihnen und dem Bett des Wasserlaufs weder tatsächlich noch rechtlich aufhebt (**RG** WarnRspr 1926 Nr. 158).

Anm. 7

2. Voraussetzungen des Einschreitens. Die nach § 1004 zu verfolgenden **Einwirkungen** müssen **körperlich, sinnlich wahrnehmbar** sein und das **Eigentumsgebiet selbst** ergreifen; auch wird nur die senkrechte Luftsäule über dem Grundeigentum geschützt. Daher wird z. B. von einem Nachbargrundstück aus nicht (im Sinne des § 1004) widerrechtlich eingewirkt durch: Abhaltung von Licht und Luft (**RG** 51, 254; JW 1908, 142[12]) oder des Windes für eine Windmühle (**RG** JW 1909, 161[10]); Betrieb eines mit Feuer- und Explosionsgefahr verbundenen Gewerbes (**RG** 50, 226); Bordellbetrieb (**RG** 50, 227; 57, 239). Näheres hierüber findet sich in § 903 Anm. 18, 19; § 906 Anm. 2 zu b). Die auf § 905 Satz 1 gestützten Abwehransprüche haben aber nicht zur Voraussetzung, daß die Einwirkungen von einem andern, insbesondere einem benachbarten Grundstück ausgehen. Vielmehr ist nur erforderlich, daß die Einwirkungen, unter denen ein Grundstück leidet, in dem Raum über die Oberfläche oder in dem Erdkörper unter der Oberfläche des Grundstücks selbst vorgenommen werden (**RG** 97, 27). Deshalb kommt es hier auch nicht, wie bei den Einwirkungen des § 906 von einem Nachbargrundstück aus, entscheidend darauf an, ob die beeinträchtigte Benutzungsart des betroffenen Grundstücks nach den örtlichen Verhältnissen gewöhnlich ist oder nicht. Freilich können unter Umständen für die Frage, ob ein schutzwürdiges Interesse des Eigentümers an der Abwehr vorliegt (§ 905 Satz 2), nicht nur allgemeine Verkehrsanschauungen über das, was jeder Eigentümer sich an Einwirkungen gefallen lassen muß, sondern auch besondere ortsübliche Verhältnisse in Betracht kommen (**RG** 97, 27). Durch Veränderungen des Erdkörpers, z. B. Umwandlung eines Gewässers in festes Land oder dauernde Überschwemmung, wird an den Eigentumsverhältnissen grundsätzlich nichts geändert (**RG** 71, 67; § 892 Anm. 66). Kraft der Erstreckung des Eigentums auf den Raum über der Oberfläche ist dem Eigentümer ein Schutzrecht nicht nur gegen Einwirkungen zuzugestehen, die die Oberfläche gefährden, sondern auch gegen Einwirkungen, die ihn in der eigenen Benutzung des Luftraums hindern oder beeinträchtigen. Grundsätzlich ist daher ein Wohnungsmieter nicht berechtigt, ohne besondere Vereinbarung mit dem Grundstückseigentümer die Außenwände seiner Wohnung zur Anbringung von Reklame zu benutzen; bei Geschäftsräumen in einer Großstadt aber ist dem Mieter in der Regel in den oberen Stockwerken die Außenwand von der Unterkante seiner Fenster bis zur Unterkante der darüber befindlichen Fenster für Reklamezwecke (auch Lichtreklame) seines Geschäftsbetriebs zu überlassen, soweit sie sich dazu eignet (**RG** 80, 281) und nicht ein abweichender örtlicher Verkehrsgebrauch besteht (**BGH** LM § 157 (B) Nr. 1; § 535 Nr. 10; OLG Köln NJW 1955, 1072). Einem Arzt oder Geschäftsmann muß auch die Anbringung eines Namens- oder Firmenschildes an der Hauswand gestattet sein. Bei der großen Bedeutung, die Rundfunk und Fernsehen heute besitzen, muß der Mieter auch zur Anbringung einer Dachantenne berechtigt sein, wenn sie sachgemäß geschieht und nicht aus besonderen Gründen für den Hauseigentümer unzumutbar ist (OLG 45, 205; MDR 1953, 422; JR 1955, 20; einschränkend BB 1955, 10); die abweichende frühere Stellungnahme des Reichsgerichts (**RG** 116, 93; JW 1928, 2517[4]), wonach die Anbringung einer Hochantenne stets nur mit Erlaubnis des Grundstückseigentümers zulässig sein sollte, ist als überholt anzusehen. Vgl. § 535 Anm. 17.

Anm. 8

3. Luftverkehrsgesetz. Das Luftverkehrsgesetz v. 1. 8. 1922/21. 8. 1936 (Anm. 2a) hat das Recht des Grundstückseigentümers am Luftraum über seinem Grund und Boden weitgehend eingeschränkt. Im Interesse des Luftverkehrs ist die Benutzung des Luftraums durch Luftfahrzeuge (Flugzeuge, Luftschiffe, Segelflugzeuge, Ballone, Drachen und ähnliche für die Bewegung im Luftraum bestimmte Geräte) grundsätzlich freigegeben (§ 1) und als Ausgleich für diese allgemeine Beschränkung des Grundeigentums lediglich die im § 19 angeordnete Schadensersatzpflicht vorgesehen. Angesichts dieser Regelung ist hier für eine entsprechende Anwendung älterer Vorschriften z. B. des Rechtsgedankens aus § 75 Einl. PrALR, kein Raum mehr. Auch die Entscheidung **RG** 100, 69 ist insoweit durch das Gesetz überholt (**RG** 158, 36). Werden Tiere infolge ihrer besonderen Empfindlichkeit durch den Anblick und das Geräusch eines in größerer Höhe ruhig dahinfliegenden Flugzeugs beschädigt (Schreckwirkung bei Silberfüchsen), so ist für solche Schäden der Betrieb des Luftfahrzeugs nicht mehr ursächlich im Rechtssinne (**RG** 158, 38).

III. Wegfall des Verbietungsrechts

Anm. 9

1. Beweislast. Hat der Eigentümer kein Verbietungsrecht, so bildet dies, wie sich aus dem **„jedoch“** ergibt, eine Ausnahme von Satz 1, also von dem Grundsatz der unbeschränkten Herrschaft des Eigentümers. Wer Einwirkungen vornimmt, hat daher zu beweisen, daß er nach Satz 2 zu der Einwirkung berechtigt ist, insbesondere, daß der Eigentümer an ihrer Ausschließung kein Interesse hat (**RG** 59, 120; WarnRspr 1926 Nr. 158; JW 28, 503).

Anm. 10

2. Fehlendes Interesse an der Ausschließung. Das Verbietungsrecht versagt immer dann, wenn der Eigentümer an der Ausschließung kein Interesse hat. Bei der Beantwortung der Frage, ob ein schutzwürdiges Interesse vorliegt oder nicht, können allgemeine Verkehrsanschauungen, unter Umständen auch örtliche Verhältnisse in Betracht kommen (Anm. 7). Daß ein Verbieten wie bei der Schikane (§ 226) nur den Zweck haben könnte, dem Einwirkenden Schaden zuzufügen, ist vom Gesetz nicht erfordert (**RG** 59, 118; OLG 10, 108). Das schutzwürdige Interesse an der Ausschließung der Einwirkung darf aber nicht außer jeder Beziehung zu der Benutzung des Grundstücks stehen. Deshalb darf z. B. das Verbot des Baus eines Eisenbahntunnels unter dem Grundstück nicht lediglich damit begründet werden, daß der Eigentümer an einem Wettbewerbsunternehmen beteiligt sei (**RG** WarnRspr 1926 Nr. 158). Das Interesse braucht aber kein vermögensrechtliches zu sein. Vielmehr genügt jedes des Schutzes würdige Interesse, auch ein Interesse an der Ausschließung solcher Einwirkungen, die dem Eigentümer erst in der Zukunft bei der Ausnutzung seines Eigentums hinderlich werden könnten (**RG** 59, 117; Gruchot 58, 204; OLG 26, 17). Beispielsfälle für geschützte Interessen: erhebliche Beeinträchtigung des Anblicks des freien Himmels über einem Garten durch Hinüberleiten elektrischer Lichtkabel (Prot. 3, 122; **RG** 59, 117; OLG 5, 384); elektrische Lichtkabel in geringer Höhe über dem Dach eines Wohnhauses (OLG 10, 107); Hinüberleiten einer Drahtseilbahn (OLG 18, 121); Ausbauchung einer vom Nachbar auf der Grenze errichteten Mauer, auf die § 912 keine Anwendung findet (dort Anm. 4), auch wenn nur eine geringe Gefahr des Einsturzes besteht (OLG 34, 171). Führt über ein Grundstück ein öffentlicher Weg, so ist der Eigentümer des Grundstücks in seinem Eigentumsrecht nur insoweit beschränkt, als dies aus der Widmung des Grundstücks zum öffentlichen Wege folgt und durch den Zweck des Weges, dem öffentlichen Verkehr zu dienen, erfordert wird. Die Duldungspflicht des Grundstückseigentümers erstreckt sich daher zwar auf die Anlage einer Beleuchtung des Weges, nicht aber auf Überführungen, welche die Versorgung privater Abnehmer mit elektrischem Licht und elektrischer Kraft zum Zwecke haben (**RG** WarnRspr 1926 Nr. 158).

Anm. 11

3. Luftraum über öffentlichen Straßen. Eine bedeutsame Rolle spielt § 905 Satz 2 namentlich für die schon in Anm. 5, 6 gestreifte Benutzung des Luftraums über öffentlichen, insbesondere städtischen Straßen. Während früher die Rechtsprechung ein Recht der Straßenanlieger, den an ihren Häusern liegenden Luftraum der Straßen für sich zu benutzen, nur beschränkt anerkannt hat, läßt sich dieses gegenüber den gewandelten Anschauungen über den Gemeingebrauch und der allgemeinen Übung nicht mehr aufrechterhalten. Aus der Widmung der Straße für den öffentlichen Verkehr ist vielmehr grundsätzlich eine Pflicht der Stadtgemeinde zur Duldung von Lichtreklame an den Häusern zu entnehmen, wenn diese nur wenig in die Straße hineinragen und den Verkehr nicht behindern (vgl. **RG** 123, 181; JW 30, 1901, auch die Entscheidungen in NJW 52, 1057; MDR 53, 231; BB 548). Ebenso besteht eine Duldungspflicht für Schaukästen eines Straßenanliegers in geringer Breite (vgl. auch Automatengesetz v. 6. 7. 1934, RGBl I 585, nebst DVO v. 14. 8. 1934, RGBl I 814). Aus § 905 Satz 2 folgt aber nicht eine Pflicht der Stadt, ein in den Luftraum über der Straße hineinragendes, polizeilich genehmigtes Vordach vor einem Hauseingang zu dulden; die Duldungspflicht kann sich jedoch aus Vertrag oder Gemeingebrauch oder Landesgesetz ergeben (**RG** 132, 398; **BGH** LM § 905 Nr. 2). Das gleiche gilt, wenn ein Straßenanlieger einen von ihm auf der Straßenfläche errichteten Bauzaun zum Zweck der Fremdreklame vermietet (**BGH** 22, 395). In dem viel umstrittenen Urteil **RG** 150, 216 ist — allerdings beschränkt auf den Bereich des thüringischen Wegerechts — der Grundsatz aufgestellt, daß die Straßeneigentümerin die Benutzung des Luftraums über der Straße zum Tanken eines Kraftwagens mittels einer Schlauchleitung, die von dem auf der Straße haltenden Wagen zu einer neben der Straße auf Privateigentum stehenden Zapfsäule führt, nicht unentgeltlich zu gestatten brauche. In **RG** 123, 187 wird aber für außerthüringisches Gebiet anerkannt, daß ein solches Tanken unter bestimmten örtlichen Verkehrsverhältnissen sich im Rahmen des Gemeingebrauchs an der Straße halten könne. Es wäre zu wünschen, daß dieser Standpunkt, der heute wohl der herrschenden Meinung entspricht, sich in Zukunft für das ganze Geltungsgebiet des deutschen Rechts durchsetzte. Von diesem Wunsch nach Rechtseinheit aus betrachtet ist auch das Urteil des SächsOVG in JW 1939, 63[56] zu bedauern, das mit rechtlich nicht zu beanstandender Begründung für das Land Sachsen kraft öffentlichen Rechts Sondergrundsätze für die Benutzung des Straßenraums zu Reklamezwecken und für das Recht der Stadt, in solchen Fällen „Bezeigungsgelder" als öffentlich-rechtliches Entgelt zu erheben, aufstellt. Gehört die Straße einem Kreis und führen von zwei Elektrizitätswerken die Straße überquerende Leitungen, welche der Kreis widerruflich geduldet hat, so kann er die Duldung widerrufen und das Elektrizitätswerk auswählen, dem er die Überquerung der Straße gestatten will, selbst wenn er das Werk wählt, das ihm eine erhebliche Vergütung dafür verspricht. Denn er kann die Freiheit seines Eigentums geltend machen, soweit nicht die Duldungspflicht nach § 905 Satz 2 reicht. Daß er sich für die Benutzung des Luftraums über der Straße von dem einen Werk eine Vergütung versprechen läßt, kann ihm ebensowenig verwehrt werden, wie wenn er zugunsten eigener Leitungen fremde ausschließen wollte (**RG** WarnRspr 1931 Nr. 7).

Anm. 12

4. Benutzung des Grundstücks. Für das Vorhandensein des schutzwürdigen Interesses ist nicht bloß die gegenwärtige, sondern jede mögliche Art der Benutzung des Grundstücks von Bedeutung. Dabei ist auch die Möglichkeit einer Änderung der Verhältnisse in der Zukunft nicht außer Betracht zu lassen (**RG** 123, 182). Der Eigentümer hat also ein Interesse an der Ausschließung nicht bloß solcher Einwirkungen, die gegenwärtig, sondern auch solcher, die in Zukunft der Ausnützung seines Grundstücks hinderlich sein können (**RG** 42, 210; 59, 120). Als Interesse im Sinne des Satzes 2 ist dagegen nicht schon anzusehen die für den Eigentümer ohne die Schranke im Satz 2 sich ergebende Möglichkeit, sich von dem in großer Höhe oder Tiefe Einwirkenden für die Gestattung der Einwirkung Vorteile auszubedingen. Wollte der Eigentümer sein Interesse an dem Verbot lediglich mit dieser Möglichkeit begründen, so würde er in Wahrheit nicht sein Interesse an der unbeschränkten Ausnutzung seines Eigentums, sondern nur ein Interesse am Nichtbestehen der Einschränkung nach § 905 Satz 2 geltend machen (**RG** 123, 182; WarnRspr 1926 Nr. 158; Gruchot 58, 201). Droht dem Grundstück durch Einwirkungen, deren Abwehr dem Eigentümer nach Satz 2 versagt ist, eine nach menschlicher Erfahrung gewöhnlich damit verbundene Gefahr der Schädigung und verwirklicht sich dann die Gefahr, so ist dem Eigentümer (nach § 858 auch dem Besitzer, Mieter; **RG** 59, 326; 100, 75) unter entsprechender Anwendung der Grundsätze, nach denen wegen Einwirkungen aus behördlich genehmigten Betrieben an Stelle des versagten Abwehranspruchs ein Schadensersatzanspruch zu gewähren ist (§ 906 Anm. 30), ein Anspruch auf Ersatz des zugefügten Schadens zuzugestehen. Dieser Anspruch besteht auch dann, wenn dem Einwirkenden kein Verschulden zur Last zu legen ist (**RG** 100, 74; WarnRspr 1921 Nr. 57; vgl. aber **RG** JW 38, 1351). Er entfällt nur, soweit der Einwand der höheren Gewalt zuzulassen ist (**RG** 100, 75). Die Schadensersatzpflicht nach dem Luftverkehrsgesetz ist in Anm. 8 besprochen.

§ 906

Der Eigentümer eines Grundstücks kann die Zuführung von Gasen, Dämpfen, Gerüchen, Rauch, Ruß, Wärme, Geräusch, Erschütterungen und ähnliche von einem anderen Grundstück ausgehende Einwirkungen insoweit nicht verbieten, als die Einwirkung die Benutzung seines Grundstücks nicht oder nur unwesentlich beeinträchtigt oder durch eine Benutzung des anderen Grundstücks herbeigeführt wird, die nach den örtlichen Verhältnissen bei Grundstücken dieser Lage gewöhnlich ist. Die Zuführung durch eine besondere Leitung ist unzulässig.

E I 850 II 820; M 3 264—268; P 3 123—125; 6 225, 226. DS. 186ff.

Übersicht

I. Einwirkungen

Anm. 1

1. Einschränkung des § 903. Nach § 903 in Verbindung mit § 905 würde jede, auch eine unwesentliche Einwirkung auf ein Grundstück und den Raum über dessen Oberfläche unzulässig sein. § 906 schränkt den Grundsatz des § 903 ein, um den Bedürfnissen des Lebens Rechnung zu tragen (**RG** JW 1910, 941[18]; 1911 S. 587[33], 767[31]). Die Einschränkung bezieht sich auf die **Einwirkung durch Zuführung unwägbarer Stoffe**, d.h. auf Arten der mittelbaren oder unmittelbaren Hinüberwirkung von einem Grundstück auf das andere, die darin bestehen, daß die gewöhnlichen Lebensverrichtungen und die wirtschaftlichen und gewerblichen Vorgänge dem Luftmeer gasförmige oder sonst in der Luft schwebende Körper überliefern, die der Bewegung des Luftmeeres folgen, und daß die menschliche Tätigkeit von naturgesetzlichen Wirkungen begleitet ist, die sich weiter fortpflanzen, wie Erschütterung, Wärme, Geräusch (M 3, 264). Soweit die Voraussetzungen des § 906 nicht vorliegen, ist jede Einwirkung unzulässig (**RG** 76, 132). Dabei ist nicht erforderlich, daß die schädlichen Einwirkungen unmittelbar menschlicher Tätigkeit ihre Entstehung verdanken. Die Einwirkungen von dem Nachbargrundstück aus können vielmehr auch in Naturereignissen ihre unmittelbare Ursache haben. Nicht notwendige Voraussetzung für die Berechtigung zur Abwehr ist ferner, daß die Einwirkungen durch Naturgesetze und unbelebte Naturkräfte vermittelt werden. Vielmehr können auch Einwirkungen durch Wachstum der Pflanzen oder tierische Tätigkeit auf dem Nachbargrundstück zur Abwehr berechtigen. Beispielsfälle für diese Grundsätze sind in Anm. 12 aufgeführt.

Anm. 2

2. Begrenzung der Einwirkungen i. S. des § 906. Die **Begrenzung** der im § 906 gemeinten Einwirkungen ist aus den vom Gesetz angeführten Beispielen und aus dem Wort „ähnliche“ zu entnehmen (**RG** 76, 131).

a) Danach sind unter Einwirkungen zunächst nur **sinnlich wahrnehmbare**, wenn auch unwägbare Einwirkungen zu verstehen, nicht immaterielle oder ideale (z.B. nicht die Einwirkung durch den Betrieb eines mit Feuer- und Explosionsgefahr verbundenen Gewerbes oder eines Bordells: **RG** 50, 227; 57, 239).

b) Ferner ist ein **stoffliches Hinüberwirken** von dem Nachbargrundstück vorausgesetzt (**RG** 155, 158). Nach §§ 903, 905 wird aber nur die senkrechte Luftsäule über dem Grundeigentum gegen Eingriffe geschützt (§ 905 Anm. 7). Daher kommen für die Frage der Zulässigkeit nach § 906 von vornherein nicht in Betracht die sog. **negativen Einwirkungen**, z. B.: Schattenwerfen, Entziehung von Licht (über das Lichtschutzrecht nach § 142 PrALR I 8 s. **BGH** 14, 64), Luft oder Aussicht durch Bauten auf dem Nachbargrundstück (**RG** 98, 16; JW 1937, 2928[39]; HRR 1931 Nr. 939; **BGH** LM § 903 Nr. 1 und 2; aM Palandt Anm. 2b); Abhaltung des Luftzugs, Behinderung des Windes für eine Windmühle (**RG** JW 1909, 161[10]; Gruchot 65, 613); durch ein Gebäude verursachte Windstauungen, Wirbel- und Stoßwinde, welche die Leistung einer Windmühle verringern (**RG** Gruchot 65, 612); das durch das bloße Dasein eines Gebäudes auf einem Nachbargrundstück verursachte Abprallen des Windes und des Regens (**RG** Gruchot 58, 1028); Abführungen, Entziehen von Stoffen (**RG** Gruchot 57, 992; Anm. 3).

c) Weiter müssen die Zuführungen entweder auf das **Grundstück** (sei es auf das ganze, sei es auf Teile desselben: **RG** WarnRspr 1909 Nr. 359; **RG** 3. 6. 1931 V 265/30) und die dort befindlichen **Sachen** schädigend einwirken oder die auf dem Grundstück sich aufhaltenden **Personen** derart belästigen, daß ihr gesundheitliches Wohlbefinden gestört oder ein körperliches Unbehagen bei ihnen hervorgerufen wird (**RG** 76, 131; str., aM Heck Sachenrecht 1930, 219, Palandt Anm. 2). Daher ist nicht als Einwirkung zu erachten ein Anblick, der durch Vorgänge auf einem Nachbargrundstück dargeboten wird, mag auch dadurch (z. B. schamloses Verhalten badender Personen) das seelische Empfinden der die Vorgänge erblickenden Personen verletzt werden (**RG** 76, 130).

d) Gegen Einflüsse, die sich **nicht als Einwirkungen im vorbezeichneten Sinne** darstellen, gewährt das Gesetz, weil sie zu unwesentlich sind oder sich innerhalb des Herrschaftsgebiets (§§ 903, 905) des Nachbareigentümers halten, überhaupt kein Recht der Abwehr, insbesondere nicht das Recht der Klage auf Unterlassung gemäß § 1004 (**RG** 76, 132). Der Eigentümer muß sie sich auch dann gefallen lassen, wenn sie gegen seinen Willen geschehen sind (**RG** 131, 336). Nur wenn in solchen Einflüssen der Tatbestand einer unerlaubten Handlung nach §§ 823 ff, insbesondere § 826, zu finden ist, kann neben einem Anspruch auf Ersatz des entstandenen Schadens ein Anspruch auf Unterlassung künftiger schädigender Handlungen gegeben sein (z. B. wenn der Nachbar auf seinem Grundstück fortdauernd Vorgänge, die das Schamgefühl verletzen, wissentlich duldet: **RG** 57, 240; 76, 133).

Anm. 3

3. Erweiterung des Einwirkungsrechts durch Vereinbarung. Das Recht des Nachbars auf Einwirkungen kann, da zwingende Vorschriften nicht entgegenstehen, **durch Vereinbarung über § 906 hinaus erweitert** werden. Eine solche Vereinbarung kann auch stillschweigend (durch schlüssige Handlungen) getroffen werden. Z. B. kann in der Veräußerung eines Grundstücksteils zu einem voraussehbar dem Restbesitz nachteiligen Betriebe oder in dem Erwerb eines Teils eines Fabrikgrundstücks die Vereinbarung gefunden werden, daß die mit dem Fabrikbetrieb notwendig verbundenen, wenn auch wesentlichen, beim Erwerb voraussehbaren Beeinträchtigungen von dem anderen Teil geduldet werden sollen (**RG** 29, 268; 66, 126; JW 1909, 725[20]; SeuffArch 58 Nr. 142). Die Vereinbarung kann auch mit Wirkung zugunsten der Sondernachfolger des Berechtigten gemäß §§ 328 ff getroffen werden, dagegen nicht mit Wirkung gegen die Sondernachfolger des Verpflichteten. Diese können vielmehr nur durch Bestellung einer Dienstbarkeit (§§ 873, 1018, 1090) gebunden werden (**RG** 66, 128; JW 1909, 725[20]).

Anm. 4

4. Öffentlich-rechtliche Duldungspflicht. Weiter kann **auf Grund des öffentlichen Rechts** eine Verpflichtung zur Duldung von Einwirkungen über § 906 hinaus bestehen oder doch der Rechtsweg auf Unterlassung der Einwirkung ausgeschlossen sein. So z. B. im Falle der Zuführung von Geräuschen durch den Reichspostbetrieb (**RG** 73, 270) oder durch lärmende Häftlinge auf einer Polizeiwache (**RG** WarnRspr 1908 Nr. 380). Vgl. ferner für Preußen: über landespolizeilich genehmigte Betriebsanlagen **RG** 59, 70; Gruchot 44, 981 ff; über Läuten mit Kirchenglocken **RG** 56,

25. Endlich kann trotz übermäßiger Einwirkung durch reichsrechtliche (z.B. § 26 GewO) oder landesgesetzliche Sondervorschriften (z.B. im Bereich der EG Art. 67, 109, 124, 125: Bergbau, Enteignung, nachbarrechtliche Beschränkungen, Eisenbahnen und andere Verkehrsunternehmungen) der Anspruch auf Beseitigung der Störung ausgeschlossen und nur ein Schadensersatzanspruch gegeben sein. Hierüber findet sich das Nähere in Anm. 26ff. Handelt es sich um Schädigungen, die durch Wasserzustrom infolge einer in einem Flußbett und im Überschwemmungsgebiet angebrachten Anlage verursacht sind, so liegt die Frage nach der rechtlichen Bedeutung und den rechtlichen Folgen des Zuflusses auf dem Gebiet des Wasserrechts (**RG** WarnRspr 1910 Nr. 447; JW 1912, 391[12]), für welches nach Art. 65 EG landesrechtliche Vorschriften maßgebend sind. Ist nach diesen Vorschriften die Einwirkung gestattet, so muß der dadurch beeinträchtigte Eigentümer sie auch dulden; er kann wegen des Zuflusses keine Entschädigung verlangen (**RG** 122, 136). Wo aber landesrechtliche Vorschriften fehlen, greifen die Vorschriften des Reichsrechts, insbesondere also die §§ 903ff BGB Platz (**RG** 155, 156). Einzelheiten hierzu bringt Anm. 10.

Anm. 5

II. Duldungspflichtige. Außer dem **Eigentümer des Grundstücks** muß die nicht übermäßige Einwirkung des § 906 auch derjenige dulden, der das Grundstück besitzt (z.B. ein Pächter, Mieter, Nießbraucher: **RG** 105, 216; JW 1932, 2984[11]). § 906 ist auch auf das Verhältnis zwischen den Mietern verschiedener Stockwerke eines Hauses entsprechend anwendbar (**RG** HRR 1931 Nr. 1219; JW 1932, 2984[11]; **BGH** LM § 906 Nr. 1).

III. Zuführung

Anm. 6

1. Begriff. Unter Zuführung ist, wie sich aus der Gegenüberstellung mit „Leitung" im Satz 2 ergibt, eine **von menschlichem Zutun unabhängige** (Anm. 1), **natürliche Verbreitung der unwägbaren Stoffe** über die Grenze hinaus zu verstehen (M 3, 265; Prot. 3, 124). Abführungen, Entziehungen von Stoffen, insbesondere von Luft, Grundwasser u.dgl., fallen nicht unter § 906 (**RG** 98, 16; JW 1908, 142[2]; 1909, S. 161[10] 174[26]; WarnRspr 1913 Nr. 96; Gruchot 57, 992; Anm. 4, 10, 11.

Anm. 7

2. Beispiele. Beispielsfälle aus der Rechtsprechung über die Einwirkungen durch Zuführung von

a) Gasen: RG 63, 374 (Gase aus dem gebrochenen Rohrnetz einer Gasanstalt); JW 1912, 752[17] (Gase aus einer chemischen Fabrik);

b) Dämpfen, Rauch, Ruß: RG 58, 130; 63, 376; 65, 70; 70, 155; 154, 101; WarnRspr 1914 Nr. 190; 1915 Nr. 284 (Eisenbahnbetrieb) **RG** 159, 68 (Einwirkung von Hütten auch auf Bienenvölker);

c) Gerüchen: RG 70, 311 (Pumpstation); 155, 316 (Abdeckerei); JW 1904, 203[15] (von einem Hotel ausströmende Küchengerüche und Dünste); WarnRspr 1914 Nr. 189 (Knochenkocherei); 1915 Nr. 83 (Dunstgestank aus einer Gänsemästerei); 1915 Nr. 285 (Bedürfnisanstalt auf städtischer Straße); OLG 18, 122 (Straßenkanäle);

d) Geräuschen und Erschütterungen: RG 70, 311 (Pumpstation) 57, 224; WarnRspr 1910 Nr. 118; 1915 Nr. 284 (von einem Straßenbahndepot oder einem Eisenbahn-Rangierbahnhof ausgehendes Geräusch); **RG** 59, 71 (Geräusch von elektrischen Hochbahnen); **RG** 5. 7. 1933 V 88/33 (Geräusche von einer Kraftrennbahn); WarnRspr 1936 Nr. 172 (Geräusche, die von einer Kraftwagenwerkstätte zu einem benachbarten Hotel herüberdringen); JW 1937, 2117[19] Geräusche, Gerüche, Lichtreflexe von einer benachbarten Garage aus); JW 1904, 175[18]; 1905, 231[9] (Kegeln); 1908, 682[12]; 3. 6. 1931 V 265/30 (Schießstand); 1909, 50[15] (lärmende Gesamtwirkung mehrerer Maschinen im Fabrikbetrieb); 1910, 654[13] (Quaken von Fröschen in Teichanlagen); WarnRspr 1915 Nr. 83; 1917 Nr. 244 (Schnattern der Gänse aus einer Gänsemästerei); 1915 Nr. 141 (Hochofenwerk); 1912 Nr. 342; 25. 6. 1910 V 506/09 (Geräusche während der

Dauer des Baues eines Kanals, einer Eisenbahn); 1917 Nr. 245 (Geräusche aus dem Küchenbetrieb einer Speisewirtschaft); Gruchot 57, 1001; WarnRspr 1916 Nr. 138; JW 1927, 45[9] (Musik und Gesang in einem Speisehaus); 1932, 400[7] (Musikgeräusche aus einer Vergnügungsstätte); WarnRspr 1930 Nr. 194 (Musik im Garten einer Gastwirtschaft); Gruchot 58, 1024 (Kindergeschrei aus einem Säuglingsheim); OLG 29, 337 (großer Pferdestall einer Brauerei an der Straße); **RG** 133, 152 (Erschütterungen durch einen zweistöckigen Omnibuskraftwagen); WarnRspr 1935 Nr. 132 (Erschütterungen durch verstärkten Straßenverkehr).

V. Ähnliche Einwirkungen

Anm. 8

1. Unter § 906 fallende Einwirkungen. Ähnliche Einwirkungen, die sinnlich wahrnehmbar sind (Anm. 2a) und sich durch die Luft oder sonst auf natürlichem Wege verbreiten, **sind z.B.**: Staub (**RG** JW 1910, 654[12]; 1912, 31[15]; SeuffArch 42 Nr. 100; 48 Nr. 247; auch **RG** 60, 140: Sand von Sandkippen); Flugasche (**RG** 40, 182; JW 1938, 1952[8]; WarnRspr 1919 Nr. 172); Flugkoks (**RG** 156, 314; JW 1938, 1952[8]); Funken (**RG** 17, 103; 58, 130; JW 1910, 20[29]; WarnRspr 1913 Nr. 226; 1914 Nr. 190; 1916 Nr. 168; aM JW 1910, 619[13], wonach Funkenauswurf nicht zu den Einwirkungen gehört, die § 906 unter Umständen zuläßt); Abbrennen von Feuerwerk, wobei Rückstände und glimmende Teile der Feuerwerkskörper hinüberfallen (**RG** JW 1927, 45[9]); künstlich erzeugte starke Kälte (**RG** VI 77/01); schädliche Ausdünstungen (z.B. von einer Bedürfnisanstalt, einer Dunggrube: **RG** 37, 172; JW 1900 Beil. 25; WarnRspr 1925 Nr. 83, 285; SeuffArch 53 Nr. 8).

Anm. 9

2. Nicht unter § 906 fallende Einwirkungen. Dagegen fällt nicht unter § 906, weil es sich nicht um unwägbare Stoffe handelt, die sich auf natürlichem Wege verbreiten, das **Eindringen von festen Körpern,** z.B. von Tieren, etwa Tauben (**RG** 76, 132). Wenn die neuere Rechtsprechung unter Hinweis auf den Gesetzeszweck auch den Bienenflug, die Fliegenplage dem § 906 unterstellt (**RG** 141, 406; 159, 73; 160, 383; HRR 1932 Nr. 447; **BGH** 16, 370f), so entspricht das einem praktischen Bedürfnis. Sicher fällt nicht mehr unter § 906 die Zuführung von Steinen aus einem Steinbruch (**RG** 76, 132; 161, 66; WarnRspr 1918 Nr. 55) und von Kugeln aus einem Schießplatz (**RG** WarnRspr 1911 Nr. 330; vgl. jedoch **RG** Gruchot 45, 1016 und § 907 Anm. 9). Ebensowenig fällt unter § 906 das Eindringen von **Flüssigkeiten** (z.B. Sickerwasser), die nicht in der Luft aufgelöst sind (M 3, 265; **RG** WarnRspr 1913 Nr. 15; SeuffArch 76 Nr. 90; V 46/11). In diesen Fällen unterliegt also der Eigentümer den Beschränkungen des § 906 nicht, kann vielmehr nach §§ 903, 905, 1004 derartige Einwirkungen grundsätzlich unbedingt verbieten (**RG** WarnRspr 1918 Nr. 55; SeuffArch 76 Nr. 90). Doch kann ihm auch hier durch sonderrechtliche Bestimmungen eine Duldungspflicht auferlegt sein (Anm. 26ff).

3. Wasserrecht

Anm. 10

a) Was den Ab- und Zulauf von **Wasser** anlangt, so bestimmt sich die Zulässigkeit einer solchen Einwirkung gemäß Art. 65 EG nach Landesrecht (**RG** WarnRspr 1913 Nr. 15). Das gilt insbesondere auch für: Überschwemmungen bei Hochwasser eines Flusses (**RG** JW 1912, 391[12]); Einwirkungen von einer mit einem Eisenbahnbetrieb zusammenhängenden Entwässerungsanlage (**RG** WarnRspr 1910 Nr. 447); Einwirkungen von Stauanlagen, insbesondere auf uferanliegende Grundstücke (**RG** 90 S. 49, 61; 93, 104); Entziehung unterirdischer Wasser (**RG** WarnRspr 1913 Nr. 96); Entziehung von Quellen (**RG** WarnRspr 1913 Nr. 153). Wo aber landesrechtliche Vorschriften fehlen, greift das Reichsrecht Platz (Anm. 4 aE). Natürlich kann § 906 niemals Platz greifen, wenn Wasser überhaupt nicht die Grenze überschreitet, sondern nur der Wasserablauf des Nachbargrundstücks behindert wird (§ 907 Anm. 6).

Anm. 11

b) Für **Preußen** waren früher namentlich zu beachten §§ 99ff ALR I 8, das Vorflutedikt v. 15. 11. 1811 und das Gesetz über die Benutzung der Privatflüsse v. 28. 2. 1843. Wegen der Rechtslage, die sich aus diesen Vorschriften ergab, wird auf die früheren Auflagen verwiesen. Gegenwärtig ist in dem Wassergesetz v. 7. 4. 1913 (GS 53, mit späteren Änderungen) hauptsächlich folgendes bestimmt: Es ist verboten, Erde, Sand, Schlacken, Steine, Holz, feste und schlammige Stoffe sowie tote Tiere in einen Wasserlauf einzubringen (§ 19 Abs. 1 Satz 1). Wer Wasser oder andere flüssige Stoffe über den Gemeingebrauch hinaus in einen Wasserlauf einleiten will, hat dies vorher der Wasserpolizeibehörde anzuzeigen, die über die Zulässigkeit entscheidet (§ 23 Abs. 1). Für den Schaden, der durch unerlaubte Verunreinigung eines Wasserlaufs entsteht, haftet der Unternehmer der Anlage, von der die Verunreinigung herrührt (§ 24 Abs. 1 Satz 1). Jedermann ist gestattet, in die natürlichen Wasserläufe erster, zweiter und dritter Ordnung Wasser sowie die in der Haushaltung und Wirtschaft entstehenden Abwässer einzuleiten, wenn dadurch andere nicht benachteiligt werden (§ 25 Abs. 1, 2). Durch den Gemeingebrauch von Wasserläufen erster Ordnung, die im Eigentum des Staates stehen (§§ 7, 8), darf anderen der Gemeingebrauch nicht unmöglich gemacht oder erheblich erschwert werden (§ 37). Die Eigentümer von Wasserläufen zweiter und dritter Ordnung (die Uferanlieger) dürfen zum Nachteil anderer weder die Vorflut verändern noch das Wasser verunreinigen. Sie dürfen auch den Wasserstand nicht derart verändern, daß andere in der Ausübung ihrer Rechte am Wasserlauf beeinträchtigt oder fremde Grundstücke beschädigt werden (§ 41). Durch Verleihung können weitergehende Rechte erworben werden (§§ 46ff). Für Gewässer, die nicht zu den Wasserläufen gehören, ist u. a. bestimmt: Der Eigentümer eines Grundstücks darf den Ablauf des oberirdisch außerhalb eines Wasserlaufs abfließenden Wassers nicht künstlich so verändern, daß die tiefer liegenden Grundstücke belästigt werden (§ 197 Abs. 1). Er darf aber solches von einem anderen Grundstück abfließendes Wasser von seinem Grundstück abhalten (§ 198 Abs. 1). Das unterirdische Wasser darf er nicht dauernd in weiterem Umfang als für die eigene Haushaltung und Wirtschaft zutage fördern, wenn dadurch der Wassergewinnungsanlage oder der benutzten Quelle eines anderen das Wasser entzogen oder wesentlich geschmälert oder wenn die bisherige Benutzung eines anderen erheblich beeinträchtigt wird (§ 200 Abs. 1).

Anm. 12

V. Ausgehen von einem anderen Grundstück. Die Einwirkung muß von einem anderen Grundstück ausgehen. Daher fällt z. B. Lärm durch Ansammlung des Publikums auf der Straße infolge eines Gewerbebetriebes auf dem anderen Grundstück nicht unter § 906 (**RG** 57, 240; str.). Ebensowenig die Einwirkung vagabundierender elektrischer Ströme einer elektrischen Straßenbahn auf eine Gasrohranlage, da weder die Anlagen Grundstücke sind, noch die Inhaber der Anlagen als Grundeigentümer in Betracht kommen (**RG** 81, 216; str.). Das andere Grundstück braucht indessen nicht unmittelbar benachbart zu sein (**RG** 50, 322). Es genügt, wenn es so nahe liegt, daß die Wirkungen der von ihm ausgehenden unwägbaren Stoffe sich auf das leidende Grundstück erstrecken (**RG** 105, 216; Gruchot 66, 478). Das Ausgehen von dem andern Grundstück braucht nicht unmittelbar auf menschlicher Tätigkeit zu beruhen (**RG** Gruchot 54, 1007). Vielmehr können die Einwirkungen auch in Naturereignissen (z. B. Haldeneinstürzen bei anhaltenden Regengüssen) ihre Ursache haben (**RG** 51, 408; JW 1910, 654[13]; Gruchot 54, 156; SeuffArch 60 Nr. 103). Erforderlich ist aber, daß die Tätigkeit des Störers einen Zustand geschaffen hat, der, wenn auch nur mitwirkend, das die Einwirkung verursachende Wirken der Naturkräfte ermöglicht hat (**RG** 97, 26; 127, 29; 134, 231; 149, 210). Ferner können die Einwirkungen auch auf andere Weise als durch Naturgesetze und unbelebte Naturkräfte vermittelt werden, z. B. durch das Wachstum von Pflanzen (**RG** JW 1910, 654[13]) oder durch Äußerungen tierischer Tätigkeit (z. B. Quaken von Fröschen, Schnattern von Gänsen: **RG** JW 1910, 654[13]; WarnRspr 1915 Nr. 83).

Anm. 13

VI. Duldungspflicht. Nicht verbieten bedeutet, daß der Eigentümer wegen der Einwirkungen die Eigentumsfreiheitsklage (§ 1004) nicht anstellen darf. Er kann aber Maßregeln zur Abwehr der Einwirkungen treffen (z. B. Schutzwände errichten: M 3, 268). Dazu verpflichtet ist er nicht (**RG** JW 1898, 447[39]). Z. B. braucht der durch Geräusche beeinträchtigte Eigentümer nicht die Fenster ständig geschlossen zu halten (**RG** WarnRspr 1909 Nr. 359). Liegen die Voraussetzungen des § 906 (Unwesentlichkeit der Beeinträchtigung oder Ortsüblichkeit der Grundstücksbenutzung) nicht vor, so braucht der Eigentümer nach dem Grundsatz des § 903 die Einwirkungen von dem Nachbargrundstück auch dann nicht zu dulden, wenn die Benutzung des Nachbargrundstücks einem Wohlfahrtszweck dient (**RG** 70, 313; WarnRspr 1914 Nr. 289). Gehen aber die Einwirkungen von Betrieben aus, die für die Volksertüchtigung oder für die Volksgesundheit von besonderer Bedeutung sind, so ist die Rechtslage durch die Reichsgesetze v. 13. 12. 1933 (RGBl I 1058) und v. 18. 10. 1935 (RGBl I 1247) besonders geregelt. Näheres hierüber findet sich in Anm. 26.

Anm. 14

VII. Beweislast. Aus den Worten **insoweit . . . als** folgt, daß derjenige, der gegenüber der Regel des § 903 die Zulässigkeit der Einwirkung geltend macht, die Voraussetzung für die Ausnahme der Zulässigkeit nach § 906 Satz 1 nachweisen muß (**RG** 57, 228; 64, 365; 105, 217; 1915 Nr. 141, 284; 1917 Nr. 244). Das gilt sowohl für den Beweis der Unwesentlichkeit der Einwirkung als auch für den Beweis der Gewöhnlichkeit der Benutzung des einwirkenden Grundstücks. Ist bei einer Veränderung der Benutzung dieses Grundstücks das ursprüngliche Maß der Benutzung gesteigert worden, so erstreckt sich die Beweispflicht auch auf die Gewöhnlichkeit der gesteigerten Benutzung (**RG** WarnRspr 1930 Nr. 194; JW 1932, 400[7]). Vgl. Anm. 39.

Anm. 15

VIII. Benutzung des leidenden Grundstücks. Es kommt bei der Frage der Wesentlichkeit einer Beeinträchtigung nicht bloß die regelmäßige oder bisherige, sondern auch jede neue **Art der Benutzung des Grundstücks, auf das eingewirkt wird,** in Betracht (Prot. 3, 125). Z. B. kann für diese Frage erheblich sein, ob das Grundstück nur Ackerland ist, dessen künftige Bebauung in keiner Aussicht steht, oder ob es zwar unbebaut, aber zum Bauland geeignet und bestimmt ist (**RG** 70, 311). Gleichgültig ist, ob das beeinträchtigte Grundstück durch den Eigentümer oder durch einen anderen Besitzer (z. B. einen Pächter, auf dessen Pflanzungen eingewirkt wird) benutzt wird (**RG** 105, 215).

IX. Unwesentliche Beeinträchtigung

Anm. 16

1. Allgemeingültiger Maßstab. Ob die Benutzung nur **unwesentlich beeinträchtigt** ist, muß in jedem einzelnen Falle nach einem allgemeingültigen Maßstab bestimmt werden (**RG** 70, 313; JW 1911, 325[20]). Dabei ist das Empfinden des normalen Durchschnittsmenschen maßgebend (**RG** 57, 224; JW 1932, 400[7]; WarnRspr 1910 Nr. 446). Eine besondere Empfindlichkeit (nervöse Veranlagung) einer von den Einwirkungen betroffenen Person muß außer Betracht bleiben (**RG** HRR 1932 Nr. 1578). Dem zeitlichen Wandel der Anschauungen darüber, was wesentlich oder unwesentlich sei, ist namentlich unter Berücksichtigung der Fortschritte des Verkehrs, der Technik und der Denkweise beteiligter Volkskreise Rechnung zu tragen (**RG** 154, 164; WarnRspr 1936 Nr. 172; Anm. 11 e). Im allgemeinen sind einmalige vorübergehende Beeinträchtigungen nicht wesentlich; wohl aber können es regelmäßig wiederkehrende sein (**RG** SeuffArch 48 Nr. 247 S. 394). Dauernde Beeinträchtigung ist zur Annahme der Wesentlichkeit nicht erforderlich (**RG** 57, 227; JW 1911, 587[33]); auch nur zeitweilige und in unregelmäßigen Abständen auftretende Beeinträchtigungen (z. B. Knallgeräusche von Schießständen, die nur gelegentlich benutzt werden) können genügen (**RG** 15. 1. 1919 V 295/18; 3. 6. 1931 V 265/30). Eine wesentliche Beeinträchtigung kann sich z. B. durch die Benutzung einer Anlage auf dem anderen Grundstück ergeben, wenn die Anlage in unmittelbarer Nähe des beeinträchtigten Grundstücks sich befindet (**RG** WarnRspr 1911 Nr. 187; 1912 Nr. 215; Anm. 18). Die von einem Eisenbahnbetrieb ausgehenden Einwirkungen können, auch wenn sie Beeinträchtigungen in erheblichem Maße bewirken, regelmäßig nur dann als unzulässig erachtet werden, wenn die Erheblichkeit der Beeinträchtigung in einer außergewöhnlichen Art und Weise des Betriebes ihren Grund hat (**RG** 70, 154; WarnRspr 1909 Nr. 217; 1910 Nr. 118; Anm. 18). Doch kann auch hier eine wesentliche Beeinträchtigung anzunehmen sein, wenn die Eisenbahn in außergewöhnlicher Nähe am beeinträchtigten Grundstück vorüberführt (**RG** WarnRspr 1914 Nr. 190). Geräusche, Auspuffgase und Lichtreflexe aus einer benachbarten Garage für einen Kraftwagen werden regelmäßig nur als unwesentliche Beeinträchtigung anzusehen sein (JW 1937, 2116[19]).

Anm. 17

2. Verschiedene Einwirkungen. Gehen **von demselben Grundstück verschiedene störende Einwirkungen** aus, so entscheidet über die Frage ihrer Wesentlichkeit die Gesamtwirkung aller Einwirkungen. Die Frage ist also auch dann zu bejahen, wenn jede einzelne Einwirkung, für sich allein betrachtet, keine wesentliche Beeinträchtigung zur Folge hat (**RG** 99, 180; JW 1909, 50[15]; WarnRspr 40, 41). Finden bereits **von mehreren Grundstücken** aus nicht wesentliche und deshalb zu duldende Einwirkungen auf das beeinträchtigte Grundstück statt und wird der aus diesen Einwirkungen sich ergebende Gesamtzustand des Grundstücks durch das Hinzutreten weiterer gleichartiger Einwirkungen nicht erheblich verändert, so sind auch diese Einwirkungen nicht wesentlich (**RG** 99, 180; JW 1910, 149[14]). Unter Umständen können jedoch Einwirkungen, die für sich allein unwesentlich beeinträchtigende wären, wesentlich beeinträchtigende werden, wenn durch ihre Vereinigung mit Einwirkungen von andern Grundstücken aus eine das Maß des Zulässigen überschreitende schädliche Gesamtwirkung hervorgebracht wird, an der sie wesentlich beteiligt sind (**RG** 99, 180).

Anm. 18

X. Ortsübliche Benutzung des schädigenden Grundstücks. Auch eine **wesentliche Beeinträchtigung** kann nicht verboten werden, wenn sie durch eine ortsübliche Benutzung des anderen Grundstücks herbeigeführt wird.

Voraussetzung für die Duldungspflicht aus diesem Grunde ist:

1. Gewöhnliche Benutzung, d. h. Gewöhnlichkeit der **Benutzung des anderen Grundstücks.** Die einwirkende Benutzung des Nachbargundstücks muß also eine der Benutzung anderer Grundstücke in der Umgebung gleiche oder doch im wesentlichen gleichartige sein (**RG** JW 1910, 941[18]; WarnRspr 1910 Nr. 446; 1912 Nr. 215; 1915 Nr. 284; 1917 Nr. 244). Dabei ist sowohl auf die Art und Weise als auch auf das Maß der Benutzung zu sehen. Beispielsfälle in **RG** JW 1927, 45[9]; WarnRspr 1914 Nr. 190; 1915 Nr. 284, 285; Nachtbetrieb: **RG** 57, 224; JW 1927, 45[9]; bei Fabriken Maß des Kohlenverbrauchs und der dadurch bewirkten Rauchentwicklung: **RG** 105, 217; lange und spät andauernde Musik mit laut tönenden Instrumenten im Freien eines Gartenrestaurants: **RG** WarnRspr 1930 Nr. 194; keine Steigerung der ortsübliche Einwirkungen verursachenden Benutzung: **RG** 1910, 941[18]; 1911, 326[21]; WarnRspr 1930 Nr. 194. Bei Einwirkungen von einer Anlage aus kann sich ergeben, daß die Anlage (z. B. eine Bedürfnisanstalt auf städtischer Straße) zwar ebenso eingerichtet ist wie gleiche Anlagen auf anderen Grundstücken dieser Lage, daß aber ihre Benutzung nach Art und Maß ungewöhnlich ist (**RG** WarnRspr 1915 Nr. 285). So müssen z. B. die Straßenanwohner das allgemeine ortsübliche Geräusch einer Straßenbahn sich gefallen lassen, dagegen nicht das in der Nähe des Depots bis in die Nacht hinein andauernde Geräusch (**RG** 57, 224). Dasselbe gilt für einen Eisenbahnbetrieb einerseits in Außenbezirken einer Großstadt, anderseits auf einem Rangierbahnhof (**RG** 70, 154; WarnRspr 1910 Nr. 118) oder in einer außergewöhnlichen Nähe des beeinträchtigten Grundstücks (**RG** WarnRspr 1914 Nr. 190; 1915 Nr. 284; Anm. 16). Ferner kann die Einwirkung auf ein Nachbarhaus deshalb ungewöhnlich sein, weil sie durch den Betrieb einer Anlage verursacht wird, die unmittelbar an das Haus anstößt (**RG** WarnRspr 1911 Nr. 187; 1912 Nr. 215;

Anm. 16). Gleichgültig ist, ob und wie auch von anderen Grundstücken auf das beeinträchtigte Grundstück eingewirkt wird (**RG** WarnRspr 1910 Nr. 446), sofern diese Einwirkungen durch Benutzungen herbeigeführt werden, die andersgeartet sind als die in Fage stehenden (**RG** WarnRspr 1917 Nr. 244). Ebensowenig ist maßgebend, ob die überwiegende Mehrheit der Einwohner des Ortes Einwirkungen der betreffenden Art erträgt (**RG** JW 1910, 941[18]; unten Anm. 22). Bei der Frage der Gewöhnlichkeit (Ortsüblichkeit) kommt es zwar vorwiegend auf die Benutzungsart des einwirkenden Grundstücks an, indessen sind auch die in der Gegend allgemeinen bestehenden örtlichen Verhältnisse zu berücksichtigen. In einer Gegend, wo sowohl Industrie als auch Landwirtschaft ortsüblich sind oder die anliegenden Grundstücke zu Wohnzwecken benutzt werden, können Einwirkungen eines Industriewerks von solcher Art und solchem Maße, daß sie die Lebensbedingungen der Landwirtschaft zerstören, die Bewohnbarkeit der Grundstücke gefährden, nicht als rechtmäßig i. S. des § 906 angesehen werden. Es muß dann ein Ausgleich gesucht werden (vgl. Anm. 28) **RG** 154, 161; 159, 139; 161, 357; OGH 2, 181.

Anm. 19

2. Örtliche Verhältnisse. Nach den örtlichen Verhältnissen muß die Benutzung gewöhnlich sein. Es kommt also darauf an, ob die örtlichen Verhältnisse sachlich (objektiv) so liegen, daß die Benutzung als eine gewöhnliche zu gelten hat. Die Anschauung der Polizeibehörde über die Ortsüblichkeit ist an sich nicht maßgebend (**RG** JW 1905, 231[9]; OGH 2, 184). Doch kann die Annahme der Ortsüblichkeit auf eine gutachtliche Äußerung der Polizeibehörde gegründet werden, wenn diese Äußerung der Volksanschauung (unten Anm. 22 b) entspricht (**RG** WarnRspr 1913 Nr. 227).

Anm. 20

3. Mehrheit von Grundstücken. Bei Grundstücken muß die fragliche Benutzung gewöhnlich sein. Daher kommt es auf eine gleichartige Benutzung bei einer Mehrheit von Grundstücken an (**RG** 57, 229; JW 1910, 236[15]; Gruchot 48, 605). Die Frage, ob mehrere Grundstücke vorliegen, ist hier aber nicht nach der Eintragung im Grundbuch, sondern nach wirtschaftlichen Rücksichten und nach der selbständigen Bedeutung der Grundflächen zu entscheiden (**RG** 70, 153; JW 1910, 236[15]; 1927, 45[9]). Daher kann z. B. eine einheitliche Eisenbahn- oder Straßenbahnanlage in dieser Beziehung einer Mehrheit von Grundstücken gleichgeachtet werden (**RG** 70, 154; WarnRspr 1910 Nr. 118; 1915 Nr. 284). Wenn ein Betrieb auf mehreren Grundstücken stattfindet, die zwar im Grundbuch als selbständige Grundstücke gebucht sind, wirtschaftlich aber eine Einheit bilden, so bleibt der Betrieb auf dem ganzen Gelände für die Frage der Gewöhnlichkeit außer Betracht (**RG** JW 1927, 45[9]), es sei denn, daß er ausnahmsweise der Gegend einen besonderen Charakter aufdrückt (Anm. 21 c). Nicht erforderlich ist, daß die Benutzungsart auf allen Grundstücken der fraglichen Gegend stattfindet (z. B. Kegeln: **RG** JW 1905, 231[9]; Gruchot 48, 605) oder daß die Benutzungsarten auf den mehreren Grundstücken genau die gleichen sind (**RG** Gruchot 53, 1033; oben Anm. 18).

Anm. 21

4. Lage des beeinträchtigenden Grundstücks. In der Lage des **beeinträchtigenden** Grundstücks muß die geübte Benutzung bei Grundstücken gewöhnlich sein. Auf die Lage und Benutzungsart des von den Einwirkungen betroffenen Grundstücks kommt es bei der Entscheidung der Frage nach der Örtlichkeit nicht an (oben Anm. 18 aE).

a) Maßgebend sind daher in der Regel die **Verhältnisse der Stadt oder des Dorfes,** in dem das schädigende Grundstück liegt (**RG** JW 1910 S. 149[04], 236[15]; SeuffArch 60 Nr. 199). Der Kreis der zum Vergleich in der Benutzungsart heranzuziehenden Grundstücke deckt sich aber nicht stets mit dem Umfang einer Ortschaft (**RG** JW 1916, 149[14]; WarnRspr 1919 Nr. 64). Vielmehr ist maßgebend, inwieweit nach allgemeiner Anschauung Grundstücke im Umkreise der beeinträchtigenden Anlage in der hier fraglichen Beziehung als zusammengehörig gelten. Danach wird der Kreis je nach der Lage des Einzelfalls weiter oder enger sein können als der der Ortschaft (**RG** 70, 154; 105, 217; JW 1916, 149[14]; WarnRspr 1915 Nr. 285; 1919 Nr. 64; 1930 Nr. 194).

b) Unter Umständen kann also auch ein **einzelner Bezirk einer Ortschaft** bei der Beurteilung der örtlichen Verhältnisse eine selbständige Bedeutung haben (**RG** 133, 154; 139, 32). Doch darf die Ausscheidung einer bestimmten Lage aus dem Ortschaftsgebiet als Ausnahme nicht zu willkürlich erfolgen (**RG** WarnRspr 1919 Nr. 64). Einem Gebietsstreifen von verhältnismäßig unbeträchtlichem Umfang kann nicht schon deshalb die Bedeutung einer besonderen Lage innerhalb eines Stadtgebietes beigelegt werden, weil die in ihm obwaltenden Bebauungs- und Benutzungsverhältnisse sich nicht völlig mit den entsprechenden Verhältnissen in den angrenzenden Gebieten decken (**RG** WarnRspr 1919 Nr. 64). Vielmehr wird ein Ortsteil nur dann maßgebend sein, wenn er durch seine Bebauungsart (z. B. Villenviertel) oder die Art der dort betriebenen Gewerbe (z. B. Fabrikviertel) ein charakteristisches, von anderen Stadtteilen in erkennbarer Weise unterschiedenes Gepräge trägt (**RG** 105, 217; 156, 315 m. Nachw.; 162, 356). Der Eigentümer eines Gartens in einem Fabrikviertel muß sich mithin z. B. wesentliche Beeinträchtigungen durch Ruß gefallen lassen. Der Eigentümer einer Wiese, die er als Bleiche benutzen will, braucht aber nicht den Ruß von einer auf freiem Felde befindlichen einzelnen Fabrik zu dulden (Prot. 3, 125).

c) Einwirkungen von einem **landwirtschaftlichen Großbetrieb inmitten einer Stadt** können ortsüblich sein, wenn in Städten eines fest bestimmten, wenngleich räumlich weit umfassenden Bezirks (z. B. im Gebiete des Harzes) gleichartige Betriebe stattfinden (**RG** JW 1910, 149[14]). Auch ein **einziger Fabrikbetrieb** kann unter Umständen wenn er von überwiegender Bedeutung und Ausdehnung ist, der ganzen Gegend den Charakter einer Fabrikgegend aufdrücken (**RG** WarnRspr 1912 Nr. 215; Gruchot 55, 105). Dies gilt jedoch nicht, wenn der Betrieb nur von kurzer Zeitdauer ist (**RG** WarnRspr 1912 Nr. 215; Gruchot 55, 110; 24. 6. 1911 V 2/11).

d) Auch in einem **Industriegebiet** ist aber nicht schlechthin jede aus einem dort liegenden industriellen Werk stammende Einwirkung auf die Nachbargrundstücke für zulässig zu erachten (**RG** WarnRspr 1935 Nr. 117). Unzulässig ist namentlich eine Einwirkung, die darauf zurückzuführen ist, daß das Industrieunternehmen nicht die bestmöglichen technischen Einrichtungen zur Schonung der Nachbarn getroffen oder daß es diese Einrichtungen und ihr einwandfreies Arbeiten nicht sorgfältig überwacht hat (**RG** 154, 167; JW 1938, 1952[8]).

e) Bestehen in einer Gegend **Industrie und Landwirtschaft nebeneinander,** so ist dort die Grundstückbenutzung für beide Erwerbszweige gewöhnlich; industrielle Einwirkungen, welche die Lebensbedingungen der Landwirtschaft zerstören müssen, sind in einer solchen Gegend nicht rechtmäßig; aus dem Gedanken des nachbarlichen Gemeinschaftsverhältnisses heraus ist in solchen Fällen ein gerechter Ausgleich der beiderseitigen Belange dahin geboten, daß das schädigende Industriewerk einen angemessenen Teil des Zuführungsschadens ersetzen, der geschädigte Landwirt aber den Rest des Schadens ohne Entschädigung tragen muß (**RG** 154, 161; 159, 139ff), s. u. Anm. 22.

Anm. 22

5. Gewöhnlichkeit. Gewöhnlich muß die einwirkende Benutzung sein. Der Begriff der Gewöhnlichkeit (Ortsüblichkeit) ist wesentlich tatsächlicher Natur (**RG** 105, 217; 156, 315; JW 1903 Beil. 86; Gruchot 46, 370; WarnRspr 1916 Nr. 138). Die rechtliche Nachprüfung in der Revisionsinstanz ist aber nur dann ausgeschlossen, wenn die Begründung des Tatrichters erkennen läßt, daß er von zutreffenden rechtlichen Gesichtspunkten ausgegangen ist (**RG** 139, 31). Im einzelnen hat die Rechtsprechung folgende Grundsätze entwickelt: — **a)** Ein allgemeiner Rechtsanspruch auf Beachtung der Gewohnheit eines Hausbewohners, nachts bei offenem Fenster zu schlafen, kann nicht anerkannt werden; doch kann diese Gewohnheit unter besonderen Umständen ortsüblich sein und deshalb nach § 906 Beachtung verdienen (**RG** JW 1932, 400[7]). — **b)** Bei der Entscheidung der Frage, ob eine gewöhnliche Benutzung vorliegt, kommt auch in Betracht, ob nach allgemeiner Anschauung der Bevölkerung die Benutzung ortsüblich ist (**RG** 105, 217; JW 1905, 231; WarnRspr 1913 Nr. 227). Zur Feststellung der Ortsüblichkeit ist daher stets die Ermittlung einer entsprechenden Auffassung der Bevölkerung erforderlich (**RG** WarnRspr 1916 Nr. 139). — **c)** Ferner ist die Entscheidung über die Ortsüblichkeit der Benutzung nicht darauf abzustellen, ob die Einwirkung nach der Ansicht eines objektiv denkenden Beurteilers den Charakter der Gegend, ihrer Bewohnung und Benutzung verändert hat. Denn einerseits kann eine Einwirkung, die eine solche Änderung nicht herbeiführt, ungewöhnlich sein; anderseits kann eine zunächst fremdartige Einwirkung dadurch, daß sie anfangs ohne Widerspruch hingenommen wurde, in allmählicher Entwicklung der Verhältnisse zu einer gewöhnlichen (üblichen) geworden sein (**RG** Gruchot 58, 1025). — **d)** Diese Entwicklung spielt bei der Anwendung des Gesetzes überhaupt eine große Rolle. § 906 ist keine starre Norm, sondern in seiner die Lebensverhältnisse regelnden Bedeutung wandelbar. Die Antwort auf die Frage, was ortsüblich sei, wird nicht nur nach den örtlichen Verhältnissen verschieden ausfallen, sondern auch dem zeitlichen Wandel der Anschauungen Rechnung tragen müssen, wie er namentlich anknüpft an Fortschritte des Verkehrs oder der Technik oder auch der Denkweise beteiligter Volkskreise (**RG** 154, 164; WarnRspr. 1936 Nr. 172). — **e)** Ist die Benutzung nicht ordnungsmäßig, sondern regelwidrig, so kann die Verneinung der Gewöhnlichkeit (Ortsüblichkeit) gerechtfertigt sein, auch wenn sonst die Benutzung als ortsüblich anzusehen wäre (HRR 1936 Nr. 1357). Das kann z. B. der Fall sein, wenn unmittelbar an der Nachbarwand Betriebe stattfinden, ohne daß zur Abwendung von Störungen leicht anzubringende und übliche Vorkehrungen getreffen sind (**RG** Gruchot 57, 1004). Die Entfernung des störenden Betriebs von der Nachbargrenze ist aber auch sonst ein für die Feststellung der Gewöhnlichkeit wesentlicher Umstand (**RG** HRR 1933 Nr. 1648). — **f)** Die Gewöhnlichkeit der Benutzung wird nicht dadurch ausgeschlossen, daß Nachbarn gegen die Benutzungsart auf anderen Grundstücken mündlich Widerspruch erhoben haben (**RG** 105, 217; Gruchot 53, 1034). — **g)** Bei einer großen Verkehrsstraße sind Erschütterungen der anliegenden Häuser durch den Fahrverkehr als gewöhnlich anzusehen (**RG** WarnRspr 1935 Nr. 132). In Wohngegenden mit Reihenhausbebauung sind Garagen kleineren Umfangs und die damit verbundenen Geräusche, Gerüche und Lichterscheinungen nicht ungewöhnlich; sie müssen daher von der Nachbarschaft geduldet werden (JW 1937, 2116[19]).

Anm. 23

6. Kein Prioritätsrecht. Der Grundsatz des besseren Rechtes wegen früheren Bestehens bleibt im Bereich des § 906 außer Anwendung (**RG** 154, 161; 70, 152; 156, 317). Wie sich aus den Worten „herbeigeführt wird" und „gewöhnlich ist" ergibt, ist hier immer der Zeitpunkt der Klageerhebung — oder, falls sich zwischen Klageerhebung und Urteilsfällung die Verhältnisse noch ändern, der Zeitpunkt der letzten mündlichen Verhandlung —, nicht eine bereits vergangene Zeit maßgebend (st. Rspr 156, 319 m. Nachw.). Der Beeinträchtigte braucht daher die Einwirkung nicht schon deshalb zu dulden, weil er sein Grundstück erst später erworben oder bebaut oder sonst verändert hat als der Einwirkende das beeinträchtigende Nachbargrundstück. Unzulässige Einwirkungen sind selbst dann noch nicht gerechtfertigt, wenn das einwirkende und das beeinträchtigte Grundstück jahrelang in unverändertem Zustand unbeanstandet nebeneinander gelegen haben; eine Rechtfertigung unzulässiger Einwirkungen in ihrer Gesamtheit durch „Verschweigen" gibt es nicht (**RG** JW 1935, 1775[9]; wegen Verjährung des Einzelanspruchs Anm. 27 zu kk). Auch daraus ist kein Duldungsgrund herzuleiten, daß die Einwirkung erst durch eine Veränderung beeinträchtigend geworden ist (**RG** 70, 152; 81, 216; JW WarnRspr 1913, Nr. 227; 1917 Nr. 244). Ebensowenig ergibt sich eine Duldungspflicht für den Beeinträchtigten schon daraus, daß der bei der Beeinträchtigung mitwirkende Zustand des schädigenden Grundstücks (z. B. eine dünne Brandmauer) schon früher bestand (**RG** Gruchot 57, 1005). Hat der Einwirkende seinen ursprünglich ortsüblichen Betrieb nachträglich gesteigert, so muß er nachweisen, daß die Einwirkungen des erweiterten Betriebs ebenfalls noch ortsüblich sind (**RG** 57, 227; 1932, 400[7]; WarnRspr 1910 Nr. 386; 1915 Nr. 141, 284). Endlich genügt zur Begründung der Duldungspflicht des Beeinträchtigten nicht eine zwar in früherer Zeit, insbesondere zur Zeit der Errichtung des Betriebs vorhanden gewesene, jetzt aber infolge Veränderung der Verhältnisse (z. B. Umwandlung einer Fabrikgegend in ein Villenviertel) nicht mehr vorhandene Ortsüblichkeit (**RG** 64, 363; 162, 216, 356).

Anm. 24

XI. Zuführung durch eine besondere Leitung. Sie ist auch dann unzulässig, wenn die Einwirkung das Grundstück nicht wesentlich beeinträchtigt. Durch das Bestehen der Zuleitung schon vor der Besitzzeit des die Beeinträchtigung geltend machenden Eigentümers wird das Verbot der Zuleitung nicht ausgeschlossen (SeuffArch 46 Nr. 248; 56 Nr. 104; Anm. 23). Eine „besondere" Leitung (z. B. bei Geräuschen) setzt voraus, daß die (den Schall) leitenden Gegenstände zur Leitung nicht nur geeignet, sondern auch bestimmt sind (**RG** HRR 1933 Nr. 1928).

XII. Ansprüche wegen unzulässiger Einwirkungen

Anm. 25

1. Übermäßige nicht ortsübliche Beeinträchtigung

a) Sind von dem anderen Grundstück Einwirkungen ausgegangen, die nicht im Sinne des Satz 1 unwesentlich oder ortsüblich sind oder die nach Satz 2 unzulässig sind, so kann der beeinträchtigte **Eigentümer** gemäß §§ 903, 905, 1004 gegen die Störung klagend vorgehen (**RG** 58, 131; JW 1900, 640). Nach §§ 862, 858 hat das Klagerecht auch der **Besitzer**, der ohne seinen Willen durch solche unberechtigten Einwirkungen in der Ausübung der tatsächlichen Gewalt beeinträchtigt wird, z. B. der Pächter, wenn schädigende Einwirkungen auf seine Pflanzungen stattfinden (**RG** 105, 215; WarnRspr 1936 Nr. 172). — **aa)** Erforderlich ist, daß eine Beeinträchtigung durch Einwirkungen **bereits stattgefunden** hat (**RG** WarnRspr 1911 Nr. 330). Eine besondere Häufigkeit und Dauer der Einwirkungen ist aber nicht Voraussetzung der Klage (**RG** 57, 227; JW 1911, 587[33]). Vielmehr genügen z. B. auch Einwirkungen in der Zeit des Baues eines Kanals oder einer Eisenbahn (**RG** WarnRspr 1912 Nr. 342). Die Klagebefugnis hängt nicht davon ab, daß der Eigentümer durch die Einwirkungen unmittelbar einen Vermögensschaden (z. B. bei einem Hausgrundstück einen Mietzinsausfall) erleidet (**RG** JW 1911, 587[33]). — **bb)** Die Klage geht auf **Beseitigung der Störung** und im Falle der Besorgnis weiterer Störungen auch auf **Unterlassung der Einwirkungen,** soweit sie das Maß überschreiten, das nur unwesentliche Beeinträchtigungen zur Folge hat oder durch eine gewöhnliche (ortsübliche) Benutzung herbeigeführt wird (**RG** JW 1906, 749[21]; 1908, 682[14]; WarnRspr 1908 Nr. 159). Klage und Urteil können allgemein auf Unterlassung übermäßiger Einwirkungen oder auf Herstellung geeigneter Einrichtungen zur Verhinderung solcher Einwirkungen gerichtet sein. Die Bezeichnung einzelner zu diesem Zweck geeigneter Maßregeln ist nicht erforderlich; die Beschränkung auf bestimmte Maßnahmen ist nicht einmal immer zulässig, weil dem Beklagten die Möglichkeit gegeben werden muß, die ihm selbst geeignet erscheinenden Abhilfemittel anzuwenden (**RG** JW 1900 S. 501, 840[6]; 1910, 337[19]; 1911, 325[20]; WarnRspr 1910 Nr. 337; 1913 Nr. 181; 1917 Nr. 245; 1919 Nr. 172). — **cc)** Erst in der **Zwangsvollstreckung** müssen die erforderlichen Maßregeln im einzelnen angegeben werden, weil sonst eine Grundlage für die Prüfung der Frage fehlen würde, ob die Voraussetzungen des § 887 oder des § 888 ZPO vorliegen und ob der Schuldner alles, was in seinen Kräften steht, zur Erfüllung der ihm gemachten Auflage getan hat (**RG** 60, 120; JW 1903 Beil. S. 77; Gruchot 43, 683; 47, 916; WarnRspr 1919 Nr. 172; aM SeuffArch 75 Nr. 54). Allerdings setzt diese Verweisung der Einzelanordnungen in die Zwangsvollstreckungsinstanz die Feststellung im Urteil voraus, in welchem Umfang eine den Klagegrund bildende Einwirkung vorliegt und wesentlich oder ungewöhnlich ist (**RG** WarnRspr 1930 Nr. 194). Die Klage kann, abgesehen von dem Fall des § 907, auch auf Einstellung des Betriebs oder auf Beseitigung der Anlage (z. B. einer Bedürfnisanstalt) gehen, wenn die unzulässige Einwirkung nicht auf andere Weise beseitigt werden kann (**RG** JW 1900, 640).

Anm. 26

b) Eine **Beschränkung der Ansprüche** ist nach den Reichsgesetz vom 18. 10. 1935 (RGBl I 1247) gegeben für Betriebe, die für die **Volksgesundheit** von besonderer Bedeutung sind, d.h. für die von den Ländern, Gemeinden oder sonstigen öffentlichen Körperschaften betriebenen Anstalten (Krankenanstalten, Genesungsheime, Kuranstalten). Nach dem in Bezug genommenen und insoweit noch weiter geltenden Gesetz vom 13. 12. 1933 (RGBl I 1058) für Betriebe der **Volksertüchtigung** können nachbarrechtliche Ansprüche auf Betriebseinstellung und auf Herstellung von Abwehreinrichtungen gegen nachteilige Einwirkungen nicht erhoben werden, es sei denn, daß sie auf einen besonderen Vertrag oder auf eine unerlaubte Handlung gestützt werden können. Die übrigen Bestimmungen über Ausschluß des Entschädigungsanspruchs und des Rechtswegs sind aber mit Art. 14 GG nicht vereinbar. Denn die Beschränkung der Grundstücksbesitzer zugunsten bestimmter Betriebe ist eine Enteignung, auch wenn sie auf Gesetz beruht, die einen Entschädigungsanspruch begründet, für den der ordentliche Rechtsweg gegeben sein muß (vgl. **BGH** [GrZS] 6, 271). Beispielsfälle für das Anwendungsgebiet dieser beiden Gesetze: **RG** WarnRspr 1936 Nr. 123; HRR 1936 Nr. 668. Daß schlechthin gegen örtlich ungewöhnliche Einwirkungen, die von einem „lebenswichtigen Betrieb" ausgehen, die Abwehrklage nicht gegeben sei (so **RG** 159, 135; 162, 359), kann nicht angenommen werden; insbesondere kann eine Zeitungsdruckerei aus den der politischen Tagespresse obliegenden Aufgaben in nachbarrechtlicher Beziehung keine Sonderstellung herleiten (**BGH LM** § 903 Nr. 4).

Anm. 27

c) Weniger tiefgreifende Beschränkungen des nachbarrechtlichen Anspruchs bringt **§ 26 RGewO** für die Fälle, in denen eine die beeinträchtigende Einwirkung verursachende gewerbliche Anlage mit obrigkeitlicher Genehmigung errichtet ist (§§ 16, 24 GewO; **RG** 45, 297; 104, 82). Das Verzeichnit der genehmigungsbedürftigen Anlagen im § 16 GewO ist erschöpfend und duldet keine entsprechende Anwendung auf andere Anlagen. Der Schutz des § 26 GewO beschränkt sich auf den genehmigungsbedürftigen Teil und erstreckt sich nicht auf die weitere Anlage. — **aa) Beispielsfälle** genehmigungsbedürftiger Anlagen: **RG** 11, 183; 37, 174; 40, 182; 49, 85; 63, 377; 90 S. 49, 61; 93, 102; 104, 82; 105, 216. Nach WarnRspr 1918 Nr. 55 werden Nebenanlagen, die nicht nur zufällig mit der genehmigten Anlage räumlich verbunden sind, sondern notwendige Bestandteile der Hauptanlage bilden und zur zweckentsprechenden Herstellung der Hauptanlage oder zu deren Betrieb unbedingt notwendig sind, von der Genehmigung des § 16 und dem Schutz des § 26 GewO mitumfaßt. Diesen Schutz genießen auch die vor dem Inkrafttreten der GewO obrigkeitlich genehmigten Anlagen, wenn sie, wie eine Knochenkocherei, zu denjenigen gehören, die nach § 16 GewO der behördlichen Genehmigung bedürfen (**RG** WarnRspr 1914 Nr. 189). Dagegen findet § 26 GewO im Falle eines besonderen privatrechtlichen Titels, wie Vertrag, keine Anwendung (**RG** 93, 103). — **bb)** Liegt ein Fall des § 26 GewO vor, so kann **nicht** auf Grund des Eigentums gemäß § 1004 oder des Besitzes gemäß §§ 862, 858 **auf Einstellung des Gewerbebetriebs geklagt werden, sondern nur auf Herstellung von Einrichtungen,** welche die benachteiligende Wirkung ausschließen (**RG** 11, 183; 37, 174; 40, 182; JW 1900, 895[7]; SeuffArch 50 Nr. 336) oder auf ein erträgliches Maß herabsetzen (**RG** JW 1896, 210[37]; 1900, 895[7]; 1902 Beil. S. 202; OLG 36, 157). — **cc)** W e n n solche Einrichtungen u n t u n l i c h oder mit einem gehörigen Gewerbebetrieb unvereinbar sind (**RG** 93, 103; 99, 179; Gruchot 42, 137), so hat der beeinträchtigte Eigentümer nur die Klage **auf Schadensersatz** (**RG** 47 S. 98, 249; 50, 229; JW 1909, 195[16]; WarnRspr 1914 Nr. 189). Der Schadensersatzanspruch geht aber nicht auf Ersatz des Schadens, der durch die gesamten Einwirkungen entstanden ist, sondern nur auf Vergütung des Schadens, der durch den über die Grenzen des § 906 hinausgehenden Teil der Einwirkungen verursacht wird (**RG** 139, 29 unter Preisgabe von WarnRspr 1911 Nr. 404). Auf diesen Schadensersatzanspruch finden die §§ 823 ff nicht, wenigstens nicht unmittelbar Anwendung. Denn der Anspruch beruht nicht auf einer unerlaubten Handlung, sondern tritt an die Stelle des sonst gegebenen Anspruchs auf Einstellung des Betriebs. Insbesondere bedarf es hier also nicht des Nachweises eines Verschuldens (**RG** 90 S. 49, 61; 100, 74; 105, 214). — **dd)** Wenn die Beeinträchtigung durch **Einwirkung mehrerer Gewerbebetriebe** erfolgt, ist auch die entsprechende Anwendung des § 840 ausgeschlossen; jeder Einwirkende haftet nur für den von ihm verursachten Teil des Schadens, der vom Gericht gemäß § 287 ZPO nach freiem Ermessen zu schützen ist (**RG** 36, 276; JW 1901, 260[27]). — **ee)** Der Schadensersatzanspruch, der aus § 26 GewO abgeleitet wird, umfaßt nicht nur die nach der Klageerhebung liegenden, sondern auch die früheren über das Maß des § 906 BGB hinausgehenden Schädigungen. Auch für die **der Klageerhebung vorausgehenden** unzulässigen Einwirkungen kann also ohne Nachweis der Voraussetzungen des § 823, insbesondere ohne Verschuldensnachweis, Ersatz verlangt werden (**RG** 139, 29 unter Aufgabe der früheren Rechtsprechung; **BGH** 15, 150). Wird aber der Schadensersatzanspruch darüber hinaus auch auf ein Verschulden gestützt, so kommen die §§ 823ff, insbesondere § 840 zur Anwendung. — **ff)** Im übrigen ist für alle vorbezeichneten Ansprüche Voraussetzung, daß die Einwirkungen über die nach § 906 zulässigen Grenzen hinausgehen. Dabei sind die Fragen der Unwesentlichkeit und der Ortsüblichkeit der Zuführungen nicht anders zu beurteilen als sonst (**RG** WarnRspr 1913 Nr. 144). — **gg)** Der Schadensersatzanspruch steht nicht nur dem Eigentümer des beeinträchtigten Grundstücks, sondern nach §§ 858, 862 auch dem geschädigten **Besitzer** zu (**RG** 59, 326; 100, 75), z. B. dem Pächter, auf dessen Pflanzungen schädigende Einwirkungen von einem genehmigten Betrieb aus stattfinden (**RG** 105, 214). — **hh)** Da es sich um Schadensersatz wegen Beschädigung einer Sache handelt, kann der Geschädigte nach § 249 Satz 2 den **Geldbetrag** verlangen, der erforderlich ist, um den Zustand herzustellen, der bestehen würde, wenn die Einwirkungen nicht stattfinden würden. Grundsätzlich ist danach, insbesondere zur Ausgleichung des Minderwerts, eine Kapitalabfindung zu gewähren. Die Zubilligung einer zeitweise oder fortdauernd zu zahlenden Rente würde regelmäßig das Ziel der Herstellung im Sinne jener Vorschrift nicht erreichen oder überschreiten; sie wird sich daher nur unter ganz besonderen Umständen rechtfertigen lassen (**RG** 45, 203; Gruchot 61, 804; JW 1918, 86[5]; WarnRspr 1915 Nr. 141; 1919 Nr. 172). Der Ersatzpflichtige kann sich im Falle der Kapitalabfindung dagegen schützen, daß er von einem Besitznachfolger des Ersatzberechtigten noch einmal auf Schadensersatz in Anspruch genommen wird; er kann daher die Eintragung einer Grunddienstbarkeit auf Duldung der Einwirkungen verlangen (**RG** WarnRspr 1915 Nr. 141; vgl. über eine solche Grunddienstbarkeit § 1018 Anm.). Wird eine Kapitalabfindung gewährt, so ist sie nach der Höhe der Wertminderung zur Zeit der Urteilsfällung zu bemessen. Handelt es sich darum, ob das Nachbargrundstück durch die Einwirkungen die Bauplatzeigenschaft verloren hat, so ist dabei zu prüfen, ob der Verlust der Eigenschaft ein dauernder oder ein nur zeitweiliger ist (**RG** WarnRspr 1931 Nr. 8). — **ii)** Finden Einwirkungen **von mehreren Nachbargrundstücken aus** statt, wird aber der Schaden durch wesentlich beeinträchtigende Einwirkungen von einem der Grundstücke aus verursacht, auf das die Voraussetzungen für die Schadensersatzpflicht zutreffen, während die Einwirkungen von den anderen Grundstücken aus auf die Entstehung des Schadens ohne merklichen Einfluß sind, so hat nur der Eigentümer jenes Grundstücks Schadensersatz zu leisten (**RG** 99, 181; Anm. 17). Zu ersetzen ist lediglich der Schaden, der durch die Einwirkungen zugefügt ist und zugefügt wird. Ein Schaden, der etwa durch schlechte Behandlung des Grundstücks seitens des Geschädigten selbst herbeigeführt ist, scheidet als auf anderer Ursache beruhend aus, ohne daß die Anwendung des § 254 über mitwirkendes Verschulden des Geschädigten in Betracht kommt (**RG** 105, 218). — **kk)** Für die **Verjährung** findet § 852 Anwendung (**RG** JW 1927, 893[4]). Dabei sind Betriebsmaßnahmen, die fortdauernd sich wiederholende Einwirkungen verursachen, nicht als eine einzige Handlung anzusehen, die mit der ersten Einwirkung begonnen hätte, sondern als selbständige, je für sich neue Beschädigungen verursachende Einzelhandlungen, mögen auch die schädlichen Folgen gleichartige sein und sich zeitlich mehr oder minder unmittelbar aneinander reihen. Durch jede Handlung wird also eine neue dreijährige Verjährung in Lauf gesetzt (**RG** JW 1912, 31[15]; 1935, 1775[9]; WarnRspr 1914 Nr. 189).

Anm. 28

2. Übermäßige, aber ortsübliche Beeinträchtigung. Die von einem gewerblichen Betriebe ausgehenden Einwirkungen können sich bei Berücksichtigung der technischen Entwicklung zwar im Rahmen der für solche industriellen Grundstücke ortsüblichen halten, jedoch die Daseinsbedingungen benachbarter Grundstückseigentümer so gefährden, daß sie ihre Grundstücke nicht mehr in der für sie ortsüblichen Weise (z. B. zu landwirtschaftlichen oder Wohnungszwecken) benutzen können. In diesen Fällen kann die zwar objektiv zulässige Benutzung des Grundstücks gegenüber diesem Nachbar nicht mehr als rechtmäßig angesehen werden, weil sie die notwendige Rücksichtnahme auf die Nachbarn vermissen läßt, mit dem auch für das Eigentumsrecht geltenden Grundgedanken des § 242 (nachbarliches Gemeinschaftsverhältnis) nicht mehr vereinbar ist. Lassen sich diese Einwirkungen nicht durch besondere technische Einrichtungen für diese Grundstücke auf das erträgliche Maß mindern, so muß ein billiger Ausgleich dahin erfolgen, daß ein Teil der durch die Zuführung verursachten Schäden von dem Eigentümer des einwirkenden Grundstücks getragen, der andere Teil ohne Entschädigung zu dulden ist. Auch dieser Anspruch ist kein Schadensersatzanspruch aus § 823, also unabhängig von einem Verschulden und nur gegeben, wenn die nachbarrechtlichen Gesetzesvorschriften nicht ausreichen (**RG** 139, 32; 154, 161; 155, 157; 159, 68 u. 139; 162, 161; 167, 14; OGH 2, 181; **BGH** 15, 146; 16, 372; LM § 903 Nr. 1 u. 2; § 906 Nr. 1).

Anm. 29

3. Beeinträchtigung durch öffentliche Betriebe

a) Gehen **Einwirkungen** von einem Grundstück **infolge Ausübung staatshoheitlicher Rechte** aus (z. B. von einem Polizeihaftraum), so kann der Beeinträchtigte weder Vorkehrungen zur Verhütung der Einwirkungen verlangen noch die Beseitigung der störenden Anlage (**RG** 73, 270; 84, 303; WarnRspr 1908 Nr. 380). Für einen solchen Anspruch wäre grundsätzlich schon der Rechtsweg ausgeschlossen. Die Frage, ob ohne Störung des staatshoheitlichen Betriebs Einrichtungen und Vorkehrungen getroffen werden können, die eine Beeinträchtigung des Nachbargrundstücks herabmindern oder beseitigen, kann nur insoweit im Rechtsweg erörtert werden, als es sich um rein wirtschaftliche Maßnahmen handelt, durch die in den Betrieb selbst nicht eingegriffen wird (**RG** WarnRspr 1916 Nr. 248). Über Schadensersatzansprüche vgl. **BGH** 6, 271 und Vorbem. 4.

Anm. 30

b) Das gleiche gilt von **Betrieben im öffentlichen Interesse, die behördlich genehmigt sind** (z. B. Artilleriewerkstatt, Eisenbahnanlagen, Postbetrieb, Kanalisation, Kanalbauten), mit der Maßgabe, daß Vorkehrungen insoweit beansprucht werden können, als dadurch keine wesentliche Änderung der genehmigten Betriebsanlage herbeigeführt würde (**RG** 44, 227; 59, 70; 62, 131; 73, 270; 92, 49; auch **RG** 92, 49; Gruchot 54, 635). Die der Volksertüchtigung und Volksgesundheit dienenden, vom Reichsminister des Innern genehmigten Betriebe sind bereits oben Anm. 26 besprochen.

Anm. 31

c) Durch Art. 125 EG ist der Landesgesetzgebung vorbehalten, die Vorschrift des § 26 GewO auf Eisenbahn-, Dampfschiffahrts- und ähnliche Verkehrsunternehmungen zu erstrecken. Preußen hat von dieser Befugnis keinen Gebrauch gemacht. Da aber die **Eisenbahnbetriebe** der landespolizeilichen Genehmigung bedürfen, kommen für die Beseitigung von Einwirkungen die vorerwähnten Grundsätze zur Anwendung (**RG** 58, 130; 59, 70; WarnRspr 1909 Nr. 409; 1910 Nr. 118, 208; 1911 Nr. 404; 1917 Nr. 143; für Hamburg: WarnRspr 1915 Nr. 284). Was den **Anspruch auf Schadensersatz** anlangt, so gelten abweichend von dem früheren preuß. Eisenbahngesetz v. 3. 11. 1938 jetzt die allgemeinen Regeln, da nach § 9 des an seine Stelle getretenen Reichsgesetzes über die Haftpflicht der Eisenbahnen und Straßenbahnen für Sachschäden v. 29. 4. 1940 (RGBl I 691 idF v. 16. 7. 1957 [BGBl I 710]) dieses auf Schäden durch Einwirkungen i. S. des § 906 keine Anwendung findet. Einem Grundstückseigentümer, dem durch die landespolizeiliche (auch bergbehördliche: **RG** WarnRspr 1913 Nr. 226) Genehmigung der Eisenbahnanlage die Möglichkeit entzogen ist, auf Einstellung des Betriebs oder Unterlassung der Einwirkungen zu klagen wegen solcher

Einwirkungen, die über das nach § 906 zulässige Maß hinausgehen, steht also ein Anspruch auf Schadensersatz ohne Nachweis eines Verschuldens zu (**RG** 84, 303; 97, 291; 98, 348; 1912, 869[28]; WarnRspr 1910 Nr. 208, 447; 1911 Nr. 404; 1913 Nr. 226). Die Schadensersatzpflicht trifft, wenn während des Bahnbaus unzulässige Einwirkungen (z. B. durch Funkenflug aus Arbeitszügen) auf ein Nachbargrundstück stattfinden, nicht nur den Eisenbahnunternehmer, sondern auch den von ihm mit dem Bahnbau oder der Erweiterung der Bahnanlage (z. B. Legung eines zweiten Gleises) betrauten Bauunternehmer, insbesondere einen solchen, der sich mit Eisenbahnbauten gewerbsmäßig befaßt. Denn diesem fließen infolge der behördlichen Genehmigung der Bahnanlage die Vorteile aus dem Werkvertrag zu, während dem beeinträchtigten Anlieger auch ihm gegenüber die Klage auf Beseitigung oder Unterlassung der Beeinträchtigung versagt ist (**RG** 97, 292; 98, 347; aM OLG 39, 213 für Einwirkungen beim Bau einer Kleinbahn). Die Frist des § 852 BGB gilt auch für die Verjährung dieser Schadensersatzansprüche (**RG** 70, 150).

Anm. 32

d) Handelt es sich nicht um schädliche Einwirkungen im Sinne des § 906, sondern nur um die **Entwertung eines Nachbargrundstücks** durch Herstellung von Anlagen (z. B. Erweiterung von Festungswerken), so ist ein Schadensersatzanspruch überhaupt nicht gegeben (**RG** 84, 298). Ebenso stellt bei einem elektrischen Eisenbahnbetrieb, der keine ungewöhnliche oder übermäßige Benutzung des Bahngrundstücks bedeutet, die Entsendung elektrischer Erdströme auf ein Nachbargrundstück noch keine zum Schadensersatz verpflichtende Einwirkung dar, wenn das Nachbargrundstück keine Substanzverletzung erleidet, sondern nur anderweit entwertet wird (**RG** 133, 342).

Anm. 33

4. Allgemeiner Aufopferungsanspruch

a) Die Rechtsprechung des Reichsgerichts hat aus den erörterten Vorschriften den **allgemeinen Rechtssatz** hergeleitet, daß für rechtswidrige Einwirkungen auf das Eigentum eines andern, auch ohne daß dem Einwirkenden ein Verschulden zur Last fällt, überall da Schadloshaltung geleistet werden muß, wo infolge einer entgegenstehenden Sonderrechtsnorm, namentlich zur Wahrung öffentlicher Interessen, dem Eigentümer die ihm nach den Grundsätzen des ordentlichen Rechtes zustehende Befugnis, wegen des Eingriffs die Abwehrklage zu erheben, entzogen ist (**Aufopferungsanspruch; RG** 97, 291; 98, 348; 101, 105; 116, 386; 155, 156; 167, 26). Dabei wird, wie in den Fällen der unmittelbaren Anwendung des § 26 GewO, für das Nichterfordernis eines Verschuldens kein Unterschied gemacht zwischen dem nach der Klagerhebung entstehenden und dem bereits vor der Klagerhebung erwachsenen Schaden (**RG** 70, 150; 100, 72; 101, 102; 104, 85). Inwieweit ein solcher Anspruch auf Schadloshaltung auch bei Eingriffen in ein eigentumsähnliches Recht (z. B. das Fischereirecht) Platz greifen kann, erörtert das Urteil **RG** HRR 1938 Nr. 803; vgl. auch **BGH** 6, 271.

Anm. 34

b) Voraussetzung für den Schadensersatzanspruch ohne Nachweis des Verschuldens ist, daß **sonstige Abwehrmittel** gegen die Einwirkung **fehlen.** Besteht diese Voraussetzung nicht, so kann nur ein Schadensersatzanspruch nach allgemeinen Vorschriften (§§ 823 ff BGB), also bei Nachweis eines Verschuldens in Frage kommen (**RG** JW 1925, 2446[3]). — **aa)** Der Aufopferungsanspruch ist sowohl nach Inhalt wie Umfang verschieden von dem Schadensersatzanspruch aus § 823 BGB und dem auf § 26 GewO beruhenden. Er soll einen **angemessenen Ausgleich** für die Beeinträchtigung gewähren, die ohne Abwehrmöglichkeit hingenommen werden muß, und braucht nicht notwendig auf vollen Ersatz des Schadens mit allen seinen Folgen zu gehen. Die Entschädigung ist so zu bemessen, wie es den Umständen des Falles gemäß erscheint, oder, wie es in Art. 14 III 3 GG heißt, „unter gerechter Abwägung der Interessen der Allgemeinheit und der Beteiligten“ (vgl. **RG** 167, 26; 172, 159). Liegt eine Enteignung i. S. des Art. 14 III GG vor, treten ohnehin dessen Grundsätze an Stelle der von der

Rechtsprechung für den Aufopferungsanspruch ausgebildeten (**BGH** 6, 271 u. Vorbem. Anm. 4 vor § 903). — **bb) Ersatzpflichtig** ist der, zu dessen Gunsten (z. B. Staat, Gemeinde) der Eingriff stattfindet (**RG** JW 1925, 2446[3]). — **cc)** Als Haftungsgrund gilt ferner auch eine das Eigentum Dritter ihrer Natur nach beeinträchtigende, **im Gewerbebetrieb vorgenommene Betriebshandlung** (z. B. Funkenflug verursachende Arbeitszüge eines gewerbsmäßigen Eisenbahnunternehmers), wenn der Eigentümer nicht auf Einstellung des mit obrigkeitlicher Genehmigung unternommenen Betriebs klagen kann (**RG** 17, 103; 97, 293).

Anm. 35

c) Die Frage, ob und inwieweit diese Grundsätze über den Ausschluß der Abwehrklage nach §§ 903, 906, 1004 und ihren Ersatz durch einen Entschädigungsanspruch auch gegenüber den von einem **Bergwerksbetrieb** ausgehenden Beeinträchtigungen Platz greifen (besonders mit Rücksicht auf §§ 54, 58, 148 PrAllgBergG), wird in zahlreichen Entscheidungen behandelt, z. B. in **RG** 98, 82; 99, 178; 139, 29; 146, 275; 154, 162; JW 1935, 3221[6]; 1938, 1042[38]; WarnRspr 1915 Nr. 161, 193; 1934, Nr. 133.

Anm. 36

5. Haftung aus unerlaubter Handlung. Abgesehen von diesen Fällen kann **Schadensersatz nur nach §§ 823ff**, also insbesondere nur unter Nachweis eines Verschuldens verlangt werden (**RG** 58, 131; 61, 256; 63, 375; 97, 26). Ein Verschulden des Einwirkenden ist aber stets vorhanden, wenn er die unzulässigen Einwirkungen auf das Nachbargrundstück voraussehen konnte (**RG** 32, 341; Gruchot 32, 890; 38, 712; 44, 869). Auch wer die Einwirkung durch einen Dritten schuldhaft veranlaßt hat, haftet auf Schadensersatz (**RG** 97, 26).

XIII. Die Klage aus § 1004

Anm. 37

1. Kläger. Klageberechtigt aus § 1004 ist nicht nur der beeinträchtigte Eigentümer und Miteigentümer (§ 1011), sondern auch der Erbbauberechtigte (VO v. 15. 1. 1919 § 11), der Nießbraucher (§ 1065), der Dienstbarkeitsberechtigte (§§ 1027, 1090), der Wohnungseigentümer gemäß § 1 WBG und nach Maßgabe des § 1134 auch der Hypothekengläubiger. Mieter und Pächter dagegen können sich mangels eines dinglichen Rechts nur an ihren Vermieter halten (§§ 537ff, 545). Unter Umständen kann ihnen aber eine Besitzstörungsklage (§§ 868, 858, 862) gegen den Störer gegeben sein (**RG** 59, 327), z. B. dem Pächter bei schädigenden Einwirkungen auf seine Pflanzungen (**RG** 105, 215; WarnRspr 1936 Nr. 172).

Anm. 38

2. Beklagter. Beklagter ist der Störer.

a) Dies ist zunächst derjenige, der durch seine Benutzung des Nachbargrundstücks **die Einwirkungen verursacht.** Aber auch derjenige hat als Störer zu gelten, der auf dem Nachbargrundstück einen Zustand schafft oder bestehen läßt, der, wenn auch nur mitwirkend, das beeinträchtigende Walten der Naturkräfte ermöglicht, so daß ein ursächlicher Zusammenhang zwischen der Beeinträchtigung und seiner Willensbetätigung, die nicht die alleinige Ursache zu sein braucht, festzustellen ist (**RG** 92, 25; 97, 26; JW 1910, 654[18]; 1912, 31; WarnRspr 1917 Nr. 245; 1936 Nr. 172). Nur auf den Willen eines solchen Dritten, nicht auf sein Verschulden kommt es für die Frage an, ob er als Störer anzusehen ist (**RG** 155, 316).

b) Regelmäßig wird der **Eigentümer** des Nachbargrundstücks derjenige sein, der für Überschreitungen des Gebrauchs- und Nutzungsrechts aufzukommen hat (**RG** 47, 164; Gruchot 46, 653; 48, 951; WarnRspr 1917 Nr. 245). Doch kann auch ein anderer, sei es allein, sei es zusammen mit dem Eigentümer, als Störer in Anspruch genommen werden, wenn er den die schädlichen Einwirkungen verursachenden Zustand auf dem Nachbargrundstück verursacht hat (**RG** Gruchot 38, 952; WarnRspr 1917 Nr. 245).

Z. B. kann gegen den Mieter, durch dessen Betrieb die Einwirkung verursacht wird, die Klage erhoben werden (**RG** 45, 297; 97, 26; WarnRspr 1917 Nr. 245; 1918 Nr. 116; JW 1927, 45[9]).

c) Anderseits kann der Eigentümer auch dann Störer sein, wenn er die beeinträchtigende Handlung nicht selbst vorgenommen, aber trotz des ihm zustehenden Untersagungsrechts die **Handlung eines Dritten** (z. B. eines Mieters oder eines sonst zur Benutzung der Anlage von ihm Ermächtigten) **geduldet** hat. Dann kann er allein oder neben dem Dritten verklagt werden (**RG** 45, 298; 47, 162; 92, 363; JW 1900, 142[11]; WarnRspr 1913 Nr. 227; 1917 Nr. 245; SeuffArch 47 Nr. 17). Dies gilt auch im Falle der Störung durch einen Mieter (Pächter), wenn der Eigentümer mit dem Mieter einen Vertrag abgeschlossen hat, wonach der Mieter ihm gegenüber berechtigt sein würde, die störenden Handlungen vorzunehmen. Denn auch in diesem Falle können die Störungen auf den Willen des Eigentümers und Verpächters ursächlich zurückgeführt werden (**RG** Gruchot 46, 650; 48, 929; WarnRspr 1913 Nr. 217; 1918 Nr. 116).

d) Bei einer **in fremdem Auftrag** verübten Störung ist die Klage in erster Reihe gegen den Auftraggeber zu richten. Der Beauftragte kann nur verklagt werden, wenn er den eingetretenen Zustand der Beeinträchtigung aus eigener Entschließung und im eigenen Interesse aufrecht erhält (**RG** 97, 293).

e) Ferner muß der mit der Abwehrklage in Anspruch Genommene der **gegenwärtig Beeinträchtigende** sein, und von seinem maßgebenden Willen muß die Fortdauer der Beeinträchtigung abhängen (**RG** 92, 26; 144, 176). Daher ist derjenige, von dessen Grundstück während seiner Besitzzeit Einwirkungen auf das Nachbargrundstück ausgegangen sind, nicht der richtige Beklagte, wenn er zur Zeit der Klagerhebung nicht mehr Eigentümer ist und auch sonst keine Verfügungsmacht über das Grundstück hat. Dann kann nur noch ein Schadensersatzanspruch gegen ihn nach § 823, insbesondere unter der Voraussetzung seines Verschuldens, in Frage kommen (**RG** 103, 176).

Anm. 39

3. Begründung der Klage. Hierzu genügt der Nachweis der Beeinträchtigung des Eigentums oder des Rechts an dem Grundstück durch Einwirkungen von dem Grundstück des Beklagten aus. Im Falle der Klage auf Unterlassung tritt hinzu die Besorgnis weiterer Störungen, die z. B. dann gegeben ist, wenn die Störung sich trotz Widerspruchs wiederholt (**RG** JW 1910, 654[12]; Gruchot 44, 1095). Zur Begründung der Klage können auch rechtsverletzende Tatsachen, die sich erst im Lauf des Rechtsstreits ereignet haben, ohne Klagänderung herangezogen werden, sofern sie nicht außerhalb des Rahmens des ursprünglichen Klagvortrags fallen (**RG** 99, 177). Gleichgültig ist, ob der Beklagte die Störung als ein Recht für sich in Anspruch nimmt oder nicht (**RG** Gruchot 44, 1095).

Anm. 40

4. Beweislast. Steht die Beeinträchtigung fest, so hat der Beklagte die Beweislast, wenn er einwendet, die Einwirkung sei unwesentlich oder ortsüblich (Anm. 14).

a) Diesem Einwand kann der Kläger durch die von ihm zu beweisende Replik begegnen, daß die Zuführung durch eine besondere Leitung geschehe (§ 906 Satz 2). Gegebenenfalls kann er weiter geltend machen, daß er nach besonderer Vereinbarung auch zur Duldung unwesentlicher Einwirkungen nicht verpflichtet sei. Eine solche Vereinbarung hat aber nur dann dingliche Wirkung, wenn sie in das Grundbuch eingetragen ist (§ 873). Anderseits kann der Beklagte einwenden, daß ihm die übermäßige Einwirkung durch Vereinbarung gestattet sei (Anm. 3).

b) Dagegen folgt allein daraus, daß der Kläger bei Errichtung einer Anlage wußte oder voraussehen konnte, die Anlage werde vom Nachbargrundstück eine Beeinträchtigung erfahren, **noch kein Verzicht auf den Anspruch** aus § 1004 (**RG** SeuffArch 56 Nr. 104; JW 1904, 487[12]). Auch kann vom leidenden Eigentümer nicht verlangt werden, daß er sich auf einen Gebrauch beschränkt, bei dem die Einwirkungen nicht als erhebliche empfunden werden (**RG** JW 1912, 589[10]), oder daß er, um der Erheblichkeit vorzubeugen, über gewöhnliche Anforderungen hinausgehende Vorkehrungen trifft (z. B. zur Herabminderung eindringender Geräusche die Fenster seiner Wohnung schließt oder eine Hauswand besonders verstärkt: **RG** JW 1912, 589[10]; WarnRspr 1909 Nr. 359; 1911 Nr. 187; 1913 Nr. 227). Wenn die Einwirkungen aber lediglich deswegen das nach § 906 zu duldende Maß überschreiten, weil der leidende Eigentümer bei dem Gebrauch seines Grundstücks regelwidrig verfährt oder eine den allgemeinen Anforderungen widersprechende Einrichtung trifft (z.B. eine Trennungswand nach dem Nachbargrundstück herstellt, die nicht die polizeilich vorgeschriebene Stärke hat, oder einen Betrieb unmittelbar an der Nachbarwand einrichtet, ohne zur Abwendung von Störungen geeignete und übliche Vorkehrungen zu treffen), so kann er auch die Beseitigung der an sich übermäßigen Einwirkungen nicht verlangen. Denn in Anbetracht der auf die nachbarlichen Verhältnisse zu nehmenden Rücksicht würde in einem solchen Verlangen ein Mißbrauch der dem Eigentümer nach § 903 zustehenden Rechte (§ 903 Anm. 17) zu finden sein (**RG** JW 1912, 589[10]; WarnRspr 1913 Nr. 227; Gruchot 34, 476).

Anm. 41

5. Rechtsstreit. Im Falle der **Veräußerung des Grundstücks während des Rechtsstreits** findet § 266 ZPO Anwendung.

a) Der Rechtsnachfolger ist berechtigt und auf Antrag des Gegners auch verpflichtet, den Rechtsstreit zu übernehmen (**RG** 40, 333; JW 1912, 471[17]). Durch Herstellung **abhelfender Einrichtungen während des Rechtsstreits** wird die Verurteilung des Beklagten an sich noch nicht ausgeschlossen. Denn der Kläger hat ein Recht auf dauernden Schutz, der ihm in der Regel nur durch ein die sofortige Zwangsvollstreckung ermöglichendes Urteil gewährt wird. Allerdings darf der Einwirkende nicht mehr verurteilt werden, wenn er beweist, daß Einrichtungen getroffen sind, die nach menschlicher Voraussicht die schädliche Einwirkung auf ein Maß zurückführen, das nach § 906 ertragen werden muß, und daß eine Beseitigung der Schutzeinrichtungen und die Wiederaufnahme des früheren Betriebs nach Lage der Verhältnisse nicht in Frage kommen kann (**RG** 36, 178; JW 1906, 556[25]; 1910, 654[12]; 1911, 326[21]; 1927, 45[9]; WarnRspr 1912 Nr. 215; 1917 Nr. 245; 1919 Nr. 172). Soweit dies dargetan wird, ist der Zustand zur Zeit der Klagerhebung nicht mehr für die Urteilsfindung maßgebend (**RG** JW 1911, 326[21]).

b) Das gilt anderseits aber auch, wenn **während des Rechtsstreits Verstärkungen** der Einwirkungen (z. B. infolge Ausdehnung des Betriebs auf dem Nachbargrundstück) eintreten. Solche Verstärkungen sind bei der Urteilsfindung zu berücksichtigen; dem Beklagten liegt die Beweislast dafür ob, daß auch diese Einwirkungen noch nach § 906 zu dulden sind (Anm. 14; **RG** JW 1911, 326[21]). Entscheidend für die Urteilsfindung ist also stets das Gesamtbild der Lage im Zeitpunkt der letzten mündlichen Verhandlung (**RG** 156, 319).

c) Die **Einrede der Unmöglichkeit,** den Klageanspruch **zu erfüllen,** greift nicht durch, weil es sich um einen dinglichen Anspruch auf Beseitigung des das Eigentum beeinträchtigenden Zustandes handelt. Der gesetzmäßige Zustand, der dem Berechtigten die ungestörte Ausübung seines Rechts ermöglicht, muß unter allen Umständen hergestellt werden (**RG** JW 1910, 754[15]).

d) Der Anspruch aus § 1004 ist noch nicht im ganzen **verjährt,** wenn einzelne Einwirkungen schon während rechtsverjährter Zeit stattgefunden haben. Denn er ist durch die letzte Einwirkung neu entstanden (**RG** WarnRspr 1931 Nr. 8). Der aus dieser Einwirkung entstehende Anspruch unterliegt der ordentlichen Verjährung (§§ 194 Abs. 1, 195, 198). § 902 kommt nicht zur Anwendung. Denn es handelt sich nicht um einen Anspruch aus einem eingetragenen Recht im Sinne dieser Vorschrift (str.).

§ 907

Der Eigentümer eines Grundstücks kann verlangen, daß auf den Nachbargrundstücken nicht Anlagen hergestellt oder gehalten werden, von denen mit Sicherheit vorauszusehen ist, daß ihr Bestand oder ihre Benutzung eine unzulässige Einwirkung auf sein Grundstück zur Folge hat. Genügt seine Anlage den landesgesetzlichen Vorschriften, die einen bestimmten Abstand von der

Grenze oder sonstige Schutzmaßregeln vorschreiben, so kann die Beseitigung der Anlage erst verlangt werden, wenn die unzulässige Einwirkung tatsächlich hervortritt.

Bäume und Sträucher gehören nicht zu den Anlagen im Sinne dieser Vorschriften.

E I 864 II 821; M 3 292ff.; P 3 157ff.

Übersicht

I. Erweiterter Eigentumsanspruch

Anm. 1

1. Schutz vor künftigen Einwirkungen. § 907 gewährt dem Grundeigentum Schutz vor drohenden künftigen Einwirkungen. — **a)** Die Eigentumsfreiheitsklage ist danach zunächst in Erweiterung des § 1004 als vorbeugendes Schutzmittel gegenüber einer beabsichtigten, gefahrdrohenden Anlage schon vor dem Eintritt unzulässiger Einwirkungen gegeben (M 3, 294; **RG** 104, 85). Sie richtet sich auf **Unterlassung der Herstellung der Anlage** (Prot. 3, 159). Ist die Anlage bereits hergestellt und findet von ihr aus eine über § 906 hinausgehende Einwirkung statt, so kann nach §§ 903, 905, 1004 auf Beseitigung der Beeinträchtigung und, wenn weitere Beeinträchtigungen zu besorgen sind, auf Unterlassung der Störung, also auf Unterlassung der Benutzung der Anlage überhaupt oder in der bisherigen Art geklagt werden (§ 906 Anm. 25 zu a) bb). — **b)** Auch in dieser Hinsicht enthält § 907 eine Erweiterung des Eigentumsanspruchs. Denn der Eigentümer kann, wenn die weitere Benutzung der hergestellten Anlage die Fortdauer unzulässiger Einwirkungen zur notwendigen Folge hat, nicht bloß Unterlassung der Benutzung, sondern auch **Beseitigung der Anlage** verlangen (Prot. 3, 159). Diesen Anspruch hat er selbst dann, wenn die bisherige Einwirkung noch nicht mit einer Schadenszufügung verbunden war (M 3, 295; **RG** 50, 229). — **c)** Ein **Schadensersatzanspruch** kann aber auch hier wie sonst nur nach Maßgabe der §§ 823ff, insbesondere unter der Voraussetzung eines Verschuldens des die Anlage Herstellenden geltend gemacht werden (**RG** 50, 228; JW 1911, 764[23]; § 906 Anm. 35). Dabei ist zu beachten, daß § 907 ein Schutzgesetz im Sinne von § 823 Abs. 2 darstellt (§ 823 Anm.).

Anm. 2

2. Öffentliches Interesse. Im übrigen besteht auch hier wie für den Anspruch aus § 1004 die Möglichkeit, daß das dem gefährdeten Eigentümer nach § 907 zustehende **Recht auf Beseitigung** einer Anlage zugunsten eines Nachbars **entzogen** ist durch **öffentlich-rechtliche Bestimmungen** (§ 26 GewO; Art. 109, 125 EG) oder durch sonstige Normen des objektiven Rechts, die ein Zurückstehen der Ausübung von Privatrechten hinter dem öffentlichen Interesse fordern. — **a)** Dann kann der von der Entziehung betroffene Eigentümer als Ersatz dafür einen Entschädigungsanspruch gegen den Nachbarn haben, auch ohne daß diesem ein Verschulden zur Last fällt (**RG** 50, 229; 58, 132; 93, 104; 101, 102; § 906 Anm. 4, 26ff). Hat jemand z. B. während des Krieges auf einem Grundstück eine Sprengstoffabrik betrieben, von der infolge der durch die Kriegsverhältnisse gebotenen äußersten Ausnutzung der Eintritt von Explosionen mit Sicherheit zu erwarten war, so ist er auch ohne Verschulden zum Ersatz des durch Explosionen den Nachbargrundstücken zugefügten Schadens verpflichtet (**RG** 101, 102; Gruchot 66, 479). Dabei ist, ebenso wie in den Fällen des durch § 26 GewO ausgeschlossenen Abwehranspruchs (§ 906 Anm. 27), hinsichtlich des Nichterfordernisses eines Verschuldens kein Unterschied zu machen zwischen dem vor und nach der Klageerhebung entstehenden Schaden (**RG** 104, 86). — **b)** Soweit aber solche öffentlichrechtlichen Bestimmungen nicht entgegenstehen, kann einerseits der Anspruch aus § 907 auch gegenüber der Anlage einer öffentlich-rechtlichen Körperschaft geltend gemacht (z. B. gegenüber Kanalisation, Gasrohrleitungen, Wegebauten, Bedürfnisanstalten einer Stadtgemeinde, **RG** 134, 257; 172, 158; JW 1900, 639; 1901, 52), anderseits ein Schadensersatzanspruch nur unter Nachweis eines Verschuldens erhoben werden (**RG** JW 1911, 764[23]). Für die Beweisfrage in Ansehung des Verschuldens können die Grundsätze über den Beweis nach dem ersten Anschein von Bedeutung sein (**RG** 145, 115). Die Zulässigkeit des Rechtswegs für einen Anspruch aus § 907 gegenüber einer beabsichtigten gewerblichen Anlage, die nach §§ 16, 24 GewO der behördlichen Genehmigung bedarf und gegen die im Genehmigungsverfahren (§§ 17ff GewO) Einwendungen erhoben sind, erörtern **RG** 13, 55; JW 1908 S. 301[8], 245[20]. — **c)** Ist ein Stück von einem Felsenhang zur Herstellung einer Eisenbahnstrecke abgetreten und lösen sich von den Felswänden infolge von Verwitterungen, namentlich beim Betrieb der Eisenbahn, Steine ab, wodurch der Eisenbahnbetrieb gefährdet wird, so kann der Eigentümer des Felsenhangs weder aus § 907 noch aus § 1004 dahin in Anspruch genommen werden, Einrichtungen zu treffen, die das Herabfallen von Steinen in Zukunft verhüten. Denn das Herabfallen der Steine ist weder durch eine von ihm hergestellte Anlage herbeigeführt noch sonst auf seinen Willen zurückzuführen. Es beruht vielmehr lediglich auf der Einwirkung von Naturkräften, für die er keine Vorbedingungen geschaffen hat (**RG** 134, 230).

Anm. 3

II. Anspruchsberechtigte. Anspruchsberechtigt aus § 907 sind außer dem **Eigentümer des Grundstücks** auch der Erbbauberechtigte (VO v. 15. 1. 1919 § 11), der Dienstbarkeitsberechtigte (§§ 1027, 1010 Abs. 2) und der Nießbraucher (§ 1065). Dagegen steht dem Mieter und Pächter, deren Recht nur schuldrechtlicher Natur ist, ein solcher Anspruch nicht zu (**RG** 59, 327; str. hinsichtlich des besitzenden Mieters oder Pächters, Staudinger Anm. 28). Das Bergwerkseigentum ist kein Sacheigentum, auch kein Recht an einem fremden Grundstück, sondern der Inbegriff der Berechtigungen, die dem Zweck der bergmännischen Erzeugung dienen (**RG** 87, 400; Gruchot 59, 1059). Gemäß Art. 67 EG bestimmt sich der Inhalt und Umfang der Berechtigungen in Preußen nach § 54 AllgBergG. Daher ist § 907 für das Bergrecht nicht anwendbar, insbesondere nicht auf das nachbarliche Verhältnis zweier Bergwerke untereinander (**RG** Gruchot 59, 1058).

Anm. 4

III. Anspruchsgegner. Das **Verlangen** kann **an den Eigentümer des Grundstücks,** auf dem sich die Anlage befindet, auch dann gestellt werden, wenn sie von ihm nur hergestellt ist, aber von einem anderen (z. B. dem Pächter) für eigene Rechnung benutzt wird. Anderseits kann der Anspruch auch gegen einen Dritten geltend gemacht werden, der die Anlage auf dem ihm nicht gehörenden Nachbargrundstück errichtet oder hält (§ 906 Anm. 37). Zur Begründung der Klage müssen die Voraussetzungen des Satz 1 dargetan werden. Der Kläger muß also behaupten und beweisen, daß die Anlage errichtet ist oder hergestellt werden soll und daß von ihr eine unzulässige Einwirkung mit Sicherheit zu erwarten ist. Die Ansicht, daß der Kläger seiner Pflicht genüge, wenn er dartue, daß mit Sicherheit Einwirkungen überhaupt zu erwarten seien, und es dann Sache des Beklagten sei, nachzuweisen, daß die Einwirkungen im gegebenen Falle nach Maßgabe von Ausnahmevorschriften, insbesondere nach § 906, vom Eigentümer geduldet werden müßten, also nicht unzulässig seien (so **RG** JW 1910, 20[29] und die Vorauflage), kann nicht aufrecht erhalten werden (**BGH** LM § 559 ZPO Nr. 8). Der Beklagte kann sich darauf berufen, daß seine Anlage den in Satz 2 angeführten landesgesetzlichen Vorschriften genüge (Anm. 12). Zugunsten des Anspruchsberechtigten kann eine einstweilige Verfügung nach § 940 ZPO (z. B. auf Verbot der Fortsetzung des Baus der Anlage) erlassen werden (OLG 4, 61).

Anm. 5

IV. Nachbargrundstücke. Unter Nachbargrundstücken sind nicht nur unmittelbar angrenzende Grundstücke zu verstehen, sondern auch entfernter liegende Grundstücke, sofern sie sich nur innerhalb des Einwirkungskreises der Anlagen befinden (**RG** 161, 21; JW 1923, 288[5]; § 906 Anm. 12, § 909 Anm. 5, § 917 Anm. 6). Die Frage, ob Einwirkungen „mit Sicherheit vorauszusehen sind" (Anm. 7), hat mit der Frage der „Nachbarschaft" als solcher unmittelbar nichts zu tun; es handelt sich vielmehr bei beiden Fragen um selbständige Tatbestandserfordernisse, die nicht derart miteinander verkoppelt werden dürfen, daß mangels Voraussehbarkeit von Einwirkungen auch schon die Nachbarschaft der Grundstücke entfiele (**RG** 18. 12. 1937 V 147/37).

Anm. 6

V. Anlagen. Das sind zunächst solche Einrichtungen, die **schon von selbst** ohne Hinzutritt einer weiteren menschlichen Tätigkeit einwirken, deren „Bestand" also gefährden kann: z. B. Teiche, Gräben und Kanäle (M 3, 295; Prot. 3, 160), die übel riechen oder schmutziges Wasser mit sich führen (**RG** 51, 254) oder Aufenthalt für schädigende Tiere bieten (**RG** JW 1910, 654[13]). Ferner gehören hierher aber auch solche Einrichtungen, die erst dann, wenn sie bestimmungsgemäß verwendet werden, also **durch die „Benutzung"** einwirken: z. B. Viehställe (**RG** 51, 254), Backöfen, Rauchfänge (Prot. 3 S. 157, 160), Düngergruben (OLG 4, 59), Leichenhäuser (OLG 4, 61), ein zur Benutzung eines Privatwegs des Nachbarn angelegter Straßenanschluß (OLG 2, 345), Aufschüttungen von Erd- und Sandmassen (**RG** 60, 140), Stauvorrichtungen (**RG** JW 1908, 301[8]), eine Kleinbahnanlage mit ungünstigen Steigungs- und Krümmungsverhältnissen (**RG** JW 1907 299[1]; OLG 18, 123). Immer muß die Anlage aber so geartet sein, daß sie selbsttätig oder unter menschlicher Mitwirkung durch Hinüberleiten ihrer Bestandteile oder Zuführen greifbarer oder doch sinnlich wahrnehmbarer Stoffe **die Grenze überschreitet oder zu überschreiten droht** (**RG** 51, 253). Daher fallen nicht unter § 907 solche Anlagen, die sich streng auf der Grundfläche des sie Errichtenden halten, nicht unmittelbar und positiv in das Gebiet des anderen Grundstücks hinübergreifen, wenn sie vielleicht auch durch negative Einwirkungen (z. B. durch Entziehung früher zugeflossenen Lichts, durch Verdeckung einer bisher vorhandenen Aussicht oder Bequemlichkeit, durch die von einem Gebäude verursachten Windstauungen, Wirbel- und Stoßwinde, welche die Leistung einer Windmühle verringern) das andere Grundstück beeinträchtigen (**RG** 51, 254; 62, 88; JW 1909, 161[10]; WarnRspr 1913 Nr. 96; Gruchot 58, 1028; 65, 612; HRR 1937 Nr. 1006; **BGH** LM § 903 Nr. 1; § 906 Anm. 2 b). So ist z. B. die Erhöhung oder Tieferlegung einer Straße, durch die den Anliegern lediglich Licht und Aussicht beeinträchtigt oder die bisherige Art der Straßenbenutzung entzogen wird, keine Anlage im Sinne des § 907 (**RG** 51, 253; WarnRspr 1935 Nr. 132; OLG 18, 126). Schließlich ist nach allgemeinem Sprachgebrauch unter „Anlage" nur ein Werk oder eine Einrichtung **von gewisser Selbständigkeit und dauerndem Bestande** zu verstehen. Daher fallen z. B. nicht unter § 907: eine einzelne in ein Gebäude eingestellte, mit diesem nicht verbundene Maschine; ein einzelner Fabrikraum, der mit Geräten, Werkzeugen und sonstigen Einrichtungen zur Herstellung von Stoffen versehen ist (**RG** 51, 253; JW 1912, 752[17]; Gruchot 46, 652).

Anm. 7

VI. Voraussehbarkeit der Einwirkung. Die unzulässige Einwirkung muß **mit Sicherheit vorauszusehen** sein. Die auf die bloße Möglichkeit sich gründende Besorgnis derartiger Einwirkungen genügt nicht (**RG** 50, 229; 63, 278; JW 1902 Beil. 203; 1910, 20[29]; HRR 1933 Nr. 477). Deshalb kann z. B. niemand wegen einer mit Feuer- oder Explosionsgefahr verbundenen Einrichtung auf dem Nachbargrundstück schon deshalb einen Anspruch aus § 907 herleiten, weil durch die Gefährlichkeit dieses Betriebs sein eigenes Grundstück entwertet wird (**RG** 50, 225; OLG 4, 55; § 906 Anm. 2a). Ebenso kann wegen Besorgnis der Einwirkung aus einem benachbarten Minenlager, das aus einem alten Befestigungswerk vom Deutschen Reich ausgebaut ist, weder nach § 907 Abs. 1 Satz 1 BGB noch nach § 75 Einl. z. ALR Entschädigung verlangt werden, wenn von dem Minenlager weder mit Sicherheit noch mit höchster Wahrscheinlichkeit eine unzulässige Einwirkung auf das Nachbargrundstück vorauszusehen ist. Denn wenn der Nachbar sich die Anlage nach den allgemeinen Eigentumsvorschriften gefallen lassen muß, so kann bei ihm auch von einem Opfer an besonderen Rechten und Vorteilen, das einen Entschädigungsanspruch nach § 75 aaO auszulösen geeignet wäre, nicht die Rede sein (**RG** 134, 255). Ebenso bei den in den Straßen verlegten Gasröhren wegen der Möglichkeit des Entströmens von Gas (**RG** 172, 158). Aus der Benutzung einer Kraftwagengarage lassen sich regelmäßig keine unzulässigen Einwirkungen auf die Nachbargrundstücke voraussehen; nur unter ganz besonderen Umständen könnte ein Anspruch aus § 907 gegeben sein (JW 1937, 2116[19]). Eine mathematische Sicherheit ist nicht zu fordern. Mit Sicherheit vorauszusehen ist die unzulässige Einwirkung auch dann, wenn sie nach den Lebenserfahrungen mit höchster Wahrscheinlichkeit früher oder später einmal zu erwarten ist (**RG** Gruchot 59, 476; JW 1923, 289[7]; 1924, 1540[8]). Unter besonderen Umständen (ungewöhnliche Gefährlichkeit, großes Ausmaß eines gefährdenden Betriebs, frühere Unglücksfälle in ihm) kann die Feststellung gerechtfertigt sein, daß von einer Anlage aus für die gesamte engere und weitere Nachbarschaft unzulässige Einwirkungen mit Sicherheit vorauszusehen sind (**RG** 18. 12. 1937 V 147/37). Die Frage der Voraussehbarkeit liegt im allgemeinen auf tatsächlichem Gebiet und ist insoweit einer Nachprüfung des Revisionsgerichts entzogen (**RG** 101, 105; 104, 82; 134, 255).

Anm. 8

VII. Bestand oder Benutzung der Anlage. Der **Bestand** oder die **Benutzung** der Anlage muß die unzulässige Einwirkung hervorbringen (Anm. 6). Dies trifft nicht zu, wenn die Anlage nur an einem die Störung allein verursachenden Mangel leidet, der behoben werden kann (z. B. wenn eine Kloake nicht genügend zementiert ist). Dann kann nur auf Grund des § 1004 die Beseitigung des Mangels verlangt werden (**RG** 63, 378; Gruchot 46, 652; OLG 4, 59).

VIII. Unzulässige Einwirkungen

Anm. 9

1. Begriff. Unzulässige Einwirkungen sind nicht nur die im § 906 erwähnten, durch unwägbare Stoffe verursachten Einwirkungen, die über die im § 906 gestatteten Grenzen hinausgehen (**RG** 155, 158; 167, 20; § 906 Anm. 1, 9), sondern auch alle sonstigen, das Eigentumsrecht (§§ 903, 905) beeinträchtigenden Einwirkungen, die dem Nachbar weder durch Gesetz (§ 906 Anm. 2d; § 903 Anm. 10ff) noch in Ausübung eines besonderen Rechts gestattet sind (**RG** 47, 651; JW 1910, 20[29]). Hierher gehört also auch die Entsendung von festen Körpern, wie Kugeln aus einem Schießstand, Steinen aus einem Steinbruch, Tauben aus Taubenschlägen, Bienen aus Bienenkörben (**RG** 12, 174; JW 1910, 654[13]; Gruchot 45, 1016; vgl. aber für den Bienenflug § 906 Anm. 9). Wie aus den Worten „Einwirkung auf das Nachbargrundstück" sich ergibt, muß es sich aber um ein (drohendes) Eindringen auf das Nachbargrundstück unter Überschreitung der Grenze handeln (**RG** 51, 254; 98, 17; JW 1908, 142[12]; 1909, 161[10]; SeuffArch 59, 124). Diese Voraussetzung liegt z. B. bei der Vertiefung oder Erhöhung des Grundstücks nicht vor, wenn dadurch der Grundwasserspiegel auf dem Nachbargrundstück verändert wird, da dieser nur die natürliche Folge einer erlaubten Benutzung des Grundstücks ist (**RG** 155, 157). Deshalb stellt sich auch das durch das bloße Dasein eines Gebäudes auf dem Nachbargrundstück verursachte Zurückwerfen des Windes und des Regens nicht als unzulässige Einwirkung dar. Denn einerseits darf der Nachbar, soweit er nicht durch ein gesetzliches oder polizeiliches Verbot oder duch ein besonderes Recht Dritter gehindert ist, auf seinem Grundstück beliebig Gebäude errichten (§§ 903, 905). Anderseits beruht das Zurückwerfen des Windes und des Regens auf Naturgesetzen, nicht auf einem Hinüberwirken des Gebäudes auf das andere Grundstück; das Gebäude wirkt vielmehr nur abwehrend dabei mit (**RG** WarnRspr 1914 Nr. 57). Dasselbe gilt von einer Bretterwand, die dem Hause auf einem Nachbargrundstück Licht und Luft entzieht oder beeinträchtigt, und von einer lediglich die Aussicht schädigenden Anlage (**RG** 98, 17; Gruchot 56, 115; HRR 1931 Nr. 939). Die Beweislast für die Zulässigkeit oder Unzulässigkeit der Einwirkung ist behandelt in Anm. 4.

Anm. 10

2. Einwirkungen durch Wasser. Soweit infolge von Anlagen gefährdende Zuflüsse von Wasser drohen (z. B. bei Hochwasser eines Flusses oder bei einer mit dem Eisenbahnbetrieb zusammenhängenden Entwässerungsanlage), kommt nach Art. 65 EG Landesrecht zur Anwendung (**RG** JW 1912, 391[12]; WarnRspr 1910 Nr. 447). Dasselbe gilt, wenn es sich um Entziehung von Wasser (Grundwasser) durch eine Wasserversorgungsanlage oder durch sonstige Anlagen (z. B. den Bau einer Untergrundbahn) handelt (**RG** 167, 20; WarnRspr 1913 Nr. 96; JW 1932, 1046[9]). Für Preußen kommen hier namentlich in Betracht aus dem Wassergesetz v. 7. 4. 1913 § 285 (Anlagen im Überschwemmungsgebiet gefahrbringender Wasserläufe dürfen nur mit behördlicher Genehmigung hergestellt werden), §§ 41, 200 Abs. 1 (dazu § 906 Anm. 11), § 331 Abs. 2 (Entwässerungsanlagen ohne Entschädigung für die lediglich durch Veränderung des Grundwasserstandes hervorgerufenen Nachteile). Wo aber landesrechtliche Vorschriften fehlen, greift das Reichsrecht Platz (§ 906 Anm. 4 aE). So wird z. B. in **RG** 155, 154 eine unzulässige Einwirkung im Sinne des § 907 verneint für einen Hamburger Fall, wo durch Aufschüttungen auf einem Grundstück das Steigen des Grundwasserspiegels auf dem Nachbargrundstück bewirkt war, ohne daß eine Wasserzuführung von dem einen Grundstück auf das andere stattfand.

IX. Landesgesetzliche Vorschriften

Anm. 11

1. Allgemeines. Die nach Art. 124 EG in Geltung befindlichen landesgesetzlichen Vorschriften der im Satz 2 bezeichneten Art (z. B. Licht und Fensterrecht: §§ 137ff. PrALR I 8; **RG** WarnRspr 1913 Nr. 152; SeuffA 86 Nr. 70; **BGH** 14, 69; § 903 A 14) können **nicht nur bürgerlich-rechtlicher, sondern auch polizeilicher Natur** sein (Prot 3, 159). Dazu gehören z. B.: für Preußen Art 674 Code civil; PrALR I 8 §§ 125 bis 128, 131 (Schweineställe, Kloaken und andere den Gebäuden schädliche Anlagen, Rinnen und Kanäle, Brunnen), § 185 (Entfernung vom Nachbargrundstück bei Bodenerhöhung: OLG 18, 128), auch II 15 § 247 (**RG** 50, 319); für Bayern Art. 62—67 AG BGB; §§ 8, 52 AllgBauO v. 17. 2. 1901; für Württemberg Art. 219ff AG BGB; für Baden Art. 18 AG BGB. Unter den durch Art. 124 aufrechterhaltenen landesrechtlichen Beschränkungen des Eigentums „zugunsten der Nachbarn" sind auch diejenigen zu verstehen, die den Begriff des Nachbarrechts (Anm. 9) nicht auf die unmittelbar angrenzenden Grundstücke einengen (**RG** 50, 322; Gruchot 66, 478).

Anm. 12

2. Bereits hervorgetretene unzulässige Einwirkung. Im Falle des Satzes 2 ist eine bereits hervorgetretene unzulässige Einwirkung (Anm. 9) als Voraussetzung für die Klage bestimmt, weil in der Regel durch die Beobachtung der landesgesetzlichen Vorschriften eine unzulässige Einwirkung verhindert wird (Prot. 3, 159). Der Kläger hat daher in diesem Falle gegenüber der Berufung des Beklagten auf die landesgesetzliche Vorschrift (Anm. 4) zu beweisen, daß eine unzulässige Einwirkung (Anm. 9) geschehen ist. Diese Einwirkung braucht aber nicht gerade sein eigenes, sondern kann auch ein Grundstück in gleicher Lage betroffen haben (**RG** 18. 12. 1937 V 147/37). Gelingt ihm dieser Beweis, so kann er die Beseitigung der Anlage verlangen, braucht sich also nicht mit der Unterlassung der Benutzung der Anlage zu begnügen (Prot. 3, 160). Hat der Nachbar auf seinem Grundstück ein Sprengstofflager angelegt, das polizeilich genehmigt ist (§§ 1 ff SprengstoffG v. 9. 6. 1884), so ist eine unzulässige Einwirkung solange nicht tatsächlich hervorgetreten, als keine Explosion stattgefunden hat. Bis dahin kann also niemand nach § 907 Abs. 1 Satz 2 die Beseitigung der Anlage verlangen, ganz abgesehen davon, daß wohl mit Rücksicht auf die polizeiliche Genehmigung schon § 26 GewO einem solchen Beseitigungsverlangen entgegenstehen würde (**RG** WarnRspr 1914 Nr. 251). Eine andere Frage ist aber die, ob nicht nach eingetretener Explosion der geschädigte Nachbar auch dann einen Schadensersatzanspruch nach § 26 GewO haben kann, wenn er früher zwar angesichts des § 907 Abs. 1 Satz 2 BGB noch keinen Beseitigungsanspruch hatte, wenn aber ein Anspruch auf Schutzvorrichtungen, auf Unterlassung oder auf Einschränkung des Betriebsgebrauchs oder der Betriebsfortführung an sich begründet und lediglich durch § 26 GewO umgewandelt war. Das Reichsgericht hat diese Frage offen gelassen (**RG** 104, 83; 18. 12. 1937 V 147/37); aus allgemeinen Rechtserwägungen (§ 906 Anm. 32) wie aus Billigkeitsrücksichten wird sie wohl zu bejahen sein.

Anm. 13

X. Bäume und Sträucher. Für sie gelten § 910, § 923 und Art. 124 EG (in Preußen § 174 ALR I 8; in Bayern Art. 71—75 AG BGB). Den Ersatz des Schadens, der durch das Umfallen eines morschen Baums einem Nachbargrundstück zugefügt wird, behandelt **RG** 52, 373.

§ 908

Droht einem Grundstücke die Gefahr, daß es durch den Einsturz eines Gebäudes oder eines anderen Werkes, das mit einem Nachbargrundstücke verbunden ist, oder durch die Ablösung von Teilen des Gebäudes oder des Werkes beschädigt wird, so kann der Eigentümer von demjenigen, welcher nach dem § 836 Abs. 1 oder den §§ 837, 838 für den eingetretenen Schaden verantwortlich sein würde, verlangen, daß er die zur Abwendung der Gefahr erforderliche Vorkehrung trifft.

E II 822; P 3 161, 162.

Übersicht

Anm. 1

1. Drohende Gefahr. Die Gefahr muß drohen, daß das **Gebäude oder Werk** infolge seines Zustandes ganz oder zum Teil **nach allgemeinem Naturgesetz** in einer das Nachbargrundstück schädigenden Weise **zerfällt** (**RG** 70, 206). § 908 findet daher z. B. keine Anwendung, wenn auf dem Nachbargrundstück ein Gewerbebetrieb stattfindet, der mit der Gefahr einer Explosion verbunden ist, die erst den Einsturz zur Folge haben kann. Ist der S c h a d e n b e r e i t s e i n g e t r e t e n, so greifen die §§ 836 ff Platz (**RG** 52, 239; JW 1910, 653[11]; 1911, 580[18]; Gruchot 57, 973; 58, 192). Zweck der Vorschrift des § 908 ist, zu verhüten, daß der Gefährdete in diesem Falle, wo § 907 Abs. 1 nicht anwendbar ist, erst die Schädigung dulden und dann auf Schadensersatz klagen muß (Prot. 3, 161).

Anm. 2

2. Gebäude. Den Begriff des Gebäudes erläutert § 912 Anm. 4. Ein **Werk** ist nicht bloß ein eigentliches Bauwerk, sondern jeder einem bestimmten Zweck dienende, nach gewissen Regeln der Kunst oder der Erfahrung hergestellte, mit einem Grundstück verbundene Gegenstand (**RG** 60, 139; 76, 261; WarnRspr 1909 Nr. 23 Gruchot 57, 972). Beispielsfälle für ein Werk: Tor (**RG** WarnRspr 1920 Nr. 12; SeuffArch 57 Nr. 62), Fahrstuhl (**RG** Gruchot 60, 132), Firmenschild (**RG** JW 1906, 423[8]), Bahndamm (**RG** JW 1908, 196[10]), Drahtzaun (**RG** JW 1910, 653[11]; OLG 20, 37), Brunnen, Wasserleitungen, Durchlaß auf einem Bürgersteig (**RG** 76, 260; JW 1923, 1026[6]), Kanäle, Schleusen (SeuffArch 64 Nr. 92), Deiche (**RG** Gruchot 58, 192), Telegraphen- und elektrische Stromleitungen (OLG 5, 249; 18, 85), Mauern (OLG 14, 53), Baugerüste (**RG** JW 1910, 288[21]; SeuffArch 76 Nr. 116), militärischer Signalmast auf fremdem Grundstück (**RG** Gruchot 57, 972), Drahtseil für eine Drachenwarte (OLG 43, 218), Lichtschacht auf dem Bürgersteig einer städtischen Straße (**RG** Gruchot 58, 1003), Buden und ähnliche zu vorübergehendem Zweck errichtete Baulichkeiten, sofern sie mit dem Grund und Boden verbunden sind (**RG** JW 1910, 288[21]). Unter Umständen kann auch ein unfertiger Bau (z. B. ein unvollendet gebliebener Rohbau) oder ein wieder in Verfall geratenes Gebäude ein Bauwerk im Sinne des § 908 sein (**RG** WarnRspr 1912 Nr. 78). Gewachsener Fels fällt nicht unter die Begriffe Gebäude oder Werk (**RG** 149, 210). Ebensowenig gehört hierher ein aufgeschütteter Erdhaufen, es sei denn, daß er zu einem bestimmten Zweck (z. B. als Böschung) hergestellt ist (**RG** 60, 140). Im übrigen kann auf § 836 Anm. verwiesen werden.

Anm. 3

3. Ablösung. Sie kann nur angenommen werden, wenn sie infolge der mangelhaften Beschaffenheit des Gebäudes oder des Werks eintritt (**RG** Gruchot 57, 973; SeuffArch 76 Nr. 116). Doch wird der Begriff der Ablösung nicht durch jede Mitwirkung menschlicher Kraft ausgeschlossen. In den meisten Fällen wird vielmehr die Ablösung sich in der Weise vollziehen, daß zu der fehlerhaften Beschaffenheit noch die Einwirkung menschlicher Tätigkeit hinzukommt (z. B. Anlehnen an einen ungenügend befestigten, Stützen auf einen nicht tragfähigen, ungewolltes Anstoßen an einen mangelhaft verbundenen Teil). Entscheidend aber ist, ob der Grund des Ablösens wesentlich in der mangelhaften Beschaffenheit zu sehen ist. Beispielsfälle in **RG** Gruchot 57, 974: Herausziehen eines ordnungswidrig lose eingefügten Nagels durch ein Kind, das die Folgen nicht erkennt; WarnRspr 1919 Nr. 169: Herunterfallen eines Ziegelsteins von einem schadhaften Dach bei der Ausbessserung; WarnRspr 1920 Nr. 12: Umfallen eines mit einem Wagen angefahrenen, lose in einem Tor hängenden Torflügels; **RG** 113, 292: allmähliche Lockerung der ein Oberfenster festhaltenden Riegel durch Erschütterungen. Auch wenn sich das Ablösen schließlich durch die Tätigkeit eines Tieres vollzieht, ist unter jener entscheidenden Voraussetzung eine Ablösung nach § 908 gegeben (**RG** Gruchot 57, 974). Überhaupt kann dies der Fall sein, wenn ein zu der mangelhaften Beschaffenheit hinzutretender, von außen kommender Anstoß das Ablösen mitverursacht (**RG** Gruchot 58, 193: Durchbruch eines Deiches infolge einer Wasserflut, Zerspringen einer Wasserleitung infolge des Wasserdrucks oder Erdbewegungen (**RG** 97, 114; 136, 6)). Daher droht eine Ablösung auch dann, wenn zwar die mangelhafte Beschaffenheit des Gebäudes oder des Werks für sich allein noch nicht das Ablösen von Teilen besorgen läßt, wenn sie aber derart ist, daß beim Hinzutreten eines von außen kommenden, nicht ungewöhnlichen Anstoßes, sei es durch menschliche Tätigkeit, sei es durch eine andere Bewegung verursachende Kraft, das Ablösen wahrscheinlich ist und im Falle des Ablösens die mangelhafte Beschaffenheit als die Hauptursache zu erachten wäre. Ablösung ist nicht bloß die vollständige Trennung des Teiles vom Ganzen, sondern umfaßt alle Fälle, in denen ein Teil einstürzt oder zerbricht (**RG** 52, 238; **RG** JW 1904, 486[9]; 1912, 242[10]). Sie erfordert auch nicht, daß die Aufhebung des

Zusammenhangs, wie es beim Abwracken oder Abreißen der Fall zu sein pflegt, unter teilweiser Zerstörung oder Vernichtung des Gebäudes oder des Werks vor sich geht, sondern nur, daß ein Teil von diesem losgelöst wird (**RG** Gruchot 57, 974; WarnRspr 1920 Nr. 12).

Anm. 4

4. Teile eines Gebäudes. Das sind alle, nicht bloß die wesentlichen Bestandteile des Gebäudes (OLG 12, 278), mögen sie auch nicht fest verbunden sein, z. B. Fußböden, Decken (OLG 4, 285), Steinfliesen (**RG** 52, 238; 76, 260), Treppe, Treppengeländer (**RG** 59, 8; WarnRspr 1913 Nr. 13; OLG 18, 86), Brett eines Bodenbelags (**RG** JW 1912, 242[10]), Gesimsstücke (**RG** JW 1903 Beil. 115; 1904, 487[11]; OLG 9, 47), Putzstücke (**RG** WarnRspr 1916 Nr. 78), morsche Dielen (**RG** WarnRspr 1916 Nr. 223), Dachfenster (**RG** JW 1907, 45[2]; WarnRspr 1914 Nr. 55), Dachaufsätze (**RG** JW 1904, 91[1]), Dachziegel (**RG** WarnRspr 1919 Nr. 169), Fensterläden (**RG** 60, 421), Kette eines Klappfensters, Aufziehgurt einer Jalousie (**RG** Gruchot 57, 975), durch Riegel festgehaltenes Oberfenster (**RG** 113, 292), Beleuchtungskörper (**RG** WarnRspr 1915 Nr. 233), Fensterscheiben (OLG 5, 249), Rolladenstücke (OLG 14, 52), Torflügel (**RG** WarnRspr 1920 Nr. 12; OLG 14, 53), Fahnenstangen (OLG 12, 277), Telegraphenstangen (OLG 5, 246), Drähte einer elektrischen Leitung (SeuffArch 64 Nr. 30). Teil eines Werks ist z. B. das Tragseil eines Fahrstuhls (**RG** Gruchot 60, 132). Für die Anwendung des § 908 können aber nur solche Gegenstände in Betracht kommen, die bereits endgültig in das Gebäude oder Werk verbaut und baumäßige Teile geworden sind, nicht Gegenstände, mit deren Einfügung erst begonnen ist (**RG** WarnRspr 1912 Nr. 78). Soweit es sich um eine einzelne Sache handelt, muß eine nicht bloß äußerliche, mechanische, sondern eine der Bildung und dem Zweck des Ganzen dienende Verbindung vorliegen, bei der die Sache zur Herstellung des Gebäudes oder des Werks eingefügt oder sonstwie aus baulichen Gründen oder zu baulichen Zwecken an ihm angebracht ist. Daher ist z. B. nicht Gebäudeteil ein Spiegel, der nicht an einer angepaßten Stelle in die Wand eingelassen, sondern nur an der Wand aufgehängt und unten durch eiserne Klammern gestützt ist (**RG** 107, 337). Wegen weiterer Einzelheiten wird auf § 836 Anm. Bezug genommen.

Anm. 5

5. Anspruchsberechtigter. Klageberechtigt ist, da die drohende Gefahr als eine Beeinträchtigung des Eigentumsrechts gilt, außer dem **Eigentümer** der Miteigentümer (§ 1011). Wenn ihr Nutzungsrecht an dem Grundstück gefährdet ist, sind klageberechtigt auch der Erbbauberechtigte (VO v. 15. 1. 1919 § 11), der Dienstbarkeitsberechtigte (§§ 1027, 1090 Abs. 2), der Nießbraucher (§ 1065), der Wohnungseigentümer (§ 1 WEG).

Anm. 6

6. Anspruchsgegner. Der **Anspruch** richtet sich nicht gegen den Eigentümer des Gebäudes oder Werks als solchen, sondern **gegen den Eigenbesitzer** (unmittelbaren oder mittelbaren: §§ 854, 868) **des Nachbargrundstücks** (§§ 836 Abs. 1 u. 3, 872) oder **gegen den, der auf fremdem Nachbargrundstück** in Ausübung eines eigenen Rechts **ein Gebäude oder ein anderes Werk besitzt** (§ 837), oder **gegen den, der die Unterhaltung** des Gebäudes oder eines andern Werks **für den Eigentümer** übernommen hat oder vermöge eines ihm zustehenden Nutzungsrechts dazu verpflichtet ist (§ 838).

a) Was den ersten Fall **(Eigenbesitzer)** anlangt, so kann der Eigentümer nicht in Anspruch genommen werden, wenn er nicht den Besitz des Grundstücks hat. Denn er wird dann unter Umständen von dem gefahrdrohenden Zustand des Gebäudes oder Werks keine Kenntnis haben; auch wird ihm die Instandsetzung nicht obliegen. Auch der frühere Besitzer kann nicht belangt werden, obwohl er nach § 836 Abs. 2 für den eintretenden Schaden ebenfalls verantwortlich sein würde. Denn der Abs. 2 § 836 ist im § 908 nicht angezogen.

b) Im zweiten Falle **(§ 837)** kommt es an sich nicht darauf an, ob das Recht, in dessen Ausübung das Gebäude oder Werk besessen wird, ein dingliches (z. B. Erbbaurecht) oder ein persönliches (z. B. Pacht) ist (**RG** WarnRspr 1910 Nr. 154; **RGSt** JW 1904, 581[16]). Wie sich aus dem Zusammenhalt von § 836 ergibt, ist aber erforderlich, daß der auf Grund eines eigenen Rechts an dem Gebäude oder Werk ausgeübte Besitz abgesondert von dem Besitz an dem Grundstück besteht, wie in dem Falle des § 95, in dem in Ausübung eines Rechts an einem fremden Grundstück ein Gebäude mit diesem verbunden ist, und daß dem Pächter des Gebäudes oder Werks auch die Sorge für dieses obliegt (z. B. weil er es als Pächter, als Bauunternehmer errichtet hat: **RG** 59, 8; JW 1910, 653[11]; WarnRspr 1910 Nr. 154). Daher ist nicht Besitzer im Sinne des § 837 z. B.: der Mieter eines dem Grundstückseigentümer gehörenden Hauses; der Pächter eines Grundstücks hinsichtlich eines Werks, das sich bereits zu Beginn der Pacht auf dem Grundstück (vom Eigentümer oder früheren Pächter errichtet) befunden hat (**RG** 59, 8; JW 1910, 653[11]; vgl. jedoch **RGSt** JW 1904, 581[16]).

c) In dem dritten Falle (**§ 838**) kann neben dem Unterhaltungspflichtigen (z. B. Nießbraucher, Wohnungsberechtigten: Prot. 2, 657; Grunddienstbarkeitsberechtigten: § 1020, **RG** Gruchot 58, 1003; nach altem Recht nutzungsberechtigten Ehemann: §§ 1363, 1373 aF; Vater: §§ 1649, 1654 aF; Mutter: §§ 1684, 1686 aF) auch der Eigenbesitzer des Grundstücks in Anspruch genommen werden, sofern er ebenfalls für den eintretenden Schaden verantwortlich sein würde (**RG** Gruchot 58, 1004; WarnRspr 1915 Nr. 233).

Anm. 7

7. Verantwortlichkeit für den eintretenden Schaden. Verantwortlich würden beim Eintritt einer Schädigung die in Anm. 6 bezeichneten Personen nach § 836 Abs. 1 Satz 1, 2 nur dann sein, wenn der Einsturz oder die Ablösung die Folge fehlerhafter Errichtung oder mangelhafter Unterhaltung (**RG** 113, 292; WarnRspr 1913 Nr. 13) wäre und wenn von ihnen nicht der Beweis geführt würde, daß sie zur Abwendung der Gefahr die im Verkehr erforderliche Sorgfalt beobachtet haben (**RG** 113, 296). Nur unter diesen Voraussetzungen kann daher auch die Klage aus § 908 gegen sie durchdringen (str.; Staudinger Anm. 6). Allerdings ist in **RG** Gruchot 60, 134 im Anschluß an Warn Rspr 1914 Nr. 334 bei einem Anspruch auf Schadensersatz auch § 829 für anwendbar erklärt und der verschuldensunfähige (z. B. wegen Geisteskrankheit entmündigte) Eigentümer aus Billigkeitsgründen für haftbar erachtet, gleichviel ob er einen gesetzlichen Vertreter hat oder nicht.

a) **Fehlerhafte Errichtung** liegt vor, wenn das Gebäude oder Werk infolge der Art und Weise seiner Errichtung den daran zu stellenden Anforderungen nicht genügt, mag auch kein Kunstfehler bei der Errichtung vorgekommen sein (**RG** 70, 206; 76, 262; SeuffArch 57 Nr. 62).

b) **Mangelhafte Unterhaltung** wird nicht nur dann anzunehmen sein, wenn nichts gegen einen allmählichen Verfall veranlaßt ist, sondern auch dann, wenn der durch ein plötzlich eintretendes Naturereignis (z. B. Explosion, Erdbeben, Feuer) herbeigeführte gefahrdrohende Zustand nicht alsbald beseitigt wird. Doch wird der Besitzer, der nicht selbst Sachverständiger ist, bei der Errichtung des Gebäudes oder Werks die zur Abwendung der Gefahr erforderliche Sorgfalt in der Regel beobachtet haben, wenn er einen tüchtigen Sachverständigen zur Herstellung gewählt hat (**RG** 74, 22; 76, 262; JW 1932, 1208[10]). Zur sorgfältigen Unterhaltung gehört, daß die zur Verhütung von Gefahren üblichen Maßnahmen getroffen und regelmäßig Nachprüfungen vorgenommen werden (**RG** JW 1904 S. 91[10], 487[11]; 1907, 45[4]). Die Anstellung eines zur gehörigen Unterhaltung befähigten Sachverständigen genügt nicht. Auch die Ausführung des Antrags muß überwacht werden (**RG** JW 1906, 336[12]; **RG** 113, 297; aber auch **RG** WarnRspr 1910 Nr. 333). Alles Nähere ergibt sich aus § 836 Anm..

Anm. 8

8. Anspruchsbegründung. Zur Begründung des Verlangens muß der Gefährdete dartun, daß die Gefahr droht und der Beklagte zu den (in Anm. 6 bezeichneten) Personen gehört, die im Falle des Eintritts der Schädigung wegen fehlerhafter Errichtung oder mangelhafter Unterhaltung verantwortlich sein würden (Anm. 7; **RG** 52, 129; 70, 206; WarnRspr 1920 Nr. 12). Dem Beklagten bleibt überlassen, den Einwand aus

§ 836 Abs. 1 Satz 2 zu erheben (**RG** JW 1904 S. 91[10], 487[11]; 1906, 336[12]; 1907, 45[0]; WarnRspr 1913 Nr. 13; 1920 Nr. 12; str., Staudinger Anm. 7). Besteht eine Verantwortlichkeit für den gefahrdrohenden Zustand nicht, so kann für den Gefährdeten ein Recht auf Selbstschutz nach § 228 gegeben sein. Der Anspruch aus § 908 ist nach § 924 unverjährbar.

Anm. 9

9. Zur Abwendung der Gefahr erforderliche Vorkehrungen. Die Vorkehrungen, die der Beklagte treffen soll, brauchen weder in der Klage noch im Urteil einzeln angegeben zu sein. Vielmehr ist die Wahl geeigneter Maßnahmen dem Beklagten zu überlassen (**RG** 65, 76). Unter Umständen kann auch ein völliger Abbruch des Gebäudes oder des Werks erforderlich sein (**RG** 65, 76). In Betracht kommen aber immer nur solche Vorkehrungen, die wirklich erforderlich sind, die der Anspruchsberechtigte für erforderlich hält und bei der ihm möglichen und zuzumutenden Sorgfalt für erforderlich halten darf (**RG** 149, 206).

§ 909

Ein Grundstück darf nicht in der Weise vertieft werden, daß der Boden des Nachbargrundstücks die erforderliche Stütze verliert, es sei denn, daß für eine genügende anderweitige Befestigung gesorgt ist.

E I 865 II 823; M 3 295 f.; P 3 162.

Übersicht

I. Tragweite der Vorschrift

Anm. 1

1. Beschränkung des Grundstückseigentums. Die Tragweite der Vorschrift ergibt sich aus zwei Erwägungen: Erstens sind die Worte **„darf nicht"** inhaltlich gleichbedeutend mit den Worten **„ist unzulässig"** (Prot. 3, 162). Zweitens schließt sich § 909 an die §§ 904 ff an, die Beschränkungen des Eigentums an Grundstücken regeln. Daraus ist zu entnehmen, daß es sich auch hier um ein Verbot handelt, das eine Beschränkung des Eigentums am Grundstück (i. S. des Grundbuchrechts, **BGH** 12, 78) zugunsten des Nachbargrundstücks enthält und dessen Übertretung eine Störung des Rechts des am Nachbargrundstück Berechtigten im Sinne des § 1004 bedeutet (**RG** 103, 175; Gruchot 58, 663).

Anm. 2

2. Ansprüche auf Beseitigung und Unterlassung. Deshalb kann, wenn die Störung durch Vornahme der unzulässigen Vertiefung eingetreten ist, die Beseitigung der Beeinträchtigung, also die **Bewirkung** von **Vorkehrungen** verlangt werden, wodurch der nach § 909 als gefahrdrohend und das Recht des Nachbars beeinträchtigend anzusehende Zustand der Vertiefung behoben wird (**RG** 103, 175). Sind weitere Störungen dieser Art zu besorgen, so kann auf **Unterlassung** geklagt werden. —

a) Diese Ansprüche sind, wenn die unzulässige Vertiefung bei der Ausführung eines Baues erfolgt, nicht deswegen ausgeschlossen, weil für den Bau eine **baupolizeiliche Erlaubnis** erteilt worden ist. Denn dabei wird der Bauplan nur vom baupolizeilichen Standpunkt aus geprüft und genehmigt (**RG** WarnRspr 1914 Nr. 85). — **b)** Die Ansprüche richten sich nach den für Eigentumsfreiheitsansprüche allgemein geltenden Grundsätzen zunächst gegen den, der die Störung, also die unzulässige Vertiefung, selbst oder durch einen andern **vorgenommen** hat. Ob er der Eigentümer ist oder ein Dritter, dem die Verfügungsmacht über das vertiefte Grundstück zusteht (z. B. Besitzer, Inhaber, Nutzungsberechtigter), ist dabei gleichgültig (**RG** 103, 176). Sodann richten sich die Ansprüche aber auch gegen denjenigen, der den bereits vorgefundenen gefahrdrohenden Zustand wissentlich **bestehen läßt,** obwohl er zu seiner Beseitigung rechtlich und tatsächlich in der Lage ist (z. B. gegen den Sondernachfolger des vertiefenden Eigentümers: OLG 18, 129; SeuffArch 64 Nr. 70). Denn nach der Fassung und dem Sinn des Gesetzes ist auch der durch das Vertiefen geschaffene Zustand unstatthaft; das Bestehenlassen dieses gefahrdrohenden Zustandes bewirkt eine Beeinträchtigung des Eigentums (**RG** WarnRspr 1909 Nr. 143; Nr. 455). — **c)** Wie jeder Abwehranspruch gegen jemanden, der eine beeinträchtigende Handlung vorgenommen hat, ist aber auch der Anspruch gegen denjenigen, der das Grundstück unzulässig vertieft hat, nur dann gegeben, wenn die Fortdauer der Störung von dem maßgebenden Willen des Störenden abhängig ist; denn der Abwehranspruch setzt eine **gegenwärtige Beeinträchtigung** voraus (**RG** 92, 26; 103, 176). Wer während seines Eigentums am Grundstück die unzulässige Vertiefung vorgenommen hat, ist also gegenüber der Abwehrklage nicht der richtige Beklagte, wenn er zur Zeit der Klagerhebung nicht mehr Eigentümer ist und auch sonst keine Verfügungsmacht über das Grundstück hat; dann kann nur noch ein Schadensersatzanspruch gegen ihn in Frage kommen (**RG** 103, 173). Daran ändert es auch nichts, wenn der gegenwärtige Eigentümer dem vertiefenden früheren Eigentümer erlaubt hat, die zur Beseitigung der unzulässigen Vertiefung erforderlichen Arbeiten auf dem nunmehr ihm gehörigen Grundstück vorzunehmen. Denn zur Rechtfertigung der Abwehrklage genügt es nicht, daß der Beklagte die tatsächliche Möglichkeit zur Beseitigung der Vertiefung hat; vielmehr ist Voraussetzung, daß ihm die Verfügungsmacht über das Grundstück zusteht (**RG** 103, 177). — **d)** Dem Beklagten ist zu überlassen, **welche Maßnahmen** er treffen, ob er die Vertiefung zuschütten oder sonstige zur Beseitigung der Gefahr geeignete Vorkehrungen veranlassen will (§ 908 Anm. 9). Eine Begrenzung des Anspruchs auf Vornahme von Befestigungsarbeiten oder sonstigen bestimmten Sicherungsmaßregeln würde den Beklagten in der Wahl der Vorkehrungen unzulässig beschränken (§ 906 Anm. 25 zu bb).

Anm. 3

3. Schadensersatzanspruch. Ein Schadensersatzanspruch besteht nur nach Maßgabe der §§ 823ff, insbesondere im Falle des Verschuldens (**RG** 51, 179; 103, 176; JW 1911, 764[23]; WarnRspr 1912 Nr. 385). Das gilt auch dann, wenn die unzulässige Vertiefung bei der Ausführung eines Baues erfolgt, zu dem eine baupolizeiliche Erlaubnis erteilt worden ist (**RG** WarnRspr 1914 Nr. 85). Dabei ist § 909 als ein Schutzgesetz im Sinne des § 823 Abs. 2 anzusehen (**RG** 51, 179; 63, 327; 144, 173; **BGH** 12, 75). Diese nachbarrechtliche Regelung geht dem § 823 Abs. 1 vor (**RG** JW 1936, 804[16]). — **a)** Ein ihr genügendes **Verschulden** kann darin gefunden werden, daß der Vertiefende vorausgesehen hat oder bei gehöriger Aufmerksamkeit hätte voraussehen müssen, der Boden des Nachbargrundstücks werde die erforderliche Stütze verlieren, daß er aber nicht gehörige Vorkehrungsmaßregeln zur Abwendung der Gefahr getroffen hat (**RG** 62, 371; WarnRspr 1915 Nr. 50). Dies gilt namentlich dann, wenn eingetretene Schäden und Warnungen des Geschädigten während der Vertiefungsarbeiten nicht genügend berücksichtigt werden (**RG** 132, 59; WarnRspr 1912 Nr. 385). Schuldhaft handelt z. B., wer das sogenannte Straußsche Gründungsverfahren (Anm. 4) anwendet, obwohl er damit rechnen muß, daß damit das Nachbargrundstück die erforderliche Stütze verliert (**RG** 144, 170). — **b)** Ist es der **Eigentümer** eines Nachbargrundstücks, der Vertiefungsarbeiten (z. B. Ausschachtungen zur Aufführung eines Baus) vornehmen läßt, so wird er seiner Pflicht zur Vornahme geeigneter Vorkehrungen nicht dadurch ledig, daß er die Herstellung der Anlage einem Unternehmer überträgt. Vielmehr hat er den Unternehmer darauf hinzuweisen und nach der Übertragung darauf zu achten, daß bei der Ausführung der Arbeit die durch den § 909 angezeigte Rücksicht auf das Nachbargrundstück nicht außer acht gelassen wird (**RG** JW 1910, 150[15]; 1911, 939[1]; WarnRspr 1910 Nr. 18; 1912 Nr. 385). Dagegen erstreckt sich die Sorgfaltspflicht des Bauherrn nicht auch darauf, daß der Unternehmer zum Ersatz von Schäden, die er bei Ausführung des Auftrags anderen zufügt, entsprechende Mittel hat oder haftpflichtversichert ist (**BGH** 12, 75). Läßt eine Stadtgemeinde durch einen technischen Beamten, der nicht ihr Vertreter ist, Vertiefungsarbeiten auf ihrem Straßengelände vornehmen, so muß sie, um von der Schadensersatzpflicht frei zu sein, dartun, daß sie bei der Leitung und Beaufsichtigung der Ausführung die im Verkehr erforderliche Sorgfalt beobachtet habe (**RG** JW 1911, 939[1]; WarnRspr 1910 Nr. 18; Nr. 21). Hiernach ist jedenfalls nicht die allgemeine Regel aufzustellen, daß der Bauherr seiner Verpflichtung genügt, wenn er für die Ausführung und Leitung des Baues tüchtige Vertreter bestellt. Der Bauherr muß vielmehr im Einzelfall durch Verhandlung mit dem Bauunternehmer oder dem Architekten sich vergewissern, daß die ihm obliegende Pflicht aus § 909 durch jene Leute auch wirklich erfüllt wird, wenn auch von einem Laien ohne irgendwelche Fachkenntnisse nicht zuviel verlangt werden darf (**RG** 132, 59; OLG Hamm MDR 1956, 678). Auch eine Unterlassung noch während des Baues kann insoweit eine unerlaubte Handlung darstellen (**RG** 132, 60). Als haftpflichtige Bauherrin beim Bau der Hamburger Hochbahn ist nur die Hochbahn AG, nicht der Staat Hamburg angesehen worden (HRR 1934 Nr. 168). — **c)** Einzelheiten über den Inhalt des Schadensersatzanspruchs und seine verfahrensrechtliche Gestaltung bringt **RG** WarnRspr 1937 Nr. 141. — **d)** Durch Vereinbarung der Beteiligten können die Ansprüche wegen unzulässiger Vertiefung ausgeschlossen werden, wie ja auch die Rechte des Nachbars bei Einwirkungen über § 906 hinaus vereinbarungsgemäß erweitert werden können (**RG** JW 1909, 725[20]; § 906 Anm. 3). Ebenso kann eine dem § 909 entsprechende Verpflichtung vertraglich (z. B. in einem Pachtvertrag) ausdrücklich oder auch stillschweigend begründet werden (**RG** WarnRspr 1937 Nr. 97).

Anm. 4

II. Grundstücksvertiefung. Verboten ist nur, daß das Grundstück **in der vom Gesetz angegebenen Weise vertieft** wird. Alle anderen Vertiefungen sind gestattet, soweit nicht landesgesetzlich (Art. 124 EG) weitere Beschränkungen bestimmt sind. Liegt eine Vertiefung im Sinne des § 909 vor, so ist sie auch dann unzulässig, wenn sie sich in dem etwa landesgesetzlich bestimmten Abstand von der Grenze hält. Denn in dieser Hinsicht ist das Reichsrecht maßgebend. Auf die Art der Vertiefung kommt es im übrigen nicht an. Die Vertiefung braucht auch nicht von gewisser Dauer zu sein; eine vorübergehende Vertiefung (z. B. das stückweise Ausheben von Fundamentgruben zu sofortiger Wiederauffüllung) kann genügen (**RG** 51, 179; 144, 172). Das sogenannte Straußsche Gründungsverfahren (Entnahme der Erde durch ein Rohr zwecks Einführung von Beton) bewirkt eine Vertiefung des Grundstücks im Sinne des § 909 (**RG** 144, 170). Der Tatbestand des § 909 ist auch dann gegeben, wenn durch eine zur Absenkung einer Baugrube vorgenommene Entwässerung dem Boden eines Nachbargrundstücks die erforderliche Stütze entzogen wird (**RG** JW 1936, 804[16]). Ferner ist § 909 in **RG** 155, 389; 167, 15 für anwendbar erklärt auf einen Fall, wo infolge der Anlegung eines Brunnens und der Grundwasserentnahme aus ihm auf einem Nachbargrundstück oder durch Grundwassersenkungen bei Tiefbauarbeiten der Pfahlrost, auf dem ein Gebäude ruhte, in Fäulnis geraten war. Dagegen ist § 909 nicht anwendbar, wenn durch Aufschüttungen eine Stauung des Grundwasserstroms und dadurch ein Steigen des Grundwasserspiegels herbeigeführt wird und die vermehrt aufsteigende Feuchtigkeit die Standfestigkeit des Baugrunds im Nachbargrundstück beeinträchtigt (**RG** 155, 160). Aus einer Nichterfüllung der gesetzlichen Pflichten zur Unterhaltung der Wasserläufe und ihrer Ufer (§§ 113 ff PrWassG) läßt sich die Anwendung des § 909 BGB schon deshalb nicht herleiten, weil die hierüber bestehenden Vorschriften durchweg öffentlichrechtlicher Natur sind und damit aus dem Rahmen des bürgerlichrechtlichen Nachbarrechts herausfallen (**RG** HRR 1935 Nr. 1068).

Anm. 5

III. Nachbargrundstück. Hierunter ist nicht nur ein Grundstück zu verstehen, das unmittelbar an das andere Grundstück grenzt, sondern nach dem Zweck des § 909 auch ein entfernter gelegenes (z. B. durch einen Weg geschiedenes) Grundstück, sofern nur die Vertiefung des andern Grundstücks ihm die erforderliche Stütze entziehen kann (**RG** 167, 21; JW 1910, 150[15]; 1936, 804[16]; Gruchot 66, 478). Nicht anwendbar aber ist § 909, wenn bei dem durch die Vertiefung eines Grundstücks verursachten Einsturz eines Gebäudes auf dem Nachbargrundstück das auf dem anschließenden Grundstück (dessen Boden unverändert geblieben ist) stehende Gebäude beschädigt worden ist (**BGH** 12, 75; str.)

Anm. 6

IV. Verlust der erforderlichen Stütze. Eine Vertiefung ist nur dann unzulässig, wenn der Boden des Nachbargrundstücks die erforderliche Stütze verliert; geschützt wird also nur die Festigkeit des Bodens des Nachbargrundstücks (**BGH** 12, 75). Unter „Stütze" ist nicht nur die vertikale Festigung zu verstehen, welche die benachbarten Grundstücke sich gegenseitig durch das Erdreich gewähren und wodurch das seitliche Abstürzen und Nachstürzen verhütet wird, sondern auch die horizontale Stütze, die ein Grundstück in seinen unteren Bodenschichten findet und die ein Einstürzen, ein Zusammensinken verhütet (**RG** 144, 172; WarnRspr 1914 Nr. 20). Andere schädliche Wirkungen (z. B. Sinken des Grundwassers, Versiegen des Brunnenwassers, Erschwerung der Benutzung) machen für sich allein die Vertiefung nicht zu einer unzulässigen (**RG** 62, 372; WarnRspr 1935 Nr. 132; vgl. aber **RG** 155, 389; 167, 20). Ihre Unzulässigkeit kann sich jedoch hinsichtlich der unterirdischen Wasser aus dem hierfür nach Art. 65 EG maßgebenden Landesrecht (§ 905 Anm. 2 zu b) aa, § 906 Anm. 10f „Wasser") ergeben. In welcher Art dem Boden die erforderliche Stütze entzogen sein muß, wird im § 909 nicht unterschieden. Deshalb kann auch eine Vertiefung durch Entziehung von Grundwasser nach § 909 unzulässig sein, wenn dem Boden z. B. durch starkes Pumpen, sei es allein, sei es in Verbindung mit Entziehung einer Fließsandschicht, die Festigkeit und Tragfähigkeit genommen (**RG** 62, 372; 155, 391; JW 1910 S. 74[32], 150[15], 330[3]; 1911, 939[1]; 1913, 267[7]) oder ein Zusammensinken des Bodens (z. B. eines Moorbodens) verursacht wird (**RG** Gruchot 58, 664). Ist auf solche Weise der Tatbestand des § 909 gegeben, so kommt diese Vorschrift stets zur Anwendung, mag die Entziehung von Grundwasser nach landesgesetzlichen wasserrechtlichen Bestimmungen sonst auch zulässig sein (**RG** WarnRspr 1914 Nr. 20).

Anm. 7

V. Genügende anderweitige Befestigung. Gesorgt für anderweitige genügende Befestigung ist schon dann, wenn zwar noch nicht die zur endgültigen Verhütung des Einsturzes erforderlichen Sicherungsmaßregeln, wohl aber die nach den gegenwärtig obwaltenden Verhältnissen möglichen und nötigen Schutzvorkehrungen (z. B. vorbereitende Maßregeln) getroffen sind. Die Vorkehrungen müssen auf dem Grundstück getroffen werden, das vertieft werden soll. Der Vertiefende hat kein Recht darauf, daß der Eigentümer des Nachbargrundstücks Vorkehrungen auf diesem duldet. Unter Umständen kann aber in der Weigerung des Nachbars, solche Vorkehrungen zu gestatten, ein Mitverschulden im Sinne des § 254 Abs. 2 zu finden sein, das zwar nicht den Unterlassungsanspruch, wohl aber einen Schadensersatzanspruch (Anm. 3) ausschließen oder beschränken kann (**RG** JW 1910, 330[3]). Für die Frage, welche Befestigungen erforderlich sind, um eine an sich nach § 909 verbotene Vertiefung zuzulassen, sind die besonderen Verhältnisse des Nachbargrundstücks zur Zeit der Vornahme der Vertiefung maßgebend. Das Gesetz macht in dieser Hinsicht keine Unterschiede je nach der Art der Beschaffenheit des Nachbargrundstücks. Daher wird der Anspruch (Anm. 2, 3, 8) auch dadurch nicht ausgeschlossen, daß ein durch die Vertiefung betroffenes Haus auf dem Nachbargrundstück in mangelhaftem Zustand sich befindet. Vielmehr müssen in einem solchen Falle zur Verhütung des Einsturzes besonders sorgfältige Vorkehrungen getroffen werden (str.; **RG** JW 1910, 330[3];

1925, 2238[12]; WarnRspr 1910 Nr. 23; 1912 Nr. 385). Eine positive gesetzliche Verpflichtung zur anderweitigen Sicherung ergibt sich aus § 909 nicht; vielmehr hat Halbsatz 2 nur die Bedeutung, daß das im Halbsatz 1 ausgesprochene Verbot wegfällt, sobald für jene Sicherheit gesorgt ist (**RG** 132, 58). Solange für die anderweitige Sicherheit nicht gesorgt ist und folglich das Verbot besteht, ist die Vertiefung widerrechtlich und verpflichtet bei hinzutretendem Verschulden (Anm. 3a, b) zum Schadensersatz. Steht also von vornherein fest, daß infolge der Vertiefung Schäden auf dem Nachbargrundstück eintreten werden und daß keine technische Möglichkeit vorhanden ist, für die Befestigung seines Bodens anderweitig zu sorgen, so muß die Vertiefung schlechthin unterbleiben oder verpflichtet, falls sie doch vorgenommen wird, zum Schadensersatz (**RG** 62, 370; JW 1911, 764[23]; WarnRspr 1912 Nr. 385). Eine Vorschrift, wonach bei Vertiefungen eine bestimmte Entfernung von der Grenze des Nachbargrundstücks einzuhalten wäre, ist im BGB (vgl. für Landesrecht Art. 124 EG; § 187 PrALR I 8) nicht gegeben (**RG** JW 1911, 280[11]).

Anm. 8

VI. Anspruchsberechtigte. Wegen der unzulässigen Vertiefung sind **anspruchsberechtigt** außer dem Eigentümer und Miteigentümer des Nachbargrundstücks der Eigenbesitzer (§ 872), Erbbauberechtigte (VO v. 15. 1. 1919 § 11), Dienstbarkeitsberechtigte (§§ 1027, 1090 Abs. 2), Nießbraucher (§ 1065), Wohnungseigentümer (WEG § 1). Da § 909 eine Ausnahme von dem nach §§ 903, 905 geltenden Grundsatz der Unbeschränktheit der Befugnisse des Eigentümers ist, muß der Kläger beweisen, daß durch die Vertiefung der Boden die erforderliche Stütze verliert. Der **Beklagte** kann sich durch den Beweis befreien, daß für eine genügende anderweitige, wenn auch von einem Dritten vorgenommene Befestigung gesorgt ist.

Anm. 9

VII. Nicht unter § 909 fallende Grundstücksveränderungen. Erhöhungen des Grundstücks fallen nicht unter § 909, ebensowenig das Niederreißen eines Gebäudes, sofern keine Vertiefung im Sinne des § 909 damit verbunden ist. Erhöhungen sind nach §§ 903, 905 unbedingt zulässig. Wenn sie sich aber als „Anlagen" im Sinne des § 907 darstellen und auf das Nachbargrundstück unzulässig einwirken (§ 907 Anm. 6), so findet diese Vorschrift keine Anwendung. Wegen des durch Niederreißen eines Gebäudes entstandenen Schadens kann ein Ersatzanspruch nach § 823 Abs. 2 begründet sein, wenn die erforderlichen Schutzvorkehrungen (§ 367 Nr. 14 StGB) unterlassen sind (**RG** 51, 178; 70, 206; JW 1900, 672[39]).

§ 910

Der Eigentümer eines Grundstücks kann Wurzeln eines Baumes oder eines Strauches, die von einem Nachbargrundstück eingedrungen sind, abschneiden und behalten. Das gleiche gilt von herüberragenden Zweigen, wenn der Eigentümer dem Besitzer des Nachbargrundstücks eine angemessene Frist zur Beseitigung bestimmt hat und die Beseitigung nicht innerhalb der Frist erfolgt.

Dem Eigentümer steht dieses Recht nicht zu, wenn die Wurzeln oder die Zweige die Benutzung des Grundstücks nicht beeinträchtigen.

E I 861 II 824; M 3 287, 288; P 3 138—148.

Anm. 1

Selbsthilferecht des Grundstückseigentümers

a) Für das Verständnis des § 910 ist seine **Entstehungsgeschichte** wichtig: Der § 861 E I gab dem Grundstückseigentümer, wenn Zweige oder Wurzeln vom Nachbargrundstück herüberragten, die Eigentumsfreiheitsklage auf Beseitigung des Herüberragenden. Diese Regelung beruhte auf der Erwägung, daß das Hinüberwachsen zwar nur eine mittelbare, nicht auf menschlicher Tätigkeit beruhende Einwirkung sei, aber doch eine Beeinträchtigung des Eigentums enthalte (M 3, 287). Die 2. Kommission, auf deren Beschlüssen § 910 beruht, erachtete aber die Gewährung eines Anspruchs auf Beseitigung für unpraktisch und auch für nicht genügend gerechtfertigt, weil die Bäume und Sträucher aus natürlichen Gründen hinüberwachsen und ein widerrechtlicher Eingriff nicht vorliege. Deshalb sollte dem Eigentümer nur das Selbsthilferecht gegeben sein. Aber auch dieses sollte, um Schutz gegen das zwecklose Beschädigen von Bäumen zu gewähren, ausgeschlossen sein, wenn das Hinüberragen die Benutzung des Grundstücks nicht beeinträchtigte. Ferner sollte bei den hinüberragenden Zweigen mit Rücksicht darauf, daß dem Nachbar daran liegen könnte, das Ausästen selbst vorzunehmen, die aus Abs. 1 Satz 2 § 910 ersichtliche weitere Einschränkung gelten, wonach erst nach vergeblicher Aufforderung des Nachbars das Selbsthilferecht sollte ausgeübt werden dürfen (Prot. 3 S. 141—143).

b) Aus dieser Entstehungsgeschichte ergibt sich zunächst: — **aa) Der Grundstückseigentümer kann lediglich das Selbsthilferecht ausüben,** und zwar bei hinüberragenden Wurzeln oder Zweigen nur unter der Voraussetzung der beeinträchtigenden Einwirkung (Abs. 2), bei Zweigen auch nur unter der aus Abs. 1 Satz 2 sich ergebenden weiteren Voraussetzung (Fristsetzung). — **bb)** Eine **Eigentumsfreiheitsklage** auf Beseitigung der Wurzeln oder Zweige aus § 1004 steht ihm nicht zu (OLG 2, 141; RdL 1954, 100; aM RdL 1951, 12; 1954, 44; NJW 1954, 1450; MDR 1955, 478). — **cc)** Weiter folgt aus den Eingangserwägungen, daß eine solche Klage auch **anderen dinglich Berechtigten** (z. B. Erbbauberechtigten, Nießbrauchern, Dienstbarkeitsberechtigten) **versagt** ist. Denn sie können nicht mehr Rechte als die Eigentümer haben, von denen sie ihre Rechte ableiten. Überdies ist nach dem Willen des Gesetzes das natürliche Hinüberwachsen keine beeinträchtigende Störung im Sinne des § 1004 (str.). Abgesehen von dem Erbbauberechtigten (VO v. 15. 1. 1919 § 11) ist ihnen aber auch die Ausübung der Selbsthilfe aus eigenem Recht zu versagen. Denn das Selbsthilferecht ist als eine ausschließlich mit dem Eigentum verbundene Befugnis gewährt. Der Eigentümer hat allein darüber zu bestimmen, ob die Beseitigung erfolgen soll oder nicht. Die Frage der Beeinträchtigung (Abs. 2) kann auch nur nach der Beschaffenheit des Grundstücks in seiner Gänze beurteilt werden (str.). — **dd)** Der Eigentümer kann die **Beseitigung jederzeit** vornehmen, bei Zweigen aber nur nach fruchtloser Fristsetzung (Anm. 4, 5). — **ee)** Verfährt er bei der Beseitigung nicht sorgfältig (z. B. heimlich, so daß der Nachbar keine geeigneten Maßnahmen treffen kann, damit der Baum nach dem Abschneiden der Wurzeln seine Standfestigkeit behält, und fällt der Baum dann um) oder liegen die Voraussetzungen des Abs. 1 Satz 2 (für Zweige) oder des Abs. 2 (für Wurzeln oder Zweige) nicht vor, so kann er **schadensersatzpflichtig** werden (§§ 823, 826; OLG 39, 215). Die Schadensersatzpflicht besteht in den zuletzt genannten Fällen, wenn er den Mangel seines Rechts zur Beseitigung gekannt hat oder hätte kennen müssen.

Anm. 2

§ 910 gilt nicht bloß für einzelne **Bäume oder Sträucher** (zu denen auch lebende Hecken gehören: Prot. 3, 142), sondern auch für Waldungen (Prot. 3, 148). Vgl. für Obstbäume Art. 122 EG; alle Bäume Art. 124 EG; Waldungen Art. 183 EG.

Anm. 3

Satz 2 gilt nur von **Zweigen,** nicht von Wurzeln. Ragt der Baumstamm (z. B. infolge schiefen Wachsens) herüber, so findet nicht § 910, sondern § 1004 (Klage auf Beseitigung) Anwendung. Die Rechtslage des Grenzbaums regelt § 923.

Anm. 4

Die Frist wird dem **Besitzer** gesetzt, weil der nicht besitzende Eigentümer nicht in der Lage ist, die Zweige zu beseitigen. Ist der Besitzer des Nachbargrundstücks eine andere Person als der Besitzer des Baums (Art. 181 Abs. 2 EG), so ist die Frist dem Besitzer des Baums zu setzen (Prot. 3, 142).

Anm. 5

Die **Frist** muß angemessen sein. Ob sie es ist, bestimmt im Streitfall der Richter nach freiem Ermessen. Unter Umständen ist es angemessen, die Frist soweit auszudehnen, daß die Beseitigung der Zweige nicht in die Zeit des Wachstums der Bäume fällt (Prot. 3, 143). Hat der Eigentümer eine zu kurze Frist gesetzt und vor Ablauf der angemessenen Frist die Zweige abgeschnitten, so darf er sie nicht für sich behalten. Dasselbe gilt, wenn er sie ohne Setzung einer Frist abgeschnitten hat.

Anm. 6

Gemeint ist nicht bloß die gegenwärtige, sondern auch die zukünftige **Benutzung**, insbesondere im Falle der Vornahme von Änderungen (z. B. durch Bauten).

Anm. 7

Der Eigentümer des Baumes oder Strauches hat im Rechtsstreit z. B. über das Eigentum an den abgeschnittenen Holzteilen (Anm. 5) oder wegen Schadensersatzes (Anm. 1) zu beweisen, daß keine **Beeinträchtigung** vorliegt. Denn es handelt sich um eine Einrede (Prot. 3, 141).

§ 911

Früchte, die von einem Baume oder einem Strauche auf ein Nachbargrundstück hinüberfallen, gelten als Früchte dieses Grundstücks. Diese Vorschrift findet keine Anwendung, wenn das Nachbargrundstück dem öffentlichen Gebrauche dient.

E I 862 II 825; M 3 289; P 3 149.

Anm. 1

Nur **Früchte** im natürlichen Sinne sind hier gemeint; nicht Früchte im Sinne des § 99, z. B. nicht abbrechende Zweige (M 3, 189; anders z. B. im § 923: dort Anm. 2 b). Die Früchte sind vor der Trennung wesentliche Bestandteile des Grundstücks, auf dem der Baum oder Strauch steht. Sie gehören daher dem Grundstückseigentümer. Er oder der sonst zur Aneignung der Früchte des Grundstücks Berechtigte (§§ 954—957) kann von diesem Grundstück aus auch die auf das Nachbargrundstück überhängenden Früchte abpflücken oder auf andere Weise (z. B. durch Schütteln in einen Korb) abtrennen, falls darin nicht ausnahmsweise eine nach § 905 unzulässige Einwirkung auf das Nachbargrundstück liegen sollte. Trennt er die Früchte dabei so ab, daß sie nicht auf das Nachbargrundstück fallen, so behält oder erwirbt er ihr Eigentum. Doch braucht ihm der Besitzer des Nachbargrundstücks dessen Betreten zum Abtrennen der Früchte nicht zu gestatten.

Anm. 2

Ein **Nachbargrundstück** ist auch ein benachbarter See, Fluß, Platz, Weg.

Anm. 3

Gleichgültig ist, aus welcher Ursache (z. B. Windstoß, Reife, menschliche Einwirkung auch des Eigentümers des Baums) die Früchte **hinüberfallen** und ob sie vorher hinüberhingen. Trennt aber der Nachbar selbst die hinüberhängenden Früchte (z. B. durch Pflücken oder Schütteln) vom Baum oder Strauch, so gelten sie nicht als Früchte des Nachbargrundstücks. Der zum Abtrennen nicht befugte Nachbar erwirbt dann kein Eigentum an ihnen, ist vielmehr schadensersatzpflichtig (§ 823).

Anm. 4

Die hinüberfallenden Früchte **gelten als Früchte des Nachbargrundstücks.** Sie teilen kraft dieser Fiktion das rechtliche Schicksal der auf dem Grundstück erzeugten Früchte, sind denselben Rechten unterworfen und fallen insbesondere den nach §§ 953—957 zum Bezuge der Früchte dieses Grundstücks Berechtigten zu.

Anm. 5

Nach der Ausnahmebestimmung des Satzes 2 (über den Grund der Ausnahme Prot. 5, 149) gehören die Früchte, die auf ein dem **öffentlichen Gebrauche** dienendes Nachbargrundstück (z. B. den Obstbäumen neben einem öffentlichen Wege auf diesen) fallen, dem Baum- oder Straucheigentümer oder demjenigen, der zum Bezuge der Früchte des Grundstücks, auf dem der Baum oder Strauch steht, nach §§ 854—857 berechtigt ist. Der Berechtigte darf sie sich vom Nachbargrundstück holen.

§ 912

Hat der Eigentümer eines Grundstücks bei der Errichtung eines Gebäudes über die Grenze gebaut, ohne daß ihm Vorsatz oder grobe Fahrlässigkeit zur Last fällt, so hat der Nachbar den Überbau zu dulden, es sei denn, daß er vor oder sofort nach der Grenzüberschreitung Widerspruch erhoben hat.

Der Nachbar ist durch eine Geldrente zu entschädigen. Für die Höhe der Rente ist die Zeit der Grenzüberschreitung maßgebend.

E I 857 II 826; M 3 282; P 3 133.

Übersicht

Anm. 1

1. Grenzüberschreitung durch Bauen

a) Der Eigentümer eines Grundstücks, über dessen Grenze gebaut ist, würde beim Mangel besonderer Vorschriften nach den §§ 903, 1004 die Beseitigung des hinüberreichenden Baus verlangen können. Die §§ 912—916 regeln nun im wirtschaftlichen Interesse **gesetzlich** den Fall der Grenzüberschreitung durch Errichtung eines Gebäudes besonders.

b) Die Beteiligten können aber auch eine andere Regelung **vereinbaren,** z. B. daß von der Rentenpflicht abgesehen und der überbaute Grundstücksteil sofort an den überbauenden Nachbarn zum Eigentum übertragen oder daß der hinüberzubauende Gebäudeteil Eigentum des zu überbauenden Grundstücks werden soll (OLG 29, 341; auch **RG** 109, 110; JFG 4, 387). Durch Vertrag zwischen dem Bauenden und dem Besitzer des Nachbargrundstücks, der sich irrtümlich für den Eigentümer hält und dem Bauenden das Nachbargrundstück zur Bebauung überläßt, können aber die zwischen dem Bauenden und dem wirklichen Eigentümer des Nachbargrundstücks aus dem Gesetz sich ergebenden Rechtsverhältnisse in Ansehung des hinübergebauten Gebäudeteils nicht geändert werden (**RG** 83, 146).

c) Die §§ 912—916 finden auch auf einen vor dem Inkrafttreten des BGB stattgehabten Überbau Anwendung (Art. 181 Abs. 1 EG), falls nicht nach den bisherigen Vorschriften der Bauende das Eigentum an der überbauten Fläche erworben hat (**RG** 46, 143; 47 S. 115, 360; 48, 262; 52, 16; 65, 73; 72, 272).

Anm. 2

2. Überbauender. Das ist nicht bloß der **Eigentümer,** sondern auch der Erbbauberechtigte (VO v. 15. 1. 1919 § 11) und der nach Art. 63 EG Berechtigte (s. aber

Art. X Abs. 2 KRG 45). Wird der Überbau von anderen Personen ausgeführt, so finden die §§ 166, 185 sinngemäß Anwendung (z. B. wenn der Überbauende später das Eigentum an dem Grundstück erwirbt: M 3, 284). Dies gilt auch von Nießbrauchern und Pächtern. Sie stehen dem Eigentümer nicht gleich, es sei denn, daß dieser dem Überbau zugestimmt hat (**BGH** 15, 219). Ist der Pächter Eigentümer des Nachbargrundstücks, so hat er mangels entgegenstehender Vereinbarung jedenfalls von der Beendigung des Pachtverhältnisses an Anspruch auf die Überbaurente (**BGH** 15, 216).

Anm. 3

3. Maßgebender Zeitpunkt. Bei der Errichtung eines Gebäudes muß die Grenze überschritten worden sein. Ausbesserung eines Gebäudes oder Anbau an ein schon vorhandenes Gebäude genügt nicht (OLG 4, 65). Ebensowenig trifft § 912 zu, wenn nach Errichtung des Gebäudes eine Mauer infolge der Beschaffenheit des Bodens nach der Seite des Nachbargrundstücks ausgewichen ist (**RG** 88, 41; JW 1906, 302[7]; str.).

Anm. 4

4. Gebäude ist ein Personen oder Sachen durch räumliche Umfriedung gegen äußere Einflüsse Schutz gewährendes, den Eintritt von Menschen gestattendes Bauwerk. Daher fallen unter diesen Begriff z. B. nicht: Mauern, Zäune, Hundehütten, Backöfen, Taubenschläge, Schleusen, Dämme, Brücken. Sie müssen auf Verlangen des Nachbarn beseitigt werden (§§ 903, 905, 1004; Ausbauchung einer Grenzmauer: OLG 34, 171). Die nur zu einem vorübergehenden Zweck errichteten Gebäude (§ 95 Abs. 1 Satz 1) sind zwar von der Anwendung des § 912 nicht grundsätzlich ausgenommen, doch wird bei ihnen jedenfalls nach erfüllter Zweckbestimmung das Beseitigungsverlangen des Nachbarn berechtigt sein (str.).

Anm. 5

5. Überbau

a) Da die Grenze zwischen zwei Grundstücken nicht nur durch eine auf dem Erdboden verlaufenden Linie, sondern zugleich durch eine senkrecht auf dieser Linie als errichtet zu denkende Fläche gebildet wird (§ 905; **RG** 88, 41), so kann auch ein Gebäudeteil **unterhalb** der Erdoberfläche (z. B. ein Weinkeller) **oder oberhalb der Erdoberfläche** (z. B. ein Erker) **über die Grenze** gebaut sein (**RG** 88, 41; OLG 26, 26; vgl. **RG** JW 1906, 302[7]; WarnRspr 1910 Nr. 335; § 905 Anm. 6). Die §§ 912 ff sind auch dann anwendbar, wenn zu einem Überbau später zur Vervollkommnung ein Erweiterungsbau — nicht ein Anbau (**RG** 169, 178) — vorgenommen wird, der wesentlicher Bestandteil des ganzen Baues ist (**RG** 160, 183). Ein Überbau nach § 912 liegt auch dann vor, wenn das errichtete Gebäude außer einer Grundfläche des Bauenden zugleich das ganze Grundstück des Nachbars überbaut. Das Gesetz macht seine Anwendung nicht davon abhängig, daß der Überbau sich nur auf einen Teil des Nachbargrundstücks erstreckt (**RG** 52, 15; 83, 146). Dagegen baut nicht über die Grenze, wer ein Gebäude lediglich auf des Nachbars Grundstück errichtet. Ein solcher Bau ist auf Verlangen des Nachbars zu beseitigen (§§ 903, 1004; **RG** 52, 17).

b) Ferner ist zur Annahme eines Überbaus erforderlich, daß der Bauende nicht bloß seine Eigentumsrechte, sondern eine **örtlich bestimmte Grenze** überschritten hat. Ein Überbau im Sinne des § 912 liegt also nicht vor, wenn die Errichtung des Gebäudes lediglich das aus einer Grunddienstbarkeit des Nachbars entspringende Recht verletzt, die Verwendung des dienenden Grundstücks für gewisse Bauten zu verbieten (**RG** 47, 356; 48, 262; 87, 373; JW 1902 Beil. 258; § 916 Anm. 2; str.).

c) Weiter liegt kein Überbau vor, wenn beim Bauen der landesgesetzlich (Art. 124 EG) vorgeschriebene **Abstand von der Grenze** nicht innegehalten ist (str.; nach Prot. 3, 178 entsprechende Anwendung der §§ 912 ff). In **RG** 87, 373 ist dahingestellt gelassen, ob diese Ansicht allgemein zu gelten habe; jedoch ist sie gebilligt für den Fall, daß durch das Landesgesetz ein Bauen ohne Wahrung der Abstandsgrenze unbedingt verboten ist. Der Nachbar kann daher, auch wenn er gegen die Nichteinhaltung der Abstandsgrenze beim Bau keinen Widerspruch erhoben hat und der Bauende gutgläubig gewesen ist, gemäß § 1004 Zurückrückung des Baues und, wenn der Bauende schuldhaft gehandelt hat, nach § 823 Schadensersatz verlangen (**RG** 87, 372).

d) Gebaut muß sein. Daher ist nicht überbaut ein Gebäude, das infolge Alters oder Gebrechlichkeit die Grenze überragt (§§ 905, 908; OLG 26, 26).

Anm. 6

6. Vorsatz und grobe Fahrlässigkeit

a) Vorsatz ist vorhanden, wenn der Bauende sich der Grenzüberschreitung bewußt ist. Nicht erforderlich ist die Absicht, den Nachbarn zu schädigen (M 1, 280; SeuffArch 56 Nr. 126).

b) Vorsatz oder grobe Fahrlässigkeit (über letztere **RG** 47, 116; JW 1906, 302[7]) liegt nicht vor, wenn der Bauende sich über den Verlauf der Grenze oder über den Mangel des Rechts, die Grenze zu überschreiten, im entschuldbaren Irrtum befindet (**RG** 52, 15; 74, 88; 83, 146; 88, 41; WarnRspr 1915 Nr. 270; OLG 26, 25; aM SeuffArch 56 Nr. 126) oder ohne grobe Fahrlässigkeit annimmt, daß der Nachbar mit dem Überbau einverstanden sei (OLG 15, 348). Ist der Überbau nach einer Vereinbarung erfolgt, die dem Erbauer eine rechtliche Befugnis zum Bauen über die Grenze gibt, so findet § 912 keine Anwendung (**RG** WarnRspr 1915 Nr. 270).

c) Bei Vorsatz oder grober Fahrlässigkeit muß der Überbau auch **ohne Widerspruch** des Nachbars gemäß § 1004 Abs. 1 beseitigt werden, da eine Duldungspflicht des Nachbars (§ 1004 Abs. 2) dann nicht besteht (**RG** 52, 17; 88, 40). Dabei macht es keinen Unterschied, ob die grobe Fahrlässigkeit in der Nichtbeachtung des Grenzzuges oder in der die Grenzüberschreitung verursachenden (insbesondere fehlerhaften) Art der Bauausführung liegt (**RG** 88, 41).

d) Der Überbauende muß **beweisen,** daß ihm **weder** Vorsatz **noch** grobe Fahrlässigkeit **zur Last fällt** (Prot. 3, 131; **RG** 47, 117).

Anm. 7

7. Nachbar ist der Eigentümer oder Miteigentümer (§ 1011) des überbauten Grundstücks. Ihm stehen die entschädigungsberechtigten Erbbau- oder Dienstbarkeitsberechtigten (§ 916) gleich. Ob der Nachbar (z. B. die Erben des verstorbenen eingetragenen Eigentümers) der Person und dem Aufenthaltsort nach bekannt ist, ist unerheblich. Das Grundstück darf nur nicht herrenlos (§ 927 Anm. 7; § 928 Anm. 2) sein (**RG** 83, 147; Anm. 11). Die Grundsätze der §§ 912f finden aber auch Anwendung, wenn der Eigentümer eines Grundstücks bei Errichtung eines Gebäudes über die Grenze eines anderen, ihm ebenfalls gehörenden Grundstücks hinüberbaut und die beiden Grundstücke später auf verschiedene Eigentümer übergehen, ohne daß die Rechtsverhältnisse an dem Gebäude durch Vertrag geregelt werden (**RG** 160, 166 unter Aufgabe der früheren Rspr.; 167, 178; vgl. auch **BGH** 15, 216). Dagegen liegt bei einem sog. Zwischenbau, der lediglich eine Lücke zwischen zwei auf verschiedenen Grundstücken stehenden Gebäuden ausfüllen soll und als weder allein zu dem einen noch zu dem anderen Gebäude gehörig anzusehen ist, kein Überbau im Rechtssinne vor, selbst wenn er Teilflächen beider Grundstücke in Anspruch nimmt (**RG** 169, 172). Über die Eigentumsverhältnisse vgl. § 94 Anm., § 95 Anm.

Anm. 8

8. Duldung des Überbaus

a) Die Pflicht, den Überbau zu dulden, ist eine **grunddienstbarkeitähnliche Beschränkung des Eigentums,** das an der überbauten Fläche dem bisherigen Eigentümer verbleibt (**RG** 65, 362; 72, 272; 160, 179). Sie hindert auch den Eigentümer, den Überbau selbst zu beseitigen (**RG** 131, 336). — **aa)** Das **Recht auf Duldung wirkt dinglich** und ist, weil es auf Gesetz beruht, **nicht eintragungsbedürftig** (**RG** JW 1906, 17[16]); hat daher der Nachbar den Überbau erlaubt, so hat auch sein Rechtsnachfolger ihn zu dulden (**BGH** LM § 912 Nr. 1). Anderseits ist es auch, selbst auf Grund einer Bewilligung des betroffenen Eigentümers, **nicht eintragungsfähig,** weil die Duldungspflicht eine dem Eigentum nach dem Gesetz von selbst anhaftende Schranke ist, die den allgemeinen Vorschriften über Rechte an Grundstücken nicht untersteht (str.; JFG 3, 329). — **bb)** Soll dagegen auf das Recht **verzichtet** oder soll es sonst **aufgehoben** werden, so ist die Eintragung notwendig und auch zulässig, weil es sich dann um die Bestellung einer Grunddienstbarkeit zu Lasten des Grundstücks des Überbauenden handelt (§§ 1018 Schlußsatz, 873; JFG 4, 388). Den Verzicht auf Rente und die vertragsmäßige Festsetzung der Höhe der Rente behandeln § 914 Anm. 4, 5. — **cc)** Ferner ist die Eintragung einer Grunddienstbarkeit auf Duldung eines Überbaus zugunsten des jeweiligen Eigentümers eines Nachbargrundstücks auf Grund einer Bewilligung des betroffenen Eigentümers dann zulässig, wenn die Bewilligung nicht lediglich die gesetzliche Verpflichtung zur Duldung eines Überbaus wiedergibt, sondern die **Duldungspflicht allgemein** ohne Rücksicht auf das Vorhandensein der im § 912 festgesetzten Voraussetzungen bestimmt. Dann muß nur, damit die Grunddienstbarkeit den erforderlichen bestimmten Inhalt hat, die Art und der Umfang des Überbaus genau bezeichnet sein (FJG 3, 329; OLG 45, 209).

b) Das Recht des Überbauenden auf Duldung des Überbaus hat entsprechend dem § 95 Abs. 1 Satz 2 die Wirkung, daß der hinübergebaute Gebäudeteil **nicht** (nach §§ 93, 94 Abs. 1, 946) **Bestandteil des Nachbargrundstücks** wird (M 3, 287; **RG** 72, 272; 63, 147; OLG 29, 341; § 95 Anm. über die Errichtung einer Mauer auf der Grenze mit der Zweckbestimmung, daß die Mauer gemeinschaftliche Giebelmauer der Nachbarn werden soll). Vielmehr ist der Gebäudeteil wesentlicher Bestandteil des Grundstücks des Bauenden, Denn das Gebäude ist ein einheitliches Ganzes, der hinübergebaute Gebäudeteil gemäß § 93 wesentlicher Bestandteil des Gebäudes und der auf dem Grundstück des Bauenden befindliche Gebäudeteil gemäß § 94 Abs. 1 wesentlicher Bestandteil dieses Grundstücks (**RG** 83, 148; OLG 29, 341; JW 1933, 2017[7]; § 94 Anm.). Dabei macht es keinen Unterschied, ob der hinübergebaute Teil der geringere Teil oder der Hauptteil des Gebäudes ist. Denn immer ist er wesentlicher Bestandteil des durch den anderen Teil mit dem Grund und Boden des Grundstücks des Bauenden fest verbundenen (§ 94 Abs. 1) Gebäudeganzen (**RG** 83, 148). — **aa)** Hieran wird auch dadurch noch nichts geändert, daß der Bauende demnächst **das Nachbargrundstück hinzuerwirbt.** Damit in solchem Falle der hinübergebaute Teil Bestandteil des Nachbargrundstücks wird (während der andere Teil Bestandteil des andern Grundstücks bleibt: § 94 Anm.), ist weiter erforderlich, daß der Bauende im Bewußtsein der ihm nun gebotenen Möglichkeit der Veränderung des bestehenden Zustandes den Willen faßt, den hinübergebauten Gebäudeteil zu einem Bestandteil des Nachbargrundstücks werden zu lassen, und daß er diesen Willen nach außen kundgibt, z. B. dadurch, daß er den Gebäudeteil als Bestandteil auf dem Grundbuchblatt des Nachbargrundstücks vermerken läßt (**RG** 83, 149). — **bb)** Wie Nachbarn von vornherein vereinbaren können, daß der zu überbauende Gebäudeteil dem Eigentümer des zu überbauenden Grundstücks gehören soll (Anm. 1), so können sie auch nachträglich, wenn der Überbau späterhin für das Gebäude, zu dem er gehört, überflüssig wird und seine ursprüngliche Zweckbestimmung verliert, **vereinbaren,** daß der Überbau bestehenbleiben (§ 914 Abs. 1 Satz 2), aber nunmehr in das Eigentum des Eigentümers des überbauten Grundstücks übergehen und eine Rentenpflicht nicht mehr bestehen soll (§ 914 Anm. 4). Diese Vereinbarung bedarf nicht der Form des § 313, da sie keine Verpflichtung zur Übertragung des Eigentums an einem Grundtück zum Gegenstand hat. Sie hat zur Folge, daß der überbaute Gebäudeteil nach § 94 Abs. 1 Bestandteil des überbauten Grundstücks wird (OLG 29, 342). — **cc)** Wenn aber der Eigentümer des überbauten Grundstücks einen **Anbau an den Überbau** errichtet, so wird dadurch allein der Überbau weder nach § 94 Abs. 1 Bestandteil dieses Grundstücks noch Bestandteil des Anbaus, da die Rentenpflicht bestehenbleibt und an der Zweckbestimmung des Überbaus nichts geändert wird (OLG 29, 341).

Anm. 9

9. „Sofort“ bedeutet nicht unverzüglich, d. h. ohne schuldhaftes Zögern (§ 121). Wer also in entschuldbarer Unkenntnis von dem Überbau den Widerspruch unterläßt, ist trotzdem zur Duldung des Überbaus verpflichtet. Aus dem Gesetz ergibt sich auch nicht, daß der Eigentümer des Nachbargrundstücks von der Grenzüberschreitung Kenntnis haben oder sonst hiergegen Widerspruch zu erheben in der Lage sein muß, wenn die in § 912 bestimmte Folge des Unterbleibens des Widerspruchs eintreten soll (**RG** 83, 147; 109, 110; Anm. 9). Da mithin die Unterlassung des Widerspruchs nicht als genehmigende Willenserklärung aufzufassen ist, kann die durch Zwang, Betrug oder Irrtum herbeigeführte Unterlassung des Widerspruchs nicht angefochten werden (str.; anders **RG** 38, 289 für preuß. Recht). Wohl aber kann von dem Zwingenden oder Betrüger Schadensersatz (§§ 823, 826) verlangt werden. Ausschlaggebend für die Rechtzeitigkeit des Widerspruchs ist, ob er zeitig genug erfolgt ist, um eine irgend erhebliche Zerstörung des Gebauten zu vermeiden (Prot. 3, 284; **RG** 109, 108).

Anm. 10

10. Widerspruch. Er bedarf keiner Form. Der Widersprechende kann sich dabei eines Bevollmächtigten bedienen (**RG** 109, 108). Der Widerspruch kann gegenüber dem Bauenden oder demjenigen, der nach Lage der Verhältnisse als dessen Vertreter anzusehen ist (Bauleiter), erklärt werden. Den Beweis, daß ein Widerspruch rechtzeitig (Anm. 9) erhoben ist, hat der Widerspruchsberechtigte zu führen, der die Beseitigung des Baus verlangt (Prot. 3, 135). Hat der Nachbar vorher den Überbau genehmigt, so ist sein nachträglicher Widerspruch wirkungslos, weil er wider Treu und Glauben verstößt. Wenn der Nachbar aber die Genehmigung nicht unter Verzicht auf jedes Entgelt erteilt hat, so kann er die Rente nach Abs. 2 oder Wertersatz gegen Übertragung des Eigentums an dem überbauten Grundstücksteil gemäß § 915 verlangen (**RG** 74, 87; OLG 29, 341). Ein, sei es auch aus irrtümlichen Beweggründen, wieder fallen gelassener Widerspruch ist wirkungslos (SeuffArch 62 Nr. 109). Die im Widerspruch liegende einseitige Willenserklärung verträgt auch eine Beschränkung auf einen Teil des Überbaus. Dann besteht ein Recht auf Beseitigung nur des Teils, während im übrigen ein Anspruch auf Überbaurente gegeben ist (**RG** 109, 110).

Anm. 11

11. Geldrente. Sie ist die Entschädigung für die Duldungspflicht (**RG** 160, 177, 182).

a) Daneben haftet der Überbauende für jeden schuldhaft durch Eingriffe in sonstige Rechte des Nachbars verursachten **Schaden** nach § 823 (**RG** 65, 73; OLG 26 S. 27, 28). Hat der Nachbar die unbedingte Erlaubnis zu dem Überbau erteilt, so kann ein Schadensersatzanspruch nicht in Frage kommen. Denn dann hat der Überbauende nicht widerrechtlich gehandelt (OLG 26, 27).

b) Ein **Anspruch auf Rente** kann aber auch bei unerlaubtem Überbau bestehen (Anm. 10). Die Rentenpflicht beginnt mit dem Zeitpunkt der Grenzüberschreitung. Der Anspruch auf die Rente überhaupt ist unverjährbar; der Anspruch auf die einzelne fällige Rate verjährt in 4 Jahren (§ 197). Durch die Zwangsversteigerung wird die Rentenpflicht nicht berührt (§ 52 ZVG). Für die Rente gelten nach Art. 116 EG nicht die landesgesetzlichen Vorbehalte der Art. 113, 115 EG; ihre Ablösbarkeit, Höhe oder Umwandlung kann landesgesetzlich nicht geregelt werden.

c) Auf die **Höhe** der Rente ist eine nach der Grenzüberschreitung eintretende Wertänderung ohne Bedeutung.

§ 913

Die Rente für den Überbau ist dem jeweiligen Eigentümer des Nachbargrundstücks von dem jeweiligen Eigentümer des anderen Grundstücks zu entrichten.

Die Rente ist jährlich im voraus zu entrichten.

E I 857 Abs 2, 858 Abs 1 II 827; M 3 285f.; P 3 135f.; 6 229f.

Anm. 1

Das Recht auf die **Rente** (im Gegensatz zum einzelnen Rentenbetrag) gilt als Bestandteil des berechtigten Grundstücks (§ 96) und kann vom Eigentum an dem berechtigten Grundstück nicht getrennt (§§ 914 Abs. 3, 1110), also auch nicht selbständig für sich allein abgetreten oder gepfändet werden.

Anm. 2

Da die Rente **dem jeweiligen Eigentümer** des überbauten **vom jeweiligen Eigentümer** des andern Grundstücks entrichtet werden muß, ist das Rentenrecht subjektiv und objektiv dinglich. Entschädigungsberechtigt sind außer dem Eigentümer (des überbauten Grundstücks) auch der Erbbau- und Dienstbarkeitsberechtigte (§ 916). Für die anderen Realberechtigten, z. B. die Hypothekengläubiger, wird der Überbau durch die damit verbundene Entschädigung bedeutungslos. Sie haben aber ein Interesse an der Höhe der Entschädigung und können auf deren Festsetzung klagen. Das Urteil macht jedoch nur unter den Parteien Rechtskraft. Auch ein Vertrag über die Höhe der Rente wirkt nur zwischen den an dem Vertrag Beteiligten (M 3, 286).

Anm. 3

Das **erste Jahr** beginnt mit dem Tage der Grenzüberschreitung.

Anm. 4

Eine von Abs. 2 abweichende Regelung der **Entrichtung** ist zulässig. Sie hat aber Dritten gegenüber nur Wirkung, wenn sie ins Grundbuch eingetragen ist (§ 914 Abs. 2). Das Rentenrecht ist unverjährbar. Denn es entsteht mit der Fortdauer der Berechtigung des Überbaus stets neu (§ 198; M 3, 186). Der Anspruch auf die einzelnen fälligen Rentenbeträge verjährt in 4 Jahren (§ 197).

§ 914

Das Recht auf die Rente geht allen Rechten an dem belasteten Grundstück, auch den älteren, vor. Es erlischt mit der Beseitigung des Überbaues.

Das Recht wird nicht in das Grundbuch eingetragen. Zum Verzicht auf das Recht sowie zur Feststellung der Höhe der Rente durch Vertrag ist die Eintragung erforderlich.

Im übrigen finden die Vorschriften Anwendung, die für eine zugunsten des jeweiligen Eigentümers eines Grundstücks bestehende Reallast gelten.

E I 858 Abs 1 II 827 Abs 2; M 3 285 f.; P 3 136f.; 6 229f.

Anm. 1

Das Rentenrecht muß **allen, auch den älteren Rechten vorgehen,** wenn es einen ausreichenden Ersatz für die entzogene Benutzung der überbauten Fläche bilden soll. Mehrere Überbau- (oder Notweg-) Renten haben nicht den gleichen Rang. Ihr Rang bestimmt sich vielmehr nach der Zeit ihrer Entstehung, da sie zwar anderen Rechten vorgehen, über ihren Rang untereinander aber nur das Zeitvorrecht entscheiden kann (str.). Durch eine Zwangsversteigerung wird das Recht auf die Rente nicht berührt (§ 52 Abs. 2 ZVG). Die Rangordnung der einzelnen Rentenbeträge im Zwangsversteigerungsverfahren ist geregelt durch § 10 Nr. 4, 8, § 11 ZVG.

Anm. 2

Die Rente **erlischt** kraft Gesetzes **mit der Beseitigung des Überbaues,** weil hierdurch die als Gegenleistung anzusehende Duldungspflicht wegfällt. Die Aufhebung durch Verzicht wird in Anm. 4 erörtert. Die in Art. 113—115 EG vorbehaltenen landesgesetzlichen Vorschriften über Ablösung sind nach Art. 116 EG unanwendbar.

Anm. 3

Die **Eintragung** der Rente in ihrer gesetzlichen, d. h. in der zur Zeit der Grenzüberschreitung (§ 912 Abs. 2) angemessenen, Höhe ist nicht zulässig. Die §§ 892, 893 finden daher insoweit keine Anwendung. Trotz der Nichteintragung wirkt also das

Rentenrecht auch gegen den gutgläubigen Erwerber des rentenpflichtigen Grundstücks (Prot. 3, 136; **RG** 62, 101; § 982 Anm.). Anders verhält es sich aber mit einer Rente, deren Höhe vertragsmäßig festgesetzt wird (Anm. 5).

Anm. 4

Soll der **Verzicht** auf das Recht nicht bloß schuldrechtliche Wirkung unter den Beteiligten, sondern dingliche Wirkung gegen jedermann haben, so ist seine **Eintragung** erforderlich (RJA 1, 28; JFG 4, 397). Sie wird maßgeblich auf dem Blatt nicht des rentenberechtigten, sondern des rentenbelasteten Grundstücks vorzunehmen sein, und zwar in Abt. II in Form eines Löschungsvermerks, da es so anzusehen ist, als wäre die Rente auf dem belasteten Grundstück eingetragen (OLG 45, 209; JFG 4, 388). Jedoch ist die Eintragung auf dem Blatt des rentenberechtigten Grundstücks daneben nach § 9 GBO zulässig. Notwendig zum wirksamen Verzicht ist ferner die Einhaltung der Form des § 875 und gemäß § 876 Satz 2 die Zustimmung der Realgläubiger des überbauten Grundstücks, da die Rente ihnen an Stelle der überbauten Fläche haftet (Prot. 3, 136).

Anm. 5

Die **Feststellung der Höhe** der Rente **durch Vertrag** erlangt gemäß § 873 dingliche Wirkung nur durch **Eintragung** (JFG 4, 387), und zwar auf dem Blatt des rentenbelasteten Grundstücks (OLG 45, 209); auf dem Blatt des berechtigten Grundstücks ist die Eintragung nach § 9 GBO zulässig. Zur Eintragung ist die Zustimmung der Realberechtigten des rentenberechtigten Grundstücks gemäß §§ 876 Satz 2, 877 erforderlich, wenn die vereinbarte Rente niedriger als die gesetzliche (Anm. 3) ist. Denn dann liegt in der Eintragung eine teilweise Aufhebung der den Realberechtigten an Stelle des überbauten Grundstückteils haftenden gesetzlichen Rente. Dagegen ist die Zustimmung nach §§ 877, 876 Satz 2 nicht erforderlich, wenn die vertraglich festgesetzte Rente ebenso hoch oder höher als die gesetzliche ist, weil dann das Recht der Realberechtigten durch die Festsetzung nicht berührt wird (str.). Die Zustimmung der Realberechtigten des rentenpflichtigen Grundstücks ist nur erforderlich, wenn die vertraglich festgesetzte Rente insoweit, als sie die gesetzliche Höhe übersteigt, den Vorrang vor den Realberechtigten erlangen soll (Prot. 3, 136). Die Eintragung mit dem Vorrang vor den eingetragenen Berechtigten wird daher der Grundbuchrichter nur dann vornehmen dürfen, wenn entweder die Zustimmung der Berechtigten beigebracht oder gehörig (§ 29 GBO) nachgewiesen wird, daß die vertraglich festgesetzte Rente die gesetzliche Höhe nicht übersteigt.

Anm. 6

Auf das Rentenrecht finden **Anwendung die Vorschriften** über die subjektiv-dinglichen Reallasten, insbesondere die §§ 1108 Abs. 1 (persönliche Haftung des Eigentümers), 1110 (Unabtrennbarkeit); dagegen nicht die §§ 1111, 1112, die nur subjektiv-persönliche Reallasten betreffen. Wird das mit dem Rentenrecht belastete Grundstück geteilt, so bleibt die dingliche Haftung aller Teile bestehen (vgl. aber Art. 120 EG). Für die fällig gewordenen Rentenbeträge haften nach § 1108 Abs. 2 die Eigentümer aller Teile, nicht bloß der Eigentümer des Teiles, auf dem der andere Gebäudeteil steht, auch persönlich. Denn mit dem Rentenrecht ist das Eigentum am ganzen überbauenden Grundstück belastet (str.). Im Falle der Teilung des berechtigten Grundstücks verbleibt nach § 1109 Abs. 3 das Rentenrecht bei dem überbauten Grundstücksteil allein, da die Rente als Entschädigung für die Duldungspflicht gewährt wird.

§ 915

Der Rentenberechtigte kann jederzeit verlangen, daß der Rentenpflichtige ihm gegen Übertragung des Eigentums an dem überbauten Teile des Grundstücks den Wert ersetzt, den dieser Teil zur Zeit der Grenzüberschreitung gehabt hat. Macht er von dieser Befugnis Gebrauch, so bestimmen sich die

Rechte und Verpflichtungen beider Teile nach den Vorschriften über den Kauf.

Für die Zeit bis zur Übertragung des Eigentums ist die Rente fortzuentrichten.

E I 859 II 828; M 3 287; P 3 138; 4 589.

Anm. 1

Nur der **Rentenberechtigte**, nicht der Rentenpflichtige hat das Recht, statt der Rente (§ 912 Abs. 2) die Grundabnahme zu wählen. Dieses Recht steht auch nur dem rentenberechtigten Eigentümer zu, nicht dem Erbbauberechtigten, da § 915 in § 916 nicht angeführt ist.

Anm. 2

Das Recht ist **unverjährbar** (§ 924).

Anm. 3

Für das **Verlangen** auf Wertersatz ist eine Form nicht vorgeschrieben. Es wird dem Rentenpflichtigen gegenüber erklärt. § 313 findet keine Anwendung, da im Falle des Verlangens der Rentenpflichtige gesetzlich zur Grundabnahme verpflichtet ist (**RG** 74, 90). Mit der einseitigen Abgabe der Erklärung (§ 130) wird zwischen den Beteiligten das Rechtsverhältnis eines Kaufes begründet, ohne daß ein förmlicher Kaufvertrag abgeschlossen zu werden braucht. Die Schadensersatzgrundsätze (z. B. §§ 251, 252, 254) finden keine Anwendung, wenn ohne rechtswidrigen Vorsatz und ohne Fahrlässigkeit überbaut ist (**RG** 74, 90).

Anm. 4

Die **Übertragung des Eigentums an dem überbauten Grundstücksteil** (durch Auflassung, deren Entgegennahme seitens des Rentenpflichtigen gemäß § 894 ZPO durch rechtskräftiges Urteil ersetzt werden kann) und der nötigenfalls im Prozeßwege festzusetzende, nach dem **Zeitpunkt der Grenzüberschreitung** zu bemessende **Wertersatz** finden Zug um Zug statt (§§ 273 Abs. 1, 274). Einen ähnlichen Rechtsgedanken hat das Reichsgericht gelegentlich angewendet in einem Falle, wo ein Grundstück wegen Nichtigkeit des Kaufvertrags nach den Grundsätzen ungerechtfertigter Bereicherung herausverlangt wurde, die Herausgabe aber mit Rücksicht auf die Bebauung des Grundstücks unmöglich erschien (**RG** 133, 295).

Anm. 5

Nur für **beide Teile**, nicht für Dritte, gelten die Kaufregeln. Ein Vorkaufsberechtigter kann also z. B. nicht geltend machen, es sei ein Kauf geschlossen, in den er einzutreten berechtigt sei.

Anm. 6

Die **Vorschriften über den Kauf** (§§ 433ff) finden Anwendung. Der Kaufpreis ist der Wert zur Zeit der Grenzüberschreitung. Das Grundstück ist gemäß § 434 frei von Lasten zu übertragen (M 3, 287; Prot. 3, 138).

Anm. 7

Deshalb sind die in der Zwischenzeit vom Verlangen der Grundabnahme **bis zur Übertragung** des **Eigentums** entrichteten Renten von dem Wertersatzkapital nicht abzurechnen. Wenn aber das Kapital schon vor der Eigentumsübertragung gezahlt oder beigetrieben (§§ 322 Abs. 3, 274 Abs. 2) wird, ist der Zahlende dem Empfänger gegenüber von weiteren Rentenzahlungen befreit. Denn in der Annahme (Einziehung) des Kapitals liegt die Erklärung der Erledigung der Rechte des Empfängers (M 3, 287). Freilich bleiben das Rentenrecht als subjektiv-dingliches Recht und die Eigentumsbeschränkung (Duldungspflicht) bis zur Übertragung des Eigentums bestehen (M 3, 287). Dies kann von Bedeutung werden, wenn der Rentenberechtigte oder der Rentenverpflichtete sein Grundstück an einen Dritten veräußert.

§ 916

Wird durch den Überbau ein Erbbaurecht oder eine Dienstbarkeit an dem Nachbargrundstücke beeinträchtigt, so finden zugunsten des Berechtigten die Vorschriften der §§ 912 bis 914 entsprechende Anwendung.

E I 860 II 829; M 3 286; P 3 138.

Anm. 1

Sind mehrere **Erbbau-** oder **Dienstbarkeitsberechtigte** (VO v. 15. 1. 1919, §§ 1018, 1030, 1090) vorhanden, so ist für jeden die Rente selbständig festzusetzen (Prot. 3, 138). Keine Anwendung findet § 916 auf andere Rechte an dem Nachbargrundstück, z. B. Hypotheken, weil diesen Rechten nach §§ 96, 1107, 1126 mit dem überbauten Grundstück auch das Rentenrecht des Eigentümers unterworfen ist.

Anm. 2

§ 912 ist nicht entsprechend anzuwenden, wenn der Eigentümer eines Grundstücks, von dem eine Teilfläche mit einer das Bebauen verbietenden Grunddienstbarkeit belastet ist, über die Grenze des unbelasteten Teiles auf den belasteten Teil hinüberbaut (**RG** 47, 356; JW 1902 Beil. 258; 1932, 1047^{10}; OLG 15, 348; aM SeuffArch 57 Nr. 8) oder wenn der Eigentümer eines Grundstücks, das mit der Dienstbarkeit des Bauverbots belastet ist, dieses bebaut (**RG** 48, 262; § 912 Anm. 5). In beiden Fällen kann mithin der Dienstbarkeitsberechtigte gemäß §§ 1004, 1027, 1065, 1090 Abs. 2 die Beseitigung des sein Recht beeinträchtigenden Baus verlangen. Nach **§ 914 Satz 2** erlischt das Rentenrecht mit der Beseitigung des Überbaus. § 915 findet im Bereich des § 916 keine Anwendung (§ 915 Anm. 1). Vorbehalte für die Landesgesetzgebung finden sich in Art. 57, 63, 68 EG.

§ 917

Fehlt einem Grundstücke die zur ordnungsmäßigen Benutzung notwendige Verbindung mit einem öffentlichen Wege, so kann der Eigentümer von den Nachbarn verlangen, daß sie bis zur Hebung des Mangels die Benutzung ihrer Grundstücke zur Herstellung der erforderlichen Verbindung dulden. Die Richtung des Notwegs und der Umfang des Benutzungsrechts werden erforderlichenfalls durch Urteil bestimmt.

Die Nachbarn, über deren Grundstücke der Notweg führt, sind durch eine Geldrente zu entschädigen. Die Vorschriften des § 912 Abs. 2 Satz 2 und der §§ 913, 914, 916 finden entsprechende Anwendung.

E I 863 II 830; M 3 289ff.; P 3 149ff.

Übersicht

Anm. 1

I. Notweg. Die Verbindung **fehlt**, wenn das (bebaute oder nicht bebaute) Grundstück von dem öffentlichen Wege gänzlich abgeschnitten ist und die Trennung durch dazwischen liegende fremde Grundstücke bewirkt wird. Daher fehlt die Verbindung nicht, wenn sie nur unbequem ist (Anm. 4) oder wenn der Eigentümer über andere ihm gehörende Grundstücke oder unter Ausübung eines ihm zustehenden dinglichen oder persönlichen Rechts über fremde Grundstücke zum öffentlichen Wege gelangen kann (OLG 12, 124; 26, 29). Insbesondere kann auch ein rein schuldrechtlicher Vertragsanspruch, der dem Eigentümer des wegebedürftigen Grundstücks eine sichere, wirkliche Abhilfe bietet, zur Versagung eines Notwegs nach § 917, jedenfalls für die Dauer des Bestehens eines solchen Vertragsanspruchs, genügen (**RG** 157, 305). Auf ein ihm angeblich zustehendes, aber streitig gemachtes anderweites Wegerecht braucht sich der Notwegberechtigte unter Umständen aber nicht verweisen zu lassen (**RG** JW 1925, 475[18]). Das Fehlen der Verbindung hört auf, wenn der Eigentümer des abgeschnittenen Grundstücks ein angrenzendes Grundstück hinzuerwirbt, das mit einem öffentlichen Wege in Verbindung steht. Dann entfällt das Notwegrecht, selbst wenn noch gewisse Änderungen (z. B. Entfernung von Zäunen) erforderlich sind, um die Verbindung mit dem öffentlichen Wege über das hinzuerworbene Grundstück herzustellen (OLG 26, 30). Nicht erforderlich ist zur Anwendung des § 917, daß die Notlage eine unverschuldete ist.

Anm. 2

II. Ordnungsmäßigkeit der Benutzung. Ordnungsmäßig ist eine Benutzung, die der Größe, Kulturart und Umgebung des Grundstücks und den wirtschaftlichen Verhältnissen nach vernünftigem Ermessen entspricht (**RG** 79, 117; 157, 309). Das gilt auch dann, wenn das Grundstück bisher nicht oder anders benutzt worden ist (**RG** WarnRspr 1914 Nr. 290; SeuffArch 62 Nr. 41). Doch darf die Änderung der Benutzungsart, welche die Notlage erst schafft, keine willkürliche Handlung im Sinne des § 918 Abs. 1 sein (OLG 12, 124). Es genügt aber, wenn die von der früheren Benutzungsart abweichende Art der Benutzung den gegenwärtigen wirtschaftlichen Verhältnissen entspricht (**RG** WarnRspr 1914 Nr. 290). Grundsätzlich gleichgültig ist, ob der Eigentümer selbst oder ein Pächter oder ein sonstiger Berechtigter die Benutzung ausübt. Das rein persönliche Bedürfnis des einzelnen Eigentümers oder des zeitig zur Benutzung Berechtigten hat aber außer Betracht zu bleiben (**RG** 79, 119; SeuffArch 62 Nr. 70). Daher kann der Eigentümer z. B. nicht deswegen einen Notweg verlangen, weil er das Grundstück verpachten müsse und ohne den Notweg nicht zu einem angemessenen Preise verpachten könne oder weil für die Lebensverhältnisse gerade seines gegenwärtigen Pächters der Notweg erforderlich sei (**RG** 79, 119). Eine wirtschaftlich verständige Gesamtbebauung mehrerer Grundstücke desselben Eigentümers stellt nicht um deswillen eine nicht ordnungsmäßige, zur Versagung des Notwegrechts führende Benutzung dar, weil der Eigentümer es unterlassen hat, die Grundstücke nach § 890 Abs. 1 zu vereinigen oder nach § 890 Abs. 2 das eine Grundstück dem andern als Bestandteil zuschreiben zu lassen (**RG** 157, 305). Bei dieser Sachlage hört auch im Falle der Veräußerung des einen der beiden Grundstücke an einen neuen Eigentümer (z. B. durch Zuschlag in der Zwangsversteigerung) die Ordnungsmäßigkeit der Benutzung beider Grundstücke nicht notgedrungen auf (**RG** 157, 305).

Anm. 3

III. Notwendigkeit der Verbindung. Notwendig ist die Verbindung nicht, wenn eine andere Verbindung besteht oder vom Eigentümer selbst hergestellt werden kann, mag die Benutzung dieser Verbindung auch längere Zeit beanspruchen oder schwieriger sein (SeuffArch 13 Nr. 210; OLG 2, 506; 26, 31) oder mag ihre Herstellung einen größeren Kostenaufwand erfordern (str.). Dagegen ist die Verbindung notwendig, wenn der anderweit vorhandene Zugang keine ordnungsmäßige Bewirtschaftung gestattet (**RG** JW 1925, 475[18]). Kann der Eigentümer kraft eines persönlichen Anspruchs auf Bestellung einer Wegegerechtigkeit die Herstellung eines Verbindungsweges herbeiführen, so ist das Fehlen einer notwendigen Verbindung im Sinne des § 917 in der Regel zu verneinen (OLG 26, 30; Anm. 1). Anderseits kann die zur ordnungsmäßigen Benutzung notwendige Verbindung auch beim Vorhandensein eines Verbindungswegs fehlen, wenn die Benutzung dieses Weges öfter (z. B. durch Überschwemmungen) behindert ist (**RG** 79, 120; SeuffArch 4 Nr. 204) oder zu einer ordnungsmäßigen Bewirtschaftung des ganzen Grundstücks nicht ausreicht (**BGH** LM § 917 Nr. 1).

Anm. 4

IV. Öffentlicher Weg. Die Verbindung mit einem **Wege** muß fehlen, der ein **öffentlicher** ist. Das Fehlen der Verbindung mit einem andern Grundstück desselben Eigentümers oder mit einem Fluß oder einer Eisenbahn gibt nach BGB kein Notwegerecht; doch findet sich insoweit in Art. 123 EG ein Vorbehalt für die Landesgesetze. Was ein öffentlicher Weg ist, bestimmt sich beim Fehlen reichsrechtlicher Vorschriften (Art. 2, 3, 32, 55 EG) nach Landesrecht (vgl. für Preußen **RG** 14, 263; 1901 S. 170[28], 585[29]; 1906, 233[19]; 1101; 44, 1134). Die Frage ist, obgleich sie dem öffentlichen Recht angehört, als Bestandteil eines Privatrechts von den ordentlichen Gerichten zu entscheiden (**RG** JW 1906, 233[19]).

Anm. 5

V. Eigentümer. Dem **Eigentümer** stehen gleich der Erbbauberechtigte (VO v. 15. 1. 1919 § 11) und die in Art. 63, 68 EG genannten Berechtigten (**RG** 79, 118), aber nicht sonstige Berechtigte am Grundstück, wie Nießbraucher, Pächter (**RG** 79, 119; WarnRspr 1920 Nr. 106). Befindet sich das wegebedürftige Grundstück im Miteigentum mehrerer, so kann nicht jeder für sich, sondern alle Miteigentümer (auch Wohnungseigentümer, § 100 WEG) müssen gemeinsam das Verlangen stellen. Denn die Einräumung des Notwegs ist von einer Gegenleistung abhängig, die alle Miteigentumsanteile belastet (str.; **RG** Gruchot 30, 443).

Anm. 6

VI. Nachbarn. Sie brauchen nicht unmittelbar Anlieger zu sein. Nachbarn im Sinne des § 917 sind vielmehr alle Eigentümer der umliegenden Grundstücke bis zum öffentlichen Weg (M 3, 292; **RG** 50, 322; Gruchot 66, 478). Steht ein solches Grundstück im Eigentum mehrerer Miteigentümer, so ist der Anspruch auf den Notweg gegenüber allen Miteigentümern gemeinsam zu erheben (**RG** JW 1906, 233[19]). Gegen einen Besitzer, Nießbraucher oder sonstigen Berechtigten am Grundstück kann der Anspruch nicht verfolgt werden (SeuffArch 56 Nr. 150). Vgl. aber wegen der Erbbau- und Dienstbarkeitsberechtigten Anm. 13 zu b).

Anm. 7

VII. Verlangen

1. Es kann, wenn die Beteiligten sich nicht einigen, nicht nur im Wege der **Klage,** sondern auch im Wege der **Einrede** (z. B. gegenüber der Eigentumsfreiheitsklage des Nachbars) und im Wege der **Widerklage** verfolgt werden (**RG** JW 1906, 233[19]; Seuff Arch 61 Nr. 205). Denn das Notwegrecht besteht schon mit dem Vorliegen seiner gesetzlichen Voraussetzungen und wird nicht erst durch Urteilsspruch begründet (M 3 292; Anm. 11).

2. Die **Klage** ist, wenn mehrere Grundstücke für den Notweg in Betracht kommen, gegen die Eigentümer aller dieser Grundstücke zu richten. Ist dabei ein ungeeignetes Grundstück in Anspruch genommen, so wird die Klage insoweit abgewiesen (SeuffArch 56 Nr. 150). Die Richtung des Weges braucht die Klage nicht im einzelnen anzugeben, da nach Satz 2 das Urteil hierüber nähere Bestimmung zu treffen hat.

3. Der Anspruch unterliegt nach § 924 nicht der **Verjährung.** Die tatsächliche Ausübung des Notwegrechts gibt keinen **Besitzschutz.** Denn das BGB kennt grundsätzlich nur einen Sach-, nicht auch einen Rechtsbesitz. Die im § 1029 für eingetragene Dienstbarkeiten gegebene Ausnahmevorschrift ist auf ein Notwegrecht, das weder eine Dienstbarkeit ist noch eingetragen wird, nicht anwendbar (str.; M 3, 292; anders Prot. 3, 155; OLG 10, 110).

4. Die Pflicht zur Duldung des Notwegs stellt eine auf der Lage des Grundstücks beruhende **gesetzliche Eigentumsbeschränkung** dar (Anm. 10). Sie ist, wenn das Grundstück verkauft wird, kein Mangel im Recht, von dem der Verkäufer den Käufer gemäß § 43 4freizuhalten hätte (**RG** Gruchot 60, 997).

Anm. 8

VIII. Hebung des Mangels. Der Mangel kann z. B. dadurch gehoben werden, daß ein neuer öffentlicher Weg angelegt oder daß der Eigentümer durch den Erwerb eines andern Grundstücks in die Lage versetzt wird, über seinen eigenen Grund und Boden zu dem öffentlichen Weg zu gelangen (OLG 2, 506; Anm. 1).

Anm. 9

IX. Erforderliche Verbindung. Sie ist die zur ordnungsmäßigen Benutzung des wegebedürftigen Grundstücks notwendige. Ihr Umfang und ihre Art bestimmen sich nach Lage des einzelnen Falles (z. B. Landweg mit oder ohne Brücke: SeuffArch 53 Nr. 215). Ein Rechtssatz des Inhalts, daß der Notweg nur über die Bodenfläche des Nachbargrundstücks, nicht unter diesem Grundstück hindurch oder darüber hinweg führen könne, besteht nicht (**RG** 157, 305). Immer aber muß es sich um einen Weg handeln. Das ergibt sich daraus, daß die Verbindung mit einem öffentlichen Weg hergestellt werden soll (str.). Daher stützt § 917 nicht den Anspruch z. B. auf Herstellung einer Schwebebahn (SeuffArch 62 Nr. 41). Immerhin läßt sich unter Umständen aus § 917 herleiten der Anspruch auf Duldung der Legung eines Gas- oder Wasserleitungsrohrs oder auf Zuleitung von elektrischem Strom (JW 1932, 1069[8]; 1936, 3495[86]). Besteht das Bedürfnis der Verbindung nur für einen Teil des Grundstücks, so kann nur ein entsprechend beschränkter Notweg verlangt werden (**RG** 79, 120).

Anm. 10

X. Duldung der Grundstücksbenutzung. Der Nachbar braucht nur zu **dulden,** ist aber nicht zu einer Tätigkeit verpflichtet. Anlage und Unterhaltung des Notwegs liegen dem Notwegberechtigten ob. Das Eigentum am Wegekörper behält der Nachbar. Die Duldungspflicht ist nicht eine nur schuldrechtliche, sondern eine auf dem Grundstück lastende, das Eigentumsrecht (§ 903) einschränkende Pflicht (Anm. 7). Deshalb ist sie nicht eintragungsbedürftig. Sie ist aber auch, selbst auf Bewilligung des betroffenen Eigentümers, nicht eintragungsfähig. Denn es handelt sich bei ihr nicht um eine selbständige Belastung zugunsten eines bestimmten Berechtigten, sondern um eine dem Eigentum gesetzlich innewohnende Schranke (str.; JFG 3, 329). Hier gilt entsprechend das, was in § 912 Anm. 8 zu a) zu der Frage der Eintragung der Verpflichtung zur Duldung eines Überbaus bemerkt ist.

Anm. 11

XI. Urteil. Es bewirkt nicht die Entstehung des Rechts auf den Notweg, sondern stellt nur das Bestehen und den Umfang des Rechts fest, das beim Vorliegen der Voraussetzungen kraft Gesetzes entsteht (M 3, 292; SeuffArch 61 Nr. 205). Deshalb kann das Recht auch im Wege der Einrede geltend gemacht werden (Anm. 7). Deshalb ist auch die durch das Urteil gegebene nähere Begrenzung des Wegerechts nicht eintragbar (Anm. 10). Das Urteil hat die Einzelheiten des Notwegs, seine Richtung und die Zeit und Art seiner Benutzung festzustellen. Die Zwangsvollstreckung richtet sich im Falle der Zuwiderhandlung gegen die im Urteil auferlegte Duldung nach § 890 ZPO. Wird die Ausübung des festgesetzten Notwegs beeinträchtigt, so steht dem Notwegberechtigten, da es sich um ein einer Grunddienstbarkeit ähnliches Recht handelt, die Abwehrklage nach §§ 1004, 1027 zu (OLG 29, 339).

XII. Geldrente (Abs. 2)

Anm. 12

1. Höhe

a) Die Höhe der Rente, wodurch die Nachbarn zu entschädigen sind, **bestimmt sich** nicht nach dem Nutzen, den der Eigentümer des notwegbedürftigen Grundstücks von dem Notweg hat, sondern nach dem **Nachteil**, den die Nachbarn durch den Notweg erleiden (**RG** WarnRspr 1914 Nr. 290).

b) Die entsprechende Anwendung des **§ 912 Abs. 2 Satz 2** ergibt, daß für die Höhe der Rente der **Zeitpunkt** entscheidend ist, in dem die Duldungspflicht entstanden, d.h. die Notlage vorhanden und das Verlangen gestellt ist. Mit diesem Zeitpunkt tritt die Wertminderung des Grundstücks durch die gesetzliche Eigentumsbeschränkung zutage. Von nun an wird z.B. der Eigentümer, wenn er verkaufen will, angesichts der dem Käufer mitzuteilenden Geltendmachung des Notweganspruchs sich mit einem niedrigeren Kaufpreise begnügen müssen (**RG** 87, 425). Die Festsetzung der Höhe der Rente nach den Verhältnissen in dem genannten Zeitpunkt ist dauernd maßgebend. Deshalb kann eine Erhöhung der festgesetzten Rente wegen späteren Steigens des Grundstückswerts nicht verlangt werden (Prot. 3, 156). Wenn aber die Richtung oder der Umfang des Weges geändert werden soll, kann auch eine Änderung der Rente verlangt werden (Prot. 3, 156).

Anm. 13

2. Rentenpflicht

a) Die Rentenpflicht **beginnt mit der Duldungspflicht,** nicht erst dann, wenn der Notwegberechtigte den Weg tatsächlich benutzt hat, mögen auch noch Herstellungsarbeiten zu einer besonderen Anlegung des Weges erforderlich sein (**RG** 87, 425). Daher beginnt die Rentenpflicht, wenn die Duldungspflicht durch Urteil ausgesprochen wird, mit der Rechtskraft des Urteils (**RG** 87, 425). Der Notwegverpflichtete darf der Ausübung des Notwegrechts nicht widersprechen, wenn der Notwegberechtigte mit der Zahlung der Rente im Rückstand ist (M 3, 292).

b) Die entsprechende Anwendung der **§§ 913, 914** ergibt keine Besonderheiten gegenüber der Überbaurente. Was über die Haftung der Notwegrente für die Hypotheken, über ihre Unabtrennbarkeit, rechtliche Natur, Rangverhältnisse, Festsetzung durch Vertrag, die Unzulässigkeit ihrer Eintragung, ihre Unverjährbarkeit, den Verzicht auf sie, ihr Erlöschen zu sagen ist, ergibt sich mithin aus § 913 Anm. 1, 2, 4; § 914 Anm. 1, 2, 3, 4, 5, 6. Der **§ 915** (Recht des Rentenberechtigten, Abnahme des Grund und Bodens zu verlangen) findet hier keine Anwendung. Nach **§ 916** haben diejenigen, denen ein Erbbaurecht oder eine Dienstbarkeit an dem Nachbargrundstück zusteht, den Notweg ebenso zu dulden wie der Eigentümer. Anderseits haben sie, soweit sie hierdurch beeinträchtigt werden, gleichfalls einen Anspruch auf Entschädigung durch Rentenzahlung gemäß §§ 912—914. Dasselbe gilt von den in den Art. 63, 68, 196 EG aufgeführten Berechtigten.

Anm. 14

3. Landes- und Übergangsrecht. Auf die Rente finden die Vorbehalte für die Landesgesetzgebung in Art. 113—115 EG keine Anwendung (Art. 116 EG). Nach Art. 181 Abs. 1 EG sind die §§ 917, 918 auch dann anzuwenden, wenn die Voraussetzungen des Notwegs vor dem Inkrafttreten des BGB vorlagen, das Verlangen aber erst später gestellt ist (OLG 2, 506).

§ 918

Die Verpflichtung zur Duldung des Notwegs tritt nicht ein, wenn die bisherige Verbindung des Grundstücks mit dem öffentlichen Wege durch eine willkürliche Handlung des Eigentümers aufgehoben wird.

Wird infolge der Veräußerung eines Teiles des Grundstücks der veräußerte oder der zurückbehaltene Teil von der Verbindung mit dem öffentlichen Wege abgeschnitten, so hat der Eigentümer desjenigen Teiles, über welchen die Verbindung bisher stattgefunden hat, den Notweg zu dulden. Der Veräußerung eines Teiles steht die Veräußerung eines von mehreren demselben Eigentümer gehörenden Grundstücken gleich.

E I 863 II 831; M 3 291; P 3 149ff.

Anm. 1

Die **Aufhebung der Verbindung** muß durch eine **Handlung** des Eigentümers (z. B. Abbrechen einer Brücke, Aufführen einer Mauer, Verschüttung eines Zugangs, Verzicht auf eine Wegegerechtigkeit) verursacht sein. Eine Aufhebung durch Naturereignisse ist also nicht hierher zu zählen. Die Handlung des Eigentümers muß eine **willkürliche** sein, d. h. auf freier Entschließung beruhen und bei Berücksichtigung der Bedürfnisse des Nachbars nach verständigem Ermessen durch die Sachlage nicht geboten erscheinen (SeuffArch 75 Nr. 160). Wird die Verbindung durch eine zwar neue, aber ordnungsmäßige Benutzung des Grundstücks aufgehoben (z. B. dadurch, daß der Eigentümer auf seinem Grundstück ein Gebäude errichtet oder ein Grundstück hinzuerwirbt), so liegt eine willkürliche Handlung nicht vor (**RG** V 313/06; JW 1925, 475[18]; § 917 Anm. 2). Den Beweis der Voraussetzung des § 918 Abs. 1 hat der Nachbar zu führen.

Anm. 2

Der Handlung des **Eigentümers** steht die des Erbbauberechtigten oder auch nur eines der Miteigentümer gleich. Nach einer willkürlichen Aufhebung haben auch alle späteren Eigentümer kein Recht auf Notweg.

Anm. 3

Ein Fall des Abs. 1 liegt nicht vor, insbesondere ist die Verbindung nicht im Sinne dieser Vorschrift **aufgehoben,** wenn die frühere Verbindung mit dem öffentlichen Wege fortbesteht und nur durch eine anderweitige Benutzung des Grundstücks oder durch den Hinzuerwerb eines anderen Grundstücks (Anm. 1) unzureichend geworden ist (**RG** WarnRspr 1914 Nr. 290; JW 1925, 475[18]). Dann kommt es darauf an, ob die neue Benutzungsart nach vernünftigen Ermessen den gegenwärtigen wirtschaftlichen Verhältnissen entspricht (§ 917 Anm. 2).

Anm. 4

Der (nach § 924 unverjährbare) Anspruch auf den Notweg besteht in den Fällen des Abs. 2 **nur im Verhältnis der getrennten Grundstücke** zueinander; dritte Grundstücke kommen für den Notweg nicht in Betracht (OLG 26, 32). Ein Verzicht auf den Anspruch hat zwar nur persönliche Wirkung unter den Beteiligten (str.; Prot. 5, 153). Nach einem solchen Verzicht kann aber gemäß Abs. 1 kein Recht auf Notweg gegenüber anderen Nachbarn geltend gemacht werden, da die Veräußerung eine willkürliche Handlung war. Die Worte **„über welchen die Verbindung bisher stattgefunden hat"** kennzeichnen nur den **Teil des** früher einheitlichen **Grundstücks,** welcher infolge der Trennung notwegpflichtig geworden ist. Aus ihnen ist nicht zu folgern, daß der Notweg nur so verlangt und gewährt werden könne, wie der bisherige Eigentümer den Weg nach dem öffentlichen Wege tatsächlich genommen habe. Vielmehr darf und muß der Richter den nach allgemeinen Grundsätzen geeigneten Notweg bestimmen, auch wenn dieser von der Richtung des bisher gewählten Weges abweicht. Denn Abs. 2 gewährt nur ein Recht auf **„Duldung eines Notwegs"**, nicht ein Recht auf Duldung der Benutzung des bisherigen Verbindungsweges (OLG 26, 31). Im Falle der **Veräußerung eines von mehreren demselben Eigentümer gehörenden Grundstücken** hat der Notweg über dasjenige Grundstück zu führen, über das der Eigentümer vor der Veräußerung von dem nunmehr abgeschnittenen Grundstück zu dem öffentlichen Weg gelangen konnte (OLG 26, 32). Den Fall der Veräußerung eines von mehreren gemeinschaftlich bebauten Grundstücken desselben Eigentümers und den Einfluß dieser Veräußerung auf das Notwegrecht behandelt § 917 Anm. 2 aE.

§ 919

Der Eigentümer eines Grundstücks kann von dem Eigentümer eines Nachbargrundstücks verlangen, daß dieser zur Errichtung fester Grenzzeichen und, wenn ein Grenzzeichen verrückt oder unkenntlich geworden ist, zur Wiederherstellung mitwirkt.

Die Art der Abmarkung und das Verfahren bestimmen sich nach den Landesgesetzen; enthalten diese keine Vorschriften, so entscheidet die Ortsüblichkeit.

Die Kosten der Abmarkung sind von den Beteiligten zu gleichen Teilen zu tragen, sofern nicht aus einem zwischen ihnen bestehenden Rechtsverhältnisse sich ein anderes ergibt.

E I 851 II 832; M 3 268ff.; P 3 125f.

Anm. 1

Grenzabmarkung. § 919 hat zur Voraussetzung, daß die Grenze unter den Nachbarn nicht streitig ist, daß aber feste Grenzzeichen entweder überhaupt nicht vorhanden oder unkenntlich oder verrückt worden sind (**RGSt** 41, 96). Ist die Grenze streitig, so greift der vom Grenzabmarkungsanspruch verschiedene Grenzscheidungsanspruch aus § 920 Platz.

Anm. 2

Anspruchsberechtigte. Dem Eigentümer des (ländlichen oder städtischen) Grundstücks stehen gleich die Erbbauberechtigten (VO v. 15. 1. 1919 § 11) und die in Art. 63, 68 EG aufgeführten Nutzungsberechtigten, aber nicht andere Berechtigte am Grundstück (z.B. Nießbraucher, Dienstbarkeitsberechtigte, Hypothekengläubiger). Denn es handelt sich um einen Anspruch aus dem Eigentum (**RG** 56, 59). Befindet sich das Grundstück im Miteigentum mehrerer, so kann nach § 1011 jeder von ihnen den Anspruch erheben.

Anm. 3

Anspruchsgegner sind außer dem Eigentümer die Erbbauberechtigten und die in Art. 63, 68 EG aufgeführten am Nachbargrundstück Berechtigten. Miteigentümer müssen gemeinsam verklagt werden (**RG** JW 1906, 233[19]).

Anm. 4

Das **Verlangen** der Abmarkung kann bei **Zustimmung** aller Beteiligten im Wege der **freiwilligen Gerichtsbarkeit** in dem durch die Landesgesetze geordneten Verfahren (vgl. für Preußen §§ 362—371 ALR I 17; Art. 89 Nr. 1 AG BGB; Art. 31 PrFGG, Amtsgerichte oder Notare) zur Durchführung gebracht werden (**RGSt** 41, 97; OLG 15, 352). Erhebt der Grenznachbar **Widerspruch** gegen die Abmarkung, so gewährt § 919 Abs. 1 gegen ihn die **Klage auf Mitwirkung** bei der Grenzabmarkung (**RGSt** 41, 97). Der Abs. 2 läßt in dieser Hinsicht eine Änderung des Reichsrechts durch die Landesgesetze nicht zu; er bezieht sich nur auf das Verfahren bei der Abmarkung, nicht auf das prozessuale Verfahren. Die Klage ist im dinglichen Gerichtsstande (§ 24 ZPO) gemäß § 13 GVG vor den ordentlichen Gerichten zu erheben, sofern nicht landesgesetzlich Verwaltungsbehörden oder Verwaltungsgerichte für zuständig erklärt sind (vgl. für Bayern Art. 19, 30 des Abmarkungsges. v. 30. 6. 1900; Art. 156 AG BGB Markungsbehörden, Feldgeschworene). Der Klagantrag ist zu richten auf Verurteilung des Beklagten zur **Mitwirkung bei der Errichtung oder Wiederherstellung der Grenzzeichen** und zur Tragung der Hälfte der Abmarkungskosten. Mit dieser Klage kann auch eine Grenzscheidungsklage aus § 920 verbunden werden (**RGSt** 41, 97), aber nicht eine Herausgabeklage aus § 985 (OLG Celle NJW 1956, 632[7]). Der Anspruch auf Abmarkung ist dinglicher Natur und nach § 924 unverjährbar. Ein Verzicht auf ihn hat keine Wirkung gegenüber Dritten, weil dingliche Belastungen nur in den vom Gesetz ausdrücklich bestimmten Fällen zulässig sind, ein dinglich wirkender Verzicht aber eine solche Belastung enthielte (M 3, 270; Prot. 3, 126). Zwischen den Beteiligten (schuldrechtlich) ist der Verzicht aber wirksam (Prot. 3, 126).

Anm. 5

Feste Grenzzeichen sind solche, die in der Zukunft dauernd geeignet bleiben, die durch die Nachbarn erfolgte Anerkennung des Grenzzuges zu beweisen (M 3, 269) und die Grenze äußerlich sichtbar zu machen. Vgl. über den Begriff der Grenzzeichen im Sinne des § 274 Nr. 2 StGB: **RGSt** 6, 49; 10, 47; 23, 257; 41, 94; 56, 193.

Anm. 6

Die Art der Abmarkung und das Verfahren, aber auch nur sie bestimmen sich nach den Landesgesetzen, nicht z. B. das Verfahren des Abmarkungsprozesses (Anm. 3). Ist der Nachbar zur Mitwirkung bei der Abmarkung verurteilt (Anm. 3), so kann seine Mitwirkung gemäß § 887 (Vorauflage: § 888) ZPO erzwungen werden. Die Rechte Dritter (ausgenommen die in Anm. 2 bezeichneten) an dem einen oder dem andern Grundstück (z. B. eines Nießbrauchers), die nicht hinzugezogen worden sind, werden weder durch ein Urteil auf Mitwirkung gegen den Nachbar noch durch die Abmarkung selbst berührt (M 3, 270; OLG 15, 351).

Anm. 7

Landesgesetzliche Vorschriften in dieser Hinsicht enthalten z. B. für Preußen: AG BGB Art. 89 Nr. 1; ALR I 17 §§ 362—371 (Anm. 3); für Bayern: Abmarkungsges. v. 30. 6. 1900 (GVBl 553); Baden: Ges. v. 9. 6. 1932 (GBl 211); Hessen: Ges. v. 9. 1. 1926 (RgBl 27); Thüringen: Ges. v. 1. 9. 1930, 14. 2. 1931 (GBl 177, 111).

Anm. 8

Die **Kosten der Abmarkung,** nicht auch die Kosten des etwa entstehenden Abmarkungsprozesses (wofür die §§ 91 ff ZPO gelten), sind regelmäßig **von den beiden Grenznachbarn je zur Hälfte zu tragen,** da sich die Abmarkung als ein gemeinschaftliches Geschäft darstellt. Umfaßt das Abmarkungsverfahren mehr als zwei Grundstücke, so trägt jeder Beteiligte nur die Hälfte der auf seine Grenze entfallenden Kosten (Prot. 3, 126). Ist ein Grenzzeichen durch Schuld eines Beteiligten beseitigt, verrückt oder unkenntlich geworden, so kann sich daraus (nach § 823 Abs. 2 BGB; § 274 Nr. 2 StGB) die Verpflichtung ergeben, die Kosten ganz zu tragen (M 3, 269). Hat ein Beteiligter mehr als die auf ihn fallenden Kosten bezahlt, so hat er einen Erstattungsanspruch.

§ 920

Läßt sich im Falle einer Grenzverwirrung die richtige Grenze nicht ermitteln, so ist für die Abgrenzung der Besitzstand maßgebend. Kann der Besitzstand nicht festgestellt werden, so ist jedem der Grundstücke ein gleich großes Stück der streitigen Fläche zuzuteilen.

Soweit eine diesen Vorschriften entsprechende Bestimmung der Grenze zu einem Ergebnisse führt, das mit den ermittelten Umständen, insbesondere mit der feststehenden Größe der Grundstücke, nicht übereinstimmt, ist die Grenze so zu ziehen, wie es unter Berücksichtigung dieser Umstände der Billigkeit entspricht.

Übersicht

I. Grenzermittlung

Anm. 1

1. Grenzscheidungsanspruch aus § 920. Er setzt im Gegensatz zum Abmarkungsanspruch aus § 919 voraus, daß **Streit über den Lauf der Grenze** zwischen

Nachbargrundstücken besteht (M 3, 270). Jeder der beiden Nachbarn kann gegen den andern im dinglichen Gerichtsstande (§ 24 ZPO) auf Ermittlung der Grenze klagen. Diese Klage ergänzt hinsichtlich der Grenzflächen von Grundstücken den durch die §§ 985, 1004 gewährten Eigentumsschutz (M 3, 270).

a) Will der Eigentümer eine streitige Fläche auf der Grenze bis zu einer bestimmten Linie für sich in Anspruch nehmen und glaubt er sein Eigentum nachweisen zu können, so hat er die **Eigentumsklage** auf Herausgabe der Fläche (§ 985) oder die **Eigentumsfreiheitsklage** (§ 1004) zu erheben oder auch (z.B. wenn er selbst im Besitz des Streitstücks ist) auf **Feststellung seines Eigentums** zu klagen, wobei er eine bestimmte Behauptung aufstellen und einen entsprechenden Antrag stellen muß (M 3, 271; **RG** WarnRspr 1921 Nr. 10).

b) Ist der **Lauf der Grenze** aber so **verdunkelt,** daß von keinem Streitteil die richtige Grenze nachgewiesen werden kann, so ist die Klage aus § 920 gegeben. Das ist nicht der Fall, wenn die Vermutung gemäß § 891 eingreift (OLG Celle NJW 1956, 632[7]).

Anm. 2

2. Grenzermittlungsklage

a) Hierbei braucht der **Klagantrag** nicht auf Feststellung einer bestimmten Grenze gerichtet zu sein. Vielmehr genügt ein Antrag dahin, den Lauf der Grenze richterlich festzusetzen. Ein solcher Antrag ist mit Rücksicht auf den Klagegrund der Grenzverdunklung ein bestimmter Antrag im Sinne des § 253 Nr. 2 ZPO (str.). Ist aber in dem Antrag eine bestimmte Grenze angegeben, so darf der Richter gemäß § 308 ZPO nicht darüber hinaus erkennen. Hat der Kläger mit einem solchen Antrag nach der Feststellung des Richters zuviel verlangt, so ist er insoweit mit der Klage abzuweisen (str.). Die Klage führt aber nicht zu einem doppelseitigen Rechtsstreit in dem Sinne, daß der Kläger verurteilt werden könnte (str.).

b) Mit der Klage kann auch ein **Eigentumsanspruch auf Herausgabe und Ersatz von Früchten** (§§ 985ff) sowie ein **Abmarkungsanspruch** (§ 919) verbunden werden (§ 919 Anm. 3).

c) Zur Grenzermittlungsklage **aktiv und passiv legitimiert** sind nur die Eigentümer der Nachbargrundstücke, da ein Anspruch aus dem Eigentum, gerichtet auf Feststellung des Umfangs des Eigentums, geltend gemacht wird (str.; **RG** 56, 60; HRR 1932 Nr. 1129). Im Falle des Miteigentums kann nach § 1011 auch ein einzelner Miteigentümer klagen, während als Beklagte sämtliche Miteigentümer belangt werden müssen.

d) Besteht Streit darüber, ob das **Recht eines andern Berechtigten** am Grundstück (z.B. eines Erbbauberechtigten, Nießbrauchers, Dienstbarkeitsberechtigten: VO v. 15. 1. 1919, §§ 1027, 1065, 1090 Abs. 2) sich räumlich auf eine Grenzfläche erstreckt, so sind, wenn Grenzverwirrung vorliegt, in einem Prozesse unter den Beteiligten über den Umfang des Rechts die Grundsätze des § 920 entsprechend anzuwenden (M 3, 273). Um eine eigentliche Grenzermittlungsklage handelt es sich dabei aber nicht; vielmehr bildet die richterliche Grenzermittlung nur einen Entscheidungsgrund des Urteils (str.); dieses Urteil hat keine Wirkung gegenüber dem Eigentümer (§ 325 ZPO).

e) Anderseits **wirkt das Urteil** im Grenzermittlungsprozeß **nicht gegenüber** den **anderen** zugezogenen **Realberechtigten.** Denn es schafft nicht eine allgemein anzuerkennende neue Grenze, sondern stellt nur fest, welche Grenze im Verhältnis zwischen den beteiligten Eigentümern als die richtige zu gelten hat (str.; **RG** JW 1906, 302[7]).

f) Das ergehende Urteil steht **einem Feststellungsurteil gleich.** Deshalb findet eine Zwangsvollstreckung aus dem Urteil nicht statt (SeuffArch 47 Nr. 302). Jedoch kann nach Maßgabe des Urteils Abmarkung (§ 919) verlangt werden. Ferner kann auf Grund des Urteils die etwa erforderliche Berichtigung des Grundbuchs (wenn z.B. der grundbuchmäßige Bestand der Grundstücke von der ermittelten Grenze abweicht) gemäß § 22 GBO bewirkt werden, ohne daß es einer Auflassung bedarf (OLG 20, 405).

g) Der Anspruch aus § 920 ist **unverjährbar** (§ 924).

Anm. 3

3. Vertragliche Grenzfestsetzung. Wenn die Nachbarn in Ungewißheit über den Grenzzug diesen durch Vertrag festsetzen, so handelt es sich nicht um die Übernahme einer Verpflichtung zur Eigentumsübertragung. Vielmehr wird nur die Ungewißheit gelöst, indem die Vertragsteile es so angesehen wissen wollen, als sei nunmehr die bisher ungewisse Grenze ebenso ermittelt wie durch ein Urteil im Grenzermittlungsprozeß. Daher bedarf ein solcher Vertrag nicht der Form des § 313, es sei denn, daß die Vertragsteile sich gegenseitig zur Übertragung von Grundstücksteilen (ausdrücklich) verpflichten (**RG** JW 1906, 302[7]).

Anm. 4

II. Grenzverwirrung. Sie liegt vor, wenn keine Grenzzeichen vorhanden sind und auch sonst der Grenzzug sich nicht ermitteln läßt. Der Kläger muß dies, wenn er auf Grenzermittlung klagt, zur Begründung der Klage behaupten und notfalls beweisen.

III. Besitzstand

Anm. 5

1. Das Gesetz erklärt **für die Abgrenzung den Besitzstand als maßgebend** und stellt damit in erster Linie die Vermutung auf, daß, wenn die richtige Grenze nicht zu ermitteln ist, das Eigentum so weit reicht wie der Besitzstand. Hierauf kann sich der Kläger berufen. Er muß den von ihm behaupteten Besitzstand beweisen. Gelingt dieser Beweis, so ist nach Maßgabe des Besitzstandes die Grenze im Urteil festzusetzen, wenn nicht der Beklagte den Gegenbeweis führt, daß die richtige Grenze in Wirklichkeit anders verläuft. Erweist sich der gegenwärtige Besitz des Klägers als fehlerhaft (§ 858), so ist die Vermutung zu seinen Gunsten widerlegt. Dann ist der frühere Besitzstand des aus seinem Besitz unrechtmäßig verdrängten Gegners maßgebend (M 3, 271). Anderseits kann der Kläger, der aus dem Besitz unrechtmäßig (durch verbotene Eigenmacht) verdrängt ist, sich auf seinen früheren Besitz berufen, und zwar, ohne zuvor die Besitzstörungsklage (§ 861) anstellen zu müssen (M 3, 272).

2. **Soweit der Besitzstand nicht festgestellt** werden kann, wird nach der vom Gesetz aufgestellten zweiten Vermutung für den Eigentumsumfang die bis zur erwiesenen Besitzgrenze als streitig übrigbleibende Fläche ohne Rücksicht auf die Größe der beiden Grundstücke **in zwei gleiche Teile geteilt.**

Anm. 6

IV. Billigkeit. Der Grundsatz, daß die Grenze nach Maßgabe der in Anm. 5 dargelegten Vermutungen festzustellen ist, erfährt in Abs. 2 durch den **Grundsatz der Billigkeit** eine Einschränkung dahin, daß das Ergebnis nicht der Billigkeit widersprechen darf. Ist also nach den obwaltenden Umständen das auf Grund des Abs. 1 ermittelte Ergebnis unbillig, so ist die Grenze so festzusetzen, wie es der Billigkeit entspricht (**RG** SeuffArch 76, 191). Ist z.B. zwar die richtige Grenze nicht erwiesen, steht aber immerhin fest, daß von zwei um die Grenze streitenden Grundstücken das eine 100, das andere 200 qm groß ist, so muß die Grenze so bestimmt werden, daß jeder Nachbar ein Grundstück von dem ihm unzweifelhaft zustehenden Flächeninhalt erhält (Prot. 3, 126).

§ 921

Werden zwei Grundstücke durch einen Zwischenraum, Rain, Winkel, einen Graben, eine Mauer, Hecke, Planke, oder eine andere Einrichtung, die zum Vorteile beider Grundstücke dient, voneinander geschieden, so wird vermutet, daß die Eigentümer der Grundstücke zur Benutzung der Einrichtung gemeinschaftlich berechtigt seien, sofern nicht äußere Merkmale darauf hinweisen, daß die Einrichtung einem der Nachbarn allein gehört.

E I 852 II 833; M 3 270ff.; P 3 126f.

Anm. 1

Grenzanlagen

a) Das BGB geht davon aus, daß **unmittelbar angrenzende Nachbargrundstücke** nur durch eine **mathematische Linie** voneinander getrennt sind, daß also keine Fläche dazwischen liegt und das Eigentum an den Grundstücken und den damit verbundenen Bestandteilen (§§ 93ff, 946) sich beiderseits bis zu der Linie erstreckt (**RG** 53, 311; 65, 363; Gruchot 45, 1018). — **aa)** Befindet sich daher **auf der Grenze eine Anlage** (z.B. ein Gebäude, eine Mauer), die von der Grenzlinie durchschnitten wird, so steht jedem Nachbar das Eigentum an dem Teil auf seiner Seite bis zur Grenzlinie zu (**RG** 70, 201; WarnRspr 1924 Nr. 98), sofern nicht bei einem Grundstück § 95 Abs. 1 Satz 2 oder § 912 Platz greift (**RG** 65, 363; 72, 272; § 94 Anm.). Die Nachbarn sind nicht etwa Miteigentümer der ganzen Anlage nach Bruchteilen (**RG** 53, 311; 70, 201). — **bb)** Dies gilt auch dann, wenn die **Grundstücke früher in einer Hand** waren und dann das eine Grundstück an einen andern veräußert ist (wobei mangels einer entgegengesetzten Vereinbarung der Preis für das Grundstück auch das Entgelt für den Anlageteil umfaßt) oder wenn beide Grundstücke gesondert zwangsversteigert und von verschiedenen Erstehern erworben sind (**RG** 65, 363; 70, 201; 72, 272; WarnRspr 1924 Nr. 98). — **cc)** Wird die **Anlage niedergerissen oder sonst beseitigt,** so verbleiben die Stücke, die beiderseits innerhalb der Grundstücksgrenzen sich befunden hatten, im Eigentum des Nachbars, dem das Grundstück gehört. Dagegen werden die untrennbaren Stücke, die durch die Grenzlinie durchschnitten werden, Miteigentum der beiden Nachbarn nach Bruchteilen, entsprechend der früheren räumlichen Erstreckung der Stücke auf das eine und das andere Grundstück. Denn sie unterliegen nach der Trennung vom Boden den für bewegliche Sachen geltenden Rechtsgrundsätzen, und eine Sonderinhabung eines jeden der beiden Grundstückseigentümer daran ist tatsächlich nicht möglich (**RG** 70, 201). — **dd)** Nach § 903 ist jeder Nachbar, soweit nicht etwa ein Vertrag entgegensteht, in Ausübung seines Eigentumsrechts berechtigt, die **Stücke, die neben der Grenze liegen,** bis zur Grenzlinie abzusägen, abzuhauen oder sonst niederzureißen und abzutrennen. Dagegen darf er die **unmittelbar auf der Grenze** stehenden Stücke nicht ohne Einwilligung des Nachbars als ganze Stücke abtrennen und wegnehmen, da auch dem Nachbar Eigentum daran zusteht und somit die Wegnahme in das Eigentumsrecht des Nachbars eingreifen würde. — **ee)** Handelt es sich um ein **Gebäude,** so muß er beim Abbruch aller Stücke nach § 823 BGB, § 367 Nr. 14 StGB geeignete Schutzmaßregeln treffen, durch die der Einsturz des Gebäudeteils des Nachbars verhindert wird (**RG** 70, 206). — **ff)** Die Frage, zu welchem Grundstück eine auf der Grenze errichtete Giebelmauer gehört, die als gemeinschaftliche Giebelmauer der Nachbarn dienen soll, und die Folgen des Anbaus des Nachbars an die Mauer behandelt § 95 Anm. (vgl. auch OLG Celle NJW 1958, 224[10]). — **gg)** Das Zaunrecht nach Preuß. ALR bei nicht erweislich feststehender Grenze ist erörtert in JW 1933, 1337[2].

b) Auf alle diese Eigentumsverhältnisse bezieht sich § 921 aber nicht. Er stellt nur bei gewissen Grenzeinrichtungen die gesetzliche Vermutung für ein **gemeinsames Benutzungsrecht** der Nachbarn auf, nicht etwa die Vermutung für ein Miteigentum an der Einrichtung (**RG** 53, 307; 70, 203; JW 1911, 366[20]).

Anm. 2

Ein die Nachbargrundstücke scheidender **Zwischenraum** besteht aus Bestandteilen beider Grundstücke, ist also kein im Miteigentum der beiden Nachbarn stehendes selbständiges Grundstück (SeuffArch 62 Nr. 207).

Anm. 3

Unter **Einrichtungen** sind, wie sich aus den angeführten Beispielen und daraus ergibt, daß sie zwei Grundstücke **voneinander scheiden** und **zum Vorteile beider Grundstücke** dienen sollen, nur solche Anlagen zu verstehen, die nach ihrer Gestaltung und Lage die beiden Grundstücke voneinander scheiden und gerade hierdurch, also durch ihre Lage auf der Grenze und durch ihre die Grundstücke scheidende

Wirkung, beiden Grundstücken zum Vorteil dienen. Daher sind die Teile eines von der Grenze durchschnittenen Gebäudes keine solche Einrichtungen, da ihre Grenzlage als solche weder für das eine noch für das andere Grundstück von Vorteil ist (**RG** 70, 204). Ebensowenig gehören hierher gemeinsame Brunnen, Dachrinnen, Dungstätten (str.). Wohl aber fällt unter § 921 ein auf der Grenze errichteter Bau oder eine dort gemachte Anpflanzung mit scheidender Wirkung (Beispiele: Mauer, Hecke), wobei zu der Einrichtung auch der verwendete Grund und Boden gehört (**RG** WarnRspr 1915 Nr. 270). Daraus, daß die Einrichtung zum Vorteil beider Grundstücke dienen und sie beide scheiden soll, ist weiter zu schließen, daß die Grenze durch die Einrichtung hindurchgehen muß. § 921 findet daher keine Anwendung, wenn sich die Einrichtung neben der Grenze und ausschließlich auf einem der beiden Grundstücke befindet (**RG** WarnRspr 1911 Nr. 243) oder wenn die Einrichtung nur dem Vorteil eines Grundstücks dient.

Anm. 4

Die **Vermutung** setzt voraus, daß die Grundstücke aneinander grenzen, ihre Grenze durch die Einrichtung geht und diese dadurch, daß sie die Grundstücke voneinander scheidet, zum Vorteil beider Grundstücke dient (Anm. 3). Meist wird bei Grenzeinrichtungen zweifelhaft sein, wie die Grenze läuft. Dann soll nach der aufgestellten Vermutung die scheinbare Grenzeinrichtung für die gemeinschaftliche Benutzung als eine wirkliche gelten (M 3, 276). Die Vermutung wird aber beseitigt durch den Nachweis, daß die ganze Einrichtung einem Nachbar allein gehört, insbesondere auf dem Grundstück des einen Nachbars steht (**RG** WarnRspr 1911 Nr. 243; 1915 Nr. 270; Anm. 3). Auch ohne einen solchen Nachweis genügt zur Entkräftung der Vermutung das Vorliegen äußerer Merkmale (Anm. 7), die darauf hinweisen, daß die Einrichtungen einem der Nachbarn allein gehört (**RG** 70, 203). Ein Recht zur Mitbenutzung der Grenzeinrichtung kann dann von dem andern Nachbarn nur durch Bestellung einer Grunddienstbarkeit erlangt werden.

Anm. 5

Die **Eigentümer** können ihr Benutzungsrecht gemäß § 96 nicht losgelöst von ihrem Eigentum auf einen Dritten übertragen. Die Realgläubiger der Grundstücke (Nießbraucher, Hypothekengläubiger) können die Mitbenutzung nicht hindern.

Anm. 6

Nur für das **Recht zur gemeinschaftlichen Benutzung,** nicht für ein Miteigentum streitet die Vermutung (Anm. 1 b). Der Inhalt des Benutzungsrechts wird im § 922 näher geregelt. Die Berechtigung ist nicht eine gesetzliche Grunddienstbarkeit (die das BGB nicht kennt), sondern eine gesetzliche gegenseitige Beschränkung des Eigentums des einen zugunsten des andern Grundstücks. Sie kann als eine gegenseitige grunddienstbarkeitsähnliche Belastung bezeichnet werden mit der Maßgabe, daß nur eine gemeinschaftliche Benutzung stattfindet (Prot. 3, 130; **RG** Gruchot 45, 1018; WarnRspr 1916 Nr. 169). Sie ist aber weder eintragungsbedürftig noch eintragungsfähig (str.). Wird das Benutzungsrecht durch Vertrag anders (als im § 922) geregelt, so wird darin die Bestellung einer Grunddienstbarkeit liegen, die den allgemeinen Regeln hierfür untersteht (M 3, 277).

Anm. 7

Die **äußeren Merkmale,** wodurch die Vermutung beseitigt wird (Anm. 4), müssen dem Auge sichtbare Zeichen sein, die nach allgemeiner Anschauung für ein Alleineigentum des einen Nachbars an der ganzen Grenzeinrichtung sprechen. Beispielsfall: die Pfosten eines Grenzzauns stehen nur auf einer Seite.

Anm. 8

a) Die §§ 921, 922 finden auch auf Einrichtungen Anwendung, die schon vor dem **Inkrafttreten des BGB** bestanden (Art. 173, 181 EG; **RG** 53, 307). Eine Grenzmauer, die bis dahin nach dem bisherigen Recht im Miteigentum der Nachbarn stand, gehört also seit dem 1. 1. 1900 den Nachbarn nicht mehr gemeinschaftlich. Sie haben nur das in §§ 921, 922 geregelte Benutzungsrecht. Hat z. B. im Gebiet des PrALR ein Nachbar auf einer Grenzmauer einen Aufbau errichtet, so kann der andere nicht mehr ohne weiteres die Zurückziehung bis zur Mitte verlangen (§ 135 PrALR I 8), sondern hat einen Beseitigungsanspruch nur insoweit, als sein Mitbenutzungsrecht durch den Aufbau beeinträchtigt wird (**RG** 53, 307).

b) Die auf Grund des Art. 124 EG neben dem BGB geltenden **landesgesetzlichen** Vorschriften über Kommunmauern und Scheidemauern bilden den Gegenstand der Entscheidungen in **RG** 55, 335; 58, 384; 63, 6; JW 1908, 287[31]; 1933, 1337[2]; WarnRspr 1915 Nr. 225, 270; OLG 18, 130; 34 S. 190, 191. Über die Eigentumsverhältnisse vgl. § 95 Anm. Unberührt bleiben nach Art. 111 EG die landesgesetzlichen Vorschriften, die im öffentlichen Interesse das Eigentum in Ansehung tatsächlicher Verfügungen beschränken. In Preußen kommen namentlich Vorschriften der Baupolizeiordnungen in Betracht. Nach ihnen sind daher die Rechtsverhältnisse einer Scheidemauer in erster Linie zu beurteilen (**RG** V 326/04).

§ 922

Sind die Nachbarn zur Benutzung einer der im § 921 bezeichneten Einrichtungen gemeinschaftlich berechtigt, so kann jeder sie zu dem Zwecke, der sich aus ihrer Beschaffenheit ergibt, insoweit benutzen, als nicht die Mitbenutzung des anderen beeinträchtigt wird. Die Unterhaltungskosten sind von den Nachbarn zu gleichen Teilen zu tragen. Solange einer der Nachbarn an dem Fortbestande der Einrichtung ein Interesse hat, darf sie nicht ohne seine Zustimmung beseitigt oder geändert werden. Im übrigen bestimmt sich das Rechtsverhältnis zwischen den Nachbarn nach den Vorschriften über die Gemeinschaft.

E I 854 Abs 1 II 834; M 3 274—277; P 3 129—131.

Anm. 1

§ 922 bestimmt in Ergänzung des § 921 näher das Recht zur gemeinschaftlichen **Benutzung** der Grenzeinrichtungen. Besteht an einer Giebelmauer, die den Nachbarn je zur Hälfte gehört, eine gemeinschaftliche Benutzungsberechtigung nicht, so liegt in einer Benutzung über die Hälfte hinaus ein unbefugter Eingriff in das Eigentum des Nachbars (**RG** WarnRspr 1911 Nr. 243).

Anm. 2

Nach der **Beschaffenheit der Einrichtung,** also insbesondere nach den äußeren Kennzeichen ihres Zwecks (**RG** Gruchot 52, 1061), bestimmt sich in erster Linie (Anm. 3) Inhalt und Umfang des Benutzungsrechts. Beide Nachbarn können z. B. benutzen: einen Zwischenraum zur Aufstellung von Baugerüsten bei Ausbesserungen; einen Grenzrain zum Umwenden des Pfluges; einen Grenzgraben zur Abführung oder Entnahme von Wasser; eine Grenzmauer zur Gebäudestützung, Anlegung von Schornsteinen, auch zur Erhöhung und Verstärkung.

Anm. 3

In zweiter Linie (Anm. 2) bestimmt sich der Umfang des Rechts zur Benutzung danach, daß sie **nicht eine Beeinträchtigung** des **Mitbenutzungsrechts des andern Nachbars** zur Folge haben darf.

a) Daher darf z. B. **nur ohne solche Beeinträchtigung** in einem Grenzgraben Wasser durch künstliche Leitungen geleitet (**RG** Gruchot 47, 1066), in einer Mauer eine Nische angelegt (OLG 4, 294), in eine Mauer Treppenstufen eingefügt (**RG** WarnRspr 1911 Nr. 243), ein Aufbau auf einer Brandmauer über den dem Bauenden gehörigen Teil hinaus errichtet werden (**RG** Gruchot 52, 1061, auch **RG** 53, 312). Jeder Übergriff des einen Teils — insbesondere eine Beseitigung oder Änderung der Errichtung, die er ohne Zustimmung des andern an ihrem Fortbestand interessierten Teils vornimmt, oder eine Benutzung der Einrichtung zu einem Zweck, der sich nicht aus ihrer Beschaffenheit ergibt, oder eine Benutzung, welche die Mitbenutzung des andern Teils beeinträchtigt — gewährt dem andern Teil kraft seines Eigentums an dem zu seinem Grundstück gehörigen Stück der Einrichtung (§ 921 Anm. 1 zu a) oder kraft seines dienstbarkeitsähnlichen Rechts an dem übrigen Stück der Einrichtung (§ 921 Anm. 6) nach §§ 1004, 1027 einen Anspruch auf Beseitigung der Beeinträchtigung und, wenn eine weitere Beeinträchtigung zu besorgen ist, einen Anspruch auf Unterlassung (M 3, 277; **RG** WarnRspr 1916 Nr. 169) oder auch einen Anspruch auf Vornahme von Vorkehrungen, welche die Beeinträchtigung beseitigen (**RG** WarnRspr 1911 Nr. 243).

b) Das Benutzungsrecht ist aber wegen des Mitbenutzungsrechts des andern Nachbars nicht etwa stets nur auf die Hälfte der Einrichtung oder auf die eine Seite beschränkt. Vielmehr beschränkt § 922 es nur nach der Richtung, daß durch die Benutzung nicht die Mitbenutzung des Nachbars beeinträchtigt werden darf; an sich umfaßt es daher die **ganze Einrichtung** (z. B. eine Grenzmauer in ihrer ganzen Dicke: **RG** 53, 312; WarnRspr 1911 Nr. 243). Deshalb darf z. B. der eine Berechtigte in eine Giebelmauer, an der ein gemeinschaftliches Benutzungsrecht besteht, auch über die Mittellinie hinaus Treppenstufen einfügen, es sei denn, daß dadurch die Mitbenutzung des Nachbars beeinträchtigt wird (**RG** WarnRspr 1911 Nr. 243).

c) Ferner beziehen sich die Beschränkungen des Benutzungsrechts aus § 922 nur auf **die Grenzeinrichtung selbst,** erstrecken sich aber nicht auf das anstoßende Grundeigentum der Nachbarn (**RG** WarnRspr 1916 Nr. 169). Daher gewährt eine Maßnahme, die ein Nachbar auf seinem Grundstück zwar an der Grenze trifft, die aber auf die Benutzung der Grenzeinrichtung nicht einwirkt (z. B. eine Mauererhöhung an einem Zwischenraum), dem andern Nachbar keinen Abwehranspruch, sofern nicht ein solcher nach anderen gesetzlichen Vorschriften (z. B. landesrechtlichen Eigentumsbeschränkungen) oder auf Grund eines besondern Rechtstitels gegeben ist (**RG** WarnRspr 1916 Nr. 169).

Anm. 4

Die **Unterhaltungskosten** sind ohne Rücksicht auf die Benutzungsweise stets (nicht wie nach §§ 742, 748 nur im Zweifel) **zu gleichen Teilen** zu tragen. Dasselbe gilt nach Satz 4 und § 748 auch für die Lasten und die Kosten der Verwaltung und gemeinschaftlichen Benutzung. Im Falle schuldhafter Beschädigung können jedoch die Ausbesserungskosten nach § 823 einem Teil allein zur Last fallen.

Anm. 5

Das **Interesse** auch nur eines Nachbars **an dem Fortbestande** hindert die Beseitigung oder Änderung der Einrichtung ohne seine Zustimmung. Dieses Interesse braucht kein vermögensrechtliches zu sein. Stimmt aber ein Nachbar trotz mangelnden Interesses nicht zu, so kann der andere gegen ihn auf Einwilligung in die Beseitigung oder Änderung klagen. Anderseits hat der interessierte Nachbar auf Grund seines Eigentums (§ 1004) einen Anspruch auf Wiederherstellung des ohne seine Zustimmung beseitigten oder geänderten Zustandes (M 3, 277). Im Falle einer Gemeinmauer besteht kein Recht darauf, daß der Nachbar es unterläßt, durch Abbruch seines Hauses die Mauer den Einflüssen der Witterung auszusetzen (OLG 26, 32). Das Gemeinschaftsverhältnis an der Brandmauer ist erloschen, wenn die beiden durch sie verbundenen Häuser zerbombt wurden (OLG Hamm NJW 1924, 273[5]; aM LG Köln JR 1955, 339).

Anm. 6

Von den **Vorschriften über die Gemeinschaft** (§§ 742ff), die neben den Sondervorschriften des § 922 Satz 1 bis 3 auf das gemeinschaftliche Benutzungsrecht anzuwenden sind, kommen besonders in Betracht: § 743 Abs. 1 (Recht auf die Früchte, z. B. auf die Grasnutzung eines Grenzrains) und §§ 744, 745, 746 (Regelung der Verwaltung und Benutzung; insbesondere durch Vertrag, der zwar für und gegen die Sondernachfolger, aber im übrigen doch nur schuldrechtlich wirkt, es sei denn, daß gemäß § 1010 Abs. 1 Eintragung bewirkt wird, str.). § 747 Satz 1 (Befugnis jedes Teilhabers zur Verfügung über seinen Anteil) findet keine Anwendung, da das Benutzungsrecht mit dem

Eigentum derart verbunden ist, daß eine Sonderveräußerung ausgeschlossen ist (§ 921 Anm. 5). Die Anwendung der §§ 749ff (Aufhebung der Gemeinschaft) wird durch § 922 Satz 3 ausgeschlossen (Anm. 5). Wegen des § 748 vgl. Anm. 4.

§ 923

Steht auf der Grenze ein Baum, so gebühren die Früchte und, wenn der Baum gefällt wird, auch der Baum den Nachbarn zu gleichen Teilen.

Jeder der Nachbarn kann die Beseitigung des Baumes verlangen. Die Kosten der Beseitigung fallen den Nachbarn zu gleichen Teilen zur Last. Der Nachbar, der die Beseitigung verlangt, hat jedoch die Kosten allein zu tragen, wenn der andere auf sein Recht an dem Baume verzichtet; er erwirbt in diesem Falle mit der Trennung das Alleineigentum. Der Anspruch auf die Beseitigung ist ausgeschlossen, wenn der Baum als Grenzzeichen dient und den Umständen nach nicht durch ein anderes zweckmäßiges Grenzzeichen ersetzt werden kann.

Diese Vorschriften gelten auch für einen auf der Grenze stehenden Strauch.

E I 854 Abs 2 II 835; M 3 276f.; P 3 131f.

Anm. 1

Die **Grenze** zwischen zwei Grundstücken ist eine **mathematische Linie.** Durchschneidet sie Gebäude oder andere Bestandteile (§§ 93ff, 946) der Grundstücke, so gehört jedem Nachbar das Stück, das auf seinem Grund und Boden steht, zum Alleineigentum; ein Miteigentum besteht also daran nicht (M 3, 274; **RG** 53, 311; 70, 201). Wird aber ein solcher Bestandteil beider Grundstücke (z. B. ein Stein, der zu beiden Seiten der Grenze liegt, oder die Teile eines Gebäudes auf der Grenze) von den Grundstücken getrennt, so werden regelmäßig die Grundstückseigentümer Miteigentümer dieses Gegenstandes. Der einem jeden zukommende Bruchteil entspricht der früheren räumlichen Erstreckung des Bestandteils über die Grenze (§ 921 Anm. 1 zu a) cc). Von diesen Grundsätzen des BGB gibt nun aber § 923 **Ausnahmen für den Grenzbaum und den Grenzstrauch.** Grund der Ausnahmebestimmungen ist die organische Natur des Baums, die es mit sich bringt, daß die Zerstörung auf der einen Seite den Verderb des Baums auf der andern Seite herbeiführt (M 3, 278).

Anm. 2

Grenzbaum

a) Begriff. Ein Baum ist nur dann ein Grenzbaum, wenn er da, **wo er aus der Erde tritt, von der Grenze durchschnitten** wird. Ein Baum, dessen Wurzeln zwar auf ein Nachbargrundstück hinüberreichen, dessen Stamm aber nur auf dem einen Grundstück steht, ist kein Grenzbaum. Er gehört vielmehr als wesentlicher Bestandteil (§§ 94, 946) allein dem Eigentümer des Grund und Bodens, aus dem der Stamm emporsteigt. § 910 regelt die Frage, inwieweit der Nachbar von einem solchen Baum Wurzeln und Zweige abschneiden darf.

b) Teilung. Solange der Grenzbaum steht, gehört jedem Nachbar das Stück bis zum Grenzliniendurchschnitt. Nach der Fällung entsteht Miteigentum an dem durch die Trennung zur beweglichen Sache gewordenen Baum (M 3, 278). Insoweit besteht keine Ausnahme von den in § 921 Anm. 1 zu a) cc) und in Anm. 1 hier dargelegten Grundsätzen. Dagegen gehören die **Früchte** und der **Baum selbst,** wenn er gefällt oder sonst (z. B. durch Sturm) vom Boden getrennt wird, **den Nachbarn zu gleichen Teilen** ohne Rücksicht auf die räumliche Erstreckung des Baumes über die Grenze. Die Teilung erfolgt nach §§ 752ff. Der anteilsberechtigte Nachbar braucht nicht notwendig Eigentümer zu sein. Auch der Nutzungsberechtigte (z. B. der Nießbraucher) hat (und zwar unter Ausschluß des Eigentümers) ein Anteilrecht auf die Früchte und, da der Baum eine Frucht des Grundstücks ist, gemäß § 954 auch auf die getrennten Stücke des Baums (M 3, 279). Zu den Früchten (§ 99) gehört hier (anders als im § 911: dort Anm. 1) auch das dürre Holz des Baums.

Anm. 3

Anspruch auf Beseitigung des Baumes

a) Geltendmachung. Der nach § 924 unverjährbare **Anspruch auf Beseitigung** kann regelmäßig (Ausnahmefall im Abs. 2 Satz 4) jederzeit ohne eine weitere Voraussetzung geltend gemacht werden, weil die unter den Nachbarn bestehende Gemeinschaft nicht von einem dauernden Zweck getragen wird (M 3, 278). Jedoch darf das Fällen des Baums nicht eigenmächtig erfolgen, also nicht ohne Zustimmung des andern Nachbars. Dieser ist aber zu ihrer Erteilung verpflichtet. Nötigenfalls muß seine Verurteilung herbeigeführt werden.

b) Verzicht auf die Rechte an dem Baum. Er hat zur Folge, daß die **Kosten der Beseitigung** nicht von den beiden Nachbarn zu gleichen Teilen, sondern von dem die Trennung verlangenden Nachbar allein zu tragen sind. Der Verzicht ist eine einseitige, empfangsbedürftige Willenserklärung. Sie kann, wenn der Erklärende nicht schon in anderer Weise gebunden ist, auch nach der Trennung des Baums abgegeben werden. In diesem Falle ist von der Trennung bis zur Erklärung des Verzichts das Alleineigentum in der Schwebe. Mit der Erklärung steht fest, daß der Baum bereits seit der Trennung im Alleineigentum des Nachbars stand.

c) Beweislast. Wer auf Beseitigung des Baums klagt, muß beweisen, daß der Baum auf der Grenze steht. Dem Gegner liegt, wenn er der Beseitigung widerspricht, der Beweis ob, daß der Baum **als Grenzzeichen dient.** Damit hat er gemäß § 919 Abs. 1 sein Recht, die Beseitigung zu verbieten, hinlänglich dargetan. Dieses Ergebnis kann aber der die Beseitigung Verlangende wiederum durch den Beweis entkräften, daß der Baum durch ein anderes zweckmäßiges Grenzzeichen ersetzt werden kann. Ein Ersatz kann z. B. nicht möglich sein in gewissen der Überschwemmung besonders ausgesetzten Gebieten (Prot. 3, 133).

Anm. 4

Strauch. Dem Baume stehen nicht bloß Sträucher, sondern in entsprechender Anwendung auch kleinere Pflanzen gleich.

Anm. 5

Landesrecht. Unberührt bleiben nach Art. 122 EG die landesgesetzlichen Vorschriften, welche die Rechte des Eigentümers eines Grundstücks in Ansehung der auf der Grenze stehenden Obstbäume (nicht der Obststräucher) abweichend von den Vorschriften des § 923 Abs. 2 regeln. Art. 183 EG enthält eine Übergangsvorschrift für die landesgesetzlichen Vorschriften zugunsten der Bäume und Sträucher auf Waldgrundstücken.

§ 924

Die Ansprüche, die sich aus den §§ 907 bis 909, 915, dem § 917 Abs. 1, dem § 918 Abs. 2, den §§ 919, 920 und dem § 923 Abs. 2 ergeben, unterliegen nicht der Verjährung.

E I 853 II 837; M 3 273f.; P 3 127ff., 156f.; 6 231f.

Unverjährbarkeit. In den Fällen der §§ 919, 920 handelt es sich um Ansprüche aus absoluten Rechten, die auf die Herstellung eines Zustandes gerichtet sind, der nicht bloß durch das Interesse des Anspruchsberechtigten, sondern auch durch ein öffentliches Interesse verlangt wird (M 3, 273; Prot. 3, 128). In allen übrigen Fällen ist der Grund für die Unverjährbarkeit die fortwährende Neuentstehung des Anspruchs. § 916 ist nicht angezogen, weil es sich dort nicht um einen Anspruch, sondern um ein Recht handelt (Prot. 6, 231). Im übrigen kann auf die Anmerkung zu den angezogenen Paragraphen verwiesen werden.

Zweiter Titel

Erwerb und Verlust des Eigentums an Grundstücken

§ 925

Die zur Übertragung des Eigentums an einem Grundstück nach § 873 erforderliche Einigung des Veräußerers und des Erwerbers (Auflassung) muß bei gleichzeitiger Anwesenheit beider Teile vor einer zuständigen Stelle erklärt werden. Zur Entgegennahme der Auflassung sind, unbeschadet der Zuständigkeit weiterer Stellen, das Grundbuchamt, jedes Amtsgericht und jeder Notar zuständig. Eine Auflassung kann auch in einem gerichtlichen Vergleich erklärt werden.

Eine Auflassung, die unter einer Bedingung oder einer Zeitbestimmung erfolgt, ist unwirksam.

§ 925a

Die Erklärung einer Auflassung soll nur entgegengenommen werden, wenn die nach § 313 Satz 1 erforderliche Urkunde über den Vertrag vorgelegt oder gleichzeitig errichtet wird.

E I 868, 871f. II 838; M 3 312ff., 318ff.; P 3 168ff., 181f.; 5 436f., 444.

Neue Fassung des Gesetzes zur Wiederherstellung der Gesetzeseinheit auf dem Gebiete des bürgerlichen Rechts v. 5. 3. 1953 (BGBl I 33), durch das die Verordnungen über Auflassungen v. 11. 5. 1934 (RGBl I 378) und v. 9. 1. 1940 (RGBl I 46) eingearbeitet sind.

Übersicht

I. Erwerb des Grundstückseigentums

Anm. 1

1. Erwerbsarten

a) Erwerb nach BGB. — aa) In diesem Titel werden nur drei **Arten des Erwerbs und des Verlustes des Eigentums an Grundstücken** behandelt: die rechtsgeschäftliche Übertragung (§ 925 nebst § 926: Zubehör), die Aneignung nach Aufgebot (§ 927) und die Aneignung herrenloser Grundstücke (§ 928). In diesen Fällen ist **Erfordernis** des Eigentumserwerbs die **Eintragung** der Rechtsänderung in das Grundbuch (§ 873). Dazu tritt der Eigentumserwerb kraft Ersitzung durch den als Eigentümer eingetragenen Nichteigentümer (§ 900). — **bb)** Von **gesetzlichen Erwerbsarten,** die beim Grundeigentum in Betracht kommen, enthält das BGB nur zwei Fälle: den Erwerb durch eheliche Gütergemeinschaft (§§ 1416 Abs. 2, 1485 Abs. 3 n. F.) und den Erwerb durch Erbfolge (§ 1922). In diesen Fällen vollzieht sich der Erwerb des Eigentums an den Grundstücken **ohne Eintragung** außerhalb des Grundbuchs. Hinzu treten hier die dem Erbanfall gleichstehenden Fälle des Erwerbs von Vermögen aufgelöster Vereine und Stiftungen durch den Fiskus (§§ 45 ff, 88).

b) Erwerb außerhalb des BGB. Außerhalb des BGB gibt es sonst noch Fälle, in denen nach Reichsrecht oder nach Landesrecht ein Eigentum an Grundstücken ohne Eintragung erworben wird oder besondere Vorschriften für den Eigentumserwerb an Grundstücken gelten. Daneben ist in einzelnen Fällen die entsprechende Anwendung des Liegenschaftsrechts des BGB landesgesetzlich vorgeschrieben. — **aa)** Von **Reichsgesetzen** gehören z. B. hierher: § 253 AktG (früher § 304 HGB: Verstaatlichung einer Aktiengesellschaft unter Ausschluß der Abwicklung; entsprechend anzuwenden auf die Verschmelzung eines Versicherungsvereins auf Gegenseitigkeit nach VersAG v. 6. 6. 1931 mit einer öffentlich-rechtlichen Versicherungsanstalt unter Ausschluß der Liquidation: KGJ 47, 121); §§ 233 ff AktG (früher § 306 HGB: Verschmelzung zweier Aktiengesellschaften unter Ausschluß der Abwicklung: KGJ 46, 190; A 16 b; anders bei der Verschmelzung mit Abwicklung gemäß § 255 AktG — früher § 303 HGB: KGJ 46, 194); die §§ 90, 130 ZVG (Erwerb des zwangsversteigerten Grundstücks durch den Ersteher mit dem Zuschlag). Wegen des Wohnungs- und des Teileigentums s. §§ 4, 6—9 WEG. — **bb)** An **landesgesetzlichen** Vorschriften über besondere Erwerbsarten und über die Anwendung des Liegenschaftsrechts des BGB kommen namentlich folgende für die Landesgesetzgebung im EG gegebene Vorbehalte noch jetzt in Betracht: Art. 62 (Rentengüter); 64 (Anerbengüter; wegen ihrer Übertragung: OLG 36, 229); 65 (Wasserrecht einschließlich Anlandungen, entstehende Inseln, verlassene Flußbetten; dazu § 903 Anm. 2); 67 (Bergwerkseigentum); 109 (Enteignung; JFG 1, 301); 112 (Bahneinheiten); 113 (Gemeinheitsteilungen und Zusammenlegung; den Eigentumserwerb und die Eintragung des Eigentums an den in einem preußischen Auseinandersetzungsverfahren gebildeten sog. Interessentengrundstücken behandeln OLG 29, 312; KGJ 48, 199); 126 (Übergang auf Kommunalverbände oder den Staat).

Anm. 2

2. Anlegung des Grundbuchs

a) Bis zur Anlegung des Grundbuchs richten sich gemäß Art. 189 EG der Erwerb und der Verlust des Eigentums an Grundstücken **nach den bisherigen Gesetzen.** Von der Anlegung des Grundbuchs ab gelten gemäß Art. 186 Abs. 2 EG die Vorschriften des BGB (insbesondere die §§ 873, 925) auch für solche zum Bezirk gehörende Grundstücke, die aus irgendeinem Grunde, sei es absichtlich, sei es versehentlich, noch kein Grundbuchblatt erhalten haben. Dann ist also zur Übertragung des Eigentums an einem noch nicht gebuchten Grundstück des Bezirks die Anlegung eines Grundbuchblattes für den Veräußerer und die Auflassung nebst Eintragung erforderlich (KGJ 29 A 121).

b) Eigenen Regeln folgen bestimmte Grundstücke, die durch besondere Anordnung von der Buchung ausgenommen sind, z. B. die auf Grund des § 3 Abs. 2 GBO vom Grundbuchzwang befreiten Grundstücke. Doch bedarf es auch bei diesen Grundstücken zur rechtsgeschäftlichen Eigentumsübertragung der Anlegung eines Grundbuchblatts und der Auflassung, wenn die Voraussetzungen der Befreiung vom Buchungszwang aufhören, wenn z. B. eine Stadtgemeinde ihr ungebuchtes Grundstück an einen nicht gleichfalls vom Buchungszwang befreiten Erwerber veräußert. Denn dann finden die Vorschriften des BGB über die Erfordernisse des Eigentumserwerbs Anwendung; insbesondere ist nach § 873 die Eintragung des Eigentumsübergangs in das Grundbuch erforderlich (KGJ 26 A 115; 49, 160; aM OLG 18, 195).

c) Ein Eigentumserwerb durch **Ersitzung** findet an Grundstücken (abgesehen von der Buchersitzung des § 900) mit Rücksicht auf die Grundbucheinrichtung nicht statt.

d) Auch Grundstücke, die einem **öffentlichen Zwecke** dienen, unterliegen insoweit den privatrechtlichen Vorschriften, als nicht die Bestimmung zu dem öffentlichen Zweck ihrer Anwendung entgegensteht (§ 903 Anm. 8). An Begräbnisplätzen kann z. B. in Preußen Privateigentum sowohl für Gemeinden als auch für Privatpersonen bestehen; ihr Erwerb vollzieht sich daher nach den für den Erwerb von Grundeigentum sonst geltenden Vorschriften, also gegebenenfalls gemäß §§ 873, 925 durch Auflassung und Eintragung (KGJ 21 A 297). Dagegen bedurfte es früher zum Erwerb des Privateigentümers an Teilen des (verlassenen) Bettes öffentlicher Flüsse nicht der Auflassung, da das im (nicht privatrechtlichen) Eigentum des Staates stehende Strombett nicht den privatrechtlichen Vorschriften über die Eigentumsübertragung an Grundstücken unterlag (**RG** 80, 123). Der jetzige Rechtszustand nach dem PrWassG v. 7. 4. 1913 ist erörtert in § 903 Anm. 8. Dort ist auch der Eigentumserwerb an Anlandungen behandelt.

Anm. 3

3. Grundstücksgleiche Rechte. Die für den Grundstückserwerb gegebenen Vorschriften finden entsprechende Anwendung auf die den Grundstücken gleichgestellten Rechte: das Erbbaurecht, die in Art. 63, 68 EG aufgeführten Rechte (Erbpachtrecht, Häusler-, Büdnerrecht, Recht auf Gewinnung eines Minerals) und die auf Grund des Vorbehalts in Art. 196 EG landesgesetzlich geregelten selbständigen Gerechtigkeiten (z. B.: Kohlenabbaugerechtigkeit, Salzabbaugerechtigkeit, Realprivileg der Apotheker). Die Veräußerung von „Fischwehr"-Gerechtigkeiten in Preußen behandelt JFG 10, 194.

II. Rechtsgeschäftliche Übertragung des Grundstückseigentums

Anm. 4

1. Eigentumsübergang auf Grund Rechtsgeschäfts

a) Neben der für jede rechtsgeschäftliche Änderung der Rechte an Grundstücken geltenden Vorschrift des § 873 gibt § 925 eine **Sonderbestimmung** für die rechtsgeschäftliche Übertragung des Eigentums an Grundstücken. Zur Anwendung des § 925 ist also zunächst erforderlich, daß das Eigentum auf Grund eines Rechtsgeschäfts übergeht. Mithin scheiden aus die Fälle des Eigentumsübergangs auf anderer Grundlage, insbesondere kraft Gesetzes (Anm. 1).

b) In folgenden Fällen vollzieht sich der Eigentumserwerb auf Grund eines Rechtsgeschäfts, so daß die Auflassung erforderlich ist: beim Erwerb des Vermächtnisnehmers und eines Miterben als Vorausvermächtnisnehmers, da er nach § 2174 nur das Recht hat, die Leistung des vermachten Gegenstandes von dem Beschwerten zu fordern (OLG 39, 217); beim Erwerb des Erbschaftskäufers, der durch den Kauf gemäß § 2374 nur einen Anspruch auf Übereignung der zum Nachlaß gehörigen Gegenstände, aber noch nicht das Eigentum an einem Nachlaßgrundstück erlangt (KGJ 46, 188); wenn einem Miterben ein Grundstück durch Teilungsordnung, die keine dingliche Wirkung hat (§§ 2048, 2049), zugewiesen ist (**RG** 52, 174; 141, 284; RJA 3, 102; KGJ 22 A 301; 28 A 196); wenn ein zum Nachlaß gehörendes Grundstück (oder ein Bruchteil davon) einem oder einigen Miterben von den andern überwiesen wird, da der Auseinandersetzungsvertrag nur einen persönlichen (schuldrechtlichen) Anspruch gegen die andern Miterben auf Übereignung gibt (**RG** 57, 432; 89, 57; KGJ 40 A 169; 45, 232; 52 S. 140, 274); wenn diejenigen, denen mehrere Miterben je einen Bruchteil ihres Anteils am gesamten Nachlaß übertragen haben (Anm. 16), nicht bloß nachrichtlich im Grundbuch als Mitberechtigte am Nachlaß und somit auch an dem zum Nachlaß gehörigen Grundstück vermerkt sein, sondern Miteigentum nach Bruchteilen an dem Nachlaßgrundstück selbst erlangen wollen, da sie durch die Übertragung der Nachlaßanteile noch nicht Bruchteilseigentümer am einzelnen Nachlaßgegenstand geworden sind (KGJ 46, 181); wenn bei der Aufhebung einer allgemeinen oder fortgesetzten Gütergemeinschaft ein zum Gesamtgut gehörendes Grundstück einem Ehegatten zum Alleineigentum übertragen wird (**RG** 20, 259; KGJ 36 A 201; 38 A 206; 52, 140; OLG 35, 322; JW 1926, 992[2]), selbst wenn der Ehegatte ein gesetzliches Recht auf die Überlassung des Grundstücks hatte (§§ 1477, 1497, z. B. weil er das Grundstück in die Gütergemeinschaft eingebracht hat), da die Aufhebung immer nur die schuldrechtliche Grundlage schafft für den die Eigentumsänderung erst herbeiführenden dinglichen Vertrag; wenn ein zum Gesamtgut gehörendes Grundstück durch Ehevertrag zum Vorbehaltsgut bestimmt wird, da es für das Vorbehaltsgut an einer dem § 1416 Abs. 2 entsprechenden Bestimmung fehlt (KGJ 35 B 25; OLG 7, 54; JFG 15, 192); wenn ein Grundstück, das zu dem einer Stiftung in letztwilliger Verfügung des Stifters zugesicherten Vermögen gehört, nach staatlicher Genehmigung der Stiftung auf diese übergehen soll (§ 82; RJA 9, 135; KGJ

35 A 222); wenn nach Auflösung eines rechtsfähigen Vereins ein Grundstück des Vereins nicht an den Fiskus, sondern gemäß § 45 an ein Mitglied übergehen soll, da für dieses nur ein schuldrechtlicher Anspruch auf Herausgabe des Vereinsvermögensstücks besteht (KGJ 25 A 132); wenn ein Grundstück eines Kommunalverbandes auf einen andern Kommunalverband übertragen werden soll, ohne daß die Übertragung durch ein auf Grund des Art. 126 EG erlassenes Landesgesetz angeordnet ist (KGJ 30 B 40).

Anm 5.

2. Übertragung auf eine andere Rechtsperson. Ferner ist zur Anwendung des § 925 die Übertragung von dem bisherigen Eigentümer auf eine andere Rechtsperson erforderlich.

a) Eine solche **Übertragung auf eine andere Rechtsperson findet nicht statt, so daß eine Auflassung** zum Eigentumserwerb **nicht erforderlich** ist: — **aa)** wenn einer von mehreren Miterben, die im Grundbuch über ein zum Nachlaß gehörendes Grundstück als Eigentümer in Erbengemeinschaft eingetragen sind, seinen Anteil am Nachlaß auf einen andern Miterben überträgt, da er dadurch nicht über seinen Anteil am Grundstück verfügt (§ 2033 Abs. 2) und da durch die Eintragung der Übertragung nur der nachrichtliche Vermerk über das Eigentum der Erbengemeinschaft am gesamten Nachlaß berichtigt wird (Anm. 16); wenn ein Miterbe sich mit seinem Anteil am Nachlaß für abgefunden erklärt und über das bisher für die Miterbengemeinschaft eingetragene Grundstück zugunsten der übrigen Miterben verfügt, so daß nur noch eine Grundbuchberichtigung auf die anderen Miterben als Eigentümer übrigbleibt, da auch in diesem Falle der ausscheidende Miterbe nicht über seinen Anteil am Grundstück verfügt (JFG 7, 319); wenn ein Grundstück von einer fiskalischen Stelle auf eine andere übertragen werden soll, da die fiskalischen Stellen nicht verschiedene selbständige Rechtspersönlichkeiten sind, sondern insgesamt den Staat verkörpern (**RG** 59, 404; KGJ 38 A 237); wenn eine Aktiengesellschaft ihr Grundstück von der Hauptniederlassung auf die Zweigniederlassung umschreiben läßt (JFG 15, 104); wenn in eine offene Handelsgesellschaft, der ein Grundstück gehört, ein Kommanditist eintritt, so daß die Gesellschaft zur Kommanditgesellschaft wird, oder wenn umgekehrt eine Kommanditgesellschaft in eine offene Handelsgesellschaft umgewandelt wird, da in diesen Fällen, wie sich namentlich aus § 139 Abs. 1, § 162 Abs. 3 HGB ergibt, die frühere Gesellschaft nicht aufgelöst und eine neue Gesellschaft begründet wird, sondern die frühere Gesellschaft sich in anderer Form fortsetzt (KGJ 26 A 219; 27 B 16; 39 A 218; 51, 182; auch **RG** 55, 126; OLG 42, 161); wenn eine Kommanditgesellschaft auf Aktien, der ein Grundstück gehört, gemäß §§ 260ff AktG (früher §§ 332f HGB) in eine Aktiengesellschaft umgewandelt wird, da auch hier die alte Gesellschaft ohne Auflösung in anderer Form fortgesetzt wird (OLG 5, 279); wenn ein Grundstück einer offenen Handelsgesellschaft, die ihre bisherige Firma in eine von ihr erworbene andere Firma umgewandelt hat, auf diese Firma umgeschrieben werden soll, da hinsichtlich des Eigentums keine Änderung des Rechtsträgers eintritt (KGJ 28 A 151); wenn Sitz und Firma einer Gesellschaft m.b.H., der ein Grundstück gehört, geändert wird (KGJ 52, 158). — **bb) Sehr zweifelhaft und umstritten** ist die Frage, ob die Auflassung erforderlich ist für die Überführung eines Grundstücks aus dem Vermögen einer offenen Handelsgesellschaft in das Vermögen einer anderen aus denselben Personen gebildeten offenen Handelsgesellschaft oder Gesellschaft des bürgerlichen Rechts. Die Vertreter der verneinenden Ansicht betonen die Personengleichheit auf beiden Seiten und die Gleichartigkeit oder doch nur geringe Verschiedenheit der Gesamthandverhältnisse vor und nach dem Übergang des Grundstücks von der einen auf die andere Gesellschaft. Die Vertreter der bejahenden Ansicht legen dagegen das entscheidende Gewicht auf die Selbständigkeit des Gesellschaftsvermögens bei der offenen Handelsgesellschaft, auf die Unterschiede in der Rechtsgestaltung der einzelnen Gesamtverhältnisse und auf die Sicherheit des Grundbuchverkehrs. Die frühere Rechtsprechung (**RG** JW 1899, 320[48]; KGJ 53, 261; aM KGJ 28 A 253) neigte dazu, die Auflassung für entbehrlich zu erklären. Dann haben aber das Reichsgericht, der Reichsfinanzhof und das Kammergericht übereinstimmend für die Notwendigkeit der Auflassung sich ausgesprochen (**RG** 136, 402). Trotz mancher wissenschaftlichen und praktischen Bedenken, die dieser Ansicht begegnen, wird sie sich wohl in der Rechtsprechung allgemein durchsetzen und damit die Streitfrage ihre forensische Bedeutung verlieren (JW 1933, 124[6]; 1934, 989[5]). Zu beachten bleibt aber, daß die Rechtsprechung auch jetzt noch für Fälle der bloßen Umwandlung einer offenen Handelsgesellschaft in eine personengleiche Gesellschaft des bürgerlichen Rechts (z. B. beim Zurückgehen des Handelsbetriebs auf den Umfang des Kleingewerbes oder bei völliger Aufgabe des Handelsgewerbes) die Umschreibung des Grundstückseigentums ohne Auflassung im Berichtigungswege zuläßt (**RG** 155, 86; JFG 12, 279; HRR 1932 Nr. 202).

Anm. 6

b) Dagegen ist wegen Eigentumsübertragung auf eine andere Rechtsperson die Auflassung erforderlich: — aa) wenn ein Grundstück eingebracht wird von einem der Gemeinschafter oder von mehreren, die Miteigentümer sind, in eine Gesellschaft des BGB oder in eine offene Handelsgesellschaft oder in eine Kommanditgesellschaft, da nach § 706 Abs. 2 BGB, § 105 Abs. 2, § 161 Abs. 2 HGB das Grundstück aus dem Eigentum des Einbringenden in das der Gesellschaft übergeht (**RG** 56, 99; 57, 434; 59, 432; 68, 417; 84, 112; KGJ 51, 187); wenn von den Gründern einer Gesellschaft m. b. H. oder Genossenschaft oder Gewerkschaft Grundstücke in diese eingebracht werden, da das Eigentum der Gründer von dem der Gesellschaft, Genossenschaft, Gewerkschaft verschieden ist (**RG** 64, 191; KGJ 30 A 180; 32 B 33); wenn offene Handelsgesellschafter ihr Gesellschaftsgrundstück in eine von ihnen gegründete Gesellschaft m. b. H. einbringen (**RG** 74, 6; OLG 46, 47); wenn mehrere Miteigentümer eines Grundstücks eine offene Handelsgesellschaft unter sich allein errichten und das Grundstück in diese einbringen wollen, da das bisher jedem Miteigentümer als Sondereigentum zustehende Bruchteilseigentum an die Gemeinschaft zur gesamten Hand übergehen soll, so daß jeder bisherige Miteigentümer nicht mehr einen nach § 747 BGB seiner Verfügung unterstehenden Anteil an dem Grundstück hat (**RG** 56, 96; 57, 433; 68, 417; 84, 112; KGJ 51, 187; Anm. 16a); wenn ein zum Gesamtgut einer fortgesetzten Gütergemeinschaft oder einem Miterben in ungeteilter Erbeneigenschaft gehörendes Grundstück in das Vermögen einer von den Teilhabern der fortgesetzten Gütergemeinschaft oder von den Miterben ohne Zuziehung anderer Personen gegründeten offenen Handelsgesellschaft oder Kommanditgesellschaft übergehen soll, da hier zwar kein Personenwechsel stattfindet, aber die Gemeinschaft zur gesamten Hand, die bisher Eigentümerin des Grundstücks ist, in ihrer Rechtsgestaltung wesentlich verschieden ist von der Gemeinschaft zur gesamten Hand, die nunmehr Eigentümerin werden soll (KGJ 45, 230; 51, 180; JFG 18, 120; OLG 46, 73); wenn ein Grundstück von einer offenen Handelsgesellschaft an einen Gesellschafter zum Sondereigentum übertragen oder unter Bestehenbleiben der aus mehr als zwei Personen bestehenden Gesellschaft einem Ausscheidenden als Abfindung zugewiesen werden soll, da an die Stelle der Gemeinschaft der einzelne als Eigentümer treten soll (**RG** 25, 252; 30, 150; DR 44, 292; JW 1899, 609[39]; 1900, 542[51]; Gruchot 39, 1011; KGJ 52, 140); wenn bei der Auflösung einer offenen Handelsgesellschaft ein Gesellschafter ein Grundstück zugeteilt erhalten soll oder die bisherigen Gesellschafter Miteigentümer des Grundstücks nach Bruchteilen werden sollen (KGJ 24 A 110; 28 A 252; OLG 46, 46; JW 1927, 805[1]; die Fälle der Übertragung des ganzen Gesellschaftsvermögens und des Ausscheidens eines Teilhabers aus der offenen Handelsgesellschaft behandelt Anm. 16 b); wenn bei der Umwandlung einer Kommanditgesellschaft auf Aktien in eine einfache Kommanditgesellschaft (und umgekehrt) das der einen Gesellschaft gehörige Grundeigentum auf die andere übertragen werden soll, da jene Gesellschaft als juristische Person von dieser verschieden ist und daher Auflösung und Neugründung erfolgen muß; wenn eine Aktiengesellschaft, deren Aktien in der Hand einer anderen Aktiengesellschaft vereinigt sind, an diese ein Grundstück als einzelnes Vermögensstück übertragen will, da jene Gesellschaft durch Vereinigung ihrer Aktien in einer andern Rechtsperson nicht untergegangen ist (**RG** 62, 73; OLG 19, 338); wenn bei Umwandlung einer mit juristischer Persönlichkeit ausgestatteten Versicherungsgesellschaft auf Gegenseitigkeit oder einer Gewerkschaft in eine Aktiengesellschaft ein Grundstück von jener auf diese übertragen werden soll, da die beiden Gesellschaften zwei verschiedene juristische Personen sind (KGJ 25 A 278). — **bb) Ausnahmen** gelten insoweit aber für solche Umwandlungen, die dem Gesetz v. 5. 7. 1934 über die Umwandlung von Kapitalgesellschaften unterliegen. — **cc)** Auflassung ist schließlich nötig, wenn **Schulgrundstücke** von dem Schulverband auf die politische Gemeinde übertragen werden (KGJ 31 A 306; OLG 42, 272). — **dd)** Werden zwei politische Gemeinden durch **Eingemeindung** miteinander vereinigt, so ist bei der Übertragung des Vermögens, insbesondere der Grundstücke, für rechtsgeschäftliche Übertragungsakte überhaupt kein Raum (OLG 16, 153; 23, 330).

Anm. 7

c) Auch wenn es sich nicht um Übertragung des Eigentums, sondern um **Berichtigung des Grundbuchs** (§ 894) handelt, weil der als Eigentümer Eingetagene in Wahrheit nicht Eigentümer ist, können die Beteiligten statt des Nachweises der Unrichtigkeit des Grundbuchs gemäß § 22 GBO sich der **Auflassung** bedienen, da der Eingetragene nach dem Grundbuch Eigentümer ist und nichts entgegensteht, daß in der Form der Übertragung des aus dem Grundbuch (scheinbar) sich ergebenden Eigentums die Eintragung des wahren Eigentümers herbeigeführt wird (RJA 9, 60; § 894 Anm. 34). Anderseits kann, wenn die auf Grund einer Auflassung für den Erwerber bewirkte Eigentumseintragung eine Parzelle des veräußerten Grundstücks, die mitveräußert werden sollte, nicht umfaßt, auf Grund einer beurkundeten Erklärung der Beteiligten, daß die Auflassung sich auch auf die Parzelle habe erstrecken sollen und erstrecke, der Erwerber als Eigentümer der Parzelle eingetragen werden, ohne daß es einer neuen Auflassung bedarf (**RG** 73, 154; Anm. 30 zu ee).

Anm. 8

III. Beschränkungen für die Übertragung von Grundstückseigentum. Sie bestehen mannigfach nach Reichs- und Landesrecht.

1. Genehmigung. Vielfach wird die Grundstücksveräußerung an eine behördliche Genehmigung geknüpft, vgl. die Übersicht in § 433 Anm. 71. Hierher gehören z. B.:

Anm. 9

a) Das **Wohnsiedlungsgesetz** v. 22. 9. 1933 (RGBl I 659) idF v. 27. 9. 1938 (RGBl I 1246), dazu AusfVO v. 25. 2. 1935 (über deren Inkrafttreten JFG 14, 162). Danach sind die nach dem Inkrafttreten des Gesetzes bewirkten (JFG 11, 357) Auflassungen in Wohnsiedlungsgebieten regelmäßig an eine behördliche Genehmigung gebunden (§ 4); das Grundbuchamt darf Eintragungen auf Grund solcher Auflassungen erst vornehmen, wenn der Genehmigungsbescheid vorgelegt oder durch eine behördliche Bescheinigung die Genehmigungsfreiheit nachgewiesen ist (§ 11). Die Genehmigungspflicht besteht auch dann, wenn die Auflassung nicht mit einer Teilung größerer Grundflächen verbunden und das aufgelassene Grundstück bereits bebaut ist (JW 1935, 2846[44]; JFG 14, 162). Genehmigungsfrei sind: Erbteilsübertragungen (JFG 13, 71); die Eintragung einer Auflassungsvormerkung (JFG 14, 123); die Eintragung des Reichsheimstättenvermerks (JFG 17, 218). Die Genehmigung kann auch unter Auflagen erteilt werden (dazu JW 1937, 895[25]). Bei Teilveräußerungen muß der Genehmigungsbescheid den etwa noch nicht vermessenen Grundstücksteil klar erkennen lassen (JW 1937, 896[16]).

Anm. 10

b) Nach der **Verordnung** v. 6. 1. 1937 **über die Veräußerung von Entschuldungsbetrieben** (DurchfVOen v. 19. 4. und 19. 8. 1937, s. auch Ges. v. 25. 3. 1952, BGBl I 203) ist das schuldrechtliche und das dingliche Veräußerungsgeschäft bei Grundstücken, auf denen ein Entschuldungsvermerk oder eine Hypothek für die Industriebank oder für ein Reichsdarlehn aus Betriebssicherungsmitteln eingetragen ist, an die Genehmigung des Reichsministers (Bundesministers) für Ernährung und Landwirtschaft geknüpft.

Anm. 11

c) **Der Verkehr mit landwirtschaftlichen und forstwirtschaftlichen Grundstücken** unterliegt nach dem an die Stelle der Bekanntmachung v. 15. 3. 18/26. 1. 37 getretenen KRG 45 und den in den einzelnen Ländern dazu ergangenen Durchführungsbestimmungen von einer bestimmten Mindestgröße ab dem behördlichen Genehmigungszwang. — **aa)** Der Begriff „Grundstück" ist hier nicht im Rechtssinne (§ 873 Anm. 14), sondern im wirtschaftlichen Sinne zu verstehen (**RG** HRR 1931 Nr. 676). — **bb)** Genehmigungspflichtig sind: die Auflassung (auch eine nach § 894 ZPO durch Urteil ersetzte Auflassungserklärung: OGH JR 1950, 722; bei einer Kette von Auflassungen jede einzelne von ihnen: **RG** 129, 150), auch von Miteigentumsanteilen (München MDR 49, 758), die Belastung mit Hypotheken (auch Zwangshypotheken), die Bestellung eines Nießbrauchs und jede Vereinbarung, die eine Nießbrauchsbestellung oder die Verpflichtung zur Übereignung des Grundstücks zum Gegenstand hat (z. B. Kauf- und Tauschverträge). Auch der Zuschlag an einen anderen als den Meistbietenden ist genehmigungspflichtig. — **cc) Genehmigungsfrei** sind eine Reihe in den einzelnen Gesetzen näher angeführte Rechtsgeschäfte, namentlich Belastungen innerhalb gewisser Grenzen (7/10), ferner die Zustimmung des Verfügungsberechtigten zur Auflassung eines Nichtberechtigten (**RG** 118, 120; HRR 1926 Nr. 169; 1930 Nr. 45) und die Übertragung von Erbanteilen an einem Nachlaß, zu dem ein landwirtschaftlich oder forstwirtschaftlich genutztes Grundstück gehört (JFG 17, 74; HRR 1926 Nr. 1391; 1936 Nr. 1440; **BGH** 18, 380). — **dd) Ob im Einzelfall eine Genehmigung erforderlich ist** oder nicht, entscheidet die Genehmigungsbehörde mit bindender Wirkung für Gerichte und Verwaltungsbehörden; Grundbuchamt und Zwangsversteigerungsrichter sind also der ihnen sonst obliegenden (**RG** WarnRspr 1928 Nr. 128) eigenen Prüfungspflicht in dieser Hinsicht enthoben, wenn ihnen ein Zeugnis der Genehmigungsbehörde vorgelegt wird. — **ee)** Ein ohne die erforderliche Genehmigung geschlossenes Rechtsgeschäft ist bis zur Entscheidung über die Erteilung oder Versagung der Genehmigung **schwebend unwirksam** (vgl. OGH 3, 82; **BGH** LM MRG 52 Art. II Nr. 2). Während des Schwebezustandes haben die Parteien zwar noch keine Leistungsansprüche, aber die Treupflicht, zur Erlangung der Genehmigung mitzuwirken (**RG** 98, 244; 106, 324; 108, 94; 115, 43; 119, 334; 129, 376; **BGH** 5, 178); während dieses Zustandes kann auch bereits eine Auflassungsvormerkung für den Erwerber in das Grundbuch eingetragen werden (**RG** 108, 91). Wird die Genehmigung demnächst versagt, so ist das Rechtsgeschäft endgültig nichtig (KRG 45 Art. IV 1). Wird dagegen die Genehmigung nachträglich erteilt, so wird das Geschäft wirksam (JFG 2, 327), und zwar mit rückwirkender Kraft vom Zeitpunkt seines Abschlusses an (**RG** 108, 94). Die erteilte Genehmigung ist unanfechtbar (OGH 2, 303 u. 317; NJW 50, 424; **BGH** 1, 267; LM LVO § 23 Nr. 5; LwVG § 22 Nr. 7) und grundsätzlich unwiderruflich (**RG** 103, 107; HRR 1935 Nr. 432; OGH 2, 263; Gesetzwidrigkeit des Genehmigungsbescheides, **BGH** 1, 223; Ausnahmen: gegen Treu und Glauben verstoßendes Verhalten des Begünstigten, **BGH** NJW 1953, 787). Mit der Genehmigung des schuldrechtlichen Verpflichtungsgeschäfts gilt auch die Genehmigung zum dinglichen Erfüllungsgeschäft als erteilt, falls sich beide decken (KRG 45 Art. IV 2; OGH 1, 327). — **ff)** Die Genehmigung kann auch **unter Bedingungen** (**BGH** LM KRG 45 Art. IV Nr. 4; BayObLG 1953 Nr. 33) und **Auflagen** erteilt werden (dazu **RG** 126, 132; JFG 2, 327); eine solche Entscheidung ist aber beschwerdefähig. — **gg) Versagt** werden darf die Genehmigung nur in den im KRG 45 Art. IV und den Ausführungsvorschriften dazu vorgesehenen Fällen (OGH 3, 216; **BGH** 1, 121); die versagende Entscheidung unterliegt der Beschwerde (**RG** 110, 356; JW 1922, 491[14]), kann aber von der Behörde nicht frei zurückgenommen werden (**RG** 102, 1; 103, 104; OGH 2, 251; **BGH** LM BGB § 134 Nr. 10). — **hh)** Jede **Entscheidung** der Genehmigungsbehörde ist den Beteiligten **bekanntzumachen** (dazu **RG** 102, 1; 110, 356; SeuffArch 78 Nr. 174). — **ii)** Ist auf Grund eines genehmigungsbedürftigen, aber **nicht genehmigten** Rechtsgeschäfts eine **Eintragung** im Grundbuch bewirkt worden, so ist das Grundbuch unrichtig geworden; das Grundbuchamt hat, wenn die Voraussetzungen des § 53 Abs. 1 Satz 1 GBO vorliegen, einen Widerspruch von Amts wegen einzutragen; auch die zuständige Behörde kann um die Eintragung des Widerspruchs und um seine Löschung ersuchen (dazu JFG 1, 239).

Anm. 12

d) Militärregierungsgesetze. — **aa)** Nach **MRG 52** sind die ohne die nach diesem Gesetz erforderliche Genehmigung, die auch nachträglich erteilt werden kann, abgeschlossenen Rechtsgeschäfte bis zur Entscheidung über die Genehmigung schwebend unwirksam (OGH 3, 82; **BGH** LM MRG 52 Art. II Nr. 2). Vereitelungs- und Umgehungsgeschäfte i.S. des Art. V sind aber unheilbar nichtig (**BGH** LM MRG 52 Art. II Nr. 2); hatte jedoch nur eine Partei die Vereitelungs- oder Umgehungsabsicht, so ist das Geschäft nur schwebend unwirksam (**BGH** LM MRG 52 Art. V Nr. 2). Ein von dem durch die Vermögenssperre Betroffenen abgeschlossenes Rechtsgeschäft, das mangels Genehmigung zunächst schwebend unwirksam ist, wird durch Aufhebung der Vermögenssperre wirksam (**BGH** LM MRG 52 Art. II Nr. 2; Art. I Nr. 3); das gilt nicht, wenn der Treuhänder das Geschäft ohne eine erforderliche Genehmigung abgeschlossen hatte (**BGH** LM MRG 52 Art. I Nr. 3). Durch die Versagung der Genehmigung wird ein zunächst schwebend unwirksames Rechtsgeschäft nichtig; diese Nichtigkeit kann nicht durch nachträgliche Genehmigung geheilt werden (**BGH** LM BGB § 134 Nr. 10). Die nach MRG 52 erteilte Genehmigung macht die nach KRG 45 erforderliche Genehmigung nicht überflüssig (**BGH** LM KRG 45 Art. VI Nr.2). — **bb)** Entsprechende Grundsätze gelten für die devisenrechtliche Genehmigung nach **MRG 53.**

Anm. 13

e) Schließlich sei in diesem Zusammenhang noch hingewiesen **aa)** auf die §§ 26 27 RVO, wonach die Träger der Reichsversicherung für den Erwerb gewisser Grundstücke die Genehmigung der Aufsichtsbehörde brauchen, — **bb)** auf § 5 Abs. 3 HypBankG v. 13. 7. 1899, wonach den Hypothekenbanken der Grundstückserwerb nur zur Verhütung von Verlusten an Hypotheken oder zur Beschaffung von Geschäftsräumen gestattet ist, — **cc)** auf § 54 VersAGes. v. 6. 6. 1931, wonach die dort genannten Versicherungsunternehmungen zum Grundstückserwerb regelmäßig der Genehmigung ihrer Aufsichtsbehörde bedürfen, — **dd)** auf § 75 BundesversorgungsG v. 7. 8. 1953 (BGBl I 866) über die Genehmigungspflicht für die Veräußerung eines mit einer Kapitalabfindung erworbenen Grundstücks, — **ee)** auf § 5 Abs. 4 des Ges. über die Verwaltung des ERP-Sondervermögens v. 31. 8. 1953 (BGBl I 1312), wonach zum Erwerb von Grundstücken mit Mitteln des Sondervermögens die Zustimmung des Bundesministers der Finanzen erforderlich ist, — **ff)** auf § 17 Abs. 2 FlurbereinigungsG v. 14. 7. 1953 (BGBl I 591), wonach der Abschluß von Verträgen der Teilnehmergemeinschaft der Zustimmung der Flurbereinigungsbehörde bedarf, und — **gg)** auf § 62 DGO, wonach die Veräußerung von Grundstücken über einen in den Ausführungsbestimmungen festgelegten Wert durch die Gemeinden der Genehmigung der Aufsichtsbehörde bedarf (s. jetzt die Gemeindeordnungen der Länder).

Anm. 14

2. Unbedenklichkeitsbescheinigungen

a) des Finanzamts: Vor der Eintragung des Eigentumsüberganges im Grundbuch muß die Unbedenklichkeitsbescheinigung der Grunderwerbsteuerbehörde beigebracht werden (§ 189 AbgO idF v. 29. 3. 1940, RGBl I 585; § 9 DVO v. 30. 3. 1940, RGBl I 595; vgl. **BGH** 5, 178f);

b) der Preisbehörde: Nach § 1 der VO über die Preisüberwachung und die Rechtsfolgen von Preisverstößen im Grundstücksverkehr v. 7. 7. 1942 (RGBl I 451) i.V. mit der VO PR Nr. 75/52 v. 28. 11. 1952 (BGBl I 792) ist ein Vertrag, durch den sich jemand verpflichtet, das Eigentum an einem i.S. der VO PR Nr. 75/52 nicht bebauten Grundstück gegen Entgelt zu übertragen, der Preisbehörde zur Prüfung vorzulegen. Das Grundbuchamt soll den Erwerber nur eintragen, wenn eine Unbedenklichkeitsbescheinigung der Preisbehörde beigebracht worden ist. Als Unbedenklichkeitsbescheinigung der Preisbehörde ist auch ein Bescheid anzusehen, durch den eine Genehmigung nach dem Wohnsiedlungsgesetz (Anm. 9) oder nach Art. IV KRG 45 (Anm. 11) erteilt wird (**BGH** 18, 71).

Anm. 15

3. Landesrecht

a) Von den in dem **EG BGB** für die **Landesgesetzgebung** gemachten **Vorbehalten** für Erwerbsbeschränkungen sind durch das Gesetzeseinheitsgesetz vom 5.3.1953 (II Art. 2) die Artikel 86, 87 mit den auf Grund derselben erlassenen Landesgesetzen aufgehoben. Bestehen geblieben ist nur der Art. 88 mit den dazu ergangenen Landesgesetzen für den Erwerb von Grundstücken durch Ausländer.

b) Wegen der Grundstückserwerbsbeschränkungen im **Bodenreformrecht** s. die Bodenreformgesetze der einzelnen Länder und Haegele, Beschränkungen im Grundstücksverkehr, Bem. 298ff.

c) Wegen der **Kommunalaufsicht** im Grundstücksverkehr s. oben Anm. 13 zu gg.

IV. Grundstück

Anm. 16

1. Miteigentum

a) Eigentumsübertragung. Den Grundstücken (Begriff: § 873 Anm. 13) steht gleich der Anteil eines Miteigentümers beim Miteigentum nach Bruchteilen. Denn das Anteilsrecht ist gleichfalls Eigentum (§ 1008), und die nach § 747 zulässige Verfügung darüber richtet sich nach den für die Verfügung über die Sache geltenden Vorschriften. Daher bedarf es zur Verfügung über den ideellen Anteil der Auflassung. Dabei macht es keinen Unterschied, ob der Anteil unverändert auf einen Dritten oder auch einen anderen Miteigentümer übertragen oder ob die Größe der Anteile der einzelnen Miteigentümer verändert oder an die Stelle des ideellen Anteils ein realer Teil des Grundstücks gesetzt werden soll (RG 52, 174; 56, 100; 69, 40; 76, 413). Dies gilt auch dann, wenn mehrere Miteigentümer sich zu einer offenen Handelsgesellschaft vereinigen und das Grundstück in diese einbringen. Denn dann wandelt sich das Bruchteilseigentum eines jeden in einen Gesellschaftsanteil, über den er nach § 719 Abs. 1 nicht verfügen darf. Auch sind hier Auflassungen schon deshalb erforderlich, weil die Übertragung des Bruchteilseigentums auf eine andere Rechtsträgerin stattfindet (Anm. 6; **RG** 56, 96; 57, 433; 68, 417; 76, 413; 84, 112; KGJ 51, 187).

b) Keine Eigentumsübertragung. Dagegen handelt es sich nicht um die Übertragung des Eigentums oder eines Bruchteilseigentums an einem Grundstück, so daß eine **Auflassung nicht erforderlich** ist: wenn bei der Miterbengemeinschaft der gesamte Nachlaß einem der Miterben von den übrigen übertragen wird oder wenn ein Miterbe seinen Anteil oder einen Bruchteil seines Anteils am Nachlasse auf einen andern Miterben oder einen Dritten überträgt oder wenn die Miterben ihre Anteile am Nachlaß nach und nach an einen Dritten übertragen, so daß er schließlich Alleineigentümer des ganzen Nachlasses und damit auch Alleineigentümer des zum Nachlaß gehörigen Grundstücks wird (**RG** 88, 116; KGJ 46 S. 181, 187; 52, 275). Denn hier ist Gegenstand der Veräußerung nicht ein Bruchteilseigentum an dem zum Nachlasse gehörenden Grundstück, sondern der Anteil am gesamten Nachlasse gemäß § 2033 Abs. 1 (**RG** 60, 131; KGJ 26 A 113; 33 A S. 207, 231; 35 A 74; 46, 182; 52 S. 151, 275). Die Auflassung ist ferner entbehrlich: wenn ein Gesellschafter aus einer Gesellschaft des BGB oder einer offenen Handelsgesellschaft oder einer Kommanditgesellschaft, der ein Grundstück gehört, ausscheidet, da sein Anteil am gesamten Gesellschaftsvermögen gemäß § 738 Abs. 1 BGB, §§ 105 Abs. 2, 161 Abs. 2 HGB den Anteilen der andern Gesellschafter kraft Gesetzes zuwächst (**RG** 65, 227; 68, 410; KGJ 50, 194); wenn bei der Auflösung einer nur aus zwei Gesellschaftern bestehenden offenen Handelsgesellschaft, der ein Grundstück gehört, der eine bisherige Gesellschafter das gesamte Gesellschaftsvermögen (Aktiva und Passiva) übernimmt, da in entsprechender Anwendung von § 142 Abs. 3 HGB, § 738 Abs. 1 BGB der übertragende Gesellschafter als Ausscheidender anzusehen ist, dessen Anteil am Gesellschaftsvermögen dem andern Gesellschafter ohne besonderen Übertragungsakt zuwächst (str.; **RG** 60, 156; 65, 234; 68, 410; 87, 409; 92, 165; HRR 1936 Nr. 1437 und 1937 Nr. 464: Übernahme des Gesellschaftsvermögens durch einen von drei Gesellschaftern; aM KGJ 24 A 110; 25 A 78, 80; RJA 9, 221); wenn eine inländische Aktiengesellschaft, der ein Grundstück gehört, ohne Abwicklung nach § 253 AktG (früher § 304 HGB) vom Staat oder einem Kommunalverband übernommen oder gemäß §§ 233ff AktG (früher § 306 HGB) mit einer andern Aktiengesellschaft, sei es auch unter Änderung der Firma, vereinigt wird, da in diesen Fällen das gesamte Vermögen im Wege der Gesamtrechtsnachfolge übergeht (**RG** 28, 363; 79, 45; KGJ 28 A 148; 32 A 206; 35 A 290; JW 1922, 1617[15]; anders, wenn die aufnehmende Gesellschaft ihren Sitz im Ausland hat, da eine Gesamtrechtsnachfolge nur in den besonders bestimmten Fällen stattfindet: KGJ 21 A 294; OLG 14, 358); dies gilt trotz der §§ 80, 81 GmbHG entsprechend auch für die Verschmelzung einer Aktiengesellschaft mit einer GmbH (JFG 7, 292; § 249 AktG).

Anm. 17

2. Realer Grundstücksteil. Ein Teilstück eines Grundstücks, das in dem für die Bezeichnung der Grundstücke maßgebenden amtlichen Verzeichnis (§ 2 Abs. 2 GBO) noch nicht als selbständiges Grundstück geführt ist, kann rechtswirksam aufgelassen werden, wenn seine Grenzen entsprechend gekennzeichnet werden. Für die Eintragung der Eigentumsänderung sind dann allerdings § 2 Abs. 3 und § 28 Satz 1 GBO maßgebend (JW 1926, 991[1]; JFG 3, 283). Auch ein realer Teil eines Bergwerkseigentums kann übereignet werden, weil der Teil durch Feldesteilung oder durch Entkonsolidierung Gegenstand besonderen Eigentums zu werden vermag (OLG 44, 136).

V. Auflassung und Eintragung

Anm. 18

1. Allgemeines. Die zur Eigentumsübertragung außer der Auflassung **nach § 873 erforderliche Eintragung in das Grundbuch** ist besprochen in § 873 Anm. 85. Die Eintragung darf gemäß § 20 GBO erst nach der Auflassung vorgenommen werden. Jedoch ist diese Bestimmung nur eine formellrechtliche Ordnungsvorschrift, deren Nichtbeachtung für die sachlichrechtliche Wirkung des Übereignungsvorgangs keine Bedeutung hat. Wird also die Auflassung erst nach der Eintragung rechtswirksam erklärt (z. B. weil eine vorhergegangene Auflassung wegen Geschäftsunfähigkeit des Auflassenden nichtig war), so geht das Eigentum mit der nachträglichen Auflassung über. Denn das materielle Recht verlangt nicht, daß die Auflassung vorangehen müsse (str.; JW 1925, 2617[4]; JFG 4, 329). Formellrechtlich ist dann zu der Eintragung des Erwerbers zu vermerken, daß und wann die rechtswirksame Auflassung nachgeholt worden ist (JFG 4, 334). Die vorangegangene Eintragung muß aber zur Vollziehung derselben Rechtsänderung vorgenommen sein, welche Gegenstand der Auflassung ist; es genügt nicht, wenn der Auflassungsempfänger zwar bereits als Eigentümer im Grundbuch eingetragen steht, aber aus anderer rechtlicher Veranlassung (§ 873 Anm. 88; JW 1925, 2617[4]; JFG 4, 334; **BGH** LM § 873 Nr. 1). Ist daher z. B. das Eigentum auf Grund einer Vorerbschaft übertragen worden, ist demnächst die Nacherbfolge eingetreten (z. B. weil die zur Vorerbin eingesetzte Witwe des Erblassers sich wieder verheiratet hat) und hat dann der Erbe das ihm nun zugefallene Grundstück an die frühere Vorerbin aufgelassen, so muß die Erwerberin von neuem als Eigentümerin eingetragen werden, wenn die Eigentumsübertragung sich vollziehen soll (KGJ 51, 187).

Anm. 19

2. Zwischenzeit zwischen Auflassung und Eintragung

a) Verfügungsbefugnis des Auflassenden nach außen. Die Eintragung ist ein der Auflassung gleichwertiges Erfordernis der Eigentumsübertragung. Solange sie nicht bewirkt ist, bleibt der Auflassende Eigentümer. Er ist daher **im Verhältnis**

zu Dritten in der Zwischenzeit zwischen Auflassung und Eintragung noch zur Verfügung über das Grundstück berechtigt (**RG** 55, 341). Hat die Auflassung vor einem Notar oder vor einer anderen Behörde als dem Grundbuchamt stattgefunden (Anm. 46 zu a) und ist die Verhandlung über die Auflassung dem Grundbuchamt noch nicht eingereicht, so ist der Grundbuchrichter selbst im Falle der Kenntnis von der Auflassung nicht berechtigt, die Entgegennahme einer Verfügung (z. B. der Bestellung einer Hypothek) des Auflassenden abzulehnen. Auch Eintragungen im Wege der Zwangsvollstreckung (z. B. einer Zwangshypothek, des Eigentums für einen Dritten auf Grund einer rechtskräftigen Verurteilung zur Auflassung) können in der Zwischenzeit rechtswirksam vorgenommen werden (**RG** 55, 341). Steht der beantragten Eigentumseintragung ein Hindernis entgegen und weist der Grundbuchrichter den Antrag (Anm. 47 zu c) nicht zurück, sondern bestimmt er gemäß § 18 Abs. 1 GBO eine angemessene Frist zur Hebung des Hindernisses, so hat er im Falle des Eingehens eines andern Eintragungsantrags nach § 18 Abs. 2 GBO eine Vormerkung zur Sicherung des Rechts auf Eintragung des Eigentumsübergangs einzutragen. Nur dann, wenn dies geschehen, ist die auf Grund des später eingetragenen Antrags bewirkte Eintragung gegenüber dem demnächst eingetragenen Erwerber gemäß § 888 unwirksam (**RG** 55, 340).

Anm. 20

b) Bindende Wirkung der Auflassung im Verhältnis zwischen den Beteiligten. Im Verhältnis zwischen den Beteiligten untereinander ist aber durch den dinglichen Vertrag der Auflassende gemäß § 873 Abs. 2 an seine Erklärung gebunden. Er kann sie weder widerrufen noch sonst die Eintragung einseitig hindern, auch nicht dadurch, daß er seine Auflassungserklärung im Klagewege zurückverlangt, z. B. bei Nichtigkeit des Grundrechtsgeschäfts wegen Formmangels (str.; **RG** 111, 101; JW 1926, 987[6]; Gruchot 68, 548; aM JW 1923, 761[3]). In solchen Fällen kann er sich aber dadurch gegen den Eigentumsverlust durch die Eintragung schützen, daß er eine einstweilige Verfügung nach § 938 ZPO erwirkt und wirksam zustellt, wodurch dem Erwerber verboten wird, sich auf Grund der Auflassung das Eigentum zu verschaffen (**RG** 117, 290; 120, 118; JW 1923 S. 306[3], 763[4]; 1925, 643[12]; § 888 Anm. 25; § 892 Anm. 104). Der Wirksamkeit dieses Erwerbsverbots steht § 878 nicht entgegen, selbst wenn der Antrag auf Umschreibung des Eigentums schon vor der Zustellung des Verbots beim Grundbuchamt eingegangen ist (**RG** 120, 120; § 878 Anm. 9). Der Schutz, den das Verbot gewährt, entfällt aber wiederum, wenn die einstweilige Verfügung durch ein rechtskräftiges oder auch nur vorläufig vollstreckbares Urteil aufgehoben ist (JFG 1, 386; 3, 306).

Anm. 21

c) Übergang der Verfügungsbefugnis auf den Auflassungsempfänger im Verhältnis zwischen den Beteiligten. Die Berechtigung zur Verfügung ist im Verhältnis zwischen den Beteiligten durch die Auflassung auf den Auflassungsempfänger mit dem Vorbehalt übertragen, daß er demnächst seine Eigentumseintragung erlangt. Die rechtliche Fortwirkung der Auflassung fällt vor der Eintragung nur dann fort, wenn auch der andere Teil eine auf die Rückgängigmachung der Auflassung gerichtete Erklärung abgegeben hat oder wenn die Abgabe einer solchen Erklärung durch ein gegen ihn ergangenes rechtskräftiges Urteil gemäß § 894 ZPO ersetzt ist (**RG** 108, 329; 111, 101). Haben jedoch die Beteiligten nach der Auflassung vor einem Notar (Anm. 46 zu 1 a) mit Rücksicht auf vorhandene Streitpunkte die Abrede getroffen, die Auflassungsverhandlung dürfe dem Grundbuchamt nicht ohne ausdrückliche Zustimmung des Auflassenden zum Vollzug der Eigentumsänderung eingereicht werden, und führt dann der Auflassungsempfänger vertragswidrig ohne Zustimmung des Auflassenden die Eintragung der Eigentumsänderung herbei, so kann gegen ihn (insbesondere dann, wenn der Formmangel des Grundrechtsgeschäfts nach § 313 Satz 2 durch die Auflassung und die Eintragung geheilt ist, so daß eine Kondiktion nicht stattfindet: JW 1926, 838[4]) ein Schadensersatzanspruch auf Wiederbeseitigung der Eintragung gegeben sein (**RG** Gruchot 68, 548).

Anm. 22

d) Weitere Auflassung an einen Dritten. Hat der Auflassungsempfänger, bevor er als Eigentümer eingetragen worden ist, das Grundstück an einen Dritten weiter aufgelassen, so kann der Dritte unmittelbar als Eigentümer eingetragen werden, wenn in der ersten Auflassung die Einwilligung in weitere Verfügungen des Auflassungsempfängers liegt (KGJ 47, 158; 53, 145), also die Einwilligung (§ 185 Abs. 1) des ursprünglichen Eigentümers dazu, daß der Auflassungsempfänger dem Dritten Eigentum übertrage (**RG** 129, 153; Anm. 33, 36). In der Regel wird die erste Auflassung in diesem Sinne auszulegen sein, doch setzt die Wirksamkeit der so ermittelten Einwilligungserklärung des ursprünglichen Eigentümers natürlich voraus, daß die Auflassung rechtsgültig war, also auch z. B. schon die etwa erforderliche behördliche Genehmigung gefunden hatte (**RG** 129, 155). An eine solche gültige in der Auflassung enthaltene Einwilligung ist der zuerst Auflassende gemäß § 873 Abs. 2 gebunden, so daß er sie nicht widerrufen kann (**RG** 129, 153; KGJ 53, 147). Dieselbe Bindung besteht für den Zweitauflassenden gegenüber dem Dritten. Verzichtet dann aber der Dritte durch (formlosen) Vertrag mit dem ursprünglichen Eigentümer zu dessen Gunsten auf die Rechtsstellung aus der zweiten Auflassung, so erlangt der Eigentümer auch dem ersten Auflassungsempfänger gegenüber die Bindungsfreiheit zurück (**RG** 15. 11. 1928 VI 111/28).

Anm. 23

e) Tod, Geschäftsunfähigkeit, Verfügungsbeschränkung eines Beteiligten. Durch Tod oder Eintritt der Geschäftsunfähigkeit eines Beteiligten wird gemäß § 130 die Rechtswirksamkeit des dinglichen Vertrags nicht berührt; vielmehr ist auf Antrag trotzdem die Eintragung des Eigentumsübergangs vorzunehmen (§ 873 Anm. 38). Tritt in der Zwischenzeit eine Verfügungsbeschränkung des Veräußerers ein, so ist dies gemäß § 878 ebenfalls ohne Einfluß, wenn der Antrag auf Eintragung bei dem Grundbuchamt gestellt ist, was im Falle der Auflassung vor dem Grundbuchamt regelmäßig zugleich mit dieser geschieht (Anm. 49 zu e); anders, wenn die Auflassung an anderer Stelle stattgefunden hat und der Eintragungsantrag beim Grundbuchamt noch nicht gestellt ist (**RG** 53, 88).

Anm. 24

f) Stellung des Erwerbers. Der Erwerber ist in der Zwischenzeit, da er noch nicht Eigentümer ist, zu Verfügungen ohne Zustimmung des Veräußerers nicht befugt. Seine Verfügungen werden aber gemäß § 185 Abs. 2 mit dem Zeitpunkt seiner Eintragung wirksam (OLG 2, 2). — **aa)** Der Erwerber ist anderseits durch die bereits erteilte Auflassung (z. B. wenn sie vor einem Notar erklärt worden ist und der Notar die Auflassungsverhandlung noch nicht dem Grundbuchamt eingereicht hat) aber auch nicht behindert, eine **Vormerkung** zur Sicherung seines Anspruchs auf Einräumung des Eigentums gegen den Veräußerer eintragen zu lassen. Denn dieser Anspruch ist grundsätzlich nicht schon durch die Erteilung der Auflassung, sondern wird erst durch den Hinzutritt der Eintragung erfüllt (JW 1922, 1349[7]). — **bb)** Liegt aber der Auflassung ein **Kaufvertrag** zugrunde, so hat der Verkäufer seine Verpflichtungen aus § 433 regelmäßig nicht erst dann erfüllt, wenn der Käufer als Eigentümer eingetragen ist, sondern schon damit, daß er (durch Erteilung der Auflassung und Bewilligung der Umschreibung) alles getan hat, was von seiner Seite erforderlich ist, damit das Grundbuchamt die Umschreibung vornimmt. Nur wenn der Umschreibung noch ein Hindernis entgegensteht, dessen Beseitigung ihm nach dem Vertrage obliegt (z. B. Entrichtung der Grunderwerbsteuer oder einer Wertzuwachssteuer), muß er auch diese Verpflichtung noch erfüllen (**RG** 118, 100; **BGH** 2, 369; 5, 179). — **cc)** Wird nach der Auflassung der **Konkurs** über das Vermögen des Erwerbers eröffnet und der Gemeinschuldner nach der Konkurseröffnung als Eigentümer eingetragen, so handelt es sich nicht um einen Erwerb des Gemeinschuldners nach der Konkurseröffnung, der nach § 1 KO nicht in die Konkursmasse fiele. Das Grundstück gehört vielmehr zur Masse, da die Hauptgrundlage für den Erwerb, die Auflassung, bereits vor der Konkurseröffnung gegeben war und die Vollendung des Erwerbs durch die Eintragung als auf die Zeit der Konkurseröffnung zurückwirkend zu erachten ist. Dies gilt auch dann, wenn das Grundrechtsgeschäft wegen Mangels der Form des § 313 nichtig war, mithin vor Auflassung und Eintragung kein rechtswirksamer Anspruch auf Eigentumsübertragung gegen den Veräußerer bestand (aM JW 1922, 1686[2]). — **dd)** Ein Gläubiger des Erwerbers kann dessen Anspruch auf Übertragung des Eigentums gemäß § 848 ZPO pfänden (dazu Näheres in Anm. 56) und dem Erwerber im Wege der einstweiligen Verfügung nach §§ 936, 938 ZPO die (künftige) Veräußerung und Belastung des Grundstücks untersagen lassen (JW 1922, 782). Die aus der Auflassung folgende Anwartschaft des Erwerbers auf das Grundstückseigentum ist auch nach § 857 ZPO pfändbar. Die Voraussetzungen und die Wirkungen einer solchen Pfändung sind behandelt in JFG 9, 233; 14, 131.

Anm. 25

3. Unbedenklichkeitsbescheinigungen. Nach §§ 189a, b AbgO (früher § 24 GrErwStG) darf der Erwerber in das Grundbuch erst eingetragen werden, wenn dem Grundbuchamt eine Bescheinigung des **Finanzamts** vorgelegt wird, daß der Eintragung steuerliche Bedenken nicht entgegenstehen (KGJ 52 S. 147, 149, 151, 154, 157; JFG 1, 406; 4, 326; 13, 233). Nach § 1 GrdstRVO ist beim entgeltlichen Erwerb eines unbebauten Grundstücks vor der Eintragung eine Unbedenklichkeitsbescheinigung der **Preisbehörde** beizubringen (s. Anm. 14).

VI. Einigung

Anm. 26

1. Allgemeines

a) Wesen der Einigung. Die **Einigung** ist ein **auf Übertragung des Eigentumsrechts** gerichteter, von dem schuldrechtlichen Grundrechtsgeschäft **gesondert bestehender** (abstrakter dinglicher) **Vertrag** (§ 873 Anm. 32; **RG** 99, 68; 104, 103; KGJ 51, 176). Einen bestimmten Wortlaut der Auflassungserklärungen verlangt weder § 873 noch § 925. Daher reichen Erklärungen aus, die den übereinstimmenden Willen der Beteiligten auf Übergang des Eigentums vom Veräußerer auf den Erwerber deutlich zum Ausdruck bringen (**RG** WarnRspr 1928 Nr. 62). Ausdrücklichkeit und Deutlichkeit der von beiden Beteiligten abzugebenden Erklärungen sind anderseits ein unbedingtes Erfordernis. Bloßes Stillschweigen des einen Beteiligten zu der Erklärung des anderen genügt nicht (**RG** 54, 381; WarnRspr 1928 Nr. 62). Jenem Erfordernis kann aber auch dadurch genügt werden, daß die im voraus protokollierten, inhaltlich dem § 925 entsprechenden Erklärungen den Beteiligten vorgelesen und dann von ihnen genehmigt werden (**RG** 61, 98; WarnRspr 1928 Nr. 62). Der Inhalt der Erklärungen ist auslegungsfähig (**RG** 152, 192). Stirbt der Auflassungsempfänger, nachdem die von ihm abgegebene Auflassungserklärung wirksam und bindend geworden (§ 873 Abs. 2), bevor aber die Eigentumsänderung eingetragen ist, so bedarf es keiner nochmaligen Auflassungserklärung der Erben. Sie können vielmehr, da sie in eine Rechtslage eintreten, die durch Hinzukommen der Eintragung ihren Rechtserwerb begründet, auf ihren Antrag ohne weiteres als Eigentümer eingetragen werden (KGJ 7, 325).

b) Unterschied vom Grundrechtsgeschäft. Diese Einigung (Auflassung; Anm. 37) ist nicht, wie das Grundrechtsgeschäft, ein auf die Begründung von Verpflichtungen gerichtetes Rechtsgeschäft (§ 873 Anm. 108), wenn auch an den Übergang des Eigentums kraft Gesetzes Verpflichtungen des Erwerbers, insbesondere in polizeilicher und steuerlicher Beziehung, unter Umständen auch Verpflichtungen privatrechtlicher Art (§§ 1021 Abs. 2, 1022, 1108 Abs. 1) geknüpft sind. Daher finden auf die Entgegennahme der Auflassung für eine öffentlich-rechtliche juristische Person (z. B. eine Landgemeinde) die besonderen Vorschriften über die Vertretungsmacht bei der Abgabe verpflichtender Erklärungen der juristischen Person keine Anwendung (KGJ 46, 171). Das Grundrechtsgeschäft bedarf der im § 313 Satz 1 vorgeschriebenen Form. Doch wird nach § 313 Satz 2 der Mangel der Form durch Auflassung und Eintragung geheilt.

Anm. 27

2. Vorlegung einer Urkunde über das Grundrechtsgeschäft. Sie ist nicht Rechtsvoraussetzung für die Erklärung der Auflassung. Um jedoch Unklarheiten und Streitigkeiten zu vermeiden, die aus verschiedenem Wortlaut mündlicher Erklärungen und privater Verträge und der dinglichen Einigung entstehen können, schreibt jetzt **§ 925a** vor (schon früher § 98 GBO aF), daß die Auflassung nur entgegengenommen werden soll, wenn die nach § 313 erforderliche Urkunde über das Veräußerungsgeschäft vorgelegt oder gleichzeitig errichtet wird. Beim Fehlen einer solchen Urkunde ist die Entgegennahme der Auflassung auch dann abzulehnen, wenn keine Bedenken gegen die wirtschaftliche Ordnungsmäßigkeit des Grundrechtsgeschäfts bestehen (JW 1934, 2856[1]). Wegen des selbständigen rechtlichen Daseins der Einigung gegenüber dem Grundrechtsgeschäft wird im allgemeinen auf die Ausführungen in § 873 Anm. 32 ff verwiesen. Hier ist mit Rücksicht auf die praktische Bedeutung der Auflassung folgendes hervorzuheben:

Anm. 28

3. Nichtigkeit des Grundrechtsgeschäfts. Sie zieht nicht ohne weiteres die Nichtigkeit der Auflassung nach sich, obwohl diese im Verhältnis zu jenem das Erfüllungsgeschäft ist (**RG** 57, 96; 72, 63; 104, 103; 129, 287). Vielmehr kann die Auflassung trotz Nichtigkeit des Grundrechtsgeschäfts rechtswirksam sein, also die Eigentumsübertragung bewirkt haben. Die Auflassung ist eben ein selbständiger Vertrag, der für sich den allgemeinen Vorschriften über Rechtsgeschäfte, insbesondere hinsichtlich der Rechtsgültigkeit den Vorschriften der §§ 104 ff, 116 ff, 145 ff unterliegt (**RG** 75, 70; RJA 7 S. 56, 278). — **a)** Dies gilt regelmäßig auch dann, wenn das Grundrechtsgeschäft wegen Verstoßes **gegen die guten Sitten** (§ 138 Abs. 1) nichtig ist. Die Unsittlichkeit des Grundrechtsgeschäfts macht nicht von selbst auch das Rechtsgeschäft der Auflassung unsittlich und damit nichtig (**RG** 63, 185; 68, 100; 72, 64; 75, 70; 78, 285). Die Auflassung kann aber ausnahmsweise auch einmal sittenwidrig sein, ohne daß der Sondertatbestand des § 138 Abs. 2 vorliegt. Hierüber findet sich das Nähere unten zu d). — **b)** Ist das **Grundrechtsgeschäft für sich allein nichtig,** so kann die auf Grund der rechtswirksamen Auflassung bewirkte Eigentumsübertragung nur durch Geltendmachung eines persönlichen Bereicherungsanspruchs gemäß §§ 812 ff. rückgängig gemacht werden (**RG** 63, 185; 66, 389; 86, 100; 104, 103). Ein solcher Anspruch besteht für den Veräußerer schon, bevor der Erwerb eingetragen ist. Denn die von dem Auflassungsempfänger erlangte rechtliche Möglichkeit, sich durch Stellung des Eintragungsantrags beim Grundbuchamt das Eigentum am Grundstück zu verschaffen, ist bereits als Vermögensvorteil im Sinne des § 812 anzusehen (Gruchot 68, 317). — **c)** Dies alles gilt auch dann, wenn das Grundrechtsgeschäft (z. B. der zugrunde liegende Grundstückskaufvertrag) und die Auflassung **in demselben Rechtsakt** (Anm. 56) getätigt worden sind; § 139 ist in einem solchen Falle nicht anwendbar (§ 873 Anm. 56; einen devisenrechtlichen Sonderfall behandelt JFG 15, 220). — **d)** Der Tatbestand, aus dem sich die **Nichtigkeit des Grundrechtsgeschäfts** ergibt, kann aber auch **in gleicher Weise bei der Auflassung** vorliegen; dann ist diese ebenfalls nichtig. Dies wird beispielsweise der Fall sein können, wenn bei einem Grundstückskauf der das Kaufgeschäft anfechtende Vertragsteil sich im Irrtum über den Kaufgegenstand oder die Person des Vertragsgegners befunden und dieser Irrtum auch noch bei der Auflassung obgewaltet hat (**RG** 66, 389; 69, 16). **e)** In **formellrechtlicher** Hinsicht ist zu bemerken, daß die Gültigkeit des Grundrechtsgeschäfts regelmäßig nicht der Prüfung des Grundbuchrichters unterliegt. Er darf daher die Entgegennahme der Auflassung und der Eintragung des Erwerbers als Eigentümer regelmäßig selbst dann nicht ablehnen, wenn er das Grundrechtsgeschäft für ungültig hält (KGJ 46, 175).

Anm. 29

4. Anfechtbarkeit oder Nichtigkeit nur der Auflassung

a) Es kann auch das **Grundrechtsgeschäft rechtsgültig,** dagegen die **Auflassung anfechtbar** (z. B. wegen Irrtums, Betrugs: RJA 9, 59) **oder nichtig** sein (z. B. wegen Fehlens einer Einigung über den Eigentumsübergang, wegen Scheingeschäfts,

Geschäftsunfähigkeit eines Vertragsteils, Fehlens einer gesetzlich vorgeschriebenen behördlichen Genehmigung: **RG** 78, 375; JW 1926 S. 837[2], 2303[1]; § 873 Anm. 34).

Anm. 30

b) Zwiespalt zwischen Wille und Erklärung. In den besonders wichtigen Fällen, wo die Auflassungserklärungen hinsichtlich des **Gegenstandes der Eigentumsübertragung** nicht mit demjenigen, was gewollt ist, übereinstimmen, ist nach den Grundsätzen, die bei Rechtsgeschäften für Irrtum, Fehlen der Willensübereinstimmung und falsche Bezeichnung allgemein gelten, folgendes zu unterscheiden: — **aa)** Stimmen an sich eindeutige Auflassungserklärungen beider Teile äußerlich überein und entspricht auch bei dem einen Teil die Auflassungserklärung seinem Willen, hat aber der andere Teil geglaubt, seine Erklärung beziehe sich auf ein anderes Grundstück oder betreffe nur einen Teil des von der Erklärung tatsächlich umfaßten Grundstücks, so ist die Auflassung nicht nichtig, sondern nur wegen des Irrtums eines Vertragsteils über den Inhalt seiner Erklärung gemäß §§ 119, 121 anfechtbar (**RG** 58, 233; JW 1906, 190[8]; WarnRspr 1910 Nr. 270). — **bb)** Haben dagegen beide Teile äußerlich übereinstimmende, aber an sich mehrdeutige Erklärungen abgegeben und dabei jeder etwas anderes und zugleich voneinander Verschiedenes gemeint, stimmen sie also zwar in ihren Erklärungen, aber infolge gegenseitigen Mißverständnisses nicht in ihrem von den Erklärungen abweichenden Wollen überein (sog. **versteckter Dissens** im Sinne des § 155), so liegt nur der Schein einer Willensübereinstimmung vor; die Auflassung ist, weil in Wahrheit eine Einigung fehlt, nichtig (**RG** 28, 307; 66, 122; 68, 9; 78, 376; JW 1900, 403[30]; 1911, 944[10]). — **cc)** Haben beide Beteiligte den Auflassungserklärungen eine vom äußerlich erklärten Inhalt abweichende Bedeutung beigelegt, aber dasselbe gemeint, stimmen also beide in ihren von den Erklärungen abweichenden Willen überein, so liegt nur eine falsche Bezeichnung des Gegenstandes der Auflassung vor; bei der maßgebenden Bedeutung, die die Parteien übereinstimmend ihren Erklärungen beigelegt haben, ist hier eine rechtswirksame Auflassung des Gegenstandes erklärt worden, auf den sich der beiderseitige Wille erstreckte, während für den von den Erklärungen äußerlich umschriebenen Gegenstand nur ein Schein, nicht die Wirklichkeit einer Einigung vorliegt. Wenn also z. B. die Auflassungserklärungen ihrem Wortlaut nach alle auf einem Grundbuchblatt verzeichneten Grundflächen umfassen, der Wille des Veräußerers und der Wille des Erwerbers sich aber auf einzelne miteingetragene Parzellen nicht erstreckt hat, so ist zwar eine rechtsgültige Auflassung erklärt worden, aber nur für die von dem übereinstimmenden Willen beider Teile umfaßten Grundflächen, während die Auflassungserklärungen für die anderen Grundflächen nichtig sind (**RG** 60, 340; 66, 21; 77, 33; 112, 264; JW 1907, 540[1]; 1911, 944[10]; WarnRspr 1910 Nr. 270). Auch hier muß aber, um den Eigentumsübergang herbeizuführen, zu der Auflassung noch die Eintragung auf den Gegenstand der Auflassung hinzutreten. Im letzten Beispielsfall umfaßt freilich eine gemäß den Auflassungserklärungen bewirkte Eintragung des Eigentumsübergangs auf allen Grundflächen auch die Grundflächen, die nach dem Willen der Beteiligten allein aufgelassen werden sollten, so daß mit der über den Willen der Beteiligten hinausgehenden Eintragung das Eigentum an diesen vom Auflassungswillen umfaßten Grundflächen übergegangen ist. — **dd)** Wenn aber die Eintragung nach Maßgabe der (unrichtigen) Auflassungserklärungen auf ein vom wirklichen Auflassungswillen überhaupt nicht erfaßtes Grundbuchblatt bewirkt worden ist, so kann der Übergang des Eigentums an dem Grundstück, das in Wahrheit aufgelassen werden sollte und aufgelassen worden ist, nur dadurch herbeigeführt werden, daß die Eintragung auf das Grundbuchblatt dieses Grundstücks nachgeholt wird, nachdem durch freiwillige Erklärung oder durch Urteil die richtige Bedeutung der Auflassungserklärungen festgestellt ist (**RG** 60, 340; 112, 264; § 873 Anm. 91). Nach der Ordnungsvorschrift des § 39 Abs. 1 GBO ist dann aber gegebenenfalls zunächst die Rückberichtigung des Grundbuchs auf den Veräußerer erforderlich (**RG** 133, 279). — **ee)** Den Fall der nachträglichen Eintragung des Erwerbers als Eigentümer einer Parzelle des veräußerten Grundstücks auf Grund der Erklärung der Beteiligten, daß sich die Auflassung auch auf die Parzelle miterstreckt habe, behandelte bereits Anm. 7. Auch sonst wird durch eine falsche Bezeichnung des Auflassungsgegenstandes die Wirksamkeit der Auflassung nicht beeinträchtigt (**RG** JW 1904, 58[13]; 1909, 47[8]; KGJ 37 A 262). — **ff)** Ist in dem der Auflassung zugrundeliegenden Kaufvertrag irrtümlich eine bestimmte Größe des verkauften Grundstücks angegeben, die sich nur bei Hinzurechnung der Größe eines nach dem übereinstimmenden Willen der Beteiligten nicht mitveräußerten Grundstückteils ergibt, und ist der Kaufpreis nach dieser Größe bemessen, so kommen für den Erwerber folgende Rechtsbehelfe in Frage: Die Anfechtung des Vertrags wegen Irrtums (§ 119), ein Bereicherungsanspruch (mit Zurückbehaltungsrecht gegenüber der Berichtigungsklage des Veräußerers: § 894 Anm. 48), ein Minderungsanspruch (§§ 468, 459 Abs. 2, 472), ein Schadensersatzanspruch (§ 276) wegen positiver Vertragsverletzung oder wegen Fahrlässigkeit beim Vertragsschluß (**RG** WarnRspr 1929 Nr. 44).

Anm. 31

c) Verstoß gegen die guten Sitten. Wegen Verstoßes gegen die guten Sitten (§ 138 Abs. 1) kann ein dingliches Erfüllungsgeschäft, also auch die Auflassung, im allgemeinen nicht nichtig sein; doch sind Ausnahmefälle denkbar (§ 873 Anm. 35). — **aa)** Ein solcher Ausnahmefall liegt bei der Auflassung aber nicht schon deshalb vor, weil sie einen schuldrechtlichen Anspruch eines Dritten auf das Grundstückseigentum verletzt; nur dann könnte eine solche Auflassung unsittlich und darum nichtig erscheinen, wenn die an ihr Beteiligten in bewußtem Zusammenwirken aus verwerflichen Gründen bezweckt hätten, durch ihr Übereignungsgeschäft den Anspruch des Dritten zu vereiteln (HRR 1935 Nr. 1373). — **bb)** Im Falle eines wucherischen Geschäfts ist nach der Sonderbestimmung des § 138 Abs. 2 auch die Nichtigkeit des dinglichen Erfüllungsgeschäfts, also auch einer auf Grund eines wucherischen Grundrechtsgeschäfts erteilten Auflassung anzunehmen, weil § 138 Abs. 2 unter den dort bestimmten Voraussetzungen nicht nur das Versprechen, sondern auch die Gewährung von Vermögensvorteilen für nichtig erklärt (str.; **RG** 57, 97; 123, 105; JW 1906, 736[3]; 1913, 540[3]). In diesem Falle geht daher durch die Auflassung Eigentum auf den Erwerber nicht über; dem Veräußerer steht die Eigentumsklage zu. — **cc)** Abgesehen hiervon kann mit der Auflassung ein sittenwidriger Zweck verbunden sein (**RG** 71, 433; 75, 70; 78, 282). Ist dies der Fall, so findet § 817 Anwendung (**RG** 48, 297; 78, 284; JW 1913 Nr. 682[1]). Wenn von beiden Teilen ein sittenwidriger Zweck verfolgt worden ist, so ist gemäß Satz 2 § 817 der sonst im Falle der Nichtigkeit des Grundrechtsgeschäfts dem Veräußerer zustehende persönliche Anspruch auf Rückgabe des aufgelassenen Grundstücks ausgeschlossen (**RG** 78, 284; JW 1908, 139[9]; 1913, 682[1]).

VII. Veräußerer

Anm. 32

1. Eingetragener Veräußerer

a) Daß der Veräußerer im Grundbuch als Eigentümer eingetragen sein muß, ist zur Gültigkeit der Auflassung und der daraufhin erfolgten Eintragung des Eigentumsübergangs nicht vorgeschrieben. Nach der Ordnungsvorschrift des § 39 Abs. 1 GBO soll aber das Grundbuchamt die Eintragung des Eigentumsübergangs nicht vornehmen, bevor nicht der Veräußerer sich als Eigentümer hat eintragen lassen. Von dieser Vorschrift enthält § 40 GBO Ausnahmen, insbesondere für auflassende Erben, deren Erblasser als Eigentümer eingetragen ist.

b) Anderseits ist der **eingetragene Nichteigentümer** formell zur Auflassung legitimiert. Das Grundbuchamt darf also die Entgegennahme der Auflassung und die Eintragung nicht etwa deswegen ablehnen, weil der Eingetragene nach dem Inhalt des Grundbuchs oder der Grundakten nicht wahrer Eigentümer sei (OLG 39, 260; aM KGJ 28 A 97). Der Erwerber erlangt nach § 892 Eigentum, sofern ihm nicht bekannt ist, daß der (eingetragene) Auflassende nicht wahrer Eigentümer ist (KGJ 26 A 252; 28 A 102). Überhaupt hat das Grundbuchamt zwar die Beteiligten vor der Entgegennahme und Beurkundung der Auflassung auf Umstände, die der Verfügungsbefugnis des Veräußerers entgegenstehen, aufmerksam zu machen, darf aber ihrem Willen zur Auflassung, die für sie namentlich mit Rücksicht auf die daran geknüpfte Bindung auch dann von Bedeutung sein kann, wenn der Eintragung noch Hindernisse entgegenstehen, nicht durch Verweigerung der Entgegennahme der Auflassung entgegentreten. Erst wenn sich bei der Prüfung, ob die **Eintragung** vorzunehmen sei, Bedenken gegen die Verfügungsbefugnis ergeben, hat das Grundbuchamt gemäß § 18 GBO entweder den Antrag auf Eigentumseintragung abzulehnen oder eine Frist zur Beseitigung des Hindernisses zu bestimmen (OLG 39, 260).

Anm. 33

2. Nicht eingetragener Nichteigentümer. Läßt ein nicht eingetragener Nichteigentümer **im eigenen Namen** auf, so kann selbst eine solche Auflassung wirksam sein oder werden gemäß § 185 Abs. 1 oder 2, wenn der wahre Eigentümer ihr vorher zugestimmt (eingewilligt) hat oder wenn er sie nachträglich genehmigt oder wenn der Auflassende hinterher Eigentümer des Grundstücks wird oder von dem wahren Eigentümer beerbt wird und dieser für die Nachlaßverbindlichkeiten unbeschränkt haftet. Denn die Vorschriften des allgemeinen Teils finden auch auf dem Gebiet des Sachenrechts Anwendung, soweit nicht ihre Unanwendbarkeit sich aus Sondervorschriften des Sachenrechts ergibt. Danach ist § 185 bei der Auflassung anwendbar. Denn sie stellt sich als eine Verfügung im Sinne dieser Vorschrift dar (§ 873 Anm. 77), da sie zwar nicht für sich allein, aber doch unter Hinzutritt des nicht rechtsgeschäftlichen Tatumstandes der Eintragung eine Rechtsänderung bewirkt (**RG** 54, 366; 129, 286; KGJ 21 A 157; 36 A 196; 47, 158; 51, 193). So kann z. B., wenn der Erwerber eines Grundstücks nach der ihm vom Eigentümer erteilten Auflassung das Grundstück an einen Dritten aufläßt, dieser Dritte als Eigentümer eingetragen werden, ohne daß zunächst der Ersterwerber als Eigentümer eingetragen werden müßte, sofern der Ersterwerber zu der Auflassung an den Dritten seine (regelmäßig in der Auflassung an den Ersterwerber liegende) Einwilligung erteilt hat (Anm. 22, 36) oder nachträglich seine Genehmigung erteilt (KGJ 47, 159). Die Genehmigung kann auch gemäß § 894 ZPO durch rechtskräftiges Urteil gegen den Berechtigten auf Zustimmung zu der Auflassung ersetzt werden, so z. B. wenn der Auflassende einen (durch Vormerkung gesicherten) Anspruch darauf hat, daß der eingetragene Eigentümer einem von ihm zu benennenden Dritten aufläßt, und wenn der Auflassende diesen Anspruch für den Eigentümer und Schuldner (§ 267) durch die Auflassung an den von ihm gewählten Dritten erfüllt hat (KGJ 51, 193). Solange allerdings diese die Rechtswirksamkeit der Auflassung herbeiführenden Tatsachen noch nicht eingetreten sind, hat das Grundbuchamt die Eintragung abzulehnen, da die Auflassung keine gehörige Grundlage für die Eintragung bildet (RJA 2, 252). Hat aber das Grundbuchamt die Eintragung (versehentlich) vorgenommen, so kann die in der Auflassung und Eintragung enthaltene Verfügung noch nachträglich durch Eintritt jener Tatsachen wirksam werden. Dabei wirkt insbesondere die Tatsache der Genehmigung gemäß § 184 Abs. 1 auf den Zeitpunkt der Auflassung zurück. Doch bleiben nach § 184 Abs. 2 die Verfügungen wirksam, die in der Zeit zwischen Auflassung und Genehmigung durch eine Bewilligung des Genehmigenden oder gegen ihn im Wege der Zwangsvollstreckung oder der Arrestvollziehung oder durch den Konkursverwalter getroffen worden sind. Zwar muß nach § 925 die Einigung des Veräußerers und des Erwerbers bei gleichzeitiger Anwesenheit beider Teile vor dem Grundbuchamt erklärt werden. Dies findet aber auf die Genehmigung nicht Anwendung. Denn Veräußerer ist nicht der Genehmigende, sondern der auflassende Nichteigentümer, und die Genehmigung ist ein selbständiges Rechtsgeschäft, das nach § 182 Abs. 1, 2 einem der Vertragschließenden gegenüber zu erklären ist und nicht der für das Rechtsgeschäft, zu dem sie erteilt wird, bestimmten Form bedarf (RJA 2, 252).

Anm. 34

3. Auflassung durch Vertreter ohne Vertretungsmacht. — a) Ebenso kann eine Auflassung, die ein Vertreter ohne Vertretungsmacht im Namen des **Eigentümers** erklärt, gemäß § 177 BGB durch **nachträgliche Genehmigung** des Eigentümers wirksam werden (**RG** 104, 259; Gruchot 67, 553; KGJ 22A 146; 34 A 253; 36 A 195). Dies gilt auch dann, wenn von mehreren Eigentümern (z. B. Miterben, Miteigentümern) nur einige die Auflassung erteilen, die andern aber ihre Einwilligung dazu gegeben haben, oder nachträglich die Auflassung genehmigen (**RG** 152, 380 entgegen der früheren Rspr; **BGH** 19, 138). Die Genehmigung der übrigen Erben bedarf auch dann nicht der Form des § 925, wenn die auflassenden Erben ihre Erklärungen nur im eigenen Namen abgegeben haben (JFG 16, 296). Auch die von einem Erben ohne Hinzuziehung des Testamentsvollstreckers erklärte Auflassung kann nachträglich durch die Genehmigung des Testamentsvollstreckers voll wirksam werden (JFG 16, 149). Die hiernach bei Vertretungsmängeln auf der Veräußererseite Platz greifenden Grundsätze gelten ebenso, wenn im Namen des **Erwerbers** ein Vertreter ohne Vertretungsmacht (z. B. ein Bevollmächtigter, dessen Vollmacht wegen Geschäftsunfähigkeit des Erwerbers ungültig ist) die Auflassung entgegengenommen hat und demnächst der Erwerber (im Beispielsfalle der ihm nachträglich bestellte Vormund) die Entgegennahme der Auflassung genehmigt (**RG** Gruchot 67, 552). — **b)** Die **Folge der Genehmigung** ist (§ 184 Abs. 1), daß die Auflassung rückwirkend als bereits mit dem Zeitpunkt ihrer Vornahme rechtswirksam erklärt gilt (**RG** 69, 263; Gruchot 67, 552). Die weitere Folge davon ist, daß der Erwerber, der auf Grund der (zunächst unwirksamen) Auflassung als Eigentümer eingetragen worden ist, als wirklicher Eigentümer seit der Eigentumseintragung (die ihm vor der Genehmigung kein Eigentum verschafft hatte) angesehen wird (**RG** Gruchot 67, 552). Die Genehmigung muß aber nach § 182 Abs. 1 gegenüber dem einen oder dem anderen Auflassungsvertragsteil erklärt und dem Grundbuchamt in dieser Art formgerecht (§ 29 GBO) nachgewiesen werden. Eine nur dem Grundbuchamt gegenüber erklärte Genehmigung genügt nicht (KGJ 34 A 253; 36 A 199; RJA 2 S. 86, 189; aM RJA 4, 132; BayObLG 3, 439; 4, 954; 5, 42; OLG 10, 71; Staudinger Anm. 65 Abs. 4). Auch genügt die Genehmigung des (schuldrechtlichen) Grundrechtsgeschäfts allein bei der Selbständigkeit der Auflassung (Anm. 26ff) an sich nicht (KGJ 20 A 237; RJA 3, 59). Regelmäßig wird aber in der Zustimmung zum Grundrechtsgeschäft zugleich die Zustimmung zur Auflassung zu finden sein (RJA 3, 59). — **c)** Da die Auflassung in diesen Fällen nicht wie im Falle der Auflassungserklärung eines Geschäftsunfähigen (§ 104) nichtig ist, sondern **wirksam werden kann,** darf das Grundbuchamt die Entgegennahme der **Auflassung** nicht verweigern (RJA 3, 263; OLG 20, 32). Gegenüber dem **Antrag auf Eintragung** des Eigentumsübergangs aber hat das Grundbuchamt nach § 18 GBO zu verfahren, also entweder den Antrag sogleich zurückzuweisen oder eine Frist zur Nachbringung der Genehmigung oder der Vollmacht zu bestimmen.

Anm. 35

4. Auflassungsvollmacht. — **a)** Eine Auflassungsvollmacht bleibt **über den Tod des Machtgebers hinaus** mit Wirkung für und gegen den Erben bestehen, wenn sie in Verbindung mit einem von dem Machtgeber selbst geschlossenen Veräußerungsvertrag erteilt ist. Denn nach § 1922 gehen das Vermögen einer Person und damit auch die von ihr begründeten, nicht auf ihre Person oder Lebensdauer beschränkten Rechtsverhältnisse auf den Erben über (**RG** 88, 345; OLG 10, 68; KGJ 45, 243; 50, 157). Zur Eintragung des Eigentumsübergangs auf Grund der durch den Bevollmächtigten erklärten Auflassung bedarf es dann weder des Nachweises der Erbfolge noch beim Vorhandensein minderjähriger Miterben der vormundschaftsgerichtlichen Genehmigung (**RG** 88, 345; KGJ 50, 157). Dagegen kann ein Vorerbe durch eine ausschließlich für die Zeit nach Eintritt des Nacherbfalls erteilte Vollmacht dem Bevollmächtigten Befugnisse zur Vertretung des Nacherben nicht übertragen, also auch nicht die Befugnis zur Auflassung eines zum Nachlaß gehörigen Grundstücks. Denn nach §§ 2100, 2139 endet das Recht des Vorerben mit dem Eintritt der Nacherbfolge; der Nacherbe ist dann nicht Erbe des Vorerben, sondern Erbe des Erblassers, von dem er unmittelbar sein Recht ableitet (KGJ 50, 161). — **b)** Eine **Bedingung,** welche einer Auflassungsvollmacht gesetzt ist, steht der Entgegennahme der Auflassung und der Eintragung des Eigentumsübergangs nicht entgegen, wenn dem Grundbuchamt der Eintritt der Bedingung in der Form des § 29 GBO nachgewiesen wird (KGJ 53, 143). — **c)** Wird das Grundstück eines Minderjährigen von dessen gesetzlichem Vertreter (Vormund, Vater) ohne die erforderliche **Genehmigung des Vormund-**

schaftsgerichts (§§ 1821 Abs. 1 Nr. 1, 1643) aufgelassen, so ist die Wirksamkeit der Auflassung von der nachträglichen Genehmigung abhängig, die das Vormundschaftsgericht gemäß §§ 1828, 1829 Abs. 1 dem gesetzlichen Vertreter gegenüber zu erklären hat und die dem andern Teil gegenüber erst wirksam wird, wenn sie ihm durch die gesetzlichen Vertreter mitgeteilt wird; dem Grundbuchamt ist der Nachweis hiervon in der Form des § 29 GBO zu erbringen, bevor der Eigentumsübergang eingetragen werden kann (OLG 39, 261). Die vormundschaftsgerichtliche Genehmigung kann auch unter einer Bedingung erteilt werden (KGJ 44, 193; 53, 143). Ist dies der Fall, so kann die Auflassung mit Rücksicht auf die Bestimmung des § 925 Abs. 2 erst nach Eintritt der Bedingung stattfinden; dieser Eintritt muß dem Grundbuchamt ebenfalls in der Form des § 29 GBO nachgewiesen werden (KGJ 53, 143). Wird ein Grundstück an einen Minderjährigen zu Händen seines gesetzlichen Vertreters aufgelassen, so bedarf es zur Wirksamkeit der Auflassung und zur Vornahme der Eintragung des Nachweises der Genehmigung des Vormundschaftsgerichts nicht, auch wenn die in der Auflassung liegende Verfügung über den Anspruch auf Eigentumsübertragung (Aufhebung durch Erfüllung) genehmigungsbedürftig ist. Denn die Wirksamkeit der Auflassung wird durch die Unwirksamkeit der Verfügung über den schuldrechtlichen Anspruch nicht berührt, und das Grundbuchamt hat lediglich die Wirksamkeit der Auflassung zu prüfen (KGJ 28, 3; 32, 234).

VIII. Erwerber

Anm. 36

1. In der Auflassungserklärung des eingetragenen Eigentümers kann und wird regelmäßig (Anm. 22, 33) zugleich seine Zustimmung dazu liegen, daß der **Erwerber,** schon **bevor er als Eigentümer eingetragen ist,** das Grundstück an einen anderen **weiter aufläßt.** Dann ist die Auflassungserklärung des mangels Eintragung an sich noch nicht verfügungsberechtigten Erwerbers gemäß § 185 Abs. 1 wirksam, so daß sogleich der zweite Erwerber eingetragen werden kann (**RG** 54, 367; 129, 153; KGJ 47, 158; 53, 144). Hat jedoch der Ersterwerber die Eintragung eines Rechts (z. B. einer Restkaufgeldhypothek) zugunsten des Erstveräußerers bewilligt, so kann in Anbetracht der Gefahr, daß bei der unmittelbaren Eintragung des Zweiterwerbers das bewilligte Recht für den Erstveräußerer nicht zur Entstehung gebracht wird, fraglich sein, ob der Erstveräußerer mit der Auflassung zugleich seine Einwilligung in weitere Verfügungen des Ersterwerbers hat erteilen wollen. Jedenfalls kann in diesem Fall die Einwilligung nur mit der Maßgabe als erteilt gelten, daß das für den Erstveräußerer bewilligte Recht bei der unmittelbaren Eintragung des späteren Erwerbers zur Entstehung gebracht werde, und zwar, wenn nichts anderes ausdrücklich festgesetzt ist, mit dem Range vor etwa nachher bewilligten Rechten. Daher kann in einem solchen Fall der Zweiterwerber nur dann unmittelbar eingetragen werden, wenn dieser entweder die Eintragung des Rechts für den Erstveräußerer erneut bewilligt oder gemäß § 185 Abs. 2 die von dem (nichtberechtigten) Ersterwerber durch seine Eintragungsbewilligung vorgenommene Verfügung genehmigt (JFG 2, 317).

2. Die **Abtretung des** rechtswirksam und in der Form des § 313 Satz 1 begründeten **Anspruchs auf Übertragung des Eigentums** (auf Auflassung) gegen den eingetragenen Eigentümer bedarf zu ihrer Gültigkeit nicht der Form des § 313 (**RG** 53, 268; 108, 62; 111, 300). Auf Grund der Abtretung kann der Abtretungsempfänger sich an Stelle des Abtretenden die Auflassung erteilen und sich als Eigentümer eintragen lassen (**RG** WarnRspr 1928 Nr. 128).

3. Ist die **Firma eines Einzelkaufmanns** die Erwerberin, so ist nicht die Firma, sondern der Einzelkaufmann unter seinem bürgerlichen Namen als Eigentümer einzutragen (JFG 2, 313).

Anm. 37

IX. Auflassung (Anm. 26). Sie hat, **abgesehen von dem Eigentumsübergang** bei hinzutretender Eintragung (Anm. 18), noch weitere **Wirkungen: a)** Wenn ihr ein **Kauf oder Tausch** zugrunde liegt, so gehen gemäß §§ 446, 515 von dem

Zeitpunkt der Eintragung ab Gefahr, Nutzungen und Lasten auf den Käufer über. Nach § 464 verliert der Käufer seine Ansprüche auf Wandlung, Minderung und Schadensersatz, wenn er die Auflassung ohne Vorbehalt annimmt, obwohl er die Mängel des Grundstücks kennt (**RG** 58, 261; 59, 104; JW 1901, 785; 1908, 137[7]). — **b)** Den **Besitz** erlangt der Auflassungsempfänger durch die Auflassung allein nicht. Ist er aber in der Lage, die Gewalt über das Grundstück auszuüben, so ist die Auflassung als eine den Besitz verschaffende Einigung im Sinne des § 854 Abs. 2 anzusehen. — **c)** Die **Kosten der Auflassung** hat nach § 449 der Käufer zu tragen. Über die Kosten im Falle sonstiger zugrunde liegender Rechtsgeschäfte bestimmt das BGB nichts. Es kommt hierbei auf das Wesen der Grundrechtsgeschäfte an. Hat danach der Erwerber Anspruch auf kostenfreie Verschaffung des Eigentums (wie z. B. beim Schenkungsvertrag, Vermächtnis), so muß der Veräußerer die Kosten tragen. In der Regel aber wird der Erwerber eine dem Käufer ähnliche Rechtsstellung haben (z. B. bei Übernahme des Nachlaßgrundstücks im Falle der Erbauseinandersetzung). Dann wird § 449 auf ihn entsprechend anzuwenden sein.

X. Gleichzeitige Anwesenheit beider Teile

Anm. 38

1. Allgemeines. Die Vorschrift der gleichzeitigen Anwesenheit beider Teile vor dem Grundbuchamt enthält eine **Ausnahme von § 128.** Auch das formelle Grundbuchrecht macht im § 20 GBO, der eine Ausnahme von § 19 GBO enthält, die Eigentumsumschreibung davon abhängig, daß die Einigung von beiden Teilen erklärt ist. — **a)** Nach Art. 143 Abs. 2 EG kann landesrechtlich bestimmt werden, daß bei gerichtlichen oder notariellen **Versteigerungen,** sofern die Auflassung noch in dem Versteigerungstermin stattfindet, die gleichzeitige Anwesenheit beider Teile nicht erforderlich ist. Fehlt es an diesen Voraussetzungen, so müssen nach erfolgtem Zuschlag der Eigentümer und der Ersteher bei gleichzeitiger Anwesenheit die Einigung über den Eigentumsübergang erklären. Ein aus dem Versteigerungsprotokoll zu entnehmendes stillschweigendes Einverständnis hierüber genügt nicht (OLG 39, 217). — **b)** Findet die Auflassung nicht vor dem Grundbuchamt, sondern vor einem **Urkundsbeamten** (Amtsgericht, Notar: Anm. 46) statt und sind von diesem die dem § 925 entsprechenden Erklärungen der Beteiligten im voraus protokolliert (Anm. 26 zu a), so kann das Erfordernis der gleichzeitigen Anwesenheit der beiden Beteiligten und des Urkundsbeamten zwar auch dann noch erfüllt sein, wenn nur zwei von ihnen sich in demselben Zimmer befinden und der Dritte in einem anstoßenden offenstehendem Zimmer sich aufhält. Dann müssen aber die drei Personen wenigstens sich gegenseitig sehen und vernehmen können, und ferner muß, wenn das Protokoll vorgelesen und genehmigt wird (Anm. 26 zu a), diese Genehmigung von jedem der beiden Beteiligten in vernehmbarer Weise ausdrücklich erklärt werden (**RG** WarnRspr 1928 Nr. 62). — **c)** Soll ein **Vertrag über die Veräußerung** eines Grundstücks durch **Angebot und Annahme** gemäß § 128 geschlossen werden und ist zunächst nur ein Angebot gemacht, soll aber die Auflassung unmittelbar im Anschluß an das Zustandekommen des Vertrags vorgenommen werden, so muß, damit sofort nach der Annahmeerklärung des andern Teils die Auflassung stattfinden kann, der Anbietende schon zur Annahmeerklärung bei dem Grundbuchamt (Anm. 46) erscheinen (**RG** 102, 300). — **d)** Haben auf der einen Vertragsseite **mehrere Beteiligte** (z. B. Miterben, Miteigentümer) mitzuwirken, so ist nicht erforderlich, daß die mehreren Beteiligten sämtlich ihre Erklärung gleichzeitig abgeben. Die Ausnahme von § 128 besteht nur darin, daß die Vertragsgegner ihre Einigung bei gleichzeitiger Anwesenheit zu erklären haben. Daher genügt es, wenn jedesmal der andere Teil und einer oder einzelne der mehreren Vertragsgegner gleichzeitig die Auflassungserklärungen abgeben und schließlich die gleichzeitig mit dem anderen Teil abgegebenen Auflassungserklärungen der sämtlichen Vertragsgegner vorliegen (RJA 8, 245; OLG 9, 343). Im übrigen ist in einem solchen Falle die bereits in Anm. 34 besprochene Möglichkeit gegeben, die Auflassungserklärung einzelner Beteiligter durch Genehmigung der übrigen für alle wirksam zu machen.

Anm. 39

2. Vertretung der Beteiligten

a) Bevollmächtigte. Daß **beide Teile** vor dem Grundbuchamt **in Person erscheinen,** ist **nicht erforderlich.** Die Beteiligten können sich vielmehr durch **Bevollmächtigte** vertreten lassen. Die Bevollmächtigung ist dem Grundbuchamt nachzuweisen. Regelmäßig genügt die Vorlegung einer öffentlich beglaubigten Vollmacht, da der Bevollmächtigte seine Vertretungsbefugnis auf eine (Bevollmächtigungs-)Erklärung des Vertretenen gründet und diese Erklärung eine im Sinne des § 29 Satz 1 GBO zur Eintragung erforderliche Erklärung ist (RJA 2, 189; OLG 12, 153). Ausnahmsweise kann aber auch die Auflassungsvollmacht der Form des § 313 unterliegen (§ 313 Anm.). Findet die Auflassung nicht vor dem Grundbuchamt, sondern vor einer anderen Stelle (n. F. des § 925 s. Anm. 46) statt, so genügt es, daß der als Bevollmächtigter Auftretende zur Zeit des Abschlusses der Auflassungsverhandlung Vollmacht hat, da in diesem Zeitpunkt die Auflassungserklärungen wirksam werden; zur Zeit des Eingangs der Verhandlung beim Grundbuchamt und der Vornahme der Eintragung braucht die Vollmacht nicht mehr zu bestehen. Die Auflassungserklärung des Bevollmächtigten bleibt also wirksam, wenn der Machtgeber nach Abschluß der Auflassungsverhandlung die Vollmacht widerruft (OLG 40, 46). Formellrechtlich ist allerdings, wenn der Bevollmächtigte den Erwerber vertritt und den Antrag auf dessen Eintragung stellt, zur Vornahme der Eintragung der Nachweis des Bestehens der Vollmacht noch zur Zeit des Eingangs des Antrags beim Grundbuchamt erforderlich, da der verfahrensrechtliche Antrag (§ 13 GBO) erst in diesem Zeitpunkt wirksam wird. Das Grundbuchamt hat daher die Eintragung abzulehnen, wenn ihm ein inzwischen erfolgter Widerruf der Vollmacht bekannt wird oder sonst berechtigte Zweifel am Fortbestehen der Vollmacht auftauchen (OLG 40 S. 44, 45). Eine Auflassungsvollmacht ermächtigt nicht ohne weiteres auch zur Auflassung an den Rechtsnachfolger des in der Urkunde genannten Gegners (KGJ 51, 202; OLG 40, 274). Daß die Vollmacht für die Auflassung besonders erteilt wird, ist nicht erforderlich. Vielmehr umfaßt die Vollmacht zum Abschluß des Grundrechtsgeschäfts regelmäßig auch die Bevollmächtigung zur dinglichen Einigung. Ist dieVollmacht bereits vor der Auflassung durch Widerruf (§ 168) oder Konkurseröffnung (§ 23 KO) erloschen, so hat das Grundbuchamt, wenn ihm das Erlöschen bekannt wird, zwar die Auflassung entgegenzunehmen, aber den Antrag auf Eintragung so lange abzulehnen (§ 18 GBO), bis ihm die Genehmigung des Vertretenen oder des Konkursverwalters (§ 177) nachgewiesen wird (Anm. 33). Tritt aber das Erlöschen (z. B. durch Widerruf, Tod) erst nach der Auflassung ein, so hindert dies die Eintragung nicht. Die Frage der Fortdauer der Vollmacht nach dem Tode des Vollmachtgebers ist schon in Anm. 35 zu a) erörtert. Einem Notar, vor dem das Grundrechtsgeschäft geschlossen wird, kann mit Rücksicht auf § 171 Nr. 1 FGG nicht in derselben Urkunde eine Vollmacht zur Auflassung von dem Beteiligten erteilt werden (KGJ 24 A 6).

Anm. 40

b) Gesetzliche Vertreter. Sie müssen, da ihre Vertretungsbefugnis auf dem Gesetz, nicht auf einer Erklärung des Vertretenen beruht, gemäß § 29 Abs. 1 Satz 2 GBO öffentliche Urkunden über ihre Ernennung beibringen (RJA 2, 189; KGJ 22 A 296). Das gilt z. B. für den Vormund (§ 1791), den Nachlaßpfleger (§ 1961), den Nachlaßverwalter (§§ 1975ff), den Konkursverwalter (§ 78 KO). Vgl. ferner für den Vorstand: eines Vereins § 69 (Zeugnis des Registerrichters) und OLG 3, 428; 10, 406 (Auflassungserklärung durch den ganzen Vorstand); einer Genossenschaft § 26 Abs. 2 GenG (Zeugnis des Genossenschaftsregisterrichters); einer Aktiengesellschaft, Kommanditgesellschaft auf Aktien, offenen Handelsgesellschaft, Gesellschaft mit beschränkter Haftung §§ 32, 34 GBO (Zeugnis des Handelsregisterrichters, Bezugnahme auf Handelsregister) und RJA 3, 105 (Auszug des Urkundsbeamten der Geschäftsstelle aus demRegister genügt). **Prokuristen** und **Handlungsbevollmächtigte** sind nach §§ 49 Abs. 2, 54 Abs. 2 HGB zur Grundstücksveräußerung nur im Falle besonderer Ermächtigung befugt; zur Belastung eines Grundstücks bei dessen Erwerb bedürfen sie ebenfalls einer besonderen Ermächtigung (RJA 5, 273).

Anm. 41

c) **Selbstkontrahieren des Vertreters.** Die Auflassungserklärung eines **Vertreters ohne Vertretungsmacht** ist in Anm. 34 behandelt. Unter welchen Voraussetzungen **ein Vertreter** im Namen des Vertretenen **mit sich selbst die Einigung erklären** kann, ergibt sich aus § 181. Danach ist sowohl ein gewillkürter als auch ein gesetzlicher Vertreter dazu befugt, wenn das Eigentum lediglich zur Erfüllung einer Verbindlichkeit übertragen wird; der gewillkürte Vertreter ferner, wenn ihm die Eigentumsübertragung an sich selbst durch die Vollmacht gestattet ist. Unter denselben Voraussetzungen können beide Vertragsteile von einer Person bei der Auflassung vertreten werden; insbesondere kann eine Person sowohl zur Erteilung wie zur Entgegennahme der Auflassung bevollmächtigt werden (**RG** 51, 422; KGJ 21 A 292; OLG 40, 274; JFG 4, 328). Auch einem **Testamentsvollstrecker,** der nicht Vertreter der Erben ist und auf den daher § 181 keine Anwendung findet (**RG** 56, 330; 61, 145; RJA 3, 101), kann durch das Testament vom Erblasser gestattet werden, über ein Nachlaßgrundstück durch Auflassung zu seinen Gunsten zu verfügen (KGJ 25 A 72; RJA 3, 45). Ist ein Miterbe zum Testamentsvollstrecker ernannt, so ist er, falls sich nicht aus dem Testament etwas Abweichendes ergibt, gemäß dem aus der Ernennung des Miterben und den vom Gesetz bestimmten Befugnissen des Testamentsvollstreckers zu entnehmenden Willen des Erblassers als ermächtigt zu erachten, die zur Erbauseinandersetzung erforderlichen Auflassungen von Nachbargrundstücken nicht nur an andere Miterben, sondern auch an sich selbst vorzunehmen (**RG** 61, 141).

Anm. 42

3. Verurteilung zur Auflassung

a) **Ausnahmecharakter.** — **aa)** Eine Ausnahme von dem Grundsatz der gleichzeitigen Anwesenheit beider Teile besteht, wenn der **eine Teil zur** Erteilung oder Entgegennahme der **Auflassung rechtskräftig verurteilt** ist. Die Auflassungserklärung gilt dann gemäß § 894 Abs. 1 Satz 1 ZPO als mit dem Eintritt der Rechtskraft des Urteils abgegeben. Der andere Teil erlangt die Eintragung, wenn er unter Vorlegung des mit Rechtskraftzeugnis versehenen Urteils, das nun die Auflassungserklärung des Verurteilten so ersetzt, als wenn dieser anwesend wäre und die Erklärung freiwillig abgäbe, die von seiner Seite erforderliche Auflassungserklärung vor dem Grundbuchamt abgibt und den Eintragungsantrag stellt (Anm. 51; Prot. 3, 177; **RG** 76, 411; KGJ 44, 223; 49, 183). — **bb)** Ist der Beklagte auf Grund eines Kaufvertrags zur Auflassung verurteilt, so wird die Vollziehung des Urteils in dieser Weise nicht dadurch gehindert, daß der Verurteilte angeblich zwar erst nach der Klageerhebung, aber schon zur Zeit der Urteilsfällung geschäftsunfähig geworden war. Denn der Kaufvertrag begründet nach § 433 die Verpflichtung des Verurteilten zur rechtswirksamen Auflassung. Daher ist gemäß der Klagebegründung das Urteil dahin aufzufassen, daß der Beklagte zur Abgabe einer rechtsgültigen Auflassungserklärung verurteilt worden ist (**RG** Gruchot 63, 506). — **cc)** Wird das Urteil nicht schon bei der Auflassungserklärung des obsiegenden Teils, sondern erst **nachträglich dem Grundbuchamt eingereicht,** so ist das Erfordernis der Gleichzeitigkeit und Einheitlichkeit der Auflassungserklärungen nicht gewahrt; die daraufhin etwa erfolgte Eigentumseintragung ist unrichtig (KGJ 49, 183). — **dd)** Ist die Verurteilung zur Auflassung **Zug um Zug gegen eine Gegenleistung** (z. B. Verurteilung des Verkäufers Zug um Zug gegen Zahlung des Kaufpreises) ausgesprochen worden, so ist die Beibringung einer nach §§ 726, 730 ZPO erteilten vollstreckbaren Ausfertigung des rechtskräftigen Urteils erforderlich, da nach § 894 Abs. 1 Satz 2 die Auflassungserklärung hier erst mit der Erteilung einer vollstreckbaren Ausfertigung als abgegeben gilt (**RG** Gruchot 63, 507). Diese Ausfertigung muß schon bei der Auflassungserklärung des andern Teils vorliegen; wird sie erst später erteilt, so ist die Auflassung nichtig (**RG** HRR 1928 Nr. 215). Denn die Wirkung des Urteils, die mit seiner Vorlegung verbunden ist, richtet sich immer gerade auf die zuständige Amtsstelle, vor der die Vorlegung und die Erklärung des anderen Teils stattfindet, gleichviel, ob die Amtsstelle das Grundbuchamt oder eine andere nach Reichs- oder Landesrecht (Art. 143 EG) zuständige Behörde ist (Anm. 46 zu a).

Anm. 43

b) Genehmigungspflicht. Ist im öffentlichen Interesse nach Reichsrecht oder Landesrecht eine **nicht rechtsgeschäftliche Genehmigung** (z. B. des Vormundschaftsgerichts: § 1821 Nr. 1, 4; einer Aufsichtsbehörde: Anm. 13) zur Auflassung erforderlich, so bedarf es neben dem rechtskräftigen Urteil nicht noch der Beibringung der Genehmigung. Denn einesteils gilt das Erfordernis der Genehmigung nur für die freiwillige rechtsgeschäftliche Verfügung; andernteils hat der Prozeßrichter, bevor er eine Verurteilung (z. B. des Vormundes) ausspricht, zu prüfen, ob eine Genehmigung erforderlich und nachgewiesen ist (str.; KGJ 31 A 293; 45, 264). Dies gilt auch dann, wenn die Verurteilung auf Grund eines Anerkenntnisses (§ 370 ZPO) ausgesprochen worden ist und das Prozeßgericht unter Berücksichtigung des Umstands, daß das Anerkenntnis keine reine Prozeßhandlung, sondern Verfügungsakt ist, das Anerkenntnisurteil ohne Genehmigung (z. B. des Vormundschaftsgerichts) nicht hätte erlassen dürfen. Denn die Rechtskraft des Urteils schließt seine sachliche Nachprüfung aus (KGJ 45, 267).

Anm. 44

c) Vollstreckbarkeit. — aa) Daß nach § 894 Abs. 1 Satz 1 ZPO mit der Rechtskraft des Urteils die **Auflassungserklärung als abgegeben gilt,** ist nicht lediglich Urteilswirkung, sondern schon ein Akt der Zwangsvollstreckung, wenngleich hier nicht wie bei der Zwangsvollstreckung im engeren Sinne neben der Verurteilung noch ein weiterer Zwang gegen den Verurteilten ausgeübt wird (str.; **RG** 62, 157; 76, 409; 88, 202; 89, 230; KGJ 26 A 262). Ist also gegen einen in Gütergemeinschaft verheirateten, das Gesamtgut verwaltenden Mann ein Urteil auf Auflassung eines zum Gesamtgut gehörigen Grundstücks ergangen, so genügt nach § 740 ZPO dieses Urteil; zur Eintragung der Eigentumsänderung bedarf es nicht der nach § 1424 n. F. (§ 1445 aF) zur Verfügung des Ehemanns über ein zu dem Gesamtgut gehörendes Grundstück erforderlichen Einwilligung der Ehefrau (str.; KGJ 26 A 260; 40 A 159; offen gelassen in **RG** 108, 285). — **bb)** Was aber die **Prüfung der Verfügungsbefugnis des Verurteilten** und die Beibringung sonstiger Nachweise anbetrifft, so kann auf § 873 Anm. 73ff verwiesen werden. Wenn der zur Erteilung der Auflassung Verurteilte noch nicht als Eigentümer eingetragen ist, kann der andere Teil gemäß § 14 GBO zunächst die Eintragung des Verurteilten beantragen. — **cc)** Ist das Urteil auf Erteilung der Auflassung **nur vorläufig vollstreckbar,** so kann nach § 895 ZPO (sinngemäß anwendbar auf gewisse Feststellungsurteile: JFG 18, 148) nur eine Auflassungsvormerkung eingetragen werden (**RG** 55, 57). Daneben kommt ein Vorgehen aus § 887 ZPO nicht in Betracht (JW 1933, 2161[9]). Wohl aber ist § 887 anwendbar, wenn der Schuldner verurteilt ist, nach seinerWahl aufzulassen oder etwas anderes zu leisten (**RG** 53, 84; 55, 60). — **dd)** Die Vollstreckung des Urteils **gegen einen anderen als den Verurteilten** (z. B. einen Rechtsnachfolger, einen Nacherben, einen Erben im Verhältnis zum Testamentsvollstrecker) ist in § 873 Anm. 75 behandelt. — **ee)** Mit der Rechtskraft des Urteils gilt die Auflassungserklärung nicht nur zugunsten des Gläubigers, sondern **auch zugunsten des Schuldners** als abgegeben. Daher ist die den Gegenstand der Verurteilung bildende Leistung, die Auflassungserklärung, als vom Schuldner bewirkt anzusehen. Das ist von Bedeutung z. B. für die Frage, ob dem Gläubiger noch Rechte nach §§ 283, 325 Abs. 2 oder 326 zustehen (**RG** 76, 412). — **ff)** Den erforderlichen Inhalt des Urteils erörtert Anm. 51.

Anm. 45

d) Prozeßvergleich. Vollstreckbare Prozeßvergleiche (§ 794 Abs. 1 Nr. 1 ZPO), die die Erteilung einer Auflassung zum Gegenstand hatten, standen früher in den Rechtsgebieten, in denen die Auflassung nur vor dem Grundbuchamt (Anm. 46

zu a) stattfinden konnte, den Urteilen nicht gleich; sie waren gemäß § 887 ZPO zu vollstrecken (**RG** 55, 57; RJA 11, 235). Heute wird eine im Prozeßvergleich erklärte Auflassung für wirksam erachtet (Anm. 46 zu a).

XI. Zuständige Stelle

Anm. 46

1. Behörden und Beamte

a) Nach der neuen Fassung des § 925 kann die Auflassung nicht nur vor dem Amtsgericht, in dessen Bezirk das Grundstück liegt, dem Grundbuchamt, sondern auch vor jedem anderen Amtsgericht, einem Notar oder in gerichtlichen Vergleichen, sei es daß sie im Streit-, Vollstreckungs-, Konkursverfahren oder in einem Verfahren der freiwilligen Gerichtbarkeit geschlossen werden, erklärt werden. Vor einem Notar können auch Grundstücke, die außerhalb des Amtsbezirks des Notars oder des Landes liegen, von dem er bestellt ist, aufgelassen werden. Allerdings darf der Notar die Auflassung nur in seinem Amtsbezirk entgegennehmen. Ein Verstoß hiergegen hat jedoch nicht die Unwirksamkeit der aufgenommenen Urkunde zur Folge (VO v. 17. 6. 1934, RGBl I 514).

b) Ferner kann gemäß Art. 143 Abs. 1 EG **landesrechtlich** die Erklärung der Auflassung auch vor einer anderen Behörde oder einem anderen Beamten zugelassen werden. Von diesem Vorbehalt haben z. B. Gebrauch gemacht: Preußen in Art. 26 AGBGB, Ges. v. 13. 5. 1918, 11. 1. 1929, VO v. 29. 10. 1928, AG z. RSiedlG v. 15. 12. 1919 § 34 Abs. 1 Satz 2; Bayern in Art. 81 AGBGB; Sachsen; in §§ 13, 20 AGBGB (Neufassung v. 29. 12.1931); Baden §§ 3, 6, 36 AGBGB i.d.F. v. 13. 10. 1925.

c) Nach dem **Rechtspflegergesetz** v. 8. 2. 1957 (BGBl I 18) gilt folgendes: Mit Ausnahme der nach § 17 dem Richter vorbehaltenen Geschäfte und unter Vorbehalt der §§ 5, 6 sind Grundbuchsachen dem Rechtspfleger übertragen (§ 3 Nr. 2 f). Nach § 23 Nr. 8 sind ihm ferner insbesondere übertragen die Beurkundung und die Entgegennahme der der Form des § 29 GBO bedürfenden Eintragungsbewilligung und die Entgegennahme von Auflassungen.

Anm. 47

2. Grundbuchamt. Grundbuchamt im Sinne des § 925 ist das Amtsgericht, welches das Grundbuch über das zu veräußernde Grundstück führt oder zu dessen Führung zuständig ist (§ 1 GBO). Ist das Grundbuchamt mit mehreren Richtern besetzt, so sind auch die Grundbuchrichter zuständig, denen die Führung des fraglichen Grundbuchblatts nicht besonders aufgetragen ist (str.). Wird die Auflassung nicht vor dem Grundbuchamt oder einer sonst zuständigen anderen Amtsstelle erklärt, so ist sie nach § 125 nichtig, weil sie der gesetzlich vorgeschriebenen Form entbehrt; dann geht trotz Eintragung das Eigentum nicht über (str.). Dass die Auflassung aber gerade im Amtsraum des Grundbuchamts erklärt wird, ist nicht erforderlich. Denn auch eine Erklärung vor dem zu amtlicher Tätigkeit bereiten Grundbuchbeamten außerhalb der Amtsstelle ist eine Erklärung „vor dem Grundbuchamt" (str.).

Anm. 48

3. Falsche Personenbezeichnung. Gibt derjenige, der die Auflassung erteilt oder annimmt, sich dem Grundbuchbeamten gegenüber fälschlich als die Person des Veräußerers oder Erwerbers aus, so liegt eine rechtswirksame Auflassung „vor dem Grundbuchamt" nicht vor, mag auch die falsche Person in Vollmacht der richtigen Person handeln und der andere Beteiligte dies wissen (**RG** 106, 198).

XII. Auflassungserklärung

Anm. 49

1. Mündliche Abgabe. — a) Die **Erklärung der Auflassung** ist **von allen Beteiligten mündlich abzugeben** (**RG** 99, 68; 10, 406; KGJ 33 A 192); stillschweigendes Einverständnis genügt nicht (**RG** JW 28, 2519). Da es sich um einen (dinglichen)

Vertrag handelt (Anm. 26), müssen die Erklärungen von der einen Partei gegenüber der anderen ausdrücklich und zweifelsfrei abgegeben werden (OLG 35, 211). — **b)** Ein **bestimmter Inhalt** ist im Gesetz **nicht vorgeschrieben.** Daß das Wort „auflassen" gebraucht wird, ist nicht erforderlich (OLG 4, 311). Es genügt vielmehr, wenn sich aus den Erklärungen beider Teile die Einigung über den Eigentumsübergang ergibt (**RG** 54, 381; JFG 4, 326). Daher ist es z. B. genügend: wenn der Veräußerer erklärt, daß er das Eigentum an dem Grundstück dem Erwerber übertrage, und der Erwerber diese Erklärung annimmt; wenn beide Teile erklären, sie seien darüber einig, daß das Eigentum auf den Erwerber übergehen solle (RJA 3, 143); wenn der Veräußerer erklärt, er bewillige die Eintragung des Erwerbers als Eigentümer, und der Erwerber seine Eintragung beantragt (**RG** 54, 382; OLG 26, 36) oder die Erklärung annimmt (OLG 4, 311). In **RG** 129, 124 wird sogar die Deutung von Erklärungen über den Verkauf und die Übertragung eines Erbanteils an den Erbschaftskäufer als Auflassung eines zur Erbmasse gehörenden Grundstücks zugelassen. Insbesondere ist außer der Erklärung der Einigung über den Eigentumsübergang nicht etwa noch eine Erklärung der Einigung über die Eintragung erforderlich, da im § 873 Abs. 1 nur die Einigung über den Eintritt der Rechtsänderung erfordert wird (RJA 3, 145; KGJ 48, 160). Ebensowenig ist erforderlich, daß der Veräußerer das Bewußtsein hat, Eigentümer zu sein; maßgebend ist vielmehr seine Erklärung der Eigentumsübertragung (OLG 26, 35). — **c)** Auch nach **formellem Grundbuchrecht** ist nicht Voraussetzung für die Vornahme der Eintragung, daß eine ausdrückliche Bewilligung der Eintragung erklärt ist. Denn § 19 GBO (Eintragungsbewilligung des Passivbeteiligten) kommt bei Auflassungen nicht zur Anwendung. Maßgebend ist hier vielmehr § 20 GBO, wonach die Erklärung der „erforderlichen Einigung", also der Einigung über den Eigentumsübergang, genügt (**RG** 141, 374; JW 1937, 2199[13]; KGJ 48, 146; § 873 Anm. 67f; den Fall des Fehlens jeder Erklärung des Erwerbers in der Auflassungsurkunde behandelt OLG 26, 34). — **d)** Die Auflassung muß aber, wenn sie die Eintragungsbewilligung ersetzen soll, das aufgelassene **Grundstück** übereinstimmend mit dem Grundbuch oder durch Hinweis auf das Grundbuchblatt **genau bezeichnen**; eine solche Bezeichnung bloß im Umschreibungsantrag genügt nicht (JFG 15, 284). — **e)** Formellrechtlich bedarf es weiter eines formlosen (§ 30 GBO) **Eintragungsantrags** gemäß § 13 GBO (OLG 11, 158; KGJ 43, 203). Ein solcher Antrag wird aber regelmäßig schon in den Einigungserklärungen mit enthalten sein, sofern nicht die Auflassung vor einer anderen Behörde als dem Grundbuchamt erklärt ist (**RG** 54, 383; 84, 236; RJA 3, 144) oder die Beteiligten sich aus bestimmten Gründen trotz der Auflassung die Stellung des Eintragungsantrags vorbehalten (KGJ 43, 203); dieser Vorbehalt ist trotz der Bestimmung des § 925 Abs. 2 zulässig (Anm. 55). — **f)** Auf die **Reihenfolge** der Erklärungen kommt es nicht an; die Auflassungserklärung des Veräußerers braucht der des Erwerbers nicht vorauszugehen. Wird die Auflassung zusammen mit dem Grundrechtsgeschäft in einer Urkunde aufgenommen, so ist eine räumliche Trennung beider Geschäfte nicht erforderlich.

Anm. 50

2. Auflassungsprotokoll. Da die Einigungserklärungen mündlich abzugeben sind und die **Aufnahme eines Protokolls** darüber zur Gültigkeit nicht vorgeschrieben ist, sind die Erklärungen auch dann rechtswirksam, wenn eine Protokollaufnahme unterblieben ist (**RG** 99, 65; 132, 408; **BGH** 22, 312). Ist ein Notar nach § 17 RNotO, §§ 170, 171 FGG von der Beurkundung der Auflassung ausgeschlossen, so wird dadurch seine nach § 925 gegebene Zuständigkeit zur Entgegennahme der Auflassung nicht berührt (**BGH** 22, 312). Die Auflassung hat gegenüber der nach § 873 Abs. 1 erforderlichen Einigung nur die Besonderheit, daß sie bei gleichzeitiger Anwesenheit beider Teile in Gegenwart des Grundbuchbeamten erklärt werden muß, nicht die Besonderheit, daß sie erst dann rechtsgültig wird, wenn sie zum Protokoll aufgenommen wird. Anders liegt die Sache in den Fällen der §§ 1410 n. F. (1434 aF), 1750, 1770, 2276, 2290. Dort ist vorgeschrieben, daß die Verträge bei gleichzeitiger Anwesenheit beider Teile „vor Gericht oder vor einem Notar geschlossen" werden müssen. Das bedeutet nach dem Sprachgebrauch des BGB, daß der Vertragsschluß gerichtlich oder notariell beurkundet, also gemäß §§ 168, 175 ff FGG zu gerichtlichem oder notariellem Protokoll aufgenommen werden muß.

Anm. 51

3. Ersetzung durch Urteil. Wird die Auflassungserklärung des Veräußerers oder des Erwerbers (**RG** 76, 411; KGJ 31 A 294) durch rechtskräftiges Urteil gemäß § 894 Abs. 1 Satz 1 ZPO ersetzt (Anm. 42), so muß das Urteil seinem Inhalt nach den bei der Auflassung vor dem Grundbuchamt zu stellenden Anforderungen entsprechen (**RG** 76, 412). Mithin braucht nicht gerade wörtlich die Verurteilung zur Auflassung oder Entgegennahme der Auflassung im Urteil ausgesprochen zu sein. Es genügt vielmehr ein Ausspruch, aus dem mit Sicherheit die Verurteilung zur Abgabe einer auf Eigentumsübertragung gerichteten Erklärung zu entnehmen ist, z. B. die Verurteilung des Eigentümers zur Bewilligung der Eintragung des anderen Teiles als Eigentümers (**RG** 54, 382; jedoch auch RJA 2, 48). Eine Verurteilung Zug um Zug gegen Auflassung umfaßt den ganzen Vorgang nach §§ 873, 925, also Auflassung im gesetzlichen Sinne und Eintragung (**RG** 84, 236). Der Urteilssieger muß in seiner Auflassungserklärung klar zum Ausdruck bringen, daß er die durch das Urteil erzwungene Erklärung des anderen Teils annimmt; nach formellem Grundbuchrecht genügt nicht eine nur öffentlich beglaubigte, sondern allein eine von der zuständigen Stelle beurkundete Auflassungserklärung des Urteilssiegers (HRR 1934 Nr. 652; JW 1936, 678[43]). Sind mehrere Erwerber zur Entgegennahme der Auflassung verurteilt, so muß mit Rücksicht auf § 47 GBO und auf die Verschiedenheit der möglichen Miteigentumsarten (z. B. Miteigentum zu gesamter Hand, Miteigentum nach Bruchteilen) das zwischen den Erwerbern zu begründende Miteigentumsverhältnis bestimmt bezeichnet sein (**RG** 76, 412).

Anm. 52

4. Wiederaufhebung. Eine Auflassungserklärung, die noch nicht durch Eintragung vollzogen ist, kann durch nachträgliche Vereinbarung der Beteiligten **wieder aufgehoben** werden (JFG 1, 286; 2, 319). Materiellrechtlich bedarf es dazu nicht der Beobachtung einer Form, da in dieser Hinsicht keine Formvorschrift gegeben ist (**RG** 65, 392). Der Grundbuchrichter aber darf die bereits beantragte Eigentumsumschreibung nur dann ablehnen, wenn ihm die Aufhebungsvereinbarung in der Form des § 29 GBO nachgewiesen wird (JFG 1, 286).

XIII. Bedingungsfeindlichkeit der Auflassung

Anm. 53

1. Allgemeines. Die dingliche Einigung (§ 873 Abs. 1) kann regelmäßig auch eine bedingte oder betagte sein. Hiervon enthält Abs. 2 eine Ausnahme für die Übertragung des Eigentums an Grundstücken. **Geschieht die Auflassung unter einer** aufschiebenden oder auflösenden **Bedingung oder unter einer Zeitbestimmung,** sei es für einen Anfangstermin, sei es für einen Endtermin, so hat der Grundbuchrichter die Eintragung wegen Nichtigkeit der Auflassung abzulehnen. Die dennoch bewirkte Eintragung überträgt das Eigentum nicht. Auch wenn im Falle einer aufschiebenden Bedingung (z. B. schenkweise Auflassung an Brautleute unter der Bedingung des Eheschlusses; Auflassung mit der Bestimmung, daß die Eintragung des Erwerbers erst nach dem Tode des Veräußerers erfolgen soll) demnächst die Bedingung eintritt, wird die Auflassung, da sie rechtlich nicht existiert, nicht wirksam (OLG 5, 251; 14, 79; 41, 157; KGJ 36 A 198). Soll daher nach dem Grundrechtsgeschäft das Eigentum für den Veräußerer bis zum Eintritt einer Bedingung oder eines Anfangstermins (z. B. bis zur Bezahlung des Kaufpreises) vorbehalten sein, so muß die Auflassung zunächst unterbleiben. Soll das Eigentum unter einer auflösenden Bedingung oder bis zu einem Endtermin übertragen werden, so kann nur eine unbedingte oder unbetagte Auflassung mit der Folge unbeschränkter Eigentumsübertragung auf den Erwerber erteilt werden. Der bedingte oder betagte Anspruch auf Erwerb oder Rückübertragung des Eigentums kann nur durch Vormerkung (§§ 883 bis 888) gesichert werden. Die Vormerkung hat insbesondere die Wirkung, daß im Falle des Eintritts der Bedingung oder des Zeitpunkts die seit der Eintragung der Vormerkung von dem Eigentümer getroffenen Verfügungen gemäß § 883 Abs. 2 unwirksam sind und daß der Erwerber oder der Veräußerer von dem durch die Verfügung Begünstigten nach § 888 die Löschung des für diesen eingetragenen Rechts verlangen kann.

Anm. 54

2. Rechtsbedingungen. Jedoch bezieht sich Abs. 2 nur auf **rechtsgeschäftliche Bedingungen** im Sinne des § 158, nicht auf Rechtsbedingungen, d. h. gesetzliche Voraussetzungen der gewollten Eigentumsübertragung. Daher ist z. B. eine Auflassung zulässig unter der Bedingung: daß der auflassende Nichteigentümer demnächst als Eigentümer werde eingetragen werden (OLG 2, 1; 5, 419); daß die Auflassung eines Vertreters ohne Vertretungsmacht oder eines Nichtberechtigten vom Vertretenen oder Berechtigten werde genehmigt werden (RJA 2 S. 85, 251; 3, 263); daß die Genehmigungsbehörde die zur Veräußerung (Anm. 11) erforderliche Genehmigung erteilen werde (HRR 1938 Nr. 1526); daß der auflassende Vormund oder Vater die erforderliche (§§ 1821 Nr. 1, 1643) Genehmigung des Vormundschaftsgerichts zu der Auflassung erhalten werde (RJA 7, 131); daß die Aktiengesellschaft, an die der einbringende Gründer ein Grundstück aufläßt, zur Entstehung gelangen werde (OLG 6, 486). Haben Brautleute vor ihrer Ehe den Güterstand der Errungenschaftsgemeinschaft vereinbart, jedoch eingebrachten Grundbesitz durch Ehevertrag unter gleichzeitiger Auflassung zu Gesamtgut erklärt, so steht diese Auflassung nur unter der Rechtsbedingung, daß die Errungenschaftsgemeinschaft demnächst entsteht (**BGH** LM § 1477 Nr. 1). Deshalb steht das Gesetz auch nicht entgegen einer Verurteilung des Veräußerers zur „Auflassung, sobald er die Rechtsmacht dazu habe" (**RG** HRR 1929 Nr. 2080). Wenn aber die Auflassenden die Wirksamkeit ihrer Erklärungen ausdrücklich auch noch rechtsgeschäftlich von dem Vorliegen der gesetzlichen Voraussetzung (z. B. der Genehmigung des Berechtigten) abhängig machen, so ist die Auflassung unter einer aufschiebenden Bedingung im Sinne des § 158 erfolgt und daher unwirksam (KGJ 36 A 198; HRR 1938Nr. 1526). Ist ein Kaufvertrag und zugleich die Auflassung vor einem Notar (Anm. 46) erklärt und am Schluß des notariellen Protokolls bestimmt, daß der Vertrag mit dem Eintritt einer bestimmten Bedingung als nicht geschlossen gelten solle, so ist anzunehmen, daß auch die Auflassung von der Bedingung betroffen und deshalb unwirksam ist (OLG 26, 35).

Anm. 55

3. Zulässige Abreden. Zulässig ist eine Auflassung unter dem Vorbehalt, daß die Vollziehung der Auflassung, also die den Eigentumserwerb erst herbeiführende Eigentumseintragung nur gleichzeitig mit einer anderen Eintragung (z. B. einer Kaufgeldhypothek, eines Nießbrauchrechts für den Veräußerer) stattfinden soll (KGJ 43, 200; JFG 1, 337); unter Übernahme der schuldrechtlichen Verpflichtung zur Ordnung der Hypothekenverhältnisse und demnächstiger Rückübertragung (OLG 18, 200); mit der vertraglichen Abrede, daß die eine Partei unter gewissen Umständen von der (unbedingt) erklärten Auflassung keinen Gebrauch machen solle (**RG** 24. 2. 1928 VII 366/27). Auch ist eine nach der Auflassung vor einem Notar von den Beteiligten getroffene Abrede, daß die Auflassungsverhandlung dem Grundbuchamt nicht ohne ausdrückliche Zustimmung des Auflassenden zum Vollzug der Eigentumsänderung eingereicht werden solle, nicht als Festsetzung einer Bedingung für die Auflassung, sondern nur als eine die Durchführung der Auflassung betreffende schuldrechtliche Vereinbarung zu erachten, bei deren schuldhafter Verletzung vertragliche Schadensersatzansprüche gegen den verletzenden Beteiligten (z. B. gegen den Auflassungsempfänger, der ohne Zustimmung des Auflassenden die Eintragung der Eigentumsänderung herbeigeführt hat) gegeben sein können (**RG** Gruchot 68, 547). Ebenso, wenn die Parteien in einem Grundstückskaufvertrage die Auflassung erklären und gleichzeitig den beurkundenden Notar anweisen, den Antrag auf Eintragung nicht vor einem bestimmten Zeitpunkt zu stellen (**BGH** LM § 925 Nr. 3).

Anm. 56

4. Pfändung des Anspruchs auf Übereignung. Wird der Anspruch auf Übertragung des Eigentums am Grundstück von einem Gläubiger nach § 848 ZPO gepfändet (Anm. 24 zu f), so ist an einen auf Antrag des Gläubigers vom Amtsgericht der belegenen Sache zu bestellenden Sequester als Vertreter des Schuldners aufzulassen. Der Gläubiger erlangt mit dem Übergang des Eigentums auf den Schuldner kraft Gesetzes ohne Eintragung eine Sicherungshypothek. Ein zweiter Erwerber, der inzwischen vom Ersterwerber (Pfändungsschuldner) das Grundstück aufgelassen erhalten, aber wegen bestehender Hindernisse nicht die Eintragung des Eigentums, sondern nur die Eintragung einer Vormerkung nach § 18 GBO erlangt hat, kann trotz der Vormerkung als Eigentümer erst eingetragen werden, nachdem nicht nur der Antrag des Sequesters auf Eintragung des Eigentums des Ersterwerbers, sondern auch der Antrag des Sequesters auf Eintragung der Sicherungshypothek erledigt ist, mag auch die Eintragung des Eigentums des Zweiterwerbers früher beantragt sein als die Eintragung des Ersterwerbers und die Eintragung der Sicherungshypothek durch den Sequester (JFG 7, 335).

§ 926

Sind der Veräußerer und der Erwerber darüber einig, daß sich die Veräußerung auf das Zubehör des Grundstücks erstrecken soll, so erlangt der Erwerber mit dem Eigentum an dem Grundstück auch das Eigentum an den zur Zeit des Erwerbes vorhandenen Zubehörstücken, soweit sie dem Veräußerer gehören. Im Zweifel ist anzunehmen, daß sich die Veräußerung auf das Zubehör erstrecken soll.

Erlangt der Erwerber auf Grund der Veräußerung den Besitz von Zubehörstücken, die dem Veräußerer nicht gehören oder mit Rechten Dritter belastet sind, so finden die Vorschriften der §§ 932 bis 936 Anwendung; für den guten Glauben des Erwerbers ist die Zeit der Erlangung des Besitzes maßgebend.

E II 839; P 3 178ff, 216ff.

Übersicht

Anm. 1

1. Einigung. Die Einigung darüber, daß die Veräußerung sich auf das Zubehör erstrecken soll, genügt für sich allein. Eine Übergabe gemäß §§ 929—931 ist hier also nicht erforderlich. Der Grund für diese Ausnahme ist die wirtschaftliche Einheit, die ein Grundstück und sein Zubehör bilden (Prot. 3, 180).

Anm. 2

2. Eigentumsübergang. Da das Eigentum an dem **Grundstück** durch Auflassung und Eintragung erworben wird (§§ 873, 925), geht das Eigentum an dem **Zubehör** erst beim Vorliegen beider Tatsachen über (**RG** 83, 68). — **a)** Wird ausnahmsweise erst **nach der Eigentumseintragung** rechtsgültig aufgelassen, so ist der Zeitpunkt der Auflassung maßgebend. Auf den Zeitpunkt der Einräumung des Besitzes an dem Grundstück und dem Zubehör kommt es nicht an. Wird in der Zwischenzeit bis zu der etwa hinausgeschobenen Übergabe eine Pfändung des Zubehörs gegen den Veräußerer ausgebracht oder verfügt er selbst noch über das Zubehör, so berührt dies den Erwerber nicht (Prot. 3, 179). — **b)** Dagegen sind Pfändungen oder sonstige Belastungen des Zubehörs in der Zwischenzeit **zwischen der Auflassung und der Eintragung** dem Erwerber gegenüber wirksam. Denn der Veräußerer ist zu dieser Zeit noch Eigentümer des Grundstücks und daher auch noch Eigentümer des Zubehörs. Verfügungsbeschränkungen, die während dieser Zwischenzeit in der Person des Veräußerers eintreten, hindern aber nach § 878 den Übergang des Eigentums an dem Zubehör nicht. Daher kann der Erwerber, wenn innerhalb dieser Zeit der Konkurs über das Vermögen des Veräußerers eröffnet wird, Aussonderung des Zubehörs beanspruchen (§§ 15, 43 KO). — **c)** Ist das Grundstück nebst Zubehör vom Veräußerer **vor der Auflassung übergeben,** so erlangt der Erwerber auch dann, wenn der Übereignungswille der Beteiligten Grundstück und Zubehör zusammen umfaßt, vor der Auflassung noch kein Eigentum an dem Zubehör, es sei denn, daß über den sofortigen Eigentumsübergang eine besondere Einigung im Sinne des § 929 vorliegt (**RG** Gruchot 48, 1064; OLG 34, 177).

Anm. 3

a) Vorhandensein. — **aa)** Die Zubehörstücke (§§ 97, 98) brauchen nur überhaupt **vorhanden** zu sein. Daß sie sich im Besitz des Veräußerers befinden, ist nicht erforderlich (Prot. 3, 180). Ist ein Dritter im Besitz, so bedarf es nicht der Abtretung des Herausgabeanspruchs (§ 931). — **bb)** Die Gegenstände müssen aber **zur Zeit des Erwerbs,** also im Augenblick der Eintragung auf Grund der Auflassung, **Zubehör** sein. Haben sie in der Zeit vom Abschluß des Veräußerungsvertrags bis zur Auflassung oder auch nur in der Zeit zwischen Auflassung und Eintragung aufgehört, Zubehör zu sein (z. B. dadurch, daß ein Dritter auf Grund eines früheren Kaufes sie vom Grundstück weggeholt hat), so geht das Eigentum an ihnen nicht über (OLG 34, 177). Vorübergehende Trennung von dem Grundstück hebt nach § 97 Abs. 2 die Zubehöreigenschaft nicht auf. — **cc)** Die Vorschrift des § 926 erfordert aber wirkliche Zubehöreigenschaft. Auf das, was nicht Zubehör ist, erstreckt sich der Erwerb auch dann nicht, wenn der Erwerber es für Zubehör gehalten hat (OLG 14, 96). — **dd)** Den Fall, daß von zwei bisher einem Eigentümer gehörenden Grundstücken, zu denen gemeinschaftliches Zubehör gehörte, eines veräußert wird, erörtert § 97 Anm.).

b) Bestandteile. Die Bestandteile (§§ 93 ff) umfaßt der Eigentumsübergang an dem Grundstück von selbst ohne besondere Einigung. Ausgenommen sind aber die nicht wesentlichen Bestandteile, die dem Veräußerer nicht gehören. Sollen wesentliche Bestandteile von der Veräußerung ausgeschlossen bleiben, so kann das nur mit schuldrechtlicher Wirkung vereinbart werden. Eine solche Vereinbarung braucht aber der Gültigkeit einer demnächst erklärten Auflassung des Grundstücks, die den Eigentumsübergang auch an den wesentlichen Bestandteilen kraft Gesetzes nach sich zieht, nicht entgegen zu stehen (**RG** WarnRspr 1936 Nr. 22).

c) Eigentum des Veräußerers. Da das Eigentum an den Zubehörstücken nach Abs. 1 nur erlangt wird, **soweit sie dem Veräußerer gehören,** müssen sie dem Auflassenden in demselben Rechtsumfang und mit demselben Rechtsinhalt gehören wie das Grundstück selbst (**RG** 97, 107). Gehören die Zubehörstücke dem Veräußerer zwar zur Zeit der Auflassung, aber (z. B. wegen anderweiter Veräußerung) nicht mehr zur Zeit der Eintragung, so findet ein Eigentumsübergang nach Abs. 1 nicht statt (Anm. 2). In diesem Falle kann vielmehr Eigentum nur gemäß Abs. 2 erworben werden.

Anm. 4

4. Auslegungsregel. Abs. 1 Satz 2 gibt für das dingliche Rechtsgeschäft eine Auslegungsregel, die der im § 314 für das schuldrechtliche Rechtsgeschäft gegebenen entspricht. Die danach begründete Vermutung für die Einigung über die Mitveräußerung (Anm. 1) muß derjenige, der den Eigentumsübergang an einzelnen Zubehörstücken leugnet, durch den Nachweis widerlegen, daß der Übereignungswille, sei es auch nur eines Vertragsteils, sich auf das Zubehörstück nicht bezogen hat (Prot. 3, 179). Dagegen muß der Erwerber, wenn er nicht im Besitz der Sache ist, seinerseits beweisen, daß zur Zeit der Veräußerung (Anm. 2) die Sache als Zubehör vorhanden gewesen ist und dem Veräußerer gehört hat. Die Auslegungsregel, gilt nicht, wenn das Zubehör nicht als Nebensache des Grundstücks, sondern als selbständiger Kaufgegenstand, wenn auch in demselben Vertrage, veräußert wird, da dann nicht ohne weiteres angenommen werden kann, daß das Eigentum am Grundstück und Zubehör gleichzeitig übertragen werden soll (**RG** WarnRspr 1909 Nr. 541). Inwieweit die Auslegungsregeln der §§ 314, 926 auf den Übergang von Nebenrechten bei der Übertragung eines Patentrechts sinngemäß anzuwenden seien, wurde erwogen in **RG** 112, 242.

Anm. 5

5. Dem Veräußerer nicht gehörendes Zubehör (Abs. 2)

a) **Einigung über die Mitveräußerung.** Aus dem Zusammenhalt mit Abs. 1 ergibt sich, daß auch im Abs. 2 eine Einigung über die Mitveräußerung des Zubehörs (Anm. 1) vorausgesetzt wird. Sie ist aber nach Abs. 1 Satz 2 auch hier im Zweifel anzunehmen (OLG 34, 177). Erstreckt sich der Veräußerungswille nicht auf Zubehörstücke, die dem Veräußerer nicht gehören, so erlangt der Grundstückserwerber an diesen Sachen auch dann kein Eigentum, wenn er in gutem Glauben ist. Denn dieser gute Glaube macht nur den Mangel des Eigentumsrechts des Veräußerers unschädlich, deckt aber nicht den Mangel des Veräußerungswillens.

Anm. 6

b) **Besitz.** Der Besitz, der auf Grund der Veräußerung, also vom Veräußerer erlangt wird, ist der nach §§ 929ff zum Eigentumserwerb führende Besitz kraft körperlicher Übergabe (§ 929 Satz 1, § 854 Abs. 1), Vereinbarung eines den mittelbaren Besitz des Erwerbers begründenden Rechtsverhältnisses (§§ 930, 868), Abtretung des Herausgabeanspruchs (§§ 931, 870, 871). Es genügt auch die Einigung (Anm. 5) allein, wenn der Erwerber im Besitz des Zubehörstücks ist (§ 929 Satz 2, § 854 Abs. 2).

Anm. 7

c) **Rechte Dritter** (z. B. Nießbrauch, Pfandrecht) an einem nicht dem Veräußerer gehörigen Zubehörstück erlöschen, wenn der Erwerber hinsichtlich ihres Nichtbestehens in gutem Glauben ist (Anm. 8), gemäß § 936 Abs. 1 in dem Zeitpunkt, in dem der Grundstückserwerber gemäß § 926 Abs. 2 in Verbindung mit §§ 932—934 das Eigentum an dem Zubehörstück erwirbt (Anm. 8). Gehört das Zubehörstück dem Veräußerer und geht es daher nach § 926 Abs. 1 im Zweifel kraft Auflassung und Eintragung ohne Übergabe (Anm. 1, 4) in das Eigentum des Erwerbers über, so ist aus Abs. 2, der die Erlangung des Besitzes zur Voraussetzung für die Anwendung des § 936 macht, in Verbindung mit § 936 Abs. 1 Satz 1 (die Sätze 2, 3 kommen hier nicht in Betracht, weil Eigentum ohne Übergabe erworben wird) zu entnehmen, daß die Rechte Dritter in dem Zeitpunkt erlöschen, in dem der Erwerber den Besitz (Anm. 6) an dem Zubehörstück erlangt.

Anm. 8

d) **Guter Glaube.** Der Grundstückserwerber erwirbt also an Zubehörstücken, die dem Veräußerer nicht gehören, das Eigentum nicht, wenn er **zur Zeit der Besitzerlangung** nicht in gutem Glauben (§ 932 Abs. 2) ist. Auf den guten Glauben zur Zeit der Auflassung kommt es in der Regel nicht an. Ist aber der Erwerber im Besitz der Sache und hatte er den Besitz vom Veräußerer (früher) erlangt, so erwirbt er das Eigentum an der Sache gemäß § 929 Satz 2, § 932 Abs. 1 Satz 2, wenn er zur Zeit der Einigung über den Eigentumsübergang, also im Zweifel zur Zeit der Auflassung (Anm. 5) in gutem Glauben ist (Prot. 3, 210). In den Fällen des Ersatzes der Übergabe gemäß §§ 930, 931 (Anm. 6) wird der Zeitpunkt, in dem der gute Glaube vorhanden sein muß durch die §§ 933, 934 bestimmt. Auch für das Erlöschen der Rechte Dritter (Anm. 7) sind diese Zeitpunkte maßgebend. Die Rechte erlöschen gemäß § 936 Abs. 2, § 932 Abs. 2 nicht, wenn sie dem Erwerber in diesen Zeitpunkten bekannt oder aus grober Fahrlässigkeit unbekannt sind. Ist ein dem Veräußerer nicht gehöriges Zubehörstück dem Eigentümer gestohlen, verloren oder sonst abhanden gekommen, so wird der gute Glaube des Erwerbers nicht geschützt (§ 935).

Anm. 9

6. Nießbrauchsbestellung. Nach § 1031 findet § 926 auch auf die Bestellung des Nießbrauchs an einem Grundstück Anwendung. Den Erwerb des Zubehörs in der Zwangsversteigerung des Grundstücks regeln die §§ 55, 65, 90 ZVG (dazu **RG** 45, 284; 49, 253; 127, 272).

§ 927

Der Eigentümer eines Grundstücks kann, wenn das Grundstück seit dreißig Jahren im Eigenbesitz eines anderen ist, im Wege des Aufgebotsverfahrens mit seinem Rechte ausgeschlossen werden. Die Besitzzeit wird in gleicher Weise berechnet wie die Frist für die Ersitzung einer beweglichen Sache. Ist der Eigentümer im Grundbuch eingetragen, so ist das Aufgebotsverfahren nur zulässig, wenn er gestorben oder verschollen ist und eine Eintragung in das Grundbuch, die der Zustimmung des Eigentümers bedurfte, seit dreißig Jahren nicht erfolgt ist.

Derjenige, welcher das Ausschlußurteil erwirkt hat, erlangt das Eigentum dadurch, daß er sich als Eigentümer in das Grundbuch eintragen läßt.

Ist vor der Erlassung des Ausschlußurteils ein Dritter als Eigentümer oder wegen des Eigentums eines Dritten ein Widerspruch gegen die Richtigkeit des Grundbuchs enigetragen worden, so wirkt das Urteil nicht gegen den Dritten.

E I 873 II 840; M 3 327ff; P 3 190ff; 6 232.

Übersicht

Anm. 1

1. Grundstückseigentümer. Unerheblich ist, ob das **Grundstück** ein gebuchtes oder ungebuchtes und ob der **Eigentümer** im Grundbuch eingetragen ist oder nicht. Allerdings werden im Abs. 1 Satz 3 besondere Voraussetzungen für die Zulässigkeit des Aufgebotsverfahrens erfordert, wenn der Eigentümer eingetragen ist (**RG** 76, 358). Nicht eingetragen kann der Eigentümer z. B. sein, wenn das Grundstück bei der Anlegung des Grundbuchs für den Bezirk aus Versehen kein Grundbuchblatt erhalten hat oder wenn es buchungsfrei ist (§ 3 Abs. 2, 3 GBO; Art. 127 EG) oder wenn im Falle des § 928 der Fiskus sich noch nicht als Eigentümer des aufgegebenen Grundstücks hat eintragen lassen. Ist der eingetragene Eigentümer verstorben (Satz 3), so richtet sich das Aufgebotsverfahren gegen seine (nicht eingetragenen) Rechtsnachfolger (**RG** 76, 358). Der § 927 findet auch Anwendung auf den ideellen Anteil eines Miteigentümers, da das BGB Miteigentum nach Bruchteilen mehrfach dem Alleineigentum gleichstellt (§§ 1195, 1106, 1114). Insbesondere gilt daher auch hier das Aneignungsrecht (Anm. 8) auf Grund des Ausschlußurteils (Prot. 3, 279 ff).

Anm. 2

2. Eigenbesitzer. Dies ist, wer das Grundstück als ihm gehörend besitzt (§ 872). Auch mittelbarer Besitz (§ 868) genügt (**RG** Gruchot 44, 865). Ein Fall so langjährigen Eigenbesitzes ohne Eigentumserwerb wird hauptsächlich dann vorkommen können, wenn das Grundstück gekauft und übergeben, die Auflassung aber unterblieben ist, demnächst der eingetragene Eigentümer stirbt und seine Erben unbekannt sind (M 3, 329). Durch das Aufgebot soll ein Ersatz für die im Gebiet des Liegenschaftsrechts, abgesehen von dem Fall des § 900 (Buchersitzung), unzulässige Ersitzung geschaffen werden. Jedoch ist hier ein Erwerbstitel und guter Glaube nicht erforderlich (**RG** Gruchot 44, 865). Lediglich die Tatsache des 30jährigen Eigenbesitzes genügt (abgesehen von den Erfordernissen des Abs. 1 Satz 3, wenn der Eigentümer eingetragen ist). Hat der bisherige Eigenbesitzer das Grundstück verkauft und dem Käufer übergeben und ist in dem Vertrage bestimmt, daß die Fälligkeit eines Teils des Kaufpreises von der Durchführung des Aufgebotsverfahrens abhängig sein soll, so ist der Käufer nicht nur als jetziger Eigenbesitzer zur Stellung des Aufgebotsantrags berechtigt (Anm. 3), sondern auch vertragsmäßig dem Verkäufer gegenüber zur Durchführung des Aufgebotsverfahrens verpflichtet (**RG** WarnRspr 1917 Nr. 271).

Anm. 3

3. Aufgebotsverfahren. Es ist in den §§ 946—959, 977—981 ZPO geregelt (für Preußen vgl. auch § 8 PrAG.ZPO in der Fass. v. 6. 10. 1899). Antragsberechtigt ist der Eigenbesitzer. Er hat die zur Begründung des Antrags erforderlichen Tatsachen glaubhaft zu machen. In dem Aufgebot ist der bisherige Eigentümer aufzufordern, sein Recht spätestens im Aufgebotstermin anzumelden, widrigenfalls seine Ausschließung erfolgen werde (§§ 979—981 ZPO).

Anm. 4

4. Maßgebend **Berechnung der Besitzzeit** sind die §§ 938—944. Insbesondere wird auch die Besitzzeit eines Rechtsvorgängers angerechnet (§ 943). Die vor dem Inkrafttreten des BGB liegende Besitzzeit ist ebenfalls anzurechnen. Auch hinsichtlich dieser Besitzzeit ist guter Glaube des Eigenbesitzers oder seines Rechtsvorgängers (Anm. 2) nicht erforderlich (**RG** Gruchot 44, 865).

Anm. 5

5. Tod oder Verschollenheit. Zum Nachweise des **Todes** des eingetragenen Eigentümers genügt, daß er für tot erklärt ist. Da jemand **verschollen** sein kann, ohne daß die Voraussetzungen für seine Todeserklärung vorliegen, sind zur Annahme der Verschollenheit diese Voraussetzungen nicht zu erfordern. Vielmehr ist der Eigentümer dann verschollen, wenn von seinem Leben und Aufenthalt nichts zu vernehmen ist (str.).

Anm. 6

6. Zustimmung des Eigentümers

a) Die **Fälle,** in denen eine Eintragung der Zustimmung des Eigentümers bedarf, ergeben sich aus den §§ 19, 20, 22 Abs. 2, 27 GBO. Insbesondere gehört auch dazu die Eigentumseintragung auf Grund einer Auflassung (§ 20 GBO).

b) Innerhalb der letzten 30 Jahre bis zur Stellung des Aufgebotsantrags darf **keine Eintragung** der unter a) erörterten Art erfolgt sein. Unerheblich ist, ob eine innerhalb dieser Zeit vorgenommene, nach ihrer Art das Aufgebotsverfahren hindernde Eintragung der Zustimmung des gegenwärtigen oder eines früheren Eigentümers bedurfte. Denn unter **Eigentümer** ist der jeweilige Eigentümer zur Zeit der hindernden Eintragung zu verstehen (str.). Wieviel Zeit seit dem Tode oder der Verschollenheit des eingetragenen Eigentümers verflossen ist, darauf kommt es nicht an.

Anm. 7

7. Ausschlußurteil

a) Mit der Erlassung des (nach § 957 Abs. 1 ZPO mit einem Rechtsmittel nicht anfechtbaren) Ausschlußurteils werden (sofern nicht das Urteil etwas anderes ergibt, z. B. lediglich der verschollene eingetragene Eigentümer ausgeschlossen ist; **RG** 76, 360; KGJ 33 A 210) die Rechte eines jeden vernichtet, der als bisheriger Eigentümer in Betracht kommt (**RG** 76, 359; KGJ 33 A 211). Das Grundstück wird **herrenlos** (**RG** 76, 359; JW 1913, 204[16]; KGJ 33 A 212). Diese rechtsvernichtende Wirkung erstreckt sich auch auf ein etwaiges Eigentum desjenigen, der das Aufgebot beantragt und das Ausschlußurteil erwirkt hat (**RG** 76, 359; JW 1925, 2503[1]). Jedoch hat er das Recht der Aneignung durch Erwirkung seiner Eintragung (M 3, 330; **RG** 76, 360; JW 1925, 2503[1]).

b) Alles dies gilt aber nur, wenn das Ausschlußurteil ein vorbehaltloses ist. Hat jemand im Aufgebotsverfahren **Rechte als Eigentümer** angemeldet und sind ihm gemäß § 953 ZPO die Rechte in dem Urteil **vorbehalten**, so tritt die ausschließende Wirkung des Urteils gegen ihn nicht ein. Vielmehr muß der Vorbehalt zugunsten des Anmeldenden rechtswirksam beseitigt sein, insbesondere durch einen Verzicht des Anmeldenden auf das Recht aus dem Vorbehalt oder durch seine rechtskräftige Verurteilung zur Verzichtserklärung, ehe der Ausschließungsberechtigte sich als Eigentümer eintragen lassen kann (**RG** 67, 95; 76, 359; RJA 6, 145; KGJ 33 A 210). Dagegen hindert ein wegen des angeblichen Eigentums eines Dritten eingetragener Widerspruch gegen die Richtigkeit des Grundbuchs (§§ 894, 899) die Eigentumseintragung auf Grund eines vorbehaltlosen Ausschlußurteils nicht (KGJ 33 A 212; aber Anm. 9).

c) Die **Belastungen** des Grundstücks zugunsten Dritter bleiben unberührt. Sie können nach der Eintragung des Aneignungsberechtigten ebenso geltend gemacht werden wie vorher gegen den bisherigen Eigentümer.

d) Ist derjenige, der das **Ausschlußurteil erwirkt** hat, als **Vorerbe** selbst Eigentümer des Grundstücks, so fällt mit seinem Eigentum auch das Recht der Nacherben an dem Grundstück, wenn ihnen nicht auf ihre Anmeldung ihr Recht im Urteil vorbehalten ist (**RG** 76, 359). Das Nacherbenrecht erlangt auch dadurch nicht wieder Wirksamkeit, daß auf Grund des Urteils das Eigentum für den Vorerben eingetragen wird. Denn dieser Eigentumserwerb für den Vorerben ist ein ursprünglicher, kein abgeleiteter (**RG** 76, 360).

e) Aus der Ursprünglichkeit des Erwerbs folgt ferner, daß er erst von dem Zeitpunkt seiner Vollendung, also der Eintragung an, **nicht** aber **für die Vergangenheit** wirkt (**RG** JW 1913, 204[16]; vgl. **RG** 83, 148). Wenn daher der den unbekannten Eigentümern des Grundstücks bestellte Pfleger einen Rechtsstreit führt (z. B. über Entschädigungsansprüche wegen Enteignung des Grundstücks), so tritt derjenige, der sich auf Grund des Ausschlußurteils als Eigentümer hat eintragen lassen, nicht ohne weiteres als Partei in den Rechtsstreit ein. Diesen Eintritt könnte er weder damit begründen, daß er der Eigentümer sei, für den der Rechtsstreit von Anfang an geführt worden sei, noch damit, daß er Rechtsnachfolger der Partei im Sinne des § 265 Abs. 2 ZPO sei (**RG** JW 1913, 204[16]).

Anm. 8

8. Eintragungsantrag. Der unter Einreichung einer Ausfertigung des Ausschlußurteils beim Grundbuchamt zu stellende Antrag auf Eintragung ist nicht lediglich ein Verfahrensantrag im Sinne des § 13 GBO, durch den das Verfahren der Eintragung angeregt wird. Vielmehr ist darin die empfangsbedürftige rechtsgeschäftliche Erklärung des Willens enthalten, durch die Eintragung das Eigentum zu erwerben. Er ist daher unwiderruflich (§ 130 Abs. 1, 2) und bedarf zwar nicht zur Wirksamkeit, wohl aber formellrechtlich zur Vornahme der Eintragung nach § 30 GBO der Form des § 29 GBO (str.).

Anm. 9

9. Eintragungen zugunsten eines Dritten vor dem Anschlußurteil. Gemeint ist die Eintragung des Eigentums oder eines Widerspruchs (899) zugunsten eines Dritten in der **Zwischenzeit** von der Einleitung des Aufgebotsverfahrens bis zur Erlassung des Ausschlußurteils. Eine in dieser Zeit vorgenommene Eintragung eines Dritten als Grundstückseigentümers beseitigt nicht das Interesse des Antragstellers an der Durchführung des Aufgebotsverfahrens (**RG** WarnRspr 1936 Nr. 116). Der Aneignungsberechtigte muß allerdings in diesem Falle die nach § 891 Abs. 1 für das Eigentum des Dritten streitenden Vermutung zunächst im ordentlichen Prozesse widerlegen, wenn er auf Grund des Ausschlußurteils eingetragen werden will. Dagegen hindert der Widerspruch seine Eintragung überhaupt nicht; er muß aber weichen, wenn der Dritte im Prozesse sein Eigentum nachweist (M 3, 331). Ist nach Erlaß des Ausschlußurteils ein Dritter als Eigentümer eingetragen worden, so wird er durch das vorhergehende Urteil nicht betroffen (OLG 15, 354). Wenn er also im Erwerb gutgläubig war, so ist das Aneignungsrecht ihm gegenüber ausgeschlossen.

§ 928

Das Eigentum an einem Grundstücke kann dadurch aufgegeben werden, daß der Eigentümer den Verzicht dem Grundbuchamte gegenüber erklärt und der Verzicht in das Grundbuch eingetragen wird.

Das Recht zur Aneignung des aufgegebenen Grundstücks steht dem Fiskus des Bundesstaats zu, in dessen Gebiete das Grundstück liegt. Der Fiskus erwirbt das Eigentum dadurch, daß er sich als Eigentümer in das Grundbuch eintragen läßt.

E I 872 II 841; M 3 324ff; P 3 184ff.

Übersicht

Anm. 1

1. Grundstück. Nach Art. 127 EG, der nur die Eigentumsübertragung den Landesgesetzen vorbehält, gilt § 928 auch für buchungsfreie Grundstücke (§ 3 Abs. 2, 3 GBO). Da jedoch § 928 die Eintragung des Verzichts fordert, müssen solche Grundstücke zunächst gebucht werden. Mit dem Grundstück werden auch dessen Bestandteile (§§ 93 ff) aufgegeben. Ausgenommen sind die nicht wesentlichen Bestandteile, die dem Aufgebenden nicht gehören. Zubehör dagegen wird nach § 959 nur dadurch herrenlos, daß der Eigentümer in der Absicht, auf das Eigentum zu verzichten, den Besitz daran aufgibt, eine dem § 926 entsprechende Vorschrift ist hier nicht gegeben. Der Anteil eines Miteigentümers an einem Grundstück steht einem Grundstück gleich (§§ 1095, 1106, 1114). Das gilt auch für das Aufgeben des Eigentums. Dagegen findet § 928 auf Erbbaurechte, Wohnungseigentum (WEG §§ 1, 4) und die (den Landesgesetzen vorbehaltenen) selbständigen Gerechtigkeiten (Art. 63, 68, 196 EG) keine Anwendung. Diese Rechte werden durch Verzicht nicht herrenlos und aneignungsfähig, sondern gehen in der Weise unter, daß das Eigentum am Grundstück, das sie bisher beschränkten, davon frei wird (VO v. 15. 1. 1919 § 11; RJA 8, 278). Den freiwilligen Verzicht auf das Bergwerkseigentum regeln in Preußen die §§ 161, 162 Allg.BergG.

Anm. 2

2. Aufgabe des Eigentums. Zum Aufgeben eines Grundstücks wird ein Anlaß z. B. gegeben sein, wenn das Grundstück durch Krieg, naturgewaltige Ereignisse oder Wohnungsverfall so entwertet ist, daß es keinen oder wenigstens nicht einen die Lasten deckenden Ertrag abwirft (M 3, 325). — **a)** Die **Wirkung** des Aufgebens ist, daß das Grundstück **herrenlos** wird mit der Maßgabe, daß nur bestimmte Personen (Anm. 6) nach dem Gesetz zur Aneignung berechtigt sind (**RG** 82, 74). — **b)** Die **Rechte Dritter** am Grundstück, z. B. der Hypothekengläubiger, der Reallastberechtigten, der Vormerkungsberechtigten (KGJ 51, 195), auch die des wahren, nicht eingetragenen Eigentümers werden durch das Aufgeben nicht berührt (**RG** 82, 74). Wollen diese Personen in der Zwischenzeit bis zum Erwerb des Grundstücks durch den Aneignungsberechtigten ihre Rechte, die sie nun nicht mehr gegen den Aufgebenden verfolgen können (**RG** 89, 367), im Wege der Klage oder der Zwangsvollstreckung geltend machen, so ist auf ihren Antrag nach Maßgabe der §§ 58, 787 ZPO ein Eigentums-Vertreter zu bestellen, dem die Wahrnehmung der sich aus dem Eigentum ergebenden Rechte und Verpflichtungen im Rechtsstreit oder im Zwangsvollstreckungsverfahren obliegt (KGJ 50, 52; 51, 195; über Einleitung der Zwangsverwaltung Anm. 7). — **c)** Gegenüber der Sondervorschrift des **§ 787 ZPO** findet die Bestimmung des § 17 ZVG, wonach die Zwangsversteigerung nur angeordnet werden darf, wenn der Schuldner als Eigentümer eingetragen ist, keine Anwendung. — **d)** Wird ein durch Vormerkung gesicherter **Auflassungsanspruch** gegen den früheren Eigentümer nunmehr gegen den nach § 58 ZPO bestellten Vertreter dahin geltend gemacht, daß dieser zu der von dem Vormerkungsberechtigten für den Schuldner (§ 267) erteilten oder zu erteilenden Auflassung an einen Dritten gemäß § 888 seine Zustimmung erteile, so ist der Vertreter auch ermächtigt, die Zustimmung zu der Auflassung an den Dritten zu erteilen. Seine rechtskräftige Verurteilung zur Bewilligung der Eintragung des Eigentums des Dritten (§ 894 ZPO) ersetzt mithin die Zustimmung des (in Wirklichkeit nicht vorhandenen) Eigentümers (KGJ 51, 179). — **e) Persönliche Rechte Dritter** auf Übertragung des Eigentums oder Bestellung eines dinglichen Rechts bleiben gegen den Aufgebenden bestehen, verwandeln sich aber wegen Unmöglichkeit der Erfüllung in Schadenersatzansprüche.

Anm. 3

3. Eigentümer. Er muß, da in dem Aufgeben eine Verfügung enthalten ist, zur Verfügung über das Grundstück berechtigt sein. Bei Ehegatten greifen also für das frühere Recht die §§ 1395, 1398, 1445 aF, für das neue Recht § 1424 n. F. ein. Daß der Eigentümer im Grundbuch eingetragen ist, wird zur Wirksamkeit des Aufgebens nicht erfordert. Nach den Ordnungsvorschriften der §§ 39, 40 GBO hat er sich aber zuvor eintragen zu lassen, wenn er nicht Erbe des eingetragenen Eigentümers ist.

Anm. 4

4. Verzicht. Er ist ein einseitiges empfangsbedürftiges Rechtsgeschäft, das den allgemeinen Regeln für solche Rechtsgeschäfte (z. B. hinsichtlich Geschäftsfähigkeit, Willensmangel) unterliegt. — **a)** Da durch ihn das Eigentum aufgegeben werden und das Aneignungsrecht des Fiskus entstehen soll, genügt nur ein sofort und endgültig wirksamer, **vorbehaltloser** Verzicht. Wenn hier also auch keine Bestimmung wie im § 925 Abs. 2 gegeben ist, so ist doch ein Verzicht, der unter einer Bedingung oder einer Zeitbestimmung erklärt wird, gleichfalls unwirksam. Das Grundbuchamt hat die Eintragung eines solchen Verzichts abzulehnen. Wenn es die Eintragung doch vornimmt, geht das Eigentum nicht unter (str.). — **b)** Da der Verzicht nicht vor, sondern nur **gegenüber dem Grundbuchamt** zu erklären ist, bedarf es zur Rechtswirksamkeit keiner Form (§ 875 Anm. 27). Nach der Ordnungsvorschrift des § 29 GBO hat aber der Grundbuchrichter die Eintragung nur bei Beobachtung der darin vorgesehenen Form vorzunehmen. Der Verzicht ist nach § 130 Abs. 1, 3 mit Abgabe der Erklärung gegenüber dem Grundbuchamt, also schon vor der Eintragung unwiderruflich, wie ja auch ein gegenüber dem Grundbuchamt erklärter Verzicht auf ein Recht an einem Grundstück nach § 875 Abs. 2 unwiderruflich ist (str.; Prot. 3, 190; **RG** 82, 74). Widerruflich ist dagegen der Eintragungsantrag (Anm. 5).

Anm. 5

5. Eintragung. Die Eintragung des Verzichts, das zweite Erfordernis für die Aufgabe des Eigentums, geschieht auf formlosen Antrag (§§ 13, 30 GBO), der regelmäßig in der Verzichtserklärung enthalten sein wird. Der Eintragungsvermerk gehört in die Abt. I Sp. 4 des Grundbuchs (§ 9d der Grundbuchverfügung v. 8. 8. 1935); die bisherige Eigentumseintragung ist rot zu unterstreichen (KGJ 51, 198). Zur Stellung des Antrags ist nur der Eigentümer berechtigt, nicht der Aneignungsberechtigte, da die Eintragung nicht im Sinne des § 13 Abs. 2 GBO zu seinen Gunsten bewirkt wird. Der Eigentümer kann den Antrag gemäß §§ 31, 29 Abs. 1 GBO zurücknehmen. Dann hat die Eintragung des Verzichts zu unterbleiben. In einem (an sich unzulässigen: Anm. 4) Widerruf des Verzichts wird die Zurücknahme des Antrags zu finden sein; das Grundbuchamt wird daher die Eintragung zu unterlassen haben (str.). Ist aus diesem oder einem sonstigen Grunde der Verzicht vom Grundbuchamt nicht eingetragen worden, so ist das Eigentum an dem Grundstück nicht wirksam aufgegeben und der Eigentümer weiter zu Verfügungen über das Grundstück (z. B. zur Bestellung von Hypotheken) befugt. Das Grundbuchamt darf dann die Vollziehung solcher Verfügungen trotz des erklärten Verzichts nicht ablehnen (RJA 14, 241). Die Eintragung des Verzichts auf das Grundstückseigentum enthält und ersetzt nicht die Eintragung des Verzichts auf die Eigentümerrangbefugnis nach § 7 Abs. 5 Satz 2 AufwG (**RG** HRR 1929 Nr. 643).

Anm. 6

6. Aneignungsrecht. Ein freies Aneignungsrecht besteht nicht. Vielmehr haben ein Recht zur Aneignung nur der Fiskus und die an dessen Stelle nach Landesrecht (Art. 129 EG) dazu berechtigten anderen bestimmten Personen (**RG** 82, 74). Nach Art. 190 EG erstreckt sich dieses Aneignungsrecht auf alle zur Zeit der Grundbuchanlegung herrenlosen Grundstücke (**RG** 71, 67). In **RG** 137, 263 ist das Aneignungsrecht für eine in der Nordsee an der ostfriesischen Küste neu entstandene Insel anerkannt. Das Recht zur Aneignung ist nach allgemeinen Rechtsgrundsätzen übertragbar (**RG** 82, 74; 103, 166).

Anm. 7

7. Eintragungsantrag. Der Antrag des Fiskus auf Eintragung als Eigentümer ist nicht lediglich ein Verfahrensantrag (§ 13 GBO), durch den die Eintragung angeregt wird. Er enthält vielmehr die empfangsbedürftige rechtsgeschäftliche Erklärung des Willens, Eigentum durch die Eintragung zu erlangen. Er ist daher nach § 130 Abs. 1, 3 unwiderruflich und bedarf zwar nicht zur Wirksamkeit, wohl aber zur Vornahme der Eintragung formellrechtlich nach § 30 GBO der im § 29 GBO vorgesehenen Form (JFG 8, 217). Der Fiskus erwirbt das Eigentum erst durch die Eintragung (JFG 8, 214). Hat der Aneignungsberechtigte (Anm. 6) sein Recht auf die Aneignung an einen andern übertragen (Anm. 6), so erwirbt der neue Erwerber das Grundstückseigentum durch die auf seinen Antrag bewirkte Eintragung (**RG** 82, 75; 103, 166). Solange der Aneignungsberechtigte von seinem Aneignungsrecht durch Herbeiführung der Eintragung seines Eigentums noch keinen Gebrauch gemacht hat, können die Hypothekengläubiger ihr Interesse an der Bewirtschaftung und Erhaltung des herrenlos gewordenen Grundstücks durch Ausbringung der Zwangsverwaltung wahren (OLG 35, 33). Die Wege zur Erlangung eines vollstreckbaren Urteils und zur sonstigen Zwangsvollstreckung erörtert Anm. 2. Dagegen kann ein Pfleger zur Verwaltung des Grundstücks nicht bestellt werden, da der allein in Betracht kommende § 1913 sich nur über eine Personenpflegschaft verhält (RJA 14, 304; KGJ 50, 52; aM Staudinger). Der Eigentumserwerb des Aneignungsberechtigten ist zwar ein ursprünglicher, kein abgeleiteter, da er nicht auf einem Übertragungsakt des bisherigen Eigentümers beruht. Er nähert sich aber einem Erwerb auf Grund eines Veräußerungsgeschäfts insofern, als er erst durch einen Rechtsakt des bisherigen Eigentümers, nämlich dessen Verzicht auf das Eigentum, ermöglicht wird. Deshalb und aus Gesichtspunkten der Billigkeit, die sich namentlich aus der Unentgeltlichkeit der Aneignung ergeben, rechtfertigt sich für den Fall, daß das von der Aneignung betroffene Grundstück vermietet (oder verpachtet) ist, die entsprechende Anwendung des § 571. Wer ein Grundstück im Wege der Aneignung erwirbt, tritt also nach § 571 Abs. 1 in die Rechte und Pflichten aus dem Miet- (oder Pacht-)Verhältnis ein (**RG** 103, 166). Dagegen findet § 892 auf einen Grundstückserwerb kraft Aneignungsrechts keine Anwendung (JFG 15, 108). Die Anlegung des Grundbuchblatts über ein herrenloses Grundstück für den Fiskus (in Preußen) behandelt JFG 8, 211.

Dritter Titel

Erwerb und Verlust des Eigentums an beweglichen Sachen

I. Übertragung

§ 929

Zur Übertragung des Eigentums an einer beweglichen Sache ist erforderlich, daß der Eigentümer die Sache dem Erwerber übergibt und beide darüber einig sind, daß das Eigentum übergehen soll. Ist der Erwerber im Besitze der Sache, so genügt die Einigung über den Übergang des Eigentums.

E I 874, II 842; M 3 333—339; P 3 194—196, 201.

Übersicht

Eigentumserwerb durch Einigung und Übergabe

I. Eigentumsübertragung

Anm. 1

1. Allgemeine Rechtsnatur

Die Übertragung des Eigentums ist das Rechtsgeschäft, durch das der Eigentümer einen andern an seiner Stelle zum Eigentümer macht. Die Bestandteile dieses Rechtsgeschäfts sind die Übergabe und die das Einigsein bewirkende Einigung.

Die Übertragung hat, da sie die Einigung voraussetzt, die Natur eines Vertrags. Da dieser Vertrag nicht die Begründung oder Veränderung von Schuldverhältnissen zwischen verschiedenen Personen, sondern die unmittelbaren Rechtsbeziehungen der Person zur Sache zum Gegenstand hat, können darauf nicht die Gesetzesvorschriften angewandt werden, die den Vertrag als Mittel zur Begründung von Schuldverhältnissen regeln. Dies gilt in erster Linie von allen Vorschriften über den Vertrag, die sich im zweiten Buche des BGB finden, aber auch von den im ersten Buch, dritter Abschnitt, dritter Titel, enthaltenen, soweit sie ihrem Inhalte nach für Schuldverhältnisse bestimmt sind (**RG** 66, 97). Durch Vertrag zugunsten eines Dritten (§§ 328ff) kann also kein Eigentum übertragen werden (**RG** 98, 283; nicht unbedenklich insoweit **RG** 28. 1. 1928 I 158/27, wo Vollzug einer Schenkung nach § 931 durch Vertrag zugunsten eines Dritten angenommen wird). Mit Recht betont aber **RG** 124, 221 wiederum, daß ein Vertrag zugunsten eines Dritten grundsätzlich keine sachenrechtliche Bedeutung hat.

Im übrigen finden die Vorschriften über Rechtsgeschäfte und Verträge auch auf die Eigentumsübertragung Anwendung. So insbesondere die Vorschriften über Bedingung und Zeitbestimmung (**RG** WarnRspr 1912 Nr. 80). Die im § 925 Abs. 2 enthaltene Beschränkung — keine Auflassung unter einer Bedingung oder Zeitbestimmung — besteht nicht für die Übertragung des Eigentums an beweglichen Sachen.

2. Bedingte Eigentumsübertragung

a) Aufschiebend bedingte Übereignung. Eigentumsvorbehalt

Anm. 2

Der wesentlichste Fall der aufschiebend bedingten Übertragung des Eigentums ist der der Übergabe der verkauften Sache unter Eigentumsvorbehalt bis zur Zahlung des Kaufpreises nach § 455. Der Verkäufer genügt seiner Pflicht zur Übertragung des Eigentums schon dadurch, daß er dem Käufer die Kaufsache unter der Einigung übergibt, der Käufer solle das Eigentum mit der Bezahlung des Kaufpreises erwerben. Der Käufer erwirbt mit der Übergabe ein durch die Zahlung des Preises aufschiebend bedingtes Eigentum, ein Anwartschaftsrecht. Der Eigentumserwerb erfolgt mit dem Eintritt der Bedingung, ohne daß der Verkäufer hierbei noch mitwirken muß. Der Verkäufer hat alles getan, was er tun kann, um dem Käufer das Eigentum zu verschaffen. Mit der Übergabe hat er die ihm hinsichtlich der Eigentumsverschaffung obliegende Gegenleistung im Sinne des § 18 Abs. 1 Nr. 2 UmstG vollständig „bewirkt" (**BGH** NJW 1951, 437).

Anm. 3

Demgegenüber wurde in der Rechtsprechung des Reichsgerichts angenommen, der Wille des Verkäufers, das Eigentum der Sache auf den Eigentümer zu übertragen, müsse noch vorhanden sein, wenn der letzte Kaufgeldrest bezahlt werde. Bis dahin habe der Verkäufer noch nicht vollständig erfüllt. Es bestehe daher auch nach der Übergabe noch ein Anspruch des Käufers gegen den Verkäufer auf Übereignung. Dieser Anspruch sei selbständig abtretbar. Der neue Gläubiger könne das Eigentum unmittelbar von dem ursprünglichen Verkäufer erwerben, wenn dieser von der Abtretung des Übereignungsanspruchs benachrichtigt werde und mindestens durch Stillschweigen zum Ausdruck bringe, daß er mit dem unmittelbaren Übergang des Eigentums auf den neuen Erwerber einverstanden sei, und wenn sich dieser bei der letzten Teilzahlung im — auch nur mittelbaren — Besitz der Sache befinde (§ 929 Satz 2). Andernfalls gehe das Eigentum trotz der Abtretung auf den ursprünglichen Käufer über. Dieser könne es dann gegebenenfalls durch ein „Insichgeschäft" auf den neuen Erwerber übertragen. Die Sache könne dabei allerdings in der Hand des ursprünglichen Käufers als Zubehör eines Grundstücks für eine Hypothek haftbar werden (**RG** 64, 204; 64, 334; 66, 344; 95, 105; 133, 40; 140, 223ff; dazu Oertmann JR 1934, 40; Schwister JW 1933, 1762, 1857, 2574; DJZ 1934, 1023; Holtz JW 1933, 2572; Bartels das. 2573; Grund das. 2631; Becker JW 1934, 678; Wieacker ZAkDR 1938, 593; Letzgus, Die Anwartschaft des Käufers unter Eigentumsvorbehalt, 1938, 16f, 30).

Anm. 4

Hat aber, wie der Bundesgerichtshof aaO mit Recht bemerkt, der Verkäufer mit der Übergabe alles getan, um dem Käufer das Eigentum zu verschaffen, dann kann dieser nach der Übergabe auch keinen Anspruch auf Erfüllung mehr gegen ihn haben (zutreffend Letzgus aaO 16f), der abgetreten werden könnte. Dagegen kann der Vorbehaltskäufer seine Anwartschaft an der Kaufsache an einen Dritten übertragen. Dieses geschieht nach den Vorschriften, die für die Übertragung des Rechts gelten, auf das die Anwartschaft besteht. Überträgt der Vorbehaltskäufer die Anwartschaft an der Kaufsache durch die Vereinbarung eines Besitzmittlerverhältnisses und die Einigung über den Übergang der Anwartschaft auf einen Dritten, so geht das Eigentum auf diesen durch Bezahlung des Kaufpreises unmittelbar vom Vorbehaltsverkäufer über, ohne daß dieser zuzustimmen oder auch nur von der Abtretung der Anwartschaft benachrichtigt zu werden braucht. (So bereits **RG** WarnRspr 1937 Nr. 110, wo allerdings die Frage, ob dazu die Zustimmung des Vorbehaltsverkäufers erforderlich sei, nicht entschieden ist, und Reinicke NJW 1951, 547; wie hier **BGH** 20, 88; Urt. v. 25. 11. 1958 VIII ZR 57/58; aA Stuttgart NJW 1951, 445 mit ablehnender Kritik von Lange. Blomeyer NJW 1951, 548 sieht in der Vorbehaltsübereignung eine echte mit einem Verfallpfandrecht belastete Eigentumsübertragung und kommt so zu anderen Ergebnissen.) Bestritten ist, wie im Falle der Übertragung der Anwartschaft durch Vereinbarung eines Besitzmittlungsverhältnisses die Besitzverhältnisse sind. Mittelbarer Nebenbesitz des Vorbehaltsverkäufers und des Anwartschaftserwerbers nehmen an Westermann NJW 1956, 1298; Pohle MDR 1956, 732 und Paulus JZ 1957, 45. Dagegen wird die Möglichkeit des Bestehens von Nebenbesitz von der herrschenden Lehre verneint (vgl. § 868 Anm. 9, 21). In **BGH** 28, 16, 27 wird daher übereinstimmend mit Zunft NJW 1957, 447f mittelbarer Fremdbesitz ersten Grades des Anwartschaftserwerbers und mittelbarer Eigenbesitz zweiten Grades des Vorbehaltsverkäufers angenommen.

Anm. 5

Der Eigentumsvorbehalt ist nicht nur beim Kauf beweglicher Sachen, sondern auch bei Veräußerungsgeschäften anderer Art (hinsichtlich solcher Sachen), und zwar auch in der Weise zulässig, daß sich der Veräußerer das Eigentum an der Sache und an allen dem Erwerber weiterhin zu liefernden Sachen vorbehält, bis er wegen aller aus seiner Geschäftsverbindung mit dem Erwerber entstandenen und künftig entstehenden Forderungen befriedigt wird (**RG** 147, 325).

Anm. 6

Über die Zulässigkeit des sog. verlängerten Eigentumsvorbehalts (unter Abtretung der dem Vorbehaltskäufer aus der Weiterveräußerung oder Verarbeitung der ihm mit Eigentumsvorbehalt gelieferten Waren entstehenden Kaufpreis- oder Werklohnforderungen an den Vorbehaltsverkäufer) vgl. insbesondere **RG** 142, 139; 147, 321; 149, 96; 155, 28; JW 1939, 563; DR 1940, 581; Hamburg JW 1938, 2207. Dazu Schantz, Verlängerter Eigentumsvorbehalt — wie lange noch? 1937; Tiedke BankArch XXXV 109; Bley ZAkDR 1937, 41; Scheld JW 1938, 5; ferner die von der Reichsgruppe Industrie unter dem 18. März 1938 erlassenen Grundsätze über die Anwendung des

Eigentumsvorbehalts, wonach den Mitgliedern der Wirtschaftsgruppen empfohlen wird, ihre Lieferungsbedingungen zu ändern und keine über den einfachen Eigentumsvorbehalt hinausgehenden Abreden zu verwenden (DJ 1938, 610) und hierzu: Schwister JW 1938, 1857; ZAkDR 1938, 338, 370; Schwartz das. 415; Müller das. 502; Wieacker das. 590; Peter DR 1938, 199; Letzgus, Die Anwartschaft des Käufers unter Eigentumsvorbehalt, 1938; Barkhausen NJW 1949, 845ff; Flume NJW 1950, 841; Hufnagel NJW 1952, 490.

Anm. 7

Das Reichsgericht hat in seinen späteren Entscheidungen den verlängerten Eigentumsvorbehalt in allgemeinen Lieferungsbedingungen nur dann für zulässig erklärt, wenn die Bestimmbarkeit der abgetretenen Forderungen in jedem Fall gewährleistet ist, in dem die Verkaufsbedingungen denkbarer Weise eingreifen können. Von dieser Rechtsprechung ist der Bundesgerichtshof in **BGH** 7, 365 abgewichen. Danach genügt es, wenn die allgemeinen Lieferungsbedingungen objektiv ausgelegt die in Frage stehende Forderung mit erfassen und wenn nur diese Forderung genügend bestimmt oder bestimmbar ist (vgl. dagegen die Bedenken bei v. Caemmerer in JZ 1953, 98).

Über den Begriff der beim Vorbehaltsverkauf begründeten **Anwartschaft** des Käufers: Müllereisert HansRGZ 1935 A 521 und **BGH** 20, 88.

Anm. 8

b) Auflösend bedingte Übereignung. Sicherungsübereignung

Auflösend bedingt ist die Eigentumsübertragung häufig bei Sicherungsübereignungen. Das Eigentum wird in der Regel zur Erfüllung einer Verpflichtung übertragen. Eine solche Verpflichtung ist aber nicht notwendige Voraussetzung der Übertragung. Die Rechtswirksamkeit der Übertragung ist von dem Bestehen der Verpflichtung unabhängig (**RG** 19. 4. 1917 IV 84/17). Den Beteiligten steht es indessen frei, zu vereinbaren, daß die Übertragung nur wirksam sein soll, wenn eine Verpflichtung besteht. Ob sie es getan haben, ist Tatfrage im einzelnen Falle (**RG** 54, 340; 28. 12. 1906 VII 111/06).

Anm. 9

3. Unsittlichkeit des Grundgeschäfts

Die Verbotswidrigkeit oder Unsittlichkeit des Grundgeschäfts macht die dingliche Eigentumsübertragung regelmäßig nicht nichtig (**RG** 63, 184; 68, 100; 75, 74; auch 154, 103; ferner JW 1907, 548 Nr. 1; vgl. Heck, Das abstrakte dingliche Rechtsgeschäft, 1937, bes. S. 38ff mit Vorschlägen zur Rechtserneuerung). Eine Ausnahme gilt nach § 138 Abs. 2 für die Erfüllung wucherischer Grundgeschäfte (**RG** 57, 95; 63, 184; 95, 244; 109, 202); denn hier ist auch das Sichgewährenlassen der Vermögensvorteile für nichtig erklärt. Eine zweite Ausnahme ist gegeben, wenn jemand sein gesamtes Vermögen in den Formen des § 930 einem andern überträgt, sein Geschäft aber unter dem Schein der Kreditwürdigkeit, also unter Täuschung Dritter, fortführen soll und sich dabei in vollständiger geschäftlicher und wirtschaftlicher Abhängigkeit von dem andern befindet („geknebelt" ist); im einzelnen Falle kann das eine oder das andere der beiden Merkmale mehr in den Vordergrund treten (**RG** 82, 313; 85, 344; 109, 202; WarnRspr 1913 Nr. 129). Vgl. auch **RG** 145, 154.

II. Bewegliche Sachen (vgl. §§ 90ff)

Anm. 10

Nach § 929 können stets nur bestimmte einzelne Sachen übertragen werden, nur sie können Gegenstand des mittelbaren oder unmittelbaren Besitzes sein (**RG** 52, 385; 103, 153; WarnRspr 1928 Nr. 11; Gruchot 51, 616). Bloße Bestimmbarkeit genügt nicht (**RG** 113, 62; LZ 1917, 867). Maßgebend ist der Zeitpunkt der Übertragung, spätere Ereignisse bleiben außer Betracht (**RG** 132, 188, insoweit gegen 113, 61; WarnRspr 1934 Nr. 52; **BGH** 28, 16, 19; LM BGB § 929 Nr. 8). Sachgesamtheiten als solche oder Teile davon, die nur wert- oder mengenmäßig bezeichnet sind, z. B. für 2000 DM seidene Bänder von einem größeren Lager (**RG** Gruchot 58, 1029; **BGH** 21, 52) können nach § 929 nicht übertragen werden; denn Gegenstand des Besitz- und Eigentumserwerbs sind auch bei einem Inbegriff nur die körperlichen Gegenstände, nicht deren Werte (**RG** 16. 2. 1926 VI 495/25); vgl. § 930 Anm. 13—19.

Anm. 11

Der ausgesprochene Grundsatz gilt auch für den Fall des § 419 (Vermögensübernahme). Doch können sich die Partner über die Eigentumsübertragung auch für eine Mehrzahl von Sachen zugleich und einheitlich einigen, auch bedarf es nicht für jedes einzelne Stück einer Gesamtheit einer besonderen Übergabetätigkeit.

Anm. 12

Durch die Übertragung des Eigentums an dem Stammpapier wird nicht auch das Eigentum an dem — nicht mitübergebenen — Gewinnanteilscheinbogen, einem selbständigen Inhaberpapier, übertragen. Dies muß besonders geschehen (**RG** 77, 333). Umgekehrt überträgt auch die Aushändigung des Gewinnanteilscheinbogens oder des Zinserneuerungsscheines, eines bloßen Ausweispapiers, nicht das Eigentum an dem Stammpapier (**RG** LZ 1916, 1007). Wegen der *Zuckerausfuhrscheine* als selbständiger unter §§ 929ff fallender Sachen: § 952 Anm. 7. An den *nicht wesentlichen* Bestandteilen eines Grundstücks wird das Eigentum nach §§ 929ff erworben (**RG** JW 1928, 561). *Lotterielose* sind regelmäßig Inhaberpapiere (**RG** JW 1912, 861); ihre Übertragung vollzieht sich nach den §§ 929ff (**RGSt** 67, 67).

Anm. 13

Für die Ermächtigung des Verwahrers zur Verfügung über das *Eigentum an Wertpapieren*, die ihm zur Verwahrung gegeben sind, und die Rechtsstellung des Hinterlegers bei der unregelmäßigen Verwahrung und beim Wertpapierdarlehn gelten die §§ 13, 15 DepotG (oben Anm. 4 vor § 688, § 688 Anm. 2, § 700 Anm. 5—7. Wegen der Aneignung und des Eigentumsübergangs in diesen Fällen Näheres bei *Opitz*, DepotG § 13 Anm. 8, 9, 10; § 15 Anm. 5, 6.

Anm. 14

Sondervorschriften gelten für Grundstückszubehör § 926, §§ 55, 90 Abs. 2 ZVG, das Inventar bei der Grundstückspacht §§ 588 Abs. 2 Satz 2, 589 Abs. 2, beim Grundstücksnießbrauch § 1048, eines zum eingebrachten Gut gehörenden Grundstücks § 1378, für verbrauchbare Sachen als Gegenstand des Nießbrauchs § 1067 Abs. 1 Satz 1, für eingetragene Schiffe und Schiffsbauwerke §§ 2ff, 78 des Ges. über Rechte an eingetragenen Schiffen und Schiffsbauwerken v. 15. 11. 1940, RGBl I 1499, für hinterlegte Sachen §§ 7, 23 HinterlegungsO (vgl. auch **BGH** LM BGB § 142 Nr. 1). Vgl. ferner §§ 910, 911 für Wurzeln Überhang und Früchte.

III. Übergabe durch Eigentümer an Erwerber

Anm. 15

Übertragung des Eigentums ist begrifflich nur durch den möglich, der selbst Eigentümer ist. Dem steht nicht entgegen, daß nach §§ 932 bis 934 unter besonderen Umständen das Eigentum auch aus der Hand des Nichteigentümers erworben werden kann; denn hierbei handelt es sich nur um eine Ausnahme aus Verkehrsrücksichten.

Anm. 16

Der Eigentümer kann die Übergabe entweder selbst bewirken oder durch einen Besitzdiener oder auch durch den unmittelbaren Besitzer vornehmen lassen. In letzterem Falle kommt es nicht einmal darauf an, daß der Eigentümer mittelbarer Besitzer ist; es genügt, wenn der unmittelbare Besitzer auf sein Geheiß die Übergabe vollzieht.

Anm. 17

Auch auf der Seite des Erwerbers können dritte Personen mitwirken; doch ist dabei zu beachten, daß es eine eigentliche Stellvertretung im Besitz nicht gibt und nicht geben kann, weil dieser ein tatsächliches Verhältnis ist (vgl. § 854 Anm. 17, § 930 Anm. 2). Der dritte Empfänger der Sache macht den Erwerber also nur dann zum Besitzer, wenn er ihn kraft eines von ihnen vereinbarten und unter § 868 fallenden Rechtsverhältnisses zum mittelbaren Besitzer oder kraft eines Besitzdienerverhältnisses (§ 855) zum unmittelbaren Besitzer macht (**RG** 137, 25). Wird die Sache vom Eigentümer an den Dritten ausgehändigt, bevor dieser mit dem Erwerber das Verhältnis nach § 868 vereinbart hat, so kann er dieses Verhältnis, wie es — zumal bei Kaufgeschäften des täglichen Lebens — oft geschieht, durch ein Insichgeschäft (§ 181) begründen (**RG** 100, 192; **RGSt** 54, 187; **RG** LZ 1921, 723). Auch dieses Insichgeschäft muß aber, wie jedes, nach außen irgendwie in Erscheinung treten (**RG** 139, 117; JW 1917, 3306).

Anm. 18

Der Übertragende muß im Augenblick der Übergabe Eigentümer sein. Ist er es noch nicht, so kann er zu dieser Zeit das Eigentum nicht übertragen. Überträgt er, bevor er Eigentümer ist, den Besitz und sind beide Teile einig, daß der neue Besitzer Eigentümer weden soll, so geht zwar nicht auf Grund der Übergabe, wohl aber auf Grund des Besitzes und der Einigung, also gemäß § 929 Satz 2, das Eigentum in dem Augenblick, in dem es der Übertragende erlangt, und von diesem auf den Erwerber über.

IV. Übergabe

1. Übertragung unmittelbaren Besitzes

Anm. 19

Übergabe ist die Einräumung der tatsächlichen Gewalt über die Sache im Sinne des § 854 (**RG** 53, 220), also regelmäßig eine Bewegung im Raume und damit eine körperliche Handlung, die wohl beurkundet werden kann, sich aber außerhalb jeder Urkunde vollzieht (**RG** 109, 203). Sie besteht in der Übertragung des unmittelbaren Besitzes (**RG** 137, 25). Für die Übergabe ist unerläßlich, daß ein Wechsel in der Person des unmittelbaren Besitzers eintritt. Allerdings braucht nicht gerade der Veräußerer der unmittelbare Besitzer gewesen und der Erwerber dies geworden zu sein (vgl. Anm. 16, 17).

Anm. 20

Nicht genügend ist also, daß der Erwerber vom Veräußerer mittelbaren Besitz erwirbt, sei es durch Übertragung schon bestehenden mittelbaren Besitzes nach § 870, wobei die Person des unmittelbaren Besitzers unverändert bliebe, sei es durch Begründen eines Besitzmittlerverhältnisses zwischen Veräußerer und Erwerber, wobei dem Veräußerer der unmittelbare Besitz verbliebe. In diesen Fällen handelt es sich nicht um Übergabe, sondern um Übergabeersatz; sie werden in den §§ 931 und 930 behandelt.

Anm. 21

Keine Übergabe ist deshalb auch ein Vorgang von der in § 870 Anm. 1 geschilderten Art, worin nicht einmal eine Abtretung des Herausgabeanspruchs gefunden werden konnte. Wenn in der schon mehrfach angezogenen Entscheidung (**RG** 137, 23) auf S. 26f das Vereinbaren eines Besitzmittlerverhältnisses als Übergabe bezeichnet ist, so liegt darin ein dem sonstigen Inhalt der Entscheidung widersprechendes Vergreifen im Ausdruck. Gefragt war, wann der Erwerber den Besitz im Sinne von § 934 erlangt habe, und geantwortet sollte werden, daß dazu das Erlangen mittelbaren Besitzes genüge. So auch die im weiteren Verlauf angezogenen Entscheidungen **RG** 89, 348; 135, 75. Um den Begriff der Übergabe handelte es sich gar nicht.

Anm. 22

Wohl aber ist eine Übergabe anzuerkennen, wenn der Veräußerer der Sache Besitzdiener des Erwerbers wird; denn damit ist der unmittelbare Besitz vom Veräußerer auf den Erwerber übergegangen. Das ist unter Umständen sogar möglich, ohne daß eine Bewegung im Raume stattfindet, z. B. wenn ein bisher selbständiger Kaufmann mit seiner Ware als Angestellter des Erwerbers in seinem bisherigen Laden verbleibt.

Anm. 23

Wann die tatsächliche Übergabe wirklich vollzogen ist, kann immer nur auf Grund der besonderen Umstände des Einzelfalles entschieden werden. Jede Möglichkeit einer Verfügung durch Dritte braucht nicht ausgeschlossen zu sein (**RG** 106, 135), eine verzollte Kiste kann zurückgegeben sein, auch wenn sie vorläufig noch im Abfertigungsraum des Zollamts verbleibt (**RG** 26. 5. 1911 III 408/10). Das bloße Einfüllen der Ware in Gefäße, welche der Käufer für den Versand geschickt hat, genügt natürlich nicht (**RG** 97, 252). Eine Besitzübertragung nach § 854 Abs. 2, die an eine aufschiebende Bedingung geknüpft ist, ist vor dem Eintritt der Bedingung keine Übergabe. Der Eintritt der Bedingung führt nicht zur Übergabe, wenn zuvor der Anspruch des Käufers auf Herausgabe der Sache gepfändet wird und der Verkäufer deswegen nicht mehr bereit ist, dem Käufer die Ausübung der tatsächlichen Gewalt über die Sache zu überlassen (**BGH** LM BGB § 854 Nr. 4).

Wer die tatsächliche Gewalt selbst nicht besitzt, kann sie nicht einräumen. Ein gesunkenes Seeschiff kann nicht nach § 929 (übrigens auch nicht nach § 930 oder § 931 oder durch bloßen Vertrag nach § 2 SchiffsG [zit. Anm. 14]) übereignet werden (Hamburg Recht 1918 Nr. 1536). Wo aber unter besonderen Umständen die tatsächliche Gewalt auch an versunkenen Sachen noch fortbesteht, wie an dem in Anm. 6 zu § 856 erwähnten Ankergeschirr, ist auch eine Übergabe möglich. Eine nur einstweilige körperliche Hingabe oder eine Hingabe nur zu vorübergehendem Gebrauch genügt nicht (**RG** 75, 221; vgl. **RG** 92, 265).

Anm. 24

Die Übergabe ist Willensbetätigung, sie erfordert den Willen des Veräußerers, den Erwerber in die Lage zu versetzen, die tatsächliche Gewalt über die Sache auszuüben — sonst würde bei dem Erwerber verbotene Eigenmacht vorliegen (**RG** 137, 25) — und weiter den Erfolg, daß der Erwerber auch wirklich in diese Lage kommt (**RG** 72, 312; JW 1912, 130). Danach kann die Übergabe in der mannigfachsten Art geschehen. Ausgeschlossen ist aber eine nur bildliche, nur durch Zeichen kundgemachte Übergabe (**RG** 77, 201); denn es handelt sich nicht um das Einräumen einer rechtlichen Befugnis, sondern um das der tatsächlichen Gewalt (**RG** 74, 356). Anschlagen mit dem Holzhammer an lagerndes Holz, wie es im Holzhandel noch vielfach üblich ist, reicht nicht aus (Danzig JW 1932, 67; München NJW 1955, 1926). Darin, daß der Käufer im Einverständnis mit dem Verkäufer, bevor der Kaufpreis voll gezahlt ist, das verkaufte Holz an eine zur Abfuhr geeignete Stelle im Wald rücken und mit dem Zeichen dessen, an den er es weiterverkauft hat, versehen läßt, braucht keine Übertragung des Besitzes zu liegen (**BGH** LM BGB § 854 Nr. 4).

Anm. 25

Die Übergabe der Schlüssel zum Aufbewahrungsraum ersetzt nur dann die Übergabe der darin befindlichen Sachen, wenn der Erwerber mit den Schlüsseln wirklich die Herrschaft über den Raum und die Sachen erlangt (**RG** 66, 258; 103, 100; Gruchot 48, 955). Hat die Tür kein Schloß oder schließt es nicht oder öffnen die Schlüssel nicht sämtliche Schlösser, so ist die Übergabe nicht vollzogen. Sie ist es aber, wenn z. B. A dem B den Schlüssel zur Tür des Aufbewahrungsraums übergibt und B im Einverständnis mit A einen zweiten unverschließbaren Zugang vernagelt (**RG** JW 1904, 114). Heimliches Zurückbehalten anderer, ebenfalls passender Schlüssel steht der Übergabe und ihrer Wirksamkeit nicht entgegen (**RG** 103, 100). Der spätere Verlust des Besitzes durch Weggabe der Schlüssel hebt das einmal begründete Eigentum nicht auf (**RG** 11. 6. 1926 VI 68/26). Hat ein Raum zwei Zugänge und behält A die Schlüssel zu dem einen Zugang und übergibt dem B, der dieses weiß, die Schlüssel zum andern Zugang, so erlangen A und B Mitbesitz an dem Raum. Die von A und B in den Raum eingebrachten Sachen können dabei, wenn das ihrem Willen entspricht, in ihrem Alleinbesitz bleiben (**RG** 8. 1. 1924 VII 597/23).

Anm. 26

Keine genügende Besitzeinräumung liegt vor, wenn bei der Übereignung von Malz, das in einem Speicher (Silo) des Veräußerers lagert, nur eine auf den Erwerber hinweisende Tafel angebracht und ein dem Betriebe des Veräußerers angehöriger „Treuhänder" eingesetzt wird, sofern der Speicher zu den Zwecken des Betriebes zugänglich bleibt und die Ausläufe unverschlossen sind (**RG** 151, 184; dazu Stoll ZAkDR 1937, 83).

Anm. 27

2. Mitwirkung des Erwerbers

Der Erwerber muß unter allen Umständen den Willen haben, Eigentum zu erwerben. Fehlt dieser Wille, so geht das Eigentum nicht über (**RG** HansRGR 1931 B 643). Gegen den Willen des Erwerbers ist das erst recht nicht möglich. Wegen der Erklärung des Willens vgl. Anm. 35—37. Eine Übernahmetätigkeit des Erwerbers ist nicht immer erforderlich. Ein einfaches Niederlegen oder Zurücklassen der Sache bei dem Erwerber genügt aber nur, wenn eine solche Art der Übergabe wenigstens hilfsweise vereinbart ist (**RG** 7. 12. 1923 III 37/23). Regelmäßig wird die Sache von Hand zu Hand übergeben werden; der Veräußerer kann sich aber darauf beschränken, dem Erwerber den Zugriff zu gestatten. Vollendet wird dann die Übergabe, sobald der Erwerber die Sache ergreift. Das muß äußerlich erkennbar sein (**RG** WarnRspr 1919 Nr. 125); denn die äußere Erkennbarkeit bildet bei jedem dinglichen Herrschaftsverhältnis das allgemeine kennzeichnende Merkmal (**RG** 77, 201).

Anm. 28

3. Übergabe durch Automaten

Eine Übergabe im Sinne des § 929 findet auch bei den Verkaufsautomaten und ähnlichen Einrichtungen statt. Setzt der Unternehmer den Automaten mit der dazugehörigen Inschrift in Betrieb, so erlaubt er dem Einwerfer des verlangten Geldes die Wegnahme der Sache, und der Zahlende erlangt durch das Wegnehmen der herausfallenden Sache den Besitz; umgekehrt kommt das eingeworfene Geld mit dem Willen des Einwerfenden in die tatsächliche Gewalt des Unternehmers (vgl. **RGSt** 44, 114).

Anm. 29

4. Einräumung des Mitbesitzes

Die Einräumung des Mitbesitzes steht der Übergabe nicht gleich und genügt nicht, um Alleineigentum oder Miteigentum zu übertragen. Dagegen reicht sie aus, um Miteigentum zu begründen (vgl. § 1008 Anm. 30). Andere Fälle, in welchen schon die Einräumung des Mitbesitzes rechtserheblich ist, sind in den §§ 1081 und 1206 geregelt (**RG** LZ 1918, 498). Das Gesagte betrifft aber nur den Mitbesitz zwischen Veräußerer und Erwerber. Übergabe zu Mitbesitz an den Erwerber und einen Dritten genügt, wenn sie auf Wunsch des Erwerbers vorgenommen wird, etwa weil er mit Erwerb des Eigentums dem Dritten sogleich ein Pfandrecht an der Sache bestellen will (§ 1206).

V. Einigung:

Anm. 30

Von einer Einigung über den Eigentumsübergang kann nur gesprochen werden, wenn die Beteiligten eine gemeinsame, auf bestimmte Gegenstände gerichtete Vorstellung haben und wenn es ihr Wille ist, daß das Eigentum an diesen Gegenständen übergehen soll. Dabei brauchen den Parteien die einzelnen Sachen, die übereignet werden sollen, nicht unbedingt bekannt zu sein. Es genügt, wenn sie sich darüber einig sind, daß das Eigentum an allen in einem bestimmten Raum befindlichen Sachen übergehen soll. Eine Einigung kann aber nicht angenommen werden, wenn die Parteien nur vereinbart haben, das Eigentum an einem mengen- oder wertmäßig bestimmten Teil der in einem Raum befindlichen Ware solle übergehen, z. B. das Eigentum an 5000 kg des in einem Lager befindlichen Getreides (**BGH** 21, 52; LM BGB § 929 Nr. 5).

1. Zeitpunkt

Anm. 31

Nicht die Einigung wird hier erfordert, sondern das Einigsein (**RG** 109, 203), der Zustand, der sich aus der Einigung ergibt. Der Unterschied ist in dem Regelfalle der Gleichzeitigkeit von Einigung und Übergabe bedeutungslos, kann aber von wesentlicher Bedeutung dann werden, wenn die Übergabe, wie beim Versand, der Einigung nachfolgt. Hier tritt neben die Frage: „Sind die Beteiligten einig geworden?“ die andere Frage: „Waren die Beteiligten auch im Augenblick der Erlangung der tatsächlichen Gewalt durch den Erwerber noch einig?“ Diese Frage ist um deswillen nötig, weil bei der Übertragung des Eigentums an beweglichen Sachen das Gesetz davon absieht, den Beteiligten die Möglichkeit einer Bindung an die Einigung zu eröffnen (vgl. § 873 Abs. 2). Eine solche Bindung ergibt sich auch nicht daraus, daß das Geschäft unter einer Bedingung abgeschlossen worden ist. Vor der Übergabe kann daher jeder Beteiligte von der Einigung wieder abgehen und dadurch den Eigentumsübergang vereiteln — unbeschadet natürlich der Frage, inwieweit er schuldrechtlich verpflichtet ist, das Eigentum zu übertragen. Praktisch bedeutsam kann das vor allem beim Versendungskauf werden, insbesondere wenn der Verkäufer mit Zustimmung des Eigentümers eine ihm selbst unter Eigentumsvorbehalt gelieferte Ware weiter veräußert. Falls die Zustimmung des Eigentümers vor der Übergabe der Ware an den Käufer widerrufen wird, erwirbt dieser kein Eigentum nach § 929, auch wenn die Ware bereits an ihn abgesandt ist (**BGH** 14, 114).

Anm. 32

Eine Bindung tritt dagegen mit der Übergabe ein, wenn der endgültige Eigentumserwerb an eine von dem Willen des Übereignenden unabhängige Bedingung geknüpft ist (Verkauf unter Eigentumsvorbehalt).

Anm. 33

Für die Antwort auf die Frage, ob die Beteiligten noch einig sind, ist entscheidend, daß es sich um einen Dauerzustand handelt und daß deshalb, wer sein Bestehen behauptet, nur sein Entstehen, also das Zustandekommen der Einigung, zu beweisen hat. Ist die Einigung bewiesen, so muß derjenige, welcher behauptet, das Einigsein bestehe nicht mehr, die Tatsache beweisen, durch die es beendigt ist. Diese Tatsache kann keine rein innere sein. Es genügt nicht, daß der Beteiligte nicht mehr gewollt hat; er muß sein Nichtmehrwollen dem Gegenbeteiligten zu erkennen gegeben haben. Wie hier **RG** 83, 230; 135, 367. In dem ersten der in diesen Urteilen behandelten beiden Fälle fehlte es schon an einer Einigung. Weder der Erblasser noch der Erbe waren mit dem Erwerber über den Eigentumsübergang einig geworden.

2. Rechtliche Behandlung

Anm. 34

Als Bestandteil des Übergangsgeschäfts untersteht die Einigung über die Übertragung des Eigentums den allgemeinen Vorschriften über Rechtsgeschäfte und Verträge (vgl. Anm. 1). Ist die Übergabe als solche eine von beiden Teilen ausgeführte strafbare (z. B. Schmuggel-) Handlung, so ist der dingliche Vertrag nichtig (§ 138) (**RGSt** 70, 230; vgl. auch **RG** 145, 154). Bei Willensunfähigkeit auch nur eines Vertragsteiles ist die Einigung nichtig (**RG** WarnRspr 1930 Nr. 161).

Anm. 35

Die Einigung setzt unbeschadet des § 151 nicht nur den beiderseitigen Willen, sondern die gegenseitige Willenserklärung voraus. Deshalb ist (anders als bei der Übergabe; vgl. Anm. 17) bei der Einigung auch allgemein und auf beiden Seiten eine wirkliche Vertretung zulässig (**RG** 137, 27f). Auf die Einigung als Willenserklärung finden also die §§ 164ff Anwendung, und es ist belanglos (§ 164), ob der Vertretene dem Gegenbeteiligten bekannt ist, wenn nur das Vertretungsverhältnis erkennbar hervortritt. Darüber hinaus ist sogar anzunehmen, daß der Vertreter des Erwerbers doch in der Regel für diesen erwirbt, auch wenn das Vertretungsverhältnis dem Veräußerer gegenüber nicht hervortritt. Denn meist wird bei der Übertragung beweglicher Sachen, insbesondere bei der Übertragung zufolge Kaufes, der Zug um Zug erfüllt wird, der Veräußerer kein Gewicht darauf legen, wer der Eigentümer wird, und er wird deshalb in dem Sinne übertragen, daß nicht notwendig der ihm Gegenüberstehende, sondern derjenige Eigentümer werden soll, den es wirklich angeht, also nicht der Vertreter, sondern der Vertretene (**RG** 99, 208; 100, 191; 109, 167; LZ 1915, 51; SeuffArch 78 Nr. 136; WarnRspr 1924 Nr. 158 betr. Auszahlung eines Bankschecks). Vgl. dazu auch Siebert, Rechtsgeschäftliche Treuhandverhältnisse S. 118ff; von Lübtow, ZHR 112, 227ff). Das Eigentum kann auf diese Weise unmittelbar auf den Erwerber übergehen, ohne daß der Mittelsmann Eigentum erlangt hat. Für das schuldrechtliche Grundgeschäft und das dingliche Erfüllungsgeschäft ist jeweils getrennt zu untersuchen, mit wem es zustande gekommen ist. Auch wenn mit Rücksicht auf § 164 Abs. 2 BGB das schuldrechtliche Grundgeschäft mit dem Handelnden abgeschlossen ist, kann doch das Eigentum unmittelbar auf die Person, für die der Mittelsmann handeln will, übergehen (**RG** 99, 208 und 100, 190). Bei Kreditgeschäften wird eine Übereignung an den, den es angeht, in der Regel nicht anzunehmen sein.

Anm. 36

Aus dem § 166 folgt weiter, daß es auf den guten Glauben des Vertreters ankommt, wenn ein solcher bei der Einigung mitwirkt und in dem entscheidenden Zeitpunkt über den Eigentumsübergang „einig" ist (§§ 932ff). Die Mitwirkung dritter Personen nur bei der Übergabe (vgl. Anm. 16, 17) ist insofern ohne Bedeutung, weil sie keine Stellvertretung ist. Hier bleibt es bei der Regel, daß der Erwerber gutgläubig gewesen sein muß (**RG** 137, 27f).

Anm. 37

Der Wille wird beim Übertragen des Eigentums an beweglichen Sachen besonders häufig durch schlüssiges Verhalten erklärt werden. Wird die verkaufte Sache vom Verkäufer dem Käufer in Erfüllung des Kaufvertrags übergeben, so ist die Einigkeit regelmäßig als vorhanden anzusehen. Auf einen etwa abweichenden inneren, nicht erklärten Willen kommt es nicht an (**RG** 47, 270; WarnRspr 1927 Nr. 13).

Anm. 38

Über den Eigentumserwerb an den mit Ehestandsdarlehen (vgl. Ges. v. 3. 11. 1937, RGBl I 1158) angeschafften Gegenständen vgl. Granzow-Rebhuhn DR 1938, 120; Freund JW 1938, 1785; Lange das. 3081; Eggener Deutsches Gemein- und Wirtschaftsrecht 1939, 97; KG DJ 1941, 829; Königsberg HRR 1941, 383; § 1008 Anm. 12).

Anm. 39

Beim Versendungskauf will der Verkäufer ebenfalls Eigentum übertragen, der Käufer nimmt die Ware im Zweifel aber zunächst nur ab, um seiner Abnahmepflicht (§ 433 Abs. 2) zu genügen und die Vertragsmäßigkeit der Ware zu prüfen. Das Eigentum erwirbt er erst, wenn er den Erwerbswillen, wenn auch nur durch schlüssiges Verhalten, kundgibt (**RG** 108, 27). Das kann in dem Bestätigen des Empfanges, in längerem Behalten, Einbauen, Weiterveräußern und ähnlichem gefunden werden (**RG** 64, 145).

Anm. 40

Auch mit der Abnahme eines Werkes im Sinne des § 640 Abs. 1 hat der Eigentumsübergang grundsätzlich nichts zu tun. Unter Umständen kann das eine ein Anzeichen für das andere sein, die Abnahme kann aber vor dem Eigentumsübergang und dieser vor jener stattfinden (**RG** LZ 1914, 857).

Wegen besonderer Fälle der Eigentumsübertragung nach § 929 Satz 1 vgl. Anm. 46ff und § 930 Anm. 4.

VI. Eigentumsübertragung an den Besitzer (§ 929 Satz 2)

Anm. 41

Es handelt sich hier nicht um einen Übergabeersatz wie in den §§ 930, 931, sondern darum, daß die Übergabe nicht erforderlich ist, weil der Erwerber die tatsächliche

Gewalt schon hat (vgl. hierzu auch § 854 Anm. 14—16). Auch künftige Sachen, z. B. Aktien, können unter der Bedingung ihrer Entstehung nach § 929 Satz 2 übereignet werden (**RG** 85, 333).

Anm. 42

Besitzer i. S. von § 929 Satz 2 ist auch der mittelbare Besitzer (**RG** 103, 153; WarnRspr 1932 Nr. 148). Es ist einerlei, ob der bisherige unmittelbare Besitzer selbst Eigentümer werden oder ob er für einen Dritten, dem er den Besitz vermitteln soll, Eigentum erwerben will (**RG** JW 1938, 1394). Der Erwerb durch Einigung allein kann auch dann stattfinden, wenn der Erwerber die zu erwerbende Sache nicht mehr selbst in Händen, sondern z. B. verliehen hat. In diesem Fall braucht nicht nach § 931 Eigentum übertragen zu werden.

Unanwendbar ist § 929 Satz 2, wenn der Erwerber der mittelbare und der Veräußerer selbst der unmittelbare Besitzer ist; hier würde es an einer äußerlich in die Erscheinung tretenden Änderung der Besitz- und Eigentumsverhältnisse fehlen, die Voraussetzungen des Eigentumsüberganges würden noch geringer sein als bei dem Besitzvorbehalt nach § 930 (**RG** 126, 25f). Deshalb genügt auch ein nach § 825 ZPO ergehender Gerichtsbeschluß, welcher das Eigentum an der Pfandsache dem sie unmittelbar besitzenden Pfändungspfandgläubiger zuspricht, für sich allein nicht, das Eigentum zu übertragen; vielmehr muß noch die Übergabe durch den Gerichtsvollzieher hinzukommen (**RG** ebenda).

Anm. 43

Der Besitzdiener ist nach § 855 nicht Besitzer. In der Einigung des Besitzers und des Besitzdieners, daß dieser Eigentümer werden soll, liegt aber auch die Einigung, daß die tatsächliche Gewalt auf ihn übergehen soll; diese Einigung genügt nach § 854 Abs. 2, um den Besitzdiener zum Besitzer zu machen, da er in der Lage ist, die Gewalt über die Sache auszuüben (**RG** LZ 1920, 695; WarnRspr 1924 Nr. 104). Auf diese Weise ist es dem Besitzer möglich — außer durch Übergabe nach § 929 Satz 1 — auch nach § 929 Satz 2 Eigentum auf seinen Besitzdiener zu übertragen.

Hinsichtlich der Voraussetzungen und Kennzeichen der Einigung gilt das in Anm. 31—37 Gesagte.

Anm. 44

Wiederholt ist ausgesprochen worden, daß die dem Bankherrn nach § 2 DepotG v. 5. 6. 1896 erteilte Ermächtigung, über hinterlegte oder verpfändete Wertpapiere zu seinem Nutzen zu verfügen, für sich allein nicht notwendig den Übergang des Eigentums an den Bankherrn zur Folge hatte (**RG** 58, 286; WarnRspr 1910 Nr. 167). Vgl. jetzt DepotG § 11 Satz 2.

Anm. 45

Auch der Mitbesitzer besitzt, gleichviel ob er unmittelbarer oder mittelbarer Mitbesitzer ist. Besitzt er nur mit einem oder mehreren Dritten zusammen, hat also der Veräußerer keinerlei Besitz an der Sache, so genügt die Einigung des Veräußerers und des Mitbesitzers, um den Eigentumsübergang nach § 929 Satz 2 herbeizuführen. Gehört dagegen der Veräußerer ebenfalls zu den Mitbesitzern, so genügt die bloße Einigung nicht. Der Veräußerer muß in diesem Falle noch seinen eigenen Mitbesitz auf den Erwerber übertragen, sei es durch Übergabe nach § 929 Satz 1, sei es durch Übergabeersatz nach §§ 930, 931. Nicht unbedenklich deshalb **RG** LZ 1915, 51. Wegen des Miteigentums vgl. Anm. 29 u. 56, wo auch die Anwendung von § 929 Satz 2 auf einen besonderen Fall des Miteigentümers erörtert wird.

VII. Besondere Fälle

1. Erwerb mit fremdem Geld und für Dritte

Anm. 46

Wer mit dem Geld eines andern Sachen in der Absicht anschafft, sie für sich selbst zu erwerben, und sie übergeben erhält, wird Eigentümer;

der andere hat gegebenenfalls schuldrechtliche Ansprüche (**RG** LZ 1920, 656). Wer im Auftrag eines andern fremdes Geld bei einer Bank in deutsches umwechselt, um es für den andern zu erwerben, erwirbt es für diesen; ein Auftragsverhältnis fällt unter § 868; spätere Aneignung ist also Unterschlagung (**RG** LZ 1921, 723). Anders bei Grundstücken. Wer als stiller Stellvertreter ein Grundstück aufgelassen erhält und als Eigentümer eingetragen wird, ist selbst Eigentümer geworden, und zwar, da es nur ein Eigentum gibt, auch dem Vertretenen gegenüber. Ob dieser einen schuldrechtlichen Anspruch auf Übereignung hat, ist Tatfrage des einzelnen Falles (**RG** LZ 1922, 24). Falls ein Ehegatte mit dem Geld eines anderen ein Grundstück erwirbt, als dessen Eigentümer eingetragen wird und dann darauf ein Haus errichtet, kann es sich um ein Treuhandverhältnis handeln, so daß der als Eigentümer eingetragene Ehegatte nach der Scheidung der Ehe verpflichtet ist, das Grundstück dem anderen Ehegatten zu übereignen.

Ein Aussonderungsrecht im Konkurse des sillen Vertreters, der selbst Eigentümer geworden ist, steht dem Vertretenen auch dann nicht zu, wenn er den Übereignungsanspruch hat (**RG** 25. 5. 1921 V 37/21).

Anm. 47

2. Bei **Versendungsverkäufen** beginnt die Übergabe mit der Aushändigung der Ware an den Frachtführer zum Zweck der Übermittlung an den Käufer (wegen ihrer Vollendung vgl. Anm. 39). Ist eine besondere „Abnahme“, z. B. das gemeinschaftliche Erproben der gelieferten Maschine, vorgesehen, so hat dies mit der Übergabe an sich nichts zu tun (**RG** 21. 3. 1922 VII 287/21). Fälle, in denen der die Ware entgegennehmende Spediteur gleichzeitig Bevollmächtigter des Käufers ist, werden selten sein. Ist ein solcher Fall gegeben, dann kann Eigentum schon mit der Übergabe der Ware an den Spediteur übergehen. Die Abrede „Die Ware geht mit der Ausstellung der Rechnung in Ihren Besitz über“ ist jedoch bedeutungslos (**RG** 102, 41).

§ 447 betrifft nur die Übersendungsgefahr. Ware, die auf Grund von Kriegsverordnungen unterwegs beschlagnahmt wurde, war regelmäßig Ware des Verkäufers, ihn traf die Beschlagnahme, er hatte noch nicht erfüllt und konnte wegen eingetretener Unmöglichkeit auch nicht mehr erfüllen (**RG** 92, 34; LZ 1920, 687, 701).

3. Erwerb durch staatlichen Hoheitsakt

Anm. 48

a) Zwangsvollstreckung

Der Ersteher erwirbt das Eigentum an einer versteigerten Pfandsache nicht schon mit dem Zuschlag, sondern erst, wenn die Sache ihm abgeliefert wird. Zur Ablieferung der zugeschlagenen Pfandsache an den Ersteher genügt nicht eine Erklärung des Gerichtsvollziehers, er gestatte ihm, die Sache alsbald in Besitz zu nehmen und wegzuschaffen (**RG** 153, 261; 156, 397; Glücklich, Deutsches Gemein- und Wirtschaftsrecht 1938, 376). Übrigens steht der Gerichtsvollzieher den Beteiligten als Beamter gegenüber; die Pfandverwertung (§ 817 ZPO) ist Staatshoheitshandlung; die Ablieferung überträgt dem Ersteher auch dann das Eigentum an der Sache, wenn ein anderer als der Schuldner Eigentümer war (**RG** 156, 398; Lent ZAkDR 1937, 329; Hubernagel ZAkDR 1938, 308; Roquette JW 1938, 899; Sack ZAkDR 1938, 443; vgl. auch Hamburg HRR 1934, 807; **RG** 1937, 507; LG Altona JW 1934, 571 und Jäckel das. 676; unt. § 932 Anm. 16 und § 935 Anm. 22).

b) Enteignung

Anm. 49

Bei der Enteignung vollzieht sich der Eigentumserwerb nicht im Wege rechtsgeschäftlicher Übertragung durch den Eigentümer. Die Eigentumsänderung erfolgt nach den Grundsätzen des Enteignungsrechts. Der Leistungsempfänger erlangt originäres Eigentum (**OGH** 2, 214, 218; **BGH** 5, 153; VRS 3, 402).

Für die Inanspruchnahme zur Verfügung nach § 15 RLG, das durch § 83 des Bundesleistungsgesetzes vom 19. 10. 1956, BGBl I 815, aufgehoben ist, war es zweifelhaft, in welchem Zeitpunkt der Eigentumserwerb auf der einen und der Eigentumsverlust auf der anderen Seite eintrat. Nach **OGH** 2, 218 sollte es auf die nur für den bürgerlich-rechtlichen Eigentumserwerb bedeutsame Tatsache der Besitzübertragung oder ihrer Surrogate nicht ankommen. Entscheidend sollte allein der Zugang der Leistungsanforderung an den Leistungspflichtigen sein. Ebenso ohne nähere Begründung **BGH** 4, 10, 16, die sich zu Unrecht auf das Urteil des IV. Zivilsenats vom 28. 6. 1951 IV ZR 88/50 beruft. Den Entscheidungen kann nicht zugestimmt werden. Frankfurt NJW 49, 430 enthält beachtliche Gegenargumente. Demgegenüber überzeugt die Begründung des Obersten Gerichtshofes nicht. Die Entziehung des Eigentums nach § 40 StGB und § 9 Abs. 3 Verbrauchsregelungs-StrafVO, auf die der Oberste Gerichtshof verweist, hat mit der Inanspruchnahme zur Verfügung nach § 15 RLG nur gemein, daß auch in jenen Fällen das Eigentum durch staatlichen Hoheitsakt entzogen wird. Die Akte selbst unterscheiden sich. Gänzlich verschieden sind die Zwecke, auf denen jene Vorschriften im Gegensatz zu § 15 RLG beruhen. Bei § 40 StGB und § 9 Abs. 3 Verbrauchsregelungs-StrafVO kommt es entscheidend darauf an, dem Eigentümer das Eigentum zu entziehen, da es in seiner Hand mit einem Makel belastet ist. Bei § 15 RLG handelt es sich dagegen darum, der Bedarfsstelle oder dem dritten, von ihr bezeichneten Leistungsempfänger das Eigentum zu verschaffen. Der Eigentumsverlust des bisher Berechtigten ist nur eine notwendige Folge, die in Kauf genommen wird und für die der bisher Berechtigte entschädigt wird. Mit den Gesetzen über die Enteignung von Grundstücken kann der Eigentumserwerb nach § 15 RLG nicht verglichen werden, vollzieht sich doch auch sonst der Eigentumserwerb an Grundstücken nach besonderen Vorschriften. Nach dem Wortlaut des § 15 RLG erfolgt der Eigentumserwerb und damit auch der Eigentumsverlust durch die Leistungsanforderung in Verbindung mit der Überlassung des angeforderten Gegenstandes. Diese kann auch durch zwangsweise Wegnahme nach § 24 RLG erfolgen. Zuzustimmen ist **BGH** 5, 153, wonach der Eigentumsverlust mit dem Zugang der Leistungsanforderung eintritt, wenn die Bedarfsstelle oder der Leistungsempfänger schon vorher im Besitz des Gegenstandes ist. Dabei kommt es nicht darauf an, ob der Besitz rechtmäßig erworben ist.

Anm. 50

Diese für das RLG bestehende Streitfrage ist für das BLG durch dessen § 16 geklärt. Danach wird für den Eigentumsübergang bei der Überlassung beweglicher Sachen zu Eigentum (§ 2 Abs. 1 Nr. 6 BLG) unterschieden, ob es sich um verbrauchbare oder nicht verbrauchbare Sachen handelt. An einer verbrauchbaren Sache erwirbt der Leistungsempfänger das Eigentum, sobald sie auf Grund der Anforderung in seinen Besitz gelangt, sei es durch freiwillige Übergabe des Leistungspflichtigen oder dadurch, daß sie ihm von der Vollzugsbehörde ausgehändigt wird. Mit der Zustellung des Leistungsbescheides an den Leistungspflichtigen (§ 38 BLG) wird das Eigentum erworben, wenn der Leistungsempfänger bereits im Besitz der Sache war, bevor der Leistungsbescheid zugestellt wurde.

Anm. 51

Das Eigentum an einer nicht verbrauchbaren Sache geht nach § 16 Abs. 3 BLG über, sobald der Leistungsbescheid gegenüber dem bisherigen Eigentümer vollziehbar geworden ist. Die Vollziehbarkeit wird nach § 39 BLG von der Anforderungsbehörde angeordnet, sobald der Leistungsbescheid für alle Anfechtungsberechtigten unanfechtbar geworden ist. Falls die Anforderung zur Abwendung einer drohenden Gefahr für den Bestand oder die freiheitliche Grundordnung des Bundes oder eines Landes oder zur Abwendung oder Beseitigung einer die Sicherheit der Grenzen gefährdenden Störung der öffentlichen Ordnung im Grenzgebiet erfolgt, kann im Leistungsbescheid angeordnet werden, daß er bereits mit seiner Zustellung vollziehbar wird.

Anm. 52

Eine dingliche Rechtsänderung tritt nicht ein, wenn der Leistungsbescheid nichtig ist. Bloße Anfechtbarkeit hindert dagegen die Rechtsänderung nicht, sofern der Leistungsbescheid schon vor seiner Rechtskraft vollziehbar war. Sie ist jedoch auflösend bedingt durch die Aufhebung des Leistungsbescheides im Verwaltungsrechtsweg (**OGH**

2, 214, 218). Nichtig ist eine Leistungsanforderung jedenfalls dann, wenn überhaupt keine Sachlage denkbar ist, bei der die fragliche Leistungsanforderung rechtmäßig sein könnte (vgl. **BGH** 4, 302, 306f; Heyen, SchlHA 1949, 357; Wolff MDR 1951, 525). Nichtigkeit ist auch anzunehmen bei „reiner Willkür". Darunter sind solche Maßnahmen zu verstehen, die dem Bereich hoheitlicher Betätigung unzweifelhaft fremd sind (**RG** 164, 162, 167) oder die sich so weit von den an eine ordnungsmäßige Verwaltung zu stellenden Anforderungen entfernen, daß sie als Akte der Verwaltung überhaupt nicht mehr angesehen werden können, vielmehr außerhalb aller verwaltungsmäßiger Erwägungen liegen (**RG** 168, 129, 137). Soweit das Reichsgericht für § 839 BGB gewisse mit schweren, ohne weiteres erkennbaren Fehlern behaftete Verwaltungsakte den Akten reiner Willkür gleichgestellt hat (**RG** 147, 179, 183), liegt noch keine Nichtigkeit vor (**BGH** 4, 10, 24). Nichtig ist eine Inanspruchnahme nach dem RLG, die bewußt nur persönlichen Luxus- und Bequemlichkeitsinteressen eines Privatmannes dienen soll. Nichtigkeit war aber nicht anzunehmen, wenn der Eingriff nur objektiv im privaten, nach den Vorstellungen der handelnden Beamten dagegen im öffentlichen Interesse erfolgt war. Nichtig ist ein Verwaltungsakt, den die Behörde ohne jede Prüfung der formellen und materiellen Voraussetzungen erlassen hat (**BGH** 2, 366; 4, 10, 24; 18. 10. 1951 IV ZR 152/50; 29. 11. 1951 IV ZR 35/50; 20. 12. 1951 IV ZR 91/51). **BGH** 2, 366 und 4, 302 lassen offen, ob der Bereich der Nichtigkeit vielleicht noch enger zu ziehen ist; indem auch die Frage, welche Beweggründe im Einzelfall für den Erlaß des Verwaltungsakts maßgebend waren, der Nachprüfung durch die ordentlichen Gerichte entzogen wird. Hat die zuständige Behörde eine Blankoverfügung ausgestellt und einen an sich sachlich unzuständigen Beamten beauftragt, dieses Blankett nach seinem Ermessen auszufüllen und als Verfügung der zuständigen Behörde zu erlassen, dann ist der so zustande gekommene Verwaltungsakt nichtig (**BGH** 1, 146).

Anm. 53

Der rechtswirksame Widerruf einer Leistungsanforderung stellt das Eigentum des in Anspruch genommenen früheren Eigentümers ohne weiteres wieder her (**BGH** 1, 223, 228). Der Widerruf wirkt nur zurück, wenn er erfolgt, solange die Leistungsanforderung noch im Verwaltungsrechtsweg angefochten werden kann. Denn solange ist das zugewiesene Eigentum noch auflösend bedingt.

Anm. 54

Nach § 43 Abs. 1 Nr. 2 BLG kann der frühere Eigentümer einer Sache, falls die Voraussetzungen für deren Anforderung weggefallen sind, das Eigentum an dieser Sache auch dadurch zurückerhalten, daß die Anforderungsbehörde eine entsprechende Anordnung erläßt. Der Eigentumserwerb tritt dann nach den oben angeführten Grundsätzen des § 16 BLG ein.

Anm. 55

Ein originärer Eigentumserwerb fand insoweit statt, als in privatem Eigentum stehende Gegenstände auf Anordnung der Besatzungsmacht dritten Personen zu Eigentum zugeteilt wurden, ebenso bei der Übertragung des Privateigentums auf volkseigene Betriebe (KG [Ost] Neue Justiz 1951, 475). Veräußert eine deutsche Dienststelle Beutegut der Besatzungsmacht in deren Auftrag, so handelt es sich, sofern nicht besondere Umstände für ein hoheitliches Handeln sprechen, um einen derivativen Eigentumserwerb nach §§ 929ff (**BGH** v. 2. 10. 1952 IV ZR 200/51).

VIII. Übertragung von Miteigentum

Anm. 56

Auch das Miteigentum ist Eigentum. Das Miteigentum an einer beweglichen Sache wird daher in derselben Weise übertragen wie das Alleineigentum, doch genügt es zu seiner Begründung, wenn der Veräußerer dem Erwerber den Mitbesitz einräumt (vgl. oben Anm. 29 und § 1008 Anm. 30). Im Verkehr mit Wertpapieren spielt das Miteigentum eine große Rolle durch das **Girosammeldepot** (vgl. darüber § 948 Anm. 5, § 700 Anm. 6). Die Verschaffung von Miteigentum an den im

Sammeldepot liegenden Stücken genügt regelmäßig als Erfüllung eines auf Übereignung von Wertpapieren abzielenden Vertrages (**RG** 139, 116).

Anm. 57

Über die rechtlichen Beziehungen beim früheren Effekten-Giroverkehr vergleiche die Ausführungen in der 9. Auflage § 929 Anm. 7a. Im Augenblick findet jedoch ein stückeloser Giroverkehr in Effekten nicht statt. Der größte Teil des deutschen Wertpapierbestandes, der bei der früheren Deutschen Reichsbank als der alleinigen Wertpapiersammelbank des Reiches verwahrt war, ist durch den Krieg in Verlust geraten. Seit dem 4. Februar 1950 findet ein Treuhand-Giroverkehr in Zuteilungsrechten aus der Wertpapierbereinigung statt. Er erfolgt über die Wertpapiersammelbanken nach den Bedingungen der Kassenvereine des Bundesgebiets für die Teilnahme am Treuhand-Giroverkehr in Zuteilungsrechten nach dem Wertpapierbereinigungsgesetz (WM 1950 IV B Beil. zu Nr. 1).

IX. Zwischenstaatliches Recht

Anm. 58

1. Lex rei sitae

Für dingliche Rechtsverhältnisse ist regelmäßig das Recht des Ortes maßgebend, wo die Sache sich befindet; deshalb sind nach diesem Recht auch die Erfordernisse der dinglichen Rechtsänderung beim Eigentumserwerb beweglicher Sachen zu beurteilen (**RG** 30. 11. 1923 VII 186/23; 14. 12. 1922 IV 409/21). Dies gilt auch für den Rechtsübergang an einer Aktie (Inhaberaktie), wenn nach dem anzuwendenden ausländischen Recht feststeht, daß sie wie eine bewegliche Sache zu behandeln ist (**RG** 10. 3. 1934 V 234/33). Vgl. auch § 930 Anm. 76, § 931 Anm. 26.

Im internationalen Privatrecht gilt für den Erwerb des Eigentums das Recht des Ortes, an dem sich die zu übereignende Sache befindet (**RG** 11, 55; 18, 45; 103, 31; 119, 216; JW 1903, 250; 1885, 253; HRR 1930, 2066). Es gilt auch für den Erwerb mittels Übertragung des Konnossements (**RG** 119, 215); befindet sich die Ware in einem Land, welches das Konnossement nicht kennt (z. B. Frankreich), so kann der Eigentumsübergang nur stattfinden, wenn analoge Rechtseinrichtungen gegeben sind, wie z. B. die Übereignung durch bloßen Vertrag. Die lex rei sitae gilt aber nur für das dingliche Übereignungsgeschäft, nicht für das obligatorische Grundgeschäft.

Anm. 59

2. Übereignung von Wertpapieren

Nach ständiger Rechtsprechung ist die lex rei sitae auch maßgebend für die Übereignung von Wertpapieren (**RG** JW 1895, 302; 1897, 573 Nr. 39; SeuffArch 87 Nr. 87; 88 Nr. 96; HRR 1935, 1608). Anderer Ansicht ist nur **RG** 112, 27, wo die Übereignung von in einem Londoner Bankdepot liegenden amerikanischen shares nach deutschem Recht behandelt wird; doch kam es in jenem Fall hierauf nicht entscheidend an. Die alleinige Anwendung der lex rei sitae auf Wertpapiere führt indes vielfach zu mißlichen Folgen. Denn die im Wertpapier verbriefte Forderung untersteht ihrem besonderen Recht und kann häufig nicht in der Form der lex rei sitae mit übertragen werden. Die Folge ist dann, daß der Erwerber des Papiers ohne Forderung Gewährleistungsansprüche erheben kann (**RG** 10, 169; 30, 154; 109, 295). Man wird daher annehmen müssen, daß in solchen Fällen auch das Eigentum am Papier nicht mit übergeht (**RG** 10, 169); denn das Eigentum am Papier ohne Forderung ist wertlos und bedeutet nur eine unnütze Trennung von Forderung und Papier. Der Eigentumsübergang an Wertpapieren richtet sich daher nach dem Recht, dem die Forderung untersteht, oder nach dem Recht, auf welches dieses Recht sonst etwa verweist.

Anm. 60

3. Übereignung von Schiffen

Auch der Eigentumsübergang an Schiffen richtet sich nicht nach der lex rei sitae; maßgebend ist vielmehr das Flaggenrecht; Seeschiffe deutscher Flagge können gemäß

§ 2 SchiffsrechteG v. 15. 11. 1940, RGBl I 1499, stets durch bloße Einigung übereignet werden, auch wenn sie sich im Ausland befinden.

Anm. 61

4. Übereignung von Ware im internationalen Handelsverkehr

Für die Übereignung von Waren, die verladen sind und deren gegenwärtiger Aufenthalt unbekannt ist, entscheidet nach überwiegender Meinung das Recht des Bestimmungsortes (**RG** Recht 1911, 3476 = BayZ 1912, 45). Ist eine Ware unter Eigentumsvorbehalt übertragen und gelangt sie später in ein Land, welches diesen Vorbehalt nicht kennt, so soll der Vorbehalt dennoch bestehen bleiben (**RG** JW 1899, 581); manche ausländische Staaten nehmen in diesen Fällen den Eintritt vollen Eigentums für den Erwerber an; aber schwerlich zu Recht, da eine Einigung über den endgültigen Eigentumsübergang noch nicht vorlag. Wird in Deutschland eine Ware verkauft, die in Frankreich liegt und daher durch bloßen Vertrag übereignet werden kann, so ist es Auslegungsfrage, ob das Eigentum sofort mit Abschluß des obligatorischen Vertrages übergehen sollte. Wird eine nach Frankreich verkaufte Ware zum Zwecke der Übergabe dorthin versandt, so erwirbt der Käufer das Eigentum bereits im Augenblick des Grenzübergangs, da in Frankreich zum Eigentumsübergang die Einigung genügt und schon hier die bereits erklärte Einigung wirksam wird (Zweibrücken Zeitschrift für Internationales Privat- und Strafrecht 10, 220; str.).

§ 929 a

Zur Übertragung des Eigentums an einem Seeschiff, das nicht im Schiffsregister eingetragen ist, oder an einem Anteil an einem solchen Schiff ist die Übergabe nicht erforderlich, wenn der Eigentümer und der Erwerber darüber einig sind, daß das Eigentum sofort übergehen soll.

Jeder Teil kann verlangen, daß ihm auf seine Kosten eine öffentlich beglaubigte Urkunde über die Veräußerung erteilt wird.

Übersicht

Eigentumserwerb an nicht eingetragenen Seeschiffen

Anm. 1

1. Allgemeines

Die Bestimmung ist eingefügt durch die Verordnung zur Durchführung des Gesetzes über Rechte an eingetragenen Schiffen und Schiffsbauwerken (SchiffsrechteG) vom 21. 12. 1940, RGBl I 1609. Diese Verordnung setzte die §§ 474, 475 HGB und Art. 6 EGHGB außer Kraft. Sie enthielten Bestimmungen über den Eigentumserwerb an eingetragenen und nicht eingetragenen Seeschiffen. Da § 2 SchiffsrechteG v. 15. 11. 1940, RGBl I 1499, nur den Eigentumserwerb an den im Schiffsregister eingetragenen Seeschiffen regelt, war eine Gesetzeslücke entstanden, die durch § 929a geschlossen wird. Die in dieser Vorschrift getroffene Regelung deckt sich inhaltlich mit den früher geltenden oben angeführten Bestimmungen. Der Grund für die hinsichtlich der Seeschiffe geltende Sonderregelung besteht in den besonderen Verhältnissen der Seeschiffahrt. Das Eigentum muß oft schnell übertragen werden. Eine alsbaldige Übergabe des Besitzes ist aber in vielen Fällen nicht möglich.

Anm. 2

2. Nicht eingetragene Seeschiffe

Die Vorschrift bezieht sich nur auf die im deutschen Seeschiffsregister nicht eingetragenen Schiffe. Ein Schiffswrack ist kein Schiff mehr. Ob es sich um ein Wrack oder noch um ein Schiff handelt, ist nach den tatsächlichen Verhältnissen zu entscheiden. Die Eintragung im Register allein erbringt weder einen Beweis noch begründet sie eine Vermutung dafür, daß es sich um ein Schiff handelt (Hamburg VRS 1, 317).

Anm. 3

3. Die rechtsgeschäftliche Übertragung des Eigentums an Schiffen vollzieht sich nach den folgenden Bestimmungen:

a) für die eingetragenen Seeschiffe gilt die Sonderregelung des § 2 SchiffsrechteG. Danach genügt zur Übertragung des Eigentums die bloße Einigung.

b) Nicht eingetragene Seeschiffe können nach den für bewegliche Sachen geltenden allgemeinen Vorschriften übereignet werden. Nach § 929a ist die Übereignung auch ohne Besitzübergabe oder Übergabeersatz möglich, wenn der Eigentümer und der Erwerber darüber einig sind, daß das Eigentum sofort übergehen soll.

c) Eingetragene Binnenschiffe werden nach § 3 SchiffsrechteG durch Einigung und Eintragung in das Binnenschiffsregister übereignet.

d) Nicht eingetragene Binnenschiffe können nur nach den allgemeinen für bewegliche Sachen geltenden Vorschriften übereignet werden. Die §§ 929a und 932a gelten für sie nicht.

e) Dasselbe gilt für nicht eingetragene Schiffsbauwerke und Schiffswracks.

f) Eingetragene Schiffsbauwerke werden nach §§ 78, 3 SchiffsrechteG durch Einigung und Eintragung übereignet.

Anm. 4

4. Der **Inhalt des Eigentums** und die **Ansprüche aus dem Eigentum** sind nicht besonders geregelt. Insoweit gelten die allgemeinen Vorschriften.

§ 930

Ist der Eigentümer im Besitze der Sache, so kann die Übergabe dadurch ersetzt werden, daß zwischen ihm und dem Erwerber ein Rechtsverhältnis vereinbart wird, vermöge dessen der Erwerber den mittelbaren Besitz erlangt.

E I 805, 874 II 843; M 3 97—99, 335, 336; P 3 196—201.

Übersicht

Besitzkonstitut als Übergabeersatz

I. Allgemeines

Anm. 1

Das Eigentum kann auch übertragen werden, ohne daß der bisherige Eigentümer seinen Besitz aufgibt. Die fehlende Übergabe wird dann dadurch ersetzt, daß der bisherige Eigentümer mit dem Erwerber ein Rechtsverhältnis vereinbart, durch das der Erwerber den mittelbaren Besitz erlangt. Eine solche Vereinbarung wird als Besitzvereinbarung (**RG** 81, 439), Besitzabrede, Besitzvorbehalt, constitutum possessorium bezeichnet.

1. Der leere Besitzvorbehalt

Anm. 2

Nicht zugelassen ist Eigentumsübertragung mit einfachem, leerem Besitzvorbehalt, das sog. „abstrakte Konstitut" (**BGH** NJW 1958, 302). Die Übergabe kann nicht dadurch allein ersetzt werden, daß der Eigentümer mit dem Erwerber vereinbart, den Besitz zu behalten, selbst dann nicht, wenn es in dem Sinne geschieht, daß er von nun an für den Erwerber besitzen will. Das Gesetz geht augenscheinlich davon aus (vgl. § 929 Anm. 17), daß, wer für den Erwerber besitzt, ohne ihn zum mittelbaren Besitzer zu machen (§ 868), in Wirklichkeit statt des Erwerbers besitzt, und läßt grundsätzlich einen solchen Eigentumserwerb nicht zu (**RG** 49, 170; 54, 396; 98, 133; WarnRspr 1910 Nr. 404; JW 1913, 492; aber Begründung des Rechtsverhältnisses in mündlicher Nebenabrede genügt).

Anm. 3

Die zeitliche Beschränkung des leeren Besitzvorbehaltes vermag sein Wesen nicht zu verändern (**RG** WarnRspr 1925 Nr. 166; JW 1927, 669). Man hat gemeint, daß hierbei der Erwerber als Treugeber, der Veräußerer als Treuhänder anzusehen und daß dieses Rechtsverhältnis somit tatsächlich nicht von einem bestimmten Rechtsverhältnis unabhängig sei; indessen zum Treuhandverhältnis gehört, daß der Treugeber aus seinem Vermögen dem Treuhänder einen Gegenstand derart übereignet, daß der Treuhänder das übertragene Recht im eigenen Namen ausüben, aber nicht zu seinem Vorteil gebrauchen soll (**RG** 84, 217; 133, 87; 153, 353; JW 1936, 1433). Es entsteht also kein Treuhandverhältnis, wenn jemand einen Gegenstand für Rechnung und zum Vorteil eines andern als stiller Stellvertreter für diesen von einem Dritten erwirbt und nur schuldrechtlich zur Übereignung verpflichtet ist (**RG** 91, 16; 127, 344; 133, 87; dagegen ist in § 11 Nr. 3 SteueranpassungsG v. 16. 10. 1934, RGBl I 925, für den Bereich des Steuerrechts dem echten Treuhandverhältnis, § 11 Nr. 2 das., der Tatbestand gleichgestellt worden, daß ein Treuhänder zu getreuen Händen für den Treugeber einen Gegenstand erwirbt; vgl. hierzu Metz BankArch XXXVI 566, 570). Danach kommt als Treugeber beim leeren Besitzvorbehalt immer nur der Veräußerer und als Treuhänder immer nur der Erwerber in Betracht, nicht umgekehrt (**RG** JW 1927, 669). Allerdings überläßt der Erwerber des Eigentums dem Veräußerer wieder den Besitz der Sache, aber dadurch allein — und hierin äußert sich der entscheidende Fehler der leeren Besitzabrede — entsteht auch kein Treuhandverhältnis. Kraft des wirklich entstehenden Treuhandverhältnisses wird der Erwerber nicht mittelbarer, er könnte daraufhin höchstens unmittelbarer Besitzer der Sache werden. Somit versagt der leere Besitzvorbehalt gegenüber dem § 930. Das trifft auch zu, wenn an einer verkauften und ohne Eigentumsvorbehalt übergebenen Sache nachträglich zur Sicherung des Kaufpreises noch das Eigentum vorbehalten werden soll (**BGH** NJW 1953, 217). Auf dem Wege der Sicherungsübereignung mit „konkretem Besitzkonstitut" (vgl. Anm. 5) ist der Zweck zu erreichen.

Anm. 4

Das Verbot des einfachen Besitzvorbehalts trifft dagegen nicht die Fälle, in denen der Eigentümer zu dem Erwerber in ein Verhältnis der im § 855 bezeichneten Art tritt und über die Sache, die er bisher als Eigentümer besaß, nunmehr in der Eigenschaft eines Angestellten des Erwerbers oder in ähnlicher Stellung als Besitzdiener die tatsächliche Gewalt für den Erwerber ausübt. In diesen Fällen findet in Wirklichkeit Eigentumsübertragung nach § 929 Satz 1 statt. Denn in diesen Fällen hört der bisherige Eigentümer auf zu besitzen, und der neue Erwerber besitzt unmittelbar. So insbesondere dann, wenn ein Kaufmann sein Warenlager und seine Geschäftseinrichtung an einen andern Kaufmann veräußert, dieser daraus ein Zweiggeschäft bildet und den bisherigen Eigentümer als Geschäftsführer darin anstellt. Nimmt der Veräußerer die Übertragung des Eigentums auf solche Art zulässigerweise (§ 181) „in sich" vor, so ist außer dem entsprechenden Willen noch eine äußerlich in die Erscheinung tretende Ausführungshandlung erforderlich (**RG** 99, 209), von der das Anm. 10 Gesagte gilt.

Anm. 5

2. Das konkrete Besitzkonstitut

Zugelassen ist die bestimmte Besitzvereinbarung, das „konkrete Konstitut", d. h. die Eigentumsübertragung unter Vorbehalt des unmittelbaren Besitzes, wenn gleichzeitig ein Rechtsverhältnis geschaffen wird, durch das der Erwerber den mittelbaren Besitz erhält. Dieses Rechtsverhältnis muß einem bestimmten, im Gesetz geregelten Rechtsverhältnis entsprechen oder ihm wenigstens ähnlich sein. Es gibt keinen mittelbaren Besitz als Folge des Eigentums und keinen selbständigen mittelbaren Besitz (**RG** 52, 130; 63, 16; JW 1907, 747; WarnRspr 1909 Nr. 454). Vgl. auch § 870 Anm. 1.

Anm. 6

3. Das stillschweigende Besitzkonstitut

Der Unterschied zwischen der leeren und der bestimmten Besitzabrede ist, so scharf er nach dem Gesetz auch zu ziehen ist, für die Gesetzesanwendung nicht von allzu großer Bedeutung. Bei fast jedem ernstgemeinten „Konstitut" werden die tatsächlichen Verhältnisse es mit sich bringen, daß das entscheidende Rechtsverhältnis in irgendeiner Art wenigstens stillschweigend begründet wird. Das wird auch in der Rechtsprechung anerkannt (**RG** 26, 10. 10. 1934 VII 151/34; vgl. Anm. 23, 25—39). Immerhin gibt es Fälle, in denen ein nach § 868 vereinbartes Rechtsverhältnis nicht erkennbar ist, weder ein Nutzungsrecht noch eine Verwaltungspflicht, in denen vielmehr wirklich nur ein leerer Besitzvorbehalt vereinbart ist (**RG** 22. 10. 1929 VII 128/29). Die Abrede, daß für den Darlehnsbetrag die von dem Geld gekauften Maschinen, Materialien und die daraus hergestellten Fertigfabrikate haften, stellt keine wirksame Sicherungsübereignung dar. Sie enthält keine kokrete Besitzabrede, auf Grund deren der Darlehnsgeber den Besitz bekommt. In einen Vertrag auf Vornahme von Sicherungsübereignungen kann sie nicht umgedeutet werden (**RG** DR 1943, 298).

II. Besitz des Veräußerers

1. Unmittelbarer, mittelbarer, Allein- oder Mitbesitz

Anm. 7

Ein Eigentumserwerb nach § 930 ist nur möglich, wenn der Veräußerer selbst Besitzer der zu veräußernden Sache ist. Gleichgültig ist, ob er unmittelbarer oder mittelbarer Besitzer ist, ob er den Allein- oder nur den Mitbesitz hat (**RG** SeuffArch 76 Nr. 135). Auch der Eigentümer, der im mittelbaren Besitz der Sache ist, kann, statt den Weg des § 931 zu wählen, ein Rechtsverhältnis vereinbaren, durch das der Erwerber weiteren mittelbaren Besitz erlangt, und so Eigentum nach § 930 übertragen (**RG** WarnRspr 1909 Nr. 174; 1920 Nr. 13; 1920 Nr. 163; LZ 1919, 697; JW 1926, 799, auch bei Sicherungsübereignung). Der Eigentümer braucht dabei weder den unmittelbaren Besitzer zu nennen noch ihn von der Eigentumsübertragung zu benachrichtigen (**RG** 4. 5. 1917 VII 23/17).

Anm. 8

Ist der Eigentümer nur Mitbesitzer, so kann er durch das vereinbarte Rechtsverhältnis auch nur mittelbaren oder weiteren mittelbaren Mitbesitz begründen. Das reicht zum Übergang des Eigentums aus, weil der Eigentümer seinen gesamten Besitz in den Dienst des Erwerbers stellt (vgl. **RG** 139, 117 und § 929 Anm. 29, 45). Daß aber der Eigentümer zu der Zeit, zu der das Eigentum auf den Erwerber übergehen soll, den Besitz hat, ist unerläßlich (**RG** 56, 52).

2. Veräußerung vor Besitzerlangung (antizipiertes Besitzkonstitut)

Anm. 9

Es steht nichts im Wege, daß jemand schon, bevor er Eigentümer und Besitzer geworden ist, sich mit einem andern dahin einigt, ihm das Eigentum sofort mit der Besitzerlangung zu übertragen und auf Grund des dazu vereinbarten Rechtsverhältnisses den Besitz sofort mit der Erlangung für ihn als mittelbaren Besitzer auszuüben (**RG** 109, 170). Denn der Eintritt der Wirksamkeit der Einigung und des Besitzvorbehaltes kann auch in die Zukunft verlegt werden (**RG** 56, 52; 95, 105, 108; 140, 226; WarnRspr 1908 Nr. 61; 1910 Nr. 448; 1912 Nr. 214; 1920 Nr. 163; JW 1907, 747; 1912, 797; Gruchot 53, 1045). So insbesondere dann, wenn bei Übertragung von Warenlagern, Vermögensmassen, Zubehör eines Landguts, Herden, die in der Verwaltung des früheren Eigentümers bleiben, sofort auch der Eigentumsübergang für spätere Zugänge und Anschaffungen, Nachbeschaffungen, Ersatzstücke bedungen wird, wie das eine häufige Erscheinung des wirtschaftlichen Lebens geworden ist (**RG** 81, 141; JW 1911, 762; WarnRspr 1912 Nr. 214; 1932 Nr. 39).

Anm. 10

Allerdings muß in solchem Fall für den endgültigen Besitz- und Eigentumsübergang eine äußerlich in die Erscheinung tretende Ausführungshandlung gefordert werden, die den Übertragungswillen erkennbar macht (**RG** 52, 130; 56, 52, 54; 63, 17; 63, 405; 73, 415, 418; 86, 264; LZ 1919, 697; WarnRspr 1920 Nr. 163). Wenn schon bei beweglichen Sachen das allgemein kennzeichnende, notwendige Merkmal des Bestandes dinglicher Rechte die äußere, in der Regel für jedermann bestehende Erkennbarkeit bildet, so genügt es hier doch, wenn der Besitzwechsel überhaupt erkennbar ist, sei es auch nur für einen mit den Verhältnissen Vertrauten (**RG** 99, 208, 210; JW 1912, 797; 1917, 217). Dazu ist nicht erforderlich, daß die zu übereignenden Gegenstände in den getroffenen

Vereinbarungen einzeln bezeichnet werden. In der Vereinbarung müssen aber solche Angaben über die Bezeichnung der Gegenstände enthalten sein, daß durch ein nach außen erkennbares Geschehen im Zeitpunkt des Eigentumsübergangs für jeden, der die Parteiabreden kennt, ohne weiteres ersichtlich ist, bezüglich welcher Gegenstände ein Besitzwechsel eingetreten ist. Nicht genügen würde es, wenn die Parteien vereinbaren, der Erwerber solle das Eigentum an allen Gegenständen erlangen, die in einen bestimmten Raum eingebracht werden, sofern sie dem Veräußerer gehören (**BGH** 21, 52, 56; LM BGB § 929 Nr. 8). Besonders wichtig ist diese Anforderung für die Sicherungsübereignung von Warenlagern mit wechselndem Bestand (vgl. dazu unten Anm. 14—18). Ausreichend, um den Besitzwechsel kenntlich zu machen, ist z. B. die Aufnahme in ein Verzeichnis, wenn diese Form ein für allemal vereinbart ist (**RG** 23. 3. 1915 VII 510/14), aber auch ungeachtet dieser Vereinbarung das Einverleiben der Ersatzstücke in das Warenlager (**RG** JW 1917, 217) oder auch das Benutzen der Ersatzstücke im Gewerbebetrieb (**RG** LZ 1916, 383). Häufig wird auch geradezu vereinbart, daß mit dem Einbringen der neuen Ware in das Warenlager oder mit ihrem Verbringen in bestimmte Räume das Eigentum übergehen soll; auch das genügt (**RG** WarnRspr 1932 Nr. 1). Auch dabei handelt es sich nur um die Ausführung des früheren Besitzvorbehaltes, nicht um dessen gegenwärtigen Abschluß durch Insichgeschäft (**RG** WarnRspr 1932 Nr. 1).

Anm. 11

Für eine wirksame Übereignung muß ferner der Übereignungswille noch vorhanden sein, wenn der Veräußerer in den Besitz der Sache gelangt oder die neue Sache entsteht (**BGH** 7, 111, 115; aA von Lübtow ZHR 112, 258). Es ist jedoch zu vermuten, daß die früher erklärte Einigung fortbesteht.

Anm. 12

Schließlich muß der Veräußerer den Besitz für den Erwerber entsprechend dem früher geschlossenen und noch fortbestehenden Besitzmittlungsverhältnis ausüben. Auch das ist zu vermuten, solange nicht das nach außen erkennbare Verhalten des Veräußerers in dem Augenblick, wo er den Besitz der Sache erlangt oder diese Sache neu entsteht, zu einem gegenteiligen Schluß führt. Auf ein mit dem Besitzmittlungsverhältnis unvereinbares, späteres Verhalten des Veräußerers kommt es für den schon früher erfolgten Eigentumsübergang auf den Erwerber nicht an.

III. Übereignung von Warenlagern und sonstigen Sachbeständen

Anm. 13

Der schon Anm. 10 zu § 929 hervorgehobene Grundsatz, daß nur das Eigentum an bestimmten einzelnen Sachen übertragen werden kann, daß Bestimmbarkeit nicht genügt, gilt auch für § 930. Er wirkt sich gerade hier aus, da bei dem Verfahren nach § 930 häufiger Zweifel bleiben können.

Anm. 14

Ein Warenlager als solches kann unter dieser Bezeichnung übereignet werden. Werden die einzelnen Waren aufgezeichnet, so müssen sie einzeln genau bezeichnet werden, mögen sie auch tatsächlich das ganze Lager ausmachen (**RG** SeuffArch 71 Nr. 254). Ebenso können Waren in besonders aufgeführten Räumen übereignet werden (**RG** 5. 6. 1911 VII 612/10; 14. 11. 1911 VII 68/11). Falls die in dem genannten Raum befindlichen Waren, die übereignet werden sollen, nicht alle dem Veräußerer gehören, entscheidet es sich nach den Rechtssätzen über den gutgläubigen Erwerb (§ 933), inwieweit der Erwerber auch Eigentümer der fremden Sachen wird. Die Einigung ist sittenwidrig und nichtig, wenn die Parteien wissen, daß nicht alle in dem Raum befindlichen Sachen dem Veräußerer gehören und wenn sie die dem Veräußerer gehörenden nicht von den fremden Sachen geschieden, sondern sich darüber geeinigt haben, daß das Eigentum unterschiedslos an allen Sachen übergehen soll, um auf diese Weise die Schwierigkeit, die eine Trennung der Sache mit sich bringen würde, zu vermeiden.

Anm. 15

Möglich ist auch eine Einigung dahin, daß ein bestimmter Teil aus einer größeren Menge übereignet werden und der Eigentümer ihn bestimmen, ausscheiden und für den Erwerber verwahren soll. Der Eigentumsübergang findet dann mit der Ausscheidung statt (**RG** JW 1912, 797). Nicht möglich ist es aber, aus einem größeren Bestande einen Teil zu übereignen, der nur nach Mengen oder nach Werten bezeichnet wird ohne nähere Angabe, um welche einzelnen körperlichen Gegenstände es sich handelt (**RG** 52, 385; 103, 153; 113, 57; WarnRspr 1932 Nr. 39; 1932 Nr. 87; Gruchot 51, 615; 58, 1030). Der Verkehr hilft sich damit, daß in solchen Fällen der ganze Bestand übereignet, der Sicherungsgeber aber nur verpflichtet wird, stets einen bestimmten Mindestbestand bereit zu halten, während er über den Mehrbestand verfügen darf.

Anm. 16

Nicht ausreichend ist es aber, wenn vereinbart wird, es seien alle Waren übereignet, soweit sie dem Veräußerer gehörten (**RG** 129, 62). Unrichtig ist es, wenn hier weiter gesagt wird, es fehle an genügender Bestimmtheit bei einer Übereignung sämtlicher Waren eines Ladengeschäfts, weil durch den fortdauernden Ab- und Zugang bald Unklarheit eintreten müsse. Das wären nur Beweisschwierigkeiten; die Abrede als solche bleibt trotzdem klar und bestimmt. So **RG** 132, 188 in einem Falle, wo sämtliche Waren übereignet waren, die sich in bestimmten Lagerräumen befänden oder hineinkommen würden. Ob dort auch fremdes Eigentum lagerte oder hineinkam, wird mit Recht für unerheblich erklärt, weil für die Frage der Bestimmtheit des Gegenstandes der Zeitpunkt des Vertragsschlusses maßgebend ist und nachträgliche, außerhalb des Vertrages liegende Ereignisse ihm Klarheit und Bestimmtheit nicht rauben können (so auch **BGH** LM § 929 Nr. 8). Die abweichenden Bemerkungen in **RG** 113, 57 sind in **RG** 132, 188 ausdrücklich fallen gelassen worden. Von ihnen beeinflußt war auch **RG** 2. 7. 1929 VII 657/28. Es waren Sachen übereignet worden von einem Wert bis zu 35000 RM. Das war zweifellos eine zu unbestimmte Bezeichnung. Der Vertrag wird aber gehalten, weil festgestellt war, daß der gesamte Wert des Warenlagers auch in späterer Zeit niemals 35000 RM. überschritten hatte; es wurde deshalb angenommen, daß das jeweilige Gesamtlager übereignet worden sei. Das ist bedenklich; alles Spätere mußte auch hier bei der Beurteilung ausscheiden, und dann war die Sache nicht bestimmt genug bezeichnet.

Wird eine gewisse Anzahl der jeweils in bestimmten Ställen untergebrachten Viehstücke übereignet, so fehlt es an genügender Bestimmtheit, wenn sich zeitweise mehr Stücke in den Ställen befinden als übereignet sein sollten (**RG** JW 1934, 222; Lauritzen, Sicherungsübereignung an Warenlagern, 1936).

Anm. 17

Wird ausdrücklich verabredet, daß das gesamte Warenlager übereignet werden soll, dann wird die Bestimmtheit der Sache nicht dadurch beeinträchtigt, daß sich auch fremdes Eigentum in dem Lager befindet; das ist ein außerhalb des Vertrages liegender und deshalb unbeachtlicher Umstand (**RG** WarnRspr 1934 Nr. 52). Wird ein ganzes Warenlager rechtsgültig übereignet, so kann das einmal begründete Eigentum nicht dadurch in Frage gestellt werden, daß einige — vertragsmäßig zu übereignende — Ersatzstücke nicht in gültiger Weise übertragen werden (**RG** WarnRspr 1934 Nr. 198).

Anm. 18

Bedeutsam sind die hier niedergelegten Grundsätze für den Abschluß der bei der Sicherungsübereignung häufig vorkommenden Bassinverträge. Das sind Verträge, durch die alle Rechte, die an einem in bestimmten Räumen befindlichen Warenlager bestehen, auf den Sicherungsnehmer übertragen werden. Soweit die Ware Eigentum des Sicherungsgebers ist, soll das Eigentum übergehen. Soweit noch ein Eigentumsvorbehalt besteht, soll das Anwartschaftsrecht des Sicherungsgebers übergehen. Die Übereignung ist nach der Rechtsprechung des IV. Zivilsenats des Bundesgerichtshofs nur wirksam, wenn die Parteien solche Bestimmungen über die Kennzeichnung oder Kenntlichmachung der Waren getroffen haben, daß für jeden, der die Parteiabreden kennt, ersichtlich ist, welche Waren übereignet und bezüglich welcher nur das Anwartschaftsrecht übertragen ist. Diese Abreden brauchen nicht schriftlich getroffen zu werden (**BGH** 21, 52; LM BGB § 929 Nr. 5). Diese Rechtsprechung ist wegen der Schwierigkeiten, die sich aus ihr für das Wirtschaftsleben ergeben, auf Widerspruch gestoßen (vgl. Westermann NJW 56, 1297; Dönhoff BB 1956, 827; Paulus JZ 1957, 7, 41; Pohle MDR 1956, 732; Zunft NJW 1957, 445). Der VIII. Zivilsenat hat daher in den Urteilen **BGH** 28, 16 u. vom 25. 11. 1958 VIII ZR 57/58 den entgegengesetzten Standpunkt eingenommen. Der Senat hält es nicht für erforderlich, die noch unter Eigentumsvorbehalt stehenden Waren von den anderen besonders zu unterscheiden, da sich die Übertragung des Volleigentums und des Anwartschaftsrechts nach denselben Grundsätzen vollziehe. Er hält es für möglich, daß dem Sicherungsgeber der mittelbare Besitz an den noch unter Eigentumsvorbehalt stehenden Waren übertragen wird, ohne daß dadurch der mittelbare Besitz des Vorbehaltsverkäufers an diesen Waren aufhört. Er nimmt auch keinen mittelbaren Nebenbesitz des Sicherungsnehmers und Vorbehaltsverkäufers an, sondern erststufigen mittelbaren Fremdbesitz des Sicherungsnehmers und zweitstufigen mittelbaren Eigenbesitz des Vorbehaltsverkäufers (vgl. § 929 Anm. 4).

Wird der Rest einer teilweise bereits weiterverkauften Warensendung wegen vorhandener Mängel zur Verfügung gestellt und das Eigentum daran nach § 930 durch die Abrede eines Verwahrungsvertrages auf den Verkäufer zurückübertragen, so beeinträchtigt der frühere Teilverkauf nicht die Bestimmtheit des Gegenstandes in dem späteren Vertrage (**RG** 13. 3. 1931 VII 265/30).

Anm. 19

Das Eigentum an barem Geld kann durch Besitzabrede gemäß § 930 gültig nur dann übertragen werden, wenn es gesondert aufbewahrt und von Geld getrennt gehalten wird. Bloße Buchungen genügen nicht (**RG** 18. 6. 1919 V 62/19). Im übrigen vgl. über Besitz- und Eigentumsverhältnisse an Geld: Kaser AcP 143, 1.

IV. Einigung und Vereinbarung eines Besitzmittlungsverhältnisses als Übergabeersatz

Anm. 20

Ebenso wie die Übereignung nach § 929 setzt auch die Übereignung nach § 930 voraus, daß die Parteien den Eigentumsübergang wollen, daß Veräußerer und Erwerber darüber einig sind, daß das Eigentum auf den Erwerber übergehen soll. Hinzukommen muß als zweites Erfordernis die Vereinbarung eines Besitzmittlungsverhältnisses, durch das die Übergabe ersetzt wird.

Anm. 21

An dem Übereignungswillen, der Einigung, fehlt es, wenn noch nicht ganz fertige Möbel gekauft sind, die Übergabe hinausgeschoben wird und der Tischler die Sachen vorläufig aufbewahren soll (**RG** SeuffArch 78 Nr. 135).

Anm. 22

Wenn der Schuldner, der im unmittelbaren Besitz (**RG** 94, 341) der vom Gerichtsvollzieher gepfändeten Sachen geblieben ist, sie auch nach der Versteigerung oder nach einer Veräußerung gemäß § 825 ZPO — auch bei der Zwangsüberweisung einer gepfändeten Sache an einen Dritten muß noch die Übergabe stattfinden, um den Eigentumsübergang zu vollenden (**RG** 126, 23) — noch in seinem unmittelbaren Besitz behält und dann mit dem Ersteher oder Käufer ein Rechtsverhältnis vereinbart, das an sich zum Ersatz der Übergabe genügt (**RG** WarnRspr 1917 Nr. 55), so geht das Eigentum nur über, wenn die Beteiligten den Eigentumsübergang auch wirklich bezwecken (**RG** 98, 133).

Anm. 23

Ist der Übereignungswille vorhanden, so genügt zur Übereignung selbst jede Handlung, die sachlich geeignet ist, den Besitzübergang herbeizuführen; nicht erforderlich ist, daß die Beteiligten die Bedeutung und Wirkung der Abrede eines Rechtsverhältnisses nach § 868 klar erkennen (**RG** 118, 364; JW 1915, 445; **BGH** WM 1958 IV B 70). In **RG** 118, 364 ist die überspitzte Annahme, eine Ersatzübergabe nach § 868 könne nicht gewollt sein, wenn die Beteiligten glaubten, das Eigentum sei schon nach § 929 übergegangen (**RG** SeuffArch 76 Nr. 20) nicht mehr aufrechterhalten worden. In einem andern Fall (**RG** 28. 9. 1928 VII 85/28) hatten die Beteiligten eine Übergabe nur vorgegeben, daneben aber ein Leihverhältnis vereinbart; es schadete nichts, daß sie die angebliche Übergabe und nicht die Abrede des Leihverhältnisses als den maßgebenden Vorgang ansahen.

Anm. 24

Die Anschauung, daß bezahlte Ware schon auf der Reise dem Käufer gehöre, ist irrig und berechtigt für sich allein auch nicht, anzunehmen, die Parteien hätten die bezahlte Ware bereits übereignen und eine Besitzabrede dahin treffen wollen, daß der Verkäufer die Ware für den Käufer in Verwahrung und auf der Reise in Obhut nähme (vgl. auch Anm. 28).

Es ist nicht unzulässig, in erster Linie eine tatsächliche Übergabe nach § 929, in zweiter eine Ersatzübergabe nach § 930 zu behaupten (**RG** LZ 1918, 498 Nr. 7)

V. Das Besitzmittlungsverhältnis

1. Rechtsgeschäftlich vereinbarte Besitzmittlungsverhältnisse

Anm. 25

Gemeint sind hier die im § 868 — vgl. das. Anm. 11—14 — angeführten Verhältnisse, nämlich das Verhältnis des Nießbrauchers (**RG** 148, 323; SeuffArch 75 Nr. 27), Pfandgläubigers, Pächters, Mieters, Verwahrers und ähnliche Verhältnisse. Der Kreis solcher Verhältnisse ist mit Rücksicht auf die Worte „und ähnliche Verhältnisse" sehr groß. Immer muß es sich aber um ein einzelnes bestimmtes, schuldrechtliches oder dingliches Rechtsverhältnis handeln, das ein Nutzungsrecht oder eine Verwaltungspflicht des Veräußerers begründet (**RG** 49, 173; 132, 186; WarnRspr 1925 Nr. 166; JW 1927, 669). Unerheblich ist, ob das vereinbarte Rechtsverhältnis rechtsgültig ist, wenn nur die Parteien es für gültig gehalten haben. Wesentlich ist aber, daß der Veräußerer dem Erwerber tatsächlich den Besitz vermittelt. Das Eigentum wird daher nicht erworben, wenn der Veräußerer trotz der nach § 868 mit dem Erwerber getroffenen Vereinbarung nicht diesem, sondern einem Dritten den Besitz an der Sache vermittelt (**BGH** LM BGB § 868 Nr. 6).

Anm. 26

Die Leihe und das Verhältnis des Kommissionärs sind solche Besitzmittlungsverhältnisse (**RG** WarnRspr 1909 Nr. 454); aber auch ein kommissionsähnliches Verhältnis genügt (**RG** 118, 364), z. B. wenn der Veräußerer die Sachen kommissionsweise veräußern darf und aus dem Erlös neue Sachen anzuschaffen hat (**RG** 1. 5. 1917 VII 72/17). Doch darf sich das Kommissionsverhältnis nicht auf das nicht zum Verkauf bestimmte Zubehör (einschließlich der Maschinen) einer Fabrik beziehen. Geschieht das doch, so fehlt es insoweit an der Abrede eines ausreichenden Rechtsverhältnisses, und es ist nach § 139 zu entscheiden, ob der Vertrag deshalb im ganzen nichtig ist (**RG** 21. 11. 1930 VII 191/30).

Anm. 27

Leihe ist auch an Flaschenweinen möglich, nämlich wenn Verbrauch und Veräußerung ausgeschlossen und etwa nur Ausstattung von Gasträumen oder Schaufenstern mit den gelieferten Flaschenweinen zugelassen ist (**RG** WarnRspr 1932 Nr. 115).

Ferner genügt der Auftrag (**RG** 100, 193); wegen der Geschäftsbesorgung ohne Auftrag vgl. **RG** 98, 134 und § 868 Anm. 14.

Das Rechtsverhältnis kann aber immer nur die Übergabe ersetzen, nicht auch die Einigung. Mit Recht für bedenklich erachtet ist deshalb die Annahme, daß stets und ohne besondere Verabredung das Eigentum an B übergeht, wenn A den Weisungen B's folgend, die an B verkaufte und von diesem an C weiterverkaufte Ware unmittelbar an C versendet (**RG** WarnRspr 1920 Nr. 163).

Anm. 28

Ob zwischen Verkäufer und Käufer eine Verwahrung oder ein ähnliches Verhältnis zustande gekommen ist, z. B. die Übernahme der Obhut über Waren, die für einen andern befördert werden (**RG** WarnRspr 1920 Nr. 163), kann im Einzelfall zweifelhaft sein (**RG** 97, 252; 102, 41). Der Vermerk: „Die Ware geht mit Ausstellung der Rechnung in ihren Besitz über" ist für sich allein bedeutungslos. Kein Verwahrungsvertrag ist ferner abgeschlossen, wenn weiter nichts geschieht, als daß der Erwerber einen Angestellten des Veräußerers bestellt, damit dieser den Besitz für ihn ausübe (**RG** 11. 10. 1927 VI [VII] 170/27).

Anm. 29

Nicht unter § 930 fällt das Besitzdienerverhältnis nach § 855. Die Abgrenzung ist zuweilen zweifelhaft (**RGSt** 56, 115; **BGH LM** BGB § 1006 Nr. 2). Jedenfalls macht aber seine schuldrechtliche Pflicht, den Weisungen des Geschäftsherrn zu folgen, den Beauftragten oder Geschäftsbesorger nicht zum Besitzdiener (**RG** WarnRspr 1922 Nr. 70).

Anm. 30

Wer nicht willensfähig ist, kann ein vereinbartes Rechtsverhältnis nicht schaffen (**RG** 98, 133). Der Wille ist entscheidend. Die Unwirksamkeit des vereinbarten Rechtsverhältnisses aus anderen Gründen als wegen Willensmängeln ist bedeutungslos. Aber die beschränkte Geschäftsfähigkeit des minderjährigen Kindes, dem die Eltern das Eigentum an ihren beweglichen Sachen unter gleichzeitigem Vorbehalt eines Nießbrauchrechts übertragen, ist der Wirksamkeit der Willenseinigung nicht hinderlich (**RG** 148, 324; § 107).

Anm. 31

Gibt der unmittelbare Besitzer seinen Besitz an der Sache freiwillig auf, so endet auch der mittelbare Besitz; das einmal übergegangene Eigentum wird davon aber nicht betroffen (**RG** 105, 413).

2. Kommissionsweiser Einkauf von Wertpapieren

Anm. 32

Verwahrung als Besitzmittlungsverhältnis und Eigentumsübergang kommen zustande, wenn der Bankherr dem Kunden das Stückeverzeichnis mit Nummernangabe übersendet. (Für die Rechtslage nach dem Gesetz betreffend die Pflichten der Kaufleute bei Aufbewahrung fremder Wertpapiere vom 5. 7. 1896, RGBl 183: **RG** 104, 119; LZ 1919, 697.)

Anm. 33

Daneben war schon nach bisheriger Auffassung die Eigentumsübertragung an den vom Kommissionär beschafften Wertpapieren auch nach den allgemeinen Vorschriften des bürgerlichen Rechts, insbesondere gemäß § 930, gegebenenfalls durch Insichgeschäft gemäß § 181, möglich. Ein solches wurde beispielsweise in der Bänderung der Stücke und der Eintragung in das Nummernbuch erblickt (**RG** 109, 325; 116, 198; 139, 117; JW 1927, 3013; vgl. auch **RG** JW 1937, 3306; § 868 Anm. 17).

Die heutige Rechtslage ergibt sich aus § 18 Abs. 3 des Gesetzes über die Verwahrung und Anschaffung von Wertpapieren v. 4. 2. 1937, RGBl I 171 (DepotG) (Vorbem. vor § 688 Anm. 4). Auch bei der Absendung des Stückeverzeichnisses (§ 18 Abs. 3) handelt es sich um eine Besitzabrede i. S. des § 930. Beide Vertragsparteien, der Kommissionär und der Kommittent, müssen ihren Willen erklären; dies geschieht in der Regel so, daß der Kommissionär als Vertreter des Kommittenten mit sich selbst abschließt, das heißt die Besitz- und Eigentumsübertragung mit sich selbst vornimmt (§§ 18 Abs. 3, 29 DepotG, §§ 181, 868, 688 BGB). Die nach der Rechtsprechung erforderliche Verlautbarung des Besitzübertragungswillens kann durch Bänderung (Streifbandverwahrung), Einlegen in eine Mappe oder ähnlich geschehen (vgl. die vorbezeichneten Entscheidungen; auch schon **RG** 95, 257); sie liegt aber nach dem Willen des Gesetzgebers auch in der Absendung des Stückverzeichnisses nach § 18 Abs. 3 DepotG.

Die Aufgabe zur Post, das Einlegen in den Briefkasten, selbst das Bereithalten zur Abholung im gewöhnlichen Abholdienst genügen.

Anm. 34

Obwohl es sich um eine empfangsbedürftige Willenserklärung handelt, ist die Erklärung des Kommissionärs auch dann wirksam, wenn der Kommittent selbst das Stückeverzeichnis nicht empfängt. Denn der Kommissionär empfängt schon für ihn nach § 181.

Voraussetzung der Wirksamkeit solcher Übereignung durch Insichgeschäft (§ 930) ist aber die Verfügungsbefugnis des Kommissionärs (§ 366 HGB); beim Mangel seines Verfügungsrechts wird der Kommittent erst dann Eigentümer, wenn ihm die Wertpapiere übergeben werden (§ 929) und er zu dieser Zeit gutgläubig ist (§ 933).

Anm. 35

Neben der Übereignung durch Absendung des Stückeverzeichnisses besteht auch jetzt die Möglichkeit, daß der Kommissionär das Eigentum an den Wertpapieren gemäß §§ 929ff (oder gemäß § 24 DepotG) auf den Kommittenten überträgt, und dies kann auch schon vor der Absendung des Stückeverzeichnisses geschehen. In solchen Fällen, besonders bei der Streifbandverwahrung, hat die Übersendung des Stückeverzeichnisses, die der Kommittent verlangen kann (§ 25 DepotG), die Bedeutung eines Beweismittels (**RG** 81, 439).

Anm. 36

3. Besitzmittlungsverhältnisse kraft Gesetzes

Regelmäßig wird das besondere Rechtsverhältnis erst durch eine Vereinbarung getroffen. Das schließt aber nicht aus, daß § 930 auch angewandt werden kann, wenn das Besitzmittlungsverhältnis kraft Gesetzes entsteht oder entstanden ist. § 930 fordert nach seinem Zweck und Wortsinn nur, daß die Beteiligten über den Rechtsgrund, aus dem der unmittelbare Besitz beim Veräußerer bleiben soll, einig sind. Es genügt, wenn die Parteien sich über das den Besitz vermittelnde Rechtsverhältnis einig sind. Gründet sich dieses Rechtsverhältnis auf das Gesetz, dann ist es im Sinne des § 930 doch vereinbart, wenn die Beteiligten die gesetzliche Rechtsfolge von Anfang an im Auge gehabt und übereinstimmend in ihren Willen aufgenommen haben. Das in **RG** 48, 318 veröffentlichte Urteil, das einen anderen Standpunkt vertritt, war auf Grund des ALR ergangen. Ein Eigentumserwerb nach § 930 war daher möglich, wenn der Ehemann seiner Ehefrau Möbelstücke schenkte, die nach dem Willen der Eheleute in den gemeinsamen Wohnräumen verbleiben sollten und an denen der Ehemann die gesetzliche Verwaltung als unmittelbarer Besitzer weiter ausüben sollte, er aber seiner Ehefrau den mittelbaren Besitz überließ (**RG** 108, 124; aA früher die 9. Auflage). § 868 bezieht sich nicht nur auf vertragliche, sondern auch auf gesetzlich geregelte Rechtsverhältnisse (**RG** 59, 201; 94, 341; 98, 134; 105, 20).

4. Einzelfälle

Anm. 37

Bei einem unter Eigentumsvorbehalt geschlossenen Kauf kann, auch wenn dem Käufer die Verpflichtung eines Verwahrers oder Verwalters nicht besonders auferlegt ist, ein Rechtsverhältnis im Sinne des § 868 geschaffen werden (**RG** 54, 396; 69, 197); hält der Verkäufer nach dem Verkauf die Sache zurück, so braucht nicht immer stillschweigend ein Verwahrungsvertrag geschlossen zu sein (**RG** 5. 5. 1911 VII 437/10). Lagert aber gekaufte, genehmigte und bezahlte Ware noch bei dem Verkäufer, so kann Aufbewahrung im Sinne einer Geschäftsbesorgung oder Dienstleistung nach § 354 HGB vorliegen (**RG LZ** 1913, 142, 143; WarnRspr 1916 Nr. 83).

Der Vermerk des Käufernamens auf einem bestimmten Los mit entsprechender Buchung und Nachricht an den Käufer kann für den Eigentumsübergang ausreichen (**RG** 25. 6. 1915 III 411/14).

Die Abrede, daß die Verbandsmitglieder nur noch als Verwahrer und Frachtführer des Syndikats handeln sollen, wenn sie die Ware zur Bahn oder an das Schiff bringen und dort zur Beförderung an den Abnehmer verladen, kann dahin verstanden werden, daß die Mitglieder ihr Eigentum durch Begründung eines Rechtsverhältnisses nach § 868 auf den Verband übertragen und fortan nur noch die Rechte und Pflichten eines Verwahrers oder Frachtführers haben sollen, wobei gleichgültig ist, ob dies Verhältnis längere oder kürzere Zeit dauert (**RG** 92, 347).

Anm. 38

Wenn die Sache bereits nach § 929 übereignet ist, ist ein nachträglicher bloßer Eigentumsvorbehalt wie jede leere Besitzabrede wirkungslos (**RG** LZ 1914, 1564 Nr. 19; **BGH** NJW 53, 217 mit ablehnender Anmerkung von Raiser); wird aber das Eigentum an der Sache zunächst an den Verkäufer zurückübertragen und sie dann von ihm dem Käufer leihweise bis auf Widerruf überlassen (**RG** WarnRspr 1917 Nr. 264) oder durch einen neuen Vertrag unter Preisnachlaß und Eigentumsvorbehalt wiederum an den Käufer verkauft (**RG** JW 1915, 445), so ist ein genügend bestimmtes Rechtsverhältnis vereinbart. Der leitende Gesichtspunkt ist der, daß der unmittelbare Besitzer dem Eigentümer gegenüber auf Zeit (§ 868) zum Besitz berechtigt und verpflichtet sein muß. Weder ist aber erforderlich, daß das Verhältnis zu einem von vornherein bestimmten Zeitpunkt, noch, daß es mit der Herausgabe an den mittelbaren Besitzer endigen muß; es ist nur erforderlich, daß überhaupt eine zeitliche Schranke besteht und ein Herausgabeanspruch des mittelbaren Besitzers entstehen kann (**RG** WarnRspr 1912 Nr. 421; 1913 Nr. 200; JW 1913, 432; Gruchot 57, 434; **BGH** LM BGB § 2203 Nr. 1). Bei dem Verkauf unter Eigentumsvorbehalt liegt die zeitliche Schranke darin, daß der Käufer entweder zahlt und dann Eigentümer wird oder daß er nicht zahlt und der Verkäufer das Rücktrittsrecht nach § 455 hat (**RG** JW 1915, 445).

Anm. 39

Immer aber wird verlangt werden müssen, daß nicht bloß zum Schein ein dem § 868 entsprechendes Verhältnis geschaffen ist, daß es sich also nicht nur um die Übereinkunft handelt: „Die Sache soll als übergeben gelten" (**RG** 24. 3. 1911 VII 404/10). Ist kein Zweifel, daß ein den Anforderungen des § 868 entsprechendes Verhältnis vorliegt, so ist es ohne Belang, daß es nicht im Vertrag mit ausdrücklichen Worten bezeichnet wurde (**RG** WarnRspr 1913 Nr. 201; LZ 1918, 498). Auch stillschweigende Abrede genügt (**RG** 21. 3. 1919 VII 22/19).

VI. Die Sicherungsübereignung

1. Allgemeines

Anm. 40

Die Sicherungsübereignung, die auch als Treupfand bezeichnet wird (Schmelzeisen, Das Treupfand, 1936; DJZ 1936, 919) ist im Gesetz nicht besonders geregelt. Sie ist die dingliche Übereignung einer (beweglichen) Sache mit der schuldrechtlichen Abrede, daß das Eigentum nicht endgültig übertragen werden soll, sondern nur für die Dauer des Bestehens einer Forderung des Erwerbers (Sicherungsnehmers) gegen den Veräußerer (Sicherungsgeber). Dabei kann verabredet werden, daß das Eigentum bei dem Erlöschen der Forderung — also beim Eintritt einer auflösenden Bedingung — von selbst an den Veräußerer zurückfällt; dieser kann aber auch auf einen bloßen Rückübertragungsanspruch beschränkt werden (**RG** 28. 2. 1922 VII 372/21).

Die Sicherungsübereignung ist ein Treuhandgeschäft ohne wesentliche Besonderheiten, wenn sie nach § 929 vorgenommen, die Sache also dem Erwerber wirklich übergeben wird. Auch das kommt vor, obwohl unter solchen Umständen eine Verpfändung nach § 1205 möglich wäre. Die strengen Vorschriften der §§ 1228ff über den Pfandverkauf sollen hier ausgeschaltet werden.

Ihre Besonderheit bekommt die Sicherungsübereignung aber, wenn sie nach § 930 vorgenommen wird, die Sache also im unmittelbaren Besitz des Veräußerers bleibt. Das ist die regelmäßige Art der Sicherungsübereignung, sie wird gemeint, wenn von Sicherungsübereignung schlechthin gesprochen wird.

Anm. 41

Die Rechtsprechung hat die Sicherungsübereignung nach § 930 für zulässig erachtet (vgl. z. B. **RG** 122, 332; WarnRspr 1912 Nr. 213; JW 1911, 46 Nr. 34 und die weiterhin angezogenen Entscheidungen). Man hat an dieser Einrichtung, die eine richerliche Rechtsschöpfung darstellt und Gewohnheitsrecht geschaffen hat, beanstandet, daß für eine Maßnahme, die ihrem inneren Wesen nach auf eine Verpfändung hinausläuft, die Form der Eigentumsübertragung verwendet wird, bei der noch dazu Besitz und Recht auseinanderfallen, daß sie für andere Beteiligte nicht erkennbar ist, auch auf künftige Waren und Außenstände erstreckt worden ist, ferner daß sie zu wirtschaftlichen Schädigungen Dritter die Möglichkeit bietet, dabei aber dem Kreditgeber noch nicht einmal unbedingte Sicherheit gewährt.

Solange aber der Gesetzgeber kein geeignetes Mittel geschaffen hat, das dem kapitalschwachen Unternehmer die Erlangung und Sicherstellung der von ihm benötigten Kredite und damit die Schaffung neuer Sachwerte ermöglicht, muß die Sicherungsübereignung als ein dem wirtschaftlichen Bedürfnis entsprechender Notbedarf anerkannt und zugelassen werden (vgl. Pätzold DJ 1935, 414). Auf diese Gedankengänge sowie die Bestrebungen, das anerkannte wirtschaftliche Bedürfnis in anderer Weise als mit Hilfe des § 930, etwa durch ein allgemeines Registerpfandrecht zu befriedigen, ist hier nicht näher einzugehen.

Anm. 42

2. Schrifttum zur Rechtserneuerung. Über die Gedanken zur Rechtserneuerung auf dem Gebiete der Kreditsicherung an Fahrnis und Forderungen: Lehmann, Reform der Kreditsicherung an Fahrnis und Forderungen, 1937 (ZAkDR 1937, 604, Deutsches Gemein- und Wirtschaftsrecht 1937, 357); Zahn, Grenzen der Kreditsicherung durch Sicherungsübereignung, 1937; ferner Henneberg DJ 1934, 1440; Jung JherJb 84, 103 ff; Koch BankArch XXXV 122; Münzel, Senf JW 1935, 1961, 2607; Rohling Deutsches Gemein- und Wirtschaftsrecht 1935/36, 54, 73; Oertmann das. 116; Caspari JW 1935, 674; Musold HansRGZ 1936 A 101; Diesel BankArch XXXVI 63; Thiesing DJ 1936, 1923; Roquette JW 1936, 2840; Probst DRpfl 1937, 296; Friesecke JW 1937, 441; Janberg BankArch XXXVI 552; Braß DRpfl 1938, 168; Schwister ZAkDR 1938, 338, 370 und JW 1938, 1689; Lehmann ZAkDR 1939, 228, 261; Eichler, Wandlungen des Eigentumsbegriffes in der deutschen Rechtsauffassung und Gesetzgebung, 1938, bes. 149 ff; Lange und Lehmann, Die Verfallklausel bei Sicherungsübereignung und Sicherungsabtretung, DR 1939, 851, 852; Lange NJW 1950, 565; Münzel MDR 1951, 129; Reinicke MDR 1951, 333; Ascher DRiZ 1955, 177; Sitzungsbericht der Verhandlungen der ersten Arbeitsgemeinschaft des 41. Deutschen Juristentages 1955 in Verhandlungen des 41. Deutschen Juristentages Bd. II, F 1 ff; Planck/Flad, Sachenrecht 5. Aufl., 1404 ff, ferner die oben § 929 Anm. 3, 6 zur Frage des Eigentumsvorbehalts angeführten Schriften.

Bemerkt sei, daß der Gesetzgeber sich dem sog. Registerpfandrecht nicht mehr grundsätzlich abgeneigt zeigt. Ein Registerpfandrecht besonderer Art ist die Schiffshypothek an im Schiffsregister eingetragenen Schiffen und an Schiffsbauwerken nach dem Gesetz über Rechte an eingetragenen Schiffen und Schiffsbauwerken v. 15. 11. 1940, RGBl I 1499, vgl. weiter das Kabelpfandgesetz v. 31. 3. 1925, RGBl I 37. Auf dem Wege zum Registerpfandrecht liegt das Pfandrecht, dessen Bestellung nach § 2 Abs. 1 des Pachtkreditgesetzes v. 5. 8. 1951, BGBl I 494, zugelassen worden ist. Dieses Pfandrecht entsteht durch die Einigung des Pächters mit dem Gläubiger darüber, daß dem Gläubiger das Pfandrecht zustehen soll, und durch die Niederlegung des Verpfändungsvertrags bei dem zuständigen Amtsgericht.

3. Wesen und Inhalt des Sicherungseigentums

Anm. 43

Für die Sicherungsübereignung gilt alles, was in den Anm. 1—39 und den dort angeführten, häufig die Sicherungsübereignung behandelnden Entscheidungen gesagt ist. Bemerkt sei aber noch, daß das Sicherheitsverhältnis als solches kein dem § 868 genügendes Rechtsverhältnis ist (**RG** JW 1912, 144; WarnRspr 1913 Nr. 200); das Vorliegen eines solchen muß also stets besonders festgestellt werden.

Anm. 44

Zu betonen ist ferner, daß die Sicherungsübereignung grundsätzlich etwas anderes ist als eine Verpfändung (**RG** JW 1914, 76). Die gesetzlichen Vorschriften über das Pfandrecht dürfen deshalb nicht ohne weiteres zur Ergänzung der Sicherungsübereignungsverträge herangezogen werden (vgl. unten Anm. 55). Maßgebend sind hiernach stets die einzelnen Verträge (**RG** 143, 113). Da diese häufig unklar sind, bleibt der Auslegung ein weiter Spielraum. Im Wege solcher Auslegung kann auch festgestellt werden, daß der Sicherungsnehmer verbunden sein soll, nur die Rechte des Pfandgläubigers — vielleicht auch nur einzelne — auszuüben (**RG** 59, 190; 76, 347; 83, 53; 95, 245; WarnRspr 1932 Nr. 86; DR 1941, 1792). Gerade bei rechtlich und wirtschaftlich einwandfreien Vorgängen geht die wirtschaftliche Absicht der Parteien zumeist dahin, daß es nicht dazu kommen solle, daß der Erwerber des Eigentums (oder einer Forderung) seine Rechte tatsächlich geltend macht; dieser Parteiwille kann aber allein nicht die Annahme begründen, daß keine Sicherungsübertragung stattgefunden habe (**RG** DR 1939, 865; vgl. auch **RG** JW 1938, 1330).

Anm. 45

Auch wenn weiter nichts verabredet ist, so folgt doch aus dem Sicherungszweck als dem obersten Zweck des Vertrags das Recht des Sicherungsgebers, seine Sache durch Bezahlung der Forderung auszulösen (**RG** 22. 9. 1922 VII 395/21). Dies darf aber nicht dazu führen, dem Eigentum des Sicherungsnehmers einen andern Inhalt zu geben, als dem des gewöhnlichen Eigentümers. Eigentum ist und bleibt Eigentum im Sinne des § 903. Auf dem Gebiet des Sachenrechts ist jede Willkür ausgeschlossen; der Inhalt der dinglichen Rechte kann durch Vertrag nicht geändert werden. Möglich ist es aber, den Erwerber eines dinglichen Rechts in bestimmter Richtung schuldrechtlich zu binden. Es ist also bedenklich, davon zu sprechen, daß der Sicherheitsnehmer nur förmliches Eigentum erlange, während das sachliche, das wirtschaftliche Eigentum bei dem Sicherungsgeber verbleibe. Das Eigentum, und zwar das einzige Eigentum, welches das BGB kennt, geht auf den Sicherungsnehmer über (**RG** 99, 143; 102, 386); er wird aber schuldrechtlich gebunden und lediglich aus dieser schuldrechtlichen Bindung dürfen — können aber auch — die seine Stellung einschränkenden Folgerungen gezogen werden (**RG** 104, 73; Gruchot 65, 605).

Anm. 46

Im Falle der Beendigung der schuldrechtlichen Grundlage (z. B. eines Gesellschaftsverhältnisses), auf Grund deren die Sicherungsübereignung vorgenommen ist, ist dem Grundverhältnis zu entnehmen, welche Rechte dem Sicherungsnehmer zustehen. Die Sicherungsübereignung gewährt keinen uneingeschränkten Herausgabeanspruch, der völlig unabhängig von dem Sicherungszweck und dem Befriedigungsbedürfnis des gesicherten Gläubigers ist. Der sich aus dem schuldrechtlichen Grundverhältnis ergebende Sicherungszweck kann dazu führen, daß der Sicherungsnehmer dem Übereigner gegenüber in seiner Eigentümerstellung insbesondere bezüglich des dinglichen Herausgabeanspruchs beschränkt ist. In diesen Fällen kann von dem schuldrechtlichen Grundverhältnis auch dann nicht abgesehen werden, wenn der sich aus dem Besitzmittlungsvertrag ergebende schuldrechtliche Herausgabeanspruch geltend gemacht wird (**RG** DR 1941 1792).

Anm. 47

§ 930 verlangt, daß der Sicherungsgeber aufhört, die Sache als ihm gehörig zu besitzen, daß er sie fortan als die Sache eines andern besitzt kraft eines Rechtsverhältnisses, das ihn dem neuen Eigentümer gegenüber auf Zeit zum Besitze berechtigt oder verpflichtet. Es ist auch nicht so, daß der Sicherungsgeber in der Verfügung über die übereigneten Gegenstände nur insoweit beschränkt wäre, als er die Belange des Gläubigers wahrzunehmen hat. Der Sicherungsgeber hat die von ihm besessene Sache durchaus als fremde zu achten und zu behandeln; er darf mit ihr nur vornehmen, was ihm das Rechtsverhältnis gestattet, kraft dessen er besitzt, oder was ihm eine besondere Abrede erlaubt.

Anm. 48

Daß der Sicherungsnehmer im Konkurs des Sicherungsgebers in der Regel nur ein Ab-, kein Aussonderungsrecht hat (vgl. z.B. **RG** 24, 45; 91, 15; 91, 280; 118, 209; 124, 75; 145, 193; JW 1938, 1828; WarnRspr 1910 Nr. 38), folgt aus der Eigenart des Konkurses, der zu einer sofortigen und endgültigen Regelung des gesamten Verhältnisses zwingt. Dabei darf der Sicherungsnehmer nicht gleichzeitig die Sache aussondern und wegen seiner ganzen Forderung Befriedigung aus der Masse verlangen. Das widerspricht dem Sicherungsübereignungsvertrag. Der Zwiespalt löst sich, wenn dem Sicherungsnehmer ein Recht auf abgesonderte Befriedigung zugebilligt wird. Er taucht aber gar nicht auf, wenn der Sicherungsnehmer außerhalb des Konkurses dem pfändenden Gläubiger gegenüber sein Eigentum verfolgt. Er verfolgt dann nur sein Eigentum, nicht auch gleichzeitig seine Forderung. Einer künftigen vertragsmäßigen Lösung des Verhältnisses wird nicht vorgegriffen. Der für den Konkursfall aufgestellte Rechtssatz ist also außerhalb des Konkurses nicht entsprechend anwendbar. Diese Gedankengänge hat **RG** 124, 73ff gebilligt.

Anm. 49

Die an dieser Stelle noch in der achten Auflage eingehend besprochene Meinungsverschiedenheit zwischen dem Reichsgericht und dem Reichsfinanzhof, der für das Steuerrecht auf Grund steuerrechtlicher Vorschriften die Sicherungsübereignung nicht als wirkliche Übereignung gelten lassen wollte (Gutachten vom 8. 6. 1926 **RFH** 19, 126ff), ist nunmehr gegenstandslos geworden; denn der Gesetzgeber hat durch die in § 21 Nr. 33 SteueranpassungsG (oben Anm. 3) verfügte Ergänzung des § 328 AbgO, wonach sich nach bürgerlichem Recht bestimmt, welche Rechte die Veräußerung hindern, das Sicherungseigentum als wahres Eigentum auch für das Steuerrecht anerkannt (Amtl. Begr. z. SteueranpassungsG RStBl 1934, 1405f, 1421; Zeckwer Deutsches Gemein- und Wirtschaftsrecht 1935/36, 89; dagegen Becker JW 1934, 3237 und Caspari JW 1935, 674, die dem Sicherungsnehmer auch außerhalb des Konkurses nur ein Vorzugsrecht gemäß § 805 ZPO zuerkennen wollen).

Wegen der steuerrechtlichen Behandlung des Sicherungs- und Treuguts überhaupt: SteueranpassungsG § 11 Nr. 1—3 (oben Anm. 3) und der Urkundensteuer bei Sicherungsübereignungen: UrkundensteuerG vom 5. 5. 1936, RGBl 1936 I 407 (**RFH** BankArch 1939, 59 und Janberg das. 178).

Anm. 50

4. Das Treupfand

Ein Treupfand an unpfändbaren Sachen kann, von Sittenwidrigkeit und Nichtigkeit aus besonderen Gründen abgesehen, grundsätzlich auch durch Sicherungsübereignung begründet werden (vgl. aber Henneberg DJ 1934, 1440; Caspari JW 1935, 674; Liefeldt das. 1208; Rohling Deutsches Gemein- und Wirtschaftsrecht 1935/36, 54, 56; Schmelzeisen AcP 143, 80, 84; AG Lübeck HansRGZ 1936 B 335; Hamburg HansRGZ 1936 B 371; vgl. auch Marienwerder HRR 1939, 71; § 1229). Über die Vollstreckung in die dem Gläubiger zur Sicherung übereignete Sache: Scheld JW 1939, 140.

Anm. 51

5. Weiterveräußerung des Sicherungsguts

Ist das Eigentum nicht unter auflösender Bedingung übertragen, so kann der Sicherungsnehmer es weiter übertragen. Selbst ein etwa verabredetes Veräußerungsverbot — wesentlich für die Sicherungsübereignung ist es nicht — vermag nach § 137 die dingliche Wirksamkeit der Weiterveräußerung nicht zu hindern. Dem Dritterwerber schadet es nichts, wenn er seinen Veräußerer als bloßen Sicherungseigentümer kennt (**RG** 95, 244).

Anm. 52

6. Annahmeverzug des Sicherungsnehmers

Bietet der Sicherungsgeber dem Sicherungsnehmer rechtzeitig die Bezahlung der Forderung an, lehnt dieser aber die Annahme des Geldes grundlos ab und kommt er dadurch in Annahmeverzug, so folgt daraus allein noch nicht das Erlöschen des Sicherungseigentums (bei auflösend bedingter Übertragung) oder das Entstehen des Rückübereignungsanspruchs (bei nicht bedingter Übertragung). Dazu ist noch die Hinterlegung unter Verzicht auf die Rückforderung nötig (**RG** 11. 3. 1921 VII 324/20; 26. 6. 1921 VII 565/20; 22. 9. 1922 VII 595/21). Es kann sich jedoch aus dem der Sicherheitsübereignung zugrunde liegenden Vertragsverhältnis etwas anderes ergeben (**RG** Recht 1926 Nr. 1363). Falls aber der Sicherungsnehmer trotz des Zahlungsangebots die Herausgabe der dem Sicherungsgeber nach § 930 belassenen Sache verlangt, kann der Sicherungsgeber ihm die Einrede der Arglist entgegensetzen, wenn die Zahlung abgelehnt worden ist, nur um den Eintritt ihrer Wirkungen zu hindern (**RG** 28. 6. 1921 VII 565/20).

7. Einlösungsrecht des Sicherungsgebers

Anm. 53

Das Einlösungsrecht des Sicherungsgebers kann zeitlich begrenzt werden; § 503 ist dabei entsprechend anwendbar (**RG** 9. 10. 1923 VII 79/23). Es kann verabredet werden, daß beim Erlöschen des Einlösungsrechts der Eigentumsübergang sich in einen unbedingten und endgültigen verwandelt. Einer solchen Vereinbarung, die als dem Schuldner nachteilig nur in völlig zweifelsfreien Fällen anzunehmen sein wird (**RG** 22. 9. 1922 VII 395/21), steht § 1229 — und darin zeigt sich die Gefährlichkeit der Sicherungsübereignung — nicht entgegen. Im § 1229 wird verboten, einer Pfandbestellung die Verfallklausel des Eigentumsübergangs hinzuzufügen; auf schuldrechtliche Abreden bei einer Eigentumsübertragung bezieht sich § 1229 nicht. Davon geht auch **RG** 83, 53 aus (vgl. aber § 1229).

Anm. 54

Dem Erlöschen des Einlösungsrechts muß das Erlöschen der gesicherten Forderung gegenüberstehen, und zwar der ganzen, soweit nicht ein anderes vereinbart ist. Ein Vertrag, in dem es heißt, das Eigentum einer Sache werde zur Sicherheit für und in Anrechnung auf eine Forderung übertragen, setzt in ungenauer Weise nebeneinander, was nur nacheinander zur Auswirkung kommen kann (**RG** 22. 9. 1922 VII 395/21).

Anm. 55

Es kann aber auch verabredet sein, daß bei Fälligkeit der gesicherten Forderung der Sicherungsnehmer sich wie ein Pfandgläubiger aus der übereigneten Sache befriedigen soll (**RG** JW 1914, 76), und das wird die Regel sein. In einem solchen Fall kann der Sicherungsnehmer, bevor er sich aus der Sache befriedigt hat, das Einlösungsrecht des Sicherungsgebers nicht zum Erlöschen bringen, namentlich nicht durch das Setzen einer Nachfrist nach § 326. Der Sicherungsgeber hat das Recht, nicht die Pflicht zur Einlösung.

Ein bei der Sicherungsübereignung begründetes Mietverhältnis folgt seinen eigenen Regeln. Seine Beendigung gibt vielleicht dem Sicherungsnehmer das Recht, die Herausgabe zu verlangen; ein noch bestehendes Einlösungsrecht verbleibt aber dem Sicherungsgeber und kann von ihm auch gegenüber dem im Besitz befindlichen Sicherungsnehmer verfolgt werden (**RG** 28. 6. 1921 VII 565/20).

Über die Frage, ob und inwieweit die Pfandrechtsvorschriften auf das durch die Sicherungsübereignung begründete Rechtsverhältnis anwendbar sind: vor § 1204 Anm. 2; § 1205 Anm. 6 Abs. 1; § 1219 Anm. 5; § 1220 Anm. 5; § 1223 Anm. 4 Abs. 2; § 1228 Anm. 3; § 1229 Anm. 1; § 1223 Anm. 1; § 1242 Anm. 6; § 1250 Anm. 3; § 1282 Anm. 6; § 1288 Anm. 2 und oben Anm. 44.

8. Einzelheiten

Anm. 56

Im Sinne des § 69 VVG ist auch die Sicherungsübereignung eine Veräußerung (**RG** 73, 142; 114, 316; 117, 270; 144, 395). Die unliebsamen Folgen dieser Rechtslage sind jetzt durch eine vom Reichsaufsichtsamt für Privatversicherung genehmigte Änderung des § 2 der Allgemeinen Feuerversicherungsbedingungen im wesentlichen beseitigt worden; wird die Anzeige der Veräußerung unterlassen und hat der Erwerber keinen Anspruch gegen den Versicherer, so bleiben die Sachen weiter für den Veräußerer versichert.

Anm. 57

Hat der Sicherungsgeber die übereigneten Sachen selbst anfechtbar erworben, so verlieren sie diese Eigenschaft nicht durch die Sicherungsübereignung (**RG** 145, 193).

Anm. 58

Wenn der Sicherungsnehmer auf Grund eines Urteils im Vollstreckungsweg dem Sicherungsgeber den diesem zunächst verbliebenen unmittelbaren Besitz an den Gegenständen des Sicherungsübereignungsvertrages entzieht, so kann hierin, sofern diese Sachen die wesentliche wirtschaftliche Grundlage der selbständigen Lebenshaltung des Schuldners bis zur Fortnahme bildeten, eine durch Vollstreckung erzwungene Vermögenshingabe i. S. des § 1 Abs. 1 SchuldenbereinigungsG v. 17. 8. 1938, RGBl I 1033; Begr. DJ 1938, 1334) erblickt werden (KG DJ 1939, 577).

Anm. 59

Endlich sei noch darauf hingewiesen, daß die Rechte aus der Sicherungsübereignung nicht zu den Nebenrechten im Sinne des § 401 gehören (**RG** 135, 274). Sie gehen also nicht kraft Gesetzes auf den neuen Gläubiger über; doch ist es regelmäßig als Vertragswille der Beteiligten anzusehen, daß der Gläubiger und Sicherungseigentümer die Rechte aus der Übereignung dem übertragen muß, der die Forderung erworben hat; die Zustimmung des Schuldners ist ebenso als im voraus erteilt anzusehen (**RG** 89, 195; 91, 280; JW 1926, 799 Nr. 8). Hat daher der Bürge die gesicherte Schuld bezahlt, so daß die Forderung nach § 774 auf ihn übergegangen ist, dann ist der Sicherungsnehmer regelmäßig verpflichtet, die ihm zur Sicherung übereigneten Gegenstände auf den Bürgen zu übertragen (**RG** DR 1941, 2609). Dabei handelt es sich aber nicht, wie es in der eben angeführten Entscheidung unzutreffend heißt, um eine entsprechende Anwendung der §§ 401, 412.

Anm. 60

Wird die gesicherte Schuld nach § 414 von einem Dritten übernommen und der ursprüngliche Schuldner und Sicherungsgeber von seiner Leistungspflicht befreit, so „erlischt" zwar nicht die Sicherungsübereignung nach § 418, aber der Sicherungsgeber hat nunmehr den Anspruch auf Rückübereignung, und der Sicherungsnehmer darf keine Rechte mehr aus der Sicherungsübereignung herleiten. Bei einer Schuldübernahme nach § 415 kommt es in erster Linie auf die Abreden an, welche der Sicherungsgeber mit dem Dritten getroffen hat. Lassen sich solche nicht feststellen und hat auch der Sicherungsnehmer bei der Genehmigung keinen Vorbehalt gemacht, so liegt die Sache wie im Falle des § 414.

Anm. 61

Nach der ständigen Rechtsprechung des Reichsgerichts haftet der Sicherungsnehmer nach § 419, wenn er sich das ganze Vermögen des Sicherungsgebers übereignen läßt (aA Paulus ZZP 64, 187; JZ 1951, 688). Der Bundesgerichtshof hat die Frage noch nicht entschieden, jedoch ausgesprochen, daß der Sicherungsnehmer sich aus dem Sicherungsgut jedenfalls auch wegen der Forderungen vorweg befriedigen kann, die in der Zeit entstanden sind, die zwischen dem Abschluß des schuldrechtlichen Vertrages, durch den die Verpflichtung zur Hingabe der Sicherheiten begründet wurde, und der Übereignung entstanden sind (**BGH** LM AnfG § 3 Nr. 1).

9. Nichtigkeit der Übereignung als Scheingeschäft

Anm. 62

Mit dem Einwand des Scheins wurde die Sicherungsübereignung früher häufiger bekämpft als jetzt. Es muß stets sorgfältig geprüft werden, ob der Wille der Beteiligten ernstlich auf die Übertragung des Eigentums gerichtet war oder ob dies nur vorgespiegelt wurde (vgl. AG Altona DJ 1936, 1239). Die früher oft beliebte Form des Sicherungsverkaufs mit Wiederkaufsrecht zwingt nicht dazu, die Ernstlichkeit zu verneinen (**RG** 57, 175; 59, 146; 62, 126; JW 1902 Beil. S. 259; 1911, 181).

Anm. 63

Eine Sicherungsübereignung unter Gestattung des Weiterverkaufs (Kommission) ist nicht schon deshalb unwirksam, weil nur ein ziffermäßig nicht bestimmter Erlösanteil an den Gläubiger abzuführen ist (**RG** 27. 2. 1914 VII 314/13). Allgemein wird bei der Beurteilung der Vereinbarungen nicht am Wortlaut zu haften sein (**RG** WarnRspr 1910 Nr. 448; 1913 Nr. 201), zumal der Verkehr die Ausdrücke nicht immer in ihrem Rechtssinn gebraucht (**RG** LZ 1914, 1759).

Anm. 64

Gegen die Annahme der Ernstlichkeit kann es sprechen, wenn für geringe Forderungen wertvolle Sachen übereignet worden sind oder wenn der Sicherungsvertrag zugunsten nahestehender Personen abgeschlossen wird. Die Absicht, zu täuschen, schließt die Annahme eines Scheingeschäfts nicht aus (**RG** 16. 4. 1918 VII 18/18).

10. Nichtigkeit der Übereignung wegen Sittenwidrigkeit

a) Allgemeines

Anm. 65

Da bei der Sicherungsübereignung der unmittelbare Besitz nicht verändert wird und die Sicherungsübereignung deswegen auch nach außen nicht erkennbar ist, können sich aus ihr Gefahren für das Wirtschaftsleben ergeben. Der Sicherungsgeber kann aus seiner wirtschaftlichen Notlage heraus verleitet werden, sein Vermögen in so weitem Umfang dem Sicherungsnehmer zu übertragen und so weitgehende Verpflichtungen zu übernehmen, daß er sich damit seiner wirtschaftlichen Freiheit völlig begibt. Dadurch, daß die Sicherungsübereignung nach außen nicht erkennbar ist, können Dritte über die Kreditwürdigkeit des Sicherungsgebers getäuscht werden und so Schaden erleiden. Diese und ähnliche Umstände geben der Rechtsprechung Anlaß zu prüfen, ob die Sicherungsübereignung wegen Verstoßes gegen die guten Sitten nach § 138 nichtig ist.

Anm. 66

Auch bei der Sicherungsübereignung ist grundsätzlich die Übereignung als dingliches Rechtsgeschäft auch dann wirksam, wenn das schuldrechtliche Grundgeschäft nichtig ist. Soweit es sich um die Nichtigkeit nach § 138 BGB handelt, wird die Sittenwidrigkeit gerade in der unter den gegebenen Umständen zu den getroffenen Bedingungen erfolgten dinglichen Rechtsänderung liegen. Dann ist auch das dingliche Rechtsgeschäft nichtig (vgl. für den Wucher **RG** 95, 244).

Anm. 67

b) Die Rechtsprechung des Reichsgerichts

Die Rechtsprechung des Reichsgerichts zur Frage der Nichtigkeit von Sicherungsverträgen ist umfangreich und nicht immer einheitlich. Das Reichsgericht hat schließlich in **RG** 136, 247, 253 anknüpfend an seine frühere Rechtsprechung fünf Tatbestände herausgestellt, bei deren Vorliegen Nichtigkeit der Sicherungsübereignung und unter Umständen auch Schadensersatzansprüche nach § 826 als gegeben angenommen werden können. Es handelt sich dabei um:

a) Die Konkursverschleppung. Der Sicherungsnehmer gewährt dem Schuldner, um sich aus den erlangten Sicherheiten und dem sonstigen Vermögen des Schuldners ungehindert befriedigen zu können, einen für die wirtschaftliche Gesundung des Schuldners offenbar unzulänglichen Kredit, um dadurch zu verhindern, daß der an sich gebotene Konkursantrag sofort gestellt wird.

b) Die Aussaugung. Der Schuldner wird in seinen Mitteln und in seiner Bewegungsfreiheit so eingeengt und allmählich derart ausgesogen, daß sein Geschäft zugrunde gehen muß.

c) Die Knebelung. Der Schuldner erscheint nur noch nach außen als Geschäftsinhaber. In Wirklichkeit hat er nur die Stellung eines Strohmannes, da das ganze Geschäftsvermögen dem Sicherungsgeber gehört, dem auch die Gewinne zufließen, ohne daß ihn die Verluste treffen.

d) Der Kreditbetrug. Sicherungsnehmer und Sicherungsgeber täuschen die anderen Gläubiger arglistig über die Kreditwürdigkeit des Sicherungsgebers.

e) Die Gläubigergefährdung. Sicherungsnehmer und Sicherungsgeber nehmen die nicht ganz fernliegende Möglichkeit in Kauf, daß Dritte infolge des Ausmaßes und der Undurchsichtigkeit der Sicherungsübereignungen über die Kreditwürdigkeit des Sicherungsgebers getäuscht werden und so Schaden erleiden können.

Anm. 68

Nichtigkeit nach § 138 Abs. 1 kann nur angenommen werden, wenn entweder der Sittenverstoß sich gerade gegen den anderen Vertragsteil, in der Regel gegen den Sicherungsgeber richtet, oder wenn beide Teile, Sicherungsgeber und Sicherungsnehmer, sittenwidrig handeln. Soweit diese Voraussetzungen nicht vorliegen und nur eine Partei sittenwidrig gehandelt hat, kann nur sie nach § 826 schadensersatzpflichtig sein (**RG** 143, 51; **BGH** LM BGB § 138 Cb Nr. 1). Beim Kreditbetrug müssen daher auch beide Parteien sittenwidrig gehandelt haben. Der Sicherungsnehmer muß, wenn auch nicht die Absicht der Gläubigerschädigung, so doch mindestens das Bewußtsein gehabt haben, daß die übrigen Gläubiger des Sicherungsgebers möglicherweise durch die Übereignung geschädigt würden (**RG** 118, 363).

Anm. 69

In **RG** 143, 56 wird auch die Frage behandelt, ob ein Sicherungsnehmer, der nachträglich erkennt, daß die Voraussetzungen der Kredittäuschung vorliegen, dann verpflichtet ist, den Sicherungsgeber zu veranlassen, daß er die Sicherungsübereignung den andern Gläubigern und künftigen Kreditgebern mitteilt. Die in **RG** 136, 258 vielleicht enthaltene allgemeine Verneinung dieser Frage wird nicht gebilligt (vgl. auch **RG** HRR 1935, 1306), ihre Bejahung jedenfalls für möglich gehalten. Dies ist aber Tatfrage des einzelnen Falles.

In **BGH** 7, 111 wird in Übereinstimmung mit der vom Reichsgericht (**RG** HRR 1932, 1575) vertretenen Ansicht ausgeführt, ein früher geschlossener Sicherungsübereignungsvertrag werde nicht rückwirkend nichtig, wenn der Schuldner mit seinem Gläubiger noch einen zweiten selbständigen Sicherungsübereignungsvertrag schließe, durch den eine Knebelung des Schuldners oder eine Gefährdung seiner sonstigen Gläubiger herbeigeführt werde (ebenso **BGH** WM 1958 IV B 1369). Nach dem zuerst angeführten Urteil sollen aber die auf Grund des ersten Vertrages später vorgenommenen Übereignungen sittenwidrig und nichtig sein können, da für die Frage ihrer Gültigkeit die Lage berücksichtigt werden müsse, die durch den Abschluß des zweiten Vertrages entstanden sei. Auch wenn dieser selbst nicht sittenwidrig war, könne doch sein Abschluß eine Lage herbeigeführt haben, bei der weitere Übereignungen auf Grund des früheren Vertrages den Tatbestand der Knebelung oder Gläubigertäuschung vollenden könnten. Dazu ist zu bemerken: In erster Linie ist zu prüfen, ob der zweite Vertrag unter Berücksichtigung der Verpflichtung des Schuldners aus dem ersten Vertrag wegen Knebelung oder Gläubigergefährdung nichtig ist. Ist das nicht der Fall, dann wird regelmäßig auch die weitere Erfüllung des ersten Vertrages nicht gegen die guten Sitten verstoßen können. Die vom Bundesgerichtshof insoweit vertretene gegenteilige Ansicht kann allenfalls unter ganz besonderen Verhältnissen gelten.

Anm. 70

Eine zur wirtschaftlichen Aufhilfe vorgenommene Sicherungsübereignung ist aber nicht schon deshalb unsittlich, weil die Möglichkeit besteht, daß künftige Gläubiger über die Kreditwürdigkeit des Sicherungsgebers getäuscht werden könnten (**RG** KonkTreuh 1934, 178).

Eine Sicherungsübereignung, die in Gläubigerbenachteiligungsabsicht geschlossen ist, ist deshalb allein noch nicht sittenwidrig und nichtig. Sie kann nur nach den Bestimmungen des Anfechtungsgesetzes oder der Konkursordnung angefochten werden (**RG** 170, 332).

Die Sicherungsübereignung ist indessen immer dann unerlaubt und sittenwidrig, wenn der Zusammenbruch des Schuldners nicht mehr aufzuhalten ist und der Sicherungsnehmer dies beim Vertragsabschluß erkannt hat (**RG** Bl. für Genossenschaftswesen 1935, 311).

Umfaßt die Sicherungsübereignung das ganze Vermögen des Sicherungsgebers, ohne jedoch gegen die guten Sitten zu verstoßen, so kann § 419 zutreffen (vgl. auch § 419).

c) Grundsätze nach der Rechtsprechung des Bundesgerichtshofs

Anm. 71

Der IV. Zivilsenat des Bundesgerichtshofs hat sich, beginnend mit der Entscheidung **BGH** 10, 228 nicht mehr so eng an die von der Rechtsprechung herausgearbeiteten typischen Tatbestände gehalten. Aus dem Bestreben, der Wirtschaft zu helfen und den besonderen Gegebenheiten der Nachkriegswirtschaft gerecht zu werden, hat er die Rechtsprechung aufgelockert und die Entscheidung mehr auf die Eigentümlichkeiten des einzelnen Falles abgestellt. Die in **RG** 136, 253 aufgeführten Tatbestände läßt er nur als Hinweise dafür gelten, in welcher Richtung die Sicherungsverträge zu prüfen sind (**BGH** 10, 228; LM AnfG § 3 Nr. 1; BGB § 138 Bb Nr. 4).

Anm. 72

Soweit es sich um die Sittenwidrigkeit wegen Gläubigergefährdung handelt, nimmt der Bundesgerichtshof übereinstimmend mit der Rechtsprechung des Reichsgerichts an, daß die Übereignung nicht nur dann sittenwidrig und nichtig ist, wenn die Beteiligten eine Täuschung über die Kreditwürdigkeit des Sicherungsgebers und eine Schädigung Dritter bewußt in Kauf genommen haben, sondern auch dann, wenn sie grob fahrlässig bewirkt haben, daß die Gläubiger geschädigt wurden (**BGH** 10, 228). Wenn der Kreditgeber von einem Unternehmen, das von ihm durch die bereits hingegebenen Sicherheiten vollständig abhängig ist, weitere Sicherheiten für die früher gegebenen Kredite fordert und hereinnimmt, kann schon eine einfache Fahrlässigkeit genügen, um die Übereignungen sittenwidrig und nichtig zu machen. Das wird angenommen, wenn der Kreditgeber erkannt hat, daß durch die bereits früher vom Schuldner mit ihm getroffenen Abreden und durch die damit zusammenhängenden Sicherungsübereignungen Dritte über die Kreditwürdigkeit getäuscht worden sind und Schaden erlitten haben. Der Bundesgerichtshof verlangt in solchen Fällen, daß der Kreditgeber alles unterläßt, wodurch dieser Schaden vergrößert werden kann. Schon dann, wenn der Kreditgeber dieses Gebot durch die Hereinnahme weiterer Sicherheiten fahrlässig verletzt, können die Übereignungen sittenwidrig und nichtig sein (**BGH** LM BGB § 138 Bb Nr. 4).

Anm. 73

Der Gefahr, daß die Sicherungsübereignungen nichtig sind, kann der Sicherungsnehmer in aller Regel dadurch entgehen, daß er vor der Hingabe des Kredites und der Hereinnahme der Sicherheiten durch einen branchekundigen Fachmann, der auch ein Angestellter des Kreditinstituts sein kann, die Lage des Schuldners prüfen läßt. Gelangt er auf Grund dieser Prüfung zu der Überzeugung, daß durch die geplanten Maßnahmen Dritte nicht geschädigt werden, dann sind die Übereignungen auch dann nicht sittenwidrig, wenn die Maßnahmen tatsächlich zu einer Gefährdung und Schädigung der Gläubiger geführt haben (**BGH** 10, 228). Eine Pflicht zu dieser Prüfung besteht nicht in jedem Fall (**BGH** LM BGB § 138 Cb Nr. 5 mit Anm.; Nr. 6). Unter besonderen

Umständen verlangt der Bundesgerichtshof die Prüfung, z. B. dann, wenn der Sicherungsnehmer, der sich im großen Umfang Sicherheiten geben läßt, weiß, daß die Lage des Schuldners angespannt ist und daß er selbst bei der Kreditbewilligung vom Schuldner getäuscht worden ist (**BGH** LM BGB § 138 Cb Nr. 5), wenn der Sicherungsnehmer sich bereits alle wesentlichen Vermögensgegenstände des Schuldners hat übereignen lassen, den Schuldner wirtschaftlich ganz von sich abhängig gemacht hat und wenn er nun seine Machtstellung ausnutzt, um weitere Sicherheiten für früher gegebene Kredite zu erlangen (**BGH** LM BGB § 138 Bb Nr. 5) oder wenn Umstände vorliegen, die dem Sicherungsnehmer ohne weiteres Anlaß geben, an der geschäftlichen Lauterkeit und Zuverlässigkeit des Schuldners zu zweifeln (**BGH** 20, 43, 52). Wird die Prüfung in diesen Fällen nicht vorgenommen und werden Dritte durch die Sicherungsübereignungen über die Kreditwürdigkeit des Schuldners getäuscht und dadurch geschädigt, dann sind die Übereignungen sittenwidrig und nichtig. In dem **BGH** 20, 43 entschiedenen Fall ist ausgesprochen, daß diese Rechtsfolge auch dann eintritt, wenn der Sicherungsgeber infolge seiner eigenen leichtfertigen Geschäftsführung die Umstände, die die Prüfungspflicht begründen, nicht erkennt. Zur Frage der Prüfungspflicht vgl. auch den abweichenden Standpunkt von Wegerhoff Betrieb 1955, 549.

Anm. 74

Trotz eingetretener Täuschung der Gläubiger über die Kreditwürdigkeit und unterlassener vorheriger Prüfung der Erfolgsaussichten eines Sanierungsvorhabens oder einer Kreditgewährung zum Aufbau eines Unternehmens sind die Sicherungsübereignungen nicht nichtig, wenn nach Lage des Falles die Prüfungspflicht nicht bestand. Das ist angenommen worden, wenn der Schuldner, der dem Sicherungsgeber seit vielen Jahren als zuverlässiger und erfolgreicher Geschäftsmann bekannt war, eine unrichtige Bilanz vorgelegt hat, die keine schlechte Vermögenslage auswies (**BGH** LM BGB § 138 Cb Nr. 6) oder wenn der gesicherte Kredit zum Aufbau eines solchen Unternehmens gegeben wurde, von dem für alle in Frage kommenden Kreise bei gehöriger Aufmerksamkeit bekannt sein mußte, daß dieses Unternehmen mit fremdem Kapital aufgebaut war und nicht über nennenswertes eigenes Vermögen verfügte (**BGH** LM AnfG § 3 Nr. 1, insoweit in BGH 12, 232 nicht veröffentlicht).

Anm. 75

Eine wirtschaftliche Knebelung des Schuldners kann auch nach der Rechtsprechung des Bundesgerichtshofs gleichfalls der Grund sein, daß die Sicherungsübereignungen, die zu dieser Knebelung führen, nichtig sind. Jedoch müssen Schuldner, die ihr Unternehmen vorwiegend mit Fremdkapital aufbauen, sich eine starke Kontrolle und Beschränkung ihrer Freiheit durch das Finanzierungsinstitut gefallen lassen (**BGH** LM AnfG § 3 Nr. 1). Dasselbe gilt für Unternehmer, die Aufträge durchführen wollen, die sie nicht selbst mit eigenen Mitteln finanzieren können, zumal dann, wenn der Unternehmer das in ihn gesetzte Vertrauen bezüglich der Verwendung des Kredits mißbraucht hat (**BGH** 19, 12).

Anm. 76

VII. Zwischenstaatliches Recht (s. § 929 Anm. 58—61). Wenn auch der die Besitzabrede enthaltende Vertrag als solcher, sofern er unter Deutschen in Deutschland abgeschlossen ist, dem deutschen Recht untersteht, so ist doch, falls die Sache im Ausland belegen ist, die Frage, ob auf Grund des Besitzvorbehalts (§ 930) mit dem Besitzerwerb des ausländischen Erwerbers der inländische Erwerber das Eigentum erworben hat, nach dem ausländischen Recht als der lex rei sitae zu beurteilen (**RG** 16. 9. 1911 I 321/11).

§ 931

Ist ein Dritter im Besitze der Sache, so kann die Übergabe dadurch ersetzt werden, daß der Eigentümer dem Erwerber den Anspruch auf Herausgabe der Sache abtritt.

E I 804, 874 II 844; M 3 95—97; P 3 201—204.

Übersicht

Eigentumsübertragung durch Abtretung des Herausgabeanspruchs

Anm. 1

1. Allgemeines. Vgl. vorweg die Bemerkungen zu § 870; doch ist zu betonen, daß es sich im § 870 nur um die Übertragung des mittelbaren Besitzes handelt, im § 931 um die des Eigentums. Andererseits betrifft § 870 bewegliche und unbewegliche Sachen, § 931 nur bewegliche Sachen.

2. Dritter als Besitzer der Sache

Anm. 2

Im § 931 wird eine zweite Art, die Übergabe zu ersetzen, vorgesehen; sie ist aber auf den Fall beschränkt, daß ein Dritter, d. h. ein anderer als der Veräußerer oder der Erwerber, Besitzer der Sache ist. Ob er unmittelbaren oder mittelbaren Besitz hat, ist gleichgültig, nur darf bei mittelbarem Besitz nicht gerade der Eigentümer es sein, der als unmittelbarer Besitzer dem Dritten den Besitz vermittelt. Wenn A eine Sache an B unter Eigentumsvorbehalt verkauft und übergeben, sie darauf von B gemietet und zum Mietbesitz erhalten hat, so steht dem A kein Herausgabeanspruch zu, den er an C abtreten könnte. Ob der Dritte den Besitz für den Veräußerer vermittelt oder nicht, ist im Rahmen des § 931 nicht entscheidend. In beiden Fällen ist die Vorschrift anwendbar (**RG** WarnRspr 1919 Nr. 95). Erheblich ist der Unterschied aber nach § 934 für den gutgläubigen Erwerb vom Nichtberechtigten.

Anm. 3

Wird der Besitz vom Veräußerer durch einen Besitzdiener ausgeübt und soll das Eigentum nach § 931 auf einen anderen übertragen werden, so muß der Eigentümer den Besitzdiener erst zum Besitzmittler machen. Das kann durch den Auftrag geschehen, die Sache an den Erwerber herauszugeben, denn das Auftragsverhältnis genügt dem § 868 (**RG** 100, 193).

Anm. 4

3. Andere Möglichkeiten der Eigentumsübertragung bei mittelbarem Besitz des Eigentümers

An den mittelbaren Besitz des Eigentümers knüpfen sich auch zwei im BGB nicht besonders behandelte Möglichkeiten, das Eigentum an beweglichen Sachen zu übertragen. Einmal kann der Eigentümer als mittelbarer Besitzer den Erwerber zum weiteren mittelbaren Besitzer machen und so nach § 930 Eigentum übertragen (vgl. das. Anm. 7). Er kann aber auch den Besitzmittler beauftragen, von nun an für den Erwerber zu besitzen; führt der Dritte den Auftrag aus, z. B. durch Abschluß eines Verwahrungsvertrages mit dem Erwerber, so ist dieser mittelbarer Besitzer und auch Eigentümer geworden, vorausgesetzt, daß beide über den Eigentumsübergang einig sind. Dies ist der dritte der in Anm. 1 zu § 870 erwähnten Wege. Er ist auch in der Rechtsprechung anerkannt (**RG** 103, 153; WarnRspr 1922 Nr. 77; 1926 Nr. 138; HansRGZ 1930 B 227). Bei seiner rechtlichen Kennzeichnung wird angenommen und teilweise auch ausdrücklich ausgesprochen, daß hier eine Übertragung des mittelbaren Besitzes und damit eine Übergabe nach § 929 Satz 1 stattfinde. Bereits in Anm. 1 zu § 870 ist aber dargelegt, daß bei jenem Verfahren der mittelbare Besitz nicht übertragen, daß vielmehr neuer mittelbarer Besitz begründet wird, und in Anm. 19—21 zu § 929 ist ausgeführt, daß eine Übergabe schon deshalb nicht vorliegt, weil die Person des unmittelbaren Besitzers nicht wechselt. Der Übergang des Eigentums wird aaO vielmehr auf § 929 Satz 2 zurückgeführt, weil mittelbarer Besitz des Erwerbers und das Einigsein der Beteiligten über den Eigentumsübergang zusammentreffen. Nicht zu verkennen ist allerdings, daß mehr geschieht, als § 929 Satz 2 voraussetzt. Der Erwerber hat den mittelbaren Besitz nicht irgendwie außerhalb des Zusammenhangs der Übereignung erlangt, sondern der Veräußerer verschafft ihn ihm gerade im Hinblick auf die gewollte Übereignung (vgl. hierzu § 934 Anm. 3).

4. Sachbesitz

Anm. 5

Wie nach § 929 (Anm. 10) und § 930 (Anm. 13) kann auch nach § 931 nur eine bestimmte Sache übereignet werden. Die Bezeichnung nach Mengen oder Werten genügt auch hier nicht. Wohl kann in solchem Falle der Herausgabeanspruch abgetreten werden; aber das Eigentum geht auf diesem Wege erst dann an den Erwerber über, wenn er den Herausgabeanspruch geltend macht und ihm das Verlangte herausgegeben wird (**RG** 52, 385).

Anm. 6

Wird eine aus der größeren Menge schon ausgeschiedene Sachgesamtheit übereignet, so ist keine Aufzählung der einzelnen Sachen nötig. Zur Bezeichnung genügt dann bei der Abtretung des Herausgabeanspruchs die Angabe nach Ort der Lagerung und Inhaber (**RG** Gruchot 57, 434).

Anm. 7

Auch wenn bares Geld (vgl. § 930 Anm. 19) nach § 931 übereignet werden soll, muß dieses besonders aufbewahrt sein; Buchungen genügen nicht (**RG** 18. 6. 1919 V 62/19). In der Abtretung des Herausgabeanspruchs auf Wertpapiere, die in einem offenen Depot verwahrt sind, kann die Übertragung des Miteigentumsanteils an dem Gesamtbestand liegen (Königsberg HRR 1940, 1250).

5. Übergabeersatz

Anm. 8

Erforderlich bleibt neben der nur die Übergabe ersetzenden Abtretung des Herausgabeanspruchs noch das Einigsein über den Eigentumsübergang. Die hierzu erforderliche Einigung wird jedoch häufig schon in der Abtretung des Herausgabeanspruchs selbst mitenthalten sein. Die Möglichkeit, den Herausgabeanspruch auch zu anderen Zwecken als denen der Eigentumsübertragung abzutreten, ist aber nicht ausgeschlossen. In **RG** 136, 424 sollte z. B. der Abtretungsempfänger — zulässigerweise — nur ermächtigt werden, den Anspruch auf Herausgabe der im Eigentum des Abtretenden verbleibenden Grundschuldbriefe im eigenen Namen zu verfolgen. Ähnlich **RG** BankArch XXX 246. Deshalb ist das Einigsein über den Eigentumsübergang stets festzustellen (**RG** JW 1910, 814).

Anm. 9

Auch ein zweiter Grund spricht hier noch mit. Das Einigsein muß, wie schon in Anm. 4 angedeutet, auch im Falle des § 931 im entscheidenden Zeitpunkt noch vorhanden sein, nämlich wenn sich das letzte Erfordernis für den Eigentumsübergang verwirklicht. Ist die Einigung (929 Anm. 31, 32) frei widerruflich, so kann das Einigsein aber inzwischen aufgehört haben. Mit Recht fragte also **RG** 135, 366, als jemand unter Einigung über den Eigentumsübergang einen noch nicht entstandenen Herausgabeanspruch abgetreten hatte, ob das Einigsein in dem Augenblick noch bestand, in dem der Veräußerer den Herausgabeanspruch erlangte.

6. Anspruch auf Herausgabe der Sache

a) Persönlicher und dinglicher Anspruch

Anm. 10

Der Anspruch auf Herausgabe der Sache muß an den Erwerber abgetreten werden, d. h. unter Umständen der dingliche Anspruch im Sinne des § 985 und, wenn der Eigentümer mittelbarer Besitzer der Sache ist, auch der persönliche Anspruch (**RG** 52, 394; HansRGZ 1930 B 227). Doch wird der persönliche Anspruch regelmäßig als stillschweigend mit abgetreten anzusehen sein (**RG** 6. 2. 1917 VII 254/16). Durch die Abtretung des persönlichen Anspruchs wird der Erwerber nach § 870 sofort mittelbarer Besitzer. Das ist für § 934 von Bedeutung.

Anm. 11

Ist der Eigentümer A nicht mittelbarer Besitzer und tritt er an B einen dinglichen Herausgabeanspruch gegen C ab, der nicht besteht, weil C nicht oder nicht mehr Besitzer ist, so wird B durch Abtretung — obwohl A und B über den Eigentumsübergang einig sind — nicht Eigentümer der Sache (**RG** 8. 4. 1924 VII 253/23; 22. 1. 1929 VII 315/28).

Anm. 12

Anders würde die Sache liegen, wenn A seinen dinglichen Anspruch gegen den derzeitigen, ihm unbekannten Besitzer abgetreten hätte. Dann würde das Eigentum übergegangen sein, sofern sich die Sache überhaupt im Besitz eines Dritten befand. Bestimmbarkeit des herausgabepflichtigen Dritten muß genügen. Zu weit geht **RG** JW 1932, 1206, wenn es übrigens — ohne besondere Betonung — den aus § 985 abzuleitenden Herausgabeanspruch nur dann für abtretbar erklärt, wenn er sich gegen einen bestimmten Besitzer richtet.

Anm. 13

Errichtet der Pächter auf dem Pachtgrundstück für die Zwecke seiner Pacht ein Gebäude, so bleibt er Eigentümer und Besitzer; der Verpächter wird nicht mittelbarer Besitzer, gegen ihn besteht kein Herausgabeanspruch, der Pächter kann das Gebäude nach § 931 nicht übereignen (**RG** JW 1934, 1484).

Anm. 14

Dem Herausgabeanspruch gleichzuachten ist der Anspruch des nichtbesitzenden Miteigentümers gegen den alleinbesitzenden auf Einräumung des Mitbesitzes (**RG** 69, 40).

Anm. 15

Die Abtretung des Anspruchs auf Vorlegung des Hypothekenbriefs an das Grundbuchamt, z. B. um einen Teilbrief zu bilden, ist keine Abtretung des Herausgabeanspruchs im Sinne des § 931 (**RG** 69, 43; Gruchot 54, 1023).

Anm. 16

b) Beweislast für das Bestehen des Anspruches

Den Beweis für das Bestehen des Herausgabeanspruchs muß führen, wer sich auf den Eigentumserwerb beruft. Eine Vermutung für den Fortbestand des Besitzes des Dritten ist weder aus § 938 noch aus § 1006 zu entnehmen (**RG** 22. 1. 1929 VII 315/28).

Anm. 17

c) Zeitpunkt des Eigentumsübergangs

Mit der Abtretung des Herausgabeanspruchs tritt, wenn die Beteiligten über den Eigentumsübergang einig sind, der Eigentumswechsel sofort ein. Dies selbst dann, wenn der Geltendmachung des Anspruchs in diesem Zeitpunkt rechtliche Hindernisse entgegenstehen (vgl. § 986 Abs. 2).

7. Die Anspruchsabtretung

Anm. 18

a) Allgemeines

Auf die Abtretung des Anspruchs sind nach § 413 die Vorschriften über die Übertragung von Forderungen entsprechend anwendbar. Sie kann auch stillschweigend bewirkt werden; die Umstände des Falles entscheiden (**RG** 54, 111; 135, 88). Keine Abtretung des Anspruchs auf Herausgabe der gestohlenen Sachen ist in der Entgegennahme der Einbruchsdiebstahl-Versicherungssumme gefunden worden (**RG** 108, 110). Ebenso wird allein durch die Abrede, daß der Brief über die einzutragende Hypothek dem beurkundenden Notar vom Grundbuchamt ausgehändigt werden soll, der Herausgabeanspruch gegen den Notar noch nicht an den künftigen Hypothekengläubiger abgetreten (**RG** 7. 10. 1931 V 110/31). In der Erklärung, daß ein für den Erklärenden bei einem Notar verwahrter Grundschuldbrief mit der Erklärung dem Grundschulderwerber ausgehändigt werden soll, kann die Erteilung der Abtretungserklärung gefunden werden (**RG** WarnRspr 1935 Nr. 22; vgl. auch **RG** 54, 111; 85, 433; JW 1906, 559; Gruchot 51, 181; WarnRspr 1928 Nr. 145). Zu geringe Anforderungen stellt **RG** WarnRspr 1932 Nr. 148, wo in der Einigung über den Eigentumsübergang ohne weiteres die Abtretung des Herausgabeanspruchs gesehen wird.

Der Besitzer einer Sache, die nach § 931 veräußert ist, kann dem neuen Eigentümer unter Berufung auf § 407 auch solche Einwendungen entgegensetzen, die nach der Abtretung durch ein zwischen ihm und dem Veräußerer abgeschlossenes Rechtsgeschäft begründet werden, es sei denn, daß der Besitzer die Abtretung bei Vornahme des Rechtsgeschäfts kannte (**RG** LZ 1911, 777).

Anm. 19

b) Übergabe des Frachtbriefdoppels

Das Frachtbriefdoppel der Eisenbahn ist kein Verfügungspapier im Sinne der in Anm. 25 erwähnten. In seiner Übergabe an den im Frachtbrief bezeichneten Empfänger der Ware kann aber entsprechend einer Anschauung des Verkehrs die Abtretung des Herausgabeanspruchs gefunden werden (**RG** JW 1926, 2922), namentlich wenn sie kraft der Vertragsabrede „netto Kasse gegen Frachtbriefduplikat" nur gegen Zahlung des Kaufpreises bewirkt wird (**RG** 102, 97; WarnRspr 1922 Nr. 77). Nicht abgetreten wird aber der Herausgabeanspruch, wenn das Zweitstück dem Empfänger der Ware nur zu „getreuen Händen" (**RG** 26. 2. 1926 VI 531/25) oder wenn es an einen anderen als den Empfänger der Ware übergeben wird; dieser Dritte wird dann auch nicht mittelbarer Besitzer der rollenden Ware (**RG** 13. 4. 1923 VII 261/22).

Anm. 20

c) Aushändigung der Zollniederlagescheine

Zollniederlagescheine sind ebenfalls keine Verfügungspapiere. Ihre Aushändigung überträgt aber in der Regel den Herausgabeanspruch, der hier beim Fehlen eines schuldrechtlichen, auf dem Gebiet des bürgerlichen Rechts liegenden Rechtsverhältnisses nur aus § 985 abgeleitet werden kann (**RG** WarnRspr 1933 Nr. 22).

Anm. 21

d) Aushändigung einfacher Lagerscheine

Lagerscheine von Anstalten, die staatlich nicht zur Ausstellung solcher Urkunden ermächtigt sind, können nicht durch Indossament übertragen werden und sind deshalb ebenfalls keine echten Verfügungspapiere (§§ 363, 424 HGB). Werden sie ausgehändigt, so kann darin die Abtretung des Herausgabeanspruchs gefunden werden (**RG** SeuffArch 67 Nr. 83; JW 1926, 800); eine feste Verkehrsanschauung hat sich darüber noch nicht gebildet; in **RG** 105, 413 hatten z. B. LG und OLG Hamburg verschieden geurteilt. Neuerdings hat **RG** 135, 89 aber schon die Aushändigung von Lagerscheinen als vereinbarte Abtretung angesehen, obwohl die — an sich vorgesehene — ausdrückliche Erklärung der Abtretung unterblieben war (vgl. auch **RG** WarnRspr 1934 Nr. 134).

Anm. 22

e) Übergabe von Bankhinterlegungsscheinen

Der Hinterlegungs-(Depot-)schein einer Bank ist, auch wenn er an Order gestellt ist, kein Orderpapier im Sinne von § 363 HGB, nur Quittungs- und Ausweis-(Beweis-)urkunde. In dem Giro liegt aber in der Regel das Abtreten des Herausgabeanspruchs (**RG** 118, 38; LZ 1916, 1007).

Anm. 23

f) Übergabe von Lieferscheinen usw.

Wird dem Käufer ein Lieferschein übergeben, worin der Lagerhalter angewiesen wird, dem — vielleicht nicht einmal benannten — Käufer die Ware auszuantworten, so wird darin in der Regel nicht die Abtretung des Herausgabeanspruchs gefunden (**RG** 101, 299; 103, 151; WarnRspr. 1922 Nr. 77; vgl. aber **RG** 49, 97); ebensowenig in der Mitteilung des Verkäufers an den Käufer, er habe die Ware für ihn bei dem Lagerhalter freigestellt (HansRZ 1921, 509). In diesen Fällen fehlt es schon an dem Übereignungswillen; denn der Verkäufer will sich den Widerruf seiner Maßnahmen vorbehalten. Anders lag der **RG** 28. 1. 1928 I 158/27 entschiedene Fall: A schenkte die bei einer Bank hinterlegten Wertpapiere formlos an C, schrieb der Bank, daß sie die Papiere auf C umschreiben solle, die Bank war einverstanden, und auch C erklärte der Bank sein Einverständnis. Hier ist die Abtretung des Herausgabeanspruchs — von A an C — mit Recht angenommen worden; ein Widerruf sollte nicht vorbehalten werden und war nicht vorbehalten.

Anm. 24

8. Wertpapier-Giroverkehr

Schon in **RG** 139, 117 ist auf die Möglichkeit der Übereignung der Miteigentumsanteile nach § 931 im Wertpapier-Giroverkehr hingewiesen. Nach den neuen Vorschriften in § 24 DepotG (Vorbem. vor § 688 Anm. 4) kann sich der Kommissionär von seiner Verpflichtung, dem Kommittenten Eigentum an bestimmten Stücken zu verschaffen, dadurch befreien, daß er ihm Miteigentum an den zum Sammelbestand einer Wertpapiersammelbank gehörenden Wertpapieren verschafft; mit der Eintragung des Übertragungsvermerks im Verwahrungsbuch des Kommissionärs geht, soweit dieser verfügungsberechtigt ist, das Miteigentum auf den Kommittenten über, wenn es nicht nach den Bestimmungen des bürgerlichen Rechts schon früher auf ihn übergegangen ist. Dies ist dann der Fall, wenn der Kommissionär, der selbst Miteigentümer an einem Sammelbestand ist, seinen Miteigentumsanteil dem Kommittenten abgetreten hat (Begr. zu § 24 DepotG [§ 930 Anm. 33, 35]). Näheres hierüber bei Opitz, DepotG § 24 Anm. 5.

Anm. 25

9. Handelsrechtliche Verfügungs-(Traditions-, Dispositions-)papiere

Über den Ersatz der Übergabe der Sache durch Übergabe des Lagerscheins, des Ladescheins, des Konnossements an den durch die Urkunde ausgewiesenen Empfänger vgl. HGB §§ 424, 450, 647 (s. § 870 Anm. 6). Das Gut kann aber auch durch Abtretung des Herausgabeanspruchs und Übergabe des nicht oder nicht richtig indossierten Scheines übertragen werden; allerdings werden dann die Einwendungen des Schuldners nicht nach HGB §§ 364, 365 beschränkt (**RG** 119, 218; Gadow, HGB § 365 Anm. 10 3c). Bis zur Rückgabe aller Stücke des Konnossements an den Reeder ist der Anspruch auf

Herausgabe des Gutes untrennbar mit diesen Urkunden verbunden. Über das Eigentum an dem Gut kann daher vorher ohne Übergabe der Konnossemente an den Erwerber nicht durch Abtretung des Herausgabeanspruchs nach § 931 verfügt werden, wohl aber durch Einigung und Übergabe des Guts nach § 929. Das gilt auch dann, wenn der nach dem Konossement legitimierte Empfänger des Gutes der Herausgabe an den Erwerber zustimmt (**BGH** LM BGB § 931 Nr. 1).

Anm. 26

10. Zwischenstaatliches Recht

Bei einer Veräußerung, die dem deutschen Recht unterliegt, ist die Wirkung der Abtretung des Herausgabeanspruchs auch dann nach deutschem Recht zu beurteilen, wenn die Ware sich noch auf dem Wege ins Inland befindet (**RG** 16. 9. 1911 I 321/10).

§ 932

Durch eine nach § 929 erfolgte Veräußerung wird der Erwerber auch dann Eigentümer, wenn die Sache nicht dem Veräußerer gehört, es sei denn, daß er zu der Zeit, zu der er nach diesen Vorschriften das Eigentum erwerben würde, nicht in gutem Glauben ist. In dem Falle des § 929 Satz 2 gilt dies jedoch nur dann, wenn der Erwerber den Besitz von dem Veräußerer erlangt hatte.

Der Erwerber ist nicht im guten Glauben, wenn ihm bekannt oder infolge grober Fahrlässigkeit unbekannt ist, daß die Sache nicht dem Veräußerer gehört.

E I 877 II 846; M 3 344—347; P 3 206—211; 4 589, 590.

Übersicht

Gutgläubiger Erwerb

I. Verfügung eines Nichtberechtigten

1. Allgemeines

Anm. 1

Die Vorschrift schützt in Anwendung deutschrechtlicher Grundsätze den redlichen Erwerber vor den Folgen des Rechtsmangels auf seiten des Veräußerers dann, wenn er den Besitz von dem Veräußerer erlangt hat. Er erlangt nicht nur persönlichen Schutz, sondern wirkliches Eigentum; das Eigentum des bisherigen Eigentümers geht unter.

Anm. 2

Der veräußernde Nichteigentümer muß Eigentum haben übertragen wollen (München LZ 1919, 611). Fehlt dieser Wille bei ihm, so ist es gleichgültig, was sich die andere Seite über das Eigentum an der Sache gedacht hat. Er muß weiter zur Zeit der Einigung noch Besitzer gewesen sein oder den Besitz vorher auf den Erwerber übertragen haben (**RG** 72, 309). Der redliche Erwerber soll keinen Schaden davon haben, daß er den Besitzer für den Eigentümer gehalten hat (**RG** 73, 128).

Anm. 3

Die Vorschrift ist streng auf die Fälle des § 929 beschränkt (**RG** 9. 5. 1911 VII 456/10). Sie bezieht sich also nur auf den Eigentums-, nicht auf den Besitzerwerb. Besitz ist etwas Tatsächliches, er ist entweder vorhanden oder nicht vorhanden. Niemand kann durch den guten Glauben an den Besitz seines Vormanns Besitzer werden, wenn er den Besitz nicht wirklich erlangt (**RG** 105, 413).

Anm. 4

Ebensowenig kommt § 932 in Frage, wenn jemand nicht Treuhandeigentümer, sondern nur Treuhandbesitzer werden soll (**RG** 111, 409). Die Vorschrift greift endlich auch nicht ein, wenn bei einer Sicherungsübereignung die Sache — vielleicht sogar vertragswidrig — weiterveräußert wird. Auch der Sicherungsnehmer ist wirklicher Eigentümer; einem Rechtsmangel braucht bei ihm nicht durch den guten Glauben des Erwerbers abgeholfen zu werden. Die Weiterveräußerung ist deshalb dinglich wirksam, auch wenn der Erwerber weiß, daß der Veräußerer nur Sicherungseigentümer ist — vorbehaltlich der §§ 826, 138 (**RG** 99, 143).

Anm. 5

Zugunsten des wahren Eigentümers erleidet § 932 eine wesentliche Einschränkung durch § 935, eine geringere durch § 952 (vgl. Anm. 4 das.).

Anm. 6

Gutgläubiger Erwerb tritt nicht ein, wenn die auf Übertragung des Eigentums gerichtete Verfügung wegen Sittenwidrigkeit nach § 138 BGB nichtig ist. Das kann der Fall sein, wenn, wie es häufig bei Sicherungsübereignungen geschieht, sämtliche in einem bestimmten Raum befindlichen Waren übereignet werden, und wenn Veräußerer und Erwerber wissen, daß sich darunter auch Ware befindet, die noch unter Eigentumsvorbehalt steht und über die der Sicherungsgeber nicht verfügen darf (**BGH** 17, 1, 5 betr. die Verpfändung fremder Sachen).

2. Glaube an das Eigentum des Verfügenden

Anm. 7

Geschützt wird der gute Glaube an das Eigentum des Veräußerers. Der Erwerber muß daher den Veräußerer für den Eigentümer halten, und er muß den Besitz von ihm erlangt haben (**RG** 72, 309; **BGH** LM ReichsnährstandsauflösungsG § 2 Nr. 1). Nicht erforderlich ist, daß der Veräußerer selbst dem Erwerber den Besitz überträgt. Dieser hat ihn auch dann vom Veräußerer erlangt, wenn ihm der Besitz von einem Dritten,

z. B. dem Lieferanten des Veräußerers auf dessen Geheiß übertragen worden ist (**RG** 4. 10. 1932 VII 22/32; München NJW 1957, 875, wo zu Unrecht angenommen wird, daß in **BGH** 10, 81, 86 eine abweichende Ansicht vertreten worden sei; Planck/Brodmann 5. Aufl. § 929 Anm. III 3; Anm. 4 vor § 932; Staudinger/Berg 11. Aufl. § 932 Nr. 22; Wolff/Raiser, Sachenrecht § 69 II 2a; vgl. auch **RG** 74, 354).

Anm. 8

Weiß jemand, daß er vom Nichteigentümer erwirbt, hält er aber den Dritten, welcher der Veräußerung zustimmt (§ 185), für den Eigentümer, so wird er nicht durch § 932 geschützt. Ihm fehlt der gute Glaube an das Eigentum des Veräußerers (**BGH** 10, 81; LM BGB § 932 Nr. 6). Dagegen ist auch in diesen Fällen ein gutgläubiger Erwerb möglich, wenn der Erwerber den Besitz von dem der Veräußerung zustimmenden Dritten erlangt oder erlangt hat oder wenn der Verfügende, der den Besitz auf den Erwerber übertragen hat, diesen im Zeitpunkt des Erwerbs für den Veräußerer vermittelte (vgl. die eben angeführten Entscheidungen des BGH und Karlsruhe MDR 1953, 42). Veräußert daher eine deutsche Dienststelle Beutegut im Auftrag der Besatzungsmacht, dann ist nicht erforderlich, daß der Erwerber an das Eigentum der veräußernden Dienststelle glaubt. Es genügt, daß er den zu veräußernden Gegenstand für Beutegut hält (**OGH** 1, 292, 295). Hat die Besatzungsmacht keinen Veräußerungsauftrag erteilt und die Sache der deutschen Dienststelle auch nicht zum Zwecke der Veräußerung übergeben, so erlangt der Erwerber nur Eigentum, wenn er an das Eigentum des Veräußernden glaubt (**BGH** 10, 81).

Anm. 9

3. Erwerb durch Stellvertreter

Beim Erwerb durch einen Stellvertreter, der auch bei der Einigug über den Eigentumsübergang mitgewirkt hat, kommt es auf den guten Glauben des Vertreters, nicht den des Vertretenen an (§ 166 Abs. 1). Dagegen ist es für die Frage des guten Glaubens bedeutungslos, wenn lediglich bei der Übergabe für den Erwerber ein Besitzdiener oder ein Besitzmittler tätig geworden ist (§ 929 Anm. 17). In diesen Fällen verbleibt es bei der Regel, daß der Erwerber selbst gutgläubig gewesen sein muß. Eine Stellvertretung im Sinne der §§ 164ff ist hier nicht gegeben (**RG** 137, 27). Der Gerichtsvollzieher, der die Sache im Wege der Zwangsvollstreckung nach § 897 Abs. 1 ZPO wegnimmt, ist nicht Vertreter; seine Bösgläubigkeit ist unschädlich (**RG** 90, 193; 95, 152; JW 1914, 863).

4. Fehlende Vertretungsmacht und Verfügungsbefugnis

Anm. 10

Nur der Mangel des Eigentums auf seiten des Veräußerers wird nachgesehen, nicht das Fehlen sonstiger Voraussetzungen für die Gültigkeit des Geschäfts, also nicht das Fehlen der Volljährigkeit, der Geschäftsfähigkeit (**RG** 22. 11. 1910 VII 611/09), das Fehlen der gesetzlichen Vertretungsbefugnis (**RG** 3. 12. 1920 VII 231/20; 12. 1. 1923 VII 100/22), der Vollmacht des Vertreters (**RG** 106, 44).

Anm. 11

Anders ist es auf dem Gebiete des Handelsrechts. Hier schützt § 366 HGB den guten Glauben an die Verfügungsmacht. Diese Bestimmung ist neben § 932 anwendbar (**BGH** LM HGB § 366 Nr. 4). § 366 HGB ist auch auf Veräußerungsgeschäfte der Bundesbahn entsprechend anzuwenden. Der gute Glaube an die Veräußerungsbefugnis kann dabei entweder darauf beruhen, daß der Erwerber an einen Tatbestand glaubt, bei dessen Vorliegen die Verfügungsbefugnis der Bundesbahn besteht, oder daß er trotz Kenntnis der ein Verfügungsrecht nicht begründenden Tatsachen infolge entschuldbaren Rechtsirrtums die Verfügungsbefugnis annimmt (**OGH** 3, 195; **BGH** 2, 37; 30. 10. 1952 IV ZR 48/52).

In den Fällen, in denen der Eigentümer in der Verfügung beschränkt ist, wird, abgesehen von den gesetzlich besonders geregelten Fällen, der gute Glaube an die uneingeschränkte Verfügungsbefugnis des Eigentümers nicht geschützt. Im Falle der Verfügungsbeschränkung durch gesetzliches oder gerichtliches Veräußerungsverbot ist dem redlichen Erwerber im § 135 Abs. 2 und im EG Art. 61 ausdrücklich der Verkehrsschutz gewährt. In ähnlicher Weise wird der gute Glaube an das Nichtbestehen von Verfügungsbeschränkungen in den §§ 2113 Abs. 3, 2129 Abs. 2 Satz 1, 2211 Abs. 2 geschützt.

Soweit Ehegatten in der Verfügung über die ihnen gehörigen Gegenstände beschränkt sind, findet kein gutgläubiger Erwerb statt (§ 1369). Dasselbe gilt, wenn ein Ehegatte ohne die erforderliche Einwilligung des anderen Ehegatten über Gegenstände des Gesamtguts verfügt (§ 1453). Ein gutgläubiger Erwerb ist auch nicht möglich, wenn einer der im Güterstand der Zugewinngemeinschaft lebenden Ehegatten über solche Hausratgegenstände verfügt, die dem anderen Ehegatten gehören. Das Verfügungsverbot des § 1369 soll nicht nur den Anspruch auf Ausgleich des Zugewinns sichern. Es wird damit auch bezweckt, den Hausrat für die eheliche Lebensgemeinschaft zu erhalten. Daher wäre es widersinnig, dem Ehegatten rechtlich zu versagen, über die ihm selbst gehörigen Hausratgegenstände zu verfügen, seine Verfügungen über die seinem Ehegatten gehörenden Hausratgegenstände dagegen im Rahmen des § 932 wirksam sein zu lassen. Gutgläubiger Erwerb dieser Gegenstände ist nicht möglich. Dem Ehegatten fehlt die Macht, über die seinem Ehegatten gehörenden Hausratgegenstände zu verfügen. Dem Erwerber würde es nichts nützen, wenn er gutgläubig eine solche Verfügungsmacht des Verfügenden angenommen hätte. Er kann nur Eigentümer werden, wenn er den Verfügenden für den Eigentümer hält. Auf diesen Glauben kann er sich nach § 1369 aber nicht berufen, da er dann, wenn die Dinge so lägen wie er es irrig annimmt, nach dieser Bestimmung auch nicht Eigentümer werden würde.

Nach § 7 KO muß auch dem, der ohne Kenntnis der Eröffnung des Konkursverfahrens einen zur Konkursmasse gehörenden Gegenstand gutgläubig vom Gemeinschuldner erwarb, der Schutz versagt werden.

Anm. 12

Solange Sachen der Beschlagnahme nach dem MilRegG 52 unterliegen, ist daran ein gutgläubiger Erwerb nicht möglich. Gutgläubiger Erwerb kann auf Grund einer schon vorher vorgenommenen Verfügung eintreten, wenn die Vermögenssperre aufgehoben wird (**BGH** 15. 1. 1957 VIII ZR 34/56 Leitsatz LM BGB § 929 Nr. 7).

Anm. 13

§ 932 wird eingeschränkt durch die Vorschriften der Rückerstattungsgesetze, AmREG Art. 1 Abs. 2, Art. 20, 21; BrREG Art. 1 Abs. 3, Art. 16, 17. Für das Recht der französischen Zone nach der Rückerstattungsverordnung vom 10. 11. 1947, JournOff 2060, 2088, vgl. Hachenburg NJW 1948, 322; Becker DRZ 1949, 354 und Mezger AcP 151, 150.

Anm. 14

Verfügt einer von mehreren Miterben entgegen den Vorschriften des § 2033 über einen Nachlaßgegenstand, so beruht die Unwirksamkeit einer derartigen Verfügung nicht sowohl auf dem Mangel der Verfügungsbefugnis als vielmehr auf dem Mangel des Alleineigentums; § 932 ist also anzuwenden (**RG** 67, 27; WarnRspr 1918 Nr. 212).

5. Erwerb in der Versteigerung

Anm. 15

Auch für öffentliche Versteigerungen, welche außeramtlich veranstaltet werden, gilt § 932; wer darin eine Sache ersteht und weiß, daß der Veranstalter nicht Eigentümer ist, wird nicht Eigentümer (Hamburg OLG 31, 325; vgl. auch § 935 Abs. 2).

Anm. 16

Wird dagegen eine ordnungsmäßig gepfändete oder eine von der Zollbehörde beschlagnahmte Sache öffentlich versteigert oder freihändig verwertet, so weiß jeder, daß er vom Nichteigentümer erwirbt, § 932 in seinem eigentlichen Sinn ist unanwendbar; die bisherigen Eigentumsrechte gehen durch die Verfügung der öffentlichen Hand unter (vgl. § 929 Anm. 48). Nur soweit keine ordnungsmäßige Pfändung oder Beschlagnahme vorliegt, kommt der gute Glaube des Erwerbers in Betracht, aber nur in bezug auf die Ordnungsmäßigkeit des Verfahrens und die Verfügungsbefugnis des Staatsorgans (Hamburg HRR 1934, 807 und dazu **RG** 5. 6. 1934 VII 2/34).

Anm. 17

6. Erwerb vom Sicherungsnehmer. Rückerwerb des Sicherungsgebers

Wer als Sicherungsnehmer nach § 932 Eigentum vom Nichteigentümer erworben hat, kann Eigentum weiter übertragen. Übereignet er die Sache an den Sicherungsgeber, so wird dieser, der früher Nichteigentümer war, nunmehr auch selbst Eigentümer. Das ist unbedenklich, wenn die zweite Übereignung mit der ersten in keinem rechtlichen Zusammenhang steht, muß aber auch gelten, wenn der Sicherungsnehmer nach Empfang der ihm geschuldeten Summe das Eigentum zurücküberträgt. Das Eigentum des ursprünglichen — dritten — Eigentümers geht unter, wenn der Sicherungsnehmer Eigentum erwirbt. Es kann nicht wiederaufleben; der Sicherungsgeber ist auch nicht schlechtgläubig im Sinne des § 932; denn sein nunmehriger Vormann, der Sicherungsnehmer, ist wirklicher Eigentümer. Der ursprüngliche — dritte — Eigentümer ist auf etwaige persönliche Ansprüche gegen den zum Eigentümer gewordenen Sicherungsgeber beschränkt. Ob die Sache ebenso liegt, wenn jemand auf Grund eines Kaufvertrages vom Nichteigentümer Eigentum erworben hat, später wandelt und unter Aufgabe seines Eigentums die Sache zurückgibt, ist zweifelhaft; diese Frage ist aber zu verneinen. Vgl. zu den sehr umstrittenen Fragen Ewald JherJb 76, 233 und Nüßgens, Rückerwerb vom Nichtberechtigten, 1939.

Anm. 18

II. Sacherwerb

Die Grundsätze der §§ 932ff erstrecken sich nicht auf den Erwerb von Rechten (**RG** 115, 307) oder von Forderungen (**RG** LZ 1917, 459), auch nicht auf den Erwerb eines ganzen Geschäfts als eines Inbegriffs von Sachen und Rechten (**RG** 93, 230; 156, 333). Alles das sind keine Sachen im Sinne des BGB. Ebenso ist das Eigentum an der Nummer einer Kraftdroschke wohl eine wirtschaftlich verwertbare Macht, die wie ein Vermögensrecht wirkt, aber keine Sache (KG OLG 26, 65). Lotterielose als Inhaberpapiere (**RG** JW 1912, 861) sind Sachen; § 932 kann also auch hier eingreifen (**RGSt** 67, 67).

Anm. 19

III. Beweislast für den guten Glauben

Die Fassung „es sei denn, daß . . .“ zeigt, daß der Erwerber der Beweislast für seinen guten Glauben enthoben ist. Der Gegner hat ihm zu beweisen, daß er nicht in gutem Glauben war (**RG** 133, 188; WarnRspr 1912 Nr. 167; 1934 Nr. 188). Etwas anderes gilt für den Erwerb von Wertpapieren, der in Berlin in den ersten Jahren nach dem Zusammenbruch erfolgt ist. Die allgemein bekannten besonderen Verhältnisse, die durch die Plünderung und Beraubung der Reichsbank und der privaten Großbanken in Berlin entstanden waren und die zu einem großen Angebot gestohlener Wertpapiere führten, begründen eine tatsächliche Vermutung dafür, daß derjenige, der in der angegebenen Zeit in Berlin Wertpapiere ohne Lieferbarkeitsbescheinigung erworben hat, bösgläubig war. Der Erwerber muß diese Vermutung entkräften und seinen guten Glauben nachweisen (**BGH** 23, 86).

Anm. 20

IV. Maßgeblicher Zeitpunkt für den guten Glauben

Nach dem Wortlaut des § 932 muß der gute Glaube in dem Zeitpunkt vorhanden sein, in dem nach § 929 das Eigentum übergehen würde. Daraus wurde in der 9. Auflage für die Fälle aufschiebend bedingter oder befristeter Eigentumsübertragung zu Unrecht geschlossen, daß der gute Glaube des Erwerbers noch in dem Augenblick vorhanden sein muß, in dem die Bedingung oder die Frist sich erfülle. § 929 enthält eine Bestimmung über den Regelfall des Eigentumsübergangs durch Einigung und Übergabe. Indem § 932 auf den Zeitpunkt abstellt, in dem der Erwerber nach „diesen Vorschriften" das Eigentum erwerben würde, wird als maßgebend der Zeitpunkt bezeichnet, in dem Übergabe und Einigung erfolgt sind. Das folgt auch aus den §§ 933 und 934, in denen für den guten Glauben nicht auf den Zeitpunkt des Erwerbs des Eigentumsrechts, sondern auf den der Übergabe oder des Besitzerwerbs abgestellt wird (**BGH** 10, 69, 72f). Wer vom Nichteigentümer eine Sache auf Abzahlung und unter der Bedingung, daß er das Eigentum erst mit der Zahlung der letzten Kaufpreisrate erwerben soll, gekauft hat, wird Eigentümer, wenn er im Zeitpunkt der Übergabe gutgläubig war. Wird der Erwerber nach dem entscheidenden Zeitpunkt schlechtgläubig, so schadet es ihm nichts; wird er danach gutgläubig, so nützt es ihm nichts (**RG** WarnRspr 1911 Nr. 157).

V. Übereignung an den bereits Besitzenden (Abs. 1 Satz 2)

Anm. 21

§ 932 setzt eine Besitzlage voraus, die das Vertrauen des Erwerbers auf das Eigentum des Veräußerers rechtfertigt. Derjenige, der bereits vor der Veräußerung den Besitz an der Sache erlangt hat, auf den nach § 929 Satz 2 das Eigentum durch bloße Einigung übertragen werden kann, kann daher nur gutgläubig Eigentum erwerben, wenn er den Besitz vom Veräußerer, den er für den Eigentümer hält, erlangt hat.

Anm. 22

Durch verbotene Eigenmacht erlangter Besitz kann nicht als „vom Veräußerer" erlangt angesehen werden.

Anm. 23

Es entscheidet die erstmalige tatsächliche Einräumung des Besitzes. Der Erwerber hat die Sache auch dann vom Veräußerer erlangt, wenn sie ihm auf dessen Weisung von einem Dritten übergeben worden ist, wenn z. B. dessen Lieferfirmen auf sein Geheiß die Ware nicht bei ihm selbst, sondern bei dem Erwerber anfahren lassen (**RG** 4. 10. 1932 VII 22/32; München NJW 1957, 875; vgl. dazu oben Anm. 7). Wer aber von A Sachen des B verpfändet und übergeben erhält, erlangt den Besitz von A. Dabei bleibt es auch dann, wenn hinterher B die Verpfändung und Übergabe genehmigt. Der Pfandnehmer kann also Eigentum an den Sachen nach § 932 Abs. 1 Satz 2 nicht erwerben, wenn er später mit B über den Übergang des Eigentums einig wird, B aber inzwischen aufgehört hat, Eigentümer zu sein. Hat A Ware bei C eingelagert und später den mittelbaren Besitz auf B übertragen, so kann C von dem Nichteigentümer B Eigentum kraft guten Glaubens nicht erwerben, weil er den unmittelbaren Besitz nicht von B erlangt hat (**RG** WarnRspr 1929 Nr. 182 über den gleichliegenden Fall eines vertragsmäßigen Pfandrechts). Hat C dagegen auf Weisung des A die Ware an B übergeben, dann kann B Eigentümer werden, wenn er A gutgläubig für den Eigentümer hält und sich mit ihm über den Eigentumsübergang einigt (**BGH** 10, 81, 84).

VI. Grobe Fahrlässigkeit

Anm. 24

1. Begriff

Grobe Fahrlässigkeit ist eine besonders schwere Verletzung der im Verkehr erforderlichen Sorgfalt; es muß etwas unbeachtet geblieben sein, was im gegebenen Fall jedem einleuchten mußte (**RG** 141, 129ff; WarnRspr 1913 Nr. 325 u. 359; **BGH** 10, 14). Grobe Fahrlässigkeit kann nur angenommen werden, wenn es für den Erwerber auch bei nur durchschnittlichem Merk- und Erkennungsvermögen nicht schwer war zu erkennen, daß die Sache dem Veräußerer nicht gehörte. Die Umstände müssen mit auffallender Deutlichkeit dafür sprechen, daß der Veräußerer nicht Eigentümer war (**BGH** LM BGB § 932 Nr. 9). Die Feststellung, was im Einzelfall grob fahrlässig ist, ist im wesentlichen vom Tatrichter allein zu treffen. Seine Feststellung kann nur in engem Rahmen im Revisionsrechtszug nachgeprüft werden (**BGH** 10, 14; LM BGB

§ 932 Nr. 9). Wer zwar die entscheidenden Tatsachen kennt, sie aber aus einem nicht selbst auf grober Fahrlässigkeit beruhenden Rechtsirrtum falsch beurteilt, befindet sich in gutem Glauben (**RG** 74, 354; WarnRspr 1914 Nr. 253).

2. Einzelfragen

Anm. 25

a) Bedingter Vorsatz

Der bedingte Vorsatz bildet keinen besonderen Fall des Ausschlusses von gutgläubigem Erwerb; der wirklichen Kenntnis vom Nichteigentum steht er nicht gleich; auch er ist also nur für die Frage der groben Fahrlässigkeit erheblich (**RG** 20. 4. 1926 VI 45/26). Ob solche vorliegt, ist von den Umständen des Falles abhängig.

Anm. 26

b) Handelsgewohnheiten

Schlechte Gewohnheiten des Handels aus der Kriegs- und Nachkriegszeit sind bei der Frage nach dem guten Glauben jedenfalls nicht zu beachten (**RG** 8. 10. 1926 VI 205/26). Es kommt auch nicht darauf an, welcher Grad von Sorgfalt in Handelskreisen üblich, sondern welcher erforderlich ist, um dem Vorwurf der groben Fahrlässigkeit zu entgehen (**BGH** WM 1958 IV B 930).

Beim Erwerb von Kraftwagen aus zweiter Hand ist zu beachten, daß die Geschäfte sie regelmäßig auf Abzahlung und unter Eigentumsvorbehalt verkaufen (**RG** 28. 9. 1928 VII 697/27). Wegen des Kraftfahrzeugbriefs s. Anm. 43, 44). Vielfach treten Anstalten auf, die Geldmittel zum Ankauf von Kraftwagen vorschießen und sich den gekauften Wagen zur Sicherheit übereignen lassen. Hier ist wesentlich, unter welchen Bedingungen sie den Weiterverkauf gestatten und ob diese Bedingungen allgemein oder wenigstens in den beteiligten Kreisen bekannt sind (**RG** WarnRspr 1932 Nr. 150).

Anm. 27

c) Leichtsinniges Verhalten des Erwerbers

Leichtsinniges Verhalten des Erwerbers kann ihn grob fahrlässig erscheinen lassen. So, wenn ein Bankherr ein sicheres Papier von einem Unbekannten unter Preis erwirbt oder erst viel später fällig werdende Zinsscheine ohne die Mäntel erwirbt (KG OLG 18, 138) oder wenn er Wertpapiere ankauft, an denen auffälligerweise die Zinsscheine fehlen (**RG** 58, 162). Grobe Fahrlässigkeit ist ferner schon darin erblickt worden, daß der Käufer, ohne sich näher zu erkundigen, von einem, wie er wußte, stark verschuldeten Verkäufer eine neue Einrichtung kaufte (**RG** 5. 1. 1911 VII 241/10), daß er wertvolle Sachen von einem stark verschuldeten Vertragsgegner ohne nähere Prüfung des nicht weit zurückliegenden Erwerbsgeschäfts erwarb (**RG** 13. 10. 1911 VII 69/11).

Guter Glaube hinsichtlich eines lastenfreien Erwerbs (§ 936) fehlt, wenn dem Erwerber von Wein bekannt war, daß dieser aus gepfändeten Trauben stammt und noch weitere Anzeichen auf die Möglichkeit eines Pfandrechts an dem Wein deuten (**RG** 161, 119).

Anm. 28

d) Bankverkehr

Von einem Bankier kann, wenn keine verdächtigen Umstände vorliegen, gegenüber Personen, die durch den Besitz von Inhaberpapieren zur Geltendmachung der Rechte daraus befugt erscheinen, nicht noch eine besondere Ausweisprüfung zugemutet werden (**RG** 67, 27; vgl. aber auch **RG** Recht 1919 Nr 2125). Über den Umfang der Prüfungspflicht einer Bank bei Neueröffnung eines Kontos vgl. **RG** 164, 302.

e) Wertpapierhandel

Anm. 29

Im freien Handel ist der Verkauf von Wertpapieren ungewöhnlich; sie können gestohlen sein, und der Ankäufer muß deshalb die entsprechenden Blätter einsehen (**RG** 6. 12. 1922 I 7/22).

Anm. 30

Nach § 4 DepotG haben die von einem Verwahrer, der Bank- oder Sparkassengeschäfte betreibt, einem Dritten anvertrauten Wertpapiere stets als fremde zu gelten. Deshalb kann sich dieser nicht darauf berufen, daß er den Verwahrer für den Eigentümer gehalten habe. Damit ist insoweit die Anwendung des § 932 BGB (§ 366 HGB) grundsätzlich ausgeschlossen (§ 4 Abs. 1 Satz 1). Ein Pfand- oder ein Zurückbehaltungsrecht kann der Dritte an den Wertpapieren nur wegen solcher Forderungen geltend machen, die mit Bezug auf diese Wertpapiere entstanden sind oder für die diese Wertpapiere nach dem einzelnen über sie zwischen dem Verwahrer und dem Dritten vorgenommenen Geschäft haften sollen (§ 4 Abs. 1 Satz 2). Diese Bestimmungen stehen im engen Zusammenhang mit denen des § 12 DepotG.

Anm. 31

Die unwiderlegliche Vermutung des § 4 Abs. 1 Satz 1 gilt nicht für den Fall, daß der Verwahrer dem Dritten eigene Bestände einliefert; für diesen Fall wird die Vermutung durch eine ausdrückliche und schriftliche Erklärung des Verwahrers, er sei Eigentümer der Wertpapiere, ausgeschlossen. Gibt der Verwahrer eine derartige Erklärung unrichtig ab, so bleiben die allgemeinen Grundsätze über den Schutz des guten Glaubens unberührt (§ 4 Abs. 2 das.).

Anm. 32

Diese Grundsätze sind auch für den Fall aufrechterhalten, daß ein Verwahrer, der keine Bank- oder Sparkassengeschäfte betreibt, die Wertpapiere einem Dritten anvertraut. In diesem Fall hat der Verwahrer, um den Kundenschutz sicherzustellen, dem Dritten Fremdanzeige zu erstatten. Diese Mitteilung hat die Anwendung der Grundsätze des § 4 Abs. 1 Satz 2 zur Folge (§ 4 Abs. 3 das.).

Anm. 33

Verpfändet ein privates Bankinstitut bei einer anderen Bank Wertpapiere, so ist die pfandnehmende Bank verpflichtet, Nachforschungen anzustellen, wenn Umstände vorliegen, die zu Zweifeln an der Verfügungsbefugnis der Pfandgeberin Anlaß geben (**RG** 164, 302).

Anm. 34

Außergewöhnliche Verhältnisse bestanden nach dem Zusammenbruch für den Handel mit Wertpapieren in Berlin. Die in den Berliner Tresoren der Reichsbank und der privaten Großbanken zu einem großen Teil geraubten oder geplünderten Wertpapiere sind unrechtmäßig in den Verkehr gebracht worden (vgl. dazu **BGH** 8, 222, 229; LM WBG § 21 Nr. 4). Der Bundesgerichtshof hat daher angenommen, daß eine tatsächliche Vermutung dafür bestehe, daß Personen, die in den ersten Jahren nach dem Zusammenbruch in Berlin Wertpapiere ohne Lieferbarkeitsbescheinigung erworben haben, nicht gutgläubig gewesen seien (**BGH** 23, 86; vgl. auch oben Anm. 19).

f) Nachforschungspflicht

Anm. 35

Je nach den Umständen des einzelnen Falles ist der Erwerber verpflichtet, mehr oder weniger weitgehende Nachforschungen anzustellen. Ergeben sich hinreichende Verdachts- und Zweifelsgründe und setzt sich der Erwerber über diese hinweg, um im Dunkeln zu bleiben, so muß ihm grobe Fahrlässigkeit zur Last gelegt werden (**RG** WarnRspr 1912 Nr. 167; HRR 1935, 177).

Anm. 36

Unerheblich ist es, ob der Erwerber bei den gebotenen Nachforschungen den wahren Sachverhalt unter allen Umständen erfahren hätte; der wahre Eigentümer braucht das nicht nachzuweisen, und der Erwerber kann sich nicht damit entschuldigen, daß er doch nichts erfahren hätte (**RG** 143, 14; 147, 331; **BGH** WM 1958 IV B 754; Urt. v. 30. 10. 1952 IV ZR 48/52; vgl. Schantz AcP 142, 67).

Anm. 37

Eine Großfirma, welche weiß, was ein Ladeschein bedeutet, muß sich um dessen Verbleib kümmern und darf nicht trotz seines Fehlens die Ladung ohne weiteres entgegennehmen (**RG** 119, 219). Der Käufer einer Ware, der von dritter Seite benachrichtigt wird, daß die ihm gelieferte Ware unter Eigentumsvorbehalt stehe und dem Dritten gehöre, ist verpflichtet, Nachforschungen nach den Eigentumsverhältnissen anzustellen, bevor er das Übereignungsangebot seines Verkäufers annimmt (**BGH** 14, 114, 120).

Ein Kaufmann, der von einem anderen Kaufmann einen größeren Posten Ware erwirbt, um sich damit für die von ihm selbst unter Eigentumsvorbehalt gelieferte, nicht bezahlte Ware bezahlt zu machen, muß damit rechnen, daß die ihm übereignete Ware wenigstens zum Teil auch noch unter Eigentumsvorbehalt steht. Er muß daher geeignete Nachforschungen nach der Verfügungsbefugnis des Veräußerers anstellen (**BGH** WM 1956 IV B 156).

Anm. 38

Eine Pflicht, nachzuforschen besteht auch, wenn der Erwerber Mißtrauen gegen den Veräußerer hegt, das sich auch auf dessen wirtschaftliche Verhältnisse erstreckt (**BGH** LM HGB § 366 Nr. 4). Dagegen braucht der Erwerber einer zusammengesetzten Sache in der Regel keine Erkundigungen darüber einzuziehen, ob der Veräußerer auch Eigentümer aller Bestandteile ist, aus denen die Sache besteht (**BGH** 18, 226, 233).

Anm. 39

Ein Bankinstitut, das sich zur Sicherung der von ihm gegebenen Kredite von einem wirtschaftlich notleidenden Unternehmen Ware zur Sicherheit übereignen läßt, muß Nachforschungen nach der Verfügungsberechtigung des Sicherungsgebers anstellen, wenn ihm bekannt ist, daß das Unternehmen die zur Herstellung der übereigneten Waren erforderlichen Rohstoffe teilweise auf Kredit gekauft und noch nicht restlos bezahlt hat (**BGH** WM 1956 IV B 527). Über die Pflicht des Sicherungsnehmers, nach dem Bestehen eines Eigentumsvorbehalts am Sicherungsgut nachzuforschen, vgl. auch **BGH** WM 1958 IV B 754; NJW 1958, 1485.

Anm. 40

Fallen Vertrag und Übergabe auseinander, muß also der gute Glaube auch noch zur Zeit der Übergabe (oben Anm. 20) vorhanden sein, so besteht eine etwa vorhandene Nachforschungspflicht auch bis zur Übergabe weiter (Celle JW 1934, 992). Hierzu ist aber zu bemerken, daß die Ausführungen des Reichsgerichts in den angezogenen Urteilen, auch wenn sie allgemeiner klingen, im wesentlichen doch auf die Umstände des einzelnen Falles abgestellt sind und deshalb nicht unbedingte Gültigkeit für alle Fälle beanspruchen (**RG** WarnRspr 1932 Nr. 9). So wird man von einem Bankherrn, der ein Lombardgeschäft vornimmt, eine strengere Prüfungspflicht verlangen, als von einem Spediteur, der Ware zur Beförderung annimmt und sich dabei ein Pfandrecht bestellen läßt (**RG** 141, 129). Mit Recht wird hier auch gesagt, daß der Eintritt einer wesentlichen Verschlechterung der wirtschaftlichen Verhältnisse zu beachten sei.

Anm. 41

Wenn früher ausgesprochen worden ist, daß eine Prüfung nur gefordert werden könne, falls Anhalt für einen Verdacht vorliege, daß beim Auftreten eines zuverlässigen älteren Kunden kein Grund zum Mißtrauen gegeben sei (**RG** 135, 85; JW 1927, 1683; WarnRspr 1932 Nr. 9), so kann das nicht mehr unbedingt gelten. Mit Rücksicht auf die ganz besonderen Umstände des Jahres 1945 durfte ein Erwerber, der von der Reichsbahn veräußerte Güter erwarb, sich nicht mit Erklärungen untergeordneter Reichsbahnbeamter zufrieden geben. Die Umstände des einzelnen Falles konnten ihn verpflichten, darüber hinaus weitere Erkundigungen einzuziehen (**BGH** 30. 10. 1952 IV ZR 48/52).

Anm. 42

Anderseits dürfen die zeitgemäß verschärften Anforderungen aber auch nicht überspannt werden; was die ordnungsmäßige Abwicklung des Verkehrs verlangt, ist zu beachten. Der vom Gesetz vermutete Glaube darf nicht dadurch einfach ausgeschaltet werden, daß man dem Erwerber geradezu ansinnt, er möge sich das Eigentum des Veräußerers einwandfrei nachweisen lassen (**RG** WarnRspr 1932 Nr. 9; vgl. auch WarnRspr 1934 Nr. 188).

3. Handel mit gebrauchten Kraftfahrzeugen. Kraftfahrzeugbrief

Anm. 43

Für den gesamten Handel mit gebrauchten Wagen ist der Kraftfahrzeugbrief, wie er durch die VO über Kraftfahrzeugverkehr v. 11. 4. 1934, RGBl I 303, eingeführt worden ist, von erheblicher Bedeutung. Nach der Ausführungsanweisung v. 11. 4. 1934, RMBl 319, soll dieser Brief ausgesprochenermaßen auch dazu dienen, Handhaben zur Sicherung des Eigentums am Kraftfahrzeug zu schaffen (Nr. 1 Abs. 1); der Brief muß bei jeder Befassung der Zulassungsstelle mit dem Fahrzeug, z. B. bei Eigentumswechsel, vorgelegt werden; das Fehlen des Briefs zeigt dann den unregelmäßigen Erwerb an (Nr. 1 Abs. 3). Immerhin bleibt die Sicherung des Eigentums auf die Sammlung und Vermittlung von Nachrichten beschränkt; die Sammelstelle und die Zulassungsstelle prüfen die Eigentumsverhältnisse nicht selbst, der wahre Eigentümer muß seine Rechte von sich aus verfolgen (Nr. 1 Abs. 4). Bei erstmaliger Zulassung eines Wagens nach dem 30. April 1934 mußte der Kraftfahrzeugbrief dem Antrag beigefügt werden (Art. I der VO), die vor dem 1. Mai 1934 zugelassenen Wagen sollten erst allmählich damit ausgerüstet werden (Art. II der VO). Nunmehr gelten die Vorschriften der §§ 25 ff der Straßenverkehrs-ZulassungsO in der Fassung der Bekanntmachung vom 29. 3. 1956, BGBl I 271, ber. 510, über die Vorlegung und Behandlung der Kraftfahrzeug- und Anhängerbriefe bei den Zulassungsstellen.

Anm. 44

Im Zweifel handelt jeder grob fahrlässig im Sinne des § 932, der einen gebrauchten Wagen erwirbt, ohne daß ihm der Kraftfahrzeugbrief mit übergeben oder vorgelegt wird, indessen kann die Schuldfrage nur unter Würdigung aller Umstände entschieden werden (vgl. auch § 990 Anm. 18). Nur wenn besondere Umstände vorliegen, handelt der Erwerber nicht grob fahrlässig, wenn er davon absieht, sich den Kraftfahrzeugbrief vorlegen zu lassen (**BGH** 24. 5. 1954 IV ZR 50/54; WM 1956 IV B 158; 2. 12. 1958 VIII ZR 212/57 — Veröffentlichung vorgesehen —). Näheres hierüber und über die bisherige Rechtsprechung: Steffan DAR 1935 Sp. 299; Fischbach RdK 1935, 61; Essig DAR 1937 Sp. 269; v. Unruh DJ 1937, 1642; Goltermann VkRdsch 1938, 581 (s. auch 628); Spohr DAR 1938 Sp. 7; 1939 Sp. 13; Booß, Verkehrsrechtl. Abh. und Entsch. 1938, 129; Däubler DJ 1938, 1059; s. auch Kassel JW 1937, 1417; Stuttgart JW 1937, 3108; Nürnberg JW 1938, 674; Kiel HRR 1938, 588; München 1939, 637; Zweibrücken DR 1939, 381; Hamburg HansRGZ 1938 B 393; Hamburg MDR 1951, 354; Leifermann DAR 1952, 180. Vgl. auch § 952 Anm. 7.

Auch der Gerichtsvollzieher hat bei der Zwangsvollstreckung in Kraftfahrzeuge und ihre Anhänger die Bedeutung des Kraftfahrzeug-(Anhänger-)briefs zu beachten und bei der Pfändung und Verwertung die erforderlichen Nachrichten zu erlassen, AV v. 14. 2. 1938, DJ 248. Wegen des Fahrradbriefs: s. VkRdsch 1936, 533.

Anm. 45

Anders liegt es beim Kauf fabrikneuer Fahrzeuge bei einer autorisierten Verkaufsstelle. Hier kann dem Erwerber grundsätzlich keine grobe Fahrlässigkeit vorgeworfen werden, wenn er sich den Fahrzeugbrief beim Kauf nicht vorlegen oder übergeben läßt (**BGH** 10, 69, 74; Urt. v. 18. 5. 1955 IV ZR 2/55).

Anm. 46

VII. Schadensersatzansprüche wegen Verletzung des Eigentums durch gutgläubigen Erwerb

Wer einen gutgläubigen Dritten durch Täuschung zum Ankauf einer unterschlagenen Sache bestimmt, begeht Betrug zum Nachteil des Erwerbers, obgleich dieser nach § 932 Eigentum am Kaufgegenstand erwirbt (**RG** DJ 1939, 398; dazu

Linkhorst DR 1939, 156). Ebenso macht er sich dem früheren Eigentümer gegenüber schadensersatzpflichtig. Dagegen ist der gutgläubige Erwerber dem früheren Eigentümer nicht zum Schadensersatz verpflichtet, selbst dann nicht, wenn ihm infolge Fahrlässigkeit verborgen geblieben ist, daß der Verfügende nicht Eigentümer war. Der nach § 932 kraft Gesetzes eintretende Verlust des Eigentums ist nicht rechtswidrig und löst daher keine Schadensersatzansprüche nach § 823 Abs. 1 aus (**BGH** LM BGB § 932 Nr. 9).

VIII. Verwertung von Militärgut

Anm. 47

1. Nach dem 1. Weltkrieg

Besondere Vorschriften, die den — auch gutgläubigen — Eigentumserwerb an Militärgut beschränkten, galten nach der VO v. 23. 5. 1919, RGBl 477; 1920, 2161, und dem Gesetz über die Verlängerung der Geltungsdauer jener VO v. 22. 12. 1921, RGBl 1606. Hierzu sind die Entscheidungen **RG** 105, 192; 105, 276; 105, 295; 106, 45; 106, 350; 108, 244; 112, 233; JW 1922, 1722 ergangen (vgl. auch **RG** 107, 320). Die bezeichneten Vorschriften sind durch das Gesetz über die Verwertung von Militärgut v. 31. 3. 1923, RGBl I 243, 1010, ersetzt worden (dazu AVO v. 4. 8. 1923, RGBl I 762).

Anm. 48

2. Nach dem 2. Weltkrieg

In der Zeit nach der Beendigung des zweiten Weltkriegs war das fiskalische Eigentum gegen unrechtmäßige Veräußerung durch die nach dem MilRegG 52 eingetretene Beschlagnahme, die einen gutgläubigen Erwerb ausschloß, geschützt. Zweifelsfragen ergeben sich hinsichtlich des Eigentumserwerbs an Sachen, die irrtümlich als Beutegut der Besatzungsmacht angesehen und von deutschen Dienststellen in deren Auftrag veräußert worden sind. Die über diese Gegenstände abgeschlossenen Geschäfte sind, wenn nicht besondere Umstände zu einer anderen Würdigung führen, Privatrechtsgeschäfte, auf die auch die Vorschriften der §§ 932ff anwendbar sind (**BGH** 10, 81; LM ReichsnährstandsauflösungsG § 2 Nr. 1). Ein gutgläubiger Erwerb ist dann möglich, wenn das vermeintliche Beutegut rechtmäßig beschlagnahmt und daher nicht abhanden gekommen war. Es genügt dann der gute Glaube des Erwerbers daran, daß es sich um Beutegut handelt (**OGH** 1, 292, 295; **BGH** 10, 81). Sind sie dagegen abhanden gekommen, so ist ein gutgläubiger Erwerb unmöglich (**OGH** 1, 171; 2, 157). Zur Frage des Eigentumserwerbs an Beutefahrzeugen vgl. weiter Rechtsgutachten des WürttBad Justizministers NJW 1947/48, 138; Hattemer NJW 1947/48, 547; Meyer SJZ 1948, 479; Raiser SJZ 1948, 762 — Anmerkung —; Krille NJW 1949, 212 und Baur DRZ 1949, 219. Vgl. auch oben Anm 8.

Anm. 49

IX. Erwerb von Volkseigentum in der DDR

Nach der Rechtsprechung des KG(Ost) Neue Justiz 1951, 570 ist das Anlagevermögen, soweit es im Volkseigentum steht, grundsätzlich dem Rechtsverkehr entzogen. Ein gutgläubiger Erwerb dieser Vermögensgegenstände nach § 932 soll daher nicht möglich sein.

§ 932 a

Gehört ein nach § 929a veräußertes Schiff nicht dem Veräußerer, so wird der Erwerber Eigentümer, wenn ihm das Schiff vom Veräußerer übergeben wird, es sei denn, daß er zu dieser Zeit nicht in gutem Glauben ist; ist ein Anteil an einem Schiff Gegenstand der Veräußerung, so tritt an die Stelle der Übergabe die Einräumung des Mitbesitzes an dem Schiff.

Eingefügt durch die Verordnung zur Durchführung des Ges. über Rechte an eingetragenen Schiffen und Schiffsbauwerken v. 21. 12. 1940, RGBl I 1609. Vgl. die Erläuterungen zu § 929a.

§ 933

Gehört eine nach § 930 veräußerte Sache nicht dem Veräußerer, so wird der Erwerber Eigemtümer, wenn ihm die Sache von dem Veräußerer übergeben wird, es sei denn, daß er zu dieser Zeit nicht in gutem Glauben ist.

E I 879 II 847; M 3 345; P 3 206—210.

Übersicht

Gutgläubiger Erwerb durch Besitzkonstitut

Anm. 1

1. Grundgedanke der Vorschrift

Ist zum Zwecke der Eigentumsübertragung der Weg des § 930 eingeschlagen, also der unmittelbare Besitz dem Veräußerer vorbehalten, dem Erwerber nur der mittelbare Besitz eingeräumt worden, so gewährt das Gesetz dem gutgläubigen Erwerber nicht den gleichen Schutz wie im Falle des § 929. Der Erwerber wird trotz seines guten Glaubens, trotz der Einigung und trotz der Erlangung des mittelbaren Besitzes nicht Eigentümer (**RG** JW 1935, 1688). Die Vorschrift des § 933 bringt zum Ausdruck, daß in einem solchen Falle der Erwerber nachträglich das Eigentum erlangt, wenn ihm nachträglich der unmittelbare Besitz vom Veräußerer eingeräumt wird. Der Grund ist der, daß nunmehr nachträglich die Voraussetzungen des § 929 vorliegen (**RG** SeuffArch 90 Nr. 144).

2. Übergabe

Anm. 2

Da das Eigentum erst in dem Augenblick erworben wird, in dem die Sache dem Erwerber vom Veräußerer übergeben wird, gilt hier auch alles, was in Anm. 17 zu § 929 ausgeführt ist, nämlich daß auch dritte Personen bei der Übergabe auf Seiten des Erwerbers mitwirken können, sei es als Besitzdiener, sei es als Besitzmittler. Auch damit ist das erreicht, worauf es ankommt: daß nämlich der Veräußerer den Besitz völlig verliert und der Erwerber ihn erlangt, sei es als unmittelbaren, sei es als mittelbaren, aber nicht durch den Veräußerer vermittelten.

Wenn **RG** WarnRspr 1932 Nr. 148 kurz bemerkt, daß für § 933 nur die Übertragung des unmittelbaren Besitzes genüge, so ist, wie die Gründe ergeben, als Gegensatz nur an einen durch den Veräußerer vermittelten mittelbaren Besitz gedacht. Hinsichtlich des Eigentumserwerbs an Wertpapieren von seiten des gutgläubigen Kommittenten durch Insichgeschäft des Kommissionärs, falls dieser nicht verfügungsberechtigt ist: vgl. § 930 Anm. 34.

Anm. 3

Der dingliche Vertrag, d. h. die Einigung über den Eigentumsübergang braucht bei der Übergabe nicht wiederholt zu werden, aber das einmal herbeigeführte Einigsein muß doch fortbestehen.

3. Übergabe der Sache auf Grund des Veräußerungsgeschäfts

Anm. 4

In **RG** 81, 141 wird bemerkt, es sei für § 933 selbstverständlich, daß bisheriger mittelbarer Besitz des Erwerbers auf Grund des Veräußerungsgeschäfts in unmittelbaren

Besitz umgewandelt werden solle. Dem ist beizupflichten in dem Sinn, daß die Übergabe nicht im Hinblick auf einen andern Rechtsgrund stattfinden darf. Das trifft z.B. zu, wenn der Veräußerer die nach § 930 übereignete Sache, welche er von dem Erwerber gemietet hat, diesem seinerseits leiht. Es fehlt dann schon an dem oben aufgestellten Erfordernis, daß der Veräußerer jeglichen Besitz verliert; denn er behält mittelbaren Besitz auf Grund des Leihvertrages, während der Erwerber einerseits unmittelbarer Besitzer auf Grund des Leihvertrages wird, anderseits aber auch — weiterer — mittelbarer Besitzer auf Grund des Mietvertrages bleibt.

In dem **RG** 81, 141 entschiedenen Fall war über die streitigen Sachen kein Veräußerungsvertrag geschlossen, ein solcher Vertrag war deshalb auch nicht nach § 930 erfüllt worden; die spätere Übergabe der Sachen an den Erwerber, welche der Verwalter im Konkurse über das Vermögen des Veräußerers in Anerkennung eines angeblichen Aussonderungsanspruchs vornahm, konnte also zu einem Eigentumserwerb nach § 933 überhaupt nicht führen. Wären die fehlenden Voraussetzungen aber vorhanden gewesen, so hätte die Übergabe durch den Konkursverwalter als Übergabe durch den Veräußerer gewirkt und der gutgläubige Erwerber hätte das Eigentum erlangt (vgl. Augsburg SeuffArch 70 Nr. 154).

Anm. 5

Dasselbe Ergebnis würde erzielt werden, wenn in dem obigen Beispiel die Beteiligten bei fortdauernder Einigkeit über den Eigentumsübergang den Miet- und den Leihvertrag aufhöben. Dann wäre die Sache zwar nicht im Sinne von §§ 929 Satz 1, 931 „übergeben" worden; aber die Voraussetzungen des § 929 Satz 2 lägen vor und der Erwerber hätte auch „den Besitz von dem Veräußerer erlangt" (§ 932 Abs. 1 Satz 2).

Anm. 6

Anders läge die Sache aber, wenn der Erwerber die Sache nicht vom Veräußerer entliehen, sondern ihm einfach weggenommen und wenn die Beteiligten später den Mietvertrag aufgehoben hätten. Dann wäre die Sache dem Erwerber weder „übergeben" worden, noch hätte er „den Besitz von dem Veräußerer erlangt"; denn er hätte sie durch verbotene Eigenmacht an sich gebracht (§ 932 Anm. 22). In diesem Falle müßte also der Schutz des guten Glaubens versagen.

Anm. 7

4. Übereignung eines Sachinbegriffs

Ist zum Zweck der Eigentumsübertragung eine Besitzvereinbarung (§ 930) hinsichtlich eines Inbegriffs von Sachen getroffen worden, so kann eine körperliche Übergabe, die bei vorhandenem guten Glauben auch das Eigentum an etwaigen fremden, zu dem Inbegriff gehörigen Sachen zu verschaffen vermöchte, nicht in der Weise vorgenommen werden, daß der mittelbare Besitzer die Räume mietet, in denen sich die Sachen befinden, und sich die Schlüssel aushändigen läßt, sie aber alsbald dem unmittelbaren Besitzer zurückgibt. Das BGB kennt eben keine „symbolische Übergabe", eine wirkliche liegt nicht vor (**RG** 2. 7. 1920 VII 23/20).

5. Guter Glaube

Anm. 8

Für den guten Glauben gilt das zu § 932 Anm. 19—45 Ausgeführte. Auch wenn die Sache einer dritten Person als Besitzdiener oder als Besitzmittler des Erwerbers übergeben wird, kommt es allein auf den guten Glauben des Erwerbers an; denn eine wirkliche Stellvertretung, die es rechtfertigen könnte, § 164 ff anzuwenden, gibt es beim Besitzerwerb nicht (**RG** 137, 26; **BGH** 16, 259).

Anm. 9

Der gute Glaube muß im Zeitpunkt der Übergabe vorhanden sein, Der Fall, daß der Erwerber zwar bei der Besitzabrede schlechtgläubig, aber bei der Übergabe gutgläubig ist, kann vorkommen, z. B. wenn die Person seines gesetzlichen Vertreters gewechselt hat. Unter solchen Umständen kann Eisentum nach § 933 erworben werden.

Anm. 10

6. Besitz des Veräußerers

Ob der Veräußerer unmittelbarer Besitzer oder selbst schon mittelbarer Besitzer ist (§ 871), macht für die Anwendung des § 933 keinen Unterschied.

Anm. 11

7. Veräußerung von unter Eigentumsvorbehalt stehenden Sachen.

Wenn eine unter Eigentumsvorbehalt stehende Sache von dem Inhaber des Anwartschaftsrechts nach § 930 an einen Dritten übereignet wird, erwirbt dieser ohne Rücksicht auf seinen guten oder bösen Glauben bereits mit der Vereinbarung des Besitzmittlungsverhältnisses das dem Veräußerer zustehende Anwartschaftsrecht. Die Anwartschaft ist nicht etwas anderes als das Eigentum, sondern ihm wesensgleich. Sie wird nach denselben Regeln wie das Eigentum erworben. Der dritte Erwerber kann dadurch, daß er die Bedingung für den Untergang des Eigentumsvorbehalts erfüllt, Eigentümer werden. Wenn er gutgläubig ist, kann er aber auch nach § 933 Eigentum erlangen (**BGH** WM 1959, IV B 52).

§ 934

Gehört eine nach § 931 veräußerte Sache nicht dem Veräußerer, so wird der Erwerber, wenn der Veräußerer mittelbarer Besitzer der Sache ist, mit der Abtretung des Anspruchs, anderenfalls dann Eigentümer, wenn er den Besitz der Sache von dem Dritten erlangt, es sei denn, daß er zur Zeit der Abtretung oder des Besitzerwerbes nicht in gutem Glauben ist.

E II 847; P 3 208—211; 6 263, 264, 335.

Übersicht

Gutgläubiger Erwerb bei Übereignung durch Abtretung des Herausgabeanspruchs

1. Erwerb vom mittelbar besitzenden Veräußerer

a) Abtretung des Herausgabeanspruchs

Anm. 1

Die Vorschrift unterscheidet zwei verschiedene Fälle. Beiden gemeinsam ist, daß dem Veräußerer als Nichteigentümer der Sache der durch § 985 dem Eigentümer gewährte Herausgabeanspruch nicht zusteht, dessen Abtretung nach § 931 die Übergabe ersetzen könnte.

Anm. 2

Der erste der beiden Fälle (Fall I) erfordert einen wirklich bestehenden mittelbaren Sachbesitz, also auch den wirklichen Bestand eines auf einem der Rechtsverhältnisse im Sinne des § 868 beruhenden Herausgabeanspruchs gegen den unmittelbaren Besitzer.

Der bloße Anspruch des Käufers gegen den Verkäufer auf Übergabe der Sache genügt hier also nicht.

Anm. 3

Das vom Gesetz geschützte Vertrauen des Erwerbers auf das Eigentum des Veräußerers beruht in diesem ersten Falle auf der in der Abtretung des Herausgabeanspruchs liegenden Behauptung des Veräußerers, er sei Eigentümer, und auf dem dafür sprechenden Besitzverhältnis. Dieses wird nach §§ 870, 931 (Anm. 10—17 das.) vom Veräußerer auf den Erwerber übertragen, und diese Übertragung wirkt wie die Übergabe im Falle des § 932 und macht den Erwerber zum Eigentümer, sofern er nicht zur Zeit der Abtretung bösgläubig ist.

Ohne Belang ist es, ob der veräußernde Nichteigentümer der alleinige mittelbare Besitzer ist oder ob hinter ihm noch weitere mittelbare Besitzer stehen.

Anm. 4

b) Abtretung eines gegen den Eigentümer gerichteten Herausgabeanspruchs

Zweifelhaft kann sein, ob der Eigentumserwerb auch dann mit der Abtretung des Herausgabeanspruchs eintritt, wenn das Besitzmittlungsverhältnis nicht zwischen dem Veräußerer und einem Dritten, sondern zwischen dem Veräußerer und dem Eigentümer in der Weise besteht, daß der Veräußerer mittelbarer und der Eigentümer unmittelbarer Besitzer ist. Der Nießbraucher hat die Sache, an der ihm der Nießbrauch zusteht, dem Eigentümer vermietet und dann an einen anderen durch Abtretung seines Anspruchs aus dem Mietvertrag veräußert. Rechtsgrund für den gutgläubigen Eigentumserwerb ist der Schutz des Vertrauens des Erwerbers. Im ersten Fall des § 934 soll das Vertrauen auf das Eigentum des Veräußerers deswegen geschützt werden, weil es eine Grundlage in dem tatsächlich vorhandenen Besitzmittlungsverhältnis hat. Diese Vertrauensgrundlage tritt für den Erwerber an sich ebenso in Erscheinung, wenn das Besitzmittlungsverhältnis zwischen Veräußerer und Eigentümer, wie wenn es zwischen dem Veräußerer und einem Dritten besteht. Es mag wenig verständlich erscheinen, daß der unmittelbar besitzende Eigentümer sein Eigentum verlieren kann, wenn er zugleich einem Dritten den Besitz vermittelt. Das ist jedoch eine Folge des wenig glücklichen § 934, nach dem das Vertrauen darauf, daß der mittelbare Besitzer einer Sache auch deren Eigentümer ist, geschützt werden soll. § 936 Abs. 3 steht in diesen Fällen dem Eigentumserwerb nicht entgegen. Er betrifft nur die Rechte Dritter an der Sache und beruht auf dem Gedanken, daß derjenige, der Eigentümer durch Abtretung des Herausgabeanspruchs wird, wegen des unmittelbaren Besitzes des Dritten damit rechnen muß, daß dieser ein Recht an der Sache hat. Der Eigentümer, der einem Dritten den Besitz vermittelt, kann sich hinsichtlich seines Eigentumsrechts nicht hierauf berufen. Denn § 934 will gerade den guten Glauben an das Eigentum des mittelbaren Besitzers schützen. Der Eigentümer muß sich entgegenhalten lassen, daß er selbst diesen Rechtsschein dadurch hervorgerufen hat, daß er den mittelbaren Besitz begründet hat. Gegenüber dem Herausgabeverlangen des gutgläubigen Erwerbers wird der frühere Eigentümer zwar nach § 986 Abs. 2 geschützt. Dieser Schutz besteht aber nur solange, als noch Einwendungen gegen den früheren mittelbaren Besitzer aus dem das Besitzmittlungsverhältnis begründenden Rechtsverhältnis hergeleitet werden können (vgl. § 986 Anm. 27—30). Denn nur diese Einwendungen werden durch § 986 Abs. 2 aufrechterhalten. Aus dem Eigentum selbst können keine Einwendungen hergeleitet werden, da der frühere Eigentümer aufgehört hat, Eigentümer zu sein. Er muß also die Sache, wenn er sie vom mittelbaren Besitzer gemietet hatte, an den neuen gutgläubigen Erwerber herausgeben, wenn das Mietverhältnis beendigt ist (vgl. auch § 986 Anm. 25).

Anm. 5

c) Sonderfälle

Erwähnt seien auch zwei andere Fälle:

a) Wenn der Nichteigentümer A die Sache durch Besitzabrede nach § 930 an B veräußert und B, der dadurch trotz etwaigen guten Glaubens zwar nicht Eigentümer, aber jedenfalls mittelbarer Besitzer geworden ist, seinerseits die Sache durch Abtretung des ihm gegen A zustehenden Herausgabeanspruchs an den gutgläubigen C weiterveräußert, so wird C nach Fall I des § 934 Eigentümer.

b) Dasselbe tritt ein, wenn der Nichteigentümer A die Sache dem C zunächst nach § 930 übereignet, dann aber B zum unmittelbaren, sich selbst zum mittelbaren Besitzer macht und schließlich den ihm nunmehr gegen B zustehenden Herausgabeanspruch an den gutgläubigen C abtritt.

Diese Folgen (zu a und b) sind nicht abzulehnen, weil das Gesetz im Fall I von jeder sichtbaren Änderung der Besitzverhältnisse absieht und sich mit der Abtretung des dem mittelbaren Besitzer — wirklich — zustehenden Herausgabeanspruchs begnügt.

2. Erwerb vom nicht besitzenden Veräußerer

Anm. 6

a) Grundlagen des Erwerbs

Der zweite Fall betrifft die Veräußerung durch einen Nichteigentümer, der überhaupt keinen Besitz an der Sache hat. Grundlage des Rechtsgeschäfts ist die bloße Verfügung einer Person, die überhaupt keine dingliche Beziehung zu der veräußerten Sache hat. Abgetreten wird ein nicht bestehender Herausgabeanspruch. Gutgläubiger Erwerb tritt dann aber nur ein, wenn der unmittelbar besitzende Dritte in Anerkennung einer in Wahrheit nicht bestehenden Herausgabepflicht an den Veräußerer dem Erwerber mit Rücksicht auf die geschehene Veräußerung den mittelbaren oder unmittelbaren Besitz an der Sache einräumt (**RG** 89, 348). Das geschützte Vertrauen des Erwerbers beruht hier zwar nicht, wie in Fall I, auch auf einem für das Eigentum sprechenden Besitzverhältnis, wohl aber auf der vom unmittelbaren Besitzer ausgehenden Anerkennung einer — allerdings nicht bestehenden — Verpflichtung zur Herausgabe der Sache an den Veräußerer. Die Abtretung des Herausgabeanspruchs bleibt in diesem zweiten Fall zunächst überhaupt wirkungslos; erst die spätere Erlangung des Besitzes macht den Erwerber zum Eigentümer, sofern er nicht zu dieser Zeit bösgläubig ist.

Anm. 7

b) Guter Glaube

Ob der Veräußerer sich für den Eigentümer hält oder nicht, ist gleichgültig; der gute Glaube des Erwerbers wird geschützt, nicht der des Eigentümers (**RG** 89, 349f; 135, 84; JW 1926, 800; 1932, 3763). Die sonst übereinstimmende Entscheidung **RG** 138, 268 fordert guten Glauben zur Zeit der Abtretung und des Besitzerwerbs. Das ist im Gesetz nicht begründet. Wenn es sagt, der gute Glaube müsse „zur Zeit der Abtretung oder des Besitzerwerbs" vorhanden sein, so bezieht sich der erstere Zeitpunkt auf Fall I, der letztere — und nur dieser — auf Fall II des § 934. Immer, wie auch sonst in den §§ 932f muß der gute Glaube in dem für den Eigentumserwerb maßgebenden Zeitpunkt vorhanden sein.

c) Besitzerlangung

Anm. 8

Im Gegensatz zu § 933 spricht § 934 für Fall II nicht von „Übergabe", sondern von „Erlangung des Besitzes". Das ist ein gewollter und betonter Unterschied (**RG** Gruchot 53, 692f). Die Erlangung des Besitzes umfaßt zwar die Übergabe; sie reicht aber noch darüber hinaus. Zur Erläuterung des Begriffs ist deshalb in erster Linie auf alles das zu verweisen, was in Anm. 15—29 zu § 929 und in Anm. 2—4 zu § 933 zur Übergabe gesagt und weiter über die Mitwirkung dritter Personen dabei und endlich darüber ausgeführt ist, daß trotz solcher Mitwirkung der Erwerber gutgläubig sein muß.

Anm. 9

Unter „Erlangung des Besitzes" fällt es auch, wenn der unmittelbar besitzende Dritte dem Erwerber nur mittelbaren Besitz einräumt, den er, der Dritte, selbst vermittelt. Als „Übergabe" kann ein solcher Vorgang nicht anerkannt werden (§ 929 Anm. 19—21, wo auch **RG** 137, 26 besprochen ist). Daß das Erlangen eines derartigen mittelbaren, vom Dritten selbst vermittelten, Besitzes für Fall II des § 934 genügt, steht in der Rechtsprechung seit langer Zeit fest (**RG** 89, 349; 135, 75; 137, 26; 138, 267; JW 1926, 800; 1932, 3763; Gruchot 53, 693; vgl. auch **RG** 145, 385; WarnRspr 1934 Nr. 134).

Anm. 10

Nicht erforderlich ist, daß derjenige, der durch Einräumung des mittelbaren Besitzes Eigentum nach § 934 erlangt hat, diesen auch behält. Wenn also der neue Eigentümer seinen mittelbaren Besitz später dadurch wieder verliert, daß der unmittelbare Besitzer einen neuen mittelbaren Besitz begründet, sei es des früheren mittelbaren Besitzers, sei es den einer dritten Person, so geht dadurch allein das erworbene Eigentum nicht wieder verloren. Das tritt erst ein, wenn die notwendigen Unterlagen dafür gegeben sind, daß ein anderer kraft guten Glaubens Eigentum an der Sache erwirbt.

Anm. 11

d) Besitzerwerb vom unmittelbar besitzenden Eigentümer

Nach dem Wortlaut des Gesetzes trifft der zweite Tatbestand des § 934 zunächst nur die Fälle, in denen ein Dritter und nicht der Veräußerer oder der Eigentümer unmittelbarer Besitzer der Sache ist. Der Eigentumserwerb vollzieht sich aber in gleicher Weise, wenn der Veräußerer seinen angeblichen gegen den unmittelbar besitzenden Eigentümer gerichteten Herausgabeanspruch abtritt und wenn der Erwerber dann den Besitz von dem Eigentümer erlangt. In diesem Fall hat sich der Tatbestand des § 934 verdichtet. Kann das Eigentum durch das Zusammenwirken zweier Nichteigentümer auf einen gutgläubigen Erwerber übertragen werden, so muß diese Rechtsfolge um so mehr eintreten, wenn der eine, der Besitzer, zugleich Eigentümer der Sache ist (vgl. **RG** Gruchot 53, 692).

Anm. 12

3. Übereignung durch Vereinbarung eines Besitzmittlungsverhältnisses zwischen unmittelbarem Besitzer und Erwerber auf Weisung des mittelbar besitzenden Veräußerers

Wenn ein mittelbarer Besitzer sein Eigentum an der Sache übertragen will, stehen ihm die in Anm. 1 zu § 870 und Anm. 4 zu § 931 erwähnten **drei Wege** offen. Ist der mittelbare Besitzer nicht Eigentümer und wählt er für die Veräußerung die Wege des § 931 oder des § 930, so ergeben sich für die Frage, inwieweit der gutgläubige Erwerber Eigentum erlangt, keine Besonderheiten (§ 933 Anm. 1, 10). Wählt er aber den d r i t t e n Weg, weist er also den unmittelbaren Besitzer an, den bisherigen mittelbaren Besitz für den Veräußerer zu beenden und mit dem Erwerber ein neues Rechtsverhältnis im Sinne des § 868 zu vereinbaren, so scheint eine Schwierigkeit aufzutreten. Der Eigentumsübergang vollzieht sich, wie in Anm. 4 zu § 931 dargelegt, obwohl an sich mehr geschieht als die Vorschrift erfordert, schließlich doch nach § 929 Satz 2; der Erwerber erlangt den Besitz der Sache aber nicht vom Veräußerer, sondern vom unmittelbaren Besitzer und deshalb kann § 932 Abs. 1 Satz 2 nicht zu seinen Gunsten eingreifen. Es wäre eine unleugbare und den herrschenden Auffassungen von Treu und Glauben widersprechende Härte, wenn es dabei sein Bewenden behalten müßte. Indessen treffen die Vorschriften des § 934 zu, und zwar sogar beide nebeneinander. Der veräußernde Nichteigentümer behauptet, Eigentümer zu sein, und dafür spricht der wirklich bestehende mittelbare Besitz (Fall I); dafür spricht aber auch, daß der unmittelbare Besitzer nach der an ihn ergangenen Weisung handelt und in ersichtlicher Anerkennung einer Verpflichtung zur Herausgabe der Sache an den Veräußerer dem Erwerber den Besitz der Sache einräumt (Fall II). Gewisse Unterschiede bleiben, sie sind aber dem Erwerber günstig. Der Veräußerer bekräftigt seine Eigentumsbehauptung nicht durch Abtreten des Herausgabeanspruchs, einen Vorgang, der sich nur zwischen Veräußerer und Erwerber abspielt, sondern durch seine nach außen gerichtete Weisung an den unmittelbaren Besitzer. Dieser Betätigung wohnt die größere Überzeugungskraft inne. Für Fall II kommt außerdem in Betracht, daß der vom unmittelbaren Besitzer anerkannte Herausgabeanspruch wirklich besteht, daß der Veräußerer also eine bessere Rechtsstellung hat, als Fall II voraussetzt. Das kann dem Erwerber nicht nachteilig sein. Die anzuerkennenden Unterschiede machen ihn im Gegenteil des Schutzes noch würdiger. Von einer die Ausnahmevorschriften des § 934 unzulässig ausdehnenden Anwendung des Gesetzes wird man hiernach nicht sprechen können.

§ 935

Der Erwerb des Eigentums auf Grund der §§ 932 bis 934 tritt nicht ein, wenn die Sache dem Eigentümer gestohlen worden, verlorengegangen oder sonst abhanden gekommen war. Das gleiche gilt, falls der Eigentümer nur mittelbarer Besitzer war, dann, wenn die Sache dem Besitzer abhanden gekommen war.

Diese Vorschriften finden keine Anwendung auf Geld oder Inhaberpapiere sowie auf Sachen, die im Wege öffentlicher Versteigerung veräußert werden.

E I 879 II 848; M 3 347—350; P 3 206, 213, 215; 5 724, 725; 6 233, 234.

Übersicht

Abhanden gekommene Sachen

Anm. 1

1. Grundgedanke der Vorschrift

Unter Abwägung der Schutzbedürfnisse einerseits des Eigentümers, anderseits des gutgläubigen Erwerbers schränkt das Gesetz den Verkehrsschutz auf die Fälle ein, in denen der Eigentümer selbst die Sache aus der Hand gegeben und so die Gelegenheit zur Veräußerung durch einen Dritten geschaffen, die Täuschung des gutgläubigen Erwerbers über das Recht des Veräußerers mitverursacht hat.

Sind die Sachen dem Eigentümer ohne seinen Willen „abhanden gekommen", so soll er durch den gutgläubigen Erwerber nicht gefährdet sein. Dieser muß ihm also die Sachen nach § 985 herausgeben. Gestohlenes Lagergut kann auch nicht mittels Verwendung von Lagerscheinen (Inhaber- oder Orderlagerscheinen) auf einen gutgläubigen Erwerber übereignet werden; vgl. darüber Gadow JR 1935, 109; VkRdsch 1937, 194).

Anm. 2

2. Nutzungen und Früchte abhanden gekommener Sachen

Wegen der Nutzungen und Früchte: §§ 987ff. Hat eine gestohlene Stute ein Fohlen geboren, so verbleibt dieses grundsätzlich dem redlichen Besitzer im Sinne des § 993. Das Fohlen ist Frucht und nach den Regeln ordnungsmäßiger Wirtschaft auch Ertrag. Eine entsprechende Anwendung des § 935 auf das Fohlen ist auch dann ausgeschlossen, wenn die Stute bereits trächtig war, als sie gestohlen wurde.

Anm. 3

3. Verlust des Makels

a) Durch Verbindung, Vermischung, Verarbeitung

Die Sache hört auf gestohlen, verlorengegangen oder sonst abhanden gekommen zu sein, wenn sie mit einer anderen verbunden oder vermischt wird (§§ 947, 948) und dadurch das Eigentum an der ursprünglichen Sache entweder ganz untergeht (§ 947 Abs. 2, § 948 Abs. 1) oder sich in Miteigentum an der neuen Sache oder den mehreren vermischten Sachen (§§ 947 Abs. 1, 948 Abs. 1) verwandelt. Was nunmehr im Allein- oder im Miteigentum steht, ist mit dem rechtserheblichen Makel, gestohlen usw. zu sein, nicht mehr behaftet (vgl. KG OLG 12, 125).

Anm. 4

b) Durch Enteignung

Der Makel geht gleichfalls verloren, wenn an einer gestohlenen, verlorengegangenen oder sonst abhanden gekommenen Sache durch staatlichen Hoheitsakt neues, originäres Eigentum begründet worden ist, z. B. durch eine Inanspruchnahme zur Verfügung nach § 15 RLG (jetzt § 2 Abs. 1 Nr. 6, § 16 BLG) oder dadurch, daß die Sache nach Völkerrecht als Beutegut Eigentum eines Feindstaates geworden ist. Hat dagegen der staatliche Hoheitsakt nur ein Benutzungsrecht begründet und die Eigentumsverhältnisse nicht verändert, so hört die Sache nicht auf, abhanden gekommen zu sein (**BGH** 11. 7. 1956 IV ZR 79/56; vgl. auch Raiser SJZ 1948, 764 und Oldenburg RdK 1950, 79; aA Braunschweig SJZ 1948, 758). Ebenso ist kein gutgläubiger Erwerb möglich, wenn die abhanden gekommene Sache als nur vermeintliches Beutegut veräußert wird. Der gute Glaube an die Eigenschaft der Sache als Beutegut nützt dem Erwerber dann nichts (**BGH** 16, 307, 313).

Gutgläubiger Erwerb findet gleichfalls nicht statt, wenn ein nach dem Militärregierungsgesetz Nr. 52 bestellter Treuhänder abhanden gekommene Sachen veräußert, die sich bei dem seiner Treuhandschaft unterstellten Vermögen befanden (**BGH** 4. 11. 1954 IV ZR 91/54).

Anm. 5

4. a) Gestohlene Sachen

Gestohlen worden sind Sachen, die durch Diebstahl im Sinne des § 242 StGB abhanden gekommen sind. Dazu gehören auch solche Sachen, deren Entwendung zwar den äußeren Tatbestand des § 242 StGB erfüllt, aber wegen der besonderen Umstände überhaupt nicht (§ 247 StGB) oder nicht nach § 242, sondern nach § 248a, § 370 Nr. 5 StGB geahndet werden kann.

Anm. 6

§ 935 ist aber nur auf solche Gegenstände anwendbar, die unmittelbar durch die strafbare Handlung dem Verletzten entzogen worden sind, nicht auch auf Gegenstände, die der Täter unter Aufwendung des strafbar Erlangten in an sich rechtmäßiger Weise erworben hat (**RG** 28. 11. 1916 VII 362/16).

Anm. 7

Die gestohlene Sache hört auf, eine solche zu sein, wenn sie wieder in den Besitz des Eigentümers kommt, nicht schon dann, wenn die Strafverfolgungsbehörde sie beschlagnahmt; denn die beschlagnahmende Staatsanwaltschaft vermittelt nicht den

Besitz für den Eigentümer (**RG** WarnRspr 1925 Nr. 25); die Sache ist auch nicht mehr gestohlen, wenn der Eigentümer sie dem Dieb schenkt und übereignet.

b) Unterschlagene Sachen. Besitz und Gewahrsam

Anm. 8

Unterschlagung gehört nicht hierher. Für sie spielt neben dem — unmittelbaren — Besitz noch der strafrechtliche Begriff des Gewahrsams eine Rolle (§ 246 StGB). Da der Besitz nach § 854 in der tatsächlichen Gewalt über eine Sache besteht und der Gewahrsam das natürliche Herrschaftsverhältnis über eine Sache bezeichnet (**RGSt** 50, 183; 52, 143; 56, 117; 60, 272), decken sich beide Begriffe in weitem Umfange. Sie fallen erst auseinander, wo das BGB im Wege der „Annahme als ob" einen unmittelbaren Besitz als vorhanden ansieht, obgleich nach der natürlichen Auffassung eine tatsächliche Gewalt über die Sache nicht mehr besteht. Das geschieht noch nicht im § 856 Abs. 2; denn eine vorübergehende Verhinderung in der Ausübung der Gewalt beseitigt auch den Gewahrsam nicht notwendig (**RGSt** 50, 183). Auch nicht jede dauernde räumliche Entfernung der Sache von dem Herrn oder des Herrn von der Sache hebt den Gewahrsam auf; er kann durch Gehilfen ausgeübt werden, die keinen eigenen Herrschaftswillen haben, nur für den Herrn und auf seine Anweisung verfügen, vorausgesetzt nur, daß der Herr nicht gehindert ist, seinen Herrschaftswillen durch unmittelbare Einwirkung auf die Sache zu verwirklichen (**RGSt** 60, 272).

Anm. 9

Ein unmittelbarer Besitz kann im Rahmen des § 855 auch in den Fällen bestehen, in denen nach natürlicher Auffassung der unmittelbare Besitzer selbst keine tatsächliche Gewalt ausübt. Die tatsächliche Gewalt des Besitzdieners beeinträchtigt an sich die tatsächliche Gewalt auch des Besitzers selbst in keiner Weise; beide können nebeneinander bestehen (**RGSt** 52, 143). Dann hat der Besitzer Besitz und Mitgewahrsam, der Besitzdiener Mitgewahrsam an der Sache. Eignet er sich die Sache an, so begeht er Diebstahl (BayObLG JW 1928, 2995 Nr. 3). Auch in solchem Verhältnis kann aber eine tatsächliche Gewalt nur dem Besitzdiener zustehen (**RG** 52, 117). Diese wird dann kraft des § 855 dem Besitzer zugerechnet, so daß sie ihm den unmittelbaren Besitz gewährleistet. Sie kann ihm aber den Gewahrsam nicht verschaffen, da für diesen nur die natürlichen Verhältnisse, nicht rechtliche Annahmen in Betracht kommen. Dann hat also der Besitzer nur den unmittelbaren Besitz, der Besitzdiener allein den Gewahrsam. Eignet er sich unter solchen Umständen die Sache an, so begeht er eine Unterschlagung; denn hier wird Gewahrsam oder auch nur Mitgewahrsam eines andern nicht gebrochen. Das aber ist ein Erfordernis des Diebstahls (BayObLG aaO).

5. Verlorengegangen: vgl. § 965.

6. Abhandenkommen

Anm. 10

a) Begriff

Dieser Begriff gehört allein dem bürgerlichen Recht an. Nur der Verlust des unmittelbaren Besitzes kommt für ihn in Frage. Die strafrechtliche Unterscheidung zwischen unmittelbarem Besitz und Gewahrsam (vgl. Anm. 8, 9) ist für ihn ohne Bedeutung.

Abhanden gekommen, und zwar dem unmittelbaren wie dem mittelbaren Besitzer, sind Sachen dann, wenn der unmittelbare Besitzer ohne oder gegen seinen Willen den Besitz daran verloren hat (**RG** 101, 224). Unter dem Willen des unmittelbaren Besitzers ist hier, wie die Entstehungsgeschichte des § 935 erkennen läßt, nicht der rechtliche, sondern der rein tatsächliche Wille zu verstehen.

Anm. 11

b) Fortgabe infolge rechtswidriger Einwirkung auf den Willen

Eine Sache ist daher auch dann nicht abhanden gekommen, wenn der Besitz infolge rechtswidriger Einwirkung auf den Willen des Aufgebenden (Drohung oder Betrug) aufgegeben wurde, weil der Besitzverlust auch in diesen Fällen willentlich eintritt (**RG** 101, 225; **BGH** 4, 10, 34; NJW 1953, 1506). **RG** 94, 99 und 103, 147 stehen nicht entgegen. Diese Entscheidungen behandeln nicht das Abhandenkommen nach § 935, sondern den Verlust im Sinne des Frachtrechts.

Anm. 12

Abhanden gekommen ist eine Sache jedoch dann, wenn dem Besitzer der Besitz durch unwiderstehliche physische Gewalt oder einen gleichen psychischen Zwang genommen wird. Die Grenze zwischen Wegnahme und erpreßter Übergabe ist nicht immer leicht zu ziehen. Eine nicht mehr freiwillige Besitzaufgabe wird dann anzunehmen sein, wenn der Wille zur Besitzaufgabe im wesentlichen unter dem Druck unerträglich werdender Störungen gefaßt wird, so daß die Aufgabe des Besitzes nur als eine Wirkung der Störung erscheint. Wird die Sache dem Besitzer durch einen Dritten weggenommen, dann ist sie nicht abhanden gekommen, wenn der Besitzer mit der Wegnahme einverstanden war. Das Einverständnis ist eine innere Willenshaltung. Auf ihr Vorliegen kann nur aus den gesamten äußeren Umständen geschlossen werden. Ein bloß duldendes Geschehenlassen allein rechtfertigt diesen Schluß noch nicht. Anderseits kann auch unter besonderen Umständen durchaus aus einem Unterlassen auf das Einverständnis geschlossen werden.

Anm. 13

Dem Ehemann, dem im Ehescheidungsprozeß durch einstweilige Anordnung aufgegeben ist, seiner Ehefrau die Wohnung und bestimmte Möbel zu überlassen, sind diejenigen Gegenstände, die er darüber hinaus in der von ihm geräumten Wohnung zurückläßt, nicht abhanden gekommen (**BGH** 4, 10, 41).

Ein Einverständnis liegt vor, wenn der Besitzer die Fortnahme durch den Gerichtsvollzieher in der irrigen Annahme zuläßt, zur Duldung der Amtshandlung verpflichtet zu sein (**RG** Recht 1912 Nr. 1313).

Anm. 14

c) Fortgabe durch Geisteskranke. Scheinfortgabe

Abhanden gekommen ist eine Sache, die von einem willensunfähigen Geisteskranken oder einem sinnlos Betrunkenen fortgegeben wird, da nur der Schein eines gewollten Weggebens vorliegt (KG OLG 15, 356). Dagegen ist eine Sache, die „nur zum Schein" weggegeben ist, nicht abhanden gekommen. Trotz allem hat der Besitzer die Sache doch willentlich aus der Hand gegeben.

Anm. 15

d) Verlust des mittelbaren Besitzes

Dem mittelbaren Besitzer sind die Sachen dann nicht abhanden gekommen, wenn der unmittelbare Besitzer sie freiwillig, sei es auch ohne oder gegen den Willen des mittelbaren Besitzers, weggegeben hat (**RG** 54, 68; WarnRspr 1924 Nr. 124). Ebensowenig kommt eine Sache dem mittelbaren Besitzer abhanden, wenn der unmittelbare Besitzer sie sich aneignet.

Anm. 16

e) Weggabe durch Besitzdiener

Da der Besitzdiener nicht Besitzer, der Eigentümer, der den Besitz mit Hilfe des Besitzdieners ausübt, vielmehr selbst unmittelbarer Besitzer ist, so kommt bei der Weggabe durch den Besitzdiener nur in Frage, ob sie mit dem Willen des Eigentümers als Besitzherrn stattfand. Die ohne oder gegen den Willen des Besitzers vom Besitzdiener weggegebenen Sachen sind also „abhanden gekommen" (**RG** 71, 248; WarnRspr 1926 Nr. 48; SeuffArch 76 Nr. 119), und zwar auch dann, wenn der Besitzdiener sie nach § 246 StGB unterschlagen hat (vgl. Anm. 9 und **RG** 106, 6).

Anm. 17

f) Wegnahme auf Grund staatlichen Hoheitsakts

Trotz des fehlenden oder entgegenstehenden Willens des unmittelbaren Besitzers ist die Sache dann nicht abhanden gekommen, wenn die Wegnahme durch einen rechtswirksamen, wenn auch vielleicht anfechtbaren staatlichen Hoheitsakt (Zwangsvollstreckung oder Beschlagnahme) erfolgt. Dieser ersetzt den fehlenden Willen (**OGH** 1, 292, 295; **BGH** 4, 33 mit Nachweisungen u. 4, 285). Ist der Verwaltungsakt, auf Grund dessen die Sache fortgenommen wird, nichtig, dann kann er auch den fehlenden Willen nicht ersetzen, und die Sache ist abhanden gekommen (Frankfurt RdK 1950, 78). Abhanden gekommen ist die Sache auch, wenn der den Besitzaufgabewillen ersetzende Verwaltungsakt erfolgreich angefochten ist. Anders aber, wenn der Besitzer, sei es auch in der irrigen Annahme, dazu verpflichtet zu sein, die Sache selbst aufgegeben oder in ihre Fortnahme gewilligt hatte.

Anm. 18

g) Besondere Fälle

Der Besitz ist abhanden gekommen, wenn A dem B den Zugang zu einem gemeinschaftlich benutzten Raum sperrt und dem B so die Herrschaft über seine in dem Raum untergebrachten Sachen nimmt (**RG** 8. 1. 1924 VII 597/23).

Eine Sache, die einem unmittelbaren Besitzer abhanden gekommen ist, der nicht selbst Eigentümer ist und auch für diesen keinen Besitz vermittelt, ist nicht abhanden gekommen i. S. des § 935 (Düsseldorf NJW 1951, 444; aA Wolff, Sachenrecht § 69 I1, und Planck/Brodmann § 935 Anm. 4 am Ende).

Bei Gütertrennung hat der Mann keinen Besitz an den Sachen der Frau. Nimmt der Mann der Frau solche Sachen ohne ihren Willen fort, so sind sie ihr abhanden gekommen (**RG** WarnRspr 1922 Nr. 16).

Gegenstände, die einzelne der zusammen besitzenden Miterben in der irrigen Meinung, Alleinerben zu sein, verschenkt haben, sind den anderen Miterben „abhanden gekommen" (Braunschweig OLG 26, 58).

7. Geld, Inhaberpapiere usw. (Abs. 2)

Anm. 19

An ihnen kann hiernach der redliche Erwerber — und nur dieser — nach §§ 932 bis 934 auch dann das Eigentum erlangen, wenn sie gestohlen, verloren oder sonst abhanden gekommen waren. Über die Beweisvermutung gegen den guten Glauben des Bankherrn im Falle des Erwerbs gestohlener, verlorener oder sonst abhanden gekommener Inhaberpapiere: HGB § 367.

Wegen der besonderen Verhältnisse in Berlin besteht eine tatsächliche Vermutung dafür, daß derjenige nicht gutgläubig war, der dort in den ersten Jahren nach dem Zusammenbruch Wertpapiere ohne Lieferbarkeitsbescheinigung erworben hat (**BGH** 23, 86; vgl. auch § 932 Anm. 19, 34).

Anm. 20

a) Geld

Gleichviel ob Metallgeld oder Papiergeld, ob inländisches oder ausländisches. Als Papiergeld sind im Sinne des § 935 auch die Banknoten anzusehen. Zu verlangen ist nur, daß es sich um jetziges, d. h. um Geld handelt, das sich in einem Kulturstaat als anerkanntes Tauschmittel im Umlauf befindet, und daß es im gegebenen Falle „als Geld", d. h. als solches Tauschmittel erworben ist und nicht etwa ohne Rücksicht auf seine Geldeigenschaft als Einzelstück (Schaumünze, Merkwürdigkeit).

Anm. 21

b) Inhaberpapiere

Nur wahre Inhaberpapiere, d. h. Papiere, aus denen der Inhaber als solcher forderungsberechtigt ist. Auch für sie gilt, daß sie als Inhaberpapiere gegeben und genommen sein müssen. Haben Diebe gestohlene Inhaberpapiere in Unkenntnis ihres Wertes ohne

Rücksicht auf das in ihnen verkörperte Forderungsrecht als Papier verkauft, so können Käufer, die als solches gekauft haben, sich nicht auf § 935 Abs. 2 berufen.

Keine Inhaberpapiere sind Legitimationspapiere und Orderpapiere, diese auch dann nicht, wenn sie durch Blankoindossament tatsächlich auf den Inhaber gestellt sind; nicht mehr Inhaberpapiere sind solche, die auf Namen umgeschrieben sind oder denen wegen Zeitablaufs oder anderer Ursachen keine Forderung mehr zugrunde liegt.

Bei Wechseln, Schecks, kaufmännischen Orderpapieren und bei den Namensaktien greift Art. 16 Abs. 2 WechselG v. 21. 6. 1933, RGBl I 399, ein (vgl. Art. 21 ScheckG v. 14. 8. 1933, RGBl I 597, und § 61 AktG v. 30. 1. 1937, RGBl I 107). Auch wenn diese Papiere abhanden gekommen sind, werden sie Eigentum ihres ausgewiesenen Besitzers, falls er sie nicht in bösem Glauben erworben hat und ihm bei ihrem Erwerb auch keine grobe Fahrlässigkeit zur Last fällt (**RG** 103, 89; 112, 204).

Anm. 22

c) Erwerb im Wege öffentlicher Versteigerung

§ 383 Abs. 3. Werden gepfändete Sachen mit Genehmigung des Vollstreckungsgerichts (§ 825 ZPO) im Wege freihändiger Veräußerung dem Erwerber durch den Gerichtsvollzieher übergeben, so handelt es sich um einen rein öffentlich-rechtlichen Vorgang. Der Eigentumserwerb erfolgt kraft staatlichen Hoheitsaktes und nicht nach den Grundsätzen des rechtsgeschäftlichen Erwerbs.

Ordnet das Gericht die Versteigerung oder Veräußerung durch eine Privatperson an, dann wird diese Person privatrechtlich tätig. Der Eigentumsübergang an den zu verwertenden Sachen vollzieht sich in diesem Fall nach §§ 929ff, wobei der Veräußernde ermächtigt ist, über das fremde Eigentum zu verfügen (**RG** 164, 162, 172; vgl. auch Stein/Jonas/Schönke, ZPO 18. Aufl. § 825 Anm. II 1 und 2).

Über die Tatsachen, auf die sich der gute Glaube des Erwerbers erstrecken muß, vgl. Kuhnt MDR 1953, 641.

§ 936

Ist eine veräußerte Sache mit dem Rechte eines Dritten belastet, so erlischt das Recht mit dem Erwerbe des Eigentums. In dem Falle des § 929 Satz 2 gilt dies jedoch nur dann, wenn der Erwerber den Besitz von dem Veräußerer erlangt hatte. Erfolgt die Veräußerung nach § 929a oder § 930 oder war die nach § 931 veräußerte Sache nicht im mittelbaren Besitze des Veräußerers, so erlischt das Recht des Dritten erst dann, wenn der Erwerber auf Grund der Veräußerung den Besitz der Sache erlangt.

Das Recht des Dritten erlischt nicht, wenn der Erwerber zu der nach Abs. 1 maßgebenden Zeit in Ansehung des Rechtes nicht in gutem Glauben ist.

Steht im Falle des § 931 das Recht dem dritten Besitzer zu, so erlischt es auch dem gutgläubigen Erwerber gegenüber nicht.

E I 878 II 849; M 3 347; P 3 211ff; 6 234.

Übersicht

Gutgläubig lastenfreier Erwerb

Anm. 1

1. Grundgedanke der Vorschrift

An und für sich müssen dingliche Rechte vom Eigentumswechsel ihrer Natur nach unberührt bleiben. Denn sie sind Rechte an der Sache. Der Satz 1 des § 936 verneint auch nur scheinbar diesen Grundsatz. In Wirklichkeit schränkt er ihn lediglich für den Fall des gutgläubigen Erwerbs ein. Wie das Eigentum des wahren Eigentümers dem des gutgläubigen Erwerbers weichen muß, ebenso und unter den gleichen Voraussetzungen auch das dingliche Recht, mit dem die Sache belastet ist.

Anm. 2

2. Guter Glaube

Der Erwerber ist — vorbehaltlich des für den Handelsverkehr geltenden § 366 HGB — nicht im guten Glauben, wenn ihm bekannt oder infolge grober Fahrlässigkeit unbekannt ist, daß die Sache mit dem Recht eines Dritten (Pfandrecht, Nießbrauch) belastet ist. Ob er die Höhe der Forderung kennt, für die das Pfandrecht besteht, ist unerheblich. Der gute Glaube wird vermutet, das Gegenteil ist nachzuweisen. Der Beweis kann aber durch starke tatsächliche Vermutungen erleichtert werden: so beim Erwerb eines in der Mietwohnung befindlichen Einrichtungsgegenstandes ohne Rücksicht auf die Möglichkeit des Vermieterpfandrechts (**RG** JW 1907, 672; **RGSt** 71, 86).

Der Händler, der von einem Landwirt Feldfrüchte kauft, ist nicht gutgläubig, wenn er den Verkäufer nicht nach dem Bestehen eines Früchtepfandrechts nach §§ 1, 2 des Gesetzes zur Sicherung der Düngemittel- und Saatgutversorgung vom 10. 1. 1949, WiGBl 8, verlängert durch Ges. vom 30. 7. 1951, BGBl I 476, fragt (Schleswig RdL 1956, 109).

Anm. 3

3. Besitzerwerb als Voraussetzung des Schutzes

Auch vor dinglichen Rechten ist der gutgläubige Erwerber nur dann geschützt, wenn er dieselben besonderen Anforderungen an seine Besitzerstellung erfüllt, die das Gesetz (§§ 932—934) für den Erwerb des Eigentums vom Nichteigentümer aufstellt. Für die Fälle des Erwerbs vom Nichteigentümer ergibt sich dies von selbst aus der Voraussetzung des Eigentumserwerbs. Für die Fälle des Erwerbs vom wahren Eigentümer ist es in Abs. 2, 3 besonders ausgesprochen.

Hat hiernach der Erwerber durch Besitzvorbehalt des Veräußerers gemäß § 930 Eigentum erworben, so erlangt er die Befreiung von dem dinglichen Recht nur und erst dann, wenn er auf Grund der Veräußerung auch den unmittelbaren Besitz eingeräumt erhält und dabei gutgläubig ist; hat er Eigentum nur durch Abtretung des Eigentumsanspruchs erworben, mittelbaren Besitz aber nicht erlangt, so wird er erst frei, wenn er auf Grund jener Abtretung auch noch den mittelbaren oder unmittelbaren Besitz erlangt. Hat er aber mit dem Eigentumsanspruch nach § 931 auch den mittelbaren Besitz erlangt, so wird die Sache sofort lastenfrei, wenn der Erwerber bei der Abtretung des Herausgabeanspruchs den guten Glauben an die Lastenfreiheit hatte (**RG** 16. 10. 1906 VII 46/06).

Anm. 4

4. Besitz des dinglich Berechtigten als Schranke des Schutzes (Abs. 3)

Ist der dinglich Berechtigte unmittelbarer Besitzer der Sache, so ist das dingliche Recht vor dem redlichen Erwerber geschützt. Denn der Besitz des Dritten wirkt als äußeres Kennzeichen der dinglichen Belastung (**RG** 143, 277; JW 1937, 613; vgl. jedoch § 934 Anm. 4; § 986 Anm. 25). Unmittelbar betrifft Abs. 3 nur den Fall, daß der Dritte, gegen den sich der Herausgabeanspruch richtet, zugleich der Berechtigte ist. Er ist aber auszudehnen auf den Fall, daß jener Dritte als unmittelbarer Besitzer lediglich den Besitz des Berechtigten vermittelt (KG OLG 41, 184).

Anm. 5

5. Erlöschen der Rechte

Mit dem Eigentumserwerb durch den gutgläubig die Lastenfreiheit annehmenden Erwerber erlischt das dingliche Recht endgültig. Es lebt auch bei der Weitergabe an einen Nichtgutgläubigen nicht wieder auf. Über den Fall, daß das Eigentum an der Sache im Wege der Wandlung eines Kaufvertrags an den Veräußerer zurückgelangt: § 932 Anm. 17.

Wird nach § 935 Abs. 1 Eigentum nicht erworben, so erlöschen auch die Rechte Dritter nicht.

Es kann aber vorkommen, daß zwar Eigentum erworben wird, das dingliche Recht aber nicht erlischt. Hat A seine Sache dem B verpfändet und übergeben, nimmt er sie ihm dann aber weg und veräußert er sie an den von dem Pfandrecht nichts wissenden C, so wird C trotz § 935 Abs. 1 Satz 2 Eigentümer; denn dem A ist die Sache jedenfalls nicht abhanden gekommen; aber das Pfandrecht des B bleibt bestehen, denn ihm als Pfandgläubiger ist die Sache abhanden gekommen. Das steht zwar nicht wörtlich im Gesetz, ergibt sich aber aus seinem sonstigen Inhalt (vgl. **RG** 1, 255 und Art. 306 Abs. 2 des alten HGB).

Bei der Ausnahmevorschrift des § 935 Abs. 2 ist zu beachten, daß sie auch im Rahmen des § 936 für Orderpapiere durch Art. 16 Abs. 2 WG ergänzt wird (vgl. § 935 Anm. 21).

Anm. 6

6. Pfandrechte an Schiffen und Schiffsbauwerken

Für Pfandrechte (Schiffshypotheken) an im Schiffsregister eingetragenen Schiffen und Schiffsbauwerken gelten die Sondervorschriften §§ 16, 77 des Ges. über Rechte an eingetragenen Schiffen und Schiffsbauwerken v. 15. 11. 1940, RGBl I 1499. Zu beachten ist auch die Sonderregelung, welche für die rechtmäßige Veräußerung eines Pfandes in § 1242 getroffen ist.

Anm. 7

7. Das Pachtkreditgesetz v. 5. 8. 1951 (vgl. § 930 Anm. 42) hat in seinem § 5 Abs. 1 eine abweichende Vorschrift (vgl. zu den entsprechenden Vorschriften des Ges. v. 9. 7. 1926 LG Memmingen JW 1934, 1806 und über den Begriff des landwirtschaftlichen Inventars in diesem Gesetz **RG** 142, 201). Wer von dem Pächter ein mit dem Pfandrecht (§ 1) belastetes Stück oder ein Recht daran erwirbt, kann sich, solange der Verpfändungsvertrag bei dem Amtsgericht niedergelegt ist, dem Geldgeber gegenüber nicht darauf berufen, daß er in Ansehung des Pfandrechts gutgläubig war. Ohne Rücksicht auf den guten Glauben des Erwerbers aber wird das Zubehörstück von der Haftung frei, wenn der Pächter darüber in den Grenzen einer ordnungsmäßigen Wirtschaft verfügt und das Zubehörstück von dem Grundstück entfernt wird, bevor der Pfandgläubiger sein Pfandrecht gerichtlich geltend gemacht hat (§ 5 Abs. 2).

II. Ersitzung

§ 937

Wer eine bewegliche Sache zehn Jahre im Eigenbesitz hat, erwirbt das Eigentum (Ersitzung).

Die Ersitzung ist ausgeschlossen, wenn der Erwerber bei dem Erwerbe des Eigenbesitzes nicht in gutem Glauben ist oder wenn er später erfährt, daß ihm das Eigentum nicht zusteht.

E I 881 II 851; M 3 351, 352, 355; P 3 228—234.

Übersicht

Voraussetzungen der Ersitzung

Anm. 1

1. Allgemeines

Das BGB läßt die Ersitzung als Erwerbsart nur noch zu für das Eigentum an beweglichen Gegenständen und an Grundstücken (§§ 900, 927), für den Nießbrauch an beweglichen Sachen (§ 1033) und für solche im Grundbuch eingetragene Rechte, die zum Besitz des Grundstücks berechtigen oder den gesetzlichen Besitzschutz genießen (§ 900 Abs. 2). Gemeinsam ist allen diesen Arten der Ersitzung der Gedanke des Rechtserwerbs durch langjährigen Besitz im Sinne des zu erwerbenden Rechtes.

Die nicht zu leugnende Bedenklichkeit dieser Rechtsquelle wird dadurch gemildert, daß die Ersitzung, namentlich die des Eigentums, im heutigen Verkehr nur noch eine geringe Rolle spielt. Meist greifen die Vorschriften über Eigentumserwerb im guten Glauben (§§ 932 ff) ein. Praktisch wird die Vorschrift jedoch, wenn ein gutgläubiger Eigentumserwerb nach § 935 Abs. 1 nicht möglich ist oder bei einer Veräußerung durch einen Geschäftsunfähigen.

Der Eigentumserwerb nach § 937 ist originär.

Für die Übergangszeit: EG Art. 185, 169.

Die Frage, ob der neue Eigentümer dem früheren wegen ungerechtfertigter Bereicherung durch die Ersitzung nach § 812 zur Herausgabe verpflichtet ist, kann an dieser Stelle nicht behandelt werden. Erwähnt sei aber, daß in **RG** 130, 72 der Bereicherungsanspruch nicht des bisherigen Eigentümers als solchen, sondern der des Sachgebers, welcher dem Ersitzenden den Eigenbesitz verschafft hat, für den Fall zugelassen worden ist, daß der Eigenbesitz ohne Rechtsgrund erworben worden ist (dazu § 812 Anm. 6 B c, § 951 Anm. 11—25).

Anm. 2

2. Frist von zehn Jahren

Berechnung nach §§ 186—188. In bezug auf Sachen, die der Rückerstattung nach den Rückerstattungsgesetzen unterliegen, ist der Fristablauf durch Art. 76 BrREG, Art. 90 AmREG besonders geregelt. Die Ersitzungsfrist gilt als nicht vor dem Ende von 6 Monaten abgelaufen, gerechnet von dem Zeitpunkt, in welchem ein Klaganspruch nach den Rückerstattungsgesetzen zur Entstehung gelangt ist, keinesfalls vor dem 30. Juni 1949. Die Rückerstattungsansprüche sind mit dem Inkrafttreten der Rückerstattungsgesetze, das ist der 12. Mai 1949 für die britische und der 10. November 1947 für die amerikanische Zone, entstanden.

Anm. 3

3. Eigenbesitz

§ 872. Zur Ersitzung ist notwendig, daß der Ersitzende während der Ersitzungszeit die Sache „als ihm gehörend besaß", gleichviel ob als unmittelbarer oder als mittelbarer Besitzer. Der Nachweis dieser Art des Besitzes wird sich in der Regel und am schlagendsten daraus ergeben, daß der Ersitzende den Besitz auf Grund einer Erwerbstatsache erlangte, die auf den Erwerb des Eigentums gerichtet war, und daß er von da an sich dieser Erwerbstatsache entsprechend verhielt. Unentbehrlich ist aber ein solcher Nachweis nicht. Auch wenn es unmöglich ist, eine bestimmte Erwerbstatsache nachzuweisen, kann doch aus dem eigentümergleichen Verhalten des Besitzers selbst auf dessen Eigenbesitz geschlossen werden. Das wird insbesondere dann nicht selten sein, wenn Eigenbesitz eines Rechtsvorgängers in Frage kommt. Ein Besitztitel ist also nach BGB keine notwendige Voraussetzung der Ersitzung.

Anm. 4

4. Ersitzbarkeit, Ersitzungsfähigkeit

Von der Ersitzung ausgeschlossen ist durch das Gesetz keine bewegliche Sache. Fraglich kann sein, ob die vom EG (Art. 86) für den Erwerb durch juristische Personen mit ausländischem Sitz zugelassenen landesgesetzlichen Erwerbsbeschränkungen der Ersitzung im Wege stehen. Gehindert wird freilich der Erwerb durch Ersitzung dann, wenn er lediglich zur Deckung eines solchen nicht zugelassenen Erwerbs vorgeschoben wäre. Denn er würde dann an dem in Abs. 2 als Ausschließungsgrund für die Ersitzung aufgeführten Mangel des guten Glaubens scheitern.

Veräußerungsverbote, die nur den Schutz bestimmter Personen bezwecken (§§ 135f), hindern die Ersitzung nicht.

5. Guter Glaube

Anm. 5

Der Mangel des guten Glaubens muß dem, der sich auf die Ersitzung beruft, nachgewiesen werden. Nicht guten Glaubens ist im Sinne des § 937, wer weiß oder infolge grober Fahrlässigkeit nicht weiß, daß ihn irgendwelche Umstände am Eigentumserwerb hindern. Dieser böse Glaube hindert die Ersitzung, wenn er beim Erwerb des Besitzes besteht.

Anm. 6

Zweifel des Eigenbesitzers beim Erwerb genügen zur Annahme der Bösgläubigkeit nur dann, wenn der Erwerber sich über sie grob fahrlässig hinwegsetzt (vgl. § 932 Anm. 24—42 und **RG** 2. 2. 1926 VI 383/25).

Anm. 7

Ausgeschlossen wird die Ersitzung aber durch die auch nachträglich — nach der Erlangung des Eigenbesitzes, aber vor Vollendung der Ersitzung — eintretende Erkenntnis des Eigentumsmangels. Fahrlässige Nichtkenntnis genügt in diesem Falle nicht (**RG** 56, 317).

Anm. 8

Keinen Mangel des guten Glaubens im Sinne von § 937 bedeutet es, wenn der Erwerber annimmt, daß an seiner Sache beschränkte Rechte eines Dritten bestünden, z. B. Nießbrauch, oder daß Rechte von Fideikommißanwärtern in Frage kämen. Belastetes und unbelastetes Eigentum sind in ihrem Wesen nicht verschieden. Bestehen die vermeintlichen Rechte Dritter in Wirklichkeit nicht, so erwirbt der Besitzende freies Eigentum (**RG** 47, 245). Im übrigen wegen der Rechte Dritter: § 945.

Anm. 9

6. Ersitzung durch den Erbschaftsbesitzer

Auch der Erbschaftsbesitzer ist an der Ersitzung der zur Erbschaft gehörenden Sachen nicht gehindert. Nur kann er sich auf diese Ersitzung dem Erben gegenüber solange nicht berufen, als nicht der Erbschaftsanspruch verjährt ist (§ 2026).

Anm. 10

7. Internationales Privatrecht

Im internationalen Privatrecht entscheidet über die Voraussetzungen der Ersitzung, wenn die Sache während der Ersitzungszeit den Ort wechselt, das Recht des Ortes, an dem die Ersitzung vollendet wird. Nur wenn die nach diesem Recht erforderliche Frist vollen Umfangs abgelaufen ist und auch während der Zeit des ausländischen Aufenthalts der Sache ständig die von diesem Recht geforderten Voraussetzungen vorgelegen haben, kommt der Eigentumserwerb zustande.

§ 938

Hat jemand eine Sache am Anfang und am Ende eines Zeitraums im Eigenbesitze gehabt, so wird vermutet, daß sein Eigenbesitz auch in der Zwischenzeit bestanden habe.

E I 883 II 853; M 3 353; P 3 230.

Vermutung des Eigenbesitzes

Anm. 1

1. **Beweisführung.** Wer für den Beginn und das Ende des Zeitraums das Bestehen seines Eigenbesitzes behauptet, muß dies beweisen (**RG** 144, 321). Erst dann steht ihm die Vermutung des § 938 zur Seite. Gegenbeweis ist zulässig (§ 282 ZPO).

Anm. 2

2. Soll Eigentum nach § 931 übertragen worden sein, so ist eine Vermutung für den Fortbestand des Besitzes des Dritten weder aus § 938 noch aus § 1006 zu entnehmen (**RG** 22. 1. 1929 VII 315/28).

§ 939

Die Ersitzung kann nicht beginnen und, falls sie begonnen hat, nicht fortgesetzt werden, solange die Verjährung des Eigentumsanspruchs gehemmt ist oder ihrer Vollendung die Vorschriften der §§ 206, 207 entgegenstehen.

E I 884 II 853; M 3 353, 354; P 3 230, 231; 6 234, 235.

Hemmung der Ersitzung

Anm. 1

1. **Hemmungsgründe.** §§ 202—204. Für die Zeit des 2. Weltkrieges und des Zusammenbruchs vgl. die besonderen § 202 Anm. 27 ff am Ende aufgeführten Vorschriften und MilRegG 2 Art. VIII. Die Zeit der Hemmung ist infolge entsprechender Anwendung des § 205 in die Ersitzungsfrist nicht einzurechnen.

Anm. 2

2. **Beweispflichtig** für das Hindernis ist, wer sich darauf beruft.

§ 940

Die Ersitzung wird durch den Verlust des Eigenbesitzes unterbrochen.

Die Unterbrechung gilt als nicht erfolgt, wenn der Eigenbesitzer den Eigenbesitz ohne seinen Willen verloren und ihn binnen Jahresfrist oder mittels einer innerhalb dieser Frist erhobenen Klage wiedererlangt hat.

E I 885 II 854; M 3 354, 355; P 3 231, 232.

Unterbrechung der Ersitzung durch Verlust des Eigenbesitzes

Anm. 1

I. **Verlust des Eigenbesitzes.** Vgl. § 872 Anm. 4. Wegen der Wirkung der Unterbrechung: § 942. Den Verlust hat der Gegner des Ersitzenden zu beweisen.

II. Gilt als nicht erfolgt (Abs. 2)

1. Bedeutung der Vorschrift

Anm. 2

Der Ersitzende ist so zu behandeln, als ob die Unterbrechung nicht eingetreten wäre; die ganze Zeit vom Verlust des Eigenbesitzes bis zum Augenblick der Wiedererlangung wird in die Ersitzungszeit eingerechnet. Die Ausnahme des Abs. 2 muß der Ersitzende beweisen.

Anm. 3

2. Besitzverlust ohne Willen

Der Fall liegt ähnlich wie der des § 935. In Betracht kommt zumeist, daß der Ersitzende nicht nur den Eigenbesitz, sondern den Besitz überhaupt dadurch verloren hat, daß ihm oder, wenn er mittelbarer Besitzer war, dem unmittelbaren Besitzer die Sache gestohlen worden, verlorengegangen oder sonst abhanden gekommen ist. Der Verlust auch des mittelbaren Besitzes durch Unterschlagung ist — im Gegensatz zu § 935 — nach § 940 zu berücksichtigen. Denkbar ist auch, daß der Eigentümer den Eigenbesitz verlor, ohne den Besitz zu verlieren. Auch dann findet § 940 Anwendung.

3. Wiedererlangung binnen Jahresfrist

a) Tatsächliche Wiedererlangung

Anm. 4

Es spielt keine Rolle, auf welche Weise der Besitz wiedererlangt ist, z. B. auch durch verbotene Eigenmacht (§ 858).

Anm. 5

b) Klageerhebung binnen Jahresfrist

Nach § 261 Abs. 3 ZPO genügt es, wenn die Klage vor Ablauf der Frist bei Gericht eingereicht wird, falls sie alsbald, wenn auch erst nach Ablauf der Frist, zugestellt wird. Vgl. dazu § 209 Anm. 19, 20.

§ 941

Die Ersitzung wird unterbrochen, wenn der Eigentumsanspruch gegen den Eigenbesitzer oder im Falle eines mittelbaren Eigenbesitzes gegen den Besitzer gerichtlich geltend gemacht wird, der sein Recht zum Besitze von dem Eigenbesitzer ableitet; die Unterbrechung tritt jedoch nur zugunsten desjenigen ein, welcher sie herbeiführt. Die für die Verjährung geltenden Vorschriften der §§ 209 bis 212, 216, 219, 220 finden entsprechende Anwendung.

E I 887 II 855; M 3 355, 356; P 3 234, 235, 4 585, 586; 6 236, 237.

Übersicht

Unterbrechung der Ersitzung durch Geltendmachung des Eigentumsanspruchs

Anm. 1

1. Verhältnis zur Verjährung des Eigentumsanspruchs

Diese Unterbrechung der Ersitzung ist ihrem Grunde und ihrer Art nach nahe verwandt mit der Unterbrechung der Verjährung des Eigentumsanspruchs, aber mit ihr nicht zu verwechseln. Beide laufen nebeneinander. Die Erhebung des Eigentumsanspruchs unterbricht in der Regel Ersitzung und Verjährung.

Anm. 2

2. Eigentumsanspruch

Nur der geltend gemachte Eigentumsanspruch (§ 985) unterbricht, nicht auch der in den §§ 861, 862, 1007 ohne Rücksicht auf das Eigentum gewährte Anspruch auf Einräumung des Besitzes. Unterbrechend wirkt auch nur die Geltendmachung des Eigentumsanspruchs, d. h. die des wirklich bestehenden Eigentumsanspruchs. Wer nur als vermeintlicher Eigentümer, ohne es wirklich zu sein, gegen den Eigenbesitzer den Eigentumsanspruch erhoben hat, kann sich, wenn er später, etwa durch Abtretung des Eigentumsanspruchs seitens des wirklichen Eigentümers, Eigentümer geworden ist, auf die früher ungerechtfertigterweise erhobene Eigentumsklage für die Behauptung der Unterbrechung der Ersitzung nicht berufen.

3. Klage bei mittelbarem Eigenbesitz

Anm. 3

(§ 868). Hat der Eigenbesitzer die Sache vermietet, verpachtet, zu Nießbrauch ausgegeben, so kann nach § 985 der Eigentumsanspruch sowohl gegen den nur mittelbar besitzenden Eigenbesitzer als auch gegen den seinen mittelbaren Besitz als unmittelbarer Besitzer vermittelnden Mieter, Pächter, Nießbraucher usw. geltend gemacht werden.

Anm. 4

Der Wortlaut des § 941 könnte dazu verleiten, anzunehmen, daß in solchem Falle nur die Klage gegen den besitzvermittelnden Mieter, Pächter oder Nießbraucher die Ersitzung unterbreche. Dies würde jedoch dem Sinn und Zweck des Gesetzes zuwiderlaufen. Die Vorschrift muß dahin verstanden werden, daß im Falle des mittelbaren Eigenbesitzes sowohl die Eigentumsklage gegen den nur mittelbar besitzenden Eigenbesitzer als auch die Eigentumsklage gegen den den Besitz vermittelnden Mieter, Pächter, Nießbraucher die Ersitzung unterbricht.

Anm. 5

Nicht erforderlich ist, daß der Eigentümer beim Geltendmachen seines Eigentumsanspruchs gegen den besitzvermittelnden Mieter, Pächter oder Nießbraucher den mittelbaren Eigenbesitzer und das Besitzmittlungsverhältnis kennt. Auch wenn er den Pächter in der Annahme verklagt, dieser sei Eigenbesitzer, unterbricht die Klage die Ersitzung des Eigenbesitzers. Anderseits unterbricht die Klage auch dann die Ersitzung, wenn der mittelbare Eigenbesitzer von ihr überhaupt nichts erfährt.

Anm. 6

4. Klage gegen Besitzdiener und Zwischenbesitzer

Der Versuch der Geltendmachung des Eigentumsanspruchs gegen den „Besitzdiener" (§ 855) unterbricht die Ersitzung nicht. Auch die Erhebung des Eigentumsanspruchs gegen einen dritten Zwischenbesitzer, der den Eigenbesitzer vorübergehend aus dem Besitze verdrängt hat (§ 940 Abs. 2), unterbricht die Ersitzung gegen den Eigenbesitzer nicht (so auch Brodmann in Planck 5. Aufl. § 941 Anm. 5; Berg in Staudinger 11. Aufl. § 941 Anm. 1 gegen Prot. 3, 235).

5. Gerichtliche Geltendmachung des Eigentumsanspruchs

Anm. 7

a) Allgemeines

Gerichtlich muß der Eigentumsanspruch geltend gemacht werden. Außergerichtliches Geltendmachen, das Auffordern zur Anerkennung des Anspruchs wirkt also nicht unterbrechend. Aber auch die Anerkennung des Anspruchs hat diese Wirkung nicht. Sie wird freilich dann, wenn sie vom Eigenbesitzer selbst ausgeht, nach § 937 Abs. 2 in der Regel eine weitergehende Wirkung haben, nämlich die der (endgültigen) Ausschließung der Ersitzung durch die Erkenntnis des Eigentumsmangels. Darüber, welche Rechtshandlungen unter den Begriff der gerichtlichen Geltendmachung fallen: Anm. 8—11.

b) Arten der gerichtlichen Geltendmachung. Entsprechende Anwendung von Verjährungsvorschriften

Anm. 8

Für entsprechend anwendbar erklärt sind aus dem Rechte der Verjährung Vorschriften darüber, welche Rechtsakte unter den Begriff der gerichtlichen Geltendmachung fallen, und darüber, wie lange die Unterbrechung dauert und unter welchen Voraussetzungen sie als nicht eingetreten gilt, d. h. mit rückwirkender Kraft wegfällt.

Anm. 9

Unter den Begriff der gerichtlichen Geltendmachung fällt in erster Linie die Klage auf Herausgabe oder auf Feststellung des Eigentums, auf Erteilung der Vollstreckungsklausel und auf Erlaß des Vollstreckungsurteils (§ 209 Abs. 1), die Geltendmachung des Eigentumsanspruchs im Güteverfahren (§ 209 Abs. 2 Nr. 1 a), in gewissen Fällen das Anrufen der Behörde zur Vorentscheidung über die Zulässigkeit des Rechtswegs und zur Bestimmung des zuständigen Gerichts (§ 210), endlich die Vollstreckungshandlung und der Zwangsvollstreckungsantrag bei Gericht (§ 209 Nr. 5). Die im § 209 Abs. 2 Nr. 1—3 noch weiter aufgeführten Rechtsakte können beim Eigentumsanspruch ihrer Art nach nicht in Frage kommen, die Anmeldung des Anspruchs im Konkurs insbesondere deshalb nicht, weil der Aussonderungsanspruch nicht im Wege des Konkursverfahrens, sondern nur außerhalb desselben auf dem Wege gewöhnlichen Rechtes gegen den Konkursverwalter geltend zu machen ist (KO § 43) und daher hierbei von Wirkungen der Anmeldung im Sinne der KO nicht gesprochen werden kann. Wird der Eigentumsanspruch als Aussonderungsanspruch gegen den Konkursverwalter geltend gemacht, so wirkt diese Klage auch gegen den Gemeinschuldner ebenso ersitzungsunterbrechend, wie wenn sie gegen ihn selbst erhoben wäre.

Anm. 10

Mit der Möglichkeit, daß § 209 Abs. 2 Nr. 4 (Streitverkündung in dem Prozeß, von dessen Ausgang der Anspruch abhängt) anwendbar sein könnte, rechnet **RG** 143, 380. Bei der Klagerhebung vor einem Schiedsgericht genügt es regelmäßig, daß der Eigentümer das zur Erledigung der Sache seinerseits Erforderliche vorgenommen hat (§ 220).

Anm. 11

Fraglich kann sein, ob die Unterbrechung durch Klagerhebung auch dann eintritt, wenn der Kläger zur Zeit der Erhebung der Klage noch nicht Eigentümer war, aber während des Rechtsstreits das Eigentum erworben hat. Die Frage wird zu verneinen sein, wenn das nachträgliche Geltendmachen des neuen Erwerbsgrundes im Rechtsstreit als unzulässige Klageänderung zurückgewiesen wird (ZPO § 264). In diesem Falle tritt Unterbrechung der Ersitzung (falls nicht inzwischen der Eigenbesitzer sein Unrecht erkannt hat und dadurch von der Ersitzung ausgeschlossen ist) erst mit der Klagerhebung aus dem neuen Klagegrund ein. Wird aber die Klageänderung nicht als unzulässig erachtet, so ist anzunehmen, daß die Wirkung der Unterbrechung der Ersitzung vom Augenblick der Änderung ab eintritt.

Anm. 12

6. Beschränkte Wirkung der Ersitzungsunterbrechung

Im Gegensatz zur Unterbrechung durch Verlust des Eigenbesitzes (§ 940 Abs. 1), die dem Eigentümer auch dann zustatten kommt, wenn er sie nicht bewirkt hat, nützt die Unterbrechung durch Geltendmachung des Eigentumsanspruchs dem Eigentümer nur dann, wenn er sie herbeigeführt hat. Das ist indessen nicht ganz wörtlich zu nehmen. Im Falle der Rechtsnachfolge in das Eigentum kommt dem Rechtsnachfolger die Klageerhebung seines Vorgängers gegen den Eigenbesitzer zugute, wie wenn er die Unterbrechung selbst herbeigeführt hätte.

Die Klage eines Miteigentümers in Ansehung der ganzen Sache wirkt nicht nur für ihn, sondern auch zugunsten der übrigen Miteigentümer, da er nach § 1011 auf Grund gesetzlicher Ermächtigung handelt (vgl. Anm. 2 das.); § 432 Abs. 2 steht deshalb nicht entgegen.

§ 942

Wird die Ersitzung unterbrochen, so kommt die bis zur Unterbrechung verstrichene Zeit nicht in Betracht; eine neue Ersitzung kann erst nach der Beendigung der Unterbrechung beginnen.

E I 885 II 856; M 3 354; P 3 232, 233.

Neue Ersitzung nach Unterbrechung

Anm. 1

1. Wirkung der Unterbrechung

Wie nach § 217 bei der Verjährung, so hat auch bei der Ersitzung die Unterbrechung — und zwar nicht nur die Unterbrechung durch Klagerhebung, sondern auch die Unterbrechung durch Besitzverlust —, sofern sie nicht wegen rechtzeitigen Wiedergewinns des Besitzes (§ 940 Abs. 2) oder wegen Zurücknahme der Klage oder Ruhenlassens der Verfolgung des Eigentumsanspruchs (§§ 211, 212, 216) als nicht eingetreten gilt, die Wirkung, daß nicht nur die Zeit während der Unterbrechung, sondern auch die ganze Besitzzeit vor der Unterbrechung in die Ersitzungszeit nicht eingerechnet werden darf. Ein Zusammenrechnen unterbrochener Ersitzungszeiten findet im Gegensatze zum Falle der Hemmung unter keinen Umständen statt (§ 939).

Anm. 2

2. Beendigung der Unterbrechung. Wann die Unterbrechung beendigt ist, ergibt sich aus den §§ 211, 219, 220.

§ 943

Gelangt die Sache durch Rechtsnachfolge in den Eigenbesitz eines Dritten, so kommt die während des Besitzes des Rechtsvorgängers verstrichene Ersitzungszeit dem Dritten zustatten.

E I 882 II 857, 858; M 3 353; P 3 270; 5 653, 654.

Zeitanrechnung bei Rechtsnachfolge

Anm. 1

1. Rechtsnachfolge

Gleichviel ob allgemeine Rechtsnachfolge (Erbfolge § 857) oder Sondernachfolge, immer aber Rechtsnachfolge. Als Sondernachfolge setzt sie ein zwischen dem Vorbesitzer und dem gegenwärtigen Besitzer geschlossenes, der Besitzübertragung zugrunde liegendes, wenn auch unwirksames Veräußerungsgeschäft voraus. Durch Vorgänge nur wirtschaftlicher Art oder durch eine rechtsirrige Annahme der Beteiligten kann das Veräußerungsgeschäft nicht ersetzt werden (**RG** 129, 204).

Rechtsnachfolge ist auch dann als gegeben anzusehen, wenn eine Sache bei Eintritt einer auflösenden Bedingung an den früheren Besitzer zurückfällt (§ 158 Abs. 2).

Hat der Eigenbesitzer durch Eigenmacht oder sonst außerhalb des Falles der Rechtsnachfolge den Besitz erlangt, so wird ihm die Ersitzungszeit dessen, der vor ihm besaß, nicht angerechnet. Die Fälle der Ersitzungsfortsetzung durch Sondernachfolge werden mit Rücksicht auf die §§ 932—934 BGB, außer bei gestohlenen, verlorenen oder sonst abhanden gekommenen Sachen, nur noch selten vorkommen.

Anm. 2

2. Rechtsvorgänger. Belanglos ist es, ob er es unmittelbar oder entfernter ist.

Anm. 3

3. Ersitzungszeit. Nicht die Besitzzeit schlechthin, sondern nur diejenige Zeit des Besitzes, welche auch für den Vorgänger als Ersitzungszeit in Betracht kam. War daher der Vorgänger nicht in gutem Glauben oder seine Ersitzung gehemmt oder unterbrochen, so kann insoweit auch seine Besitzzeit nicht dem Nachfolger zustatten kommen.

§ 944

Die Ersitzungszeit, die zugunsten eines Erbschaftsbesitzers verstrichen ist, kommt dem Erben zustatten.

E II 858; P 3 236, 237

Übersicht

Anrechnung der Ersitzungszeit des Erbschaftsbesitzers

Anm. 1

1. Zweck der Vorschrift

Nach § 857 geht der Besitz auf den Erben als Rechtsnachfolger des Erblassers über. Tritt ein Dritter mit der Behauptung, Erbe zu sein, dazwischen und bemächtigt er sich der Erbschaftssache, so ist der Erbe aus dem Besitz durch Eigenmacht verdrängt. Erlangt er auf Grund des Erbschaftsanspruchs die Sache wieder, so erlangt er sie vom Erbschaftsbesitzer nicht durch Rechtsnachfolge. Der Besitzzusammenhang ist also seit dem Eintreten des Erbschaftsbesitzers zweifach unterbrochen; die Ersitzung des Erben könnte demzufolge erst mit dem Augenblick beginnen, in dem er nach Verdrängung des Erbschaftsbesitzers den Besitz selbst wiedererlangt. Dem will § 944 zugunsten des Erben entgegentreten. Die zweifache Unterbrechung des Besitzes soll als nicht vorhanden angesehen werden.

Anm. 2

2. Glaube des Erbschaftsbesitzers an das Eigentum des Erben

Aus dem eben dargelegten Gesetzeszweck folgt zunächst, daß es für den Fall des § 944 nicht darauf ankommen kann, ob der Erbschaftsbesitzer an sein Erbrecht geglaubt hat, sondern nur darauf, ob er den Eigenbesitz in dem Glauben ausgeübt hat, daß die Sache als Eigentum des Erben zur Erbschaft gehöre; denn es würde dem Endzwecke der Begünstigung des wahren Erben widersprechen, wollte man annehmen, daß er gerade dann einen geringeren Schutz genießen sollte, wenn der Erbschaftsbesitzer nicht an sein Erbrecht geglaubt hat.

Daraus folgt weiter, daß der Beginn der Ersitzungszeit auch auf die Besitzzeit des Erblassers zurückgeführt werden kann, wenn dieser im Ersitzungsbesitz war.

Anm. 3

3. Eigene Ersitzung durch den Erbschaftsbesitzer

Als möglich ist es endlich auch anzusehen, daß sich die Ersitzung während der Besitzzeit des Erbschaftsbesitzers vollendet. Dies ergibt sich aus dem Zusammenhang mit § 2026. Denn wenn dort gesagt ist, daß vor der Verjährung des Erbschaftsanspruchs der Erbschaftsbesitzer dem Erben gegenüber die Ersitzung der Erbschaftssache nicht geltend machen kann, so wird damit ausgesprochen, daß die Ersitzung an sich zugunsten des Erbschaftsbesitzers beendet sein kann. Sonst dürfte er sich Dritten gegenüber nicht auf die Ersitzung berufen, und das läßt § 2026 zu.

Der Erbschaftsbesitzer kann aber das Eigentum durch Ersitzung nur erwerben, wenn er im guten Glauben an sein Erbrecht ist. Andernfalls weiß er, daß ihm das Eigentum nicht zusteht (§ 937 Abs. 2).

Anm. 4

4. Rechtsfolgen bei der Herausgabe der Erbschaft

Wenn der Erbschaftsbesitzer mit dem aus der Erbschaft Erlangten auch die betreffende Sache an den Erben herausgibt (§ 2018), ist zweierlei möglich: Entweder befand sich der Erbschaftsbesitzer im guten Glauben an sein Erbrecht und hat deshalb das Eigentum an der Sache für sich erworben oder er war insoweit schlechtgläubig und hat das Eigentum deshalb nicht erworben, weder für sich noch etwa für den Erben, für diesen schon deshalb nicht, weil er ihn nicht vertritt.

Der Erbe empfängt in dem zweiten Fall also eine Sache, die noch im Eigentum des Dritten steht; er erwirbt aber selbst das Eigentum daran durch Ersitzung, sobald er den Besitz erlangt. Das folgt aus obigen Darlegungen.

In dem ersten Fall hat zwar der Erbschaftsbesitzer die Ersitzung beendigt und selbst Eigentum erworben mit der Wirkung, daß der dritte Eigentümer sein Eigentum verloren hat; aber bei der Herausgabe der Sache an den Erben überträgt er das ersessene Eigentum nicht auf diesen. Der Erbe wird nicht der Rechtsnachfolger des Erbschaftsbesitzers; im Verhältnis zum Erben gilt dieser überhaupt nicht als Eigentümer der Sache (§ 2026). Auch für den ersten Fall ist daher anzunehmen, daß der Erbe mit der Erlangung des Besitzes an der Sache das Eigentum ebenso selbständig durch eigene Ersitzung erwirbt wie in dem oben erörterten zweiten Fall.

§ 945

Mit dem Erwerbe des Eigentums durch Ersitzung erlöschen die an der Sache vor dem Erwerbe des Eigenbesitzes begründeten Rechte Dritter, es sei denn, daß der Eigenbesitzer bei dem Erwerbe des Eigenbesitzes in Ansehung dieser Rechte nicht in gutem Glauben ist oder ihr Bestehen später erfährt. Die Ersitzungsfrist muß auch in Ansehung des Rechtes des Dritten verstrichen sein; die Vorschriften der §§ 939 bis 944 finden entsprechende Anwendung.

E I 889 II 860; M 3 356; P 3 237, 238.

Übersicht

Erlöschen der Rechte Dritter durch Ersitzung

1. Voraussetzungen

Anm. 1

a) Erwerb des Sacheigentums durch Ersitzung

Während § 936 an den Eigentumserwerb durch Übertragung ohne weiteres die Rechtsnachfolge des Erlöschens der dem Erwerber entschuldbar unbekannten Rechte Dritter an der Sache knüpft, gewährt § 945 für den Fall des Eigentumserwerbs durch Ersitzung dem Erwerber die Befreiung von den Rechten Dritter nur dann, wenn er die Freiheit von diesen Rechten in gleicher Art ersessen hat wie das Eigentum. Ist so einerseits die Freiheit von den Rechten Dritter nicht notwendige Folge der Ersitzung des Eigentums, so ist doch anderseits die Ersitzung des Eigentums notwendige Voraussetzung der Befreiung von den Rechten Dritter nach § 945. Würde darum auch die Ersitzungsfrist in Ansehung des Rechtes abgelaufen und der gute Glaube des Eigenbesitzers in Ansehung des Rechtes gegeben sein, so wäre doch § 945 nicht anwendbar, wenn die Ersitzung des Eigentums nicht außer Frage stände. Der Dritte kann also gegen die Ausschließung seines Rechtes alle Gründe geltend machen, die gegen die Annahme sprechen, er habe das Eigentum wirksam ersessen.

Anm. 2

b) Guter Glaube

Guter Glaube in Ansehung des Rechts bedeutet: dem Erwerber darf nicht bekannt oder infolge grober Fahrlässigkeit unbekannt gewesen sein (vgl. § 932 Abs. 2), daß das

Recht bestand. Der Mangel des guten Glaubens ist ihm nachzuweisen. Erfährt der Erwerber später das Bestehen des Rechts, so steht dies dem Mangel des guten Glaubens beim Erwerbe des Eigenbesitzes gleich; doch darf es nicht erst nach dem Ablauf der Ersitzungsfrist für das Recht geschehen sein.

Anm. 3

c) Verstreichen der Ersitzungsfrist für das Recht

Außer den ausdrücklich genannten Vorschriften wird auch noch § 936 Abs. 3 entsprechend anzuwenden sein. Denn in dieser Vorschrift kommt der allgemeine Gedanke zum Durchbruch, daß der Inhaber eines Rechtes an der Sache durch deren unmittelbaren Besitz vor den rechtszerstörenden Wirkungen des gutgläubigen Erwerbs gesichert sein soll. Gilt dies schon beim Erwerb durch Übertragung vom Nichteigentümer, so muß es um so mehr gelten beim Erwerb des Eigentums durch Ersitzung.

Anm. 4

2. Erwerb des Sacheigentums auf andere Weise als durch Ersitzung

Die Vorschriften des § 945 gelten auch dann, wenn das Eigentum an der Sache nicht durch Ersitzung, sondern auf andere Art erworben worden ist. Die Ersitzung der Freiheit des Eigentums ist nur in äußerlicher Anknüpfung an die Ersitzung selbst geregelt worden (vgl. dazu schon Mot. u. Prot.). Was in Anm. 3 gesagt ist, trifft auch hier zu.

III. Verbindung. Vermischung. Verarbeitung

§ 946

Wird eine bewegliche Sache mit einem Grundstücke dergestalt verbunden, daß sie wesentlicher Bestandteil des Grundstücks wird, so erstreckt sich das Eigentum an dem Grundstück auf diese Sache.

E I 890 II 861; M 3 358, 359; P 3 238.

Übersicht

Eigentumserwerb durch Verbindung mit einem Grundstück

Anm. 1

I. Grundgedanke und Zweck der Vorschrift

In den §§ 946, 947 sind für den Erwerb und Verlust des Eigentums die Schlußfolgerungen aus den Grundsätzen gezogen, die in den §§ 93, 94, 95 über die Bestandteilseigenschaft aufgestellt sind. Vor allem ist deshalb auf die Erläuterungen hierzu zu verweisen. § 946 entspringt überdies dem Gedanken, daß gegenüber einer beweglichen Sache, die mit einem Grundstück verbunden wird (z. B. Maschinen mit einer Fabrik **RG** 140, 224; Wasch-, Abort- und Badeeinrichtungen mit einem Gasthof **RG** WarnRspr 1933 Nr. 21; Treibstoff- und Öltankanlagen mit einer Großgarage, auch wenn sie mit widerruflicher Genehmigung der Gemeindebehörde in den anliegenden Straßenkörper eingefügt sind, **RG** 150, 27; eine hölzerne Wandtäfelung von künstlerischem Eigenwert mit einem Gebäude, es sei denn, die Verkehrsanschauung stehe entgegen, **RG** 158, 362) stets das Grundstück als Hauptsache anzusehen ist. Das wirtschaftlich schädliche Auseinanderreißen wesentlicher Bestandteile vermöge der Durchführung des Eigentumsanspruchs soll nach den Grundgedanken des Gesetzes verhütet werden (Mot. 3, 283).

Fragen der Rechtserneuerung hierzu, insbesondere auch zur Verarbeitung und Umbildung (§ 950), sind behandelt von Eichler, Wandlungen des Eigentumsbegriffes in der deutschen Rechtsauffassung und Gesetzgebung, 1938, bes. S. 165 ff.

II. Arten der Verbindung

Anm. 2

1. Der äußere Tatbestand der Verbindung

Zu unterscheiden ist hier zwischen einem äußeren und einem inneren Tatbestande der Verbindung. Regelmäßig entscheidet der äußere Tatbestand, der rein tatsächliche Vorgang der körperlichen Vereinigung, der Umstand, daß die bewegliche Sache mit dem Grund und Boden (durch Einbauen, Einpflanzen, Aussäen oder in anderer Weise) fest verbunden wird, und zwar so, daß eine Trennung nicht möglich ist, ohne daß die verbundenen Teile zerstört oder in ihrem Wesen verändert werden (§§ 93, 94).

Anm. 3

2. Der Verbindung zugrunde liegende Willensvorgänge

Die der Verbindung zugrunde liegenden Willensvorgänge dagegen sind in den meisten Fällen belanglos (**RG** 94, 129; 152, 352). Belanglos ist insbesondere, ob die Verbindung in der Absicht geschieht, dadurch eine Rechtsänderung herbeizuführen (so **RG** 51, 80 im Falle der Aussaat durch einen Geisteskranken auf einem fremden Acker)

Anm. 4

Gleichgültig ist ferner, ob der die Verbindung Herstellende zur Verfügung über die Sache berechtigt war oder sich berechtigt glaubte, wie auch, mit wessen Mitteln die zum Einbauen verwendeten Stoffe erworben worden sind (**RG** 152, 352). Auch der Dieb erwirbt Eigentum an dem gestohlenen Bauholz, das er in sein Haus einbaut, durch die Verbindung (**RG** GA 54, 300). Selbst dem Umstand, daß der Eigentümer des Grundstücks den andern durch die Vorspielung, ihm das Grundstück übereignet zu haben, arglistig verlockt hatte, darauf zu bauen, kann gegenüber der zwingenden Vorschrift des Eigentumsübergangs auf den Grundstückseigentümer kein Gewicht beigemessen werden (**RG** JW 1904, 139).

3. Vorübergehende und für die Dauer gewollte Verbindung

Anm. 5

Nur in drei besonderen Fällen berücksichtigt das Gesetz den Willen der Verbindenden gegenüber der äußeren Tatsache der Verbindung (vgl. § 95 Abs. 1 Satz 1 und § 95 Abs. 2, das. Abs. 1 Satz 2 und § 94 Abs. 2). Wenn eine bewegliche Sache nur zu vorübergehendem Zweck mit dem Grund und Boden und wenn ein Gebäude oder anderes Werk in Ausübung eines Rechts an einem fremden Grundstück von dem Berechtigten mit dem Grundstück verbunden wird (§ 95 Abs. 1 und 2), bewirkt die Verbindung keinen Eigentumswechsel. Fällt nachträglich die hindernde Zweckbestimmung weg und ist die Verbindung mit dem Grundstück nunmehr für die Dauer gewollt, so tritt damit die Rechtswirkung der Verbindung nicht ohne weiteres in Kraft (vgl. § 95 Anm. 25; **BGH** 23, 57; LM PreisstopVO Nr. 7).

In **RG** WarnRspr 1934 Nr. 19 wird mit Recht betont, daß es regelmäßig der Eigentümer der verbundenen Sache sein muß, welcher die dauernde Verbindung will. Ein

Pächter A hatte ein nach dem Pachtvertrage von ihm zu einem vorübergehenden Zweck errichtetes Gebäude zur Sicherheit an B übereignet; später erwarb er das Grundstück. Befugt zur Änderung der Zweckbestimmung des Gebäudes war jetzt nur B. Ohne seinen Willen konnte das Gebäude nicht Bestandteil des Grundstücks und damit Eigentum des A werden.

Anm. 6

Maßgebend ist in erster Linie die innere Willensrichtung des Einfügenden; doch muß sie mit dem nach außen in die Erscheinung tretenden Sachverhalt vereinbar sein (**RG** 153, 236).

Anm. 7

Auch wenn die Verbindung als dauernde gewollt ist, tritt ein Eigentumswechsel nicht ein, wenn der die Verbindung Vornehmende rechtlich nicht in der Lage ist, eine dauernde Verbindung zu schaffen, weil er nach dem zwischen ihm und dem Eigentümer bestehenden Verträgen verpflichtet ist, die mit dem Grundstück verbundenen Sachen bei Beendigung des Miet- und Pachtverhältnisses wieder zu entfernen (**BGH** 10, 171, 176; 23, 61; 20. 6. 1952 V ZR 167/51). In Fällen dieser Art kann ein Eigentumswechsel in dem Augenblick eintreten, in dem die Bestimmungen über die Entfernung der Sachen ausdrücklich oder stillschweigend ganz oder nur für die betreffende mit dem Grundstück verbundene Sache aufgehoben werden.

Anders als in den Anm. 5 erwähnten Fällen handelt es sich hier nicht darum, daß der Zweck der Verbindung geändert wird, vielmehr entfällt allein das rechtliche Hindernis, das der von Anfang an gewollten dauernden Verbindung entgegenstand.

Anm. 8

Ob Sachen im Rechtssinne als nur zu einem vorübergehenden oder als zu einem dauernden Zweck verbunden anzusehen sind, ist nach wirtschaftlich-praktischen Gesichtspunkten zu beurteilen.

Anm. 9

4. Verbindung zur Herstellung eines Gebäudes

In dem dritten der oben erwähnten Fälle handelt es sich darum, daß bewegliche Sachen zur Herstellung eines Gebäudes, das selbst Bestandteil des Grundstücks ist, „eingefügt" werden (§§ 94 Abs. 2, 95 Abs. 2). In diesen Fällen tritt der Eigentumswechsel anders als bei den vorher erwähnten Fällen wegen der besonderen Zweckbestimmung der verbundenen Sachen auch dann ein, wenn die Verbindung nicht untrennbar ist. Aber auch in diesem Falle ist unbedingt vorausgesetzt, daß nach der allgemeinen Verkehrsauffassung und den besonderen Umständen infolge der Verbindung nur eine Sache in der Gestalt des Gebäudes vorliegt.

a) Maschinen

Anm. 10

Eine der schwierigsten und am meisten umstrittenen Fragen dieser Bestimmung ist die nach der Bestandteilseigenschaft von Maschinen in Fabriken (**RG** 56, 290; 63, 173; 63, 416; 67, 30; 69, 152; JW 1912, 128; 1914, 238; WarnRspr 1909 Nr. 58; 1909 Nr. 59; 1910 Nr. 97; 1910 Nr. 190).

Anm. 11

Für die Frage, ob Maschinen, die zur Ausbeutung von Bodenschätzen in Bergwerken oder Steinbrüchen bestimmt sind, im Hinblick auf die zeitlich begrenzte Ausbeute des Unternehmens dem § 95 zu unterstellen sind, kommt es auf die besonderen Umstände des Einzelfalls, namentlich auf die Lebensdauer der Maschinen einerseits und des Bergwerks (Steinbruchs) anderseits an (**RG** 61, 192; 153, 235; JW 1935, 418).

b) Heizungs-, Warmwasser- und Beleuchtungsanlage

Anm. 12

Nach der in Norddeutschland geltenden Verkehrsanschauung muß ein fertiges Wohnhaus mit einer vollständigen Beheizungsanlage in den Zimmern und einer Kochgelegenheit in der Küche versehen sein. Die an die Sammelheizung angeschlossenen Heizkörper — wenn die Wohnung auf Gasheizung abgestellt ist, die Gasradiatoren — und die in der Küche aufgestellten Gasherde sind daher wesentliche Bestandteile nach § 94 Abs. 2 BGB, ebenso bei einer neuzeitlichen Wohnung die Warmwasserbereiter, die bestimmt sind, das Badewasser zu erwärmen (**BGH** NJW 1953, 1180).

Anm. 13

Eine ganze Anlage für elektrische Beleuchtung ist als wesentlicher Bestandteil eines Gasthofgrundstücks angesehen worden (**RG** 58, 338); bloße Beleuchtungskörper dagegen sind es nicht (**RG** JW 1917, 809; vgl. auch Anm. 1).

Anm. 14

c) Vom Pächter vorgenommene Verbindungen

Bei Sachen, die ein Pächter in ein gepachtetes Grundstück einfügt, spricht eine gewisse tatsächliche Vermutung für die auf die Pachtzeit begrenzte Einfügungsabsicht (**RG** 87, 51; 153, 236; WarnRspr 1913 Nr. 39; Gruchot 59, 110); aber stets sind die Umstände des Einzelfalls entscheidend. Eine Verbindung zu einem nur vorübergehenden Zweck kann nicht angenommen werden, wenn der Pächter nach dem Pachtvertrag verpflichtet ist, die von ihm mit dem Grundstück verbundenen Sachen bei Beendigung des Pachtverhältnisses entschädigungslos dem Verpächter und Grundstückseigentümer zu überlassen (**RG** 158, 400).

d) Besondere Fälle

Anm. 15

Die Netze der Kabel- und Gasleitungen werden nicht Bestandteile der Anstaltsgrundstücke, auch nicht der Grundstücke, in denen die einzelnen Teile liegen; sie bleiben regelmäßig selbständige bewegliche Sachen (**RG** 83, 67; 87, 43; SeuffArch 71 Nr. 2; vgl. auch Braunschweig SeuffArch 71 Nr. 78) und erleiden deshalb durch Einsenkung in fremde Grundstücke in ihren Eigentumsverhältnissen keine Veränderung.

Anm. 16

Rohstoffe, die für ein auf einem Grundstück zu errichtendes Werk angeliefert, aber noch nicht mit dem Grundstück verbunden sind, fallen nicht unter § 946 (**RG** 104, 93).

Anm. 17

Ein Gasbehälter aus zusammengenieteten Platten, der aus einem auf einer Betonschicht aufliegenden Becken und einer verschieblichen Glocke bestand, ist bei 2000 Kubikmeter Rauminhalt, 18 m Durchmesser und 100 Tonnen Gewicht für eine mit dem Grund und Boden fest verbundene Sache nach § 94 Abs. 2 erachtet worden (**RG** WarnRspr 1932 Nr. 114).

Anm. 18

Wird zunächst der Überbau für eine Brücke hergestellt und dann dieser Überbau durch Aufsetzen auf den Unterbau mit dem Grund und Boden verbunden, so sind nicht die zur Herstellung des Überbaus erforderlichen Eisenteile einzeln mit dem Grund und Boden verbunden, sondern die vorher fertiggestellte Sacheinheit des Überbaus. Das kann für den Anspruch nach § 951 Abs. 1 wesentlich sein.

III. Erstreckung des Eigentums an dem Grundstück auf die Sache

Anm. 19

Durch die Verbindung wird der Grundstückseigentümer als solcher auch Eigentümer der bis zur Verbindung beweglichen und selbständigen Sache. Der seitherige Eigentümer dieser Sachen verliert sein Eigentum endgültig.

An dieser Stelle des Gesetzes hat aber durch die eigenartige Fassung nicht zum Ausdruck gebracht werden sollen, auch dann, wenn der die Verbindung Herstellende zugleich Eigentümer des Grundstücks und der beweglichen Sache ist, habe die Verbindung zur Folge, daß nur mehr das Eigentum an dem Grundstück in Betracht komme. Diese Frage ist vielmehr ausschließlich nach den §§ 93 ff zu beantworten.

Anm. 20

Die Vorschrift, daß die Verbindung den Eigentumswechsel bewirkt, ist zwingend (**RG** 158, 400). Auch eine Vereinbarung, daß dem bisherigen Eigentümer an der mit dem Grundstück zu verbindenden Sache das Eigentum vorbehalten und das Recht zur Wiederwegnahme eingeräumt werden soll, kann den Verlust des Eigentums an der beweglichen Sache durch die Verbindung nicht hindern (**RG** 73, 333; 130, 311).

Anm. 21

Die Verbindung muß aber auch stattfinden. Werden unfertige Fenster- und Türflügel versuchsweise eingehängt, um festzustellen, ob sie passen (dann aber wieder herausgenommen), so ist das regelmäßig keine Verbindung im Sinne des § 946 (**RG** LZ 1915, 212). Der Eigentumsvorbehalt an angelieferten Bauteilen (Türen, Fenstern) ist also nicht völlig gegenstandslos (**RG** 19. 1. 1914 VI 570/13).

IV. Verbindung mit mehreren Grundstücken

1. Überbau

Anm. 22

In Frage kommt hier hauptsächlich das Überbauen mehrerer Grundstücke mit einem Gebäude. Geschieht es in Ausübung eines Rechtes an den Grundstücken (§ 95 Abs. 1), so werden die Gebäude durch die Verbindung nicht Bestandteile der Grundstücke, § 946 ist also nicht anwendbar. Das gleiche hat zu gelten, wenn der Eigentümer eines Grundstücks ohne ein solches besonderes Recht über die Grenze gebaut hat und der Nachbar nach Lage des Falles gemäß § 912 verpflichtet ist, den Überbau zu dulden (**RG** 83, 147; 160, 177; 169, 172). Auch dieser Überbau wird nicht Bestandteil des Nachbargrundstücks; denn er besteht auf Grund des Rechtes, die Duldung zu verlangen. § 912 gilt auch bei einem Erweiterungsbau.

Anm. 23

Wird ein Überbau auf dem fremden Grundstück erweitert, so kann der Eigentümer dieses Grundstücks den Erweiterungsbau nicht nach § 946 in Anspruch nehmen, wenn der Erweiterungsbau mit dem Überbau ein einheitliches untrennbares Ganzes nach § 94 Abs. 2 bildet. Die Duldungspflicht nach § 912 erstreckt sich dann ohne weiteres auf den Erweiterungsbau (**RG** 160, 183, wo die Möglichkeit einer anderen Entscheidung offengelassen ist, wenn bei der weiteren Inanspruchnahme des fremden Grundstücks vorsätzlich oder grob fahrlässig verfahren worden ist).

Anm. 24

Erwirbt später der Grundstückseigentümer das überbaute Nachbargrundstück zu Eigentum, so wird der hinübergebaute Gebäudeteil nur dann Bestandteil dieses Grundstücks, wenn der Grundstückseigentümer den entsprechenden Willen äußert, etwa indem er den Überbau als Bestandteil auf dem Grundbuchblatt des überbauten Grundstücks vermerken läßt (**RG** 83, 149; 160, 178).

Liegt kein Überbaufall nach §§ 912 oder 95 vor, so fällt der Überbau und mit ihm fallen die in ihn eingefügten beweglichen Sachen nach Maßgabe des Laufes der Grenze als Bestandteile der Grundstücke in das Eigentum der einzelnen Grundstückseigentümer (**RG** 65, 361; 70, 200; JW 1912, 129; **BGH** 27, 204 für den Fall des unentschuldigten Überbaus; vgl. hierzu Ebel AcP 141, 183; Bergenroth JW 1937, 970). Daß in diesem Falle für die beiden Grundstückseigentümer eine Gemeinschaft im Sinne der §§ 741, 751 entstehe, verneint das Reichsgericht. Das wird man billigen müssen, ohne daß man anzuerkennen brauchte, daß infolge des Sondereigentums an den Gebäudeteilen jeder

der beiden Grundstückseigentümer mit seinem Teil ganz ohne Rücksicht auf den Nachbar verfahren könnte. Die Anwendung des § 226 wird hier zu angemessenen Ergebnissen führen.

Anm. 25

Wegen der vertragsmäßig mit auf das Nachbargrundstück gesetzten Giebelmauer: § 94 Anm. 5; anders **BGH** 27, 197.

Anm. 26

2. An- und Zwischenbauten

Bloße Anbauten erfüllen dagegen den Rechtsbegriff des Überbaus nicht. Ein Zwischenbau, der nur eine Lücke zwischen zwei auf verschiedenen Grundstücken stehenden Gebäuden ausfüllen soll und als weder allein zu dem einen noch allein zu dem anderen Gebäude gehörig angesehen werden kann, ist auch dann kein Überbau, wenn er Teilflächen beider Grundstücke in Anspruch nimmt. Hier gilt die Regel der §§ 94 Abs. 1, 946 (**RG** 169, 178).

§ 947

Werden bewegliche Sachen miteinander dergestalt verbunden, daß sie wesentliche Bestandteile einer einheitlichen Sache werden, so werden die bisherigen Eigentümer Miteigentümer dieser Sache; die Anteile bestimmen sich nach dem Verhältnisse des Wertes, den die Sachen zur Zeit der Verbindung haben.

Ist eine der Sachen als die Hauptsache anzusehen, so erwirbt ihr Eigentümer das Alleineigentum.

E I 891 II 862; M 3 359; P 3 238, 239.

Übersicht

Verbindung beweglicher Sachen

1. Verbindung zu einer einheitlichen Sache

a) Verbindung

Anm. 1

Der Eigentumswechsel nach dieser Vorschrift setzt zunächst voraus, daß mehrere bewegliche Sachen miteinander verbunden werden. Die Anforderungen an den äußeren Tatbestand der Verbindung sind hier die gleichen wie bei der Verbindung einer beweglichen Sache mit einem Grundstück. Für den inneren Tatbestand kommt es hinsichtlich solcher Gebäude, die nicht Grundstücksbestandteile sind, nach § 94 Abs. 2 und § 95 Abs. 2 darauf an, ob die Sachen zur Herstellung des Gebäudes oder nur zu einem vorübergehenden Zweck mit diesem verbunden worden sind (vgl. dazu § 946 Anm. 5—8).

Anm. 2

Unerheblich ist es, wer die Verbindung vorgenommen hat. Die Vorschrift des § 947 gilt auch, wenn der Verbindende der bisherige Eigentümer der Sachen war oder zu den bisherigen Eigentümern der Sachen gehörte (**RG** JW 1918, 567; WarnRspr 1929 Nr. 161).

b) Wesentliche Bestandteile einer einheitlichen Sache

Anm. 3

Die Verbindung muß derart sein, daß die miteinander verbundenen Sachen wesentliche Bestandteile einer einheitlichen Sache werden. § 947 trifft weder den Fall, daß bewegliche Sachen miteinander verbunden werden, ohne daß das Verbundene eine einheitliche Sache ist (Motorwagen und Anhänger eines Lastzuges), noch den Fall, daß die verbundenen Sachen einfache Bestandteile einer zusammengesetzten einheitlichen Sache bleiben. In diesen Fällen bleibt das Eigentum an den einzelnen miteinander verbundenen Sachen unverändert erhalten (**OGH** 2, 392).

Anm. 4

Die Frage, ob die Sachen selbständige Gegenstände bleiben, einfache oder wesentliche Bestandteile einer einheitlichen Sache werden, ist im wesentlichen Tatfrage. Rechtsfrage ist allein die Frage, ob die Grundsätze, nach denen das Vorhandensein der Bestandteilseigenschaft festzustellen ist, richtig angewandt sind (**RG** JW 1934, 1849).

Anm. 5

Wesentliche Bestandteile sind nach § 93 solche Bestandteile, die nicht voneinander getrennt werden können, ohne daß der eine oder der andere zerstört oder in seinem Wesen verändert wird. Ob ein Bestandteil durch die Trennung zerstört wird, ist eine Frage der Technik. Die Entwicklung der modernen Technik hat dazu geführt, daß in erheblich weiterem Umfang als zur Zeit der Beratung des BGB Bestandteile einer Sache ohne Schwierigkeiten durch andere, gleichartige ausgetauscht werden können. Diese leichte Möglichkeit, einzelne Bestandteile auszutauschen, kann dazu führen, daß eine Sache, die dem Verkehr als einheitlicher Gegenstand erscheint und als solcher bei Geschäftsabschlüssen genommen wird, in Wahrheit aus Stücken verschiedener Eigentümer zusammengesetzt ist. Um das zu verhindern, hat das Reichsgericht der durch die Trennung herbeigeführten Wesensveränderung eine gesteigerte Bedeutung beigelegt (**RG** 152, 91, 98). Um eine Wesensveränderung der Bestandteile bei der Trennung annehmen zu können, hat das Reichsgericht vielfach den wirtschaftlichen Zweck und das Wesen des Hauptbestandteils dem wirtschaftlichen Zweck und Wesen der ganzen Sache gleichgestellt, in der eben angeführten Entscheidung für das Verhältnis von Schiffskörper und Schiff und ebenso, wenn es sich um den Einbau von Maschinen in Fabrikgebäude handelt (**RG** 50, 240, 243; 58, 338, 341; 62, 406, 409; 69, 150, 158; JW 1905, 387; 1911, 573). Der Bundesgerichtshof ist dem Reichsgericht in dieser Richtung nicht gefolgt (**BGH** 18, 226, 231; 20, 154; 20, 159 = (ausführlicher) LM BGB § 950 Nr. 4). § 947 hat damit nicht mehr dieselbe praktische Bedeutung wie früher. Der verlängerte Eigentumsvorbehalt kann sich mehr auswirken, da er in vielen Fällen nicht nach § 947 Abs. 2 dadurch erlischt, daß die unter Eigentumsvorbehalt gelieferte Sache mit einer anderen zu einer einheitlichen Sache verbunden wird.

Anm. 6

Dafür, ob ein Bestandteil durch die Trennung in seinem Wesen verändert wird, ist es grundsätzlich unerheblich, ob die ganze Sache durch die Entfernung des Bestandteils in ihrem Wesen verändert wird. Es kommt allein darauf an, ob die verschiedenen Bestandteile nach der Trennung noch in der bisherigen Art wirtschaftlich genutzt werden können, sei es auch, nachdem sie zu diesem Zweck wieder mit anderen Sachen verbunden worden sind. Aus diesen Erwägungen hat der Bundesgerichtshof entschieden, daß keine wesentlichen Bestandteile sind: der Motor des Kraftfahrzeugs (**BGH** 18, 226), serienmäßig hergestellte und katalogmäßig gehandelte Meßinstrumente, die in elektrische Geräte eingebaut sind (**BGH** 20, 154). Auch das Gehäuse eines Gerätes kann einfacher Bestandteil sein (**BGH** 20, 159). An diesen Sachen bleibt ein erweiterter Eigentumsvorbehalt auch nach dem Einbau bestehen.

Anm. 7

Dagegen ist das Wesen des restlichen Hauptbestandteils dem Wesen der ganzen Sache gleichzustellen, wenn es sich um das Verhältnis zu solchen abgetrennten Bestandteilen handelt, die allgemein geurteilt im Verhältnis zu der ganzen Sache von vollständig untergeordneter Bedeutung sind, z. B. die Schrauben und Hebel einer Maschine oder die Räder eines Getriebes (**BGH** 20, 154).

Anm. 8

Falls die aus einfachen Bestandteilen bestehende einheitliche und für den dauernden Gebrauch hergestellte Sache gepfändet wird, sind die Eigentümer der Bestandteile wie Miteigentümer zu behandeln. Sie können mit der Klage aus § 771 ZPO vorgehen (**RG** 144, 241; Lechner JW 1934, 2541).

Anm. 9

c) Verhältnis von Verbindung und Verarbeitung

Geht neben der Verbindung eine Verarbeitung einher, dann ist zunächst zu prüfen, ob der Tatbestand des § 950 erfüllt ist. In diesem Fall kann § 947 nicht angewandt werden (**OGH** 2, 392). Daß die Verbindung oder Vermischung im Sinne der §§ 947, 948 auf menschlicher Tätigkeit beruhe, ist nicht zu fordern (**RG** LZ 1914, 396).

2. Wirkung der Verbindung. Abweichend vom § 946 sind hier zwei Fälle zu unterscheiden:

Anm. 10

a) Entstehen von Miteigentum

Falls keine der beiden verbundenen Sachen als die Hauptsache betrachtet werden kann, entsteht eine neue Sache, deren Bestandteile die verbundenen Sachen sind. Diese selbst aber sind nach der Verbindung als selbständige Sachen nicht mehr vorhanden. Für diesen Fall bestimmt das Gesetz, daß die Eigentümer der vormals selbständigen Sachen nun nach dem Wertverhältnis Miteigentümer werden. Ist das Wertverhältnis nicht feststellbar, so findet § 742 (gleiche Anteile) auch nicht hilfsweise Anwendung; wer seinen Anteil nicht beweisen kann, erhält nichts. Die Sonderregelung des § 948 schließt gemäß § 741 ein Zurückgreifen auf § 742 aus (**RG** 112, 102).

b) Alleineigentum des Eigentümers der Hauptsache (Abs. 2)

Anm. 11

Ist aber eine der verbundenen Sachen die Hauptsache, dann entsteht keine neue Sache, sondern die Nebensache geht durch die Verbindung als Bestandteil in der Hauptsache auf, und das Eigentum an der Hauptsache erstreckt sich auf die damit verbundene Nebensache.

Anm. 12

Dafür, ob das Verhältnis von Hauptsache zu Nebensache vorliegt, und welche der Sachen Hauptsache ist, gibt es keine allgemein gültigen Regeln. Insbesondere ist dafür auch nicht der überwiegende Wert noch das Verhältnis des räumlichen Umfangs der verbundenen Sachen notwendig entscheidend. Die Entscheidung ist vielmehr in Würdigung der besonderen Umstände des Falles nach der allgemeinen Verkehrsauffassung zu treffen (vgl. **RG** 157, 244). Dabei geht die Fragestellung dahin, ob eine der miteinander verbundenen Sachen nach der Verbindung im Verhältnis der verbundenen Sachen zueinander als Hauptsache anzusehen ist, nicht ob die durch die Verbindung verschiedener Sachen geschaffene neue Sache die Hauptsache im Verhältnis zu den einzelnen verbundenen Sachen ist (**OGH** 3, 353).

Anm. 13

Das eigentliche Gerät ist im Verhältnis zu seinem Gehäuse dann nicht die Hauptsache, wenn das Gerät im praktischen Gebrauch nicht ohne das Gehäuse verwertbar ist. Das ist z. B. der Fall, wenn das Gehäuse dazu dient, die Bedienung des Gerätes zu ermöglichen, die einzelnen Teile des Gerätes oder auch nur die das Gerät Bedienenden zu schützen. Hauptsache ist das eigentliche Gerät dagegen, wenn das Gehäuse nur den Zweck hat, dem Gerät ein gefälligeres Aussehen zu geben (**BGH** 20, 159, 163).

Anm. 14

c) Eigentumswechsel unabhängig vom Willen der Beteiligten

Die dinglichen Wirkungen der Verbindung treten unabhängig von dem Willen und sogar gegen den Willen der etwa dabei tätigen Menschen ein (**RG** 94, 129). Abweichende Abreden können nur wirksam werden, wenn die sachenrechtlichen Formen ihrer Durchführung erfüllt werden (§§ 929ff; vgl. § 948 Anm. 7).

3. Einzelheiten

Anm. 15

Die Veredelung von Sträuchern durch Einsetzen von Augen anderer Arten, sog. Edelreisern, ist „Verbindung"; der Wildling ist gegenüber dem Auge die Hauptsache, auch wenn der Wildling „wurzelecht" gemacht wird (**RG** JW 1928, 2448; vgl. § 950 Anm. 7).

Anm. 16

Werden Lade- und Ankerwinden in ein Frachtschiff eingebaut, so werden sie durch Verbindung dessen wesentliche Bestandteile; der Eigentümer des Schiffes erwirbt nach Abs. 2 das Eigentum an den Winden, auch wenn ihr bisheriger Eigentümer sich das Eigentum daran vorbehalten hat (**RG** 11. 12. 1931 VII 239/31).

Anm. 17

Wird eine neue Landungsbrücke unter Verwendung von einigen bereits eingerammten Pfählen der alten Landungsbrücke erbaut, so kann die neue Brücke als die Hauptsache angesehen werden (**RG** 9. 12. 1932 VII 209/32).

Anm. 18

Eine Gehegebude, die bis auf den Keller und zwei Außenwände neu erbaut ist, ist eine neue Sache; die Herausgabe der alten Bude ist deshalb unmöglich (**RG** WarnRspr 1929 Nr. 161).

Anm. 19

Die in eine Briefmarkensammlung eingeklebte Briefmarke ist Nebensache (Dresden SeuffArch 73 Nr. 121; vgl. auch **RG** SeuffArch 90 Nr. 144).

Anm. 20

Über die Herstellung und Einsetzung von Goldkronen aus Gold, das der Behandelte dem Zahnarzt geliefert hat: **RG** ZAkDR 1938, 279 (Schaffstein).

Anm. 21

Über die bei dem Zusammenbau von Kraftwagen entstehenden Rechtsverhältnisse vgl. **RG** 144, 239; **BGH** 18, 226; **OGH** 2, 389; Karlsruhe NJW 1951, 447; Stuttgart NJW 1952, 145; Lechner JW 1934, 2540 und Lange MDR 1951, 165. Über den Einbau eines unter Eigentumsvorbehalt gelieferten Motors in einen Kahn Köln JW 1936, 466.

Anm. 22

Bei einer Großgarage bilden die Treibstofftanks mit den Zuleitungsrohren ein einheitliches Ganzes. Sie sind deshalb auch, wenn sie jenseits der Grenze im Straßenkörper liegen, wesentliche Bestandteile des Garagengrundstücks (**RG** 150, 27).

Anm. 23

Der Motor, der in ein im Schiffsregister eingetragenes Schiff eingebaut ist, ist in entsprechender Anwendung des § 94 Abs. 2 wesentlicher Bestandteil des Schiffs geworden (**BGH** 26, 225).

§ 948

Werden bewegliche Sachen miteinander untrennbar vermischt oder vermengt, so finden die Vorschriften des § 947 entsprechende Anwendung.

Der Untrennbarkeit steht es gleich, wenn die Trennung der vermischten oder vermengten Sachen mit unverhältnismäßigen Kosten verbunden sein würde.

E I 892 II 863; M 3 359, 360; P 3 239.

Übersicht

Vermischung und Vermengung

Anm. 1

1. Bewegliche Sachen

In Betracht kommen bewegliche Sachen aller Art. So zusammengeschüttetes Getreide (**RG** 67, 421; **BGH** 14, 114), durcheinander gekommene Bohlen, Geld (**RG** 103, 288; WarnRspr 1918 Nr. 117). Auch Tiere sind nicht ausgeschlossen. Wegen des Lagergeschäfts vgl. § 419 HGB, wegen des Girosammeldepots vgl. § 700 Anm. 3 u. 6, 7.

2. Vermischung von Geld

Anm. 2

Die Vermischung von Geld (vgl. Kaser AcP 143, 1), in Stücken oder Scheinen, wird im BGB nicht besonders behandelt. Sie folgt den allgemeinen Regeln. Darüber, daß auch Geld „vermischt" werden kann: **RG** WarnRspr 1918 Nr. 17; 1920 Nr. 160. Nicht vermischt sind die Geldstücke, wenn sie als Eigentum der Sondereigentümer noch erkennbar sind, etwa weil die Markstücke dem A, die Zweimarkstücke dem B gehören.

Anm. 3

Ist bei einer Vermischung festzustellen, wieviel jedem der Beteiligten gehörte, so bestimmen sich danach ihre Miteigentumsanteile (vgl. Anm. 9).

Anm. 4

Von Haupt- und Nebensachen läßt sich bei bloßen Mengenunterschieden nicht sprechen. Sind die Summen nicht feststellbar, läßt sich auch nicht nachweisen, daß von anderer Seite eine bestimmte Mindestmenge dazu gekommen ist, so verbleibt alles Geld dem Besitzer; der Fordernde ist eben beweisfällig. § 742 ist gegenüber der in § 948 getroffenen Sonderregelung nicht anwendbar (vgl. hierzu **RG** 112, 102, wo es sich allerdings nicht um Geld, sondern um Getreide handelte; ebenso **BGH** NJW 1958, 1534).

Anm. 5

3. Sammelverwahrte Wertpapiere

Werden Wertpapiere in Sammelverwahrung genommen, so verliert der Berechtigte sein Alleineigentum und erhält dagegen je einen Anteil an jedem Wertpapier, das zusammen mit Wertpapieren derselben Art von ein und demselben Sammelverwahrer aufbewahrt wird. Diese Umwandlung vollzieht sich kraft Gesetzes, schon durch das „Nehmen" in Sammelverwahrung (§ 6 DepotG). Das Miteigentum nach Bruchteilen entsteht mit dem Eingang der Stücke beim Sammelverwahrer.

Maßgebend ist also nicht der Zeitpunkt, in dem der Sammelverwahrer die Stücke einem bereits vorhandenen Sammelbestande tatsächlich einverleibt, sondern schon der Zeitpunkt, in dem er sie einverleiben konnte (Amtl. Begr. zu § 6). Die Umwandlung des Wertpapiereigentums in Miteigentum beruht also weder auf Vermischung noch auf Vertrag. Es handelt sich vielmehr um einen vom Gesetz unmittelbar an das Vorliegen eines bestimmten äußeren Tatbestandes geknüpften ursprünglichen (nicht abgeleiteten) Rechtserwerb, der unabhängig vom Willen des Einlieferers eintritt (näheres bei Opitz DepotG Bem. 1 ff zu §§ 6—8). Wegen der bisherigen Rechtsprechung des Reichsgerichts (insbes. **RG** 139, 116; JW 1930, 1385) ist auf die Ausführungen der 8. Aufl. in Anm. 3 zu § 948 zu verweisen. Ausnahmsweise kann Miteigentum an dem von der Bank zum Zweck der Weiterleitung an die Wertpapiersammelbank bearbeiteten Einlieferungsbestand durch Vermischen eintreten (Schröder DJ 1937, 1349).

4. Vermischung oder **Vermengung**

Anm. 6

Sie braucht nicht durch menschliche Tätigkeit herbeigeführt zu werden (vgl. § 947 Anm. 9). Auch wenn der eine Teil der vermengten Sachen erheblich größer war als der andere, braucht der erste nicht als Hauptsache im Sinne des § 947 Abs. 2 angesehen zu werden, so daß Alleineigentum entstünde (**RG** Gruchot 68, 521; **BGH** v. 2. 10. 1952 IV ZR 2/52, insoweit in NJW 1953, 217 und bei LM BGB § 930 Nr. 2 nicht veröffentlicht).

Anm. 7

Gießt der eine Eigentümer seinen Wein zu dem des andern, um diesen einigungsgemäß das Eigentum zu übertragen, so geht das Eigentum nach § 929 Satz 1 über, wenn der Erwerber unmittelbarer Besitzer seines Weines ist, nach § 930, wenn der Erwerber nur mittelbarer Besitzer seines Weines ist, sich dieser etwa im Keller des Veräußerers zur Aufbewahrung befindet. Miteigentum nach § 948 entsteht dann nicht (§ 947 Anm. 14). Im übrigen ist bei der Vermischung von Wein nach der Verkehrsauffassung zu beurteilen, ob eine der beiden Weinmengen Hauptsache ist. In diesem Falle wird dessen Eigentümer bei der Vermischung Eigentümer der Gesamtmenge. So, wenn im Verlaufe der ordnungsmäßigen Kellerbehandlung die Fässer nachgefüllt werden, im Gegensatz zur Vermischung größerer Mengen, bei der Miteigentum entsteht. Der Eigentumsvorbehalt an dem einen der vermischten Weine kann dann wirksam bleiben (Colmar LZ 1914, 92).

Anm. 8

5. Untrennbarkeit

Ob die Trennung möglich ist oder nicht, ist Tatfrage. Die Kosten für die Trennung sind unverhältnismäßig, wenn sie nicht im Verhältnis stehen zu den wirtschaftlichen Werten, welche durch die Trennung hergestellt oder wiederhergestellt werden. Durch Vertrag kann die Unverhältnismäßigkeit der Kosten nicht festgelegt werden. Sie ist entweder gegenständlich vorhanden oder nicht.

6. Entsprechende Anwendung

Anm. 9

Sie bedeutet: die Eigentümer der vermischten Sachen werden Miteigentümer der Gesamtmasse nach Verhältnis des Wertes der von ihnen herrührenden Sachen. Vgl. aber **RG** 112, 102 oben in Anm. 10 zu § 947.

Anm. 10

Hat eine der vermischten Sachen die Eigenschaft der Hauptsache, so wird deren Eigentümer Alleineigentümer der Gesamtmasse.

Anm. 11

Falls das Wertverhältnis der vermischten Sachen nicht festgestellt werden kann, verbleibt die Sache dem Besitzer, da der Bestreitende sein Miteigentum nicht beweisen kann. § 742 ist nicht anzuwenden (vgl. oben Anm. 4 u. **BGH** NJW 1958, 1534).

Anm. 12

7. Verarbeitung

Stellt sich die Vermischung als Verarbeitung dar (z. B. Verwendung fremder Milch zum Kuchenbacken), so findet nur § 950 Anwendung (vgl. § 947 Anm. 9).

§ 949

Erlischt nach den §§ 946 bis 948 das Eigentum an einer Sache, so erlöschen auch die sonstigen an der Sache bestehenden Rechte. Erwirbt der Eigentümer der belasteten Sache Miteigentum, so bestehen die Rechte an dem Anteile fort, der an die Stelle der Sache tritt. Wird der Eigentümer der belasteten Sache Alleineigentümer, so erstrecken sich die Rechte auf die hinzutretende Sache.

E I 895 II 864; M 3 361, 362; P 3 243.

Übersicht

Rechte Dritter

1. Erlöschen der Rechte Dritter

Anm. 1

a) Erlöschen der alten Rechte

Wie durch Verbindung, Vermischung, Vermengung das Eigentum an den Sachen endgültig untergeht, die vormals selbständig waren, weil sie ihre selbständige Rechtsstellung verloren haben, so erlöschen zugleich aus demselben Grunde endgültig auch die an jenen Sachen bestehenden sonstigen Rechte. Sie erlöschen ohne Rücksicht auf den guten Glauben dessen, der durch den Vorgang Eigentum und Lastenfreiheit erwirbt.

Anm. 2

b) Ersatzrechte an den Anteilen

Die Rechte erlöschen in den Fällen der §§ 947, 948 (Verbindung, Vermischung, Vermengung beweglicher Sachen) in der Regel nicht ohne dinglichen Ersatz. Nur wenn Alleineigentum an der neuen Gesamtsache entstand, weil eine der zusammengekommenen Teilsachen Hauptsache war, entfällt der dingliche Ersatz für die Rechte an der Nebensache. Sonst tritt ersatzweise an die Stelle des Alleineigentums an der Teilsache das wertentsprechende Miteigentum an der Gesamtsache, an die Stelle des Rechtes an der Sache das Recht am Anteil. Auf die Ersatzrechte gehen im übrigen alle Eigenschaften der ersetzten über. Sie kommen in ebendieselbe Rechtslage (vgl. **RG** 146, 336).

Anm. 3

c) Vermischung abhanden gekommener Sachen

War eine der verbundenen oder vermischten Sachen gestohlen oder verlorengegangen oder sonst abhanden gekommen (§ 935), so steht das dem gutgläubigen Eigentumserwerb an der neuen einheitlichen Sache (§ 947) oder den mehreren vermischten Sachen (§ 948) nicht im Wege, einerlei ob Alleineigentum geschaffen worden ist oder Miteigentum (vgl. § 935 Anm. 3, bestr., aA Staudinger/Kober § 949 Anm. 1 f u. Reinicke DRiZ 1951, 143).

Anm. 4

2. Erstreckung der Rechte Dritter auf die ganze Sache (Satz 2)

Ist die belastete Sache Hauptsache, wird also deren Eigentümer Alleineigentümer der Gesamtsache, so gewinnen die Inhaber die Rechte an der Hauptsache. Ihre Rechte bestehen nun fort, aber an der Gesamtsache. Dies gilt ohne weiteres für belastete Grundstücke, wenn bewegliche Sachen mit ihnen nach § 946 verbunden werden.

Anm. 5

3. Entsprechende Anwendung auf Verbindung, Vermischung und Vermengung von Sachen eines und desselben Eigentümers

Daß bei der Verbindung beweglicher Sachen mit Grundstücken, bei der Verbindung, Vermischung, Vermengung einer beweglichen Hauptsache mit anderen beweglichen Sachen die an dem Grundstück und der Hauptsache bestehenden Rechte sich von selbst auf die einverleibten Nebensachen erstrecken und deren Belastung ersatzlos verdrängen, ergibt sich aus dem Aufgehen der Nebensache in der Hauptsache notwendig auch für den Fall, daß Haupt- und Nebensache im Eigentum desselben Eigentümers stehen. Für diese Fälle kann nicht wohl von einer entsprechenden Anwendung des § 949 gesprochen werden.

Anm. 6

Dagegen ist eine solche entsprechende Anwendung unumgänglich, wenn belastete bewegliche Sachen desselben Eigentümers, die zueinander nicht im Verhältnis von Haupt- und Nebensache stehen, miteinander verbunden, vermischt oder vermengt werden. Denn die beiderseitigen Belastungen untergehen zu lassen, ist mit den Geboten der Gerechtigkeit unvereinbar; die Absicht des Gesetzes, die Rechte am Anteil aufrechtzuerhalten, ist unbezweifelbar. § 949 Satz 2 ist deshalb dahin entsprechend anzuwenden, daß die Rechte, die bisher an den einzelnen Sachen bestanden haben, nun zu Rechten an Anteilen werden, die zu diesem Zwecke als Bruchteile nach dem Verhältnisse des Wertes der Einzelsachen an der Gesamtsache zu unterstellen sind (**RG** 67, 425).

§ 950

Wer durch Verarbeitung oder Umbildung eines oder mehrerer Stoffe eine neue bewegliche Sache herstellt, erwirbt das Eigentum an der neuen Sache, sofern nicht der Wert der Verarbeitung oder der Umbildung erheblich geringer ist als der Wert des Stoffes. Als Verarbeitung gilt auch das Schreiben, Zeichnen, Malen, Drucken, Gravieren oder eine ähnliche Bearbeitung der Oberfläche.

Mit dem Erwerbe des Eigentums an der neuen Sache erlöschen die an dem Stoffe bestehenden Rechte.

E I 893, 894, 895 II 865; M 3 360—362; P 3 239, 243.

Übersicht

Eigentumserwerb durch Verarbeitung

1. Anwendungsbereich der Vorschrift

Anm. 1

a) Grundgedanke

Entsteht durch Verarbeitung oder Umbildung aus Stoff und Arbeit eine neue Sache, so ist vom Gesetzgeber die Wahl zu treffen, wer Eigentümer der neuen Sache sein soll, der Eigentümer des Stoffes oder derjenige, der die Sache daraus geschaffen hat. Das BGB entscheidet zugunsten der Arbeit, sofern nicht deren Wert erheblich geringer ist als der des Stoffes. Das entspricht auch den heutigen Anschauungen von der Bedeutung der Arbeit.

Anm. 2

b) Verarbeitung von Miteigentum

Unmittelbar trifft das Gesetz nur den Fall, daß es sich um Stoffe eines einzigen Eigentümers handelt; es gilt aber auch, wenn mehrere Miteigentümer in Frage kommen (**RG** JW 1918, 567 Nr. 2). Verarbeitet einer der Miteigentümer die im Miteigentum stehenden Stoffe, so erwirbt auch hier der „Hersteller" (Anm. 11—25) das Eigentum, also der einzelne Miteigentümer, wenn er der Hersteller ist, und die Gesamtheit der Miteigentümer, wenn sie als Hersteller in Betracht kommt, wie das in dem in **RG** JW 1918, 567 entschiedenen Falle zutraf. Dem dort im Anschluß an Prot. S. 3769 (b. Mugdan Bd. 3, 646) weiter ausgesprochenen Gedanken, daß bei Verarbeitung von Stoffen durch einen der Miteigentümer der § 947 anzuwenden sei, kann nicht zugestimmt werden; auf ihm beruht das Urteil auch nicht.

Anm. 3

c) Verarbeitung durch den Eigentümer

§ 950 greift auch ein, wenn der Eigentümer selbst seine eigene Sache derart umbildet, daß sie eine neue Sache wird. Die alte Sache kann dann nicht mehr herausgegeben werden (**RG** WarnRspr 1929 Nr. 161).

2. Verarbeitung

Anm. 4

a) Stoffverarbeitung ist nicht notwendig die Verarbeitung von Rohstoffen. Auch eine schon bearbeitete Sache kann als Stoff für weitere Verarbeitung dienen. Das wird sogar die Regel sein. Die Verarbeitung kann auch in dem Zusammenfügen verschiedener einzelner Sachen bestehen, z. B. die Herstellung von Kraftfahrzeugen durch den Zusammenbau von Fahrgestell, Motor und Karosserie (**BGH** 18, 226). Bei dem bloßen Zusammenfügen mehrerer bis dahin selbständiger Sachen wird der Wert der Verarbeitung jedoch häufig erheblich geringer sein als der Wert der verarbeiteten Stoffe, so daß der Hersteller aus diesem Grunde kein Eigentum nach § 950 erwirbt.

Anm. 5

b) Bearbeitung der Oberfläche (Abs. 1 Satz 2)

Die Bearbeitung der Oberfläche durch Schreiben, Zeichnen, Malen führt nur zum Eigentumswechsel, wenn dadurch eine neue Sache hergestellt wird. Das Bemalen einer Leinwand mit einem Ölgemälde wird hiernach Eigentumswechsel zur Folge haben können; das Aufmalen von Verzierungen auf Schränke und Truhen wird in der Regel nicht dazu führen. Dies selbst dann nicht, wenn der Wert der Schränke und Truhen geringer ist als der der Malerei. Setzt der Künstler auf ein Gemälde seinen Namen, so stellt er damit allerdings eine Privaturkunde her; aber das Gemälde bleibt die alte selbständige Sache, ein Eigentumswechsel wird nicht herbeigeführt (**RGSt** 56, 357).

c) Umbildung durch Naturkräfte

Anm. 6

Die Verarbeitung ist zwar kein Rechtsgeschäft, aber doch stets Menschenwerk. Dort, wo die menschliche Tätigkeit keinen entscheidenden Einfluß auf die Umwandlung der Stoffe gehabt hat, kann nicht von Verarbeitung gesprochen werden. Ein Eigentumswechsel nach § 950 tritt daher nicht ein, wenn sich die Stoffe ohne menschliches Zutun durch anderweite Einflüsse — z. B. durch Kristallisation außerhalb eines darauf gerichteten Betriebs oder durch selbsttätiges Brüten einer Henne auf fremden Eiern — in neue Sachen umwandeln.

Anm. 7

Für die Veredelungstätigkeit an Sträuchern kommt § 950 aus demselben Grunde nicht in Frage. Das Einfügen des Auges oder Edelreises in den am Wildling angebrachten Einschnitt und die anschließende Pflege der Pflanze sind keine Verarbeitung oder Umbildung; hier wirken im wesentlichen Kräfte der Natur, nicht solche der Menschen, die nur unterstützend und fördernd hinzutreten (**RG** JW 1928, 2448; vgl. § 947 Anm. 15).

d) Herstellung einer neuen Sache

Anm. 8

Durch die Verarbeitung oder Umbildung muß eine neue Sache hergestellt worden sein. Der Begriff der neuen Sache ist vom Gesetz nicht bestimmt, daher dem Richter zur Entscheidung nach der Verkehrsauffassung überlassen (vgl. **RGSt** 72, 188). Wird die Sache nach der Bearbeitung im Verkehr mit einem anderen Namen als vorher bezeichnet, so kann das einen Anhaltspunkt dafür abgeben, daß eine neue Sache hergestellt ist (**OGH** 3, 351). Instandgesetzte, beschädigt gewesene Sachen können in aller Regel nicht als neue Sachen angesehen werden (BGH 2. 10. 1952 IV ZR 200/51).

Anm. 9

Gedacht ist offenbar an eine neue Sache höherer Art. Der feste, trockene, versand- und brennfähige Streichtorfziegel ist gegenüber der nassen und formlosen Torferde eine neue Sache (**RG** LZ 1924, 587). Das Zerschneiden gestohlener Altarbildwerke in einzelne Bildergruppen und Figuren schafft keine neuen Sachen (**RGSt** 57, 160). Ebensowenig wird durch das Ausbessern eines alten Bildes eine neue Sache geschaffen (**RG** 138, 50). Auch nicht, wenn ein Omnibus dadurch in einen Lastkraftwagen umgebaut wird, daß auf das Fahrgestell mit Motor und Bereifung eine Lastwagenkarosserie montiert wird (Oldenburg RdK 1950, 79).

Anm. 10

e) Wert der Verarbeitung

Der Wert der Verarbeitung ist nicht der Aufwand für die Arbeitsleistung, sondern der Wert der geleisteten Arbeit, wie er sich im Sachwert verkörpert. Der Wert der Verarbeitung wird sich also ergeben, wenn der Wert des Stoffes von dem Werte der neuen Sache abgezogen wird (**RG** 144, 240; **OGH** 3, 351; **BGH** 18, 226). Der Wert des Vermahlens bleibt erheblich hinter dem Wert des Getreides (**RG** 138, 88), der Wert der Verarbeitung zum Pelz erheblich hinter dem Wert des Silberfuchsfelles (München JW 1930, 2458), der Wert der Verarbeitung der Trauben zu Most erheblich hinter dem Wert der Trauben zurück (**RG** 161, 113).

3. Hersteller

Anm. 11

Hersteller im Sinne dieser Gesetzesbestimmung ist nicht notwendig derjenige, der die Verarbeitung selbst vornimmt, der selbst Hand anlegt, um die Stoffe umzubilden. Wer Hersteller im Sinne dieser Vorschrift ist und demnach das Eigentum erlangt, ist vom Standpunkt eines mit den Verhältnissen vertrauten objektiven Beurteilers nach der Lebensanschauung zu entscheiden. Der Wille desjenigen, der die Verarbeitung vornimmt, ist nicht allein ausschlaggebend.

a) Arbeiter und Heimarbeiter

Anm. 12

Bei den in Fabriken und sonstigen Arbeitsbetrieben hergestellten Waren kommen grundsätzlich nicht die Arbeiter als Hersteller in Betracht, sondern die Betriebsinhaber (**RGSt** 55, 49; vgl. jedoch über das herkömmliche Recht der Kopfschlachtergesellen auf die von ihnen erzupften Nackenhaare geschlachteter Schweine: Hamburg HansRGZ 1937 B 63).

Anm. 13

Der Arbeiter ist selbst dann nicht Hersteller im Sinne des § 950, wenn er während des Betriebs die Absicht haben, ja sogar die Absicht äußern sollte, die Sache für sich zu verarbeiten oder zu behalten. Wohl aber kann er Hersteller sein, wenn er außerhalb des Betriebs eine gleiche Arbeit für sich macht.

Anm. 14

Bei Heimarbeit kann je nach den Umständen der Heimarbeiter oder der den Stoff liefernde Unternehmer der Hersteller sein. Dieser wird es regelmäßig dann sein, wenn der einzelne Heimarbeiter die Bearbeitung nicht ganz durchführt, sondern jeder nur einen bestimmten Teil der Bearbeitung übernimmt.

Anm. 15

Wie der Geschäftsinhaber, so gilt aber auch der nicht gewerblich Schaffende als Hersteller, wenn er durch einen anderen Unselbständigen eine Sache herstellen läßt (BayObLG JW 1924, 1612).

b) Auftraggeber als Hersteller

Anm. 16

Als Hersteller im Sinne dieser Bestimmung ist auch nicht immer der Betriebsinhaber anzusehen, der die Umbildung in seinem Betrieb selbst vornimmt oder vornehmen läßt. Vielmehr ist auf Grund der Lebensanschauung in vielen Fällen derjenige, der den Auftrag zur Verarbeitung gegeben hat, als Hersteller zu betrachten. Er wird, wenn die Sache für ihn als Geschäftsherrn hergestellt wird, Eigentümer (**RGSt** 37, 329f; 66, 207 betr. den Geschäftsführer einer GmbH; **RG** 72, 281; JW 1918, 567, **OGH** 2, 392; **BGH** NJW 1952, 662). In einem Sicherungsübereignungsvertrag kann vereinbart werden, daß die übereigneten Sachen für den Sicherungsnehmer verarbeitet werden sollen.

Anm. 17

Wer auf Grund eines Werkvertrags eine Sache herstellen läßt, kann Hersteller im Verkehrssinne sein. Verarbeitet A im Werklohn für B Rohstoffe, die ihm auf Veranlassung von B durch C zugesandt sind, so ist B Bersteller im Sinne dieser Vorschrift. Er wird Eigentümer der neuen Sachen; A erwirbt nur ein Pfandrecht nach § 647 oder gegebenenfalls ein Zurückbehaltungsrecht nach § 369 Abs. 1 HGB (**RG** 3. 5. 1928 VI 425/27.

Anm. 18

Wird dem Handwerker ein Stoff geliefert, damit er daraus eine Sache für den Eigentümer herstelle, so wird dieser zwar Eigentümer der neu hergestellten Sache (**RG** 17. 10.

1922 VII 696/21). Der Dienstberechtigte kann aber nicht allein deshalb, weil er aus eigenen Mitteln die Stoffe und die Arbeitskräfte gestellt hat, die Herausgabe der Modelle verlangen. Seinem Herausgabeanspruch kann der Dienstverpflichtete im Hinblick auf den ihm gehörenden Erfindungsgedanken den Einwand entgegensetzen, daß er ihm gegenüber schuldrechtlich zum Besitz berechtigt sei (**RG** 105, 351).

Anm. 19

Ein Vertrag, durch den sich jemand verpflichtet, mit dem von einem andern entliehenen Gelde Sachen für ihn herzustellen, muß, um wirksam zu sein, genügend bestimmt sein (**RG** SeuffArch 69 Nr. 107).

c) Vorbehaltseigentümer als Hersteller

Anm. 20

Für die Frage, ob ein verlängerter Eigentumsvorbehalt seine Wirkungen behalten hat, oder ob das Vorbehaltseigentum durch die Verarbeitung untergegangen ist, ist häufig bedeutsam, ob der die Verarbeitung vornehmende Käufer oder der Vorbehaltseigentümer Hersteller der Sache ist. Auch diese Frage ist vom Standpunkt des mit den Verhältnissen vertrauten objektiven Beurteilers nach der Lebensanschauung zu entscheiden (**BGH** 20, 159, 163). Der Vorbehaltseigentümer ist als Hersteller anzusehen, wenn die Verarbeitung von dem Käufer der Ware so vorgenommen wird, wie sie in Aussicht genommen war, als der verlängerte Eigentumsvorbehalt vereinbart wurde. Derjenige, der Holz unter Eigentumsvorbehalt des Verkäufers kauft, um es zu verarbeiten, und ausmacht, daß auch die hergestellten Gegenstände Eigentum des Verkäufers bleiben sollen, erwirbt nicht Eigentum nach § 950 (Hamburg SeuffArch 71 Nr. 255). Der Vorbehaltseigentümer erwirbt in diesen Fällen auch dann das Eigentum an der neuen Sache, wenn der die Verarbeitung vornehmende Käufer bei der Verarbeitung überhaupt nicht an das Bestehen des Eigentumsvorbehalts denkt. Selbst der Wille des Käufers, die Stoffe für sich selbst zu verarbeiten, kann den Eigentumserwerb des Vorbehaltskäufers dann nicht ausschließen (**BGH** 20, 159, 163). Auch wenn der Käufer die gelieferte Ware durch einen Dritten verarbeiten läßt, ist der Vorbehaltseigentümer als Hersteller anzusehen, wenn die Ware in der nach dem Vertrag vorausgesetzten Weise verarbeitet worden ist (**BGH** 14, 117). Dagegen ist der Vorbehaltseigentümer nicht Hersteller, wenn die Verarbeitung auf eine ganz andere Weise und unter ganz anderen Umständen erfolgt, als es bei der Vereinbarung des verlängerten Eigentumsvorbehalts vorausgesetzt wurde. In diesem Fall weisen die Umstände auch für den objektiven Beurteiler nicht mehr auf den Vorbehaltseigentümer als Hersteller.

Anm. 21

In derselben Weise kann ein verlängerter Eigentumsvorbehalt an Halb- und Fertigwaren wirksam bleiben, wenn sie mit anderen Waren zu einem einheitlichen neuen Stoff verarbeitet werden. Es entsteht dann Miteigentum der verschiedenen Lieferanten. Der Verarbeiter, wird wenn ein ihm gehörender Stoff mit verarbeitet wird, gleichfalls Miteigentümer (KG JW 1930, 2798; 1932, 2634).

d) Besondere Fälle

Anm. 22

Der Schneider, der einen Anzug nach Maß liefert und den Stoff selbst dazu gibt, muß als Hersteller bezeichnet werden. Nur wird auch er in der Regel das Eigentum des Stoffes nicht durch Verarbeitung erwerben, sondern, wenn er die Stoffe nicht fest übernommen hat, auf Grund der Erlaubnis des Tuchlieferers, die gelieferten Stoffe sich zur Verarbeitung anzueignen.

Anm. 23

Errichten Eheleute durch gemeinsame Arbeit auf einem gepachteten Grundstück für die Dauer des Pachtverhältnisses ein Behelfsheim, so können sie nach der Verkehrsauffassung selbst dann als gemeinsame Hersteller angesehen werden, wenn die Mitarbeit der Ehefrau keinen erheblichen Umfang gehabt hat. Die Ehegatten können dann Miteigentümer des Behelfsheims nach § 950 geworden sein (**OGH** JR 1950, 473).

Anm. 24

Der Chefarzt einer Klinik, der durch Angestellte der Klinik nach seinen Weisungen Aufnahmen mit geliehenen optischen Geräten herstellen läßt, erwirbt nach § 950 das Eigentum an den Bildern. Er erlangt das Eigentum dagegen nicht, wenn er auf Grund seines Dienstvertrages verpflichtet ist, die Lichtbilder für seinen Dienstherrn herzustellen (Hamburg HEZ 3, 30; dazu Neumann-Duesberg JR 1951, 462).

Anm. 25

Für die Frage, ob der Chefarzt oder das Krankenhaus als sein Dienstherr Hersteller und damit nach § 950 Eigentümer einer im Krankenhaus angelegten Kartei über den Krankheitsbefund der Patienten ist, ist wesentlich, welchen Zwecken die Karteikarten dienen sollten (**BGH** NJW 1952, 662). Der Arzt, dem ein Urheberrecht an den Karteikarten zusteht, kann, auch wenn er nicht Eigentümer der Karten geworden ist, von dem Besitzer verlangen, daß dieser ihm die Karten zur Ausübung seiner urheberrechtlichen Befugnisse, z. B. zur Anfertigung von Abschriften oder Fotokopien zugänglich macht (**BGH** NJW 1952, 662). Der Kreis der Fälle des Eigentumserwerbs durch Verarbeitung ist geringer, als es zunächst scheint.

4. Eigentumserwerb des Herstellers

a) Eigentumserwerb kraft Gesetzes

Anm. 26

Eigentum erwirbt derjenige, der die neue Sache aus den Stoffen herstellt. Er erwirbt Eigentum kraft Gesetzes. Darauf, ob er den Willen oder die Absicht hatte, Eigentum zu erwerben, kommt es nicht an (KG OLG 26, 60; **OHG** JR 1950, 473). Auch der beschränkt Geschäftsfähige und der Geschäftsunfähige können nach § 950 Eigentum erwerben. Der Dieb kann ebenfalls an einer gestohlenen Sache Eigentum durch Verarbeitung erwerben (**RGSt** 53, 167).

Anm. 27

Die Rechtswirkung des Eigentumserwerbs des Herstellers ist endgültig, ebenso wie die des Eigentumsverlustes des Stoffeigentümers. Auch die Rückverwandlung der neuen Sache in den Rohstoff bringt dem Stoffeigentümer sein Eigentum nicht zurück. Der Gegner hat zu beweisen, („sofern nicht"), daß der Wert der Verarbeitung (Umbildung) erheblich geringer ist als der Wert des Stoffes.

b) Abweichende Vereinbarungen

Anm. 28

§ 950 enthält kein zwingendes Recht (**RG** 138, 88; 161, 113; Hamburg SeuffArch 71 Nr. 255). Insbesondere kann vereinbart werden, daß im Falle der Verarbeitung einer Sache zu einer neuen Sache der Eigentümer des Stoffes Eigentum oder Miteigentum an der neuen Sache erwerben soll (**RG** JW 1936, 2881; Schleswig SchlHA 1957, 122). Wird eine unter Eigentumsvorbehalt gelieferte Ware mit anderen Waren zu einem neuen einheitlichen Stoff verarbeitet, so entsteht Miteigentum der Vorbehaltsverkäufer, gegebenenfalls auch des Verarbeiters oder Bestellers (**RG** JW 1936, 2881).

Anm. 29

Andere als die gesetzlich angeordneten Rechtsfolgen können sich auch aus Handelsbräuchen ergeben. Der Handelsbrauch, nach dem das Mehl Eigentum desjenigen bleibt, der das zum Vermahlen bestimmte Getreide unter Eigentumsvorbehalt verkauft hat, ist ebenso wirksam wie es eine dahingehende Vereinbarung wäre (**RG** 138, 88). Vielfach wird in diesen Fällen nach den oben Anm. 20, 21 entwickelten Grundsätzen der Vorbehaltseigentümer ohnehin als Hersteller anzusehen sein und schon nach § 950 Eigentümer des Mehls werden.

5. Erlöschen der Rechte Dritter (Abs. 2)

Anm. 30

Der Verarbeiter erwirbt durch die Verarbeitung lastenfreies Eigentum. Das Erlöschen der an den verarbeiteten Stoffen bestehenden Rechte Dritter tritt unmittelbar kraft des Eigentumswechsels endgültig und ohne Rücksicht darauf ein, ob der Erwerber sich in gutem Glauben befand oder nicht.

Anm. 31

Fraglich kann sein, ob auch bei der Verarbeitung des eigenen Stoffes zu einer neuen Sache die Rechte an dem Stoffe erlöschen. Die überwiegende Meinung bejaht die Frage. Es läßt sich aber nicht verkennen, daß für die Bejahung nicht bei allen Fällen der Verarbeitung die gleich triftigen Gründe sprechen wie bei den Fällen der Verbindung und Vermischung (vgl. § 949 Anm. 5, 6). Gegen das Erlöschen der Rechte Dritter in solchem Falle spricht eine Erwägung: der § 950 soll den Widerstreit zwischen dem Recht der Arbeit und dem Recht des Stoffes entscheiden. Ist der Verarbeitende Eigentümer des Stoffes, so kann von einem solchen Widerstreit nicht wohl gesprochen werden, es sei denn, daß das dingliche Recht des Dritten seiner Art nach mit dem Wesen der durch die Verarbeitung entstandenen neuen Sache nicht vereinbar ist. Nur für den letzteren Fall rechtfertigt sich darum die entsprechende Anwendung des Abs. 2.

6. Eigentum an Schiffsbauten

Anm. 32

Die SchiffsregisterVO v. 19. 12. 1940, RGBl I 1951, geht davon aus, daß grundsätzlich der Inhaber der Schiffsbauwerft, auf der das Schiff gebaut wird, Eigentümer des Schiffsbaus ist. Er wird als Hersteller im Sinne des § 950 angesehen. Der Besteller kann Eigentum an dem Schiffsbauwerk nur durch einen besonderen Rechtsakt, durch eine Übereignung nach den Vorschriften für die Übertragung des Eigentums an beweglichen Sachen erlangen (§ 69 Abs. 2).

§ 951

Wer infolge der Vorschriften der §§ 946 bis 950 einen Rechtsverlust erleidet, kann von demjenigen, zu dessen Gunsten die Rechtsänderung eintritt, Vergütung in Geld nach den Vorschriften über die Herausgabe einer ungerechtfertigten Bereicherung fordern. Die Wiederherstellung des früheren Zustandes kann nicht verlangt werden.

Die Vorschriften über die Verpflichtung zum Schadensersatze wegen unerlaubter Handlungen sowie die Vorschriften über den Ersatz von Verwendungen und über das Recht zur Wegnahme einer Einrichtung bleiben unberührt. In den Fällen der §§ 946, 947 ist die Wegnahme nach den für das Wegnahmerecht des Besitzers gegenüber dem Eigentümer geltenden Vorschriften auch dann zulässig, wenn die Verbindung nicht von dem Besitzer der Hauptsache bewirkt worden ist.

E I 897 II 866; M 3 362, 363; P 3 244, 245; 6 235, 238, 239, 388.

Übersicht

Anspruch auf Vergütung für Rechtsverlust

I. Rechtsverlust

Anm. 1

Einen Rechtsverlust erleidet nach §§ 946—950, wer das Eigentum einer Sache verliert, weil sie mit einem Grundstücke verbunden (**RG** 51, 80) oder als Nebensache mit einer anderen beweglichen Hauptsache verbunden, vermischt oder vermengt ist oder weil sie zu einer neuen Sache verarbeitet worden ist (Dresden SeuffArch 66 Nr. 52).

Anm. 2

Rechtsverlust erleidet, wer aus gleichem Grunde ein Recht an einer solchen Sache (Pfandrecht oder Nießbrauch) verliert.

II. Tatbestand des § 812 Abs. 1 als Anspruchsvoraussetzung

Anm. 3

Dadurch allein, daß ein Rechtsverlust des einen und eine Rechtsänderung zugunsten des anderen eintritt, wird der Anspruch aus § 951 noch nicht begründet. Vielmehr muß auch der Tatbestand des § 812 Abs. 1 erfüllt sein. Der IV. Zivilsenat des Reichsgerichts hat in **RG** 81, 206 zu Unrecht ausgesprochen, dadurch, daß § 951 Abs. 1 auf die Vorschriften über die Herausgabe einer ungerechtfertigten Bereicherung verweise, werde nur der Umfang der als vorhanden angenommenen Herausgabepflicht begrenzt und der Verpflichtete günstiger gestellt, als es dem strengen Recht entspräche. Derselbe Senat hat sich vorher und nachher mit Recht dazu bekannt, daß die Voraussetzungen des § 812 Abs. 1 gegeben sein müssen, wenn ein Anspruch nach § 951 entstehen soll. Seine Besonderheit ist darin zu finden, daß er stets auf Wertersatz gerichtet ist, auch wenn § 818 Abs. 2 nicht zutrifft (**RG** 130, 312; SeuffArch 63 Nr. 11). Daß für den Anspruch aus § 951 Abs. 1 auch die allgemeinen Voraussetzungen des § 812 Abs. 1 vorliegen müssen, fordert jetzt auch der Bundesgerichtshof (**BGH** 17, 236; LM BGB § 812 Nr. 14). Es ist nicht klar ersichtlich, ob in **RG** 139, 22 eine andere Auffassung vertreten wird. Dieses Urteil befaßt sich jedoch nur beiläufig mit § 951 und behandelt in erster Linie die Auslegung des nach Fassung und Inhalt mit § 951 nicht ohne weiteres vergleichbaren § 717 Abs. 3 ZPO.

Anm. 4

Die in diesem Zusammenhang weiter aufgeworfene Frage, ob ohne die ausdrückliche Vorschrift des § 951 Abs. 1 Satz 1 ein Bereicherungsanspruch nicht gegeben wäre oder ob sie nur den ohnehin zulässigen Anspruch bestätige und in seiner oben gekennzeichneten Besonderheit festlege, kann hier nicht erörtert werden. Ihre Entscheidung ist wichtig dafür, ob auch in anderen Fällen des Rechtsverlustes, z. B. nach § 937, ein Bereicherungsanspruch zuzubilligen, oder, soweit nicht ausdrücklich zugelassen, abzulehnen ist. Das hängt wieder davon ab, ob man in der von Gesetz verordneten dinglichen Rechtsänderung einen rechtlichen Grund im Sinne von § 812 Abs. 1 zu erblicken hat. Diese Frage dürfte zu verneinen sein (vgl. § 977 Anm. 1; § 812; ebenso **BGH** 10, 171, 179).

Anm. 5

Daraus, daß § 951 Abs. 1 ganz allgemein auf die Vorschriften der ungerechtfertigten Bereicherung verweist, ergibt sich, daß keinen Rechtsverlust erleidet, wer das Eigentum nur gegen Ersatz durch Miteigentum an der Gesamtsache, das Recht an der Sache nur gegen Ersatz durch das Recht am Anteil verliert.

Anm. 6

Keinen Rechtsverlust im Sinne der §§ 946—950 erleidet, wer das Eigentum an seiner Sache schon aufgibt, bevor sie mit der des andern verbunden usw. wird (**RG** JW 1903 Beil. S. 24), wer die Verbindung usw. auf Grund einer ihm gegenüber dem Eigentümer der andern Sache obliegenden Verpflichtung vornimmt (**RG** SeuffArch 63 Nr. 11). Hierbei kann es sich um eine vertraglich übernommene oder um eine gesetzlich begründete Verpflichtung handeln, z. B. nach dem Recht vor dem 1. Juli 1958 um die Pflicht des Mannes, den ehelichen Aufwand zu tragen. Wenn auch diese Pflicht dahin ging, der Ehefrau den erforderlichen Wohnraum zur Verfügung zu stellen, ging sie doch nicht so weit, ihr das Eigentum an diesen Räumen zu übertragen oder es ihr ersatzlos zu überlassen, wenn sie es auf Grund des § 946 erlangt hatte (**BGH** LM BGB § 1389 Nr. 1).

Anm. 7

Keinen Rechtsverlust im Sinne dieser Vorschriften erleidet derjenige, der durch die Verbindung usw. eine ihm einem Dritten gegenüber obliegende Pflicht erfüllt (**BGH** LM BGB § 812 Nr. 14). Soweit es in dieser Entscheidung heißt, § 951 könne auch deswegen nicht angewandt werden, weil in Fällen dieser Art der Rechtsverlust nicht „infolge" der §§ 946ff eingetreten sei, kann dem nicht beigetreten werden. Würde ein Rechtsverlust im Sinne des § 951 vorliegen, dann wäre er auch infolge der §§ 946ff eingetreten. Daß eine vertragliche Verpflichtung die Ursache der Verbindung usw. ist, ändert nichts daran, daß der Verlust des Eigentums auf Grund der §§ 946ff eintritt).

Anm. 8

Keinen Rechtsverlust erleidet schließlich, wer die Verbindung usw. unter Verzicht auf Ersatz vornimmt (**RG** 6. 2. 1918 V 232/17).

Anm. 9

Bestand die Pflicht zur Verbindung usw. gegenüber einem Dritten, so liegt gegebenenfalls eine Bereicherung des Begünstigten auf Kosten des Dritten vor (**RG** 130, 312; JW 1919, 715 Nr. 1; LZ 1928, 1249). In **RG** 130, 312 ist die in der Entsch. v. 24. 9. 1925 IV 183/25 vertretene abweichende Ansicht ausdrücklich aufgegeben.

Anm. 10

III. Rechtsänderung zugunsten des neuen Eigentümers

Die Rechtsänderung, die zugunsten des neuen Eigentümers eingetreten ist, ist der Grund für seine Verpflichtung, dem Entreicherten eine Vergütung zu zahlen. Falls der Eigentümer seinen eigenen Stoff durch Verarbeitung von den darauf ruhenden dinglichen Rechten Dritter befreit, steht dem früheren Inhaber der erloschenen Rechte der Anspruch aus § 951 Abs. 1 zu. Der Hypothekengläubiger des Grundstücks, mit dem die Sache verbunden wurde, der Pfandrechtsbesitzer an der Hauptsache, dessen Recht sich auf die hinzugetretene Nebensache erstreckte, sind nur mittelbar begünstigt; gegen sie besteht kein Anspruch nach § 951 Abs. 1 (**RG** 63, 416, 423).

IV. Der Vergütungsanspruch

Anm. 11

1. Anspruchsinhaber

Der Anspruch steht dem bisherigen Eigentümer, der den Rechtsverlust erlitten hat, zu. War dieser, z. B. der Bauhandwerker, einem Dritten, z. B. dem Bauherrn gegenüber, verpflichtet, die Verbindung vorzunehmen, so steht der Anspruch dem Bauherrn zu (**RG** 130, 312). Ebenso steht der Anspruch der Ehefrau zu, wenn der Ehemann für sie gehandelt hat (Schleswig JR 1951, 56).

2. Inhalt des Anspruchs

a) Gegenstand und Wesen des Anspruchs

Anm. 12

Der Anspruch geht auf Geldvergütung nach den Vorschriften über die Herausgabe ungerechtfertigter Bereicherung. Vgl. §§ 818, 819. Zu vergüten ist stets der Geldwert des Vorteils, den der durch den Vorgang Begünstigte durch ihn erlangt hat. Der dahingehende Anspruch ist ein einheitlicher. Ist ein Gebäude auf einem fremden Grundstück errichtet worden, dann ist der Eigentümer verpflichtet, dem Entreicherten den Betrag zu vergüten, um den sein Grundstück durch die Errichtung des Gebäudes im Wert gestiegen ist. Es kann also nicht Ersatz der Baukosten beansprucht werden, auch nicht die Vergütung des Wertes der einzelnen Bauelemente oder Erstattung der für die Errichtung des Baues aufgewandten Löhne usw. Diese Aufwendungen gehen in die Wertsteigerung ein und werden mit dieser einheitlich abgegolten (**BGH** 10, 171, 179). Die Ausführungen in dem Urteil **BGH** LM BGB § 946 Nr. 6 und ähnlich in dem Urteil LM UmstG § 18 Abs. 1 Ziff. 3 Nr. 25 über den unmittelbaren Ersatzanspruch aus § 812 für andere Aufwendungen für den Bau, wie z. B. an Löhnen, Architektenhonorar usw., sind wohl dahin zu verstehen, daß damit nur solche Aufwendungen gemeint sind, die nicht mit von der durch die Rechtsänderung bewirkten Wertsteigerung des Grundstücks erfaßt werden. Jedenfalls könnte ihnen nur in diesem Rahmen zugestimmt werden.

Anm. 13

Zu vergüten ist nur der Vorteil, der durch die Rechtsänderung bewirkt worden ist. Andere Vorgänge bleiben außer Betracht. Wer Ware zur Verarbeitung gekauft und übergeben erhalten, wegen Eingreifens von § 935 aber Eigentum daran erst durch die Verarbeitung erlangt hat, darf den bezahlten Kaufpreis von der nach § 950 Abs. 1 bewirkten Vermögensvermehrung nicht abziehen, wohl aber die Kosten der Verarbeitung (**RG** 106, 7).

Anm. 14

b) Maßgebender Zeitpunkt für die Bemessung der Vergütung

Die Vergütung ist zu berechnen nach dem Zeitpunkt, in dem der Empfänger die Sache erlangt hat; bei Gebäuden ist also nicht der gegenwärtige Wert maßgebend, sondern ihr Wert im Zeitpunkt ihrer Vollendung, und dies selbst dann, wenn die Aufwendungen des Erbauers geringer sein sollten (**RG** 130, 313; Gruchot 67, 316; **BGH** LM BGB § 946 Nr. 6; UmstG § 18 Abs. 1 Ziff. 3 Nr. 25). In dem **BGH** 10, 171, 179 veröffentlichten Urteil ist für den Fall, daß das auf dem fremden Grundstück von einem Mieter errichtete Gebäude unvollendet geblieben ist, als maßgebend für die Bewertung der Zeitpunkt angegeben, in dem der Mieter das Grundstück räumt. Die dort angegebene Begründung, das Gebäude sei erst dadurch zu einem für den Grundstückseigentümer realisierbaren Wert geworden, daß die Mieterin ihr Recht, das Gebäude abzubrechen, nicht ausgeübt, sondern das unfertige Gebäude bei der Räumung habe stehen lassen, überzeugt nicht. Sie läßt sich nicht mit den zutreffenden Rechtsausführungen vereinbaren, die derselbe Senat in seinem **BGH** 7, 252, 258f veröffentlichten Urteil dargelegt hat. Vgl. auch Breetzke NJW 1954, 173. In dem Urteil LM BGB § 946 Nr. 6 hat der V. Zivilsenat als tragenden Grund für das Urteil **BGH** 10, 171, 179 den Umstand angegeben, daß sich erst im Zeitpunkt der Räumung ergeben habe, daß das Gebäude nicht fertiggestellt und der Eigentümer ein unfertiges Gebäude erhalten werde. Dieser Erwägung ist zuzustimmen. Mit dieser Begründung fällt die Entscheidung nicht aus dem Rahmen der sonstigen Rechtsprechung heraus. Wenn grundsätzlich der Zeitpunkt der Vollendung maßgebend ist, muß in den Fällen, in denen das Gebäude unvollendet bleibt, der Zeitpunkt maßgebend sein, in dem der Weiterbau von dem nach § 951 Anspruchsberechtigten endgültig aufgegeben wird. Zutreffend insoweit auch **BGH** LM UmstG § 18 Abs. 1 Ziff. 3 Nr. 25. Daß dies zuweilen der Zeitpunkt der Räumung ist, beruht allein auf den zufälligen tatsächlichen Gegebenheiten.

c) Höhe der Vergütung

Anm. 15

Für die Bemessung der Höhe des Anspruchs ist von dem gemeinen Verkehrswert auszugehen. Bei Gegenständen, die Höchst- oder Stoppreisen unterliegen, ist es nicht zulässig, den gemeinen Wert höher zu bemessen als die Höchstpreise (**RG** 96, 124). Schwarzmarktpreise, die zur Beschaffung der mit dem fremden Grundstück verbundenen Materialien bezahlt worden sind, können daher nicht berücksichtigt werden (**BGH** 5, 197).

Anm. 16

Wenn es sich darum handelt, daß ein Gebäude auf einem fremden Grundstück errichtet ist, geht der Anspruch auf die Vergütung des Betrages, um den der Verkehrswert des Grundstücks in dem für die Bemessung maßgebenden Zeitpunkt durch die Errichtung des Gebäudes gestiegen ist. Diese Wertsteigerung kann größer oder geringer als der Bauwert des Gebäudes sein (**BGH** 10, 171, 180). Der Anspruch kann sich auch auf einen höheren Betrag belaufen, als der Verlust des Entreicherten beträgt; denn er zielt darauf, die Vermögensvermehrung bei dem Bereicherten rückgängig zu machen (**BGH** 17, 236).

Anm. 17

§ 997 Abs. 2 ist hier nicht anwendbar, er setzt voraus, daß der Eigentümer die Sache, mit der eine Sache als wesentlicher Bestandteil verbunden ist, wiedererlangt oder doch zurückfordert (**RG** Gruchot 67, 316).

Anm. 18

Für die Höhe des Bereicherungsanspruchs kann es wesentlich sein, ob mehrere einzelne Sachen, z. B. Eisenteile, mit dem Grund und Boden verbunden werden, oder eine aus den Einzelsachen bereits hergestellte einheitliche Sache, z. B. ein Brückenüberbau (**RG** 132, 347; dazu § 946 Anm. 18).

Anm. 19

Durch einen etwa nach § 179 erworbenen Anspruch gegen den Vertreter ohne Vertretungsmacht wird der Anspruch gegen den Begünstigten nicht ausgeschlossen (**RG** JW 1919, 715; Düsseldorf DR 1942, 800).

d) Umstellung des Vergütungsanspruchs

Anm. 20

Falls die Verbindung usw. vor der Währungsreform erfolgt ist, ist der damit entstandene Anspruch aus § 951 Abs. 1 nach § 16 UmstG im Verhältnis 10:1 umzustellen (**BGH** 5, 197; 7, 252 mit Nachweisen auch für die abweichenden Ansichten). Entsprechend dem Grundgedanken des Umstellungsgesetzes wird der Anspruch im Verhältnis 1:1 umgestellt, wenn die Rechtsänderung unter den in § 18 Abs. 1 Nr. 3 UmstG genannten Personen eingetreten ist und sich auf den von dieser Vorschrift erfaßten Beziehungen gründet (**BGH** LM UmstG § 18 Abs. 1 Ziff. 3 Nr. 25).

Anm. 21

Falls die Errichtung eines Gebäudes auf fremdem Grund vor der Währungsreform begonnen, aber erst nach der Währungsreform vollendet worden ist, ist gleichfalls maßgebend für die Bemessung des Anspruchs der Zeitpunkt der Vollendung des Baues. Die in Deutscher Mark ausgedrückte Wertsteigerung des Grundstücks ist zu vergüten. Es besteht also nur ein einheitlicher, auf Deutsche Mark gerichteter Vergütungsanspruch, und es ist nicht zulässig, den Wert des vor der Währungsreform errichteten Teils des Gebäudes umgestellt im Verhältnis 10:1 zu vergüten (**BGH** 17, 236, 239; aA Breetzke NJW 1954, 173).

Anm. 22

e) Kein Anspruch auf Wiederherstellung des früheren Zustandes (Abs. 1 Satz 2).

Die Vorschrift dient nur dem Schutz des Bereicherten. Der Entreicherte kann gegen ihn nicht mehr als den Geldanspruch nach Abs. 1 geltend machen. Die Bestimmung nimmt dem Bereicherten aber nicht das Recht, seinerseits den früheren Zustand wieder herzustellen und dadurch den gegen ihn nach Abs. 1 gerichteten Anspruch abzuwenden (**BGH** 23, 61).

f) Abwenden und Erlöschen des Vergütungsanspruchs

Anm. 23

Der Bereicherte kann den gegen ihn gerichteten Vergütungsanspruch dadurch abwenden, daß er den früheren Zustand wieder herstellt. Das wird durch § 951 Abs. 1 Satz 2 nicht ausgeschlossen. Mit der Wiederherstellung des früheren Zustandes erlischt der Bereicherungsanspruch.

Anm. 24

Der Vorgang, der zu einem Rechtsverlust durch Verbindung nach § 946 oder § 947 Abs. 2 führt, kann zugleich eine Beeinträchtigung des Rechts desjenigen, zu dessen Gunsten die Rechtsänderung eintritt, darstellen (**BGH LM** BGB § 1004 Nr. 14: Beeinträchtigung des Grundstückseigentümers durch Errichtung eines Bauwerks). Der Eigentümer kann dann nach § 1004 von dem Störer die Beseitigung der Beeinträchtigung verlangen. Diesen Anspruch kann er einredeweise gegenüber dem dem Störer zustehenden Anspruch aus § 951 geltend machen. Falls der Anspruch aus § 951 nicht dem Störer, sondern einem anderen zusteht, kann der Eigentümer diesem die Einrede erheben, er wolle sich durch Wiederherstellung des früheren Zustandes von dem gegen ihn gerichteten Vergütungsanspruch befreien. Diese Einrede ist nur eine aufschiebende. Der Anspruch erlischt erst mit der Wiederherstellung des früheren Zustandes. Es entsteht dann ein Anspruch auf Übereignung der wieder getrennten Sachen. Der Anspruch auf Vergütung kann aber auch in diesen Fällen geltend gemacht werden, wenn der Eigentümer nicht innerhalb einer angemessenen, nach Treu und Glauben zu bemessenden Frist selbst oder dadurch, daß er den Anspruch nach § 1004 gegen den Störer durchsetzt, den früheren Zustand wieder herstellt.

Anm. 25

Ohne Rücksicht auf das Bestehen von Ansprüchen aus § 1004 ist § 1001 Satz 2 entsprechend anzuwenden, wenn auf einem fremden Grundstück ein Bauwerk errichtet worden ist, das der Grundstückseigentümer nur unter Aufwendung erheblicher Kosten ertragbringend verwerten kann. Er kann sich dann von dem gegen ihn gerichteten Vergütungsanspruch dadurch befreien, daß er dem Anspruchsberechtigten die Wegnahme gestattet. Einer gegen ihn gerichteten Klage kann er diese Gestattung einredeweise entgegensetzen (**BGH** 23, 61).

V. Abweichende Parteivereinbarungen

Anm. 26

Die Vorschriften des Abs. 1 sind nicht zwingend. Die Parteien können etwas anderes vereinbaren. Sie können insbesondere vereinbaren, daß Ansprüche nach § 951 Abs. 1 nicht bestehen sollen. Diese Vereinbarung kann auch stillschweigend geschehen. Ein solcher stillschweigender Verzicht ist nicht angenommen, wenn der Begünstigte in einem durch Feindeinwirkung beschädigten Haus, in dem durch Leistungsanforderung eine Wohnung mit der Klausel „Ausbau erfolgt in Selbsthilfe und Selbstfinanzierung" in Anspruch genommen worden war, die Wohnung entsprechend ausbaut. Er behält dann die ihm nach § 951 gegen den Grundstückseigentümer zustehenden Ansprüche (**BGH** 7, 251).

Anm. 27

Die Vereinbarung kann auch dahin gehen, daß der Anspruch aus § 951 Abs. 1 erst in einem späteren Zeitpunkt als dem gesetzlich vorgesehenen entstehen soll, z. B. erst bei der Beendigung des Rechtsverhältnisses, auf Grund dessen der Berechtigte das Grundstück, auf dem er ein Bauwerk errichtet hat, besitzt. Eine solche Vereinbarung kann dazu führen, daß die Wertsteigerung, die ein Grundstück dadurch erfahren hat, daß auf ihm vor der Währungsreform ein Bauwerk errichtet worden ist, voll in Deutscher Mark zu vergüten ist. Eine Bestimmung, nach der die Entschädigung für die von dem Pächter errichteten Bauten nach dem Zeitwert bei Beendigung des Pachtvertrages zu bemessen sei, ist dahin ausgelegt worden, daß dieser Anspruch abweichend von der Regel des § 951 Abs. 1 erst bei der Beendigung des Pachtverhältnisses entstehen sollte (**BGH** LM BGB § 951 Nr. 9).

VI. Vorbehalt weitergehender Rechte aus anderen Rechtsgründen (Abs. 2)

Anm. 28

Absatz 2 läßt die aus anderen Rechtsgründen bestehenden Ansprüche desjenigen, der den Rechtsverlust erlitten hat, unberührt. Die Aufzählung ist nicht abschließend. Unberührt bleiben z. B. Ansprüche aus einem Vertragsverhältnis oder schuldrechtliche Ansprüche auf Herausgabe oder Übertragung des nach §§ 946ff entstandenen Eigentums oder Miteigentums (**OGH** 3, 354 mit weiteren Nachweisen). Einen Fall der Eigentumsverletzung nach § 823 behandelt **RG** 106, 153. Aus der Verpflichtung zum Schadensersatz kann sich auch die Verpflichtung zur Wiederherstellung des früheren Zustandes ergeben (§§ 249f). Die Vorschrift im Satz 3 des Abs. 1 steht nicht entgegen (**RG** 30. 4. 1920 VII 490/19).

Anm. 29

Keine Ansprüche bestehen für den Unterpächter bei vorzeitiger Beendigung der Pacht wegen seiner Verwendungen auf das Grundstück, wenn der Pächter sich im Hauptvertrage zur Vornahme bestimmter Verwendungen verpflichtet und für den Fall des Ablaufs der vereinbarten Vertragsdauer auf alle Ansprüche aus irgendwelchen Verwendungen verzichtet hat, die Unterpacht aber aus diesem Grunde mit entsprechendem Inhalt abgeschlossen worden ist (**RG** 158, 402).

Anm. 30

Über das Wegnahmerecht vgl. § 997 und die Ausführungen oben Anm. 22—25. Dieses Recht und der Vergütungsanspruch nach Abs. 1, die sich gegenseitig ausschließen, bilden kein Wahlschuldverhältnis. Es handelt sich bei ihnen vielmehr um einen Fall der elektiven Konkurrenz oder der Ersetzungsbefugnis des Gläubigers (**BGH** LM BGB § 946 Nr. 6).

§ 952

Das Eigentum an dem über eine Forderung ausgestellten Schuldscheine steht dem Gläubiger zu. Das Recht eines Dritten an der Forderung erstreckt sich auf den Schuldschein.

Das gleiche gilt für Urkunden über andere Rechte, kraft deren eine Leistung gefordert werden kann, insbesondere für Hypotheken-, Grundschuld- und Rentenschuldbriefe.

E I 1109 II 867; M 3 744, 745; P 3 644—646.

Übersicht

Eigentum an Schuldscheinen

Anm. 1

1. Schuldschein

Der Schuldschein ist eine die Schuldverpflichtung begründende oder bestätigende, vom Schuldner zum Beweis für das Bestehen der Schuld ausgestellte Urkunde (**RG** 116, 173; 120, 89; 127, 171). Dabei genügt es für einen Schuldschein im Sinne des BGB, wenn sich seine Erfordernisse in zwei nur innerlich zusammengehörigen Urkunden finden, von denen die eine auf die andere Bezug nimmt, während ein Schuldschein im Sinne von § 30 Abs. 3 Ges. über die Ablösung öffentlicher Anleihen v. 16. 7. 1925, RGBl I 137, entweder aus einer alle Erfordernisse enthaltenden Urkunde oder aus zwei äußerlich zu einer Einheit verbundenen Urkunden bestehen muß; zwei nur innerlich zusammengehörige Urkunden genügen hier in der Regel nicht (**RG** 131, 1, 6, 12).

2. Eigentum am Schuldschein

a) Erwerb des Eigentums

Anm. 2

Der Gläubiger erwirbt das Eigentum am Schuldschein, wenn dieser vor der Entstehung der Forderung ausgestellt worden ist, mit ihrer Entstehung, wenn der Schein nach der Entstehung der Forderung ausgestellt wird, mit der Ausstellung. Er erwirbt es in beiden Fällen kraft Gesetzes, ohne daß im übrigen die Voraussetzungen für den Eigentumserwerb erfüllt sein müßten. Überträgt der Gläubiger die Forderung, so geht damit das Eigentum am Schuldschein von selbst über (**RG** 149, 95). Steht die Forderung mehreren Gläubigern zu, so sind diese Miteigentümer des Schuldscheins (**RG** 59, 318).

Anm. 3

Erlischt eine verbriefte Forderung und wird die Hypothek infolgedessen Eigentümergrundschuld, so steht insoweit auch das Recht am Hypotheken-(Grundschuld-)brief dem Grundstückseigentümer zu, z. B. wenn eine Lebensversicherungsgesellschaft für die eine Hypothek zur Sicherung des Anspruchs auf eine gestundete Einmalprämie eingetragen ist, in Konkurs gerät (§ 13 Satz 2, § 40 Abs. 3 VVG; **RG** 144, 26).

Anm. 4

a) Bedeutung der Vorschrift

Die Vorschrift des § 952 ist nicht zwingend, sondern läßt anderweitige Verfügung der Beteiligten zu (**RG** 51, 85; 91, 157). Sie hat indessen zur Folge, daß die Vorschriften des BGB über den gutgläubigen Erwerb vom Nichteigentümer auf Urkunden solcher Art unanwendbar sind und daß für den Besitzer der Urkunde, der nicht zugleich Gläubiger ist, die Vermutung des § 1006 nicht Platz greift (**RG** 5. 11. 1908 IV 99/08). Dem Gläubiger, der die Schuldurkunde besitzt, steht die Vermutung der Rechtmäßigkeit des Besitzes zur Seite (**RG** 24. 5. 1911 V 517/10). Auch persönlich wirkende Rechte können an Schuldscheinen und den Urkunden des Abs. 2 begründet werden; Leihe eines Hypothekenbriefs ist möglich (**RG** 91, 155; vgl. hierzu auch § 986 Anm. 33).

Anm. 5

3. Erstreckung des Rechtes an der Forderung auf den Schuldschein (Abs. 1 Satz 2)

Der Forderungspfandgläubiger hat ein Pfandrecht auch am Schuldschein.

4. Andere Urkunden (Abs. 2)

Anm. 6

Zu den Urkunden, für die Abs. 2 gilt, gehören auch Pfandscheine von Leihhäusern (Dresden JW 1922, 505 Nr. 25), Lebensversicherungsscheine (**RG** 51, 85; JW 1934, 1409; WarnRspr 1934 Nr. 24), Verwahrscheine (Celle OLG 26, 60), Sparkassen- (**RG** 106, 4; 156, 333) und Depositenbücher (**RG** WarnRspr 1918 Nr. 57), auch zollamtliche

Begleitscheine, Niederlagescheine (**RG** 14. 4. 1916 VII 32/16), endlich auch Anteilscheine über Anteile an einer GmbH, auch sie bescheinigen ein Recht und sind als Beweisurkunden dessen Zubehör (**RG** WarnRspr 1928 Nr. 107).

Anm. 7

Nicht hierher gehören die Ausfertigungen gerichtlicher oder notarischer Urkunden; sie werden Eigentum dessen, dem sie erteilt werden. (Vgl. München DNotZ 1954, 552). Auch **RG** 163, 54 neigt dahin, läßt aber die Frage offen. Nicht hierher gehören auch die sog. Zuckerausfuhrscheine. Sie beweisen lediglich die Tatsache der Ausfuhr einer bestimmten Zuckermenge, ihre Vorlegung an der zuständigen Stelle befreit von sonst fällig werdenden Vertragsstrafen; sie werden selbständig gehandelt, der Erwerb des Eigentums an ihnen regelt sich nach §§ 929ff; § 952 ist nicht anwendbar, keinesfalls gehören sie dem jeweiligen Eigentümer der ausgeführten Ware (**RG** JW 1932, 2277). Nicht hierher gehört auch das sog. Filmnegativ (**RG** 145, 174).

Auf den Kraftfahrzeugbrief ist § 952 entsprechend anzuwenden (Dresden JW 1937, 2768; RdK 1938, 308; Hamburg HansRGZ 1938 B 393; MDR 1949, 234; 1957, 164; aA Düsseldorf RdK 1938, 309; vgl. auch v. Unruh DJ 1937, 1644; Däubler DJ 1938, 1059; Booß Verkehrsrechtliche Abhandlungen und Entscheidungen 1938, 132; oben § 932 Anm. 43—45; wegen des Lagerempfangsscheins: Gadow VkRdsch 1937, 155; wegen des Orderlagerscheins: Küster JW 1935, 1226; Vorbem. vor § 688 Anm. 2.

Anm. 8

Die umstrittene Frage, ob bei einer Abtretung der Wechselforderung auch noch die Wechselurkunde übereignet werden muß (so Staub/Stranz WG 13. Aufl. Art. 11 Anm. 17; Wolff/Raiser 10. Bearbeitung § 65 III 2) oder ob in diesem Fall das Eigentum an der Wechselurkunde nach § 952 übergeht (so Baumbach/Hefermehl WG 5. Aufl. Art. 3 B; Ulmer, Das Recht der Wertpapiere, 1938, § 7 S. 77) ist praktisch ohne große Bedeutung, da zur Abtretung der Wechselforderung auf jeden Fall die Übergabe der Wechselurkunde erforderlich ist (**RG** 88, 292; 160, 341; **BGH** LM WG Art. 11 Nr. 1 = NJW 1958, 302).

IV. Erwerb von Erzeugnissen und sonstigen Bestandteilen einer Sache

§ 953

Erzeugnisse und sonstige Bestandteile einer Sache gehören auch nach der Trennung dem Eigentümer der Sache, soweit sich nicht aus den §§ 954 bis 957 ein anderes ergibt.

E I 898 II 868; M 3 363; P 3 245.

Übersicht

Fortbestand des Eigentums nach der Trennung

1. Entstehung selbständigen Eigentums infolge Trennung

Anm. 1

An den getrennten Bestandteilen und Erzeugnissen entsteht mit der Trennung selbständiges Eigentum. Gemäß § 93 können wesentliche Bestandteile einer Sache nicht Gegenstand besonderer Rechte sein. Bestandteile überhaupt, auch nicht wesentliche, teilen in der Regel das Rechtsschicksal der Hauptsache, weil sie infolge ihrer Bestandteilseigenschaft unselbständig sind. Mit der Trennung, sei diese wie immer herbeigeführt oder eingetreten, verschwindet die Bestandteilseigenschaft, wird der bisherige Bestandteil selbständige Sache und fähig, Gegenstand besonderer Rechte zu sein.

Anm. 2

Nach Schnorr v. Carolsfeld, der (in AcP 145, 27) für die soziale Ausgestaltung des Erwerbs von Erzeugnissen eintritt, liegt ein Erzeugnis im Rechtssinne stets dann vor, wenn ein neuer Gegenstand entstanden ist, der nicht wesentlicher Bestandteil eines anderen ist, gleichgültig, ob die Stammsache aufgehört hat, zu bestehen, oder nicht, und weiter gleichgültig, ob eine körperliche Verbundenheit mit einer Muttersache noch besteht oder nicht oder ob sie überhaupt bestehen konnte.

Anm. 3

Erzeugnis ist wie der Nachwuchs eines Muttertiers auch das Küken, das eine Henne aus einem nicht selbst gelegten Ei ausgebrütet hat (aA Planck/Brodmann 5. Aufl. § 953 Anm. 1).

Anm. 4

§ 953 spricht für die Hauptfrage des Eigentums der Trennung die Regel aus, daß die Bestandteile auch nach der Trennung dem Eigentümer der Sache gehören, nämlich dem Eigentümer derjenigen Sache, deren Bestandteile sie bisher waren. Dem Hauseigentümer gehören also nach wie vor die vom Wohnungsamt bei einem Umbau herausgenommenen Schaufenster (**RG** 106, 149).

Anm. 5

Die Ausnahmen von der Regel sind in den §§ 954—957 bestimmt. Keine wirkliche Ausnahme ist die Bestimmung des § 911 über die auf das Nachbargrundstück hinüberfallenden Früchte. Denn sie beruht auf der Unterstellung, daß sie Früchte des Nachbargrundstücks sind.

Anm. 6

Auch für den Erwerb von Bestandteilen verlorener, gestohlener oder sonst abhanden gekommener Sachen durch Trennung gelten mangels ausdrücklicher anderweiter Bestimmung die Vorschriften des § 953 (und der §§ 954—957). Der Eigentumserwerb durch Trennung ist nicht rechtsgeschäftlicher Erwerb, sondern Erwerb kraft Gesetzes.

Anm. 7

2. Rechte an dem bisherigen Bestandteil

Die Rechte an der Hauptsache, die sich bis zur Trennung auf den Bestandteil erstrecken, erlöschen durch die Trennung nicht, sondern erstrecken sich auch weiterhin auf die nunmehr selbständige Sache. So die Hypothek (§§ 1120—1122), das Pfandrecht (§ 1212). Anders dann, wenn die dingliche Berechtigung die Befugnis zur Aneignung der Früchte und sonstiger Bestandteile umfaßt (vgl. § 954).

Anm. 8

3. Übergangsrecht: EG Art. 181 Abs. 2.

§ 954

Wer vermöge eines Rechtes an einer fremden Sache befugt ist, sich Erzeugnisse oder sonstige Bestandteile der Sache anzueignen, erwirbt das Eigentum an ihnen, unbeschadet der Vorschriften der §§ 955 bis 957, mit der Trennung.

E I 899 II 869; M 3 363, 364; P 3 245, 246.

Eigentumserwerb des dinglich Nutzungsberechtigten

Anm. 1

1. Erwerb der dinglich Nutzungsberechtigten durch Trennung der Bestandteile (Erzeugnisse)

Der dinglich Nutzungsberechtigte schließt den Erwerb des Eigentümer (§ 953) aus und wird selbst von dem Besitzer in den Fällen der §§ 955, 956 ausgeschlossen.

Anm. 2

2. Anwendungsfälle

Als dinglich Nutzungsberechtigter im Sinne des § 954 kommt hauptsächlich der Nießbraucher (§ 1030) und der Nutzpfandgläubiger (§ 1213), unter Umständen auch der auf Grund Dienstbarkeit oder Erbbaurechts Befugte in Betracht. Für die Fälle der dinglichen Nutzungsberechtigung auf den der Landesgesetzgebung vorbehaltenen Gebieten gilt die Vorschrift des § 954 als Hilfsrecht nach EG Art. 4 (vgl. z. B. Nutzungsrecht des Staats an Anlandungen hinsichtlich der dort geschnittenen Weiden gemäß § 140 Abs. 2 u. 3 PrWasserG: KG JW 1934, 116).

§ 955

Wer eine Sache im Eigenbesitze hat, erwirbt das Eigentum an den Erzeugnissen und sonstigen zu den Früchten der Sache gehörenden Bestandteilen, unbeschadet der Vorschriften der § 956, 957, mit der Trennung. Der Erwerb ist ausgeschlossen, wenn der Eigenbesitzer nicht zum Eigenbesitz oder ein anderer vermöge eines Rechtes an der Sache zum Fruchtbezuge berechtigt ist und der Eigenbesitzer bei dem Erwerbe des Eigenbesitzes nicht in gutem Glauben ist oder vor der Trennung den Rechtsmangel erfährt.

Dem Eigenbesitzer steht derjenige gleich, welcher die Sache zum Zwecke der Ausübung eines Nutzungsrechts an ihr besitzt.

Auf den Eigenbesitz und den ihm gleichgestellten Besitz findet die Vorschrift des § 940 Abs. 2 entsprechende Anwendung.

E I 900 II 870; M 3 364—367; P 3 247—249; 5 654.

Übersicht

Fruchterwerb auf Grund gutgläubigen Besitzes

1. Fruchterwerb des gutgläubigen Eigenbesitzers durch Trennung

Anm. 1

Der gutgläubige Eigenbesitzer der fruchttragenden Sache schließt im Fruchterwerb bei der Trennung den Eigentümer und den dinglich Nutzungsberechtigten (§§ 953, 954) aus, wird aber, wenn er nur mittelbarer Besitzer ist, unter den Voraussetzungen der §§ 955 Abs. 2, 956 selbst wieder von dem dinglich Fruchtbezugsberechtigten und demjenigen ausgeschlossen, dem der Fruchtbezug vom Berechtigten gestattet ist.

Anm. 2

Soll der Eigentümer durch den Eigenbesitzer im Fruchterwerb ausgeschlossen werden, so genügt neben dem Eigenbesitz der gute Glaube an das Recht zum Eigenbesitz zur Rechtfertigung des Fruchterwerbs. Dieser wird sich zwar regelmäßig decken mit dem guten Glauben an das Eigentum. Notwendig ist die Übereinstimmung aber nicht in allen Fällen. Bei Grundstücken z. B. ist wegen des Erfordernisses der Auflassung Eigenbesitz im guten Glauben an ihn mit dem Bewußtsein, (förmlich) nocht nicht Eigentümer zu sein, vereinbar.

Anm. 3

Soll der dinglich Nutzungsberechtigte vom Eigenbesitzer im Fruchterwerb durch Trennung ausgeschlossen werden, so genügt der gute Glaube an das Recht zum Eigenbesitz nicht, sondern es ist auch noch der gute Glaube an das Eigennutzungsrecht nötig. Der Eigenbesitzer darf also einerseits das Nutzungsrecht des andern nicht bei Erwerb des Eigenbesitzes gekannt oder grob fahrlässig übersehen, anderseits nicht später vor der Trennung davon Kenntnis erhalten haben.

Anm. 4

Der gute Glaube wird vermutet. Der Gegner hat den Gegenbeweis zu führen. Der Umstand, daß die Sache gestohlen oder verloren war, hindert den gutgläubigen Eigenbesitzer am Fruchterwerb nicht. § 935 ist nicht entsprechend anwendbar.

Anm. 5

Rechte Dritter bleiben bestehen (vgl. wegen der Hypothek usw. §§ 1120, 1192, 1107, wegen des Pfandrechts § 1212).

Anm. 6

2. Eigenbesitzer

Wer Eigenbesitzer ist, folgt aus § 872. Auf den Fruchterwerb durch Trennung kraft Eigenbesitzes kann sich unter Umständen auch der Eigentümer selbst berufen, nämlich gegenüber dem dinglich Fruchtbezugsberechtigten, wenn er hinsichtlich des Fruchtbezugsrechts in gutem Glauben war. Befand sich jedoch bei der Fruchttrennung der dinglich Fruchtbezugsberechtigte im Besitz der Sache, so wird er und nicht der nur im mittelbaren Eigenbesitz befindliche Eigentümer als Fruchterwerber zu erachten sein — aus der gleichen allgemeinen Erwägung, die auch dem § 936 Abs. 3 zugrunde liegt. Zu demselben Ergebnis führt § 955 Abs. 2 (s. Anm. 10).

Anm. 7

3. Beschränkung auf Erzeugnisse und Früchte

Der Eigentumserwerb des Eigenbesitzers erfaßt abgesehen von den Erzeugnissen, im Gegensatz zu den §§ 953, 954, 956 nur die zu den Früchten der Sache gehörenden Bestandteile, also nicht alle zur Abtrennung gelangenden Bestandteile. Über den Begriff Früchte: § 99 Abs. 1.

4. Fruchterwerb des gutgläubigen Nutzungsbesitzers (Abs. 2)

Anm. 8

Wer die Sache im guten Glauben besitzt, dinglich — nicht etwa persönlich, z. B. auf Grund Pachtrechts — fruchtbezugsberechtigt zu sein, und den Besitz der Sache zur Ausübung dieses Rechtes innehat, soll durch Trennung die Früchte sowohl vor dem Eigentümer wie vor dem wirklich dinglich Fruchtbezugsberechtigten erwerben, und zwar auch dann, wenn z. B. — und dies ist der Hauptfall — der Eigentümer mittelbarer Besitzer ist.

Anm. 9

Man wird hiervon ausgehend noch den weiteren Schluß zu ziehen haben, daß das Fruchterwerbsrecht des zur Ausübung eines vermeintlich dinglichen Nutzungsrechts Besitzenden an der Sache dem Fruchterwerbsrecht des mittelbaren Eigenbesitzers als solchen (§ 955 Abs. 1) vorgeht.

Anm. 10

Die Vorschrift des Abs. 2 kommt nicht nur dem vermeintlich, sondern auch dem wirklich Fruchtbezugsberechtigten gegen den im mittelbaren Eigenbesitz befindlichen Eigentümer zugute, wenn dieser auf Grund seines mittelbaren Eigenbesitzes im guten Glauben an das Nichtbestehen des Nutzungsrechts sich auf § 955 Abs. 1 stützen will (Anm. 6).

Anm. 11

Der Nutzungsberechtigte erwirbt die Erzeugnisse frei von der Hypothek usw. eines Dritten (vgl. § 1120 und oben Anm. 5). Ein Pfandrecht kommt hier nicht in Frage, da der Nutzungsberechtigte die — bewegliche — Sache besitzen muß, um nach § 955 Abs. 2 Eigentum zu erwerben.

Anm. 12

5. Fruchterwerb durch Trennung bei vorübergehend verlorenem Besitz (Abs. 3)

Die während der Zeit des vorübergehenden Besitzverlustes getrennten Früchte werden — darin liegt die Bedeutung der Bezugnahme auf die entsprechend anzuwendende Vorschrift des § 940 Abs. 2 — mit der Trennung Eigentum des von dem Verluste Betroffenen, wenn er den Besitz rechtzeitig wiedererlangt. In der Zwischenzeit, bis zur Wiedererlangung des Besitzes, besteht ein Schwebezustand. Die Voraussetzung der Wiedererlangung des Besitzes bezieht sich nur auf die aus dem Besitz gekommene Sache selbst. An den inzwischen getrennten Früchten muß der Besitz nicht erlangt sein, um einen Eigentumserwerb nach Abs. 3 zu bewirken.

Anm. 13

6. Herausgabeansprüche

§ 955 regelt nur das Eigentum an den Früchten im Falle der Trennung, läßt aber die Frage, ob der Erwerber die Früchte behalten darf, unberührt. Inwieweit insbesondere auf Grund des wegen der Sache erhobenen Eigentumsanspruchs der Besitzer verpflichtet ist, getrennte und mit der Trennung in sein Eigentum übergegangene Früchte an den Eigentümer herauszugeben, ergibt sich aus den §§ 987 ff. Über ihr Verhältnis zu den Vorschriften über die Herausgabe einer ungerechtfertigten Bereicherung: § 987 Anm. 2.

§ 956

Gestattet der Eigentümer einem anderen, sich Erzeugnisse oder sonstige Bestandteile der Sache anzueignen, so erwirbt dieser das Eigentum an ihnen, wenn der Besitz der Sache ihm überlassen ist, mit der Trennung, anderenfalls mit der Besitzergreifung. Ist der Eigentümer zu der Gestattung verpflichtet, so kann er sie nicht widerrufen, solange sich der andere in dem ihm überlassenen Besitze der Sache befindet.

Das gleiche gilt, wenn die Gestattung nicht von dem Eigentümer, sondern von einem anderen ausgeht, dem Erzeugnisse oder sonstige Bestandteile einer Sache nach der Trennung gehören.

E I 901, 902 II 871; M 3 367—369; P 3 249, 250.

Übersicht

Eigentumserwerb infolge Gestattung der Aneignung

1. Eigentumserwerb an Bestandteilen infolge Gestattung der Aneignung (Abs. 1 Satz 1)

Anm. 1

Der Eigentumserwerb nach § 956 ist ein rechtsgeschäftlicher, der sich entsprechend den in § 929 enthaltenen Grundgedanken vollzieht. Er beruht auf der Einigung, die in der Gestattung der Aneignung liegt. Zu Unrecht ist in der 9. Auflage an dieser Stelle die Ansicht vertreten worden, es handle sich um ihrer Rechtsnatur nach verschiedene Erwerbsarten, je nachdem, ob der Eigentumserwerb mit der Besitzergreifung oder mit der Trennung eintrete. Der Eigentumserwerb tritt in beiden Fällen ein, wenn die Übergabe vollendet ist. Sie ist, wenn der Erwerber bereits im Besitz dieser Sache ist, mit der Trennung der Erzeugnisse und Bestandteile vollendet, anderenfalls erst mit der Besitzergreifung (vgl. hierzu Planck/Brodmann 5. Aufl. § 956 Anm. 2).

Anm. 2

Stets muß eine vom wahren (oder vermeintlich [§ 957]) Berechtigten herrührende persönliche Aneignungsbefugnis zugrunde liegen. Ein dingliches Aneignungsrecht kommt nicht in Frage; dessen Folgen sind in §§ 954, 955 geregelt. Vorausgesetzt ist aber, daß, wer die Aneignung gestattet hat, auch in dem Augenblick, in dem sie wirksam werden soll, selbst noch Eigentümer (Berechtigter) ist. Ist er es in diesem Augenblick nicht (weil er z. B. die fruchttragende Sache vorher veräußert hat), so bedarf es der Zustimmung des neuen Erwerbers der Sache oder eines besonderen Rechtsgrundes, der auch ihn verpflichtet, die Aneignung zu gestatten (**RG** 60, 319; 78, 35).

Anm. 3

Für den Fall, daß dem Fruchterwerber der Besitz der Sache nicht überlassen ist, muß die Befugnis des Gestattenden, über das Eigentum an den Früchten zu verfügen, noch in dem Augenblick bestehen, in dem der Fruchterwerber die Früchte in Besitz nimmt. Dieser erwirbt daher kein Eigentum, wenn der Gestattende inzwischen in Konkurs gefallen ist (**BGH** 27, 360).

a) Gestattung der Aneignung

Anm. 4

Sie braucht nicht mit ausdrücklichen Worten zu geschehen. Sie wird sich z. B. ohne weiteres aus dem Verkauf eines Hauses auf Abbruch für die Abbruchstoffe ergeben (Colmar OLG 20, 167). Hat der Grundstückseigentümer dem Käufer von Baumstämmen den Platz, auf dem die Bäume stehen, als Lagerplatz für die gefällten Stämme überlassen, so erwirbt der Käufer das Eigentum an den Stämmen nicht mit der Trennung, sondern erst mit der Besitzergreifung; denn er wurde Besitzer der Grundfläche erst nach dem Fällen der Bäume (**RG** 23. 1. 1918 V 250/17). Der Wirt, der dem Gast die bestellten Austern übergibt, „gestattet" nicht die Aneignung der etwa in den Austern befindlichen Perlen; er überträgt vielmehr dem Gast das Eigentum an den Austern mit allen ihren Bestandteilen, auch den etwa vorhandenen Perlen. Ein Vorbehalt kann dinglich wirken; denn die Perle ist nicht wesentlicher Bestandteil der Auster (§ 93).

Anm. 5

Die Vorschrift bezieht sich auf Bestandteile allgemein, nicht nur auf Früchte, und nicht nur auf solche beweglicher Sachen; sie trifft also auch den Fall, daß der Gebäudeeigentümer dem Bauhandwerker gestattete, die eingefügten Türen und Fenster wieder wegzunehmen.

Anm. 6

Hat der Eigentümer bei der „Gestattung" den Besitz der Sache behalten und werden die noch nicht getrennten Früchte im Verfahren gegen ihn gepfändet, so entsteht ein auch gegen den „andern" wirksames Pfandrecht, das dem späteren Eigentumserwerb durch ihn vorgeht (Naumburg JW 1930, 845).

Anm. 7

Bei der Veräußerung von Holzbeständen eines Erbhofs bedurfte die Gestattung gemäß § 956 Abs. 1 der Genehmigung des Anerbengerichts, wenn der Holzverkauf nicht im Rahmen einer ordnungsmäßigen Wirtschaft stattfand (Landeserbhofgericht Celle RdRN 1937, 997). Über einen Anwendungsfall des § 956 vgl. ferner Fabricius DJ 1936,

897; über die Einwirkung des Konkurses des Gestattenden auf die Aneignungsbefugnis: Jaeger KO § 43 Anm. 25 a. E.; **BGH** 27, 360; vgl. oben Anm. 3.

b) Überlassung des Besitzes der Sache

Anm. 8

Sie ist die besondere Voraussetzung des Eigentumserwerbs durch Trennung. Die Erlangung des Besitzes muß auf dem Willen des Gestattenden beruhen. Wer sich nach erhaltener Erlaubnis zur Aneignung der Früchte eigenmächtig in den Besitz der fruchttragenden Sache gesetzt hat, erwirbt nicht Eigentum der Früchte durch Trennung (**RG** 23. 1. 1918 V 250/17). Man wird weiterhin zu verlangen haben, daß der überlassene Besitz auch im Augenblicke der Trennung noch bestanden hat. Entsprechende Anwendung des § 940 Abs. 2 ist bei der Ähnlichkeit der Sachlage mit der des § 955 und mit Rücksicht auf das praktische Bedürfnis nicht abzulehnen.

Anm. 9

Einräumung des mittelbaren Besitzes genügt jedenfalls dann nicht, wenn der Gestattende selbst den unmittelbaren Besitz behält (**BGH** 27, 360).

2. Widerruf der Gestattung (Abs. 1 Satz 2)

Anm. 10

Die Gestattung der Aneignung, ihrer Rechtsnatur nach der Vollmacht verwandt und gleich ihr unmittelbar (absolut) wirkend, ist gleich der Vollmacht widerruflich. Der Widerruf berührt aber an sich nicht die dem andern auf Grund eines Kaufvertrags zustehenden schuldrechtlichen Ansprüche (**RG** WarnRspr 1924 Nr. 9). Das Gesetz schließt den Widerruf nur für den Fall der Gestattung mit Besitzüberlassung (Anm. 8) aus, und auch da nur solange, als der überlassene Besitz dauert. Voraussetzung der Unwiderruflichkeit ist immer, daß der Gestattende zur Gestattung verpflichtet ist. Dies liegt beim Verpächter klar zutage. Aber auch wer schenkungsweise einem andern die Nutzung eines Grundstücks persönlich gestattete und ihm dazu den Besitz überließ, ist, wenn nicht widerruflich geschenkt war, an die Gestattung gebunden.

Anm. 11

Vorübergehende Unterbrechung des Besitzes ist auch im Falle des § 956 Abs. 1 Satz 2 wie in den Fällen des § 940 Abs. 2 nicht zu rechnen.

Anm. 12

3. Verzicht auf das Aneignungsrecht

Nur der einseitige Widerruf wird verboten. Zulässig bleibt z. B. aber, daß der Pächter durch Vertrag mit dem Verpächter auf sein Recht verzichtet, die Früchte eines bestimmten Schlages mit der Trennung zu Eigentum zu erwerben. Das bedeutet nur den Verzicht des Pächters auf eine einzelne, sich aus dem Pachtvertrag ergebende Befugnis; im übrigen wird dieser aufrechterhalten, auch soweit er sich auf den betreffenden Schlag erstreckt, der Pächter hat ihn weiter zu bestellen und abzuernten, auch den Pachtzins dafür zu bezahlen (**RG** 138, 241).

Anm. 13

4. Gestattung durch einen sonstigen Berechtigten (Abs. 2)

Hierher gehören die Fälle der Gestattung durch den dinglich Nutzungsberechtigten (§ 954), den Eigenbesitzer und die ihm Gleichgestellten (§ 955). Auch der, dem nur nach § 956 die Aneignung gestattet ist, kann seinerseits einem andern die Aneignung wirksam gestatten (**RG** 108, 270), und zwar nicht nur dann, wenn ihm diese Befugnis nach dem Inhalt der Gestattung des Eigentümers zusteht, sondern auch dann, wenn ihm eine solche Befugnis nicht ausdrücklich zugestanden worden ist (§ 137). Der Pächter ist nicht gehindert, einem Dritten die Aneignung der Früchte auf dem gepachteten Grundstück zu gestatten. Die Weitergestattung nach § 956 Abs. 2 ist nicht nur dann möglich, wenn der erste Aneignungsbefugte den Besitz überlassen erhalten hat, sondern auch dann, wenn er keinen Besitz erlangt hat, es sei denn, daß die Weitergestattung durch Vereinbarung ausgeschlossen ist. Der zweite Aneignungsbefugte erwirbt die Erzeugnisse usw. dann aber erst mit der Besitzergreifung (§ 956 Abs. 1; **RGSt** 63, 319; **RG** 108, 270).

5. Besondere Fälle

Anm. 14

a) Bäume eines Waldes

Die Bäume eines Waldgrundstücks gehören zu seinen Erzeugnissen (**RG** 80, 232). Auch bei ihnen gilt also § 956. Seine Anwendung bietet keine Besonderheiten, wenn der Eigentümer die stehenden Bäume verkauft, dem Käufer die Aneignung gestattet und ihm das Waldgrundstück übergibt. Mit dem Fällen der Bäume erwirbt dann der Käufer das Eigentum (**RG** 109, 192f). In anderen Entscheidungen (**RG** 108, 271; Recht 1927 Nr. 612) ist das Reichsgericht aber weitergegangen. Fußend auf der Möglichkeit, daß ein Teilbesitz nach § 865 an nicht gefällten Bäumen besteht, hat es für die Anwendbarkeit des § 956 schon als genügend angesehen, wenn dieser Teilbesitz begründet oder übertragen wird. Das ist an sich bedenklich, denn mit dem „Besitz der Sache" im Sinne des § 956 ist doch wohl der Besitz der Muttersache gemeint (vgl. **RG** BayZ 1918, 221). Die Ansicht des Reichsgerichts wird aber dadurch in ihrer Tragweite eingeschränkt, daß es selbst meint, ein Besitz, d. h. eine von der Verkehrsanschauung anerkannte tatsächliche Herrschaft über die Bäume allein, nicht auch über das Grundstück, werde nur ausnahmsweise gegeben sein (**RG** 108, 272).

Anm. 15

b) Torfgewinnung

Über Torfabbauverträge und Eigentumserwerb an dem gestochenen Torf vgl. Hesse SchlHA 1947, 169.

Anm. 16

c) Preußisches Bergwerkseigentum

Auf das preußische Bergwerkseigentum ist § 956 nicht unmittelbar anwendbar; denn es ist weder eine Sache im Sinne des BGB, noch verleiht es als solches Sacheigentum. Aber das Aneignungsrecht des Bergwerkseigentümers ist dinglicher Art und unmittelbar wirksam, weil ihm Wirkung gegen jedermann innewohnt. Wird es, z. B. durch Pacht, einem Dritten überlassen, so erwirbt er das Eigentum an den geförderten Sachen (Kohlen, Erzen) ohne Rücksicht auf die Person des Fördernden, selbst wenn dies der Bergwerkseigentümer ist; denn dieser kann selbst Eigentum durch Inbesitznahme nicht erwerben (§ 958 Abs. 2; **RG** 135, 96, 101f; JW 1932, 2422).

§ 957

Die Vorschriften des § 956 finden auch dann Anwendung, wenn derjenige, welcher die Aneignung einem anderen gestattet, hierzu nicht berechtigt ist, es sei denn, daß der andere, falls ihm der Besitz der Sache überlassen wird, bei der Überlassung, anderenfalls bei der Ergreifung des Besitzes der Erzeugnisse oder der sonstigen Bestandteile nicht in gutem Glauben ist oder vor der Trennung den Rechtsmangel erfährt.

E II 872; P 3 349, 350.

Gestattung der Aneignung durch Nichtberechtigte

1. Schutz des gutgläubigen Erwerbs von Bestandteilen

Anm. 1

Die Vorschrift hat das Ziel, dem, der vom Nichtberechtigten gutgläubig erwirbt, für den Fall des Erwerbs von Erzeugnissen und sonstigen Bestandteilen auf Grund der

Gestattung der Aneignung den gleichen Schutz zu gewähren, wie er in den §§ 932 ff im Falle der Übertragung des Eigentums an einer Sache dem gutgläubigen Erwerber gewährt wird. Dies ergibt sich, abgesehen von der Ähnlichkeit der Rechts- und Sachlage, die eine übereinstimmende Regelung dringend erheischt, auch aus der Stellung des § 957 und der Nachbildung seiner Fassung nach jenen Vorschriften. Zur Auslegung des § 957 sind darum in erster Reihe die §§ 932 ff heranzuziehen.

Anm. 2

Der Schutz des § 957 auf Grund der Gestattung und des guten Glaubens ist aber nur zu gewähren, wenn der Gestattende sich im Besitz befindet (**RG** 108, 271). Der Schutz des gutgläubigen Erwerbs beruht, wie allenthalben im BGB, so auch hier auf dem Grundgedanken, daß man dem Erwerber im Verkehr nicht zumuten kann, das Recht des Veräußerers zu prüfen, und ihm gestatten muß, sich — soweit nicht gegenteilige Anzeichen entgegenstehen — darauf zu verlassen, daß der Besitzstand auch mit dem Rechtsstand übereinstimmt. Irgendein Grund, für die Fälle des § 957 von diesem Rechtsgedanken abzuweichen, besteht nicht; die Unannehmbarkeit des Ergebnisses im Falle der gegenteiligen Annahme liegt auf der Hand. Deshalb muß die Sache im Besitz des die Aneignung der Bestandteile Gestattenden gewesen sein in dem Augenblick, in dem er den Besitz der Sache dem Erwerber überließ oder dieser den Besitz an den Bestandteilen ergriff.

Anm. 3

War der Erwerber schon zur Zeit der Gestattung im Besitz der Sache, so muß er seinen Besitz von dem Gestattenden erlangt haben, um gutgläubig zu sein.

Anm. 4

Wegen des in **RG** 108, 271 über den sog. **Teilbesitz** Ausgeführten vgl. Anm. 14 zu § 956. — Für den gutgläubigen Erwerb nach §§ 956, 957 ist § 935 maßgebend, soweit es sich um Bestandteile handelt. Da aber der Fruchterwerb des gutgläubigen Eigenbesitzers nach § 955 durch die der fruchttragenden Sache anhaftende Eigenschaft gestohlenen Gutes nicht hintangehalten wird (§ 955 Anm. 4), so kann folgerichtig auch im § 957 der gleiche Mangel dem gutgläubigen Erwerb nicht entgegenstehen.

Anm. 5

2. **Rechtsmangel** bedeutet hier den Mangel des Rechtes, die Aneignung zu gestatten.

V. Aneignung

§ 958

Wer eine herrenlose bewegliche Sache in Eigenbesitz nimmt, erwirbt das Eigentum an der Sache.

Das Eigentum wird nicht erworben, wenn die Aneignung gesetzlich verboten ist oder wenn durch die Besitzergreifung das Aneignungsrecht eines anderen verletzt wird.

E I 903 II 873; M 3 369, 370; P 3 250—253.

Übersicht

Aneignung herrenloser Sachen

Anm. 1

1. Herrenlose Sachen

Herrenlos ist eine (bewegliche) Sache dann, wenn sie keinen Eigentümer hat. Die Fälle können außerordentlich verschieden sein. Das BGB behandelt — abgesehen von den Grundstücken — nur die Herrenlosigkeit der wilden Tiere und die der Bienen sowie das Herrenloswerden durch Aufgeben des Besitzes. Die übrigen Fälle gehören zumeist in den Rahmen der Vorbehalte für das Landesrecht, insbesondere in das Gebiet des Wasserrechts. Soweit solche Vorbehalte für das Landesrecht nicht bestehen (Meteorsteine), wird beim Fehlen besonderer reichsgesetzlicher Vorschriften aus dem tatsächlichen Mangel eines möglichen Eigentümers auf die Herrenlosigkeit zu schließen sein. Ein Beuterecht des Reichs an offenbar feindlichen Pferden, die sich in der Nähe des Schlachtfeldes umhertreiben, ist anerkannt (Königsberg OLG 39, 227). Sachen, die beim Inkrafttreten des BGB schon vorhanden und nach dem bisherigen Rechte herrenlos waren, bleiben es bis zur Aneignung. — Hinsichtlich der Grundstücke: § 928, EG Art. 129.

Anm. 2

2. Inbesitznahme der herrenlosen Sache

Die — das Eigentum an der Sache, im späteren Konkurs des Besitzers deren Aussonderung begründende (Jaeger KO § 43 Anm. 25 — Inbesitznahme kann auch durch Besitzdiener und Besitzmittler geschehen (**RGSt** 39, 179; **RG** 137, 25). Eine Inbesitznahme solcher Art wird in der Regel auf Jagden bei Aufnahme von erlegtem Wild durch Jagdgehilfen, Treiber und Jagdgäste zugunsten des Jagdherrn stattfinden. Wer eine herrenlose Sache in Eigenbesitz nimmt, wird sie in der Regel nehmen, um daran Eigentum zu erwerben. Diese bewußte Aneignung ist Rechtsgeschäft und erfordert deshalb Geschäftsfähigkeit. Ob ein Rechtsgeschäft auch dann vorliegt, wenn der Besitzergreifende die Inbesitznahme in der irrigen Meinung vollzieht, die in Wirklichkeit herrenlose Sache gehöre schon ihm, mag zweifelhaft sein und kann dahingestellt bleiben. Jedenfalls ist auch ein solches Nehmen in Eigenbesitz wie ein Rechtsgeschäft zu behandeln und zur Aneignung genügend (§ 872 Anm. 3).

3. Ausschluß des Eigentumserwerbs nach Abs. 2

a) Allgemeines

Anm. 3

Eigentum wird nicht erworben, und zwar überhaupt nicht, in den Fällen des Abs. 2, auch nicht vom Aneignungsberechtigten. Die Sache bleibt also herrenlos. Dies ergibt sich als Absicht des Gesetzes deutlich daraus, daß in EG Art. 69 die landesgesetzlichen Vorschriften, die dem Jagdberechtigten das Eigentum an dem vom Wilddieb erlegten Wilde zusprechen — nur dies kommt in Frage, denn dem Wilddieb ist nirgends Eigentum zugesprochen —, durch einen besonderen Zwischensatz von dem Vorbehalt ausgenommen worden sind (Prot. 6, 376; **RGSt** 39, 427; Art. 69 ist hinsichtlich der Jagd jetzt aufgehoben durch § 46 Abs. 2 BJagdG [unten Anm. 8]). Das gleiche wird aber auch für alle Fälle der Aneignung gegen gesetzliche Aneignungsverbote und der Aneignung unter Verletzung eines fremden Aneignungsrechts anzunehmen sein. Dies selbst in dem Fall, daß der Aneignungsversuch nicht nur gegen das Aneignungsrecht des andern verstößt, sondern auch noch gegen eine besondere Pflicht, als dessen Vertreter für diesen zu erwerben, wie sie etwa Jagdgehilfen und Jagdgästen gegenüber dem Jagdherrn, Bediensteten, die zum Aufsammeln herrenloser Gegenstände ausgeschickt sind, gegenüber ihrem Dienstherrn obliegt. § 116 kann nicht angewendet werden, weil die Aneignung zwar eine Willensbetätigung, aber keine Willenserklärung in sich schließt. Anders beim Schatzfund (§ 984 Anm. 5, 6).

Anm. 4

Erwirbt ein gutgläubiger Dritter eine herrenlose Sache, die gegen gesetzliches Verbot oder gegen das Aneignungsrecht eines andern in Besitz genommen worden ist, aus der Hand dieses Eigenbesitzers, so kann er nach § 932 Eigentum erwerben (**RGSt** 39, 432). Dieser Erwerb ist nicht Aneignungserwerb. Ihm steht aber auch § 935 nicht im Wege.

b) Gesetzliche Aneignungsverbote

Anm. 5

In Betracht kommen landesgesetzliche oder reichsgesetzliche. Aneignungsverbote können auch durch Polizeiverordnung erlassen werden (**RGSt** 48, 121). Ob ein solches vorliegt, kann nicht allgemein, sondern nur unter Prüfung des einzelnen Gesetzes entschieden werden. Dies gilt insbesondere auch für die Frage, ob die jagdrechtlichen Bestimmungen über die Schonzeiten und Schonbezirke Aneignungsverbote enthalten. Denn grundsätzlich besteht kein Hindernis, ein Aneignungsverbot auf Zeit und für gewisse Zeiten und Raumbezirke zu erlassen (vgl. hierzu Staudinger in SeuffBl 63, 285 und Ebner bei Gruchot 57, 362ff). Anderseits müssen Schonvorschriften nicht auf alle Fälle Aneignungsverbote enthalten (**RGSt** 7, 91; BayObLGSt NF 12, 298). Daraus allein, daß dem Jagd- oder Fischereiberechtigten die Verwendung gewisser Fang- und Tötungsmittel verboten ist, kann ein Aneignungsverbot nicht entnommen werden. Aber auch, wenn die Schonvorschrift ein Aneignungsverbot in sich schließt, so doch in der Regel kein ausnahmsloses. Sie hindert dann wohl den Jagdberechtigten, sich das Tier, das er selbst gejagd und getötet, anzueignen, nicht aber auch, sich das getötete Tier, wenn es ohne sein Zutun in seinem Jagdgebiet zu Tode kam, als Fallwild anzueignen (BayObLGSt NF 12, 298).

Anm. 6

Ein Eigentumserwerb ist nicht möglich an Sachen, die einer Zwangsbewirtschaftung unterliegen und deswegen allgemein beschlagnahmt sind. Die Beschlagnahme enthält ein gesetzliches Aneignungsverbot.

Anm. 7

c) Verletzung von Aneignungsrechten anderer

Auch hier kommen sowohl reichsrechtliche, wie hauptsächlich landesrechtliche Aneignungsrechte in Betracht, in erster Reihe Jagdrechte, Fischereirechte, Bergrechte. Wegen Anwendung des Grundsatzes in einer bergrechtlichen Angelegenheit vgl. § 956 Anm. 16. Fraglich kann sein, ob bei vereinbarter Teilung der Jagdausübung zwischen zwei gemeinschaftlich Jagdberechtigten Verfehlungen gegen die Übereinkunft seitens des einen das Aneignungsrecht des andern verletzen. Es wird an der Hand des für den einzelnen Fall geltenden Jagdgesetzes zu prüfen sein, ob eine Teilung dem Rechte nach möglich war und stattgefunden hat, und nur in diesem Fall wird die Frage zu bejahen sein.

Anm. 8

4. Jagdrecht

In den vorstehenden Bemerkungen ist das Jagdrecht noch als Landesrecht behandelt worden. Nach Art. 75 GG hat der Bund das Recht, unter den Voraussetzungen des Art. 72 Rahmenvorschriften über das Jagdwesen zu erlassen. Hiervon hat er durch das Bundesjagdgesetz vom 29. 11. 1952, BGBl I 780, 843, Gebrauch gemacht. Nach § 1 BJagdG ist das Jagdrecht die ausschließliche Befugnis, auf einem bestimmten Gebiet wildlebende jagdbare Tiere (Wild) zu hegen, auf sie die Jagd auszuüben und sie sich als Jagdbeute anzueignen. Zur Jagdausübung gehört das Aufsuchen, Nachstellen, Erlegen und Fangen der Tiere. Zu dem Recht der Aneignung der Jagdbeute gehört auch die ausschließliche Befugnis, krankes oder verendetes Wild, Fallwild und Abwurfstangen sowie die Eier jagdbaren Federwildes sich anzueignen. Das Jagdrecht steht dem Eigentümer auf seinem Grund und Boden zu. Es ist untrennbar mit dem Eigentum am Grund und Boden verbunden und kann nicht als selbständiges dingliches Recht begründet werden (§ 3).

§ 959

Eine bewegliche Sache wird herrenlos, wenn der Eigentümer in der Absicht auf das Eigentum zu verzichten, den Besitz der Sache aufgibt.

E I 904 II 874; M 3 370, 371; P 3 253, 254.

Übersicht

Aufgabe des Eigentums

Anm. 1

1. Aufgabe des Eigentums (Dereliktion)

Zur wirksamen Eigentumsaufgabe verlangt das Gesetz die Besitzaufgabe in Verzichtsabsicht. Das Eigentum an beweglichen Sachen wird durch Willensbetätigung, nicht notwendig durch Willenserklärung aufgegeben. Wenn das Aufgeben des Eigentums darum auch als Rechtsgeschäft betrachtet wird, so können doch die nur für Willenserklärungen berechneten Gesetzesvorschriften darauf nicht angewendet werden.

2. Verzicht auf das Eigentum

Anm. 2

Die Absicht, zu verzichten, setzt Willensfähigkeit voraus. Die Eigentumsaufgabe des Willensunfähigen ist daher wirkungslos. Der Verzichtswille muß allgemein auf Aufgabe des Eigentums gerichtet sein. Der Verzicht zugunsten einer bestimmten Person hat nicht die Rechtsnatur der Eigentumsaufgabe, sondern die der Eigentumsübertragung (**RG** 83, 229). Auch ein Verzicht zugunsten einer unbestimmten oder beliebigen Person kann zur Eigentumsübertragung zu zählen sein. Darunter kann sich aber auch eine Eigentumsaufgabe bergen, je nachdem nur die Absicht, einen andern zum Eigentümer zu machen, allein vorherrscht oder doch auch daneben die selbständige Entledigungsabsicht besteht.

Anm. 3

Liegt Eigentumsübertragung vor, so steht sie auch unter deren Regeln. Insbesondere genügt nicht der einseitige Verzicht des Übertragenden; vielmehr ist — außer der Übergabe oder dem Übergabeersatz — die Einigung beider Beteiligten über den Eigentumsübergang erforderlich (**RG** LZ 1919, 868; vgl. Ritter JW 1937, 1674 und Spohr Deutsches Gemein- und Wirtschaftsrecht 1937, 274 über die Frage der „Pfändbarmachung" unpfändbarer Sachen durch Hingabe eines Ersatzgegenstandes).

Anm. 4

Nur eine scheinbare Ausnahme ist es, wenn der einseitige Verzicht als Erfüllung einer Bedingung wirkt und der Eigentumsübergang nunmehr eintritt auf Grund des früheren bedingten Rechtsgeschäfts, der schon damals zustande gekommenen und fortwirkenden Einigung und der schon vorweggenommenen Übergabe (**RG** 79, 245; 60, 72; 66, 348).

3. Besitzaufgabe

Anm. 5

Die Besitzaufgabe muß tatsächlich durchgeführt werden. Es genügt nicht, daß der Eigentümer den Besitzwillen aufgibt, er muß sich der tatsächlichen Gewalt wirklich entledigen. Die Entledigung kann auch im Liegenlassen bestehen, wenn dieses mit

Aufgabe der tatsächlichen Gewalt verbunden ist. Die Besitzaufgabe kann auch durch Dritte geschehen, z. B. durch den Besitzdiener. Unter Umständen kann in einer Besitzaufgabeerklärung gegenüber dem Besitzdiener oder dem Besitzmittler eine zur Eigentumsaufgabe genügende Besitzaufgabe liegen.

Anm. 6

Aus der Besitzaufgabe wird häufig auf die Absicht des Verzichts auf das Eigentum geschlossen werden können (**RGSt** 42, 43, von Kunden in Besitz genommene, dann im Geschäft zurückgelassene Rabattmarken). Notwendig ist der Schluß jedoch nicht. Denn der Besitz kann auch aus anderen Gründen aufgegeben werden, z. B. um zeitweise eine Entlastung zu haben (**RGSt** 39, 28, Patronenhülsen).

Anm. 7

Der Wortlaut des § 959 scheint die Eigentumsaufgabe nur dem zu gestatten, der den Besitz noch nicht verloren hat. Dem Sinn und Zweck der Vorschrift nach muß aber angenommen werden, daß auch die dem unfreiwilligen Besitzverlust oder der in anderer Absicht vorgenommenen Besitzaufgabe nachfolgende, nach außen zutage tretende Absicht der Eigentumsaufgabe den Eigentumsverlust nach sich ziehen kann.

4. Besitzaufgabe als Eigentumsverzicht

Anm. 8

Auf einen Verzichtswillen kann nicht geschlossen werden, wenn Flüchtlinge ihre Habe zurücklassen; nicht ohne weiteres, wenn sie sich auf der Flucht eines Teils ihrer Habe entledigen, insbesondere dann nicht, wenn sie, um sich das Gut zu erhalten, die zurückgelassenen Gegenstände verstecken oder vergraben. Auch daraus, daß ein Eigentümer längere Zeit keine Nachforschungen angestellt hat, kann unter den besonderen Verhältnissen der Nachkriegszeit nicht ohne weiteres geschlossen werden, daß er das Eigentum an einem liegengebliebenen Kraftfahrzeug aufgeben wollte (**OGH** RdK 1950, 42). Die Streitkräfte einer feindlichen Besatzungsmacht haben grundsätzlich kein Recht, zurückgelassenes Flüchtlingsgut, das nicht herrenlos geworden ist, sich anzueignen (**BGH** BB 1952, 158 = LM AHKG 13 Art. 3 Nr. 4).

Anm. 9

Dagegen kann es ein Aufgeben des Besitzes und des Eigentums nach § 959 bedeuten, wenn der Staat sich um die im Boden befindlichen verschossenen Kugeln und dergl. jahrelang nicht gekümmert, vielmehr das Einsammeln durch die Bewohner des zum Flüchtlingslager gewordenen ehemaligen Truppenübungsplatzes geduldet hat (**RGSt** 57, 339). Dadurch, daß die Besatzungen gegen Ende des Krieges ihre Kriegsschiffe in der Ostsee versenkt haben, um sie dem Zugriff des Feindes zu entziehen, ist nicht die Absicht bekundet worden, auf das Eigentum zu verzichten (Schleswig SchlHA 1953, 295). Dasselbe gilt bezüglich der aus diesem Grunde versenkten Torpedos. Ebenso liegt in dem Verschießen von Übungstorpedos noch nicht die Bekundung, auf das Eigentum verzichten zu wollen (Schleswig SchlHA 1953, 265).

Anm. 10

Ebenso gibt der Eigentümer falschen Geldes, welcher es wegwirft, weil er verfolgt wird, den Besitz in der Absicht auf, auf das Eigentum zu verzichten; der Finder findet dann eine herrenlose, keine fremde Sache (**RGSt** 67, 298).

Anm. 11

Über die Rechtsverhältnisse an den in Berlin zurückgelassenen Kraftfahrzeugen vgl. die Anordnungen der Berliner Kommandantur v. 31. 12. 1947, BlnVOBl 1948 I 34, und v. 18. 10. 1948, BlnVOBl I 460; dazu Souchon JR 1948, 145; Kundler JR 1949, 22; Töpplitz JR 1949, 441; Willms JR 1950, 19; Albrecht JR 1950, 367.

Anm. 12

5. Dereliktion eingetragener Schiffe

Das Eigentum an einem im Schiffsregister eingetragenen Schiff kann nach § 7 Ges. über Rechte an eingetragenen Schiffen und Schiffsbauwerken v. 15. 11. 1940, RGBl I

1499, nur dadurch aufgegeben werden, daß der von dem Eigentümer dem Registergericht gegenüber erklärte Verzicht in das Schiffsregister eingetragen wird. § 7 Abs. 2 regelt auch das Recht zur Aneignung herrenloser Schiffe besonders. Die Regelungen entsprechen der in § 928 für Grundstücke getroffenen.

Anm. 13

6. Rechte Dritter an der Sache

stehen der Aufgabe des Eigentums nicht im Wege, werden aber auch von ihr nicht berührt.

§ 960

Wilde Tiere sind herrenlos, solange sie sich in der Freiheit befinden. Wilde Tiere in Tiergärten und Fische in Teichen oder anderen geschlossenen Privatgewässern sind nicht herrenlos.

Erlangt ein gefangenes wildes Tier die Freiheit wieder, so wird es herrenlos, wenn nicht der Eigentümer das Tier unverzüglich verfolgt oder wenn er die Verfolgung aufgibt.

Ein gezähmtes Tier wird herrenlos, wenn es die Gewohnheit ablegt, an den ihm bestimmten Ort zurückzukehren.

E I 905 II 875; M 3 371, 372; P 3 254, 255.

Übersicht

Wilde Tiere

Anm. 1

1. Wilde Tiere

Das BGB setzt den Unterschied zwischen wilden und zahmen Tieren voraus und gibt keine Begriffsbestimmung. Nur soviel ist aus § 960 zu entnehmen, daß die Freiheit das Unterscheidungsmerkmal sein soll, nämlich die natürliche und angeborene Freiheit als Erkennungszeichen des wilden Tieres, die durch Gewöhnung, Zähmung, Abstammung von gezähmten Tieren im Laufe der Zeit zur andern Natur gewordene Abhängigkeit vom Menschen als Erkennungszeichen des zahmen Tieres. Gattungsunterschiede sind dabei nicht unbedingt maßgebend. Dieselbe Tiergattung kann als wild und als zahm vorkommen. Das einzelne Tier ist aber entweder wild oder zahm. Ein wildes wird durch Zähmung zum gezähmten, nicht zum zahmen, ein zahmes durch Verwilderung nicht zum wilden, es bleibt ein zahmes (vgl. auch **RGSt** 50, 183).

2. Freiheit

Anm. 2

Gemeint ist hier die ursprüngliche, natürliche Freiheit, Bewegungsfreiheit. Durch Raumbeschränkung, z. B. Beschränkung auf den Raum einer Insel, ist die Freiheit in diesem Sinne nicht behindert. Auch ein wildes Tier, das sich selbst in einer natürlichen Grube gefangen oder in Schlinggewächse verstrickt hat, muß im Sinne des § 960 noch als in der Freiheit befindlich erachtet werden; ebenso ein wildes Tier, das von einem andern Tiere in — sei es noch so enger — Abhängigkeit gehalten wird. Die Freiheit hört erst dann auf, wenn der Mensch das Tier in seiner Gewalt hat. Bis zu diesem Augenblick ist das wilde Tier nach § 960 Abs. 1 auch herrenlos. Daß aber in diesem Augenblicke die Herrenlosigkeit endigt, sagt das Gesetz nicht. Dies ist vielmehr erst dann der Fall, wenn nach § 958 Eigentum an dem Tiere erworben wird. Selbst durch die Besitzergreifung wird darum in den Fällen des § 958 Abs. 2 die Herrenlosigkeit nicht beendigt.

Anm. 3

Danach bildet den Gegensatz zu der Freiheit des Tieres die Gefangenschaft in der Hand des Menschen. § 960 Abs. 1 Satz 2 soll Zweifelsfragen klären. Unzweifelhaft nicht herrenlos sind gefangen gehaltene wilde Tiere, wie z. B. Rehböcke (KG JW 1928, 2471) oder Silberfüchse in Farmen (München JW 1930, 2458; Königsberg JW 1931, 3463). Jedoch muß es eine wirkliche Gefangenschaft sein; ein Entweichen darf regelmäßig nicht möglich sein, nur etwa bei Naturereignissen oder beim Eingreifen Dritter.

3. Tiergarten

Anm. 4

Dieser Begriff ist nicht festgelegt; er wird aber im Bundesjagdrecht als feststehend vorausgesetzt (vgl. § 6 Satz 2 BJagdG). Gemeint ist wohl ein für den Aufenthalt der Tiere bestimmter Teil der freien Erdoberfläche, der einerseits so abgeschlossen ist, daß die Tiere daraus nicht ohne weiteres entkommen können, und anderseits solchen Umfang und solche Einrichtung hat, daß das Ergreifen und Erlegen der Tiere nicht, wie bei der freien Jagd, unsicher, sondern so leicht gemacht ist, daß man die Tiere nach der allgemeinen Verkehrsauffassung auch schon vor dem Ergreifen und Erlegen als in der unmittelbaren Gewalt des Berechtigten befindlich betrachten muß. Sogenannte „eingehegte Reviere" werden darum nicht in allen Fällen als Tiergärten zu erachten sein (Prot. 3, 254). Anderseits darf auch nicht ohne weiteres aus einem großen Umfang des Wildparks auf Herrenlosigkeit des darin gehaltenen Wildes geschlossen werden; auf die Art der Umschließung kommt es vornehmlich an (**RGSt** 42, 75; 60, 275; **RG** JW 1916, 907; 1934, 3204). Zu eng KG LZ 1916, 636: kleinere Flächen, in denen Tiere zu andern als Jagdzwecken gehalten werden, zur Schau oder Zierde, zu wissenschaftlichen oder Zuchtzwecken.

Anm. 5

Eine Silberfuchsfarm wird man nicht als Tiergarten bezeichnen können, wie es JW 1930, 2458 (München) geschehen ist.

Anm. 6

Sind die im Tiergarten befindlichen Tiere nicht herrenlos, so ergibt sich daraus ohne weiteres, daß auch ihre Bestandteile nicht herrenlos sind, sondern dem Schicksal des Tieres und im Falle der Trennung (abgeworfene Hirschstangen) den §§ 953f folgen.

Anm. 7

Nicht alle wilden Tiere im Tiergarten fallen unter die Ausnahme. Ein Adler, der frei auf einem Baume des Tiergartens horstet, ist herrenlos. Denn für ihn sind die Schranken des Tiergartens ohne Bedeutung.

Anm. 8

4. Teiche und andere geschlossene Privatgewässer

Es muß sich um Privatgewässer handeln. Den Gegensatz dazu bilden öffentliche Gewässer. Ob ein bestimmtes Gewässer öffentliches oder Privatgewässer ist, kann nur aus dem Landesrecht ersehen werden, dem Wasserrecht und Fischereirecht durch EG Art. 65, 69 vorbehalten sind. Geschlossene Gewässer sind solche, die keine für den Wechsel der Fische geeignete regelmäßige Verbindung mit einem andern Gewässer haben. Ob die Verbindung schon nach der natürlichen Bodengestaltung fehlt oder künstlich unterbrochen ist, kommt nicht in Betracht.

Anm. 9

5. Wiedererlangen der Freiheit (Abs. 2)

Sie bedeutet Entkommen aus der menschlichen Gefangenschaft überhaupt. Ein gefangenes Tier, das aus der Gefangenschaft seines Herrn entkommt, um alsbald in die eines andern zu fallen, erlangt die Freiheit nicht, wird also nicht herrenlos. Die Schadhaftigkeit des den Tiergarten umschließenden Zaunes macht die eingeschlossenen Tiere allein noch nicht herrenlos (**RG** JW 1934, 3204). Ob das Tier ein einheimisches oder ein fremdländisches ist, ist unerheblich. Die Verfolgung muß unverzüglich stattfinden, d. h. ohne schuldhaftes Zögern nach Erlangung der Kenntnis von der Flucht des Tieres (§ 121 Abs. 1).

6. Verfolgung

Anm. 10

Verfolgen setzt voraus, daß zur Wiedererlangung bestimmte und geeignete Vorkehrungen getroffen, z. B. Nachforschungen angestellt, Nachrichten ausgesandt, Bekanntmachungen erlassen, Leute hinausgeschickt, Fallen aufgestellt werden.

Anm. 11

Das Verfolgen muß nicht persönlich geschehen; dazu gehört auch das Verfolgenlassen durch Beauftragte oder um Hilfe Gebetene. Auch die freiwillige Verfolgungstatigkeit Dritter zugunsten des Eigentümers ist diesem zugute zu rechnen, nicht aber die Verfolgung, die Dritte unternehmen, um sich das Tier anzueignen oder um ein Raubtier sicherheitshalber zu töten. Ob eine Verfolgung seitens des Eigentümers darin gesehen werden kann, daß er über das Ausbrechen eines Tieres Anzeige erstattet und zu dessen Wiedereinfangen auffordert, ohne selbst tätig zu werden, ist nach den Umständen des Falles zu beurteilen.

Anm. 12

Dies gilt auch hinsichtlich der Frage, wann die Verfolgung als aufgegeben zu erachten ist. Mit der Absicht, das Eigentum aufzugeben, braucht das Aufgeben der Verfolgung nicht verbunden zu sein. Auch die Erklärung, Eigentümer bleiben zu wollen, kann vor dem Verlust des Eigentums durch Aufgabe der Verfolgung nicht schützen.

Anm. 13

Das Verfolgen und das Aufgeben der Verfolgung sind keine rechtsgeschäftlichen Handlungen. Es wird auch nicht angehen, auf sie die Vorschriften über Rechtsgeschäfte entsprechend anzuwenden.

7. Gezähmte Tiere (Abs. 3)

Anm. 14

Hierunter sind nicht zahme Tiere, also insbesondere nicht Haustiere (**RG** LZ 1919, 208), sondern nur gezähmte wilde Tiere zu verstehen, also ursprünglich wilde Tiere, die durch Zähmung die Gewohnheit angenommen haben, freiwillig in der Gewalt des Menschen zu bleiben oder doch nach vorübergehender Abwesenheit dorthin wieder zurückzukehren. Richtig ist, daß es sich bei den gezähmten Tieren der Hauptsache nach um eine psychische Gefangenschaft handelt. Die Grenze zwischen dem gefangen gehaltenen wilden Tiere und dem gezähmten Tier ist flüssig, die Unterscheidung zwischen zahmen und gezähmten Tieren kann im einzelnen Falle zweifelhaft sein. Entscheidend ist die Verkehrsauffassung. Vom LG Leipzig (21. 2. 1931, 3 Br 73/30) sind mit Billigung des OLG Dresden die von der Stadt Leipzig aus eigener Aufzucht zur Belebung des Wassers und zur Bekämpfung der Mücken im Palmengarten ausgesetzten und dort verbliebenen Wildenten, die von Unbefugten angelockt und gestohlen wurden, als gezähmte Tiere und damit als Privateigentum der Stadt angesehen worden. Dem ist zuzustimmen, bedenklich dagegen **RGSt** 48, 384, wo Brieftauben als gezähmte, nicht als zahme Tiere angesehen werden.

Anm. 15

Zahme Tiere werden durch Ablegen der Rückkehrgewohnheit nicht herrenlos, sie bleiben im Eigentum ihres Herrn so lange, bis dieser sein Eigentum tatsächlich aufgegeben hat (**RGSt** 50, 183).

Anm. 16

8. Rückkehr an den bestimmten Ort

Der Ausdruck Rückkehr an den ihm bestimmten Ort ist nicht ganz wörtlich zu nehmen. Ein gezähmtes Tier, das nicht gerade an den ihm bestimmten Ort, aber doch an einen andern im Gewaltbereiche seines Eigentümers gelegenen Ort zurückkehrt, kann nicht als herrenlos geworden angesehen werden.

§ 961

Zieht ein Bienenschwarm aus, so wird er herrenlos, wenn nicht der Eigentümer ihn unverzüglich verfolgt oder wenn der Eigentümer die Verfolgung aufgibt.

E I 906 II 876; M 3 373, 374; P 3 255.

Bienenschwarm

Anm. 1

1. Bienenrecht

Das BGB handelt von den Bienen ausdrücklich nur in den §§ 961 ff, wo das Schwarmrecht geregelt wird (vgl. Schüßler, Deutsches Bienenrecht, 1934, wo nicht nur das Schwarmrecht, sondern überhaupt alle die Bienen betreffenden Rechtsverhältnisse, insbes. das Recht, Bienen zu halten (§§ 903 ff, 1004), und die Bienenhaftpflicht (§ 933) eingehend behandelt sind. Vgl. weiter Pritzl, Die Rechtsverhältnisse an Bienen; Weber, Von Bienen und vom Bienenrecht, RdRN 1941, 25 und 61). Bienen sind keine Haustiere i. S. des § 835 BGB (**RG** JW 1939, 288).

Anm. 2

2. Schwärmen.

Das Ausziehen eines Bienenschwarms, d. h. dessen auf Natureigentümlichkeit beruhendes Wegziehen zur Ansiedlung an anderem Orte, wird der Wiedererlangung der Freiheit durch ein gefangenes Tier gleichgestellt (§ 960 Abs. 2). Ob der nicht oder nicht mehr verfolgte Schwarm auf dem Grundstück des Züchters verbleibt (man denke an ein großes Gut), ist gleichgültig.

§ 962

Der Eigentümer des Bienenschwarms darf bei der Verfolgung fremde Grundstücke betreten. Ist der Schwarm in eine fremde nicht besetzte Bienenwohnung eingezogen, so darf der Eigentümer des Schwarms zum Zwecke des Einfangens die Wohnung öffnen und die Waben herausnehmen oder herausbrechen. Er hat den entstandenen Schaden zu ersetzen.

E I 907 II 877; M 3 373; P 3 255; 6 235, 236.

Verfolgung des Bienenschwarms

Anm. 1

1. Rechte gegen Dritte bei der Verfolgung des Bienenschwarms

§ 962 gewährt dem Eigentümer eines ausgezogenen Bienenschwarms zugunsten der Verfolgung weitgehende Rechte gegen Dritte. Der Eigentümer ist nicht, wie nach § 867 der Besitzer einer auf ein fremdes Grundstück gelangten Sache, auf den Anspruch beschränkt, daß ihm das Betreten des Grundstücks, auf dem der ausgezogene Schwarm sich angesiedelt hat, zur Nachsuche und Wegnahme gestattet wird, sondern das Gesetz gestattet ihm unmittelbar selbst, dieses Grundstück und auch andere bei der Verfolgung zu betreten, macht seinen darin liegenden Eingriff in die Rechte des Grundstückseigentümers zum berechtigten Eingriff und schließt die Rechtmäßigkeit der Gegenwehr aus. All dies, weil sonst das Verfolgen nicht glücken kann. Aus dem gleichen Grunde ist das Öffnen der fremden Bienenwohnung und das Herausbrechen der Waben vom Gesetz unmittelbar gestattet.

Anm. 2

2. Umfang des Rechts, Grundstücke zu betreten

Nicht jedes Grundstück darf schlechthin betreten werden, sondern soweit dies zur wirksamen Durchführung der Verfolgung notwendig ist. Unnützes Herumlaufen auf seinem Grundstücke kann der Eigentümer hindern. Das Übersteigen von Hecken und Zäunen ist nicht ausgeschlossen. Polizeiliche Betretungsverbote werden, soweit sie nicht lediglich zugunsten des Eigentümers des Grundstücks erlassen sind, durch Satz 1 nicht berührt.

Anm. 3

3. Nichtbesetzte Bienenwohnung. Wegen der besetzten vgl. § 964.

Anm. 4

4. Schadensersatz.

Sowohl für den beim Betreten des Grundstücks als auch für den (je nach der Bauart) durch Herausnehmen oder Herausbrechen der Waben angerichteten Schaden ist Ersatz zu leisten, und zwar ohne Rücksicht auf Verschulden.

§ 963

Vereinigen sich ausgezogene Bienenschwärme mehrerer Eigentümer, so werden die Eigentümer, welche ihre Schwärme verfolgt haben, Miteigentümer des eingefangenen Gesamtschwarmes; die Anteile bestimmen sich nach der Zahl der verfolgten Schwärme.

E I 908 II 878; M 3 373, 374; P 3 255.

Vereinigung von Bienenschwärmen

1. Entstehen von Miteigentum

Anm. 1

Im § 963 sind die Grundsätze über die Rechtsverhältnisse bei der untrennbaren Vereinigung beweglicher Sachen (§§ 947, 948) auf die Bienenschwärme übertragen. Nur soll für die Anteile der Miteigentümer nicht der Wert, sondern die Zahl der verfolgten Schwärme maßgebend sein.

Anm. 2

Fraglich kann sein, welches Rechtsverhältnis entsteht, wenn eine Vereinigung mit herrenlosen Bienenschwärmen stattfindet. Wird nur ein ausgezogener Bienenschwarm verfolgt und haben sich mit ihm andere herrenlose vereinigt, so wird der Eigentümer, der den Gesamtschwarm einfängt, Alleineigentümer des Gesamtschwarms, indem er sein Eigentum an seinem Schwarm behält und den herrenlosen sich aneignet. Aber auch wenn mehrere Eigentümer ihre ausgezogenen Schwärme verfolgen und diese sich miteinander und mit herrenlosen Schwärmen vereinigt haben, ist ein anderes nicht denkbar, als daß sie beim Einfangen des Gesamtschwarms am ganzen Gesamtschwarm, einschließlich der dazugekommenen herrenlosen Schwärme — an diesen durch gemeinsame Aneignung —, Miteigentümer werden. Daß hierbei auch die Anteile an dem Gesamtschwarm so bemessen werden, wie wenn er nur aus verfolgten Schwärmen bestanden hätte, ist ein Ergebnis von solcher Einfachheit und natürlicher Billigkeit, daß es als im Sinne des § 963 gelegen erachtet werden muß.

Anm. 3

Die Grundsätze des § 963 werden auch dann anzuwenden sein, wenn die vereinigten Bienenschwärme zusammen in einen unbesetzten Bienenkorb einziehen oder wenn die mehreren Schwärme sich in einem unbesetzten Bienenkorb vereinigen. Den Fall aber, daß sie in eine besetzte Bienenwohnung einziehen, regelt § 964.

Anm. 4

2. Rechte Dritter.

Auf die Rechte Dritter, die an den verfolgten Einzelschwärmen vor der Vereinigung bestanden haben, ist § 949 entsprechend anzuwenden.

§ 964

Ist ein Bienenschwarm in eine fremde besetzte Bienenwohnung eingezogen, so erstrecken sich das Eigentum und die sonstigen Rechte an den Bienen, mit denen die Wohnung besetzt war, auf den eingezogenen Schwarm. Das Eigentum und die sonstigen Rechte an dem eingezogenen Schwarme erlöschen.

E I 909 II 879; M 3 374; P 3 255; 4 590, 591.

Ein Anspruch auf Vergütung für den Verlust des Eigentums und der Rechte an dem eingezogenen Schwarm nach den Vorschriften über die Herausgabe einer ungerechtfertigten Bereicherung ist im § 964 nicht eingeräumt. Es fragt sich, ob § 951 entsprechend anzuwenden ist. Dies wird mit Recht überwiegend verneint. Der Hungerschwarm verursacht in der Regel erheblichen Schaden an den in der Bienenwohnung vorhandenen Bienen. Auf dieser Erfahrung beruht die Vorschrift des Gesetzes; das Nichteinräumen des Bereicherungsanspruchs bedeutet dessen Ausschluß.

VI. Fund

§ 965

Wer eine verlorene Sache findet und an sich nimmt, hat dem Verlierer oder dem Eigentümer oder einem sonstigen Empfangsberechtigten unverzüglich Anzeige zu machen.

Kennt der Finder die Empfangsberechtigten nicht oder ist ihm ihr Aufenthalt unbekannt, so hat er den Fund und die Umstände, welche für die Ermittelung der Empfangsberechtigten erheblich sein können, unverzüglich der Polizeibehörde anzuzeigen. Ist die Sache nicht mehr als drei Deutsche Mark wert, so bedarf es der Anzeige nicht.

E I 910, 921 II 880; M 3 375—377, 386; P 3 255, 256, 272.

Übersicht

Fundanzeige

Anm. 1

1. Begriff „verloren"

Verloren kann nur eine Sache sein, die nicht herrenlos ist. Dagegen kann eine verlorene Sache durch Hinzutreten des Eigentumsaufgabewillens herrenlos werden; sie hört dann auf, verloren zu sein. Denn der Begriff des Verlorenseins setzt Fortdauer der Rechtsstellung des Eigentümers und Verlierers voraus. Wenn jemand sein falsches Geld wegwirft, weil er verfolgt wird, so gibt er den Besitz auf in der Absicht, auf das Eigentum zu verzichten. Das Falschgeld wird dann herrenlos und ist deshalb keine verlorene Sache (**RGSt** 67, 298).

Anm. 2

2. Verlust des Besitzes

Zum Verlorensein gehört ferner, daß ein Besitz an der Sache nicht mehr besteht. Dies ist — wegen § 857 — nicht der Fall bei Sachen, die bei tödlich Verunglückten (Selbstmördern) „gefunden" werden (Weimar, MecklZ 53, 325).

a) Verlegte Sachen

Anm. 3

Wird der Besitz an einer im Hause verlegten Sache durch den Besitz an den Räumen, wenn auch unbewußt, aufrechterhalten, so ist die Sache ebenfalls nicht verloren. „Das Haus verliert nichts." Das gilt nicht nur für das eigene Haus, sondern auch für Räume, in denen man zur Miete wohnt, z. B. Zimmer eines Gasthauses, und nicht nur für die Zeit, in der man dort wohnt

Anm. 4

Ein Geldschein, der beim Ordnen von Lumpen unter diesen entdeckt wird, kann nicht gefunden werden; denn er steht im Besitz des Händlers (aM Breslau OLG 41, 158). Die Perle in der Auster wird vom Gast nicht „gefunden"; denn sie ist nicht verloren (vgl. auch § 956 Anm. 4).

Anm. 5

b) Versteckte Sachen

Nicht verloren sind auch versteckte Sachen, also insbesondere die der Sicherheit halber an irgendeinem Ort verborgenen Sachen. Denn der Besitz an diesen besteht fort **RGSt** 53, 175).

Anm. 6

c) Endgültiger Besitzverlust

Der Besitzverlust muß ferner eine gewisse Endgültigkeit haben. Der nur vorübergehende Verlust genügt nicht. Eine aus der Hand gefallene oder verlegte Sache, deren Verlust und Verbleib alsbald entdeckt wird, ist nicht verloren. In welchem Zeitpunkt man von Verlorensein sprechen kann, ist darum im allgemeinen nicht zu sagen, vielmehr im Einzelfall nach der Verkehrsauffassung zu bestimmen. Ein im Straßengewühl der Großstadt entfallener Gegenstand kann nach Sekunden als verloren anzusehen sein, eine auf einsamem Wege entfallene nach Stunden noch als bloß augenblicklich abhanden gekommen.

Anm. 7

d) Unwillkürlicher Besitzverlust

Der Besitzverlust muß unwillkürlich eintreten. Die weggeworfene Sache ist so wenig verloren wie die gestohlene.

Anm. 8

e) Verlust des Diebes, Besitzdieners und mittelbaren Besitzers

Auch der Dieb kann die gestohlene Sache verlieren; denn Verlierer und Eigentümer brauchen nicht ein und dieselbe Person zu sein. Auch durch den Besitzdiener und im Falle des mittelbaren Besitzes durch den Besitzvermittler kann die Sache verloren werden. Für den Besitzer oder mittelbaren Besitzer muß die Sache auch dann als verloren gelten, wenn sie zwar ohne sein Wissen und Wollen, aber mit Wissen und Willen des Besitzdieners oder Besitzmittlers besitzerlos geworden ist (ebenso Planck/Brodmann 5. Aufl. § 965 Anm. 1a; Staudinger/Berg 11. Aufl. § 965 Anm. 13).

3. Finden und Ansichnehmen

Anm. 9

Finden ist Wahrnehmen mit dem Bewußtsein, daß es sich um eine verlorene Sache handelt, Ansichnehmen willkürliche Besitzergreifung. Aufnehmen zur Besichtigung ist nicht „Ansichnehmen". Das Ansichnehmen ist Rechtshandlung, aber kein Rechtsgeschäft. Unter Ansichnehmen ist die Erlangung der tatsächlichen Gewalt, des unmittelbaren Besitzes zu verstehen. Der Besitzherr und nicht der Besitzdiener ist Finder, wenn dieser eine verlorene Sache bemerkt und durch das Ansichnehmen den unmittelbaren Besitz für seinen Besitzherren begründet. Nach **BGH** 8, 130 ist die Platzanweiserin in einem Lichtspieltheater, die vertraglich verpflichtet ist, den Theaterraum auf „verlorene" Gegenstände abzusuchen, nicht Finderin der von ihr entdeckten und aufgehobenen „verlorenen" Sachen der Theaterbesucher. Das Urteil läßt es dahingestellt, ob ein Gegenstand, der in einem Lichtspieltheater liegenbleibt, überhaupt verloren im Sinne des § 965 ist.

Anm. 10

Finder (Abs. 2) ist nach dem Gesetzeswortlaut derjenige, der die Sache gefunden, d. h. sinnlich wahrgenommen und an sich genommen hat. Nicht notwendig ist, daß der Finder die Sache als erster sinnlich wahrgenommen hat. Hat A eine verlorene Sache wahrgenommen, zeigt er sie dem B und nimmt dieser sie daraufhin an sich, so ist B Finder. B allein hat die Sache wahrgenommen und an sich genommen (im Ergebnis ebenso, wenn auch mit insoweit nicht ganz zutreffender Begründung **BGH** 8, 130).

4. Anzeige an einen Empfangsberechtigten

a) Empfangsberechtigter

Anm. 11

Der Verlierer gilt ebenso wie der Eigentümer ohne weiteres von Gesetzes wegen als empfangsberechtigt für die Anzeige. Der Finder braucht die Rechtsstellung des Verlierers nicht nachzuprüfen. Empfangsberechtigt kann auch sein, wer die Sache vor dem Verlust als dinglich Nutzungsberechtigter oder auf Grund Gestattung des Eigentümers oder Nutzungsberechtigten, z. B. als Mieter, im Besitz hatte. Auch der Pfandgläubiger kann in Frage kommen. Aber auch die auf der Sache oder auf ihr anhaftenden Marken, z. B. Schlüsselmarken, als empfangsberechtigt bezeichneten Dritten zählen hierher.

Anm. 12

Das Gesetz verlangt Anzeige an den bekannten Empfangsberechtigten selbst. Die Anzeige an die Polizei genügt daher nicht, wenn der Finder einen Empfangsberechtigten kennt.

Anm. 13

b) Anzeige durch Mittelspersonen

Der Finder braucht die Anzeige nicht in eigener Person zu machen. Er kann sich dazu auch anderer, so auch der Polizeibeamten als Mittelspersonen bedienen. Übernimmt daher die Polizei allgemein oder im einzelnen Fall die Anzeigevermittlung, so genügt der Finder seiner Pflicht zur Anzeige an den Empfangsberechtigten auch auf dem Wege der Verständigung durch die Polizei.

Anm. 14

c) Form der Anzeige

Eine besondere Form ist für die Anzeige nicht vorgeschrieben. Sie könnte also unter Umständen auch durch Veröffentlichung in einem Blatt geschehen. Es kommt dabei darauf an, ob die Veröffentlichung nach den Umständen dem Empfangsberechtigten die Kenntnis des Fundes zu vermitteln geeignet ist.

Anm. 15

d) Entfallen der Anzeigepflicht

Die Anzeige ist selbstverständlich nur dann zu erstatten, wenn sie tunlich ist. So entfällt die Anzeigepflicht, wenn der bekannte Verlierer bekannten Aufenthalts, aber nicht erreichbar oder nur mit unverhältnismäßigen Kosten erreichbar ist. Wird der Verlierer später erreichbar, so ist die Anzeige unverzüglich nachzuholen.

5. Anzeige an die Polizeibehörde (Abs. 2)

Anm. 16

Die Pflicht zu dieser Anzeige ist nicht nur dann verletzt, wenn die Anzeige überhaupt versäumt oder verzögert wird, sondern auch dann, wenn dabei die zur Ermittlung des Empfangsberechtigten dienlichen Umstände nicht gewissenhaft angegeben werden.

Anm. 17

Wird dem Finder nach Erstattung der Anzeige bei der Polizei ein Empfangsberechtigter bekannt, so ist zwar im Gesetz eine zweite Anzeige nicht ausdrücklich vorgeschrieben. Das Bekanntwerden des Empfangsberechtigten hindert aber den Eigentumserwerb des Finders (§ 974) und hat dem Sinn und Zweck des § 965 nach auch die Pflicht zur Anzeige an den Empfangsberechtigten nach Abs. 1 zur Folge (vgl. Anm. 20).

Anm. 18

Welche Polizeibehörde zur Entgegennahme der Anzeige zuständig ist, bestimmt das Landesrecht. Die von der Polizei zu entfaltende Tätigkeit bezweckt den Schutz der verschiedenen, in Ansehung eines Fundes möglicherweise in Betracht kommenden, noch ungewissen oder unbekannten Rechte. Sie dient also der Aufrechterhaltung der öffentlichen Ordnung und damit den öffentlichen Belangen.

6. Fund geringwertiger Sachen

Anm. 19

Durch die VO vom 16. 4. 1943, RGBl I 266, war die Wertgrenze auf 10 RM heraufgesetzt. Diese Verordnung ist wieder aufgehoben, und zwar zunächst für die Länder der britischen Besatzungszone durch die Verordnung des Zentraljustizamtes vom 12.Juli 1948, VOBlBrZ 214, sodann für das gesamte Bundesgebiet durch Art. 1 Nr. 4 des Gesetzes zur Wiederherstellung der Gesetzeseinheit vom 5. März 1953, BGBl I 33, und für das Gebiet der DDR durch die Verordnung vom 4. Juni 1949, Zentralverordnungsblatt 444.

Anm. 20

Nur die Anzeige bei der Polizei im Falle des Abs. 2 ist bei geringwertigen Sachen erlassen, nicht auch die Anzeige an den bekannten Empfangsberechtigten im Falle des Abs. 1. Dies hat notwendig zur Folge, daß die Pflicht zur Anzeige an den Empfangsberechtigten im Augenblicke seines Bekanntwerdens eintritt. Der Finder hat also nach dem Bekanntwerden des Empfangsberechtigten diesem unverzüglich gemäß § 965 Abs. 1 Anzeige zu machen. Was so für den Fund geringwertiger Sachen gilt, muß auch beim hochwertigen Fund zutreffen (vgl. Anm. 17).

Anm. 21

7. Internationales Privatrecht

Im internationalen Privatrecht bestimmen sich Rechte und Pflichten des Finders in erster Linie nach dem Recht am Fundort (Hamburg OLG 10, 114). Wird nach dem Recht des Fundorts sofort Eigentum am Fund erworben, so hat es dabei sein Bewenden. Ist der Ablauf einer Verschweigungsfrist zum Eigentumserwerb erforderlich, so entscheidet über die Dauer dieser Verschweigungsfrist ebenso wie bei der Ersitzung das Recht des Ortes, an dem sich die Sache bei Ablauf der Frist befindet.

§ 966

Der Finder ist zur Verwahrung der Sache verpflichtet.

Ist der Verderb der Sache zu besorgen oder ist die Aufbewahrung mit unverhältnismäßigen Kosten verbunden, so hat der Finder die Sache öffentlich versteigern zu lassen. Vor der Versteigerung ist der Polizeibehörde Anzeige zu machen. Der Erlös tritt an die Stelle der Sache.

E I 911, 913 II 881; M 3 378, 379; P 3 258, 261.

Verwahrung der Fundsache

1. Verwahrungspflicht des Finders

Anm. 1

Sie beginnt erst, wenn der Finder die Sache wirklich an sich genommen hat. Solange er sie nur zur Besichtigung aufgenommen hat, kann er sie wieder niederlegen. Aus der Verwahrungspflicht ergibt sich das Recht des Finders zum Besitz. Er erwirbt, wenn er für den Eigentümer besitzen will, den Besitz in gutem Glauben, haftet dann also nicht nach §§ 990, 989. Dasselbe gilt für den, der die Fundsache für den Finder in Verwahrung nimmt (**RG** JW 1924, 1715).

Anm. 2

Die Verwahrungspflicht ist nicht unbedingt. Erweist sich die Sache als verdorben und wertlos oder verdirbt sie und wird wertlos, so kann sich der Finder ihrer ohne weiteres entledigen. Denn die Verwahrung nach § 966 Abs. 1 hat nur den Zweck, dem Empfangsberechtigten die Sache zu erhalten. Ist dieser Zweck unerreichbar, so entfällt auch die Verwahrungspflicht. Sie liegt auch dann nicht im Sinne des Gesetzes, wenn der Zustand der Sache (z. B. wegen Ansteckungsgefahr) ihre Verwahrung untunlich erscheinen läßt (Unmöglichkeit der Erfüllung).

Anm. 3

Daß die Verwahrung dem Finder nur lästig ist, kann ihn dagegen zur Aufgabe der Verwahrung nicht berechtigen. Denn durch § 967 ist ihm freigestellt, die Sache an die Polizeibehörde abzuliefern.

Anm. 4

Die Verwahrungspflicht erstreckt sich auch auf Beziehen, Verwahren und Verwerten etwaiger Früchte der Sache, z. B. der Milch einer gefundenen Kuh. Der etwaige Erlös ist mit herauszugeben oder geht an den Kosten für Verwahrung und den sonstigen Aufwendungen ab. Die Kosten des Beziehens, Verwahrens, Verwertens der Früchte mindern ohne weiteres deren Erlös. Das Selbstbeziehen der Früchte durch den Finder ist unter Umständen nicht ausgeschlossen.

Anm. 5

Trotz der Verwahrungspflicht des Finders entspricht sein Verhältnis zum Eigentümer der verlorenen Sache nicht dem § 868, auch nicht, wenn der Finder den Eigentümer kennt und dieser vom Besitz des Finders Kenntnis hat (**RG** 4. 2. 1927 III 104/26; vgl. § 868 Anm. 14).

2. Versteigerung

Anm. 6

Der Finder hat die Pflicht, versteigern zu lassen, nur dann, wenn er nicht vorzieht, die Sache an die Polizeibehörde abzuliefern (§ 967). Über den Begriff der öffentlichen Versteigerung: § 383 Abs. 3. Durch die Versteigerung erlangt der Ansteigerer, dem die Sache der Versteigerung zufolge übertragen wird, Eigentum. Aber nicht etwa auf Grund der §§ 932, 935 Abs. 2. Denn der Finder ist hier als Veräußerer kraft Gesetzes an die Stelle des Eigentümers getreten. Er ist berechtigt, auf Grund der öffentlichen Versteigerung wirksam Eigentum zu übertragen; der Erwerb von ihm ist also nicht Erwerb vom Nichtberechtigten.

Anm. 7

War der Finder nicht berechtigt, die Sache versteigern zu lassen, weil die Voraussetzungen des Abs. 2 nicht vorlagen, so kann er zwar nicht wirksam Eigentum übertragen; der gutgläubige Erwerber aber erlangt dann Eigentum nach § 935 Abs. 2. Der gute Glaube, der hier verlangt wird, ist der Glaube an das Vorliegen einer ordnungsmäßigen Fundversteigerung (vgl. die entsprechende Vorschrift in § 1244). Gutgläubig ist auch hier, wer glaubt, vom Berechtigten zu erwerben. Der Fall des § 966 ist dem des § 1244 so gleichartig, daß eine entsprechende Anwendung des § 1244 auf die Tatbestände des § 966 zulässig sein muß. (Vgl. dazu mit teilweise abweichender Ansicht Kuhnt MDR 1953, 641.)

Anm. 8

3. Anzeige über das Bevorstehen der Versteigerung

Sie soll es der Polizeibehörde ermöglichen, zu prüfen, ob der Versteigerungsfall gegeben ist und, wenn sie es für erforderlich hält, sich die Sache oder den Versteigerungserlös abliefern zu lassen (§ 967). Deshalb ist so bald anzuzeigen, daß die Polizeibehörde noch rechtzeitig verfügen kann. Die Versteigerung zu verbieten, steht der Polizeibehörde nach §§ 966, 967 nur dann zu, wenn sie die Ablieferung anordnet.

§ 967

Der Finder ist berechtigt und auf Anordnung der Polizeibehörde verpflichtet, die Sache oder den Versteigerungserlös an die Polizeibehörde abzuliefern.

E I 912 II 882; M 3 379; P 3 259.

Ablieferung der Fundsache

1. Fundablieferung an die Polizeibehörde

Anm. 1

Die Ablieferung kann sowohl der Entlastung des Finders wie der Sicherstellung des Verlierers dienen. Sie hat zur Folge, daß der Finder seiner Verpflichtung zur Verwahrung und zur Herausgabe an den Berechtigten ledig wird, ohne seiner Ersatzansprüche für Aufwendungen, seines Finderlohnes und seines Anrechts auf die Sache oder den Erlös nach fruchtlosem Ablauf der Wartezeit verlustig zu gehen.

Anm. 2

Die Polizeibehörde hat dafür zu sorgen, daß die Verwahrungs- und gegebenenfalls die Herausgabepflicht vom Finder, andererseits aber auch dessen Ansprüche an den Empfangsberechtigten erfüllt werden. Ihre Obliegenheiten sind indessen, wenn schon auf dem BGB beruhend, doch nicht bürgerliche Schuldverbindlichkeiten, sondern Amtspflichten der beteiligten Beamten. Zur wirksamen Ausübung ihrer Obliegenheiten stehen der Polizeibehörde dieselben gesetzlichen Ermächtigungen zur Seite wie dem Finder vor der Ablieferung, insbesondere die Befugnis zum Anordnen der Versteigerung. Die Versteigerung im Auftrage der Polizeibehörde hat die gleiche Wirkung wie die im Auftrag des Finders durchgeführte öffentliche Versteigerung.

Anm. 3

Dem Anfordern der bei der Polizeibehörde aufgewendeten Kosten steht das BGB nicht entgegen, aber auch nicht zur Seite. Die Rechtsnorm für die Pflicht zum Ersatz dieser Kosten muß, da es Kosten für öffentliche Hilfeleistung sind, dem öffentlichen Recht, also dem Landesrecht, entnommen werden, das auch im übrigen zur Regelung der Obliegenheiten der Polizeibehörden in Fundsachen insoweit zuständig ist, als nicht das BGB selbst Vorschriften getroffen hat.

Anm. 4

2. Ablieferungsberechtigung

Sie hat bürgerlich-rechtliche Wirksamkeit gegenüber dem Verlierer — dieser muß sich die Ablieferung mit ihren Wirkungen gefallen lassen —, öffentlich-rechtliche

Bedeutung gegenüber der Polizeibehörde. Die vorbezeichneten (Anm. 1—3) Wirkungen der Ablieferung treten aber erst mit der wirklichen Übernahme durch die Polizeibehörde ein, nicht also z. B. schon durch das Anbieten der Ablieferung dann, wenn die Polizeibehörde vorübergehend wegen Fehlens eines Verwahrungsraumes zur Übernahme außerstande ist.

Anm. 5

3. Ablieferungspflicht auf Verlangen der Polizeibehörde

Die Pflicht besteht nur der Polizeibehörde gegenüber und hat öffentlich-rechtliche Natur. Erzwungen wird die Pflichterfüllung nicht im Rechtsweg, sondern mittels der polizeilichen Zwangsmaßregeln. Die Ablieferung kann von vornherein für alle Funde oder für bestimmte Arten von solchen, aber auch im einzelnen Fall auf die Fundanzeige hin, aber immer nur dem Finder gegenüber angeordnet werden. Einem Rechtsanwalt, der im Auftrag eines Dritten einen Fund angezeigt hat, kann die Polizei nicht aufgeben, die Ablieferung des Fundstücks zu veranlassen (SächsOVG JW 1925, 1060).

§ 968

Der Finder hat nur Vorsatz und grobe Fahrlässigkeit zu vertreten.

E II 883; P 3 258, 259.

Haftung des Finders

Anm. 1

Die Vorschrift überträgt den Grundsatz des § 680 und damit auch seine Ausnahme in § 682 auf das Fundrecht. Wie der, der auftragslos fremde Geschäfte führt, um eine dem Geschäftsherrn drohende dringliche Gefahr abzuwenden, so soll auch der in ähnlicher Lage befindliche Finder nur Vorsatz und grobe Fahrlässigkeit zu vertreten haben. Der Finder haftet also für den Schaden dann, wenn er den ihm als Finder obliegenden Pflichten vorsätzlich oder unter besonders schwerer Außerachtlassung der im Verkehr erforderlichen Sorgfalt zuwiderhandelt, während er für leichtere Versehen nicht verantwortlich ist.

Anm. 2

Der Verstoß kann sich richten gegen die Anzeigepflicht, aus deren Verletzung etwa unnütze Kosten für Nachforschungen und Schäden durch verspätete Ermittlung des Berechtigten entstehen; er kann sich ebenso gegen die Pflicht zur Verwahrung richten, wenn er etwa die Beschädigung oder den Untergang der Sache zur Folge hat; er kann sich endlich gegen die Pflicht zur gewissenhaften Prüfung der Empfangsberechtigung richten (so bei etwaigem Verlust durch Herausgabe an einen Unberechtigten).

Anm. 3

In dem vom **RG** JW 1924, 1715 entschiedenen Fall hatte eine Mutter die von ihrem Kind gefundene Sache als solche in Verwahrung genommen. Die Frage, ob auch sie nur nach § 968 haften würde, ist dort offen geblieben, aber zu bejahen.

§ 969

Der Finder wird durch die Herausgabe der Sache an den Verlierer auch den sonstigen Empfangsberechtigten gegenüber befreit.

E II 884; P 3 259—261.

Herausgabe an den Verlierer

Anm. 1

Das Gesetz erleichtert die Verantwortlichkeit des Finders für richtige Herausgabe wesentlich dadurch, daß es den Verlierer als den Empfangsberechtigten bezeichnet.

Hiernach wird der Finder einer gestohlenen und vom Dieb verlorenen Sache frei, wenn er die Sache dem Dieb herausgibt. Man wird das aber nur für den Fall anzuerkennen haben, daß der Finder den wahren Sachverhalt nicht kennt. Kennt er ihn, gibt er trotzdem dem Dieb als dem Verlierer die Sache zurück und verstößt er dadurch gegen § 257 StGB, so kann er sich auf § 969 nicht berufen, weil die Herausgabe nach § 138 nichtig ist. Aus § 968 ergibt sich weiter, daß der Finder schon dann frei wird, wenn er an den herausgibt, den er ohne grobe Fahrlässigkeit für den Verlierer hält, auch wenn dieser nicht der Verlierer ist.

Kraft der gesetzlichen Empfangsberechtigung des Verlierers wird der Finder durch Herausgabe an ihn auch dann frei, wenn der Eigentümer den Herausgabeanspruch erhebt und sein Recht glaubhaft macht. Der Finder braucht sich auf den Streit zwischen dem Verlierer und dem angeblichen Eigentümer nicht einzulassen und die Sache nicht zu hinterlegen.

Anm. 2

Indessen hat der Verlierer als solcher nur eine Empfangsberechtigung, aber keinen Herausgabeanspruch. Der Finder kann also, wenn dem Verlierer kein Recht auf die Sache zur Seite steht, ihm die Herausgabe verweigern und wird durch die Herausgabe an den wahren Berechtigten frei.

Anm. 3

Die gesetzliche Empfangsberechtigung des Verlierers ist nicht unantastbar. Der wahre Berechtigte hat die Möglichkeit, eine einstweilige Verfügung zu erwirken, durch die dem Finder die Herausgabe an den Verlierer untersagt wird. In diesem Falle ist die Wirksamkeit des § 969 für die Dauer der einstweiligen Verfügung ausgeschlossen.

Anm. 4

Die Vorschrift ist nach ihrer Entstehungsgeschichte wesentlich auf den **Besitzdiener** gemünzt. Als „Verlierer" sollte auch dieser empfangsberechtigt sein. Das ist auch erreicht: denn nach dem Ausgeführten (Anm. 2) kann man dem Besitzdiener die Rolle des Verlierers nicht deshalb absprechen, weil er keinen Herausgabeanspruch hat. Besteht das Besitzdienerverhältnis bei der Herausgabe noch, so ist der Finder befreit. Besteht es nicht mehr, so ist er nur dann befreit, wenn ihm weder Vorsatz noch grobe Fahrlässigkeit zur Last fällt.

§ 970

Macht der Finder zum Zwecke der Verwahrung oder Erhaltung der Sache oder zum Zwecke der Ermittlung eines Empfangsberechtigten Aufwendungen, die er den Umständen nach für erforderlich halten darf, so kann er von dem Empfangsberechtigten Ersatz verlangen.

E I 914 II 885; M 3 380; P 3 261, 262.

Ersatz für Aufwendungen

Soweit die Aufwendungen zur Verwahrung und Erhaltung notwendig sind, also auf Grund der Verwahrungspflicht gemacht werden müssen, würde sich der Ersatzanspruch auch aus § 966 schon ergeben. Dies muß auch von den Kosten einer etwaigen Versteigerung gelten. § 970 gibt den Ersatzanspruch in weiterem Umfang; § 994 Abs. 1 Satz 2 gilt aber auch hier. Bezüglich der Aufwendungen der Polizeibehörde: § 967 Anm. 3.

§ 971

Der Finder kann von dem Empfangsberechtigten einen Finderlohn verlangen. Der Finderlohn beträgt von dem Werte der Sache bis zu dreihundert Deutschen Mark fünf vom Hundert, von dem Mehrwert eins vom Hundert, bei

Tieren eins vom Hundert. Hat die Sache nur für den Empfangsberechtigten einen Wert, so ist der Finderlohn nach billigem Ermessen zu bestimmen.

Der Anspruch ist ausgeschlossen, wenn der Finder die Anzeigepflicht verletzt oder den Fund auf Nachfrage verheimlicht.

E I 914 II 886; M 3 380, 381, 386; P 3 261—264, 272.

Finderlohn

Anm. 1

1. Bedeutung des Finderlohns

Gedacht ist der Finderlohn sowohl als Belohnung für die Ehrlichkeit wie als Vergütung für die Mühewaltung. Man wird aber daraus nicht den Schluß ziehen dürfen, daß durch den Finderlohn alle Mühe entschädigt sein soll, die der Finder aus Anlaß des Fundes aufgewendet hat. Hat der Finder z. B. gefundene Tiere längere Zeit selbst persönlich verpflegt oder durch seine Dienstleute pflegen lassen, während ihm frei stand, sie durch Dritte verpflegen zu lassen oder der Polizei zu übergeben, so wird man ihm für diese besondere Mühewaltung eine Vergütung auch neben dem Finderlohn zubilligen müssen.

Anm. 2

2. Schuldner des Finderlohns

Der Anspruch auf Finderlohn richtet sich gegen den Empfangsberechtigten, dem der Finder die Fundsache herausgibt. Gegen die andern Empfangsberechtigten (§ 965 Anm. 11) hat er keinen Anspruch.

Anm. 3

3. Wert der Sache

Unter dem Wert der Sache ist der gemeine Wert zur Zeit der Herausgabe zu verstehen. Besondere Belange des Verlierers oder Finders kommen daneben nicht in Betracht. Mark ist jetzt Deutsche Mark (§ 965 Anm. 19).

4. Verlust des Anspruchs auf den Finderlohn

Anm. 4

Die Verletzung der Anzeigepflicht als Grund der Anspruchsverwirkung muß schuldhaft (vorsätzlich oder grobfahrlässig) sein (§§ 965, 968).

Anm. 5

Die Verheimlichung begründet den Verlust nur dann, wenn sie auf Anfrage eines glaubhaft Berechtigten begangen wird. Sie kann in Schweigen, Auskunftsverweigerung, Leugnen, Vorspiegelungen bestehen. Kommt der Finder, um den Berechtigten zu täuschen, einer Anfrage mit solchen Vorspiegelungen zuvor, so ist es anzusehen, als ob die Anfrage gestellt gewesen wäre. Ernsthafte Verweisung des Fragers an die Polizeibehörde, der die Anzeige erstattet ist, kann nicht als Verheimlichung erachtet werden. Dem Finder, welcher die vorgeschriebene Anzeige an die Polizeibehörde erstattet hat, muß insbesondere dann, wenn er die Fundsache an die Polizei abgeliefert hat, die Verweisung an die Polizei gestattet sein. Wer dagegen den Frager nicht an die Polizei verweist, kann trotz der Anzeigeerstattung und der Ablieferung an diese des Finderlohns verlustig gehen, wenn er dem anfragenden Berechtigten den Fund verheimlicht. Wer beim Vorhandensein von mehreren Empfangsberechtigten den Fund dem einen verheimlicht, dem andern mitteilt, verliert mindestens gegen diesen seinen Finderlohnanspruch nicht.

§ 972

Auf die in den §§ 970, 971 bestimmten Ansprüche finden die für die Ansprüche des Besitzers gegen den Eigentümer wegen Verwendungen geltenden Vorschriften der §§ 1000 bis 1002 entsprechende Anwendung.

E I 915 II 887; M 3 379, 380; P 3 264—268; 6 236.

Schutz der Ansprüche des Finders

Anm. 1

Der Finder kann die Herausgabe verweigern, bis er für die Verwendungen und den Finderlohn befriedigt ist, kann aber beide nur fordern, wenn der Empfangsberechtigte die Fundsache erhält oder die Ansprüche genehmigt.

Anm. 2

Hat der Empfangsberechtigte die Fundsache schon wieder in seinen Besitz bekommen und will er die Ansprüche des Finders nicht genehmigen, so kann er die Fundsache zurückgeben und sich damit von den Ansprüchen befreien. Ebenso kann er zum gleichen Zweck die ihm angebotene Fundsache zurückweisen.

Anm. 3

Nimmt er aber die ihm unter ausdrücklichem Vorbehalt jener Ansprüche angebotene Fundsache an, so genehmigt er damit die Ansprüche. Erhält er die Sache ohne Vorbehalt der Ansprüche, so wird er nach Ablauf eines Monats von den Ansprüchen frei, falls er nicht inzwischen belangt ist oder genehmigt hat (§ 974).

Anm. 4

§ 1000 Satz 2 ist unanwendbar. Auch der unredliche Finder verletzt durch das Ansichnehmen einer verlorenen Sache kein fremdes Recht.

§ 973

Mit dem Ablauf eines Jahres nach der Anzeige des Fundes bei der Polizeibehörde erwirbt der Finder das Eigentum an der Sache, es sei denn, daß vorher ein Empfangsberechtigter dem Finder bekannt geworden ist oder sein Recht bei der Polizeibehörde angemeldet hat. Mit dem Erwerbe des Eigentums erlöschen die sonstigen Rechte an der Sache.

Ist die Sache nicht mehr als drei Deutsche Mark wert, so beginnt die einjährige Frist mit dem Funde. Der Finder erwirbt das Eigentum nicht, wenn er den Fund auf Nachfrage verheimlicht. Die Anmeldung eines Rechtes bei der Polizeibehörde steht dem Erwerbe des Eigentums nicht entgegen.

E I 918—921 II 888; M 3 382—386; P 3 271, 272.

Übersicht

Eigentumserwerb des Finders

1. Lauf der Jahresfrist

Anm. 1

Mit dem Ablauf eines Jahres erlangt der Finder das Eigentum der Fundsache. Durch die zunächst für die Länder der brit. Besatzungszone und dann allgemein durch das Gesetz zur Wiederherstellung der Gesetzeseinheit auf dem Gebiet des bürgerlichen Rechts vom 5. 3. 1953, BGBl I 33, (vgl. § 965 Anm. 19) aufgehobene VO v. 16. 4. 1943, RGBl I 266, war die Frist außer bei Geldbeträgen über 100 DM, Wertpapieren und Kostbarkeiten auf 3 Monate abgekürzt worden.

Dieselbe Frist gilt auch in der sowjetischen Besatzungszone nach § 2 der VO v. 4. 6. 1949, Zentralverordnungsblatt 444.

Anm. 2

Die Frist rechnet vom Augenblick des Fundes an in dem Falle, wo eine Fundanzeige an die Polizei nicht vorgeschrieben ist, in den andern Fällen von der Anzeige bei der Polizei an. Solange die Anzeige nicht erstattet ist, kommt die Frist nicht in Lauf.

Anm. 3

In beiden Fällen erwirbt der Finder das Eigentum nicht, wenn ihm ein Empfangsberechtigter vor Ablauf der Frist bekannt geworden ist, in den Fällen der Notwendigkeit der Polizeianzeige auch dann nicht, wenn sich vor Ablauf der Frist ein Empfangsberechtigter bei der Polizei gemeldet hat, in den Fällen der Entbehrlichkeit der Polizeianzeige dann nicht, wenn er selbst auf Nachfrage den Fund verheimlicht hat. Die Umstände, die hiernach den Eigentumserwerb des Finders hindern, sind ihm im Streitfall nachzuweisen.

Anm. 4

Auffällig ist, daß die Verheimlichung des Fundes auf Nachfrage den Eigentumserwerb des Finders dann nicht hindert, wenn es sich um einen wertvolleren Fund handelt, welcher der Polizei angezeigt worden ist. Man ist indessen nicht genötigt, ein Übersehen anzunehmen. Denn wenn der Finder durch die Nachfrage Kunde von dem Empfangsberechtigten erhalten hat, so verliert er ohnehin sein Funderwerbsrecht. Hat ihn aber die Nachfrage nicht zu dem Glauben an die Empfangsberechtigung des Nachfragers gebracht und dieser auch auf die Verheimlichung hin keinen Anlaß zur Anmeldung seines Rechtes bei der Polizei genommen, so verlangt auch die Billigkeit nicht die Hintanhaltung des Funderwerbs.

Anm. 5

2. Rückwirkender Eigentumserwerb

Der Finder erwirbt das Eigentum mit dem Ablauf der Wartezeit, aber mit Rückwirkung, weil der Eigentumserwerb durch Fund als Aneignungserwerb zu betrachten ist, nicht als Erwerb kraft Gesetzes (ebenso Staudinger/Berg 11. Aufl. § 973 Anm. 3; aA Planck/Brodmann 5. Aufl. § 973 Anm. 2).

Anm. 6

3. Herausgabeanspruch gegen die Polizei

Hat jemand eine Sache als Fund bei der Polizei abgeliefert und liegen die Voraussetzungen vor, unter denen er das Eigentum an einem Funde erworben haben würde, verweigert ihm aber die Polizei die Aushändigung der Sache, weil kein Fund vorgelegen habe, so gehört der Anspruch des Finders auf Herausgabe seines Eigentnms nicht dem bürgerlichen Recht an, er ist nicht vor den ordentlichen Gerichten, sondern vor den Verwaltungsgerichten verfolgbar (VGH Bremen DVBl 1956, 628; vgl. auch § 965 Anm. 18). Es gibt daher auch keinen privatrechtlichen Herausgabeanspruch gegen die Polizei, der etwa gepfändet werden könnte. Pfändbar und verpfändbar ist dagegen das Recht auf den Eigentumserwerb; denn es ist vererblich und übertragbar.

Anm. 7

4. Ausschluß des Eigentumserwerbs durch Beschlagnahme

Wenn während der einjährigen Frist der Fundgegenstand behördlich beschlagnahmt und das Eigentum daran auf das Reich übertragen worden ist, kann der Finder das Eigentum nicht mehr erwerben (**RG** JW 1931, 930).

Anm. 8

5. Kleinfund. Wegen der Wertgrenze in Abs. 2 vgl. § 965 Anm. 19.

Anm. 9

6. Rechte an der Sache

Rechte, die früher an der Fundsache bestanden haben, erlöschen im Augenblick des Funderwerbs gleich dem früheren Eigentum. Die Fundverwirkung richtet sich gegen die Inhaber solcher Rechte, Pfandgläubiger, Nießbraucher mit um so mehr Fug, als sie nach Lage der Sache zumeist als Verlierer in Betracht kommen werden.

§ 974

Sind vor dem Ablaufe der einjährigen Frist Empfangsberechtigte dem Finder bekannt geworden oder haben sie bei einer Sache, die mehr als drei Deutsche Mark wert ist, ihre Rechte bei der Polizeibehörde rechtzeitig angemeldet, so kann der Finder die Empfangsberechtigten nach den Vorschriften des § 1003 zur Erklärung über die ihm nach den §§ 970 bis 972 zustehenden Ansprüche auffordern. Mit dem Ablaufe der für die Erklärung bestimmten Frist erwirbt der Finder das Eigentum und erlöschen die sonstigen Rechte an der Sache, wenn nicht die Empfangsberechtigten sich rechtzeitig zu der Befriedigung der Ansprüche bereit erklären.

E I 919 II 889; M 3 384, 385; P 5 268—272; 6 236.

Übersicht

Eigentumserwerb infolge Nichteinlösung des Fundes durch die Empfangsberechtigten

Anm. 1

1. Grund der Vorschrift

Wegen der Fristen und Wertgrenzen vgl. § 965 Anm. 19 und § 973 Anm. 1,2. Die durch rechtzeitiges Bekanntwerden oder Anmelden Empfangsberechtigter (§ 973) geschaffene Rechtslage, daß der Finder nicht Eigentümer wird, aber auch für seinen Anspruch auf Ersatz der Aufwendungen und auf Finderlohn nur das Recht der Zurückhaltung der Fundsache hat, ist dem Finder ungünstig, wenn die Empfangsberechtigten die Einlösung, d. h. die Befriedigung der Ansprüche gegen Herausgabe der Fundsache verweigern. Denn der Finder muß dann die Fundsache als fremde behandeln und kann sich für seine Ansprüche keine Befriedigung verschaffen. Zu seinen Gunsten ist darum in § 974 bestimmt, daß er das Eigentum erwirbt, wenn die Empfangsberechtigten trotz Aufforderung binnen angemessener Frist sich zur Befriedigung der Ansprüche nicht bereit erklären. Ob er die Empfangsberechtigten von vornherein kennt oder ob sie ihm erst später bekannt werden, ist dabei in allen Fällen bedeutungslos.

Anm. 2

2. Aufforderung an alle Empfangsberechtigten

Allen Empfangsberechtigten muß die Aufforderung zugehen. Solange die Frist nicht allen Empfangsberechtigten gesetzt und nicht gegen alle erfolglos abgelaufen ist, erlangt der Finder das Eigentum nicht. Man wird aber annehmen müssen, daß die Frist für einen jeden der Empfangsberechtigten gesondert abläuft, so daß er von dem erfolglosen Ablauf an als Empfangsberechtigter nicht mehr in Betracht kommt. Zu verlangen ist die Erklärung, ob der Empfangsberechtigte zur Befriedigung der Ansprüche bereit ist. Genaue Angabe der Art und Höhe der Ansprüche ist Voraussetzung.

Anm. 3

3. Folgen des Verhaltens der Empfangsberechtigten auf die Aufforderung

Wortlaut und Sinn der Vorschrift ergeben, daß der Finder Eigentümer der Fundsache wird, wenn die Empfangsberechtigten innerhalb der Frist überhaupt keine Erklärung abgegeben oder die Befriedigung der Ansprüche verweigern, ohne sie zu bestreiten. Erklärt der Empfangsberechtigte dagegen, daß er die Befriedigung der Ansprüche nicht verweigere, falls solche beständen, bestreitet er aber ihr Bestehen ganz oder teilweise, so ist die Frage des Bestehens der Ansprüche im Rechtsweg auszutragen. Der Finder muß seine Ansprüche feststellen lassen und kann dann dem Empfangsberechtigten eine neue angemessene Frist setzen.

Anm. 4

4. Wirkung der Erklärung der Empfangsberechtigten vor der Fristsetzung

Da die Fristsetzung nur den Zweck hat, den Empfangsberechtigten zur Erklärung über Verweigerung oder Nichtverweigerung der Befriedigung zu zwingen, so ist sie unnötig, wenn die Erklärung schon vorher abgegeben worden ist. Für den Fall der Anerkennung der Ansprüche ergibt sich dies unmittelbar aus den §§ 972 u. 1001. Für den Fall der Verweigerung aber muß darin, daß sie von vornherein ohne Abwarten der Fristsetzung erklärt wird, ein Verzicht des Empfangsberechtigten auf die Fristsetzung gefunden werden (vgl. § 972 Anm. 2).

§ 975

Durch die Ablieferung der Sache oder des Versteigerungserlöses an die Polizeibehörde werden die Rechte des Finders nicht berührt. Läßt die Polizeibehörde die Sache versteigern, so tritt der Erlös an die Stelle der Sache. Die Polizeibehörde darf die Sache oder den Erlös nur mit Zustimmung des Finders einem Empfangsberechtigten herausgeben.

E I 913, 916 II 890; M 3 378, 380; P 3 261, 271.

Übersicht

Rechte des Finders nach Ablieferung des Fundes an die Polizei

Anm. 1

1. Bestehenbleiben der Rechte des Finders (Satz 1)

Die Rechte des Finders bleiben unberührt, wohl aber ändern sich seine Pflichten. Er wird der Verwahrungspflicht ledig und seine Pflicht zur Herausgabe verwandelt sich in die Pflicht, der Herausgabe durch die Polizei zuzustimmen. Eine gewisse Veränderung erfährt dadurch mittelbar auch das Zurückbehaltungsrecht des Finders dahin, daß er nunmehr der Herausgabe zuzustimmen nur gegen Befriedigung seiner Ansprüche verpflichtet ist.

Anm. 2

2. Versteigerung auf Anordnung der Polizeibehörde

Wann diese zulässig ist, ergibt sich aus den dafür erlassenen öffentlich-rechtlichen Vorschriften. Jedenfalls ist die Versteigerung in den Fällen des § 966 Abs. 2 zulässig.

Anm. 3

3. Zustimmung des Finders zur Herausgabe an den Empfangsberechtigten

Hierbei handeltes sich um eine Schranke öffentlich-rechtlichen Inhalts, aber bürgerlich-rechtlichen Ursprungs. Gibt der Polizeibeamte trotz fehlender Zustimmung des Finders die Sache heraus, so verletzt er seine Amtspflicht und begründet dadurch gegebenenfalls eine Schadensersatzpflicht. Die bürgerlich-rechtliche Wirksamkeit der Herausgabe aber wird davon nicht berührt. Auf die Erteilung der Zustimmung kann der Verlierer gegen den Finder klagen. Ist die Verweigerung der Zustimmung nicht ernsthaft, so ist die Polizei an der Herausgabe nicht gehindert. Dies wird auch dann anzunehmen sein, wenn die Zustimmung mutwillig, trotz Anerkennung der Pflicht dazu, verweigert wird, z. B. wenn der mittellose Finder, der zur Ablieferung an die Polizei gezwungen worden ist, weil er die Anzeigepflicht verletzt hat, die Zustimmung offenbar nur deshalb verweigert, um dem Verlierer Kosten zu machen.

§ 976

Verzichtet der Finder der Polizeibehörde gegenüber auf das Recht zum Erwerb des Eigentums an der Sache, so geht sein Recht auf die Gemeinde des Fundorts über.

Hat der Finder nach der Ablieferung der Sache oder des Versteigerungserlöses an die Polizeibehörde auf Grund der Vorschriften der §§ 973, 974 das Eigentum erworben, so geht es auf die Gemeinde des Fundorts über, wenn nicht der Finder vor dem Ablauf einer ihm von der Polizeibehörde bestimmten Frist die Herausgabe verlangt.

E I 923 II 891; M 3 386; P 3 272, 273.

Erwerb des Eigentums durch die Gemeinde

1. Verzicht des Finders auf den Erwerb des Eigentums

Anm. 1

Die Rechte auf den Fund sind frei veräußerlich. Verzichtet der Finder auf sein Recht zum Eigentumserwerb zugunsten eines bestimmten Dritten, so kommen die Grundsätze über die Übertragung von Ansprüchen zur Anwendung. Das Gesetz gibt dem Finder aber auch die Möglichkeit, sich seines Rechtes zum Erwerb des Eigentums ohne Übertragung durch einseitigen Verzicht zu entschlagen. Es läßt den Verzicht durch die Erklärung gegenüber der Polizeibehörde wirksam werden und knüpft daran die Rechtsfolge des Erwerbs durch die Fundortgemeinde. Dieser Verzicht ist ein Rechtsgeschäft, aber kein Vertrag. Die Gemeinde ist nur an den Verzichtsfolgen, nicht aber an dem Verzichtsgeschäfte beteiligt. Die Gemeinde erhält daraus nur Rechte, keine Pflichten.

Anm. 2

Der Finder kann sich beim Verzicht seine Ansprüche auf Finderlohn und Ersatz von Aufwendungen vorbehalten; er setzt damit das Erlangen der für Finderlohn und Aufwendungen erhobenen Ansprüche zur Bedingung des Verzichts. Eine Verpflichtung der Gemeinde entsteht daraus nicht. Wenn sie in Kenntnis des Vorbehalts die Sache übernimmt, so kann (muß aber nicht) daraus zu schließen sein, daß sie sich zur Befriedigung jener Ansprüche verbindlich macht.

Anm. 3

Infolge des wirksamen Verzichts tritt die Gemeinde hinsichtlich des Rechtes auf Erwerb des Eigentums, so wie es im Augenblicke des Verzichts besteht, an die Stelle des Finders. Hinsichtlich der Ansprüche auf Finderlohn und Ersatz von Aufwendungen des Finders ist nicht das gleiche der Fall. Diese Ansprüche müßten besonders abgetreten werden. Für Aufwendungen, welche die Gemeinde selbst, insbesondere durch eigene Verwahrung, nach dem Erwerb durch den Verzicht des Finders gemacht hat, kann auch sie Ersatz beanspruchen.

Anm. 4

Ob die Fundsache mehr oder weniger als 3 DM wert und ob sie an die Polizei abgeliefert worden ist oder nicht, ist für die Anwendung des Abs. 1 unerheblich.

2. Verfall vom Finder erworbener, aber bei der Polizei nicht abgeholter Fundsachen (Abs. 2)

Anm. 5

Auch dieser Eigentumserwerb ist zwar Eigentumsübergang, aber nicht Eigentumsübertragung. Ein Rechtsgeschäft liegt dem Übergang überhaupt nicht zugrunde. In dem ungenutzten Verstreichenlassen der Frist durch den Finder ist weder ein Rechtsgeschäft noch eine Rechtshandlung zu finden.

Anm. 6

Der Erwerb des Eigentums durch die Gemeinde hat den vorherigen Erwerb durch den Finder auf Grund der §§ 973, 974 zur Voraussetzung. Ist dieser dadurch gehindert, daß dem Finder vor Ablauf des Wartejahrs ein Empfangsberechtigter bekannt geworden ist, so vollzieht sich auch der Erwerb der Gemeinde nicht. Der Eigentumserwerb der Gemeinde tritt abgesehen davon im Augenblick des Fristablaufs ohne weiteres ein. Besitzergreifung ist nicht erforderlich. Wie die Frist für das Verlangen der Herausgabe zu bestimmen und die Aufforderung zu erlassen ist, ergibt das öffentliche Recht. Aufforderung durch öffentliche Bekanntmachung ist nicht ausgeschlossen. Gerichtlicher Nachprüfung unterliegt das polizeiliche Verfahren nicht.

Anm. 7

Im Falle des Abs. 2 kann der Finder keinen Finderlohn und keinen Aufwendungsersatz von der Gemeinde verlangen.

§ 977

Wer infolge der Vorschriften der §§ 973, 974, 976 einen Rechtsverlust erleidet, kann in den Fällen der §§ 973, 974 von dem Finder, in den Fällen des § 976 von der Gemeinde des Fundorts die Herausgabe des durch die Rechtsänderung Erlangten nach den Vorschriften über die Herausgabe einer ungerechtfertigten Bereicherung fordern. Der Anspruch erlischt mit dem Ablaufe von drei Jahren nach dem Übergange des Eigentums auf den Finder oder die Gemeinde, wenn nicht die gerichtliche Geltendmachung vorher erfolgt.

E I 922, 923 II 892, M 3 386; P 3 272.

Übersicht

Bereicherungsansprüche

Anm. 1

1. Allgemeines

Durch die Bestimmungen über den Eigentumswechsel beim Fund ist nur die Eigentumsfrage geregelt, nicht auch die Frage einer Verschiebung von Vermögenswerten. § 977 stellt klar, daß eine solche in der Regel nicht stattfinden, der Verlust des Eigentums und der dinglichen Rechte vielmehr ausgeglichen werden soll.

Anm. 2

2. Voraussetzungen des § 812 Abs. 1

Verweisung auf die Vorschriften über die Herausgabe einer ungerechtfertigten Bereicherung bedeutet, daß die Voraussetzungen des § 812 Abs. 1 gegeben sein müssen, wenn ein Anspruch nach § 977 entstehen soll. Dieser zeigt die Besonderheit, daß für ihn nicht die Verjährungsfrist von 30 Jahren, sondern eine Ausschlußfrist von 3 Jahren gilt. Über die in diesem Zusammenhang aufgeworfenen Fragen: § 951 Anm. 3—9.

3. Inhalt des Anspruchs

Anm. 3

Der Bereicherungsanspruch geht auf die Herausgabe des Erlangten, also wenn die Sache bei dem in Anspruch Genommenen noch vorhanden ist, der Regel nach auf Herausgabe der Fundsache in Natur, andernfalls auf Ersatz in Geld. Nur die wirkliche, d. h. reine Bereicherung ist herauszugeben.

Anm. 4

Die Ansprüche auf Ersatz der Aufwendungen und auf Finderlohn sind also, weil sie durch die Bereicherungstatsache, den Eigentumserwerb, erloschen, ausgleichungsweise dem Bereicherungsanspruch wieder gegenüberzustellen (Gegenbereicherungsanspruch). Wird die Herausgabe des Sache in Natur beansprucht und besteht die Sache nicht selbst in Geld, so daß ein Abzug nicht möglich ist, so kann nach §§ 273 ff zugunsten des Anspruchs auf Finderlohn und Ersatz der Aufwendungen das Zurückbehaltungsrecht ausgeübt werden.

Anm. 5

4. Bereicherungsansprüche bei Verlust des Eigentums nach § 974

Ob die Erstreckung des Bereicherungsanspruchs auf den Fall des Verlustes des Eigentums durch Einlösungsverweigerung (§ 974) auf einem Versehen bei der Feststellung der Vorentwürfe beruht, kann dahingestellt bleiben. Denn der Gesetzeswortlaut ist so klar, daß über das erlassene Gesetz kein Zweifel sein kann; das Ergebnis schließt zwar für manche Fälle einen Fortschritt aus, weil die Geltendmachung des Zurückbehaltungsrechts für die wiederauflebenden Finderlohn- und Verwendungsansprüche die Sache nahezu völlig auf den alten Standpunkt stellt, aber es ist doch nicht unmöglich und ungerecht. Unter diesen Umständen kann auch einem Versehen bei Vorarbeiten gegenüber dem Gesetzeswortlaut keine Bedeutung beigemessen werden.

Anm. 6

5. Ansprüche im Falle des § 976 Abs. 2

Im Falle des § 976 Abs. 2 kann der Finder keinen Ersatz wegen des Verlustes des Eigentums beanspruchen; nur der bisherige Eigentümer hat das Recht dazu.

Anm. 7

6. Erlöschen des Anspruchs durch Fristablauf

Die dreijährige Frist ist Ausschlußfrist, nicht Verjährungsfrist. Die Anerkennung steht der gerichtlichen Geltendmachung (Klage, Zahlungsbefehl) nicht gleich. Ob eine Anerkennungserklärung eine selbständige Verpflichtungserklärung enthält, ist Tatfrage. Enthält sie eine solche, so liegt nicht ein Bereicherungsanspruch, sondern möglicherweise ein Anspruch aus vertraglicher Verpflichtung vor.

§ 978

Wer eine Sache in den Geschäftsräumen oder den Beförderungsmitteln einer öffentlichen Behörde oder einer dem öffentlichen Verkehre dienenden Verkehrsanstalt findet und an sich nimmt, hat die Sache unverzüglich an die Behörde oder die Verkehrsanstalt oder an einen ihrer Angestellten abzuliefern. Die Vorschriften der §§ 965 bis 977 finden keine Anwendung.

E I 924 II 893; M 3 387, 888; P 3 273.

Übersicht

Fund im Bereich von Behörden und Verkehrsanstalten

Anm. 1

1. Allgemeiner Anwendungsbereich der Vorschrift

Die Vorschriften umfassen innerhalb des örtlichen Bereichs, für den sie bestimmt sind, nicht nur die Fälle des eigentlichen Fundes im Sinne der §§ 965 ff, sondern auch die Fälle des Auffindens nicht verlorener Sachen. Das allgemeine Fundrecht ist aber auch in den eigentlichen Fundfällen ausgeschlossen und ersetzt durch die §§ 978 bis 982, deren Grundgedanken dahin gehen, daß nur Finderpflichten, keine Finderrechte bestehen sollen.

2. Erläuterung der Gesetzesbegriffe

Anm. 2

a) Gefundene Sachen

Die Vorschriften des § 978 betreffen den Fund von Sachen in öffentlichen Räumen. Unter Sache ist hier eine nicht dem Finder gehörende bewegliche Sache zu verstehen. Wer seine eigene Sache wiederfindet, ist nicht zur Ablieferung verpflichtet. Aber auch Diener, Angehörige des Eigentümers oder Verlierers, die diesem entfallene Sachen finden, haben nicht die Pflicht, sie nach § 978 abzuliefern, sondern können sie unmittelbar dem Eigentümer oder Verlierer zurückgeben. Auch herrenlose Sachen sind abzuliefern, nicht aber offensichtlich völlig wertlose.

Anm. 3

b) Geschäftsräume

Sie brauchen nicht überbaute Räume, Gebäude zu sein. Auch Höfe und sonstige freie Räume, z. B. auch ganze Bahnhofsflächen können dazu gehören. Nicht zu den Geschäftsräumen dagegen werden die Bahndämme oder freien Strecken zu rechnen sein. Die Räume brauchen auch nicht den Geschäften zu dienen; Hilfsräume jeder Art sind dazu zu zählen.

Anm. 4

c) Beförderungsmittel

Es sind nicht nur die der Verkehrsanstalten, sondern auch solche der öffentlichen Behörden. Daß die Sachen in den Beförderungsmitteln gefunden werden müssen, ist nicht streng zu nehmen. Auch die auf dem Verdeck eines Postomnibusses gefundenen Sachen gehören dazu.

Anm. 5

d) Öffentliche Behörden

Welche Stellen öffentliche Behörden sind, ist nach Staatsrecht zu entscheiden, und zwar nach Bundesrecht, insoweit der Bundesrepublik unmittelbar unterstehende Stellen in Frage kommen, im übrigen nach Landesrecht. Öffentliche Behörden werden vor allem Bundes-, Staats- und Gemeindebehörden sein, aber auch die Behörden sonstiger staatsrechtlich anerkannter öffentlicher Verbände, z. B. der Schulverbände.

e) Öffentliche Verkehrsanstalt

Anm. 6

Verkehrsanstalt ist eine Anstalt zur Beförderung von Personen oder Sachen zu Wasser, zu Lande oder in der Luft, vor allem Eisenbahn und Post (Hartmann Recht 1913, 391). Nicht dazu gehören Anstalten, die dem Verkehr im weiteren Sinne dienen, z. B. Gasthöfe, Lichtspieltheater, Banken, Warenhäuser (**RG** 108, 260; aM PrOVG JW 1918, 67).

Anm. 7

Die Anstalt muß dem **öffentlichen Verkehr,** d. h. dem Verkehr der Allgemeinheit dienen. Eine innerhalb eines Werkes lediglich dessen Zwecken dienende Verkehrsanstalt gehört nicht hierher. Im übrigen ist es ohne Belang, ob die Anstalt vom Bund, vom Staat, von der Gemeinde oder einem sonstigen öffentlichen Zweckverband oder von Privaten betrieben wird. Dagegen ist ein gewisser größerer Umfang der Betriebseinrichtungen nötig. Vereinzelte Mietfuhren genügen nicht. Ein Unternehmer, der nur eine oder mehrere Droschken verwendet, hat keine Verkehrsanstalt. Dem Begriff der „Anstalt“ ist ein größerer Umfang und eine besondere Gliederung wesentlich.

3. Finden und Ansichnehmen

Anm. 8

Von Finden kann nur die Rede sein, wenn die Sache sich äußerlich in der Lage einer verlorenen befindet. Wer sieht, wie eine Sache dem Besitzer entgleitet und sie aufhebt, „findet“ sie nicht. Er hat sie also dem Besitzer zurückzugeben. Hat er jedoch Zweifel, wer der Besitzer ist oder kann er sie dem Besitzer nicht sofort zurückgeben, so hat er sie als gefunden abzuliefern.

Anm. 9

Eine Pflicht, solche Sachen an sich zu nehmen, besteht nach bürgerlichem Recht nicht. Sie kann dienstrechtlich für Angestellte der Behörde oder Verkehrsanstalt bestehen. Ihre Verletzung kann dann Amtspflichtverletzung sein und haftpflichtig machen. Durch das „Ansichnehmen“ überkommt den Finder die Pflicht zur Ablieferung und nur diese. Er hat keine Pflicht, nach dem Verlierer zu forschen, Anzeige zu erstatten oder die Umstände des Fundes mitzuteilen. Man wird mangels einer besonderen Bestimmung auch für diesen Finder annehmen müssen, daß er, abgesehen von der Unverzüglichkeit der Ablieferung, die ihm durch § 978 selbst auferlegt ist, bei der Erfüllung seiner Ablieferungspflicht nicht strenger haftet als der Finder im Sinne der §§ 965 ff, nämlich nicht für mehr als für Vorsatz und grobe Fahrlässigkeit.

Anm. 10

4. Anspruch auf den Finderlohn

Ansprüche auf Finderlohn stehen dem Finder in solchen Fällen nicht zu; den Ersatz etwaiger Aufwendungen kann er nach den Vorschriften über die Geschäftsführung ohne Auftrag verlangen.

§ 979

Die Behörde oder die Verkehrsanstalt kann die an sie abgelieferte Sache öffentlich versteigern lassen. Die öffentlichen Behörden und die Verkehrsanstalten des Reichs, der Bundesstaaten und der Gemeinden können die Versteigerung durch einen ihrer Beamten vornehmen lassen.

Der Erlös tritt an die Stelle der Sache.

E I 925, 926 II 894; M 3 388, 389; P 3 273.

Versteigerungsbefugnis der Behörde

1. Befugnis zur Versteigerung

Anm. 1

Das Gesetz legt der Behörde oder Anstalt keine Verwahrungspflicht auf, setzt die Verwahrung aber, wie sich aus §§ 978, 980 unzweifelhaft ergibt, für die Zeit bis zur Versteigerung als selbstverständlich voraus. Es legt auch keine Versteigerungspflicht auf oder doch nur mittelbar, weil die Sache nur durch Versteigerung verwertet werden darf und ein Eigentumserwerb der Behörde oder Verkehrsanstalt nicht vorgesehen ist.

Anm. 2

Das Versteigerungsrecht wird dahin bestimmt, daß den öffentlichen Behörden und den Verkehrsanstalten des Bundes, des Staates und der Gemeinden außer dem Recht, die öffentliche Versteigerung nach § 383 Abs. 3 vornehmen zu lassen, auch das Recht der Versteigerung durch ihre Beamten zustehen soll, den übrigen Behörden und Verkehrsanstalten aber nur das Recht der öffentlichen Versteigerung nach § 383 Abs. 3. Die Einhaltung dieser Versteigerungsarten ist entscheidend für die Rechtswirkung der Versteigerung.

2. Behandlung von Geld, Wertpapieren usw.

Anm. 3

Geld ist natürlich nicht zu versteigern, ebensowenig sind es Banknoten und Kassenscheine. Wertpapiere sind nur dann zu versteigern, wenn sie keinen Börsen- und Marktpreis haben, sonst vom Gerichtsvollzieher oder berufenen Beamten zum Tageskurs zu verkaufen (vgl. BGB § 981 Abs. 2 Satz 2; ZPO § 815; Prot. 3, 273).

Anm. 4

Weitere Bestimmungen für die Versteigerung sind in § 980 getroffen, in § 981 dem Verordnungswege vorbehalten.

Anm. 5

3. Die Dienststellen der Deutschen Bundesbahn sind, soweit die Verwaltungsordnung nichts anderes bestimmt, Bundesbehörden (§ 6 Abs. 3 des Bundesbahngesetzes v. 13. 12. 1951, BGBl I 955; früher Art. 2 des Ges. v. 10. 2. 1937, RGBl II 47; noch früher RBahnG v. 13. 3. 1930, RGBl II 369, 690, §§ 17, 43; vgl. **RG** 109, 90).

§ 980

Die Versteigerung ist erst zulässig, nachdem die Empfangsberechtigten in einer öffentlichen Bekanntmachung des Fundes zur Anmeldung ihrer Rechte unter Bestimmung einer Frist aufgefordert worden sind und die Frist verstrichen ist; sie ist unzulässig, wenn eine Anmeldung rechtzeitig erfolgt ist.

Die Bekanntmachung ist nicht erforderlich, wenn der Verderb der Sache zu besorgen oder die Aufbewahrung mit unverhältnismäßigen Kosten verbunden ist.

E I 925 II 894; M 3 388, 389; P 3 273.

Zulässigkeit der Versteigerung

Anm. 1

1. Voraussetzung der Zulässigkeit der Versteigerung ist öffentliche Aufforderung zur Anmeldung nach den Vorschriften des § 980 Abs. 1, § 982 und erfolgloser Ablauf der Anmeldungsfrist. Die Folge des fruchtlosen Ablaufs der Anmeldefrist ist aber keine Rechtsverwirkung des Empfangsberechtigten (§ 965 Anm. 11), kein Eigentumserwerb auf der andern Seite, sondern nur das Zulässigwerden der Versteigerung.

Anm. 2

2. Die Folge der Unzulässigkeit der Versteigerung ist einerseits der Mangel der Ermächtigung, durch die Versteigerung Eigentum zu übertragen, anderseits die Schadensersatzpflicht der Zuwiderhandelnden gegenüber dem Empfangsberechtigten. Die erstere Folge wird sich allerdings infolge gutgläubigen Erwerbs auf seiten des Ansteigerers in der Regel nicht fühlbar machen (§§ 932, 935; vgl. § 966 Anm. 7).

§ 981

Sind seit dem Ablaufe der in der öffentlichen Bekanntmachung bestimmten Frist drei Jahre verstrichen, so fällt der Versteigerungserlös, wenn nicht ein Empfangsberechtigter sein Recht angemeldet hat, bei Reichsbehörden und Reichsanstalten an den Reichsfiskus, bei Landesbehörden und Landesanstalten an den Fiskus des Bundesstaats, bei Gemeindebehörden und Gemeindeanstalten an die Gemeinde, bei Verkehrsanstalten, die von einer Privatperson betrieben werden, an diese.

Ist die Versteigerung ohne die öffentliche Bekanntmachung erfolgt, so beginnt die dreijährige Frist erst, nachdem die Empfangsberechtigten in einer

öffentlichen Bekanntmachung des Fundes zur Anmeldung ihrer Rechte aufgefordert worden sind. Das gleiche gilt, wenn gefundenes Geld abgeliefert worden ist.

Die Kosten werden von dem herauszugebenden Betrag abgezogen.

E I 926 II 895; M 3 389; P 3 273.

Verfall des Versteigerungserlöses

Anm. 1

1. Verfall durch Verstreichenlassen der Frist (Abs. 1)

Die Verfallfrist, die schon vor der Versteigerung beginnt, ist Ausschlußfrist. Zum Ausschluß des Verfalls genügt die Anmeldung des Berechtigten; gerichtlicher Geltendmachung bedarf es nicht, auch dann nicht, wenn es sich um eine von einer Privatperson betriebene Verkehrsanstalt handelt. Der Anspruch auf den Erlös verjährt aber dann nach den allgemeinen Regeln über die Anspruchsverjährung. Die Verjährung beginnt mit der Versteigerung und wird durch die Anmeldung allein nicht unterbrochen.

Anm. 2

2. Besonderes Aufgebot der Empfangsberechtigten (Abs. 2)

Die Vorschrift hat den Fall des § 980 Abs. 2 im Auge, ist aber auch anzuwenden, wenn entgegen § 980 Abs. 1 die Versteigerung pflichtwidrig ohne vorherige Bekanntmachung vorgenommen worden ist. Die Bestimmung einer Anmeldefrist ist hierbei nicht erforderlich, aber auch nicht zulässig. Sie deckt sich mit der dreijährigen Verfallfrist.

Anm. 3

3. Geld

Der Begriff ist im weiten Sinne zu verstehen und umfaßt alles, was üblicherweise als Geld behandelt wird, auch ausländisches Geld.

Anm. 4

4. Kostenabzug

Mangels einer Beschränkung sind alle Kosten, also die der Verwahrung, Bekanntmachung und Versteigerung abzuziehen. Herauszugeben ist der Reinerlös.

§ 982

Die in den §§ 980, 981 vorgeschriebene Bekanntmachung erfolgt bei Reichsbehörden und Reichsanstalten nach den von dem Bundesrat, in den übrigen Fällen nach den von der Zentralbehörde des Bundesstaats erlassenen Vorschriften.

E I 925 II 896; M 3 388, 389; P 3 273.

Ausführungsbestimmungen zu den §§ 980, 981 sind von Reichs wegen erlassen in der Bek. v. 16. 6. 1898, RGBl 912.

§ 983

Ist eine öffentliche Behörde im Besitz einer Sache, zu deren Herausgabe sie verpflichtet ist, ohne daß die Verpflichtung auf Vertrag beruht, so finden, wenn der Behörde der Empfangsberechtigte oder dessen Aufenthalt unbekannt ist, die Vorschriften der §§ 979 bis 982 entsprechende Anwendung.

E I 927 I 897; M 3 389, 390; P 3 273.

Behandlung im Behördenbesitz befindlicher unanbringbarer Sachen

Anm. 1

Die Fälle, daß Sachen, die sich im Besitz öffentlicher Behörden befinden, dem Berechtigten nicht zurückgegeben werden können, weil er unbekannt oder unauffindbar ist, sind nicht selten. Dahin gehören insbesondere unanbringbare Postsendungen und hinterlegte Beträge und ähnliche Fälle, in denen die Behörde auf Grund Vertrags besitzt und zurückzugeben hat, sodann die Fälle, in denen zu Sachen, die in den Geschäftsräumen oder den Beförderungsmitteln der Behörde gefunden worden sind, der Empfangsberechtigte nicht ermittelt werden kann. Mit diesen beiden Arten von Fällen beschäftigt sich § 983 nicht; denn die letzgenannte Art ist durch §§ 978—982 geregelt, die erstgenannte hat teils anderweite Vorsorge gefunden, teils besteht für eine solche Vorsorge kein Bedürfnis. (Vgl. §§ 19ff HinterlegungsO, § 26 Abs. 1 PostG.)

Anm. 2

§ 983 regelt eine dritte Klasse solcher Fälle, in denen die Herausgabepflicht weder auf Vertrag beruht noch Fundsachen der im § 978 bezeichneten Art betrifft. So insbesondere die Fälle, in denen bei der Polizeibehörde lagernde gewöhnliche Fundsachen, zu denen ein Empfangsberechtigter nicht ermittelt wurde, keinen Herrn finden, weil auch der Finder schon vor der Setzung der im § 976 erwähnten Frist nicht mehr auffindbar war, und die Fälle der Unanbringbarkeit von Überführungsstücken, insbesondere gestohlener Sachen, deren Eigentümer nicht ermittelt werden konnte. Auf alle diese Fälle werden schlechthin die Vorschriften der §§ 979 bis 982 für entsprechend anwendbar erklärt.

Anm. 3

Die Bestimmung ist beschränkt auf die im Besitz öffentlicher Behörden befindlichen unanbringbaren Sachen. Einzelpersonen kommen die Vorschriften nicht zugute; diese haben, wenn sie sich der unanbringbaren Sachen, zu deren Herausgabe sie verpflichtet sind, entledigen wollen, nach §§ 372ff zu verfahren.

§ 984

Wird eine Sache, die so lange verborgen gelegen hat, daß der Eigentümer nicht mehr zu ermitteln ist (Schatz), entdeckt und infolge der Entdeckung in Besitz genommen, so wird das Eigentum zur Hälfte von dem Entdecker, zur Hälfte von dem Eigentümer der Sache erworben, in welcher der Schatz verborgen war.

E I 928 II 898, M 3 390, 391; P 3 273, 274.

Übersicht

Schatzfund

1. Begriff des Schatzes

Anm. 1

Nur bewegliche Sachen können ein Schatz sein. Bauwerke gehören nicht dazu, z. B. nicht der Mosaikfußboden eines ausgegrabenen Hauses aus der Vorzeit, wenn die feste Verbindung mit dem Grund und Boden bei der Entdeckung noch besteht. Nicht dazu gehören ferner natürliche Bestandteile des Grundes und Bodens, wie Erze, im Boden gewachsene Edelsteine, sonstige Gesteine u. dgl. Daß die Sache wertvoll ist, wird nicht erfordert.

Anm. 2

Bis zur Entdeckung muß sie verborgen gewesen sein. Die Verbergungstätigkeit eines Menschen ist nicht notwendig. Auch verschüttete oder versunkene Sachen liegen verborgen. Die Sache kann in einem Grundstück, aber auch in einer anderen beweglichen Sache verborgen sein, z. B. in einem Geheimfach eines alten Schrankes versteckt, in alten Kleidern eingenäht.

Anm. 3

Der Eigentümer muß unermittelbar sein, und zwar infolge langer Verborgenheit der Sache. Ergibt sich der Eigentümer aus den Umständen (Inschrift, Siegel, auch der Verwahrungsort kann ihn anzeigen), so liegt kein Schatz, unter Umständen nicht einmal ein Fund im Sinne des Gesetzes vor. Ist der Eigentümer aus andern Gründen unermittelbar, z. B. wegen bestehenden Erbschaftsstreits, so liegt auch kein Schatz vor. Wie lange Zeit verstrichen sein muß, um Unmittelbarkeit infolge langer Verborgenheit anzunehmen, kann nur nach den Umständen des einzelnen Falles ermessen werden. In einem Falle können wenige Jahre genügen, in einem andern viele Jahrzehnte unzureichend sein.

Anm. 4

2. Entdeckung.

Ob die Entdeckung Spiel des Zufalls oder Ergebnis planmäßiger Forschung ist, begründet keinen Unterschied, kann aber unter Umständen für die Frage von Bedeutung werden, wer Entdecker ist. Entdecker ist nicht stets der, der eigenhändig den Schatz bloßlegt, mit eigenen Augen ihn zuerst sieht. Wer durch Diener, Arbeiter oder sonstige unselbständige Gehilfen nach einem Schatze oder nach Schätzen graben läßt, ist Entdecker der Schätze, die dabei bloß gelegt werden, auch wenn er persönlich dabei nicht mitgewirkt, ja den Schatz niemals selbst gesehen hat; die übrigen sind nur seine Werkzeuge (**RG** 70, 308).

3. Inbesitznahme

Anm. 5

Die Entdeckung für sich allein bewirkt nicht den Eigentumserwerb am Schatz. Die Inbesitznahme auf Grund der Entdeckung muß hinzutreten. Aber wenn auch die Inbesitznahme Voraussetzung des Eigentumserwerbs am Schatze ist, so ist doch nicht erforderlich, daß der Erwerber den Schatz in Besitz nimmt. Die Inbesitznahme durch irgend jemand (infolge der Entdeckung) genügt.

Anm. 6

Wer den Entdecker belauscht und auf Grund der dadurch gewonnenen Kenntnis von dem Schatz heimlich Besitz nimmt, bewirkt allerdings den Eigentumserwerb am Schatz, aber wider seinen Willen nicht für sich, sondern für den Entdecker.

Anm. 7

Anders liegt der Fall der Nachentdeckung. Der erste Entdecker, der die Besitzergreifung versäumt hat, muß dem weichen, der später unabhängig von ihm den noch verborgenen Schatz ebenfalls entdeckt und in Besitz nimmt.

4. Hälfteanteil des Eigentümers

Anm. 8

Auch der Eigentümer der Sache, worin der Schatz verborgen war, erwirbt das Miteigentum auf Grund der Inbesitznahme des andern, unter Umständen, ohne selbst Besitzer zu werden. Der Entdecker wird vom Gesetz nicht verpflichtet, dem Eigentümer das Auffinden des Schatzes anzuzeigen. Den Eigentümer schützen §§ 809ff, 260f. Nur dem Eigentümer ist vom Gesetze der Hälfteanteil zugesprochen; das Recht des Nießbrauchers einer Sache erstreckt sich nicht auf den Schatz, der darin gefunden wird (§ 1040). Daß dem Eigentümer nach § 984 zustehende Schatzanteilsrecht ist kein besonderes, mit dem Eigentum am Grundstücke verbundenes (subjektiv-dingliches) Recht.

Anm. 9

Der Grundstückseigentümer kann wohl die persönliche Verbindlichkeit übernehmen, seinen Anteil an einem Schatze, der auf seinem Grundstück entdeckt werden sollte, einem Dritten zu übertragen; aber er kann diese auf Verschaffung einer beweglichen Sache gerichtete Verbindlichkeit nicht durch Vormerkung im Grundbuch sichern lassen (KG RJA 3, 136). Dagegen ist eine Sicherungshypothek für den etwaigen Ersatzanspruch zulässig.

Anm. 10

Für eine Abrede, wonach der Grundstücksverkäufer an einem nach der Übereignung entdeckten Schatz beteiligt sein soll, ist gerichtliche oder notarische Form erforderlich, und zwar nach § 313, wenn die Abrede Teil des Kaufvertrags ist, andernfalls nach § 518 (**RG** 13. 12. 1926 V 63/26).

Anm. 11

Der Unternehmer an Erdarbeiten kann sich (formlos) dem Besteller gegenüber zur Ablieferung der von ihm oder seinen Arbeitern zu findenden Schätze verpflichten; es ist dann seine Sache, mit den anderen etwaigen Berechtigten entsprechende Vereinbarungen zu treffen (**RG** SoergRspr 1913, 311).

Anm. 12

5. Staatliche Schatzgerechtsame

Eine Schatzgerechtsame des Staates (Regal) kann landesrechtlich auf Grund des Art. 73 EG bestehen. Reichsrechtlich gibt es eine solche nicht. Auch landesrechtliche Bestimmungen über geschichtliche oder vorgeschichtliche Funde, die nach Art. 109 EG zulässig sind, können einen Schatz betreffen.

Vierter Titel

Ansprüche aus dem Eigentume

Vorbemerkungen

Übersicht

1. Einführung

Anm. 1

a) Systematische Übersicht. Der vierte Titel behandelt unter der Überschrift **„Ansprüche aus dem Eigentume"** vor allem den Herausgabeanspruch bei Vorenthaltung des Besitzes (rei vindicatio; vgl. §§ 985—1003; Einteilung des Stoffes: §§ 985, 986 Allgemeines, §§ 987—993 Nebenrechte des Eigentümers auf Nutzungen und Schadensersatz, §§ 994—1003 Gegenrechte des Besitzers wegen Verwendungen) und den bei sonstigen Beeinträchtigungen gegebenen Eigentumsfreiheitsanspruch (actio negatoria, § 1004). Auf beide Ansprüche beziehen sich die in § 1006 aufgestellten Vermutungen für das Bestehen des Eigentums an einer beweglichen Sache, die an den gegenwärtigen oder den früheren Besitz anknüpfen. Hinzukommt der Abholungsanspruch des Eigentümers (§ 1005). § 1007 (Anspruch wegen verlorener Fahrnis) ist nur aus äußerlichen Gründen an dieser Stelle aufgenommen und gehört inhaltlich in den Abschnitt über Besitz.

b) Entsprechende Anwendung der Vorschriften

Anm. 2

Alle diese Vorschriften finden entsprechende Anwendung in den Fällen der §§ 1017 (Erbbaurecht, jetzt § 11 der VO v. 15. 1. 1919, vgl. dazu auch EG Art. 63, 68), 1065 (Nießbrauch), 1227 (Pfandrecht), die Vorschriften des § 1004 auch in den Fällen der §§ 1027 (Grunddienstbarkeit) und 1090 (beschränkte persönliche Dienstbarkeit).

Anm. 3

Das Wesen des der landesgesetzlichen Regelung überlassenen Bergwerkseigentums ergibt regelmäßig ein weitergehendes Recht des Bergwerkspächters als das des Grundstückspächters nach BGB und führt zur Heranziehung der Bestimmungen über das gegen jedermann wirkende dingliche Recht des Eigentümers; daher sind auf die Aneignungsbefugnis des Pächters hinsichtlich der (durch den Verpächter) im Pachtfeld während der Verpachtung gewonnenen Kohle die §§ 985ff entsprechend anzuwenden. Der sich hieraus ergebende Anspruch des Pächters auf Herausgabe der geförderten Kohle scheitert nicht daran, daß der Verpächter durch Verarbeitung, Vermengung oder dgl. das Eigentum an der Kohle erworben hat. Bei der Unmöglichkeit der Herausgabe und Bösgläubigkeit des Erwerbers tritt an die Stelle des Herausgabeanspruchs der Schadensersatzanspruch auf Geldzahlung aus §§ 990, 989 (**RG** JW 1938, 3040; § 990 Anm. 20; § 994 Anm. 12).

Anm. 4

Wegen des Miteigentümers: § 1011 Anm. 1,2, § 985 Anm. 1, § 1004 Anm. 15, § 1007 Anm. 7, 9.

Anm. 5

Neben dem juristischen auch ein wirtschaftliches Eigentum anzuerkennen, ist an sich bedenklich. Jedenfalls ist wirtschaftliches nicht juristisches Eigentum und darf ihm — namentlich bei Anwendung von Ausnahmevorschriften — nicht gleichgestellt werden (**RG** 29. 1. 1926 VI 292/25).

Anm. 6

2. Schutz des Eigentums nach anderen Vorschriften

Außer den erwähnten Ansprüchen dienen zum Schutz des Eigentums auch andere Rechtsbehelfe, z. B. der Grundbuchberichtigungsanspruch (§§ 849ff), der Vorlegungsanspruch (§§ 809ff), die Ansprüche aus ungerechtfertigter Bereicherung (§§ 812ff) oder unerlaubter Handlung (§§ 823ff), die Widerspruchsklage der ZPO § 771, die Klage gegen den betreibenden Gläubiger auf Bewilligung der Herausgabe durch den Zwangsverwalter (**RG** 92, 18).

Anm. 7

3. Schutz des Eigentums durch Feststellungsklage

Von Bedeutung ist nach ZPO §§ 256, 280 auch die Klage auf Feststellung des Eigentums (vgl. **RG** Gruchot 33, 1147; JW 1902,68). Da der Herausgabeanspruch und die Eigentumsfreiheitsklage nach §§ 985, 1004 nur auf Herausgabe der Sache oder auf Beseitigung der begangenen und Unterlassung weiterer Beeinträchtigungen gerichtet sind, nach ZPO § 322 nur hierüber rechtskräftig entschieden wird, den Prozeßgegenstand bei diesen Klagen also nur der einzelne Eigentumsanspruch, nicht das Eigentum selbst bildet, bleibt neben diesen beiden Leistungsansprüchen noch Raum für das nach ZPO § 256 erforderliche Feststellungsinteresse. Weder die Möglichkeit der Herausgabeklage (§ 985) noch deren tatsächliche Erhebung schließt die Feststellungsklage notwendig aus. Diese kann selbständig angestellt werden, vorausgesetzt nur, daß ein Interesse an ihr im Einzelfall wirklich vorhanden ist, was freilich nicht schon allein dadurch begründet wird, daß das Eigentum betritten wird (vgl. **RG** JW 1904, 413; LZ 1912, 462; Kiel SeuffArch 72 Nr. 191). Sie kann auch, wenn die Herausgabeklage anhängig ist, als Zwischenfeststellungsklage erhoben werden.

Anm. 8

4. Gerichtsstand

Der Gerichtsstand der belegenen (unbeweglichen) Sache ist trotz des Wortlauts des § 24 ZPO („Klagen, durch welche das Eigentum ... geltend gemacht wird") nicht nur für die Eigentumsfeststellungsklage (**RG** 13, 386), sondern auch für die Ansprüche nach §§ 985 und 1004 gegeben (vgl. **RG** 36, 237; 51, 233). Wegen der Ansprüche auf Nutzungen und Schadensersatz: § 987 Anm. 8.

Anm. 9

5. Internationales Privatrecht

Im internationalen Privatrecht richten sich die Eigentumsansprüche nach dem Recht des Ortes, wo die Sache sich jeweils befindet. Die Eigentumsherausgabeklage richtet sich nach dem Recht des Ortes, an dem die Sachen sich in dem Augenblick befinden, in dem der Herausgabeanspruch rechtshängig wird. Ein Eigentumserwerb des Beklagten nach einer anderen Rechtsordnung zu einer Zeit, als die Sachen sich in dem Geltungsbereich dieser Rechtsordnung befanden, ist vorbehaltlich des Art. 30 EGBGB wirksam und steht einer Klage aus § 985 BGB entgegen (**BGH** 8, 379). Zu beachten ist der Ausschluß der deutschen Gerichtsbarkeit nach Art. 3a AHKG 63 vom 31. 8. 1951, ABlAHK 1107, für Klagen auf Herausgabe von Vermögensgegenständen, die zum deutschen Auslandsvermögen im Sinne des Gesetzes gehören. Soweit die deutsche Gerichtsbarkeit danach ausgeschlossen ist, müssen Klagen aus § 985 als unzulässig abgewiesen werden. Nach **BGH** 8, 378 ist auch das Vermögen, das die Sudetendeutschen in ihrer alten Heimat besessen haben, deutsches Eigentum im Sinne des AHKG 63 gewesen.

§ 985

Der Eigentümer kann von dem Besitzer die Herausgabe der Sache verlangen.

E I 929 II 899; M 3 396—400; P 3 328—334; 4 585; 6 236, 237.

Übersicht

Herausgabeanspruch

I. Anspruchsberechtigter und Anspruchsgegner

1. Anspruchsberechtigter

Anm. 1

Anspruchsberechtigt ist der **Eigentümer** der Sache, und zwar nur der wirkliche Eigentümer (**RG** 142, 421), mag er Alleineigentümer oder Miteigentümer sein. Dem Miteigentümer steht ebensowohl die Klage auf Übertragung des Mitbesitzes (partis vindicatio) wie nach §§ 1011, 432 der Anspruch auf Herausgabe der ganzen Sache an alle Miteigentümer zu; verweigert einer der übrigen Miteigentümer die Annahme, so hilft dem Kläger das Recht auf Hinterlegung für alle oder auf Ablieferung an den gerichtlich bestellten Verwahrer (§ 1011 Anm. 2, 3, 5, 6). Berechtigt zur Herausgabeklage sind ferner der nichtbesitzende und der den mittelbaren Besitz ausübende Eigentümer.

Anm. 2

Der nach dem Militärregierungsgesetz Nr. 52 eingesetzte Treuhänder für zwangsübertragene Vermögensgegenstände kann nach § 985 die Herausgabe des seiner Verwaltung unterstehenden Grundstücks von den im Grundbuch als Eigentümer Eingetragenen verlangen (**BGH** 12, 380, 392).

Anm. 3

Es macht keinen Unterschied, ob der Eigentümer allein auf den Eigentumsanspruch angewiesen ist oder ob er daneben noch einen Anspruch aus unerlaubter Handlung oder aus einem Vertragsverhältnis (Miete, Verwahrung usw.) gegen den Besitzer hat. Herausgabeanspruch und schuldrechtliche Rückforderung stehen dem Eigentümer gegebenenfalls wahlweise zur Verfügung; der dingliche Anspruch setzt auf der einen Seite Eigentum, auf der andern Besitz voraus, während der schuldrechtliche aus der unerlaubten Handlung oder dem Vertragsschluß entspringt; aA Raiser in Wolff/Raiser, Sachenrecht § 84 I 2., IV 1a; Festschrift für Martin Wolff 1952 123ff u. JZ 1958, 681. Danach soll der Anspruch nicht gegen einen zum Besitz berechtigten Besitzer bestehen. Die herrschende Lehre nimmt dies nur für die Ansprüche aus §§ 987—1003 an (vgl. § 994 Anm. 1). Wird die allein auf Vermietung gestützte Klage wegen Nichtbestehens eines Mietverhältnisses abgewiesen, so kann immer noch die Eigentumsklage erhoben werden und umgekehrt.

Anm. 4

Ein Verkäufer kann die Herausgabe des noch auf seinen Namen eingetragenen Grundstücks nach § 985 auch dann noch fordern, wenn er nach Ablauf einer nach § 326 gesetzten Frist Schadensersatz wegen Nichterfüllung gewählt hat; denn der Käufer hat kein Besitzrecht mehr, und die Einrede aus § 986 entfällt; nur als Schadensersatz darf der Verkäufer die Herausgabe dann nicht verlangen, da dieser Anspruch nur auf Zahlung eines Geldbetrages gerichtet sein könnte (**RG** 127, 248; 141, 259; 144,

62; SeuffArch 85 Nr. 109; WarnRspr 1931 Nr. 219; vgl. auch **RG** 145, 299; 149, 137; 152, 112). Wird das Grundstück herausgegeben, so mindert sich der Schadensersatzanspruch des Verkäufers; die Möglichkeit einer Steigerung des Verkäuflichkeitswertes ist mit zu berücksichtigen (**RG** 141, 259). Hat der Verkäufer in dem Wert der herausgegebenen Sache und den auf den Kaufpreis erhaltenen Zahlungen mehr bekommen, als sein Schadensersatzanspruch ausmacht, so muß er den Überschuß als ungerechtfertigte Bereicherung herausbezahlen (**RG** 144, 62). Die zuletzt genannte Entscheidung betrifft bewegliche Sachen und einen Fall des § 455, in dem der Verkäufer Schadensersatz wegen Nichterfüllung fordern konnte. Wegen des in solchen Fällen dem Beklagten zustehenden Zurückbehaltungsrechts: § 1000 Anm. 4, 5.

2. Anspruchsgegner

a) Unmittelbarer Allein- oder Mitbesitzer

Anm. 5

Da der Besitz des Beklagten die Voraussetzung des Anspruchs ist (**RG** 8. 4. 1924 VII 253/23) so richtet sich der Anspruch nur gegen den Besitzer der Sache. Der dingliche Herausgabeanspruch ist erloschen, wenn der Beklagte schon vor der Klageerhebung den Besitz verloren hat.

Anm. 6

An die Stelle der an sich herauszugebenden Sache tritt dann nicht deren Wert. Die Ersatzansprüche sind rein schuldrechtlicher Art; der Besitzverlust als solcher schafft keine dinglichen Beziehungen (**RG** 157, 40). Ob persönliche entstehen, richtet sich nach andern Gesichtspunkten, namentlich nach §§ 987ff (**RG** 143, 376).

Anm. 7

Der Besitzdiener ist nicht Besitzer und kann deshalb nicht nach § 985 verklagt werden. Der Besitzer kann Eigenbesitzer oder Fremdbesitzer sein. Nicht vorausgesetzt wird, was aus der Fassung des § 1004 gefolgert werden könnte, daß er den Besitz dem Kläger entzogen haben müßte. Auch der Mitbesitzer ist Anspruchsgegner, wenn er (z. B. als besitzender Miterbe) die tatsächliche Verfügungsgewalt hat (vgl. **RG** WarnRspr 1918 Nr. 57; er hat dem Kläger den Mitbesitz einzuräumen. Ist der Besitz nach § 857 auf Erben übergegangen, zu denen auch der klagende Eigentümer gehört, so genügt zur Erwirkung der Herausgabe der Sache ein gegen die übrigen Erben ergangenes Urteil.

b) Mittelbarer Besitzer

Anm. 8

Die frühere Streitfrage, ob die Klage nur gegen den unmittelbaren oder auch gegen den mittelbaren Besitzer geht, ist im letzteren Sinne erledigt (**BGH** 2, 164; LM BGB § 989 Nr. 2). Das Gesetz (§ 985 mit § 868) macht keine Ausnahme (vgl. auch den § 991 Abs. 1, der nur so verstanden werden kann). Praktisch ist die Klage gegen den mittelbaren Besitzer ganz unentbehrlich; sie ist daher von der Rechtsprechung auch nie in Zweifel gezogen worden (vgl. z. B. **RG** 105, 21; JW 1910, 110; Recht 1918 Nr. 242; Dresden OLG 51, 54; Hamburg OLG 31, 325). Über Antrag und Urteil: Anm. 15—17. Daß gerade der mittelbare Besitzer der eigentliche Gegner des die Herausgabe Fordernden ist, äußert sich verfahrensrechtlich in der Möglichkeit der Urheberbenennung des Besitzers (ZPO § 76).

Anm. 9

Wurde der vermittelnde Besitz erst nach der Rechtshängigkeit begründet, so kommt dem gegen den mittelbaren Besitzer ergangenen Urteil Rechtskraft und Vollstreckbarkeit auch gegen den unmittelbaren zu (ZPO § 325 Abs. 1, § 727).

Anm. 10

Dagegen wirkt die Verurteilung des unmittelbaren nicht gegen den mittelbaren, dem jener die Sache nach Prozeßbeginn zurückgegeben hat. Um einer Schädigung des

Klägers, die hieraus erwachsen könnte, vorzubeugen, bedarf es einer einstweiligen Verfügung, welche die Verwaltung und Verwahrung durch eine Vertrauensperson (Sequestration) anordnet (ZPO §§ 935, 938).

II. Inhalt des Anspruchs

1. Gegen den unmittelbaren Besitzer

Anm. 11

Der Anspruch geht auf Herausgabe der Sache, worunter aber, der Natur des dinglichen Anspruchs gemäß, grundsätzlich nicht ein eigenes Tun, sondern nur das Gestatten der Wegnahme zu verstehen ist. Nur in den Voraussetzungen, nicht im Inhalt des Anspruchs weicht das Herausgabebegehren vom Abholungsanspruch der §§ 867, 1005 ab. Daher tut der Besitzer genug, wenn er die Sache zum Abholen zur Verfügung stellt, und zwar an dem Ort, wo sie sich bei Erhebung der Klage befindet; eine weitergehende Verpflichtung zum Bringen oder Schicken auf eigene Kosten trifft ihn nur mit dem Eintritt des bösen Glaubens (vgl. Braunschweig OLG 26, 176). Mit der Klage auf Räumung und Herausgabe eines Grundstücks wird daher ein etwa daneben bestehender Anspruch auf Beseitigung störender Einrichtungen nach § 1004 noch nicht rechtshängig (**BGH** 28, 144).

Anm. 12

Etwas anderes als der Herausgabeanspruch ist das Wegnahmerecht des Mieters nach § 547 Abs. 2 Satz 2 auch dann, wenn die Mietsache, mit der die Einrichtung verbunden wurde, schon wieder in den Besitz des Vermieters gelangt ist. Nach § 258 hat der Mieter die Sache auf seine Kosten in den vorigen Stand zu setzen und wegen etwa entstehenden Schadens Sicherheit zu leisten (**RG** 109, 130f).

Anm. 13

Zu unterscheiden ist auch zwischen Herausgabe und Beschaffen von Ersatzstücken. Ist dies gemeint, so darf nicht zur Herausgabe verurteilt werden.

Anm. 14

Der Anspruch ist in seinem Inhalt davon unabhängig, ob der Eigentümer den Besitz schuldhaft verloren und der Beklagte ihn gutgläubig erworben hat. Der auf Herausgabe in Anspruch Genommene kann daher auch in solchen Fällen nicht die Aufwendungen ersetzt verlangen, die er erfolglos gemacht hat, um das Eigentum an der Sache zu erwerben (**BGH** LM HGB § 366 Nr. 4).

2. Gegen den mittelbaren Besitzer

Anm. 15

Herausgabe ist das Ziel des Anspruchs auch bei der Klage gegen den mittelbaren Besitzer. Zwar steht es dem Eigentümer frei, auf Abtretung des Herausgabeanspruchs zu klagen, den der mittelbare gegen den unmittelbaren Besitzer hat; mit der Rechtskraft des Urteils gilt dann die Abtretung als erklärt (ZPO § 894).

Anm. 16

Da aber das Gesetz nicht unterscheidet, ist grundsätzlich auch der Anspruch auf Herausgabe der Sache (Verschaffung des unmittelbaren Besitzes) gerechtfertigt. Eine solche Verurteilung bietet den Vorteil, daß der Kläger, je nachdem sich der Schuldner zur Zeit der Zwangsvollstreckung im unmittelbaren oder mittelbaren Besitz der Sache befindet, entweder nach ZPO §§ 883, 885 die bewegliche Sache wegnehmen, das Grundstück räumen lassen oder nach ZPO § 886 die Pfändung und Überweisung des Anspruchs des Schuldners auf Herausgabe erwirken kann.

Anm. 17

Zu beachten ist, daß aus der Verurteilung zur Herausgabe die Anwendbarkeit des § 283 BGB folgt, während doch der redliche Besitzer nicht mehr zu leisten braucht, als er hat. Beweist daher der Beklagte, daß sein Besitzmittler ihm gegenüber noch auf längere Zeit zum Besitz der Sache berechtigt ist, so darf er nur zur Abtretung des Anspruchs verurteilt werden, es sei denn, daß er nach §§ 989ff schadensersatzpflichtig ist. In diesem Falle findet die Verurteilung zur Herausgabe ohne Rücksicht auf ein Unvermögen zur Leistung statt (vgl. § 275 Anm. 1).

III. Die herausverlangte Sache

Anm. 18

Die beanspruchte Sache muß im Klagantrage so genau bezeichnet sein, daß sie ermittelt werden kann (ZPO § 253 Abs. 2 Nr. 2). Bei Grundstücken bedarf es der räumlichen Abgrenzung (**RG** 68, 25). Werden mehrere bewegliche Sachen unter einem zusammenfassenden Ausdruck gefordert, so liegt eine Verbindung von Einzelansprüchen vor (quot res tot vindicationes). Dies ist auch dann der Fall, wenn die Zusammenfassung unter einem Sammelnamen, z. B. Warenlager, sprachlich üblich ist und in anderer Hinsicht Rechtsfolgen hat; die Behandlung der Eigentumsklage wird dadurch nicht berührt (vgl. **RG** JW 1912, 914 Nr. 13).

Anm. 19

Um sich Gewißheit zu verschaffen, kann der Kläger nach § 809 die Vorlegung der Sachen verlangen (vgl. KG OLG 5, 153). § 260 (Vorlegung eines Bestandverzeichnisses bei Verpflichtung zur Herausgabe eines Inbegriffs) greift nicht Platz, da die Sachen, soweit nur die Herausgabe in Frage steht, nicht kraft eines einheitlichen Rechtsverhältnisses beansprucht werden (vgl. **RG** Gruchot 47, 910 und § 260; aM **RG** JW 1909, 192 Nr. 8).

Anm. 20

Daß die verlangte Sache als unwesentlicher Bestandteil mit einer andern verbunden ist, steht dem Anspruch auf ihre Herausgabe nicht entgegen (vgl. § 93 Anm. 47). Anders aber, wenn sie ein wesentlicher Bestandteil oder mit andern untrennbar vermischt oder vermengt wurde; denn dann haben sich die Eigentumsverhältnisse geändert (§§ 93, 946—948).

IV. Anwendung allgemeiner Grundsätze des Schuldrechts

Anm. 21

1. Leistungsort und Verzug

Trotz der dinglichen Natur des Anspruchs eignen sich doch gewisse allgemeine Grundsätze über Schuldverhältnisse zur entsprechenden Anwendung. Wegen des Leistungsortes: Anm. 11. Auf die Regeln über den Leistungsverzug wird in § 990 Abs. 2 geradezu verwiesen.

Anm. 22

2. Unanwendbarkeit des § 281

RG 105, 84 zog auch die Bestimmung des § 281 über die Ersatzherausgabe heran; diese Ansicht ist mit Recht wieder aufgegeben worden. Im Falle des § 281 muß die Möglichkeit eines Fortbestehens der Verpflichtung vorhanden sein. Das trifft aber nicht zu, wenn der nach § 985 verklagte Besitzer den Besitz verliert; dann wird der Besitzer nicht durch die Unmöglichkeit der Herausgabe von seiner ursprünglichen Verpflichtung befreit; vielmehr wird dem dinglichen Herausgabeanspruch als solchem der Boden entzogen, er erlischt wegen Wegfalls einer für ihn wesentlichen Voraussetzung (**RG** 115, 33; 143, 376; 157, 45; HRR 1930, 281; JW 1932, 2277 Nr. 5.

Anm. 23

3. Ansprüche nach § 816

Verfügt der Besitzer in gutem Glauben an sein Eigentum vor Eintritt der Rechtshängigkeit wirksam über die Sache (§ 932 BGB), dann können gegen ihn trotz des Schweigens der §§ 958ff Ansprüche des früheren wahren Eigentümers nach § 816 Abs. 1 BGB begründet sein. Die in §§ 985ff getroffene Regelung, die der Gesetzgeber zwar als eine erschöpfende gedacht hat, weist Lücken auf. Es wäre unbillig, in dem erwähnten Fall dem gutgläubigen Besitzer die durch die Verfügung erlangten Vorteile zu belassen (**RG** 163, 353; **BGH** LM BGB § 812 Nr. 15). Hat jemand eine gestohlene Sache gutgläubig erworben und weiterveräußert, so ist mit dem Besitzverlust das dingliche Verpflichtungsverhältnis erloschen; auf die Unmöglichkeit der Sachherausgabe kommt es nicht weiter an. Aber § 816 Abs. 1 kann zutreffen. In der Klage auf den Erlös kann die Genehmigung der Weiterveräußerung liegen, diese kann also wirksam sein (vgl. **RG** 106, 45; 115, 34, wo es sich um ähnliche Tatbestände handelt). Die nach § 816 herauszugebende Bereicherung ist der ganze durch die Verfügung erzielte Erlös. Aufwendungen, die der Verfügende vorher selbst für den Erwerb der gestohlenen, von ihm weiterveräußerten Sache gemacht hat, können nich abgezogen werden (**BGH** 9, 333).

Anm. 24

4. Treu und Glauben § 242

Daß die Grundsätze über Treu und Glauben und über die Unzulässigkeit der Rechtsausübung (Einrede der Arglist; § 242) auch auf die dinglichen Eigentumsansprüche anwendbar sind, ist anerkannt (vgl. § 994 Anm. 33, § 1000 Anm. 18, 12; **RG** 133, 293, 296; 159, 105; ferner Staudinger-Berg 11. Aufl. Vorbem. 9 vor § 985 und § 986 Anm. 8).

V. Abtretung des Anspruchs

Anm. 25

Der Herausgabeanspruch kann abgetreten werden, sofern er sich gegen einen bestimmten Besitzer richtet (**RG** JW 1932, 1206). Eine solche Abtretung kommt vor, wenn der Eigentümer einen Dritten in die Lage versetzen will, sich den unmittelbaren Besitz an der Sache zu verschaffen, den er künftig für den Eigentümer vermitteln soll. Der abgetretene Herausgabeanspruch besteht nur so lange, als der Abtretende selbst noch Eigentümer der Sache ist. Eine Abtretung in der Weise, daß der Eigentümer in Zukunft anspruchs- und schutzlos bliebe, ist nicht möglich; in dem Urteil **RG** 136, 424. wo die Frage nicht entschieden zu werden brauchte, wird das für zweifelhaft erklärt.

Anm. 26

Zulässig ist auch Ermächtigung des B durch A, im eigenen Namen auf Leistung an den A zu klagen. So lag die Sache in der zuletzt bezeichneten Entscheidung. Dagegen erkennt § 931 die Abtretung des Herausgabeanspruchs nach § 985 als das Mittel an, um zusammen mit dem Einigsein über den Eigentumsübergang das Eigentum an einer beweglichen Sache zu übertragen, die sich im Besitz eines Dritten befindet (vgl. § 931 Anm. 8, 10).

Anm. 27

VI. Verjährung

Die Verjährung des Herausgabeanspruchs richtet sich, vorbehaltlich der Ersitzung (§ 937) nach § 195. Ist beim Verkauf mit Eigentumsvorbehalt die Kaufpreisforderung des Verkäufers verjährt, so kann dieser von dem Käufer als dem Besitzer auch weiterhin die Herausgabe verlangen (vgl. § 455 Anm. 10). Vgl. auch § 902 Abs. 1 Satz 1 (Ansprüche aus eingetragenen Rechten).

VII. Einzelheiten

Anm. 28

1. Besitzannahme (ficta possessio)

Die Fälle der Besitzannahme (ficta possessio) werden vom Gesetz nicht erwähnt, sind aber ähnlich zu behandeln wie früher. Der bösgläubige Besitzer, der den Besitz vor dem Prozeß absichtlich aufgegeben hat (qui dolo desiit possidere), haftet nach §§ 990, 992 auf Schadensersatz; erfährt der Kläger hiervon erst nach Erhebung der Herausgabeklage, so ist es keine unzulässige Klagänderung, wenn er Schadensersatz fordert (s. Anm. 42). Wird die Behauptung des Klägers, daß der Beklagte besitze, von diesem wider besseres Wissen gerichtlich zugestanden, so kann der Beklagte (qui liti se obtulit) sein nicht durch Irrtum veranlaßtes Geständnis nicht durch den Beweis der Unrichtigkeit entkräften (ZPO §§ 288, 290). Dann verhilft § 283 zum Schadensersatz. — Unter Umständen kann dem Besitzer, der dem Eigentümer den Nachweis der Nämlichkeit herausverlangter Sachen grobfahrlässig erschwert, nach den Grundsätzen des Anscheinsbeweises die Beweislast aufgebürdet werden (LG Berlin Bl. für Rechtspflege im Bezirk des KG 1934, 132).

Anm. 29

2. Herausgabe im Strafverfahren beschlagnahmter Gegenstände

Eigentumsansprüche wegen einer auf Grund eines Strafurteils beschlagnahmten Sache können nur im Wege der Erinnerung oder der Widerspruchsklage (§§ 766, 771 ZPO; § 463 StPO) verfolgt werden (**RG** 108, 260). — Übrigens kann man sich durch Erfüllen des bürgerlich-rechtlichen Anspruchs aus § 985 unter Umständen strafbar machen (**RGSt** 56, 170).

Anm. 30

3. Abwehr von Vollstreckungsmaßnahmen

Die Eigentumsklage kann nicht auf Beseitigung einer Vollstreckungshandlung gerichtet werden. Ist aber die Zwangsvollstreckung beendigt und der Gerichtsvollzieher angewiesen, die gepfändete Sache herauszugeben, so ist keine Erinnerung (§ 766 ZPO) nötig, sondern die Eigentumsklage zulässig (LG Bochum JW 1934, 1931, 2503).

VIII. Prozessuales

1. Behauptungs- und Beweislast

a) Allgemeines

Anm. 31

Der Kläger muß, um seinen Anspruch ausreichend darzulegen diejenigen Tatsachen angeben und beweisen, auf denen sein Eigentum beruht. Diese Behauptungslast wird ebenso wie die dem Kläger obliegende Beweislast durch die im Gesetz enthaltenen Vermutungen über das Bestehen des Eigentumsrechts erleichtert (**BGH** LM BGB § 985 Nr. 1).

Gesteht der Beklagte das Eigentum zu, so ist ein weiterer Beweis nicht erforderlich. Widerruft der Beklagte das Geständnis, so wird es nicht wirkungslos; der Beklagte muß nunmehr das zunächst zugestandene Eigentum widerlegen (**RG** 58, 54).

Anm. 32

Bei Grundstücken kann der Kläger sich auf die Eintragung im Grundbuch berufen. Demgegenüber kann bewiesen werden, daß er gleichwohl nicht Eigentümer sei (§ 891 Abs. 1). Bei beweglichen Sachen spricht die Vermutung des Eigentums nach § 1006 Abs. 1 Satz 1 zunächst für den besitzenden Beklagten. Um dagegen durchzudringen, genügt es nicht, daß der Kläger einen Eigentumserwerb dartut und auf die regelmäßige Fortdauer einmal entstandener Rechtsverhältnisse Bezug nimmt (vgl. **RG** 55, 53; 99, 153; JW 1923, 229; WarnRspr 1908 Nr. 63; 1925 Nr. 27; HRR 1932, 234). Je nach der Sachlage gestaltet sich die Aufgabe wie folgt:

b) Abhanden gekommene Sachen

Anm. 33

Handelt es sich nicht um Geld oder Inhaberpapiere und beweist der Kläger, daß ihm die Sache gestohlen, verlorengegangen oder sonst abhanden gekommen ist, so hat er damit nicht nur die zugunsten des Beklagten sprechende Vermutung überwunden, sondern zugleich für sich selbst die Vermutung begründet, daß er während seines früheren Besitzes Eigentümer war (§ 1006 Abs. 1 Satz 2, Abs. 2).

Anm. 34

Der Beklagte muß dann, um der Verurteilung zu entgehen, eine von drei Möglichkeiten beweisen: entweder, daß der Kläger mit dem Besitz nicht auch das Eigentum erlangt hat, oder daß die Sache vor der Besitzzeit des Klägers ihm selbst abhanden gekommen ist, oder daß er trotz des früheren Rechtes des Klägers Eigentum erworben hat, z. B. durch Erwerb in öffentlicher Versteigerung oder durch Ersitzung (§ 935 Abs. 2, § 937).

c) Freiwillige Besitzaufgabe. Abhanden gekommenes Geld oder Inhaberpapiere

Anm. 35

Wurde der Besitz vom Kläger oder seinem Besitzmittler freiwillig aufgegeben oder kamen dem Kläger Geld oder Inhaberpapiere abhanden, so steht ihm die Vermutung aus früherem Besitz nur dann zur Seite, wenn er das Nichteigentum des Beklagten beweist (vgl. Dresden SeuffArch 72 Nr. 140). Dazu bedarf es der Darlegung, daß der Beklagte den Besitz ohne das Eigentum erworben oder daß er letzteres wieder verloren hat.

Anm. 36

Ist einmal nachgewiesen, daß der Beklagte nur Fremdbesitz erlangt hat oder daß er nachträglich Fremdbesitzer geworden ist, so spricht die Vermutung für die Fortdauer des Fremdbesitzes (**BGH LM** § 1006 Nr. 2; vgl. auch § 1006 Anm. 12 und die dort weiter angeführten Entscheidungen). Die Verteidigung des Beklagten ist dann in der Weise möglich, daß er anderweiten Eigentumserwerb nachweist; statt dessen kann er auch, sofern nicht Geld oder Inhaberpapiere in Frage sind, dartun daß ihm die Sache schon vor dem Erwerb des Klägers abhanden gekommen ist.

Anm. 37

Von vornherein aufzuklären, wie er das Eigentum oder auch nur den Besitz erworben hat, ist der Beklagte nicht verpflichtet; auch wenn er behauptet, die Sache sei ihm vom Kläger geschenkt, ist es dessen Aufgabe, die Behauptung zu widerlegen. Beruft sich der Beklagte freilich auf einen bestimmten Vorgang, der ihn zum Eigentümer gemacht haben soll, und wurde dies Vorbringen widerlegt, so wird die Beweiswürdigung zu seinen Ungunsten ausfallen (**BGH** 23. 4. 1951 IV ZR 158/50). Auch sonst kann nach ZPO § 286 den besonderen Umständen des Einzelfalls ohne weiteres eine Entkräftung der für den Beklagten sprechenden Vermutung entnommen werden (vgl. hierzu **RG** JW 1910, 390 Nr. 9; 1923, 229; 1924, 961; LZ 1924, 636; WarnRspr. 1926 Nr. 47; Recht 1916 Nr. 1301a, 1303).

Anm. 38

Der Beklagte, der sich in erster Linie darauf berufen hat, daß weder der Kläger noch er selbst Eigentümer der Sache ist, kann hilfsweise behaupten, er habe das Eigentum vom Kläger erworben. Auch für diese hilfsweise aufgestellte Behauptung kann er sich auf die Vermutung des § 1006 berufen. Aus den gesamten Umständen des Falles ist dann aber nach § 286 ZPO zu prüfen, ob die Vermutung widerlegt ist (**BGH** LM BGB § 985 Nr. 11).

Anm. 39

Sowohl für die Fälle unter b) wie für die unter c) ist zu beachten, daß die Vermutungen für den jetzigen oder früheren Besitzer, wenn eine der Parteien mittelbarer, die andere unmittelbarer Besitzer ist oder war, allein dem mittelbaren zugute kommen.

Anm. 40

d) Fehlender Besitz des Klägers

Der Kläger hat den Besitz nie gehabt. Behauptet er gleichwohl, Eigentum erworben zu haben, z. B. durch Trennung von Früchten (§§ 954ff) oder nach § 931 oder durch

Erwerb von Grundstückszubehör nach § 926 Abs. 1, so muß er nicht nur die zugunsten des Beklagten bestehende Vermutung widerlegen, sondern überdies seinen eigenen Erwerb dartun.

Anm. 41

e) Beweis des Besitzes des Beklagten

Außer über das Eigentum des Klägers kann auch über den Besitz des Beklagten gestritten werden. Beweispflichtig in dieser Hinsicht ist der Kläger; doch hat der Beklagte die Beweislast, wenn er die tatsächliche Gewalt über die Sache ausübt und nur Besitzdiener zu sein behauptet.

2. Verbindung der Klage auf Herausgabe mit der Klage auf Schadensersatz

Anm. 42

Klagt der Eigentümer auf Herausgabe und wird dem Beklagten die Erfüllung aus einem Grunde, den er zu vertreten hat, nachträglich unmöglich (§ 989), so ist es dem Kläger nach ZPO § 268 Nr. 3 unbenommen, zum Anspruch auf Schadensersatz überzugehen. Das gilt auch, wenn er erst nachträglich erfährt, daß der Beklagte schon bei Prozeßbeginn nicht mehr Besitzer war (vgl. **RG** 26, 387; 39, 428 u. öfter), und wenn zugleich einer der Tatbestände des § 990 oder des § 992 vorliegt.

Anm. 43

Es kann nicht von vornherein auf Herausgabe der Sache oder Zahlung einer bestimmten Wert- oder Schadenssumme geklagt werden. Abgesehen davon, daß die Voraussetzungen der Schadensersatzpflicht feststehen müssen (**RG** Recht 1908 Nr. 76; vgl. **RG** 56, 316; JW 1910, 754 Nr. 16), läßt sich auch eine Wahlverpflichtung des Beklagten, die nach § 264 zu behandeln wäre, nicht begründen.

Anm. 44

Der gesetzlichen Grundlage entbehrt es auch, wenn Klage und Urteil auf Wertzahlung lauten und dem Beklagten anheimgestellt wird, sich durch Herausgabe der Sache zu befreien (**RG** 15. 2. 1909 VI 283/08).

Anm. 45

Möglich ist nur eine Verurteilung zum Schadensersatz für den Fall der Nichtbefriedigung des in erster Reihe erhobenen Herausgabeanspruchs in der nach § 283, ZPO § 255 bestimmten Frist, und auch dies nur dann, wenn den Umständen nach die Besorgnis gerechtfertigt erscheint, daß sich der Beklagte der rechtzeitigen Herausgabe entziehen werde (ZPO § 259). Von dieser Besorgnis kann auch im Amtsgerichtsprozeß nicht abgesehen werden. § 510b ZPO erstreckt sich nur auf Handlungen im Sinne der §§ 887, 888, nicht auf die Herausgabe nach §§ 883ff ZPO.

Anm. 46

Möglich ist auch, daß der Verkäufer eines noch nicht übereigneten Grundstücks neben Schadensersatz wegen Nichterfüllung die Herausgabe des Grundstücks mit der Eigentumsklage begehrt (**RG** SeuffArch 86 Nr. 43; JW 1932, 1204). In diesem Fall ist der Wert des Grundstücks als Minderung des Schadens einzusetzen und, wenn dem Verkäufer das Grundstück nunmehr überhaupt oder für unbestimmte Zeit verbleibt, die Möglichkeit einer Wertveränderung angemessen zu beachten (**RG** 141, 259; 144, 65; Anm. 4).

3. Einfluß der Veräußerung der streitbefangenen Sache auf den Rechtsstreit

Anm. 47

a) Veräußerung durch den Kläger

Der rechtshängige Herausgabeanspruch bleibt von dem etwaigen Untergang des Eigentums des Klägers unberührt (**RG** 56, 244). Der Kläger bleibt, wenn er die streitbefangene Sache nach Eintritt der Rechtshängigkeit veräußert hat, weiter prozeßführungsberechtigt (§ 265 Abs. 2 Satz 1 ZPO). Er muß aber den Klagantrag ändern und Herausgabe an den Rechtsnachfolger beantragen. Nur mit Zustimmung beider Parteien kann der Rechtsnachfolger den Prozeß als Hauptpartei übernehmen. Auch um eine Hauptintervention zu erheben, bedarf er der Zustimmung des Beklagten (§ 265 Abs. 2 ZPO). Tritt der Rechtsnachfolger als Nebenintervenient auf, so ist § 69 ZPO nicht anzuwenden. Diese Vorschriften dienen dem Schutz des Beklagten (**RG** 148, 169).

b) Veräußerung durch den Beklagten

Anm. 48

Auch eine Veräußerung der Sache durch den Beklagten nach dem Prozeßbeginn hat auf das Streitverfahren an sich keinen Einfluß. Doch darf zur Herausgabe nur verurteilt werden, wenn der Besitz des Beklagten fortdauert; denn sein Besitz ist die sachliche Voraussetzung der Verurteilung (**RG** 115, 33). Nicht anwendbar ist hier also der **RG** 54, 28 aufgestellte Grundsatz, daß zur Leistung verurteilt werden darf, solange die Unmöglichkeit der Leistung nicht feststeht (**RG** 2. 10. 1923 VII 62/23). Wird der Besitzstand durch eine einstweilige Verfügung vorläufig geregelt und muß der Beklagte die Sache danach an den Kläger oder einen Dritten herausgeben, so ist das sachlich-rechtlich ohne Bedeutung.

Anm. 49

Das auf Herausgabe lautende Urteil ist gegen den Rechtsnachfolger wirksam und vollstreckbar (die Klausel wird nach §§ 727, 731 ZPO umgestellt), es sei denn, daß diesem die Vorschriften über den Erwerb vom Nichteigentümer zugute kommen, d. h. daß er (gutgläubig) weder den Mangel im Recht seines Vorgängers noch die Rechtshängigkeit des Herausgabeanspruchs kannte (vgl. ZPO §§ 265, 266, 325; **RG** 79, 165; **BGH** 4, 285). Im Regelfalle steht einer gegen den Nachfolger gerichteten neuen Klage das Fehlen des Rechtsschutzbedürfnisses entgegen (**RG** 88, 267).

4. Rechtskraftwirkungen

Anm. 50

In Rechtskraft erwächst nur die Entscheidung über das Bestehen des Anspruchs aus § 985. Nicht in Rechtskraft erwächst die Entscheidung über die Vorfrage nach dem Eigentum des Klägers (**BGH** 18. 2. 1954 IV ZR 183/53; Celle NJW 1956, 632). Die rechtskräftige Verurteilung des Beklagten zur Herausgabe nach § 985 macht daher den Beweis des Eigentums des Klägers nicht entbehrlich, wenn dieser in einem späteren Rechtsstreit auch noch die vor dem Eintritt der Rechtshängigkeit gezogenen Nutzungen beansprucht (entschieden in dem eben angeführten Urteil des **BGH**).

Anm. 51

Die Rechtskraft eines den dinglichen Herausgabeanspruch abweisenden Urteils erstreckt sich nicht auch auf die schuldrechtliche Grundlage der dinglichen Rechtsänderung; sie steht der Erhebung eines Anspruchs auf Rückgabe wegen ungerechtfertigter Bereicherung nicht entgegen (**RG** JW 1935, 2269).

Anm. 52

Nach **BGH** 2, 164, 171 steht einer Klage auf Abtretung des Herausgabeanspruchs gegen den mittelbaren Besitzer die Rechtskraft eines früheren Urteils, durch den die Klage auf Herausgabe wegen fehlenden Besitzes des Beklagten abgewiesen worden ist, nicht entgegen, wenn die Urteilsgründe ergeben, daß damit nur über den Anspruch gegen den Beklagten als unmittelbaren Besitzer, nicht aber auch als mittelbaren Besitzer entschieden worden ist.

Anm. 53

Wegen der Rechtskraft und Vollstreckbarkeit in den Fällen, in denen der mittelbare Besitz erst nach Prozeßbeginn begründet worden ist, vgl. Anm. 9, 10.

§ 986

Der Besitzer kann die Herausgabe der Sache verweigern, wenn er oder der mittelbare Besitzer, von dem er sein Recht zum Besitz ableitet, dem Eigentümer gegenüber zum Besitze berechtigt ist. Ist der mittelbare Besitzer dem Eigentümer gegenüber zur Überlassung des Besitzes an den Besitzer nicht befugt, so kann der Eigentümer von dem Besitzer die Herausgabe der Sache an den mittelbaren Besitzer oder, wenn dieser den Besitz nicht wieder übernehmen kann oder will, an sich selbst verlangen.

Der Besitzer einer Sache, die nach § 931 durch Abtretung des Anspruchs auf Herausgabe veräußert worden ist, kann dem neuen Eigentümer die Einwendungen entgegensetzen, welche ihm gegen den abgetretenen Anspruch zustehen.

E I 804 Satz 2, 942, II 900; M 3 96, 421, 422; P 3 334, 335, 371.

Übersicht

Einreden des Besitzers

I. Recht zum Besitz der Sache

1. Allgemeines

Anm. 1

Das Recht kann dinglich (z. B. Nießbrauch) oder schuldrechtlich sein (z. B. Miete, Pacht oder auch ein Vertragsverhältnis eigener Art, **OGH** RdL 1950, 31); es kann auf Vertrag, Verwaltungsakt (z. B. einer Inanspruchnahme zur Benutzung nach dem RLG oder ähnlichen Vorschriften; KG SJZ 1946, 174; **OGH** MDR 1949, 549) oder Gesetz beruhen, auch im Familienrecht oder im Erbrecht wurzeln (z. B. das Besitzrecht des das Gesamtgut verwaltenden Ehegatten nach § 1422, des Testamentsvollstreckers nach § 2205; vgl. auch **RG** 105, 315: Erfinderrecht. Bei einem berechtigten Überbau gibt § 912 dem Überbauenden auch eine Einrede gegenüber dem Anspruch des Eigentümers des überbauten Grundstücks auf dessen Herausgabe nach § 985 (**BGH** 27, 204). Aus der Pflicht der Ehegatten, mit ihrem Vermögen die Familie angemessen zu unterhalten, kann sich das Recht jedes Ehegatten auf Besitz oder Mitbesitz derjenigen Haushaltsgegenstände, die dem anderen Ehegatten gehören, ergeben (vgl. für das Besitzrecht der Frau zur Zeit der Geltung des früheren § 1389 KG DR 1941, 2000).

Anm. 2

Es macht keinen Unterschied, ob das Recht zum Besitz ein dauerndes oder nur ein vorübergehendes ist. Ein dauerndes Besitzrecht hat der Käufer, der das verkaufte, noch nicht aufgelassene Grundstück besitzt (exc. rei venditae et traditae; vgl. **RG** 138, 298); ein vorübergehendes hat z. B. der von seiner vorgesetzten Dienstbehörde zwangsweise beurlaubte Gemeindebeamte in Ansehung seiner Dienstwohnung selbst dann, wenn die Beurlaubung zulässig ist; nur unter ganz besonderen Ausnahmeumständen könnte es ihm abgesprochen werden (**RG** 128, 64). Unerheblich ist ferner, ob die Sache dem Besitzer auf Grund des Rechtes übergeben wurde, oder ob er den Besitz eigenmächtig ergriffen hat.

Anm. 3

Das Recht zum Besitz kann ein eigenes Recht des Besitzers oder unter Umständen auch das Recht eines Dritten sein (vgl. Anm. 11—20). Es muß sich entweder (als „absolutes“) gegen jedermann oder (als „relatives“) gegen den klagenden Eigentümer richten.

2. Zurückbehaltungsrecht. Anfechtungsrecht wegen Gläubigerbenachteiligung. Lösungsrecht

Anm. 4

Auch das Zurückbehaltungsrecht (§§ 273, 1000) gehört hierher. Kann es auch anders als andere Rechte durch Sicherheitsleistung des Klägers abgewendet werden (§ 273 Abs. 3), so fällt es doch nicht deshalb aus dem Begriff des Rechtes zum Besitz heraus (**RG** 136, 426; HRR 1934, 1025; vgl. auch Karlsruhe DJ 1937, 1499). Daher kann der unmittelbare Besitzer wegen der Verwendungen des mittelbaren Besitzers, wegen deren er kein Ersatzrecht hat (vgl. § 999 Anm. 2), doch nach § 986 Abs. 1 Satz 1 zurückhalten. Das Zurückbehaltungsrecht ist auch nicht auf Verwendungen (§ 1000) beschränkt, sondern kann auch wegen anderer Leistungen geltend gemacht werden. Die Vorschrift des § 273 Abs. 1 gilt allgemein (RG 59, 202; 72, 65), mithin auch gegenüber der Eigentumsklage (**RG** WarnRspr 1919 Nr. 27; Kiel SeuffArch 57 Nr. 102; Hamburg OLG 29, 343; Hamm OLG 34, 188; Dresden OLG 34, 189).

Anm. 5

Dagegen gewährt die rechtliche Möglichkeit, die Veräußerung einer Sache wegen Gläubigerbenachteiligung anzufechten, noch kein Recht zum Besitz (KG OLG 30, 103).

Ein Besitzrecht des Beklagten wird auch nicht dadurch begründet, daß der Kläger selber am Verlust der Sache schuld ist (**RG** 93, 281; **BGH** LM HGB § 366 Nr. 4).

3. Aus Verträgen abgeleitetes Besitzrecht

Anm. 6

Wird das Besitzrecht auf Vertrag gestützt, so muß dieser gültig sein. Daher gibt es keine Einrede aus einem formlosen Vorvertrag zum Grundstückskaufvertrag (**RG** Gruchot 48, 943), wohl aber aus einem formgültigen Vorvertrag (**RG** 81, 66; 129, 370; **OGH** RdL 1950, 31, dort ist zutreffend ausgeführt, auch ein wegen Formmangels nichtiger Vorvertrag könne ein Besitzrecht begründen, wenn dem Einwand der Formnichtigkeit die Einrede der Arglist entgegensteht. Dann steht auch dem Herausgabeanspruch eine Einrede nach § 242 entgegen).

Anm. 7

Nach **BGH** LM HöfeO § 7 Nr. 13 (vgl. auch das. Nr. 14, 15, 17) soll ein Abkömmling, dem der Hofeigentümer durch Art, Umfang und Dauer der Beschäftigung zu erkennen gegeben hat, daß er den Hof übernehmen soll, wenn er sich hierauf eingestellt hat, das Recht haben, die vom Hofeigentümer verlangte Räumung des Hofes zu verweigern.

Anm. 8

Keine Einrede kann hergeleitet werden aus einem unsittlichen Vertrag, ebenso nicht aus einem Kaufvertrag, wenn der Erfüllungsanspruch durch Fristsetzung gemäß § 326 weggefallen ist (**RG** 141, 261). Ein Vertrag, der schwebend unwirksam ist, weil über eine erforderliche behördliche Genehmigung noch nicht entschieden ist, begründet während des Schwebezustandes ein Besitzrecht für den Beklagten, sofern dieser den Besitz als eine vorweggenommene Teilerfüllung des Vertrages erhalten hat (**BGH** RdL 1951, 294). § 817 Satz 2 hindert nach herrschender Rechtsprechung und Lehre die Eigentumsklage nicht (**OGH** DNotZ 1951, 85; **BGH** NJW 1951, 643). Die Frage ist bestritten. Für die gegenteilige Meinung vgl. von Caemmerer SJZ 1950, 646; Raiser JZ 1951, 718; vgl. auch § 817 Anm. zu Satz 2. Zu **RG** 86, 191 und JW 1916, 180, die eine Zurückbehaltung wegen Arglist des Klägers für zulässig halten: § 817, § 985 Anm. 24 (vgl. auch **RG** HRR 1934, 1024 und Gähler JR 1948, 100).

Ein persönlicher Anspruch gegenüber einem Rechtsvorgänger des Eigentümers hilft dem Beklagten in der Regel nicht. Über die Ausnahmen: unten Anm. 22—26.

Anm. 9

4. Konkurs des Eigentümers

Ist der Eigentümer in Konkurs verfallen, so erfahren die allgemeinen Grundsätze mit Rücksicht auf die Zwecke des Konkurses eine Einschränkung. Entspringt das Besitzrecht einem gegenseitigen Vertrag, so kommt es darauf an, ob der Vertrag nach KO §§ 17ff (vgl. wegen des Mieters und Pächters § 21) der Konkursmasse gegenüber wirksam ist (**RG** 63, 231). Im übrigen dringt die Einrede nur insoweit durch, als der Besitzer nach KO §§ 47ff Absonderungsbefugnis hat (vgl. **RG** 90, 218; auch **RG** 140, 156; JW 1936, 655).

Anm. 10

II. Besitzrecht als Einrede

Die Berufung auf das Recht zum Besitz ist überall, nicht nur soweit es sich um das Zurückbehaltungsrecht handelt, eine wahre Einrede (**RG** 144, 271), keine Einwendung (vgl. Stein/Jonas/Schönke, ZPO Vorbem. III 3 vor § 128; Kühne AcP 140, 23f; aA Wolf/Raiser, Sachenrecht § 84 IV 1a). Der Wortlaut „kann verweigern" stellt die Absicht des Gesetzgebers außer Zweifel; eine Umdeutung in Anlehnung an § 1004 Abs. 2 und § 1007 Abs. 2 ist nicht angängig, zumal da sich die abweichende Fassung dort durch die Rücksicht auf die gesetzlichen Eigentumsbeschränkungen erklärt (vgl. § 1004 Anm. 58) und § 1007 (vgl. Anm. 2—5, 22) auch sonst mangelhaft gefaßt ist. Bei der ausschließlichen Begründung des Anspruchs auf das Eigentum entspricht es auch dem Wesen der Sache, wenn ein die Herausgabe hinderndes anderweites Rechtsverhältnis nur auf Einrede des Beklagten berücksichtigt wird. Praktische Bedenken stehen dem nicht entgegen. Die Behandlung als Einrede wird deshalb für unangemessen gehalten, weil danach der die Herausgabe fordernde Kläger ein Versäumnisurteil auf Herausgabe erlange, auch wenn aus seinem eigenen Vortrag das Recht des Beklagten zum Besitz hervorgehe. Die Erwägung ist nicht richtig. Denn daß die Klagschrift außer der Rechtsbehauptung des Beklagten auch deren Berechtigung ergibt, wird überaus selten vorkommen. Trifft es aber einmal zu, so wird der Kläger zugleich erwähnen, daß er den Beklagten vergeblich zur Herausgabe aufgefordert habe. Da eine Einrede richtiger Ansicht nach auch außergerichtlich geltend gemacht werden kann und hiermit die Leistungsweigerung des Beklagten, d. h. die Erhebung der Einrede, zur Kenntnis des Gerichts gebracht wäre, müßte in solchem Fall auch nach der hier vertretenen Meinung die Klage abgewiesen werden.

III. Einreden aus dem Recht des mittelbaren Besitzers

Anm. 11

Der Besitzer kann geltend machen, daß der Dritte dem klagenden Eigentümer gegenüber zum Besitz und zugleich zu dessen Überlassung an ihn, den Besitzer, berechtigt ist.

Anm. 12

Der Unterspediteur, der im Auftrag des Hauptspediteurs das Gut in Besitz nimmt und dadurch den Hauptspediteur zum mittelbaren, dessen Auftraggeber, den Eigentümer des Gutes, zum entfernt mittelbaren Besitzer macht, kann dem Eigentümer auch ein etwa von ihm dem Hauptspediteur bestelltes Vertragspfandrecht entgegenhalten; denn er leitet sein Recht zum Besitz vom Hauptspediteur als dem mittelbaren Besitzer ab, und das Vertragspfandrecht entsteht mit der Besitzergreifung am Gute durch den Unterspediteur (**RG** 118, 250).

Anm. 13

Ein vertragliches Zurückbehaltungsrecht an einem Grundschuldbrief, dessen Zulässigkeit anerkannt ist (**RG** 68, 386; 91, 158), kann auch von einem andern als dem Grundschuldgläubiger im eigenen Namen einem Dritten gegenüber bestellt werden, wenn die Verfügung des andern mit Einwilligung des Grundschuldgläubigers vorgenommen wird; denn dann trifft § 185 zu, und der Besteller war selbst dem Eigentümer gegenüber zum mittelbaren Besitz berechtigt (**RG** 124, 31).

Anm. 14

Ist in einem Rechtsstreit des Klägers mit dem Dritten, von dem der Beklagte sein Recht zum Besitz ableitet, das Recht des Dritten zum Besitz rechtskräftig aberkannt, so ist damit auch das Recht des Beklagten erledigt, sofern nicht der Kläger und der Dritte arglistig zusammengewirkt haben (**RG** LZ 1924, 818).

Anm. 15

Ist sowohl der unmittelbare Besitzer wie der Dritte, dem er den Besitz vermittelt, dem Eigentümer gegenüber zum Besitz berechtigt, so folgt aus dem Besitzrecht des Dritten, daß die Sache nach Erlöschen des Rechts des unmittelbaren Besitzers dem Dritten und nicht dem Eigentümer herausgegeben werden muß (vgl. **RG** 1. 7. 1921 VII 543/20: der beklagte Grundstücksvermieter hatte die seinem Pfandrecht unterliegenden eingebrachten Sachen auf Grund des § 561 Abs. 1 in Besitz genommen und nach Tilgung des Mietzinses dem Mieter zurückgegeben, der sie alsbald veräußerte. Hieraus konnte der Kläger, dem die Sachen vorher vom Mieter nach § 930 übereignet waren, keinen Schadensersatzanspruch gegen den Beklagten herleiten, mochte dieser auch die Übereignung gekannt haben).

IV. Einreden aus dem Recht nicht besitzender Dritter

Anm. 16

Das Gesetz selbst erwähnt nur den Fall, daß der Dritte mittelbarer Besitzer ist. Doch darf bei freier Auslegung von dieser Voraussetzung abgesehen werden, z. B. wenn das von dem Kläger an den Dritten und von diesem an den Beklagten verkaufte Grundstück, während es noch dem Kläger gehört, in den Besitz des Beklagten gelangt ist. Die Bedenken, die man hier gegen die Einrede erhoben hat, greifen nicht durch. Immer wird das fremde Recht, zu besitzen, nicht der fremde Besitz geltend gemacht; die Notwendigkeit aber, beide Rechtsverhältnisse (das des Klägers zum Dritten und das des Dritten zum Beklagten) auf Bestreiten klarzustellen, besteht ebenso, mag der Dritte mittelbarer Besitzer sein oder nicht.

Anm. 17

Ohne Grund wird auch eingewendet, das Gesetz gehe absichtlich darauf aus, eine dauernde Spaltung zwischen buchmäßigem Eigentum und einem diesem wirtschaftlich gleichkommenden Besitz- und Nutzungsrecht zu vermeiden. Daß ein solcher Gedanke dem Gesetzgeber fernlag, beweist die Nichtübernahme des § 7 Abs. 2 des Pr. Ges. über den Eigentumserwerb und die dingliche Belastung der Grundstücke usw. v. 5. 5. 1872, GS 433 (Ausschließung der exc. rei venditae et traditae gegenüber der Klage des eingetragenen Eigentümers, vgl. Anm. 2). In **RG** 138, 298 ist ausdrücklich ausgesprochen, daß ein dauerndes Auseinanderfallen von Besitz und Eigentum dem Gesetz nicht widerspreche, daß also der Käufer eines ihm übergebenen, aber nicht aufgelassenen

Grundstücks das Recht zum Besitz dem Verkäufer gegenüber auch dann behält, wenn der Auflassungsanspruch verjährt ist. Der Versuch, diesen Besitz des Käufers als ein die Veräußerung hinderndes Recht im Sinne des § 771 ZPO anzuerkennen (**RG** 116, 363), hat allerdings wieder aufgegeben werden müssen (**RG** 127, 11).

Anm. 18

Wollte man hier die vertretene ausdehnende Auslegung des § 986 ablehnen, so käme man zu dem auffälligen Ergebnis, daß der klagende Eigentümer den als Abkäufer eines Dritten besitzenden Beklagten zur Herausgabe zwingen könnte, während die Klage abzuweisen wäre, falls der Dritte mit dem Beklagten nur einen Mietvertrag geschlossen hat. Das erscheint so willkürlich, daß man sich ohne die ausdehnende Auslegung vielfach zur Annahme einer stillschweigenden Abtretung des Besitzrechts des Dritten an den Beklagten gedrängt sehen würde. Wie hier **RG** 105, 19; LZ 1924, 818; 1927, 243; WarnRspr 1928 Nr. 124; **BGH** 19. 10. 1955 IV ZR 84/55.

Auch die zulässige weite Auslegung versagt aber, wenn der Dritte, von dem das Recht zum Besitz hergeleitet wird, weder selbst jemals Besitzer gewesen ist, noch von dem Eigentümer die alsbaldige Verschaffung des Besitzes verlangen kann (**RG** 2. 10. 1925 VI 183/25) oder wenn er ein vorhandenes Recht zum Besitz wieder verloren hat, z. B. weil der Eigentümer von den Verträgen, welche dem Dritten das Recht verliehen, rechtswirksam zurückgetreten ist (**RG** WarnRspr 1928 Nr. 124). Nicht anwendbar ist § 986 daher zugunsten des Erwerbers einer Unterlizenz, wenn die Lizenz des Lizenzgebers erloschen ist (**RG** 142, 170).

V. Unbefugte Besitzeinräumung durch den mittelbaren Besitzer

Anm. 19

Ist der Dritte dem Eigentümer gegenüber zum Besitze berechtigt, durfte er aber dem Beklagten den Besitz nicht überlassen, so reicht die Rechtslage zur Rechtfertigung des bestehenden Zustandes nicht hin. Der Beklagte muß die Sache herausgeben. Das Gesetz schreibt aber vor, daß, wenn er dem Dritten Besitz vermittelt, der Eigentümer nicht schlechthin Herausgabe an sich selbst fordern darf, sondern den Antrag in erster Linie auf Herausgabe an den Dritten richten muß; nur wenn dieser den Besitz nicht übernehmen kann oder will, hat die Herausgabe an den Kläger zu geschehen. Diese Voraussetzung ist, wenn die Herausgabe an mehrere mittelbare Mitbesitzer erfolgen müßte, schon gegeben, wenn auch nur einer der mittelbaren Besitzer die Übernahme des Besitzes verweigert oder sich dem Antrag auf Herausgabe an den Kläger angeschlossen hat. Das Verlangen auf Herausgabe an sämtliche mittelbaren Besitzer oder an die anderen ist dann nicht mehr begründet (**RG** 13. 10. 1926 V 65/26 für den Fall, daß mehrere Mieter eine Sache in Untermiete gegeben haben).

Eine ähnliche Einschränkung des Herausgabeanspruchs: § 869 Satz 2.

Anm. 20

Fälle dieser Art sind z. B. die, daß der Mieter die Sache unerlaubterweise untervermietet oder der Pächter sie unterverpachtet hat. Auch hier darf man aber bei der Voraussetzung, daß der Beklagte Besitzmittler ist, nicht stehenbleiben. Die Vorschrift kann nur den Schutz des Dritten bezwecken, der, wenn er auch durch Überlassung des Besitzes an den Beklagten rechtswidrig verfuhr, doch nach wie vor dem Kläger gegenüber zum Besitze berechtigt ist. Da dies aber gleichmäßig zutrifft, mag der Dritte mittelbarer Besitzer sein oder die Sache nur früher oder überhaupt nicht besessen haben, so hat ihm der Eigentümer in allen diesen Fällen die Wahl zu lassen, ob er die Sache übernehmen (wiederübernehmen) will oder nicht.

VI. Fortbestehen der gegen den früheren Eigentümer begründeten Einreden

Anm. 21

1. Dingliche Rechte

Während eingetragene Rechte an Grundstücken bei Veräußerung bestehen bleiben, erlöschen dingliche Rechte an beweglichen Sachen grundsätzlich mit der

Übertragung des Eigentums (§ 936 Abs. 1 Satz 1). Soweit das nicht der Fall ist (§ 936 Abs. 1 Satz 2, Abs. 2, 3), kann der Dritte seine Rechte nach § 986 Abs. 1 dem neuen Eigentümer entgegenhalten (§ 934 Anm. 4).

2. Persönliche Ansprüche (Abs. 2)

Anm. 22

Mieter und Pächter von Grundstücken werden durch § 571 ff geschützt. Ansprüche des Dritten auf dingliche Rechtsänderungen an Grundstücken müssen durch Vormerkung gesichert werden (§ 883), wenn sie gegen den Erwerber des Eigentums wirken sollen.

Anm. 23

Sonstige persönliche Ansprüche gegen den früheren Eigentümer können dem Erwerber grundsätzlich nicht entgegengehalten werden. Selbst der besitzende Dritte würde also durch Veräußerung der Sache (nach § 931 oder — falls der Veräußerer unmittelbarer Besitzer ist — auch nach § 934) rechtlos. Das verhindert § 986 Abs. 2. Den Besitzer mit Einwendungen aus Schuldverhältnissen auszustatten, ist der eigentliche Zweck dieser Vorschrift (**RG** 109, 130: die Mietsache war mit einer dem Mieter gehörenden Einrichtung in den Besitz des Vermieters gelangt, der Mieter hatte angeblich das Eigentum an der Einrichtung nach § 931 übertragen; sein Rechtsnachfolger klagte auf Herausgabe, der Vermieter konnte sich darauf berufen, daß er dem Mieter gegenüber so lange zum Besitze berechtigt sei, bis dieser die Einrichtung nach § 547 Abs. 2 Satz 2 und § 258 weggenommen habe; vgl. § 985 Anm. 12).

Anm. 24

Die Stellung des Besitzers gegenüber dem, der nach § 931 Eigentum erworben hat, ist dieselbe, wie die Stellung eines Schuldners gegenüber dem Abtretungsempfänger. Nach § 407 kann er sich auch solcher Einwendungen bedienen, die erst nach Abtretung des Herausgabeanspruchs durch ein zwischen ihm und dem bisherigen Eigentümer geschlossenes Rechtsgeschäft begründet worden sind, es sei denn, daß er die Abtretung bei Vornahme des Rechtsgeschäfts kannte (**RG** LZ 1911, 777).

Anm. 25

War der Veräußerer nicht Eigentümer, aber mittelbarer Besitzer und hat der gutgläubige Erwerber das Eigentum nach §§ 934, 870 durch Abtretung des den Besitz vermittelnden schuldrechtlichen Anspruchs erlangt, so sind es die Einwendungen gegen den Veräußerer („gegen den abgetretenen Anspruch"), nicht die gegen den bisherigen Eigentümer, die dem Beklagten erhalten bleiben. Hat jemand eine Sache vom Nießbraucher gemietet, leiht er sie dann dem Nießbraucher und veräußert er sie schließlich nach § 934 an den gutgläubigen Erwerber, dann kann der Nießbraucher dem Erwerber gegenüber zwar das gegen den veräußernden Mieter und Verleiher gerichtete Recht aus dem Leihvertrag geltend machen, nicht aber das Nießbrauchsrecht. Übrigens würde der Nießbrauch auch nicht nach § 936 Abs. 3 bestehen bleiben, denn diese Vorschrift bezieht sich auf das Recht, welches dem abgetretenen Herausgabeanspruch des mittelbaren Besitzers entspricht. Das ist wiederum nicht der Nießbrauch, sondern das Recht aus dem Leihvertrag, welches aber als schuldrechtlicher Anspruch nicht unter § 936 fällt. Der Nießbrauch kann ebensowenig dem neuen Eigentümer entgegengehalten werden, wie das frühere Eigentum, wenn der Nießbraucher oder Mieter die Sache dem früheren Eigentümer leiht und sie dann nach § 934 an einen Gutgläubigen veräußert (§ 934 Anm. 4; aA Westermann, Sachenrecht 3. Aufl. § 50 Nr. 3).

Anm. 26

Wenn auch der besitzende Käufer eines Grundstückes und selbst sein Abkäufer (Anm. 16—18) dem Eigentümer die exceptio venditae et traditae entgegenhalten können, so doch nicht demjenigen, dem der Eigentümer das Grundstück anderweitig verkauft und auch übereignet hat. § 986 Abs. 2 gilt nur für bewegliche Sachen. Die

Bestimmung würde auch ohnehin diesen Fall nicht treffen; denn das Grundstück ist nicht durch Abtretung des Herausgabeanspruchs, sondern durch Einigung und Eintragung übereignet worden. Die Besitzlage ist nur dem bisherigen Eigentümer gegenüber erheblich, dem neuen Eigentümer gegenüber hat ausschließlich das Grundbuch Bedeutung.

3. Übergang und Verlust des Besitzes

Anm. 27

Planck/Brodmann § 934 Anm. 3, im Anschluß daran die 10. und frühere Auflagen dieses Kommentars (in Anm. 1 zu § 934), meinen, der unmittelbare Besitzer einer nach § 934 vom mittelbaren Besitzer veräußerten Sache könne sich zwar auf § 986 Abs. 2 berufen, jedoch versage diese Bestimmung, wenn er die Sache aus der Hand gebe. Das kann in dieser Allgemeinheit nicht aufrechterhalten werden:

Anm. 28

Überträgt der nach § 986 Abs. 2 berechtigte Dritte den Besitz unter Beibehaltung des mittelbaren Besitzes, dann gilt § 986 Abs. 1: der Mieter der veräußerten Sache vermietet weiter — befugt (Abs. 1 Satz 1) oder unbefugt (Satz 2). Auch dann, wenn der aus § 986 Abs. 2 Berechtigte den Besitz überträgt, ohne mittelbaren Besitz zu behalten, ist § 986 Abs. 1 anzuwenden (Anm. 16—18): die verkaufte und übergebene, aber noch nicht übereignete Sache wird einerseits vom Eigentümer nach § 931, andererseits vom Käufer nach § 929 Satz 1 weiterveräußert; derjenige, der vom Eigentümer gekauft hat, wird Eigentümer, wer vom besitzenden Käufer gekauft hat, erlangt zwar kein Eigentum (denn weder sein Verkäufer noch der bisherige Eigentümer können ihm — ohne Mitwirkung des neuen Eigentümers — Eigentum verschaffen), wohl aber den Besitz und die exceptio rei venditae et traditae des ersten Käufers.

Anm. 29

Verliert der unmittelbare Besitzer die Sache, so kann er sie nach § 1007 Abs. 1 und 2 vom Finder herausverlangen; der Finder wird durch Herausgabe an ihn auch gegenüber den übrigen Empfangsberechtigten befreit (§ 969). Der Besitzer ist also wieder in der Lage, seine Einreden gegenüber einem Herausgabeanspruch des Eigentümers geltend zu machen. Anders ist die Lage nur, wenn der Finder die Sache an den (neuen) Eigentümer herausgibt oder der Eigentümer selbst sie findet; denn vom Eigentümer kann der Besitzer lediglich auf Grund seines Besitzes nicht Herausgabe verlangen (§ 1007 Abs. 2). Dann helfen ihm nur dingliche Rechte, sofern sie nach § 936 bestehen geblieben sind. Schuldrechtliche Ansprüche gegen den früheren Eigentümer nützen dem Besitzer nichts. Es erscheint merkwürdig, daß die Lage des Besitzers von dem Zufall abhängt, ob er die verlorene Sache zurückerhält oder der Eigentümer. Aber das Eigentum ist letzten Endes das stärkere Recht, das Recht zum Besitz eine stets gefährdete Rechtsposition.

Anm. 30

Entsprechendes gilt, wenn der Eigentümer die Sache auf andere Art zurückerlangt, es sei denn, dies geschehe in einer Weise, die dem Besitzer einen schuldrechtlichen oder possessorischen Anspruch auf Rückgabe gibt, nach dessen Durchsetzung der Besitzer wiederum seine Einreden gegen einen Herausgabeanspruch erheben kann.

4. Anwendbarkeit des Abs. 2 in anderen Fällen eines Eigentumsübergangs

Anm. 31

a) Eigentumserwerb durch Ersitzung bei unwirksamer Veräußerung nach § 931

§ 986 Abs. 2 trifft schon seinem Wortlaut nach auch dann zu, wenn die nach § 931 veräußerte Sache abhanden gekommen war und der Erwerber erst durch Ersitzung Eigentümer wurde.

Anm. 32

b) Eigentumserwerb durch Besitzvorbehalt nach § 930

Es kann aber auch nicht darauf ankommen, ob der Veräußerer und mittelbare Besitzer das Eigentum nach § 931 durch Abtretung des Anspruchs auf Herausgabe oder nach § 930 durch Besitzvorbehalt überträgt; auch in diesem Fall muß der unmittelbare Besitzer Schutz finden (vgl. Kiel SeuffArch 66 Nr. 190; Köln HRR 1932 1567).

Anm. 33

c) Eigentumsübergang nach § 952

Eine Ausdehnung auf den gesetzlichen Eigentumserwerb nach § 952 ist abzulehnen. Beispiel: der Versicherte übergibt seinen Lebensversicherungsschein sicherungshalber einem Gläubiger und begründet für ihn dadurch ein schuldrechtliches Zurückbehaltungsrecht (§ 1204); alsdann läßt ein anderer Gläubiger die Forderung auf die Versicherungssumme pfänden und sich an Zahlungs Statt überweisen. Wollte man hier den Vollstreckungsgläubiger, der nach § 952 Eigentümer des Scheines geworden ist, an der Einrede aus dem Vertrage des früheren Eigentümers scheitern lassen, so würde man dem Vertrage dingliche Wirkung beilegen und die Zwecke des § 1280 durchkreuzen (vgl. **RG** 51, 83). Die Anwendbarkeit von § 986 Abs. 2 wird hier mit Recht abgelehnt. Daneben wird die Frage angeregt, ob § 986 Abs. 1 Satz 1 eingreife. In dem behandelten Falle hatte der Versicherungsnehmer den Versicherungsschein bei einem Gläubiger zu dessen Sicherung hinterlegt, und nach seinem Tode war die Versicherungsforderung an den als bezugsberechtigt Benannten gefallen. Es fragt sich, ob der Bezugsberechtigte die nur schuldrechtliche Verfügung des Versicherungsnehmers wegen der Nachgiebigkeit der in § 952 Abs. 1 Satz 1 enthaltenen Vorschrift oder schon auf Grund der durch den Versicherungsvertrag von ihm selbst erlangten Rechtsstellung gegen sich gelten lassen muß. Jenes hat das OLG Hamburg (HRR 1933, 1407) angenommen (vgl. hierzu Apelt JR für die Privatversicherung 1939, 84). Der Bezugsberechtigte, der nicht Erbe des Versicherungsnehmers geworden war, soll das Eigentum an dem Schein nur mit der „Beschränkung" oder der „Belastung" des schuldrechtlichen Zurückbehaltungsrechts erworben haben. Eine schuldrechtliche Verpflichtung belastet oder beschränkt aber immer nur die Person des Verpflichteten, niemals das Eigentum an der den Gegenstand der Verpflichtung bildenden Sache. Aus der Nachgiebigkeit der Vorschrift in § 952 Abs. 1 Satz 1 folgt nur, daß zum Eigentümer des Schuldscheins auch ein anderer als der Gläubiger bestellt werden kann. Der vorbezeichnete zweite Weg ist ebenfalls nicht gangbar. Der Bezugsberechtigte erwirbt die Forderung gegen den Versicherer unmittelbar und frei von den Schulden des Versicherungsnehmers.

Anm. 34

VII. Entsprechende Anwendung auf anderen Rechtsgebieten

§ 986 enthält einen allgemeinen Rechtsgedanken, der auf den Abwehranspruch des § 1004 (**BGH** NJW 1958, 2061; § 1004 Anm. 58, 69) und auch auf anderen Rechtsgebieten, z. B. dem Immaterialgüterrecht, anwendbar ist (**BGH** LM WZG § 24 Nr. 17; vgl. auch **RG** 142, 170).

§ 987

Der Besitzer hat dem Eigentümer die Nutzungen herauszugeben, die er nach dem Eintritte der Rechtshängigkeit zieht.

Zieht der Besitzer nach dem Eintritte der Rechtshängigkeit Nutzungen nicht, die er nach den Regeln einer ordnungsmäßigen Wirtschaft ziehen könnte, so ist er dem Eigentümer zum Ersatze verpflichtet, soweit ihm ein Verschulden zur Last fällt.

E I 933 II 901; M 3 407, 408; P 3 336—343, 371, 6 119, 236, 237.

Übersicht

Herausgabe der Nutzungen

I. Allgemeines zu den Ansprüchen auf Herausgabe von Nutzungen und Schadensersatz

1. Sinn und Zweck der Vorschriften

Anm. 1

Die §§ 987—993 ordnen nur das Verhältnis des Eigentümers zum nicht rechtmäßigen Besitzer (**RG** JW 1933, 2644); vgl. auch Dietz, Anspruchskonkurrenz bei Vertragsverletzung und Delikt, 1934. Die Vorschriften beziehen sich auf Eigenbesitzer und Fremdbesitzer, soweit diese sich im Rahmen ihres vermeintlichen Besitzrechts gehalten haben (**RG** 56, 316; 101, 309; 106, 152; JW 1910, 111 Nr. 10; 1910, 754 Nr. 16; SeuffArch 78 Nr. 82; vgl. § 992 Anm. 13, 14).

Anm. 2

Die in ihnen enthaltenen Vorschriften über die Ansprüche des Eigentümers auf Herausgabe von Nutzungen und Schadensersatz beruhen auf der Erwägung, daß die allgemeinen Vorschriften hier vielfach nicht passen würden. Als solche allgemeine Vorschriften könnten in Betracht kommen die über die Herausgabe einer ungerechtfertigten Bereicherung in §§ 812ff, namentlich § 818 Abs. 1, und die über den Schadensersatz bei unerlaubten Handlungen im § 823. Sie wären aber teils zu milde und teils zu streng, § 823 namentlich vielfach zu hart, wenn der Besitzer, der sich in gutem Glauben für den Eigentümer hält und mit der Sache nach Belieben verfährt, weil er meint, daß andere Personen dadurch nicht berührt werden, wegen Sachbeschädigung für Schadensersatz aufzukommen hätte. Daher trifft das Gesetz eine selbständige Regelung, wobei es den Besitzer bei Rechtshängigkeit (Prozeßbesitzer, §§ 987, 989), den Besitzer auf Grund unentgeltlichen Erwerbs (§ 988), den unredlichen Besitzer (§§ 990, 991 Abs. 1) und den Besitzer kraft verbotener Eigenmacht oder strafbarer Handlung (§ 992) unterscheidet.

2. §§ 987ff als Sonderregelung

Anm. 3

Die Vorschriften der §§ 987ff stellen eine in sich geschlossene Sonderregelung der Ansprüche des Eigentümers gegen den zum Besitz nicht berechtigten Besitzer dar. Dadurch werden bezüglich der Nutzungen, des Schadensersatzes wegen Beschädigung der Sache und der Unmöglichkeit ihrer Herausgabe, sowie wegen der Verwendungen andere Ansprüche nach den allgemeinen Bereicherungsvorschriften oder nach den Vorschriften über unerlaubte Handlungen vorbehaltlich der in § 992 getroffenen Regelung ausgeschlossen (**RG** 163, 348; **BGH** LM BGB § 985 Nr. 8). Die sondergesetzliche Regelung weist jedoch einige Lücken auf.

Anm. 4

a) Haftung des sein Besitzrecht überschreitenden Fremdbesitzers

Nicht geregelt ist die Haftung des Fremdbesitzers, der sein wirkliches oder vermeintliches Besitzrecht überschreitet. Er haftet dem Eigentümer nach den allgemeinen Grundsätzen des § 823 (**RG** 157, 135; **BGH** NJW 1951, 643; vgl. § 992 Anm. 13ff).

Anm. 5

b) Ansprüche bei gutgläubigen Verfügungen des Besitzers

Ferner fehlt eine ausdrückliche Bestimmung für den Fall, daß der Besitzer, ehe der Eigentümer seinen Herausgabeanspruch geltend macht, gutgläubig die Sache veräußert oder verbraucht und dadurch eigene Ausgaben erspart. In diesem Fall muß der Besitzer dem Eigentümer die noch vorhandene Bereicherung herausgeben. § 816 Abs. 1 ist anzuwenden (**RG** 163, 348; **BGH** LM BGB § 812 Nr. 15; vgl. auch § 985 Anm. 23). Soweit nach §§ 987ff Nutzungen nicht auszugleichen sind, ist in diesen gesetzlichen Bestimmungen der eine ungerechtfertigte Bereicherung ausschließende Rechtsgrund zu finden.

Anm. 6

3. Entsprechende Anwendung im Verhältnis vom Bucheigentümer zum Grundstückseigentümer

Die Stellung des Bucheigentüm rs gegenüber der Grundbuchberichtigungsklage ist der Stellung des Besitzers gegenüber dem Herausgabeanspruch des Eigentümers so wesensverwandt, daß darauf nicht nur die §§ 989, 990 (**RG** 121, 336), sondern auch die §§ 987, 988, 993, 994, 995 entsprechend anwendbar sind (**RG** 133, 286f), wegen der Gleichheit des Rechtsgrundes auch § 992 (**RG** 158, 47). Hat der Bucheigentümer das Grundstück im guten Glauben an sein Recht belastet, so ist er nach § 816 Abs. 1 Satz 1 verpflichtet, dem wahren Eigentümer das durch die Belastung Erlangte herauszugeben. § 993 steht dem nicht entgegen.

4. Rechtsnatur der Ansprüche

Anm. 7

Von den Ansprüchen, die durch diese Vorschriften begründet werden, ist nur der auf Herausgabe der vom unredlichen Besitzer gezogenen natürlichen Früchte gerichtete Anspruch von dinglicher Natur, da diese Früchte nach §§ 953, 955 Abs. 1 Satz 2 durch die Trennung Eigentum des Sacheigentümers geworden sind. Alle anderen Ansprüche, also die auf Herausgabe der bürgerlichen Früchte und der Gebrauchsvorteile, die Ansprüche auf Schadensersatz sowie der Anspruch auf Herausgabe der natürlichen Früchte, die nach §§ 995ff in das Eigentum des redlichen Besitzers gelangt sind, fließen zwar aus dem Eigentum als solchem und stehen daher dem jeweiligen Eigentümer zu, sind aber schuldrechtlich geartet (**RG** 46, 145; 143, 376), so daß sie im Konkurse des Verpflichteten kein Aussonderungsrecht gewähren. Auch bei den Nutzungen trifft der Ausdruck Herausgabe genau genommen nur auf die gezogenen und noch unverbraucht vorhandenen natürlichen oder bürgerlichen Sachfrüchte zu; im übrigen ist die Herausgabepflicht eine Pflicht zur Wertvergütung (**RG** 93, 283; SeuffArch 75 Nr. 101).

Anm. 8

Immer handelt es sich um Nebenleistungen, die vom Anspruch auf Herausgabe der Hauptsache abhängen und daher nach § 224 mit ihr zusammen verjähren. Verfahrensrechtlich sind die Ansprüche im Sinne der ZPO § 4 auf Nebenforderungen gerichtet, wenn sie neben dem Hauptanspruch in derselben Klage geltend gemacht werden. Bei einer unbeweglichen Sache steht dem Kläger dann auch der Gerichtsstand der belegenen Sache offen (ZPO § 26). Der ausschließliche Gerichtsstand des § 24 ZPO kommt für Klagen aus §§ 987 ff nicht in Betracht.

II. Rechtshängigkeit

Anm. 9

Vgl. ZPO §§ 253, 263, 281, 500; EG Art. 152. Die Verpflichtung zur Herausgabe gilt als nicht entstanden, wenn die Klage zurückgenommen oder durch ein nicht in der Sache selbst entscheidendes Urteil abgewiesen worden ist. Wird dann von neuem Klage erhoben, so ist der Beginn des zweiten Rechtsstreits maßgebend; doch kann der Besitzer durch die erste Klage bösgläubig geworden sein.

Anm. 10

Die in §§ 987, 989 vom Beginn der Rechtshängigkeit ab angeordnete schärfere Haftung des Besitzers setzt grundsätzlich voraus, daß der in Anspruch genommene Besitzer nicht zum Besitz berechtigt ist. Solange er zu dem von ihm ausgeübten Besitz befugt ist, kann er, selbst wenn der Eigentümer auf Herausgabe klagt und die Klage Erfolg hat, weil das Recht des Beklagten zum Besitz im Verlauf des Rechtsstreits fortgefallen ist, doch nicht schon von der Rechtshängigkeit des Herausgabeanspruchs an nach §§ 987, 989 haften. Diese Haftung tritt erst in dem Augenblick ein, in dem das Recht zum Besitz fortgefallen ist. Falls der Schuldner in einem früheren Prozeß rechtskräftig zur Herausgabe verurteilt ist, geht daher die Rechtskraftwirkung dieses Urteils für einen nachfolgenden Prozeß auf Herausgabe der Nutzungen nach § 987 nur dahin, daß die Verpflichtung zur Herausgabe im Zeitpunkt der letzten mündlichen Verhandlung bestand. Ob der Schuldner schon bei Eintritt der Rechtshängigkeit im ersten Rechtsstreit nicht mehr zum Besitz berechtigt war, muß erneut geprüft und entschieden werden. Die Begründung in **BGH** LM BGB § 987 Nr. 3 ist in diesem Punkt mißverständlich.

Anm. 11

Muß der bei Klagerhebung zum Besitz berechtigte Besitzer schon bei der Klagerhebung oder in einem späteren Zeitpunkt mit der Möglichkeit rechnen, daß sein Recht zum Besitz rückwirkend beseitigt wird, dann gilt schon von diesem Zeitpunkt an die strengere Haftung, z. B. wenn der Beklagte auf Grund eines Kaufvertrages besitzt, dessen nach dem Gesetz erforderliche behördliche Genehmigung noch aussteht (**RG** DR 1944, 453).

III. Ansprüche auf Herausgabe der gezogenen Nutzungen (Abs. 1).

Anm. 12

1. Besitzer als Anspruchsgegner

Der gutgläubige Besitzer soll von der Rechtshängigkeit des Herausgabeanspruchs an die Sache sorgfältig nutzen. Daher bestimmt § 987 in Abs. 1, daß fructus percepti, in Abs. 2, daß auch fructus percipiendi herauszugeben sind. Jeder Besitzer wird von dieser Verpflichtung betroffen, ein Besitzmittler auch dann, wenn er z. B. als vermeintlicher Pächter, dem Eigentümer selber Besitz vermittelt. Im Fall eines Doppelbesitzes hat der Eigentümer die Wahl, ob er den unmittelbaren Besitzer wegen der natürlichen Früchte oder den mittelbaren Besitzer wegen des dafür bestimmten Entgelts (z. B. auf den Pachtzins) verklagen will. Eine Häufung beider Ansprüche ist ausgeschlossen.

2. Nutzungen

Anm. 13

Nutzungen einer Sache sind nach § 100 ihre Früchte und die Vorteile, die der Gebrauch der Sache gewährt. Unter Früchten sind nach § 99 die natürlichen und die Rechtsfrüchte zu verstehen. Erstere sind die Erzeugnisse und die Ausbeute, die aus der Sache ihrer Bestimmung gemäß gewonnen wird, Rechtsfrüchte sind die Erträge, die die Sache ihrer Bestimmung gemäß gewährt.

Anm. 14

§ 987 bezieht sich nur auf die Nutzungen von Sachen. Der aus einem Gewerbebetrieb gezogene Gewinn ist keine Nutzung derjenigen Sachen, mit denen das Unternehmen betrieben wird. Er steht den Früchten, die ein Recht nach § 99 Abs. 2 abwirft, am nächsten. Der Gewinn aus dem Gewerbebetrieb kann auch nicht in entsprechender Anwendung der §§ 987ff herausverlangt werden. Dem steht entgegen, daß dieser Gewinn mehr das Ergebnis der persönlichen Leistung des Betriebsinhabers, als das rein gegenständliche Produkt des Betriebes ist. Es kann nur eine Entschädigung für die Benutzung der einzelnen, dem Eigentümer gehörenden Sachen beansprucht werden (**BGH** 7, 208, 218 für ein Fleischereigeschäft; JR 1954, 460 für einen Druckereibetrieb; 11. 3. 1954 IV ZR 210/52 für ein Lichtspieltheater). Dagegen ist in **BGH** LM BGB § 987 Nr. 3 für den Fall einer Verurteilung zur Herausgabe einer realkonzessionierten Apotheke ein Anspruch auf Herausgabe der nach Rechtshängigkeit aus dem Betrieb der Apotheke erzielten Gewinne zuerkannt worden. Der Gewinn ist als Nutzung des Apothekenbetriebsrechts, der nach § 292, 987 herauszugeben war, angesehen worden. Ähnlich werden in **BGH** 27, 204 die Mietzinseinnahmen aus einem auf einem fremden Grundstück errichteten Gebäude als Nutzungen dieses Grundstücks, die nach § 987 herauszugeben sind, bezeichnet.

Anm. 15

3. Wert der Nutzungen

Maßgebend für die Bewertung der Gebrauchsvorteile ist deren objektiver Wert. Das ist der Wert, den der Gebrauch der Sache allgemein für jeden hat, der sie in der fraglichen Zeit in gleicher Weise genutzt hätte. Dieser objektive Wert ist der Höchstbetrag, den der Besitzer zu entrichten hat (**BGH** JR 1954, 460). Handelt es sich um die Nutzung von Räumen, Maschinen, Betriebseinrichtungen oder eines ganzen Betriebes, so bemißt sich ihr Wert nach dem objektiven Miet- oder Pachtwert des betreffenden einzelnen Gegenstandes oder des ganzen Unternehmens zu der fraglichen Zeit (**RG** 97, 245, 252; **BGH** JR 1954, 460; 11. 3. 1954 IV ZR 210/52). Falls die Nutznngen in dem Bewohnen eines Hauses bestehen, kann auch der mit dem vermeintlichen Eigentümer vereinbarte Mietzins als Ersatz zu leisten sein (**RG** SeuffArch 75, 101).

Die vor der Rechtshängigkeit gewonnenen, aber noch vorhandenen Früchte (fructus extantes) brauchen regelmäßig (anders nach § 988) nicht herausgegeben zu werden.

Anm. 16

4. Auskunftsanspruch

Zur Rechnungslegung über gezogene Nutzungen ist der gutgläubige Besitzer früher nicht als verpflichtet angesehen worden (**RG** Gruchot 51, 897; JW 1912, 288; WarnRspr 1912 Nr. 14; HRR 1928, 1982). Neuerdings ist diese Verbindlichkeit aber unter Aufgabe der abweichenden Ansichten anerkannt worden, weil sonst dem Herausgabeanspruch die wirksame Handhabe zu einer Durchführung fehlen würde. Ein Auskunftsanspruch ist allgemein anerkannt worden, wenn die zwischen den Parteien bestehenden Rechtsbeziehungen es mit sich bringen, daß der Anspruchsberechtigte in entschuldbarer Weise über das Bestehen oder den Umfang seines Rechts im ungewissen ist, und wenn der Verpflichtete unschwer in der Lage ist, die zur Beseitigung dieser Ungewißheit erforderliche Auskunft zu erteilen (**RG** 158, 377; DR 1942, 729). Unter diesen Voraussetzungen ist auch demjenigen, der die Herausgabe von Nutzungen nach § 987 verlangen kann, ein Anspruch auf Auskunft gegen den Verpflichteten zuzuerkennen (**RG** 137, 206, 212; **BGH** 27, 204, 209; LM BGB § 987 Nr. 3; JR 1954, 460; 11. 3. 1954 IV ZR 210/52). Er besteht aber nur dann, wenn die herauszugebenden Nutzungen oder ihr Wert, sofern dieser beansprucht werden kann, nicht auf andere Weise festgestellt werden können. Danach kann der Schuldner verpflichtet sein, Angaben darüber zu machen, welche Sachen er überhaupt genutzt hat, in welchem Zeitraum er diese Sachen genutzt hat und in welchem Zustand sie sich zur Zeit der Nutzung befanden (**BGH** JR 1954, 460).

Anm. 17

5. Schadensersatz

Im Falle der Nichterfüllung der Herausgabepflicht hat der Besitzer Schadensersatz nach den allgemeinen Vorschriften der §§ 280, 283 zu leisten. Er haftet also nicht bei zufälligem Untergang.

Anm. 18

IV. Versäumte Nutzungen (Abs. 2)

Versäumte Nutzungen hat der gutgläubige Besitzer zu ersetzen, wenn sie gemäß den Regeln ordnungsmäßiger Wirtschaft nach Eintritt der Rechtshängigkeit hätten gezogen werden sollen und wenn zugleich ihn (oder seinen gesetzlichen Vertreter oder seinen Gehilfen, § 278) der Vorwurf trifft, die Nutzungen schuldhaft (§ 276) nicht gezogen zu haben. Beides hat der Kläger zu beweisen; doch wird der Beweis der sachlichen Voraussetzungen meistens auch das Verschulden dartun. Zu ersetzen ist der Wert der versäumten Nutzungen, nicht auch der sonstige Schaden des Eigentümers, es sei denn (§ 989), daß durch die Versäumnis die Sache selbst Schaden gelitten hätte.

§ 988

Hat ein Besitzer, der die Sache als ihm gehörig oder zum Zwecke der Ausübung eines ihm in Wirklichkeit nicht zustehenden Nutzungsrechts an der Sache besitzt, den Besitz unentgeltlich erlangt, so ist er dem Eigentümer gegenüber zur Herausgabe der Nutzungen, die er vor dem Eintritte der Rechtshängigkeit zieht, nach den Vorschriften über die Herausgabe einer ungerechtfertigten Bereicherung verpflichtet.

E II 902; P 3 349, 350.

Übersicht

Herausgabe der Nutzungen bei unentgeltlichem Besitzerwerb

Anm. 1

1. Allgemeines

Die Bestimmung betrifft den in § 955 bezeichneten Eigenbesitzer, der, wenn er gutgläubig ist, die natürlichen Früchte zu Eigentum erwirbt. Er soll gleichwohl schuldrechtlich nach den Regeln über die ungerechtfertigte Bereicherung zur Herausgabe verpflichtet sein, falls er den Besitz unentgeltlich erlangt hat. Damit wird derselbe Rechtsgedanke zum Ausdruck gebracht, der dem § 816 Abs. 1 Satz 2 zugrunde liegt: ein unentgeltlicher Erwerb darf nicht auf Kosten des wahren Berechtigten geschützt werden. Ob der Besitz unentgeltlich erlangt ist, muß vom Standpunkt des Besitzers aus beurteilt werden. Herauszugeben sind nicht nur die natürlichen Früchte, auf die sich § 955 bezieht, sondern alle Nutzungen, auch die Vorteile des eigenen Gebrauchs (mithin, wenn es sich um Herausgabe eines Wohnhauses handelt, auch die ersparten Mietzinsen).

2. Unentgeltlicher Besitzerwerb

Anm. 2

a) Im eigentlichen Sinne

Unentgeltlich im eigentlichen Sinn wird der Besitz namentlich durch Schenkung erlangt (z. B. Schenkung einer abhanden gekommenen beweglichen Sache, schenkweise nichtige Auflassung oder Nießbrauchsbestellung), ferner durch Aneignung einer vermeintlich aufgegebenen Sache (§ 959) und durch Erwerb auf Grund eines nichtigen Testaments. Besitzt jemand als Erbe eines Besitzers, so entscheidet die Art, wie der Erblasser den Besitz erlangt hat. Dem wahren Erben gegenüber ist der vermeintliche Erbe als unentgeltlicher Erwerber anzusehen.

b) Rechtsgrundloser ungerechtfertigter Besitzerwerb

Anm. 3

Der vom Reichsgericht in früheren Entscheidungen (**RG** 133, 283; 137, 206) vertretene Standpunkt, § 988 sei auf einen Besitzer, der den Besitz durch nichtigen Kaufvertrag erlangt habe, nicht anzuwenden, ist mit der Entscheidung des großen Zivilsenats (**RG** 163, 348) aufgegeben worden. Diese Entscheidung bezieht zutreffend § 988 nicht nur auf die Fälle der unentgeltlichen Besitzerlangung im eigentlichen Sinn, sondern auch für die Fälle des rechtsgrundlosen ungerechtfertigten Besitzerwerbs. Denn es kommt für diese Vorschrift allein darauf an, ob der Erwerb in seiner Endgültigkeit von einer ausgleichenden Zuwendung abhängt. Dieser Rechtsprechung haben sich **OGH** JR 1949, 347 und **BGH** 7, 208, 218; 27, 204 angeschlossen. Unentgeltlich erlangt im Sinne des § 988 ist danach z. B. der auf Grund eines nichtigen Kaufvertrages, eines nichtigen Pachtvertrages (**RG** DR 1940, 1949) oder eines nichtigen Verwaltungsaktes (**BGH** 18. 2. 1954 IV ZR 183/53; Wedesweiler NJW 1949, 777) erworbene Besitz. Ist ein Verwaltungsakt rückwirkend aufgehoben worden, so ist auch der auf Grund dieses Verwaltungsaktes erworbene Besitz unentgeltlich erlangt (Köln NRWJMBl 1949, 239).

Anm. 4

Zu Unrecht hat aber der Bundesgerichtshof dem Verkäufer einer gestohlenen Sache Ansprüche nach § 988 gegen den Käufer zuerkannt, wenn dieser von dem Kaufvertrag zurückgetreten ist, weil dadurch der Rechtsgrund für den Besitz des Käufers rückwirkend fortgefallen sei (**BGH** JZ 1952, 527). Vgl. dazu die ablehnende Stellungnahme von Boehmer JZ 1952, 523, 588; Werner NJW 1952, 930; Mezger JZ 1953, 67; Wolf NJW 1953, 164; 1954, 708). Wegen der Rechnungslegung: § 987 Anm. 16 (**RG** 137, 212).

Anm. 5

3. Entreicherung vor Rechtshängigkeit

Nach § 818 Abs. 3 sind die vor der Rechtshängigkeit wieder verlorengegangenen Nutzungen nur insoweit zu ersetzen, als noch eine Bereicherung übrig geblieben ist. Später trifft den Besitzer die gesteigerte Haftung für Verschulden (vgl. § 818 Abs. 4, §§ 280, 283).

Zu beweisen hat der Kläger die Unentgeltlichkeit des Erwerbs und den Umfang der gezogenen Nutzungen. Der Beklagte hat darzutun, daß die Bereicherung weggefallen ist, wogegen der Kläger wiederum einwenden kann (und nachzuweisen hat), daß dies erst nach der Rechtshängigkeit geschehen und vom Beklagten verschuldet sei (vgl. § 818).

§ 989

Der Besitzer ist von dem Eintritte der Rechtshängigkeit an dem Eigentümer für den Schaden verantwortlich, der dadurch entsteht, daß infolge seines Verschuldens die Sache verschlechtert wird, untergeht oder aus einem anderen Grunde von ihm nicht herausgegeben werden kann.

E I 933 II 903; M 3 408; P 3 338, 342; 6 237.

Übersicht

Haftung für schuldhafte Verschlechterung und Nichtherausgabe

I. Ersatzanspruch

1. Allgemeines

Anm. 1

Auch die Ansprüche aus §§ 989ff richten sich nur gegen den zur Herausgabe verpflichteten Besitzer. Falls der Haftungstatbestand von dem Besitzer zusammen mit dritten Personen, die nicht Besitzer sind, verwirklicht worden ist, richten sich die Ansprüche gegen die Dritten nicht nach §§ 989ff, sondern nach § 823 (**BGH** LM BGB § 989 Nr. 3).

Anm. 2

Die Schadensersatzhaftung nach §§ 989ff (vgl. hierzu Dietz, Anspruchskonkurrenz bei Vertragsverletzung und Delikt, 1934, 185ff), ist grundsätzlich auf den bösen Glauben des Besitzers abgestellt. Mit der Rechtshängigkeit des Herausgabeanspruchs tritt sie deshalb ein, weil der Besitzer nunmehr zwar nicht notwendig bösgläubig wird (vgl. 990 Anm. 22), aber doch mit der Möglichkeit, daß er nicht im Rechte ist, rechnen soll.

Anm. 3

2. Mangelndes Besitzrecht als Anspruchsvoraussetzung

Stets wird in §§ 989ff vorausgesetzt, daß der Besitzer zu dem Besitze, den er ausübt, kein Recht hat; denn ohne dies kann von einem guten oder bösen Glauben nicht gesprochen werden (vgl. **RG** JW 1933, 2644; DR 1944, 453; vgl. auch § 987 Anm. 10). Daß er zu dem ausgeübten Besitze nicht berechtigt ist, kann auch vorkommen, wenn er den Besitz durch gültigen Vertrag mit dem Eigentümer erlangt hat: dann nämlich, wenn seine Besitzberechtigung durch Kündigung des Vertrags oder aus anderm Grunde erloschen ist (vgl. **RG** 145, 81) oder wenn er ein weitergehendes Besitzrecht zu haben glaubt, als ihm zusteht (z. B. er ist Verwahrer und glaubt Mieter zu sein; er ist Nießbraucher und glaubt Eigentümer zu sein). Eine von einem bösgläubigen Besitzer vorgenommene Veräußerung ist stets eine schuldhafte Verfügung im Sinne des § 989 (**RG** WarnRspr 1924 Nr. 125).

Anm. 4

3. Rechtsnatur des Anspruchs

Der Schadensersatzanspruch aus dem Eigentum ist ein gesetzlicher Anspruch wegen Vereitlung des Herausgabeanspruchs (§§ 280, 283), kein Anspruch wegen unerlaubter Handlung (§ 823), auch nicht, wenn der Besitzer in bösem Glauben ist (§ 990). Einen Anspruch aus unerlaubter Handlung gibt es gegen den Eigenbesitzer nur im Rahmen des § 992 (vgl. aber **RG** 117, 425), sonst nur gegen den Fremdbesitzer (vgl. dazu und zu der möglichen Anspruchshäufung: § 992 Anm. 1ff, 10ff). Für die Schadensersatzpflicht des Eigenbesitzers nach §§ 989, 990 gilt daher die Haftung für gesetzliche Vertreter und Gehilfen (§ 278) sowie die Entlastungspflicht des Besitzers (§ 282; vgl. **RG** JW 1908, 478), wogegen die Vorschriften über die dreijährige Verjährung des § 852, über das „Deliktsstatut" im zwischenstaatlichen bürgerlichen Recht und über den Gerichtsstand der unerlaubten Handlung (ZPO § 32; vgl. **RG** WarnRspr 1918 Nr. 169) keine Anwendung finden.

4. Schaden und mitwirkendes Verschulden

Anm. 5

Der Begriff des Schadens ist derselbe wie sonst, umfaßt also auch den entgangenen Gewinn (**RG** Recht 1909 Nr. 2660) und gestattet nach § 254 die Einrede des mitwirkenden Verschuldens (**RG** 93, 281; WarnRspr 1910 Nr. 419). Das mitwirkende Verschulden kann insbesondere darin liegen, daß der Eigentümer selbst den Verlust seines Besitzes schuldhaft mit verursacht hat (**BGH** LM HGB § 366 Nr. 4). Unanwendbar ist jedoch § 254 Abs. 2 Satz 2, weil zwischen dem Eigentümer und dem Besitzer kein Schuldverhältnis besteht, zu dessen Erfüllung der Eigentümer sich des — bei der Entstehung des Schadens mitwirkenden — Dritten bedient haben könnte (**RG** 119, 155). Auch der Anspruch des Sicherungseigentümers wegen Entziehung der Sache ist auf Schadensersatz gerichtet (**RG** 143, 374; KG JW 1934, 435; § 990 Anm. 3).

Anm. 6

Muß ein Käufer, der vom Vertrage zurücktritt, die ihm gelieferte Ware aber bereits weiter veräußert hat, Schadensersatz leisten, so ist der Schaden nicht gleich dem Verkaufspreis des Verkäufers, auch nicht gleich dem Erlöse des Käufers, sondern gleich dem Verkaufswert entsprechender Waren am Ort der Niederlassung des Verkäufers zur Zeit des Urteils (**RG** 25. 6. 1926 VI 71/26). Im Gegensatz dazu will **RG** 5. 6. 1934 VII 2/34 dem Eigentümer den Erlös des Besitzers als Schadensersatz zusprechen, zwar nicht gemäß § 281 (**RG** 115, 33), wohl aber deshalb, weil der Eigentümer die Sache selbst für diesen Preis hätte verkaufen können.

Anm. 7

5. Besondere Arten von Schadensersatz

Als Schadensersatz kann, wenn es sich um Gattungssachen handelt, auch Leistung eines andern Stücks derselben Gattung gefordert werden (**RG** 93, 284). Auch Wiederbeschaffung der Sache kann gegebenenfalls verlangt werden (**RG** 8. 4. 1924 VII 253/23; 16. 4. 1926 VI 572/25). Voraussetzung ist aber stets die vom Besitzer verschuldete (sachliche oder persönliche) Unmöglichkeit der Herausgabe der (unversehrten) Sache.

Anm. 8

6. Haftung für Verzugsschaden

Eine Haftung für Verzugsschaden läßt sich nur in den Fällen der §§ 990 Abs. 2 und 992 begründen; wie aus der Fassung des § 990 Abs. 2 hervorgeht und durch Prot. 3 S. 344, 348 bestätigt wird, liegt sie dem redlichen Besitzer auch für die Zeit nach Eintritt der Rechtshängigkeit nicht ob (**RG** 72, 269; JW 1910, 4; WarnRspr 1911 Nr. 189).

Anm. 9

7. Verstoß des Eigentümers gegen Gesetz und gute Sitten

§ 817 Satz 2 steht dem Anspruch aus § 989 nicht entgegen (**BGH** NJW 1951, 643 = JZ 1951, 716; dazu die teilweise ablehnende Stellungnahme von Raiser JZ 1951, 718. Raiser verweist auf den allgemeineren Gedanken der Versagung staatlichen Rechtsschutzes für verbotene und unsittliche Geschäfte. Hiermit hat sich der Bundesgerichtshof in der angeführten Entscheidung auch befaßt. Er hat den Gedanken wegen der besonderen Verhältnisse des zu entscheidenden Falles und deswegen abgelehnt, weil die Klägerin nicht beim Erwerb, sondern nur bei der Verwendung ihres Eigentums — verbotene Hortung von Bargeld — gefehlt hatte. Dieser Teil der Entscheidung ist in NJW 1951, 643 nicht mit abgedruckt).

Anm. 10

8. Ansprüche gegen Rechtsnachfolger des Besitzers.

§ 989 gibt einen Schadensersatzanspruch gegen den Rechtsvorgänger, der in dem Rechtsstreit auf Herausgabe verklagt war, wenn er, später zur Herausgabe verurteilt, dem Urteil nicht nachkommen kann; daneben kann aber nicht noch eine Haftung des Rechtsnachfolgers aus § 989 abgeleitet werden (**RG** JW 1936, 3455).

Anm. 11

II. Rechtshängigkeit

Die Rechtshängigkeit ist gegeben, wenn der Herausgabeanspruch oder aber auch der Anspruch auf Berichtigung des Grundbuchs erhoben worden ist (**RG** 121, 335; 133, 286).

III. Verschlechterung und Untergang der Sache

Anm. 12

Als Beispiele für die Unmöglichkeit der Herausgabe der Sache (d. h. in unversehrtem Zustand) werden genannt die Verschlechterung und der Untergang. Wie die körperliche Verschlechterung muß auch die Belastung mit einem Recht beurteilt werden (**RG** 121, 335; 139, 354; 158, 45; JW 1928, 1387; WarnRspr 1928 Nr. 144). § 1004 kommt insoweit nicht in Frage (§ 1004 Anm. 13). Als Verschlechterung wird in **BGH** NJW 1951, 643 das Wertloswerden der Geldscheine durch die Währungsreform 1948 bezeichnet.

Anm. 13

Dem Untergang der Sache steht der des Eigentums des Klägers infolge von Verbindung, Vermischung, Verarbeitung gleich.

Anm. 14

Ferner gehört hierher die Veräußerung der Sache. Sie ist, wenn sie freiwillig vorgenommen wird, dem Besitzer stets zum Verschulden zuzurechnen (**RG** 56, 316; WarnRspr. 1934 Nr. 188); bei einer Zwangsversteigerung entscheiden die Umstände des Falles (vgl. **RG** JW 1909, 456 Nr. 11; Stettin OLG 26, 63).

Anm. 15

Darauf, ob der dritte Erwerber durch guten Glauben Eigentümer geworden ist, kommt es nicht an. Auch wenn dies nicht zutrifft, hat der Prozeßbesitzer dem Kläger Schadensersatz zu leisten; doch wird er nach § 255 von dem Kläger die Abtretung der Ansprüche verlangen können, welche diesem auf Grund seines Eigentums an der Sache zustehen.

Anm. 16

Veräußerung der Sache bedeutet es auch, wenn der Prozeßbesitzer die Sache vermietet, verleiht oder sich sonst zum mittelbaren Besitzer macht.

Anm. 17

In allen diesen Fällen wird auch die Erstreckung der Rechtskraft des Herausgabeanspruchs nach § 325 Abs. 1 ZPO den Eigentümer nicht immer vor Schaden bewahren können, z. B. wenn es ihm nicht gelingt, die Sache von dem Dritten herauszuerlangen.

Anm. 18

Endlich kann die Herausgabe an den Eigentümer dadurch unmöglich werden, daß der Prozeßbesitzer, der einem andern den Besitz vermittelt, die Sache dem andern zurückgewährt. Auch dies gereicht ihm zum Verschulden; um sich gegen den Anspruch des mittelbaren Besitzers zu schützen, muß er nach ZPO § 76 verfahren (Benennung des Urhebers).

Anm. 19

Der mit einer Widerspruchsklage nach ZPO § 771 belangte Pfändungspfandgläubiger, der die gepfändete Sache versteigern läßt, obgleich die beigebrachten Urkunden das Eigentum des Klägers ergeben, fällt nicht unter § 989; denn das Ziel der Widerspruchsklage ist auf Freigabe, nicht auf Herausgabe gerichtet (**RG** 61, 430). Darüber, daß ein solcher Pfändungspfandgläubiger gleichwohl und zwar schon bei leichter Fahrlässigkeit schadensersatzpflichtig ist: § 992 Anm. 17.

Anm. 20

IV. Entsprechende Anwendung

Da der Grund für die gesteigerte Haftung darin besteht, daß der Besitzer nach Eintritt der Rechtshängigkeit mit der Möglichkeit der Herausgabe rechnen muß, ist die Bestimmung in der Rechtsprechung auch in den Fällen entsprechend angewandt worden, in denen von vornherein die Verpflichtung zur Herausgabe besteht, weil die Sachen dem Besitzer nur vorübergehend überlassen worden waren (**BGH** LM BGB § 688 Nr. 2; § 989 Nr. 2). Diesen Entscheidungen kann nicht zugestimmt werden. Sie berücksichtigen nicht, daß Ansprüche aus §§ 987ff nur gegenüber dem zum Besitz nicht berechtigten Besitzer bestehen (vgl. oben Anm. 3).

§ 990

War der Besitzer bei dem Erwerbe des Besitzes nicht in gutem Glauben, so haftet er dem Eigentümer von der Zeit des Erwerbes an nach den §§ 987, 989. Erfährt der Besitzer später, daß er zum Besitze nicht berechtigt ist, so haftet er in gleicher Weise vor der Erlangung der Kenntnis an.

Eine weitergehende Haftung des Besitzers wegen Verzugs bleibt unberührt.

E I 931 Abs. 1, 932 Abs. 1 Satz 1, 934 II 904; M 3 403, 406, 408, 409; P 3 339—344, 348; 6 236.

Übersicht

Ansprüche gegen den bösgläubigen Besitzer

I. Umfang der Haftung des bösgläubigen Besitzers

Anm. 1

Der Besitzer, der beim Erwerb des Besitzes nicht in gutem Glauben war, haftet für Bewahrung und Nutzbarmachung der Sache von vornherein so, wie der redliche Besitzer von der Rechtshängigkeit an haftet.

Anm. 2

1. Herausgabe der Nutzungen

Der bösgläubige Besitzer hat die seit dem Besitzerwerb gezogenen Nutzungen herauszugeben, auch wenn sie der Eigentümer nicht gezogen haben würde, und nichtgezogene Nutzungen zu ersetzen, die er nach den Regeln einer ordnungsmäßigen Wirtschaft hätte ziehen sollen. Auf Herausgabe der natürlichen Früchte haftet er dinglich (vgl. § 987 Anm. 7). Ist er zur Herausgabe von Nutzungen infolge Verschuldens nicht imstande, so hat er nach § 280 in allen Fällen vollen Schadensersatz, nicht nur Wertersatz, zu leisten (**RG** 143, 377).

Anm. 3

2. Schadensersatz wegen Unmöglichkeit der Herausgabe der Hauptsache

Ferner ist der unredliche Besitzer auch mit Bezug auf die Hauptsache wegen verschuldeter Unmöglichkeit der Herausgabe schadensersatzpflichtig. Hier kann der Schadensersatz auch hinter dem Wertersatz zurückbleiben. Ein Sicherungseigentümer kann nur Befriedigung in der Weise verlangen, wie er sich aus dem für ihn verlorengegangenen Gegenstand hätte befriedigen können (**RG** 143, 376).

II. Anspruchsgegner

Anm. 4

Der Anspruch richtet sich gegen den bösgläubigen Besitzer, der den Besitz ausübt oder ausgeübt hat, als die zum Ersatz verpflichtenden Umstände eintraten. Der Ersatzanspruch kann auch dann sofort gegen den unredlichen Besitzer geltend gemacht werden, wenn er die Sache an einen Dritten veräußert hat und seine vom Eigentümer erstrittene Verurteilung zur Herausgabe gegen den Dritten wirkt. Doch kann er in solchem Falle verlangen, daß ihm Zug um Zug gegen die Ersatzleistung der Herausgabeanspruch des Eigentümers gegen den Dritten abgetreten wird (§ 255).

Anm. 5

Folgen mehrere unredliche Besitzer aufeinander, so haftet jeder wegen der Nutzungen und Schäden seiner Besitzzeit. Wird sowohl der unmittelbare als der mittelbare Besitzer in Anspruch genommen, so hat jeder seine eigene Bösgläubigkeit, nicht auch die des andern, zu vertreten. Über den Fall, daß der Besitzmittler eines andern als des Eigentümers wegen Nutzungen verklagt werden soll: § 991 Anm. 1—3. Wegen der Verpflichtung zur Rechnungslegung: § 987 Anm. 16; im Rahmen des § 990 können auch die §§ 687 Abs. 2, 681, 666 eingreifen.

Anm. 6

Wird zunächst Herausgabe der Sache verlangt und geht der Kläger später zur Schadensersatzklage über, so kommt es für diese Klage nicht darauf an, daß der Beklagte bei Erhebung der Klage noch im Besitz der Sache war (**RG** WarnRspr 1924 Nr. 125).

Anm. 7

Die Einziehung eines bei der Jagd benutzten Gewehrs läßt sich mit Eigentumsansprüchen nicht bekämpfen, sondern nur durch den Nachweis, daß das Gewehr nicht bei der Jagd benutzt worden ist. Mit der Möglichkeit einer Eigentumsklage fällt dann auch die Möglichkeit einer Schadensersatzklage nach §§ 990, 989; aber § 839 kann in Frage kommen (**RG** 108, 263).

III. Böser Glaube

1. Bedeutung des Begriffs

Anm. 8

Bösgläubig ist der Besitzer, wenn er weiß oder wegen grober Fahrlässigkeit nicht weiß, daß er dem Eigentümer gegenüber zu dem Besitz, den er ausübt, nicht berechtigt ist. Wie auch durch Abs. 1 Satz 2 bestätigt wird, müssen Kenntnis und Unkenntnis grundsätzlich die eigene Nichtberechtigung betreffen, nicht das fremde Eigentum, neben dem ein Besitzrecht des Besitzers sehr wohl möglich ist (**RG** SeuffArch 84 Nr. 146; JW 1936, 2912 Nr. 6; 1937, 3158 Nr. 11 = DJ 1937, 1812; vgl. auch **RG** 139, 356 u. Rostock DRiZRspr 1934 Nr. 262). Beruht der Besitz darauf, daß dem Besitzer die Sache übereignet oder ihm ein Recht an der Sache eingeräumt werden sollte, so wird es meistens darauf ankommen, ob der Besitzer den Verfügenden gutgläubig für den Eigentümer der Sache gehalten hat. Der Besitzer ist aber auch dann nicht bösgläubig, wenn er ohne grobe Fahrlässigkeit angenommen hat, daß sein Rechtsvorgänger dem Eigentümer gegenüber berechtigt sei, ihm den Besitz zu überlassen (**RG** SeuffArch 84 Nr. 146).

Anm. 9

Entscheidend ist stets, ob der Beklagte sich dem Eigentümer gegenüber zum Besitz berechtigt glaubte und glauben konnte. Derjenige, der eine Sache im vermuteten Einverständnis des Eigentümers oder Besitzers in Verwahrung nimmt, um in redlicher Weise das Interesse des Eigentümers wahrzunehmen, ist nicht bösgläubig (**BGH** 23. 6. 1956 IV ZR 20/56). Vermittelt der Beklagte einem anderen als dem Eigentümer Besitz, so muß sich sein böser Glaube darauf beziehen, daß der mittelbare Besitzer zum Besitz oder zu dessen Überlassung an ihn nicht befugt ist. Weiß er nichts weiter, als daß er selber gegenüber dem mittelbaren Besitzer kein Recht auf Besitz hat, so macht ihn dies allein noch nicht bösgläubig (Mot. 3, 406).

Anm. 10

Der Mieter eines der Rückerstattung unterliegenden Grundstücks, der das Grundstück von dem im Grundbuch eingetragenen Eigentümer gemietet hat, ist nicht deshalb bösgläubig, weil er mit der späteren Rückerstattung rechnen muß (**BGH** LM REG [BrZ] Art. 62 Nr. 4).

Anm. 11

Maßgebender Zeitpunkt für die Frage, ob Bösgläubigkeit im Sinne von Abs. 1 Satz 1 anzunehmen ist, ist das Wissen des Besitzers zu der Zeit des Besitzerwerbs. Das ist der Zeitpunkt, in dem die Sachherrschaft bewußtermaßen ergriffen wird (vgl. Frankfurt JW 1922, 916; **RG** 106, 152; vgl. auch § 854 Anm. 12, 13). Nach **BGH** 16, 259, 264 kann es beim Besitzerwerb durch Besitzdiener anders sein (vgl. dazu unten Anm. 13, 14 und LM BGB § 990 Nr. 3 Anm.).

Anm. 12

Der Erwerber des Besitzes muß beim Besitzerwerb in gewissem Umfang prüfen, ob er dem Eigentümer gegenüber berechtigt ist, zu besitzen. Er darf verdächtigen Anzeichen gegenüber sich nicht ganz verschließen. Er muß die Berechtigung, ihm den Besitz zu überlassen, insoweit prüfen, als es nach den Umständen des Falles von ihm erwartet werden kann und als ein Unterlassen der Prüfung sich mit dem Verhalten eines ordentlichen Mannes nicht vertragen würde (**RG** 58, 164; JW 1907, 672; Recht 1922 Nr. 63).

2. Besitzerwerb durch Besitzdiener

Anm. 13

Für die Frage nach der Gut- und Bösgläubigkeit ist grundsätzlich auf das Wissen desjenigen abzustellen, der den unmittelbaren Besitz erlangt. Daraus folgt, daß der gute Glaube des Besitzdieners dem selber bösgläubigen Fremdbesitzer nicht zustatten kommt. Umgekehrt kann dem gutgläubigen Besitzer der böse Glaube seines Besitzdieners beim Besitzerwerb nicht ohne weiteres nach § 166 zugerechnet werden, da es keine Stellvertretung beim Besitzerwerb gibt (unzutreffend daher **RG** SeuffArch 79 Nr. 186). Auch eine entsprechende Anwendung des § 831 wird der Sachlage nicht voll gerecht. Entscheidend ist, daß der Besitzdiener beim Besitzerwerb Repräsentant des Besitzerwerbers ist. Unter Berücksichtigung des in § 831 enthaltenen Rechtsgedankens folgt daraus, daß dem selbst gutgläubigen Besitzer die Bösgläubigkeit seines Besitzdieners zuzurechnen ist, wenn er bei der Auswahl und Überwachung des Besitzdieners nicht sorgfältig verfahren ist. Dieses Verschulden muß dem Besitzer nachgewiesen werden. Er hat nicht, wie es bei einer nur entsprechenden Anwendung des § 831 der Fall wäre, einen Entlastungsbeweis zu führen (**BGH** 16, 259, 264; 9. 2. 1955 IV ZR 168/54). Die Frage, ob der Besitzer den Besitzdiener gehörig ausgewählt hat, ist nicht nur allgemein, sondern konkret für den in Frage stehenden Besitzerwerb zu stellen. Es kommt auch darauf an, ob der Besitzdiener nach seiner Vorbildung die gehörige Kenntnis hat, um die Berechtigung der Besitzübertragung zu prüfen. Die Anforderungen, die an die Kenntnisse des Besitzdieners zu stellen sind, richten sich nach der besonderen Art, den Schwierigkeiten und auch nach der Bedeutung des vorzunehmenden Geschäftes.

Anm. 14

Nach **BGH** 16, 259 ist der Besitzer ohne Rücksicht auf den guten Glauben des Besitzdieners auch dann bösgläubig, wenn er in dem Augenblick, in dem er von dem Erwerb des Besitzes durch den Besitzdiener erfährt, infolge grober Fahrlässigkeit seine mangelnde Berechtigung zum Besitz nicht erkennt. Dieser Ansicht kann nicht zugestimmt werden. Sie läßt außer acht, daß nur eine beim Besitzerwerb vorliegende grobe Fahrlässigkeit zur Bösgläubigkeit führt. Sie setzt weiter voraus, daß eine Prüfungspflicht des Besitzers besteht, wenn er von dem Besitzerwerb Kenntnis erlangt. Der Umfang der Prüfungspflicht läßt sich schwer abgrenzen. Außerdem wird im Handelsverkehr der Besitzer oft keine Kenntnis von dem Erwerb des Besitzes erlangen (vgl. dazu LM BGB § 990 Nr. 3 Anm.). Es muß vielmehr auf die Umstände zur Zeit des Besitzerwerbs abgestellt werden.

3. Böser Glaube in besonderen Fällen

Anm. 15

a) Nutzung durch den zum Fruchtgenuß nicht berechtigten Fremdbesitzer

Zieht ein Fremdbesitzer, der nur zum Besitz, nicht zur Nutzung der Sache berechtigt ist, in wissentlicher oder grobfahrlässiger Überschreitung seiner Befugnis Nutzungen, so ist er mit Bezug auf die gezogenen Nutzungen (nicht mit Bezug auf nichtgezogene; eine Nutzungspflicht liegt ihm nicht ob) als unredlicher Besitzer der Sache zu behandeln. Das trifft z. B. zu, wenn jemand auf Grund eines ungültigen Pachtvertrages ein Grundstück in Besitz hat. In Beziehung auf die gezogenen Früchte ist er nicht gutgläubig; denn der gute Glaube ging nur dahin, ein entgeltliches Fruchtziehungsrecht zu haben, kein unentgeltliches (Kiel JW 1934, 850; vgl. auch **RG** SeuffArch 75 Nr. 101; nicht unbedenklich insoweit **RG** 141, 310; vgl. auch Kiel HRR 1937, 797).

Anm. 16

b) Besitzerwerb auf Grund nichtigen Kaufvertrags

Wer den Besitz auf Grund eines nichtigen Kaufvertrags erlangt und den Kaufpreis gezahlt hat, ist wegen seines Bereicherungsanspruchs zwar zur Zurückbehaltung, mithin auch zum Besitz berechtigt (§ 986 Anm. 4); die Nutzungen aber, die er nach Aufklärung über die Nichtigkeit des Vertrags zieht, muß er herausgeben (aM Dresden OLG 34, 189). Bösgläubig ist er jedoch nicht, solange er noch an das Zustandekommen eines formgültigen Vertrages glaubt (**RG** DR 1942, 1279).

Anm. 17

c) Besitzeinräumung vor behördlicher Genehmigung der Veräußerung

Der Gutskäufer, der die Erteilung der behördlichen Genehmigung bestimmt erwartet, ist nicht bösgläubig, haftet also dem Verkäufer nicht für fahrlässige Beschädigung des ihm übergebenen Zubehörs; gemäß § 993 Abs. 1 letzter Halbsatz auch nicht nach § 823; für die Zeit vor der Rechtshängigkeit und bis zum Eintritt einer Kenntnis von seiner Nichtberechtigung zum Besitz behält er die Nutzungen, hat er aber auch keinen Anspruch auf Erstattung der gewöhnlichen Erhaltungskosten (**RG** JW 1928, 2437). Beantragt dagegen der Gutskäufer selbst die Versagung der Genehmigung, so muß er sich als unrechtmäßigen Besitzer betrachten und das Grundstück wie beim Führen fremder Geschäfte bewirtschaften (**RG** DR 1940, 1950). Das schlägt zu seinem Vorteil aus, wenn die notwendigen Verwendungen die Nutzungen übersteigen. Die Pflicht, die Ausgaben dafür zu tragen, wenigstens soweit es sich um Erhaltungskosten handelt (§ 994 Abs. 1), folgt nur aus dem Recht auf die Nutzungen, und dieses hängt eben von dem guten Glauben des Besitzers ab (**RG** HRR 1934, 261).

Anm. 18

d) Handel mit Kraftfahrzeugen

Daß der Händler, der sich beim Ankauf eines alten Kraftwagens den Fahrzeugbrief nicht vorlegen läßt, bösgläubig und deshalb schadensersatzpflichtig sein kann, darüber vgl. LG Dortmund JW 1937, 57 und § 932 Anm. 44; ferner Witt VkRdsch 1938, 884.

Anm. 19

e) Finder

Der Finder ist nicht bösgläubig; denn er hat ein Recht zum Besitz (§§ 965, 966); erst durch Unterschlagung wird er bösgläubig. Dasselbe gilt von dem, der die Sache für den Finder verwahrt (**RG** JW 1924, 1715).

Anm. 20

f) Bergbau

Über die Schadensersatzpflicht des Bergwerkseigentümers (Verpächters), der das Recht des Bergwerkspächters durch Gewinnung von Kohle im Pachtfeld verletzt hat, und die Minderung des Schadensersatzanspruchs um die Gewinnkosten, deren Erstattung der zur Herausgabe Verpflichtete nach § 102 verlangen kann: **RG** JW 1938, 3040 (oben Vorbem. 3 vor § 985; § 994 Anm. 12).

Anm. 21

IV. Nachträglich eintretende Gutgläubigkeit

Erlischt der böse Glaube nachträglich (Hauptfall: der Erbe, auf den der Besitz des Bösgläubigen nach § 857 übergegangen ist, ergreift in entschuldbarer Unkenntnis später tatsächlich Besitz), so wird der § 990 von da an unanwendbar.

Anm. 22

V. Nach dem Besitzerwerb eintretende Bösgläubigkeit (Abs. 1 Satz 2)

Der später eintretende böse Glaube (mala fides superveniens) setzt wirkliche Kenntnis voraus; grobfahrlässige Unkenntnis genügt nicht (**RG** 56, 317). Die Erhebung der Klage auf Herausgabe hat Bösgläubigkeit nicht immer zur Folge (**RG** JW 1905, 494), zumal auch Rechtsirrtum entschuldbar sein kann (**RG** JW 1911, 1015 Nr. 9). Immerhin wird die Kenntnis als erlangt gelten, wenn der Besitzer über den Mangel des Besitzrechts in einer Weise aufgeklärt ist, daß ein redlich Denkender und in seinen Überlegungen durch den eigenen Vorteil Unbeeinflußter daraus die Kenntnis von dem mangelnden Besitzrecht gewinnen würde. Die unredliche oder durch das Festhalten an dem erlangten Vorteil getrübte Denkweise des Besitzers kann nicht dazu führen, ihn weiter als gutgläubig anzusehen (**BGH** 26, 256; vgl. auch **BGH** JR 1958, 301; Dresden DRpflRspr 1939 Nr. 176).

VI. Weitergehende Haftung bei Verzug (Abs. 2)

Anm. 23

Die Haftung des unredlichen Besitzers — nicht auch die des redlichen (§ 989 Anm. 8) — steigert sich, wenn er in Verzug gerät. Alsdann haftet er nach § 286 Abs. 1 für den ganzen durch den Verzug entstandenen Schaden, mithin auch für den Nachteil, der dem Eigentümer aus dem Vorenthalten der Sache erwächst (**RG** SeuffArch 67 Nr. 157; KG JW 1934, 435) und für den Gewinn, den nur der Eigentümer, nicht auch der Besitzer, hätte erzielen können. Nach § 287 muß er sogar eine zufällige Unmöglichkeit der Leistung vertreten, es sei denn, daß der Schaden auch bei rechtzeitiger Leistung eingetreten sein würde. Wird Herausgabe von gelieferten Sachen gefordert, so ist ein Hilfsantrag auf Wertersatz nach § 990 Abs. 2 zulässig (**RG** WarnRspr 1929 Nr. 27).

Anm. 24

Der Verzug wird begründet durch Mahnung oder durch Erhebung der Klage auf Herausgabe (§ 284 Abs. 1). Doch ist auch für den unredlichen Besitzer ein Entlastungsbeweis nach § 285 denkbar; so wenn er zwar wußte, daß er zum Besitz nicht berechtigt war, aber gerade den Kläger in entschuldbarem Irrtum nicht für den Eigentümer hielt.

§ 991

Leitet der Besitzer das Recht zum Besitze von einem mittelbaren Besitzer ab, so finden die Vorschriften des § 990 in Ansehung der Nutzungen nur Anwendung, wenn die Voraussetzungen des § 990 auch bei dem mittelbaren Besitzer vorliegen oder diesem gegenüber die Rechtshängigkeit eingetreten ist.

War der Besitzer bei dem Erwerbe des Besitzes in gutem Glauben, so hat er gleichwohl von dem Erwerb an den im § 989 bezeichneten Schaden dem Eigentümer gegenüber insoweit zu vertreten, als er dem mittelbaren Besitzer verantwortlich ist.

E I 932 Abs. 2 II 905; M 3 406; P 3 341, 342; 6 388, 389.

Übersicht

Ansprüche bei Bestehen eines Besitzmittlungsverhältnisses

1. Anspruch auf Herausgabe der Nutzungen (Abs. 1)

Anm. 1

Absatz 1 betrifft den Anspruch auf Herausgabe von Nutzungen gegen den dem Eigentümer gegenüber zum Besitz nicht berechtigten bösgläubigen Besitzer, dem der Besitz von einem dritten mittelbaren Besitzer eingeräumt ist und der diesem den Besitz vermittelt. Wird eine fruchttragende Sache von einem gutgläubigen Eigenbesitzer verpachtet, so erwirbt nach § 956 Abs. 2 der Pächter das Eigentum an den Früchten, auch wenn er selber bezüglich des Rechtsmangels des Verpächters nicht im gutem Glauben ist. Das beruht auf Gründen der Vereinfachung des Sachenrechts und würde nach § 990 nicht hindern, daß der bösgläubige Pächter die Früchte dem Eigentümer der Sache herausgeben müßte. Hierdurch könnte aber der Verpächter in üble Lage geraten, wenn der Pächter gegen ihn den Rückgriff nehmen würde. Um ihn zu schonen, bestimmt § 991 Abs. 1, daß ein Besitzmittler, der einem andern als dem Eigentümer den Besitz vermittelt, vor der Rechtshängigkeit gezogene Früchte oder sonstige Nutzungen aus dem Grunde der Bösgläubigkeit nur dann herauszugeben braucht, wenn auch der mittelbare Besitzer bösgläubig (d. h. unredlich i. S. von § 990 Abs. 1) oder wenn dieser auf Herausgabe verklagt ist. Die Vorschrift dient also dem Schutz des gutgläubigen Verpächters.

Anm. 2

Sie entzieht dem Eigentümer seinen Anspruch nicht nur dann, wenn der Pächter den Rechtsmangel des Verpächters grobfahrlässig verkannt, sondern auch dann, wenn er ihn gekannt hat, wenn ihm also ein Rückgriff auf den Verpächter nach §§ 539 Satz 1, 541, 581 Abs. 2 gar nicht zustehen würde.

Anm. 3

Anderseits muß der Pächter zufolge § 987 die Nutzungen, die er nach der Rechtshängigkeit des Herausgabeanspruchs zieht, auf alle Fälle herausgeben, mögen die Voraussetzungen des § 987 (§ 990) zugleich dem Verpächter gegenüber vorliegen oder mag dieser gutgläubig und unverklagt sein. Abgesehen von der Haftung für die Nutzungen trifft den unredlichen Besitzer die Haftung aus § 990.

2. Ersatzanspruch wegen Untergangs und Verschlechterung der Sache (Abs. 2)

a) Gegen den zum Besitz nicht berechtigten gutgläubigen unmittelbaren Besitzer (Abs. 2)

Anm. 4

War der mittelbare Besitzer zum Besitz nicht berechtigt oder hatte er zwar Besitzrecht, aber, z. B. als Entleiher (§ 603), keine Befugnis zur Überlassung des Besitzes an einen andern, so haftet der unmittelbare Besitzer dem Eigentümer, wenn er beim Erwerb bösgläubig war oder sein Nichtrecht später erfuhr, nach § 990.

Anm. 5

Ist er gutgläubig, so soll er nach § 991 Abs. 2 dem Eigentümer gegenüber den durch sein Verschulden entstandenen Schaden (§ 989) insoweit vertreten, als er dem mittelbaren Besitzer verantwortlich ist.

Anm. 6

Das bedeutet im Vergleich zu der ohne diese Vorschrift ihm obliegenden Haftung aus § 823 (vgl. dazu § 992 Anm. 14, 15) eine Erleichterung, da ein unwirtschaftlicher Gebrauch der Sache auch dem Eigentümer gegenüber entschuldigt ist, wenn ihn der mittelbare Besitzer erlaubt hat (**RG** 157, 135), und da der Eigentümer auch insoweit gebunden ist, als der unmittelbare Besitzer sich dem mittelbaren gegenüber freigezeichnet hat.

Anm. 7

Anderseits kann es auch eine Erschwerung bedeuten, sofern nämlich der unmittelbare Besitzer dem Eigentümer über die allgemeine Sorgfaltspflicht hinaus für die dem mittelbaren Besitzer zugesagte Beobachtung einer besonderen Vorsichtsmaßregel einzustehen hat. Vertragliche Beziehungen zwischen dem mittelbaren und dem unmittelbaren Besitzer, an denen der Eigentümer an sich nicht beteiligt ist, können so doch für das Verhältnis des Eigentümers zum unmittelbaren Besitzer bedeutsam sein (vgl. **BGH** LM BGB § 985 Nr. 8).

Anm. 8

Außer dem Eigentümer hat möglicherweise auch der mittelbare Besitzer einen eigenen Schaden erlitten (z. B. der Mieter hat die Sache für kurze Zeit ohne Erlaubnis aftervermietet und kann sie, da der Aftermieter sie zerstört hat, für den Rest seiner Mietzeit nicht mehr benutzen); insoweit er Ersatz hierfür fordert, ist sein Anspruch von dem des Eigentümers unabhängig.

Anm. 9

Will er, weil seinerseits dem Eigentümer haftbar, dessen Rechte geltend machen, so muß er auf Leistung an den Eigentümer klagen. Ein so begründeter Anspruch läßt den mittelbaren Besitzer und den Eigentümer als unechte Gesamtgläubiger erscheinen. Solange der unmittelbare Besitzer vom Eigentümer nicht verklagt ist (§ 987) und seine Nichtberechtigung zum Besitz nicht erfahren hat (§ 990), wird er durch Leistung an den mittelbaren Besitzer befreit. Obgleich ein Anspruch aus unerlaubter Handlung hier nicht in Frage steht, darf § 851 doch entsprechend angewendet werden.

Anm. 10

Die in § 991 Abs. 2 bezeichnete Haftung des unmittelbaren Besitzers tritt ein trotz seines etwaigen guten Glaubens (beim Besitzerwerb). Daß er gutgläubig war, braucht ihm der Eigentümer nicht etwa nachzuweisen. Für den Umfang der Haftung des unmittelbaren Besitzers ist auch im Verhältnis zum Eigentümer das Verhältnis des unmittelbaren Besitzers zum mittelbaren Besitzer maßgebend; das gilt auch für den Grad des erforderlichen Verschuldens (vgl. z. B. § 690).

Anm. 11

Gemäß § 991 Abs. 2 kann der unmittelbare Besitzer sowohl Ansprüchen des Eigentümers wie solchen des mittelbaren Besitzers ausgesetzt sein. Bei denen des Eigentümers handelt es sich um solche aus dem Eigentum auf Herausgabe der Sache. Sie beruhen auf dem eigenen Recht des Eigentümers, nicht etwa (kraft cessio legis) auf dem des mittelbaren Besitzers. Dieses gibt nur einen Maßstab für den Umfang des Rechts des Eigentümers, insofern als der Eigentümer nur insoweit Ansprüche gegen den unmittelbaren Besitzer erheben kann, als dieser den durch sein Verschulden eingetretenen Schaden seinem Gläubiger (dem mittelbaren Besitzer) gegenüber zu vertreten hat. Soweit sich die Ansprüche des Eigentümers und des mittelbaren Besitzers decken, helfen dem verklagten unmittelbaren Besitzer die Rechtsbehelfe aus § 76 ZPO (bei Klage des Eigentümers) und aus § 72 ZPO (bei Klage des mittelbaren Besitzers). Vgl. über die Rechtsgestaltung (§ 991 Abs. 2) im übrigen: Planck/Brodmann § 991 Anm. 3d.

b) Gegen den zum Besitz berechtigten unmittelbaren Besitzer

Anm. 12

Ist der unmittelbare Besitzer, der einem Dritten Besitz vermittelt, dem Eigentümer gegenüber zum Besitz berechtigt — sei es, daß der Dritte sowohl besitz- wie überlassungsberechtigt war, sei es, daß der unmittelbare Besitzer sein Besitzrecht, z. B. Nießbrauch (vgl. § 1032), kraft guten Glaubens an das Eigentum des Dritten erworben hat —, so haftet er dem Eigentümer gemäß der allgemeinen für Fremdbesitzer geltenden Regel nach den Vorschriften über unerlaubte Handlungen (vgl. § 992 Anm. 14, 15).

Zu beachten ist aber auch die dort gekennzeichnete, aus § 991 Abs. 2 herzuleitende Ausnahme, namentlich soweit die oben in Anm. 6 erwähnte Freizeichnung in Betracht kommt; aM **RG** 102, 44; doch ist diesem Urteil **RG** 105, 304 anscheinend bereits zweifelnd gegenübergetreten.

Anm. 13

Eine Erleichterung der Haftung greift außerdem insoweit Platz, als der Eigentümer bei Überlassung des Besitzes an den Dritten in sie eingewilligt hat. Das kommt in Betracht für Befreiungsabreden und Haftungseinschränkungen die ein Spediteur in üblicher Weise dem Frachtführer zugesteht. Die Auslegung des Speditionsvertrags nach Treu und Glauben wird häufig eine Einwilligung in solche Zugeständnisse ergeben, wodurch auch der Eigentümer der Güter gebunden ist (vgl. **RG** 63, 312; 75, 172; 77, 320; 102, 44).

§ 992

Hat sich der Besitzer durch verbotene Eigenmacht oder durch eine strafbare Handlung den Besitz verschafft, so haftet er dem Eigentümer nach den Vorschriften über den Schadensersatz wegen unerlaubter Handlungen.

E I 935 II 906; M 3 410, 411; P 3 347, 348.

Übersicht

Verbotene Eigenmacht und strafbare Besitzverschaffung

1. Haftung bei verbotener Eigenmacht und strafbarer Besitzverschaffung

Anm. 1

a) Verschaffung des Besitzes

Die Vorschriften über unerlaubte Handlungen sollen anwendbar sein, wenn sich der Besitzer den Besitz durch verbotene Eigenmacht oder durch strafbare Handlung verschafft hat. Auf das Verschaffen des Besitzes durch verbotene Eigenmacht kommt es an (**RG** 56, 316; WarnRspr 1920 Nr. 200). Wer nachträglich in Beziehung auf sein Besitzrecht schlechtgläubig wird, fällt nicht unter § 992; vom Zeitpunkt der Bösgläubigkeit an sind dann § 990 Abs. 1 Satz 2 und Abs. 2 anzuwenden (**RG** HRR 1933, 1651).

Anm. 2

b) Verbotene Eigenmacht

Verbotene Eigenmacht ist Entziehung der tatsächlichen Gewalt ohne den Willen des früheren Besitzers und ohne daß das Gesetz dies ausnahmsweise gestattete (vgl. § 858 Abs. 1).

Anm. 3

c) Strafbare Besitzverschaffung

Strafgesetz ist jede Gesetzesbestimmung, welche gerade die Art, wie der Besitz verschafft wurde, zum Schutze des Eigentümers mit öffentlicher Strafe bedroht; Zollvorschriften oder Vorschriften über Sonntagsruhe, Kettenhandel usw. sind nicht gemeint (**RG** 105, 86; **BGH** JZ 1951, 716). Hauptsächlich kommen Betrug, Nötigung, Erpressung und Hehlerei als Straftaten in Betracht; jedoch nicht Unterschlagung (Staudinger/Berg § 992 Anm. I 1b, 2b).

d) Verschulden

Anm. 4

Die Haftung nach § 992 setzt ein Verschulden voraus; denn diese Vorschrift nimmt nicht bloß wegen der Rechtsfolgen, sondern auch wegen der Voraussetzungen des Tatbestandes auf das Recht der unerlaubten Handlung Bezug (vgl. **RG** JW 1905, 494; zweifelnd **RG** Gruchot 50, 677). Wer sich den Besitz an einer Sache schuldhaft eigenmächtig oder in strafbarer Weise verschafft, wird damit in den meisten Fällen die Sache dem Eigentümer durch unerlaubte Handlung entziehen (zum Begriff: Rostock SeuffArch 67 Nr. 319); er haftet daher nach § 848 auch dem Eigentümer für schuldlose Beschädigung, Zerstörung oder Veräußerung.

Anm. 5

Möglich ist es aber auch, daß die verbotene Eigenmacht oder die Straftat, also die gegen den Besitz gerichtete schuldhafte Handlung, von keinem gegen das Eigentum gerichteten Verschulden begleitet wird, wenn sich nämlich der Täter ohne Fahrlässigkeit selbst für den Eigentümer hält. Er haftet dann nur, wenn sich später eine schuldhafte Verletzung des fremden Eigentums anschließt. Allerdings haftet er nicht erst, wenn sein Irrtum aufgeklärt wird (wie nach § 990 Abs. 1 Satz 2), sondern schon dann, wenn er fahrlässig Zweifel an seinem vermeintlichen Eigentumsrecht nicht beachtet. In diesem Augenblick zeigt der mißbilligte Besitzerwerb seine haftungsverschärfende Wirkung.

e) Rechtsnatur des Anspruchs

Anm. 6

Obwohl der Anspruch aus § 992 ein Verschulden voraussetzt, soll er doch kein Anspruch aus unerlaubter Handlung sein und nicht der kurzen Verjährung nach § 852 unterliegen, vielmehr gleich den übrigen durch §§ 985ff geregelten Ansprüchen ein Ersatzanspruch wegen Eigentumsverletzung sein und erst in 30 Jahren verjähren (**RG** 117, 425; bedenklich; Verjährung in 3 Jahren nach § 852 nimmt an KG JR 1955, 259).

Anm. 7

Wer sich durch verbotene Eigenmacht in den Besitz einer Sache gesetzt hat, ist auch dann schadensersatzpflichtig, wenn er einen Anspruch auf Herausgabe der Sache hatte (**RAG** 5, 263).

f) Umfang der Ersatzpflicht

Anm. 8

Der Besitzer haftet auf Ersatz des Schadens, der durch die unerlaubte Handlung entstanden ist. Liegt die unerlaubte Handlung bereits in der Entziehung der Sache (Anm. 4), dann hat der Besitzer den dadurch, d. h. schon den durch Vorenthaltung der Sache entstandenen Schaden zu ersetzen (Anm. 12). Praktisch hat er also jedenfalls die Nutzungen zu vergüten, die der Eigentümer wegen der Entziehung nicht gewinnen konnte. Das ist bedeutsam, falls der Besitzer dem Eigentümer gegenüber etwa nur leicht fahrlässig gehandelt hat, also nicht bösgläubig geworden ist. Ist er bösgläubig, dann haftet er für die Nutzungen schon nach §§ 987, 990 (Anm. 11); allerdings wird diese Haftung im Einzelfall im Umfang von der nach §§ 823, 249 abweichen.

Anm. 9

Begeht der eigenmächtige, aber nicht bösgläubige Besitzer die unerlaubte Handlung dem Eigentümer gegenüber erst später (Anm. 5), dann hat er nur von da an Schadensersatz zu leisten. Für die Nutzungen aus der vorhergehenden Zeit ist er nicht nach § 823 verantwortlich. Fructus perceptos hat er im Rahmen des § 988 herauszugeben, da er den Besitz unentgeltlich erlangt hat (vgl. § 988 Anm. 3). Für fructus percipiendos wird er nicht zu haften haben (anders noch die 10. Aufl. Anm. 1 Abs. 2). Die verbotene Eigenmacht rechtfertigt die strengere Haftung nicht, wenn sie nicht den Grad einer unerlaubten Handlung (gegen das Eigentum) erreicht oder den Eigenmächtigen bösgläubig macht (vgl. den Fall in Anm. 5: keine Haftung gegenüber dem Eigentümer wegen Verletzung des Eigentums). Der Eigentümer muß möglichst schnell seinen possessorischen Anspruch (§§ 861, 869) geltend machen oder die Rechtshängigkeit des petitorischen Anspruchs (§ 987) herbeiführen, wenn er Schaden vermeiden will.

Anm. 10

Die Rechtsstellung des eigenmächtigen, aber nicht bösgläubigen Besitzers ist nicht so günstig, wie sie hiernach erscheint; denn seine Haftung aus § 823 Abs. 1 und aus § 823 Abs. 2 in Verbindung mit § 858 bleibt unberührt. Nur berechnet sich deren Umfang nicht aus der Verletzung des Eigentums, sondern aus der des Besitzes.

g) Verhältnis zu den Ansprüchen aus §§ 989ff

Anm. 11

Außer mit der Bereicherungshaftung kann die Haftung aus unerlaubter Handlung auch mit der gesetzlichen Verpflichtung nach §§ 989ff zusammentreffen, sofern der Besitzer in bösem Glauben oder die Herausgabeklage rechtshängig ist. Dann gehen beide Ansprüche ihre eigenen Wege. Die Hauptvorteile, welche die §§ 989ff dem Eigentümer bieten, bestehen in der längeren Verjährung (§§ 195, 224; vgl. § 989 Anm. 4, aber auch die oben in Anm. 6 angezogene Entscheidung **RG** 117, 424), sowie darin, daß der Besitzer genötigt ist, den Entschuldigungsbeweis zu führen (§ 989 Anm. 4).

Anm. 12

Auf der andern Seite kann mit dem Anspruch aus unerlaubter Handlung auch der durch Vorenthaltung entstandene Schaden geltend gemacht werden (vgl. Anm. 8), was beim Ersatzanspruch aus dem Eigentum nur unter den Voraussetzungen des § 990 Abs. 2 möglich ist (vgl. § 989 Anm. 8); ferner ist gegenüber dem Anspruch aus einer vorsätzlich begangenen unerlaubten Handlung die Aufrechnung ausgeschlossen (§ 393), während diese gegenüber Ansprüchen aus §§ 989ff zulässig ist (vgl. Karlsruhe OLG 29, 311).

Anm. 13

2. Keine Ansprüche gegen den Eigenbesitzer in anderen Fällen

In andern Fällen als denen der Besitzverschaffung durch verbotene Eigenmacht oder strafbares Tun findet keine Haftung aus unerlaubter Handlung statt. Dies ergibt sich (vermöge einer Folgerung aus dem Gegenteil) aus § 992, aber auch aus § 993. Es gilt aber nur, soweit es sich um Eigenbesitz handelt (§ 987 Anm. 1, 4; vgl. auch Dietz, Anspruchskonkurrenz bei Vertragsverletzung und Delikt, 1934, 196ff, 213). Der Grund, der zur Einschränkung der Haftung aus unerlaubter Handlung durch die §§ 989ff geführt hat, ist die Erwägung, daß der (Eigen-)Besitzer gewissermaßen seine eigene Sache beschädigt hat (quasi rem suam neglexit) (vgl. § 987 Anm. 2).

3. Haftung des Fremdbesitzers

a) Haftung nach § 823

Anm. 14

Für den Fremdbesitzer, mag er zum Besitz berechtigt sein oder nicht, trifft dieser Grund nicht zu; denn er weiß, daß ihm kein eigenes Besitzrecht die Beschädigung der Sache erlaubt. Nach einem einstimmigen Beschluß der 2. Kommission sollte dann auch „die Haftung des Besitzers, der nicht Eigenbesitzer ist, wegen verschuldeter Beschädigung unberührt bleiben" (Prot. 3, 346f); es ist nur ein Versehen, daß dies im Gesetze nicht ausdrücklich gesagt ist (aA Planck/Brodmann § 992 Anm. 1, § 993 Anm. 1b). Danach haften Fremdbesitzer dem Eigentümer nach § 823 Abs. 1 (**BGH** NJW 1951, 643).

Anm. 15

Eine Ausnahme gilt für den Fremdbesitzer, der Mittler eines Dritten ist und den Besitz gutgläubig auf Grund eines gültigen Vertrages erlangt hat; ein solcher Fremdbesitzer soll auch dem Eigentümer gegenüber in jeder Hinsicht so dastehen, wie wenn der Vertrag zwischen ihnen beiden geschlossen wäre (§ 991 Abs. 2; vgl. dort Anm. 5—7). Der Fremdbesitzer kann daher von dem Eigentümer aus § 823 nicht in Anspruch genommen werden, wenn und soweit der Dritte die das Eigentum verletzende Verfügung in rechtlich einwandfreier Weise erlaubt hatte (**RG** 157, 135).

Anm. 16

Daß sich die Ausschließlichkeit des § 992 auf die Fälle des Eigenbesitzes beschränkt, wird in den Entscheidungen **RG** 56, 316; JW 1910, 110; 1910, 754 Nr. 16; WarnRspr 1920 Nr. 200; SeuffArch 67 Nr. 157 nicht genügend beachtet. Sachlich hat aber auch das Reichsgericht schon längst Entscheidungen erlassen, die auf dem hier vertretenen Standpunkt stehen. So hat es einen Vertragspfandgläubiger, der das verpfändete Warenlager unrechtmäßig, aber wirksam veräußerte, nach § 823 wegen leichter Fahrlässigkeit für schadensersatzpflichtig erklärt (**RG** 77, 201; vgl. dazu den Fall des OLG Karlsruhe SeuffArch 70 Nr. 186) und den Fremdbesitzer nach § 823 haften lassen, wenn er in der Fruchtziehung die Grenzen seines vermeintlichen Besitzrechts überschritten und so eine schuldhafte Eigentumsverletzung verübt hatte (**RG** HRR 1933, 1652).

Anm. 17

Auch der Pfändungspfandgläubiger soll nach § 823 haften, wenn er leichtfahrlässig Sachen pfänden und versteigern läßt, die seinem Schuldner nicht gehören (vgl. **RG** 61, 430; JW 1902, 10; 1911, 368); übrigens würde die Haftung hier auch schon durch § 992 gedeckt sein, da die unberechtigte Pfändung verbotene Eigenmacht ist (**RG** JW 1905, 494).

Anm. 18

Ferner nimmt **RG** 102, 42 (vgl. 105, 304) für Lagerhalter, Spediteure und Frachtführer mit Bezug auf die in ihrem Gewerbebetrieb an sie gelangenden Sachen eine Obhuts- und Überwachungspflicht an, deren Verletzung sie den Eigentümern gegenüber, auch wenn diese nicht ihre Vertragsgegner sind, nach § 823 zu verantworten haben.

Anm. 19

Allgemein bekennen sich **RG** 101, 307; 106, 152; 157, 132; LZ 1931, 249 und **BGH** NJW 1951, 643 zu dem Grundsatz, daß der Fremdbesitzer wegen verschuldeter Sach- und Eigentumsbeschädigung schadensersatzpflichtig ist. Im ersten Falle (**RG** 101, 307) hätte es dieser Begründung freilich kaum bedurft; denn es handelte sich um Unterschlagung anvertrauten Geldes, also um vorsätzliche und sittenwidrige Vermögensschädigung, die nach § 826 ohne Rücksicht darauf, ob zugleich Eigentum verletzt ist, zum Ersatz verpflichtet.

Anm. 20

b) Haftung nach anderen Rechtsvorschriften

Mit dem Anspruch gegen den Fremdbesitzer aus unerlaubter Handlung wird häufig ein Vertragsanspruch auf Schadensersatz zusammentreffen. Ist der Fremdbesitzer zum Besitz nicht berechtigt oder schrieb er sich eine weitergehende Besitzberechtigung zu, als er hat (vgl. § 989 Anm. 3) so kann noch ein Schadensersatzanspruch aus dem Eigentum hinzukommen. Alsdann muß die in § 558 (§§ 606, 1057, 1226) bestimmte kurze Verjährungsfrist des Vertragsanspruchs, da ihr Zweck sonst nicht erreicht werden könnte, auch auf die andern beiden Ansprüche angewendet werden (**RG** 62, 329; 66, 363; 75, 119; 95, 302; 142, 262), und ebenso ist die Milderung des Haftungsmaßstabs durch §§ 599, 690, die sonst gleichfalls bedeutungslos würde, auch auf diese Ansprüche zu beziehen (vgl. **RG** 88, 318; Vorbem. vor § 823).

§ 993

Liegen die in den §§ 987 bis 992 bezeichneten Voraussetzungen nicht vor, so hat der Besitzer die gezogenen Früchte, soweit sie nach den Regeln einer ordnungsmäßigen Wirtschaft nicht als Ertrag der Sache anzusehen sind, nach den Vorschriften über die Herausgabe einer ungerechtfertigten Bereicherung herauszugeben; im übrigen ist er weder zur Herausgabe von Nutzungen noch zum Schadensersatze verpflichtet.

Für die Zeit, für welche dem Besitzer die Nutzungen verbleiben, finden auf ihn die Vorschriften des § 101 Anwendung.

E I 794 Abs. 2, 930 Abs. 1 II 907; M 3 75, 76, 401ff; P 3 24, 345—348, 371; 6 236; KB 128 u. 24.

Übersicht

Ansprüche gegen den redlichen Besitzer

I. Anspruch auf Herausgabe der Früchte und Haftung

1. Allgemeiner Grundsatz

Anm. 1

§ 993 regelt abschließend die Rechtslage, die sich für den redlichen Besitzer, der den Besitz entgeltlich und nicht nach Art des § 992 erworben hat, ergibt, solange der Herausgabeanspruch noch nicht rechtshängig geworden ist (§§ 997, 989). Grundsätzlich soll er von der Haftung für Nutzungen und Schadensersatz befreit sein, so daß eine Verpflichtung weder aus dem Recht der unerlaubten Handlungen oder der ungerechtfertigten Bereicherung (vgl. **RG** JW 1912, 690) noch aus den Vorschriften über Verzug oder Geschäftsführung ohne Auftrag hergeleitet werden kann.

Anm. 2

Durch die Fassung des § 993 und seine Stellung am Schlusse der Vorschriften wird zugleich zum Ausdruck gebracht, daß die in §§ 987 ff geregelten Haftungsgründe, insbesondere die Unredlichkeit (§§ 990, 991 Abs. 1), der unentgeltliche Erwerb (§ 988) oder der Erwerb durch Eigenmacht oder strafbare Handlung (§ 992), vom Kläger zu beweisen sind.

Anm. 3

2. Ausnahme: Haftung des Fremdbesitzers

Eine Ausnahme bildet die Haftung des Fremdbesitzers wegen Beschädigung der Sache. Sie ist zwar bei der Abfassung des Gesetzes übersehen worden, muß aber nach § 992 Anm. 14 für ebenso selbstverständlich gelten wie die Haftung kraft Vertrags, die doch gleichfalls nicht ausdrücklich vorbehalten ist. Ein Fremdbesitzer, der sich nicht im Rahmen seines wirklichen oder vermeintlichen Besitzrechts hält, sondern darüber hinaus in das Eigentum eingreift, macht sich also einer Eigentumsverletzung schuldig, für die er nach § 823 Abs. 1 haftet (**RG** 163, 349, 353; **BGH** NJW 1951, 643; LM BGB § 985 Nr. 8). Für die Zeit seines berechtigten oder gutgläubigen Besitzes ist deshalb zu prüfen, ob er die oben bezeichneten Grenzen gewahrt hat (**RG** Recht 1927 Nr. 2219; HRR 1933, 1652).

II. Herausgabe der Übermaßfrüchte

Anm. 4

1. Sinn der Vorschrift

Eine weitere Ausnahme von dem allgemeinen Grundsatz (Anm. 1) macht § 993 bezüglich der Pflicht zur Herausgabe der Übermaßfrüchte. Mit dieser zweiten Ausnahme soll, wie in den §§ 581, 1039, 2133, gegenüber der weiten Ausdehnung des Fruchtbegriffs im BGB ein Ausgleich geschaffen werden. Hat der Besitzer einen Wald, einen Torfstich, ein Tonlager durch Raubbau ausgebeutet oder infolge eines Naturereignisses (Windbruch) übermäßig genutzt, so stellt das Gewonnene zwar nach § 99, nicht aber im wirtschaftlichen Sinn Frucht dar und ist deshalb in den Grenzen der ungerechtfertigten Bereicherung herauszugeben.

2. Keine Herausgabe der Nutzungen

Anm. 5

Die Vorschrift erstreckt sich nicht auf die sonstigen Nutzungen des § 100; für den Vorteil, den er vor der Rechtshängigkeit durch unwirtschaftlichen Gebrauch der Sache erlangt hat, braucht der redliche Besitzer nichts zu ersetzen. Durch § 993 wird es aber nicht ausgeschlossen, bei einer Berechnung der Bereicherung des Eigentümers zu berücksichtigen, daß ihm die Nutzungen entgangen sind, die der Besitzer (Pächter) an sich behalten darf (**RG** 141, 310; daß in dem hier entschiedenen Fall der Pächter die Nutzungen doch wohl nicht behalten durfte, ist schon in Anm. 15 zu § 990 hervorgehoben worden).

Anm. 6

Soweit die Voraussetzungen der §§ 987, 989—992 vorliegen, fällt die Beschränkung auf die Bereicherung fort.

Anm. 7

3. Beweislast. Auskunft

Der Kläger hat das übermäßige Ziehen von Früchten, der Beklagte den Fortfall der Bereicherung zu beweisen. Wegen des Auskunftsanspruchs und der Pflicht zur Rechnungslegung: § 987 Anm. 16.

Anm. 8

III. Ansprüche wegen Verbrauchs oder Veräußerung der Sache

Keine Ausnahme, weil mit Nutzungen und Schadensersatz überhaupt nicht zusammenhängend, ist die Bereicherungshaftung des Besitzers wegen Verbrauchs oder Veräußerung der Sache (**RG** 158, 47; 163, 353; WarnRspr 1920 Nr. 160; **BGH** 14 8; LM BGB § 812 Nr. 15; vgl. § 812, § 816). Wegen des in **RG** 105, 84 verwerteten Gesichtspunktes des Herausgabeersatzes (§ 281): § 985 Anm. 22.

Anm. 9

IV. Verteilung der Nutzungen zwischen Besitzer und Eigentümer

Da dem Besitzer hiernach Nutzungen verbleiben, soll sich die Verteilung zwischen ihm und dem Eigentümer nach § 101 bestimmen. Für die natürlichen Früchte (abgesehen von den in Abs. 1 geregelten Übermaßfrüchten) kommt es somit darauf an, ob sie vor oder nach der Rechtshängigkeit (oder dem Eintritt des bösen Glaubens) von der Sache getrennt worden sind. Die bürgerlichen Früchte werden, wenn sie in wiederkehrenden Leistungen bestehen, nach Verhältnis der Dauer des vor der Rechtshängigkeit liegenden (oder des redlichen) Besitzes zu der späteren Besitzzeit geteilt. Sonst entscheidet die Fälligkeit.

§ 994

Der Besitzer kann für die auf die Sache gemachten notwendigen Verwendungen von dem Eigentümer Ersatz verlangen. Die gewöhnlichen Erhaltungskosten sind ihm jedoch für die Zeit, für welche ihm die Nutzungen verbleiben, nicht zu ersetzen.

Macht der Besitzer nach dem Eintritte der Rechtshängigkeit oder nach dem Beginne der im § 990 bestimmten Haftung notwendige Verwendungen, so bestimmt sich die Ersatzpflicht des Eigentümers nach den Vorschriften über die Geschäftsführung ohne Auftrag.

Übersicht

Anspruch des Besitzers auf Ersatz der Verwendungen

I. Anwendungsbereich der Bestimmungen

Anm. 1

1. Allgemeines

Die §§ 994—1003 regeln den Ersatzanspruch des Besitzers gegen den Eigentümer wegen der von ihm auf die Sache gemachten Verwendungen. Ebenso wie die §§ 987ff betreffen sie nur das Verhältnis des zum Besitz nicht berechtigten Besitzers zum Eigentümer (**BGH** 27, 317 NJW 1955, 340; WM 1958 IVB 399; aA Planck/Brodmann Vorbem. 3 vor § 994). Das ist in **BGH** NJW 1955, 1556 nicht genügend beachtet. Der Kläger hatte ein Grundstück von dem Eigentümer gemietet und darauf im Rahmen seines Mietvertrages Verwendungen gemacht. Der Vermieter hat das Grundstück auf Grund eines in einem Rückerstattungsverfahren geschlossenen Vergleichs an den früheren jüdischen Eigentümer zurückübertragen. Der Kläger macht Ansprüche auf Ersatz seiner Verwendungen gegen diesen geltend. Soweit es sich um die Ansprüche aus § 994ff handelt, konnte nicht unentschieden bleiben, ob durch den Vergleich das Eigentum rückwirkend auf den früheren Eigentümer übertragen wurde. Wird das verneint, dann wäre der Vermieter Eigentümer und der Kläger ihm gegenüber zum Besitz berechtigt gewesen. Er hätte gegen jenen keine Ansprüche aus § 994ff gehabt, es hätten dann auch keine Ansprüche aus § 999 Abs. 2 gegen den Rückerstattungsberechtigten bestanden, wie es in dem Urteil angenommen worden ist. Zu Unrecht ist auch in **BGH** 27, 317 angenommen worden, daß jenes Urteil der in diesem vertretenen Rechtsansicht nicht entgegenstehe. Im Verhältnis des nicht berechtigten Besitzers zum Eigentümer stellen die §§ 994—1003 eine erschöpfende Sonderregelung dar, die den allgemeinen Vorschriften des Bereicherungsrechts in den §§ 812ff vorgeht und diese ausschließt (**RG** JW 1937, 2519).

2. Verwendungen in Erfüllung vertraglicher Vereinbarungen

Anm. 2

a) Auf Grund von Verträgen mit dem Eigentümer

Da die §§ 994—1003 nicht das Verhältnis des zum Besitz berechtigten Besitzers zum Eigentümer betreffen, richten sich auch die Rechte des Besitzers wegen Verwendungen, die er kraft Vereinbarung mit dem Eigentümer vornimmt, nicht nach den §§ 994ff. Hierfür gelten die vertraglichen Abmachungen. Das Reichsgericht ist in seiner Rechtsprechung zu derselben Auffassung aus der Erwägung gelangt, daß der Anspruch des Verwendungsberechtigten nur schuldrechtlich ist und eine besonders vereinbarte schuldrechtliche Regelung ohne weiteres den Bestimmungen der §§ 994ff vorgeht (**RG** 71, 426; 142, 422; JR 1926 Nr. 1021). Ebenso regeln sich grundsätzlich die Ersatzansprüche eines Besitzers, der die Sache auf Grund eines öffentlich-rechtlichen Verwaltungsaktes besitzt, nach den hierfür geltenden besonderen Normen. Das schließt indes nicht aus, daß beim Fehlen solcher Normen die §§ 994ff entsprechend angewandt werden können (**BGH** LM BGB § 390 Nr. 2).

b) Auf Grund von Verträgen mit Dritten

Anm. 3

Dagegen stehen dem Besitzer Ansprüche gegen den Eigentümer nach §§ 994ff auch dann zu, wenn er die Verwendung in Erfüllung eines mit einem Dritten abgeschlossenen Vertrages, z. B. eines Werkvertrages vorgenommen hat. Diese Ansprüche bestehen neben den gegen den Besteller gerichteten (**RG** 142, 422; SeuffArch 88 Nr. 60; Gruchot 57, 997; Staudinger/Berg 11. Aufl. § 994 Anm. 2 und Wolff/Raiser § 86 I 1; Celle NJW 1953, 1470; Köln NJW 1957, 224; aA Münzel MDR 1952, 647; Gürich JZ 1957, 429). Der Unternehmer hat daher einen Anspruch gegen den Vorbehalts- oder Sicherungseigentümer auf Ersatz derjenigen Verwendungen, die er auf Grund eines mit dem Käufer oder dem Sicherungsgeber abgeschlossenen Werkvertrags auf die Sache gemacht hat. Gegenüber dem gegen ihn gerichteten Anspruch steht dem Eigentümer die Einrede der Arglist zu, wenn der Anspruch gegen den Dritten auf den Werklohn bereits befriedigt ist (**RG** 142, 422).

Anm. 4

Soweit es sich um den Anspruch eines Besitzers handelt, der dem Eigentümer gegenüber zum Besitz berechtigt ist, kann der Anspruch dem Besitzer allerdings nur in entsprechender Anwendung des § 994 aus der Erwägung zugebilligt werden, daß er dem Eigentümer gegenüber nicht schlechter gestellt sein kann, als der nicht berechtigte Besitzer (vgl. unten Anm. Io).

3. Verwendungen des Fremdbesitzers

Anm. 5

Ebenso wie die §§ 987ff sind auch die §§ 994—1003 in erster Linie auf das Verhältnis des nicht berechtigten Eigenbesitzers zum Eigentümer zugeschnitten. Sie gelten aber auch für den nicht berechtigten Fremdbesitzer.

a) Berechtigter Fremdbesitzer

Anm. 6

Auf das Verhältnis des berechtigten Fremdbesitzers zum Eigentümer finden die §§ 994ff keine Anwendung. Die Ansprüche des dem Eigentümer gegenüber zum Besitz berechtigten Fremdbesitzers auf Ersatz seiner Verwendungen richten sich grundsätzlich nur nach den gesetzlichen oder vertraglichen Bestimmungen, auf denen sich sein Besitzrecht gründet (**BGH** NJW 1955, 340; nicht ganz klar **BGH** LM BGB § 994 Nr. 4; vgl. dazu die Anm. von Reinicke MDR 1956, 599 und Imlau MDR 1957, 263).

Anm. 7

Der Anspruch des Nießbrauchers auf Ersatz seiner gemachten Verwendungen bestimmt sich nach § 1094, der des Pfandgläubigers nach § 1216. Den Anspruch des Finders auf Ersatz seiner Aufwendungen regeln die §§ 970ff.

Anm. 8

Nach § 556 Abs. 2 hat der Mieter eines Grundstücks kein Zurückbehaltungsrecht. Diese Regelung ist jedoch grundsätzlich auf den im Gesetz geregelten Fall zu beschränken, daß die Rückgabe auf Grund des Mietvertrags gefordert wird (vgl. **RG** 85, 137; JW 1907, 100; vgl. § 556 Anm. 6).

Anm. 9

Dem Unterpächter können daher bei vorzeitiger Beendigung der Pacht wegen seiner Verwendungen auf das Grundstück weder nach § 547 noch nach § 951 (§ 951 Anm. 26) noch nach §§ 994ff Ansprüche gegen den Hauptverpächter zustehen, wenn der Pächter sich im Hauptvertrag zur Vornahme bestimmter Verwendungen verpflichtet und für den Fall des Ablaufs der vereinbarten Vertragsdauer auf alle Ansprüche aus irgendwelchen Verwendungen verzichtet hat, die Unterpacht aber aus diesem Grunde mit entsprechendem Inhalt abgeschlossen worden ist (**RG** 158, 402).

Anm. 10

Ein Anspruch auf Ersatz der Verwendungen steht dem besitzberechtigten Fremdbesitzer in entsprechender Anwendung des § 994 Abs. 1 zu, wenn er sich unter Berücksichtigung aller in bezug auf die Sache bestehenden Rechtsbeziehungen ohne dem schlechter stehen würde als ein gutgläubiger, zum Besitz nicht berechtigter Fremdbesitzer in entsprechender Lage (**BGH** NJW 1955, 340). In einem Fall, in dem der nach MilRegG 52 bestellte Treuhänder Verwendungen auf das Grundstück gemacht hatte, hat der Bundesgerichtshof § 999 Abs. 2 entsprechend angewandt (**BGH** LM BGB § 390 Nr. 2). Diese entsprechende Anwendung muß aber auf Ausnahmefälle beschränkt bleiben. Zu eng der VIII. Zivilsenat des Bundesgerichtshofs in **BGH** 27, 317, wo angenommen wird, daß derjenige, der auf Grund eines mit dem Mieter einer Sache abgeschlossenen wirksamen Vertrages als Werkunternehmer eine Sache ausbessert, keine Ansprüche aus einer entsprechenden Anwendung der §§ 994ff wegen der von ihm gemachten Verwendungen gegen den Eigentümer geltend machen kann, wenn er die

Sache dem Besteller freiwillig ohne Bezahlung des Werklohnes herausgegeben hat. Im Gegensatz zum VIII. Zivilsenat hat der II. Zivilsenat das Bestehen von Ansprüchen gegen den Eigentümer auf Ersatz der Verwendungen in dem Urteil v. 29. 10. 1952 II ZR 63/52 bejaht. In der Begründung dieses Urteils ist allerdings nicht genügend beachtet, daß die §§ 987ff nur das Verhältnis des Eigentümers zu dem zum Besitz nicht berechtigten Besitzer betreffen. Raiser JZ 1958, 681 stimmt der Entscheidung des VIII. Zivilsenats im Ergebnis zu. Er geht jedoch davon aus, daß im Gegensatz zur herrschenden Lehre auch der Herausgabeanspruch des Eigentümers nach § 985 nicht gegen jeden Besitzer schlechthin, sondern nur gegen den unrechtmässigen Besitzer gegeben ist. Vgl. weiter Donau NJW 1958, 2051.

Anm. 11

b) Nicht berechtigter Fremdbesitzer

Der Anspruch des gutgläubigen nichtberechtigten Fremdbesitzers nach § 994 Abs. 1 geht nicht schlechthin auf Ersatz seiner Verwendungen, sondern er ist nach Maßgabe der Ansprüche begrenzt, die bei einem entsprechenden Besitzrecht bestehen würden. Der gutgläubige nicht berechtigte Fremdbesitzer kann nach § 994 Abs. 1 nie mehr fordern, als ihm zustehen würde, wenn er das vermeintliche Besitzrecht tatsächlich hätte. Dem gutgläubigen Eigenbesitzer, auf den § 994 in erster Linie zugeschnitten ist, steht der Anspruch auf Ersatz der Verwendungen zu, weil die Verwendungen letztlich eine Folge seines guten Glaubens an sein Eigentumsrecht sind. Für den gutgläubigen nicht berechtigten Fremdbesitzer trifft das nur in dem Umfang zu, als er Ersatz auch nach den Bestimmungen verlangen kann, die auf das vermeintliche Besitzrecht anwendbar wären. Falls er andere Verwendungen macht, überschreitet er damit den Rahmen seines vermeintlichen Fremdbesitzrechts. Er macht diese Verwendungen nicht mehr als gutgläubiger Fremdbesitzer im Sinne des § 994 Abs. 1. Ersatz für solche Verwendungen kann er nach § 994 Abs. 2 nur nach den Vorschriften über die Geschäftsführung ohne Auftrag geltend machen. Falls er bei Gültigkeit des Vertrages, auf den er sein Besitzrecht gründet, Ersatz für die Verwendungen nur in begrenzter Höhe oder nur nach den Vorschriften über die Geschäftsführung ohne Auftrag beanspruchen könnte, wie es z. B. für den Nießbraucher nach § 1049 und den Pfandgläubiger nach § 1216 zutrifft, kann er auch als nicht berechtigter Besitzer nach § 994 keine weitergehenden Ansprüche geltend machen (**BGH** 17. 12. 1958 V ZR 121/57). Auch der redliche Pfandbesitzer kann daher für Verwendungen, selbst wenn sie notwendig waren oder vor dem Prozeß vorgenommen worden sind, Ersatz nur nach den Regeln über auftragslose Geschäftsführung fordern. Daran ändert es auch nichts, daß bei Gültigkeit des Pfandrechts der Ersatzanspruch des Pfandgläubigers nach § 1216 gegen den vom Eigentümer vielleicht verschiedenen Verpfänder geht. Selbstverständlich stehen dem nicht berechtigten Besitzer keine über § 994 hinausgehende Ansprüche zu, die möglicherweise bestehen würden, wenn der Vertrag, auf den er sein vermeintliches Besitzrecht gründet, gültig wäre.

II. Verwendungen

Anm. 12

Der Begriff der Verwendungen ist (abgesehen von § 995) nicht gesetzlich bestimmt. Um Arbeit und Stoffe, die an der Sache selbst ausgeführt oder angewendet werden, kann es sich handeln, aber auch um das dafür gezahlte oder zu zahlende Geld.

Die §§ 994ff sind nicht anwendbar auf den Schadensersatzanspruch des Bergwerkspächters gegen den Bergwerkseigentümer, der sein Recht durch Gewinnung von Kohle im Pachtfeld verletzt hat; die dem zur Herausgabe verpflichteten Verpächter gemäß § 102 zu erstattenden Gewinnkosten sind Kosten, die nach der Besitzergreifung entstehen (**RG** JW 1938, 3040; oben Vorbem. vor § 985 Anm. 3; § 990 Anm. 20).

Verwendungen sind Vermögensaufwendungen, die einer bestimmten Sache zugute kommen sollen und — regelmäßig — auch wirklich zugute kommen (Mot. 3, 411; **RG** 152, 101). Dienen die Aufwendungen einem anderen Zweck, so sind sie dennoch Verwendungen, wenn sie auch der Sache zugute kommen. In **BGH** NJW 1955, 340 sind die Kosten für die Hebung eines Schiffswracks zur Säuberung des Flußbettes als Verwendungen auf das Wrack angesehen worden, da dieses erst dadurch für den Eigentümer als Schrott verwertbar wurde. Über Transportkosten als Verwendungen siehe **OGH** MDR 1949, 470.

Anm. 13

Verwendungen können auch die Aufwendungen sein, die gemacht werden, um auf einem Grundstück ein Gebäude zu errichten. Nicht um Verwendungen soll es sich nach der Rechtsprechung des Bundesgerichtshofs handeln, wenn das Grundstück damit nicht nur in seinem Bestand verbessert, sondern in seinem Zustand verändert wird, indem es dadurch anderen Zwecken als bisher dienstbar gemacht wird, z. B. wenn auf einem bisher unbebauten Grundstück ein Wohnhaus oder ein Fabrikgebäude errichtet wird (**BGH** 10, 178; LM BGB § 946 Nr. 6, § 1004 Nr. 14).

Verendet ein Tier, bevor ein Heilmittel angewendet werden konnte, so schließt dies die Erstattung nicht aus. Wer dem andern einen Schuppen vermietet, macht keine Verwendungen auf den Wagen eines Dritten, den der Mieter einstellt (Frankfurt JW 1932, 1228). Körperliche Veränderungen sind nicht erforderlich; auch Auslagen anderer Art, wie namentlich die Bestreitung von Lasten der Sache (§ 995), gehören hierher.

Anm. 14

Dagegen ist der für den Erwerb der Sache gezahlte Kaufpreis in der Regel keine Verwendung, da er der Sache nicht zugute kommt (vgl. auch **BGH** LM HGB § 366 Nr. 4).

Anm. 15

Hat der Beklagte jedoch Nutzungen nach § 988 herausgegeben, so sind auch die Aufwendungen, die er für den Erwerb der Sache gemacht hat, zu berücksichtigen. Dazu gehören, falls der Besitz auf Grund eines nichtigen Kaufvertrages erlangt ist, die auf den Kaufpreis geleisteten Zahlungen. Um deren Betrag kann der Beklagte den für die gezogenen Nutzungen zu leistenden Wertersatz kürzen, oder, soweit die Nutzungen in Natur herauszugeben sind, wegen dieser Beträge ein Zurückbehaltungsrecht geltend machen. Das gilt selbst dann, wenn die Sache nicht von dem Eigentümer, sondern von einem Dritten gekauft ist, der den Kaufpreis erhalten hat (**RG** 163, 360).

Anm. 16

Hat der Besitzer eine abhanden gekommene Sache in gutem Glauben gekauft oder verpfändet erhalten, so steht ihm ein Lösungsrecht gegen den Eigentümer nicht zu; anders nur nach den landesgesetzlichen Vorschriften über öffentliche Pfandleihanstalten (vgl. EG Art. 94 Abs. 2).

Anm. 17

Regelmäßig liegt auch keine Verwendung auf die Sache in der Verwaltung durch den Besitzer. Entgelt dafür kann nicht gefordert werden, es sei denn, daß der Besitzer durch seine Dienste, die er sonst anderweit verwertet hätte, die Zuziehung fremder Hilfskräfte erspart hat (vgl. **RG** SeuffArch 61 Nr. 29; Rostock OLG 29, 354).

III. Rechte des Besitzers aus den Verwendungen

1. Allgemeines

Anm. 18

Die Rechte des Besitzers aus der Verwendung sind verschieden, je nachdem es sich um notwendige oder nicht notwendige Verwendungen, um Verwendungen, die ein redlicher Besitzer vor dem Prozeßbeginn gemacht hat, oder um solche des unredlichen oder des Prozeßbesitzers handelt (vgl. §§ 994—996, 999; wegen Verwendungen auf die Früchte: § 998). Grundsätzlich mindern die Verwendungen die herauszugebenden Werte. Daher bestehen die Rechtsbehelfe, die aus Anlaß von Verwendungen gegeben werden, regelmäßig nur in einem Recht der Wegnahme (§ 997), der Zurückbehaltung (§ 1000) und der Befriedigung aus der Sache selbst (§ 1003). Unter bestimmten Voraussetzungen aber, wenn der Eigentümer die Sache wiedererlangt oder die Verwendungen genehmigt, wird dem Besitzer auch ein selbständiger klagbarer Ersatzanspruch gewährt (§§ 1001, 1002).

Anm. 19

Die Ausübung des Zurückbehaltungsrechts nach § 320 begründet keine weiteren Verwendungsansprüche, als ohnehin gegeben sind, z. B. keine Ansprüche auf Lagergeld (**RG** JR 1926 Nr. 1021).

Über die Verzinsungspflicht des Eigentümers und die Pflicht zur Befreiung von Verbindlichkeiten: §§ 256, 257.

2. Ansprüche des redlichen Besitzers vor der Rechtshängigkeit

a) Notwendige Verwendungen

Anm. 20

Notwendige Verwendungen, die ein redlicher Besitzer vor der Rechtshängigkeit des Eigentumsanspruchs macht, sind ihm — abgesehen von den gewöhnlichen Erhaltungskosten — schlechthin zu ersetzen (Abs. 1).

Anm. 21

Notwendig ist eine Verwendung, wenn sie zur Erhaltung oder zur ordnungsmäßigen Bewirtschaftung der Sache erforderlich ist (**RG** JW 1930, 2655). Es handelt sich nicht nur um Ausbesserungen, sondern auch um Neuanlagen, wie die Errichtung von Zäunen, Mauern, Dämmen, Scheunen.

Anm. 22

Nicht bloß die körperliche Sache als solche ist in Betracht zu ziehen, sondern auch das lebenswichtige Bestehen des Betriebs, in dessen Zweck die Sache (das Grundstück) gestellt ist. Was diesen Betrieb am Leben erhält oder so ausgestaltet, daß er nutzbringend bleibt, ist notwendig. Unter Umständen kann für eine Schankwirtschaft ein Erweiterungsbau zur Schaffung von Gastzimmern notwendig sein (**RG** 117, 115). Ebenso die Umwandlung einer Spritfabrik in eine solche für Schrauben und Muttern, wenn der Eigentümer selbst beabsichtigt, das Grundstück nach seiner Wiedererlangung in der neuen Art zu benutzen (**RG** 139, 357). Dagegen sind bauliche Umgestaltungen einer Dampfsägemühle, um sie einer andersartigen Fabrikanlage des Besitzers einzugliedern, keine notwendigen Verwendungen (**RG** JW 1930, 2655).

Anm. 23

Der Begriff ist ein gegenständlicher; auf die Auffassung des Verwendenden kommt es nicht an (Marienwerder OLG 15 358).

Anm. 24

Ob der Wert der Sache zu der Zeit, da der Eigentümer sie wiedererlangt, noch erhöht ist oder nicht, ist gleichgültig. Das Gesetz geht davon aus, daß notwendige Verwendungen dem Eigentümer die entsprechenden eigenen Auslagen erspart haben und er deshalb auf alle Fälle bereichert ist, auch wenn er bei Wiedererlangung des Besitzes keine Werterhöhung mehr vorfindet (**RG** 139, 357; JW 1930, 2655).

Der Ersatzanspruch wird nicht dadurch ausgeschlossen, daß die Verwendungen auf einem Vertrage mit einem Dritten, z. B. einem Werkvertrag, beruhen, aus dem der Dritte dem Verwender haftet (**RG** 142, 422; SeuffArch 88 Nr. 60; Gruchot 57, 997). Anders, wenn der Anspruch gegen den Dritten bereits befriedigt ist; dann kann der Eigentümer dem Verwendungsanspruch die Einrede der Arglist entgegensetzen (**RG** 142, 422; vgl. oben Anm. 3).

Anm. 25

Daß die in § 994 Abs. 1 Satz 2, § 995 genannten Erhaltungskosten und Aufwendungen zur Bestreitung von Lasten der Sache zu den notwendigen Verwendungen gehören, geht aus dem Gesetz unmittelbar hervor.

Wegen der Beschränkung des Ersatzanspruchs: § 1001. Aber auf dauernde Werterhöhung der Sache kommt es für den Ersatzanspruch nach § 994 Abs. 1 nicht an (vgl. § 996).

b) Gewöhnliche Erhaltungskosten

Anm. 26

Gewöhnliche Erhaltungskosten sind die regelmäßig wiederkehrenden Ausgaben, die nach einem Voranschlag von vornherein in Rechnung gestellt werden, z. B. Viehfutterkosten (**RG** 52, 166; 142, 205), laufende Arbeitslöhne (**RG** Gruchot 47, 940) und die Kosten für die Generalüberholung von Kraftfahrzeugen, da eine solche je nach dem Gebrauch des Fahrzeugs in mehr oder weniger großen Abständen regelmäßig zu erfolgen hat (Schleswig SchlHA 1951, 32; Oldenburg RdK 1950, 91).

Anm. 27

Sie erscheinen als Gegenstück der Nutzungen und werden daher dem Besitzer, dem diese verbleiben, nicht erstattet, obwohl auch sie notwendige Verwendungen sind. Dies gilt auch dann, wenn die Erhaltungskosten den Betrag der Nutzungen übersteigen; die Vorteilsausgleichung findet in Bausch und Bogen statt. Nicht einmal das ist nötig, daß Nutzungen tatsächlich gezogen sind; entscheidend ist nur, daß die Sache überhaupt solche abwirft (Kassel OLG 41, 160) und daß der Besitzer nach den §§ 987 ff ein Recht auf sie hat. Danach bezieht sich die Bestimmung auf den redlichen, unverklagten Besitzer, der entgeltlich erworben hat, sowie auf dessen Besitzmittler (991). Nur solche Besitzer dürfen (abgesehen von den hier nicht in Betracht kommenden Übermaßfrüchten des § 993 Abs. 1) die etwa gezogenen Nutzungen behalten.

Anm. 28

Unredliche, nicht unter § 991 Abs. 1 fallende Besitzer, desgleichen Prozeßbesitzer (§ 987) müssen die Nutzungen herausgeben; daher ist es in der Ordnung, daß ihnen anderseits auch selbst die gewöhnlichen Erhaltungskosten ersetzt werden. Der redliche Besitzer, der den Besitz unentgeltlich erlangt und Nutzungen vor dem Prozeß gezogen hat, rechnet die laufenden Ausgaben auf die nach § 988 herauszugebende Bereicherung an. Durch freiwillige Überlassung der Nutzungen kann sich der Eigentümer von der Ersatzpflicht nicht befreien.

Anm. 29

c) Außergewöhnliche Erhaltungskosten

Außergewöhnliche Erhaltungskosten (z. B. Erneuerungsbauten) sind allen Besitzern ohne Rücksicht auf die Nutzungen zu vergüten (vgl. auch § 995 Satz 2).

3. Ansprüche des redlichen Besitzers nach Eintritt der Rechtshängigkeit und des unredlichen Besitzers (Abs. 2)

Anm. 30

a) Unredlicher Besitzer

Über den Begriff der Unredlichkeit (des bösen Glaubens): § 990 Anm. 8—22. Entscheidend ist, ob der Besitzer zur Zeit der Verwendung gut- oder schlechtgläubig gewesen ist. Der Handwerker, der die Sache zur Ausbesserung erhält, ist nicht deshalb bösgläubig, weil er weiß, daß der Besteller sie gemietet hat (**RG** Gruchot 57, 999). Der besitzende Käufer kann gutgläubig sein, obgleich er das Bestehen eines Vorkaufsrechts kennt (Rostock OLG 29, 354).

b) Ansprüche nach den Bestimmungen der Geschäftsführung ohne Auftrag

Anm. 31

Notwendige Verwendungen, die der Besitzer nach dem Eintritt der Rechtshängigkeit oder während des Bestehens seiner Unredlichkeit (§ 990) macht, erhält er nur nach den Grundsätzen über auftraglose Geschäftsführung (§§ 683, 684) ersetzt. Es genügt also nicht die Notwendigkeit nach allgemeinen wirtschaftlichen Anforderungen. Vielmehr müssen die Verwendungen, sofern sie nicht zur Erfüllung einer im öffentlichen Interesse (§§ 683, 679) liegenden Pflicht des Eigentümers erforderlich oder von ihm genehmigt sind, seinem wirklichen oder mutmaßlichen Willen entsprechen; ist dies nicht der Fall, so wird nur die Bereicherung ersetzt. Dabei beweist aber weder bereits die Rechtshängigkeit noch der Rückforderungsanspruch des Eigentümers noch der Umstand, daß er nicht die nötigen Mittel besessen hätte, um die Verwendungen vorzunehmen, daß diese seinem wirklichen oder mutmaßlichen Willen nicht entsprochen hätten (**RG** HRR 1929, 303).

Anm. 32

Hat der Besitzer nach dem Eintritt der Rechtshängigkeit nach § 994 Abs. 2 erstattungsfähige Verwendungen gemacht und anderseits Nutzungen gezogen, die er nach § 987 herausgeben muß, so hat er deswegen doch die Verwendungen aus eigenen Mitteln gemacht, da die Nutzungen in sein Eigentum übergegangen waren. Hier ist eine Aufrechnung von Forderung und Gegenforderung möglich und nötig.

Anm. 33

Unter Umständen kann der Eigentümer aber der Ausübung des Zurückbehaltungsrechts (§§ 273, 1000) durch den Besitzer mit einer Arglisteinrede begegnen, namentlich wenn die Kosten der Verwendungen durch die gezogenen Nutzungen sicher gedeckt sind, eine Aufrechnung aber noch nicht erklärt ist (**RG** JW 1928, 2437; **BGH** LM ReichsnährstandsauflösungsG § 2 Nr. 1; vgl. § 1000 Anm. 12).

Anm. 34

Da der Prozeßbesitzer und der unredliche Besitzer nicht besser gestellt sein können als der redliche Besitzer vor Eintritt der Rechtshängigkeit, müssen auch sie trotz der räumlichen Stellung der Vorschrift sich die Anrechnung der Nutzungen nach Abs. 1 Satz 2 gefallen lassen (Kassel OLG 41, 160).

Anm. 35

IV. Entsprechende Anwendung

Die §§ 994ff sind entsprechend anzuwenden in den Fällen der §§ 292, 347, 467, 634 Abs. 4 (**RG** 147, 393), 850, 972, 974, 2022, 2185. Vgl. auch § 8 PachtkreditG v. 5. 8. 1951, BGBl I 494 (§ 930 Anm. 42 Abs. 2) und § 7 Abs. 2 des Gesetzes zur Ergänzung des Reichssiedlungsgesetzes vom 4. 1. 1935, RGBl I 1. Wegen der Anwendung des § 994 auf das Verhältnis zwischen dem wahren Eigentümer und dem Bucheigentümer s. **RG** 133, 287 (vgl. § 995 Anm. 6).

Anm. 36

V. Beweislast

Der Besitzer hat die Verwendungen, ihren Wert und ihre Notwendigkeit zu beweisen. Der Eigentümer kann dagegen dartun, daß es sich nur um gewöhnliche Erhaltungskosten handelt oder daß die Verwendung nach dem Eintritt der Rechtshängigkeit oder des bösen Glaubens stattgefunden hat. Macht dann der Besitzer geltend, daß gleichwohl nach Abs. 2 ein Anspruch begründet ist, so hat wiederum er dies zu beweisen.

Anm. 37

VI. Umstellung

Der Ersatzanspruch für Verwendungen, die in der Zeit vor der Währungsreform gemacht worden sind, ist nach § 16 UmstG im Verhältnis 10:1 umzustellen (**OGH** NJW 1950, 543). Nach der Rechtsprechung des Court of Restitution Appeals (SJZ 1950, 674; RzW 1950, 277) gilt dasselbe Umstellungsverhältnis für die entsprechenden Ansprüche im Rückerstattungsverfahren. Über die Rechtsprechung in der brit. und franz. Zone vgl. von Caemmerer DRZ 1950, 505.

§ 995

Zu den notwendigen Verwendungen im Sinne des § 994 gehören auch die Aufwendungen, die der Besitzer zur Bestreitung von Lasten der Sache macht. Für die Zeit, für welche dem Besitzer die Nutzungen verbleiben, sind ihm nur die Aufwendungen für solche außerordentliche Lasten zu ersetzen, die als auf den Stammwert der Sache gelegt anzusehen sind.

E II 909; P 3 353, 354, 37.

Lasten als notwendige Verwendungen

1. Lasten

Anm. 1

Der § 995 zieht eine Folgerung aus § 994. Daß zu den notwendigen Verwendungen auf die Sache auch die Aufwendungen zur Bestreitung ihrer Lasten gehören, wird hier wie in § 2022 Abs. 2, § 2185 besonders hervorgehoben. Eine Begriffsbestimmung der „Lasten" findet sich in **RG** 66, 318.

a) Gewöhnliche Lasten

Anm. 2

Den „gewöhnlichen Erhaltungskosten" des § 994 Abs. 1 Satz 2 entsprechen die gewöhnlichen Lasten, öffentlich-rechtliche und bürgerlich-rechtliche, z. B. die Jahressteuern der Sache (Staats- und Gemeindegrundsteuern usw.), die Zinsen der auf ihr ruhenden Hypotheken und Grundschulden, die einzelnen Reallast- oder Rentenleistungen. Sie erscheinen als Minderung der Nutzungen, aus denen sie zu decken sind, und sind daher, wenn es sich um Aufwendungen des redlichen Besitzers vor dem Eintritt der Rechtshängigkeit handelt (§ 994 Anm. 27), da er die Nutzungen behalten darf, nicht zu ersetzen.

Anm. 3

Doch kann nach § 1047 der Nießbraucher (und deshalb auch der redliche Nießbrauchsbesitzer, § 994 Anm. 11) Ersatz für solche bürgerlich-rechtliche Lasten verlangen, die erst nach der Nießbrauchsbestellung auf die Sache gelegt wurden.

Kehren die Lasten regelmäßig wieder, so hat sie für die Zeit bis zur Bösgläubigkeit oder bis zum Prozeßbeginn der Besitzer, für die Zeit nachher der Eigentümer zu tragen; sind sie nur beim Eintritt besonderer Ereignisse zu entrichten, so entscheidet die Fälligkeit (§ 103).

b) Außerordentliche Lasten

Anm. 4

Den Gegensatz zu den gewöhnlichen bilden die „außerordentlichen Lasten, die als auf den Stammwert der Sache gelegt anzusehen sind" (d. h. die kapitalmindernden, diejenigen, die nicht aus den Erträgnissen bestritten werden sollen; vgl. Mot. 3, 516). Hat der redliche Besitzer vor dem Prozeß derartige Lasten getilgt, so gebührt ihm stets Ersatz, mag es sich um öffentliche Lasten handeln (z. B. um besondere Kriegsleistungen, einmalige Abgaben zur Anlegung von Straßen, Kanälen, Deichen) oder um bürgerlich-rechtliche (Rückzahlung des Hypotheken- oder Grundschuldkapitals, Anerbenabfindung usw.). Ähnliche Bestimmungen, zum Teil in weniger genauer Fassung finden sich in §§ 1047, 2126, 2379.

Anm. 5

Der unredliche Besitzer und der Prozeßbesitzer haben Anspruch auf Ersatz von Lasten jeder Art, aber nur nach dem Recht der auftragslosen Geschäftsführung (vgl. § 994 Anm. 31).

Anm. 6

2. Verhältnis Bucheigentümer zu Grundstückseigentümer

Kommt nach **RG** 133, 287 § 995 in Verbindung mit § 994 Abs. 2 auf den Bucheigentümer zur Anwendung, so hat ihm der wahre Eigentümer die gezahlten Hypothekenzinsen zu erstatten, da ihre Zahlung den Belangen und dem mutmaßlichen Willen des Eigentümers entsprach (sonst drohte Zwangsversteigerung).

§ 996

Für andere als notwendige Verwendungen kann der Besitzer Ersatz nur insoweit verlangen, als sie vor dem Eintritte der Rechtshängigkeit und vor dem Beginne der im § 990 bestimmten Haftung gemacht werden und der Wert der Sache durch sie noch zu der Zeit erhöht ist, zu welcher der Eigentümer die Sache wiedererlangt.

E I 936 Abs. 1, 2 II 908 Abs. 2; M 3 411; P 3 350—353.

Ersatz nützlicher Verwendungen

1. Andere als notwendige Verwendungen (impensae utiles und voluptuariae).

Anm. 1

Die nützlichen Verwendungen (Verbesserungen, impensae utiles) sind solche, die, ohne notwendig zu sein (vgl. § 994 Anm. 21—25), den sachlichen Wert der Sache (ihren allgemeinen Verkehrswert, nicht gerade den Vorteil des einzelnen Eigentümers) erhöhen, sei es durch Steigerung des Verkaufswerts, sei es durch Stärkung der Einkommensfähigkeit.

Anm. 2

Indem das Gesetz zwischen dieser Art der Verwendungen und den wirtschaftlich unnützen (Überfluß-)Ausgaben nicht unterscheidet, bestimmt es, daß unredliche Besitzer und Prozeßbesitzer für nicht notwendige Verwendungen überhaupt keinen Ersatz erhalten sollen, auch nicht einmal nach den Vorschriften über die ungerechtfertigte Bereicherung. Nur das Wegnahmerecht des § 997 steht ihnen offen.

2. Ersatzanspruch des redlichen Besitzers

Anm. 3

Dem redlichen Besitzer, der nichtnotwendige Verwendungen vor der Rechtshängigkeit der Eigentumsklage vorgenommen hat, wird ein Ersatzrecht gewährt.

a) Wertsteigerung

Anm. 4

Voraussetzung ist aber, daß die Verwendungen, z. B. beim Schneiden des Holzes in der Mühle (**RG** WarnRspr 1929 Nr. 180), den Wert der Sache erhöht haben (impense utiles, vgl. Anm. 1) und daß die Erhöhung noch zu der Zeit, zu welcher der Eigentümer die Sache wiedererlangt, fortdauert. Nur der in diesem Augenblick vorhandene Mehrwert kann verlangt werden, und anderseits der Mehrwert nur insoweit, als er den Betrag der Verwendung nicht übersteigt (vgl. **RG** 106, 149; JW 1936, 2912).

Anm. 5

Fällt die Werterhöhung vor der Rückgabe der Sache fort, so ist das Ersatzrecht ausgeschlossen; der Besitzer trägt insofern die Gefahr. Doch entscheidet statt der Wiedererlangung der etwaige frühere Zeitpunkt, zu dem der Eigentümer in Annahmeverzug gerät oder die Verwendungen genehmigt (vgl. § 300 Abs. 1, § 1001).

Anm. 6

b) Genehmigte Verwendungen

Insoweit die Verwendungen durch den Eigentümer genehmigt sind, sind auch die nichtnotwendigen Verwendungen, gleich in welchem Zeitpunkt sie gemacht worden sind und ob der Wert der Sache durch sie noch erhöht ist, nach § 1001 zu ersetzen (**RG** DR 1942, 1278).

Anm. 7

c) Vertragliche Regelung der Ersatzpflicht

Sind die Beziehungen des Besitzers zu dem Eigentümer durch einen Vertrag geregelt, so ist § 996 unanwendbar; der Vertrag des Besitzers mit einem Dritten bleibt aber außer Betracht, soweit nicht ausnahmsweise eine Arglisteinrede begründet ist (vgl. § 994 Anm. 2, 3).

Anm. 8

3. Beweislast

Zu beweisen hat der Besitzer sowohl den Wert der Verwendung als auch den Betrag, um den durch sie der Wert der Sache im maßgebenden Zeitpunkt (Anm. 4) erhöht war. Dagegen liegt der Beweis, daß die Verwendung erst nach dem Eintritt der Bösgläubigkeit oder der Rechtshängigkeit vorgenommen wurde, dem Eigentümer ob.

§ 997

Hat der Besitzer mit der Sache eine andere Sache als wesentlichen Bestandteil verbunden, so kann er sie abtrennen und sich aneignen. Die Vorschriften des § 258 finden Anwendung.

Das Recht zur Abtrennung ist ausgeschlossen, wenn der Besitzer nach § 994 Abs. 1 Satz 2 für die Verwendung Ersatz nicht verlangen kann oder die Abtrennung für ihn keinen Nutzen hat oder ihm mindestens der Wert ersetzt wird, den der Bestandteil nach der Abtrennung für ihn haben würde.

E I 936 Abs. 3 II 910; M 3 414; P 3 354—357, 373; 6 238, 239.

Übersicht

Wegnahmerecht des Besitzers

1. Recht zur Abtrennung wesentlicher Bestandteile

Anm. 1

Hat ein Besitzer mit der herauszugebenden Sache eine eigene verbunden, ohne sie zu einem wesentlichen Bestandteil (§§ 93, 94) der andern zu machen, so ist sein Eigentum unberührt geblieben. Nach § 985 kann er seine Sache wegnehmen oder, wenn er sie mit der andern an deren Eigentümer herausgegeben hat, von diesem zurückfordern.

§ 997 gewährt darüber hinaus ein Wegnahmerecht (jus tollendi) auch in dem Falle, daß die verbundene Sache zum wesentlichen Bestandteil der andern geworden, mithin (vgl. §§ 946, 947 Abs. 2) in das Eigentum des Herrn der Hauptsache gelangt (nicht auch im Falle des § 947 Abs. 1; vgl. **OGH** NJW 1950, 543).

Anm. 2

Immer aber ist daran festzuhalten, daß § 997 dem Besitzer nur ein Gegenrecht verleiht, wenn der Eigentümer die Sache wiedererlangt oder doch zurückfordert. Auf Grund dieses Gegenrechts ist der Eigentümer verpflichtet, die Wegnahme zu dulden. Diese Verpflichtung kann zeitweilig dem Herausgabeanspruch des Eigentümers entgegenstehen. Ein Zurückbehaltungsrecht an der einheitlichen Sache schlechthin, wie es für den Anspruch des Besitzers auf Verwendungsersatz nach § 1001 besteht, wird durch das Wegnahmerecht nicht begründet (**OGH** NJW 1950, 543). Gegenüber einer Klage aus §§ 946, 951 kann eine Einrede aus § 997 Abs. 2 nicht erhoben werden (**RG** Gruchot 67, 316). Die Wegnahme nach § 997 Abs. 1 enthält außer der Trennung eine Aneignung; anderseits ist sie ausgeschlossen, wenn eine der drei in Abs. 2 genannten Ausnahmen vorliegt.

Anm. 3

Mag indes durch die Verbindung ein wesentlicher Bestandteil geschaffen sein oder nur ein unwesentlicher, der aber als Einrichtung der Sache dauernd erkennbar blieb, immer muß nach § 258 der wegnehmende Besitzer die Hauptsache auf seine Kosten in den vorigen Stand setzen, während der Eigentümer, der sie zusammen mit der andern Sache wiedererlangt, die Wegnahme erst nach Sicherheitsleistung zu gestatten braucht.

Anm. 4

Beide Fälle (der des § 997 und der nur unter § 258 gehörende, wo ein wesentlicher Bestandteil nicht entstanden ist) stimmen ferner darin überein, daß das Wegnahmerecht dem Besitzer ohne Rücksicht auf guten oder bösen Glauben zusteht. Auch die sonstigen Verschiedenheiten im Besitz spielen keine Rolle, nur daß natürlich ein mittelbarer Besitzer nicht zur eigenmächtigen Wegnahme, sondern nur zur Erhebung des Anspruchs nach § 258 Satz 2 imstande ist.

Anm. 5

Desgleichen kann es in beiden Fällen vorkommen, daß nach § 994 oder § 996 mit dem Wegnahmerecht ein Recht auf Verwendungsersatz zusammentrifft. Der Besitzer hat dann die Wahl, welches Recht er geltend machen will. Es besteht keine Wahlschuld, sondern es handelt sich um einen Fall der elektiven Konkurrenz oder der Ersetzungsbefugnis des Gläubigers (**BGH** LM BGB § 946 Nr. 6). Kann die Verbindung nicht als Verwendung auf die herauszugebende Sache aufgefaßt werden, so ist er auf das Wegnahmerecht beschränkt, wie dies vom unredlichen Besitzer und vom Prozeßbesitzer auch dann gilt, wenn sich die Verbindung zwar als Verwendung, aber nicht als notwendige Verwendung darstellt (vgl. § 996 Anm. 2).

Anm. 6

Eine Zeitgrenze ist für das Wegnahmerecht des § 997 so wenig vorgesehen wie für das des § 258. Eine entsprechende Anwendung des § 1002 läßt sich nicht begründen (vgl. Braunschweig SeuffArch 68 Nr. 235). Anders verhält es sich für die Vorschriften des § 999, die auch für das Wegnahmerecht unentbehrlich sind (vgl. dort Anm. 14).

Anm. 7

Wo Vertrag oder Gesetz ein erweitertes Wegnahmerecht verleihen, greifen die Ausnahmen des § 997 Abs. 2 nicht Platz. Gesetzliche Bestimmungen dieser Art s. in §§ 500, 547 (581), 601, 1049 (1093), 1216, 2125.

2. Recht zur Aneignung der abgetrennten Bestandteile

Anm. 8

Das Aneignungsrecht bedeutet die Befugnis, durch Abtrennung und Besitzergreifung Eigentum an dem bisherigen wesentlichen Bestandteil zu erwerben. Dabei wird jedoch vorausgesetzt, daß die abzutrennende Sache vor der Verbindung dem Besitzer gehörte; trifft dies nicht zu, so ist nach § 951 Abs. 2 Satz 2 ihr früherer Eigentümer derjenige, dem das Aneignungsrecht zusteht. Das Verhältnis zwischen dieser Bestimmung und

§ 997 darf nicht etwa so gedacht werden, als ob auch § 951 das Aneignungsrecht auf den Besitzer der Hauptsache beschränkte und es ihm selbständig nur für den Fall einräumte, daß die abzutrennende Sache, ohne von ihm selber verbunden zu sein, ihm gehört hat. Vielmehr erlaubt § 951 dem früheren Eigentümer die Aneignung allgemein, gleichviel wie und von wem die Verbindung vorgenommen worden war, und ohne Rücksicht darauf, ob er die Hauptsache jemals besaß (vgl. **RG** 63, 422). Beide zugleich aber, der frühere Eigentümer und ein davon verschiedener Besitzer, können nicht wohl aneignungsberechtigt sein.

Anm. 9

Die Abtrennung ändert nichts an den Rechten Dritter (§ 951), die durch die Verbindung das Eigentum oder ein sonstiges Recht an der Sache verloren haben, jedoch mit der Maßgabe, daß ein Bereicherungs-(Herausgabe-)anspruch nur gegen den abtrennenden Besitzer erhoben werden kann.

Anm. 10

Solange der Besitzer die Hauptsache noch nicht an deren Eigentümer herausgegeben hat, wirkt das Recht gegen jedermann. Der Gestattungsanspruch des § 258 Satz 2 ist schuldrechtlicher Natur; Schuldner ist der Eigentümer der Hauptsache zur Zeit der Verbindung (**RG** 63, 422). Die Aneignungsbefugnis des § 997 kann (auch wenn sie nicht als ein Anspruch, sondern [mit Jaeger KO § 43 Anm. 5] als ein Gestaltungsrecht angesehen wird), nach § 15 KO nicht mehr zum Schaden der Konkursmasse des Eigentümers der Hauptsache ausgeübt werden, weil sie ihrem Inhalt nach keine Aussonderung begründet (Jaeger aaO Anm. 25). Da der Eigentumserwerb erst durch die Besitzergreifung stattfindet, kann ein Geschäftsunfähiger das Aneignungsrecht nicht selbständig ausüben (vgl. § 872 Anm. 3).

3. Ausschluß des Rechts zur Abtrennung (Abs. 2)

Anm. 11

a) Zur gewöhnlichen Erhaltung verbundene Sachen

Das Abtrennungsrecht ist nach Abs. 2 zunächst ausgeschlossen, wenn die Verbindung zu den gewöhnlichen Erhaltungskosten gehört (z. B. Dachausbesserung) und vom redlichen Besitzer vor der Rechtshängigkeit des Eigentumsanspruchs vorgenommen worden ist. Dies aus dem Grunde, weil dann die Verwendung durch die dem Besitzer verbleibenden Nutzungen ausgeglichen wird (vgl. § 994 Anm. 27).

Anm. 12

b) Nutzlose Trennung

Das Abtrennungsrecht ist weiter ausgeschlossen, wenn die Abtrennung für den Besitzer keinen Nutzen hat. Die Vorschrift geht weiter als das allgemeine Verbot des § 226; es genügt, wenn im gegebenen Fall die Abtrennung für den Besitzer völlig belanglos ist (vgl. dazu den Fall **BGH** 7, 252, 259).

Anm. 13

c) Wertersatz

Schließlich besteht das Abtrennungsrecht nicht, wenn dem Besitzer mindestens der Wert ersetzt wird, den der Bestandteil nach der Trennung für ihn haben würde. Ob der Eigentümer oder jemand anders den Wert ersetzt, ist gleichgültig. Durch die Leistung des Ersatzes oder, wenn die Annahme grundlos abgelehnt wird, durch das erfolglose Angebot wird die Entstehung des Wegnahmerechts verhindert. Häufig wird der Besitzer nach Treu und Glauben verpflichtet sein, den Eigentümer vor der Abtrennung zur Ersatzleistung aufzufordern. Um das Wegnahmerecht auszuschließen, braucht nur der Wert des Bestandteils nach der Trennung ersetzt zu werden, nicht der höhere Betrag, den der Besitzer etwa nach § 994 oder § 996 fordern kann. Doch kommt es auf den Wert an, den der Bestandteil „für ihn" haben würde, so daß seine persönlichen Verhältnisse und selbst ein Liebhaberwert zu berücksichtigen sind. Die Abtrennungs- und

Wegschaffungskosten, die ja tatsächlich nicht entstehen, sind bei der Ermittlung des Wertes nicht zu berücksichtigen (**RG** 106, 149). Auch den Hypothekengläubigern muß das Recht zugestanden werden, die Trennung durch Werterstattung abzuwenden.

Anm. 14

4. Wegnahme von Bäumen und Pflanzen

Das Wegnahmerecht bezieht sich auch auf Bäume und Pflanzen, die der Besitzer in ein fremdes Grundstück eingepflanzt hat (vgl. **RG** 106, 148). Hierbei ist zu beachten, daß eine durch die Einpflanzung herbeigeführte Wertsteigerung der Pflanzen als Nutzung des Grundstücks erscheint (Prot. 3, 354ff). Nach §§ 987, 990 haben Prozeßbesitzer und unredliche Besitzer auf die Nutzungen keinen Anspruch. War daher der Besitzer bösgläubig oder nahm er die Einpflanzung erst nach der Rechtshängigkeit vor, so kann sein Wegnahmerecht durch einen Entschädigungsanspruch des Grundeigentümers beschränkt werden. Insbesondere hat dieser, wenn er von der Lösungsbefugnis des Abs. 2 Gebrauch macht, dem Besitzer nur den Wert zu ersetzen, den die Pflanze vor ihrer Verbindung mit dem Grundstück hatte.

§ 998

Ist ein landwirtschaftliches Grundstück herauszugeben, so hat der Eigentümer die Kosten, die der Besitzer auf die noch nicht getrennten, jedoch nach den Regeln einer ordnungsmäßigen Wirtschaft vor dem Ende des Wirtschaftsjahrs zu trennenden Früchte verwendet hat, insoweit zu ersetzen, als sie einer ordnungsmäßigen Wirtschaft entsprechen und den Wert dieser Früchte nicht übersteigen.

E II 911; P 3 357, 373.

Übersicht

Ersatz der Fruchtgewinnungskosten

1. Kostenersatz für die noch nicht getrennten Früchte

Anm. 1

Verwendungen des Besitzers auf herauszugebende Früchte werden aus volkswirtschaftlichen Gründen in höherem Maße begünstigt als solche auf die Sache (das Grundstück) selbst. Ohne daß es auf seinen guten oder bösen Glauben oder auf die Rechtshängigkeit oder Nichtrechtshängigkeit der Klage ankommt, sind sie ihm insoweit zu ersetzen, als sie einer ordnungsmäßigen Wirtschaft entsprechen und den Wert der Früchte nicht übersteigen. Für den Fall, daß die Früchte bereits getrennt sind, wird dies in § 102 schlechthin angeordnet (vgl. dort Anm. 2—5).

Anm. 2

Sind die Früchte noch nicht getrennt und als Bestandteile des Grundstücks mit diesem herauszugeben, so schreibt § 998 den Kostenersatz vor, jedoch muß es sich um ein landwirtschaftliches Grundstück handeln und die Früchte müssen nach den Regeln einer ordnungsmäßigen Wirtschaft noch vor dem Ende des laufenden Wirtschaftsjahres zu trennen sein. Über den Begriff des landwirtschaftlichen Grundstücks: § 582 Anm. 1.

Anm. 3

2. Das Wirtschaftsjahr

Der Anfang des Wirtschaftsjahres richtet sich nach dem örtlichen Herkommen und ist nicht nur für jede Gegend, sondern auch für jede Fruchtart besonders zu bestimmen.

Bedenken gegen die Berücksichtigung der einzelnen Fruchtarten sind nach den überzeugenden Darlegungen in **RG** 141, 227 nicht mehr zu erheben. Der Ausdruck „Wirtschaftsjahr" ist unglücklich gewählt; er kann nicht das übliche Rechnungs- und Betriebsjahr der Landwirtschaft bedeuten, weil dieses noch vor der Ernte abläuft und bei solcher Auslegung kaum jemals Bestellungskosten nach § 998 zu erstatten wären. „Wirtschaftsjahr" muß also das seit der Bestellung der einzelnen Fruchtarten laufende Jahr bezeichnen.

Die Einschränkung, daß die Früchte vor dem Ende des Wirtschaftsjahres trennbar sein müssen, wird besonders praktisch bei Früchten mit mehrjähriger Entwicklung. In § 998 ist nur an Fruchtarten zu denken, die innerhalb eines Jahres bestellt und geerntet werden.

Statt des Wirtschaftsjahres entscheidet für den Pächter das Pachtjahr (§ 592); dies ist auf den Nießbraucher und auf den Vorerben entsprechend anzuwenden (vgl. §§ 1055, 2130).

Anm. 4

3. Begrenzung des Ersatzanspruchs durch den Wert der Früchte

Für den Wert der Früchte ist der Zeitpunkt der Herausgabe entscheidend (§ 996). Auch noch nicht ausgereifte Früchte oder noch gar nicht aufgegangene Saaten sind in ihrem Gegenwartswert ohne Willkür schätzbar. Ein Sachverständiger kann angeben, was nach der Ernte voraussichtlich vorhanden und was es wert sein wird. Davon sind die Kosten abzuziehen, die zur weiteren Pflege der Frucht und zu ihrer Aberntung noch notwendig sein werden.

Anm. 5

4. Geltendmachung des Ersatzanspruchs

Aus der Stellung des § 998 in dem Abschnitt über Verwendungen auf die Sache ergibt sich aber, daß das Ersatzrecht des Besitzers, abweichend von den soeben angezogenen Vorschriften und von § 102, nur nach Maßgabe der §§ 1000—1003 geltend gemacht werden kann.

§ 999

Der Besitzer kann für die Verwendungen eines Vorbesitzers, dessen Rechtsnachfolger er geworden ist, in demselben Umfang Ersatz verlangen, in welchem ihn der Vorbesitzer fordern könnte, wenn er die Sache herauszugeben hätte.

Die Verpflichtung des Eigentümers zum Ersatze von Verwendungen erstreckt sich auch auf die Verwendungen, die gemacht worden sind, bevor er das Eigentum erworben hat.

E I 937 II 912; M 3 416; P 3 357—359, 373.

Übersicht

Rechtsnachfolge im Besitz oder Eigentum

I. Ersatzanspruch für Verwendungen des Vorbesitzers (Abs. 1)

1. Rechtsnachfolge im Besitz

Anm. 1

Nicht nur der Erbe (§ 857), sondern auch der Einzelnachfolger des Besitzers kann für Verwendungen seines Rechtsvorgängers Ersatz fordern. Zur Einzelnachfolge gehört ein zwischen dem Vorbesitzer und dem gegenwärtigen Besitzer geschlossenes, der Besitzübertragung zugrunde liegendes Veräußerungsgeschäft. Durch Vorgänge lediglich wirtschaftlicher Art oder durch eine rechtsirrige Annahme der Beteiligten kann das Veräußerungsgeschäft nicht ersetzt werden (**RG** 129, 204). Veräußert also der Besitzer die Sache und erwirbt der neue Besitzer kein Eigentum, weil der Veräußerer nicht Eigentümer war, so geht wenigstens das Recht des Veräußerers, Ersatz zu verlangen, auf ihn über. Doch kann der Übergang durch Vertrag ausgeschlossen werden.

Anm. 2

Keine Rechtsnachfolge liegt in der Begründung eines Rechtsverhältnisses, kraft dessen ein Dritter als unmittelbarer Besitzer dem bisherigen unmittelbaren und nunmehrigen mittelbaren Besitzer den Besitz vermittelt. Daher steht dem unmittelbaren Besitzer ein Ersatzanspruch wegen der Verwendungen des mittelbaren Besitzers nicht zu (**RG** 158, 397). Macht er nach § 986 Abs. 1 Satz 1 (vgl. dort Anm. 4) dessen Zurückbehaltungsrecht (§ 1000) geltend, so ist er zur Herausgabe Zug um Zug gegen Befriedigung des mittelbaren Besitzers zu verurteilen.

2. Umfang des Übergangs

Anm. 3

Der Ersatzanspruch geht grundsätzlich in demselben Umfang auf den Rechtsnachfolger über, in dem er in der Person des Vorbesitzers begründet worden ist. Hatte der Vorbesitzer wegen seiner Gutgläubigkeit für nützliche Verwendungen Ersatz zu verlangen (§ 996), so kommt dies auch dem neuen Besitzer zugute, mag er selbst auch bösgläubig sein.

Anm. 4

Jedoch soll der Rechtsübergang nicht zu einer Bereicherung des Besitznachfolgers führen. Der übergegangene Ersatzanspruch ist daher entgegen dem Wortlaut des Gesetzes auf die Höhe des eigenen Schadens des den Anspruch geltend machenden Besitzers begrenzt, wenn der Rechtsvorgänger im Besitz, der die Verwendungen gemacht hat, für diese bereits durch die Zahlung des ihm verbleibenden Kaufpreises entschädigt worden ist (Freiburg JZ 1953, 404; Boehmer JZ 1953, 395 Anm. 5; Wolff/Raiser 10. Bearbeitung § 86 III Anm. 14).

Anm. 5

3. Abtretbarkeit des Ersatzanspruchs

Selbständig abtretbar ist nur ein nach den Vorschriften des § 1001 einklagbar gewordener Ersatzanspruch; bedenklich deshalb **RG** 129, 205.

II. Ersatzpflicht für Verwendungen aus der Zeit vor Erwerb des Eigentums (Abs. 2)

1. Bedeutung und Sinn der Vorschrift

Anm. 6

Die Verpflichtung des Eigentümers erstreckt sich auch auf die Verwendungen, die zur Zeit des früheren Eigentümers gemacht wurden. Außer für die Erbfolge und die Auflassung von Grundstücken hat das Bedeutung für die Fälle, wo eine bewegliche Sache gemäß § 930 oder § 931 veräußert wird. Das Zurückbehaltungsrecht des Besitzers würde in diesen Fällen schon aus § 986 Abs. 2 folgen (vgl. dort Anm. 23). Eine Ausnahme vom Eintragungsgrundsatz (§§ 873 ff) liegt ebensowenig vor wie bei den Vorschriften der §§ 571 ff; § 982 ist nicht anwendbar. Wegen der Haftung des früheren Eigentümers gegenüber dem jetzigen bei entgeltlicher Veräußerung der Sache: §§ 434, 445.

Anm. 7

Der Sinn der Bestimmung ist nur der, daß die Zeit der Verwendung gleichgültig sein soll; um einen Eintritt in die Verpflichtung des früheren Eigentümers handelt es sich nicht.

2. Haftung des früheren Eigentümers

Anm. 8

Hat der frühere Eigentümer, aber nicht der jetzige, der die Sache wiedererlangte, die Verwendungen genehmigt, so ist dieser nach § 1001 Satz 2 noch immer befugt, sich durch Rückgabe zu befreien.

Anm. 9

Anderseits haftet der frühere Eigentümer trotz der Veräußerung aus seiner Genehmigung weiter; er wird nur frei, wenn er weder genehmigt noch die Sache wiedererlangt hat.

Anm. 10

Nimmt er die Veräußerung erst nach der Wiedererlangung vor, so ist er allein der Verpflichtete; § 999 Abs. 2 greift dann überhaupt nicht Platz.

Anm. 11

Im Falle des § 994 Abs. 2 (notwendige Verwendungen, die der Besitzer nach der Rechtshängigkeit oder in bösem Glauben macht) kommt es für die Frage, ob die Verwendungen dem Willen des Eigentümers entsprechen (§ 683), auf die Person dessen an, der zur Zeit ihrer Vornahme Eigentümer war.

3. Rechtsnatur des Ersatzanspruchs

Anm. 12

a) Behandlung des Anspruchs im Konkurs

Auf eine Dinglichkeit des Verwendungsanspruchs darf aus § 999 Abs. 2 nicht geschlossen werden (vgl. **RG** 71, 427; Gruchot 57, 998). Im Konkurse des Eigentümers ist nur eine Konkursforderung verfolgbar, mit Absonderungsrecht nur nach Maßgabe des § 49 Nr. 3 KO (vgl. Jaeger KO § 49 Anm. 41—44).

Anm. 13

b) Behandlung des Anspruchs im Zwangsversteigerungsverfahren

Bei der Grundstückszwangsversteigerung gehört der Verwender nicht zu den Beteiligten im Sinne des ZVG § 9 Nr. 2 (vgl. § 1000 Anm. 16, § 1003 Anm. 3; Jäckel/Güthe ZVG § 9 Anm. 5), und ausdrücklich bestimmt ZVG § 93 Abs. 2, daß der Ersteher Verwendungen, die vor dem Zuschlage gemacht sind, nicht zu ersetzen braucht. Vgl. auch § 10 ZVG: Der Ersatzanspruch gehört nicht zu den dort aufgeführten Ansprüchen, die ein Recht auf Befriedigung aus dem Grundstück gewähren. Verwendungen nach dem Zuschlag ersetzt der Ersteher nach den allgemeinen Bestimmungen, also, soweit es sich nicht um notwendige Verwendungen handelt (§§ 994, 995), nur dann, wenn sie der Verwender in gutem Glauben vor Zustellung der Vollstreckungsklausel oder vor der auf ihre Erteilung gerichteten Klage gemacht hat und wenn zugleich der Wert der Sache noch zur Zeit der Herausgabe erhöht ist (§ 996); vgl. hierzu Jäckel/Güthe ZVG § 93 Anm. 10; § 10 Anm. 15. Ähnlich wie mit dem Ersteher verhält es sich mit dem, zu dessen Gunsten etwas enteignet wird. Er erwirbt den enteigneten Gegenstand grundsätzlich frei von Verpflichtungen; der Besitzer muß seine Ansprüche als Nebenberechtigter im Enteignungsverfahren geltend machen.

Anm. 14

III. Anwendung der Vorschrift auf das Wegnahmerecht

Beide Absätze des § 999 sind nach Sinn und Zweck des Gesetzes auch auf das Wegnahmerecht des Besitzers (§ 997) zu beziehen. Insbesondere richtet sich auch dieses

Recht gegen den jeweiligen Eigentümer, ohne jedoch in der Zwangsversteigerung des Grundstücks ein Widerspruchsrecht zu geben oder gegen den Ersteher zu wirken. Im Konkurs ist das Wegnahmerecht ausgeschlossen. Eine Aussonderung des wesentlichen Bestandteils ist nicht möglich, da Trennung und Aneignung durch KO § 15 verhindert werden.

§ 1000

Der Besitzer kann die Herausgabe der Sache verweigern, bis er wegen der ihm zu ersetzenden Verwendungen befriedigt wird. Das Zurückbehaltungsrecht steht ihm nicht zu, wenn er die Sache durch eine vorsätzlich begangene unerlaubte Handlung erlangt hat.

E I 938 Abs. 2, II 913 Abs. 3; M 3 416, 417; P 3 359; 6 592.

Übersicht

Zurückbehaltungsrecht

I. Zurückbehaltungsrecht

1. Rechtliche Regelung und Inhalt des Rechts

Anm. 1

Die §§ 1000—1003 regeln die Rechtsbehelfe, die, abgesehen von dem Abtrennungs-(Wegnahme-)recht (§ 997), dem Besitzer wegen der Verwendungen zustehen. Sie finden auf den Erbschaftsanspruch unmittelbare, auf die Ansprüche des Finders entsprechende Anwendung (vgl. §§ 2022 Abs. 1, 972, 974).

Anm. 2

Das Zurückbehaltungsrecht dient dazu, dem Besitzer die Verwirklichung seiner Ersatzansprüche für die Verwendungen zu ermöglichen. Es gibt ihm ein Recht zum Besitz nach § 986 Abs. 1 Satz 1 und verschafft ihm damit eine Einrede gegenüber dem Herausgabeverlangen des Eigentümers (**BGH** NJW 1955, 340). Sein Inhalt bestimmt sich nach den allgemeinen Vorschriften der §§ 273, 274.

Anm. 3

Gegenstand des Zurückbehaltungsrechts ist die Sache, auf die die Verwendungen gemacht worden sind. Auch wenn die Verwendungen nur einen räumlich abgrenzbaren Teil eines Grundstücks betreffen, z. B. ein Bauwerk auf einer Parzelle, besteht das Zurückbehaltungsrecht doch bezüglich des ganzen Grundstücks. Das ergibt sich schon aus § 1003 Abs. 1 Satz 2.

2. Zurückbehaltungsrecht bei Grundbucheintragungen

Anm. 4

§ 1000 ist auch anwendbar, wenn nicht Herausgabe des Grundstücks, sondern Grundbuchberichtigung durch Löschung des gegenwärtig eingetragenen und Wiedereintragung des früheren Eigentümers verlangt wird. Die Rechtsstellung der mit den an sich verschiedenen Klagen Belangten sind einander wesensverwandt. Das ist **RG** 121, 336; 133, 286f; 158, 45 anerkannt worden. **RG** 114, 268 und 115, 46 stehen der Frage noch zweifelnd gegenüber und wollen § 273 Abs. 2 anwenden. Dabei ist § 1000 trotz § 273 Abs. 2 notwendig, weil die (in § 273 Abs. 2 geforderte) Fälligkeit des Verwendungsanspruchs nach § 1001 erst eintritt, wenn der Eigentümer die Sache wiedererlangt oder die Verwendungen genehmigt, der Besitzer aber auch ohnedies zurückhaltungsberechtigt sein soll (anders **RG** Gruchot 57, 1000).

Anm. 5

RG 163, 62 stellt der Wiedererlangung des Grundstücks im Sinne des § 1001 die Wiedererlangung des grundbuchmäßigen Eigentumsrechts gleich. In entsprechender Anwendung des § 273 Abs. 2 wird dort ein Zurückbehaltungsrecht eingeräumt, wenn es sich um einen Anspruch auf Einwilligung in die Löschung einer Auflassungsvormerkung handelt.

3. Besitzerwerb durch unerlaubte Handlung (Satz 2)

Anm. 6

Im übrigen verbleibt es bei den auf § 273 Abs. 2 bezüglichen Vorschriften. Daher schließt die Erlangung der Sache durch eine vorsätzlich begangene unerlaubte Handlung das Zurückbehaltungsrecht aus (§§ 273 Abs. 2, 1000 Satz 2).

Anm. 7

Ob sich die unerlaubte Handlung gegen den Eigentümer oder gegen einen Dritten gerichtet hat, ist unerheblich; immer aber muß es eine unerlaubte Handlung des Besitzers gewesen sein (Naumburg DRiZRspr 1933 Nr. 302). Nicht immer genügen verbotene Eigenmacht oder strafbare Handlung (§ 992), da sie auch fahrlässig und sogar (vgl. § 992 Anm. 5) ohne jedes Verschulden begangen werden können.

Anm. 8

4. Verstoß gegen Gesetz oder gute Sitten

Das Zurückbehaltungsrecht besteht grundsätzlich auch, wenn beide Parteien sich in derselben Weise gegen ein gesetzliches Verbot vergangen haben, z. B. ein Grundstück ohne die nach Sondergesetzen erforderliche behördliche Genehmigung übergeben haben. Wollte der Kläger sich auf § 1000 Satz 2 berufen, so würde ihm der Einwand der Arglist und der in § 817 Satz 2 zum Ausdruck gelangte allgemeine Rechtsgedanke entgegenstehen (**RG** JW 1925, 2233).

Anm. 9

5. Entgegenstehende öffentliche Belange

Das Zurückbehaltungsrecht kann jedoch nicht ausgeübt werden, wenn ihm wesentliche überragende öffentliche Belange entgegenstehen. Das kann insbesondere der Fall sein bei Verstößen gegen das KRG 45, zumal der Besitzerwerb oder das Behalten des Besitzes an einem landwirtschaftlichen Grundstück nach Versagung der Genehmigung teils strafbar ist (BayDV-KRG 45 v. 22. 5. 1947, BayBS IV 351, § 13; WürttBadAVO-KRG 45 v. 13. 1. 1950, RegBl 3, § 15) oder mit Ordnungsstrafe bedroht wird (LVO v. 2. 12. 1947, VOBlBrZ 157, § 32). Ob das Zurückbehaltungsrecht ausgeschlossen ist, ist jedoch stets nach den besonderen Umständen des Falles zu prüfen. Allgemein ausgeschlossen ist es nicht (vgl. für das Reichserbhofrecht **RG** 170, 257: kein Zurückbehaltungsrecht, wenn der Übergabevertrag wegen Unfähigkeit des Erwerbers zur ordnungsmäßigen Bewirtschaftung nicht genehmigt worden ist; entsprechend, wenn ein Pachtvertrag nicht genehmigt ist, AG Osterode DJ 1937, 362; zu allgemein jedoch

Breslau HRR 1940, 77). Schlechthin nichtig ist der Besitzerwerb unter solchen Umständen nicht; denn er ist kein Rechtsgeschäft im Sinne des § 134 (**RG** 110, 365; LZ 1925, 854).

Anm. 10

6. Abwendung durch Sicherheitsleistung

Auch § 273 Abs. 3 ist auf das in § 1000 geregelte Zurückbehaltungsrecht entsprechend anzuwenden (**RG** 137, 355; JW 1936, 249); danach ist der Eigentümer befugt, die Ausübung des Zurückbehaltungsrechts durch wirkliche vor der Leistung des Schuldners zu bewirkende Leistung einer Sicherheit (§ 232 Abs. 1) abzuwenden, bloßes Erbieten dazu genügt nicht (**RG** 137, 355).

7. Einzelheiten

Anm. 11

a) Wirkungen nach § 274

Endlich besteht nach § 274 die Wirkung des Zurückbehaltungsrechts darin, daß der Besitzer zur Herausgabe Zug um Zug gegen Ersatz der Verwendungen verurteilt wird.

Anm. 12

b) Arglist

Wegen der möglichen Einrede der unzulässigen Rechtsausübung (Arglisteinrede): **RG** JW 1928, 2437; **BGH** JR 1952, 472 und § 994 Anm. 33.

Anm. 13

c) Ausschluß durch Vertrag. Zurückbehaltungsrecht nach § 273

Das Zurückbehaltungsrecht kann ungeachtet § 1000 nicht Platz greifen, wenn sich aus einem Vertrag der Parteien etwas anderes ergibt. Anderseits ist zwischen Eigentümer und Besitzer ein Zurückbehaltungsrecht möglich, das in seinen Voraussetzungen über § 1000 hinausgreift und sich auf Abs. 1 des § 273 stützt (fälliger Gegenanspruch aus demselben rechtlichen Verhältnis; vgl. § 986 Anm. 4).

Anm. 14

d) Geltendmachung im zweiten Rechtszug

Das Zurückbehaltungsrecht kann an sich auch in der Berufungsinstanz geltend gemacht werden (**RG** 73, 54), aber nicht mehr, wenn das erste, auf Herausgabe lautende Urteil bereits vollstreckt und der Beklagte nicht mehr Besitzer ist. Er steht dann nicht anders da, als ob er bei bestehendem Zurückbehaltungsrecht das Grundstück freiwillig herausgegeben hätte (**RG** 109, 105).

II. Das Zurückbehaltungsrecht in der Zwangsversteigerung gegen den Eigentümer und im Konkurs

Anm. 15

1. Bei beweglichen Sachen

Da nach § 809 ZPO Sachen im Besitz eines Dritten gegen dessen Willen nicht gepfändet werden dürfen, ist der Verwendende, der die Sache zurückbehält, zur Widerspruchsklage gegen die Zwangsvollstreckung (ZPO § 771) berechtigt. Im Konkurs des Eigentümers gibt ihm KO § 49 Nr. 3 ein Absonderungsrecht, soweit die Verwendungen den noch vorhandenen Vorteil nicht übersteigen (vgl. Jaeger KO § 49 Anm. 41—44 Wegen des sog. beneficium excussionis realis [§ 777 ZPO]: § 1001 Anm. 4; § 1228).

Anm. 16

2. Bei unbeweglichen Sachen

Insbesondere bei Grundstücken und bei den im Schiffsregister eingetragenen Schiffen (vgl. ZPO § 864 Abs. 1; ZVG §§ 162ff) hat das Zurückbehaltungsrecht

Dritten gegenüber keine Kraft. Der Ersteher, der Verwendungen aus der Zeit vor Erteilung des Zuschlags nicht zu ersetzen braucht (ZVG § 93 Abs. 2), wird auch durch das darauf gestützte Zurückbehaltungsrecht nicht betroffen. An dessen Stelle tritt auch keineswegs ein Anspruch auf Ersatz aus dem Versteigerungserlös. § 92 Abs. 1 ZVG bezieht sich nur auf solche Rechte, deren Inhaber im Zwangsversteigrungsverfahren Beteiligte sind. Beteiligter aber — vgl. ZVG § 9 Nr. 2 — ist der Zurückbehaltungsberechtigte von Gesetzes wegen nicht und kann es auch durch Anmeldung beim Vollstreckungsgericht nicht werden. Weder hat er ein „Recht an dem Grundstück", da hierunter nur dingliche Rechte verstanden werden (**RG** 71, 430; Jäckel/Güthe ZVG § 9 Anm. 5, § 10 Anm. 15, § 94 Anm. 10; vgl. oben § 999 Anm. 12, 13), noch steht sein Zurückbehaltungsrecht der Zwangsversteigerung entgegen. In § 9 Nr. 2 wird der Miet- und Pachtbesitz ausdrücklich neben den die Versteigerung hindernden Rechten aufgeführt, und § 93 Abs. 1 verbietet die Zwangsvollstreckung aus dem Zuschlag nur gegen den, der auf Grund eines durch den Zuschlag nicht erloschenen Rechtes besitzt (so im Ergebnis auch **RG** 26. 10. 1904 I 258/04, wodurch Hamburg OLG 8, 116 aufgehoben wurde; vgl. § 1003 Anm. 3).

Soweit der Ersteher für Verwendungen aus der Zeit nach dem Zuschlag haftet (§ 999 Anm. 13), muß der Besitzer, um sein Zurückbehaltungsrecht zu bewahren, die Vollstreckungsgegenklage (ZPO § 767) erheben oder nach § 732 ZPO Einwendungen gegen die Zulässigkeit der Vollstreckungsklausel geltend machen. Dem entspricht es, daß das Zurückbehaltungsrecht im Konkurse kein Absonderungsrecht gewährt. KO § 49 Nr. 3 gilt nur für bewegliche Sachen (Jaeger KO § 49 Anm. 44).

§ 1001

Der Besitzer kann den Anspruch auf den Ersatz der Verwendungen nur geltend machen, wenn der Eigentümer die Sache wiedererlangt oder die Verwendungen genehmigt. Bis zur Genehmigung der Verwendungen kann sich der Eigentümer von dem Anspruche dadurch befreien, daß er die wiedererlangte Sache zurückgibt. Die Genehmigung gilt als erteilt, wenn der Eigentümer die ihm von dem Besitzer unter Vorbehalt des Anspruchs angebotene Sache annimmt.

E I 938 Abs. 1 II 913 Abs. 1; M 3 415—417; P 3 357, 360—364, 374; 4 591, 592.

Übersicht

Geltendmachung des Ersatzanspruchs für Verwendungen

1. Voraussetzungen für die Geltendmachung

a) Bedeutung der Voraussetzungen im allgemeinen

Anm. 1

Einen selbständigen, klagbaren Anspruch wegen der Verwendungen gewährt das Gesetz erst nach Lösung des inneren Zusammenhangs zwischen dem Herausgabeanspruch und dem Gegenrecht des Besitzers, wenn nämlich der Eigentümer entweder die Sache wiedererlangt oder die Verwendungen genehmigt hat. Durch das eine oder andere ist der Anspruch von Rechts wegen bedingt, so daß der Besitzer einstweilen weder mahnen (§ 284) noch aufrechnen kann (§ 387) und die Verjährung noch nicht beginnt (§ 198).

Anm. 2

Im übrigen stehen die beiden Voraussetzungen klagweiser Geltendmachung des Anspruchs einander nicht gleich. Genehmigt der Eigentümer, so ist er endgültig gebunden; der Anspruch gegen ihn unterliegt der dreißigjährigen Verjährung (§ 195). Erlangt er aber die Sache ohne Genehmigung wieder, so kann er sich durch Rückgabe an den Besitzer befreien. Tut er dies nicht und hatte ihm der Besitzer die Sache herausgegeben, so erlischt der Anspruch gegen ihn durch Ablauf der in § 1002 bestimmten Ausschlußfrist.

Anm. 3

Eigentümer im Sinne von § 1001 ist nur der wirkliche Eigentümer, nicht auch ein Dritter, den der Verwendungsberechtigte für den Eigentümer gehalten hat; ein Dritter kann weder die Verwendungen genehmigen, noch sich durch Rückgabe der wiedererlangten Sache von der Ersatzpflicht befreien (**RG** 142, 420). § 1001 steht nicht entgegen, wenn der Besitzer die Verwendungsansprüche nur Zug um Zug gegen Rückgabe der Sache geltend macht (Dresden DRpflRspr 1939 Nr. 176).

Anm. 4

Hat der Besitzer wegen seiner Verwendungen gegen den Eigentümer einen Schuldtitel erwirkt, obwohl der Eigentümer die Sache nicht wiedererlangt hatte, so kann dieser grundsätzlich immer noch gemäß § 777 ZPO der Zwangsvollstreckung in sein übriges Vermögen widersprechen (§ 766 ZPO), soweit die Ersatzforderung durch den Wert der Sache gedeckt ist (beneficium excussionis realis).

b) Wiedererlangen der Sache

Anm. 5

Es ist gleich, auf welche Weise der Eigentümer die Sache wiedererlangt, ob der Verwender sie ihm unmittelbar zurückgibt, ob er sie zunächst an einen Dritten gibt, der sie seinerseits dem Eigentümer herausgibt, oder ob der Eigentümer sie auf irgendeine andere Weise erlangt. Zu Unrecht verlangt Köln NJW 1957, 224, daß der Besitzerwerb des Eigentümers unmittelbar den Besitzverlust des Verwenders herbeiführen muß. Erforderlich ist allerdings nicht nur, daß der Eigentümer Besitzer wird, sondern auch, daß derjenige, der die Verwendungen gemacht hat, seinen Besitz verliert. Daher genügt es zwar, wenn der Verwender, der mittelbarer Besitzer ist, seinen Herausgabeanspruch abtritt, nicht aber, wenn er durch Besitzvorbehalt (§ 930) den Eigentümer zum mittelbaren Besitzer und sich selbst zum Besitzmittler macht.

Anm. 6

In der Regel wird der Eigentümer unmittelbarer Besitzer werden müssen. Zu weit geht aber **RG** SeuffArch 88 Nr. 60, wenn unter allen Umständen das Erlangen des unmittelbaren Besitzes durch den Eigentümer verlangt wird. Es genügt, daß die Sache an einen Beauftragten des Eigentümers herausgegeben worden ist, der sie nach dessen Weisungen zu verwahren oder zu verwerten hat (Dresden HRR 1936, 875).

Handelt es sich um ein Grundstück, so steht es dem Wiedererlangen der Sache selbst gleich, wenn das Grundstück zwangsweise versteigert wird. Denn der Ersteher wird nach ZVG § 93 Abs. 2 von dem Ersatzanspruch nicht betroffen und der Erlös kommt dem früheren Eigentümer zugute (zweifelnd **RG** 71, 430). Der Wiedererlangung des Grundstücks ist die Wiedererlangung des grundbuchmäßigen Eigentums gleichzusetzen (**RG** 163, 62).

c) Genehmigung der Verwendungen

Anm. 7

Genehmigung ist, wie in § 684, das Gutheißen der Verwendungen. Dieses kann ausdrücklich oder stillschweigend erklärt werden (vgl. dazu § 684 Anm. 2). Rechnet der Eigentümer mit einer Gegenforderung auf, so hat er die Genehmigung erklärt. Über die „Annahme als ob" nach Satz 3: Anm. 14, 15. Die Genehmigung kann vor oder nach dem Wiedererlangen der Sache stattfinden. Im letzteren Falle beseitigt sie die Rückgabebefugnis des Satzes 2 (vgl. dazu auch § 1002 Satz 1).

Anm. 8

Genehmigt der Eigentümer zugleich den für die Verwendungen vom Besitzer geforderten Betrag, so ist regelmäßig eine (nach allgemeinen Grundsätzen anfechtbare) Vereinbarung getroffen, die auch über die Höhe des Ersatzanspruchs entscheidet.

Anm. 9

Der Eigentümer kann sich aber auch darauf beschränken, nur die Verwendungen als solche zu genehmigen, sei es, daß er den geforderten Betrag bestreitet oder daß ein bestimmter Betrag nicht gefordert wird. Alsdann sind für die Höhe des Anspruchs die gesetzlichen Vorschriften (§§ 994—996, 998) maßgebend. § 1003 Abs. 1 Satz 1 („Angabe des als Ersatz verlangten Betrags") steht dem nicht entgegen, weil dort die Feststellung des Ersatzanspruchs die Voraussetzung der Befriedigung des Besitzers bildet und deshalb notwendig ist.

Anm. 10

Ob das eine oder das andere gewollt ist, ist im einzelnen Falle durch Auslegung zu ermitteln. Wenn A den B beauftragt, Sachen des A bearbeiten zu lassen, so liegt in diesem Auftrag noch nicht die „Genehmigung" der auf Veranlassung des B von C auf die Sache gemachten Verwendungen; dazu genügt es auch nicht, wenn A die ihm von B eingereichten Rechnungen des C und B bezahlt; denn damit gibt A keine Erklärung dem C gegenüber ab (**RG** SeuffArch 88 Nr. 60).

2. Befreiung durch Rückgabe der Sache (Satz 2)

Anm. 11

Nötig zur Befreiung des Eigentümers ist nur die Zurückgabe des Besitzes, nicht die Übertragung des Eigentums. Ein Rechtsverzicht des Eigentümers oder eine Preisgabe seiner Rechte wird nicht erfordert. Durch die Zurückgabe wird der frühere Zustand wiederhergestellt, so daß der Besitzer zurückhaltungsberechtigt ist (§ 1000) und, um sich aus der Sache zu befriedigen, nach § 1003 vorgehen muß. Hat er gegen eine Forderung des Eigentümers mit seinem Ersatzanspruch aufgerechnet, so wird die Aufrechnung hinfällig und die Forderung lebt wieder auf. Wenn der Eigentümer auf Ersatz verklagt wird und die Sache während des Rechtsstreits zurückgibt, erledigt sich die Klage.

Anm. 12

Es handelt sich um eine ihm wahlweise zustehende Befugnis (Planck/Brodmann § 1001 Anm. 2 Abs. 4 spricht hier von einem Reurecht), die mit dem Untergang der Sache erlischt, aber durch deren Verschlechterung nicht berührt wird. Der Eigentümer der die Verschlechterung nach Wiedererlangung der Sache verschuldet hat, haftet dem Besitzer, abgesehen von dem Fall der Arglist, auch nicht auf Schadensersatz. Er kann mit seiner Sache verfahren, wie er will (aM Prot. 3, 366).

Anm. 13

Stehen dem Eigentümer mehrere Besitzer gegenüber, ein mittelbarer und ein vermittelnder, die beide Ersatz für Verwendungen fordern, so muß er zur Herstellung des früheren Zustandes und, um sich von beiden zu befreien, die Sache dem Besitzmittler herausgeben. Statt der Rückgabe der Sache genügt es, wenn der Eigentümer den Besitzer in Annahmeverzug versetzt hat.

3. Annahme der unter Vorbehalt angebotenen Sache (Satz 3)

Anm. 14

Die Annahme der vom Besitzer unter Vorbehalt des Anspruchs angebotenen Sache steht der Genehmigung gleich. Darin liegt eine „Annahme als ob", kein auslegender oder ergänzender Rechtssatz; ein Widerspruch nützt dem Eigentümer nichts (vgl. **RG** Gruchot 66, 485). Nach **BGH** v. 17. 12. 1958 V ZR 121/57 kann aus der Genehmigung eine sachlich-rechtlicher Anspruch auf Ersatz von Verwendungen nicht abgeleitet werden; es heißt dort, sie schaffe lediglich die Voraussetzungen für die Geltendmachung des Verwendungsanspruchs und verhindere den Ablauf der Ausschlußfrist des § 1002. Das Gesetz kennt jedoch keinen Unterschied zwischen der Genehmigung nach Satz 3 und der nach Satz 1. Auch im Falle des Satzes 3 kann der Eigentümer — wenn nicht überhaupt der Betrag der Verwendungen als genehmigt gilt — nicht mehr bestreiten, daß die Verwendungen notwendig waren (§ 994 Abs. 1) oder seinem Willen entsprachen (§ 994 Abs. 2). Die genannte Entscheidung wird jedoch von der Erwägung getragen, daß der Besitzer auch nach dem (nicht wirksam gewordenen) Mietvertrag keinen Ersatz hätte verlangen können (§ 994 Anm. 11). Die Annahme bewirkt also die unwiderlegliche Vermutung der Genehmigung.

Anm. 15

Eine Ausnahme muß für die Fälle gemacht werden, in denen der Besitzer zur Zurückbehaltung nicht berechtigt ist. Hat er die Sache durch eine vorsätzliche unerlaubte Handlung erlangt (§ 1000 Satz 2) oder ist er ohne Rücksicht auf die Verwendung verurteilt worden, so kann der Eigentümer die ihm unter Vorbehalt angebotene Sache mit Verwahrung gegen den Ersatzanspruch annehmen; dann gilt die Annahme nicht als Genehmigung. Widerspricht er freilich dem Vorbehalt nicht, so ist es trotz des Urteils möglich, daß in der Annahme der Sache eine Genehmigung gefunden werden muß. Dies aber nur nach den Regeln der stillschweigenden Willenserklärung; § 1001 Satz 3 ist nicht anwendbar. Die Parteien können vereinbaren, daß die Annahme der unter Vorbehalt angebotenen Sache nicht als Genehmigung gelten soll (**BGH** NJW 1955, 340). In diesen Fällen fehlt es an der Prämisse für die unwiderlegliche Vermutung (Anm. 14).

Anm. 16

Der Vorbehalt des Ersatzanspruchs braucht nicht ausdrücklich zu sein; es genügt, wenn er sich aus den Umständen zweifelsfrei ergibt (**RG** Gruchot 66, 484).

Anm. 17

Der Besitzer, der weiß, daß der frühere Besitzer Ersatzansprüche wegen Verwendungen hat, ist, wenn er die Sache an den Eigentümer zurückgibt, dem Ersatzberechtigten gegenüber grundsätzlich verpflichtet, entweder bei der Rückgabe einen Vorbehalt wegen der Verwendungen zu machen, oder dafür zu sorgen, daß die Ersatzansprüche alsbald nach der Rückgabe geltend gemacht werden können (**BGH** LM BGB § 254 Dc Nr. 6).

Anm. 18

4. Beweislast

Beweispflichtig für die Genehmigung der Verwendungen (§ 1001 Satz 1) oder für einen Tatbestand, der ihr gleichsteht (§ 1001 Satz 3), ist der Besitzer, wenn er geltend macht, daß der Eigentümer das Recht, sich durch Rückgabe der Sache von der Leistungspflicht zu befreien, verloren habe.

§ 1002

Gibt der Besitzer die Sache dem Eigentümer heraus, so erlischt der Anspruch auf den Ersatz der Verwendungen mit dem Ablauf eines Monats, bei einem Grundstücke mit dem Ablaufe von sechs Monaten nach der Herausgabe, wenn nicht vorher die gerichtliche Geltendmachung erfolgt oder der Eigentümer die Verwendungen genehmigt.

Auf diese Fristen finden die für die Verjährung geltenden Vorschriften der §§ 203, 206, 207 entsprechende Anwendung.

E I 938 Abs. 3 II 913 Abs. 2; M 3 417; P 3 359—364, 374; 4 591, 592; 6 389.

Übersicht

Erlöschen des Ersatzanspruchs durch Fristablauf

Anm. 1

1. a) Voraussetzung für das Erlöschen

Genehmigt der Eigentümer die Verwendungen oder erlangt er die Sache in anderer Weise als durch Herausgabe seitens des Besitzers wieder, so verjährt der Ersatzanspruch wegen der Verwendungen in dreißig Jahren (§ 195). § 1002 bestimmt statt dessen eine kurze **Ausschlußfrist** für den Fall, daß der Besitzer dem Eigentümer oder einem Beauftragten des Eigentümers (vgl. § 1001 Anm. 6) die Sache herausgibt, und zwar ohne sich dabei seinen Anspruch vorzubehalten. Diese Einschränkung, die aus den Anfangsworten des Abs. 1 nicht zu ersehen ist, ergibt sich aus den Schlußworten verbunden mit § 1001 Satz 3, da die Annahme der unter Vorbehalt des Anspruchs angebotenen Sache als Genehmigung gilt (vgl. **RG** Gruchot 66, 484).

Anm. 2

b) Dauer der Frist

Die Frist beträgt bei beweglichen Sachen einen Monat, bei Grundstücken 6 Monate von der Herausgabe an (wegen der Berechnung: § 187 Abs. 1, § 188 Abs. 2, 3).

c) Fristwahrung

Anm. 3

Sie wird gewahrt, wenn der Anspruch gerichtlich geltend gemacht wird, also (vgl. § 209 Abs. 1, Abs. 2 Nr. 1—3) durch Leistungs- oder Feststellungsklage, Zustellung eines Zahlungsbefehls, Güteantrag, Anmeldung im Konkurs oder auch durch Aufrechnung, wenn nämlich der Eigentümer den Besitzer aus irgendeinem Grunde auf Zahlung verklagt und die Klage ohne Rücksicht auf den Aufrechnungseinwand des Besitzers abgewiesen wird.

Anm. 4

Mit der Zurückbehaltungseinrede des § 1000 wird aber nicht der Anspruch des § 1001 geltend gemacht (**RG** Gruchot 66, 483); gibt der Besitzer die Sache vorbehaltlos heraus, so nützt es ihm nichts, daß er in einem vorausgegangenen Rechtsstreit über den Herausgabeanspruch einredegemäß zur Herausgabe Zug um Zug gegen Verwendungsersatz verurteilt wurde.

Anm. 5

Die Wirkungen der Klageerhebung entfallen nach § 212, wenn die Klage zurückgenommen oder ohne Sachentscheidung abgewiesen wird.

Anm. 6

Auch dann läuft die Frist nicht ab, wenn vor ihrem Ende der Eigentümer genehmigt.

Anm. 7

2. Entsprechende Anwendung der Verjährungsvorschriften (Abs. 2)

Obgleich die Frist keine Verjährungsfrist ist, wird sie durch Abs. 2 in einigen Beziehungen einer solchen gleichgestellt. Sie wird gehemmt durch Stillstand der Rechtspflege und sonstige höhere Gewalt (§ 203); ihre Vollendung wird durch Mangel der gesetzlichen Vertretung des Besitzers hinausgeschoben (§ 206); eine Verlängerung findet auch dann statt, wenn der Anspruch zu einem Nachlaß gehört oder sich gegen einen Nachlaß richtet (§ 207).

3. Herausgabe an den Eigentümer

Anm. 8

a) Herausgabe

Ebenso wie bei § 1001 ist auch hier in der Regel erforderlich, daß der Besitzer dem Eigentümer den unmittelbaren Besitz einräumt. Es genügt aber auch, wenn die Sache an den Beauftragten des Eigentümers herausgegeben wird.

Anm. 9

b) Eigentümer

Eigentümer ist auch im Sinne des § 1002 nur der wirkliche Eigentümer (vgl. § 1001 Anm. 3). Gegen den Nichteigentümer, den der Besitzer für den Eigentümer gehalten und dem er die Sache herausgegeben hat, ist der Anspruch auf Ersatz der Verwendungen nicht geltend zu machen; die Herausgabe an den Nichteigentümer kann auch die Fristen des § 1002 nicht in Lauf setzen (**RG** 142, 420; SeuffArch 88 Nr. 60).

Anm. 10

4. Beweislast

Hat der Besitzer dem Eigentümer die Sache herausgegeben, so obliegt ihm die Beweislast dafür, daß er vor Fristablauf entweder den Ersatzanspruch gerichtlich geltend gemacht oder der Eigentümer die Verwendungen genehmigt hat, sei es durch Annahme der unter Vorbehalt des Ersatzanspruchs angebotenen Sache (§ 1001 Satz 3), sei es anderweit (§ 1001 Satz 1) vor oder nach der Herausgabe der Sache. Ist streitig, ob der Eigentümer die Sache durch Herausgabe seitens des Besitzers oder auf andere Weise wiedererlangt hat, so muß jener beweisen, daß er sie nicht auf andere Weise als durch Herausgabe seitens des Besitzers, also von diesem wiedererlangt hat.

§ 1003

Der Besitzer kann den Eigentümer unter Angabe des als Ersatz verlangten Betrags auffordern, sich innerhalb einer von ihm bestimmten angemessenen Frist darüber zu erklären, ob er die Verwendungen genehmige. Nach dem Ablaufe der Frist ist der Besitzer berechtigt, Befriedigung aus der Sache nach den Vorschriften über den Pfandverkauf, bei einem Grundstücke nach den Vorschriften über die Zwangsvollstreckung in das unbewegliche Vermögen zu suchen, wenn nicht die Genehmigung rechtzeitig erfolgt.

Bestreitet der Eigentümer den Anspruch vor dem Ablaufe der Frist, so kann sich der Besitzer aus der Sache erst dann befriedigen, wenn er nach rechtskräftiger Feststellung des Betrags der Verwendungen den Eigentümer unter Bestimmung einer angemessenen Frist zur Erklärung aufgefordert hat und die Frist verstrichen ist; das Recht auf Befriedigung aus der Sache ist ausgeschlossen, wenn die Genehmigung rechtzeitig erfolgt.

E II 914; P 3 364—367, 374; 4 592; 6 239, 240.

Übersicht

Befriedigung des Besitzers aus der Sache

1. Voraussetzungen für das Recht zur Befriedigung aus der Sache

Anm. 1

Kämen allein die §§ 1000—1002 zur Anwendung, so würde es vom Belieben des Eigentümers abhängen, ob der Besitzer für die Verwendungen Ersatz bekommt. Da das Gesetz dieses Ergebnis mißbilligt, gibt § 1003 in einer Verbindung von Fristsetzungen und Klagen die Mittel an die Hand, um den Ersatz nach Möglichkeit auch wider den Willen des Eigentümers zu erlangen. Zunächst muß ihn der Besitzer unter Angabe des verlangten Betrags auffordern, sich innerhalb einer bestimmten angemessenen Frist zu erklären, ob er die Verwendung genehmige. Genehmigt er, so ist die Angelegenheit erledigt; dem Besitzer steht nach § 1001 ein selbständiger Anspruch zu, den er ausklagen und aus dem ganzen Vermögen des Eigentümers beitreiben kann. Genehmigt er nicht, so liegt die erste Voraussetzung für das Recht des Besitzers vor, sich aus der Sache zu befriedigen. Es müssen dann folgende zwei Fälle unterschieden werden:

a) Der Eigentümer erklärt sich überhaupt nicht oder bestreitet doch den Ersatzanspruch nicht (Fall des Abs. 1; vgl. Anm. 5—9). Dann ist das Recht des Besitzers unentziehbar geworden; etwas Weiteres (Erwirkung eines Vollstreckungstitels) ist nur da geboten, wo die Befriedigung durch Zwangsvollstreckung durchgesetzt werden muß.

b) Der Eigentümer hat seine Ersatzpflicht rechtzeitig bestritten (Fall des Abs. 2; vgl. Anm. 10—13). Dann muß der Anspruch rechtskräftig festgestellt und ferner eine neue angemessene Frist zur Genehmigung gesetzt werden. Genehmigt der Eigentümer in der zweiten Frist, so hat der Besitzer den klagbaren Anspruch nach § 1001, nicht das Befriedigungsrecht des § 1003. Wird wiederum nicht genehmigt, so gilt nunmehr das zu a Gesagte.

Anm. 2

Zu knappe Bemessung der Fristen schadet nichts, falls der Besitzer über das Ende hinaus eine genügende Zeit abgewartet hat. Durch Bestimmung der unangemessen kurzen Frist wird die angemessene Frist in Lauf gesetzt (vgl. **RG** 56, 234; 62, 68; § 250).

2. Rechtsnatur des Befriedigungsrechts

Anm. 3

Ein dingliches Recht ist das Befriedigungsrecht des Besitzers so wenig wie der Verwendungsanspruch überhaupt (vgl. § 999 Anm. 12). Es handelt sich nur um eine besondere Art der Durchführung der persönlichen Forderung (Mot. zu § 41 KO aF bei Hahn, Materialien zu den Reichsjustizgesetzen IV 204ff). Wird daher die Zwangsversteigerung des Grundstücks betrieben, so erlangt der Besitzer dadurch, daß er die Fristen des § 1003 setzt, die dort erwähnte Feststellung herbeiführt und seinen Anspruch beim Vollstreckungsgericht anmeldet, noch kein Recht auf Befriedigung aus dem Erlös. Beteiligter im Sinne des § 9 Nr. 2 ZVG wird er nur, wenn er auf Grund eines nach § 1001 oder § 1003 erwirkten vollstreckbaren Titels das Verfahren betreibt. Alsdann erhält er Befriedigung in der fünften Rangklasse (ZVG § 10 Nr. 5). Ansprüche aus

Rechten, die vor der zu seinen Gunsten bewirkten Beschlagnahme im Grundbuch eingetragen wurden, gehen ihm vor, auch wenn sie erst nach der Verwendung entstanden sind (**RG** 71, 428; Jena SeuffArch 68 Nr. 224; s. auch § 1000 Anm. 16).

Anm. 4

Übersteigt der Erlös der Sache den Ersatzanspruch, so fällt der Überschuß kraft dinglichen Ersatzes dem Eigentümer zu. Reicht umgekehrt der Erlös zur Befriedigung des Besitzers nicht hin, so hat dieser auch dann keinen Anspruch auf Nachzahlung, wenn der Eigentümer selber der Ersteher ist. Ein Wiedererlangen im Sinne des § 1001 liegt hierin nicht; der Eigentümer erlangt die Sache nicht in seiner Eigenschaft als solcher.

3. Befriedigungsrecht nach fruchtlosem Fristablauf (Abs. 1)

a) Befriedigung aus beweglichen Sachen

Anm. 5

Mit dem Augenblick, in dem der Eigentümer die in Satz 1 erwähnte Frist ohne Genehmigung, oder ohne den Ersatzanspruch zu bestreiten, verstreichen läßt, gelangt das Befriedigungsrecht des Besitzers zur Entstehung. Die Befriedigung findet bei beweglichen Sachen nach den Vorschriften über den Pfandverkauf statt (vgl. §§ 1234—1247).

Wird die Rechtmäßigkeit des Verkaufs bestritten, so muß der Besitzer die Fristsetzung und die Angemessenheit der Frist beweisen; dem Eigentümer obliegt es, darzutun, daß er innerhalb der Frist die Verwendungen genehmigt oder den Ersatzanspruch bestritten hat.

Anm. 6

Ist die bewegliche Sache dem Besitzer abhanden gekommen, so kann er das Befriedigungsrecht nicht ausüben; herausgabepflichtig ist ihm der Eigentümer nicht.

b) Befriedigung aus unbeweglichen Sachen

Anm. 7

Bei Grundstücken vollzieht sich die Befriedigung im Wege der Zwangsvollstreckung in das unbewegliche Vermögen. Hierzu bedarf es, da die §§ 172ff ZVG keine Ausnahme von den allgemeinen Vorschriften des Gesetzes vorsehen, eines vollstreckbaren Titels. Der Besitzer muß die Verurteilung des Eigentümers zur Leistung aus dem Grundstück (Duldung der Zwangsvollstreckung in das Grundstück) erwirken. Der Streit dreht sich dabei ausschließlich darum, ob die Voraussetzungen des § 1003 Abs. 1 gegeben sind; den Anspruch selbst kann der Eigentümer nicht mehr bestreiten.

Anm. 8

Sowohl Zwangsversteigerung wie Zwangsverwaltung stehen dem Besitzer zu Gebote, nicht aber, trotz ZPO § 866, die Eintragung einer Sicherungshypothek. Eine solche Eintragung verfolgt nur mittelbar das Ziel, den Gläubiger zu befriedigen (Stein/Jonas/Schönke, ZPO 18. Aufl. § 866 Anm. I); auch würde dadurch eine Forderung ins Leben gerufen, die mit der auf die Sache beschränkten Haftung des Eigentümers unvereinbar wäre (aA Staudinger/Berg § 1003 Anm. 2a β). Ebenso wie mit Grundstücken verhält es sich mit den im Schiffsregister eingetragenen Schiffen und Schiffsbauwerken (vgl. ZPO § 870a; ZVG §§ 162ff).

Anm. 9

c) Beweislast

Daß er fristgemäß die Genehmigung erklärt oder den Ersatzanspruch bestritten habe, hat im Streitfalle der Eigentümer zu beweisen. Im übrigen ist für das Vorliegen der Voraussetzungen des Befriedigungsrechts (§ 1003 Abs. 1) der Besitzer beweispflichtig.

4. Befriedigung nach Bestreiten des Anspruchs während der Frist (Abs. 2)

Anm. 10

Bestreitet der Eigentümer den Ersatzanspruch nach Grund oder Höhe, so muß der Besitzer zunächst eine rechtskräftige Feststellung erwirken. Das geschieht durch Feststellungsklage; für eine Leistungsklage ist mangels der Voraussetzungen des § 1001 kein Raum. Festzustellen ist der ,,Betrag der Verwendungen", d. h. der Anspruch auf Ersatz des verlangten Betrags.

Anm. 11

Zu dem rechtskräftigen Feststellungsurteil muß hinzukommen, daß dem Eigentümer nochmals eine angemessene Frist zur Erklärung über die Genehmigung bestimmt worden ist und daß eine rechtzeitige Genehmigung nicht stattgefunden hat.

Anm. 12

Nach der Ausdrucksweise des Gesetzes müßten diese drei Erfordernisse — erste Frist, Feststellungsurteil, zweite Frist — sowie, wenn es sich um Zwangsvollstreckung in unbewegliches Vermögen handelt, die Erwirkung des vollstreckbaren Titels (vgl. Anm. 7) in zeitlicher Reihenfolge hintereinander eingehalten werden. Nach den §§ 255, 259 ZPO ist aber eine Verbindung in der Art möglich, daß klagend beantragt wird:

a) festzustellen, daß dem Kläger gegen den Beklagten ein Ersatzanspruch wegen der Verwendungen in Höhe von x Mark zusteht;

b) im Urteil eine Frist zu bestimmen, binnen deren sich der Beklagte über die Genehmigung der Verwendungen zu erklären hat;

c) für den Fall fruchtlosen Ablaufs der Frist den Beklagten zur Zahkung der x Mark aus dem Grundstück zu verurteilen.

Dafür hat sich jetzt auch **RG** 137, 101 ausgesprochen, die nicht ganz durchsichtigen Ausführungen **RG** 71, 429 sollen nicht entgegenstehen.

Anm. 13

Eine weitere Vereinfachung des an sich langwierigen Verfahrens ergibt sich aus **RG** 137, 100f auch insofern, als die Feststellungsklage nach § 1003 Abs. 2 zugelassen wird, auch wenn eine Fristsetzung nach § 1003 Abs. 1 nicht vorangegangen ist. Im Anschluß an die zu § 326 und ähnlichen Vorschriften entwickelte Rechtsprechung wird es mit Recht als genügend angesehen, wenn der Eigentümer dem — ohne Fristsetzung — erhobenen Anspruch gegenüber ernstlich bestreitet, daß ersatzpflichtige Verwendungen überhaupt oder in der angegebenen Höhe gemacht wären; die Fristsetzung sei dann zwecklos (ebenso Stein/Jonas/Schönke, ZPO 18. Aufl. § 255 Anm. II 4 und jetzt auch Staudinger/Berg § 1003 Anm. 2c).

Anm. 14

5. Annahmeverzug des Eigentümers

Der Besitzer, der Ersatz für seine Verwendungen verlangt, kann nach §§ 294, 295 einen Annahmeverzug des Eigentümers herbeiführen. Da dieser verpflichtet ist, Zug um Zug zu leisten (vgl. § 1000 Anm. 11), gerät er in Verzug, wenn er zwar die ihm angebotene Sache anzunehmen bereit ist, den verlangten Ersatz aber nicht anbietet (§ 298). Die hierüber in Prot. 3, 370 geäußerten Zweifel sind unbegründet. Der Annahmeverzug hat auch neben dem Befriedigungsrecht des § 1003 selbständige Bedeutung, insofern die Haftung des Besitzers für Schäden und Nutzungen abgeschwächt wird (§ 300 Abs. 1, § 302) und ihm Mehraufwendungen im Sinne des § 304 erstattet werden müssen.

§ 1004

Wird das Eigentum in anderer Weise als durch Entziehung oder Vorenthaltung des Besitzes beeinträchtigt, so kann der Eigentümer von dem Störer die Beseitigung der Beeinträchtigungen verlangen. Sind weitere Beeinträchtigungen zu besorgen, so kann der Eigentümer auf Unterlassung klagen.

Der Anspruch ist ausgeschlossen, wenn der Eigentümer zur Duldung verpflichtet ist.

E I 943, 944 II 916; M 3 422—429; P 3 377—379

Übersicht

A. Eigentumsfreiheitsklage

I. Anspruchsgrundlage

Anm. 1

1. Allgemeine Grundsätze

Die hier geregelte Eigentumsfreiheits- (Eigentumsstörungs-)Klage (actio negatoria; Vorbem. 1, 7 vor § 985) richtet sich gegen jede Beeinträchtigung des Eigentums, die in anderer Weise als durch Entziehen oder Vorenthalten des Besitzes eintritt (hierüber eingehend Offtermatt, Dinglicher Beseitigungsanspruch und Duldungsanspruch, 1937). In aller Regel wird es sich hier um Beeinträchtigungen handeln, welche die im Eigentum stehende Sache selbst antasten und in Handlungen oder Vorkehrungen bestehen, die nicht nur gegen das Eigentumsrecht an der Sache, sondern unmittelbar gegen diese selbst gerichtet sind (**RG** HRR 1934, 803; also z.B. keine Klage des Eigentümers eines Kraftwagens auf Herausgabe des Kraftfahrzeugbriefs auf Grund des § 1004; hier hilft § 952 [Booß Verkehrsrechtliche Abhn. und Entsch. 1938, 132]; vgl. aber Anm. 13). Die Klage bezweckt nicht allein die Abwehr angeblicher dinglicher Belastungen. Ein Recht braucht sich der Beklagte überhaupt nicht anzumaßen (vgl. **RG** Gruchot 44, 1095; Colmar OLG 4, 313). Andererseits kann Rechtsberühmung unter Umständen die Störungsklage rechtfertigen (vgl. Anm. 80).

Anm. 2

2. Verschulden

Die Klage erfordert auch weder ein Verschulden des Beklagten (**RG** 51, 411; 105, 215; 128, 297; 149, 212; 157, 281; JW 1902 Beil. S. 187; WarnRspr 1916 Nr. 51; 1917

Nr. 245; HRR 1938, 147) noch einen Vermögensschaden des Klägers (**RG** JW 1911, 587); auch die Abwehr unschädlicher Störungen stellt sich nicht ohne weiteres als unzulässige Rechtsausübung im Sinne des § 226 dar (vgl. **RG** 54, 434; KG OLG 26, 72; JW 1936, 673; RdRN 1938, 120).

Anm. 3

3. Wiederholungsgefahr

Eine einmalige Sachbeschädigung erfüllt den Tatbestand des § 1004 nicht; Wiederholungen müssen zu besorgen sein, um einen das Eigentum beschränkenden Zustand annehmen zu können.

4. Einwirkungen auf Grundstücke

Anm. 4

Überwiegend handelt es sich um den Schutz von Grundstücken vor Beeinträchtigungen, die darin bestehen, daß auf das Grundstück eingewirkt oder daß der Eigentümer an der Ausübung des Eigentums gehindert wird, z.B. durch Errichten eines Überbaus (**RG** 160, 172), eines anderen Bauwerks (**BGH** LM BGB § 1004 Nr. 14; PreisstopVO Nr. 7) oder eines für den Nachbarn hinderlichen Zaunes auf freier Feldmark (AG Staufen RdRN 1938, 854). Der Grundstückseigentümer kann die Beseitigung des auf seinem Grundstück errichteten Bauwerks ohne Rücksicht darauf verlangen, ob er nach § 946 Eigentümer des Bauwerks geworden ist. Mit der Beseitigung des Bauwerks erlischt ein gegen ihn gerichteter Vergütungsanspruch nach § 951 (vgl. dazu § 951 Anm. 24).

Anm. 5

Als Einwirkungen kommen vor allem die unzulässige Zuführung von festen Körpern (Tauben, Ratten, Steinen aus Steinbrüchen, Kugeln), die schlechthin unstatthaft ist (**RG** WarnRspr 1911 Nr. 330; 1918 Nr. 55), oder die gemäß Art. 65 EG nach den Landeswassergesetzen zu beurteilende Zuführung von Wasser, z.B. von eindringendem Sickerwasser (**RG** WarnRspr 1913 Nr. 15; SeuffArch 76 Nr. 90) (vgl. darüber § 906 Anm. 9), oder das Zuführen von Regenwasser durch eine schadhafte Dachrinne am Nachbargrundstück (München HRR 1942, 760) in Betracht. Das Eindringen von Wasser, das sich von Natur unter dem Hause des Gestörten befindet, kann genügen, wenn es darauf beruht, daß der Wasserabfluß durch eine Bodenpressung auf dem Grundstück des Störers gehemmt wird (**RG** 155, 157; dazu Henke ZAkDR 1937, 598). Die Beeinträchtigung kann auch darin bestehen, daß durch Bauten auf dem Nachbargrundstück der Grundwasserspiegel gesenkt wird (**RG** 167, 14). Hauptfall ist das Zuführen von Gasen, Dämpfen, Gerüchen, Rauch (z.B. Raucheinwirkung auf Bienen, **RG** 159, 68), Ruß, Wärme, Geräuschen, Erschütterungen und ähnlichen von einem anderen Grundstück ausgehenden Einwirkungen, soweit es nach § 906 verboten werden kann. Zu den Einwirkungen im Sinne des § 906 rechnet **RG** 141, 408, 159, 73 auch die Bienen, so schon für das gemeine Recht **RG** 12, 174. Jedoch hat das Reichsgericht in keinem der Fälle angenommen, daß der Bienenflug das nach § 906 zulässige Maß überschritten habe. Ein Fall des Übermaßes: München HRR 1932, 447. **RG** 76, 132 zählt beiläufig die Bienen zu den — nicht unter § 906 fallenden — festen Körpern. (Schüßler, Deutsches Bienenrecht, 1934, 52ff, 101ff, 183ff; vgl. auch München HRR 1932, 447).

Anm. 6

Durch ärgerniserregende Vorgänge in der Nachbarschaft, die das seelische Empfinden der Bewohner des Grundstücks kränken (Bordellbetrieb **RG** 57, 239; Freibad **RG** 76, 130; vgl. auch **RG** 50, 228), wird nicht auf das Grundstück selbst eingewirkt, daher nicht das Eigentum beeinträchtigt. In solchen Fällen kann eine Unterlassungsklage nicht aus § 1004 unmittelbar, sondern nur beim Hinzukommen besonderer Umstände aus einer entsprechenden Anwendung dieser Vorschrift (s. unten Anm. 74ff) hergeleitet werden. **RG** 57, 242 verlangt dafür den vollen Tatbestand des § 826; doch werden die gegenständlichen Voraussetzungen (Vermögensbeschädigung durch Sittenverstoß) hinreichen (vgl. Anm. 101, 102). Für extensive Auslegung unter Berufung auf Art. 1 Abs. 1 GG Weimar MDR 1958, 20.

Anm. 7

Der Begriff der Einwirkung auf die Sache darf nicht übermäßig, z. B. auf die Aufnahme von Lichtbildern (KG OLG 20, 402), ausgedehnt werden. So genügt es nicht, daß durch einen Neubau einem auf dem Nachbargrundstück stehenden Schornstein die Zugluft weggenommen wird. Andererseits braucht sich der Grundbesitzer das Weidenlassen von Schafen auf seinen (selbst verpachteten) Wiesen nicht gefallen zu lassen (KG RdRN 1938, 120).

Anm. 8

5. Prävention und Verschweigen

Grundsätzlich nimmt weder ein früheres Bestehen eines schädigenden Betriebs einem Nachbarn für ein erst später erbautes Haus den Schutz der §§ 1004, 906 (keine „Prävention"! **RG** 70, 152). Im Interesse der Aufrechterhaltung des störenden Betriebes kann in der Regel auch nicht die Abwehrklage versagt und statt dessen ein vom Verschulden unabhängiger Schadensersatz- oder Entschädigungsanspruch zuerkannt werden. Darin würde eine Enteignung gegen Entschädigung liegen, für die es an einer Rechtsgrundlage fehlt (**RG** 162, 349, 358). Auch steht jahrelanges unbeanstandetes Nebeneinanderbestehen des schädigenden Betriebs und des beeinträchtigten Grundstücks in seiner jetzigen Beschaffenheit einem an sich nach § 1004 begründeten Anspruch nicht entgegen (kein „Verschweigen"! **RG** JW 1935, 1775).

6. Beeinträchtigung

Anm. 9

Erforderlich ist, daß eine Beeinträchtigung schon stattgefunden hat und nicht nur die Gefahr künftiger Beeinträchtigung besteht. Durch Verbote oder Drohungen, die die Person des Besitzers seelisch zu beeinflussen geeignet sind und deshalb nach § 862 einen Besitzstörungsanspruch hervorrufen können (vgl. § 858 Anm. 6), wird das Eigentum noch nicht angetastet.

Anm. 10

Es darf jedoch nicht gefordert werden, daß der Eigentümer bereits in seinem Recht verletzt ist; vielmehr genügen auch Vorbereitungshandlungen. Anlagen, die bei ordnungsmäßigem Gebrauch notwendig stören müssen (z. B. eine Kegelbahn dicht an der Trennungsmauer; Schießstände unmittelbar neben dem in der Fluglinie der Geschosse liegenden Grundstück, vgl. dazu **RG** WarnRspr 1911 Nr. 330), sind schon vor Beginn der Benutzung als störend anzusehen. Im einzelnen ist die Grenze flüssig. Nach **RG** LZ 1918, 390 enthält es keine gegenwärtige Beeinträchtigung des Eigentums des Klägers, wenn der Nachbar einen diesem Eigentum widersprechenden Bauplan zur behördlichen Genehmigung einreicht; nur zu einer Feststellungsklage soll er Anlaß geben. Dagegen gewährt **RG** Recht 1918 Nr. 714 die Störungsklage gegen Sprengungen in einem benachbarten Steinbruch schon dann, wenn die Verwaltungsbehörde an den Eigentümer ein Betretungsverbot für die Sprengzeiten erlassen hat.

Anm. 11

In zeitlicher Hinsicht wird nach der neueren, von dem Beschluß der Vereinigten Zivilsenate **RG** 41, 88 abweichenden Rechtsprechung nicht mehr unterschieden, ob die klagbegründenden Tatsachen vor oder nach der Klageerhebung eingetreten sind (vgl. **RG** 99, 172).

Anm. 12

7. Fortdauer der Beeinträchtigung

Notwendig ist anderseits die Fortdauer der Beeinträchtigung. Diese selbst muß fortdauern; es genügt nicht, wenn die Beeinträchtigungshandlung (die Störung) vorübergegangen ist und nur ihre Wirkungen fortbestehen. Die Störung muß entweder körperlich in die Gegenwart hineinragen, oder weitere Störungen müssen zu besorgen sein. Eine besondere Häufigkeit oder Dauer der Störungen wird nicht verlangt (**RG** 57, 227; JW 1911, 587; z. B. WarnRspr 1912 Nr. 342, **RG** 25. 6. 1910 V 506/09: Geräusch während des Baues eines Kanals oder einer Eisenbahn). Eigenartig lag der Fall, welcher zweimal das Reichsgericht (**RG** 127, 29; 138, 327) beschäftigt hat: brennende Halden hatten das Feuer auf die aus Haldenstoff bestehenden Bahndämme übertragen und auch dort wütete das Feuer weiter. Hierin lag unzweifelhaft eine fortdauernde Beeinträchtigung des Bahneigentums, diese war aber von den durch den Brand bewirkten Veränderungen im Bahneigentum nicht zu trennen, und auch diese Veränderungen mußten demnach als Beeinträchtigung gelten.

Anm. 13

8. Beeinträchtigung durch Mißbrauch des Eintragungswesens

Von anderer Art, aber begrifflich gleichfalls hierhergehörig, ist die Beeinträchtigung des Eigentums durch Mißbrauch des Eintragungswesens. In einem Fall, wo es sich um Berichtigung einer Katasterkarte handelte, hat Breslau OLG 26, 22 zutreffend den § 1004 angewendet. Von Bedeutung wird diese Vorschrift ferner für die Fälle der Vormerkung. Fehlt es dieser an der gesetzlichen Voraussetzung (z.B. weil die einstweilige Verfügung, auf der sie beruht, nicht rechtzeitig vollzogen worden ist) oder ist der zu sichernde Anspruch nicht entstanden oder hinterher weggefallen, z.B. durch Verzicht des Berechtigten, oder ist das Nichtbestehen des gesicherten Anspruchs, wenn auch bei tatsächlichem Fortbestehen der einstweiligen Verfügung festgestellt, so bietet § 1004 die Handhabe, die Eintragung zu beseitigen (vgl. § 886 Anm. 3; **RG** JW 1933, 1822; vgl. auch Henneberg JW 1934, 1542; Liefeldt JW 1935, 102; **RG** SeuffArch 77, Nr. 188; 89 Nr. 26; DNotV 1932, 406; Planck/Brodmann § 1004 Anm. 1b Abs. 2 will hier § 894 anwenden oder den Eigentümer auf die Feststellungsklage verweisen). Im Gegensatz dazu will **RG** HRR 1934, 803 den § 1004 nur anwenden bei solchen Beeinträchtigungen des Eigentums, welche nicht nur gegen das Eigentumsrecht an der Sache, sondern unmittelbar gegen die Sache selbst gerichtet sind (oben Anm. 1). Indessen hat auch der Anspruch auf Berichtigung sonstiger Grundbucheintragungen die Wesensart der Eigentumsstörungsklage (vgl. Mot. 3, 424; **RG** 57, 322; JW 1931, 651; **BGH** 5, 76, 82) und wird in §§ 894ff nur einer Sonderregelung unterworfen. Damit steht nicht in Widerspruch, daß das Eintragenlassen einer Hypothek durch den Besitzer oder den Bucheigentümer im Verhältnis zum Eigentümer als Verschlechterung des Grundstücks gilt und deshalb insoweit die §§ 989ff anwendbar sind (**RG** 121, 335; 133, 286; 158, 45, 47; vgl. § 989 Anm. 12). Hierbei handelt es sich nicht um eine Grundbuchberichtigung, wie z. B. in den folgenden Fällen: Eine Schulgemeinde war als Eigentümerin eines Schulgrundstückes eingetragen worden, welches die Kirchengemeinde für sich in Anspruch nahm. Die Kirchengemeinde klagte gegen die politische Gemeinde, welche in erster Linie die Passivlegitimation leugnete und sich hilfsweise (wie schon vor dem Rechtsstreit) auf ihr Eigentum berief. Die politische Gemeinde wurde (naturgemäß ohne Rechtskraft gegen die Schulgemeinde) aus § 1004 verurteilt (**RG** JW 1931, 651). Ebenso setzte sich ein früherer Hypothekengläubiger der Klage aus § 1004 aus, der die Zustimmung zur Löschung der Hypothek verweigerte, obwohl das Grundbuchamt, durch sein Verhalten veranlaßt, die Beschaffung seiner Zustimmung verlangt hatte (**RG** HRR 1928, 1298). Wegen der Löschung eines eingetragenen Mietrechts: **RG** JW 1923, 750 (unhaltbar freilich München SeuffArch 61 Nr. 8: Löschungsklage des Eigentümers gegen den persönlichen Schuldner einer auf dem Grundstück ruhenden Hypothek, darauf gestützt, daß die Hypothek durch einen eingetragen gewesenen Nichteigentümer bestellt war). § 1004 versagt auch, wenn jemand sein Grundstück auf Grund eines nichtigen Kaufvertrags aufgelassen hat und der Käufer nunmehr befugt ist, sich als Eigentümer eintragen zu lassen und so das Eigentum des Verkäufers zu vernichten; der Verkäufer ist nach § 873 Abs. 2 an seine Erklärung gebunden, der etwaige Eintragungsantrag des Käufers ist also nicht rechtswidrig. In solchem Falle ist es nötig, aber auch möglich, die Auflassungserklärung zurückzufordern (**RG** 108, 331).

Anm. 14

9. Auskunftserteilung

Eine Verpflichtung des Störers zur Auskunftserteilung erkennt **RG** 158, 377 schon dann an, wenn durch die Auskunft die Verwirklichung eines Anspruchs auf Beseitigung einer nur sachlich widerrechtlichen Beeinträchtigung vorbereitet werden soll (vgl. Anm. 108).

II. Anspruchsberechtigter

1. Eigentümer

Anm. 15

Anspruchsberechtigt ist der Eigentümer, sowohl der Allein- wie der Miteigentümer (§ 1011), der besitzende Eigentümer, auch wenn er nur mittelbar besitzt (KG RdRN 1938, 120). Die Ansprüche stehen aber auch dem nichtbesitzenden Eigentümer zu. Das Eigentum kann von dem einen durch Besitzentziehung, von dem anderen durch andere Handlungen gestört werden. Der Eigentümer kann dann nach seinem Belieben zunächst gegen den einen oder den anderen vorgehen.

Der Beweis des Eigentums wird durch die Vermutungen des § 891 (Grundbucheintragung) und des § 1006 (Besitz der beweglichen Sache) erleichtert.

Anm. 16

Da nur der Eigentümer den Anspruch auf Beseitigung der Störung hat, so stehen einem Dritten, der sie beseitigt hat, gegen den Störer Ansprüche aus auftragsloser Geschäftsführung oder Bereicherung nur zu, wenn der Eigentümer die Beseitigung verlangt hatte (**RG** LZ 1924, 296). Hat der Eigentümer die Störung selbst beseitigt, so können ihm Ansprüche aus Geschäftsführung ohne Auftrag gegen den Störer zustehen (**RG** 167, 55).

Anm. 17

Gegen eine Beeinträchtigung seines Eigentums, z. B. durch Betreiben einer Gastwirtschaft in einer Villa, kann der Eigentümer nach § 1004 auch dann vorgehen, wenn der Käufer die Villa zwar auf Grund nichtigen Kaufvertrags in Besitz hat, sie aber kraft eines Zurückbehaltungsrechts noch weiter besitzen darf (**RG** 10. 1. 1925 V 831/23).

Anm. 18

2. Rechtsnachfolger

Wird das Grundstück des Klägers während des Rechtsstreits veräußert, wohin auch der Fall des Zuschlags in der Zwangsversteigerung zu rechnen ist, so hat der Nachfolger nach Maßgabe des § 266 ZPO in den Prozeß einzutreten, ohne Unterschied, ob der Beklagte ein dingliches Recht an dem Grundstück in Anspruch nimmt oder sich der Streit nur um die Befugnis zur Zuführung unwägbarer Stoffe oder Einwirkungen im Sinne von § 906 dreht (vgl. **RG** 40, 333). Solange der Beklagte nicht den Eintritt des Rechtsnachfolgers nach § 266 ZPO verlangt, bleibt der bisherige Eigentümer nach dem entsprechend anzuwendenden § 265 ZPO befugt, den Rechtsstreit weiterzuführen (**BGH** LM ZPO § 265 Nr. 3).

Anm. 19

3. Andere dingliche Berechtigte

Auch Erbbauberechtigte (§ 1017 Abs. 2 und § 11 Abs. 1 Satz 1 der ErbbauVO v. 15. 1. 1919, RGBl 72), Dienstbarkeitsberechtigte (§§ 1027, 1090 Abs. 2), Nießbraucher (§ 1065) und Pfandgläubiger (§ 1227) können sich der Abwehrklage (§ 1004) bedienen; ebenso der Bergwerkseigentümer (§ 50 PrBergG; **RG** 145, 360). Doch handelt es sich dabei nur um entsprechende Anwendung des § 1004. Vorausgesetzt wird, was nicht notwendig bei Beeinträchtigung des Eigentums der Fall zu sein braucht, daß das betreffende dingliche Recht beeinträchtigt ist; nur auf diese Beeinträchtigung zielt der Beseitigungsanspruch ab; das Urteil wirkt weder für noch gegen den Eigentümer.

4. Mieter und Pächter

Anm. 20

Der Mieter ist nach § 1004 nicht klagbefugt; er muß besitzen, um den Besitzstörungsanspruch des § 862 erheben zu können (vgl. **RG** 59, 327; WarnRspr 1918 Nr. 55). Über die Rechtswidrigkeit der Einwirkung entscheidet auch hier § 906 (Celle JW 1937, 2116).

Anm. 21

Dagegen kann der Pächter einer Handelsgärtnerei wegen der ihm eigentümlich gehörigen Pflanzen die Abwehrklage nach § 1004 erheben (**RG** 105, 215; 154, 162).

Anm. 22

Die in § 904 zugunsten einer durch Notstand gebotenen Handlung verfügte Eigentumsbeschränkung ergreift die Sache selbst und wirkt daher auch gegen den Besitzer (Prot. 6, 216); dem Pächter steht dann als Ausgleich für die gesetzliche Duldungspflicht der Anspruch auf Ersatz des ihm durch die erlaubte Einwirkung zugefügten Schadens zu (**RG** 156, 190; vgl. auch Anm. 59, 64).

Anm. 23

Der Imker, der mit seinen Bienenvölkern fremde Grundstücke flüchtig und vorübergehend benutzt, hat keine Sachberechtigung aus eigenem Recht zur Verteidigung aller dieser Grundstücke gegen fremde Eingriffe, z. B. gegen die Zuführung von Rauch und Gasen (**RG** 159, 68, 73).

Anm. 24

5. **Bei Rundfunkstörungen** gibt § 1004 ebenfalls nur dem Eigentümer des gestörten Grundstücks ein Klagerecht; der Mieter wird sich auf die §§ 862, 865 berufen können.

Anm. 25

6. § 985 und § 1004

Die Klagen aus § 985 und aus § 1004 können nicht wohl zusammentreffen, wenn Besitzentziehung (Vorenthaltung des Besitzes) und sonstige Störung von verschiedenen Personen ausgehen. Der Gegensatz zwischen Entziehung (Vorenthaltung) des Besitzes und Eigentumsbeschränkung in anderer Weise (§ 1004) ist derselbe wie der in §§ 861, 862 behandelte Gegensatz zwischen Besitzentziehung und Besitzstörung.

III. Anspruchsgegner (Störer)

1. Allgemeiner Begriff

Anm. 26

Gleich dem Besitzstörungsanspruch richtet sich auch die Eigentumsabwehrklage des § 1004 gegen den Störer. Darunter ist gemäß der dinglichen Natur des Anspruchs sowohl derjenige zu verstehen, der selbst die störende Einwirkung unmittelbar hervorbringt, als auch derjenige, der zwar nicht selbst handelnd eingreift, durch dessen maßgebenden Willen aber der die Eigentumsbeeinträchtigung herbeiführende Zustand geschaffen wurde und aufrechterhalten wird (Mot. 3, 424; **RG** 92, 24; 103, 174; 108, 331; 134, 234; 155, 319; 159, 136; JW 1929, 744; **BGH** 17, 291, LM BGB § 1004 Nr. 14). Störer ist daher auch die Ölfirma, die die von dem Pächter eines Grundstücks betriebene Tankstelle eingerichtet hat und unterhält (**BGH** NJW 1958, 2061).

Anm. 27

Die Einwirkung im Sinne des § 1004 muß mit dem Willen des Störers, mit seiner Willensbetätigung, in ursächlichem Zusammenhang stehen (**RG** 127, 34; 134, 234; 135, 312; 149, 210; 155, 157). Auch derjenige ist Störer, dessen Willensbetätigung nur mit ursächlich für die Beeinträchtigung gewesen ist. Störer ist daher derjenige, der die aus eigenem Antrieb eines selbst verantwortlichen Dritten erfolgte unzulässige Wettbewerbshandlung durch die sachlichen und persönlichen Mittel seines Betriebes wenn auch guten Glaubens unterstützt, obwohl er die rechtliche Möglichkeit hatte, die Handlung zu hindern (**BGH** 14, 174; LM BGB § 12 Nr. 15).

Anm. 28

Der Eigentümer eines Grundstücks kann nicht als Störer angesehen werden, wenn von seinem Grundstück eine Beeinträchtigung des Nachbargrundstücks ausgeht, die in keinem ursächlichem Zusammenhang mit einem Tun des Grundstückseigentümers steht und die er auch nicht zu hindern verpflichtet ist. Der Eigentümer eines durch Kriegseinwirkung zerstörten Bauwerks ist demnach nicht Störer hinsichtlich der Beeinträchtigungen, die sich daraus ergeben, daß die Trümmer auf ein benachbartes Grundstück oder in einen Flußlauf gefallen sind (**BGH** LM Preuß. WasserG § 130 Nr. 1). Der Eigentümer eines noch nicht wieder aufgebauten, durch Kriegseinwirkung zerstörten Grundstücks kommt regelmäßig nicht als Störer in Betracht, wenn die in den Trümmern sich ansammelnde Feuchtigkeit sich durch ihre natürliche Auswirkung auf das Nachbargrundstück schädigend auswirkt (Düsseldorf NJW 1953, 1394; Köln NJW 1956, 1564; Hamburg MDR 1956, 352). In **BGH** LM BGB § 1004 Nr. 18 ist angenommen, es fehle an einer auf dem Willen des Beeinträchtigenden beruhenden Handlung, wenn dieser auf Grund eines Befehls der Besatzungsmacht gehandelt habe, dem er sich nicht habe entziehen können.

Anm. 29

Bei einer störenden Anlage ist nicht nur derjenige Störer, der die Anlage errichtet hat, sondern auch derjenige, der sie hält und von dessen Willen ihre Beseitigung abhängt (**BGH** LM BGB § 1004 Nr. 14). Letzterer allein kommt als Störer in Betracht, wenn derjenige, der die Anlage errichtet hat, nicht mehr in der Lage ist, auf sie einzuwirken und sie daher auch nicht wieder beseitigen kann. Das wird regelmäßig für den Bauunternehmer zutreffen, wenn der Bauherr die fertiggestellte Anlage abgenommen hat. Aus demselben Grunde scheidet auch als Störer aus, wer auf seinem Grundstück eine Anlage hergestellt hat und dann das Grundstück veräußert. Eine Beseitigungspflicht kann ihm nur nach §§ 823, 249 obliegen, sofern ihn bei der Herstellung ein Verschulden traf (vgl. **RG** 103, 174; Marienwerder OLG 4, 65; Colmar 18, 129). Die Beseitigungspflicht des Grundstückserwerbers bestimmt sich danach, ob er die Anlage „hält", d. h. aufrechterhält. Durch die Erklärung, er sei mit der Beseitigung einverstanden, hört er regelmäßig nicht auf, die Anlage zu halten (**RG** 103, 177; JW 1928, 502); anders nur, wenn sich die störende Anlage nicht in seinem Besitz befindet.

Anm. 30

Störer ist insbesondere, wer auf die Sache einwirkt oder den Eigentümer an der Ausübung des Eigentums hindert (vgl. Anm. 4). Der Störende braucht nicht Eigentümer zu sein (**RG** JW 1936, 3454); er kann Mieter oder Pächter (**RG** JW 1927, 45), möglicherweise auch überhaupt nicht berechtigt sein. Stören mehrere, so kann jeder einzelne verklagt werden, ohne daß ihm aus dem Vorhandensein anderer Störer ein Einwand erwüchse (**RG** LZ 1918, 212).

Anm. 31

2. Einwirkung von Naturkräften

Die Störung kann auch mittelbar geschehen, insbesondere so, daß jemand durch seine Tätigkeit ein schädliches Eingreifen von Naturkräften der lebendigen oder toten Umwelt ermöglicht (**RG** 51, 408; 134, 234; 149, 210f; vgl. ferner SeuffArch 60 Nr. 55: Aufschütten von Sandmassen, die auf das Nachbargrundstück abgespült werden; Gruchot 54, 158: Schutthalden; WarnRspr 1917 Nr. 244: Gänsegeschnatter; JW 1910, 654: Froschquaken in einem künstlich angelegten Teich; Aufsatz Grundeigentum 1939, 475: Spatzenlärm). Die Vorbedingungen für diese Wirkung der Naturkräfte müssen durch den Grundstückseigentümer oder auch durch einen früheren Eigentümer geschaffen oder auch nur mitgeschaffen sein, z. B. daß Anlagen errichtet werden, von denen unter dem Einfluß von Naturkräften Störungen fremden Eigentums (z. B. Abbröckeln verwitternden Gesteins von einem Felsenhang unter der Wirkung der Errichtung eines Bauwerks auf dem Felsen und der mangelhaften Pflege der Grundmauern) ausgehen (**RG** 149, 211).

3. Im Auftrage Dritter vorgenommene Einwirkungen

Anm. 32

Für störende Einwirkungen, die im Auftrage dritter Personen vorgenommen werden, kann sowohl der Handelnde als auch der die Handlung veranlassende Dritte als Störer in Betracht kommen. Daß juristische Personen für Störungshandlungen ihrer Vertreter haften, folgt schon aus §§ 31, 89 (vgl. z. B. **RG** JW 1901, 52 = Gruchot 45, 1008; Gruchot 57, 1003). Die Veräußerung eines Grundstücks mit dem Bewußtsein, der Erwerber werde darauf Störungen verursachen, ist zwar noch keine eigene Einwirkung auf das Nachbargrundstück (**RG** WarnRspr 1911 Nr. 331). Wohl aber genügt es, wenn ein Unternehmer Auftrag zu den Einwirkungen erteilt oder wenn er auch nur Arbeiten vornehmen läßt, welche die Einwirkung zur Folge haben müssen (vgl. **RG** 97, 26; SeuffArch 60 Nr. 10 WarnRspr 1909 Nr. 143).

Anm. 33

Neben der juristischen Person haftet der gesetzliche Vertreter selbst. Der Beauftragte haftet neben dem Auftraggeber dann, wenn auch er zur Beseitigung der Beeinträchtigung fähig ist oder gerade auch von ihm noch weitere Beeinträchtigungen drohen (vgl. **RG** HRR 1940, 214). Behauptet er, die Störung in Ausübung eines Rechtes des Auftraggebers vorgenommen zu haben, so steht ihm nach ZPO § 77 die Benennung des Urhebers zu (vgl. Hamburg SeuffArch 56 Nr. 88; **RG** HRR 1940, 214; vgl. auch Anm. 69).

4. Störer infolge Duldung

Anm. 34

Als mittelbarer Störer hat endlich auch zu gelten, wer die Einwirkungen Dritter duldet, obgleich er sie hindern könnte und zu hindern verpflichtet ist (**RG** 134, 234; München DR 1943, 447; vgl. auch **RG** 92, 22: ein einzelner Genosse einer Wassergenossenschaft). Störer ist ein Verleger, wenn er nichts tut, um weitere Angriffe in den in seinem Verlag erscheinenden Schriften zu verhindern (KG JW 1935, 3644). Hat er keine Möglichkeit, auf den Inhalt oder den Vertrieb einer Beilage einer in seinem Verlag erscheinenden Zeitschrift Einfluß zu nehmen, so kann er doch mit der vorbeugenden Unterlassungsklage in Anspruch genommen werden, wenn er die Zuwiderhandlung nach ihrer Kenntnisnahme billigt und das Recht zu künftigen gleichlautenden Veröffentlichungen für sich in Anspruch nimmt (**BGH** 3, 270).

Anm. 35

Geht die Einwirkung von einem Grundstück aus (vgl. diese Worte in § 906), und zwar von einem Nutzungsberechtigten des Grundstücks (Nießbraucher, Mieter, Pächter), so kommt neben dem Täter auch der Eigentümer als Anspruchsgegner in Betracht. Er haftet dann nicht nur in Fällen, wo eine mit dem Grundstück verbundene Anlage der Grund der Störung ist oder wo er die Störung sonstwie veranlaßt hat (vgl. z. B. **RG** JW 1901, 52 = Gruchot 45, 1008: die Stadt hatte eine Sielanlage geschaffen und den Bürgern zur Ableitung ihrer Hausabwässer zur Verfügung gestellt), sondern auch schon, wenn er die Störung in ungehöriger Weise duldet (**RG** 45, 298; 92, 363; 97, 26). Schreitet er, wenn er Vermieter ist, gegen einen ihm bekannten Mißbrauch des Grundstücks durch den Mieter trotz § 550 nicht ein, so ist das ebenso ungehörig, wie wenn er das Grundstück geradezu zu einem Gebrauch vermietet, der die Störung mit sich bringt. In beiden Fällen muß er als Störer behandelt werden; durch die Vermietung wird er von den aus §§ 903, 906 ersichtlichen Pflichten nicht befreit (**RG** 47, 164; 134, 234; JW 1900, 840; 1902 Beil. S. 187; 1904, 142 Nr. 11; WarnRspr 1908 Nr. 380; 1917 Nr. 245; 1918 Nr. 116; Gruchot 57, 1003; LZ 1916, 817; 1919, 322; DRiZRspr 1931 Nr. 485).

Anm. 36

Anders liegt es, wenn der Mieter das Grundstück ohne Vorwissen des Vermietereigentümers mißbraucht. Da dieser Fall nicht zu vermuten ist, vielmehr vom Eigentümer bewiesen werden müßte, heißt es in **RG** 47, 164, der letzere sei „prima facie" (d. h. mangels Entlastungsbeweises) neben dem Mieter haftbar. Die Auffassung, daß der Eigentümer bereits aus dem Gesichtspunkt verkehrsüblicher nachbarlicher Rücksichtnahme kraft seines bloßen Eigentums aus § 1004 haftet, wenn er es bei einem von Natur gegebenen oder doch ohne seinen Willen hergestellten Zustand seines

Grundstücks unterläßt, die Einwirkung von Naturkräften auf das Nachbargrundstück zu verhindern, scheint sich aus **RG** 52, 373 zu ergeben; sie wird aber in **RG** 134, 236 mit Recht in Zweifel gezogen (**RG** 149, 212).

IV. Anspruchsinhalt

1. Anspruch auf Beseitigung der Störung

a) Berücksichtigung von Treu und Glauben

Anm. 37

Grundsätzlich kann die Beseitigung der Störung verlangt werden. Das Ziel des Anspruchs ist die Herstellung des dem Inhalt des verletzten Rechts entsprechenden Zustandes und die Wiederaufhebung der Rechtsbeeinträchtigung.

Anm. 38

Soweit es sich darum handelt, festzustellen, ob überhaupt eine Beeinträchtigung des Rechts erfolgt ist und welches der dem Recht entsprechende Zustand ist, ist auch § 242 BGB zu berücksichtigen. Diese Vorschrift gilt auch auf dem Gebiete des Sachenrechts. Sie ermöglicht es, die Grenzen des Eigentums und anderer dinglicher Rechte den Zeitverhältnissen anzupsasen (**RG** 169, 182).

Anm. 39

Auch wenn die Ausübung des Eigentumsrechts schikanös ist, ist eine Klage aus § 1004 unbegründet. So hat das Reichsgericht die Eigentumsfreiheitsklage wegen einer Grundparzelle, die Teil eines öffentlichen Hafens war, als schikanös versagt, weil die Klage nur den Zweck verfolgte, die Beklagte, die eine über das Wasser hinausreichende Ladeeinrichtung am Hafen unterhielt, zur Zahlung einer Vergütung zu zwingen, obschon eine solche Benutzung des Hafens in dessen Zweck begründet war (**RG** 17. 4. 1939 V 218/38).

Anm. 40

b) Kosten der Beseitigung

Die Kosten der Beseitigung hat der Störer zu tragen. Hat der Kläger selbst schon die Störung beseitigt, so haftet ihm der Störer auf Erstattung der Kosten nach den Regeln der Geschäftsführung ohne Auftrag (**RG** 167, 55) oder nach Bereicherungsgrundsätzen. Dabei ist § 254 entsprechend anwendbar, wenn der Kläger mit seinem Eigentum in einer Weise verfahren ist, die für einen andern die Klage aus § 1004 begründen würde, falls die vom Kläger ergriffene Maßnahme einen Eingriff in fremdes Eigentum zur Folge gehabt hätte (**RG** 138, 329). Der Sachverhalt war hier der, daß die Halde einer Fabrik sich selbst entzündet und das Feuer auf die aus Haldenstoff hergestellten Bahndämme der Klägerin übergegriffen hatte; wäre erst der Damm in Brand geraten und hätte das Feuer von hier aus auf die Halde übergegriffen, so hätte § 1004 der Fabrik einen Anspruch gegen die klagende Bahn verliehen.

c) Wahl des Verpflichteten zwischen verschiedenen Beseitigungsmöglichkeiten

Anm. 41

Beseitigung bedeutet nicht notwendig Wiederherstellung des früheren Zustandes im strengsten Sinn; sie kann auch in der Herstellung eines ähnlichen Zustandes bestehen (Stuttgart Recht 1919 Nr. 428). Wie sie geschehen soll, haben Klage und Urteil in der Regel dem Beklagten zu überlassen. Deshalb kann auch auf dem Gebiet der Immissionen ein Gebot genügen, allgemein Störungen bestimmter Art, beispielsweise durch Geräusche oder Gerüche, zu unterlassen (**BGH** LM BGB § 906 Nr. 5). Einerseits kann die Frage, was zur wirksamen Verhütung unzulässiger Einwirkungen nötig ist, meist nur von Fall zu Fall in der Zwangsvollstreckung entschieden werden. Anderseits hat der Kläger kein Recht auf bestimmte Maßnahmen und darf dem Beklagten die Möglichkeit der Wahl nicht beschränken (**RG** 37, 174; 40, 184; 60, 121; JW 1900, 501; 1900, 840; 1901, 849; 1902 Beil. S. 203; 1903 Beil. S. 103; 1906, 749; 1911, 325; WarnRspr 1910 Nr. 337; 1913 Nr. 181; 1917 Nr. 245).

Nur wenn klar ist, daß andere Mittel als die Entfernung der störenden Anlage oder die völlige Unterlassung der Einwirkungen nicht helfen, kann sofort hierauf geklagt werden (**RG** JW 1900, 640; 1908, 682). Dagegen kommt es in der Zwangsvollstreckung darauf an, ob § 887 oder § 888 ZPO anzuwenden ist und ob der Verurteilte alles, was in seinen Kräften steht, getan hat. Daher hat nunmehr der Kläger bestimmte Maßregeln anzugeben, die er zur Beseitigung der Beeinträchtigung für geeignet hält (**RG** 60, 120; JW 1899, 304 Nr. 11; 1903 Beil. S. 77).

Anm. 42

Die Verordnung über den Abbruch von Gebäuden vom 3. 4. 1937, RGBl I 440, steht einer Verurteilung zur Beseitigung eines Bauwerks nicht entgegen. Wohl ist die Vollstreckung des Anspruchs von dem Nachweis der etwa erforderlichen Genehmigung abhängig (**BGH** 28, 154).

Anm. 43

d) Während des Rechtsstreits getroffene Schutzvorkehrungen

Durch abhelfende Vorkehrungen während des Rechtsstreits wird der Kläger nicht immer klaglos gestellt. Solange die nachteilige Anlage besteht und jederzeit schädlich wirken kann, ist es unerheblich, ob die Übergriffe zeitweise vermindert wurden oder aufhörten. Vielmehr muß dem Kläger ein Schutz für den Fall gewährt werden, daß die getroffenen Einrichtungen wieder beseitigt werden oder sich in der Folge doch nicht als zureichend erweisen (**RG** 36, 178; JW 1898, 610 Nr. 41; 1902, 70; 1902 Beil. S. 203; 1906, 556; WarnRspr 1917 Nr. 245; Gruchot 44, 869). Erst wenn beides nicht mehr in Frage kommt oder eine Rückkehr der schädigenden Einwirkungen als ausgeschlossen erscheint, darf er als befriedigt gelten, so daß seine gleichwohl aufrechterhaltene Klage abzuweisen ist (**RG** JW 1899, 757; 1910, 654 Nr. 12; 1911, 326; 1931, 3444; 1932, 2984; WarnRspr 1912 Nr. 215). Vgl. hierzu auch Anm. 83—88. Nur unter dieser Voraussetzung ist auch die Vollstreckungsgegenklage des verurteilten Störers, die Vollstreckung für unzulässig zu erklären, begründet (**RG** JW 1913, 738).

2. Einschränkung der sich aus § 1004 ergebenden Rechte

Anm. 44

a) Gegenüber Beeinträchtigungen durch gewerbliche Anlagen § 26 GewO

Eine Einschränkung des Beseitigungsanspruchs, die aber durch einen unbedingten Anspruch auf Schadensersatz wettgemacht wird, ergibt sich aus GewO § 26 (vgl. auch § 148 PrBergG; oben § 862 Anm. 7). Danach darf gegenüber einer mit obrigkeitlicher Genehmigung errichteten gewerblichen Anlage niemals auf Einstellung des Gewerbebetriebs, sondern nur auf Herstellung von Einrichtungen, welche die benachteiligende Einwirkung ausschließen, oder, wenn solche Einrichtungen untunlich oder mit einem gehörigen Gewerbebetriebe unvereinbar sind, auf Schadloshaltung geklagt werden (**RG** 154, 166; 155, 319). Nach EG Art. 125 läßt sich diese Vorschrift landesgesetzlich auf Eisenbahn-, Dampfschiffahrts- und ähnliche Verkehrsunternehmungen erstrecken. Wegen der Verjährung gilt hier § 852 (**RG** 70, 157).

Anm. 45

b) Gegenüber Beeinträchtigungen durch Ausübung staatlicher Hoheitsrechte

In Fällen der Ausübung staatshoheitlicher Rechte oder bei behördlich genehmigten Anstalten, die im öffentlichen Interesse betrieben werden, kommt eine Entschädigung in Betracht, die jetzt als Enteignungsentschädigung gewährt wird (vgl. insbesondere die grundlegenden Entscheidungen des Großen Senates für Zivilsachen **BGH** 6, 270, 277f; 13, 88, 90), früher aus dem Landesrecht (vgl. für Preußen §§ 74, 75 ALR Einl.) abgeleitet wurde. Endlich erkennt die Rechtsprechung des Reichsgerichts einen solchen Anspruch überall da an, wo dem Beeinträchtigten das Recht, auf Beseitigung der störenden Einwirkung und Untersagung des gefährlichen Betriebs zu klagen, durch besondere gesetzliche Bestimmungen entzogen ist. Vgl. **RG** 59, 74; 63, 376; 70, 152; 97, 291; 98, 348; 101, 105; 122, 137; 155, 156; 159, 72 und dazu Vorbem. vor § 903, Anm. 3, 4, § 906 Anm. 33—35.

Anm. 46

c) Gegenüber Beeinträchtigungen durch gemeinnützige Betriebe

Auch bei Gemeinnützigkeit des störenden Betriebs hat das Reichsgericht eine Abwehrklage aus § 1004 für undurchführbar und als Ersatz einen vom Verschulden des Störers unabhängigen Schadensersatzanspruch für gerechtfertigt erklärt (**RG** 155, 394; 159, 129; 167, 14). Dieser Anspruch hat einen anderen Inhalt als ein Schadensersatzanspruch. Er soll einen billigen Ausgleich für das zum Nutzen der Allgemeinheit Aufgeopferte herbeiführen. Er geht daher auch nicht gegen jeden Störer im Sinne des § 1004, sondern nur gegen den, zu dessen Bestem die Aufopferung dient. Das ist derjenige, der die störende Anlage betreibt, nicht der, der sie nur errichtet hat (**RG** 167, 14). Daraus allein, daß eine dem öffentlichen Dienst gewidmete Sache nicht mehr für öffentliche Zwecke benutzt wird, folgt nicht schon, daß sie nunmehr den bürgerlich-rechtlichen Regeln untersteht und daß gegen die von ihr ausgehenden Störungen Beseitigungsansprüche nach § 1004 geltend gemacht werden könnten. Diese Ansprüche können erst erhoben werden, wenn die Sache von der dazu berufenen Behörde ihrer öffentlichen Zweckbestimmung entkleidet, wenn sie dem öffentlichen Zweck entwidmet ist (**BGH** 18, 253; vgl. auch LM GVG § 13 Nr. 48). Über die besondere Regelung hinsichtlich der durch den Luftverkehr bewirkten Beeinträchtigungen vgl. unten Anm. 62.

d) Gegenüber Beeinträchtigungen durch behördlich genehmigte im Dienst der Allgemeinheit stehende Betriebe

Anm. 47

Die Abwehrklage versagt nicht nur gegenüber Einwirkungen, die sich aus staatshoheitlicher Benutzung eines Grundstücks ergeben; sie ist auch dort ausgeschlossen oder beschränkt, wo sie sich gegen Beeinträchtigungen wendet, die durch den Gebrauch eines Grundstücks für einen im Dienste der Allgemeinheit geführten, behördlich genehmigten Betrieb verursacht werden, z. B. für den Betrieb eines Verschiebe- und Abstellbahnhofs der Deutschen Reichsbahn, der an sich weder nach seinem inneren Wesen noch nach der ihm gegebenen äußeren Gestaltung unter die Ausübung von Staatsgewalt fällt (**RG** JW 1938, 2969). In solchen Fällen kann nicht die Unterlassung der störenden Betriebshandlungen im ordentlichen Rechtsweg gefordert werden, sondern allenfalls die Vornahme schützender Vorkehrungen mit der Einschränkung, daß keine Maßnahmen verlangt werden dürfen, aus denen sich eine wesentliche Änderung oder Beeinträchtigung des Betriebes ergeben würde, oder aber Schadensersatz (**RG** 62, 131; 73, 270; WarnRspr 1909 Nr. 409; 1910 Nr. 282; 1913 Nr. 181; 1916 Nr. 248; 1917 Nr. 143; JW 1938, 2969; § 906 Anm. 30). Bei dem Urteil über die Vereinbarkeit von Schutzvorkehrungen mit dem ungestörten Betrieb kommt es im Zweifel auf die kundgegebene Auffassung der dem Betrieb vorstehenden Behörde maßgeblich an (**RG** 2. 9. 1938 V 224/37).

Anm. 48

Das Reichsgericht hat diesen und den in Anm. 46 genannten gemeinnützigen Betrieben eine Sonderstellung auf dem Gebiete des Privatrechts wegen der ihnen im Interesse der Allgemeinheit obliegenden Aufgaben eingeräumt. Die hiernach für sie geltenden Rechtssätze können nicht auf andere private Betriebe angewandt werden, die ohne gemeinnützig zu sein, nur den Interessen der Allgemeinheit dienen. Gegenüber dem Verleger einer politischen Tageszeitung kann daher auf Unterlassung der von dem Unternehmen ausgehenden übermäßigen und nicht ortsüblichen Geräusche geklagt werden (**BGH** LM BGB § 904 Nr. 4; zu weitgehend und die Rechte aus § 1004 zu stark beschränkend Düsseldorf BB 1957, 1194).

Anm. 49

e) Besondere Regelung nach dem Allgemeinen Kriegsfolgengesetz

Soweit es sich um Beeinträchtigungen handelt, die vom Deutschen Reich einschließlich der Sondervermögen Deutsche Reichsbahn und Deutsche Reichspost, vom ehemaligen Land Preußen oder vom Unternehmen Reichsautobahn ausgehen, kommen die Bestimmungen des Allgemeinen Kriegsfolgengesetzes vom 5. 11. 1957, BGBl I 1747, in Betracht. Dasselbe gilt nach § 2 AllgKriegsfolgenG bezüglich der Beeinträchtigungen, die durch Einwirkungen vor dem 24. Mai 1949 verursacht worden sind und von Sachen ausgehen, die nach den Art. 89, 90, 134 oder 135 GG oder in Durchführung des Gesetzes zur vorläufigen Regelung der Rechtsverhältnisse des Reichsvermögens und der preußischen Beteiligungen vom 21. 7. 1951, BGBl I 467, in das Eigentum oder in die Verwaltung des Bundes oder eines anderen öffentlichen Rechtsträgers gelangt sind.

3. Keine Abgeltung des Beseitigungsanspruchs durch Geldzahlung

Anm. 50

Der Beseitigungsanspruch unterliegt zwar den allgemeinen Grundsätzen von Treu und Glauben (**BGH** LM PreisstopVO Nr. 7). Soweit aber dem Anspruch nicht infolge besonderer Umstände die Einrede der Arglist nach § 242 entgegengesetzt werden kann, kann die Beseitigung der Beeinträchtigung stets gefordert werden. Der hierauf gerichtete Anspruch entfällt nicht dadurch, daß seine Erfüllung dem Berechtigten eine Mehrleistung verschaffen würde, auf die er nach bürgerlichem Recht keinen Anspruch hat, wenn dies als notwendige Folge der Beseitigung eintritt, z. B. die Beseitigung von Kriegsschäden im Zuge der Entfernung störender Anlagen (**BGH** 18, 253).

Anm. 51

Ein Recht, den Eigentümer durch Entschädigung in Geld abzufinden, steht dem Störer nicht zu, mag auch die Beseitigung der Beeinträchtigung nur mit unverhältnismäßigen Aufwendungen möglich sein. Da die Beseitigungspflicht keine Schadensersatzpflicht ist, greift § 251 Abs. 2, der hier auf eine Enteignung hinauslaufen würde, nicht Platz (**RG** 51, 411; 162, 358; WarnRspr 1916 Nr. 51 a.E.; JW 1939, 419; HRR 1939, 489; **BGH** LM BGB § 1004 Nr. 14; Colmar OLG 4, 313; Braunschweig OLG 36, 157; Stuttgart OLG 41, 162; Recht 1919 Nr. 427; Dresden JW 1921, 252).

Anm. 52

4. Schadensersatz

Abgesehen von den oben Anm. 44—49 angeführten Ausnahmen ist der Störer nur nach §§ 823ff, also regelmäßig nur bei Verschulden, schadensersatzpflichtig (**RG** 45, 299; 58, 131; 61, 256; 121, 189). § 1004 ist Schutzgesetz im Sinne von § 823 Abs. 2 (**RG** 121, 189; vgl. Anm. 96). Die Abwehrklage selber richtet sich nicht auf Schadensersatz, sondern bedarf der Verbindung mit dem Anspruch aus der unerlaubten Handlung. Doch wird dies in der Praxis häufig nicht fühlbar, da ein Verschulden des Störers nichts weiter voraussetzt als daß er die nachteiligen Folgen seines Tuns für den Eigentümer bei Anwendung der erforderlichen Sorgfalt voraussehen konnte (**RG** Gruchot 44, 870; vgl. auch 32, 890; 38, 712; **RG** 6, 222; 32, 340; JW 1894, 579; 1896, 84). In **RG** 16. 1. 1932 IX 469/31 war dem Beseitigungsanspruch durch Unterlassungsurteil mit Veröffentlichungszwang bereits genügt, gleichwohl konnte als eine Form des Schadensersatzes noch der Widerruf der beleidigenden Behauptungen verlangt werden (**RG** 97, 344). Auf guten oder bösen Glauben des Störers, Störung vor oder nach dem Prozeßbeginn, kommt es nicht an; die §§ 987ff haben für die Eigentumsabwehrklage keine Geltung. Nur wenn er zugleich Eigenbesitzer der durch ihn beschädigten Sache ist, verhält es sich anders: nach § 992 ist er den Vorschriften über unerlaubte Handlungen nicht unterstellt, es sei denn, daß er den Besitz durch verbotene Eigenmacht oder durch strafbare Handlung erlangt hätte.

V. Die Unterlassungsklage (§ 1004 Abs. 1 Satz 2)

Anm. 53

Sie hat den Vorteil, daß dem verurteilten Störer nach § 890 ZPO eine Ungehorsamsstrafe angedroht und Sicherheitsleistung für künftigen Schaden auferlegt werden kann. Die sonderrechtlichen Einschränkungen des Beseitigungsanspruchs machen sich auch hier geltend (vgl. Anm. 44—48; § 906 Anm. 30—32).

Anm. 54

Voraussetzung ist die Besorgnis weiterer Beeinträchtigungen. Sie besteht nicht bei Äußerungen in Ausübung öffentlich-rechtlicher Befugnisse oder Verpflichtungen (**RG** 140, 402). Die bloße Möglichkeit, daß ein schadenbringendes Ereignis sich wiederhole, genügt nicht (**RG** 63, 379: Gasrohrbruch; JW 1913, 543; WarnRspr 1918 Nr. 55; Hamburg OLG 31, 329: Wasserrohrbruch), vielmehr muß ein ernster Anlaß zur Besorgnis gegeben sein. Hierbei kommt es auch darauf an, ob es sich etwa nur um eine vereinzelte, bei nachbarlicher Rücksichtnahme zu ertragende Belästigung handelt oder ob sich die unzulässigen Zuführungen trotz getroffener Abwehreinrichtungen so gehäuft und so stark gezeigt haben, daß der Rechtsschutz der Abwehrklage als angebracht erscheint (**RG** JW 1938, 1952).

Anm. 55

Nicht selten wird die Wiederholungsgefahr, für die der Kläger beweispflichtig ist, aus der Sachlage von selbst hervorgehen (**RG** 60, 8; 84, 147; 86, 255; 98, 267; 148, 119; JW 1929, 1223; Kiel SchlHA 1937, 209; KG RdRN 1938, 120). Beim Handeln im geschäftlichen Verkehr begründet das Vorliegen eines einzelnen widerrechtlichen Eingriffs in der Regel die tatsächliche Vermutung von Wiederholungen (**BGH** LM UWG § 1 Nr. 24; BGB § 1004 Nr. 27). Maßgebend ist grundsätzlich der Zeitpunkt der letzten mündlichen Verhandlung (**RG** JW 1905, 140; Recht 1911 Nr. 510). Doch muß der Einwand, daß Abhilfe während des Rechtsstreits geschaffen sei, streng genommen werden (vgl. Anm. 43).

Anm. 56

Sodann erfordert auch der Unterlassungsanspruch, wie die Eigentumsstörungsklage im allgemeinen (vgl. Anm. 9), daß ein Eingriff bereits vorliegt. Solange eine Beeinträchtigung noch gar nicht stattgefunden hat, kann von Besorgnis „weiterer" Beeinträchtigungen keine Rede sein (**RG** WarnRspr 1911 Nr. 330). Daß diese Voraussetzung durch § 259 ZPO (Klage auf künftige Leistung) verb. mit § 241 BGB (Unterlassung als Leistung) entbehrlich geworden wäre, ist nicht zuzugeben. § 259 ZPO und § 1004 BGB sind gleichzeitig in Kraft getreten: bestände ein Widerspruch, so wäre § 1004 das maßgebliche Sondergesetz (**RG** 101, 340). Es ist nicht notwendig, daß eine das Eigentum verletzende Handlung schon körperlich vollzogen ist. Die Drohung mit dem Eingriff stellt selbst schon einen widerrechtlichen Eingriff dar, wenn sie unter solchen Umständen geschieht oder von solchen Maßnahmen begleitet ist, daß sich daraus eine ernsthafte Gefahr für das angegriffene Rechtsgut ergibt (**RG** 101, 137; 101, 340; 151, 246; JW 1931, 1191; 1932, 400; **BGH** 2, 395; LM BGB § 1004 Nr. 27). Es genügt, wenn bei solchem Verhalten der Störer nur wirtschaftlich, nicht auch schon rechtlich Inhaber des störenden Betriebes war (**RG** JW 1931, 1191).

Anm. 57

Dagegen kann neben der Unterlassungsklage eine Feststellungsklage gegeben sein, weil das Interesse an alsbaldiger Feststellung des beanspruchten Rechts weiter geht als das an der Verurteilung des Beklagten zur Unterlassung (**RG** SeuffArch 88 Nr. 14).

Über das Zusammentreffen der Unterlassungsklage mit polizeirechtlichen Ansprüchen und den Einfluß der polizeilichen auf die bürgerlich-rechtliche einstweilige Verfügung: Neumann ZZP 1936, 321.

VI. Duldungspflicht des Eigentümers (Abs. 2)

Anm. 58

1. Rechtsnatur des Gegenrechts

Die Einwendung des Störungsrechts erscheint nach der Fassung des Gesetzes („der Anspruch ist ausgeschlossen") als Einwendung im engeren Sinne. Das aber liegt nur daran, daß die Verfasser in erster Linie die gesetzlichen Eigentumsbeschränkungen im Auge gehabt haben. Stellt der Beklagte der Klage ein subjektives Recht zur Störung entgegen, so muß es sich ebenso verhalten wie nach § 986 Abs. 1 beim Herausgabeanspruch; die Verteidigung ist dann als Einrede zu behandeln. Über die Bedeutung des Unterschiedes: § 986 Anm. 10. Beweispflichtig für das Bestehen einer Duldungspflicht ist der Störer, der sich darauf beruft; das gilt auch für eine Feststellungsklage (**RG** 144, 271; vgl. auch **RG** SeuffArch 90 Nr. 8).

2. Gesetzlich begründete Duldungspflichten

Anm. 59

Die Verpflichtung zur Duldung kann auf Gesetz beruhen; so namentlich in den Fällen der allgemeinen gesetzlichen Eigentumsbeschränkungen (§§ 904, 905 Satz 2, 906, 912 Abs. 1) und des Nachbarrechts (EG Art. 124). Eine Duldungspflicht kann sich ferner aus dem nachbarlichen Gemeinschaftsverhältnis ergeben. Wenn eine solche Duldungspflicht besteht, hat der Eigentümer einen Ausgleichsanspruch, der ohne Rücksicht darauf, ob der Beeinträchtigende schuldhaft gehandelt hat, auf den Ausgleich des vollen Schadens gerichtet ist (**BGH** 28, 110; 28, 225).

Anm. 60

Reichsrechtlich ist Nachbarrecht geregelt worden durch das Gesetz über die Beschränkung der Nachbarrechte gegenüber Betrieben, die für die Volksertüchtigung von besonderer Bedeutung sind, vom 13. 12. 1933, RGBl I 1058. Nach § 1 darf der Eigentümer oder Besitzer eines Grundstücks, das durch Einwirkungen der bezeichneten Betriebe beeinträchtigt wird — vorbehaltlich besonderer Ansprüche aus bürgerlich-rechtlichem Titel, namentlich aus Vertrag oder unerlaubter Handlung — weder die Einstellung des Betriebes noch die Herstellung von Einrichtungen verlangen, die eine nachteilige Einwirkung ausschließen oder mindern. Die in dem Gesetz enthaltenen Bestimmungen über den Ausschluß des Entschädigungsanspruchs und des Rechtswegs verstoßen gegen Art. 14 GG. (Vgl. dazu § 906 Anm. 26). Diese Vorschriften sind ausgedehnt worden auf Anstalten und Einrichtungen, die für die Volksgesundheit von besonderer Bedeutung sind (Krankenhäuser, Heilanstalten, Genesungsheime, Bade- und Kuranstalten) und von dem Reich, den Ländern, den Gemeinden oder sonstigen öffentlich beaufsichtigten Körperschaften oder Anstalten des öffentlichen Rechts betrieben werden (Ges. v. 18. 10. 1935, RGBl I 1217).

Anm. 61

Vorschriften, die das Eigentum beschränken, also dessen Inhalt bestimmen, finden sich zahlreich auch in anderen neueren Reichsgesetzen, wie sich überhaupt eine grundlegende Änderung in der Auffassung des Wesens des Grundeigentums (als einer „sozialgebundenen Einrichtung", **RG** 149, 213) vollzogen hat (**RG** 158, 36).

Anm. 62

Als Ausgleich der in § 1 LuftverkehrsG (idF v. 10. 1. 1959, BGBl I 9) angeordneten allgemeinen Beschränkung des Grundeigentums im Dienste des Luftverkehrs kann lediglich die in § 19 das. verfügte strenge Haftung angesehen werden, welche die Anwendbarkeit der §§ 905, 1004 in Verbindung mit einer entsprechenden Anwendung des in § 75 ALR Einl. ausgedrückten allgemeinen Rechtsgedankens (vgl. **RG** 145, 112) auf Schäden, die durch das Überfliegen von Grundstücken (Schreckwirkung auf Zuchttiere) entstanden sind, ausschließt (**RG** 158, 36; dazu Reymann ZAkDR 1938, 784; vgl. auch **RG** 135, 312 und dazu Reuß JW 1935, 335).

Anm. 63

Auch Unzulässigkeit der Rechtsausübung (§ 226) kann der Eigentumsfreiheitsklage entgegenstehen (**RG** Grundeigentum 1939, 495).

Anm. 64

Wegen der Eigentumsbeschränkung zugunsten einer durch Notstand gebotenen Handlung (§ 904), ihrer Wirkung auch gegen den Besitzer (Pächter) und der dem Gestörten zustehenden Ersatzforderung an Stelle des durch § 1004 Abs. 2 ausgeschlossenen

Beseitigungs-(Unterlassungs-)anspruchs: **RG** 156, 190; (oben Anm. 22); **BGH** 28, 225. Einwirkungen, die naturnotwendig mit der Ausübung eines Staurechts durch dessen Inhaber verbunden sind, muß der Eigentümer eines Wasserlaufs dulden (Marienwerder HRR 1936, 277).

Anm. 65

3. Duldungspflichten infolge Widmung zu öffentlichen Zwecken

Die Duldungspflicht kann sich auch aus der Bestimmung des im Privateigentum stehenden Grundstücks zu öffentlichen Zwecken z. B. als Weg oder Friedhof ergeben (**RG** 46, 297). Mit dem Gemeingebrauch an öffentlichen Straßen und Wegen hat sich die Rechtsprechung vielfach zu beschäftigen gehabt. Dabei ist davon auszugehen, daß das Eigentum der Gemeinde an der Straße oder dem Wege echtes Privateigentum ist, beschränkt durch die Zweckbestimmung der Straße, dem Gemeinwohl zu dienen. Gemeingebrauch ist demgegenüber der einem jeden kraft öffentlichen Rechts offenstehende freie Gebrauch des Weges für den Verkehr innerhalb der besonderen Bestimmung des einzelnen Weges und der verkehrsüblichen Grenzen; er findet seine natürliche Schranke in dem gleichen Rechte aller übrigen. Der Gemeingebrauch der öffentlichen Wege beschränkt sich nicht auf den unmittelbaren Verkehr, d. h. das Reisen und Fortbewegen von Sachen, die Grenzen sind vielmehr wandelbar, je nach der Entwicklung des Verkehrs und seiner Mittel und auch nach der örtlichen Gestaltung (**RG** 123, 190; 132, 399). Im Rahmen dieser Grundsätze ist entschieden worden über Erker (**RG** WarnRspr 1910 Nr. 335; LG Osnabrück JW 1933, 931), Tankstellen (**RG** 123, 190; 150, 216), Lichtwerbung (**RG** 123, 181; Breslau JW 1934, 3008), Straßenhandel (**RG** 125, 109), Schutzdächer von Gasthöfen (**RG** 132, 398), Fahren mit schweren Lastwagen (**RG** 133, 153). Hinzuzufügen ist noch, daß auch die Auffassungen über das Recht des dem einzelnen zustehenden Gebrauchs sich wandeln können und daß es auch abgesehen hiervon auf die gesetzliche Ausgestaltung des Wegerechts im einzelnen ankommt (**RG** 150, 216). Über das Recht des Friedhofseigentümers, trotz bestehenden Gemeingebrauchs gewerblichen Bestattungsunternehmern Bestattungshandlungen auf dem Friedhof zu verbieten, vgl. **BGH** 14, 294, und Berufsgärtner von der Grabpflege auf dem Friedhof auszuschließen, vgl. **BGH** 19, 130.

4. Duldungspflichten gegenüber staatshoheitlichen Eingriffen. Ausschluß des ordentlichen Rechtsweges

Anm. 66

Nach **RG** JW 1908, 334 soll auch ein öffentlich-rechtliches Störungsrecht, mag es in landespolizeilichen oder in sonstigen, aus Rücksichten des Gemeinwohls getroffenen obrigkeitlichen Anordnungen wurzeln, eine Einwendung nach § 1004 Abs. 2 verleihen. Indessen wird in solchen Fällen der ordentliche Rechtsweg für ausgeschlossen erachtet. Er ist nicht gegeben, wenn schon nach dem Klagevortrag der abzuwehrende Eingriff auf eine öffentlich-rechtliche, der gerichtlichen Entscheidung nicht unterliegende Befugnis gestützt wird (**RG** JW 1909, 252 mit Nachw. und wegen der Störungsklage z. B. **RG** 44, 226; 46, 296; 56, 25; 75, 399; 93, 259; 102, 248; 108, 168; 153, 4; 170, 40; JW 1900, 572; 1908, 245; WarnRspr 1908 Nr. 380; 1916 Nr. 248; Gruchot 60, 684; Königsberg JW 1917, 937: Bombenabwürfe einer Fliegerbeobachterschule; **BGH** LM GVG § 13 Nr. 48). In diesen Fällen kann die Klage auch nicht darauf gerichtet werden, Schutzvorkehrungen zu treffen. Auch dieses Verlangen würde das insoweit freie Ermessen der Verwaltungsbehörde unzulässig beschränken (**RG** 170, 40). Über die für die Frage der Zulässigkeit des Rechtswegs wichtige Abgrenzung hoheitlicher und privatrechtlicher Tätigkeit von Gebietskörperschaften vgl. **BGH** LM BGB § 1004 Nr. 25.

Anm. 67

Beruft sich der Beklagte für seine störende Anlage auf eine polizeiliche Genehmigung, so hängt die Zulässigkeit des ordentlichen Rechtsweges für die Klage davon ab, ob die Genehmigung nur den Inhalt hat, daß der Ausführung der Anlage öffentliche Belange nicht entgegenstehen (z. B. Bauerlaubnis), oder ob ihr die Bedeutung einer polizeilichen Verfügung beiwohnt, welche die Anlage im Dienste der Allgemeinheit für notwendig oder zweckmäßig erklärt. Im letzten Falle ist der ordentliche Rechtsweg ausgeschlossen (**RG** 59, 72; 75, 399; JW 1893, 508 Nr. 38; 1900, 629 Nr. 19; WarnRspr 1910 Nr. 335; 1916 Nr. 57; Gruchot 34, 1132; 39, 683; 53, 1077 und die in **RG** 158, 257 und JW 1938, 2969 angeführten weiteren Entscheidungen). Vgl. auch **RG** 138, 61 (ärztl. Ehrengericht); 143, 106 (Kirchenchronik); 156, 189 (staatliche Vermögensverwaltung; Kanalanlage); Breslau DR 1939, 1010 (Betrieb öffentlicher Schulen) und unten Anm. 109. Dagegen begründet die Berufung des Beklagten auf den Gemeingebrauch keine Unzulässigkeit des ordentlichen Rechtsweges (vgl. **RG** 75, 399).

Anm. 68

Die Zulässigkeit des ordentlichen Rechtsweges für nachbarrechtliche Ansprüche gegen das Unternehmen „Reichsautobahn" ist anzuerkennen. Für die vom Betriebe einer Reichsautobahn ausgehenden Einwirkungen auf Nachbargrundstücke besteht aber eine Schadensersatzpflicht nur ausnahmsweise, wenn Planung und Anlage der Bahn in hohem Maße verfehlt sind. Eine Billigkeitsentschädigung kommt nur in Betracht, wenn die Einwirkungen so stark sind, daß sie zu einer Zerstörung oder ihr nahekommenden Beeinträchtigung der wirtschaftlichen Lebensbedingungen des Nachbarn führen würden (**RG** 159, 129).

5. Rechtsgeschäftlich begründete Duldungspflichten

Anm. 69

Die Duldungspflicht kann endlich auch auf Rechtsgeschäft beruhen. Das dem Störer zustehende Recht auf die Einwirkung kann dinglicher Natur (Grunddienstbarkeit usw.) oder schuldrechtlich sein (**RG** HRR 1935, 955); in diesem Falle kann es sowohl als Anspruch auf Bestellung eines dinglichen Rechtes (vgl. **RG** ZBlFG 5, 371) wie als Anspruch auf Duldung der Einwirkung schlechthin bestehen. Der Beauftragte, der als Störer belangt ist, weil von ihm weitere Beeinträchtigungen drohen (Anm. 33), wird durch ein Recht seines Auftraggebers gedeckt (**RG** 20. 1. 1923 V 193/22). § 986 Abs. 1 Satz 1 ist auf den Abwehranspruch entsprechend anwendbar. Der Mieter, der berechtigt ist, die Außenwände seiner Geschäftsräume für Reklamezwecke zu verwenden, kann einer Firma, deren Waren er vertreibt, gestatten, Reklameschilder anzubringen. Gegenüber der Klage des Eigentümers auf Beseitigung der Schilder kann der Firmeninhaber sich auf das Recht des Mieters und die ihm von diesem erteilte Erlaubnis berufen (Köln NJW 1955, 1072). Ebenso kann die Ölfirma, die auf einem Grundstück eine Tankstelle errichtet hat, sich gegenüber dem Grundstückseigentümer darauf berufen, daß der Pächter des Grundstücks berechtigt sei, auf diesem eine Tankstelle zu betreiben (**BGH** NJW 1958, 2061). Wer im Zusammenhang mit einem Vertrage den vom andern Teil geplanten Eingriffen, z. B. dem Errichten oder dem Umbau von Gebäuden, zugestimmt hat, bleibt hieran auch dann gebunden, wenn der Vertrag sich späterhin als nichtig erweist; dem Eingriff fehlt dann die Rechtswidrigkeit (**RG** 131, 336). Dieser Entscheidung des IV. Senats hat auch der VI. zugestimmt (**RG** 133, 296), der früher abweichend erkannt hatte (**RG** JW 1929, 744).

Anm. 70

Ein Vertrag, wodurch sich der Eigentümer zur Duldung verpflichtet, kommt mitunter stillschweigend zustande. So liegt ein Verzicht auf die Störungsklage im Verkauf von Grundstücken zur Errichtung eines Betriebes, der das Restgrundstück beeinträchtigen muß (**RG** 29, 268; SeuffArch 58 Nr. 142). Dabei ist zu beachten, daß dieser Verzicht nicht nur zugunsten des Käufers, sondern nach § 328 auch zugunsten seiner Rechtsnachfolger im Eigentum wirkt (**RG** 66, 126). Umgekehrt wird, wenn der Verkäufer auch das Restgrundstück veräußert, dessen Erwerber ohne eigene Übernahme der Verpflichtung durch den Verzicht nicht gebunden (**RG** 66, 128). Hat ein früherer Eigentümer, sei es auch mit der Absicht der Dauer, eine Erdaufschüttung auf dem Grundstück gestattet, so kann darum doch der spätere die Beseitigung der als solche noch erkennbaren Anlage verlangen (aM **RG** SeuffArch 36 Nr. 261; Stuttgart SeuffArch 64 Nr. 111 unter 1; vgl. auch **RG** Gruchot 48, 946: Grabenziehung).

Anm. 71

Das Recht, in das Eigentum eines anderen einzugreifen, kann auch aus einem Handelsbrauch hergeleitet werden. Da Handelsbräuche aber kein objektives Recht sind und nicht entgegen einem ausdrücklich erklärten Willen gelten, kann die Berechtigung zu den Eingriffen aus Handelsbräuchen nur so lange hergeleitet werden, als der Eigentümer sie nicht ausdrücklich untersagt hat. Die Klage auf Unterlassung ist daher begründet, wenn der Beklagte in dem Rechtsstreit aus dem Handelsbrauch nicht nur die Berechtigung für die bisher erfolgten, sondern auch das Recht zu künftigen Beeinträchtigungen herleiten will (**BGH** LM BGB § 1004 Nr. 27).

Anm. 72

Das persönliche Recht zur Einwirkung richtet sich regelmäßig nur gegen den, mit dem der nur schuldrechtlich verpflichtende Vertrag geschlossen worden ist. So auch in dem Falle **RG** 81, 216, wo ein Gasrohrnetz in den Körper der schon von einer elektrischen Kleinbahn benutzten Landstraße eingebettet war und von Anfang an die Gefahr der Beschädigung der Gasrohre durch abirrende Ströme bestand. Die Abwehrklage der Gasanstalt gegen die verklagte Kleinbahn mußte zwar an § 1004 Abs. 2 scheitern, aber nicht deshalb, weil deren Vertrag mit dem Eigentümer der Straße ihr der Klägerin gegenüber ein Recht auf die Einwirkungen gegeben hätte, sondern weil in dem von der Klägerin selbst mit dem Straßeneigentümer geschlossenen Vertrag ein Verzicht auf den Einspruch gegen die Einwirkungen zu erblicken war (§§ 157, 328). Doch kommen, auch abgesehen von Beerbung und Schuldübernahme, Fälle vor, in denen das schuldrechtliche begründete Recht einem andern als dem, der es einräumte, entgegengesetzt werden kann. Wird die störende Einwirkung durch den Käufer eines Grundstücks gestattet, der einstweilen nur den Besitz erlangt hat, so ist der Störer dadurch gegen die Klage des Eigentümers geschützt. Was nach sinngemäßer Auslegung des § 986 Abs. 1 Satz 1 gegenüber dem Herausgabeanspruch gilt (vgl. § 986 Anm. 2), muß auch der Störungsklage gegenüber entsprechend angewendet werden.

Anm. 73

6. Durch einstweilige Verfügungen begründete Duldungspflichten

Die Duldungspflicht kann schließlich auch auf einer einstweiligen Verfügung beruhen. Ein Verhalten, das durch eine solche, wenn auch nur vorläufige gerichtliche Anordnung gedeckt wird, ist nicht rechtswidrig (**BGH** LM ZPO § 926 Nr. 1).

B. Entsprechende Anwendung des § 1004 (quasinegatorische Unterlassungsklage)

I. Klage zum Schutz absoluter Rechte

1. Beispiele geschützter Rechte. Schutz des eingerichteten und ausgeübten Gewerbebetriebs

Anm. 74

Vgl. hierzu auch Vorbem. vor § 823.

Klagen nach der Art der Eigentumsfreiheitsklage finden sich im BGB, außer den in Anm. 15, 19, 21 erwähnten Fällen, in §§ 12, 550, 862, 1053, 1134. Von andern Gesetzen sind zu erwähnen: HGB § 37 und UWG §§ 1, 3, 13, 14, 16 (**RG** 143, 175; 144, 52f; 151, 239; 158, 377; JW 1933, 1400 Nr. 16; 1939, 234; GRUR 1938, 784; Hamburg HansRGZ 1938 B 231, 423).

Anm. 75

Darüber hinaus aber ist es, trotz des Schweigens der Gesetzgebung, zweifellos Rechtens, daß alle von jedermann zu achtenden (absoluten) Rechte durch Unterlassungsklage geschützt sind. Das gilt z. B. vom Fischereirecht (**RG** 75, 398; 144, 268; 144, 321; Recht 1917 Nr. 2010; JW 1939, 419; KG JW 1934, 1252), auch von dem den Gegenstand der Jagdpacht bildenden Jagdrecht (**RG** 107, 296; Jena JW 1922, 233; Düsseldorf JW 1936, 2478; LG Hannover JW 1937, 123 = DJ 1936, 1918; vgl. aber auch Naumburg DJ 1937, 1505), von den Wassernutzungsrechten der Flußanlieger (**RG** 89, 216; 90, 49; 90, 60), vom Recht auf Erhaltung der Vorflut (§§ 114, 115 PrWassG; **RG** 157, 278), vom Forderungspfandrecht, auch soweit die §§ 1227, 1273 Abs. 2 nicht Platz greifen (**RG** 14. 5. 1918 VII 51/18). Vor allem wird im Urheberrecht (LitUrhG § 11; KunstUrhG § 15; GeschmMG § 1; PatG §§ 6—8, 47; GebrMG §§ 5, 6, 15; WZG §§ 24, 25) die Unterlassungsklage als selbstverständliche Folge des Ausschließungsrechts behandelt (vgl. für das Patentrecht **RG** 101, 135; 146, 28; Gruchot 50, 1158; JW 1917, 222; für das Geschmacksmusterrecht **RG** 45, 61; für das Literaturrecht **RG** 102, 142; LZ 1915, 1676; Rostock OLG 31. 327). Ebenso ist diese Klage im Persönlichkeitsrecht nicht auf die im Gesetz genannten Fälle des bürgerlichen oder kaufmännischen Namens (§ 12, HGB § 37) beschränkt, sondern dient insbesondere auch zum Schutze des Warenzeichens (§ 15 WZG; **RG** 120, 325; 149, 345; 154, 1; JW 1935, 2630; HRR 1935, 955; GRUR 1935, 978; 1937, 1018).

Auch das allgemeine Persönlichkeitsrecht ist, wie sich aus Art. 1 Abs. 1 und 3 in Verbindung mit Art. 2 GG ergibt, ein absolutes Recht (**BGH** 13, 334; 15, 249; 20, 345; 24, 72, 77; 24, 200; 26, 349; 27, 284 mit weiteren Nachweisen), das durch eine Unterlassungsklage geschützt werden kann (**BGH** 5. 12. 1958 IV ZR 95/58 u. 18. 3. 1959 IV ZR 182/58). Jedoch ist bei Klagen wegen Verletzung dieses Rechts zu beachten, daß der Begriff des Persönlichkeitsrechts weit und unbestimmt ist. Dieses Recht gestattet es nicht, die eigenen Interessen schrankenlos durchzusetzen. Vor allem ranghöhere Interessen der Allgemeinheit schränken das allgemeine Persönlichkeitsrecht ein. Die Familienangehörigen haben daher nach der eben angeführten Entscheidung v. 5. 12. 1958 der Heimatgemeinde gegenüber kein ausschließliches Recht, darüber zu bestimmen, ob und wie das Andenken an ein gefallenes oder vermißtes Familienmitglied gewahrt werden soll.

Anm. 76

Auch die Befugnis, ein bestehendes gewerbliches Unternehmen, den eingerichteten und ausgeübten Gewerbebetrieb ungehindert fortzuführen, wird vom Reichsgericht überwiegend als subjektives Recht aufgefaßt (vgl. u. a. **RG** 56, 275; 58, 29; 64, 55; 64, 156; 65, 210; 73, 111; 77, 218; 117, 412; 132, 314; 144, 53; SeuffArch 90 Nr. 8; LG Hamburg HansRGZ 1938 B 343).

2. Voraussetzungen und Inhalt der Klage

a) Rechtsbeeinträchtigung

Anm. 77

Wie bei der Eigentumsfreiheitsklage ist auch hier Voraussetzung für die Klage eine bereits eingetretene Rechtsbeeinträchtigung. Widerrechtliche Störungen des Betriebs (Einwirkungen unmittelbar auf den Betrieb, d. h. den Bestand des Unternehmens als solchen, aber auch unbefugte Beeinträchtigungen des gewerblichen Betätigens), wie namentlich Beunruhigungen des Inhabers durch Warnungen mit oder ohne Anmaßung gewerblicher Ausschließungsrechte, können mit der Unterlassungsklage verfolgt werden (**RG** 58, 29; 109, 52; 132, 316; JW 1905, 174; 1908, 133; 1915, 327; 1929, 1217; WarnRspr 1927 Nr. 55; HRR 1935, 789).

Anm. 78

Nicht genügt dagegen eine nur mittelbare Beeinträchtigung eines Gewerbebetriebs durch Behinderung des Gemeingebrauchs am Wasser (KG JW 1938, 948). Um eine nur mittelbare Beeinträchtigung eines Hotelbetriebs handelt es sich, wenn die Besorgnis besteht, die Gäste würden das Hotel meiden, da auf einem Nachbargrundstück eine Lungenheilstätte eingerichtet wird (Freiburg JZ 1952, 231).

Anm. 79

Ob eine Warnung im guten Glauben an den behaupteten Schutzumfang des Patentes geschieht oder nicht, ist unerheblich; gegenständliche Widerrechtlichkeit genügt; sie ist gegeben, wenn die Warnung eine Handlung verhindern soll, die nach dem wirklichen Schutzumfang des Patentes keine Rechtsverletzung bedeutet (**RG** 141, 338 gegen MuW 1930, 441). In allen diesen Fällen ist die Regelung im einzelnen nach dem Vorbild der Eigentumsfreiheitsklage gestaltet.

Anm. 80

Grundsätzlich wird mithin vorausgesetzt, daß irgendeine Beeinträchtigung des Rechtes des Klägers bereits stattgefunden hat. Doch kann dies hier vielfach nicht so streng genommen werden wie bei der unmittelbaren Anwendung des § 1004. Besonders auf den Gebieten des gewerblichen Lebens und des Urheberrechts ist es Bedürfnis, daß der Berechtigte nicht abzuwarten braucht, bis grobe Eingriffe vorgenommen worden sind, sondern daß er jede dahin zielende Tätigkeit untersagen lassen kann, sobald ein anderer auch nur Anstalten zu solchem Zweck trifft; bloße Möglichkeiten reichen aber auch hier nicht aus (**RG** JW 1931, 416). Sprechen Tatsachen dafür, daß Eingriffe vorbereitet oder beabsichtigt werden, so genügen Ankündigungen in Beschreibungen oder Preislisten und andere Veröffentlichungen; es genügt dann sogar eine Berühmung im Briefwechsel (vgl. für das Warenzeichenrecht **RG** 54, 414; 104, 379; JW 1895, 485; 1923, 180; für das Patentrecht **RG** 101, 135; 146, 27; GRUR 1935, 883; für das Urheberrecht **RG** Recht 1918 Nr. 144).

Anm. 81

Daher kann ferner, wenn der Gegner bisher nur in einer einzelnen bestimmten Richtung das Zeichenrecht des Klägers verletzt hat, aber anzunehmen ist, daß er in Zukunft noch anderweit eingreifen wird, ein allgemeines Verbot der Verletzung erwirkt werden (**RG** JW 1899, 238 Nr. 43; 1900, 301 Nr. 21; 1901, 659 Nr. 25).

b) Wiederholungsgefahr

Anm. 82

Die zweite Voraussetzung ist die Wiederholungsgefahr (**RG** 144, 53). Diese Frage ist von tatsächlicher Natur und in der Revisionsinstanz nur dann nachzuprüfen, wenn die Urteilsgründe ergeben, daß das Berufungsgericht von unrichtigen rechtlichen Gesichtspunkten ausgegangen ist oder wichtige Tatumstände außer acht gelassen hat (**RG** 148, 119; DR 1944, 35; **BGH** 14, 167; LM BGB § 823 Ag Nr. 1). Handelt es sich um ein ganz vereinzeltes Vorkommnis und sind Wiederholungen in keiner Weise zu befürchten, so ist die Klage nicht gegeben (**RG** JW 1901, 808 Nr. 20).

Anm. 83

Für den Bereich des Wettbewerbs- und des Warenzeichengesetzes wird dieses Erfordernis mitunter verneint (**RG** 78, 212) oder doch eine Umkehrung der Beweislast angenommen (**RG** 60, 154; 104, 381f; WarnRspr 1912 Nr. 449). Anders jedoch mit Recht **RG** 96, 244. Richtig ist nur, daß der Beweis hier häufig schon in der Sache selbst liegt und daß schon der tatsächlich einmal verübte Eingriff bis zur schlüssigen Darlegung eines dauernden Fortfalls der Wiederholungsgefahr die Untersagung rechtfertigt (vgl. dafür auch **RG** 60, 8; 84, 147; 86, 255; 98, 267; Recht 1907 Nr. 1248; 1909 Nr. 585; **BGH** 14, 290). Darüber hinaus ist aber auch ausgesprochen: die Gefahr der Wiederholung unrichtiger Angaben liege in der Regel mit so großer Wahrscheinlichkeit vor, daß ihr Nichtbestehen vom Beklagten bewiesen werden müsse (**RG** JW 1929, 1223); eine Patentverletzung begründe in der Regel die tatsächliche Vermutung, daß künftige gleichartige Verletzungen drohen, der Störer müsse sie widerlegen (**RG** 125, 393; GRUR 1936, 497).

Die Entscheidung über die Frage, ob die vom Beklagten im Rechtsstreit gemachten Zugeständnisse, insbesondere eine Prozeßerklärung, die Wiederholungsgefahr ausschließen, hängt davon ab, ob er nach der Überzeugung des Gerichts aus besserer Einsicht oder unter dem Druck des Prozesses gehandelt hat. Jedoch ist nicht unbedingt erforderlich, daß der Beklagte auch innerlich von dem Recht des Klägers überzeugt ist. Der Beweggrund, aus dem der Beklagte sich verpflichtet hat, die beanstandete Handlung nicht zu wiederholen, ist nur ein Beweisanzeichen für die Ernstlichkeit der abgegebenen Erklärung. Auch ohne daß eine solche innere Überzeugung vorliegt, kann die Erklärung ernstlich sein. Dafür kann auch sprechen, daß der Beklagte bereit ist, eine hohe Vertragsstrafe für den Fall der Zuwiderhandlung zu zahlen (**BGH** LM BGB § 823 Ag Nr. 1). Die durch Vertragsstrafe gesicherte Verpflichtung zur Unterlassung muß regelmäßig den ganzen Anspruch sichern. Wenn ein räumlich unbegrenzter Unterlassungsanspruch besteht, ist die hierauf gerichtete Klage auch dann nicht für einen räumlich begrenzten Bereich abzuweisen, wenn der Beklagte sich verpflichtet hat, die schädigende Handlung in diesem Bereich zu unterlassen und wenn diese Verpflichtung durch eine ausreichende Vertragsstrafe gesichert ist (**BGH** NJW 1958, 1468).

Anm. 84

Die Wiederholungsgefahr kann regelmäßig dann als beseitigt gelten, wenn der Beklagte den Klageanspruch bedingungslos anerkennt, wenn er eine klare unzweideutige Verpflichtungserklärung abgibt und seine Verteidigung auf das Bestreiten einer Wiederholungsgefahr beschränkt (**RG** 78, 214; 98, 269; 148, 119; MuW 1934, 204). Für einen selbständigen Gewerbetreibenden, der Erzeugnisse eines Dritten unter einer als rechtlich unzulässig beanstandeten Herstellerfirma in den Verkehr bringt, genügt die Erklärung, er werde den Vertrieb der beanstandeten Ware unterlassen, sobald durch einen Rechtsstreit des Klägers mit der Herstellerfirma deren fehlende Berechtigung zur Führung der beanstandeten Firma erwiesen sei (**BGH** LM BGB § 12 Nr. 15).

Anm. 85

Trotz des Erbietens, von einer als verletzend beanstandeten Handlung abzusehen, ist die Wiederholungsgefahr nicht beseitigt, solange gleichzeitig der Antrag auf Klageabweisung mit der Begründung aufrechterhalten wird, die als verletzend beanstandete Handlung sei berechtigt gewesen. An dieser Rechtssprechung des Reichsgerichts (**RG** MuW 1929, 118; GRUR 1938, 64) hat auch der Bundesgerichtshof (**BGH** 1, 241) festgehalten.

Anm. 86

Bei jeder Veränderung der rechtlichen oder tatsächlichen Verhältnisse auf seiten des Störers ist für die Frage, ob dadurch die Wiederholungsgefahr beseitigt worden ist, zu prüfen, ob nicht der frühere Zustand, der zu der Rechtsverleztung geführt hat, wieder hergestellt werden kann (**RG** 104, 382; MuW XXI, 211; **BGH** LM BGB § 12 Nr. 15). Es ist daher auch unerheblich, ob die auf Unterlassung in Anspruch genommene Gesellschaft in Liquidation getreten ist, da jederzeit die Möglichkeit besteht, daß sie sich wieder in eine werbende verwandelt (**BGH** 14, 168).

Anm. 87

Andererseits kann daraus allein, daß Behauptungen während des Rechtsstreits in Wahrnehmung berechtigter Interessen wiederholt werden, noch nicht auf eine Wiederholungsgefahr geschlossen werden, wenn es an jedem Anhalt dafür fehlt, daß die Behauptungen auch außerhalb des Rechtsstreits, ohne damit berechtigte Interessen zu verfolgen, aufgestellt werden (**RG** 163, 210). Der Beklagte muß aus eigenem Antrieb alles tun, um die Wirkung seines Verhaltens zu beseitigen, z. B. durch Widerruf unwahrer Angaben, Zurückrufen von Gegenständen, die durch Übersendung an Vertreter in den Verkehr gebracht waren. Nicht genügend ist etwa die Verpflichtung zur Zahlung einer Vertragsstrafe für den Fall der Zuwiderhandlung (**RG** 56, 286; 148, 121); ähnlich **BGH** NJW 1958, 1486; vgl. jedoch Anm. 83). An die Voraussetzungen, unter denen das Vorliegen einer Wiederholungsgefahr verneint werden kann, sind jedenfalls strengste Anforderungen zu stellen (**BGH** 14, 167; LM BGB § 12 Nr. 15; vgl. auch NJW 1958, 1486).

Anm. 88

Tritt im Laufe des Rechtsstreits der Zustand ein, daß die Wiederholungsgefahr nicht mehr besteht, so ist die Klage, mag sie auch früher begründet gewesen sein, jedenfalls unbegründet geworden (**RG** 156, 375).

Die Klage, die Warnung vor dem Gebrauch eines Warenzeichens zu unterlassen, ist mangels Rechtsschutzbedürfnisses unzulässig, wenn der Verwarnende seinerseits wegen Verletzung seines Warenzeichens Unterlassungsklage erhebt, die die gleichen Rechtsfolgen zu klären anstrebt (**BGH** 28, 203).

Anm. 89

c) Anspruchsgegner

Auch die Person des Anspruchsgegners bestimmt sich nach den erwähnten Gesichtspunkten. Fällt der Eingriff in das Recht einer juristischen Person zur Last, so ist nicht nur diese selbst, sondern ebenso ihr gesetzlicher Vertreter der richtige Beklagte (**RG** JW 1917, 222). Nach § 13 Abs. 3 UWG ist der Unterlassungsanspruch, wenn in einem geschäftlichen Betrieb unlauterer Wettbewerb von einem Angestellten oder Beauftragten vorgenommen wird, auch gegen den Inhaber des Betriebs begründet.

d) Fassung von Klagantrag und Urteilsverbot

Anm. 90

Abgesehen von den Fällen, in denen ein allgemeines Verletzungsverbot erwirkt werden kann (vgl. Anm. 81), sind Klagantrag und Urteilsverbot bestimmt zu fassen und auf den begangenen Eingriff abzustellen. Auch bei einer Vielheit von Eingriffen kann davon nicht abgesehen werden (**RG** 123, 309). Ein Verbot, „das Recht des Klägers nicht zu verletzen", würde inhaltslos und daher unzulässig sein (vgl. wegen des Warenzeichens **RG** 42, 19; wegen des Patentes **RG** JW 1893, 429 Nr. 21; 1904, 218; Recht 1907 Nr. 1245; 1907 Nr. 1246; LZ 1907, 907 Nr. 11; HRR 1934, 1308).

Anm. 91

Bei der Fassung des Klagantrags und des Urteilsverbots ist unter Umständen auch auf Rechte Dritter Rücksicht zu nehmen. Hat ein Verleger beim Abschluß von Verlagsverträgen gegen das Wettbewerbsrecht verstoßen, so kann ihm nicht untersagt werden, die auf Grund dieser Verträge verlegten Werke herauszugeben und zu vertreiben, wenn die Autoren selbst an dem Verstoß nicht beteiligt sind. Ihnen sind auf Grund der Verträge ideelle Rechte erwachsen, die durch Geld nicht abgegolten werden können (**RG** 166, 193).

Das Ziel der Klage geht auf Beseitigung der Beeinträchtigung. Dem dient nicht nur der Anspruch auf Unterlassung, sondern es können je nach den Umständen des Falles auch andere Maßnahmen verlangt werden. Falls durch das Verhalten des Störers eine Verwirrung im Geschäftsverkehr eingetreten ist, besteht ein Anspruch darauf, daß diese Verwirrung durch Abgabe einer öffentlichen Erklärung beseitigt wird (**BGH** LM UWG § 23 Nr. 2). Ebenso kann die Herausgabe der Druckschriften mit wettbewerbswidrigen Inhalt, deren Verbreitung untersagt wird, beansprucht werden (**BGH** LM UWG § 1 Nr. 16).

Es können aber immer nur solche Maßnahmen begehrt werden, die auch wirklich erforderlich sind, um eine noch bestehende Beeinträchtigung zu beseitigen. Der Widerruf kann daher nicht verlangt werden, wenn die Beeinträchtigung nicht mehr fortwirkt (**BGH** NJW 1957, 827). Ferner kann zur Beseitigung der Beeinträchtigung von dem Störer nicht die Abgabe solcher Erklärungen verlangt werden, die im wesentlichen nur eine Demütigung für ihn bedeuten und die auch bei angemessener Berücksichtigung der Belange des Beeinträchtigten nicht gerechtfertigt erscheinen (**BGH** NJW 1957, 827). Das gilt insbesondere hinsichtlich eines nur dem Beeinträchtigten gegenüber zu erklärenden Widerrufs von Behauptungen, wenn dessen Interessen durch den Anspruch auf Unterlassung bereits ausreichend Genüge getan worden ist (**BGH** 14, 176).

Anm. 92

e) Gerichtsstand

Der Ort der Rechtsverfolgung ist der des Wohnsitzes oder Sitzes des Gegners (§§ 13, 17 ZPO), sofern nicht nach anderen Bestimmungen ein anderer ausschließlicher Gerichtsstand gegeben ist, wie z. B. nach § 24 UWG. Da das von jedermann zu achtende Recht als solches, nicht eine durch seine Verletzung verübte unerlaubte Handlung den Grund der Klage bildet, kann diese grundsätzlich auch dann nicht im Gerichtsstand des § 32 ZPO erhoben werden, wenn der Beklagte schuldhaft gehandelt hat (**RG** 24, 394; JW 1890, 109). Wenn jedoch der Unterlassungsanspruch mit dem Anspruch auf Schadensersatz zusammen geltend gemacht wird, haben sich schon **RG** 24, 394; JW

1915, 1023 aus Zweckmäßigkeitsrücksichten über ZPO § 260 hinweggesetzt. Nach jetzt herrschender Rechtsprechung ist in den Fällen, in denen der Anspruch sowohl auf unerlaubte Handlung als auch auf Verletzung des absoluten Rechts gestützt werden kann, der Gerichtsstand der unerlaubten Handlung (§ 32 ZPO) wahlweise neben dem allgemeinen oder dem nach besonderen Vorschriften bestehenden ausschließlichen Gerichtsstand gegeben (**RG** JW 1932, 3339; **BGH** 15, 338, 355; LM ZPO § 32 Nr. 1).

3. Einzelheiten aus der Rechtsprechung

Anm. 93

a) Behördliche Eingriffe in Gewerbebetriebe

Auch der gegenständlich rechtswidrige Eingriff einer Behörde in den freien Gewerbebetrieb eines Unternehmens kann unter § 1004 fallen, im gegebenen Falle (staatlich angeordnete Schülerzwangsversicherung bei Gemeindeversicherungsverbänden) ist dies aber verneint worden (**RG** 128, 134).

Anm. 94

b) Klagebefugnis von Verbänden zur Förderung gewerblicher Belange

Den Verbänden zur Förderung gewerblicher Belange ist eine Klagebefugnis nur gegeben, wenn der Unterlassungsanspruch auf die Vorschriften des UWG gegründet ist (§ 13 das.); auf die §§ 1004, 823, 826 ihre Klage zu stützen, sind sie grundsätzlich nicht in der Lage (**RG** 138, 175; 148, 123 ff; vgl. auch **RG** 151, 239; 154, 50). Die Klagebefugnis ist ihnen jedoch auch für solche Ansprüche zuzusprechen, die der Unterstützung eines Unterlassungsanspruchs nach dem UWG dienen und sich rechtlich als quasinegatorischer Beseitigungsanspruch darstellen (**BGH** LM UWG § 1 Nr. 16: Unterlassungsklage und Klage auf Herausgabe von Druckschriften mit wettbewerbswidrigem Inhalt).

Anm. 95

c) Schutz der ehelichen Lebensgemeinschaft

Die eheliche Lebensgemeinschaft ist im Gesetz durch eine Reihe besonderer Vorschriften geschützt. Die allgemeinen, den Schutz von Rechten und Rechtsgütern bezweckenden Gesetzesbestimmungen können auf diesem Gebiet nicht unbeschränkt angewandt werden. Die rein persönlichen Beziehungen der Ehegatten zueinander, ihr Verhalten hinsichtlich der besonderen Pflichten, die ihnen als Ehegatten in ihrem persönlichen Verhältnis zueinander obliegen, tragen vorwiegend sittlichen Charakter. Sie sind einer Regelung durch die Rechtsordnung, insbesondere durch Eingriffe staatlicher Zwangsgewalt, weitestgehend unzugänglich. Insoweit kann auch nicht nach allgemeinen Vorschriften auf Unterlassung der diesen Bereich schädigenden Handlungen geklagt werden. Unzulässig sind daher sowohl Klagen auf Unterlassung des Ehebruchs (**RG** 71, 85; 151, 159) als auch auf Unterlassung eines ehewidrigen Umgangs mit anderen Personen (**BGH** LM BGB § 823 Af Nr. 2). Innerhalb der ehelichen Gemeinschaft bildet sich aus diesem, dem staatlichen Zwang entzogenen, inneren Bereich ein äußerer, räumlich gegenständlicher Bereich. Das Recht auf diesen Bereich ist ein absolutes Recht im Sinne des § 823 (so **BGH** aaO, unentschieden noch **BGH** 6, 360). Zu diesem Bereich gehören die eheliche Wohnung (**BGH** 6, 360; LM BGB § 823 Af Nr. 1 b) und u. U. auch die Räume eines dem einen Ehegatten gehörenden Geschäfts, wenn beide Ehegatten dieses Geschäft gemeinsam aufgebaut und darin bisher gemeinsam für den Unterhalt der Familie gearbeitet haben (**BGH** LM BGB § 823 Af Nr. 2). Soweit in diesen Bereich rechtswidrig eingegriffen und ein Ehegatte daraus durch körperlichen oder seelischen Zwang verdrängt wird, steht ihm gegen den Störer der Rechtsbehelf nach den in § 1004 enthaltenen Grundsätzen zu. So kann die verletzte Ehefrau gegen die Geliebte ihres Ehemannes klagen, es zu unterlassen, die eheliche Wohnung zu betreten (**BGH** 6, 360; LM BGB § 823 Af Nr. 2). Ebenso kann sie gegen ihren Ehemann darauf klagen, es seiner Geliebten zu untersagen, die eheliche Wohnung zu betreten (**BGH** LM BGB § 823 Af Nr. 1 b).

II. Klage gegen Eingriffe in sonstige vom Gesetz geschützte Güter. (Vgl. dazu auch Vorbem. vor § 823.)

1. Allgemeines und Klagevoraussetzungen

Anm. 96

a) Besorgnis weiterer Eingriffe

Das Reichsgericht geht in Beachtung der Verkehrsbedürfnisse noch über die von jedermann zu beachtenden („absoluten“) Rechte hinaus, indem es grundsätzlich annimmt, daß jeder Eingriff in ein vom Gesetze geschütztes Gut — namentlich Ehre und Kredit (**RG** 124, 257; 140, 402; 142, 121; 156, 374; JW 1937, 3105; Kiel SchlHA 1937, 209; Dresden HRR 1936, 1495; 1939, 5 [Überwachung eines Ehegatten]; **BGH** 17, 291) kommen in Betracht —, sofern weitere Eingriffe zu befürchten sind, die Unterlassungsklage rechtfertigt (aber nicht z. B. schon die bloße Forderungsberühmung im Rechtsstreite [Stuttgart WürttZSpr 1937, 151]; hier gibt die verneinende Feststellungsklage ausreichenden Schutz). Vgl. Vorbem. vor § 823.

b) Rechtsgrundlage der Klage

Anm. 97

Der anfängliche Versuch, die Klage auf dem Gedanken des Schadensersatzes und der Herstellung des früheren Zustandes (§ 249) aufzubauen (vgl. z. B. **RG** 48, 119; 77, 219), mußte daran scheitern, daß ein durch eine vergangene Handlung entstandener Schaden durch Unterlassung von Wiederholungen nicht ersetzt wird. Die Unterlassungsklage hat immer nur abwehrende Wesensart; sie soll künftigen Eingriffen vorbeugen. In der Hauptsache hat dann das Reichsgericht auch die Rechtsähnlichkeit mit der Eigentumsabwehrklage anerkannt und als den maßgebenden Gesichtspunkt entscheiden lassen. Ein Verschulden des Täters hält es nicht für notwendig (**RG** 60, 7; 61, 369; 95, 339; 148, 123; JW 1907, 47 Nr. 8; 1915, 29; 1915, 34; 1916, 739; WarnRspr 1914 Nr. 17; SeuffArch 69 Nr. 105), und Unterlassung kann auch dann gefordert werden, wenn dem Täter bis dahin nach § 824 Abs. 2 oder nach StGB § 193 der Schutz berechtigter Interessen zustatten kam (**RG** 78, 215; 84, 295; 95, 343; JW 1907, 47 Nr. 8; 1933, 1400; WarnRspr 1918 Nr. 95).

Anm. 98

Als Voraussetzung verlangt es einen schon verübten Eingriff, doch so, daß unter Umständen auch die Drohung als Eingriff genügt (**RG** 101, 335; 151, 246; JW 1931, 416).

Anm. 99

Wegen der Wesensverschiedenheit der beiden Ansprüche behandelt es den Übergang vom Unterlassungs- zum Schadensersatzanspruch als Klagänderung (**RG** 88, 132). Daß in **RG** Recht 1908 Nr. 2669 der Unterlassungsanspruch der Verjährungsbestimmung des § 852 unterworfen wird, ist hiermit durchaus vereinbar, da § 852 auch in andern Fällen des sachlichen Unrechts entsprechend angewendet werden muß (vgl. **RG** 70, 157).

Anm. 100

c) Verhältnis zwischen strafrechtlichem Schutz und Unterlassungsklage

Abweichend von dem Recht der Abwehrklage hat das Reichsgericht zunächst das Rechtsschutzbedürfnis nicht schon mit der Wiederholungsgefahr für gegeben angesehen und den Unterlassungsanspruch wenigstens regelmäßig dann versagt, wenn die Handlung unter öffentliche Strafe gestellt war, mochte auch die Verfolgung nur auf Privatklage stattfinden (**RG** 77, 217; 82, 64; 88, 130; 91, 265; 91, 350; 95, 339; 98, 36). Später hat das Reichsgericht diese Einschränkung fallen lassen; angezweifelt war sie bereits **RG** 115, 84, entschieden ist die Frage **RG** 116, 151; offen bleiben konnte sie wiederum **RG** 124, 258; 128, 307; 151, 166; SeuffArch 84 Nr. 164. Das Reichsgericht hält jetzt grundsätzlich die („quasinegatorische“) Unterlassungsklage für zulässig, auch wenn der Kläger auf strafrechtlichem Wege Schutz gegen die Zuwiderhandlungen erlangen könnte (**RG** 138, 232; 155, 94; 156, 377; JW 1933, 1400; vgl. auch Kiel SchlHA 1937, 209; Dresden HRR 1936, 1495). Das privatrechtliche Rechtsschutzbedürfnis fällt auch nicht durch eine bereits erfolgte Bestrafung weg. Diese ist allein Sühne für das geschehene Unrecht, während die Unterlassungsklage die künftige Zuwiderhandlung ausschließen soll (**BGH** LM PBefG Nr. 1).

d) Klage gegen fortdauernde Beeinträchtigungen

Anm. 101

In den Fällen, in denen sich der Verletzte gegen eine fortdauernde Beeinträchtigung wendet, z. B. Aufhebung von Sperr- und Verrufsmaßregeln (**RG** 48, 114; 56, 286; 79, 17), Entfernung von Anschlägen, Tilgung von Stellen in Druckschriften (**RG** 57, 157), Zurücknahme beleidigender Behauptungen (**RG** 60, 20; 88, 133; 97, 343) verlangt, hat das Reichsgericht zunächst nur einen Anspruch aus unerlaubter Handlung zuerkannt. Dieser Klage, die mit dem widerspruchsvollen Namen einer repressiven Unterlassungsklage bezeichnet worden ist, kann nur bei Verschulden nach Maßgabe der §§ 823ff stattgegeben werden (vgl. außer den angef. Urteilen noch **RG** 91, 267; JW 1913, 34). Auch in **RG** HRR 1932, 1128 wird der Anspruch auf Widerruf beleidigender Behauptungen als Schadensersatzanspruch aufgefaßt (vgl. oben Anm. 52).

Anm. 102

Im Gegensatz zu seiner früheren Rechtsprechung hat das Reichsgericht später in Fällen dieser Art unabhängig von einem Verschulden des Beklagten bei nur objektiver Rechtsverletzung einen quasinegatorischen Beseitigungsanspruch auf der Grundlage des § 1004 zugesprochen (**RG** 148, 123; 163, 210; ferner Zweibrücken JW 1934, 51; Dresden HRR 1936, 1495). Dieser Rechtsprechung haben sich auch der Oberste Gerichtshof und der Bundesgerichtshof angeschlossen (**OGH** 1, 182; **BGH** NJW 1952, 417).

2. Klage auf Widerruf beleidigender Äußerungen

Neueres Schrifttum: Burhenne, Probleme zum Widerrufsanspruch, MDR 1956, 515.

Anm. 103

a) Fortwirkende Beleidigung

Mit Hilfe dieser Klage kann auch der Widerruf beleidigender Äußerungen verlangt werden. Voraussetzung dieses Anspruchs ist eine durch die Beleidigung geschaffene, fortdauernde Beeinträchtigung, die durch den Widerruf beseitigt werden kann. Die Behauptung, deren Widerruf begehrt wird, muß einen dauernden Zustand geschaffen haben, der sich für den Verletzten als eine stetig neu fließende und fortwirkende Quelle der Schädigung und Ehrverletzung darstellt (**RG** 163, 210). Formalbeleidigungen schaffen keinen solchen Zustand. Ihnen kann daher begrifflich nicht mit einer Schadensersatzklage auf Widerruf begegnet werden (München HRR 1942, 200; **BGH** 10, 104). Die Klage ist nicht dazu da, dem Verletzten einen Ausgleich für seine seelische Belastung zu schaffen, ihm Genugtuung zu geben oder sein Rechtsgefühl wiederherzustellen (**BGH** NJW 1952, 417). Sie ist daher nicht gegeben, wenn die ehrverletzenden Behauptungen nur dem Verletzten gegenüber aufgestellt worden sind (**BGH** 10, 104). Ehrverletzende Presseveröffentlichungen führen ihrer Natur nach zu einer fortwirkenden Schädigung (Karlsruhe NJW 1956, 1922; Nürnberg MDR 1956, 165).

Ein Verschulden und eine Wiederholungsgefahr brauchen nicht vorzuliegen.

Anm. 104

b) Rechtswidrigkeit der Beleidigung

Der Eingriff, der beseitigt werden soll, muß aber objektiv rechtswidrig sein. Diese Voraussetzung ist nicht gegeben, wenn die beleidigenden Äußerungen in Wahrnehmung berechtigter Interessen, § 193 StGB, geschehen sind. Umstritten ist, ob ein Anspruch auf Widerruf besteht, wenn der anfänglich gegebene Rechtfertigungsgrund entfallen ist.

(Bejahend **RAG** 19, 268; ablehnend KG DRZ 1950, 419; im allgemeinen unentschieden **RG** 163, 210). Der Anspruch auf Widerruf wird in Fällen dieser Art grundsätzlich zu bejahen sein. Der Beklagte hat durch seine Äußerungen eine Lage geschaffen, die für den Angegriffenen Gefahren hervorruft. Wenn auch sein Tun rechtmäßig war, so hat er doch keinen Anspruch darauf, daß die von ihm geschaffene, den Beklagten schädigende Lage aufrechterhalten bleibt, wenn die den Rechtfertigungsgrund ergebenden Tatsachen fortgefallen sind. Aus dem vorangegangenen Tun des Beklagten folgt jetzt seine Pflicht, den Zustand durch einen in geeignete Form gekleideten Widerruf zu beseitigen. Der Widerruf ist so zu fassen, daß er keine Demütigung und Ehrenkränkung für den Beklagten, der weder schuldhaft noch rechtswidrig gehandelt hat, enthält (ähnlich auch Schönke DRZ 1950, 420). Dieser Ansicht hat sich auch **BGH** LM UWG § 14 Nr. 6 angeschlossen.

Anm. 105

c) Rechtsschutzbedürfnis

Zu prüfen ist, ob ein Rechtsschutzbedürfnis für die Klage besteht. Nach der jetzt einhelligen und zutreffenden Ansicht entfällt dieses nicht etwa dadurch, daß der Kläger die Möglichkeit hat, im Strafverfahren gegen den Beklagten vorzugehen (vgl. z. B. **RG** 138, 232; 155, 94; 156, 377; JW 1933, 1400; Hamburg MDR 1956, 358). Das Rechtsschutzbedürfnis fehlt aber im Falle wechselseitiger Beleidigungen, bei denen der Strafrichter nach § 199 StGB beide Beleidiger für straffrei erklären würde. Wer sich für ein ihm durch eine Beleidigung angetanes Unrecht in der Weise Genugtuung verschafft hat, daß er dem Täter ein Gleiches zugefügt hat, kann darüber hinaus den Rechtsschutz der Gerichte nicht in Anspruch nehmen. Ebenso ist der staatliche Rechtsschutz dem durch eine Beleidigung Verletzten versagt, wenn er diese Verletzung durch seinen eigenen gleichartigen rechtswidrigen Angriff gegen seinen Widersacher heraufbeschworen hat (München HRR 1942, 200; schon angedeutet in **RG** 156, 372, 378). Bei Beleidigungen durch die Presse entfällt das Rechtsschutzbedürfnis nicht durch die Möglichkeit einer Berichtigung oder Gegendarstellung nach § 11 PresseG. Denn diese bringt nur die persönliche Auffassung des Angegriffenen zum Ausdruck, ohne den erhobenen Vorwurf zu beseitigen (Nürnberg MDR 1956, 165).

Anm. 106

d) Beweislast

In der Regel muß der Beklagte die Wahrheit seiner Behauptungen beweisen, wenn er dem Anspruch aus § 1004 entgehen will. Es besteht hier dieselbe Beweislage, wie sie sich für einen Anspruch aus § 823 Abs. 2 BGB in Verbindung mit § 186 StGB ergibt. Hat der Beklagte in Wahrnehmung berechtigter Interessen gehandelt, so ist es Aufgabe des Klägers, die Unwahrheit der aufgestellten Behauptungen nachzuweisen, um mit seiner Widerrufsklage durchdringen zu können. Denn nur unter dieser Voraussetzung ergibt sich auch in diesem Fall die Pflicht zum Widerruf (**BGH** NJW 1952, 417; Freiburg JZ 1951, 751).

Anm. 107

e) Inhalt und Form des Widerrufs

Inhalt und Form des begehrten Widerrufs dürfen nicht über das hinausgehen, was zur Beseitigung der fortbestehenden schädigenden Folgen notwendig ist (vgl. **BGH** NJW 1957, 827). Soweit jedoch mit dem Widerruf unvermeidbar eine Demütigung des Widerrufenden verbunden ist, muß dieser das als Folge seiner Handlung hinnehmen (**RG** 148, 114, 124; **OGH** 1, 182, 191; **BGH** NJW 1952, 418).

Anm. 108

f) Auskunftsanspruch

Wer zum Widerruf einer unwahren Behauptung verpflichtet ist, hat Auskunft darüber zu geben, wem gegenüber er diese Behauptungen geäußert hat, sofern anzunehmen ist, daß es nicht nur gegenüber jenen Personen geschehen ist, von denen es der Berechtigte weiß (**RG** 158, 377).

Anm. 109

g) Ehrverletzungen in Ausübung öffentlicher Tätigkeit

Die Möglichkeit einer Unterlassungs-(Widerrufs-)klage entfällt grundsätzlich schon dann, wenn der Beklagte die beanstandeten Äußerungen als Leiter und Vertreter einer Körperschaft des öffentlichen Rechts oder als deren Beauftragter bei Wahrnehmung einer ihm zustehenden öffentlich-rechtlichen Tätigkeit getan hat; in solchen Fällen ist der ordentliche Rechtsweg ausgeschlossen (**RG** HRR 1938, 147; vgl. auch **RG** 150, 140; **BGH** NJW 1956, 711; oben Anm. 66).

Anm. 110

3. Klage auf Rückgabe schriftlicher Ehrenerklärungen

Ist jemand objektiv rechtswidrig genötigt worden, eine schriftliche Ehrenerklärung abzugeben, so liegt darin ein widerrechtlicher Eingriff in die Freiheit der Willensbestimmung des Genötigten. Die Folgen dieses widerrechtlichen Eingriffs dauern solange fort, als sich der Nötigende im Besitz der Erklärung befindet und die Möglichkeit und Gefahr besteht, daß er von ihr zum Schaden des Klägers Gebrauch macht. Der Geschädigte hat dann im Rahmen des § 1004 einen Anspruch auf Rückgabe der Erklärung. Gleichgültig ist es, ob die in der Erklärung gemachten tatsächlichen Angaben wahr sind oder nicht (**BGH** NJW 1952, 417).

§ 1005

Befindet sich eine Sache auf einem Grundstücke, das ein anderer als der Eigentümer der Sache besitzt, so steht diesem gegen den Besitzer des Grundstücks der im § 867 bestimmte Anspruch zu.

E I 867 II 917; M 3 296—299; P 3 164—167.

Ist eine bewegliche Sache aus der Gewalt des Besitzers auf ein im Besitz eines andern befindliches Grundstück gelangt, so hat der Sachbesitzer den Abholungsanspruch des § 867. Diesen Anspruch gibt § 1005 auch dem Eigentümer der Sache, ohne Rücksicht darauf, ob er Besitzer ist oder war. Von Bedeutung wird das freilich nur, wenn über das Eigentum an der Sache kein Streit herrscht. Trifft dies nicht zu und müßte zum Beweise des Eigentums auf die Vermutung des § 1006 Abs. 1 zurückgegriffen werden, so wird zweckmäßiger der Anspruch aus § 867 erhoben, da gegen diesen Einwendungen aus dem Recht nicht zulässig sind. Der Kläger hat darzutun, daß sich die Sache irgendwo auf dem Grundstück befinden muß; alsdann kann er fordern, daß ihm der Grundstücksbesitzer gestattet, sie dort zu suchen und wegzuholen.

Der Anspruch ist ausgeschlossen, wenn die Sache inzwischen von dem Grundstücksbesitzer oder einem Dritten in Besitz genommen wurde (vgl. § 867 Satz 1). Auch in bezug auf das Schadensersatzverlangen und das Weigerungsrecht des Grundstücksbesitzers sowie hinsichtlich der Selbsthilfe des Sacheigentümers gilt das gleiche wie nach § 867. Der Sacheigentümer kann den Abholungsanspruch und, wenn der Grundstücksbesitzer die Sache in Besitz genommen hat, den Herausgabeanspruch (§ 985) geltend machen. Dem Herausgabeanspruch steht die Einrede aus § 867 Satz 2, 3 nicht entgegen (Rostock SeuffArch 66 Nr. 31).

§ 1006

Zugunsten des Besitzers einer beweglichen Sache wird vermutet, daß er Eigentümer der Sache sei. Dies gilt jedoch nicht einem früheren Besitzer gegenüber, dem die Sache gestohlen worden, verlorengegangen oder sonst abhanden gekommen ist, es sei denn, daß es sich um Geld oder Inhaberpapiere handelt.

Zugunsten eines früheren Besitzers wird vermutet, daß er während der Dauer seines Besitzes Eigentümer der Sache gewesen sei.

Im Falle eines mittelbaren Besitzes gilt die Vermutung für den mittelbaren Besitzer.

E I 825 II 918; M 3 133—135; P 3 45—48, 380—383.

Übersicht

Vermutung für das Bestehen des Eigentums

1. Allgemeines

Anm. 1

a) Grund der Vorschrift

§ 1006 enthält den wichtigen Rechtssatz, daß der Besitzer einer beweglichen Sache als ihr Eigentümer vermutet wird. Maßgebend für diese Bestimmung war in erster Linie der Gedanke des Schutzes des gegenwärtigen Besitzers, der sonst einem früheren Eigentümer gegenüber unterliegen müßte, falls ihm der oft schwierige Beweis seines Eigentumserwerbs nicht gelänge (Prot. 3, 382). Die Hauptbedeutung der Vorschrift liegt denn auch auf dem Gebiete der Herausgabeforderung.

Wegen der Beweislastverteilung: § 985 Anm. 32—41.

Anm. 2

b) Bedeutung der Vorschrift (Anwendungsbereich)

Bei der Eigentumsfreiheitsklage, die freilich selten bewegliche Sachen betrifft, erleichtert die Vorschrift dem gegenwärtigen Besitzer den Angriff (vgl. § 1004 Anm. 15). Ihre Anwendbarkeit erstreckt sich aber auch auf manche persönlichen Ansprüche. So kommt die Eigentumsvermutung dem Kläger beim Vorlegungsanspruch zustatten (§ 809). Wenn eine bewegliche Sache ohne rechtlichen Grund in das Eigentum des Beklagten gelangt ist, kann der frühere Besitzer mit Hilfe der Eigentumsvermutung den Anspruch auf Rückübertragung des Eigentums oder Ersatz des vollen Sachwerts begründen (§§ 812, 816, 818). Ähnlich liegt es beim Schadensersatzanspruch wegen Entziehung, Beschädigung oder Zerstörung der Sache nach §§ 823ff (vgl. **RG** 20. 11. 1922 VI 142/22). Nicht anwendbar ist die Vermutung in der Regel, wenn die vertraglichen Beziehungen festzustellen sind, in die der Besitzer zu einem anderen getreten ist und deren Folgen streitig sind (**RG** 10. 12. 1926 VI 264/26). Bedeutsam kann die Vorschrift aber sein, wenn der Käufer die gekaufte Sache einem Dritten, dem sie gestohlen oder abhanden gekommen ist, herausgegeben hat, und Ansprüche nach § 440 gegen den Verkäufer geltend macht. Der Käufer muß an sich nach § 442 beweisen, daß die Sache Eigentum des Dritten war und von ihm deswegen herausgegeben werden mußte. Dieser Beweis wird ihm dadurch erleichtert, daß er nach § 1006 Abs. 1 nur zu beweisen braucht, daß die Sache dem Dritten gestohlen oder abhanden gekommen ist. Der Verkäufer muß dann seinerseits die für das Eigentum des Dritten sprechende Vermutung entkräften, um die gegen ihn gerichteten Ansprüche abzuwehren (**BGH** 16, 307).

2. Eigentum an beweglichen Sachen als Gegenstand der Vermutung

Anm. 3

Die Vermutung bezieht sich nur auf bewegliche Sachen. Hierzu gehören auch die scheinbaren Grundstücksbestandteile des § 95. Eine Sache, die mit einer andern als wesentlicher Bestandteil verbunden ist, kann, auch wenn sie selbständig besessen wird, wegen § 93 nicht Gegenstand der Eigentumsvermutung sein.

Anm. 4

Bewegliche Sachen im Sinne des § 1006 sind auch die Inhaberpapiere (vgl. Abs. 1 Satz 2), z. B. Inhaberaktien (**RG** 63, 406), nicht aber die Legitimationspapiere (Sparkassenbücher u. dgl.), nicht die Schuldscheine und sonstigen Urkunden des § 952 (vgl. **RG** JW 1913, 30; 1923, 229; WarnRspr 1909 Nr. 106; München OLG 18, 193; Celle OLG 26, 60). Auch nicht Kraftfahrzeugbriefe (vgl. § 932 Anm. 43).

Anm. 5

Da sich die Eigentumsvermutung des § 1006 ohne Rücksicht auf den Besitz und Inhalt von Urkunden, in denen Rechte an der Sache verbrieft sind, nur auf die Tatsache des Sachbesitzes gründet, so kann sich der Besitzer des Kraftfahrzeugs, auch gegenüber dem Inhaber des Kraftfahrzeugbriefs, auf § 1006 berufen; immerhin wird der Besitz des Kraftfahrzeugbriefs bei der Widerlegung der Vermutung eine wesentliche Rolle spielen (Däubler DJ 1938, 1060; Spohr DAR 1939 Sp. 13).

Anm. 6

Mit Blankoindossament versehene Orderpapiere werden in Abs. 1 Satz 2 (abweichend von § 1362 Abs. 1) nicht erwähnt. Ob sie gleichwohl an sich hierher zu rechnen wären (dagegen Rostock OLG 31, 117), ist ohne Bedeutung, da auch Art. 16 Abs. 2 des Wechselgesetzes eine Eigentumsvermutung enthält, die aber niemals durch das letzte Indossament allein, sondern nur durch eine ununterbrochene Reihe von Indossamenten begründet wird; dieses Sondergesetz würde vorgehen (vgl. **RG** 24. 2. 1921 V 472/20). Entsprechendes gilt von § 61 Abs. 2 AktG, § 365 Abs. 1 HGB und Art. 21 ScheckG.

3. Vermutung für den unmittelbaren Eigenbesitzer (Abs. 1 Satz 1)

a) Bei Mitbesitzer und Besitzdienern

Anm. 7

Die Vermutung des Eigentums besteht zugunsten des Besitzers der Sache. Mitbesitzer werden als Miteigentümer vermutet, und zwar gemäß § 741 als Miteigentümer nach Bruchteilen. Beweist einer von ihnen, daß die übrigen Fremdbesitzer oder Nichteigentümer sind, so spricht die Vermutung für sein Alleineigentum.

Anm. 8

Im Falle des § 855 ist es der Besitzherr, nicht der Besitzdiener, für den die Eigentumsvermutung bestimmt ist. Eine Besitzvermutung gab es vor dem 1. Juli 1958 nicht, auch nicht für den Ehemann als Haushaltungsvorstand, wenn es sich um die in der häuslichen Gemeinschaft befindlichen, nicht zum persönlichen Gebrauch der Frau bestimmten Sachen handelt (vgl. **RG** JW 1911, 327). Für die Zeit nach dem 30. Juni 1958 gilt zugunsten der Gläubiger der Ehegatten die Vermutung des § 1362. Danach wird bei nicht getrennt lebenden Ehegatten vermutet, daß die im Besitz eines oder beider Ehegatten befindlichen Sachen dem Schuldner gehören. Anders ist es hinsichtlich der zum ausschließlichen persönlichen Gebrauch eines Ehegatten bestimmten Sachen. Für diese wird im Verhältnis der Ehegatten zueinander und zu den Gläubigern vermutet, daß sie dem Ehegatten gehören, für dessen Gebrauch sie bestimmt sind. Vgl. dazu unten Anm. 17—19.

b) Beweis des Eigenbesitzes

Anm. 9

Die Vermutung gilt dem Eigenbesitzer der Sache (§ 872). Allerdings braucht der Besitzer nicht den Eigenbesitz zu beweisen, vielmehr wird er kraft einer weiteren Vermutung zunächst als Eigenbesitzer angesehen (**RG** 156, 64). So gilt z. B. der Kaufmann als Eigentümer seiner Schaufensterauslagen, und zur Widerlegung genügt nicht der Hinweis darauf, daß ein Teil solcher Sachen dem Inhaber eines Schaufensters von anderen Firmen zu Werbezwecken oder zum kommissionsweisen Verkauf überlassen zu werden pflegt (vgl. **RG** 20. 11. 1922 VI 142/22). Aus **BGH** 2. 10. 1952 IV ZR 200/51 kann nicht auf eine gegenteilige Ansicht geschlossen werden. Die Entscheidung bezieht sich nur auf Fälle, in denen der Besitzer nach seinen eigenen Behauptungen die Sache anfänglich als Fremdbesitzer oder Besitzdiener besessen hat und dann Eigenbesitzer geworden ist. Ist dabei zweifelhaft, ob der Besitzer Fremdbesitzer oder Besitzdiener war, dann muß er, um sich auf die Vermutung des § 1006 berufen zu können, nachweisen, daß er Besitzdiener gewesen ist und daß das Besitzdienerverhältnis insoweit nicht mehr besteht.

Anm. 10

Wer durch einstweilige Verfügung in den Besitz einer beweglichen Sache eingewiesen ist, hat Dritten gegenüber auch die Vermutung des Eigentums für sich (nicht entschieden **RG** 12. 5. 1925 VI 13/25).

Anm. 11

Die Vermutung spricht auch für den Sicherungsnehmer, der das Sicherungsgut im Einverständnis mit dem Sicherungsgeber in unmittelbaren Besitz genommen hat. Er kann sich, wenn ein Warenlager mit wechselndem Bestand übereignet ist, gegenüber den Lieferanten, die Ansprüche aus einem Eigentumsvorbehalt geltend machen, auf diese Vermutung berufen (**BGH LM** BGB § 929 Nr. 8).

Steht fest, daß der Besitzer die Sache nicht als ihm gehörend besitzt, so entfällt die Eigentumsvermutung, gleichviel ob er einem andern den Besitz vermittelt (vgl. Anm. 26) oder ob, etwa im Fall des Fundbesitzes, ein mittelbarer Besitz nicht besteht.

Anm. 12

Steht fest, daß der Besitzer beim Besitzerwerb noch kein Eigentum an den Sachen erlangt hat, sondern zunächst Fremdbesitzer geworden ist, dann greift die Vermutung des § 1006 nicht durch, da die Fortdauer des Fremdbesitzes vermutet wird. Der Besitzer, der sich darauf beruft, später Eigenbesitzer geworden zu sein, muß die rechtmäßige Umwandlung des Fremdbesitzes in Eigenbesitz beweisen. Dazu wird er regelmäßig die Tatsachen beweisen müssen, die dazu geführt haben, daß der Fremdbesitz rechtmäßig in Eigenbesitz verwandelt worden ist. Er muß z. B. beweisen, daß er die Sache, die er zuvor nur als Pfandgläubiger besaß, ersteigert hat. Im allgemeinen wird davon gesprochen, der Fremdbesitzer müsse den späteren Eigentumserwerb beweisen, er müsse beweisen, daß ihm die Sache später übereignet sei (so **OGH** 1, 285; **BGH** LM BGB § 1006 Nr. 2; Betrieb 1955, 916; 2. 10. 1952 IV ZR 200/51) oder daß er das Eigentum später durch Verarbeitung oder Verbindung erworben habe (**BGH** 22. 3. 1954 IV ZR 137/53). In der Regel wird das zutreffend sein. Es ist jedoch zu beachten, daß an sich nur die rechtmäßige Umwandlung des Fremdbesitzes in Eigenbesitz bewiesen werden muß. Daß damit auch Eigentum erworben ist, wird vermutet. Wenn der Pfandgläubiger beweist, daß er später dadurch Eigenbesitzer der gepfändeten Sache geworden ist, daß ihm diese in der Versteigerung zugeschlagen worden ist, muß der Verpfänder beweisen, daß er dennoch kein Eigentum erlangt hat. Der Beweis der Tatsachen, die zur Umwandlung des Fremdbesitzes in Eigenbesitz geführt haben, wird nicht dadurch entbehrlich, daß der Besitzer gegenwärtig unstreitig als Eigenbesitzer besitzt; denn daraus folgt nicht, daß der Fremdbesitz auch rechtmäßig in Eigenbesitz verwandelt worden ist. Eine dahingehende Vermutung besteht nicht (**BGH** 18. 4. 1956 IV ZR 27/56). Falls der Besitzer behauptet, er habe sich die Sache, die er ursprünglich als Fremdbesitzer besessen habe, im Einverständnis mit dem Eigentümer selbst übereignet, muß er beweisen, daß er hierzu nach § 181 berechtigt war (**BGH** in der eben angeführten Entscheidung).

c) Inhalt der Vermutung

Anm. 13

Ihrem Inhalte nach ist die Vermutung des § 1006 auf das Bestehen des Eigentums abgestellt. Wie in den Fällen der §§ 891, 921, 1362, 1527, 1964, 2365 handelt es sich um Rechts-, nicht um Tatsachenvermutung im Sinne des § 292 ZPO. Der Besitzer ist nicht nur vom Beweise einer den Erwerb des Eigentums begründenden Tatsache befreit; er braucht eine solche auch gar nicht zu behaupten (**RG** JW 1910, 390;

Recht 1916 Nr. 1303; **BGH** LM BGB § 985 Nr. 1). Tut er es, so ändert das nichts an der Beweispflicht des Klägers (**RG** JW 1923, 229). Auch dann greift die Vermutung Platz, wenn er sich bedingt auf zwei verschiedene Erwerbsgründe beruft (**RG** 55, 52).

Anm. 14

Die Vermutung greift für den besitzenden Beklagten auch dann durch, wenn er gegenüber einem Anspruch aus § 985 in erster Linie behauptet, nicht der Kläger, sondern ein Dritter sei Eigentümer der Sachen und nur hilfsweise vorträgt, selbst Eigentümer zu sein (**BGH** LM BGB § 1006 Nr. 2).

Anm. 15

Sobald der Besitz des Beklagten feststeht, hat das Gericht das Eigentum so lange anzunehmen, bis sich aus den vom Kläger zu behauptenden und zu beweisenden Tatsachen die Unrichtigkeit der Annahme ergibt. Dadurch, daß die Vermutung auch gegenüber dem früheren Eigentümer durchgreift, deckt sie bis zum Beweise des Gegenteils auch die Veräußerungsbefugnis dessen, der im Namen des früheren Eigentümers veräußert hat (**RG** 12. 1. 1923 VII 54/22). Über die Abmilderung der Vermutung vgl. auch § 985 Anm. 37.

Anm. 16

Die Vermutung gilt nur zugunsten des Besitzers, nicht, wie es nach § 891 der Fall ist, auch gegen ihn. Die Geltendmachung eines Anspruchs, der gegen den Fahrniseigentümer als solchen gerichtet werden muß, wird durch den Besitz des Beklagten nicht erleichtert. Doch kann sich auf die Vermutung außer dem Besitzer selber auch jeder andere berufen, der Rechte von ihm herleitet (**RG** HRR 1932, 234). So kann es z.B. derjenige tun, dem der Bestohlene das Eigentum nach § 931 verschafft hat; ferner der Gläubiger, der Sachen bei seinem Schuldner pfänden läßt, auch wenn sie nicht im Gewahrsam des Schuldners bleiben (vgl. Hamburg und KG SeuffArch 57 Nr. 225; aM Dresden OLG 9, 119).

d) Verhältnis zur praesumtio Muciana des § 1362

Anm. 17

Im ehelichen Güterrecht tritt § 1006 hinter § 1362 (praesumtio Muciana) zurück. Soweit es sich um das Verhältnis zu den Gläubigern des Ehegatten handelt und nicht Sachen in Frage stehen, die ausschließlich zu seinem persönlichen Gebrauch bestimmt sind, begründet weder der jetzige noch der voreheliche Besitz oder Mitbesitz des anderen Ehegatten die Vermutung, daß der andere Eigentümer sei; vielmehr muß er seinen Erwerb beweisen (**RG** Gruchot 51, 1005; aM KG OLG 12, 129; vgl. § 1362.

Anm. 18

§ 1006 greift nur Platz, wenn entweder darüber gestritten wird, ob das Eigentum einem Ehegatten oder einem Dritten zusteht, oder wenn zwischen den Gatten selber Streit über das Eigentum herrscht (vgl. für den letzten Fall **RG** 84, 49). Wird Haushaltsgeld von einem Gläubiger des Mannes gepfändet, so muß die Frau, wenn sie der Pfändung widerspricht (§ 771 ZPO), die zugunsten des Mannes als Schuldner sprechende Vermutung, daß das Geld ihm gehöre, widerlegen; denn die Eigentumsvermutung des § 1006 Abs. 1 wird durch die Vermutung des § 1362 Abs. 1 beseitigt. Wird das Geld von einem Gläubiger der Frau gepfändet, so muß der widersprechende Ehemann gleichfalls sein Eigentum beweisen.

Anm. 19

Bei den persönlichen Gebrauchssachen des Ehegatten ist die Kraft der Eigentumsvermutung dem Besitz oder Mitbesitz des anderen Ehegatten entzogen, und zwar hier sowohl im Verhältnis der Ehegatten zueinander wie zu den Gläubigern (**RG** 99, 153; WarnRspr 1924 Nr. 128; vgl. auch oben Anm. 8). Die zugunsten des Ehegatten sprechende Vermutung des § 1362 Abs. 2 tritt nicht in jedem Fall mit der Scheidung außer Kraft, sondern erst mit der Beendigung der Vermögensauseinandersetzung zwischen den Ehegatten. Danach gilt wieder die Vermutung des § 1006 (**BGH** LM BGB § 1362 Nr. 1).

4. Vermutung für das Bestehen eines Fremdbesitzrechts

Anm. 20

Dem unmittelbaren Besitzer kann eine dem § 1006 entsprechende Vermutung dann zustatten kommen, wenn er Nießbrauchs- oder Pfandbesitzer ist (vgl. §§ 1065, 1227; Anm. 26). Auf die Vermutung, daß er Nießbraucher oder Pfandgläubiger sei, darf sich ein solcher Besitzer auch dem klagenden Eigentümer gegenüber berufen (aM KG OLG 10, 127).

Anm. 21

Dagegen hat, wer in Ausübung eines schuldrechtlichen Rechtsverhältnisses oder eines Familien- oder Erbrechts besitzt, wie der Mieter oder Pächter, der Ehemann oder Inhaber der elterlichen Gewalt, der Testamentsvollstrecker, keine Vermutung für sich, daß das Recht bestehe. Andererseits kann sich auch nicht der Vermieter auf die Vermutung des § 1006 berufen, um sein Pfandrecht an den eingebrachten Sachen des Mieters darzutun; denn nach § 559 ist das Eigentum des Mieters eine der Voraussetzungen für die Entstehung des Pfandrechts (**RG** 146, 339).

5. Ausnahme bei abhanden gekommenen Sachen (Abs. 1 Satz 2)

Anm. 22

Der Grund für die Ausnahme bei abhanden gekommenen Sachen (Abs. 1 Satz 2) ist der, daß hier der Besitzer auf dem im Leben häufigsten Wege der Übertragung Eigentum nicht erworben haben kann (vgl. § 935 Abs. 1). Die Ausnahme tritt nur ein, wenn die Sache dem Kläger, nicht wenn sie einem andern abhanden gekommen ist. Über den Begriff des Abhandenkommens: § 935 Anm. 10—18. Dagegen gilt die Regel des Satzes 1 uneingeschränkt für Geld und Inhaberpapiere; denn für sie läßt § 935 Abs. 2, auch wenn sie abhanden gekommen sind, die Eigentumsübertragung an den gutgläubigen Erwerber zu.

Anm. 23

Daß eine Sache in öffentlicher Versteigerung erworben wurde, muß, da man es ihr nicht ansehen kann, bewiesen werden. Stützt sich der Kläger auf Abhandenkommen und beweist der Beklagte, daß er sie hinterher in der Versteigerung erworben hat, so ist die nach Abs. 1 Satz 2, Abs. 2 für das Eigentum des Klägers sprechende Vermutung widerlegt.

6. Vermutung für den früheren Besitzer (Abs. 2)

Anm. 24

Für die Eigentumsvermutung zugunsten des früheren Besitzers nach Abs. 2 gilt alles in Anm. 7—23 Bemerkte. Trotz der irreführenden Fassung des Gesetzes greift auch bei ihr die Ausnahme von der Vermutung Platz, die Abs. 1 Satz 2 für abhanden gekommene Sachen vorschreibt. Die Wirkung der zugunsten des früheren Besitzers bestehenden Vermutung zeigt sich bei der Herausgabeklage nach Widerlegung der Vermutung zugunsten des gegenwärtigen Besitzers. Wenn die für den gegenwärtigen Besitzer sprechende Vermutung nach Abs. 1 Satz 1 durch den Nachweis widerlegt ist, daß dieser beim Besitzerwerb kein Eigentum erlangt hat, erstreckt sich die für den früheren Besitzer sprechende Vermutung darauf, daß er jetzt noch Eigentümer ist (**BGH** LM BGB § 1006 Nr. 4; 18. 4. 1956 IV ZR 356/55). Ebenso wirkt die Eigentumsvermutung nach Abs. 2 für die Zeit nach dem Besitzverlust weiter, wenn bewiesen ist, daß dem früheren Besitzer die Sache gestohlen, verloren gegangen oder sonst abhanden gekommen ist (**BGH** 23. 6. 1956 IV ZR 20/56). Wegen der Beweislast vgl. § 985 Anm. 31—41.

Anm. 25

Wer aus einem Nachlaß eine Sache erlangt hat und behauptet, sie vom Erblasser geschenkt und durch Besitzvorbehalt (§ 930) übereignet erhalten zu haben, muß das beweisen, da Abs. 2 für den Erben als früheren Besitzer streitet (**RG** 10. 11. 1923 VII 44/23). Ebenso muß derjenige sein Eigentum beweisen, der den Besitz aus äußeren Gründen (Unterbringungsschwierigkeiten beim früheren Besitzer) ohne Eigentumswechsel erlangt hat. In diesem Fall streitet die Vermutung für den früheren Besitzer (Neue Justiz 1951, 561). Nicht minder nützt die Vermutung dem, der auf Grund früheren Eigentums Schadensersatz- oder Bereicherungsansprüche erhebt (**RG** 83, 393; Dresden SeuffArch 73 Nr. 121). Sie nützt aber auch dem Beklagten im Herausgabeprozeß, wenn er die in Streit befangene Sache veräußert hat (**RG** JW 1910, 390). Auch der Veräußerer, gegen den der Erwerber wegen Entwehrung Rückgriff nimmt, kann sich mit der Vermutung verteidigen.

7. Vermutung für den mittelbaren Besitzer (Abs. 3)

Anm. 26

Im Fall eines mittelbaren Besitzes (Abs. 3) kommen beide Vermutungen, die des Abs. 1 wie die des Abs. 2 — aM über Abs. 2: KG JW 1931, 2579 —, dem mittelbaren Besitzer zustatten, und zwar sowohl Dritten gegenüber (**RG** 83, 393) wie gegenüber dem unmittelbaren Besitzer (**RG** WarnRspr 1924 Nr. 180). Dieser kann als Fremdbesitzer keine Eigentumsvermutung, sondern nur die Vermutung, daß er Nießbraucher oder Pfandgläubiger sei (§§ 1065, 1227), für sich geltend machen (vgl. Anm. 20). Daran wird auch durch die Widerlegung der Vermutung, die für den mittelbaren Besitzer gilt, nichts geändert. Natürlich steht aber auch dem mittelbaren Besitzer der § 1006 dann nicht zur Seite, wenn er seinerseits einem noch entfernteren Besitzer den Besitz vermittelt. Doch darf sich ein Besitzmittler Dritten gegenüber darauf berufen, daß der höchststufige mittelbare Besitzer, von dem er seine Rechtsstellung ableitet, als Eigentümer vermutet wird (vgl. Anm. 16).

Anm. 27

Die Vermutung des Abs. 3 wird aber nur wirksam, wenn der mittelbare Besitz feststeht oder im Bestreitungsfalle erwiesen wird; das bloße Behaupten des mittelbaren Besitzes reicht nicht aus (**RG** HRR 1932, 234; **BGH** 22. 6. 1955 IV ZR 25/55). Dem Besitzer muß nachgewiesen werden, daß er den Besitz nicht als Eigenbesitzer, sondern als Besitzmittler für einen andern ausübt (**RG** 156, 63). Auch dann, wenn der unmittelbare Besitzer den Besitz früher für einen anderen mittelbaren Besitzer vermittelt hat, spricht doch die Vermutung nur für den gegenwärtigen mittelbaren Besitzer. Sie ist entkräftet und sie spricht wieder für den früheren mittelbaren Besitzer, wenn nachgewiesen ist, daß die Änderung der Besitzmittlung ihren Grund nicht in einer Veränderung des Eigentums hatte. Falls der frühere mittelbare Besitzer sich auch auf die Vermutung nach § 1006 Abs. 2 berufen kann, würde auch diese Vermutung unter den angegebenen Umständen weiter bestehen; denn es wäre erwiesen, daß weder der unmittelbare Besitzer noch der gegenwärtige mittelbare Besitzer mit der Einräumung ihres Besitzrechts Eigentum an der Sache erlangt haben, daß vielmehr die Eigentumsverhältnisse so geblieben sind, wie sie waren, als der damals unmittelbare Besitzer dem jetzigen unmittelbaren Besitzer den Besitz einräumte. Der Bundesgerichtshof hat daher im folgenden Fall angenommen, daß die Vermutung für den früheren mittelbaren Besitzer spreche. A hatte den unmittelbaren Besitz an einer früher dem Reichsfiskus gehörenden Sache, die er als Beutegut käuflich erworben hatte. Er hatte die Sache an B vermietet. Ein für das ehemalige Reichsvermögen bestellter Treuhänder beanspruchte sie als Reichseigentum. Er teilte das dem unmittelbaren Besitzer B mit. Dieser vermittelte darauf dem Treuhänder den Besitz und zahlte ihm laufend die Miete. Die Vermutung spricht weiter für das Eigentum des A (**BGH** LM BGB § 1006 Nr. 4).

§ 1007

Wer eine bewegliche Sache im Besitze gehabt hat, kann von dem Besitzer die Herausgabe der Sache verlangen, wenn dieser bei dem Erwerbe des Besitzes nicht in gutem Glauben war.

Ist die Sache dem früheren Besitzer gestohlen worden, verloren gegangen oder sonst abhanden gekommen, so kann er die Herausgabe auch von einem gutgläubigen Besitzer verlangen, es sei denn, daß dieser Eigentümer der Sache ist oder die Sache ihm vor der Besitzzeit des früheren Besitzers abhanden gekommen war. Auf Geld und Inhaberpapiere findet diese Vorschrift keine Anwendung.

Der Anspruch ist ausgeschlossen, wenn der frühere Besitzer bei dem Erwerbe des Besitzes nicht in gutem Glauben war oder wenn er den Besitz aufgegeben hat. Im übrigen finden die Vorschriften der §§ 986 bis 1003 entsprechende Anwendung.

E I 945 II 919; M 3 429—433; P 3 383.

Übersicht

Klage des früheren Besitzers auf Herausgabe

I. Allgemeines zur Fassung der Bestimmung

Anm. 1

Die Vorschriften des § 1007 über den **Anspruch wegen verlorener Fahrnis** reihen sich nur äußerlich den Ansprüchen aus dem Eigentum an. Es handelt sich um einen Anspruch aus früherem Besitz gegen den schlechter Berechtigten, um eine petitorische Besitzklage, die im Gegensatz zur possessorischen des § 861 zu einer endgültigen Entscheidung führt.

Anm. 2

Die Vorschrift ist so schwierig gefaßt, daß der Gedanke des Gesetzes nicht deutlich zum Ausdruck kommt. Irreführend ist, daß das wesentlichste Merkmal, der unfreiwillige Besitzverlust, nicht im ersten Satz erscheint, sondern erst in Abs. 2 und 3 nachgebracht wird. Sodann muß das Verhältnis zwischen der „Aufgabe des Besitzes" (Abs. 3 Satz 1) und dem aus § 935 Abs. 1 bekannten „Abhandenkommen der Sache" (Abs. 2 Satz 1) geklärt werden. Richtiger Ansicht nach bildet die Besitzaufgabe den Gegensatz zum unfreiwilligen Besitzverlust, welch letzterer Begriff sich zwar in der Regel, nicht aber immer mit dem des Abhandenkommens deckt. Die beiden Begriffe (Besitzaufgabe und unfreiwilliger Besitzverlust) decken sich nicht, wenn (im Falle des mittelbaren Besitzes) der Besitzmittler die Sache veruntreut: hier ist sie dem mittelbaren Besitzer zwar nicht abhanden gekommen (**RG** 54, 68; § 935 Anm. 15); aber gleichwohl hat er den Besitz nicht aufgegeben, vielmehr ohne seinen Willen verloren.

Anm. 3

Ferner liegt insofern ein Fassungsversehen vor, als sich die Verneinung des Anspruchs bei Aufgabe des Besitzes in dem auf beide vorhergehenden Absätze bezüglichen Abs. 3 findet, während sie für den Fall des Abs. 2, wo der Kläger Abhandenkommen dartun muß, selbstverständlich ist.

Anm. 4

Ein weiteres Fassungsversehen enthalten die Worte „es sei denn, daß dieser Eigentümer ist" in Abs. 2 Satz 1, die gestrichen werden müssen (vgl. Anm. 22).

Anm. 5

Beseitigt man diese Mängel, so würde § 1007 bei Aufrechterhaltung der Beweislastregel etwa so zu lauten haben:

„Der frühere Besitzer einer beweglichen Sache kann von demjenigen, der den Besitz in bösem Glauben erworben hat, die Herausgabe verlangen, sofern er nicht den Besitz aufgegeben hat.

Handelt es sich nicht um Geld oder Inhaberpapiere und ist ihm die Sache abhanden gekommen (hat weder er selbst noch sein etwaiger Besitzmittler den Besitz aufgegeben), so kann er sie auch von einem gutgläubigen Besitzer herausverlangen, es sei denn, daß sie diesem vor seiner eigenen Besitzzeit abhanden gekommen war.

Der Anspruch ist ausgeschlossen, wenn der frühere Besitzer beim Erwerbe des Besitzes nicht in gutem Glauben war.

Die Vorschriften der §§ 986—1003 finden entsprechende Anwendung."

Anm. 6

II. Entsprechende Anwendung der Vorschriften auf Wohn- und Geschäftsräume

Die possessorische Besitzklage des § 861 bezieht sich sowohl auf bewegliche als auf unbewegliche Sachen. § 1007, der sachlich auch in den ersten Abschnitt des dritten Buchs des BGB gehört, bezieht sich dagegen nur auf bewegliche Sachen. Das hat, wie die Entstehungsgeschichte (Mot. 3, 429) dieser Vorschrift zeigt, seinen Grund darin, daß der Gesetzgeber annahm, für Grundstücke bestehe kein Bedürfnis für eine entsprechende Bestimmung. Die zur Zeit der Entstehung des BGB gegebene Lage hat sich gegen Ende des 2. Weltkriegs grundlegend geändert. Die in dieser Zeit eingetretenen verworrenen Verhältnisse nötigten dazu, den in § 1007 enthaltenen Gedanken, daß der ältere, bessere Besitz gegen den jüngeren, schlechteren rechtsschutzwürdig ist, auch auf Wohn- und Geschäftsräume, die Teile einer unbeweglichen Sache sind, entsprechend anzuwenden (**BGH** 7, 208; 25. 5. 1955 IV ZR 41/55).

III. Anspruchsberechtigter

1. Früherer unmittelbarer, mittelbarer Allein- oder Mitbesitzer

Anm. 7

Anspruchsberechtigter ist der frühere Besitzer, sei es Eigenbesitzer oder Fremdbesitzer (Nießbraucher, Pfandgläubiger, Mieter, Verwahrer), sei es unmittelbarer Besitzer oder mittelbarer, Sach- oder Teilbesitzer (§ 865), Allein- oder Mitbesitzer, nicht aber ein bloßer Besitzdiener (§ 855).

Anm. 8

Der mittelbare Besitzer hat regelmäßig die Herausgabe an seinen Besitzmittler zu fordern, die Herausgabe an sich selbst nur dann, wenn jener den unmittelbaren Besitz nicht wieder übernehmen will oder kann (§ 869 Satz 2).

Anm. 9

Ein früherer Mitbesitzer kann gegen den besitzenden ehemaligen Genossen klagen. Erhebt er gegen einen Dritten den Anspruch auf Herausgabe der ganzen Sache, so muß er entsprechend §§ 1011, 432 die Herausgabe an alle Mitbesitzer oder Hinterlegung für alle verlangen.

2. Guter Glaube des Klägers

Anm. 10

a) Maßgebender Zeitpunkt für den guten Glauben

Der Kläger muß ferner gutgläubig sein, d. h. den Besitz in gutem Glauben erworben haben. Nur auf den Augenblick des Besitzerwerbs kommt es an (mala fides superveniens non nocet). Bei dem, der den Anspruch ererbt hat, entscheidet, wie bei einem Abtretungsempfänger (Forderungserwerber), die Person des Rechtsvorgängers.

b) Inhalt des guten Glaubens

Anm. 11

Seinem Inhalt nach ist guter Glaube die nicht auf grober Fahrlässigkeit beruhende irrige Annahme, zu dem ausgeübten Besitze berechtigt zu sein (vgl. § 990 Anm. 8 ff). Abweichend von § 932 Abs. 2 kann also auch ein Irrtum über die Geschäftsunfähigkeit des Veräußerers oder die Nichtaufgabe des Eigentums (§ 959) an einer gefundenen Sache genügen.

Anm. 12

Hat der Kläger den Besitz unter grobfahrlässiger Verkennung der Rechtslage erworben, so dringt er auch gegen einen bewußt unredlichen Beklagten nicht durch.

Anm. 13

c) Vermutung für das Bestehen des guten Glaubens

Die Gutgläubigkeit wird vermutet; Aufgabe des Gegners ist es, das Gegenteil darzutun, sofern sich nicht die Bösgläubigkeit aus dem eigenen Vortrage des Klägers ergibt (Abs. 3 Satz 1). Dagegen wäre die Einwendung, der Kläger habe kein Recht, zu besitzen, in dieser Allgemeinheit unerheblich; denn der Anspruch stützt sich auf den früheren Besitz, nicht auf ein Recht zum Besitz. Anders die Einrede, daß der Beklagte dem Kläger gegenüber besitzberechtigt sei (vgl. darüber Anm. 26—28).

Anm. 14

IV. Anspruchsgegner

Der Beklagte kann Fremdbesitzer, Teilbesitzer, Mitbesitzer, mittelbarer Besitzer sein. Dafür gelten dieselben Regeln wie bei der Eigentumsklage (vgl. § 985 Anm. 5 ff), namentlich auch, was die Verpflichtung des mittelbaren Besitzers betrifft (vgl. § 985 Anm. 15, 16).

Im Konkurs ist für die Ansprüche aus § 1007 die Aussonderungskraft anerkannt (Jaeger KO § 43 Anm. 27).

Im übrigen ist zu unterscheiden zwischen dem Anspruch gegen den bösgläubigen Erwerber (Abs. 1; vgl. Anm. 15—18) und dem Anspruch wegen Abhandenkommens der Sache (Abs. 2; vgl. Anm. 19—25).

V. Anspruch gegen den bösgläubigen Besitzerwerber (Abs. 1)

Anm. 15

1. Vom Kläger zu beweisende Anspruchsvoraussetzungen

Geld und Inhaberpapiere, die einen besonders starken Umlauf haben (vgl. Anm. 20), kann der frühere Besitzer nur von einem bösgläubigen Besitzerwerber herausverlangen. Um mit dem Anspruch gegen den bösgläubigen Besitzer durchzudringen, muß der Kläger beweisen, daß der Beklagte beim Erwerb des Besitzes bösgläubig war, d. h. seine Nichtberechtigung zu dem von ihm ausgeübten Besitz kannte oder nur aus grober Fahrlässigkeit nicht kannte. Das trifft nicht selten zu, auch wenn der Beklagte von dem Recht des Klägers oder überhaupt von dessen Person nichts wissen konnte. Ein nachträgliches Eintreten des bösen Glaubens ist auch hier unerheblich.

2. Einreden des Beklagten

a) Freiwillige Aufgabe des Besitzes durch den Kläger

Anm. 16

Dem Beklagten steht, von der in Anm. 10—12 erörterten Einwendung der eigenen Bösgläubigkeit des Klägers abgesehen, die Einwendung zu, der Kläger habe den Besitz freiwillig aufgegeben (Abs. 3 Satz 1). Der Anspruch ist für den Kläger deswegen bedeutsam, weil dieser dem bösgläubigen Besitzerwerber gegenüber nicht zu beweisen braucht, wie er den Besitz verloren hat, sondern weil der beklagte Besitzer, um den Anspruch zu entkräften, beweisen muß, daß der Kläger den Besitz freiwillig aufgegeben hatte.

Keine Aufgabe des Besitzes ist es, wenn sich der bisherige Besitzer, z. B. durch Vermietung der Sache, zum mittelbaren macht (vgl. Kühne AcP 140, 23ff).

Anm. 17

Ein Kind, ein Geisteskranker und ein beschränkt Geschäftsfähiger können den Besitz nicht wirksam aufgeben (aA Planck/Brodmann § 1007 Anm. 3dα); desgleichen nicht ein Besitzdiener des Klägers. In diesen beiden Fällen liegt sogar Abhandenkommen vor (§ 935 Anm. 14, 16). Der Besitzer kann aber den Besitzdiener bevollmächtigen, für ihn über den Besitz zu verfügen. Unter Umständen muß er auch den Rechtsschein einer solchen Vollmacht gegen sich gelten lassen. Wird ein Geschäftsinhaber plötzlich verhaftet, dann kann nicht ohne weiteres davon ausgegangen werden, seine den Geschäftsbetrieb fortführende Ehefrau sei von ihm stillschweigend bevollmächtigt, über den Besitz an dem Geschäftsinventar und den Geschäftsräumen zu verfügen. Auch der Rechtsschein einer solchen Vollmacht kann unter diesen Umständen nicht bejaht werden (**BGH** LM BGB § 855 Nr. 3). Darüber, daß auch ein Besitzmittler den Besitz nicht mit Wirkung gegen den mittelbaren Besitzer aufgeben kann, vgl. Anm. 2.

Anm. 18

b) Einwendungen aus entsprechender Anwendung der §§ 986—1003

Außerdem hat der Beklagte zufolge Abs. 3 die Einwendungen, die er einer Eigentumsklage entgegenhalten könnte, namentlich nach § 986 die, daß er dem Kläger gegenüber zum Besitz berechtigt sei (vgl. Anm. 26—28).

VI. Anspruch wegen abhanden gekommener Sachen (Abs. 2)

1. Allgemeines

Anm. 19

Über den Begriff des Abhandenkommens vgl. § 935 Anm. 10—18 und oben Anm. 2, 17. Beweist der Kläger, daß ihm die Sache abhanden kam, so kommt es auf Gut- oder Bösgläubigkeit des Beklagten nicht an. Der Anspruch geht gegen den Besitzer als solchen.

Für den Prozeß hat das die Folge, daß hier (anders im Falle des Abs. 1) der Beklagte, wenn er Besitzmittler ist, nach § 76 ZPO den mittelbaren Besitzer als Urheber benennen kann.

Anm. 20

Diese zweite Anspruchsform greift bei Geld und Inhaberpapieren nicht Platz; denn nach § 935 Abs. 2 (vgl. §§ 1032, 1207) wird der gutgläubige Erwerber solcher Sachen auch dann Eigentümer (Nießbraucher oder Pfandgläubiger), wenn sie abhanden gekommen sind. Auch bei mit Blankoindossamenten versehenen Orderpapieren ist gemäß den dafür geltenden Sonderbestimmungen (§ 1006 Anm. 6) für eine Klage gegen den gutgläubigen ordentlich ausgewiesenen Inhaber kein Raum.

2. Einreden des Beklagten

Anm. 21

Der Beklagte kann sich damit verteidigen, der Kläger sei beim Besitzerwerb bösgläubig gewesen (Abs. 3 Satz 1; vgl. Anm. 10—13) oder er, der Beklagte, habe dem Kläger gegenüber ein Recht auf den Besitz (Abs. 3 Satz 2; § 986; vgl. Anm. 26—28). Die in Abs. 3 Satz 1 ebenfalls allgemein gegebene Einwendung der Besitzaufgabe stellt sich hier nur als ein Bestreiten des Klaggrundes dar (vgl. Anm. 3).

Außerdem erwähnt Abs. 2 noch zwei besondere Verteidigungsbehelfe:

Anm. 22

a) Die Einwendung des Eigentums

Hierbei handelt es sich jedoch um ein Fehlgreifen in der Fassung. Einerseits gestattet Abs. 3 Satz 2, verbunden mit § 986, auch dem bösgläubigen Beklagten, sich auf Eigentum zu berufen, so daß diese Möglichkeit auch für den Fall des Abs. 1 besteht. Anderseits ist kein Grund ersichtlich, warum die Berufung auf das Eigentum im Falle des Abs. 2 anders behandelt werden sollte als nach Abs. 1. Wenn Abs. 2 durch die Worte „es sei denn, daß" die Verteidigung als Einwendung im engeren Sinne (Anspruchsverneinung) kennzeichnet und wenn es den Anschein gewinnt, als ob das Eigentum immer und gegen jeden Kläger durchschlagen müßte, so kann dem nicht gefolgt werden. Vielmehr liegt beide Male nur eine Einrede vor (vgl. § 986 Anm. 10), die auch nur dann wirkt, wenn das Eigentum den Beklagten gerade diesem Kläger gegenüber zum Besitz berechtigt.

b) Die Einwendung früheren Abhandenkommens

Anm. 23

Ist die Sache auch dem Beklagten, und zwar vor der Besitzzeit des Klägers, abhanden gekommen, so könnte er nach Abs. 2 dem Kläger, wenn dieser den Besitz von einem Dritten wiedererlangt hätte, die Sache abfordern. Es ist daher nur folgerichtig, wenn er gegenüber dem Herausgabeanspruch des Klägers im Besitz belassen wird.

Anm. 24

Die gleiche Erwägung führt aber auch dazu, dem Kläger gegen die Einwendung jene Schutzbehelfe zu geben, die er, wenn verklagt, verteidigungsweise machen dürfte, also den Einwand, daß der Beklagte seinen früheren Besitz böswillig erworben habe, und weiter den, er, der Kläger, sei dem Beklagten gegenüber zum Besitze berechtigt. Eine Klagänderung ist in solchem Vorbringen nicht zu erblicken. Das Besitzrecht des Klägers kann vor oder nach dem ersten Abhandenkommen der Sache erwachsen sein, z. B. durch Ersitzung oder dadurch, daß der Kläger die Sache in öffentlicher Versteigerung erstand (§ 935 Abs. 2).

Anm. 25

Dem Fall, daß die Sache dem Beklagten selbst abhanden kam, steht es gleich, wenn sie einem Rechtsvorgänger des Beklagten abhanden gekommen ist.

VII. Anwendung der Grundsätze über den Eigentumsherausgabeanspruch (Abs. 3 Satz 2)

1. Entsprechende Anwendung des § 986 insbesondere

Anm. 26

Vor allem gilt hier die entsprechende Anwendbarkeit des § 986: der Beklagte hat eine Einrede gegen den Herausgabeanspruch des § 1007, wenn er oder der mittelbare Besitzer, von dem er sein Recht zum Besitz ableitet, dem Kläger gegenüber zum Besitz berechtigt ist. Auch wer den Besitz bösgläubig erworben hat, war vielleicht schon früher berechtigt oder hat später, z. B. durch Beerbung, ein Besitzrecht erlangt.

Anm. 27

Das Recht kann dinglicher (z. B. aus Sicherungsübereignung, im Konkurs des früheren Besitzers zufolge des daraus erwachsenen Absonderungsrechts, Oldenburg DJZ 1935, 441) oder schuldrechtlicher Natur sein; auch ein Recht gegen den Rechtsvorgänger des Klägers genügt, sofern die Klage auf einen durch Abtretung des Herausgabeanspruchs erworbenen mittelbaren Besitz gegründet wird (vgl. § 986 Abs. 2). Wenn der Kläger die Sache gemietet hat, kann die Einrede des Beklagten dahin gehen, das Mietverhältnis zwischen Eigentümer und Kläger sei beendigt, der Eigentümer habe die Sache nunmehr dem Beklagten vermietet (**BGH** 21. 1. 1954 IV ZR 166/53; 11. 3. 1954 IV ZR 210/52).

Anm. 28

Nötig ist immer, daß das Besitzrecht gerade dem Kläger gegenüber durchgreift. Dabei muß beachtet werden, daß nicht nur Eigentum des Klägers, sondern auch dingliche Rechte desselben, die das Eigentum beschränken und dem Kläger zum Besitz berechtigen, und schuldrechtliche Besitzberechtigungen durch die Klage geschützt werden sollen. Daher kann der Eigentumsbeweis des Beklagten unter Umständen unzureichend sein. Ist der Beklagte Eigentümer, dann ist in jedem Fall zu prüfen, ob der Kläger ein älteres und besseres Recht zum Besitz hat. Ein solches Recht des Klägers würde bestehen, wenn er an der Sache ein Pfandrecht erworben oder die Sache von dem Beklagten oder dessen Erblasser gemietet hat. Das bessere Recht des Klägers kann sich auch auf einen Kaufvertrag gründen, den er mit dem früheren Eigentümer der Sache geschlossen hat. In all diesen Fällen muß der Beklagte, um sich erfolgreich auf sein Eigentum berufen zu können, weiter beweisen, daß das Pfandrecht erloschen, das Mietverhältnis beendigt ist oder der Kaufvertrag nicht mehr besteht (**BGH** LM BGB § 855 Nr. 3).

Doch ist es, falls der Beklagte sich mit seinem Recht auf den Besitz verteidigt, Aufgabe des Klägers, bestimmte Behauptungen aufzustellen. Solange aus seinem Vorbringen nichts weiter hervorgeht, als daß er die Sache früher besaß oder daß sie ihm abhanden gekommen ist, braucht der Beklagte nur ein dingliches oder ein gegen den Kläger gerichtetes schuldrechtliches Besitzrecht zu beweisen, um der Klage den Boden zu entziehen.

2. Entsprechende Anwendung der §§ 987—1003

Anm. 29

Ferner gelten entsprechend die Vorschriften über die Erstattung von Nutzungen und Schäden (§§ 987—993), sowie über die Gegenrechte des Beklagten wegen Verwendungen auf die Sache (§§ 994—1003). Ob der Kläger die Herausgabe von Nutzungen verlangen kann, wird stets von der Gestaltung der auf das Recht zum Besitze gegründeten („petitorischen") Einwendungen und Gegeneinwendungen abhängen, und danach bestimmt sich auch der Umfang des Verwendungsersatzes. Als Schadensersatz ist, sofern nicht die Gegeneinwendungen ein Recht des Klägers herausstellen, nur sein „Besitzinteresse" zu vergüten (**RG** WarnRspr 1929 Nr. 181). Das Selbstbefriedigungsrecht des § 1003 läßt sich allenfalls ausüben, ohne daß der Kläger Eigentümer sein muß, vorausgesetzt aber, daß der Beklagte das Nichteigentum nicht gekannt hat (§ 1248).

Anm. 30

Von einem bösgläubigen Besitzer, der den Besitz schuldhaft weiter übertragen hat, kann in entsprechender Anwendung der §§ 989, 990 die Wiederbeschaffung des Besitzes verlangt werden (**BGH** 11. 3. 1954 IV ZR 210/52).

VIII. Verhältnis des Anspruchs aus § 1007 zu anderen Ansprüchen

1. Anspruchskonkurrenz

Anm. 31

Der Anspruch aus § 1007 kann sowohl mit dem Anspruch aus dem dinglichen oder persönlichen Recht auf den Besitz, insbesondere mit dem Eigentumsanspruch auf Herausgabe, wie auch mit dem Anspruch aus verbotener Eigenmacht (§ 861) konkurrieren. Doch braucht weder die eine noch die andere Konkurrenz notwendig zu bestehen.

Anm. 32

Für das Verhältnis zum Anspruch aus dem Besitzrecht kommt in Betracht, daß in Fällen, in denen jemand zwar das Recht an der Sache oder auf die Sache, nicht aber früheren Besitz erworben hat, § 1007 versagt (vgl. wegen des Eigentums z. B. §§ 926, 953, 984), während umgekehrt § 1007 das einzige Hilfsmittel ist, wenn nur gutgläubiger früherer Besitz, kein Recht zum Besitz vorliegt oder wenn das Recht wegen seiner schuldrechtlichen Natur gegen den gegenwärtigen Besitzer nicht wirkt.

Anm. 33

Im Verhältnis zu § 861, ist es einerseits möglich, daß der Kläger beim Besitzerwerbe bösgläubig war, gleichwohl aber verbotene Eigenmacht gegen ihn begangen wurde (hier nur § 861); anderseits braucht der Beklagte, auch bei unfreiwilligem Besitzverlust des Klägers, nicht fehlerhafter Besitzer zu sein (hier nur § 1007).

Anm. 34

2. Rechtskraftwirkung

Die verschiedenen Ansprüche können einzeln oder in Verbindung miteinander geltend gemacht werden. Werden sie einzeln geltend gemacht, so begründet die Entscheidung über den einen Anspruch grundsätzlich keine Rechtskraft für die andern. Dies gilt auch für den Fall, daß die Klage aus § 1007 wegen einer auf das Besitzrecht gegründeten („petitorischen") Einwendung des Beklagten abgewiesen wird. Da die Entscheidung über Einwendungen nicht in Rechtskraft übergeht (ZPO § 322 Abs. 1), steht einer späteren Klage aus dem Recht nichts entgegen. Anders wenn der Kläger gegenüber einer „petitorischen" Verteidigung mit der Berufung auf ein angebliches Recht geantwortet hat (vgl. Anm. 24) und dieses Recht aberkannt worden ist.

Fünfter Titel

Miteigentum

§ 1008

Steht das Eigentum an einer Sache mehreren nach Bruchteilen zu, so gelten die Vorschriften der §§ 1009 bis 1011.

E I 946 II 920; M 3 433, 437; P 3 274.

Übersicht

Miteigentum nach Bruchteilen

I. Formen des Miteigentums im allgemeinen

Anm. 1

Das BGB kennt die römisch-rechtliche Form des Miteigentums als Unterart der **Gemeinschaft nach Bruchteilen** und die deutsch-rechtliche Form des Miteigentums als gemeinschaftliches Eigentum **zur gesamten Hand.** Beide sind nur an Sachen möglich.

Eine Unterscheidung zwischen **Ober- und Untereigentum,** Nutzungseigentum, geteiltem Eigentum kennt das BGB nicht mehr (hierzu Eichler, Wandlungen des Eigentumsbegriffs in der deutschen Rechtsauffassung und Gesetzgebung, 1938, 226ff). Bezüglich der Familienfideikommisse vgl. das Ges. über das Erlöschen der Familienfideikommisse und sonstiger gebundener Vermögen v. 6. 7. 1938, RGBl I 825, und DV v. 20. 3. 1939, RGBl I 509, mit VO v. 4. 12. 1942, RGBl I 675; das Ges. zur Vereinheitlichung der Fideikommißauflösung v. 26. 6. 1935, RGBl I 785, nebst DV v. 24. 8. 1935, RGBl I 1003, idF der VO v. 20. 3. 1939, RGBl I 509, §§ 28, 29; die VO über vorläufige Maßnahmen auf dem Gebiete der Fideikommißauflösung v. 28. 6. 1938, RGBl I 698; das Ges. zur Änderung von Vorschriften des Fideikommis- und Stiftungsrechts v. 28. 12. 1950, BGBl 820; sowie das KRG 45 Art. III Abs. 2, Art. X Abs. 2.

Anm. 2

Bereits bestehendes Stockwerkseigentum bleibt nach EGBGB Art. 182 bestehen. Eine Neubestellung ist nach EGBGB Art. 131 kraft Landesrecht nur in der Form des Miteigentums mit dinglich wirksamer Nutzungsregelung möglich. Von diesem Vorbehalt hatte Württemberg-Baden durch das inzwischen für die Zukunft wieder aufgehobene Gesetz v. 12. 6. 1950, RegBl 57, mit DV v. 29. 5. 1951, RegBl 55, und v. 13. 6. 1951, RegBl 57, Gebrauch gemacht. Über das Wohnungseigentumsgesetz v. 15. 3. 1951 vgl. unten Anm. 13.

II. Wesen des Miteigentums nach Bruchteilen

Anm. 3

Das Wesen des Miteigentums nach Bruchteilen besteht in folgendem: Es ist ein selbständiges Recht gleicher Art, also Eigentum, nicht ein neben dem Eigentumsrecht des einen sich stellendes und es belastendes Recht (**RG** 56, 96; 69, 40; JW 1910, 473; WarnRspr 1925 Nr. 19; HRR 1932, 233; ferner KG HRR 1928, 555; 1932, 1469).

Anm. 4

Daher finden an sich auf das Miteigentumsrecht alle für das Alleineigentumsrecht geltenden Regeln Anwendung, soweit nichts Abweichendes vorgeschrieben ist (**RG** 56, 100; 69, 36; JW 1908, 482 Nr. 16; WarnRspr 1910 Nr. 192; vgl. auch **RG** 147, 209). Die Miteigentumsanteile gehören also zu den „Sachen" im Sinne der §§ 559, 581 Abs. 2, 1258, nicht zu den Rechten im Sinne des § 1273 (**RG** 146, 335).

Anm. 5

In JW 1910, 473 hatte das Reichsgericht angenommen, daß dann, wenn auf Grund gemeinschaftlicher Verfügung der Miteigentümer eine Hypothek auf das ganze gemeinschaftliche Grundstück eingetragen wird, die Hypothek jeden Anteil selbständig belaste, daß jeder Anteil für die ganze Forderung hafte und daß im Falle der Zwangsversteigerung auch nur eines Anteils der Gläubiger in voller Höhe der Hypothek Befriedigung an diesem Anteil verlangen könne. Danach sollte wirtschaftlich die Belastung, welche die Eintragung einer Hypothek auf dem ganzen Grundstück für den einzelnen Miteigentumsanteil mit sich bringt, im wesentlichen der Belastung gleich sein, die eintritt, wenn die Hypothek auf dem Anteil allein eingetragen wird.

Diese Auffassung hat das Reichsgericht zugunsten der Annahme einer Gesamthypothek aufgegeben. Wenn mehrere Eigentümer je ihren Anteil besonders, sei es gleichzeitig oder nacheinander, mit einer Hypothek für dieselbe Forderung belasten, so entsteht eine Gesamthypothek. Dasselbe muß aber auch dann gelten, wenn die mehreren Bruchteilseigentümer an dem Grundstück von vornherein durch gemeinschaftliches Handeln eine Hypothek bestellen oder wenn das Eigentum an einem vom bisherigen Alleineigentümer mit einer Hypothek belasteten Grundstück auf mehrere zu Bruchteilen berechtigte Miteigentümer übertragen wird (**RG** 146, 364f; vgl. § 1114; § 1132).

Anm. 6

Verkaufen mehrere eingetragene Miteigentümer das gemeinschaftliche Grundstück, so ist es rechtlich möglich, daß jeder nur seinen Miteigentumsanteil hat verkaufen wollen, über den er allein dinglich verfügen kann; auch dann aber bleibt das Geschäft der Verkauf einer Sache, für den die §§ 433ff, 459ff gelten (**RG** 3. 5. 1928 VI 405/27). Ist bei einem solchen Geschäft ein Anteil nicht erworben, so entscheidet sich der Erwerb der andern Anteile nach § 139.

Anm. 7

Das Miteigentum nach Bruchteilen ist eben schon während seines Bestehens nach den Bruchteilen rechnerisch geteilt, im Gegensatz zum Eigentum zur gesamten Hand, bei dem während des Bestehens des Gesamthandverhältnisses eine solche Teilung nicht vorliegt. Aber die Teilung ist nur gedacht, ziffernmäßig, und betrifft nur das Eigentumsrecht; wirkliche Teilung der Sache selbst liegt nicht vor. So ist dieses Miteigentum eine Unterart der Gemeinschaft nach Bruchteilen und fällt unter die Vorschriften über die Gemeinschaft nach §§ 741ff.

III. Entstehen von Miteigentum

Anm. 8

1. Miteigentum nach Bruchteilen

Das Miteigentum nach Bruchteilen bildet die Regel (§ 741); ein solches anderer Art muß von dem bewiesen werden, der sich darauf beruft. Jenes entsteht kraft Gesetzes bei der Verbindung, Vermischung, Vermengung nach §§ 947ff, 963; bei der Entdeckung eines Schatzes nach § 984; an Grenzeinrichtungen nach § 921; bei einem auf der Grenze stehenden Baum nach § 923; ferner, wenn mehreren dieselbe Sache vermacht und vom Beschwerten übergeben worden ist nach § 2157; Miteigentum an Grenzmauern kann seit dem 1. Januar 1900 nicht mehr entstehen (**RG** 53, 307); für Privatflüsse gilt das landesrechtliche Wasserrecht, EGBGB Art. 65. Miteigentum nach Bruchteilen entsteht auch durch Rechtsgeschäft, so wenn mehrere Personen, die nicht in einem Gesamthandverhältnis stehen, gemeinsam eine Sache erwerben, z. B. Eheleute, die im gesetzlichen Güterrecht leben (**RG** SeuffArch 88 Nr. 8). Die rechtsgeschäftliche Begründung von Miteigentum spielt eine erhebliche Rolle auch bei Girosammelverwahrung (§ 948 Anm. 5, § 700 Anm. 6).

Zur Frage des Eigentumsübergangs bei mehreren Käufern und verdeckter Stellvertretung: **RG** 109, 167ff.

2. Gesamthandseigentum

Anm. 9

Das Miteigentum zur gesamten Hand ist die gesetzliche Folge der Gesellschaft (§§ 705, 718, 719), allgemeinen Gütergemeinschaft (§§ 1415ff; für das Recht vor dem 1. Juli 1958 vgl. z. B. BayObLG HRR 1934, 719), der fortgesetzten Gütergemeinschaft (§ 1483), bei der vor dem 1. Juli 1958 vereinbarten Errungenschaftsgemeinschaft (§§ 1519ff aF), bei der vor dem 1. Juli 1958 vereinbarten Fahrnisgemeinschaft (§§ 1549ff aF; diese Vorschriften und die §§ 1519ff gelten nach Art. 8 Nr. 7 GleichberG vom 18. 6. 1957, BGBl I 609, für diese vor dem 1. Juli 1958 begründeten Güterstände weiter) und schließlich bei der Erbengemeinschaft nach §§ 2032ff. Für das Gesamthandsmiteigentum gelten die §§ 1008—1011 nicht.

Anm. 10

Während bei der Gemeinschaft nach Bruchteilen das Rechtsverhältnis, sowohl der Beteiligten untereinander wie nach außen, für alle gleichmäßig geordnet ist (§§ 741 bis 758, 1008 bis 1011), ist es bei der Gesamthandsgemeinschaft je nach dem Rechtsgrund und dem Zweck der Gemeinschaft verschieden (**RG** 60, 128).

Anm. 11

Rechtsgeschäftlich kann unmittelbar kein Miteigentum zur gesamten Hand begründet werden an Stelle des Miteigentums nach Bruchteilen; vielmehr kann dies nur mittelbar geschehen durch Vereinbarung eines der Rechtsverhältnisse, bei denen die Gesamthand gesetzlich vorgeschrieben ist (**RG** SeuffArch 88 Nr. 8).

Anm. 12

3. Miteigentum an mit Ehestandsdarlehen beschafftem Hausrat

An den mit Ehestandsdarlehen angeschafften Sachen entstand bei den Gütergemeinschaften Gesamthandseigentum der Eheleute, beim gesetzlichen Güterstand und bei der Gütertrennung kommt es, da die Absicht des Verkäufers regelmäßig dahin ging, an denjenigen zu übereignen, den es angeht, auf die Willensrichtung des oder der erwerbenden Ehegatten an. Diese wird regelmäßig dahin gegangen sein, daß beide Ehegatten Miteigentümer nach Bruchteilen werden sollten, da auch beide Ehegatten als Darlehensempfänger anzusehen waren (KG DJ 1941, 829; vgl. auch Königsberg HRR 1941, 383).

Anm. 13

4. Miteigentum nach dem Wohnungseigentumsgesetz

Eine besondere Regelung der Eigentumsverhältnisse an Grundstücken ist durch das Wohnungseigentumsgesetz vom 15. 3. 1951, BGBl I 175, getroffen worden. Nach § 1 können an Gebäudegrundstücken Wohnungseigentum und Teileigentum begründet werden. Dabei handelt es sich um das Sondereigentum an einer Wohnung oder an nicht zu Wohnzwecken dienenden Räumen eines Gebäudes in Verbindung mit dem Miteigentumsanteil an dem gemeinschaftlichen Eigentum, zu dem es gehört. Zu dem gemeinschaftlichen Eigentum gehören das Grundstück sowie die Teile, Anlagen und Einrichtungen des Gebäudes, die nicht im Sondereigentum oder im Eigentum eines Dritten stehen. Das Gesetz läßt nicht klar erkennen, ob das Wohnungs- und Teileigentum dogmatisch von dem Miteigentum zu unterscheiden ist, oder ob dieses Sondereigentum nur eine Beschränkung des an sich bestehenden Miteigentums ist. Für die letztere Auffassung spricht § 3, für die erstere § 1 und die ausländischen Gesetze, die als Vorbild gedient haben mögen. Danach handelt es sich um ein Eigentum, das aus dem Alleineigentum an einer Wohnung oder den bestimmten Räumen und an dem Miteigentum an der gemeinschaftlichen Sache zusammengesetzt ist (vgl. WEG § 1; Bärmann NJW 1951, 292; Friese NJW 1951, 510 und MDR 1951, 592; Wesenberg DRiZ 1951, 123; Diester MDR 1951, 267; Hedemann JR 1951, 226; Haegele Rpfleger 1951, 259; Horning DNotZ 1951, 197; Weitnauer JZ 1951, 161; BB 1951, 201; DNotZ 1951, 486; Förster HuW 1951, 271; Jacobi ÖV 1951, 270; Riedel MDR 1951, 468; JZ 1951, 625).

IV. Miteigentum an Grundstücken insbesondere

Anm. 14

Bei Grundstücken wie bei allen im Grundbuch verlautbarten Rechten muß nach GBO § 47 angegeben werden, ob eine Gemeinschaft nach Bruchteilen oder zur gesamten Hand vorliegt. Ohne diese Klarstellung kann über keinen Anteil verfügt werden (KGJ 23 A 224).

Anm. 15

Bei Veränderung der Anteile ist Auflassung und Eintragung erforderlich. Nur die nähere Angabe über die Größe des Bruchteils ist ohne Auflassung nachträglich zulässig, wenn sie dem bisherigen tatsächlichen Zustand entspricht, keine Veränderung der Größe enthält.

Anm. 16

Ein Vertrag, durch den sich der eine Teil verpflichtet, Bruchteilseigentum an einem Grundstück zu übertragen, fällt unter § 313 (**RG** SeuffArch 78 Nr. 11).

Anm. 17

Auflassung und Eintragung des Eigentumswechsels sind auch dann unentbehrlich, wenn bei Grundstücksgesellschaften nicht deren Umwandlung in Gesellschaften des bürgerlichen Rechts, sondern die Auflösung stattfindet, weil hierbei keine Gesamtrechtsnachfolge eintritt (Crisolli/Kaemmel JW 1935, 1069).

Anm. 18

Über Belastung der Anteile durch eine Briefhypothek: **RG** 52, 360. Die Belastung des Bruchteils eines Grundstücks mit einem Erbbaurecht, einer Grunddienstbarkeit oder einer beschränkten persönlichen Dienstbarkeit ist nicht möglich (§§ 1012, 1018, 1090). Aus der Selbständigkeit des Anteils (§ 747 Satz 1) folgt, daß eine Hypothek, Grundschuld oder ein sonstiges dingliches Recht jeden Anteil auch dann selbständig belastet, wenn das Recht auf Grund gemeinschaftlicher Verfügung der Miteigentümer auf das ganze Grundstück eingetragen wird (**RG** 16. 3. 1910 V 240/09).

V. Rechtsverhältnisse bei Miteigentum nach Bruchteilen

Aus der Natur des Miteigentums als einer Gemeinschaft nach Bruchteilen folgt für die

1. Rechtsbeziehungen der Miteigentümer zueinander (vgl. dazu **RG** 160, 122, 127f).

Anm. 19

a) Verwaltung und Benutzung der Sache

Die Verwaltung und Benutzung der gemeinschaftlichen Sache steht den Miteigentümern gemeinschaftlich zu; dabei ist Einhelligkeit, insbesondere zu einer Verfügung, erforderlich (§ 744 Abs. 1). Die zur Erhaltung der Sache notwendigen Maßregeln kann aber jeder einzelne treffen (§ 744 Abs. 2). Wird einzelnen Teilhabern die Verwaltung übertragen, so finden die Grundsätze über den Auftrag (§§ 662 ff) Anwendung. Über die Regelung der Verwaltung und ihre Art sowie über die Benutzung der Sache entscheidet jedoch Stimmenmehrheit (§ 745).

Anm. 20

b) Ansprüche der Miteigentümer untereinander

Der Miteigentümer hat gegen den andern einen schuldrechtlichen Anspruch auf Erhaltung, Verwaltung und Benutzung der gemeinschaftlichen Sache (§§ 744 Abs. 2, 745 Abs. 2), und einen Anspruch auf Einräumung des Mitbesitzes gegen den andern Miteigentümer (§§ 866, 1007; **RG** 69, 40; 146, 336). Ebenso die Klage aus § 1004.

Anm. 21

Sie können aber die Besitzverhältnisse auch anders regeln (§ 746), insbesondere bestimmen, daß der Besitz allein einem von ihnen zustehe oder daß einer allein den unmittelbaren Besitz haben soll, den er dann teils als Eigenbesitzer, teils als Fremdbesitzer ausübt, so wenn der im unmittelbaren Besitz befindliche Mieter im Miteigentum stehendes Hausgerät in die gemietete Wohnung einbringt. Eine solche Regelung der Miteigentümer wirkt auch zugunsten des Vermieters als Pfandgläubiger (§ 1258). Auch wenn eine solche Regelung nicht getroffen worden ist, steht dem andern Miteigentümer gegen den Mieter (und damit den Vermieter als Pfandgläubiger) nicht ohne weiteres (nach § 745 Abs. 2) ein Anspruch darauf zu, daß die eingebrachten Sachen aus der Mietwohnung entfernt werden (**RG** 146, 336; vgl. auch § 1010).

Anm. 22

c) Keine wesentliche Veränderung der Sache

Eine wesentliche Veränderung der Sache kann nicht verlangt werden. Dies kann zu Unbilligkeiten führen. Das Recht des Widerspruchs darf nicht zur Schikane ausgeübt werden. Schlimmstenfalls bleibt dann nur die Teilung übrig.

Anm. 23

d) Mitbesitz

Die dem Miteigentum angemessene Form des Besitzes ist der Mitbesitz. Bei beweglichen Sachen wird er vielfach durch Mitverschluß hergestellt werden können. Aus der Natur der Sache ergibt sich der Mitbesitz meist nur dort, wo die Miteigentümer beständig zusammen sind, wie es z. B. bei den Mitgliedern einer wandernden Schauspielertruppe zutrifft. In andern Fällen wird der Mitbesitz nur als mittelbarer Mitbesitz möglich sein, die Sache wird bei einem Dritten hinterlegt, und er verwahrt sie für alle Miteigentümer. Dieser Verwahrer kann gegebenenfalls auch einer der Miteigentümer sein, er hat dann den unmittelbaren Besitz teils als Eigen-, teils als Fremdbesitzer, der Mitbesitz ist teils unmittelbarer, teils mittelbarer Besitz.

Anm. 24

e) Gemeinsame Beteiligung an Nutzungen, Früchten und Lasten

Jeder Miteigentümer hat einen seinem Bruchteil entsprechenden Anteil an den Nutzungen und Früchten wie an den Lasten (§§ 743, 748). Ist das gemeinschaftliche Grundstück vermietet, so hat der Miteigentümer nur Anspruch auf den nach Bezahlung der Lasten, Abgaben, Auslagen und Hypothekenzinsen verbleibenden Überschuß (**RG** 89, 180). Nur dieser kann mit Richtung gegen einen von mehreren Miteigentümern gepfändet werden (nicht auch die Mieten selbst).

Anm. 25

f) Vorkaufsrecht

Kein Miteigentümer hat ein gesetzliches Vorkaufsrecht. Bei Grundstücken kann ein solches mit dinglicher Wirkung vereinbart werden (§§ 1009, 1094).

Anm. 26

g) Anspruch auf Aufhebung der Gemeinschaft

Jeder Miteigentümer kann die Aufhebung der Gemeinschaft verlangen. Die Beschränkung oder Ausschließung dieses Rechtes für immer oder auf Zeit kann vereinbart werden; diese Abrede bleibt aber in gewissen Fällen wirkungslos, so wenn für den Miteigentümer ein wichtiger Grund vorliegt (§ 723), im Konkurse (KO § 16 Abs. 2), ferner nach §§ 749—751, 1258 Abs. 2. Die Aufhebung des Miteigentums geschieht durch Teilung der beweglichen Sache in Natur, bei Grundstücken durch Zwangsversteigerung, sonst durch Verkauf und Teilung des Erlöses (§ 753). Die Vereinbarung wirkt auch für und gegen den Sondernachfolger, bei Grundstücken indessen nur, wenn sie als Belastung im Grundbuche eingetragen ist (§ 1010).

2. Stellung der Miteigentümer nach außen

Anm. 27

a) Rechte aus § 1011

Jeder Miteigentümer hat die Rechte aus § 1011.

Anm. 28

b) Verfügungen über die Anteile

Jeder Miteigentümer kann über seinen Bruchteil selbständig verfügen, also auch ihn veräußern und belasten (§ 747 Satz 1; **RG** 56, 100). Zur Begründung oder Übertragung des Miteigentums ist bei Grundstücken die Auflassung und die Eintragung im Grundbuch erforderlich (**RG** 52, 174; 69, 40).

Der Eigentumsanteil an einer beweglichen Sache kann mit einem Nießbrauch oder einem Pfandrecht, der Eigentumsanteil an einem Grundstück mit Hypotheken, Grund- und Rentenschulden, mit Reallasten, Nießbrauch und Vorkaufsrecht belastet werden, nicht dagegen mit Erbbaurecht, Grund- oder beschränkten persönlichen Dienstbarkeiten; der Inhalt dieser Rechte steht entgegen.

Anm. 29

c) Verfügungen über die ganze Sache

Über die Sache im ganzen müssen die Miteigentümer gemeinschaftlich verfügen (§ 747 Satz 2). So erwirbt der Gläubiger eine Briefhypothek, die auf den Anteilen mehrerer Miteigentümer eines Grundstücks eingetragen ist, nur dann, wenn sämtliche Miteigentümer ihm den Hypothekenbrief aushändigen oder wenn er schon im Besitz des Briefes ist, eine Einigung über den Übergang des Eigentums an dem Brief treffen (**RG** 52, 360).

d) Verfügungen über bewegliche Sachen im besonderen

Anm. 30

Bei beweglichen Sachen ist zu unterscheiden, ob ein Alleineigentümer Miteigentum begründen oder ob ein Miteigentümer sein Miteigentum übertragen will. In beiden Fällen ist das Einigsein über den Eigentumsübergang, im ersten Falle außerdem regelmäßig die Übergabe zu Mitbesitz erforderlich (§ 929 Satz 1). Wenn der Erwerber sich schon im Mitbesitz befindet, greift § 929 Satz 2 ein.

Anm. 31

Über die Möglichkeiten, wie der Mitbesitz ausgestaltet werden kann: oben unter Anm. 23. Der zweite der bezeichneten Fälle ist ganz nach den Regeln für das Alleineigentum zu behandeln; der veräußernde Miteigentümer muß grundsätzlich seinen ganzen Besitz auf den Erwerber übertragen (§ 929 Satz 1; **RG** 137, 25). Hat der Erwerber diesen Besitz bereits erlangt, ist § 929 Satz 2 anwendbar. In beiden Fällen ist unter Umständen Übergabeersatz nach §§ 930, 931 möglich (**RG** 139, 117); dabei kann sich der abzutretende Anspruch auf Herausgabe zu Mitbesitz auch gegen einen Mitbesitzer richten (**RG** 69, 40).

Anm. 32

e) Beschränkungen des Verfügungsrechts

Mit dinglicher Wirkung gegen einen Dritten kann nach § 137 das Verfügungsrecht der Miteigentümer nicht beschränkt werden, es sei denn, daß die Miteigentümer einen Gesellschaftsvertrag abgeschlossen hätten (§ 719).

Bei Grundstücken kann ein Vorkaufsrecht eingeräumt werden (§§ 1009, 1094).

Anm. 33

f) Eigentumsvermutung

Der Alleinbesitz begründet die Vermutung alleinigen Eigentums und alleiniger Verfügungsbefugnis; der Mitbesitz begründet die Vermutung des Miteigentums, aber nicht schon auch die Vermutung ausschließlicher Verfügungsbefugnis über seinen Anteil.

Anm. 34

g) Zwangsvollstreckung in Miteigentum

Zwangsvollstreckung in den Bruchteil einer beweglichen Sache und in einen Schiffspart geschieht durch Pfändung (§§ 857f ZPO), in den Bruchteil eines Grundstücks nach Maßgabe der §§ 864, 866 ZPO; die Pfändung des Anteils (vgl. § 751, § 747) ist hier nicht zulässig. Diese Zwangsvollstreckung kann zur Zwangsversteigerung des Grundstücksanteils führen, aber nicht zur Teilungsversteigerung (§ 753).

Die Teilung kann indessen durchgesetzt werden auf Grund der Pfändung des persönlichen Anspruchs des Miteigentümers auf Aufhebung der Gemeinschaft (§ 749). Hat der Gläubiger diesen Anspruch seines Schuldners (Miteigentümers) pfänden und sich überweisen lassen, so kann er gemäß § 181 ZVG „das Recht des Eigentümers auf Aufhebung der Gemeinschaft ausüben" (vgl. § 751 Anm. 2 g. E.).

Anm. 35

h) Polizeiliche Zustandshaftung

Jeder Miteigentümer ist der Polizei gegenüber für die Beseitigung polizeiwidriger Zustände auf dem gemeinschaftlichen Grundstück (Wegereinigungspflicht!) grundsätzlich auch allein verantwortlich. Hierbei macht es keinen Unterschied, ob es sich um Miteigentum nach Bruchteilen oder um eine Gesamthandsgemeinschaft handelt (PrOVG JW 1939, 510).

§ 1009

Die gemeinschaftliche Sache kann auch zugunsten eines Miteigentümers belastet werden.

Die Belastung eines gemeinschaftlichen Grundstücks zugunsten des jeweiligen Eigentümers eines anderen Grundstücks sowie die Belastung eines anderen Grundstücks zugunsten der jeweiligen Eigentümer des gemeinschaftlichen Grundstücks wird nicht dadurch ausgeschlossen, daß das andere Grundstück einem Miteigentümer des gemeinschaftlichen Grundstücks gehört.

E I 947 II 921; M 3 438; P 3 275.

Übersicht

Belastungen zugunsten eines Miteigentümers

1. Belastungen der ganzen Sache (Abs. 1)

Anm. 1

Die Belastung eines Anteils eines Miteigentümers zugunsten eines andern Miteigentümers wird als selbstverständlich zulässig nicht erst erwähnt. Soll die ganze gemeinschaftliche Sache (Grundstück oder bewegliche Sache) belastet werden, so bedarf es der Verfügung aller Miteigentümer, einschließlich des Erwerbers. Der Miteigentümer ist also zugleich Berechtigter und Verpflichteter.

Anm. 2

Die Belastung widerstreitet an sich dem Grundsatz, daß mangels besonderer Gestattung niemand im eigenen Namen mit sich selbst ein Rechtsgeschäft vornehmen kann (vgl. § 181; **RG** 47, 209). Diese Gestattung enthält nun § 1009; sie hat darin ihren Grund, daß der Eigentümer nicht nur mit sich selbst, sondern zugleich auch mit den anderen Miteigentümern das Geschäft abschließt (**RG** 47, 209).

Anm. 3

Da der das Recht erwerbende Miteigentümer zugleich auf der andern Seite mit den übrigen Miteigentümern als verfügender Teil auftritt (§ 747 Satz 2), so muß er zur Verfügung befugt sein und diese in gehöriger Form (vgl. namentlich GBO § 29 Satz 1) vornehmen.

Anm. 4

Die verfügende Erklärung braucht aber keine ausdrückliche zu sein; so wird regelmäßig in der auf den Rechtserwerb gerichteten Erklärung des Miteigentümers gegenüber den anderen Teilhabern seine Einwilligung (§ 185) in deren verfügende Erklärung stillschweigend enthalten sein. Das BGB setzt überdies das begrenzte dingliche Recht des Eigentümers an seiner eigenen Sache als rechtlich möglich voraus (§§ 889, 1063, 1163 u. a.).

Anm. 5

Aus § 1009 Abs. 1 ergibt sich, daß auf die zugunsten eines Miteigentümers an dem gemeinschaftlichen Grundstück bestellte Hypothek die §§ 1177, 1197 keine Anwendung finden (BayObLG SeuffArch 58 Nr. 214). Ebensowenig §§ 1063, 1256, wenn der Nießbraucher oder Pfandgläubiger Miteigentümer der belasteten Sache wird.

Anm. 6

Der Miteigentümer einer Sache braucht sich nicht gefallen zu lassen, daß der Gläubiger eines andern Miteigentümers die ganze Sache pfändet (**RG** 13, 180; 144, 236; SeuffArch 61 Nr. 264). Der Gläubiger kann nur das Anteilsrecht des Miteigentümers pfänden. Ebensowenig braucht ein Miteigentümer zu dulden, daß ein anderer Miteigentümer auf Grund eines Titels gegen einen Dritten die ganze Sache pfändet (**RG** 144, 236).

2. Belastungen zugunsten des jeweiligen Eigentümers eines anderen Grundstücks und zugunsten der jeweiligen Eigentümer des gemeinschaftlichen Grundstücks (Abs. 2)

Anm. 7

Die Belastung zugunsten des jeweiligen Eigentümers eines andern Grundstücks betrifft „subjektiv-dingliche" Rechte: Grunddienstbarkeiten (§ 1018), Vorkaufsrechte und Reallasten (§§ 1094 Abs. 2, 1105 Abs. 2). Für gemeinschaftliche Wege, Brunnen, Hauszwischenräume, Durchgänge, Durchfahrten besteht hiernach die Möglichkeit, durch gegenseitige Bestellung von Grunddienstbarkeiten die Benutzung zu sichern (vgl. auch § 751).

Anm. 8

Der Alleineigentümer verschiedener Grundstücke kann übrigens auch an dem einen von ihnen zugunsten eines andern eine Grunddienstbarkeit bestellen (so jetzt **RG** 142, 231).

Anm. 9

3. Nachträglicher Eintritt der in § 1009 geschilderten Rechtslage infolge Übereignungen

Die Vorschrift des § 1009 trifft nicht unmittelbar den Fall, daß nachträglich die Doppelstellung als Berechtigter (oder Belasteter) und zugleich als Miteigentümer in einer Person zusammentrifft. Ein solches Zusammentreffen kann z. B. dadurch erfolgen, daß der Inhaber des Rechts, mit dem das gemeinschaftliche Grundstück belastet ist, einen Miteigentumsanteil erwirbt, oder daß der Eigentümer eines dem gemeinschaftlichen Grundstück dienenden Grundstücks einen solchen Anteil erwirbt. Der der Vorschrift zugrunde liegende Gedanke steht aber dem Erlöschen des Rechtes durch Vereinigung entgegen. Diese tritt weder ein bei Rechten an einem Grundstück (vgl. § 889), noch bei Rechten an beweglichen Sachen; soweit etwa aus den Vorschriften der §§ 1063 u. 1256 an sich im Einzelfall ein anderes hergeleitet werden könnte, wird ihre Wirkung durch § 1009 eingeschränkt.

Anm. 10

4. Entsprechende Anwendung auf Gesamthandseigentum

Auf das Eigentum zu gesamter Hand bezieht sich die Vorschrift unmittelbar nicht; die entsprechende Anwendung ist aber zulässig (Stuttgart, Colmar OLG 15, 410).

§ 1010

Haben die Miteigentümer eines Grundstücks die Verwaltung und Benutzung geregelt oder das Recht, die Aufhebung der Gemeinschaft zu verlangen, für immer oder auf Zeit ausgeschlossen oder eine Kündigungsfrist bestimmt, so wirkt die getroffene Bestimmung gegen den Sondernachfolger eines Miteigentümers nur, wenn sie als Belastung des Anteils im Grundbuch eingetragen ist.

Die in den §§ 755, 756 bestimmten Ansprüche können gegen den Sondernachfolger eines Miteigentümers nur geltend gemacht werden, wenn sie im Grundbuch eingetragen sind.

E I 949 II 922; M 3 439; P 3 276—279.

Übersicht

Grundbuchliche Eintragung von Miteigentümerberechtigungen und -verpflichtungen

1. Eintragung von Verwaltungs- und Benutzungsregelung oder Teilungsausschluß im Grundbuch (Abs. 1)

a) Verwaltungs- und Benutzungsregelung, Teilungsausschluß als Anteilsbelastung

Anm. 1

Bei den hier genannten Vereinbarungen handelt es sich um eine besondere Art der Belastung der Anteile, die nach den Grundsätzen der §§ 873ff vorgenommen wird (BayObLG NF 12, 859; KG RJA 16, 323). Auch das Gesetz bezeichnet sie so. § 1010 schränkt die dingliche Wirkung der nach §§ 745, 749 (vgl. §§ 746, 751) getroffenen Bestimmungen für Grundstücke durch die Vorschrift ein, daß die Bestimmung als Belastung des durch den Sondernachfolger erworbenen Anteils — oder des ganzen Grundstücks — im Grundbuch eingetragen werden muß.

Anm. 2

Die Vorschrift bezieht sich nur auf die Sondernachfolger im Miteigentum, nicht z. B. auf Gläubiger, welche angebliche Mietzinsansprüche eines Miteigentümers gepfändet haben (**RG** 89, 179). Die nicht eingetragene Vereinbarung wirkt für sich auch nicht gegen die Sondernachfolger, die sie kennen; § 892 Abs. 1 Satz 2, der von einer Verfügungsbeschränkung handelt, findet keine Anwendung. Die Belastung greift selbstverständlich nicht weiter, als die gesetzliche Wirksamkeit der getroffenen Bestimmung reicht; Inhalt und Wirkung wird durch die Eintragung nicht geändert; diese Wirksamkeit wird eingeschränkt in §§ 749 Abs. 2, 3, 750, 751 Satz 2 (vgl. § 16 Abs. 2 KO).

Anm. 3

Durch die Vereinbarung über den Ausschluß der Teilung wird das Verfügungsrecht des einzelnen Miteigentümers über seinen Anteil nicht berührt.

Anm. 4

b) Grundbucheintragung

Über die Eintragung der Belastung und ihre Aufhebung: §§ 873ff, GBO §§ 19ff. Die einzutragende Belastung ist durch die Eintragung in ihrer ganzen rechtlichen Tragweite erkennbar zu machen; sie muß in dem Eintrag nach ihrer allgemeinen rechtlichen Natur und nach ihrer besonderen Art gekennzeichnet werden; die Eintragung allein der Tatsache, daß die Miteigentümer die Verwaltung und Benutzung geregelt haben, genügt nicht (München JFG 15, 292).

c) Beispiele eintragungsfähiger und nichteintragungsfähiger Vereinbarungen

Anm. 5

Eintragungsfähig ist z. B. die Vereinbarung zweier Miteigentümer eines Grundstücks, daß einer von ihnen die Aufhebung der Gemeinschaft durch Zwangsversteigerung nur verlangen könne, wenn das Meistgebot eine bestimmte Höhe erreiche; ebenso die Vereinbarung, daß die Aufhebung des Miteigentums solange ausgeschlossen sein soll, als nicht bestimmt bezeichnete Personen ihr zugestimmt haben (KGJ 51, 198). Zugelassen hat das Kammergericht auch die folgende Eintragung auf dem Grundstück zweier Miteigentümer: „Die Benutzung und Unterhaltung der vom Hausflur zum Boden führenden Leiter steht den beiden Miteigentümern gemeinschaftlich zu" (OLG 43, 5).

Anm. 6

Wird aber ein Miteigentumsanteil an mehrere Personen zu Bruchteilen übertragen, so treten sie nicht in eine besondere Bruchteilsgemeinschaft an dem Anteil, hierauf bezügliche Abreden sind also nicht eintragungsfähig; die Erwerber treten vielmehr mit den entsprechenden Anteilen am Grundstück in die das Gesamtgrundstück umfassende Bruchteilsgemeinschaft ein (KGJ 51, 198).

Anm. 7

d) Stockwerkseigentum

Auf Grund des § 1010 Abs. 1 kann eine neuzeitliche Art des Stockwerkseigentums begründet werden (Miteigentum nach Bruchteilen, gegenseitige Einräumung eines nach Stockwerken geteilten Benutzungsrechts, Ausschluß der Teilung). Vgl. EG Art. 131, 128, 182 (§ 1008 Anm. 2). Von dieser Möglichkeit hat das WürttBad Gesetz v. 12. 6. 1950, RegBl 57, Gebrauch gemacht (vgl. § 1008 Anm. 2). Eine gesetzliche Regelung der Verwaltung und Benutzung für den besonderen Fall des Wohnungseigentums ist in dem Wohnungseigentumsgesetz v. 15. 3. 1951, BGBl I 175 (§ 1008 Anm. 13) getroffen worden. Soweit abweichende Vereinbarungen über das Verhältnis der Wohnungseigentümer untereinander zulässig sind, wirken auch sie gegen den Sondernachfolger eines Wohnungseigentümers nur, wenn sie als Inhalt des Sondereigentums im Grundbuch eingetragen sind (§ 10 WohnungseigentumsG).

Anm. 8

e) Gesamthandseigentum

Handelt es sich um ein Gesamthandseigentum (z. B. im Falle eines letztwilligen Veräußerungsverbots hinsichtlich der Nachlaßgrundstücke), so ist § 1010 erst dann anwendbar, wenn das Gesamthandseigentum durch Vereinbarung in Bruchteilseigentum umgewandelt worden ist (vgl. § 2044 Anm. 2; KG HRR 1935, 1319).

Anm. 9

2. Ansprüche aus §§ 755, 756 (Abs. 2)

Was die Eintragung im Grundbuch nach Abs. 2 anlangt, so ist unter den sehr verschiedenen Ansichten der Meinung von Achilles/Strecker (GBO, Einleitung S. 18 bis 20) zuzustimmen, wonach auch hier eine eigentümliche Art der Belastung angenommen werden muß. Ihr Inhalt besteht darin, daß zugunsten des berechtigten Miteigentümers die Miteigentümer der übrigen Anteile als solche die auf die §§ 755, 756 gegründeten, näher zu bezeichnenden Verpflichtungen haben. Bei beweglichen Sachen wirkt der Anspruch gemäß § 755 Abs. 2, § 756 Satz 2 an sich gegen die Sondernachfolger. Im übrigen vgl. die Anm. bei §§ 755, 756.

§ 1011

Jeder Miteigentümer kann die Ansprüche aus dem Eigentum Dritten gegenüber in Ansehung der ganzen Sache geltend machen, den Anspruch auf Herausgabe jedoch nur in Gemäßheit des § 432.

E I 951 II 923; M 3 443; P 3 281.

Übersicht

Ansprüche aus dem Eigentum

1. Ansprüche aus dem Eigentum

Anm. 1

a) Allgemeines

Die Ansprüche aus dem Eigentum sind teils dinglich (§§ 894, 985 ff, 1004, 1005, 1007, 1027), teils persönlich (§§ 987, 989, 990, 823 ff). Über den Besitzschutz: §§ 859, 861, 862, 866, 867. Es versteht sich von selbst, daß der Miteigentümer die Ansprüche aus dem Eigentum in Ansehung seines Bruchteils gegen jedermann geltend machen kann. Gegen die übrigen Miteigentümer muß er sich auf die Geltendmachung dieses Teilrechts beschränken; den Besitzschutz genießt er gegen diese in den Schranken des § 866; auch aus § 1004. Er kann gegen sie auf Einräumung des Mitbesitzes klagen (**RG** 69, 40). Über persönliche Ansprüche gegen die Teilhaber vgl. auch §§ 743, 744, 745 Abs. 2, 748.

b) Ansprüche gegen Dritte

Anm. 2

Dritten gegenüber verleiht das Gesetz aus Zweckmäßigkeitsgründen dem Eigentümer die Macht, die Ansprüche aus dem ganzen Eigentum geltend zu machen (**RG** 69, 40). Er ist insoweit zum Besten der Gemeinschaft kraft Gesetzes ermächtigt, auch für die untätigen Teilhaber Ansprüche geltend zu machen. Daraus ist zu folgern, daß er auch deren Miteigentum, nicht nur sein eigenes Bruchteilseigentum, beweisen muß. Jedoch steht ihm auch insoweit die Vermutung des § 1006 zur Seite.

Anm. 3

Ebenso kann er Berichtigung des Grundbuchs für das ganze Grundstück verlangen (§ 894; **RG** JW 1911, 280 Nr. 10) und Ansprüche aus § 1004 geltend machen, sowie die Herausgabe an die Miteigentümer verlangen. Die Einräumung des Mitbesitzes für sich allein kann er nicht fordern; denn der Herausgabeanspruch ist unteilbar (**RG** 119, 169).

Anm. 4

Ferner wird man dem Miteigentümer das Recht zubilligen müssen, das Eigentum aller Miteigentümer im Rechtsstreit feststellen zu lassen. Es handelt sich dabei zwar um das Eigentum selbst und streng genommen also nicht um einen Anspruch aus dem Eigentum; auf diesen Unterschied ist jedoch kein ausschlaggebendes Gewicht zu legen. Wer die Herausgabeklage (§ 985) erheben kann, muß auch zur Feststellungsklage, namentlich zur Zwischenfeststellungsklage nach § 280 ZPO befugt sein.

Anm. 5

c) Rechtskraftwirkung der Urteile

Das rechtskräftige Urteil im Rechtsstreit des einzelnen Miteigentümers hat für und gegen die untätigen Teilhaber keine Rechtswirkung (vgl. Mot. 3, 446; **RG** 119, 169). Es bleibt bei der Regel des § 325 ZPO. Es können daher auch, wenn von mehreren auf Herausgabe an alle klagenden Miteigentümer der eine im ersten Rechtszug rechtskräftig abgewiesen ist, die anderen den Anspruch in zweiter Instanz allein weiterverfolgen. Der Beklagte kann auch nicht einwenden, er sei an Stelle des abgewiesenen Miteigentümers zum Mitbesitz berechtigt (**RG** 119, 168; vgl. auch KG HRR 1936, 1452). Das Recht des Miteigentümers aus § 1011 ist eben ein von dem gleichen Recht der übrigen Miteigentümer unabhängiges Sonderrecht (**RG** 119, 169). Obsiegt der allein klagende Miteigentümer, so übt das insofern eine gewisse tatsächliche Wirkung zugunsten der übrigen Miteigentümer aus, als die Leistung an alle, die Hinterlegung oder die Herausgabe der Sache an den Verwahrer (§ 165 FGG) auch ihnen zugute kommt (§ 432).

Anm. 6

2. Der Herausgabeanspruch

Herausgabe (§§ 985ff, 1007) kann der Miteigentümer nur an alle Miteigentümer in den Grenzen des § 432 verlangen (§ 985 Anm. 1). Die Vorschrift umfaßt auch die Ansprüche auf Herausgabe der Nutzungen und auf Schadensersatz (vgl. §§ 987, 989, 990, 823ff). Es ist bestritten, ob § 1011 nur dann anwendbar ist, wenn die geforderten Leistungen unteilbar sind (so Planck/Strecker § 1011 Anm. 1d und BGB-RGRK 9. Auflage an dieser Stelle. Anderer Ansicht Biermann § 1011 Anm. 2 und Staudinger/Berg § 1011 Anm. 1). Der Bundesgerichtshof hat die Frage offen gelassen. Jedenfalls ist § 1011 anwendbar, wenn die geforderte Leistung zwar in natürlichem Sinn teilbar, rechtlich jedoch unteilbar ist. Eine im Rechtssinn unteilbare Leistung liegt vor, wenn nach dem zwischen den Mitberechtigten bestehenden Rechtsverhältnis diese nur insgesamt darüber zu entscheiden haben, wie die geforderte, im natürlichen Sinn teilbare Leistung zu verwenden ist (**BGH** LM BGB § 812 Nr. 15).

3. Eigentümergrundschuld

Anm. 7

Ist eine Hypothek den mehreren Eigentümern des belasteten Grundstücks als Eigentümergrundschuld angefallen, so können sie darüber nur gemeinschaftlich verfügen; ein jeder kann aber für sich die Klage auf Löschungsbewilligung erheben. Klagen sie gleichwohl gemeinschaftlich, so liegt eine notwendige Streitgenossenschaft vor (**RG** 60, 269; vgl. § 744).

Anm. 8

Wird eine Briefhypothek infolge teilweisen Nichtentstehens der Hypothekenforderung teilweise zur Eigentümergrundschuld, so wird der Eigentümer des Grundstücks Miteigentümer des Hypothekenbriefs zu dem aus dem Hypothekenanteil sich ergebenden Bruchteil. Hieraus darf aber nicht gefolgert werden, daß ihm ein Anspruch auf Herausgabe oder auf Einräumung des Mitbesitzes (§ 931) an dem Brief gegen den eingetragenen Gläubiger zustehe, der ihn im Besitz hat (**RG** 69, 36).

4. Fälle entsprechender Anwendung

Anm. 9

Zu einer entsprechenden Anwendung von § 1011 ist das Reichsgericht gelangt, als in einem Fall mehrere Personen Eigentümer von Sachen gewesen und geblieben waren, aus denen eine neue einheitliche Sache — ein Kraftwagen — hergestellt worden war, ohne daß den Einzelsachen die Eigenschaft wesentlicher Bestandteile der neuen Sache zukam. Hier billigt das Reichsgericht dem Eigentümer eines Bestandteiles ein die Veräußerung der ganzen Sache hinderndes Recht zu, wie es nach § 1011 dem Miteigentümer zusteht (**RG** 144, 236).

Anm. 10

Hat der gutgläubige Eigenbesitzer über die Sache zum Nachteil der Miteigentümer verfügt, so erlischt damit der Anspruch der früheren Miteigentümer aus § 985. An Stelle dieses Anspruchs kann ein Bereicherungsanspruch gegen den gutgläubig Verfügenden getreten sein. Dieser Anspruch ist kein Anspruch aus dem Eigentum. Er hat seinen Grund nur in der ungerechtfertigten Vermögensverschiebung. Wegen seiner engen Verknüpfung mit dem Anspruch aus § 985 BGB, der vorher bestanden hat, ist es aber geboten, auch auf ihn § 1011 entsprechend anzuwenden (**BGH** LM BGB § 812 Nr. 15).

Kolibri 360 GmbH
Ferdinand-Jühlke-Straße 7
99095 Erfurt, Deutschland
produktsicherheit@kolibri360.de